Grenzenlose Gesellschaft?

Claudia Honegger/Stefan Hradil/
Franz Traxler (Hrsg.)

Grenzenlose Gesellschaft?

Verhandlungen des 29. Kongresses
der Deutschen Gesellschaft für Soziologie,
des 16. Kongresses der Österreichischen
Gesellschaft für Soziologie, des
11. Kongresses der Schweizerischen
Gesellschaft für Soziologie
in Freiburg i.Br. 1998

Teil 1

Leske + Budrich, Opladen 1999

Gedruckt auf säurefreiem und alterungsbeständigem Papier.

Die Deutsche Bibliothek – CIP-Einheitsaufnahme
Grenzenlose Gesellschaft? : Verhandlungen des 29. Kongresses der Deutschen Gesellschaft für Soziologie, des 16. Kongresses der Österreichischen Gesellschaft für Soziologie, des 11. Kongresses der Schweizerischen Gesellschaft für Soziologie in Freiburg i.Br. 1998 . Teil 1 / Hrsg.: Claudia Honegger ; Stefan Hradil ; Franz Traxler. – Opladen : Leske + Budrich, 1999
ISBN 3-8100-2515-1
NE: Honegger, Claudia [Hrsg.];

Satz: Lembens+Maschke GBR, Mainz
Druck: DruckPartner Rübelmann, Hemsbach
Printed in Germany

Inhalt

Teil 1

Plenum I

Plenum II

Plenum VI

Nationale Arbeitsverhältnisse – Internationale Arbeitsmärkte ... 503

Plenum VII

Plenum VIII

Teil 2

Plenum XIV

Plenum XV

Plenum XVI

Vorwort

Zehn Jahre nach ihrer ersten gemeinsamen Konferenz in Zürich veranstalteten die Deutsche, Österreichische und Schweizerische Gesellschaft für Soziologie wieder einen Drei-Länder-Kongreß. Unter dem Titel »Grenzenlose Gesellschaft?« fand er vom 14. bis 18. September 1998 in Freiburg im Breisgau statt.

Nicht nur die modernen Gesellschaften, auch die Vorträge dieses Kongresses sprengten Grenzen. Zum ersten Mal erreichten die hier zu veröffentlichenden Texte einen Gesamtumfang, der sich nicht mehr in einem Band unterbringen ließ. Bewirkt hat das die vermehrte Zahl der Referate während des Kongresses, nicht etwa die Länge der einzelnen Manuskripte: Den Autoren ist im Gegenteil dafür zu danken, daß sie sich beim Schreiben ihrer Texte durchweg an die vorgegebenen engen Grenzen gehalten haben.

Der vorliegende Doppelband enthält insgesamt 113 Beiträge, nämlich

- die Begrüßungsansprachen,
- einen Vortrag der Eröffnungsveranstaltung,
- fünf Mittagsvorlesungen,
- Zusammenfassungen der Diskussionen in Forumsveranstaltungen,
- die Referate der 15 Plenarveranstaltungen und
- den Abschlußvortrag.

Kurzfassungen der Einzelbeiträge aus den Foren sowie der Vorträge in den Sektions- und Ad-hoc-Veranstaltungen des Freiburger Kongresses werden von Hermann Schwengel, dem örtlichen Veranstalter, veröffentlicht werden.

Die vorliegenden Bände wurden von Frau Wendy Maschke und Herrn Dirk Lembens in Mainz redigiert und formatiert. Für die mühevolle und akribische Arbeit danken wir ihnen herzlich.

Prof. Dr. Claudia Honegger	*Prof. Dr. Stefan Hradil*	*Prof. Dr. Franz Traxler*
SGS	DGS	ÖGS

Teil 1

Ansprachen zur Eröffnung

Eröffnung

Stefan Hradil

Sehr geehrter Herr Oberbürgermeister, sehr geehrter Herr Prorektor, liebe Kolleginnen und Kollegen, liebe Studierende, verehrte Gäste, namens der Deutschen Gesellschaft für Soziologie heiße ich Sie auf dem gemeinsamen Kongreß der Deutschen, der Österreichischen und der Schweizerischen Gesellschaft für Soziologie herzlich willkommen.

Die letzte gemeinsame Konferenz fand 1988 unter dem Titel »Kultur und Gesellschaft« in Zürich statt. Den zehnten Jahrestag dieses Kongresses haben die drei nationalen Gesellschaften zum Anlaß genommen, wieder eine Drei-Länder-Veranstaltung auszurichten und den 29. Kongreß der Deutschen Gesellschaft für Soziologie, den 16. Österreichischen Kongreß für Soziologie und den 11. Kongreß der Schweizerischen Gesellschaft für Soziologie hier in Freiburg zusammen zu veranstalten.

Die alle zwei Jahre stattfindenden Kongresse sind mit Sicherheit die wichtigsten Ereignisse für den wissenschaftlichen Austausch und die Öffentlichkeitswirksamkeit der Soziologie in unseren Ländern. Wir haben dem diesjährigen gemeinsamen Kongreß der drei deutschsprachigen soziologischen Gesellschaften das Thema »Grenzenlose Gesellschaft?« gegeben. Es sind nicht nur staatliche Grenzen, die derzeit verschwimmen, auch Grenzen der Kommunikation, der Individualität, der Ethik, der Arbeitsmärkte und viele andere verfließen immer mehr. Das Überschreiten mancher dieser Hindernisse hat die Menschheit seit jeher ersehnt. Das Fallen anderer Barrieren ruft hingegen Ängste und Widerstände hervor. Aber moderne Gesellschaften, die doch schon immer Grenzen überwinden und das Machbare erweitern wollten, machen heute die Erfahrung, daß sich nach dem Überschreiten herkömmlicher Einschränkungen neue Hindernisse auftun: Neue Nationalismen und Fundamentalismen oder Restriktionen im Bereich des Umweltschutzes zeigen dies sehr deutlich. Vorgänge in der Biotechnologie und im Verhältnis zwischen den Menschen zeigen aber auch, wie erforderlich die Errichtung mancher neuer Grenzen ist.

Wenn wir uns im Laufe dieser Woche in über 110 Veranstaltungen mit mehr als 650 Vorträgen mit diesen Problemkreisen intensiv befassen können, so haben wir das einer ganzen Reihe von Personen und Einrichtungen zu verdanken. Unser Dank gilt in erster Linie Prof. Dr. Hermann Schwengel und seinen Kolleginnen und Kollegen, sowie seinen Mitarbeiterinnen und Mitarbeitern im Institut für Soziologie der Universität Freiburg. Sie haben die arbeitsreiche Aufgabe der Kongreßgestaltung übernommen und es ermöglicht, daß die Konferenz im schönen Freiburg und in dem für unser Thema so symbolträchtigen Dreiländereck zwischen Frankreich, der Schweiz und Deutschland stattfinden kann.

Unser Dank gilt weiterhin dem Rektor und dem Rektorat der Universität Freiburg sowie der Verwaltung und insbesondere dem Oberbürgermeister der Stadt Freiburg, Herrn Rolf Böhme. Sie alle haben diesen Kongreß auf materielle und immaterielle Weise gefördert und es ermöglicht, daß dieser Kongreß so gut ausgestattet stattfinden kann, wie wir ihn in den nächsten Tagen erleben dürfen.

Eröffnung

Josef B. Gunz

Sehr geehrte Damen und Herren, liebe Kolleginnen, liebe Kollegen, ich darf mich als Vorsitzender der Österreichischen Gesellschaft für Soziologie den Grußworten von Herrn Hradil anschließen. Die Einladung dazu, an Sie meine Grußworte richten zu können, gibt mir Gelegenheit dazu, im Namen der drei soziologischen Gesellschaften allen Organisatorinnen und Organisatoren dieser Veranstaltung meinen besonderen Dank dafür auszusprechen, in diesem sehr ansprechenden Ambiente der Stadt Freiburg tagen zu können.

Die Bewältigung der komplexen Koordinationsaufgaben für diesen Megakongreß verdient Dank und Respekt.

Aus der Fülle des inhaltlichen Angebotes dieses Kongresses besonders interessante Veranstaltungen hervorzuheben, würde möglicherweise die nicht erwähnten Beiträge diskreditieren. Es erschien mir daher opportun, eine grobe Kategorisierung der wissenschaftlichen Beiträge vorzunehmen.

Die ausgesuchten Beiträge spannen einen Bogen zwischen Grenzenlosigkeit und Begrenzungen. Den Beiträgen über Globalisierung und Vernetzung stehen auf der Gegenseite die Beiträge über Grenzen des Wohlfahrtsstaates und der Osterweiterung gegenüber. Darüber hinaus sind in diesem Kongreß Beiträge zu finden, die nicht nur die Überschreitung des regionalen Raumes ansprechen, sondern auf einer abstrakten Ebene grenzüberschreitend sind. Gemeint sind damit solche Beiträge, die auf die kommunikative und die soziale Dimension abstellen. Als Beispiel dazu sei angeführt: das Internet als Herausforderung für gesellschaftliche Konzepte in den Bereichen der Religion, der Kultur und natürlich auch der Politik.

Innerhalb der Plena, der Sektionsveranstaltungen, der ad-hoc-Gruppen und der poster sessions sich unbekümmert zu bewegen, ist natürlich reines Wunschdenken. Ein so dichter Kongreß bleibt ein Irrgarten, in dem zu orientieren ein genaues Studium des reichhaltigen Angebotes Voraussetzung ist.

Schon bei der Planung dieses Kongresses über die »Grenzenlose Gesellschaft?« hat sich denn auch gezeigt, daß es Grenzen des Unterbringbaren der sehr zahlreiche angebotenen Beiträge gegeben hat. Dafür möchte ich als Mitglied des Planungskommittees – vor allem bei der Auswahl über die angebotenen ad-hoc-Gruppen – um Ihr Verständnis bitten.

Als interessierter Teilnehmer möchte ich abschließend meine Erwartungen an diesen Dreiländerkongreß in drei Punkten zusammenfassen:

1. einen offenen und regen Austausch von Gedanken und Erkenntnissen, um nicht nur die nationalen Grenzen zu überschreiten, sondern um auch die eigenen Gedanken- und Sinngrenzen zu überwinden;
2. innerhalb der thematisierten Grenzenlosigkeit nicht ins Uferlose abzugleiten;
3. daß wir nach Österreich ein Stück der hier erarbeiteten Erkenntnisse zurück bringen können, in unser Land, in dem der Soziologie auch ein deutlich spürbarer neoliberalistischer Wind ins Gesicht bläst.

Ich danke Ihnen für Ihre Aufmerksamkeit!

Eröffnung

Claudia Honegger

Verehrte Anwesende! Es ist mir eine Ehre, Sie auch im Namen der Schweizerischen Gesellschaft für Soziologie begrüßen zu dürfen, der *Société Suisse de sociologie.* Als Mitglied des Vorbereitungskomitees habe ich mich darum bemüht, diesen multinationalen Kongreß nicht ganz monolingual zu gestalten. Obwohl ich befürchte oder sogar weiß, daß meine welschen Kolleginnen und Kollegen nicht allzu zahlreich hier versammelt sein werden, wollte ich verhindern, daß das Grenzüberschreitende unserer Begegnung sogleich in den Begrenzungen der Sprache sich wieder verliert. Viele Kollegen und Kolleginnen aus der Romandie und aus Frankreich sind neben den jeweiligen nationalen Verbänden auch Mitglied in der Nationen übergreifenden *Association des sociologues de langue française.* Als Wahl- (oder gelegentlich auch Pflicht-)Bernerin und als eine Sozialwissenschaftlerin, die relativ häufig über den »Röschtigraben« zu hüpfen versucht, ist mir leider deutlich bewußt, welche erstaunlichen Barrieren in den Köpfen Sprachgrenzen hervorzubringen vermögen. Das gilt – sogar in beträchtlichem Ausmaß – auch für soziologische Problemdefinitionen und Theoriebildungen.

Also oder dennoch: *Je souhaite la bienvenue aux collèges de la Romandie et la France. J'espère qu'ils retrouveront des thèmes communs et qu'ils n'auront pas l'impression de participer comme des éthnométhodologues étrangers à une réunion éxotique de sociologues de langue allemande.*

Trotz gemeinsamer Themen ist freilich die Tradition, die wir hier und heute weiterführen, deutschlastig, geprägt von ursprünglich philosophischen Fragestellungen, die in der klassischen deutschen Soziologie eine größere Rolle gespielt haben als anderswo. Nach einem ersten gemeinsamen Treffen 1926 in Wien stand der Sechste Deutsche Soziologentag vom 17. bis 19. September 1928 in Zürich – neben Ausführungen über »Die Wanderung« (also Migrationsforschung) – ganz im Zeichen der Wissenssoziologie, der Problematik des Verstehens, der Beziehung zwischen subjektiv gemeintem Sinn und der harten, wenn auch nicht unbedingt zeitlosen Struktur des objektiven Sinns, etwa des objektiven Geistes einer Epoche. Es war nicht die Geburtsstunde, aber sozusagen das Coming out des seinsverbundenen Denkens: der Einsicht also, daß die »Faktizität« des ganzen Menschen sein Wissen bestimme, welches von der soziologischen Analyse in seinem Ursprung und Werden rekonstruiert werden könne und müsse. Bekanntlich ist diese Form soziologischen Denkens dann jahrzehntelang von einer eher statischen, auf eine – salopp ausgedrückt – künstlich isolierte Gegenwart hin ausgerichteten struktur-funktionalen Betrachtungsweise überlagert worden.

In den letzten zwanzig Jahren haben neuere Ansätze in Wissenschafts- und Kultursoziologie der älteren Wissenssoziologie ein fulminantes Comeback beschert, wobei der gemeinsame Kongreß über »Kultur und Gesellschaft« 1988 in Zürich nachträglich gleichsam als Triumphzug, als disziplinäre Absegnung dieser kognitiven Entwicklungen gesehen werden könnte. Seither wird reichlich konstruiert, re- oder dekonstruiert, wobei das Wissen gelegentlich wieder beinahe seinslos erscheint oder gar das Sein als etwas aufgefaßt wird, das sich beliebig ummodeln ließe. Die alten Tücken des seinsverbundenen Denkens zeigen sich auch bei der Mikro-, Makro- oder Meso-Analyse eines der tückischsten Probleme von Alltag, praktischem Wissen und systematisierter Theorie: nämlich dem Tun und Deuten von Geschlechtlichkeit. Daß es als zentrales Problem auch der Soziologie erkannt und anerkannt wurde, ist wesentlich das Verdienst der Sektion Frauenforschung in der DGS, was mir die Gelegenheit gibt, den älteren und jüngeren Sektionsfrauen (und den noch immer nicht allzu zahlreichen Sektionsmännern) ganz unprotokollarisch, aber um so herzlicher zum 20jährigen Bestehen ihrer großen und produktiven Sektion zu gratulieren.

1928 sollten das verstehende Erkennen und die sogenannte. »Funktionalisierung auf die Realsituation« – gerade angesichts der neuen, zentralen Bedeutung des Wirtschaftlich-Ökonomischen – eine spezifische Form soziologischer Analyse und eine neue Geisteshaltung bewirken. In der Diskussion über »Die Konkurrenz« wurde damals einer Hoffnung Ausdruck verliehen, die ich zum Schluß hier aufgreifen möchte: »Vielleicht ist die unausgeglichene Dynamik dieser geistigen Haltung [also der wissenssoziologischen] in besonderem Maße pragmatisch, indem sie einen Antrieb auslöst zur Umgestaltung nicht nur des theoretischen Weltbildes, sondern der sozialen Wirklichkeit selbst, deren Spannung die ehrwürdige Statik des Denkens zerstört hat« (Löwe (1929), in: Verhandlungen des Sechsten Deutschen Soziologentages, Tübingen:108).

In diesem Sinne wünsche ich Ihnen allen dynamisch-pragmatisch-konstruktive Debatten und Einsichten an diesem Kongreß hier in Freiburg.

Grußwort des Direktors des Institutes für Soziologie an der Universität Freiburg

Hermann Schwengel

Sehr geehrter Herr Oberbürgermeister, verehrte Frau Böhme, Herr Prorektor, verehrte Frau Hauser, meine Herren Abgeordneten Erler und Salomon, Stadträte und Mitglieder der Universitätsverwaltung, Repräsentanten der städtischen Öffentlichkeit, meine sehr verehrten Damen und Herren, liebe Kolleginnen und Kollegen, ich begrüße Sie sehr herzlich hier in Freiburg. Wir freuen uns, daß zum ersten Mal ein Kongreß für Soziologie hier stattfindet, vor allem aber, daß es der trinationale der Schweizerischen, Österreichischen und Deutschen Gesellschaft ist. Freiburg ist eine Stadt, die ein Knoten im Netzwerk der Städte und Regionen sein will. Die Freiburger Soziologie sucht die Kommunikation mit der städtischen Öffentlichkeit, der Region und der europäischen Kulturlandschaft hier am Oberrhein. Wir verstehen deshalb unseren Kongreß auch als ein Kommunikationsprojekt, das in Stadt und Öffentlichkeit ausstrahlen, aber auch die Reaktion der Bürgerschaft auf die Soziologie einfangen soll. Deshalb sind uns die Schul- und Kunstprojekte, die unseren Kongreß begleiten, wichtig.

Lassen Sie uns ohne Umschweife zur Sache kommen. Das Motiv der Grenze provoziert, weil es die Soziologie an eigene Unschärfen erinnert. Als aufklärerische Wissenschaft neigt die Soziologie dazu, im Prozeß der Zivilisation Grenzbildung und Grenzauflösung auf einen universalistischen Horizont auszurichten, in dem Weltrepublik, Freihandel und Weltkultur – wie bei Kant – das Gleiten zwischen den Grenzen zu allgemeinen, jedermann möglichen Erfahrung macht. Zivilisationshistoriker formulieren geradezu die Gegenthese. In den Worten Jürgen Osterhammels: »Die Geschichte kann nicht, wie es zuweilen geschieht, als Prozeß stetiger Entgrenzung verstanden werden, als allmähliche Erweiterung der Aktionsfelder und Horizonte von Horde und Dorf bis zum Planeten. Dem Erlebnis der Grenze bei denjenigen, die sie berühren oder überschreiten, steht bei den seßhaften Bewohnern zivilisatorischer Kernräume die Erfahrung der Grenzenlosigkeit gegenüber.«

Wenn nationale Arbeitsverhältnisse auf internationale Arbeitsmärkte stoßen, kulturelle Zugehörigkeit und Trennungen über bisherige Milieu-, Gruppen- und Kulturgrenzen hinaus ausgehandelt und definiert werden und biotechnologisch die Grenzen zwischen menschlichen und nichtmenschlichen Wesen poröser, vielgestaltiger und kontroverser werden, ist die soziologische Fähigkeit gefordert, die ganze Spanne von Grenzbildungs- und Grenzauflösungsprozessen in den Blick zu nehmen. Diese reicht von den Lebenslagen und Handlungsspielräumen der Individuen, Gruppen und Geschlechter über Medien und Bildungsinstitutionen bis zum globalen Strukturwandel von Kommunikationsgemeinschaften.

Wie Sie gewiß bemerkt haben, variiere ich in dieser Skizze die Themen unserer Plenarveranstaltung. Mit dieser Fähigkeit der Soziologie, Grenzauflösungs- und Grenzbildungprozesse zu variieren, ist aber auch das Risiko verbunden, die Verfassung von Gesellschaften, der großen wie der kleinen, in ihrer Kohärenz und ihrem Eigensinn zu verfehlen. »Eine Gesellschaft ist eine Gruppe von Menschen, die genügend dauerhaft und genügend groß ist, um eine größere Zahl von Untergruppen in sich zu vereinigen; sie lebt – gewöhnlich – auf einem festgelegten Territorium ...; sie hat eine Verfassung, die eigenständig und immer festgelegt ist ... Diese Verfassung ist ... das charakteristische Merkmal jeder Gesellschaft; sie ist gleichzeitig das allgemeingültigste Phänomen innerhalb dieser Gesellschaft.« Das hat Marcel Mauss vor langer Zeit geschrieben. Soziologisch vertrags- und verfassungsbildende Prozesse auf der lokalen und regionalen Ebene aufzuspüren, den Status der politischen Institutionen gegenüber der transnationalen Verflechtung sozialen Handelns zu verstehen und nicht zuletzt Komplexität und Würde europäischer Modernität zu definieren helfen – damit können wir an Marcel Mauss' Fragestellung anknüpfen.

Karl Heinz Bohrers These im Merkur, die Planierraupen eines neuen Soziologismus hätten spezifische nationale Traditionen zerstört und Identifikationsmerkmale ohne politische Ambition geschaffen, können wir mit Gelassenheit begegnen, aber die Herausforderung in der Sache besteht. Vermutlich ist von der Soziologie, erst recht nicht von einer aus Freiburg, kein Hochruf auf die Berliner Republik zu erwarten, aber um so mehr müssen wir uns um die Grenzen der »Grenzenlosen Gesellschaft?« kümmern.

Zur aufrichtigen Selbstprüfung unseres soziologischen Denkstils gehört auch, daß wir das in letzten beiden Jahrzehnten enorm gewachsene kultursoziologische Interesse an Lebensstilen, Mikromilieus und symbolischen Welten, medialer und ethnokultureller Diversität angemessen in Fragen nach dem Charakter von Globalität übersetzen. Die Vielörtlichkeit und Transnationalität von Biographien – wie das Normadenleben in den Zelten der Wissensgesellschaft mit Mailbox, Internet und Nähe zum Flughafen – ist ein verführerisches Bild, wie es schon die Kreuzung aus Globalisierung und Lokalisierung im Wortbild der Glokalisierung geworden ist. Aber die Kraft dieser Bilder nimmt, meine ich, nicht zu, sondern eher ab; und die soziologische Theorie ist herausgefordert, Globalisierung und Individualisierung nicht zu einem ähnlich verführerischen Dualismus werden zu lassen, wie es vor einem Jahrhundert Gesellschaft und Gemeinschaft gewesen sind.

Die Fragestellungen dieses Kongresses knüpfen in vielerlei Hinsicht an frühere Kongresse an, vom Ende der Arbeitsgesellschaft bis zur Modernisierung moderner Gesellschaften, von Spätkapitalismus oder Industriegesellschaft zu Kultur und Gesellschaft. Der Soziologie, sagen wir es offen, fällt heute die Arbeit der Zuspitzung genauso schwer wie der Gesellschaft, die sie untersucht. Nostalgische Reflexe auf diese Normalisierung gehen an der Sache vorbei. Aber jede Kommunikationskonjunktur hat einmal ein Ende, dann muß man etwas sagen: Ich hoffe, daß in den vielen Vorträgen und Diskussionen hier, in den kleinen und größeren Veranstaltungen, in deren Zusammensetzung sich auch der Generationswechsel im Fach abzeichnet, in diesem Sinne etwas gesagt wird. Vielleicht weniger in der Gestik großer Kontroversen, aber empirisch zur Sache und theoretisch der Zukunft zugewandt.

Das ist ein Wunsch, und um dem Wunsch Intensität zu verleihen, wenden wir uns gerne der Musik zu. Ich darf Ihnen das Akademische Orchester Freiburg vorstellen, das offizielle Sinfonieorchester der Albert-Ludwigs-Universität, in dem zur Zeit etwa 95 Studierende aus allen Fachrichtungen musizieren. Es ist ein Medium der Selbstdarstellung der Universität, tritt regelmäßig in der Region, in Basel und Colmar auf und ist durch Orchesterreisen bis in die USA und Konzertaufnahmen von Bruckner bis Mahler im besten Sinne bekannt geworden. Unter der Leitung von Graciella Contrato, seit zwei Jahren Dirigentin des Akademischen Orchesters, hören wir jetzt zuerst Georg Friedrich Telemanns Konzert für drei Trompeten. Die Solisten sind Stefan Leisinger, Edgar Kaiser und Malte Grashoff. Dann, nach den Grußworten des Oberbürgermeisters dieser Stadt, Dr. Rolf Böhme, und des Prorektors der Universität, Prof. Siegfried Hauser, hören wir von Ney Rosauro das Konzert für Marimba und Strings, der Solist ist Rafael Christen aus Luzern.

Grußwort des Oberbürgermeisters der Stadt Freiburg

Rolf Böhme

Meine Herren Abgeordneten des Deutschen Bundestages und des Landtages von Baden-Württemberg, sehr verehrte Ehrengäste, meine sehr geehrten Damen und Herren, im Namen der Stadt Freiburg möchte ich Sie herzlich zum Kongreß für Soziologie 1998 mit dem Thema »Grenzenlose Gesellschaft?« willkommen heißen.

Freiburg ist, denke ich, ein guter Platz für die Soziologie. Immerhin hat Max Weber hier einige Jahre vor dem 1. Weltkrieg gelehrt und hat hier gelebt. Nach dem Kriege waren es Namen, wie Bergstraesser oder Popitz, die mit der Soziologie verbunden sind. Vielleicht hat der genius loci, die Stadt Freiburg mit ihrer Lage am Oberrhein, den Anstoß für das Thema »Grenzenlose Gesellschaft?« gegeben, denn natürlich paßt dieses Thema hier bei uns im Dreiländereck. Dieses Land ist geprägt von der Grenze. Ich selber bin hier aufgewachsen und habe an der Schweizer Grenze damals es erlebt, wie es im Meyers Konservationslexikon 1888 definiert ist: »Die Grenze ist etwas jenseits dessen es nichts mehr gibt.«

So war die Situation während des 2. Weltkrieges, als ich an der Grenze aufgewachsen bin, und auch noch nach dem Krieg eine ganze Weile. Heute hat sich die Lage geändert. Die Grenze zu Frankreich existiert überhaupt nicht mehr, und auch zur Schweiz ist es so gelockert, daß wir heute leben können, als wenn die Grenze nicht mehr existierte. Und wir nutzen dies natürlich hier im Dreiländereck zwischen Basel, Mühlhouse, Straßburg und Freiburg und arbeiten zusammen. Wir wollen nicht mehr gegeneinander, wir wollen auch nicht nebeneinander, wir wollen miteinander leben und eine gemeinsame Verkehrspolitik machen, eine gemeinsame Politik in der Wirtschaft für die Arbeitsplätze, in der Kommunikation, in der Umweltpolitik, der Universitäten. Unser Motto ist »in dubio pro regio«.

Es stimmt nicht ganz lateinisch, aber Sie mögen den fehlenden Ablativ verzeihen, es reimt sich nämlich so besser.

Heute erleben wir auch, daß die Grenzen sich weltweit verändert haben, ja sich auflösen. Technologisierung, Kommunikation, Globalisierung haben die Grenzen überwunden, und wir spüren die Auswirkungen: Auf dem Arbeitsmarkt z.B. den gnadenlosen Konkurrenzkampf, weltweit die Schnelligkeit der Finanzmärkte mit den Chancen, aber auch mit den Risiken, die Allverfügbarkeit der Information, die Vereinheitlichung, die Uniformität, die Kommerzialisierung der Kultur. Wir sorgen uns um die Auswirkungen dieser Entwicklung –wirtschaftlich, sozial, aber auch individuell betrachtet auf die conditio humana. In diesem Raum hat vor einigen Wochen die deutsch-französische Konferenz »corréspondences/Korrespodenzen« zum Thema »Wie wirken sich die Globalisierung aus auf das europäische Kulturerbe?« stattgefunden. Werden wir genauso »egal« gemacht wie andere Kulturen, oder können wir in Europa unsere große Stadttradition, unser großes europäisches Erbe wahren und tradieren, ein Erbe der Urbanität, der sozialen Balance in unseren Städten und der Selbstverwaltung der Demokratie in der Bürgerschaft.

Wir stellen aber auch gegenläufig zur Globalisierung eine »Lokalisierung« fest – eine Aufwertung des Lokalen und Regionalen. *Wirtschaftlich* wollen die Menschen vor Ort an ihrem Platz wissen, wie es mit der Arbeit weitergeht. *Ökologisch* wollen die Menschen wissen, wie die Umwelt geschützt ist vor der eigenen Haustür, und wir wollen *politisch* wissen, wie können die Menschen angesprochen werden, um in der Umweltpolitik mitzumachen, denn nicht nur Akzeptanz ist gefragt, sondern eigenes Engagement. Das kommt sehr sinnfällig in dem Wort zum Ausdruck: »Global denken und lokal handeln.« Kulturell natürlich ist in gleicher Weise ist die Entwicklung vor Ort gefragt, die Selbstentfaltung des Menschen hier, wo er zu Hause ist. Wir spüren das in den Rathäusern, hier ist die Politik noch festzumachen an der Sache, am jeweiligen Problem und in der personalen Verantwortung. In der großen Politik ist dies heute längst nicht mehr so, hier finden Sie keinen Ort mehr der direkten Verantwortung, deswegen spricht man von Atopie der Politik, und ich meine damit nicht Brüssel oder auch nur Bonn oder Berlin oder Paris, ich meine z.B. schon die Bundesbahn.

Ich denke, daß so das Thema Ihres Kongresses »Grenzenlose Gesellschaft?« eine ganze Reihe von Assoziationen sofort auslöst. Vielleicht löst auch unsere Stadt bei Ihnen einige Assoziationen aus.

Ich habe mich sehr gefreut, daß Sie sich öffnen wollen zur Stadt, die Soziologie in die Stadt tragen wollen und die Ergebnisse Ihres Kongresses auch rückgekoppelt werden mit dieser Stadt.

Freiburg hat auch gute Verbindungen zur Soziologie, nicht nur zur Lehre und Forschung an der Universität, sondern auch an den Fachhochschulen und auch zu mehreren privaten Instituten, die im Bereich der empirischen Forschung, der Organisations- und Politikberatung tätig sind. Wir greifen immer wieder auf die Ressourcen dieser Institute und der Fachhochschulen der Universität zurück, um uns in Fragen der Stadtentwicklung beraten zu lassen. Soziologen sind als wissenschaftliche Berater in den städtischen Gremien berufen und gutachterlich tätig. Das kommt nicht von ungefähr, denn die Kommunen sind heute mit Problemen konfrontiert, die an den Grundlagen des Gemeinwesens rütteln. Wenn die Städte und Gemeinden drei Aufgaben gleichzeitig lösen sollen, nämlich Wohlstand schaffen und erhalten, sozialen Zusammenhalt und Solidarität herstellen und politische Freiheiten, also unsere Selbstverwaltung, erhalten, so stehen wir heute vor Aufgaben, die ohne sozialwissenschaftliche Kompetenz schwerlich zu lösen sind. Die Grundsatzfrage »Was hält die Gesellschaft zusammen?, Was treibt die Gesellschaft auseinander?« ist heute so aktuell wie selten. Wir müssen uns um die Fragen der Arbeitslosigkeit und den Folgen der Arbeitslosigkeit in unseren Städten befassen. Wir müssen uns mit den Auswirkungen und Folgen beschäftigen, die sich aus den Verschiebungen in der Altersstruktur unserer Gesellschaft ergeben, und wir müssen immer wieder die Grundsatzfrage stellen »Wie geht es eigentlich mit der conditio humana in unseren Kommunen weiter?«. Man beklagt die Individualisierung, das Verschwinden von bürgerschaftlichem Gemeinsinn und Verantwortung. Kommunalpolitisch können wir aber nur leben mit Bürgerbeteiligung, also müssen wir sie aktivieren, wir müssen das bürgerschaftliche Engagement und die Hilfe zur Selbsthilfe in jeder Weise unterstützen und besonders würdigen.

Es geht also um die Zukunft der sozialen Stadt, und es geht um den Weg zur Bürgergesellschaft.

Meine Damen und Herren, in diesem Sinne wünsche ich Ihrem Kongreß einen guten Verlauf und gute Ergebnisse.

Grußwort des Prorektors der Universität Freiburg

Siegfried Hauser

Verehrter Herr Oberbürgermeister, ich glaube, wir haben es ja geschafft in den letzten Jahren, die in den Köpfen bestehenden Grenzen zwischen Stadt und Universität niederzureißen: Es bestehen keine mehr.

Lieber Herr Schwengel, meine sehr geehrten Damen und Herren, verehrte Gäste in Freiburg und an unserer Universität, ich darf Sie im Namen der Albert-Ludwigs-Universität zu diesem Kongreß der Soziologie hier in Freiburg begrüßen. Wir freuen uns sehr, daß die soziologischen Gesellschaften aus Österreich, aus der Schweiz und Deutschland als Veranstaltungsort Freiburg ausgewählt haben. Wir bedanken uns bei Ihnen, Herr Schwengel, für die große Arbeit, die Sie auf sich genommen haben, wir danken Ihrem Institut für Soziologie, den Mitarbeiterinnen und Mitarbeitern sowie dem gesamten Organisationsteam.

In enger Zusammenarbeit mit unseren Mitarbeitern von der Universitätsverwaltung, mit viel Engagement und persönlichen Einsatz, hat das Team diese Aufgabe in Angriff genommen. Es freut mich zu sehen, daß einige der Universitätsmitarbeiterinnen und -mitarbeiter zur Eröffnung hier anwesend sind; kleine Gesten, aber sie zeugen von einer guten Zusammenarbeit.

Freiburg und die Albert-Ludwigs-Universität haben bisher eher mit naturwissenschaftlichen, medizinischen und informationswissenschaftlichen Tagungen und Kongressen auf sich aufmerksam gemacht, und die Freiburger Soziologie liegt ganz auf dieser Linie, die die Universität hier sehr pflegt, wenn sie sich im Bereich der Geistes- und Sozialwissenschaften Projekte dieser Größenordnung hier nach Freiburg holt. Wir begrüßen und unterstützen sehr die interdisziplinäre und internationale Ausrichtung des Instituts für Soziologie, die Beteiligung an Sonderforschungsbereichen wie dem SFB-Identitäten und Alteritäten, das Engagement am Frankreichzentrum und am Studiengang Anthropologie und transnationalen, multimedia-gestützten Lehrverbänden.

Die Einrichtung einer Professur für Soziologie und empirische Geschlechterforschung steht kurz vor dem Abschluß, und wir werden sie einrichten.

Eine Gesellschaft im Umbruch, die sich zugleich ihrer Grenzen bewußt wird, braucht eine Soziologie, die sich, wie Sie es auf Ihrem Kongreß hier vorführen, das ganze Spektrum möglicher Grenzüberschreitungen und erneuter Grenzbildungen vornimmt und deshalb ökonomische, ökologische, ethische und soziale Grenzen zum Thema macht. Grenzen, von denen wir nicht wissen, was uns dahinter erwartet, geographische Grenzen verlieren an einer Stelle an Bedeutung, während sie anderenorts schärfer werden. Auch im privaten Bereich, im mikrosoziologischen werden Sie sagen, beobachten wir Grenzüberschreitungen, Grenzverletzungen, wie wir zur Zeit im Internet aus den Vereinigten Staaten feststellen können. Wenn Sie in diesen fünf Tagen in Freiburg über diese Themen diskutieren, führen Sie eine Debatte, die die ganze Gesellschaft künftig nicht loslassen wird. In Zeiten leerer öffentlichen Kassen ist es um so wichtiger, daß sich nicht nur Stadt und Universität, denen die Veranstalter ihren Dank ja bereits ausgesprochen haben, sondern auch private Sponsoren und Stiftungen engagieren. Im Namen der Universität bedanken wir uns bei der Sparkasse Freiburg, der Stiftungsverwaltung, den Firmen Debitel, Jakobi und der Winzergenossenschaft Köndringen, stellvertretend für das Engagement einer Reihe von Unternehmen.

Es ist gut, wenn öffentliches und privates Engagement für ein solchen Projekt zusammenkommen. In diesem Sinne wünsche ich Ihnen und uns interessante Vorträge und fruchtbare Diskussionen.

Eröffnungsvortrag

Multiple Modernities in an Age of Globalization*

Shmuel Noah Eisenstadt

I

Recent events and developments – especially the continual processes of globalization and the downfall of the Soviet regime – have indeed sharpened the problem of the nature of the modern, contemporary world. Indeed, as we are approaching the end of the twentieth century, new visions or understandings of modernity, of modern civilization are emerging throughout the world, be it in the West – Europe, the United States – where the first cultural program of modernity developed, or among Asian, Latin American and African societies. All these developments call out to a far-reaching reappraisal of the classical visions of modernity and modernization.

Two major interpretations of these events on the contemporary scene have emerged. One, promulgated by Francis Fukuyama, announced the »end of history« – the homogenization, albeit of course with local variations of the modern world in terms of the liberal world-view and predominance of market economy, a view very close to the earlier theories of the convergence of industrial societies. The other, opposite view, promulgated above all by Samuel P. Huntington, while not denying the growing technological convergence in many parts of the world, emphasized that the processes of globalization bring us not to one relatively homogeneous world but rather to the »clash of Civilizations,« in which the Western civilization is compared, often in hostile terms, with other civilizations – especially the Muslim and Confucian ones (Fukuyama 1992; Huntington 1996).

While both scholars point out some very important aspects of the contemporary world, they both seem to me to be wrong. In my view, what we witness in the contemporary world is the development – certainly not always peaceful, often indeed confrontational – of multiple modernities.

Such a view necessitates a far-reaching appraisal of the classical visions of modernity and modernization (Eisenstadt 1966: 1973).

Such a reappraisal should be based on several considerations. It should be based first of all on the recognition that the expansion of modernity has to be viewed as the crystallization of a new type of civilization not unlike the expansion of great religions, or great imperial expansions in past times. Because, however, the expansion of this civilization almost always and continually combined economic, political, and ideological aspects and forces its impact on the societies to which it spread was much more intense than in most historical cases.

This expansion indeed spawned a tendency – rather new and practically unique in the history of mankind – to the development of universal, worldwide institutional, and symbolic frameworks and systems. This new civilization that emerged first in Europe, later expanded through the world and created a series of international frameworks or systems, each based on some of the basic premises of this civilization, and each rooted in one of its basic institutional dimensions. Several economic, political, ideological, almost worldwide systems – all of them multi-centered and heterogenous – emerged, each generating its own dynamics, its continual changes in constant relations to others. The interrelations among them have never been »static« or unchanging, and the dynamics of these international frameworks or settings gave rise to continuous changes in these societies.

Just as the expansion of all historical civilizations, so also that of the civilization of modernity undermined the symbolic and institutional premises of the societies incorporated into it, opening up new options and possibilities. As a result of this, a great variety of modern or modernizing societies sharing many common characteristics, but also evincing great differences among themselves, developed out of these responses and continual interactions.

The first, »original« modernity as it developed in the West combined several closely interconnected dimensions or aspects: first, the structural, organizational one – the development of the many specific aspects of modern social structure such as growing structural differentiation, urbanization, industrialization, growing communications and the like, which have been identified and analyzed in the first studies of modernization after the Second World War; second, the institutional one – the development of the new institutional formations, of the modern nation-state, of modern, especially national, collectivities, of new and above all capitalist-political economies; and, last but not least, a distinct cultural program and closely related specific modes of structuration of the major arenas of social life.

The »classical theories« of modernization of the 1950s, indeed the classical sociological analyses of Marx, Durkheim, and to a large extent even of Weber (Kamenka 1983; Weber 1968a, 1968b, 1978; Durkheim 1973) – or at least in one reading of him, have implicitly or explicitly conflated these different dimensions of modernity; these approaches assumed that even if these dimensions are analytically distinct, yet historically they do come together, becoming basically inseparable. Moreover, most of the classics of sociology as well as the studies of modernization of the forties and fifties have assumed, even if only implicitly, that the basic institutional constellations which came together in European modernity and that the cultural program of modernity as it developed in the West will »naturally« be ultimately taken over in all modernizing societies. The studies of modernization and of convergence of modern societies have indeed assumed that this project of modernity with its hegemonic and homogenizing tendencies will continue in the West, and with the expansion of modernity, prevail throughout the world. In all these approaches, the assumption that the modes of institutional integration accompany the development of such relatively autonomous, differentiated institutional arenas in all modern societies was implicit.

But the reality that emerged proved to be radically different. The actual developments indicated in all or most societies that the various institutional arenas – the economic, the political, and that of family – exhibit continually relatively autonomous dimensions that come together in different ways in different societies and in different periods of their development. Indeed, the developments in the contemporary era did not bear this assumption of »convergence« and have emphasized the great diversity of modern societies, even of societies similar in terms of economic development like the major industrial capitalist societies – the European ones, the U.S., and Japan. Sombart's old question: »Why is there no socialism in the U.S.?« formulated in the first decades of this century attests to the first, even if still only implicit, recognition of this fact. Far-reaching variability developed even within the West – within Europe itself and above all between Europe and the Americas – the U.S., Latin America, or rather Latin Americas (Sombart 1976).

The same was even more true with respect to the relation between the cultural and structural dimensions of modernity. A very strong, even if implicit, assumption of the studies of modernization was that the cultural dimensions or aspects of modernization – that the basic cultural premises of Western modernity are inherently and necessarily interwoven with the structural ones became highly questionable. While the different dimensions of the original Western project have indeed constituted the crucial starting and continual reference points for the processes that developed among different societies throughout the world, the developments in these societies have gone far beyond the homogenizing and hegemonic dimensions of the original cultural program of modernity.

Modernity has indeed spread to most of the world, but did not give rise to a single civilization or to one institutional pattern, but to the development of several modern civilizations, or at least civilizational patterns, i.e. of civilizations which share common characteristics, but which tend to develop different, even cognate ideological and institutional dynamics. Moreover, far-reaching changes which go beyond their original premises of modernity have been taking place also in Western societies.

II

The civilization of modernity as it developed first in the West was from its very beginning beset by internal antinomies and contradictions, giving rise to continual critical discourse which focused on the relations, tensions, and contradictions between its premises and between these premises and the institutional development of modern societies. The importance of these tensions was fully understood in the classical sociological literature – Tocqueville, Marx, Weber, or Durkheim – and was later taken up in the thirties, above all in the Frankfurt school in the so-called »critical« sociology – which was, however, focused mainly on the problems of fascism, but then became neglected in post-Second World War studies of modernization. It came again lately to the forefront to constitute a continual component of the analysis of modernity (see in greater detail Eisenstadt 1973, 1977; Goldthorpe 1971).

The tensions and antinomies that have developed within the basic premises of this program were first that between totalizing and more diversified or pluralistic conceptions of the major components of this program – of the very conception of reason and its place in human life and society, and of the construction of nature, of human society and its history; second, between reflexivity and active construction of nature and society; third, between different evaluations of major dimensions of human experience; and fourth, between control and autonomy.

In the political arena, these tensions coalesced with those between a constructivist approach which views politics as the process of reconstruction of society and, especially, of democratic politics – active self-construction of society as against a view which accepts society in its concrete composition; between liberty and equality, between the autonomy of civil society and the charismatization of state power; between the civil and the utopian components of the cultural and political program of modernity; between freedom and emancipation in the name of some, often utopian, social vision; above all between Jacobin and more pluralistic orientations or approaches to the social and political order; and between the closely related tension between, to use Bruce Ackerman's formulation, »normal« and »revolutionary« politics (see Eisenstadt 1998).

These various tensions in the political program of modernity were closely related to those between the different modes of legitimation of modern regimes, especially but not only of constitutional and democratic polities – namely between, on the one hand, procedural legitimation in terms of civil adherence to rules of the game and on the other hand, in different »substantive« terms; a very strong tendency to promulgate other modes or bases of legitimation – above all, to use Edward Shils' terminology, various primordial, »sacred« – religious or secular – ideological components (Shils 1975: 111-126).

It was around these tensions that there developed the critical discourse of modernity. The most radical »external« criticism of modernity denied the possibility of the grounding of any social order, of morality, in the basic premises of the cultural program of modernity especially in autonomy of individuals and supremacy of reason; it denied that these premises could be seen as grounded in any transcendental vision; it denied also the closely related claims that these premises and the institutional development of modernity could be seen as the epitome of human creativity. Such criticisms claimed that these premises and institutional developments denied human creativity and gave rise to flattening of human experience and to the erosion of moral order; of the moral – and transcendental – bases of society, and to the alienation of man from nature and from society. The more internal criticisms of this program, which could often overlap or become interwoven with the »external« ones, evaluated the institutional development of modern societies from the point of view of the promises of the cultural and political programs of modernity as well as from the point of view of the basic antinomies and contradictions inherent in this program. Of special importance here was the multifaceted, continual and continually changing confrontation of the claims of the program to enhance freedom and autonomy with the strong tendency to control; to inequality and continual dislocation of various social sectors that developed with the crystallization of modern institutional formations.

III

All these antinomies and tensions developed from the very beginning of the institutionalization of modern regimes in Europe. The continual prevalence of these antinomies and contradictions had also – as the classics of sociology were fully aware of, but as was to no small extent forgotten or neglected in the studies of modernization – far-reaching institutional implications and were closely interwoven with different patterns of institutional constellations and dynamics that developed in different modern societies. With the expansion of modern civilizations beyond the West, in some ways already beyond Europe to the Americas, and with the dynamics of the continually developing international frameworks or settings, several new crucial elements have become central in the constitution of modern societies.

Of special importance in this context was the relative place of the non-Western societies in the various – economic, political, ideological – international systems that differed greatly from those of the Western ones. It was not only that it was Western societies which were the »originators« of this new civilization. Beyond this and above all was the fact that the expansion of these systems, especially insofar as it took place through colonialization and imperialist expansion – gave to the Western institutions the hegemonic place in these systems. But it was in the nature of these international systems that they generated a dynamics which gave rise both to political and ideological challenges, to existing hegemonies, as well as to continual shifts in the loci of hegemony within Europe, from Europe to the United States, then also to Japan and East Asia.

But it was not only the economic, military-political, and ideological expansion of the civilization of modernity from the West throughout the world that was important in this process. Of no lesser – possibly even of greater importance was the fact that this expansion has given rise to continual confrontation between the cultural and institutional premises of Western modernity, with those of other civilizations – those of other axial civilizations, as well as non-axial ones, the most important of which has been, of course, Japan. Truly enough, many of the basic premises and symbols of Western modernity as well as its institutions – representative, legal, and administrative – have become indeed seemingly accepted within these civilizations, but at the same time far-reaching transformations and challenges have taken place and new problems have arisen.

The attraction of these themes – and of some of these institutions, for many groups within these civilizations – lay in the fact that their appropriation permitted many groups in non-European nations – especially elites and intellectuals to participate actively in the new modern (i.e., initially Western) universal tradition, together with the selective rejection of many of its aspects and of Western »control« and hegemony. The appropriation of these themes made it possible for these elites and broader strata of many non-European societies to incorporate some of the universalistic elements of modernity into the construction of their new collective identities, without necessarily giving up either specific components of their traditional identities, often also couched in universalistic, especially religious terms which differed from those that were predominant in the West or their negative attitude towards the West.

The attraction of these themes of political discourse to many sectors in the non-Western European countries was also intensified by the fact that their appropriation in these countries entailed the transposition to the international scene of the struggle between hierarchy and equality. Although initially couched in European terms, it could find resonances in the political traditions of many of these societies. Such transposition of these themes from the Western European to Central and Eastern Europe and to non-European settings was reinforced by the combination, in many of the programs promulgated by these groups, of orientations of protest with institution-building and center-formation.

Such transposition was generated not only by the higher hierarchical standing, actual hegemony of the Western countries in these new international settings, but also by the fact that the non-Western civilizations were put in an inferior position in the evaluation of societies which was promulgated by the seemingly universalistic premises of the new modern civilizations.

Thus various groups and elites in Central and Eastern Europe, and Asian and African societies were able to refer to both, the tradition of protest and the tradition of center-formation in these societies, and to cope with problems of reconstructing their own centers and traditions in terms of the new setting. From this perspective the most important aspect of the expansion of these themes beyond Western Europe and of their appropriation by different groups in the non-Western European societies lay in the fact that it made it possible to rebel against the institutional realities of the new modern civilization in terms of its own symbols and premises (see Eisenstadt 1998).

IV

But the appropriation of different themes and institutional patterns of the original Western modern civilization in non-Western European societies did not entail their acceptance in their original form. Rather, it entailed the continuous selection, reinterpretation and reformulation of such themes, giving rise to a continual crystallization of new cultural and political programs of modernity, and the development and reconstruction of new institutional patterns. The cultural programs that have been continuing developing in these societies entailed different interpretations and far-reaching reformulations of the initial cultural program of modernity, its basic conceptions and premises; they entailed different emphases on different components of this program, on its different tensions and antinomies and the concomitant crystallization of distinct institutional patterns. They entailed the continual construction of symbols of collective identities; their conceptions of themselves and of their part; and their negative or positive attitudes to modernity in general and to the West in particular.

These differences between the different cultural programs of modernity were not purely »cultural« or academic. They were closely related to some basic problems inherent in the political and institutional programs of modernity. Thus, in the political realm, they were closely related to the tension between the utopian and the civil components in the construction of modern politics; between »revolutionary« and »normal« politics, or between the general will and the will of all; between civil society and the state, between individuality and collectivity. These different cultural programs of modernity entailed also different conceptions of authority and of its accountability, different modes of protest and of political activity, of questioning of the basic premises of the modern order and different modes of institutional formations.

In close relation to the crystallization of the different cultural programs of modernity, a continual process of crystallization of different institutional patterns and of different modes of critical discourse has been taking place in different modern societies, which focused on interrelations and tensions between different institutional arenas, and between them and the different premises of the cultural and political programs of modernity and their continual reinterpretations.

The preceding considerations about the multiple programs of modernity do not of course negate the obvious fact that in many central aspects of their institutional structure – be it in occupational and industrial structure, in the structure of education or of cities – in political structures very strong convergences have developed in different modern societies. These convergences have indeed generated common problems, but the modes of coping with these problems, i.e. the institutional dynamics attendant on the development of these problems, differed greatly between these civilizations.

But it is not only with the societies of Asia or Latin America that developments took place which went beyond the initial model of Western society. At the same time in Western societies themselves, new discourses have developed which have greatly transformed the initial model of modernity and which have undermined the original vision of modern and industrial society with its hegemonic and homogenizing vision. There has emerged a growing tendency to distinguish between *Zweckrationalität* and *Wertrationalität*, and to recognize a great multiplicity of different *Wertrationalitäten*. Cognitive rationality – especially as epitomized in the extreme forms of scientism – has certainly become dethroned from its hegemonic position, as has also been the idea of the »conquest« or mastery of the environment, whether of society or of nature.

V

These different cultural programs and institutional patterns of modernity were not shaped by what has been sometimes presented in some of the earlier studies of modernization as natural evolutionary potentialities of these societies; or, as in the earlier criticisms thereof, by the natural unfolding of their respective traditions; nor by their placement in the new international settings. They were shaped rather by the continuous interaction between several factors. In most general terms, they were shaped by the historical experience of these societies in civilization and by the mode of impingement of modernity on them and of their incorporation into the modern political economic and ideological international frameworks.

In greater detail, these programs were shaped by several continually changing factors. First they were shaped by basic premises of cosmic and social order, the basic »cosmologies« that were prevalent in these societies in their »orthodox« and »heterodox« formulations alike as they have crystallized in these societies throughout their histories. Second was the pattern of institutional formations that developed within these civilizations through their historical experience, especially in their encounter with other societies or civilizations.

Third was the encounter and continual interaction between these processes and the new cultural and political program of modernity; the premises and modes of social and political discourse that were prevalent in the different societies and civilizations as they were incorporated into the new international systems and the continual interaction of these societies with these processes. In this encounter, of special importance were the internal antinomies and tensions or contradictions in the basic cultural and above all in the political program of modernity, as it developed initially in the West – and even in the West in a great variety of ways, and as it became transformed with its expansion – and with the internal changes in Western societies.

Fourth were the dynamics and internal tensions and contradictions that developed in conjunction with the structural-demographic economic and political changes attendant on the institutionalization of modern institutional frameworks with the expansion of modernity, and between these processes and the basic premises of the cultural and political premises of modernity.

It was the continual interaction between these factors that generated the continual changes in the cultural programs that developed within them, and their continual reinterpretations, as well as the major components of their institutional formations, namely the constitution of the boundaries of their respective collectivities and the components of collective consciousness and identity – of what has been designated as nationalism or ethnicity; second, different configurations of civil society and public spheres; and last but not least, different modes of new modern political economies.

The major actors in such processes of reinterpretation and of formation of new institutional patterns which were continually taking place in all these societies were various political activists, intellectuals, in conjunction above all with the social movements. Such activists, intellectuals and leaders of movements which have been developing in all these societies promulgated and reinterpreted the major symbols and components of the cultural programs of modernity, and addressed themselves to the antinomies and contradictions within these programs and between them and institutional realities. In all modern societies, such movements arose in relation to the problems that developed attendant on the institutionalization and development of modern political regimes and their democratization of modern collectivities, and the expansion of capitalism and new economic and class formations, especially in relation to the contradictions which developed between, on the one hand, the premises of the political and cultural program of modernity and on the other hand these institutional developments with the continuous struggle of wide social sectors for access to the center. It is above all these movements which promulgated the antinomies and tensions inherent in the cultural and political programs of modernity and which attempted to interweave them with the reconstruction of centers, collectivities and institutional formations.

Whatever the concrete details of these agendas, they highlighted the continual challenge of the contradiction between, on the one hand, encompassing, totalistic, potentially totalitarian overtones based either on collective, national, religious and/or Jacobin visions, and, on the other, a commitment to some pluralistic premises. None of the modern pluralistic constitutional regimes has been able to do entirely away – or can even possibly do away – with either the Jacobin component, especially with its utopian dimension, with the orientation to some primordial components of collective identity, or with the claims for the centrality of religion in the construction of collective identities or in the legitimization of the political order. The ubiquity of this challenge has also highlighted the possibility of crises and breakdowns as inherent in the very nature of modernity (Eisenstadt 1998; Goldthorpe 1971).

VI

Thus, within all modern societies continuously developed new questionings and reinterpretations of different dimensions of modernity – and in all of them there have been continually developing different cultural agendas.

All these developments attest to the growing diversification of the visions and understanding of modernity, of the basic cultural agendas of the elites of different societies – far beyond the homogenic and hegemonic visions of modernity that were prevalent in the fifties. While the common starting point of many of these developments was indeed the cultural program of modernity as it developed in the West, yet the more recent developments gave rise to a multiplicity of cultural social formations which go far beyond the very homogenizing and hegemonizing aspects of this original version.

Hence many, if not all of the components of the initial cultural vision of modernity have been challenged in the last decade or so. These challenges claimed that the modern era has basically ended, giving rise to the post-modern one, and were in their turn counter challenged by those like Jürgen Habermas who claimed that the various post-modern developments basically constitute either a repetition, in a new form of criticisms of modernity which existed there from the very beginning, or constitute yet another manifestation of the continual unfolding of modernity (Habermas 1987). Indeed, it can be argued that the very tendency or potential to such radical reinterpretations constitute an inherent component of the civilization or civilizations of modernity.

This is even true, even if in a very paradoxical manner, of the most extreme anti-modern movements that developed in the contemporary period, namely communal-religious, especially the fundamentalist ones, even if anti-Enlightenment ideology and a highly essentialized conception of tradition is the core of their ideology. The basic structure or phenomenology of their vision and action is in many crucial and seemingly paradoxical ways a modern one, just as has been the case with the totalitarian movements of the twenties and thirties, and these movements bear within themselves the seeds of very intensive and virulent revolutionary sectarian utopian Jacobinism, seeds which can, under appropriate circumstances, come to full-blown fruition.

Whatever the ultimate verdict about these developments, there can be no doubt that they all entailed the unfolding of the civilizations of modernity, even if many of these movements and trends entail a radical transformation of some of the initial premises of Western modernity and above all of the modes of structuration of social activities and institutional arenas that characterized the first »bourgeois« (and paradoxically also the later communist) modern societies.

VII

Thus, while the spread or expansion of modernity has indeed taken place throughout most of the world, it did not give rise to just one civilization, one pattern of ideological and institutional response, but to at least several basic variants – and to continual refracting thereof. In order to understand these different patterns, it is necessary to take into account the pattern of historical experience of these civilizations.

But the importance of the historical experience of the various civilizations in shaping the concrete contours of the modern societies which developed in the historical spaces of these civilizations does not mean, as S.P. Huntington seems to imply in his influential »The Clash of Civilizations,« that these processes give rise on the contemporary scene to the emergence of several of closed civilizations which basically constitute a continuation of the historical civilization (Huntington 1996). It is not only, as Huntington correctly indicates, that modernization does not automatically imply westernization. What is of crucial importance is that on the contemporary scene the crystallization of continually interacting modern civilizations takes place in which even the inclusive particularistic tendencies are constructed in typically modern ways which attempt to appropriate from modernity on their own terms and articulate continually in different concrete ways in different historical settings, the antinomies and contradictions of modernity. But it is not only that there have been continually developing multiple modern civilizations – but these civilizations, which shared many common components and which continually constituted mutual reference points, have been continually developing, unfolding, giving rise to new problematic and continual reinterpretations of the basic premises of modernity. Within all societies, new questionings of modernity developed continually and in all of them, different cultural agendas have been developing. All these attested to the growing diversification of the visions and understanding of modernity, of the basic cultural agendas of different sectors of modern societies, far beyond the homogenic and hegemonic visions of modernity that were prevalent in the fifties. The fundamentalist – and the new communal-national – movements constitute one of such new developments, in the unfolding of the potentialities and antinomies of modernity.

Such development may indeed also give rise to highly confrontational stances – especially to the West – but these stances are promulgated in continually changing modern idioms and they may entail a continual transformation of these indications and of the cultural programs of modernity.

While such diversity has certainly undermined the old hegemonies, yet at the same time it was closely connected, perhaps paradoxically, with the development of new multiple common reference points and networks – with a globalization of cultural networks and channels of communication far beyond what existed before.

At the same time, the various components of modern life and culture were refracted and reconstructed in ways which went beyond the confines of any institutional boundaries, especially those of the nation-state – giving rise to the multiple pattern of globalization, in diversification studied by such scholars as

Arjun Appendurai, Ulf Hannerz, and Roland Robertson (Appendurai 1996; Hannerz 1996; Robertson 1992).

It is this combination of the growing diversity in the continuous reinterpretation of modernity on the one hand with development of multiple global trends and mutual reference points on the other hand that is characteristic of the contemporary scene.

Notes

* This study work was supported by grants from the Israel Science Foundation and by the Chiang-Ching-huo Foundation.

Literature

Appendurai, A. (1996), Modernity at Large: Cultural Dimensions of Globalization. Minneapolis.

Durkheim, Emile (1973), Emile Durkheim On Morality and Society: Selected Writings. Chicago.

Eisenstadt, S. N. (1966), Modernization: Protest and Change. Englewood Cliffs.

Eisenstadt, S. N. (1973), Tradition, Change and Modernity. New York.

Eisenstadt, S. N. (1977), »Convergence and Divergence in Modern and Modernizing Societies«, in: International Journal of Middle East Studies, Vol. 8, No. 1.

Eisenstadt, S. N. (1998), Fundamentalism, Revolutions and Modernity. Cambridge.

Fukuyama, M. (1992), The End of History and the Last Man. New York.

Goldthorpe, J. H. (1971), »Theories of Industrial Society. Reflections on the Recrudescence on Historicism and the Future of Futurology«, in: Archives Européennes de sociologie, Vol. 12, No. 2.

Habermas, J. (1987), The Philosophical Discourse of Modernity. Cambridge.

Hannerz, U. (1996), Transnational Connections: Culture, People, Places. London.

Huntington, S. P. (1996), The Clash of Civilizations and the Future of the West. New York.

Kamenka, E. (1983) (ed.), The Portable Karl Marx. New York.

Robertson, R. (1992), Globalization: Social Theory and Global Culture. London.

Shils, E. (1975), »Primordial, Personal, Sacred and Civil Ties«, in: E. Shils (ed.): Center and Periphery: Essays in Macrosociology. Chicago.

Sombart, W. (1976), Why Is There No Socialism in the United States? New York.

Weber, M. (1978), Die Protestantische Ethik: Kritiken und Antikritiken. Gütersloh.

Weber, M. (1968a), Politik als Beruf. Berlin.

Weber, M. (1968b), On Charisma and Institution Building: Selected Papers. Chicago.

Mittagsvorlesungen

Servicing the Global Economy: Reconfigured States and Private Agents[1]

Saskia Sassen

Economic globalization represents a transformation in the territorial organization of economic activity and of politico-economic power (Mittelman 1996; Ruggie 1993; Jessop 1990; Hitz et al. 1995; Aman, Jr. 1995). It contains the capacity to undo the particular form of the intersection of sovereignty and territory embedded in the modern state and the modern state-system.[2] But simply to posit, as is so often done, that economic globalization has brought with it a declining significance of the national state *tout court*, misses some of the finer points about this transformation.

The encounter of a global actor – firm or market – with one or another instantiation of the national state can be thought of as a new frontier zone. It is not merely a dividing line between the national economy and the global economy. It is a zone of politico-economic interactions that produces new institutional forms and alter some of the old ones. Nor is it just a matter of reducing regulations or the role of government generally. For instance, in many countries, the necessity for autonomous central banks in the current global economic system has required a thickening of regulations in order to de-link central banks from the influence of the executive branch of government.

This zone of interaction is highly charged and potentially the outcomes of this interaction can make for epochal change. Why is it highly charged and significant? Because it is not simply the push by global firms and markets that is shaping the dynamics of interaction as is implied in much of the literature on the declining significance of the national state under globalization. States are also shaping the dynamics of interaction and are doing so not merely in the form of resistance (see e.g. various chapters in Mittelman 1996). In doing so, however, they are reconfigured (Sassen 1996: chapter 1). This reconfiguring is shaped both by trends towards standardization, as is the growing convergence in the role of central banks, and by national particularities.

The tension between the weight of national specificity and the weight of the new global rules of the game is well illustrated by some aspects of the current Asian financial crisis. We are seeing different responses by the Asian countries involved in IMF »rescue packages«, signaling the weight of specific domestic institutional arrangements and leadership. At the same time, the emergent consensus in the community of states to further globalization has created a set of specific obligations on participating states, no matter how reluctant some of these states might be.

Beyond the inadequacy of simply accepting the general proposition of a declining significance of the state, there is also the problematic acceptance of a simple quantitative measure of globalization. Simply to focus on the fact of the often minimal share of foreign inputs in national economies overlooks, again, some of the marking features of the current phase of the global economy. It is indeed the case that in most developed countries the share of foreign in total investment, the share of international in total trade, the share of foreign in total stock market value, are all very small. However, to infer from this that economic globalization is not really a significant issue, misses a crucial feature: the fact that most global processes materialize in national territories and do so to a large extent through national institutional arrangements, from legislative acts to firms, and are thereby not necessarily counted as »foreign.«

Conversely, for that same reason we cannot simply assume that because a transaction takes place in national territory and in a national institutional setting it is ipso facto national. In my reading, the imbrication of global actors and national institutions is far more ambiguous. The case of the central banks today also illustrates another key aspect in the process whereby national economies accommodate a global economic system: a country's central bank can be a key institution for implementing – in its national economy – some of the new rules of the global game, notably some of the standards in IMF conditionality. This signals that »national« institutions can become home to some of the operational rules of the global economic system.[3]

Here I want to focus on some of the state and non-state agents central to the operations of the global economy. The purpose is to understand the interactions between national states and global actors and the ways in which some of the dynamics that constitute the global economy operate through national institutions and in national territories. Analytically the discussion is centered in this notion of a frontier zone where many different outcomes are possible. Running through the larger project and the particular discussion here is a working hypothesis that maintains that the tension between a) the necessary, though partial, location of globalization in national territories, and b) an elaborate system that has constructed the exclusive national territorial authority of sovereign states, has c) been partly negotiated through processes of institutional de-nationalization and the formation of privatized intermediary institutional arrangements for handling cross-border operations.[4]

Necessary Instrumentalities: State And Non-state Centered Mechanisms

Implementing today's global economic system in the context of national territorial sovereignty required multiple policy negotiations. One of the roles of the state vis à vis today's global economy, unlike earlier forms of the world economy, has been to negotiate the intersection of national law and foreign actors – whether firms, markets or supranational organizations. What makes the current phase distinctive is, on the one hand, the existence of an enormously elaborate body of law which secures the exclusive territoriality of national states to an extent not seen in the 19th century (e.g. Ruggie 1993; Kratochwil 1986), and on the other, the considerable instutionalizing of the »rights« of non-national firms, the »legalizing« of a growing array of cross-border transactions, and the growing, and increasingly institutionalized, participation by supranational organizations in national matters (e.g. Rosen/ McFadyen 1995; Kennedy 1992).[5] This sets up the conditions for a necessary engagement of national states in the process of globalization.

We generally use terms such as »deregulation,« financial and trade liberalization, and privatization, to describe the outcome of this negotiation. The problem with such terms is that they only capture the withdrawal of the state from regulating its economy. They do not register all the ways in which the state participates in setting up the new frameworks through which globalization is furthered (e.g. Mittelman 1996; Shapiro 1993); nor do they capture the associated transformations inside the state. One way of putting it then, would be to say that certain components of the national state operate as necessary instrumentalities for the implementation of a global economic system.

The starting point for my argument is that there is much more going on in these negotiations than the concept »deregulation« captures. »Deregulation« actually refers to an extremely complex set of intersections and negotiations which, while they may preserve the integrity of national territory as a geographic condition, do transform exclusive territoriality, i.e. the national and international frameworks through which national territory has assumed an institutional form over the last seventy years (Sassen 1996). National territory and exclusive territoriality have corresponded tightly for much of the recent history of the developed nation-states. (For critical accounts see, for example, Walker 1993 and Weber 1996).[6] Today, globalization may be contributing to an incipient slippage in that correspondence. Much deregulation has had the effect of promoting that slippage and giving it a legitimate form in national legal frameworks. The reconfiguring of the institutional encasement of national territory also brings with it the ascendance of sub-national spaces (see Jessop 1999; see also Sassen's concept of global cities 1998: Chapter 10; for a historical account see Taylor 1995).

The fact that we cannot simply reduce these negotiations to the notion of deregulation is also illustrated by the privatization of public sector firms. Such privatization is not just a change in ownership status, but also a shift of regulatory functions to the private sector where they re-emerge under other forms, most notably, private corporate legal and accounting services.

Recognizing the importance of place and of production – in this case the production of a system of power – helps us refocus our thinking about the global economy along these lines. The global economy needs to be implemented, reproduced, serviced, financed. It cannot be taken simply as a given, or a set of markets, or merely as a function of the power of multinational corporations and financial markets. There is a vast array of highly specialized functions that need to be executed and infrastructures that need to be secured. These have become so specialized that they can no longer be subsumed under general corporate headquarter functions. Global cities, with their complex networks of highly specialized service firms and labor markets are strategic sites for the production of these specialized functions. In this sense, global cities are one form of this embeddedness of global processes in national territories and in national institutional arrangements.[7] The role played by these strategic places in the organization and management of the global economy, along with the fact that much investment and all financial markets, no matter how deregulated, are located somewhere, shows us that the global economy to a large extent materializes in national territories.[8]

It means, in turn, that various instantiations of the national state are inevitably involved.[9] The result is a particular set of negotiations which have the effect of leaving the geographic condition of the nation state's territory unaltered, but do transform the institutional encasements of that geographic fact, that is, the state's territorial jurisdiction or, more abstractly, the state's exclusive territoriality. My argument is that precisely because global processes materialize to a large extent in national territories, many national states have had to become involved, even if at times peripherally, in the implementation of the global economic system and have, in this process, experienced transformations of various aspects of their institutional structure.[10]

Studying the impact of economic globalization through the lenses of this distinction between national territory and exclusive territoriality overcomes at least two limitations evident in much research on the global economy. One of these is the notion of a zero-sum relationship between the national and the global: what the global gains the national loses, and vice versa. Partly because of my earlier research on global cities, it is quite evident to me that many global processes materialize in national territories and institutions. Thus the relationship between the global economy and the national state is far more imbricated than the notion of mutually exclusive domains suggests.

The second of these limitations has to do with a measurement question: the tendency in quantitative approaches to measure the global as the international portion of national trade, investment, financial markets, consumption. According to these measures – and we now have a growing body of evidence – the »global«, i.e. »foreign«, is an insignificant portion of most national economies, especially in the highly developed world. From there one can easily go to the inference that hence it is not even worth taking seriously.

If, however, there is more to the global economy than direct cross-border flows, then it may well be that its impact on national systems cannot be fully captured with straightforward quantitative measures. I see the global economy as a system of privatized economic power that by necessity has to operate partly through national institutions. The question then becomes what is the impact of economic globalization on the territorial jurisdiction, or more theoretically, the exclusive territoriality of the nation state. It requires a critical examination of an assumption evident in much of the current discussion about globalization, to wit, that if an event takes place in a national territory it is a national event, whether a business transaction or a judiciary decision.[11]

Implementing The New Norms Through National Institutions

On a fairly abstract level we can see the ambiguity of the distinction between »national« and »global« in the normative weight gained by the logic of the global capital market in setting criteria for key national economic policies (see Sassen 1996, chapter 2 for a fuller discussion). The multiple negotiations between national states and global economic actors signal that the logic of the global capital market is succeeding in imposing itself on important aspects of national economic policy making. Autonomy of the central bank, anti-inflation policies, exchange rate parity and the variety of items usually referred to as »IMF conditionality« – all of these have become a set of norms. This new normativity can be seen at work in the design of the »solution« to the Mexican economic crisis of December 1994; this crisis was described as a consequence of the global financial markets having »lost confidence« in the government's leadership of the Mexican economy and the »solution« was explicitly aimed at restoring that confidence.[12]

Today we see the (attempted) imposition of that same set of norms on several countries in Asia, no matter how different the underlying conditions from those of Mexico and in each of the Asian countries involved.[13] The actual architecture of the crisis may well have more to do with the aggressive attempts to globalize these economies from the outside than with their governments' leadership of these economies. Corruption, favoritism and weak banking systems were features of these economies long before the current financial crisis and throughout their period of growth, when they were much admired and put up as models for Latin America, the Caribbean and Africa. In this regard it is interesting to note, for instance, in the case of Indonesia that besides the enormous amounts of DFI, 70% of turnover on the Jakarta stock market in 1995, well before the crisis, was accounted for by foreign investors; market capitalisation in that market increased by 47% in 1995. This required deregulation of the financial markets. In 1995 – again, before the crisis – Indonesia also eliminated the rule necessitating joint venture with a local partner, making it possible for companies to be a 100% foreign owned. But corruption and favoritism for local firms which allowed huge conglomerates to operate as monopolies, in fact kept many potential foreign owners out. We see a similar syndrome in South Korea.

In this context I read the financial crisis as a dynamic that has the effect of destabilizing national monopoly control of these economies and IMF conditionality as facilitating a massive transfer to foreign ownership. The outcome is further globalization and further imposition of the new normativity attached to the logic of the global capital market. However the actual materialization of these conditions will go through specific institutional channels and assume distinct forms in each country, with various levels of resistance and consent – whence my notion of this dynamic as having the features of a frontier zone. It is worth noting that all the Latin American countries that deregulated their financial markets had a banking system crisis. More generally, FDI in emerging markets went from 24$b in 1990 to 90 b$ in 1995. It does suggest that the »financial crises« experienced by many of these emerging markets cannot only be a function of inadequate government performance. The globalization of their financial markets has something to do with it. And this globalization follows the norms of the logic of the global capital market.

Let me elaborate on this. After the Mexico crisis, there was a general collapse in emerging markets. But a mere six months later there was a sharp recovery. The trade literature describes this as a partly engineered result: international investors got together with the most creative talent in financial institutions and banks to design some of the most creative and never before seen deals.[14] The aim was to produce assets of emerging markets attractive to the scared-off investors.

There are also more subtle ways in which globalization operates through national institutions and in national terrains. This can be illustrated with a key feature of globalization, privatization.[15] Privatization is not simply a change in ownership regime; it is also a privatising of coordination and governance functions which shift from the public to the private corporate sector. In some particular geographic situations, these developments can be captured in the image of a shift of functions and authority from Washington's government world to New York City's corporate world, from New Delhi to Bombay, from Brazilia to Sao Paulo. In most countries the national capital is also the leading financial and business center, so this geographic image does not hold even though the institutional transfer may take place.

The key issue is this transfer of what were regulatory functions embedded in government bureaucracies to the corporate world where they re-emerge as corporate management functions or specialized corporate services. Insofar as foreign investors and foreign firms are increasingly part of this privatization of public sector firms – and indeed, in many cases, are the main investors – we could argue that this represents not only a privatising of economic governance functions but also an incipient de-nationalizing of such functions (see Sassen 1996: chapter One).

Thus while central, the role of the state in producing the legal encasements for economic activity is no longer what it was in earlier periods.

The New Intermediaries

Economic globalization has also been accompanied by the creation of new legal regimes and legal practices and the expansion and renovation of some older forms that have the effect of replacing public regulation and law with private mechanisms and sometimes even bypass national legal systems. The importance of private oversight institutions, such as credit rating agencies, has increased with the deregulation and globalization of the financial markets. These agencies are now key institutions in the creation of order and transparency in the global capital market and have considerable power over sovereign states through their authority in rating government debt. Also the rise of international commercial arbitration as the main mechanism for resolving cross-border business disputes entails a declining importance of national courts in these matters – a privatizing of this kind of justice (e.g. Salacuse 1991). Further, the new international rules for financial reporting and accounting that are to be implemented in 1998 and 1999 also relocate some national functions to a privatized international system.

All of these begin to amount to a privatized system of governance ensuring order, respect for contracts, transparency, and accountability in the world of cross-border business transactions. To some extent this privatized world of governance has replaced various functions of national states in ensuring the protection of the rights of firms. This privatization contributes to change the dynamics and to fuel new dynamics in the zone of interaction between national institutions and global actors. The state continues to play a crucial, but no longer exclusive, role in the production of »legality« around new forms of economic activity.

There is a new intermediary world of strategic agents that contribute to the management and coordination of the global economy. These agents are largely, though not exclusively, private. And they have absorbed some of the international functions carried out by states in the recent past, as was the case, for instance, with international trade under predominantly protectionist regimes in the post-world war II decades. Their role is dramatically illustrated by the case of China: When the Chinese government in 1996 issued a 100 year bond to be sold, not in Shanghai, but mostly in New York, it did not have to deal with Washington, it dealt with J.P. Morgan. This example can be repeated over and over for a broad range of countries.

Private firms in international finance, accounting and law, the new private standards for international accounting and financial reporting, and supra-national organizations such as WTO, all play strategic non-government centered governance functions. But they do so in good part inside the territory of national-states.

Many of these rather abstract issues are well illustrated by the work being done to create new private international standards for accounting and financial reporting. And they can be illustrated with the aggressively innovative deals launched by the major financial services firms in the last few years to sell what had often been considered unsaleable, or at least not gradable debt, and to ensure the continuing expansion of the financial markets. The next two sub-sections briefly discuss these two issues.

The New Accounting Standards. The International Accounting Standards Committee is an independent private sector body which has been working intensely to create uniform standards to be used by business and government. It wants to bring these standards on line by 1999. In 1995 the International Organization of Securities Commission agreed to endorse the IASC's standards and set March 1998 as the target date for completion of a body of international accounting standards. While this is a world of private actors and private standards, national states are crucial presences in the whole operation. It is worth noting that by early 1997, IASC standards had been accepted by all stock exchanges except Japan, Canada and the US – though these eventually also joined.[16]

This evolution was not without incidents that made it clear to what extent national governments and firms resisted or had difficulty accepting the concept of standards acceptable in other countries, let alone uniform international standards as pursued by the IASC. Japan resisted changing its national accounting system, one lacking the standards of »transparency« that have become the norm in international transactions. It was indeed Japan's reluctance to implement such standards of transparency in a wide range of business activities in conjunction with its reluctance to continue deregulating its financial sector which, it seems to me, aborted Tokyo's rise as a major international financial center. Tokyo remained too Japanese.

The sudden turnabout by German companies, including even Deutsche Bank, and their decision to adopt international accounting standards came as a shock to Japan's finance ministry and many top businessmen. Indeed the Ministry of Finance announced not long after that it would gradually implement a whole set of measures aimed at deregulation and transparency. But the sharpest pressure for change is coming from Japan's increasing dependence on international markets and trade. Many Japanese companies have shifted production abroad; their major shareholders increasingly include US and European firms and raising capital abroad has become increasingly attractive. So by the time the Ministry of Finance decided to change policy, some Japanese companies had already begun to implement accounting standards that are closer to Anglo-American standards, the norm for most international transactions.[17]

The case of Japan is interesting because it is one of the powerful countries in the world. It has resisted implementing the IASC standards but finally had to accept under pressure of its own firms. The U.S. stock exchange, another powerful actor, resisted even longer and insisted on having its own standards (or something approaching them) be the international norm, but eventually accepted the IAS. These are instances that illustrate the degree of contestation in the new frontier zone where the encounter of global actors and national institutions is enacted.

Working to Solve Financial Crises. The role of the new intermediaris is also revealed in the strategic work done by leading financial services firms in the wake of the Mexico financial crisis. It might be interesting to speculate to what extent this kind of »activism« towards ensuring growth in their industry will also be deployed in the case of the Asian countries now involved.

The events following the Mexico crisis provide us with some interesting insights about these firms' role in changing the conditions for financial operation, about the ways in which national states participated, and the formation of a new institutionalized intermediary space. J.P. Morgan worked with Goldman Sachs and Chemical Bank to develop several innovative deals that brought back investors to Mexico's markets, as I discussed in note above. Further, in July 1996, an enormous 6US$b five year deal that offered investors a Mexican floating rate note or syndicated loan – backed by oil receivables from the state oil monopoly PEMEX – was twice oversubscribed. It became somewhat of a model for asset-backed deals from Latin America, especially oil-rich Venezuela and Ecuador. Key to the high demand was that the structure had been designed to capture investment grade ratings from S&P and Moody's (it got BBB- and Baa3). This was the first Mexican deal with an investment grade. The intermediaries worked with the Mexican government, but on their terms – this was not a government to government deal. This secured acceptability in the new institutionalized privatized intermediary space for cross-border transactions – evidenced by the high level of oversubscription and the high ratings. And it allowed the financial markets to grow on what had been a crisis.

After the Mexico crisis and before the first signs of the Asian crisis, we see a large number of very innovative deals that contribute to further expand the volumes in the financial markets and to incorporate new sources of profit, that is, debts for sale. Typically these deals involved novel concepts of how to sell debt and what could be a saleable debt. Often the financial services firms structuring these deals also implemented minor changes in depository systems to bring them more in line with international standards. The aggressive innovating and selling on the world market of what had hitherto been thought to be too illiquid and too risky for such a sale further contributed to expand and strengthen the institutionalization of this intermediary space for cross-border transactions operating partly outside the inter-state system.

A few examples will illustrate the range of these transactions. Argentina, working with J.P. Morgran, got investors back to its markets through a US$250 million deal for Telecom Argentina.[18] Nicaragua issued a bond backed by US treasury strips, purchased with the proceeds from the planned sale of the state telephone company. It was a success, with more demand than supply which in turn led to a rising price. In Russia, Salomon Brothers figured out a way for foreign investors to buy the Russian Ministry of Finance bonds known as Min-Fins; these are high-yielding dollar denominated domestic securities until recently controlled by Russian investors. Salomon Brothers repackaged Min-Fins into a euro-clearable asset that bypassed Russian custody and allowed access by foreign investors who are prohibited from buying assets that don't meet US custody requirements. Again, they were a success and attracted far more foreign capital than expected. In Central Europe, Bankers Trust developed an instrument – Deutsche Mark based certificates – allowing investors access into the rather illiquid markets of Czekia, Hungary and Poland. In Croatia, Union Bank of Switzerland helped the first-ever float of shares by a Croatian company on the global capital market. It was 20 times oversubscribed. In Romania, Creditanstalt, with the European Bank for Reconstruction and Development coordinating, created a fund to sell majority shares in 550 companies – 1/3 of Romania's GDP – to attract foreign investors. In China, besides the already mentioned 100 year bond organized by J.P. Morgan, Bear Stearns was the lead in organizing a $540 million dual-listed equity to privatize China's Guangshen Railways, which sold well in NY via ADRs. This deal was seen as stimulating China's capital markets. Morocco reentered the international capital market in march 96 after a 12 year absence, under the global coordination of IFC, jointly led by Nomura. This was Morocco's first international equity issue; demand was four times higher than the issue. These are just some of the transactions that show how the financial services firms, operating in their privatized world succeeded in mobilizing new sources of capital and institutionalizing new forms of selling debt/investing. Legal services firms and accounting firms are the indispensable hand-maidens in these operations.

Conclusion

The process whereby national economies accommodate global firms and markets and supranational institutions is more complex than a simple relinquishing of state powers would indicate. Much of the literature on globalization fails to problematize this process. In the most extreme interpretations, deregulation and the declining significance of the state are seen as indicating that today's global economy spells the end of national economic sovereignty. At the other extreme, quantitative studies that show the non-national portion of national trade, investment and consumption to be very small posit that the global economy is not a significant factor for national economies.

This paper sought to qualify both of these positions by showing that what is conceived of as a line separating the national from the global – or non-national – is actually a zone where old institutions are modified, new institutions are created, and there is much contestation and uncertain outcomes. Analytically it is a space that requires empirical and theoretical specification. This paper seeks to contribute to this effort.

Globalization in this conception, does not only have to do with crossing geographic borders, as is captured in measures of international investment and trade. It also has to do with the relocation of national public governance functions to transnational private arenas and with the development inside national states – through legislative acts, court rulings, executive orders – of the mechanisms necessary to accommodate the rights of global capital in what are still national territories. One overall effect is, I argue, an incipient de-nationalizing of several highly specialized national institutional orders. This is one way in which the state matters under conditions of globalization, beyond its role as guarantor of the »rights« of global capital, i.e. the protection of contracts and property rights. The state here can be conceived of as representing a technical administrative capacity which cannot be replicated at this time by any other institutional arrangement; furthermore, this is a capacity backed by military power, with global power in the case of some states.

An important theoretical and political implication is that economic globalization has actually strengthened certain components of national states, notably those linked to international banking functions, such as ministries of finance, even as it has weakened many others. Simply submerging this fact under general observations about the declining significance of national states keeps us from seeing how the national state itself is contributing to the democratic deficit brought about by economic globalization.

Notes

1 This paper is part of a larger five-year project on governance and accountability in the global economy. The first phase of the larger project was partly published as the 1995 Leonard Hastings Schoff Memorial Lectures (*Losing Control? Sovereignty in an Age of Globalization*. Columbia University Press 1996). I want to thank the Schoff Memorial Fund for their support. A revised version of this paper will appear in Kris Olds et al. 1999 (eds.).

2 For historical accounts of this interaction see, e.g. Hobsbawm 1995; Arrighi 1994; Berman 1995.

3 There are parallels here with a totally different sphere of state activity and transnational processes: the role of national courts in implementing instruments of the international human rights regime and the incorporation in several new national constitutions of provisions that limit the national state's presumption to represent all its people in international fora (see, e.g. Franck 1992, and generally Henkin 1990).

4 I have developed this argument elsewhere. See note 1 for sources. See also »Territory and Territoriality« paper prepared for the Social Science Research Council Committee on Sovereignty (Sassen 1998).

5 There is a parallel here between the institutionalizing of the rights of non-national economic actors with that of immigrants who have also gained rights – even though now they experience an attempt to shrink those rights. See e.g. Heisler 1986; Sassen 1998a: chapter 2.

6 There is a historically produced presumption of a unitary spatio-temporal concept of sovereignty and its exclusive institutional location in the national state. It leads to an analysis of economic globalization that rests on standard theories about sovereignty and national states and hence sees globalization as simply taking away from national states. If we recognize the historical specificity of this experience of sovereignty it may be easier to allow for the possibility that certain components of sovereignty have under current conditions been relocated to supra and subnational

institutions, both governmental and nongovernmental institutions, and both old and newly formed institutions. The proposition that I draw out of this analysis is that we are seeing processes of incipient de-nationalization of sovereignty – the partial detachment of sovereignty from the national state. (See Sassen 1996: chapter One.)

7 The global city is a function of a network, and in this sense different from the old capitals of empires or the more general concept of the world city.(See Sassen: in Progress.) The network of global cities today constitutes a strategic geography of centrality for the coordination and servicing of the global economy. It is a geography that cuts across the old North-South divide (it includes Sao Paulo and Bombay, for instance) and strenghtens the territorial unevennes, both inside developed and less developed countries. The corporate world of Sao Paulo and of New York gain strength, power and wealth. The world of the middle class and of the working class loses in both cities. See Friedmann 1995 for an overview).

8 For concrete applications of these propositions see, e.g. Knox and Taylor 1995; Peraldi and Perrin 1996; Hitz et al. 1996; *Social Justice* 1993). A key aspect of the spatialization of global economic processes which I cannot develop here (but see Sassen 1998: chapter 9) is digital space. The topography for economic activities such as finance and specialized services, moves in and out of digital space. However, at this time there is no purely and exclusively digital topography in any firm and in any sector. One of the interesting features about finance is that though it is one of the most digitalized and dematerialized industries, when it hits the ground it does so in some of the largest and densest concentrations of infrastructure, structures and markets for resources.

9 There is an interesting parallel here with critical accounts that seek to establish the role of the government in autonomous markets. See, for example, Paul 1994/5.

10 I cannot develop this subject here at length. But see Sassen 1996 and 1998a: chapters 2 and 10.

11 In this regard, I see the cross-border network of global cities as concentrating a significant share of institutional orders with incipient denationalization, and, hence, see it as a partially denationalized – rather than internationalized – strategic geography. (In Progress).

12 The fact that this »solution« brought with it the bankruptcy of middle sectors of the economy and of households, who suddenly confronted interest rates that guaranteed their bankruptcy, was not factored in the equation. The key was to secure the confidence of »investors,« that is to guarantee them a profitable return – and today »profitable« has come to mean very high returns.

13 The data used in this and the next section come from a data set that is part of the author's project »Governance and Accountability in the Global Economy« (1998c).

14 The 40 US$ billion emergency loan package from the IMF and the US government and the hiring of Wall Street's top firms to refurbish its image and find ways to bring it back into the market, helped Mexico »solve« its financial crisis. With J.P.

Morgan as its financial advisor the Mexican government worked with Goldman Sachs and Chemical Bank to come up with several innovative deals. The trade literature noted, at the time, that these innovations could change the face of other emerging markets – words that now ring with foresight. Goldman organized a US$ 1.75 billion Mexican sovereign deal in which the firm was able to persuade investors in May 1996 to swap Mexican Brady bonds collateralized with US Treasury bonds (Mexican Bradys were a component of almost any emerging market portfolio until the 1994 crisis) for a 30 year naked Mexican risk. This is in my reading quite a testimony to the aggressive innovations that characterize the financial markets and to the importance of a whole new subculture in international finance that facilitates the circulation, i.e. sale, of these instruments. (See Thrift in this volume).

15 Based on a report »The challenge of privatization« prepared by John Nellis, senior manager of the Enterprise Reform and Privatization section of the World Bank, revenues generated by privatization reached US$ 21b in 1995, compared with $3.5b in 1989, of which: 40% from Europe/Central Asia; 26% from East Asia/ Pacific; 22% from Latin America/Caribbean; 3-4% from Sub-Saharan Africa, South Asia, Middle East/North Africa each. Between 1980-91 all industrialized and developing countries 6,800 firms divested. From 1990-1994 15 »transition« countries divested 30,740 firms. There were also 14,500 in Germany. The total for all countries reached 45,300. That is more than 6 times the number in the much longer earlier period; and they were sold in half the time. In the 1980s almost all investment in privatizations was FDI; by 1991 there was an enormous increase in total volume of investment and in share of portfolio – about 40%; by 1994, it had reached 60%. The Mexico peso crisis slowed down privatizations in Latin America, but they have now picked up again. In East Asia privatizations have tended to be few in numbers but huge in size: Indonesia and Malaysia saw two of the biggest deals with the sale of PT Telekom and Petronas Gas (1.1billion in revenues for the latter). According to The Economist privatization revenues from 1985 to 1995 in Britain were 85b; France, almost 34b; Italy 17b; Netherlands about 10b; Spain about 9 b; Germany under 5b. Overall for European Union 1994 one of the highest years, with 34b in sales.

16 One of the issues for the U.S. has been that it considers its own standards more stringent than the new standards being proposed. It is also the case that Anglo-American standards have emerged as de facto international standards over the last few years, thereby greatly expanding the market for Anglo-American firms.

17 Japanese firms interested in operating outside Japan had already recognized that not adhering to Anglo- American accounting standards would crowd them out of the global market. It has become necessary for firms from any country who want to work internationally to adjust to the most widely accepted standards in the world or not be a player in the world financial market. For example, lenders on the interbank market charge Japanese banks higher interest rates due to opaque accounting and insufficient disclosure of bad debts; Daiwa bank was expelled from the US for

hiding losses for 11 years. Indeed, the only Japanese financial institution listed on the NY Stock Exchange, The Bank of Tokyo-Mitsubishi Bank, conformed to US accounting standards (the world's most stringent) long before the Japanese government's decision to adopt international standards, and in 1996 raised 2$US billion with an international convertible bond issue. The dominance first of Anglo= American standards and now of the new international standards is one component of the new normativity derived from the logic of the global capital market.

18 Again, it was an innovative instrument, functionning as a bond for the first four years – paying 10% a year – and subsequently becoming shares in Telecom Argentina. As in the Mexican deal, the trade literature saw this as an innovative concept that might become a model for other offerings.

Literature

Arrighi, Giovanni (1994), The Long Twentieth Century. Money, Power, and the Origins of Our Times. London.

Carrez, Jean-Francois (1991), Le developpement des fonctions tertiares internationales a Paris et dans les metropoles regionales. Rapport au Premier Ministre. Paris.

Coombe, Rosemary J. (1993), »The Properties of Culture and the Politics of Possessing Identity: Native Claims in the Cultural Appropriation Controversy.«, in: The Canadian Journal of Law and Jurisprudence, Vol. VI, No. 2: 249-85.

Cox, Robert (1987), Production, Power, and World Order: Social Forces in the Making of History. New York.

Dezalay, Yves/Garth, Bryant (1995), »Merchants of Law as Moral Entrepreneurs: Constructing International Justice from the Competition for Transnational Business Disputes«, in: Law and Society Review 29, no.1: 27-64.

Drache, D./Gertler, M. (1991) (eds.), The New Era of Global Competition: State Policy and Market Power. Montreal.

Franck, Thomas M. (1992), »The Emerging Right to Democratic Governance«, in: American Journal of International Law vol. 86, 1: 46-91.

Jacobson, David (1996), Rights Across Borders: Immigration and the Decline of Citizenship. Baltimore.

Jessop, Rober (1999), Reflections on Globalization and its Illogics, in: Kris Olds et al. (eds.): Globalization and the Asian Pacific: Contested Territories. London: 19-38.

Knox, Paul L./Taylor, Peter J. (1995) (eds.), World Cities in a World-System. Cambridge/UK.

Mazlish, Bruce/Buultjens, Ralph (1993) (eds.), Conceptualizing Global History. Boulder.

Mittelman, James. (1996) (ed.), Globalization: Critical Reflections. Yearbook of International Political Economy. Vol. 9. Boulder/Colo.

Olds, Kris/Dicken, Peter/Kelly, Philip F./Kong, Lilly/Yeung, Henry-Wai Chung (1999) (eds.), Globalization and the Asian Pacific: Contested Territories. London.

Panitch, Leo (1996), »Rethinking the Role of the State in an Era of Globalization«, in: James Mittelman (1996) (ed.): Globalization: Critical Reflections. Yearbook of International Political Economy. Vol. 9. Boulder/Colo.

Reisman, W. Michael (1990), »Sovereignty and Human Rights in Contemporary International Law«, in: American Journal of International Law 84, no. 4 (October): 866-76.

Rosenau, J.N. (1992), »Governance, order, and change in world politics«, in: J.N. Rosenau/E.O.Czempiel (eds.): Governance without Government: Order and Change in World Politics. Cambridge: 1-29.

Ruggie, John Gerard (1993), »Territoriality and beyond: problematizing modernity in international relations«, in: International Organization 47, 1 (Winter): 139-174.

Salacuse, Jeswald (1991), Making Global Deals: Negotiating in the International Marketplace. Boston.

Sassen, Saskia (1998), Globalization and its Discontents. New York.

Sassen, Saskia (1996), Losing Control? Sovereignty in an Age of Globalization. The 1995 Columbia University Leonard Hastings Schoff Memorial Lectures. New York.

Sassen, Saskia (1991), The Global City. New York/London/Tokyo.

Sinclair, Timothy J. (1994), »Passing Judgement: credit rating processes as regulatory mechanisms of governance in the emerging world order«, in: Review of International Political Economy 1: 1 (Spring): 133-159.

Taylor, Peter J. (1995), »World cities and territorial states: the rise and fall of their mutuality«, in: Paul L. Knox/Peter J. Taylor (1995) (eds.): World Cities in a World-System. Cambridge/UK: 48-62.

Trubek, David M./Dezalay, Yves/Buchanan, Ruth/Davis, John R., »Global Restructuring and the Law: the Internationalization of Legal Fields and Creation of Transnational Arenas«. Working Paper Series on the Political Economy of Legal Change. N. 1. Madison, Wisconsin: Global Studies Research Program, University of Wisconsin.

United Nations Conference on Trade and Development, Programme on Transnational Corporations (1993), World Investment Report 1993: Transnational Corporations and Integrated International Production. New York.

United Nations (1992), World Investment Report 1992: Transnational Corporations as Engines of Growth. New York.

Wallerstein, Immanuel (1988), The Modern-World System III. The Second Era of Great Expansion of the Capitalist World-Economy, 1730-1840s. New York.

Some Long-term Trends in the Multiple-Boundedness of Societies

Michael Mann

»Societies« have always consisted of multiple, overlapping, intersecting networks of interaction, at the boundaries of each of which occurs a certain degree of cleavage. »Societies« have never been unitary but multiply-bounded. They have never totally caged their members, but the extent to which they have caged them has varied. It is these »degrees of multiple-boundedness« that I will here discuss across recent history and across the world today.

Until recently almost all sociologists would have implicitly assumed that »society« was the nation-state. This was an understandable over-simplification in the era of nationalism, for it had a certain reality. Germany, for example, had become *more* of a singular, caging society than anything that had existed in medieval or early modern Europe. Yet to make »Germany« into a singular »society« was still to over-simplify, reifying the nation-state. I pointed this out at the beginning of the first volume of my *The Sources of Social Power*, published in 1986 (German edition 1990), and the point is nowadays generally accepted.

From this I make three more general points.

1. Societies have never been either border less or totally bounded. They have always had multiple partial borders – and probably always will.
2. It is helpful to distinguish analytically between four major relatively-bounded networks of power interaction – cultural or ideological, economic, military and political. This is my IEMP multiple power network model of societies, my own substantive sociological theory. »Societies« are formed by the entwining of all four. Since they form around power resources, their entwinings are both co-operative and exploitative, generating both community and conflict.
3. These four networks of interaction vary in the degree of boundedness they impose on human societies. Economic power relations are not usually very tightly caged. Production systems may tend to partially cage their workers,

since they have a fairly fixed location and may involve coercion. But economic markets are inherently diffuse, spreading across the world wherever exchange for profit may be found. Ideology is somewhat variable. Ideological messages, rituals, songs etc. diffuse fairly freely across social space, including across state boundaries. Freiburg residents have perennially adopted ideas and styles from the French, the Swiss etc. Yet partial cages may be erected by well-established religions and languages. Islam and Christendom, German and French tend to cage their adherents. Nonetheless, we may still convert to Islam or learn to speak English (I am grateful you have done at least one of these). Military power has a dual aspect. On the one hand, it is obviously authoritative and highly-constraining, and it requires the extraction of large resources, usually from a fairly territorially-fixed population. Yet, on the other hand, military striking-power usually greatly exceeds the capacity for effective conquest and rule. This was especially marked in the age of nomadic cavalry and is so again in the age of air-power. The US can hit anywhere with its Cruise missiles, but it cannot rule there. It is political power which is inherently the most centralized and territorial, which most cages us within authoritative rule-making and economic redistribution systems which are confined within given territories. And yet political power also has a second face. States exist among other states, and between these exist geopolitical or inter-national relations. These relations may either harden or soften state boundaries. Hegemonic geopolitical power, is an especially interesting case, if truly legitimate, for the minor states may voluntarily relinquish some of their coercive powers and boundary controls to the hegemon Political, and secondarily military, power relations tend to come closest to caging us within fixed, singular »societies«. Economies are the least likely to cage us, while geopolitics are usually very varied.

So why has there been a gradual increase in the relative boundedness of »societies« over the last five or so centuries? The answer is that it has been essentially caused by the rise of a system of nation-states lacking a hegemon. This greatly extended the scope of political regulation over subjects‹ lives. The European states also confined much of the world within their imperial cages. The result was more caging of the other main power networks. There has been more national military caging (the near-monopolization by the state of the means of military violence), more cultural caging (growing national identity and nationalism) and more economic caging (national and imperial protection and national economic planning). Yet we must not exaggerate its extent or forget that social networks were generally becoming more extensive. Thus geopolitical relations intensified. Thus also over the same period economic and ideological power greatly expanded transnationally. Capitalist markets, and especially finance capital, diffused throughout the world, perennially escaping the state's capacity to control it. So did the salvation religions and modern secular ideologies like liberalism and socialism. The combined sum of this multiple modernization process has been a great extension of human interaction at the national, the inter-national and the transnational level simultaneously, at the expense of purely local interaction. The age of nationalism was also the age of transnationalism.

But the 20th century has been one of two halves. The first half saw more rapid intensification of the nation-state, of highly conflictual geopolitics and of nationalist and statist ideologies like fascism and socialism (after it came to terms with the state and the nation). Yet the second half has seen a greater expansion of transnational interaction networks and a weakening of nationalism and statism. Sociological attention has focussed almost exclusively on the latter and especially on expanding transnational economic and cultural interaction networks – amounting, it is often argued, to a process of globalization. I will attempt to restore the balance here, to arrive at a more nuanced view of the process. I will do this by restoring recent changes in political and military power relations to their rightful role in the process.

It is usually argued that a communications revolution has enabled capitalism, closely entwined with a consumerist culture, to penetrate the entire globe, undermining the power of the nation-state. This is the economic/ideological vision of writers like Jamieson, Giddens, Lash and Urry, Saskia Sassen etc., as it has been the conventional wisdom of the Economist and the Wall Street Journal and the delighted self-image of CNN and MTV. There are three things wrong with this vision. First, the so-called communications revolution is not actually new. It continues a two century growth in communications infrastructures, stretching from canals, railroads, stock exchanges, steamships, mass printing techniques, the telegraph and telephone, the corporation, the internal combustion engine, the mail order catalogue, the organization chart, airplanes, rockets, radio, TV and computers. All of these developments enhanced human capacity for effecting social organization over larger and larger social spaces. Second, the causal explanation is weak or limited. It is weak, if it depends on technology. It is stronger, but still limited, if it rests only upon capitalism. Many of those writers named above seem to be arguing that the more modern developments have caused the emergence of a global society, one that undermines the nation-state.[1] This seems a rather exaggerated causal role for technology and capitalism, and it also has the consequence of emphasizing the »neutral«, conflict-free aspects of globalization.[2] If transnational globalization is now occurring, it must have also had other preconditions in the neglected realms of social power, the military, the political and the geopolitical. But, third, globalization presupposes that the changes are occurring everywhere. Yet the globe is extraordinarily varied. We must particularly remember that our small part of the globe, Western Europe, is not to be equated with the world as whole.

A rapid four-part revolution in political and military power relations, begun in 1945, has contributed very significantly to globalization (as Shaw 1997 has also emphasized). But its three components have done so very variably, with different consequences. Later we see that they have occasioned differing forms of resistance. The revolution comprises

1. The ending of most advanced military states' desire to make war on each other. This happened as a sequence of steps after the most devastating war in human experience: the 1945 demilitarization of the losers; the Cold War in which many states effectively handed over their ultimate war-making power to the United States or the USSR; the emergence of weapons too terrible to be rationally used if the enemy retaliated in kind; and the collapse of the USSR. The result is that while all advanced states retain a military capacity, they do not contemplate making war on each other. This has removed the old backbone of the modern state in its European heartland. The removal was a precondition for the European Union and for American hegemony.
2. The emergence of two hegemons, and then one. The USA dominated its sphere consensually, the USSR not so consensually. The USA then became the sole hegemon, enduringly in military terms and also initially in economic terms. As a hegemonic Power and as the first continental economy, the US favoured a transnational economy (as Britain had earlier done, too). This resulted in the paradox that the transnational economy also has a predominant national identity – its rules and its neo-liberal market ideology are American. Note that since virtually all Europeans welcomed these changes, the EU and American hegemony were both achieved with considerable consensus and very little resistance.
3. The reduction in the ideological variation we find among the advanced states. No more fascism, little communism, little overt authoritarianism of any kind. Europe also witnessed massive 20th century ethnic cleansing. For example, the Germans are now almost all back in the three states represented at this conference. This contributed to the decline in conflict among the

advanced states and was also a precondition for the European Union and for the American hegemony. The advanced states all belong to the same family of liberal democracies, and they are fairly pacific, especially in their dealings with one another. They are less caged from each other than were their historical predecessors. Ideology does not divide them into different cages. And again this adds to the consensual nature of globalization among the advanced states.

4. The end of colonialism. This created the number of sovereign nation-states and it also ended caged imperial preference trading zones, assisting the emergence of a more transnational world economy. The effects, however, were quite different from those noted above among the advanced states. Most sovereign »Third World« states have substantially militarized, mobilizing large armed forces for internal pacification and defense against their neighbours. Border and religious/ethnic disputes are frequent amongst them and between groups with loyalties to a different state. This greatly fuels caging nationalisms (in some parts of the world they are caged within more militant religions which are pan-regional). As Charles Tilly (1992) noticed, their military expenditures are not following the Western historical pattern of first rising and then declining after a certain level of economic development is reached. Their military expenditures continue to rise. This tended to raise their level of state-boundedness and also to increase the level of international conflict.

Yet »Third World« countries have themselves arrived at very varied destinations. Relatively successful countries enjoy genuine territorial sovereignty and political stability (democratic or mildly authoritarian). Countries like India, the Philippines and Mexico are caging their national populations more successfully than their often-imperial predecessors did. Yet at the other extreme, the least-successful ones cannot maintain a genuine territorial sovereignty. Across a belt of Central Africa (Zaire, Rwanda, Burundi, until recently Uganda), local and ethnic identities are much more salient than national ones. There is no nation and even their militaristic states are near disintegration. This is also the case in countries like Liberia, Somalia, the Sudan and Afghanistan. Most countries in the South lie somewhere between these extremes.

These changes in political and military power networks continued to encourage a partial trend toward transnational globalization. The perspective from Europe encourages enthusiastic globalization theory – indeed it often encourages »globaloney«. Some traditional features endure in Europe (national addends still flourish; its states still acquire new functions; geopolitical power within the Union remains important – see Mann 1998). Yet national borders and national caging within Europe are obviously declining.

But Europe is not the world. It is easily the densest and most advanced multi-state region of the world, it is the only region whose earlier inter-state wars killed well over fifty million people. Its social structure and history are utterly unique. Thus there is nothing resembling the European Union anywhere else in the world. NAFTA, for example, is an ad hoc regulation, only of trading relations (no free market for labour), between a regional Superpower and its two very different neighbours. Other regional groupings, like ASEAN or OAU or the Arab League, are feeble by comparison. They are little more than traditional state-to-state diplomatic apparatuses. Indeed, their usefulness often stems from the fact that international tensions, possibly leading to war, remain perennial features of their regions.

From the US globalization is not quite viewed as the European Union write large, but through the geopolitical lens of American hegemony. The global economy is seen as needing continuing American management – through government-to-government pressure, through the IMF, the World Bank etc. The world economy is not in reality seen as self-regulating, despite neo-liberal rhetoric. Political and military tensions in the more strategic parts of the world are still seen as needing American credits and military aid, economic sanctions or – finally – the launching of Cruise missiles. Indeed, *this* nation-state's capacity to cage its own citizens (and non-citizens) is still growing, as its regionalisms decline and its governments surreptitiously acquire more powers. *This* state's economic power is still the core part of the global economy; and *this* state's military striking-range, though not unlimited, is a very significant constraint on just about every part of the world. From America the view is rather more geo-political: of a »Northern«, trilateral globalization (North American, European and Japanese-led East Asian), still requiring American leadership, especially in its problematic relations with the South. This is a view in which national and macro-regional geo-political »societies« are entwined with emerging globalization. It allows much more of a role for conflict than does the Euro-view, but it sees this as conflict between »we« the progressive modernists and »they« the backward nation/statist ideologists. And since Japan has never endorsed free-market models, it too can be seen as part of the enemy. Trilateralism totters.

Views from the rest of the world are much more varied. Economic/cultural globalization is seen as real but not as genuinely transnational. Rather it has a national or ethnic or macro-regional identity – globalization is predominantly American, white or Northern. Co-operation with it is seen by almost all governments as necessary for their own development. Yet they seek to retain some control by the nation-state against its power, mobilizing resistance especially against cultural imperialism. A few resist this strongly, frontally, as in Islamic fundamentalism, a very influential ideological power network in the world today. If the latter ever were to become a successful developmental strategy, it might be copied/adapted across much of the South. Even without this, most southern developmental strategies will probably continue to find a larger place for nationalism and statism than globalization theory or neo-liberalism would suggest – and they are aware of, and ambivalent about, the conflict which exists between the two. National or regional-ideological social cages are unlikely to disappear across the South, though they are now being bitterly fought over.

For globalization is a power process, advantaging some at the expense of others, whose resistance takes collective and ideological forms. Globalization has had both a class and a regional power-base. By altering the balance of power between capital and labour, globalization (allied with other forces) has helped advantage the capitalist class against working and non-working people. And by weakening traditional collective planning techniques across the south, it has disadvantaged masses of citizens of most southern countries. Both processes generate resistance.

Yet both these generalizations require qualification. Within »northern« countries inequalities have significantly widened only in the »liberal« or »Anglo-Saxon« countries – the US, Britain, Canada, Australia, New Zealand (the American »Trojan horses«). Though all European countries recognize the pressures, so far their more entrenched Social Democratic or Christian Democratic institutions have prevented much widening of inequalities and much overt conflict between the new right and the old centre and left. This has also been true of Japan (though Koreans are now feeling the crunch).

There is even more variety of response across the »south«. A few ex-southern countries managed to almost join the north. The »Little Tigers« of East Asia benefitted from globalization, though their success was mediated by strong nation-statist institutions, which differed from those of Europe since they were organized around semi-authoritarian and often corrupt elites which were none less conscious of the need to provide more general social welfare. An international power struggle between American and European capitalists and their governments against East Asian elites is now visibly underway over these nation-statist powers. The oil states form a distinct group, distinguished not only by their wealth, but also by their authoritarian regimes. Most have strong military states, but they are split by their degree of ideological hostility to the US. The former Soviet Bloc countries form another distinct, if varied, group. The most westerly may be absorbed into the European Union, though the more easterly ones peculiarly combine the crassest neo-liberalism with substantial state intervention and a fervently nationalist and statist opposition movement. We may next distinguish the »middle class« group of southern countries – mostly Latin American, but also adding countries like India and Indonesia. Their elites tend to be more split over economic-cultural strategies, generally pro-Northern yet with the military often being a distinct, and usually statist-inclined elite group. Internal diversity increases as we go down to the largest number of countries, those seemingly mired into poverty. Though »socialism« no longer attracts many elites, most remain rather statist, with strong military coloration, and with anti-imperialist nationalisms generally lurking as potentially mobilizing alternatives. Since neither neo-liberalism nor the kind of statism elites can muster seem to bring much development, outcomes are impossible to predict.

Conclusion

We have seen many global variations around my theme of multiple boundedness. Caging by the nation-state has not disappeared anywhere, but it has substantially and broadly-consensually declined in Europe, partially replaced by Euro-wide and American caging, partly by more genuinely transnational interactions. At the other extreme, among some desperately poor countries, the nation-state has almost collapsed, occasioning a retreat to more local social networks and bloodier social conflict. These are the two most dramatic shifts, both retreats by the nation-state. Elsewhere, scenarios are much more mixed – and subject to considerable conflict.

I do not pretend to predict the future of such a varied, multi-bounded world scenario. I would, however, make two general points. First, no-one should write glibly about globalization without proper consideration of the enormous variations that exist within the world, both between the three main regions of the North and between the even more variegated countries of the South. It is simply absurd to generalize on European experience alone. Second, no-one should write about globalization merely on the basis of capitalist development reinforced by the area of culture/ideology which is most entwined with it, i.e. consumer culture. Whether or not others choose to adopt my IEMP model, the reality it contains – of military, political, geopolitical and the whole realm of ideological power relations – must form a substantial part of the societies of the world. Wars are still normal, states still endure, sometimes weakening, sometimes strengthening, and ideologies mobilize masses to both peaceful and warlike collective endeavours. That these will persist into the foreseeable future, that societies will remain multiply-bounded, though in diverse ways, and that transnational and global networks will slowly but unevenly spread amongst them, is all I do predict.

Notes

1 It is difficult to be sure, since causality is usually a rather weak part of globalization theory. The stress is usually on the consequences of current dramatic changes, rather than on their causes. I except many Marxian theorists from this criticism, since they locate the case clearly inside the contradictions of the capitalist mode of production – though I find this argument over-simple.

2 This should not have been true of the Marxian versions of globalization. But since most Marxists have lost faith in the proletariat and see no other resisting class on the horizon, their visions of globalization are often surprisingly conflict-free.

Bibliography

Mann, Michael (1990), Geschichte der Macht. Von den Anfängen bis zur Griechischen Antike. Frankfurt/M.

Mann, Michael (1998), Is There a Society Called Euro? In: Roland Axtmann: Globalization and Europe. London.

Shaw, Martin (1997), The state of globalization: towards a theory of state transformation, in: Review of International Political Economy 4: 497-513.

Tilly, Charles (1992), Coercion, *Capital* and European States, AD 990-1990. Cambridge/Mass.

Old and New Boundaries in Gender Relations (Or Gender Relations in Troubled Times)

Joan Acker

Introduction: The study of gender relations fits well with the theme of this conference because this field has, from its beginnings in the late 1960s, been dedicated to the breaking of boundaries of conceptual practices and distributions of power and respect that have maintained male-domination in sociology and society in general. At the present time, the dismanteling or at least weakening of old gender power relations in some countries and the often violent reinforcement of old patterns of male dominance in others are among the most dramatic and often unsettling of the many global and local changes underway. In this discussion I will first outline how feminist scholars have challenged and sometimes shattered the boundaries of old, male-dominated, gendered intellectual practices and, second, consider how the resulting new perspectives on gender and social life can illuminate contemporary economic and social changes as well as the consequences of these changes for women and men. I focus primarily on work and work organizations because these are the topics with which I am most familiar.

Three Arguments About Gender Theorizing

Feminists in sociology and other disciplines have developed three arguments about social theory that have unsettled old ways of thinking. I review these arguments, which are now almost axiomatic in feminist scholarship, to lay the ground work for a discussion of some current developments. All of the arguments involve breaking boundaries.

Argument 1 Gender-neutral theories of society fail to explain the widespread subordination and devaluation of women. Most ostensibly gender neutral social theories are inadequate for this task because they render invisible central social processes involving gender. Invisibility of women and gender arises from the implicit standpoint of most theory, located in some »objective« position outside social relations. This point of departure resides, in actuality, in the position of the relatively advantaged, mostly white, men who do the theorizing. Thus, such theories are not really gender neutral because they are built upon images of the general human being and of social life based on the situations and activities of men. Far from clarifying gender relations, such theory functions ideologically as part of complex processes that maintain and reproduce gender relations and gendered inequality. As feminist thinkers have argued since the late 1970s, gender-neutral theory may also fail at providing adequate understanding of phenomena usually seen as having nothing to do with gender, for example, capitalism and class. All of this suggested a highly skeptical approach to the received ways of thinking about social life, stimulating a great deal of critical scholarship that questioned accepted theoretical frames, analytic categories and disciplinary boundaries.

Argument 2 The »gendering« of social thought is necessary to correct this inadequacy and bring women and gender from the periphery to the center of sociological (and political, economic, anthropological, etc.) thinking. This is still an ongoing process that has had a number of components.

First, the reconceptualization of gender. Initially, feminist scholars substituted gender for sex. Sex had been used to conceptualize women's particular places in societal systems of inequality: sex stratification, sex segregation, sex roles and the sexual division of labor allowed us to identify processes and relations that eventuated in the subordination of women. In this usage, sex was simply a way of indicating patterns of division or difference between women and men. Almost immediately, however, the essentialist implications of ›sex‹ were evident. Sex implied biological and unalterable differences. This idea was unsupportable in much research that showed differences within as well as between the two gender categories and patterns of gender power and gender-appropriate behavior varying widely in different times and places. To oppose the arguments that the societal sexual order was natural and right, a distinction had to be made between the biological and the social. Thus, gender came to represent the socially constructed and sex the biologically given.

Gender roles, gender stratification, gender identities became the topics of study. The use of gender in this way supported the emerging feminist reinterpretation of social theory through emphasizing that the subject of women's oppression is predominantly an issue of social processes and structures. Gender also, more effectively than »sex«, began to bring men and masculinity into the purview of study. The comprehension of gender as relational became more clearly articulated, and this required that men and masculinity should become more visible in research and theory. However, the connections between sex and gender as well as the distinction between the two became problematic for some of us. Was there a causal link between sex and gender, and in which direction did it go? Accumulating research confirmed large variations in behavior and feelings among women and among men; these variations suggested that, if there were causal links from biological sex to social gender, these links were faint, complex, and often absent. The issue of the links between sex and gender was at least temporarily resolved by arguing that sex derives its meaning from gender, while gender is constituted partially through cultural elaborations and interpretations of the meaning of biological sex.

Accumulating research on the variety of women's lives and forms of gender inequality began to show that gender as social roles, attributes of individuals, defining characteristics of a group or category, or major components of identity were simply too narrow to do the work of understanding systematic, societal- wide patterns. In addition, structural concepts such as patriarchy or notions of gender relations built on analogy to Marxist class relations were problematic. »Patriarchy« split the subordination of women from class and racial domination at the very time that connections between gender, race and class were becoming more obvious. »Gender relations« did not seem to have an identifiable core relation as did class. Was gender rooted in male control of women's bodies, in male control of women's sexuality, or in male control of women's labor power? The answer was probably, »All three«. But such an answer was insufficient because one could argue that the subordination of women was also rooted in the organization of daily life and caring work, in religion, in economic structures.

The solution that emerged greatly expanded the boundaries of »gender«. Gender, once a noun, became also a verb and an adjective. We began to talk about the processes of gendering and gendered institutions. Gender, we recognized, was ubiquitous. Gender divisions and differences could be identified in numerous institutions, the economy, the polity, and in the divisions between public and private realms, as well as in the family and sexuality. The creation and recreation of gendered meanings and subordinations occured as people went about the ordinary business of running their lives and their communities. Thus, »gender« came to be seen as a basic principle of social structure and cultural interpretation, integral to many societal processes. »Gender« was now defined as differences and divisions between masculine and feminine, between men and women, socially constructed and socially organized in historically and culturally specific patterns, manifest or latent in most aspects of social life, including the mobilization of and claims to power.

Second, gendering social theory involves breaking conceptual boundaries that coincide with male experience and administrative practices. The first conceptual boundary we tried to breach was that between work and non-work, as unpaid work in the household was defined, as in »I don't work, I'm just a housewife«. Closely related was the boundary between work and leisure, a significant boundary for many men, but not for women who often had increased work at holiday or leisure times. Thus, these conceptual distinctions might take different forms if they represented women's rather than men's experiences. Boundaries between families and work organizations, conceived as separate spheres, have also been probed, particularly in our studies of gender and organization. These boundaries are not just conceptual representations of male experience. They exist for women too, in concrete organizing practices, in the flow of daily life, and in discourse. However, social relations span the boundaries in different ways for women and men, shaping families to the demands of organizations. Feminist analyses have recognized the centrality of these boundaries for understanding gender relations and women's subordinate situations. At the same time, feminist scholars have understood the ideological consequences of boundaries such as those that defined work as paid work in organizations and unpaid family work as non-work.

Gender analyses have crossed other discursively constructed boundaries such as those that denote major institutions or fields of study. For example, feminist sociologists and economists have challenged the boundaries of »economy« as conventionally defined, arguing that unpaid work produces value and is essential to other kinds of work in the money economy. Some questions can best be answered through boundary transgressions. For example, the gender wage gap and the sex segregation of the labor force are aspects of the »economy« or the »market.« Some, perhaps most, of the practices and processes that create these inequalities occur in work organizations, but families and communities may also be involved. Thus, to study gender inequalities in the economy, we must study gender relations in organizations, families, and public spaces in communities. Studying social relations of dominance joins us with other critics who argue that social relations cut across disciplinary and conceptual divides. To adequately discuss these relations, we have to talk about organizations and the multiplicity of activities that link them as the sites in which both »the economy« and »the polity« take place (Perrow 1986; Clegg 1990; Friedland/Robertson 1990), thus sites in which we find class, and often race, as well as gender.

Gender studies also cut across boundaries between phenomena conceived as occurring on different analytic and/or societal levels. To understand how gender structures at the so-called macro-level are actually reproduced, one must, I believe, look at specific historical instances of organizational or institutional policies and practices (meso-level) as well as at how people interact in and out of specific social spaces, such as the workplace or the home, and how they experience and interpret their lives (micro-level). The very notion of »levels« becomes suspect in these boundary-spanning conceptualizations.

Third, gendering social thought involves bringing the existence of bodies, emotions, and sexuality into our comprehension of how institutions, including corporate boards, factories, currency trading groups and political parties, function. Feminist sociologists have shown in a series of empirical studies the utility of bringing together bodies/sexuality/emotions and organization/economy (Hochschild 1983; Adkins/Lury 1996; Pierce 1995). Of course, feminist scholars are not the first or only ones to suggest such connections (Mills 1956); Freud himself argued that the very possibility of »civilization«, including economic action, was premised upon certain constructions of sexuality. Scholars of the Frankfurt School, such as Erich Fromm and Herbert Marcuse, made major attempts to explicate such connections (Jay 1973). We don't need to call on Freud to explicate links between economic and professional/managerial behavior and gender/sexuality/emotion. For example, a recent study (Pierce 1995) of trial lawyers in the U.S. revealed how the cultivation and display of aggression is demanded of and taught to lawyers, whose professional performance is shaped by notions of masculinity and the power to evoke certain emotions in themselves and others.

Argument 3 Women's and men's gendered social existences are tremendously varied, and gender alone is insufficient to comprehend those differences. We can no longer discuss »gender relations« as though these exist in some pure form outside the other processes creating multiple diversities. Thus, we must conceptualize class and race along with gender as intersecting, overlapping, sometimes simultaneous outcomes of social processes. Other factors, such as nationality, ethnicity, language, age, and physical disability, are also often important in producing diversity. Interconnections are easiest to demonstrate in concrete, historical studies, but how to conceptualize such connections in a more general way is difficult. However, it is clear that abstract analytic models in which there are neither bodies nor concrete people are of little use. This issue becomes more and more important as we recognize the multicultural nature of most nation-states and as we try to extend our analyses to the transnational level.

Gender Relations in Turbulent Times

In the following section I apply the perspective outlined above to a few questions about contemporary changes in our societies. First, what are the prospects for increasing gender equality and decreasing gender oppression? There are unclear and conflicting trends in these times of »globalization«, organizational restructuring, debureaucratization, changes in job structures and labor markets, and new technologies. In many of the Northern industrial nations, such as the United States, Britain, and the Scandinavian countries, one of the primary structures of old gender relations is in rapid decline as, with the entry of women into the paid labor force, the male breadwinner/female carer family becomes a relative rarity. In the U.S., African American women have always been in paid employment in large numbers. Now this is true for White, Hispanic, and Asian women as well. In these wealthy countries, more women than ever before are able to be self-supporting, at least at minimal levels, and thus are less dependent upon relations with men for economic survival. Girls and young women often have sex outside of marriage; they travel alone, drink alcohol and use drugs, and engage in dangerous sports, just as young men do. One consequence of this is that most young women in these industrial countries think that they are equal with men. Like men, they expect to work for pay; but they also expect to marry and to have children. Expectations for equality with men will not be realized for many of these young women because the structure of labor markets and pay systems are stacked against them. Jobs and work organizations are still sex segregated, although less so than 20 years ago. The gender gap in pay, although declining, persists. Female dominated jobs still pay less than those dominated by men. At the same time, the elimination of many high paying, male dominated jobs have led to declining wage levels for men, at least in the U.S. Estimates are that in the U.S. over 60 percent of the reduction in the gender pay gap is due to the declining earnings of men rather than to the rising earnings of women.

Class and race differences in women's success in reaching some level of equality are great and growing. Middle class, well educated, mostly White women in the industrial countries seem to be doing well. They have entered formerly male professions and managerial positions in fairly large numbers, although they still rarely get to the top. However, their working conditions and the challenges they face are still quite different from those of men, as Jennifer Pierce (1997) shows for trial lawyers. Immigrant women and women of color do not do so well. In Sweden, for example, the unemployment level among immigrant women has recently been 50 percent. In addition, we now have many studies that show how change toward gender equity is frustrated or minimized by discrimination, male self-interest of both workers and managers, reorganizations in complex processes of change that may elevate some women while providing new opportunities for men, bureaucratic maneuvoring, and ordinary practices and procedures (Acker 1989; Buswell/Jenkins 1994; Cockburn 1991).

Prospects for women within the paid labor force are fundamentally affected by the relations that cross the boundaries between paid work life and life outside of work. Women still carry the greatest responsibility for life outside of work, organizing family daily maintenance, producing meals and clean clothes, caring for children and the elderly. Although great variation exists even among the wealthy industrial capitalist nations in how these necessary activities are accomplished, everywhere they are accomplished through a gendered division of labor. This division of labor is embedded in families, but also in the structure of work organizations and in the processes of capital accumulation, putting brakes on the possibilities for ongoing changes toward gender equality.

The gender substructure of work and organization

Work and work organizations have a gendered substructure, manifested in the demands of the ordinary job, that are structured on the assumption that the ordinary worker is a man, an abstract person who has few obligations outside work that could distract him from the centrality of work. Women, at least stereotypically, do not have these qualities, for they have many responsibilities outside the job. The substructure is not just ideological, but is manifested and reproduced through the ostensibly gender-neutral practices and activities of doing the work of organizing, including the textual tools of management used to specify work tasks, responsibilities, coordination of activities, wage setting procedures, promotion processes, performance assessments, etc. Further, the substructure manifested in the organization of work helps to recreate the gendered divide between paid work and unpaid family reproductive work, consigning the latter, and women, to a subordinated and devalued position as practice and belief put the demands of the work organization first over the demands of the rest of life. In this way links are constructed between gendering processes in organizations and gendering processes in areas of economy and society outside the formal boundaries of organizations. As the gender substructure is created and recreated, the organizational context for other manifestations of gender is also created.

One might expect that organizational restructuring toward less hierarchy and bureaucracy, team functioning, and flexibility might offer possibilities for shaping organizing to accommodate to the rest of life, reducing the disadvantages for women in paid employment. As part-time or temporary work becomes more and more available, as work moves from the defined workplace to other sites, including the home, a multiplicity of patterns for combining work and family might be possible. While less hierarchy and team functioning may well provide some women workers with opportunities to function more as equals with men and to be assessed on individual merits rather than on stereotypical notions about women (Kvande/Rasmussen 1994), the women who can take advantage of these opportunities must adopt the conventional stance of men toward family obligations. Flexibility in the location and timing of work might also help. However, the relevant research shows that, so far, changes have, at least in the United States, intensified work, lengthened hours, used flexibility to help the employer rather than the worker, and put more pressures on employed women and men, who are better able than women to avoid the consequent stresses in the family (Hochschild 1997). Thus the gender understructure of organization continues to shape work and non-work lives, contributing to the continuing definition of women as different kinds of workers than men, workers who, on the whole, are destined to be in support rather than leadership positions.

The gender understructure of work produces a profound lack of fit between the organization of activities in the world of paid work and the demands of the »rest of life« in capitalist economies. This lack of fit exists, and disadvantages women, even in the social democratic welfare states that have gone the furthest to protect women and children. I will illustrate this with a story from my own experience. A few years ago I was doing some research on women bank workers in Sweden. I had a Swedish co-worker who was essential to the project. She had been an ombudsman in the largest white collar workers' union, had many connections among women in several unions, and a great store of knowledge. In addition, she was a brilliant interviewer and we worked very well together. She did most of the interviews with the front-line bank employees because my Swedish was not sufficiently good for the task of in-depth interviewing. Then she got pregnant. The pregnancy was difficult, she took considerable medical leave, the project slowed down. I could not find anyone else even remotely as competent as she was. After the baby was born, she took parental leave. As a consequence, the project had no additional interviews. Although I kept quiet, I was quite annoyed with what had happened. The pregnancy plus the generous Swedish benefits and rights of parents circumscribed what I could accomplish with the project, I thought. I, of course, supported completely her right to take the leaves guaranteed to her and was in agreement with her decisions about child care. But, I was annoyed and frustrated: had I been a male manager I might have marked her as someone who would not move up to more responsible jobs, or worse, I might have generalized this experience to my evaluations of the potential of other young women, contributing to an organizational taken-for-granted that young women are not managerial material.

I have reflected upon this reaction of mine and have interpreted it as a response to the ineluctable antagonism between the organizing practices of our societies and the carrying out of life-producing activities in the everyday spaces outside of organizations. The research project took place within a web of organizing practices that circumscribed what we could do, when we could do it, and where it could be done. Restrictions were built into schedules and procedures, as well as into contracts between organizations and organizations and individuals, into the design of technology and plans for implementing change. In this case, the most important constraint was time. The project needed to be completed within a certain time-frame to minimize the effects of technological and work organization change. That is, we needed to interview employees within a few months because we wanted to describe how their work was organized at a particular time. We knew that change was underway, as it always was, and we couldn't wait to finish the project while the new baby grew from an infant to a two-year old. We also wanted to gather the data before the next round of collective bargaining, another timed event that did not coincide with the rhythm of pregnancy and child birth. The union wanted to see our results before they went into the bargaining sessions because some of the questions we were addressing related to wage demands. The rhythm of funding for the project also created time constraints. My funding was coming to an end, and I wanted to complete the project before that end arrived. At the same time, state and local community organizing practices and the ideologies supporting them also affected our ability to carry out our project.

Thus, the intersections of many organizational processes – in banks, in the union, in the research institute, in the state and community – produced time pressures for this project. These time demands were not synchronized with the time demands of pregnancy, child birth, and infant care. Indeed, they were antithetical. Swedish welfare policies, including maternity and parental leaves and child care centers, allow women (and men) to respond to the time demands of parenthood without the severe penalties experienced by women in the U.S., but they in no way erase the lack of compatibility between paid work organizations and the rest of life. In this particular case, and I believe in many others, organizational activities (here, the research process) were disrupted by the time-demand incompatibilities. In many other cases, the disruption occurs in the rest of life. Wherever the pressure is felt, the point is that there is a profound lack of fit and the lack of fit extends across organizational boundaries.

This case illustrates, I think, some of the limitations to the Swedish policy approach, and those modeled on it, for dealing with the gender understructure of organization – part-time, flexitime, parental leave, day care, all of which allow individuals, usually women, to accommodate the lack of fit in their daily lives. Measures to accommodate individual family and domestic needs can disrupt the orderly flow of organizational work, causing difficulties for managers, supervisors, and co-workers, but these difficulties do not necessarily push organizations to alter their activities, rhythms, and processes, partly because to do so might disrupt the webs of interorganizational practices essential to the organization. More likely is that, where, as in Sweden, state regulations protect the rights of individuals to do both work and caring, employers will sort both jobs and employees in terms of their expectations about who will use such rights, reinforcing gender segregation in the process (Widerberg 1991). In the U.S., Arlie Hochschild (1997) has shown in a study of one large »family-friendly« corporation that neither men nor women use the family leaves and reductions in working hours available to them because they know that management does not support its own family-friendly policies and that their career prospects will be ruined if they do not work long work hours and take little time off. In any case, this corporation, like most in the U.S., did not offer any »family-friendly« benefits to production workers, only middle class career professionals had to regret turning them down.

To counter this, one frequently proposed reform that would facilitate work organization gender equality is an equalization between women and men of caring responsibilities in the home. But this is not a minor change, because it implies that neither men nor women could be expected to meet the work demands of most organizations, thus organizations might have to change, and this is unlikely under present conditions of heightened competition, short term corporate goals, downsizing, and increased pressures on remaining workers.

Capital Accumulation, Corporate Non-responsibility, and the Gendered Division of Labor

The non-responsibility of profit making organizations for human survival and reproduction, as well as for the natural environment, contributes to the devaluation and marginalization of caring and reproductive activities and those, mostly women, responsible for these activities. Non-responsibility consigns caring needs to areas outside the organization's interests and, thus, helps to maintain the image of the ideal, even adequate, employee as someone without such obligations. Thus, organizational policies and practices continue to encode this gendered notion of the employee.

Non-responsibility is constituted through particular practices that are part of the continual organizing of capitalist societies, historically constituted, sometimes contested, and highly variable. These processes are linked into fundamental relations of capitalist societies: those that organize production toward profit and the accumulation of capital and not, in the first instance toward provisioning the population or assuring human reproduction. Thus, claims to non-responsibility for both human beings and the environment are affirmations of the central aims of profit-making organizations. This idea is not new: the understanding that capitalism is, before all else, organized for accumulation and that profit-making organizations often operate without regard to the well-being of workers and communities goes back at least to Marx. The addition I wish to make is that this aspect of capitalist organization also has consequences for gendered processes. Whether non-capitalist organizations also claim non-responsibility for reproduction is an historical and empirical question.

At the same time that organizations deny responsibility for reproduction, they depend upon the »reproduction economy« (Elson 1994) for their supply of workers and for the sale of many of their products. Large capitalist organizations and the men who lead them have historically (and still do today) sometimes paid attention to the needs of workers and of human reproduction in general. To secure an appropriate and committed labor force, to assure a community of consumers, to achieve legitimacy and civil order, large organizations have adapted to particular conditions of production or acceded to demands for reform from employees, labor unions, other social movements, and from government responding to the politics of these movements. The family wage, labor legislation, welfare state supports, environmental protections all require large organizations to acquiesce in measures to support human reproduction and survival. But acquiescense has rarely been enthusiastic or without opposition. The development of the modern capitalist corporation, in particular, can be seen as a process of claiming non-responsibility, having those claims challenged, acting to defeat those challenges, and sometimes giving in. From the first factory acts in Britain, through the efforts to establish the 10 hour day, workers compensation, child labor laws, minimum wage laws to environmental and safety protections, work organizations and associations of organizations have claimed that such protections were antithetical to the health of capital. U.S. corporations seem more resistant than those in other countries, perhaps because the relative power of capital over labor has been stronger there. However, a distinction should be made between measures to support the reproductive needs of their own employees and measures to support the needs of the population in general. Organizations may be willing to give a living wage, some parental leave, medical insurance, and on-site day care, while opposing tax supported measures to give these protections to non-employees.

I do not wish to imply that there is some fundamental economic logic of capitalism that results in one way of linking women and reproduction to production, one form of dominance of work organizations over the lives of workers, or one pattern of organizational non-responsibility. As Fred Block (1990) has argued, there are different strategies of accumulation and capitalism has prospered with different kinds of government policies. Similarly, capitalist organizations have prospered with different strategies of reproduction, different policies in regard to the reproductive needs of employees, and different stances toward communities and toward government supports for redistribution and reproduction in general. These differences are embedded in different gender and class relations, and, in turn, help to recreate those gender relations. For example, important differences exist between Sweden, and the U.S. in the ways that women participate in paid economic activities and in the degree to which work organizations pay attention to reproductive needs of employees and of their societies as wholes. Sweden has a very high female labor force participation rate, but thirty to forty percent of women workers are employed part-time. Organizations must pay attention to employees' reproduction needs because in many instances such attention is guaranteed by law. These supports and protections for reproductive work have not been substantially reduced in Sweden in spite of attacks on the welfare state. In the U.S., a somewhat smaller percentage of women are employed, but a higher proportion of them work full-time than in Sweden. Organizations are not legally bound to pay much attention to reproductive needs of employees, with the exception of a few protections against dismissal due to pregnancy and allowing some unpaid leave to care for infants and sick family members. Both Sweden and the U.S. are successful, if somewhat troubled, capitalist countries. The lesson is, as Block also points out, that these arrangements are political, not economic.

In spite of great variations in the ways that capitalist organizations incorporate some concern for reproductive and survival needs, these are not their central goals. Many organizational practices by default establish the non-responsibility of the organization for human reproduction and survival. As in my example above, scheduling union-management contract talks, scheduling the introduction of new computer systems, setting the end date for research funding have nothing to do with having babies or raising children. And that is the point. These actions, in their everyday inattention to the non-work lives of participants, render peripheral and usually invisible the essential social activities of birthing, caring, and even surviving. Reproduction in this sense is outside organizational boundaries and not a matter of concern.

Routine accounting practices also establish and legitimize non-responsibility. Accounting provides quantitative measurement of value involved in production and exchange. Accounting accounts for the costs of production and finance, and is focussed on accumulation and profit (Montagna 1990). In the process, accounting defines what is outside the organization, what it is not responsible for – damage to the environment, the costs of raising and educating the next generation of workers, the costs of caring for the homeless or impoverished elderly. Such things are externalities (see also Waring 1988). Such things become costs, and enter the books, only when the government specifies through law that, for example, a company must bear the costs of cleaning up the water it uses, or when the company provides some benefit or service to its workers.

Claims for non-responsibility for reproduction are in the ascendancy now, particularly in the United States, spurred by neo-liberal economics and its proponents. It is easy to identify some of the organizational processes that are contributing to this state of affairs. Employing organizations in the U.S. have a long history of moving their operations to cheap labor areas within the country with no regard to the survival needs of communities where they had been located. This is, of course, a global phenomenon now. Patterns of contracting production are creating almost workerless organizations – non-responsibility is built into the structure – no workers, no responsibility. Liz Claiborne, a foremost women's clothing firm, is a prime example. In 1990, the company did not own any manufacturing facilities, but worked with 300 suppliers, a large proportion of which were located in Asia (Bonacich/Waller

1990). As Applebaum and Gereffi (1990: 44) remark: »Contracting means that the so-called manufacturer need not employ any production workers, run the risk of unionization or wage pressures, or be concerned with layoffs resulting from changes in product demand.« The development of »global commodity chains« (Applebaum/Gereffi 1990) is very complex and rapidly changing, involving many different relationships between organizations on a global basis, and involving different patterns of non-responsibility. Non-responsibility is also institutionalized on the global level in policies to deal with »debt crises« and other kinds of financial failures. As both the popular press and scholars recognize, banks, stock markets, financial systems are stabilized or bailed out at the cost of the living standards of the majority of the population. Kevin Phillips (1998), a conservative political and economic commentator in the U.S., has recently warned that this may be the next explosive political issue in the U.S. and he makes proposals for undoing some of the non-responsibility.

Current corporate reorganization processes, including down-sizing, elimination of high wage jobs, and wage and salary cuts, can also be interpreted as expanding the range of organizational non-responsibility. The working class family wage, that support for a gendered pattern of reproduction, is all but gone now in the U.S. Instead, as corporations deny their own responsibility, women are targeted as failing in their responsibilities as mothers, either because they work too much or work too little. In the U.S., so-called welfare reform has eliminated the right to survival for most sectors of the population. This »reform« is a massive victory for non-responsibility and was heavily supported by business groups under an ideological banner much like the ideology of the 1834 Poor Law reform in Britain, the poor must work or be punished. Ideologically, the non-responsibility of corporations is attributed to inevitable economic forces, but responsibility for the consequences is laid upon the people most adversely affected

The point of this discussion is that all of these processes reinforce, even constitute, the ways that gender assumptions are built into organizational functioning. The gender division of labor between caring and providing (Leira 1994) is continually recreated in the activities and actions of the most powerful organizations that either by default or through intentional policy create caring needs as peripheral, invisible and someone else's (women's) responsibilities.

The lack of fit between the demands of work organizations and the demands of the rest of life and the continuing claims to non-responsibility of capitalist organizations are not the only causes for the continuing inequalities between women and men in the rich industrial countries. Other factors include the interests of employers, whether in the public or the private sectors, in maintaining low-wage female jobs, the interests of male employees in keeping their relatively high wages that might be threatened by women willing to work for less, and the more subtle and complex processes of maintaining gendered identities in both work and family life that are ever present.

Gender in the Process of Global Change

My second question asks: is gender implicated in the globalization of economic activities and organizations; can we think of gendering processes as occuring globally? I recognize that the term »globalization« is contested and that it covers a multiplicity of processes and practices. Moreover, globalization is an old process, although the popular press often casts it as a new phenomenon. However, without trying to unravel these conceptual and empirical difficulties, I want to speculate about how gender may figure in and help to shape new global social relations. To do this, I make reference in a general way to the very large literature on women and development and gender and economic policy that includes much research on the working lives of poor women, especially women in non-Northern countries (for example, Bakker 1994; Benería/Roldán 1987; Boserup 1970; Nash/Fernández-Kelly 1983). As these studies make clear, gender has been a resource for globalizing firms as they seek out new sources of low-wage labor on the grounds that women work (are forced to) for lower wages than men and, in addition, have more »nimble fingers« than men. In country after country, women and often children have been drawn into production for the world market and into wage labor in multi-national organizations. Although such employment often provides welcome income, much research also exposes how exploitative it is. Multi-nationals, particularly U.S. companies, may find it profitable to reproduce exploitative gender relations (for example, Ong 1983). For example, a recent article (Bhopal 1997) details the campaign of intimidation orchestrated by a U.S. company against strong union organizing among electronics workers in Malaysia. The author notes that 85 percent of the workers were Malaysian women, but does not examine the role that gender might have played in their struggle or the gender consequences of the loss of union rights.

Literature on Third World women workers also reveals some of the variety of ways in which women are incorporated into transnational capitalist production. For example, when production is done in the home, with the family organized as an entrepreneurial enterprise as in the satellite factory system in Taiwan (Hsiung 1996), class, gender, production, and reproduction meld in different ways than in Western societies. In some cases, as in China, much industrial production for the world market is carried out by mostly women workers living in large dormitories reminiscent of the dormitories set up for women textile workers in New England at the beginning of the nineteenth Century. These Chinese women workers are tied through border-spanning social relations to women and men in the rich countries who buy the products they produce or profit from their low-wage labor. Transnational gender relations also exist in caring work (Glenn 1998). For example, Filipinas and Guatemalan women migrate to the United States to become domestic workers for affluent women whose professional careers are thus facilitated. Transnational migration of domestic and caring workers is also nothing new for the United States. Forced migration of African slaves included women who became house servants and child minders. Waves of European immigrant women worked first as domestics in the cities of America. Looking beyond the borders of Euro-American countries at the gendered organization of production and reproduction raises questions about characterizing this historical period as post-modern or post-Fordist.

Global changes presently underway have been described as the »feminization« of the world labor force (Standing 1988). »Feminization« has two meaning, first that women are becoming a larger and larger proportion of the world labor force and second that the characteristics of jobs of both men and women are becoming more and more like the traditional »woman's job«, low-paid, temporary or part-time, insecure, and without the benefits attached to the old »man's job«. Even if this characterization is too sweeping and ignores tremendous variation in the changes, research indicates that there is some validity to the charge. In the United States, and in other countries to a lesser extent, labor unions are fighting a rear-guard action to preserve the conditions of the old labor contract for men's work. Where there are no unions to protect employees, cuts in salaries and levels of social benefit and security are frequent. To the extent that a secure job and a living wage were supports for a stable masculinity, that masculinity may be threatened by such femininization, as men are extruded from good jobs into less skilled jobs, unemployment, or early retirement. This is probably a particularly severe problem for young men who are trying to establish a satisfactory masculine identity.

At the other end of restructuring processes, we can see the emergence of a hegemonic hyper-masculinity that is aggressive, ruthless, competitive, and adversarial. Think Rupert Murdoch or Bill Gates. This masculinity is supported and reinforced by the ethos of the free market, competition, and a ›win or die‹

environment. This is the masculine image of those who organize and lead the drive to global control and the opening of markets to international competition. Globalization has always been driven by organizations dominated by adventurous and adversarial men: for example, the East India Company or the armies of the conquistadores. Of course, researchers rarely study how gender influences the orchestration of contemporary globalizing processes, probably because access to those levels of corporate, international agency (IMF, World Bank, e.g.), and state decision making is difficult to obtain. One exception is Alison Woodward's (1996) study of the gendered nature of the European Commission, revealing a highly masculinized bureaucracy dominated by engineers and lawyers with a miserable record on opportunities for women. Press reports of international financial scandals and novels describing the machinations of Wall Street bond salesmen give some insight into the organizing practices, passions, and illusions of men involved in the globalization of financial markets. In an outstanding book about the world of (mostly male) corporate managers, Robert Jackall (1988) chronicles the competition, ambitions, and defeats inherent in life at the near top and top of corporate hierarchies. Although he discusses gender in only one section in which he describes the difficulties experienced by women in presenting themselves as competent managers, most of the book can be read as an account about men with money and power who are desperately hanging on to that money and power. Similar studies of masculinities in globalizing organizations would be instructive.

I suspect that the pleasures of technology and power are involved in these hyper-masculinities. We may have failed to take adequate notice of pleasures as we have considered the role that emotions and gender identities play in organizations. Arlie Hochshild's (1997) recent description of the pleasures of being at work, pleasures that make the workplace a more desirable place to be than the home, is an exception. Pleasure may extend to domination (Hearn 1993). To dominate may produce a rush of exhilaration. Sally Hacker argued that the pleasures of technology often become »harnessed to domination, and passion becomes directed toward power over nature, the machine, and other people, particularly women, in the work hierarchy« (Acker 1990: 153). Media stories about the success of Bill Gates certainly present him as someone who finds great pleasure in domination, as well as in computers. Could the pleasures of Bill Gates be a key clue to what is happening today in large dominating organizations? Could such pleasures also be a clue to why the new work areas in advanced technologies are overwhelmingly dominated by men?

Conclusion

This discussion of some of the ways that gendered thinking provides insights into contemporary changes suggests that many dilemmas affect women and men in different ways. One is the dilemma for many women in the rich industrial countries between the belief that gender equality exists and the actuality that many of the basic societal arrangements still support inequality. Men tend not to see the inequality and to believe that women may be getting an unfair advantage (Cockburn 1991). Women tend to maintain an uneasy silence. Another dilemma arises from the contradiction between a hegemonic hyper-masculinity and the reality for many men that work is being »feminized« with the erosion of the old bases for masculine identity in a man's job at good wages. The image of hyper-masculinity confirms the unsuitability of women for top positions of power and control. For men whose jobs have been eliminated, deskilled or downsized, hyper-masculinity confirms their failed masculinity. I suspect that the resurgence of Christian fundamentalism and other groups that seek to reclaim the dominance of men and the subordination of women are reactions to these gender dilemmas.

Linkages exist between the gendered processes I have discussed. The non-responsibility for reproduction of large organizations is obvious in attacks on the welfare state and on labor unions, in the process of globalization, and in the measures, such as forced domestic austerity to pay foreign debts, long practiced to resolve the crises of the global system and its big players. Globalizing processes are often cast as inevitable and »economic«, but it is real men who make and remake, within and between their organizations, the so-called economy. What are their pleasures and their images of masculinity? It is no historical accident that gender tensions are part of global change processes.

Literature

Acker, J. (1989), Doing Comparable Worth. Philadelphia.

Acker, J. (1990), Hierarchies, Jobs, Bodies: A Theory of Gendered Organizations, in: Gender & Society 4: 139-158.

Adkins, Lisa/Lury, Celia (1996), The Cultural, the Sexual, and the Gendering of the Labour Market, in: Lisa Adkins/Vicki Merchant (eds.): Sexualizing the Social: Power and the Organization of Sexuality. London: 204-223.

Applebaum, Richard P./Gereffi, Gary (1994), Power and Profits in the Apparel Commodity Chain, in: Edna Bonacich/Lucie Cheng/Norma Chinchilla/Nora Hamilton/Paul Ong (eds.): Global Production: The Apparel Industry in the Pacific Rim. Philadelphia.

Bakker, Isabella (1994) (ed.), The Strategic Silence: Gender and Economic Policy. London.

Benería, Lourdes/Roldán, Martha (1987), The Crossroads of Class & Gender: Industrial Homework, Subcontracting, and Household Dynamics in Mexico City. Chicago.

Bhopal, Mhinder (1997), Industrial Relations in Malaysia – Multinational Preferences and State Concessions in Dependent Development: A Case Study of the Electronics Industry, in: Economic and Industrial Democracy 18, 4: 567-596.

Block, Fred. (1990), Political choice and the multiple »logics« of capital, in: Sharon Zukin/Paul DiMaggio (eds.): Structures of Capital: The social organization of the economy. Cambridge.

Bonacich, Edna/Waller, David V. (1994), The Role of U.S. Apparel Manufacturers in the Globalization of the Industry in the Pacific Rim, in: Edna Bonacich/Lucie Cheng/Norma Chinchilla/Nora Hamilton/Paul Ong (eds.): Global Production: The Apparel Industry in the Pacific Rim. Philadelphia.

Boserup, Ester (1970), Woman's Role in Economic Development. New York.

Buswell, Carol/Jenkins, Sarah (1994), Equal Opportunities Policies, Employment and Patriarchy, in: Gender, Work and Organization 1: 83-93.

Clegg, Stewart R. (1990), Modern Organizations: Organization Studies in the Postmodern World. London.

Cockburn, Cynthia (1991), In the Way of Women. Ithaca/New York.

Elson, Diane (1994), Micro, Meso, Macro: Gender and Economic Analysis in the Context of Policy Reform, in: Isabella Bakker (ed.): The Strategic Silence: Gender and Economic Policy. London.

Friedland, Roger/Robertson, A.F. (1990), Beyond the Marketplace, in: Roger Friedland/A.F. Robertson (eds.): Beyond the Marketplace: Rethinking Economy and Society. New York.

Glenn, Evelyn Nakano (1998),The Social Construction and Institutionalization of Gender and Race: An Integrative Framework, in: Myra Marx Ferree/Judith Lorber/Beth B. Hess (eds.): Revisioning Gender. Thousand Oaks.

Hearn, Jeff (1993), Emotive Subjects: Organizational Men, Organizational Masculinities and the (De)construction of »Emotions«, in: Stephen Fineman (ed.): Emotions in Organizations. London.

Hochschild, A. (1983), The Managed Heart. Berkeley.

Hochschild, A. (1997), The Time Bind: When Work Becomes Home and Home Becomes Work. New York.

Hsiung, Ping-Chun (1996), Living Rooms as Factories: Class, Gender and the Satellite Factory System in Taiwan. Philadelphia.

Jackall, Robert (1988), Moral Mazesa; The World of Corporate Managers. New York.
Jay, Martin, (1973), The Dialectical Imagination. Boston.
Kvande, E./Rasmussen, B. (1994), Men in male-dominated organizations and their encounter with women intruders, in: Scandinavian Journal of Management 10: 163-174.
Leira, Arnlaug (1994), Combining Work and Family: Working mothers in Scandinavia and the European Community, in: Phillip Brown/Rosemary Crompton (eds.): Economic Restructuring and Social Exclusion. London.
Mills, C.W. (1956), White Collar. New York.
Montagna, Paul (1990), Accounting rationality and financial legitimation, in: Sharon Zukin/Paul DiMaggio (eds.): Structures of Capital: The social organization of the economy. Cambridge.
Nash, June/Fernández-Kelly, María Patricia (1983) (eds.), Women, Men, and the International Division of Labor. Albany.
Ong, Aihwa (1983), Global Industries and Malay Peasants in Peninsular Malaysia, in: June Nash/María Patricia Fernández-Kelly: Women, Men, and the International Division of Labor. Albany.
Perrow, Charles (1986), Complex Organizations: A Critical Essay (3rd Edition). New York.
Phillips, Kevin (1998), The Lock on Market Forces, in: The Register Guard. January 4: 1B.
Pierce, Jennifer L. (1995), Gender Trials: Emotional Lives in Contemporary Law Firms. Berkeley.
Standing, Guy (1988), Global Feminization through Flexible Labor, in: World Development 17: 1077-1095.
Waring, Marilyn (1988), If Women Counted. San Francisco.
Widerberg, Karin (1991), Reforms for Women – On Male Terms – The Example of the Swedish Legislation on Parental Leave, in: International Journal of the Sociology of Law 19: 27-44.
Woodward, Alison E. (1996), Multinational Masculinities and European Bureaucracies, in: David L. Collinson/Jeff Hearn (eds.): Men as Managers, Managers as Men. London.

Multiculturalism and Value Relativism

Raymond Boudon

The notion of multiculturalism describes a vague and widespread doctrine grounded on a few interrelated principles:

1. firstly, that national, ethnic and other social groups tend to have a distinctive culture of their own;
2. secondly, that these cultures and subcultures include systems of values which cannot be ranked, for the reason that values cannot be grounded objectively;
3. thirdly and consequently, that endorsing multiculturalism would imply endorsing value relativism, and reciprocally.

Whether we should accept this mutual implication between multiculturalism and relativism, between recognizing the rights of groups and notably cultural minorities and relativism, will be the question on which I would like to present some remarks in this talk, with the ambition, rather to raise some issues, which appear to me essential, than to exhaust the subject.

1. That value relativism is widespread

1.1 Its diffuse influence among intellectuals

First of all, it should be recognized that axiological relativism has become common knowledge in our societies. The idea that we would live in a world where »common values« would have disappeared, in a world irreversibly characterized by a weberian »polytheism of values« has become a widespread belief.

Of course, it cannot be stated that this view is generally endorsed. But, still, there are many signs of its influence, diffusion and progress, notably among intellectuals in the broad sense of the word, I mean among those who are professionally concerned with values, as notably lawyers, teachers, media people, philosophers and social scientists.

As far as lawyers are concerned, a prominent sociologist of law, Ann Glendon (1996) has shown recently that, in the US, the lawyers and judges tend to see their role, even at the level of the Supreme Court, in an entirely new way. Instead of accepting the idea that a judiciary decision should aim, in principle at least, at being grounded on impersonal reasons, they develop what she calls a »romantic« conception of their role. They seem namely convinced that the answer to the question as to what is right or wrong is of a basically subjective character and that personal conviction is the only basis on which their decisions and actions can be legitimately grounded.

As to the influence of relativism in the field of education, a movement called the »value clarification movement« has developed in the U.S. in the last years (Wilson 1993). It starts from the principle that values are a matter of personal decision and draws from this principle the consequence that any effort to teach values and norms would be incompatible with the dignity of individuals and should consequently be banished.

There are also many signs of the diffusion of relativistic views among social scientists and philosophers. As they are supposed to be experts about values, and are often regarded as such, this is not without important consequences, not only on sociology or philosophy, but on the diffuse philosophy and sociology carried by the media, and finally on society as a whole.

An indirect sign, of special interest to us as sociologists, of this appeal of relativism among social scientists can be detected at the fact that Max Weber is becoming popular again today in some circles, essentially because he would have anticipated the success of relativism in the postmodern world. Postmodernist writers interpret namely his »polytheism of values« as meaning that, as the children of modernity, we would have definitely recognized the subjective character of our normative ideas about the world. Thus, Bryan Turner (1992 : 7) writes: » … the revival of interest in Nietzsche … for the development of poststructuralism and postmodernism … has been parallel to the revival of interest in the shaping of Weberian sociology by Nietzsche«.

Relativism tends also to be greatly reinforced by the corporation of anthropologists, who commonly endorse the view that, since values appear as variable from one culture to another, they are the product of »cultural arbitrariness«, as they sometimes state.

Thus, in an influential article entitled »anti-antirelativism«, the prominent American anthropologist Clifford Geertz (1984) defends the idea that relativism would be a final philosophical truth. Relativism was already supported by Montaigne, he contends rightly. Then, came a long era of dogmatic philosophy which, from Descartes to Kant, Hegel and positivism, would have supported an illusion: that there is a moral, more generally an axiological truth. Postmodernism, going back to Montaigne's intuitions, would have closed the discussion: there is no truth, there is no moral and generally no axiological truth. Values are contingent, and rational only to the extent where they constitute a coherent totality.

1.2 Communitarianism

These relativistic-culturalist views are also at the origin of – or at least related to – an important contemporary intellectual, philosophical and sociological movement, namely communitarianism, which illustrates directly the relation between relativism and multiculturalism.

Communitarianism is represented by several writers, as C. Taylor, A. McIntyre, M. Walzer, A. Etzioni or R. Rorty, and has attracted a good deal of attention, notably in the US. Roughly, it states that values, far from being entitled to objectivity and eventually universality, are embedded in concrete human communities and have no other ground than being cultural elements endorsed by such and such community.

This philosophy owes possibly its success notably to the fact that it appears as congruent, at first sight at least, with facts that are both easily observable and important.

While there are many differences between communitarian writers, they share the common view that identity is a crucial dimension of human beings, that personal identity develops within a cultural context and thanks to it, and, also, that cultural contexts are incommensurable.

The need for identity exists, beyond doubt. Moreover, it is true that personal identity can only develop within a social context. As R. Hardin (1995) contends, Kurt Tucholsky probably committed suicide at the age of 34 because, after leaving Germany for political reasons, he emigrated to Switzerland and felt that he could not express his identity in the Swiss intellectual, social and political context, as he saw it at least.

Or to take another example, also mentioned by R. Hardin, communitarians insist on the importance of the fact that Russia and Yugoslavia exploded into a plurality of ethnical entities as soon as the communist regime they had been subjected to collapsed.

Do not such big facts demonstrate, claim communitarians, that belonging to a community is a basic human need? Do not they show that communities are totalities, that people identify themselves to these totalities? That cultures are incommensurable systems of values? That, as they are incommensurable, these values are »arbitrary«? But, while values are ungrounded, they are vital to individuals, since personalities can only develop within a definite cultural context.

2. Do we need to accept these views as sociologists and as people?

2.1 People believe in universals

While relativism, culturalism and communitarism are widespread, all kinds of observations show that most people have on the contrary the conviction that axiological truths on all kinds of subjects do actually exist, can be formulated, and are accepted as such by most people.

Thus, most people agree (to take trivial but, I guess, uncontroversial examples) that democracy *is* a better political regime than the various forms of despotism, or that liquidating *apartheid* in South Africa was a good thing; that corruption is a bad thing, or that stealing is a bad thing, etc. In other words, on innumerable subjects, people have the impression, not less today than yesterday, that the normative statements and the values they endorse, far from being private or from being mere emanations of particular cultures, can be considered as objectively valid.

This axiological relativism is also contradicted by the fact that, as opinions polls show, as well as the literature produced by sociology, social psychology or psychology on moral feelings, the opinions of people, far from being randomly distributed, are on the contrary highly structured on many subjects.

So, the discrepancy between the theory according to which values would be culturally »arbitrary« and the fact that many values are experienced as objectively grounded raises important questions. Notably: are we really ready to believe that such convictions are mere illusions?

3. The naturalistic reaction

I am (by far) not the first one to raise this question. On the contrary: the discrepancy between the relativistic theories according to which values would be illusions, and the conviction of people that they are not, has produced an interesting reaction from the part of some philosophers, sociologists and anthropologists, who have proposed in the recent years *naturalistic* theories of values. I cannot consider these theories in detail. But it can be useful to spend a short time on one of them, in order to check the potentiality of this naturalistic orientation.

3.1 Is there a moral sense?

An American criminologist and political scientist, J. Wilson (1993), possibly one of the most interesting theorists in this category, proposes, in his book on *The moral sense*, to go back to the old notion of human nature, and to recognize that our moral sense is a crucial ingredient of it. But Wilson's version of the Aristotelian tradition is particularly interesting, because it is grounded on the findings of modern social sciences, notably social psychology. More precisely, Wilson claims that the findings produced by these disciplines confirm Aristotle's views on moral sense: his general thesis can be summarized by the statement: »we have a core self, not wholly the product of culture« (Wilson 1993: 11). We owe our moral sense to our human nature.

3.2 Four features of human nature

To Wilson, the reality of this moral sense can be detected at the existence of sympathy, of a sense of fairness, of self control and of a sense of duty. Cultural variations would develop on these basic features of human nature, but, as such, these features should be considered as universal.

To ground his theory, Wilson gathers findings from psychology and social psychology and draws far-reaching conclusions from well selected works.

Some observations are frequently brought against the notion of an instinct of sympathy, he recalls, for example that people being attacked in the subway often do not get any help from fellow passengers. But social psychology shows, he contends, that such facts should not be interpreted as they usually are. Many socio-psychological experiments show namely that the smaller the number of people present on the spot where such an aggression occurs, the higher the probability that the victim will be helped. This suggests that people are reluctant to help, not because they would not like to, but because they do not feel entitled to decide in a one-sided fashion that they should themselves enjoy the social approval which normally rewards those who help others. This social approval is of course in itself also a symptom of the instinct of sympathy.

Beside this sense of sympathy, we are led in our behaviour and feelings by a sense of fairness. Here again, experiments from social psychology support Wilson's claims. In an illuminating classical experiment, subjects are proposed to play a game called the »ultimatum game«: 100 Euros are available in the pocket of the experimenter. Subject A is allowed to make any proposal he wishes as to the way the 100 Euros should be shared between himself, A, and another person B. B has only the right to approve or reject A's proposal. If he rejects it, the 100 Euros remain in the experimenter's pocket. If he accepts it, he gets the sum allocated to him by A. With the »rational choice model« in mind, according to which people would have no moral sense and would exclusively be concerned with maximizing net benefits, one would predict that A would make proposals of the type »70 Euros for me A, 30 Euros for him, B«. For in that case, B would not refuse the proposal and A would maximize his gains. In fact, the most frequent proposal is equal sharing.

That moral sense should not be diluted, as the utilitarian tradition proposes, into the rewards people get from their behaviour can be detected at the fact that compliments make us uncomfortable rather than happy when we feel that we do not deserve them. The pupil who receives a good grade because his teacher is positively prejudiced toward him does not appreciate the compliment, as many observations from social psychology demonstrate.

I will not insist on self control, another feature of human nature, according to Wilson. He follows again Aristotle here, who made it a main virtue.

As to the sense of duty, the last component of human nature considered by Wilson, it is true that people often behave altruistically without being forced to do so. As Adam Smith wrote, we follow the orders of »the man in the breast«.

Wilson is surely right when he stresses the limits of social conditioning against the anthropologists, sociologists and other culturalists to whom any behavior is the mere product of socialization. He rightly recalls that young children cannot be socialized indifferently to any stimulus. It is possible to induce the fear of snakes by an appropriate conditioning, not of opera glasses.

3.3 Should moral convictions be explained by moral sense?

Should we endorse Wilson's theory that a natural »moral sense« would explain our moral reactions?

I certainly do not claim for my part that there is no moral sense, but only that this factor can explain moral and generally normative feelings only to a very limited extent. Wilson leaves us disappointed, it seems to me, in the sense that his theory is far from being general: A lot of evidence about moral feelings cannot be explained within the framework of his theory.

For example, some redistribution policies produce the impression in the minds of social actors that they are fair, others that they are not. Now, the evaluations we bring to bear on social policies can evidently not be analyzed as a mere effect of human nature, even though they can be influenced by a sense of fairness. Other objection: How can a moral theory based on human nature explain the historical variations of our moral sensibility? Tocqueville reports, in his *Democracy in America*, that Madame de Sévigné, a classical French writer of the 17th century, describes in one of her letters to her daughter how she enjoyed greatly attending a public execution. Capital punishment has not been abolished everywhere, but nobody today would admit enjoying, and probably few people would have the capacity to enjoy such an event. Those with this capacity would be generally considered as affected by serious psychological problems, while Madame de Sévigné is rightly considered to be a normal person of her time. How can a theory based on human nature explain such changes in our moral sensibility?

Or consider Wilson's analysis of fairness. We certainly have a sense of fairness, and more generally a sense of values. But why is fairness defined in such a way in some circumstances and otherwise in others? In many cases, people are very eager to see for instance that rewards are exactly proportional to contributions and define fairness as the correspondence between contributions and rewards. In other cases, they seem not to care about this point. This discrepancy can be seen at the fact that, in some circumstances, fairness is defined by the notion of equality, while in others it is associated with the notion of equity (Boudon 1995, forthc.1999; Boudon/Betton 1998).

A culturalist theory would provide an explanation of many of these observations more easily than a naturalistic one: We do not live in the same culture as Madame de Sévigné, hence our values are different. But such an explanation would not explain *why* our values are different.

In other words, we are facing a dilemma: Wilson's naturalistic theory fails to explain many observations, while culturalist theories provide truncated explanations.

In fact, and this will be my *first* theoretical point in this communication, it is not necessary to choose between nature and nurture. As a very simple example proposed by the great Swiss psychologist and sociologist Piaget shows, we do not need namely to evoke neither any moral sense, nor any cultural conditioning, to explain familiar moral reactions. When a child playing marbles cheats, he will immediately attract a negative reaction from the other children. Why? Not because they would have internalized cultural norms according to which playing marbles and following the rules of the marbles game would be good, for, without having been told that cheating at marbles is bad, any child reacts negatively against cheating.[1] Nor because the rules of the marbles game would be written in our genes, which have probably nothing against cheating in marbles games. Why this reaction? Because the children find the game interesting, and for this reason play it. Now, cheating destroys the game: it makes it uninteresting.

So, children have strong reasons to reject cheating and, as many observations show, they are aware of these reasons at a very early age.

4. The reasons of moral convictions

Generalizing from this example of the marbles players, I would contend that we believe that X is good or bad, when and because we have strong reasons (though we can be more or less conscious of these reasons) of believing that X is good or bad, fair or unfair, legitimate or illegitimate, etc. This assumption implies, in other words, that the processes generating moral convictions are not different in essence from the processes generating positive convictions. I believe that the square root of 2 is irrational in the mathematical sense, that it cannot be expressed as the ratio of two integers p and q, because I have strong reasons of believing so. My claim is that we should also accept the idea that the source of moral convictions lies in strong reasons, which, of course, can be context-dependent. To use a somewhat provocative formulation, I would say that prescriptive and generally axiological beliefs become established in the same way as descriptive beliefs.

Strange as the idea may appear at first glance, it is not difficult to illustrate it. I will start from the trivial example I already evoked earlier. Why is democracy considered a good thing? Because the statement that it is a good thing is grounded on solid reasons.

One needs only refer here briefly to classical theories to make this point more concrete. A good government serves the interests of the citizens rather than its own interests. For this reason, the members of a government should be exposed to the risks of elections. Electing the government does not insure that the best candidates will be elected, but limits the risk that the rulers disregard the interests of the people. Democracy does not and cannot prevent corruption. But it makes it less likely than other types of regimes. An independent press and an independent judiciary system are indispensable elements of a democracy, since, by their critical function, they can detect and brake political corruption or mismanagement, etc.

My objective here is not to defend democracy (it obviously does not need me), nor to be original in matters of political philosophy, but only to suggest that there is no substantial difference between the ways in which positive and the ways in which normative statements are grounded.

If the feeling that »democracy is a good thing« were not objectively grounded, one would not observe a broad consensus on the subject in democratic societies. One would not understand that, against the principles, basic in international relations, which require respect for the sovereignty of foreign states, pressures on foreign governments to the effect of starting or developing democracy are generally well understood and approved by public opinion. So, theory and empirical sociology converge here. Of course, I am not saying that consensus is a proof of truth, but only that, when consensus appears, it has to be explained by making it the product of reasons likely to be perceived as objectively strong. As Durkheim explicitly writes in his *Elementary forms of religious life*, moral truths are endorsed in the first stage because they are collective; then, at a further stage, they become collective because they are true, for illusions cannot last very long.

Two objections can be made against the view that our strong normative beliefs about democracy are grounded in objective reasons: namely, that democracy is not actually considered by all as a good thing and that it was certainly not always considered so.

To the first objection, it can be easily answered that non believers are also easily found as far as the best established scientific truths are concerned: there are certainly many people around the world that do not or would not accept the idea that tides are caused by the moon for instance.

The other objection is less easily rejected. The consensus on democracy is recent. Before the First World War, universal voting was criticized. Pareto, for instance, saw in this right of all to vote another of the symptoms of human craziness which he liked to collect, and prophetized that it would generate social chaos. Earlier, Balzac, in his *Médecin de campagne*, a kind of treatise of political philosophy, contended that universal voting was bad, because it counts the ballots without weighing them: »il compte les voix sans les peser«. The same argument reappeared repeatedly during decades. Does not this show that our belief that democracy is good is a product of socialization rather than of reasons and that it has little to do with our beliefs in scientific statements?

Actually, the fact that moral truths are historically variable is a deadly objection against the naturalist theories of moral feelings that propose to derive these feelings from human instincts, as Wilson's theory, but it is not contrary to a rational theory of moral feelings.

Consider scientific beliefs. To Aristotelian physicists, any physical movement was considered as produced by some force or set of forces. This sheet of paper moves because I apply a force to it. If I would not apply a force, it would not move. So, Aristotelian physicists had strong reasons to believe that any movement is the effect of some force. But they drew from this statement conclusions that appear to us ridiculous, while they appeared acceptable to them, namely that, when a ship keeps on moving after the wind has fallen, some force should be responsible for this movement. They tried therefore to figure out what this force could be, and introduced the assumption that the movement of a ship produces a turbulence which would keep it moving. After a while, objections were raised against this theory, though. But it was rejected only from the moment when physicists were able to devise a new principle, which we now consider as evident, namely the so-called Newtonian »principle of inertia«, according to which a body that moves needs a force to be stopped, exactly as a body at rest needs a force to be brought into movement. The feeling of obviousness which it produces today in our mind is the product, though, of a long and complex historical process whereby ideas are proposed, evaluated and selected.

The same kind of story could be told about normative as well as positive statements.

Thus, as noted by the great British historian George Trevelyan (1993), Voltaire believed firmly, before he came to England, that a society could not operate properly, if writers were allowed to publish what they wanted. He considered the freedom of publishing with the same eyes as Aristotelian physicists considered the idea of a move that would be uncaused: as an idea intuitively worth being rejected. In the same fashion, the ideas that the political power should be concentrated, or that conflicts between political factions are an evil, were long and are still in some places considered as evident. Then, the effects of the conflicts between the »Roundheads« and the »Cavaliers« during the civil war in England in the seventeenth century started being positively evaluated and the principle that institutionalized conflicts can be a good thing, as well as the principle of the separation of the executive and legislative powers, started to emerge.

On the whole, because we perceive as evident that democracy, universal voting or the separation of powers are *good*, we tend to forget that they are the product of a long historical process during which these ideas were conceived and debated or fought before being finally selected and considered as irreversible. And as we forget the past, we often do not see either that these selection processes are endless and that they are operating under our eyes. Bodin (1986 [1576]), an influential French political philosopher defended at the end of the 16th century the idea that political decision should by its very nature come from a single ultimate source; to him, a good political society implied in other words a political power which would be both *sovereign* and *indivisible.*

Montesquieu discredited this theory irreversibly when he showed that a divided political power is more efficient than an undivided one. Possibly, a further breakthrough will be accomplished, when it will be recognized that a good political order, not only does not imply the indivisibility of political power, but does not imply necessarily sovereignty either. This breakthrough appeared with Madison and the American federalists, but disappeared with the Secession war; it reappears in Europe through the so-called subsidiarity principle, which states that the source of political decision, rather than being fixed for ever, is rather an object of discussion and negotiation between national states. Possibly, through the political processes at work in Europe, a new form of political organization is developing, where the sovereignty would not be concentrated in a State, since there would be no fixed source of sovereignty. Possibly, to-morrow, a political theorist will formalize it, as Montesquieu formalized the new political system developed by Britain in the 17th century.

In the same way, it has also been argued in the past that capital punishment is a good thing because, without capital punishment, homicides would increase. Capital punishment was abolished in many countries, though, without producing any increase in homicide rates. From that moment, it was perceived in many Western countries, not only as barbarian and as contradictory with basic values, but as useless, so that the public evaluation of it changed progressively, exactly as the aristotelian notion of a conjectural turbulence being responsible for the movement of ships and arrows was progressively eroded.

So, the rational (or, as it can be alternatively labeled: the cognitivist) theory of moral and generally axiological feelings which I am sketching here, is not only *not* incompatible with the fact that moral convictions change over time, but it can explain this change more easily than other types of theories. The fact that science is historical, that a statement that was treated yesterday as false is treated today as true was never held as an argument against the possibility of reaching truth in scientific matters; in the same way, in moral matters, the fact that some institutions were held as bad yesterday and are now considered as good is not an argument against the fact that moral evaluations are grounded on strong reasons in the minds of people. Moreover, it is hard to see how normative irreversibilities, as scientific irreversibilities, could be explained in a satisfactory fashion, if not rationally. The Newtonian principle of inertia is considered as irreversibly valid because it is objectively better than the principles it replaced. In the same fashion, as noted by Tocqueville, we will never again hear somebody explaining that he or she enjoyed being the spectator of a capital execution. Capital punishment can be reintroduced depending on political circumstances; but we will never be able to experience and express the feelings of Madame de Sévigné.

By so saying, I do not contend that there are no historical contingencies. On the contrary, for, if there were no contingencies, there would be no innovations, either scientific or moral. Tomorrow, totalitarian regimes can reappear. But unless human memory is destroyed, the idea that democracy is better than despotic regimes will remain present in human minds. »Il n'y a pas plus de recul d'idées que de recul de fleuves«, wrote Victor Hugo [»as rivers, ideas never go backwards«].

The argument that change in moral values confirms relativism rests finally on a fallacy. The research of truth, positive or normative, *is* historical. But truth, either moral or positive, *is not* historical. The fact that science has a history is not an argument against the possibility of scientific truth. The fact that morals have a history is not an argument in favour of moral relativism.

4.1 *The false evidence of a gap between ought and is*

If our moral convictions rest upon strong reasons, why then is the similarity in this respect between the positive and the normative ill-perceived?

The main reason is that it contradicts many influential traditions, which I have already evoked at the beginning of this communication.

On the whole, the idea that moral and generally axiological statements cannot be objectively grounded was treated as evident by a host of influential thinkers who differ from one another in all other respects. Strangely enough, empiricism converges in its interpretation of moral feelings with the irrational *sociological* theories inspired by Marx and Nietzsche or derived from a misreading of Durkheim, and also with the irrational *psychological* theories inspired by Freud. All these theories contend that moral convictions cannot be grounded rationally. To them, the reasons the subjects see as grounding their beliefs should not be considered as their genuine causes, but as mere »rationalizations«, in other words, as false reasons, as the effect of »false consciousness«. Existentialists could be added to the list, since they consider that moral beliefs cannot be grounded and propose to treat the reasons given by subjects as illusory. Moral decisions would be »absurd« in Sartre's vocabulary. In other words, they would be ungrounded and ungroundable.

So, empiricism, Marxism, Freudianism, neo-Durkheimianism, existentialism, postmodernism and other -isms, different as they are from one another in most respects, agree on one point, namely that moral and generally normative convictions cannot be rationally grounded.

4.2 Consequential reasons

But the idea that normative beliefs cannot be grounded has also been reinforced by another factor worth being stressed, namely the relative weakness of the rational theories of moral and normative feelings developed notably by the social sciences. This will be my *second* main theoretical point.

These theories are rational in the sense that, to them, the reasons on which the normative beliefs of a social actor are grounded in his mind are their causes. But with the exception of Max Weber and of a few other writers, most rational theories of axiological beliefs developed by the social sciences propose to explain the moral evaluation of an action or of a state of affairs by their consequences. Some of these theories are powerful but because of this consequentialist restriction, none of them can be considered as a general theory of normative feelings. Consequently, they cannot efficiently counterbalance the powerful influence of the culturalist and generally of the irrational theories of normative beliefs.

We can consider as a classical example *functionalism.* In its most acceptable versions, it says that an institution is perceived as good if it has happy consequences on a social system which people appreciate. The example of Piaget's marbles game is again relevant here. Cheating is considered as bad because it destroys a game children are interested in. In the same fashion, restricting the admission of new candidates to a »club« in the broad sense – namely, to a Church, to a sect, to a prestigious teaching institution, to an academy, etc. – is generally considered as good because free admission would be detrimental to the aims followed by the club.

These functional explanations can of course be easily accepted. But functionalism cannot be considered as a general theory which could be explain *all* value statements. Thus, it can explain why admission to »clubs« is generally restricted, but not such a simple point as to why we consider that people should be free to *leave* a club. We are morally shocked when sects, for instance, retain members against their will. The source of our moral indignation can obviously not be explained functionally.

Consider as another classical example, the *contractualist* tradition, revitalized in the recent years by John Rawls. Rousseau has written that we should accept to be »forced to be free«. By this famous statement, he meant that in the absence of legal and social constraints, we would be tempted to act as free riders, to our own disadvantage as well as to the detriment of all. Without traffic lights, an unpleasant constraint would disappear, but traffic would freeze. So, we are better off when we accept the constraint of traffic lights. In the same fashion, we are better off when we accept all kinds of political constraints. In this case also, the bad consequences of what he calls »natural freedom« is the reason why, according to Rousseau, exchanging our *natural* freedom with all its advantages for *civil* freedom is a good thing. Rawls' theory belongs also to the class of consequentialist theories. It assumes for instance that people should consider the »difference principle« as good because it entails potentially good consequences.

Another very influential contemporary theory, the so-called »*rational choice theory*« belongs also to this set of consequentialist theories: »rational choice theorists« have tried namely to show that social norms should always be explained by the anticipation of their consequences.[2] Many current beliefs in private or public life can effectively be accounted for by this »rational choice model«. Hence its influence. But many others cannot.

4.3 Axiological reasons

So, the axiom common to many rational theories of values developed by the social sciences, notably to functionalism, contractualism and the »rational choice theory«, according to which »X is good« or X is considered by people as »good« if the consequences of X are good and bad if they are bad, is a powerful one. These theories are sufficient to explain many axiological beliefs. But they cannot, however, be held to provide a *general* theory of our axiological feelings. This results from the fact that the reasons underlying the axiological belief that »X is good« or that »X is bad« do not always deal exclusively with the consequences of X.

Examples are easily found, in other words, of normative and particularly moral feelings which cannot be explained by consequential reasons.

But it does not follow from the fact that they cannot be explained by consequential reasons that they cannot be explained rationally, for they can be explained by axiological-non-consequential reasons. By deference and reference to Max Weber, these non-consequential reasons can be called *axiological-in-the-weberian-sense.* Recognizing the existence of axiological-non-consequential reasons extends the power of the rational theory of moral feelings and symmetrically considerably weakens the irrational position. This is my *third* main point.

I am ready to recognize that the distinction between instrumental and axiological rationality is not entirely clear in Weber's writings. But it is greatly clarified, it seems to me, as soon as it is related to the distinction between consequential and non consequential reasons. For, if the reasons of social actors were only of the consequential type, the category of instrumental rationality would be sufficient. Traffic lights are good because, without them, the situation of all would be worse. Therefore, consequential and instrumental rationality are one and the same thing. So, by creating the notion of *axiological rationality* (*Wertrationalität*), Weber states clearly that some of our normative beliefs are inspired by reasons (otherwise, he would not have chosen the word *Rationalität*), without these reasons being of the consequential type (otherwise, he would not have opposed *Wertrationalität* to *Zweckrationalität*, nor claimed that they are distinct, though complementary).

The idea that moral judgements are not in all cases the effect of instrumental rationality has perhaps been expressed in the most provocative fashion by Mandeville. Stealing provokes a negative feeling; but this feeling cannot be justified by the consideration of the consequences of the theft, he contends. Of course, stealing has negative consequences as far as the victim is concerned, but the consequences are good to the thief and, broadly speaking, neutral to others.

Mandeville's argument impressed Karl Marx, who evokes it and makes it more systematic in his *Capital*: the social consequences of stealing are ambiguous, he contends, some being socially bad, some good. It is bad to the victims, but provides jobs to lawyers and locksmiths. We could easily go further than Marx. Thieves are a blessing to insurance companies. And not only to them. Today, thanks to thieves, people in poor urban areas can get at lower prices many goods, such as electronic goods, which they could not afford otherwise. They do not even necessarily know that the low price they pay for them is the effect of the fact that the goods have been stolen. In many cases, they simply have the impression of being offered a bargain. This dual market has the happy consequence of inverting Caplovitz' famous theorem. Since, because of their scarce resources, the poor are limited to low quality products, said Caplovitz, it turns out that »the poor pay more« for their refrigerators or washing machines. This may be so, but thanks to thieves, »the poor pay less« for their video-, tape-recorders or HiFi sets. Possibly, this unintended redistribution from the rich to the poor is more efficient than the redistribution generated by fiscal policies. In that case, thieves would achieve what politicians are unable to accomplish. Moreover, since it makes the demand broader, stealing has a positive effect on supply. So, stealing is possibly good, not only from a social but also from a macroeconomic viewpoint, since it could have the positive effect of reducing unemployment.

The Mandeville-Marx paradox demonstrates by a *reductio ad absurdum* that it is impossible to show that stealing is a bad thing, when we start from a consequential viewpoint.

Nobody has proposed to legalize stealing, though. To explain the normal feeling that »stealing is bad«, one has actually to reconstruct the non consequential reasons behind it. They are not difficult to find. Social order is based on a crucial principle: the principle that retribution and contribution – reward and contribution – should be congruent with one another. With the exception of particular circumstances, when for instance, citizens are physically or mentally unable to contribute, a reward must correspond to a contribution. Now, stealing is a typical violation of this basic principle of social organization, since the thief onesidedly attributes to himself a reward, without offering any contribution as a counterpart.

Obvious as it is, this case shows that reasons, though of the non consequential type, can easily be discovered behind the negative feelings normally aroused by the act of stealing. This example has important consequences: it shows that the basic argument on which the irrational theories of moral feelings are grounded, namely that no reasons can be found behind the negative feelings produced by stealing and other deviant forms of behavior need not be accepted. No consequential argument can prove that stealing is bad. No instrumental reasons can convince us definitely that thieves should be prosecuted. But axiological reasons can.

The same analysis could be conducted on many other examples of moral feelings. Thus, although corruption has a negative effect on the well-being of taxpayers and consumers, this effect is in »normal« circumstances, namely as long as it does not reach the level it has reached in Russia, so negligible and hardly visible that it is ignored by most people. People tend to be highly sensitive to corruption, though. Thus, a few years ago, the Spanish and French governments were dismissed by voters, mainly because they gave the impression of not having struggled against corruption with a sufficient energy, and were even themselves sometimes involved in corruption. As they are certainly not produced by the consideration of the consequences of corruption on the well-being of citizens, the negative feelings against corruption are produced in the mind of people by reasons, but by reasons of the axiological, rather than of the consequential type.

The examples I have just evoked were taken from ordinary life. Other examples can be taken from political life, such as the already evoked example of the action of the Western powers against *apartheid* in South Africa. Introducing democracy in South Africa was *ex ante* risky: the process was exposed to potential severe dangers. Hence, from a consequential viewpoint, it was hard to decide whether the action should be taken. But axiological reasons prevailed here over consequential reasons and over axiological principles of a lower order. This explains why the political pressures against *apartheid* were generally approved by public opinion everywhere. In the same way, even though the lowering of child mortality thanks to the progress of medicine is partly responsible for poverty in many poor countries, nobody would obviously consider it a bad thing.

5. Communitarianism revisited

As this rational theory of values is directly opposed to the theory of values supported by communitarians, I will finally come back to our earlier discussion on communitarianism.

In his brilliant – already alluded to – book on the subject, *One for All*, Russell Hardin (1995) raises crucial questions. In spite of the romantic positive evaluation of communities developed by communitarians, he stresses convincingly that the particularistic values defended by communities, which communitarians see as the only genuine values, so to say, have a dark face that should not be forgotten.

The sense of community is actually, he says, basically a sense for one's group interests. Thus, in the 16th century, the aristocrats, who saw themselves as threatened by the ascending bourgeois classes, invented an institution aiming at maintaining their social identity and superiority: the duel. Fighting in a duel was a sign that they had a sense of honour. Now, according to aristocrats, only aristocrats can have a sense of honour. From the viewpoint of the interests of the aristocrats, this institution was consequently fully functional. It contributed maintaining the social identity and superiority of the group. For this reason, it spread all over Europe and lasted three centuries, until the first World War.

This example stresses an important point, a point ill-perceived by communitarians, namely that identification with a community means exclusion of the non members. When Voltaire offered to the Chevalier de Rohan, who had insulted him, to fight with him in a duel, the answer of the aristocrat was to send him his servants who beat him roughly with sticks, in order to make clear to Voltaire that, though world famous, he was not an aristocrat.

The influence of community values explains (without, obviously, justifying) also the massacres in the old Yugoslavia. As I mentioned before, to communitarians, these massacres are to be explained by the fact that, from the moment when the artificial unity between culturally heterogeneous ethnic groups maintained by the communist regime was dissolved, the members of ethnic communities were offered an opportunity of revealing their vital preference for living in a community where they could develop fully their cultural identity. As Hardin rightly contends, though, this theory is incompatible with the fact that mixed communities had lived peacefully during the communist era, and that intermarriages between the members of the various communities were not rare. Many episodes of the history of post-communist Yugoslavia can be explained more convincingly, he contends rightly, by group interests than by the cultural needs postulated by communitarian theories. Numerous Serbs have for instance spontaneously approved Milosevic's aggressive stance against Croatia about Krajina, because this Croatian province included a strong Serb minority. As in the old Yugoslavia, the army and the police were in majority Serb, trying to get Krajina to Serbia was for many Serbs an attractive and, moreover, a politically realistic enterprise. The enterprise was rational in terms of the interests of the community and consequently of the members of the community. It led to fights and massacres incompatible with universal values, though.

From the history of the duel, of post-communist Yugoslavia and of other similar examples, Hardin draws several interesting conclusions: that interests rather than »cultural needs« explain the social and historical influence of community values; and also, that community values have often very undesirable effects, notably because they generate negative attitudes and eventually actions against non-members. Finally, communities tend to support group values incompatible with universal values.

At this point, Hardin raises a theoretically and practically crucial question. The myth of Antigona illustrates the competition between particularistic community values on the one hand and universal values on the other. One remembers the story: of Antigona's two brothers, Eteocles and Polynice, one fought on the side of Thebes, the other against Thebes. Hence, Creon, the master of Thebes, decided that the first one would be buried with national honours, while the second would remain unburied. As Antigona decided to bury her brother against Creon's will, Creon decided that she would be herself buried alive. This happened under the applause of the Theban people.

The myth is of lasting value because it illustrates the conflict between the universal values represented by Antigona and the particularistic community values represented by Creon. But as a sociologist, Hardin is essentially interested by the reaction of the people. The people of Thebes was in majority on the side of Creon, exactly as the Serbs were in majority on the side of Milosevic or the aristocrats on the side of the duellists. This shows, according to Hardin, that community values are strong because they serve the interests of people: their ultimate function is to protect the interests of the group and, beyond the group itself, of the members of the group. By contrast, the universal values would be weak, as the loneliness of Antigona illustrates. Hardin sees in the myth of Antigona an illustration of the unequal competition between community values and universal values. To him the massacres in Yugoslavia have also to be explained in the same fashion, by the weakness of universal vs. community values. The failure of Chancellor Francis Bacon in England or of Cardinal Richelieu in France in their political struggle against the duel should also be explained by the weakness of universal against particularistic community values.

On the whole, Hardin draws from his analyses very pessimistic conclusions: to him this weakness of universal values would be structural, so to say. The strength of communitarian values would come from the fact that they serve the interests of the group and of its members, while the universal values would have no direct relation to interests. Hence, the competition between the two types of values would be unequal. Universal values would have a strength to him, exclusively in the case of dyadic relations, where instrumental and axiological rationalities appear as convergent: I keep the promise I have made to B, because I have an interest in doing so: preserving my future exchanges with B. But in the general case, instrumental and axiological would be divergent.

This analysis is profound, though, to my opinion, unfinished. While Hardin is himself a follower of the so-called rational choice theory, he recognizes – at least implicitly – that universal values also exist, and that they are not grounded in individual interests. In Weber's vocabulary, he recognizes that social actors are moved, not only by instrumental rationality, but also by axiological rationality. But as a follower of rational choice theory, he assumes that, in the last instance, individual interests are the main factor accounting for behaviour, beliefs, attitudes and actions: to him, actors are basically moved by their individual and group interests. Hence, he concludes that axiological rationality would be structurally weak, while instrumental rationality would be structurally strong.

Hardin refutes himself unwillingly, though. He has namely no doubt that he is himself on the side of Antigona, not of Creon, nor that he has negative feelings against the institution of the duel that he analyzes beautifully, and against the massacres in Yugoslavia. He also sees clearly that most people would have the same feelings. No spectator of Antigona has ever been on the side of Creon. No spectator of the *Merchant of Venice* has ever been on the side of the judge Portia. And, if universal values are often hurt in the short term, they can also win in the long term. The institution of the duel has disappeared, as well as the hierarchical social organization it reflected.

At this point, we are confronted with a question symmetrical to Hardin's question. To the question »where does the strength of particularistic values come from?«, he answers: individual interests mediated by group interests. But he has no answer to the question: »where does the strength of universal values come from?«

It comes actually from two sources: this will be my *fourth* theoretical main point. It comes firstly from »axiological rationality«: we are all convinced that Portia and Creon were wrong. We are all convinced that they were wrong on the basis of strong reasons, of strong axiological reasons. Secondly, one should be aware of the fact that, while in some situations, the interests of social actors are relevant parameters, in many other situations, they are not. When the 16th century aristocrats had to have an opinion on the duel, their class interests, and through their class interests, their individual interests were a crucial parameter: they were normally concerned with the question as to how maintain their social superiority in a situation where they were threatened; and, consequently, they approved generally an institution which served their interests. By contrast, the interests of say, the 19th century bourgeois did not play any significant role in their evaluation of the duel: they were not concerned by the institution, and they evaluated it on the basis of universal axiological reasons. So, after a while, once the aristocracy had lost any significant social role, the duel appeared as meaningless to a majority of people and became, moreover, ridiculous, because it was more and more frequently practised by *parvenus*, who wanted to demonstrate, by fighting in duels, a purely imaginary social superiority. Moreover, in the last decades of its life, the duel entailed neither big risks nor big courage. In the more than twenty duels where Clemenceau was implied, only one of the fighters was slightly hurt.

In other words, the social actors are not only actors pushed on all subjects by their interests. They are also spectators. But spectators are also actors – as spectators – on the social and political stage. This is one of the basic weaknesses of rational choice theory. It does not take into account the fact that, in many situations, social actors have on such and such subject an opinion that is not dictated by their interests, for the very simple reason that they are not directly concerned by the subject, that the subject does not cross their interests. In other words, rational choice theorists forget – or ignore – the existence of public opinion. Now, public opinion does exist and has beyond doubt a strong influence on political, social and historical processes. And it appears as being guided by axiological rationality (though it is obviously not clearsighted in all circumstances). For public opinion is nothing else than the aggregation of opinions of actors who, on many issues, are not directly concerned in their interests by the issues in question and who, consequently, do not form their evaluation in function of their own class and individual interests, but rather of axiological reasons. That I am not concerned in my personal or in my group interests by an issue, does not mean that I have no axiological interests about it, though. Evidently, most people are not directly concerned by capital punishment; they have, however, strong convictions on the subject.

Finally, to come back to the question I raised at the beginning: that the »cultural« rights of groups and subgroups should be recognized is one thing; whether this should imply endorsing axiological relativism, is another. Supporting the rights of cultures and subcultures does not imply that we forge a picture of the world where it would be composed of a mere juxtaposition of cultures and that we forget the dimension of universality of social action and of values, that has been well recognized by the greatest classical sociologists, and before them by the greatest philosophers.

Pareto wrote that we feel attracted by some theories because they are useful, rather than because they are true. It seems to me we have here an illustration of this important idea. Value relativism is widely endorsed, notably by influent currents in the social sciences, essentially because it is useful (in the sense that it legitimates the claim of cultures and subcultures to see their rights recognized), rather than because it would be true. This is, it seems to me, one of the basic misunderstandings in contemporary social sciences.

Notes

1 As shown for instance by Damon 1988.
2 We can ignore in the context of this discussion that it adds a further restriction, beside the consequentialist one, namely that actors pay exclusively attention to those of the consequences of an action or state of affairs that are related to their own interests.

Literature

Bodin, J. (1986 [1576]), Les six livres de la République. Paris.
Boudon, R. (1995), Le juste et le vrai; essais sur l'objectivité des valeurs et de la connaissance. Paris.
Boudon, R. (1999), Le sens des valeurs. Paris.
Boudon, R./Betton, E. (1998), »Explaining the feelings of justice«, to be published in a special issue of Ethical Theory and Moral Practice. An International Forum, ed. by Professor Volker H. Schmidt.
Damon, C. (1988), The Moral Child, Nurturing Children's Natural Moral Growth. New York.
Geertz, C. (1984), »Distinguished Lecture: Anti anti-relativism«, American Anthropologist 86, 2: 263-278.
Glendon, M.-A. (1996), A Nation under Lawyers. Cambridge/Mass.
Hardin, R. (1995), One for All : The Logic of Group Conflict. Princeton.
MacIntyre, A. (1981), After Virtue. London.
Rorty, R. (1989), Contingency, Irony and Solidarity. Cambridge/New York.
Trevelyan, G.M. (1993), Histoire sociale de l'Angleterre. Paris.
Turner, B. S. (1992), Max Weber: from History to Modernity. London.
Wilson, J. Q. (1993), The Moral Sense. New York.

L'avenir du travail

Robert Castel

Je tiens tout d'abord à remercier les Associations sociologiques d'Allemagne, d'Autriche et de Suisse pour le grand honneur qu'elles me font en m'invitant à ce colloque. Je suis d'autant plus sensible à cet honneur que je suis malheureusement incapable de m'exprimer en allemand. Je vous prie de bien vouloir m'excuser pour ce handicap qui illustre la nécessité, mais aussi la difficulté de promouvoir une »société sans frontières«, et j'espère que la frontière linguistique n'interdira pas un échange réel entre nous.

J'ai proposé pour cette intervention un titre »L'avenir du travail« qui peut paraître très vaste ou trop ambitieux. En fait, le problème que je voudrais poser est relativement précis. Il s'agit des chances qui existent aujourd'hui de voir maintenir pour demain un certain type d'organisation du travail qui a été au cœur des sociétés modernes – du moins en Europe occidentale et en Allemagne comme en France, dans le cadre de ce que l'on peut appeler des *sociétés salariales.* Je n'entends pas par là seulement des sociétés où le travail salarié est largement majoritaire – ce qui est aussi le cas –, mais des sociétés dans lesquelles le travail est non seulement source de revenus, mais aussi de protections. Le statut de salarié y représente un socle stable, une sorte de matrice à laquelle sont rattachés des garanties, des droits, des protections. C'est une façon de dire que, dans la société salariale, le travail est bien davantage que le travail, puisqu'il était devenu le principal vecteur de l'intégration sociale. Ou encore que la société salariale avait réussi une forme de compromis entre le respect des conditions nécessaires pour produire les richesses (disons, pour aller vite, le marché), et la protection de ceux qui produisent ces richesses (les travailleurs au sens large du mot). En effet, dans la société salariale, le salaire ne rétribue plus seulement un acte ponctuel de travail, mais il paie aussi, pour une part, la protection du travailleur. Et l'histoire sociale depuis le XIXe siècle en Europe occidentale montre bien comment ces systèmes de protections (une sécurité sociale, au sens large du mot) rattachés d'abord au travail salarié, en étaient venu à »couvrir« aussi les non-salariés, et même une grande majorité des non-actifs – bref la quasi totalité de la population de pays comme la France ou l'Allemagne.

On sait, et on va y revenir, que ce modèle est aujourd'hui en crise. Dès lors la question que je voudrais poser est la suivante. Quel est le diagnostic que l'on peut porter aujourd'hui sur les transformations de la société salariale? Sont-elles si profondes, si irréversibles, qu'elles nous conduisent à penser à la disparition inéluctable de ce modèle? Alors demain le travail, ou ce qu'il en resterait, aurait certainement une organisation, une fonction et une place dans la société toutes différentes de celles qu'il a occupé dans la société salariale.

Je propose donc de poser la question de l'avenir du travail à partir de l'idée que l'on peut se faire aujourd'hui du devenir et de l'avenir de ce type d'emploi protégé, stable, matrice des principaux droits sociaux, qui s'est monté dans la société salariale. Ce n'est certes pas la seule manière de poser la question de l'avenir du travail. Mais celle-ci me paraît présenter l'avantage de permettre de partir de données précises, actuelles, pour tenter de mesurer la portée des changements en cours. C'est même à mon sens une nécessité de procéder ainsi pour corriger les extrapolations aberrantes dans lesquelles est souvent enfermé aujourd'hui le débat sur l'avenir du travail, comme lorsque l'on parle par exemple de la »fin du salariat«, voire de la »fin du travail«.

Cette entrée dans la question pourrait avoir un autre avantage dans le cadre de cette rencontre où je me trouve dans la position délicate d'un français s'adressant à un public de culture allemande. Je serais obligé de conduire mon argumentation à partir de données qui renvoient surtout à la situation française, puisque c'est celle que je connais le moins mal. Mais aussi la France, l'Allemagne, l'Autriche, la Suisse, comme les démocraties d'Europe occidentale constituent des variétés de »société salariales« au sens que j'ai donné à ce mot – c'est-à-dire qu'elles ont élaboré des formes homologues de travail protégé, qui sont également aujourd'hui en difficultés dans ces différents pays –, mais évidemment avec des différences qui renvoient à la spécificité des contextes nationaux. Il pourrait dès lors être intéressant de discuter ensemble dans quelle mesure les propositions que je vais avancer valent aussi, et dans quelle mesure elles différent, de ce que l'on peut observer dans les pays de culture allemande.

I. Effritement ou effondrement de la société salariale?

Partons donc du diagnostic que l'on peut porter aujourd'hui sur l'état de la société salariale, à partir de la situation française. Il me semble que l'on peut dire, en essayant de peser le sens des mots, qu'elle *s'effrite*, c'est-à-dire que sa structure existe encore, mais que des failles s'y creusent, qui la fragilisent. Ainsi une précarisation assez générale des relations de travail, le chômage de masse, et aussi des difficultés croissante de financement des dépenses sociales et de la protection sociales dues pour une bonne part à la crise du plein emploi et à la dégradation des situations de travail.

On pourrait déployer cette analyse en plusieurs directions, ce que je ne peux faire faute de temps, mais qui n'est sans doute pas indispensable car ces données commencent à être assez bien connues, et ce diagnostic assez largement accepté. Avec un certain retard d'ailleurs, car beaucoup d'observateurs ont longtemps pensé que la »crise« déclenchée au début des années soixante-dix était provisoire et qu'avec la reprise les équilibres du »compromis social« un moment ébranlés se rétabliraient d'eux-mêmes. Mais aujourd'hui la prise de conscience s'est répandue que le mal était plus profond, et qu'à travers les mutations technologiques et économiques en cours de l'irréversible s'était produit dans le monde du travail. Entre autres: la déstabilisation de catégories de travailleurs qui occupaient des positions stables dans des secteurs industriels autrefois prospères; l'installation dans la précarité d'un nombre croissant de gens qui n'arrivent plus à se tailler une place assurée dans la division du travail; l'apparition même de catégories comme les chômeurs de longue durée ou les jeunes en quête infructueuse d'un premier emploi qui ne paraissent pouvoir occuper aucune place dans la division du travail et s'installent dans une position de »sur-numéraires« ou d'exclus.

C'est en ce sens – et qui vaut sans doute, au-delà de la France, avec des nuances, pour les autres »sociétés salariales« – que l'on peut parler de l'effritement de ce type de société: son système de régulations se fragilise et l'on voit se développer en son sein des zones d'instabilité, voire d'exclusion. En ce qui me concerne, c'est le diagnostic que j'avais cru pouvoir porter en 1995, c'est-à-dire à partir d'une base documentaire qui s'arrêtait au début de cette décennie (Castel 1995).

La question que l'on peut poser aujourd'hui est: peut-on se contenter d'actualiser ce diagnostic, ou faut-il le changer? Sommes-nous toujours dans le cadre d'un effritement de la société salariale, ou faut-il désormais parler de son *effondrement*? C'est l'enjeu, me semble-t-il, du débat actuel sur l'avenir du travail, tel du moins qu'il se déroule en France. Une tendance radicale est apparue depuis quelques années qui croit pouvoir affirmer que nous sommes aujourd'hui complètement au-delà de la problématique du travail structurée autour de l'emploi salarié. Et c'est par rapport à cette orientation qu'il faut se déterminer, et dont il faut, à mon avis, critiquer les contre-vérités sur lesquelles elle repose pour raison garder.

Les conceptions catastrophistes de l'avenir du travail salarié s'appuient sur deux tendances fortes qui recomposent profondément aujourd'hui le monde du travail, et elles les poussent à la limite.

– C'est d'une part l'effet de la poursuite des *mutations technologiques* en cours. Non seulement les nouvelles technologies suppriment les emplois, mais elles permettent de développer des formes d'organisation du travail qui, à la limite, pourraient abolir le salariat. Le travail à distance par exemple peut faire du travailleur un prestataire de service indépendant qui vendrait lui-même le produit de son travail. C'est ainsi que William Bridge (Bridge 1995) anticipe la fin de l'entreprise classique, c'est-à-dire des collectifs de salariés, qui deviendraient une sorte d'espace virtuel d'interactions à travers lequel se coordonneraient et s'échangeraient les services de prestataires »indépendants«.

– Parallèlement, les stratégies du capitalisme financier international paraissent avoir des effets de plus en plus destructeurs sur les régulations sociales du travail construites dans le cadre des Etats-nations. Deux journalistes allemands, Hans-Peter Martin et Harold Schuman, dans *Le piège de la mondialisation* (Martin/Schuman 1997) dressent par exemple un bilan impressionnant de ces stratégies qui bousculent les protections du travail par la recherche systématique du taux de profit maximal du capital investi. Et il faut avouer qu'il est difficile de trouver des parades convaincantes à ces pressions comme le montre la répétition des crises financières actuelles.

La conjonction de ces deux processus en développement conduit à porter le pronostic le plus pessimiste sur l'avenir de la société salariale, dont témoigne par exemple l'extraordinaire succès d'un ouvrage comme *L'horreur économique* de Viviane Forester (1995): une économie débridée emporte tout sur son passage et conduit l'humanité au malheur et au chaos. Ou encore, sous forme légèrement plus nuancée, le dernier ouvrage d'André Gorz (1997): les emplois salariés classiques se réduisent comme peau de chagrin et pour une majorité de la population le travail perd inéluctablement sa centralité. Il serait donc temps de proclamer »l'exil hors travail« et de commencer à organiser la vie sociale autour d'objectifs tout autres que les contraintes de l'emploi.

Il faut toutefois observer que ces affirmations procèdent par *passages à la limite*. Elles extrapolent de manière unilatérale des mouvements qui affectent effectivement le rapport salarial, mais elles anticipent l'achèvement complet de ces processus, comme si ces tendances étaient complètement hégémoniques et destinées à régner en maîtres absolus sur la totalité des relations de travail. Or il est vrai que l'on ne peut réfuter en toute rigueur ces extrapolations catastrophistes. Elles représentent même un des scénari possibles pour le futur, si la dynamique des dérégulations se poursuit jusqu'au bout. Mais il est vrai aussi qu'aujourd'hui nous n'en sommes pas encore là, que nous sommes même très loin d'en être là – et j'en extrapole pour ma part que nous n'en serons pas nécessairement là demain. Autrement dit, aujourd'hui, les jeux ne sont pas encore faits parce que l'état des lieux que l'on peut dresser actuellement dément complétement les affirmations massives sur la disparition du salariat et la fin de la centralité du travail comme enjeu stratégique essentiel dans la société d'aujourd'hui. Contre le prophétisme, il me semble que la sociologie a un rôle essentiel à jouer: analyser aussi précisément que possible la situation actuelle dans sa multidimentionalité, et dans sa relative imprévisibilité. Or cette analyse montre que nous sommes loin d'en avoir fini avec le salariat, et que si l'effritement que j'évoquais est incontestable, il est complètement aberrant d'en induire aujourd'hui sa disparition inéluctable.

II. Permanences dans la problématique du travail.

Il faut donc repartir de quelques données massives, mais qu'oublient les idéologues qui se font les chantres de l'effondrement de l'importance du travail dans nos sociétés.

– D'un point vue quantitatif d'abord, c'est une contre-vérité totale d'affirmer que l'emploi salarié perd son importance. Ainsi la proportion des salariés dans la population active française est la même (86%) que vers 1975, moment considéré comme l'apogée de la société salariale. Davantage: en 1997, la proportion des salariés s'est accrue de 1,2%. Les salariés n'ont jamais été aussi nombreux en France qu'aujourd'hui, près de 20 millions en comptant le secteur public. Curieuse »fin du salariat«!

Il ne faut pas non plus prendre pour argent comptant les affirmations si fréquentes sur la réduction inéluctable et massive du temps passé à travailler. Certes, cette réduction est une tendance séculaire depuis le XIX° siècle où les semaines de 70 heures étaient monnaie courante. Mais elle paraît marquer actuellement le pas. Témoin les difficultés pour faire adopter la loi sur les 35 heures hebdomadaires en France aujourd'hui, plus de 70 ans après la loi de 1936 qui instituait les 40 heures hebdomadaires! En dépit du chômage, environ le tiers des salariés font des heures supplémentaires. Les inspecteurs du travail sont unanimes à dénoncer les dépassements d'horaires, qui souvent ne sont pas répertoriés, et ne sont donc pas payés. On pourrait même voir se dessiner une tendance inverse dans le sens de l'accroissement de la durée du travail, comme aux Etats-Unis où certaines catégories de travailleurs sont poussés à travailler davantage pour compenser la baisse des salaires. En tous cas la réduction massive et inéluctable du temps passé au travail est loin d'être une évidence.

– D'un point de vue qualitatif, les observations sérieuses démentent également les affirmations trop rapides sur la perte de l'importance que les travailleurs attacheraient à leur travail.

D'une part, il est très douteux que les gens investissent moins le travail, que celui-ci les »prends« moins qu'autrefois, même s'il les »prend« différemment. L'aliénation au travail a classiquement été dénoncée principalement sous la forme du rapport de travail de type taylorien. Peut-être ce type de travail est-il en recul, mais il est souvent remplacé par des formes »néo-tayloriennes« de division du travail (cf. les caissières de super marchés par exemple) qui ne sont pas moins prégnantes, et surtout, on voit se développer de nouvelles formes d'investissement dans le travail portées par le discours managérial: il faudrait s'identifier à l'entreprise, se mettre complètement à son service, coller à ses objectifs. Cette pression se fait sentir à la fois dans le travail et en dehors du travail, dans les temps »libres« qui sont souvent – et davantage sans doute que dans le travail taylorien, circonscrit dans l'espace de l'usine – parasités par le souci d'être performant. Ainsi l'investissement dans l'emploi aurait-il tendance à s'intensifier dans les formes les plus modernes d'organisation du travail, et la peur du licenciement accroît encore la pression. Un livre récent (Déjours 1998) met bien l'accent sur ces formes nouvelles de »psycho-pathologie du travail«. La souffrance au travail et la souffrance due aux risques de perdre son travail vont plutôt dans le sens d'une surdétermination du travail que dans le sens de son effacement.

Et évidemment il y a le chômage de masse. Certains en tirent argument pour minimiser l'importance du travail: parce qu'un nombre croissant de gens n'ont pas d'emploi et n'en trouveront sans doute pas à l'avenir, il faudrait se décider à organiser l'essentiel de la vie sociale en dehors de cette référence. Mais c'est un argument particulièrement spécieux, que réfute le vécu de la grande majorité des chômeurs dont l'existence est déstabilisée par l'absence de travail. Ce serait plutôt la preuve que l'importance du travail n'est jamais aussi grande que lorsque l'on en est privé. Ce n'est pas parce qu'il fait défaut qu'il cesse d'occuper une place essentielle dans la vie des gens, ce serait plutôt le contraire.

Il en résulte que les discours sur la »fin du salariat« ou la »fin du travail« ne sont pas seulement des extrapolations osées. Ils reposent en fait sur une grave confusion. D'une part il est vrai que le travail a perdu beaucoup de sa *consistance.* Ainsi notre rapport au travail est-il devenu hautement problématique, et souvent douloureux. C'est même sans doute »la grande transformation«, pour parler comme Karl Polanyi, à laquelle nous assistons depuis le milieu des années soixante dix, et qui correspond à ce que j'ai proposé d'appeler d'effritement de la société salariale. Mais il est complètement faux d'en induire que le travail a perdu son importance. Qu'il soit stable ou précaire, que l'on en ait ou que l'on en manque, il représente toujours un enjeu fondamental pour la grande majorité de nos concitoyens. De sorte que si l'on peut sans doute dire que nos sociétés contemporaines sont »malades du travail«, le meilleur remède face à cette situation n'est pas d'en décréter prématurément le deuil.

III. Le travail et le marché.

Si l'on accepte ce type d'analyse – que je donne évidemment à discuter – on débouche sur une appréhension de la question de l'avenir du travail assez différente de celle des discours catastrophistes qui prophétisent son effondrement. Mais ce n'est pas pour autant être assuré de la pérennité de la valeur-travail et de sa capacité de demeurer un facteur essentiel d'intégration sociale. Il ne s'agit pas en effet de sous-estimer la profondeur des transformations en cours et de penser que l'on puisse maintenir strictement en l'état le »compromis social« du début des années soixante dix. On ne peut supprimer le chômage de masse par décret, ni revenir sur les mutations technologiques de ces dernières années. Et on ne peut davantage faire fi de certaines exigences de mobilité et d'adaptabilité de la main-d'oeuvre induites par les nouvelles règles de la compétitivité internationale. Le voudrait-on, elles se passeraient de notre autorisation.

Il n'est donc pas exclu que le scénario du pire que j'évoquais tout à l'heure se réalise et nous conduise non à une société de marché – nous y sommes depuis longtemps – mais à une société devenue marché de part en part, entièrement traversée par les exigences impitoyables du marché (le marché »auto-régulé« de Polanyi), Mais, comme j'ai commencé à le montrer, l'analyse de la situation actuelle ne permet pas d'affirmer qu'aujourd'hui les jeux sont faits. Reste ainsi possible pour l'avenir un autre scénario: que se maintiennent ou se reconstituent des régulations fortes attachées au travail qui limitent le processus de remarchandisation dans lequel il est engagé. Cette éventualité n'est pas *démontrable*, pas plus que la première. Mais elle est *argumentable*, car elle repose sur des éléments présents aussi dans la situation actuelle qu'oublient les tenants de la version catastrophiste. Pour l'étayer, je m'en tiendrai à deux arguments principaux qu'il faudrait confronter à ceux qu'avancent les défenseurs de la thèse d'un avenir du travail complètement dérégulé.

– Premier argument, comme je l'ai suggéré tout à l'heure, il est prématuré de vendre la peau de la société salariale, car elle n'est pas morte. Le salariat occupe toujours une place massive dans la structure sociale contemporaine, et aussi des investissements massifs continuent à se porter sur le travail. Si la précarité du rapport au travail s'accroît il s'agit – du moins en France et dans la plupart des pays occidentaux *d'une précarité encore entourée et traversée de protections fortes.* Ainsi il existe toujours un droit du travail, même s'il est souvent contesté ou contourné. Le financement de la protection sociale rencontre des difficultés croissantes, mais l'immense majorité de la population, en France comme en Allemagne, continue à être »couverte« par les systèmes de sécurité sociale. Le rôle des Etats est dénoncé par le discours néo-libéral, mais leurs interventions dans le secteur du travail, si elles ne sont pas toujours efficaces, n'ont sans doute jamais été aussi nombreuses et variées que depuis une quinzaine d'années. Pour résumer cet argument: il existe en Europe occidentale une forte culture du social et une présence forte des droits sociaux, et l'homme de cette fin du XX° siècle, profondément façonné par les systèmes de régulations de la société salariale, n'est pas une table rase sur lesquelles les exigences du marché viendraient s'inscrire comme sur une cire molle. D'autant que l'on pourrait ajouter – mais ce serait un autre argument – qu'il n'est nullement prouvé qu'une main d'oeuvre entièrement flexible, complètement soumise aux exigences de la rentabilité immédiate, soit la plus efficace dans l'intérêt même du développement des formes modernes du capitalisme qui requiert aussi des opérateurs hautement qualifiés et dotés d'un minimum de marges de manœuvré pour être performants.

J'ajouterai un second argument en faveur du maintien de régulation socio-juridiques des relations de travail qui peut paraître paradoxal, dans la mesure où il repose sur la conviction qu'il faut prendre au sérieux les exigences du marché, qui pourtant à des effets destructeurs sur ces régulations. Mais on ne peut pas penser un avenir de la civilisation sans la présence du marché. La promotion du marché (en même temps que la promotion du travail, car les deux ont historiquement été de pair) est contemporaine de la promotion de la modernité, et elle a eu incontestablement une fonction progressiste en permettant la sortie d'une société »holiste« pour parler comme Louis Dumont (1983), c'est-à-dire soumise à des relations de dépendance traditionnelles entre les hommes. Historiquement, elle est inséparable de l'émergence d'une société d'individus et de l'idée démocratique.

Or on ne voit pas par quel coup de baguette magique le marché pourrait être supprimé à l'avenir, sauf à penser cet avenir sous la forme d'une régression à des *Gemeinschaft* archaïques. Mais au contraire le marché manifeste tous les jours son dynamisme, sa vitalité, et sa tendance à l'hégémonie. La question de fond n'est donc pas d'éluder la présence du marché, de faire comme s'il n'existait pas en inventant par exemple des ailleurs du marché. Elle est de se demander si le marché est compatible avec le fait de continuer à »faire société« comme on disait au XVIII° siècle, car le marché par lui-même ne crée pas du lien social, au contraire il clive le monde social entre gagnants et perdants.

Est-il possible *d'hétéro-réguler* le marché, ou de le cadrer, ou de le domestiquer dans une certaine mesure, tout en l'acceptant? C'est le défi que nous avons aujourd'hui à affronter, essayer de concilier la modernité du marché et la cohésion sociale. Or c'est le défi qu'éludent, me semble-t-il, ceux qui sous-estiment aujourd'hui l'importance da la problématique du travail et font comme si elle était dépassée. En effet, nul sans doute ne peut dire aujourd'hui si ce défi sera relevé, mais on peut dire à quelles conditions il pourrait l'être. L'histoire sociale depuis le XIX° siècle montre que se sont *les régulations sociales construites à partir du travail* qui ont permis d'encadrer la marché, de l'accepter et de le développer, tout en assurant les conditions de la cohésion sociale dans les sociétés démocratiques.

Quels pourraient être aujourd'hui, en dehors des régulations du travail, les points d'appui assez forts pour réguler le marché? Faire l'impasse sur cette question constitue à mon avis la grande faiblesse réflexive de ceux qui prônent »l'exode« hors du travail pour inventer d'autres activités capables de fonder une reconnaissance sociale sur de nouvelles bases (une citoyenneté sociale). Ils font en somme comme si le marché n'existait pas, ce qui est une façon de lui laisser le champ libre. Dire cela ce n'est pas nier l'existence d'une foule d'initiatives et d'activités diverses qui se développent sous les noms du tiers ou du quart secteur, de l'économie sociale ou de l'économie solidaire, etc. ... Leur utilité pour venir en aide à des populations en situation difficile est incontestable. Mais le problème est que, pour la plupart, elles se constituent dans le hors-marché ou dans les interstices du marché. Ainsi, dans le meilleur des cas, construisent-elles des îlots protecteurs en marge du marché, protégés du marché, mais sans prise sur lui. Ainsi restent-elles fragiles et marginales, tant du moins qu'elles ne s'inscrivent pas dans des systèmes de droits et de protections générales. Elles ne sauraient en tous cas représenter une alternative *globale* à la crise ouverte par les dérégulations du travail qui exigerait des garanties collectives, fondées en droit, et connectées avec le développement de la sphère économique.

C'est pourquoi il faut à mon avis maintenir la référence à un *régime général de l'emploi* reconnu par le droit et compatible avec l'existence du marché. Cette exigence est-elle réaliste? La question revient à se demander si les impératifs de la croissance, de la compétitivité, voire de la flexibilité, doivent nécessairement se traduire par la précarisation des rapports de travail et l'invalidation d'une part croissante de travailleurs. C'est ce à quoi on assiste aujourd'hui, mais une telle incompatibilité entre l'économique et le social est-elle nécessairement inscrite dans l'ordre des choses? L'histoire sociale montre ici aussi que cette apparente contradiction a été surmontée dans la société salariale par le droit du travail et les droits sociaux, et d'une manière qui n'a pas été contre-productive puisque le développement de ces protections avait accompagné depuis la fin de la Seconde guerre mondiale la modernisation et le développement économique des sociétés d'Europe occidentale.

Il n'est pas possible de maintenir en l'état ce compromis car, comme je le disais, de l'irréversible s'est produit à travers les transformations économiques et technologiques en cours. Mais il pourrait être question de le *redéployer*, ce qui soulève une foule de difficultés dans le détail desquelles il est impossible d'entrer ici. Mais pour prendre un seul exemple, un contrat juridique qui tenterait d'associer mobilité des tâches et permanence des droits n'est pas une vue de l'esprit. Il existe en tous cas des tentatives et des propositions qui vont en ce sens. C'est à ces recherches et aux exigences qu'elles portent que l'on renonce, à mon sens prématurément, en renonçant à continuer à faire aujourd'hui du travail un enjeu stratégique essentiel.

Il me faut conclure. Si l'on refuse le prophétisme, l'avenir du travail apparaît à ce jour indéterminé car il dépend de nombreux paramètres. Il dépend aussi de ce que nous ferons, ou ne ferons pas aujourd'hui dans une situation encore indécise. C'est pourquoi entre les éventualités qui se dessinent c'est-à-dire, en schématisant beaucoup, entre la dérégulation complète des rapports de travail et la possibilité de construire de nouvelles régulations – personne, je pense, ne peut démontrer en toute rigueur que l'une ou l'autre l'emportera. Mais cela signifie aussi que si l'option de continuer à faire du travail un enjeu essentiel pour maintenir la cohésion sociale n'est pas assurée de s'imposer, elle n'est pas pour autant déraisonnable. J'ajouterai qu'elle est désirable et, de ce fait, qu'elle vaut d'être choisie. J'entends par là que s'il s'agit bien d'un choix de valeurs ou de modèle de société, il devrait s'imposer pour éviter le risque de régression historique auquel conduirait la dérégulation complète du monde du travail. Car ce que l'on présente parfois comme l'avenir du régime du travail – complètement mobile et flexible, entièrement »libéré« des contraintes que représenteraient le droit du travail et la protection sociale – ressemble en fait comme deux gouttes d'eau aux situations de précarité permanente et d'incertitude du lendemain qui caractérisaient le travail au XIX° siècle. C'est pourquoi la volonté de reconstruire un nouveau régime de régulation du travail me parait continuer à faire sens aujourd'hui. Mais c'est évidemment un choix que je donne à discuter. Je vous remercie de votre attention.

Bibliographie

Bridge, William (1995), La conquête du travail, trad. fr., Paris.
Castel, Robert (1995), Les Métamorphoses de la question sociale. Une chronique du salariat. Paris.
Desjours, Christophe (1998), Souffrance en France. Paris.
Dumont, Louis (1983), Essais sur l'individualisme. Paris.
Forester, Viviane (1995), L'horreur économique. Paris.
Gorz, André (1997), Misères du présent, richesse du possible. Paris.
Martin, Hans Peter/Schuman, Harold (1997), Le piège de la mondialisation. trad. fr., Paris.

Foren

Zur Begründung der Nachkriegssoziologie in Westdeutschland: Kontinuität oder Bruch?

Carsten Klingemann
(unter Mitwirkung von Michael Fahlbusch und Rainer Mackensen)

1. Reichssoziologie und Nachkriegssoziologie: Zur Kontinuität einer Wissenschaft in zwei politischen Systemen

Den Anstoß für die Forumsveranstaltung lieferte eine in den Heften 3 und 4/1997 sowie 1 und 2/1998 der »Soziologie. Mitteilungsblatt der Deutschen Gesellschaft für Soziologie« ausgetragene Kontroverse über den Wissenschaftscharakter der im Nationalsozialismus praktizierten Soziologie und Sozialforschung sowie die fachwissenschaftliche Qualifikation ihrer Vertreter, die ja bekanntlich in großer Zahl auch nach 1945 wissenschaftliche Reputation genossen. Um die Strategie des Beschweigens der braunen Vergangenheit der Nachkriegssoziologie zu konterkarieren, hatte ich die rhetorische Frage gestellt, ob es denn tatsächlich vorstellbar sei, daß sich Blut-und-Boden-Soziologen oder antisoziologische Rassentheoretiker über Nacht am 8. Mai 1945 als veritable Fachvertreter entpuppten. Dadurch konnten sich natürlich Nachwuchssoziologen der ersten Nachkriegsgeneration angesprochen fühlen. Denn wie in den jüngst erschienenen Erinnerungsbänden (Fleck 1996; Bolte/

Neidhardt 1998), aber auch an anderen Stellen nachzulesen ist, haben fast alle dort Versammelten ihre Ausbildung oder Karriere unter Beteiligung vieler ehemaliger Reichssoziologen begonnen.

Aber anstatt die Frage nach der fachwissenschaftlichen Qualifikation ihrer Doktor- und Habilitationsväter oder Institutsvorgesetzten aufzugreifen, wurde eine mit neuen Hauptdarstellern besetzte Vorstellung der von Dirk Kaesler inszenierten Entehrungs-Komödie geboten. Entehrt wurden von mir nach Alfred Weber diesmal die Agrarsoziologie, insbesondere ihr prominenter Vor- und Nachkriegsvertreter Herbert Morgen (so Herbert Kötter) und die gesamte empirische Sozialforschung, insbesondere aber die Sozialforschungsstelle in Dortmund (so Rainer Mackensen). Ich habe mich deswegen sehr gefreut, als der Vorschlag von Herbert Kötter, eine *sachbezogene* Debatte öffentlich als Podiumsdiskussion zu führen, durch die Freiburger Veranstalter ermöglicht wurde. Als Herbert Kötter wegen einer Erkrankung absagte, sprang freundlicherweise Lars Clausen ein, dessen Statement im Rahmen der Beiträge zu der Gesprächsrunde über die Entwicklung der Nachkriegssoziologie aus der Sicht der frühen Fachvertreter nachzulesen ist.

Nach den Referaten von Clausen, Fahlbusch, Klingemann und Mackensen entzündete sich eine zum Teil heftige, von Peter-Ulrich Merz-Benz souverän moderierte Diskussion, in der insbesondere von M. Rainer Lepsius die These bestritten wurde, bei der Beurteilung der Soziologie im NS-Staat ginge es weniger um jene Soziologen, die sich als Weltanschauungsexperten andienten, als vielmehr um jene, die als Fachwissenschaftler konkrete Aufgaben in diversen Politikfeldern des NS-Systems wahrnahmen, beteiligt auch an Planungen, die zum genozidalen Programm zu zählen sind (Klingemann 1996). Lepsius trug seine seit 1981 bekannte Auffassung vor, die Wissenschaft »Soziologie« definiere sich nicht über ihr *Erfahrungsobjekt,* das Soziale, was selbstverständlich auch im Nationalsozialismus behandelt worden sei, sondern über ihr *Erkenntnisobjekt.* Offen blieb, inwieweit Erkenntnisobjekte wie Aufklärung oder Emanzipation eine Disziplin wie die Soziologie begründen könnten.

Die folgenden Ausführungen basieren auf Vorlagen von Michael Fahlbusch und Rainer Mackensen, die jeweils um weit mehr als die Hälfte gekürzt werden mußten, jedoch in weiten Partien wörtlich wiedergegeben werden. Zur Ergänzung ihrer hier dokumentierten Positionen sei auf ihre Statements im Kongreß-Band II verwiesen. Michael Fahlbuschs Ausführungen sind für die Soziologiegeschichtsschreibung von Bedeutung, weil durch die Soziologisierung der traditionellen Geschichtswissenschaft im Sinne einer »Volksgeschichte« während des Nationalsozialismus die Weichen für deren Modernisierung (»Sozialgeschichte«) in der Nachkriegszeit gestellt wurden. Die

Initialzündung für die Modernisierung erfolgte allerdings unter sehr bedenklichen politischen Vorzeichen.

2. Prominente Repräsentanten der westdeutschen Geschichtswissenschaft als ehemalige NS-Politikberater im Kontext der genozidalen »Neuordnung des deutschen Ostens« (Michael Fahlbusch)

Der Vorsitzende des deutschen Historikerverbandes Johannes Fried gestand in seiner vielbeachteten Rede während der Eröffnung des 42. Historikertages in Frankfurt am Main im September 1998 den unangenehmen Sachverhalt ein, daß die Geschichtswissenschaft »über die NS-Vergangenheit ihrer führenden Repräsentanten« geschwiegen und mit »geschönten Biographien« 50 Jahre lang gelebt habe (Frankfurter Rundschau 11.09.1998). Verbirgt sich hinter diesem Eingeständnis aber nicht eher die Kraftlosigkeit einer älteren Generation von Historikern, sich mit den schwarzen Schafen in den eigenen Reihen, den intellektuellen Tathelfern von NS-Verbrechern auseinandersetzen zu können? Ist dies eine Flucht nach vorne zu einem Zeitpunkt, wo die neueren Forschungen einer Reihe von jüngeren Historikern und Wissenschaftsforschern lange Zeit gehegte Legenden bloßzulegen drohen? »Wie soll ein Schüler, der Karriere machen will, seine Lehrer belasten?«, entschuldigte Fried das Dilemma seiner Generation, um weitsichtig zur »Selbstprüfung der eigenen Disziplin« aufzurufen (Der Spiegel, Nr. 39/1998: 102).

Was bringt es aber, nachdem die Verflechtung von Wissenschaft und Macht im Nationalsozialismus schon seit längerem von solchen Wissenschaftlern aufgearbeitet wird, die nicht zum Mainstream der bundesrepublikanischen Zeitgeschichtsforschung gehören, zu einer Selbstprüfung der eigenen Disziplin aufzufordern? Es stellt sich nach wie vor die Frage, ob die Historiker und Soziologen der Söhne- und Enkelgeneration überhaupt bereit sind, sich mit den dienstbaren Geistern ihrer eigenen Zunft auseinanderzusetzen, oder ob sie nicht eher nur scheinbar offen reagieren, um der Auseinandersetzung mit dem eigenen moralischen und forschungspolitischen Versagen zu entgehen. »Selbstprüfung« im Sinne kritischer Aufarbeitung hätte doch wohl bedeuten müssen, ohne Ansehen von Person und Amtsstellung frühzeitig für Aufklärung zu sorgen. Tatsächlich genoß die Sektionssitzung »Deutsche Historiker im Nationalsozialismus« auf dem Frankfurter Historikertag ein so großes Echo in der Öffentlichkeit, daß der Eindruck entstehen konnte, die Historiker hätten sich der Vergangenheit ihrer akademischen Lehrer und damit ihrer eigenen gestellt. Wie ernst es Winfried Schulze damit meinte, daß »das Bild der Geschichtswissenschaft während des Nationalsozialismus' ... einer Revision« unterzogen werden müsse, ist aber noch nicht geklärt (Frankfurter Rundschau 11.09.1998; vgl. Neue Zürcher Zeitung 12.09.1998). Es stellt sich die Frage, ob das »Kartell des Schweigens« tatsächlich zerbrochen ist.

Es ist immer noch nicht endgültig geklärt, wie weitgehend sich etwa jene Vertreter der an nationalsozialistischen Zielsetzungen orientierten »Volksgeschichte«, die in der Bundesrepublik die neue Teildisziplin »Sozialgeschichte« begründeten, sich als Tatgehilfen profilierten: Stand nicht hinter der NS-Staatsbürokratie und der SS ein Apparat von Historikern und Archivaren, von Sozial- und Kulturwissenschaftlern, der im großen Stil Anleitungen zum Kulturgutraub gab, aber darüber hinaus planungsrelevante statistische Expertisen ausarbeitete, an ethnopolitischen Strategien orientierte umfassende Kartenwerke vorlegte und schließlich detaillierte Bevölkerungs-, Sozialstruktur- und Siedlungsanalysen anfertigte, um die letzten Endes genozidalen »Neuordnungsplanungen« hauptsächlich für die okkupierten Ostgebiete wissenschaftlich vorzubereiten? Es geht nach wie vor um die Aufklärung von Tatbeihilfe und Schuld, aber auch darum, die Hintergründe der Versäumnisse einer ganzen Generation bundesrepublikanischer Zeit- und Sozialhistoriker, wie auch von Wissenschaftshistorikern und -soziologen aufzuarbeiten.

Einige Reaktionen auf die Darstellungen des fachwissenschaftlichen Engagements von Historikern und Soziologen im Nationalsozialismus während des Historiker- und des Soziologentages lassen allerdings vermuten, daß mit einer fachoffiziellen Unterstützung kritischer Forschungen nicht ohne weiteres zu rechnen ist. Ein Teil der Kommentatoren warf den Referenten vor, sie erzeugten gegenüber den Hauptvertretern der »Zunft« eine Art »Sippenhaft«. Ihnen ist offensichtlich nicht bewußt, daß es im Grunde nicht um Schuldzuweisungen an einzelne Wissenschaftler, sondern um die Erforschung von Wissenssystemen im Nationalsozialismus geht. So warf die Frankfurter Rundschau den beschwichtigenden Kommentatoren der Sektionssitzung »Deutsche Historiker im Nationalsozialismus« zu Recht vor, ihre Sprache sei die »der Vorstandssprecher eines x-beliebigen deutschen Konzerns, der sich mit Millionenforderungen von ehemaligen Zwangsarbeitern konfrontiert sieht« (Frankfurter Rundschau 15.09.1998: 10).

Es tut also zweifelsohne not, daß sich diese Disziplin ihrer bisher tabuisierten Vergangenheit stellt, wofür auch Hans Mommsen und Wolfgang Schieder plädierten. Mommsen verwahrte sich dagegen, den beschönigenden Begriff der »Affinität« zur Beschreibung der direkten Involviertheit von Historikern in politische Programme zu verwenden. Es sei zu erklären, wie nach dem Krieg Kollegen »an die Spitze des Faches geraten« konnten, die einst die gewachsenen Bevölkerungsstrukturen Europas »als veränderbar betrachtet« hätten (Frankfurter Allgemeine Zeitung 14.09.1998). Vielleicht liegt es daran, daß zum Beispiel die Aktivitäten der Vertreter der verschiedensten sozialwissenschaftlichen Disziplinen in den »Volksdeutschen Forschungsgemeinschaften« (Fahlbusch 1999) bis heute ebenso stereotyp wie falsch als pseudowissenschaftlich abgetan werden, während dieselben Personen nach 1945 durchaus zu Recht als angesehene Wissenschaftler geachtet wurden. Es geht nicht um »Affinitäten«, sondern um die Rolle von Wissenschaft im NS-Staat.

3. »Die ›westdeutsche Soziologie‹ beginnt ernsthaft erst um 1960« (Rainer Mackensen)

Daß Historiker, Zeitzeugen und Fachgenossen nicht von demselben reden, wenn sie sich über die Vergangenheit des eigenen Faches zu vergewissern suchen, habe ich im Juli 1997 in einem Colloquium in der Werner-Reimers-Stiftung in Bad Homburg erfahren. Es ging dabei um die Verstrickung der Bevölkerungswissenschaft in die verbrecherischen Politiken der Nationalsozialisten. Ich fand das so spannend, daß ich das Protokoll in seiner tatsächlichen Gesprächsform veröffentlicht habe (Mackensen 1998). Die Erfahrung, daß wir der Vergangenheit nicht beikommen, wenn wir sie mit unserem jetzigen Verständnis unseres Faches angehen, ist für mich sehr wichtig geworden. Ich stelle mich als Zeitzeuge, nicht als Besserwisser. Ich kann nur bekunden, was ich erinnere; es gibt dafür kaum Belege. Und: Ich übersehe nur einen winzigen Ausschnitt des Themas – überhaupt: Soziologie in Westdeutschland in den Nachkriegsjahren; und speziell: Entwicklung und Personal der Sozialforschungsstelle an der Universität Münster in Dortmund.

Carsten Klingemann schlug mir vor, die – noch ungeschriebene – Geschichte der Sozialforschungsstelle Dortmund zum Thema zu machen. Das kann ich nur andeutungsweise. In seinem Abstract schlägt er vor: »Eine Möglichkeit zur Klärung d[ies]er Frage [nach einer Definition der Disziplin Soziologie] besteht darin, Fremdzuschreibungen im Kontext wechselnder gesellschaftlicher und politischer Rahmenbedingungen vergleichend [daraufhin] zu prüfen, inwieweit eine als spezifisch soziologisch sich anbietende Perspektive auch so von dritter Seite wahrgenommen wird. ... wobei eine politisch-moralische Beurteilung einzelner Soziologen allein aber nicht weiterhilft.« Er zitiert

Harry Pross 1982: »Das halbe Dutzend Soziologieprofessoren, dem wir den Neubeginn verdanken, hatte politisch reine Westen.« Dieses Zitat stellt zweifellos eine »politisch-moralische Beurteilung« dar – und es ist – das wissen wir heute – falsch. Deshalb stellt Klingemann die Frage nach »der fachwissenschaftlichen Qualität ihrer Arbeit«. Sie kann weder aus der Sicht gegenwärtiger Soziologie, noch aber durch die Registrierung der Attribute geschehen, welche sich Personen, die sich jeweils als Soziologen betätigten, wechselweise zugeschrieben haben. Vielmehr wird es dazu notwendig sein, ihre Schriften zu analysieren, um daraus zu erfahren, was sie seinerzeit als Soziologie verstanden haben. Darauf zielt auch das Zitat von 1960, das Klingemann in dem Abstract von mir anführt: Ich vertrete die These, daß ein vordringliches Anliegen der als Soziologen Tätigen jener Jahre darin bestand, »eine neue Einsicht in die wirklichen Verhältnisse des sozialen Lebens« zu finden. Auf eine Feststellung von Dirk Kaesler, die deutsche Geschichte der Soziologie im Nationalsozialismus sei aufgearbeitet, habe ich geantwortet, daß ich diesen Eindruck nicht habe. Nach Feststellung der Fakten stünden die Deutungen noch aus. Das gilt ebenso für die »Begründung der Nachkriegssoziologie in Deutschland«.

Ich will deshalb mit der Gegenthese einsetzen, daß es sich bei der Entwicklung der westdeutschen Nachkriegssoziologie um einen eindeutigen Bruch mit der Vergangenheit, nicht um deren Kontinuität handelt. Eine zweite Frage stellt sich allerdings, wenn man die Wirkungschancen einschätzt; da wird bei etlichen – z.B. bei dem von Klingemann zu Recht als Reichssoziologen titulierten Karl Heinz Pfeffer – kein signifikanter Wert zu erwarten sein; anders bei Gehlen. Die Wirkungsgeschichte wäre am ehesten durch eine Verfolgung der Zitationen zu rekonstruieren. Ich will meine These zunächst mit der Beobachtung begründen, daß zwar der Streit der Schulen – Frankfurt, Köln, Hamburg/Dortmund – oder Adorno, König, Schelsky – eine große, wohl auch prägende Rolle in der Diskussion der Jahre vor und um 1960 gespielt hat, daß »die Soziologie in Westdeutschland« sich aber erst mit dem »Positivismusstreit« – ab 1961 in Tübingen – und mit dem Import der amerikanischen Soziologie – ab Dahrendorfs »Homo Sociologicus« 1958 – zu etablieren begann. Von Kontinuität kann – auch wenn es personelle Kontinuitäten gab – gar nicht gesprochen werden. Selbst die Bemühungen von König um eine gründlicher fundierte »empirische Soziologie« hatten eher methodische als methodologische Anliegen und Konsequenzen. Dafür kennzeichnend erscheint mir die Einführung der wahrscheinlichkeitstheoretischen Statistik. Zwar sind vor dieser Entwicklung bereits Stichproben angelegt und Erhebungen durchgeführt und ausgewertet worden – in Frankfurt/Darmstadt, in Köln und in Hamburg ebenso wie in Dortmund; aber zu einem Konflikt zwischen der

»traditionellen« (buchhalterischen: »deskriptiven«) Statistik – aus der staatswissenschaftlichen Tradition seit Conring und Achenwall – und der biologisch-medizinischen (und betriebswirtschaftlichen: »induktiven«) Statistik kam es m.W. nicht. Dabei ist es dieser Kontrast, der den Einsatz empirischer Sozialforschung für die Selektions-Untersuchungen im Nationalsozialismus erst ermöglicht hat. Ebenso auf der theoretischen Ebene.

1960 kam Schelsky nach Münster und übernahm die Leitung der Sozialforschungsstelle. Er richtete einen soziologischen Studiengang in Münster ein und verpflichtete die Assistentenschar aus Dortmund, die Lehre durchzuführen. Das war für uns die Chance, uns wirklich mit den Traditionen der Soziologie auseinanderzusetzen. Ich wählte jedes Semester eine andere Bindestrich-Soziologie als Lehraufgabe. Schelsky machte die – davor interdisziplinär-sozialwissenschaftlich und anwendungsorientiert ausgerichtete – Sozialforschungsstelle zu einem (zweckfreien) »Soziologischen Institut« und die »Soziale Welt« zu einer soziologischen Zeitschrift. Die personellen »Kontinuitäten« baute er vollständig und konsequent ab. Das bedeutet auch: Vor Schelsky war »Soziologie« in Dortmund kein Programm, allenfalls ein Aspekt.

Aus heutiger Sicht beginnt also die »westdeutsche Soziologie« ernsthaft erst »um 1960«. Fragt sich dann: Was war die »westdeutsche Soziologie« vor 1960? Vermutlich ist es fair (mit Dahrendorf 1988) zu argumentieren, daß wir Anfänger damals weder an personellen noch an den grundsätzlichen Auseinandersetzungen interessiert waren, sondern an der »sozialen Wirklichkeit«. Empirische Soziologie war für uns ein Abenteuer; die Grenzen der Fachdisziplinen dagegen waren uns gleichgültig. Da war aber noch die »personelle Kontinuität«. Wir haben diese nicht als solche wahrgenommen, auch wenn wir von den früheren Einstellungen und Tätigkeiten der »Lehrer« oder Vorgesetzten etwas ahnten; das interessierte uns nicht. Und natürlich wurde das von den betreffenden »Kontinuitätsträgern« auch nicht herausgestellt und betont, sondern verschwiegen. Wir hatten andere Prioritäten, als danach zu graben. Es gab auch damals eine Art »political correctness« – die des Eintretens für den Aufbau einer demokratischen Gesellschaft. Ein Zurück gab es nicht; auch keine Diskussion darüber. Das mag aus heutiger Sicht oberflächlich erscheinen. Aber die Selbstdarstellung dieser Personen – und also auch die von ihnen vertretene »Soziologie« – ließ die »Kontinuitäten« nicht mehr erkennen. Auch personelle Kontinuität ist nicht ein Beleg für inhaltliche Kontinuität. Damit ist die heutige Frage nicht ausreichend beantwortet. Haben wir damals Konzepte gelernt und übernommen, sogar weitergegeben, die »Kontinuität« bedeuteten? Das ist die Frage, mit der z.B. ich mich gegenwärtig auseinandersetzen will.

Literatur

Bolte, Karl Martin/Friedhelm Neidhardt (1998) (Hrsg.), Soziologie als Beruf. Erinnerungen westdeutscher Hochschulprofessoren der Nachkriegsgeneration. Baden-Baden.

Fahlbusch, Michael (1999), Wissenschaft im Dienst der nationalsozialistischen Politik? Die »Volksdeutschen Forschungsgemeinschaften« von 1931-1945. Baden-Baden.

Fleck, Christian (1996) (Hrsg.), Wege zur Soziologie nach 1945. Autobiographische Notizen. Opladen.

Klingemann, Carsten (1996), Soziologie im Dritten Reich. Baden-Baden.

Mackensen, Rainer (1998) (Hrsg.), Bevölkerungsfragen auf Abwegen der Wissenschaften. Zur Geschichte der Bevölkerungswissenschaft in Deutschland im 20. Jahrhundert. Opladen.

Die Arbeit und ihre Zukunft

Hans-Otto Hemmer

Daß die in Gang befindliche Metamorphose der Arbeit das zentrale Problem der entwickelten Industriegesellschaften – mit weltweiter Auswirkung – darstellt, ist unübersehbar.

Diesem Themenkomplex war deshalb die Podiumsdiskussion am 16. September 1998 im Audimax gewidmet.

Zur gleichen Thematik war im Juni 1998 ein umfangreiches Schwerpunktheft der »Gewerkschaftlichen Monatshefte« mit insgesamt 35 Essays erschienen, in dem auch die Teilnehmer der Diskussion (bis auf Scott Lash) ihre Position dargelegt hatten.

Karl Otto Hondrich (Universität Frankfurt/M.) hatte ausgeführt, daß in der Summe der weltweit kaum industrielle Arbeitsplätze verlorengingen, daß es allerdings eine Gewichtsverlagerung hin zu Dienstleistungen und anspruchsvollen Arbeitsplätzen in den klassischen Industrieländern gebe. Dort trieben die höchst kritischen Kunden die Leistungsanforderungen immer höher. Wer im Rahmen solcher »Steigerungsmotorik« nur wenig schlechter sei als die Maßstabsetzenden, sei zum Scheitern verurteilt. Die Arbeit insgesamt sei »wertvoller geworden«.

Ingrid Kurz-Scherf (FHS Bielefeld) hatte auf den Zusammenhang »Arbeitslosigkeit, Rechtsradikalismus, Vollbeschäftigung« aufmerksam gemacht: »Mit der immer größeren Diskrepanz zwischen dem Stellenwert der Forderung nach ›Arbeit!Arbeit!Arbeit!‹ und dem tatsächlich zu registrierenden Anstieg der Arbeitslosigkeit liefert die Demokratie ihren rechten Kontrahenten die Argumente.« Die These vom »Ende der Arbeitsgesellschaft« beruhe auf zwei Irrtümern: erstens dem, daß Arbeit im individuellen Lebenskontext an Bedeutung verliere und zweitens dem, »daß dem quantitativen Rückgang des Volumens an bezahlter Arbeit auch ein qualitativer Bedeutungsverlust von Arbeit im ökonomischen und sozialen System der modernen Gesellschaften« entspreche.

Richard Münch (Universität Bamberg) hatte auf die zunehmende globale Arbeitsteilung hingewiesen, die dazu angetan sei, nationale Wohlfahrtsverbünde aufzubrechen. Weder das amerikanische Modell noch die vielfach angepriesene Qualifizierungsstrategie allein könnten die Probleme tatsächlich lösen. Vielmehr müsse die Arbeit zurückgebettet werden »in ein Konzept des guten Lebens«, das z.B. Hausarbeit, Erziehungsarbeit, Eigenarbeit und ehrenamtliche Tätigkeit wieder in das Verständnis von Arbeit einbeziehe.

Barbara Riedmüller (FU Berlin) meinte, auch wenn sich das Zeitalter von »Fordismus« und »Taylorismus« zum Ende neige, sei es falsch, vom »Ende der Lohnarbeit« zu sprechen. Allerdings sei es unumgänglich, traditionelle institutionelle Engagements aufzugeben und Abschied zu nehmen »von alten Leitbildern, sozialpolitischen Garantien und Prinzipien organisierter Interessen«. In diesem Zusammenhang müßte sich eine »Strukturreform sozialer Sicherung ... den tatsächlichen Arbeitsmarktbiographien und deren gewünschten sozialen Kompensationen widmen«.

Scott Lash (Universität London) schließlich stellte fest, daß im Übergang vom Industrie- zum Informationskapitalismus »Lebenschancen ... ein Frage des Zugangs zu den und der Position in den neuen Informations- und Kommunikationsstrukturen, und nicht des Zugangs zu produktivem Kapital oder Produktionsstrukturen« sind. In diesem Prozeß entstehe eine neue Klasse, die »abwärts-mobil« sei. Ihr gehörten im wesentlichen Absteiger aus der Arbeiterklasse, Migranten und, so in Ländern wie Deutschland und Österreich, Frauen an.

Diese und andere »Befunde« wurden – unter der Leitung von Hans-Otto Hemmer (Chefredakteur Gewerkschaftliche Monatshefte) sowie unter Beteiligung des DGB-Kreisvorsitzenden von Freiburg, Stephan Rebmann, zunächst auf dem Podium lebhaft diskutiert. Man ging dabei allgemein von einem »Abschied von der Vollbeschäftigung« aus, es war die Rede von einer zu erwartenden dauerhaften Arbeitslosigkeitsrate zwischen 5 und 12 Prozent als »Normalität«. Bei der »Diagnose« lautete ein Stichwort »Informationsgesellschaft«, wobei auf eine charakteristische deutsche Inflexibilität im Umgang mit nicht kontrollierbaren Entwicklungen hingewiesen wurde. Bei den »Therapien« wurde ein internationales Sozialstaatsarrangement ins Auge gefaßt, das aber gleichzeitig als »hochkorporatistisches Modell« bezweifelt wurde.

In der abschließenden Plenumsdiskussion wurde insbesondere die Spannung zwischen globalen Entwicklungen des Arbeitsmarktes sowie ihren Folgen und deren konkreten Auswirkungen auf einzelne Arbeitnehmer in einzelnen Ländern thematisiert.

Forum für Lehre: Studium der Soziologie zwischen »Elfenbeinturm« und entgrenzender Globalisierung.

Paul Kellermann, Karl-Siegbert Rehberg und Matthias Riedel

Globalisierung und Regionalisierung, Individualisierung und Standardisierung, Moderne und Postmoderne, Integration und Desintegration – es war die Absicht, mit solchen Schlagwörtern bezeichnete widersprüchliche und einander entsprechende Strukturen und Prozesse im Rahmen des Soziologiekongresses »Grenzenlose Gesellschaft?« auch für eine aktuelle Bilanz der soziologischen Lehre zu thematisieren: Inwieweit wirken die öffentlich-allgemeinen und die fachlich-spezifischen Diskussionen über den so raschen Wandel gesellschaftlicher Verhältnisse und Vorgänge auf Studium und Unterrichtung der Soziologie ein – einerseits auf deren Themen und Inhalte, andererseits auch auf den Neuzugang von Studierenden und die Organisation der Lehre. Gibt es in diesen Bezügen hauptsächlich nationale Besonderheiten oder doch auch auffällige Gemeinsamkeiten, wenn Lage und Entwicklung der Profession und ihrer akademischen Präsenz transnational – in Deutschland, Österreich und der Schweiz – verglichen werden? Ein wahrlich umfassendes Programm.

Das »Forum für Lehre« war ein Ergebnis der vorbereitenden Kooperation der beiden an Studium und Lehre beteiligten universitären Statusgruppen: Brachten Paul Kellermann (Universität Klagenfurt) und Karl-Siegbert Rehberg (Technische Universität Dresden) die Sicht der Dozierenden ein, so steuerte Matthias Riedel, Vertreter der Fachschaft Soziologie und des allgemeinen Studentenausschusses der Freiburger Universität, Standpunkte der Studierenden bei.

Der Trinationalität der kongreßausrichtenden soziologischen Gesellschaften wurde durch entsprechende Besetzung des Podiums mit schweizerischen, österreichischen und deutschen Teilnehmer/inne/n (je ein/e Professor/in, ein/e Student/in pro Land) Rechnung getragen. Neben den genannten Initiatoren des Forums nahm Silvia Stupäck (Soziologische Fachrichtungsvertretung und Mitglied der Hochschülerschaft Wien) Platz, um die Sicht der österreichischen Studierenden vorzustellen; die Schweiz war vertreten durch Claudia Honegger (Vorsitzende der SGS, Professorin Universität Bern) und Michael Gemperle (Fachgruppe Soziologie und Mitglied der studentischen Körperschaft Basel). Aus der Welt abseits des Katheders waren eingeladen: Christian Geyer, ein Soziologie- und Wissenschaftsjournalist, der des öfteren in der Frankfurter Allgemeinen Zeitung kenntnisreiche Soziologiekritik betreibt, sowie Dieter Grühn vom Berufsverband Deutscher Soziolog/inn/en.

In seiner Begrüßung leitete Matthias Riedel das Forum – nach kurzem Hinweis auf die erfreulich große Besucheranzahl – mit einer exemplarischen Nennung aktuell anstehender Strukturentwicklungen im Bereich soziologischer Lehre in den drei repräsentierten Ländern ein. Unter anderem fanden die Einführung international kompatibler Bakkaulareatsstudiengänge in Deutschland und die in Österreich gesetzlich vorgeschriebene Neugestaltung aller Studienpläne bis 2002 Erwähnung.

Als Moderator eröffnete Karl-Siegbert Rehberg anschließend das Podiumsgespräch, indem er die Thesen der Fachschaft Soziologie in ihren Eckpunkten vorstellte: Als Ausgang dieses Positionspapiers habe ein 1983 von Odo Marquard veröffentlichter Text gedient, der gezielt den affektbesetzten Begriff des Elfenbeinturms wieder aufgreife, um provokativ mit Wilhelm von Humboldt, Fichte u.a. auf das Junktim von Einsamkeit und Denk- bzw. Lehrfreiheit hinzuweisen. In Abweichung zu den Mainstream-Debatten um Hochschulfinanzierung und die beschworenen Identitätskrisen der traditionellen Universität werde die kaum gestellte Frage aufgeworfen: »Wie jedoch entwikkeln oder vertiefen Soziologietreibende jene von Marquard so positiv konnotierte Einsamkeitsfähigkeit und welche elementaren Fähigkeiten bzw. Interessenlagen müssen noch hinzutreten, um Soziologie als Studium oder Beruf auch ohne breites Anreizsystem (Prestigegewinn, Bekanntheitsgrad des Fachs, monetäre Entlohnung etc.) ausüben zu wollen und zu können?«

Nachdem die Phase der Professionalisierung der Soziologie mit Diplomstudiumgängen an vielen Orten und berufsbezogenen Spezialisierungen erfolgreich abgeschlossen wurde, stellen sich für das Fach und seine Lehrgestalt neue Fragen. Oft ist kritisch bemerkt worden, daß soziologisches Wissen in gesellschaftliche Selbstdeutungen eingegangen ist. Es gab eine »anti-soziologische« Kritik an der Soziologisierung öffentlicher Diskurse. Heute ist jedoch zu fragen, ob die Soziologie die Folgen dieser Verbreitung ihrer Perspektiven wirklich wahrnimmt. Soziologie kann professionell studiert werden und ist zugleich modernes Bildungswissen. Deshalb befaßten sich der Ausschuß für Lehre der Deutschen sowie die Sektion Lehre der Österreichischen Gesellschaft für Soziologie auch (wieder) mit der Stellung der Disziplin als Nebenfach in den Studiengängen. Das solle die Hauptfachbedeutung nicht mindern, habe aber für die Soziologie langfristige Folgen: Man könne beobachten, daß die soziologische Lehre aufgrund zeitgeistiger Orientierungen (z.B. verstärkte Ausrichtung der Studien auf »employability« statt auf wissenschaftliche Erkenntnis; massive Anstrengungen zur Verkürzung und damit zur »Verschlankung« der Studien; Geringschätzung gesamtgesellschaftlicher Analysen) aus Studiengängen herausgedrängt werde. Konnten die sechziger und siebziger Jahre als die Zeit gelten, in der Soziologie als bedeutsames Nebenfach in nahezu alle Studiengänge der Geistes-, Natur-, Technikwissenschaften und der Medizin Eingang fand, so ist seit einigen Jahren genau das Gegenteil zu konstatieren; dies scheint besonders für die Lehramtstudiengänge zu gelten.

Vor diesem Hintergrund wurde versucht, Perspektiven des Soziologiestudiums zu prüfen. Dominant war bald die Frage, ob es in der Soziologieausbildung besonders der Hauptfachstudierenden nicht vor allem auf die Vermittlung spezifischer berufsbezogener Kenntnisse ankommen müsse. Während Christian Geyer eine gute Theorie- und Methodenausbildung sowie eine profunde Vermittlung spezieller Anwendungsfelder soziologischen Wissens für den Königsweg zu guten beruflichen Chancen ansah, verwies Dieter Grühn auf die Notwendigkeit von praxisorientierter Berufsausbildung. In mehr als 40 Universitäten gebe es derzeit Praxisprojekte. Die Lage von Soziologen und Soziologinnen auf dem Arbeitsmarkt sei besser als allgemeine Vorurteile glauben machten. Auch hier bestätige sich der allgemein beobachtbare Zusammenhang, daß höhere Qualifikation dazu beitrage, vor individueller Erwerbslosigkeit zu schützen. Andererseits verlören die Normalarbeitsverhältnisse an Bedeutung, und es komme zunehmend zu »Rotationsarbeitsverhältnissen«, also zu befristeter Teilzeitarbeit auf verschiedensten Tätigkeitsfeldern. Gerade deshalb bedürfe es aber besonderer Zusatzqualifikationen der Studierenden. Durch entsprechende Untersuchungen sei nachgewiesen, daß der Besuch von Programmen für den Erwerb von Zusatzqualifikationen positive Effekte auf die Berufsfindung habe.

Michael Gemperle sah die soziologische Lehre vor neuen Herausforderungen, da die Fachinhalte mit der Berufspraxis stärker verknüpft werden müßten. Ein Ansatzpunkt sei vor allem die während des Studiums praktizierte Erwerbstätigkeit. 78 Prozent der Schweizer Studierenden seien erwerbstätig, davon 55 Prozent regelmäßig. An diese Situation könne die Lehre der Soziologie bewußt anknüpfen und versuchen, die studentische Erwerbstätigkeit ausdrücklich in die soziologische Ausbildung einzubeziehen. Diesen Gedanken fortsetzend vertrat Paul Kellermann sein Modell einer »Integration von wissenschaftlichem Grund- und tätigkeitsbegleitendem Weiterstudium«: Nach Vermittlung und Aneignung von basalen Methoden und Kenntnissen in allen Hauptstudiengängen (Abschlußgrad: Bakkalaureat) solle das »upgrading« (Aktuellhalten) von Kompetenzen je nach gegebener beruflicher Situation in der »Sandwich-Form« eines gegenseitigen Bezugs von professioneller Praxis und wissenschaftlich-akademischer Weiterqualifikation erfolgen (stufenförmige Abschlüsse als Magister bzw. Dr.).

Die gegebenen Bedingungen – zunächst das Erfordernis, weitgehende Unkenntnis der jeweils anderen Situationen zumindest bewußtzumachen; die Selbstverständlichkeit, Studierende und Lehrende aller drei Länder sowie Außenstehende an der Forumsdiskussion zu beteiligen; vor allem aber der so sehr beschränkte Zeitraum von weniger als zwei Stunden – ließen nicht mehr als kurze gegenseitige Information und verkürzte Diskussion zu. Allgemein wurde es als sinnvoll angesehen, einen regelmäßigeren Erfahrungsaustausch anzustreben, um auf die weiterhin anstehenden Veränderungen der Rahmenbedingungen für Studium und Lehre der Soziologie angemessen reagieren zu können.

Soziologie-DoktorandInnen in einer »Zwischenlage«

Das DoktorandInnen-Forum – Grenzenlos Promovieren

Andreas Lösch, Bernd Neumeister und Johann-Georg Greiner

1. Warum eigentlich ein DoktorandInnen-Forum?

Bereits im Vorfeld des Kongresses war uns, den Veranstaltern des Forums, eine offensichtliche Diskrepanz aufgefallen, welche für die Positionierung der Promovierenden auf dem Soziologie-Kongreß kennzeichnend sein sollte und für eine eigentümliche »Zwischenlage« der Promovierenden im Wissenschaftsbetrieb geradezu charakteristisch ist: Der Freiburger Soziologie-Kongreß – diesmal von den Dachverbänden der Soziologie in Deutschland, Österreich und der Schweiz gemeinsam veranstaltet – würde ein Kongreß sein, dessen BesucherInnen zu weit über 50% promovierende und studierende SoziologInnen sind. Was jedoch die Mitgliedschaftsregelung der »Deutschen Gesellschaft für Soziologie« anbelangt, so gilt hier der Doktortitel als Eintrittskarte in den Verband. Dieser Regelung entsprechend wurden auf dem Kongreß ein Großteil der Vorträge von SoziologInnen mit Titel gehalten. Der titellose wissenschaftliche Nachwuchs blieb eindeutig in der Minderheit. Diese Ausgrenzung der Noch-nicht-Promovierten erscheint jedoch paradox, wenn man bedenkt, daß der Kongreß – rein materialistisch betrachtet – ohne die Teilnahmegebühren des titellosen Nachwuches wohl kaum finanzierbar gewesen wäre.

Nicht nur um diese Diskrepanz zu thematisieren, beschlossen wir eine Versammlung der »Titellosen« zeitgleich zu den Mitgliederversammlungen der »Titelträger« einzuberufen. Das skizzierte Mißverhältnis ist bezeichnend für die prekäre Zwischenlage, in der sich der wissenschaftliche Nachwuchs während seiner gesamten Promotionszeit befindet. Diese Zwischenlage der Promovierenden läßt sich durch folgendes Paradox verdeutlichen: Die Wortmeldung des Promovierenden ist, obwohl sie institutionell seitens der Akademie geradezu ausgeschlossen wird, die Möglichkeitsbedingung für den zukünftigen Eintritt in die Akademie. Der Promovierende hat somit unter erschwerten Bedingungen Leistung zu erbringen.

Und das obwohl die Leistung der Promovierenden eine »Schwerstarbeit« ist, die die Abfassung der Dissertation bei weitem übersteigt. Denn es handelt sich um eine Arbeit des Promovierenden an sich selbst. Unabhängig von den individuellen Forschungsprojekten und der jeweils differierenden institutionellen Einbindung der einzelnen Promovierenden haben alle mit der Entscheidung zur Promotion ein Arrangement mit den ungeschriebenen Gesetzen des Wissenschaftsbetriebes zu treffen. Die Promovierenden sehen sich mit formalen, institutionellen, organisatorischen und wissenschaftstheoretischen Grenzen konfrontiert. Zugleich erscheint vieles als geradezu grenzenlos. Konventionen und Selbstverständlichkeiten verlangen vom Promovierenden einen »praktischen Sinn«, um sich in den Feldern des Wissenschaftsbetriebes zu bewegen. Man positioniert sich und wird positioniert.

Die Arbeit an sich, die in dem doppelten Positionierungsprozeß vollbracht werden muß, ist umfassend. Sie setzt die Kompetenz voraus, gleichzeitig heterogene und oft widersprüchliche Strategien verfolgen zu können. Verlangt sind nicht nur praktische Erwerbungen im Sinne einer »betrieblichen« Homogenisierung, die dennoch das Aushalten widersprüchlicher Zugänge zur eigenen Persönlichkeit voraussetzen. Gleichermaßen haben sich die Promovierenden »wissenschaftlich« zu identifizieren. Die Lokalisierung durch methodisch-theoretische Zuordnung zu einer soziologischen Teildisziplin, die eine Begrenzung des theoretischen Blicks impliziert, reicht dazu nicht aus. Denn ebenso wird interdisziplinäres Denken und Forschen, d.h. eine Entgrenzung des theoretischen Blicks gefordert. Kommt dann noch die Forderung nach einer gesellschaftlichen Relevanz des Forschungsprojektes als Kriterium finanzieller Förderung hinzu, so können die Grenzen des Promovierens durchaus erreicht werden. Die Frage, ob sich die Mühe lohnt, ist besser nicht zu stellen. Man wird per se beständig daran erinnert, daß man mit seiner Forschung eine ökonomisch unsichere Vorleistung erbringt. Die »Fleischtöpfe« hängen hoch – das weiß ein jeder Promovend und jede Promovendin. Doch stellt sich die Frage, ob in den Töpfen überhaupt noch etwas drinne' ist.

2. Die Forums-Vorträge: Chancen und Risiken einer Arbeit an sich selbst

Trotz dieser zum Pessimismus verleitenden Aussicht thematisierten die ReferentInnen des Forums durchaus mit einer Prise ironischen Optimismus die Chancen und Risiken der Arbeit des Promovierenden an sich selbst: *Dierk Spreen* (Berlin) konstatierte zum Einstieg die Bedeutungen des »Titels« für die Promotion. Als Arbeits-, Buch- und Statustitel berge er eine Macht, die äußerlich den Tauschwert der wissenschaftlichen Arbeit – eine Art »Falschgeld« – produziere und somit den Zugang des Nachwuchssoziologen zum akademischen Diskurs und seiner Institutionalisierung – bspw. in der DGS – bestimme. *Dominik Schrage* (Berlin) skizzierte das Promovieren als langen Weg einer »Arbeit an sich«: als eine flexible Konstruktion des eigenen Lebenslaufes, die den Promovenden ab dem Zeitpunkt der Erstellung des Exposés für eine Stiftung begleite. Einerseits sei diese Arbeit als Kompetenzerwerb zu bewerten, um sich im akademischen Raum bewegen zu können. Andererseits erfordere sie jedoch einen positiv-ironischen Zugang zur Persönlichkeitsspaltung zwischen Bewerbungs- und Alltags-Ich, um sich nicht im Zynismus des akademischen Betriebes zu verlieren. *Arnd Bader* (Wuppertal) problematisierte akademische und gesellschaftliche Akzeptanzgrenzen gegenüber dem jeweiligen Promotionsthema. Er verortete die Ursachen dieser Grenzen im Wissenschaftsbetrieb selbst: Auch wenn das Forschungsthema bereits eine interdisziplinäre Ausrichtung notwendig mache, müsse man sich dennoch oft den engen Grenzen der Bindestrich-Soziologien unterwerfen. Bader fordert dagegen eine »pragmatische Soziologie«, die gesellschaftlich, und das hieß für ihn auch arbeitsmarktpolitisch, akzeptiert werde, da sie die zentralen gesellschaftlichen Probleme aufgreife.

In ihrem Vortrag über das »Interdisziplinäre Promovieren« in Graduiertenkollegs kritisierte dagegen *Stefanie Wenner* (Berlin) die innerhalb solcher Stipendiengemeinschaften praktizierte Form von Interdisziplinarität. Sie kam zu dem Schluß, daß es sich bei dieser Praxis interdisziplinären Forschens oft eher um eine Inszenierung handle, die sich eher durch Mittelknappheit und Ausgrenzungsstrategie der Universitäten begründen lasse als durch eine Bereitschaft zum interdisziplinären Disput. Dabei könnte die sicherlich vernünftige Einrichtung von Graduiertenkollegs – sieht man einmal davon ab, daß auch diese Form der Stipendienvergabe dazu beiträgt, DoktorandInnen vom akademischen Betrieb fernzuhalten – durchaus eine Chance sein, neue wissenschaftliche Arbeitsweisen jenseits der Fächergrenzen zu erproben. *Gerlinde Mauerer* (Wien) problematisierte die spezifische Promotionssituation für feministische Wissenschaftlerinnen. Aufgrund der Erfahrungen von Promovendinnen in Wiener Dissertationsforen, kam sie zu dem Schluß, daß eine Professionalisierung für Frauen im Wissenschaftsbetrieb nur aufgrund einer Abspaltung von Persönlichkeitsanteilen, aber auch von Wissenschaftsanteilen möglich ist. So scheinen Gender-Studies derzeit nur deshalb zu »boomen«, weil sie um ihre feministischen Potentiale beschnitten wurden. Der Referatblock endete mit dem Vortrag von *Barbara Ossege* (Berlin), die gerade die Grenzenlosigkeit des Faches Soziologie aufgrund seiner Ausdifferenzierung in Spezialdisziplinen – durch den Ruf nach Interdisziplinarität noch verstärkt – problematisierte. Für die Promovierenden mache die Entgrenzung des Faches geradezu willkürliche Grenzziehungen notwendig, die letztlich die Promovierenden in die »Einsamkeit« ihrer Forschungsarbeit trieben. Der im Wissenschaftsbetrieb nach wie vor propagierte »gradlinige« Professionalisierungsprozeß erweise sich damit endgültig als Illusion.

3. Die Diskussion mit dem Publikum und die Vernetzungsaktion

Die gleichzeitigen Begrenzungen und Entgrenzungen, die der Weg zum Titel verlangt, waren die zentralen Themen der Diskussion mit dem Publikum: Diskutiert wurden die Fragen, wer denn die Kriterien eines soziologischen Pragmatismus definieren solle und ob eine Forderung nach Pragmatismus nicht gerade die Möglichkeit einer von solchen Vorgaben unbelasteten, wissenschaftlichen Forschung zunichte mache. So wurde von einigen DiskussionsteilnehmerInnen eine pragmatische Orientierung an den Medien vorgeschlagen. Doch auch diese mußte im Diskussionsverlauf wieder verworfen werden. Denn man kam zu dem Schluß, daß doch gerade die Medien »Moden« folgen, die letztlich von einer sich entgrenzenden und immer neue Forschungsobjekte kreierenden Soziologie vorgegeben würden. Dennoch führte die Forderung nach einem Pragmatismus der Forschungsarbeiten wie die Problematisierung der »Verwertbarkeit« der Soziologie zu unterschiedlichen Positionierungen unter den Diskutierenden.

Über die geschilderten Problematisierungen hinaus sollte das Forum jedoch auch die Möglichkeit bieten, Netzwerke zwischen den teilnehmenden Promovierenden zu etablieren. Dahinter stand der Gedanke, daß die Zusammenkunft von Promovierenden aus Deutschland, Österreich und der Schweiz auf diesem Forum für die individuellen Forschungsarbeiten produktiv genutzt werden kann. Zu diesem Zweck wurde eine Plakatwand vorbereitet, auf der sich die Teilnehmenden unter spezifische Oberbegriffe wie z.B. »Biotechnologie-Ethik-Körpergrenzen«, »Intellektualität-Kulturgrenzen« oder »Politische Soziologie« eintragen konnten. Die Adressen der Teilnehmenden wurden in eine Netzwerkliste eingetragen, die am Tag nach der Veranstaltung im Kongreßbüro erhältlich war. Die Idee für dieses Netzwerk bestand darin, auf dem Forum mit Promovierenden ins Gespräch zu kommen, die an vergleichbaren Themen forschen. Nachhaltig sollen in eigener Organisation Arbeits- und informelle Zusammenhänge etabliert werden.

Bereits in der Diskussion mit dem Publikum wurde die Praktikabilität einer themenspezifischen Vernetzung unter den Promovierenden thematisiert: Kritiker des Netzwerks gaben zu bedenken, daß der Austausch von ›Wissen‹ mit anderen Promovierenden, die an einem ähnlichen Thema arbeiten, problematisch sei. Aufgrund der Mittel- und Stellenknappheit im akademischen Betrieb würden PromovendInnen in ein direktes Konkurrenzverhältnis zueinander gedrängt. So stelle sich die Frage, ob man guten Gewissens »wichtige« Informationen weitergeben könne. Der Einwand gegen die Kritiker, daß man das Netzwerk ja auch dazu benutzen kann, mit böser Absicht gezielt »falsche« Informationen zu verteilen und damit der Konkurrenz eine Falle zu stellen, erheiterte die Diskutierenden, konnte aber als Argument die Netzwerk-Kritiker nicht von dem Sinngehalt des DoktorandInnen-Netzwerkes überzeugen.

Dieser Kritik zum Trotz nahmen an der anschließenden Vernetzungsaktion von den ca. 60 TeilnehmerInnen 35 Promovierende teil. Dies ist für die Etablierung themenspezifischer Netzwerke eine eher geringe Anzahl. Dennoch ordneten sich der Hälfte der Oberbegriffe (so z.B. Biotechnologie – Ethik – Körperpolitik, Betriebssoziologie – Industriesoziologie –Wirtschaftssoziologie, Politische Soziologie, Familien-/Jugendsoziologie etc.) immerhin 4-5 Personen zu, so daß sich hier Arbeitszusammenhänge etablieren können. Den VeranstalterInnen eines zukünftigen PromovendInnen-Forums ist jedoch zu empfehlen, zwecks Vernetzung eine Art Kontakt-Büro bzw. -café für die gesamte Dauer des Soziologie-Kongresses einzurichten. Ein auf eine Abendveranstaltung begrenztes Forum, wie dieses, konnte eine intensive Diskussion zur Situation der Promovierenden im Fach Soziologie ermöglichen. Als »Kontaktbörse« war es – so ist in eigener Sache kritisch anzumerken – nicht zuletzt aufgrund seiner zeitlichen Begrenzung auf 2,5 Stunden weniger geeignet. Diese Begrenzung wurde jedoch vom Kongreßveranstalter festgesetzt.

Alles in allem läßt sich die Empfehlung aussprechen, im Rahmen der noch folgenden Soziologie-Kongresse DoktorandInnen-Foren zu veranstalten. Ein Stück weit können auf diese Weise die noch-nicht-promovierten ForscherInnen, auf deren Ergebnisse die Wissenschaft nicht verzichten kann, aus ihrer eigenartigen »Zwischenlage«, eines gleichzeitigen wissenschaftlichen Repräsentanz und Nichtrepräsentanz heraustreten und ihr Anliegen in eigener Sache präsentieren.

Plenum I
Grenzen des Wohlfahrtsstaates

Einleitung

Jean-Pierre Fragnière, Franz-Xaver Kaufmann und Georg Vobruba

Fragen nach den Grenzen des Wohlfahrtsstaates begleiteten seine historische Entwicklung von seinen Anfängen an. Zwar wurden Grenzen des Wohlfahrtsstaates selten konkret quantifizierend benannt, aber die Wahrung der Leistungsfähigkeit der Ökonomie und die Notwendigkeit der Absicherung der Arbeitsbereitschaft wurden immer schon als Grenzen der Expansion des Wohlfahrtsstaates angesehen.

Zu solchen schon traditionellen Hinweisen auf Grenzen des Wohlfahrtsstaates sind in letzter Zeit neue gekommen: Hinweise darauf, daß nationalstaatlich begrenzte Politik den tatsächlich wirksamen, transnationalen, gesellschaftlichen Zusammenhängen immer weniger angemessen ist.

Die zunehmende Transnationalisierung der Gesellschaft, so heißt es, macht die nationalstaatliche Begrenzung der Funktionsvoraussetzungen und der Wirkungsmöglichkeiten des Wohlfahrtsstaates sichtbar.

Auseinandersetzungen über den Wohlfahrtsstaat sind mittlerweile von der Soziologie der Sozialpolitik in ihr Forschungsobjekt mit einbezogen worden. Daraus ergeben sich zwei Forschungsebenen: Forschung im Sinn wissenschaftlicher Versuche der Grenzbestimmung des Wohlfahrtsstaates einerseits und Forschung über interessengeleitete, konflikthafte Aushandlungsprozesse von Grenzen des Wohlfahrtsstaates andererseits; – wobei erstere in letztere immer wieder einbezogen werden. Diese zwei Ebenen, auf denen die Soziologie der Sozialpolitik das Thema »Grenzen des Wohlfahrtsstaates« behandeln muß, sind auch in dieser Veranstaltung präsent. Die Beiträge zum Plenum I finden eine geglückte Balance zwischen Untersuchung von Grenzen des Wohlfahrtsstaates und Untersuchung der Auseinandersetzung über Grenzen des Wohlfahrtsstaates.

Für das rege Interesse, welches das Plenum I gefunden hat, haben wir den Vortragenden und allen Teilnehmerinnen und Teilnehmern zu danken. Wir nehmen es als Bestätigung dafür, daß in der Soziologie intensives Bewußtsein für die Bedeutung der Frage nach den »Grenzen des Wohlfahrtsstaates« besteht, und daß Funktionsvoraussetzungen, Herausforderungen und Entwicklungschancen des Wohlfahrtsstaates ein zentraler Forschungsbereich der Soziologie sind.

Ein (un)moralisches Angebot: Reziprozitätsfiktionen im modernen Wohlfahrtsstaat

Stephan Lessenich

1. Stabilität als Rätsel: Die regenerative Kraft wohlfahrtsstaatlicher Institutionen

Deutschland im Jahre 1973. Auf dem Höhepunkt der Ölkrise und der damit einhergehenden Krisenhysterie wird den weltweit existierenden Erdölquellen eine Lebensfrist von vielleicht 30, allenfalls noch 50 Jahren eingeräumt. Spätestens mit Beginn des neuen Jahrtausends, so wird prophezeit, sei es mit dem schönen, mobilen, wohlig-warmen Leben vorbei. Die Nation wähnt sich im Würgegriff unberechenbarer Ölscheichs und findet sich zwangsweise vereint im sonntäglichen Spaziergang auf verwaisten Autobahnen. Endzeitstimmung macht sich breit. Zur selben Zeit hebt eine mahnende Stimme vom (offensichtlich auch damals schon inspirierend glitzernden) Starnberger See an und offenbart der modernen – bzw., in zeitgemäßer Diktion, spätkapitalistischen – Gesellschaft, daß sie die moralischen Ressourcen, auf denen sie aufbaue und denen sie ihr Leben verdanke, in ebenso bedenkenloser wie systematischer Weise aufzehre. Insoweit diese Ressourcen – ähnlich wie im Falle des »schwarzen Goldes« – nicht erneuerbarer Natur und damit endlich seien, bewege sich das System unvermeidlich auf eine fundamentale, womöglich gar auf seine finale Krise zu. Die These findet großen Anklang, eine ganze Generation von Sozialwissenschaftlern verfällt forthin dem kollektiven Krisenwahn.

1998, ein Vierteljahrhundert später. Die Menge der als sicher bestätigten Welterdölreserven hat einen noch nie dagewesenen Höchststand erreicht (vgl. FAZ 1998), die Frist bis zu ihrer Erschöpfung wird mittlerweile auf eher 100 Jahre, womöglich mehr, geschätzt. Der bösartige, den Hahn abdrehende Ölscheich ist aus der öffentlichen Phantasmagorie verschwunden, der Straßenverkehr boomt, und das allfällige Stauerlebnis an Feiertagen und -abenden wird zum schaurig-schönen Gemeinschaftserlebnis. Der immer noch spätkapitalistische Staat wiederum erfreut sich, allen Anfechtungen und nachhallenden Unkenrufen zum Trotz, wenn nicht bester, so doch überaus robuster Gesundheit. Bald ein Jahrzehnt ist es her, daß das realsozialistische Lager die Segel gestrichen, daß die Bundesrepublik sich nach Osten ausgedehnt und in letztlich erstaunlich konfliktarmer Weise ihre (selbsterklärte) Gegengesellschaft absorbiert hat. Die Krise, die seit nunmehr drei Jahrzehnten beständig ausgerufen wird, kündet für den sozialwissenschaftlichen Beobachter heute nicht mehr vom Abgesang des kapitalistischen Systems, sondern bloß von der nächsten, gerne als »global« bezeichneten Stufe seiner permanenten inneren Revolutionierung.

Alles ist also wieder gut geworden. Aber wie ist das passiert? Konkret: Wo kommt plötzlich das ganze Öl her? Vor allen Dingen aber: Was hat es mit den vermeintlich nicht-regenerierbaren, offenkundig aber doch unerschöpflichen normativen Ressourcen unseres Gesellschaftssystems auf sich?

Während ich dem Geheimnis der scheinbar doch nachwachsenden Ölreserven hier nicht weiter nachspüren möchte, sondern dies dazu berufeneren Wissenschaften wie Geo- und Petrologie überlassen darf, zielt letztere Frage in das Zentrum gesellschaftswissenschaftlichen Interesses. Auf welche wundersame Weise vollzieht sich die dauerhafte Integration komplexer, »spätkapitalistischer« Gesellschaften? Die Antwort, so wird im folgenden behauptet, hat (jedenfalls auch) mit den Eigenarten ihrer wohlfahrtsstaatlichen Organisation und – spezifischer – mit der *regenerativen Kraft wohlfahrtsstaatlicher Institutionen*, mit deren normativer Binnendynamik, zu tun.

Moderne Wohlfahrtsstaaten stellen eine überaus komplexe und gerade deswegen auch stets prekäre Kombination unterschiedlicher Prinzipien, Logiken und Funktionen dar. Der Wohlfahrtsstaat ist ein Mechanismus der zentralisierten Umverteilung materieller Ressourcen; er ist ein Instrument zur Sicherung der Marktlogik wie auch zu ihrer Begrenzung; er ist ein Organ paternalistischer Fürsorge und sozialer Kontrolle; er ist ein Modus der Garantie individueller Beteiligungs- und Teilhaberrechte; und er ist zugleich die moderne, institutionalisierte Verkörperung des Prinzips wechselseitiger Abhängigkeit und Unterstützung. Das im folgenden zu entwickelnde Argument kreist um eben jene letztgenannte, »moralische« Dimension des Wohlfahrtsstaates, um die normativen Grundlagen des wohlfahrtsstaatlichen Arrangements, ihre Dynamik – und ihre Gefährdung.

In der modernen, wohlfahrtsstaatlich verfaßten und strukturierten Gesellschaft ist eine Vielzahl von Institutionen entstanden, die nicht nur bloß passivisch auf normativen Strukturen basieren oder gar in parasitärer Weise von diesen Fundamenten profitieren, sondern die in ihren institutionellen Routinen auch aktiv normativen Mehrwert produzieren. So ruhen etwa soziale Sicherungssysteme auf bestimmten gesellschaftlichen Vorstellungen des wechselseitigen Bedarfsausgleichs und inkorporieren diese in ihren eigenen Normenhaushalt. Mit der Institutionalisierung dieser gesellschaftlichen Motive bestätigen und bekräftigen sie zugleich deren Geltung, reproduzieren sie gleichsam – und profitieren wiederum selbst, als Institutionen, von deren Festigung. Es kommt so zu einem Prozeß der wechselseitigen Stabilisierung und Stärkung wohlfahrtsstaatlicher Institutionen und ihres normativ-motivationalen Bezugsrahmens. Insofern zehrt die Institutionalisierung wohlfahrtsstaatlicher Arrangements nicht an den moralischen Ressourcen der modernen Gesellschaft, sondern vermag diese umgekehrt zu regenerieren – und trägt eben dadurch zur erklärungsbedürftigen, fortgesetzten Stabilität (»spät«-)kapitalistischer Gesellschaften bei. Des Stabilitätsrätsels Lösung läge demzufolge – unter anderem – in einer keineswegs destruktiven, sondern vielmehr konstruktiven Eigendynamik wohlfahrtsstaatlicher Institutionen als selbstverstärkende, normative Instanzen.[1]

Das mag wie im Märchen klingen – aber wie im Märchen taucht an dieser Stelle auch schon der böse Wolf auf. Der Wohlfahrtsstaat als Reziprozitätsarrangement, als gesellschaftliche Gegenseitigkeitsbeziehungen organisierende institutionelle Struktur, ist in Gefahr. Er wird gefährdet durch zwei miteinander zusammenhängende, analytisch aber durchaus auseinanderzuhaltende Entwicklungstendenzen wohlfahrtsstaatlicher Politik. Die erste Tendenz besteht in der allmählichen Kontraktion von Solidaritätsbezügen, sprich: der Ausgrenzung ganzer Personengruppen aus dem Wirkungsbereich wohlfahrtsstaatlich etablierter Unterstützungsstrukturen. Mit diesem *Abbau*- oder besser Rückbau-Phänomen möchte ich mich hier nicht ausführlicher beschäftigen (ich habe dies an anderer Stelle getan; vgl. Lessenich 1999). Die zweite Tendenz hingegen, die im Mittelpunkt meiner weiteren Ausführungen stehen soll, ist eine des wohlfahrtsstaatlichen *Umbaus*, nämlich: die fortschreitende Entleerung, die schleichende Entsubstantialisierung bestehender (d.h. den Abbau überstehender) Reziprozitätsstrukturen.

Die wohlfahrtsstaatliche Politik der Konstruktion von Gegenseitigkeitsbeziehungen operiert, so im folgenden mein Argument, in mancherlei Hinsicht mit Gegenseitigkeits*fiktionen*. Dies mag zunächst – in jedem einzelnen Fall und für sich genommen – motivationssichernd und damit systemfunktional sein. Gleichwohl aber stehen wohlfahrtsstaatliche Konstruktionen gesellschaftlichen Bedarfsausgleichs, die *jedenfalls teilweise* bloß fiktive Reziprozitäten schaffen, auf wackeligen Füßen; ihre institutionelle Stabilität ist eine durchaus prekäre. Das Problem, das sich gerade in Zeiten schrumpfender Solidaritätsräume stellt, besteht nämlich darin, wie bestandssicher, enttäuschungsresistent und zweifelsfest eine institutionelle und motivationale Struktur ist, die sich in gewisser Hinsicht und, so die Vermutung, in zunehmendem Maße auf eine *Politik der Reziprozitätsillusionen* stützt. Mein Beitrag reformuliert und präzisiert also die diesem Plenum vorangestellte Frage nach den »Grenzen des Wohlfahrtsstaates« – als Frage nach den Grenzen seiner Stabilisierung über Reziprozitätsfiktionen.

2. Krisentheorien revisited: Motivationsprobleme im Spätkapitalismus

Den im deutschen Kontext wohl einflußreichsten Beitrag zur krisentheoretischen Analyse der fortgeschrittenen kapitalistischen Gesellschaft hat – wie eingangs angedeutet – Jürgen Habermas im Jahre 1973 vorgelegt. Habermas sieht den spätkapitalistischen Staat mit systemspezifischen Krisentendenzen konfrontiert, die aus dem notwendig widersprüchlichen Versuch resultieren, die zyklischen Störungen des kapitalistischen Verwertungsprozesses politisch-administrativ zu beheben. Über das reaktive, staatliche Vermeidungshandeln werden ökonomische Krisenerscheinungen in das politische System verschoben, das sich auf diese Weise veränderten und vor allen Dingen erhöhten Rationalitätsansprüchen und Legitimationserfordernissen gegenübersieht. Aus dieser Perspektive wird das soziokulturelle System zur Achillesferse der Gesellschaftsentwicklung, können doch ökonomische wie politische Krisentendenzen nur über das soziokulturelle System vermittelt zum Ausbruch kommen. »Denn die soziale Integration einer Gesellschaft ist vom Output dieses Systems abhängig: … von den Motivationen, die es dem politischen System … [und] dem Ausbildungs- und Beschäftigungssystem zuführt.« (70f).[2] Es sind letztlich und im Kern also *Motivationsdefizite*, die hinter der spätkapitalistischen Krisendynamik stehen; auch den bei Habermas titelgebenden Legitimationsproblemen »muß also eine Motivationskrise zugrundeliegen, d.h. eine Diskrepanz zwischen dem Bedarf an Motiven, die der Staat, das Ausbildungs- und das Beschäftigungssystem anmelden, einerseits und dem Motivationsangebot von seiten des soziokulturellen Systems andererseits« (105).

Das Fatale an den spätkapitalistischen Motivationsproblemen ist nun, daß sie hausgemacht sind: Der kapitalistische Staat zehrt permanent an bestandswichtigen Motivationsstrukturen, an systemnotwendigen Einstellungen und Verhaltensweisen, ohne diese jedoch selbst administrativ produzieren oder regenerieren oder wenigstens durch funktionale Äquivalente ersetzen zu können. Diese motivationale Selbstenteignung hat eine doppelte Dimension, denn es sind nicht nur die genuin »bürgerlichen« Elemente der kapitalistischen Kultur – für Habermas Leistungsideologie, Besitzindividualismus und Tauschwertorientierung –, die durch den reaktiven Staatsinterventionismus in Mitleidenschaft gezogen werden. Auch die gewissermaßen vorbürgerlichen, traditionalistischen Überlieferungen, auf deren »motivationswirksame Ergänzung« (109) die bürgerliche Kultur stets angewiesen war – Habermas nennt als ein Beispiel den »intuitiven Zugang zu solidarischen Beziehungen in Gruppen und zwischen Individuen« (110) – werden systematisch bürgerlichen Ideologien geopfert, »die nur von ihrer eigenen Substanz leben« (109) – und dies, wie dargelegt, immer schlechter. Allein der Bereich der Kunst, so Habermas, sei »zum Reservat für eine, sei es auch nur virtuelle, Befriedigung jener Bedürfnisse geworden, die im materiellen Lebensprozeß der bürgerlichen Gesellschaft gleichsam illegal geworden sind. ... Die bürgerliche Kunst hat ... residuale Bedürfnisse, die im ›System der Bedürfnisse‹ keine Befriedigung finden konnten, aufgefangen« (110). Zu diesen residualen Bedürfnissen zählt Habermas unter anderen auch jenes »nach solidarischem Zusammenleben außerhalb des kleinfamilialen Gruppenegoismus« (110).

An dieser Stelle möchte ich innehalten, um mit einem eigenen Argument das Habermas'sche Krisenszenario zu verlassen. Es ist nicht allein der Bereich der Kunst, in dem die moderne kapitalistische Gesellschaft (vermeintlich) »vormoderne« Traditionsbestände allenfalls noch duldet; und es sind nicht etwa nur bürgerschreckbewehrte Künstlerkommunen, in denen das Verlangen nach gelebter Solidarität eine letzte Heimstatt gefunden hätte. Das menschliche Solidaritätsbedürfnis hat im Spätkapitalismus auch noch ein weniger lebensweltliches als vielmehr bürokratisiertes Reservat, eine institutionalisierte Adresse gefunden: den Wohlfahrtsstaat. Hier, im wohlfahrtsstaatlichen Institutionenkomplex, werden jene nicht-dominanten (gleichwohl aber existenten und gewissermaßen wider Willen funktionalen) Bedürfnisse aufgenommen, die Habermas ins kulturelle bzw. subkulturelle Nirwana abgedrängt sah. Hier werden jene bestandsnotwendigen Motivationen, von deren systematischer und irreversibler Erschöpfung Habermas überzeugt war, reproduziert – und »sei es auch nur virtuell[.]« (110, vgl.o.).

3. Ein moralisches Angebot: Der Wohlfahrtsstaat als Institutionalisierung generalisierter Reziprozitätserwartungen

Der Bestand einer Institution ist nie voraussetzungslos, die gesellschaftliche Akzeptanz institutioneller Handlungsanforderungen und -vorgaben nicht motivlos gegeben. Institutionen stehen also grundsätzlich vor dem Problem der »Motivbeschaffung« (Habermas 1973: 65). Motivationen wiederum bilden sich über die Verinnerlichung und Verfestigung von Erwartungsstrukturen und sind damit auch abhängig von symbolischen Repräsentationen und überzeugenden Deutungen dieser Erwartungen (vgl. Habermas 1973: 64f., 131). Die Institutionen des Wohlfahrtsstaates greifen zu ihrer Begründung und Verankerung im gesellschaftlichen Motivhaushalt – als, so Franz-Xaver Kaufmann, »Bezugspunkt[.] von Solidaritäten« – auf das *Prinzip der Gegenseitigkeit* zurück (vgl. Kaufmann 1997: 141ff.). Sie nehmen Motive individueller Hilfsbereitschaft und entsprechender Unterstützungsvermutung in ihre Leistungsprogrammatik auf und stellen so den institutionellen Rahmen für eine verallgemeinerte Gegenseitigkeit bzw. für die Verwirklichung generalisierter Gegenseitigkeits*erwartungen* (und entsprechender Erwartungserwartungen) her. »Die Funktionsfähigkeit des wohlfahrtsstaatlichen Zusammenhangs beruht ... auf dem vorherrschenden Glauben, daß eine verallgemeinerte Gegenseitigkeit tatsächlich herrscht ...« (Kaufmann 1997: 142).

Der Wohlfahrtsstaat inkorporiert folglich gesellschaftliche Motive eines allgemeinen, gesellschaftsumspannenden Bedarfsausgleichs in seine Moralökonomie. Dadurch begibt er sich einerseits in Abhängigkeit von der erfolgreichen Erfüllung dieser Reziprozitätserwartungen bzw. zumindest von der überzeugenden Darstellung wohlfahrtsstaatlichen Handelns als Verwirklichung des Reziprozitätsprinzips. Andererseits reproduziert er aber gerade dadurch, daß er diesen Erwartungsstrukturen erklärtermaßen Rechnung trägt, eben jenes motivationale Fundament seiner selbst. Indem er die an ihn adressierten Erwartungen zum politischen Programm erhebt und gesetzestechnisch umsetzt, fördert er deren empirische Verbreitung und gesellschaftliche Internalisierung.[3]

Zusammenfassend läßt sich also folgender Bedingungszusammenhang rekonstruieren: Die Institutionen des Wohlfahrtsstaates sind in ihrem Bestand von unterstützenden gesellschaftlichen Motivlagen abhängig. Diese Motive beruhen auf der gesellschaftsweiten und permanenten Erneuerung bestimmter Erwartungshaltungen, und diese Erwartungen wiederum bedürfen hiermit kompatibler, allgemein akzeptierter und verhaltenswirksamer Deutungsmuster. Somit ist es letztlich auch die öffentliche *Deutung* wohlfahrtsstaatlicher

Programme *als* Materialisierung des Gegenseitigkeitsprinzips, ist es die offizielle *wohlfahrtsstaatliche Reziprozitätssymbolik*, die – neben dem und zusätzlich zum *tatsächlichen* Reziprozitätsgehalt wohlfahrtsstaatlicher Programmatik – einen entscheidenden Beitrag zur Legitimation und Akzeptanz des wohlfahrtsstaatlichen Institutionensystems leistet. Inwiefern der moderne Wohlfahrtsstaat bei der Motivationserzeugung auf eine derartige Symbolik setzt, inwieweit die *wohlfahrtsstaatliche Beschaffungsrationalität* damit zum Teil auch auf der *Konstruktion fiktiver Reziprozitäten* beruht, möchte ich im folgenden am Beispiel des deutschen Sozialversicherungssystems illustrieren. Im Anschluß daran werde ich auf die Frage nach der Funktionalität solcher Fiktionen und damit nach den Grenzen wohlfahrtsstaatlicher Reziprozitätssuggestion eingehen.

4. Ein unmoralisches Angebot: Reziprozitätsfiktionen in wohlfahrtsstaatlichen Institutionen

Die Sozialversicherung als öffentlich be- und geförderte Institution zur effektiven Absicherung individueller Lebens- und kollektiver (»typischer«) Risikolagen gehört nicht nur zum Kernbestand staatlicher Sozialpolitik, sondern kann über diese engere Funktionszuschreibung hinaus als eine epochale Errungenschaft entwickelter kapitalistischer Gesellschaften, als eine ihrer Basisinstitutionen, gelten (vgl. Ewald 1989). Nicht zufällig wird die Geburt des modernen (westeuropäischen) Wohlfahrtsstaates üblicherweise mit der Einführung staatlicher Sozialversicherungssysteme assoziiert (vgl. z.B. Alber 1982). In ihrem Kern sind Sozialversicherungen Mechanismen des gesellschaftlichen Risikoausgleichs, doch in einem weiteren Sinne stellen sie auch Instrumente zur Sicherung der politischen Herrschaft, des ökonomischen Prozesses und der sozialen Integration dar.

Die Sozialversicherung ist ein institutionelles Konstrukt, das in intelligenter Weise »objektive«, gesellschaftliche Kollektivinteressen (an »sozialer Sicherheit«) mit subjektiv-individuellen Interessenkalkülen (bezüglich der zu erwartenden »Sicherheitsrendite«) verknüpft (vgl. Offe 1990). Doch nicht nur das: Sie versteht es zugleich, diese Elemente der Interessenhaftigkeit mit einem moralischen Rahmen zu umgeben – in der Sozialversicherung materialisieren sich eben auch gesellschaftliche Wertvorstellungen einer allgemeinen, gesellschaftsumspannenden Gegenseitigkeit. Erst die geschickte Kombination beider Momente, die Integration von »Interesse« *und* »Moral«, vermag die säkulare Stabilität dieses institutionellen Arrangements zu erklären (vgl. Ferge 1998). Beide Elemente stehen in einer stets prekären Balance zueinander, und beide, Interesse wie Moral, wollen stets aufs Neue bedient werden.

Prekär ist dieses Gleichgewicht nicht zuletzt deshalb, weil die Sozialversicherung in nicht unerheblichem Maße auch mit *institutionalisierten Fiktionen einer generalisierten Reziprozität* operiert. Diese Fiktionen aber, konstruiert, um zur normativen Stabilisierung des Gesamtarrangements beizutragen, werden bestandsbedrohend in dem Maße, wie der politische Rückgriff auf sie überhand nimmt und – durch den zeitgleich sich vollziehenden wohlfahrtsstaatlichen Rückbau befördert – den gesellschaftlichen Glauben an die Faktizität institutionalisierter Gegenseitigkeitserwartungen zu erschüttern droht. Auf eben diesem Wege befindet sich, so meine Behauptung, die deutsche Sozialpolitik seit einigen Jahren. Ich möchte diesen Zusammenhang im folgenden an drei Beispielen verdeutlichen und konkretisieren: *Paritätische Finanzierung, Generationenvertrag und Kindererziehungszeiten* lassen sich als Bestandteile des wohlfahrtsstaatlichen Instrumentariums verstehen, mit denen jeweils spezifische *Beitrags-, Solidaritäts- und Versicherungsfiktionen* produziert und aufrechterhalten werden.

4.1 Paritätische Finanzierung und Beitragsfiktion

Das Konstrukt der Sozialversicherung unterscheidet sich auf der Finanzierungsseite von privaten Versicherungssystemen durch den Mechanismus paritätischer Beitragserhebung: Versicherungsbeiträge zahlt nicht nur der Träger/die Trägerin des versicherten Risikos und damit der/die potentielle Nutznießer/in von Leistungen; die Beitragszahlungen werden vielmehr zu gleichen Teilen zwischen den beiden Parteien des Arbeitsvertrags, an dessen Existenz der primäre Zugang zum Sozialversicherungssystem gebunden ist, aufgeteilt. Die explizite Vertragsbeziehung, die Käufer und Verkäufer von Arbeitskraft aneinander bindet, wird damit in impliziter Form vom Arbeitsmarkt auf den »Sicherungsmarkt« übertragen. Die Kosten der Risikovorsorge werden nicht allein dem Arbeitnehmer aufgebürdet, sondern von den beiden Partnern des marktförmigen Austauschprozesses gemeinsam getragen.

Die paritätische Form der Beitragserbringung ist ein zentrales legitimatorisches Moment der Sozialversicherung als Instrument solidarischer Lastenteilung (vgl. Zacher 1980; Groser 1994). Und doch ist dies eine fiktive Parität. Denn letztlich ist der Arbeitgeberanteil am Sozialversicherungsbeitrag nichts anderes als ein umetikettierter Lohnbestandteil, der nicht zur Auszahlung gelangt, sondern vorab in die Versicherungskassen umgeleitet wird. Bezogen auf eine vermeintliche »Solidarität zwischen den Klassen« ist die hälftige Beitragsfinanzierung also eine Luftbuchung und keineswegs ein Akt gelebten Klassenkompromisses: »Der Arbeitgeberanteil ist nur formal ›fremdnützig‹« (Ruland 1990: 492). Die hälftige Aufteilung des Sozialversicherungsbeitrages zwischen Arbeitgeber und Arbeitnehmer war und ist »eine rein technische Entscheidung, die genausogut hätte anders ausfallen können« (Ruland 1990: 493), seither aber immer wieder normativ aufgeladen und überhöht wird (vgl. zu solch »normative[r] Kraft des Faktischen« im Sozialversicherungsrecht auch Schmähl 1985: 8).

Dementsprechend unbeirrt hält die deutsche Sozialversicherungspolitik am Grundsatz der Beitragsparität fest – und sei es auch nur zum Schein. Die Kontroversen anläßlich der Einführung des Pflegeversicherungsgesetzes haben hinlänglich gezeigt, welch hoher Symbolwert besagtem Grundsatz zukommt und welcher Aufwand in der Frage von »Kompensationsleistungen« der Arbeitgeberseite betrieben wurde, um die real ausgehöhlte Beitragsnorm formell beizubehalten. Analytisch bemerkenswert am Fall der Pflegeversicherung ist insofern nicht in erster Linie (wie etwa für Landenberger 1994) die Verweigerung der hälftigen Beitragsverantwortung durch die Arbeitgeber, sondern der politische Impuls, die einseitige Belastung der Arbeitnehmerseite zu kaschieren und die für die Akzeptanz des Systems bedeutsame Fiktion paritätischer Finanzierung aufrechtzuerhalten.

4.2 Generationenvertrag und Solidaritätsfiktion

Der Fall des »Generationenvertrages« in der Rentenversicherung ist komplizierter, da hier Finanzierungs- und Leistungsseite untrennbar miteinander verschränkt sind und die Einbeziehung der Zeitkomponente nur schwer überschaubare Fragen intergenerativer Verteilungsgerechtigkeit aufwirft (vgl. hierzu Wagner 1985; Leisering 1996). Wie kaum ein anderes Strukturelement der Sozialversicherung aber (jedenfalls außerhalb der Krankenversicherung) repräsentiert der Generationenvertrag das real existierende Solidaritätsprinzip in der wohlfahrtsstaatlich verfaßten Gesellschaft, getreu dem Motto: Was ich dir heute Gutes tu, das füge du mir morgen zu (vgl. Kohli 1987; Hardach 1998). Entsprechend dramatisch fällt die gerne mit drastisch-plakativen Argumenten geführte Debatte um die vermeintliche Ausbeutung der Jungen durch die Alten, eine mögliche Aufkündigung des Vertrags durch die nachwachsenden Kohorten und einen drohenden »Krieg der Generationen« aus: Hier ist das sozialstaatliche Credo wechselseitigen Bedarfsausgleichs an seinem Nerv getroffen.

Dabei verdeckt die moralische Überhöhung der Umverteilung *zwischen* den Generationen ohnehin nur den weitaus weniger sinnstiftenden Sachverhalt einer eher marginal bleibenden Umverteilung *innerhalb* der jeweiligen Generation. Gerade im System der Altersrenten gilt das Prinzip der Äquivalenz von Beitrag und Leistung nämlich besonders unvermittelt: Gerade hier ist das Ziel der individuellen Lebensstandardsicherung besonders prominent. Das deutsche Alterssicherungssystem ist weniger ein Instrument *interpersoneller* Umverteilung als vielmehr ein Mechanismus des selbstinteressierten, *intertemporären* Einkommensausgleichs. Die Rente als Alterslohn für Lebensleistung – *das* ist die Quintessenz des Systems. In diesem Zusammenhang ist es viel eher eine ökonomische denn eine moralökonomische Frage, ob jener Alterslohn nun im Umlage- oder aber im Kapitaldeckungsverfahren beglichen wird. Die Beharrlichkeit, mit der eben diese Frage in der politischen Diskussion moralisiert und die Fiktion eines solidarischen Finanzausgleichs zwischen Noch- und Nicht-Mehr-Erwerbstätigen aufrechterhalten wird, wo es im Kern um kaum mehr als die finanztechnische Frage der gesamtwirtschaftlichen Abgeltung eines einzelwirtschaftlich erworbenen Zahlungsanspruchs geht, kommt freilich nicht von ungefähr.

Denn die Funktionslogik der Rentenversicherung als einer *Sozial*versicherung beruht – hierauf hat Martin Kohli wiederholt hingewiesen – ganz wesentlich darauf, »daß die *instrumentellen Elemente* der Alterssicherung im Sinn kalkulierbarer Erträge von Investitionen in die *reziproken Elemente* im Sinn eines normativen Systems gegenseitiger Verpflichtungen ›eingebettet‹ sind« (Kohli 1987: 399; Hervorhebungen von mir, S.L.). Wird folglich einerseits das Prinzip der Äquivalenz individueller Beiträge und Leistungen durch sozialpolitische Reformmaßnahmen gestärkt, sprich dem *Renditedenken* Auftrieb gegeben; und erweist sich andererseits der *Reziprozitätsgedanke* als hohl, entpuppt sich die Idee des wechselseitigen füreinander Einstehens als institutionell motivierte Fiktion: Dann droht die überkommene Institution der öffentlichen Alterssicherung ihre (gegenüber privaten Sicherungssystemen) besondere moralische Dignität zu verlieren.[4]

4.3 Kindererziehungszeiten und Versicherungsfiktion

Die Stufe höchsten regulativen Raffinements freilich ist erreicht, wenn das konstitutive Moment von Sozialversicherung – das Versicherungsprinzip selbst (vgl. Eisen 1988) – Suggestionscharakter annimmt. Sozialversicherung entsteht historisch als institutionalisierter Modus der Bearbeitung von dem Individuum nicht zurechenbaren, aber individuell auftretenden Risiken der Lohnarbeiterexistenz. Grundsätzlich – und in Deutschland in besonders entschiedener Form – ist Sozialversicherungspolitik daher lohnarbeitszentriert (vgl. Vobruba 1990). Dieser versicherungsförmig vermittelte Zusammenhang von Lohnarbeit und sozialer Sicherung ist aber einigermaßen unproblematisch nur, solange Lohnarbeit die ebenso allgemeine wie effektive Form sozialer Existenzsicherung darstellt. Je weniger dies der Fall ist, je verbreiteter also kurze, prekäre und diskontinuierliche Erwerbsbiographien und – damit einhergehend – Phänomene sozialer Unterversorgung werden, umso mehr sieht sich soziale Sicherungspolitik vor die Alternative gestellt, entweder die Lohnarbeitszentrierung der Versicherungsform zu brechen oder aber funktionale Äquivalente zur Begründung der Versicherungsförmigkeit zu (er-)finden.

Die deutsche Sozialpolitik hat sich eindeutig und konsequent für letzteren Weg entschieden. Kunstgriffe wie Ausfallzeiten und Auffüllbeträge zur versicherungstechnischen Konstruktion lückenloser Erwerbs- und Versicherungskarrieren gibt es nicht erst seit gestern: »Der Erwerbsprozeß wird institutionell als ununterbrochener gedacht – und diese Wirklichkeit wird mit staatlichem Beistand auch rechtlich hergestellt« (Allmendinger 1995: 186). Neueren Datums aber und wohl auch richtungsweisend für die weitere Entwicklung des Systems ist die Tendenz zur Generalisierung dieses Verfahrens der »Fingierung eines durch Erwerbsarbeit geprägten Lebensverlaufs« (Allmendinger 1995: 199), zur Verallgemeinerung fiktiver Versicherungsverhältnisse. »Neu und strukturbildend« (Allmendinger 1995: 185) ist vor allen Dingen der Sachverhalt, daß zunehmend auch Frauen zum Objekt solch fingierter Normalitätskonstruktionen werden. Als diesbezüglicher »Sündenfall« können die gesetzlichen Regelungen zum anspruchsbegründenden Charakter von Kindererziehungszeiten in der Rentenversicherung gelten (vgl. Götting 1992). Die damit eingeleitete Dynamik läßt sich als Versuch werten, das Versicherungsprinzip auf dem Wege seiner Entsubstantialisierung zu retten. Dabei dürfte es letztlich wohl weniger um eine rentenrechtliche Besserstellung von Frauen gehen als vielmehr darum, überkommene Vorstellungen gesellschaftlicher (hier: geschlechtsspezifischer) Arbeitsteilung und interindividueller Abhängigkeit auf »modernere« Weise im Versicherungssystem zu verankern. Der oder die qua Versicherungsfiktion Begünstigte kommt dann in den Genuß nicht mehr abgeleiteter, sondern eigenständiger Sicherungsleistungen, deren Höhe jedoch systematisch weit unterhalb jenes Sicherungsniveaus verbleibt, das mit lohnarbeitsgestützten Versicherungsverhältnissen einhergeht. So bleibt dann auch die proklamierte Eigenständigkeit eine bloß fiktive.[5]

5. Funktionale Fiktionen? Die Grenzen wohlfahrtsstaatlicher Reziprozitätssuggestion

Ich fasse die bisherige Argumentation zusammen: Moderne Wohlfahrtsstaaten sind – neben anderen Eigenarten – Systeme wechselseitigen Bedarfsausgleichs, *Arrangements staatlich organisierter Reziprozität*, die ihrerseits – in jeweils arrangementspezifischem Sinne – ein auf verallgemeinerte Gegenseitigkeit orientiertes Verhalten fordern und fördern. Wohlfahrtsstaatliche *Politik* besteht *auch* darin, diesen Mechanismus normativ-institutioneller Eigendynamik beständig aufrechtzuerhalten. Zu diesem Zweck bedient sie sich, wie gesehen, *fallweise auch* des Erhalts und der Neubegründung gesetzestechnischer (in unserem Fall sozialversicherungsrechtlicher) Konstruktionen, die den ihnen zugesprochenen Reziprozitätscharakter – zwischen Arbeitgebern und Arbeitnehmern, Jungen und Alten, produktiv und reproduktiv Tätigen – auf unterschiedliche Weise nur mehr fingieren.

Claus Offe attestierte der deutschen Sozialversicherung vor Jahren – mit Bezug auf ihr ausgeklügeltes Ensemble von Ausbeutungsangst und Mißbrauchsargwohn minimierenden, vertrauenssicherndern Vorkehrungen – den kreislaufförmigen Mechanismus »einer ›motivierenden Selbstreproduktion‹« (1990: 185). Mit einem ähnlich gelagerten, allerdings über fiktive Reziprozitätsgewißheiten vermittelten Modus institutioneller Eigendynamik haben wir es bei den hier geschilderten Phänomenen zu tun. Es scheint, als ob der Rückgriff auf derartige Fiktionen, auf eine *Politik der Reziprozitätsillusionen*, in Zeiten finanzieller und legitimatorischer Krisen des Sozialversicherungssystems und des Wohlfahrtsstaates überhaupt eher zunehmen würde. Die (abschließende) Frage, die sich im Anschluß an diese Erkenntnis stellt, lautet dann, wie weit diese binneninstitutionelle Entwicklungsspirale tatsächlich trägt, inwiefern wir heute wirklich noch – wie Niklas Luhmann vor nunmehr fast zwei Jahrzehnten – von einem »mit Selbstantrieb ausgestatteten, automobilen Wohlfahrtsstaat[.]« (Luhmann 1981: 15) sprechen können. Anders gefragt: Wo liegen die Grenzen selbstreferentieller Stabilisierung des Wohlfahrtsstaats?

Aus heutiger Sicht will es eher scheinen, als ob der Wohlfahrtsstaat seine allmähliche Selbstauflösung bzw. – und dann hätten die Krisentheoretiker des Spätkapitalismus am Ende doch noch recht behalten – die Selbstzerstörung jener Moralökonomie betreiben würde, die seinen Bestand als multifunktionales Steuerungsinstrument sichert. Durch seine eigene sozialpolitische Intervention gefährdet er zunehmend jene »gemeinsam geteilten grundlegenden moralischen Selbstverständlichkeiten, die ein System von reziproken Beziehungen konstituieren« (Kohli 1987: 396). Mit anderen Worten: Es ist weniger die vielbeschworene »moralische Überforderung« seiner Bürger und Bürgerinnen, die das zentrale Funktionsproblem des Wohlfahrtsstaates darstellt. Vielmehr ist es umgekehrt die systematische Enttäuschung von Gegenseitigkeitserwartungen, die bewußte Verletzung der »sozialen Logik der Reziprozität« (Kohli 1987: 396), die, so meine Behauptung, den Wohlfahrtsstaat die gesellschaftliche Unterstützung zu kosten droht.

Die politisch initiierte Verengung und Fragmentierung gesellschaftlicher »Solidaritätshorizonte« (Kaufmann 1998: 9) einerseits, die institutionelle Vortäuschung von Gegenseitigkeitsbeziehungen und die darauf folgende Enttäuschung individueller Reziprozitätsmotive andererseits sind es, die den Wohlfahrtsstaat in die Krise stürzen. Der Wohlfahrtsstaat trägt maßgeblich selbst zum Schwund seiner bestandsnotwendigen Motivationen bei. Luhmanns »automobiler Wohlfahrtsstaat« ist zum Stillstand gekommen, mehr noch, er hat den Rückwärtsgang eingelegt. Und es waren nicht etwa dunkle, unfaßbare Mächte – die Mächte der »Globalisierung«; multinationale Unternehmen, die Ölscheichs unserer Tage –, die ihm den Hahn zugedreht haben. Nein – hier dreht der Staat noch selbst.

Der moderne Wohlfahrtsstaat ist im Begriff, eben jene »sozialen Bande« aufzulösen, die ihm seine eigene Existenz sichern (vgl. Koch 1995: 170ff.). Der Wohlfahrtsstaat schafft mehr und mehr selektive, partikulare Solidaritäten (vgl. Lessenich 1999) – generalisierte Reziprozität hingegen wird allzu häufig nur noch institutionell fingiert. Was dieser Prozeß hinterläßt, sind einerseits enttäuschte gesellschaftliche Erwartungen und Motivationen; und andererseits eine politische Aufgabe, die in krassem Gegensatz zu den im aktuellen sozialpolitischen Diskurs dominierenden Reformzielen steht. Soll uns der Wohlfahrtsstaat mitsamt seiner sozialintegrativen Funktion erhalten bleiben, so gilt es, nicht etwa Solidaritätsbeziehungen einzuschränken und Gegenseitigkeitserwartungen auszuhöhlen, sondern umgekehrt den *Umbau des Wohlfahrtsstaates im Sinne der Wiederherstellung und Erneuerung einer generalisierten – realen und nicht bloß fiktiven – Reziprozität* zu betreiben und diesen Umbau, der eben *kein* verkappter Abbau wäre, politisch offensiv zu vertreten und einzuklagen.[6] Auch bei der vielzitierten »Krise« des Wohlfahrtsstaates handelt es sich also um eine jener »selbstgeschaffenen Realitäten«, mit denen es die Politik Luhmann zufolge ständig zu tun hat (1981: 10). Die zentrale Herausforderung wohlfahrtsstaatlicher Politik, der wohlfahrtsstaatlich verfaßten Gesellschaft besteht insofern darin, die »moralisch relevanten Grenzen« (Kohli 1987: 399) des Wohlfahrtsstaates wieder zu erweitern, der Solidarität neue Quellen zu erschließen. In letzterer Hinsicht jedenfalls ist die internationale Erdölindustrie dem demokratisch-kapitalistischen Wohlfahrtsstaat um Jahre voraus.

Anmerkungen

1 Der Verweis auf eine endogene Entwicklungsdynamik des Wohlfahrtsstaates in dem Sinne, daß die von ihm selbst geschaffenen Strukturen und Akteure zu Determinanten seines weiteren Geschicks werden, findet sich z.B. auch bei Pierson 1996. Werden dort aber die selbstreferentiellen *Interessenstrukturen* betont, die in Zeiten verstärkten Legitimationsdrucks zu bedeutsamen eigenständigen Stützen des wohlfahrtsstaatlichen Institutionenkomplexes werden können, so geht es hier um institutionell reproduzierte *Motivstrukturen*, die maßgeblich mitverantwortlich sind für die Stabilität und Akzeptanz historisch-konkreter wohlfahrtsstaatlicher Arrangements. Vgl. zu diesem Zusammenhang auch Leisering 1997.

2 Alle Seitenangaben in diesem Abschnitt beziehen sich auf Habermas 1973.

3 Der Wohlfahrtsstaat fungiert also gewissermaßen als moralische Wiederaufarbeitungsanlage: Er ist Erwartungsverstärker, ein Mechanismus der Verfestigung generalisierter Motivationen – bzw. *kann* dies sein. Er wäre demnach, in Habermas'schen Kategorien, nicht nur administratives Instrument der Umverteilung materieller Werte, sondern darüber hinaus, zumindest potentiell, auch Produzent von handlungsmotivierendem »Sinn« (eine Funktion, die Habermas dem soziokulturellen System zuweist bzw. zu einer auch nur von diesem zu erfüllenden Aufgabe deklariert).

4 Die Frage sei erlaubt: Welche legitimatorischen Motive wollte eine solchermaßen moralökonomisch »entbettete«, gewissermaßen ihres sittlichen Charakters entkleidete wohlfahrtsstaatliche Institution noch für sich in Anspruch nehmen? Was spräche in der gesellschaftlichen Wahrnehmung noch gegen die marktökonomisch-privategoistische Absicherung des Altersrisikos?

5 Vgl. hierzu ausführlich Allmendinger 1994, die in der jüngeren deutschen Rentenversicherungspolitik den verzweifelten Versuch sieht, »ein schlingerndes Schiff ›Erwerbsarbeit‹ noch schnell auf ›Reproduktion‹ umzuflaggen und so die Fiktion einer finanziellen Unabhängigkeit vom Ehemann zu nähren, der noch nie ein Wirklichkeitsgehalt zukam« (1994: 280).

6 Eine Aufgabe, die aber wiederum nur einem einzigen Akteur überantwortet werden kann: Jenem Staat, der – jedenfalls in seiner modernen Gestalt als *Wohlfahrtsstaat* – beliebtes Objekt postmoderner Verachtung geworden ist und dies von seiten liberaler und links-alternativer, konservativer und neo-sozialdemokratischer Politiker und Ideologen gleichermaßen.

Literatur

Alber, Jens (1982), Vom Armenhaus zum Wohlfahrtsstaat. Analysen zur Entwicklung der Sozialversicherung in Westeuropa. Frankfurt/New York.

Allmendinger, Jutta (1995), Die sozialpolitische Bilanzierung von Lebensverläufen, in: Peter A. Berger/Peter Sopp (Hrsg.): Sozialstruktur und Lebenslauf. Opladen: 179-201.

Allmendinger, Jutta (1994), Lebensverlauf und Sozialpolitik. Die Ungleichheit von Mann und Frau und ihr öffentlicher Ertrag. Frankfurt/New York.

Eisen, Roland (1988), »Versicherungsprinzip« und Umverteilung – Einige theoretische Überlegungen zu den Grenzen des Versicherbaren, in: Gabriele Rolf u.a. (Hrsg.): Sozialvertrag und Sicherung. Zur ökonomischen Theorie staatlicher Versicherungs- und Umverteilungssysteme. Frankfurt/New York: 117-127.

Ewald, François (1989), Die Versicherungs-Gesellschaft, in: Kritische Justiz 22: 385-393.

FAZ [Frankfurter Allgemeine Zeitung] (1998), Esso: Ende des Ölzeitalters noch nicht in Sicht, in: FAZ v. 29.7.1998: 11.

Ferge, Zsuzsa (1998), Basic Income for the poorer part of Europe? Paper prepared for the 7th BIEN International Congress, 10.-12. September 1998. Amsterdam.

Götting, Ulrike (1992), Die Politik der Kindererziehungszeiten – Eine Fallstudie. Arbeitspapier Nr. 2/92, Zentrum für Sozialpolitik. Bremen.

Groser, Manfred (1994), Der Arbeitgeberbeitrag – eine sozialpolitische Illusion? in: Barbara Riedmüller/Thomas Olk (Hrsg.): Grenzen des Sozialversicherungsstaates. Leviathan-Sonderheft 14/1994. Opladen: 205-216.

Habermas, Jürgen (1973), Legitimationsprobleme im Spätkapitalismus. Frankfurt/M.

Hardach, Gerd (1998), Der Generationenvertrag in der Arbeitsmarktkrise, in: Kai Eicker-Wolf u.a. (Hrsg.): Die arbeitslose Gesellschaft und ihr Sozialstaat. Marburg: 201-234.

Kaufmann, Franz-Xaver (1998), Globalisierung und Gesellschaft, in: Aus Politik und Zeitgeschichte B 18/98: 3-10.

Kaufmann, Franz-Xaver (1997), Herausforderungen des Sozialstaates. Frankfurt/M.

Koch, Claus (1995), Die Gier des Marktes. Die Ohnmacht des Staates im Kampf der Weltwirtschaft. München.

Kohli, Martin (1987), Ruhestand und Moralökonomie. Eine historische Skizze, in: Klaus Heinemann (Hrsg.): Soziologie wirtschaftlichen Handelns. Sonderheft 28/1987 der Kölner Zeitschrift für Soziologie und Sozialpsychologie. Opladen: 393-416.

Landenberger, Margarete (1994), Pflegeversicherung als Vorbote eines anderen Sozialstaates, in: Zeitschrift für Sozialreform 40: 314-342.

Leisering, Lutz (1997), Wohlfahrtsstaatliche Dynamik als Wertproblem, in: Karl Gabriel u.a. (Hrsg.): Modernität und Solidarität. Konsequenzen gesellschaftlicher Modernisierung. Freiburg usw.: 251-273.

Leisering, Lutz (1996), Alternde Bevölkerung – veralternder Sozialstaat? Demographischer Wandel als »Politik«, in: Aus Politik und Zeitgeschichte B 35/96: 13-22.
Lessenich, Stephan (1999), »Back to Basics«: Vielfalt und Verfall wohlfahrtsstaatlich organisierter Solidarität in Europa, in: Zeitschrift für Sozialreform 45: 24-38.
Luhmann, Niklas (1981), Politische Theorie im Wohlfahrtsstaat. München/Wien.
Offe, Claus (1990), Akzeptanz und Legitimität strategischer Optionen in der Sozialpolitik, in: Christoph Sachße/H. Tristram Engelhardt (Hrsg.): Sicherheit und Freiheit. Zur Ethik des Wohlfahrtsstaates. Frankfurt/M.: 179-202.
Pierson, Paul (1996), The New Politics of the Welfare State, in: World Politics 48: 147-179.
Ruland, Franz (1990), Grundprinzipien des Rentenversicherungsrechts, in: Franz Ruland (Hrsg.): Handbuch der gesetzlichen Rentenversicherung. Neuwied: 481-524.
Schmähl, Winfried (1985), Versicherungsgedanke und Sozialversicherung – Konzept und politische Bedeutung, in: Winfried Schmähl (Hrsg.): Versicherungsprinzip und soziale Sicherung. Tübingen: 1-12.
Vobruba, Georg (1990), Lohnarbeitszentrierte Sozialpolitik in der Krise der Lohnarbeit, in: Georg Vobruba (Hrsg.): Strukturwandel der Sozialpolitik. Lohnarbeitszentrierte Sozialpolitik und Grundsicherung. Frankfurt/M.: 11-80.
Wagner, Gert (1985), Zur Meßbarkeit eines versicherungsgemäßen Risikoausgleichs und der Umverteilung in der gesetzlichen Rentenversicherung, in: Winfried Schmähl (Hrsg.): Versicherungsprinzip und soziale Sicherung. Tübingen: 141-203.
Zacher, Hans F. (1980): Die Rolle des Beitrags in der sozialen Sicherung. Berlin.

Wirtschaftliche Grenzen des Wohlfahrtsstaats?

Heiner Ganßmann

Natürlich gibt es wirtschaftliche Grenzen des Wohlfahrtsstaats.[1] Seine Leistungen hängen von der Verfügbarkeit ökonomischer Ressourcen ab. Der Wohlfahrtsstaat konkurriert mit anderen Verwendungsweisen um diese Ressourcen, die wegen dieser konkurrierenden Ansprüche immer knapp sind. Zu hohe Ansprüche können die Leistungsfähigkeit der Wirtschaft überfordern. Wer wirtschaftliche Grenzen des Wohlfahrtsstaats festlegen kann, legt damit zugleich Verteilungsansprüche fest. Das kann nicht ohne Interessenkonflikte abgehen. Kompliziert wird der Zusammenhang von Wohlfahrtsstaat und Wirtschaft zudem dadurch, daß deren Leistungsfähigkeit selbst vom Wohlfahrtsstaat beeinflußt wird, positiv, wenn man an den »wirtschaftlichen Wert der Sozialpolitik« (Vobruba 1989) glaubt, negativ, wenn man der aktuell von den meisten Ökonomen favorisierten »Überlastungsbehauptung« folgen will. Das Grundmodell für die Überlastungsbehauptung hat der australische Ökonom Colin Clarke (1945) mit der These geliefert, ein über 25% des Volkseinkommens hinausgehender Staatsanteil mit der entsprechenden Steuerbelastung führe zwangsläufig zu Inflation und allen daran hängenden ökonomisch-sozialen Desastern. Die Ungeschicklichkeit Clarkes, sich auf eine jedenfalls von heute aus willkürlich erscheinende Zahl festzulegen, ist in der Folge oft belächelt worden. Geblieben ist aber der Tenor der an diese Überlastungsbehauptung anschließenden Wohlfahrtsstaatkritik: Eine Gesellschaft kann zu viel soziale Sicherheit verlangen und sich dadurch wirtschaftlich selbst lähmen. Die Lähmung führt zu Wohlstandsverlusten. Der Wohlfahrtsstaat unterminiert sich selbst, weil er sich seine wirtschaftliche Grundlage entzieht.

Im folgenden will ich mich in fünf Schritten mit der Frage nach den wirtschaftlichen Grenzen des Wohlfahrtsstaats befassen. Im *ersten* Schritt werde ich die aktuelle ökonomische »Anklage« gegen den Wohlfahrtsstaat darstellen.

Im *zweiten* Schritt skizziere ich vorliegende empirische Forschungsergebnisse, die der »Anklage« widersprechen. Daraus ergibt sich im *dritten* Schritt die Frage, warum die mit wissenschaftlichem Anspruch vorgetragene Überlastungsbehauptung trotzdem unbeirrt vorgetragen wird, warum also der theoretische Diskurs der Ökonomenmehrheit gegen empirische Evidenz weitgehend immun zu sein scheint. Die Suche nach einer Antwort führt in die Wissenssoziologie. Aus deren Warte ergibt sich *viertens* die folgende Antwort auf die Frage nach den wirtschaftlichen Grenzen des Wohlfahrtsstaats: die Überlastungsbehauptung kann als self-fulfilling prophecy zur Überlastung führen, weil das Funktionieren der staatlich organisierten sozialen Sicherungssysteme nicht unabhängig von der Kommunikation über diese Systeme ist. Im letzten, *fünften* Schritt versuche ich, das Verhältnis von aus fehlgeleiteter Kommunikation entstehenden zu »härteren« wirtschaftlichen Grenzen des Wohlfahrtsstaats zu klären.

1. Die neuere ökonomische Polemik gegen den Wohlfahrtsstaat

Die OECD Jobs Study (1994) behauptet, daß Arbeitsmarktrigiditäten, die in vieler Hinsicht durch wohlfahrtsstaatliche Interventionen wie Dauer und Höhe von Einkommensersatz bei Arbeitslosigkeit, Kündigungsschutz, Minimallohnfixierungen usw. bedingt sind, die vergleichsweise hohe Arbeitslosigkeit in Europa erklären. Weil die verstärkte Globalisierung die Konkurrenz verschärft und deshalb den Bedarf an Flexibilität zudem erhöht habe, seien die Kosten, die solche Interventionen den Unternehmen auferlegen, deutlich gestiegen, obwohl sich in den meisten Ländern die Expansion der Wohlfahrtsstaaten nicht fortgesetzt habe.

Die OECD-Argumentation entspricht dem Haupttrend der ökonomischen Wohlfahrtsstaatskritik: Die dauernd hohe Arbeitslosigkeit in Europa wird mit mangelnder Anpassung an neue Weltmarktbedingungen (Globalisierung), mangelnde Anpassung mit wohlfahrtsstaatlich induzierter Inflexibilität insbesondere auf den Arbeitsmärkten erklärt. Inflexibilität resultiere aus Überregulierung, Setzung falscher Anreize und dem Streben nach nicht auf Leistungen beruhenden Einkommen. Überschattet wird die ökonomische Landschaft des Wohlfahrtsstaats zudem generell von Ineffizienz durch moral hazard, worunter hier der Sachverhalt zu verstehen ist, daß wohlfahrtsstaatliche Risikosicherung risikovermehrendes Verhalten induziert (Lindbeck 1995).

Im dominanten ökonomischen Diskurs wird zunächst vom Wohlfahrtsstaat auf Inflexibilität und von Inflexibilität auf Arbeitslosigkeit geschlossen.

Arbeitslosigkeit ist dann nicht ein Problem, das der Wohlfahrtsstaat durch Arbeitsmarktpolitik kleinarbeitet, sondern eines, das er verschärft. Arbeitslosigkeit führt nämlich zu Produktions- und Einkommensausfall und zugleich zur Erhöhung staatlicher Transferleistungen an die Arbeitslosen. So entsteht eine höhere Staatsausgabenquote. Bei fiskalischer Tugendhaftigkeit führt die höhere Staatsausgabenquote zu einer höheren Abgabenbelastung, diese wiederum zu höheren Lohnkosten, die höhere Arbeitslosigkeit nach sich ziehen. Im fiskalischen Sündenfall führen die höheren Staatsausgaben zu höherer Verschuldung, die eine höhere Inflation bedingt. Auf diese reagiert die Zentralbank mit Zinserhöhungen, die einen Investionsrückgang induzieren, der wiederum zu höherer Arbeitslosigkeit führt. Ob mit oder ohne fiskalische Tugend: Arbeitslosigkeit führt in einen circulus vitiosus, durch den der Wohlfahrtsstaat sich selbst unterminiert.[2] Die Diagnose impliziert die bekannte Therapie: Man muß den Wohlfahrtsstaat zurückschneiden, um ihn zu retten (z.B. Drèze/Malinvaud 1995); genauer: Um die Arbeitslosigkeit zu bekämpfen, müssen die kosten- und anreizmäßigen Verzerrungen der Angebotsbedingungen auf dem Arbeitsmarkt beseitigt werden, die der Wohlfahrtsstaat einerseits bewirkt, die ihn andererseits untergraben.

2. Empirische Befunde

Gegen diese Argumentation sprechen empirische Befunde in zwei Hinsichten:

a) Die vermuteten Zusammenhänge zwischen Wohlfahrtsstaat und Arbeitslosigkeit sind ambivalent[3] oder so schwach, daß sie Ausmaß und Verlauf der Differenz in der Arbeitslosigkeit zwischen EU-Europa und den USA nicht erklären können (vgl. für die achtziger Jahre Burtless 1987, als aktuellen Überblick Nickell 1997).

b) Die Regierungen der EU-Länder haben bereits auf die genannten Argumente reagiert und Korrekturen der Angebotsbedingungen auf dem Arbeitsmarkt unternommen. Rigiditäten sollten per Gesetz gemildert oder beseitigt werden. Die Gesetzesänderungen betreffen insbesondere den Kündigungsschutz, die Ermöglichung befristeter Beschäftigung, die Verstärkung der Anreize zur Arbeitsuche bei Arbeitslosigkeit durch Kürzungen der Höhe und Dauer der Arbeitslosenversicherungsleistungen, die Herabsetzung von Zumutbarkeitsschwellen usw. (vgl. Blank 1994). Diese Änderungen im Sinne der Angebotspolitik haben nicht zu Erfolgen bei der Senkung der Arbeitslosigkeit geführt. Die jüngsten Erfolgsnachrichten bei der Reduktion der Arbeitslosigkeit kommen vielmehr aus solchen europäischen Ländern wie den Niederlanden und Dänemark, die nach wie vor eine deutlich über das deutsche Niveau hinausgehende sozialstaatliche Absicherung gewähren und ausgeprägte korporatistische Verhandlungssysteme bei unterschiedlichen Mustern von Flexibilitäten und Rigiditäten der Arbeitsmärkte aufweisen. Die Gegenüberstellung von empirischen Befunden und theoretischen Positionen verweist also auf eine erstaunliche Starrheit der breiten Mehrheit der Ökonomen in ihrer Forderung nach mehr Flexibilität und im Festhalten an theoretischen Argumenten gegen empirische Evidenz. Zur Not greift man zu – von den Standards wissenschaftlicher Argumentation her gesehen – abenteuerlichen Hilfskonstruktionen, nach dem Motto: Was noch nicht (wahr) ist, wird noch wahr werden, d.h. hier: Die wirklich katastrophalen Folgen wohlfahrtsstaatlicher Intervention in den Wirtschaftsprozeß stehen uns erst bevor (Lindbeck 1995), weil die vom Wohlfahrtsstaat generierten moral hazards eine lange Reifezeit haben.

3. Warum bleiben die konservativ-ökonomischen Diskurse gegen die normalwissenschaftliche Form von Einwänden immun?

Naheliegend aber unbefriedigend ist der Standardideologieverdacht: »obstinate ignorance is usually a manifestation of underlying political motives« (Kalecki 1972: 422). Es gibt zwar nicht wenige Ökonomen, die regelmäßig und ausdauernd nur Argumente im Interesse der Unternehmen vortragen, aber es ist unwahrscheinlich, daß sich solche erkennbar interessegeleiteten Positionen im Wissenschaftsbetrieb auf Dauer breit durchsetzen. Um die Verbreitung der skizzierten Einwände gegen staatlich organisierte, soziale Sicherung und ihre Immunisierung gegen empirische Befunde unter Ökonomen zu erklären, knüpfe ich an Albert Hirschmans (1980) wissenssoziologische Gegenüberstellung von complacency und structuralist fundamentalism in der Auseinandersetzung um den Wohlfahrtsstaat an. Meine These ist, daß die ökonomischen Wohlfahrtsstaatkritiker automatisch mit einem strukturalistisch-fundamentalistischen Bias operieren, weil sie in einer Theorietradition sozialisiert werden, in der der Staat von vorn herein als Störfaktor gilt. Um diese These plausibel zu machen, muß ich auf die Tradition der Walrasianischen Gleichgewichtstheorie eingehen.

Diese Theorie, aus der sich die Überlastungsbehauptung zur Bestimmung ökonomischer Grenzen des Wohlfahrtsstaats herleiten läßt, benutzt zur Charakterisierung der Wirtschaftsakteure das homo-oeconomicus-Konzept. Akteure werden durch ihre Präferenzenordnung und ihre Ressourcenausstattung beschrieben und reagieren als rationale Nutzenmaximierer auf Situationsveränderungen. Die Referenzsituation ist die der vollkommenen Konkurrenz, die insofern zu optimalen Ergebnissen führt, als nach dem »Spiel« der Marktkräfte die Ressourcen so plaziert sind, daß niemand mehr seine Situation verbessern kann, ohne die einer andern zu verschlechtern. Da dem Prinzip nach alle Transaktionen freiwillig sind und kein Akteur freiwillig einer Verschlechterung seiner Situation zustimmt, sind – dank entsprechender Annahmen über die Informiertheit der Akteure – im Konkurrenzgleichgewicht alle per paarweiser Übereinkunft erzielbaren Situationsverbesserungen ausgenutzt. Damit werden alle Ressourcen optimal eingesetzt (Pareto-Effizienz).

Da ihre Handlungsmöglichkeiten über die Option Tausch/Nicht-Tausch hinausgehen, gehören staatliche Akteure zu einer anderen Klasse von Akteuren als Privatpersonen. Die Präferenzen der staatlichen Akteure gelten – zumindest im demokratischen Kontext – nicht als autonom konstituiert, sondern mindestens teilweise als abgeleitet aus dem wie immer diffusen Wählerwillen. Wegen der Möglichkeiten, Handlungskoordination über Macht und Recht zu bewerkstelligen und wegen der Orientierung an gemischten Präferenzen verzerren staatliche Eingriffe ins Marktspiel dessen Ergebnisse immer und prinzipiell in Richtung Ineffizienz.

Im Grunde heißt das nicht mehr, als daß Ressourcen anders eingesetzt werden, als es die unabhängigen Tauschakteure paarweise oder durch Koalitionsbildung zustande gebracht hätten. Staatseingriffe sind aber i.d.R. nicht neutral gegenüber den Privatinteressen. Sie verändern die Kosten-Nutzen-Bilanzen der Individuen, wobei ihr gesamtgesellschaftlicher Effekt schwer bewertbar ist, weil es keine konsistent aus den Einzelinteressen ableitbare, soziale Wohlfahrtsfunktion gibt, die erlauben würde, des einen Nutzenzuwachs gegen des anderen -verlust abzuwägen. Da solche Verluste aber immer gegen den Willen des betroffenen, nutzenmaximierenden Individuums durchgesetzt werden müssen, verstößt der entsprechende Eingriff gegen die Regel zur Herstellung von Pareto-Effizienz. Dieser Regel entspräche politisch ein absoluter Minoritätenschutz: Keine Mehrheit soll die Dispositionsfreiheit des individuellen Privateigentümers antasten. Wenn nun im ökonomischen Diskurs Effizienz als das oberste, scheinbar wertneutrale und wertunabhängige Kriterium für die Beurteilung von ökonomischen Ereignissen, Prozessen, Ergebnissen gilt, wird damit implizit zwar nicht die Möglichkeit demokratisch legitimierter Eingriffe in den Wirtschaftsprozeß bestritten, aber die Möglichkeit ihrer Effizienz, somit ihre Rationalität und Wünschbarkeit.

Gemäß dem Weltbild der traditionellen, neoklassischen Wirtschaftstheorie – es liefert auch den Bezugsrahmen für vieles heterodoxe, ökonomische Denken – gibt es demgemäß von vornherein Grenzen für staatliche Eingriffe in den Wirtschaftsprozeß, so daß ein Gebilde wie der Wohlfahrtsstaat, der definitionsgemäß Ressourcen umverteilt, als Ausgeburt eklatanten, gegenüber Effizienzgesichtspunkten blinden Machtmißbrauchs erscheinen muß, sei dieser nun durch demokratische Prozeduren legitimiert oder nicht.

Diese in der traditionellen Theorie[4] begründete Voreinstellung zum Staat als einem – in engen Grenzen notwendigen – Übel, führt dazu, daß die Frage, was der Staat mit welchen Effekten veranstaltet, gar nicht mehr empirisch angegangen werden muß. Verstärkt wird diese Tendenz zur Ausblendung der Empirie durch die Aufwertung der reinen Marktlehre zu einer säkularisierten Ersatzreligion. Die Hauptparallele zur Religion besteht dabei nicht in der Resistenz dieser Lehre gegen die Erfahrung, sondern in ihrem Charakter als Heilslehre. Es gibt ein Heilsverlangen, das Streben nach Wohlstand und darauf gegründeter sozialer Harmonie, und es gibt ein Heilsversprechen: Wenn sich alle immer an die Regeln der reinen Lehre halten, resultieren Wohlstand und Harmonie. Erst der Glaube an die Möglichkeit des Heils begründet die Resistenz gegen die Erfahrung. Zum Heil führt der Markt (die invisible hand) als eine höhere Macht. Das Heil wird zwar nicht mehr als außerirdisches Seelenheil, sondern als das diesseitige Glück des allgemeinen Wohlstands in der guten Gesellschaft definiert. Aber der Allgemeinen Gleichgewichtstheorie gelingt dafür die Analogie zum Gottesbeweis: Bei vollständiger Konkurrenz existiert ein eindeutiges Gleichgewicht mit den genannten Optimalitätseigenschaften.

Die Obsession, den von Walras zuerst unternommenen Nachweis der Segnungen der Marktkonkurrenz zu erbringen und zu vervollständigen, führt zu einer charakteristischen Verkehrung der Theorieanlage. Um jenen Nachweis zu führen, war man bereit, eine empirisch eingestanden unplausible Konzeption der Wirtschaftsakteure in Kauf zu nehmen: Empirische Akteure haben beschränkte Informationsverarbeitungskapazitäten, ihre Präferenzenordnungen sind weder lexikalisch noch transitiv, ihre Präferenzen sind nicht unabhängig voneinander gegeben und vor allem: Sie handeln nicht immer zweckrational im Sinne einer von keinerlei normativen Erwägungen geprägten Orientierung an den Ergebnissen ihrer Handlungen. Aber das spielt alles keine Rolle, solange man auf der Grundlage des homo-oeconomicus-Konzepts des rationalen Nutzenmaximierers das gewünschte Theorieergebnis, den Nachweis der segensreichen Wirkungen des Marktes, erzielen kann. Auf diese Weise hat sich die Wirtschaftstheorie, sobald das Walrasianische Paradigma dominant wurde, nicht mehr mit der Erklärung offener Handlungssituationen befaßt, sondern eine ganz andere Erklärungsrichtung eingeschlagen. Ihre Fragestellung lautet nicht mehr: Welche Situation S' folgt aus einer gegebenen Situation S, wenn in S die Akteure bestimmte Eigenschaften und Ziele haben und über bestimmte Mittel verfügen? Vielmehr lautet die Fragestellung: Unter welchen Bedingungen entsteht aus einer Situation S eine Situation S' mit den Eigenschaften eines Gleichgewichts? Die veränderte Fragestellung (ver-)führte dazu, den Akteuren genau die Eigenschaften zuzuschreiben, die es ermöglichen, das Erklärungsziel Gleichgewicht mit Optimalitätseigenschaften abzuleiten.[5] Wie sich gezeigt hat, sind die entsprechenden Annahmen zwar sparsam, aber dafür sind die Akteure weitgehend eigenschaftslos, und die Situationen, in denen sie agieren, werden tunlichst so konstruiert, daß sie für die Akteure, so wie sie nun einmal programmiert sind, nur einen Ausgang haben, den Weg zum Gleichgewicht.

Auf diesem Weg muß der Staat als Störfaktor erscheinen, der Effizienz verhindert. Diese Voreinstellung prägt selbst die empirische Wirtschaftsforschung[6] und läßt verstehen, warum Ökonomen, gerade wenn es um die Diskussion des Wohlfahrtsstaates geht, sowohl mehr oder weniger automatisch mit einem strukturalistisch-fundamentalistischen Bias operieren als auch in dieser Haltung weitgehend immun gegen empirische Evidenzen bleiben.

Was haben wir für die Beantwortung der Frage nach den wirtschaftlichen Grenzen des Wohlfahrtsstaats gewonnen, wenn wir demzufolge die aus dem neoklassischen Bezugsrahmen abgeleiteten Behauptungen über Grenzen des Wohlfahrtsstaats anzweifeln? Nicht viel. Sowohl Wirtschaft als auch Wohlfahrtsstaat sind soziale Veranstaltungen und als solche sprachlich konstituiert (Searle 1997). Sie lassen sich nicht unabhängig davon denken, wie über sie kommuniziert wird. Was passiert, wenn die Fachkommunikatoren in Sachen Ökonomie in weitreichender Einmütigkeit die Botschaft mitteilen, der Wohlfahrtsstaat könne nicht mehr wie bisher funktionieren? Dann kann aus der sachlich nicht gerechtfertigten Behauptung von Grenzen des Wohlfahrtsstaats eine solche Grenze entstehen, wie ich am Beispiel der aktuellen Diskussion über die Rentenversicherung zeigen möchte.

4. Wie die Kommunikation über das Wirtschaften das Wirtschaften beeinflußt

Wichtige Organisationen (OECD, Weltbank), prominente Autoren und – fast uniform – die Medien von TAZ bis FAZ behaupten, die Renten seien nicht mehr »sicher« und reklamieren Ersatzbedarf für die umlagefinanzierte, gesetzliche Rentenversicherung oder wenigstens deren Ergänzungsbedürftigkeit. Verwiesen wird dabei einerseits auf die hohen sog. Lohnnebenkosten und die unzumutbare Belastung der kommenden Generationen durch die Alterung der Bevölkerung, andererseits auf die höheren langfristigen Erträge durch Kapitalbildung, insbesondere durch Erwerb von Unternehmensbeteiligungen am Aktienmarkt.

Die Einhelligkeit, mit der die etablierte Form der Finanzierung der Altersversorgung kritisiert wird, ist um so erstaunlicher, als es dazu zwei nicht gerade neue, dafür sehr klare ökonomische Einsichten gibt, mit denen man sich nicht auseinandersetzt, aber auseinandersetzen müßte:

a) Das Mackenroth-Argument: »*Aller Sozialaufwand (muß) immer aus dem Volkseinkommen der laufenden Periode gedeckt werden*« (Mackenroth 1952: 267).
b) Das Feldstein-Argument: »*As long as the voters support the social security system, it will be able to pay the benefits that it promises.*« (Feldstein 1977: 423f.)

Warum (b)? Da den Verpflichtungen einer staatlich organisierten, umlagefinanzierten Rentenversicherung lediglich ein minimales Vermögen gegenübersteht, müßte sie zwar den Bankrott erklären, würde man sie mit den Maßstäben messen, die man an private Rentenversicherungen anlegt. Die Analogie ist jedoch nur irreführend. »A private pension program must have sufficient assets to meet all prior commitments because it cannot be certain that any future contributions will be made. In contrast, the social security program can continue to compel future generations of workers to pay social security taxes. These future tax rates can be set so that tax revenues are sufficient to meet the claims of the beneficiaries. The government's power to tax is its power to meet the obligations of social security to future beneficiaries« (Feldstein 1977: 423f.).

Das Mackenroth-Argument lehrt uns, daß auch eine Rentenversicherung, die auf Kapitaldeckung basiert, nicht nach dem Joseph-in-Ägypten-Schema funktioniert, wonach man in den fetten Jahren Speicher für die mageren Jahre füllt. Abgesehen von dauerhaften Konsumgütern, die sich in natura sparen lassen und abgesehen von Verlagerungen der Probleme ins Ausland (z.B. durch sichere Kapitalanlagen in Ländern mit vielen jungen Arbeitskräften wie Indonesien) steht den Alterseinkommen der Nicht-mehr-Erwerbstätigen immer nur das laufende Volkseinkommen gegenüber, gleich ob sie nun ihre Einkommensansprüche durch Beiträge an die gesetzliche Rentenversicherung oder in der Form einer Verzinsung und Rückzahlung von Kapitalanlagen erworben haben. An den materialen Belastungen, die auf kommende Generationen durch den höheren Altersquotienten zukommen, ändert die *Form* der Altersversorgung im Prinzip nichts. Das Feldstein-Argument lehrt uns darüber hinaus, daß aus dieser Konstellation keine Krise der umlagefinanzierten Rentenversicherung entstehen muß: Solange das System politisch (durch Mehrheitswillen) gestützt bleibt, kann es seine Verpflichtungen erfüllen.

Umgekehrt heißt das jedoch: Wenn man eine Mehrheit der Wählerinnen und Wähler davon überzeugen kann, daß das System zu unerträglichen Belastungen führt, wird es seine Verpflichtungen nicht mehr erfüllen können, eben weil es nicht mehr politisch gestützt wird. Die von solchen Befürchtungen motivierte Aufkündigung des sog. Generationenvertrags durch eine Erwerbstätigengeneration führt dann mit Sicherheit zu der Situation, deren Befürchtung die Aufkündigung motiviert: Warum sollte die nachfolgende Erwerbstätigengeneration eine Vorgängergeneration stützen, die selbst diese Stützung verweigert hatte? Die umlagefinanzierte, gesetzliche Rentenversicherung in ihrer hergebrachten Form ist also in ihrer Fortexistenz durchaus abhängig von der Art, wie über sie kommuniziert wird. Wird sie erst einmal von einem relevanten Teil der Bevölkerung als instabil wahrgenommen, dann wird sie instabil. Sie *kann* umgekehrt stabil bleiben, solange sie für stabil gehalten und deshalb gestützt wird.

Halten wir als Zwischenergebnis fest: Das Beispiel der aktuellen Diskussion um die Rentenversicherung zeigt, daß die Behauptung wirtschaftlicher Grenzen des Wohlfahrtsstaats die Eigenschaften einer self-fulfilling prophecy haben kann. Sachlich nicht begründete Überlastungsbehauptungen können reale Überlastungen zur Folge haben.

5. Zurück zur Ausgangsfrage

Sind wirtschaftliche Grenzen des Wohlfahrtsstaats überhaupt »objektiv« bestimmbar, wenn sie durch die Akteure und ihre Kommunikationsweisen in der geschilderten Weise ohne weitere sachliche Grundlage entstehen können? Was heißt denn überhaupt »sachliche Grundlage« bei sozialen, d.h. sprachlich konstituierten Sachverhalten? Wir können uns davon zumindest ein Bild machen, wenn wir den Gedanken einer ins Negative gerichteten self-fulfilling prophecy umdrehen. Genügt die allgemeine Erwartung der Stabilität sozialstaatlicher Sicherungssysteme, um diese tatsächlich stabil zu halten?

Das kann in Anbetracht der Abhängigkeit wohlfahrtsstaatlicher Sicherung vom volkswirtschaftlichen Leistungsniveau nicht sein. Eine mehrheitlich positive Einstellung zur umlagefinanzierten Rentenversicherung ist – um beim Beispiel zu bleiben – keine hinreichende Bedingung für die Möglichkeit ihrer Selbstperpetuierung nach dem Motto: Das System trägt, solange alle glauben, daß es trägt, unabhängig vom Ausmaß der eingegangenen Verpflichtungen. Die üblichen Verteilungskonflikte lehren, daß die Ansprüche an das laufende Volkseinkommen höher sein können als das Volkseinkommen. Zu diesen Ansprüchen zählen auch die Altersversorgung, die deshalb ebenso wie alle anderen Ansprüche abgeglichen werden muß auf ein Maß, das mit der verfügbaren Verteilungsmasse kompatibel ist. Diese Abgleichung kann auf vielen mögliche Wegen stattfinden, vor allem auch suboptimalen, die das wirtschaftliche Leistungsniveau beeinträchtigen nach dem Motto: Wir jagen die Kuh, die wir melken wollen, von der Weide. Bei entsprechender Alterung der Bevölkerung können wir uns z.B. eine Gerontokratie vorstellen, in der die Alten mittels demokratischer Mehrheit die Erwerbstätigen wie die Sklavenhalter auspressen mit der Folge, daß die Erwerbstätigen abwandern oder ihre Leistungen herunterschrauben. In diesem Sinne hat wohlfahrtsstaatlich organisierte, soziale Sicherung immer ihre Grenzen: Statisch gesehen ist die Verteilung ein Nullsummenspiel um das in seiner Größe gegebenen Volkseinkommen; in dynamischer Sicht ist das Volkseinkommen in seiner Größenentwicklung selbst abhängig von der Art seiner Verteilung.

Wegen der Schwankungen der Wirtschaftsleistung muß diese Verteilung prinzipiell immer wieder neu ausgehandelt werden, einerseits durch die ökonomischen Akteure, soweit es um Einkommensansprüche aus aktueller wirtschaftlicher Aktivität, andererseits im Zusammenspiel von Ökonomie und Politik, soweit es um wohlfahrtsstaatliche Leistungen geht. Gerade weil die Konflikte um Verteilungsansprüche immer wieder ausgetragen werden müssen, haben sich jedoch Regeln entwickelt, die es erlauben, die Konflikte klein oder latent zu halten. Derartige Regeln, wie z.B. die produktivitätsorientierte Lohnbildung oder die Rentenformel, zielen darauf ab, die Einkommensansprüche von vornherein im Rahmen des durch die Entwicklung des Volkseinkommens gegebenen Verteilungsspielraums zu halten.

Während nun im normalen wirtschaftlichen Verteilungskonflikt oft genug deutlich wird, daß die Formen der Konfliktregulierung nur so stabil sind wie der Wille der Beteiligten, den Regeln zu folgen und sich mit weitergehenden Einkommensansprüchen zurückzuhalten, gewinnen die Regeln, mit denen die Ansprüche auf wohlfahrtsstaatliche Leistungen definiert werden, u.U. eine Festigkeit, die die prinzipielle Bindung der Leistungsmöglichkeiten an das gesamtwirtschaftliche Leistungsniveau verdeckt.[7] Einerseits geschieht dies durch Selbstbindungen der Politik aus der richtigen Einschätzung heraus, daß soziale Sicherheit zu einem guten Teil aus Erwartungssicherheit besteht. Andererseits sehen sich politische Akteure offenbar immer wieder zu Versprechungen genötigt, die sie nicht halten können, oder sie lassen sich Verantwortung für Entwicklungen zuschreiben, die sie kaum beeinflussen.

Die periodisch wiederkehrende Diskussion: Sind die Renten noch sicher?[8] ist ein Beispiel für eine durch Regelbindung von wohlfahrtsstaatlichen Leistungsansprüchen fehlgeleitete Diskussion. Alle Beteiligten müßten wissen, daß die Renten nur auf einem Niveau gezahlt werden können, das einerseits durch die Wirtschaftsentwicklung andererseits durch die politische Konsensbildung gedeckt ist. Die Diskussion wird jedoch so geführt, als ob ein bestimmtes Einkommensersatzniveau der Renten in Stein gemeißelt und als ob es zugleich von naturhaft exogenen Tendenzen (wie der Alterung der Bevölkerung) bedroht sei. Die Regelbindung von Verteilungsansprüchen trägt unter solchen Bedingungen zwar zur Konfliktregulierung und zur Bildung von Erwartungssicherheit bei, zugleich lädt sich aber ein latenter Konflikt auf, der dann manifest wird, wenn sich die Regel wegen Veränderungen der Randbedingungen nicht mehr fortschreiben läßt. Die Sicherheit quasi-automatischer Regulierung bricht zusammen, ohne daß unter dem resultierenden Schock die divergierenden Ansprüche und Interessen politisch klar artikuliert werden können. So erscheint nach dem Zusammenbruch trügerischer Sicherheiten die Unsicherheit größer als sie ist, wobei sich doch eigentlich nur zeigt, was die ganze Zeit richtig war: daß die Bedienung der an den Wohlfahrtsstaat gerichteten Ansprüche auf Dauer nur möglich bleibt, wenn das ökonomisch Tragbare politisch gewollt, nicht aber wenn Rechte ohne Rücksicht auf Situationsveränderungen reklamiert werden.

Insbesondere in diesem Sinne gibt es also wirtschaftliche Grenzen des Wohlfahrtsstaats. Sie laufen einfach auf die u.U. komplizierte politische Aufgabe hinaus, die Ansprüche an die staatlich organisierten Sicherungssysteme immer wieder mit dem wirtschaftlichen Leistungsniveau und konkurrierenden Ansprüchen abzugleichen. Eine Implikation des Mackenroth-Arguments ist, daß man zwar dem politischen Problem, solche Abgleichungen zu bewerkstelligen, durch andere, nicht-staatliche Finanzierungsmodi ausweichen kann, aber nicht den wirtschaftlichen Belastungen selbst. Alternativen bestehen lediglich hinsichtlich der institutionalisierten Form der Abgleichung, ob sie – von den Polen eines möglichen Spektrums her gesehen – als Ergebnis immer neuer politischer Willensbildung oder als Ergebnis einer Quasi-Automatik durch direkte Kopplung von Leistungen an Marktprozesse zustande kommen soll. Daß die Frage der Wahl zwischen solchen Alternativen verbunden wird mit der Behauptung, es ließen sich durch einen Wechsel des Alterssicherungssystems höhere oder sicherere Alterseinkommen erzielen, läßt sich wohl nur im Rückgang auf einschlägige Interessen erklären.

Wer dem Bullenmarkt an den Börsen neuen Stoff zuführen will, wird gern auf höhere Erträge aus Anlagen in Aktien (im Vergleich zu den »Erträgen« aus Beiträgen an die gesetzliche Rentenversicherung) verweisen. Aber das ist nicht nur historisch, sondern auch ökonomisch irreführend. Wieder hilft das Mackenroth-Argument: Wenn langfristig die reifen kapitalistischen Volkswirtschaften real mit etwa 2% p.a. wachsen, beruhen Versprechungen von dauerhaften Erträgen über 2% implizit auf Umverteilungsansprüchen. Wer aus dem um zwei Prozent gewachsenen »Kuchen« des Volkseinkommens ein um 5% wachsendes Stück (z.B. gespeist aus Börsengewinnen) herausschneiden will, muß dies zu Lasten anderer Einkommensansprüche tun. Das Durchsetzen solcher Ansprüche war ein Signum der Ära Kohl/Waigel. Deren Angebotspolitik bedeutete in der Tat vor dem Hintergrund der Kopplung der Renten an die Nettolöhne, daß bei Lohnsteigerungen unterhalb des Wirtschaftswachstums und daher schrumpfender Lohnquote (und bei wegen höherer Sozialversicherungsbeiträge noch stärker schrumpfender Nettolohnquote), die »Erträge« aus den Beiträgen an die Rentenversicherung unter das allgemeine Wachstumsniveau fielen. Die Remedur liegt aber für die abhängigen Erwerbstätigen (und die Rentner) schwerlich darin zu versuchen, sich über Kapitaleinkommen zurückzuholen, was sie an Lohn oder Gehalt (bzw. Rente) im Verteilungsprozeß verloren haben. Das kann bei der bestehenden Vermögensverteilung und dem entsprechenden income-mix nicht gelingen. Die einfachere (aber nicht einfach realisierbare) Antwort auf die gegenwärtigen Finanzierungsprobleme der Rentenversicherung besteht daher darin, die Kopplung der Renten an die Löhne zu erhalten,[9] aber die Lohnentwicklung wieder an die Produktivitätsentwicklung zu binden. Das dürfte jedoch ohne signifikanten Abbau der die Löhne drückenden Arbeitslosigkeit kaum gelingen.

Mit dem Stichwort Arbeitslosigkeit sind wir bei einer wirklich harten wirtschaftlichen Grenze des Wohlfahrtsstaats angelangt. Denn wenn es auch falsch ist, einfach den Wohlfahrtsstaat für die Arbeitslosigkeit verantwortlich zu machen, so ist doch umgekehrt richtig, daß die hohe und vor allem die dauerhaft hohe Arbeitslosigkeit den Wohlfahrtsstaat gefährdet, insbesondere dann, wenn es nicht gelingt, ihn auf das mit dieser Arbeitslosigkeit relativ geschwächte wirtschaftliche Leistungsniveau einzustellen. Statt dieses politische Regelungsproblem als solches der politischen Diskussion überhaupt erst zugänglich zu machen, hat die Hegemonie des konservativen ökonomischen Denkens dazu geführt, daß dem Wirtschaftsprozeß einmal mehr die Eigenschaften einer zweiten Natur zugeschrieben werden, deren Gesetzmäßigkeiten nur zu gehorchen ist. Abweichungen vom Pfad der allein durch den Markt garantierten Effizienz werden mit eherner Notwendigkeit bestraft: mit Wohlstandsverlusten, Krisen und Arbeitslosigkeit. Aber könnte dem von der ökonomischen Denkweise beförderten Trend hin zu Regelungen über Marktmechanismen, weg von politischen Entscheidungen und vom politischen Konsens getragenen Institutionen vielleicht doch etwas abgewonnen werden, weil politische Stimmungen im demokratischen Prozeß schwanken und zu einer hohen Volatilität wohlfahrtsstaatlicher Institutionen führen, die auf diese Weise vermieden werden kann? Dem steht entgegen, daß die drastischsten Beispiele für die Volatilität sozialer Institutionen nach wie vor aus der Marktwirtschaft stammen. Tales of bursting bubbles ... platzende Blasen: von der holländischen Tulpenkrise bis zum Rubelabsturz.

Solche Sozialkatastrophen vermitteln für diejenigen, die nicht an eherne Notwendigkeiten des Wirtschaftens glauben, die etwas bedrückende Einsicht, daß der Glaube an eherne ökonomische Notwendigkeiten sich selbst bestätigen kann. Allerdings ist das vielleicht weniger tragisch, als es klingt. Weder die ökonomistischen Fundamentalisten noch deren Unterklasse, die Katastrophisten, hatten immer Recht, was man schon daran sehen kann, daß sich ihre Argumente in langen Wellen wiederholen. Irgend etwas muß dann ja stabil geblieben sein. Schon Wilhelm II klärte in einem – von Bismarck[10] verfaßten – Erlaß vom 4. Februar 1890 seine Untertanen über die wirtschaftlichen Grenzen des Wohlfahrtsstaats auf:

»Ich bin entschlossen, zur Verbesserung der Lage der deutschen Arbeiter die Hand zu bieten, soweit die *Grenzen* es gestatten, welche Meiner Fürsorge durch die Notwendigkeit gezogen werden, die deutsche Industrie auf dem Weltmarkte konkurrenzfähig zu erhalten und dadurch ihre und der Arbeiter Existenz zu sichern. Der Rückgang der heimischen Betriebe durch Verlust ihres Absatzes im Auslande würde nicht nur die Unternehmer, sondern auch ihre Arbeiter brotlos machen. Die in der internationalen Konkurrenz begründeten Schwierigkeiten der Verbesserung der Lage unserer Arbeiter lassen sich nur durch internationale Verständigung der an der Beherrschung des Weltmarkts beteiligten Länder, wenn nicht überwinden, so doch abschwächen« (Bismarck 1921: 66f.).

Anmerkungen

1 Ich danke Jens Beckert, Hans Joas und Claus Offe für Anregungen und Hinweise zu einer früheren Fassung dieses Textes.

2 Das Gegenmodell sah hingegen zwei miteinander verflochtene circuli virtuosi vor: Ökonomisch sorgt Sozialpolitik für einen guten Teil der Bedingungen stabilen Wirtschaftswachstums, aus dem wiederum die Ressourcen wirksamer Sozialpolitik gespeist werden. Politisch gewährt der Wohlfahrtsstaat soziale Rechte, die durch die Kombination von Bürgerstatus und materieller Sicherheit auf seiten der Bürger Loyalität gegenüber dem Staat erzeugen.

3 Z.B. fällt im Vergleich USA-Kanada die registrierte Arbeitslosigkeit in Kanada u.a. deshalb höher aus, weil die Arbeitslosen dort besser versichert sind: Es gibt mehr »Anreize«, sich im Fall des Arbeitsplatzverlustes auch arbeitslos zu melden (Card/ Riddell 1993).

4 Natürlich ist es nicht bei dieser relativ simplen Theorievariante geblieben. Z.B. wurde versucht, einerseits staatliche Eingriffe über eine Theorie des Marktversagens bei der Herstellung öffentlicher Güter (Samuelson 1954) systematisch zu begründen, andererseits die letztlich doch sehr schlichten Optimalitäts- und Effizienzkriterien der Allgemeinen Gleichgewichtstheorie durch pragmatische Überlegungen, z.B. zu »second best solutions« (Lipsey/Lancaster 1956/7), zu ergänzen. Ich kann diese Theoriestränge hier nicht weiter verfolgen. Sie haben jedoch im fundamentalistischen Antietatismus der Ökonomenmehrheit keine großen Spuren hinterlassen.

5 Zu Ort und Rolle der Akteure in der Allgemeinen Gleichgewichtstheorie vgl. Kempski (1964), zur Rolle von situativen constraints vgl. Latsis (1972).

6 Z.B. sprechen Blanchard/Katz (1997: 52) von »standard *distortions* such as unemployment benefits or taxes on labor income«. Diese Denkweise inspiriert z.B. Modellexperimente, mit deren Hilfe Effizienzverluste durch die Arbeitslosenversicherung und Abfindungszahlungen bei Kündigung demonstriert werden: »If unemployment insurance and job security were reduced or eliminated, the model's labour market would generate more numerous and more productive jobs – i.e. its efficiency would be enhanced.« (Bertola 1997: 573). Die Konstrukteure des Modells, mit dem die Folgen eines Wegfalls sozialer Sicherungsleistungen simuliert werden, warnen immerhin noch: »The elimination of either the UI system or the existing redundancy payment would increase efficiency *at the expense of worker income security*« (Millard/Morgensen 1997: 566, Hrvhb. H.G.).

7 Dazu hat z.B. beigetragen, daß das Bundesverfassungsgericht die Rentenansprüche dem gleichen Schutz unterstellt hat wie das individuelle Privateigentum.

8 Und nicht: Ist die Eckrente von 68% noch sicher?!

9 Was nicht bedeutet, daß die Lohnarbeitszentriertheit der existierenden Sozialversicherungen fortgeschrieben werden muß.

10 Der Hintergrund ist interessant: Bismarck war gegen die vom Kaiser beabsichtigte Arbeiterschutzgesetzgebung. Er suchte deshalb nach Wegen, um sie zu verhindern oder hinauszuzögern. Der Verweis auf die internationale Konkurrenz und die Anforderung, Vorteile ausländischer Konkurrenten durch internationale Koordination der Gesetzgebung zu vermeiden, diente dazu, die Einberufung einer entsprechenden Konferenz vorzuschlagen, die, wenn nicht den Kaiser umstimmen, so doch wenigstens zu einem Hinausschieben der Gesetzgebung führen sollte.

Literatur

Bismarck, O. v. (1921), Gedanken und Erinnerungen, Bd.3. Stuttgart.

Bertola, G. (1997), Discussion, in: D.J. Snower/G. de la Dehesa (1997) (Hrsg.): Unemployment Policy: Government Options for the Labour Market. Cambridge: 572-575.

Blanchard, O./Katz, L.F. (1997), What We Know and Do Not Know About the Natural Rate of Unemployment, in: Journal of Economic Perspectives, vol.11, 1: 51-72.

Blank, R. (1994), Does a Larger Social Safety Net Mean Less Economic Flexibility? in: R.B. Freeman (1994) (Hrsg.): Working Under Different Rules. New York: 157-187.

Burtless, G. (1987), Jobless Pay and High European Unemployment, in: R. Lawrence/ C. Schultze (1987): Barriers to European Growth. Washington.

Card, D./Riddell, C. (1993), A Comparative Analysis of Unemployment in Canada and the United States, in: D. Card/R.B. Freeman (1993) (Hrsg.): Small Differences that Matter: Labor Markets and Income Maintenance in Canada and the United States. Chicago: 149-190.

Clark, C. (1945), Public Finance and the Value of Money, in: Economic Journal, 55: 371-389.

Drèze, J.H./Malinvaud, E. (1994), Growth and Employment: The Scope for a European Initiative, in: European Economy, Reports & Studies, No.1: 77-106.

Fachinger, U./Rothgang, H. (1997), Zerstört der demographische Wandel die Grundlagen der sozialen Sicherung? in: Zeitschrift für Sozialreform, 11/12: 814-838.

Feldstein, M. (1977), Toward a Reform of Social Security, in: R.H. Haveman/J. Margolis (Hrsg.): Public Expenditure and Policy Analysis. Chicago: 421-441.

Ganßmann, H. (1996), Geld und Arbeit. Frankfurt/M.

Ganßmann, H. (1997), Wie sozial bleibt die deutsche Marktwirtschaft? in: Zeitschrift für Sozialreform, 11/12: 839-854.

Ganßmann, H./Haas, M. (1999), Arbeitsmärkte im Vergleich: USA, Japan und Deutschland. Marburg.

Hirschman, A.O. (1980), The Welfare State in Trouble: Systemic Crisis or Growing Pains? in: American Economic Review 70, 2: 113-116.
Kaufmann, F.X. (1997), Herausforderungen des Sozialstaates. Frankfurt/M.
Kalecki, M. (1972), Political Aspects of Full Employment, in: E.K. Hunt/J.G. Schwartz (1972) (Hrsg.): A Critique of Economic Theory. Harmondsworth: 420-430.
Kempski, J.v. (1964), Handlung, Maxime, Situation – Zur logischen Analyse der mathematischen Wirtschaftstheorie, in: H. Albert (1964) (Hrsg.): Theorie und Realität. Tübingen: 233-247.
Latsis, S. (1972), Situational Determinism in Economics, in: British Journal for the Philosophy of Science: 207-245.
Lindbeck, A. (1995), Hazardous Welfare State Dynamics, in: American Economic Review 85, 2: 9-15.
Lipsey, R.G./Lancaster, K. (1956/7), General Theory of Second Best, in: Review of Economic Studies, vol. 24: 11-32.
Mackenroth, G. (1952), Die Reform der Sozialpolitik durch einen deutschen Sozialplan, in: B. Külp/W. Schreiber (1971) (Hrsg.): Soziale Sicherheit. Köln: 265-275.
Millard, S. P./Morgenson, D. T. (1997), The Unemployment and Welfare Effects of Labour Market Policy: a Comparison of the USA and the UK, in: D.J. Snower/G. de la Dehesa (1997) (Hrsg.): Unemployment Policy: Government Options for the Labour Market. Cambridge: 545-572.
Nickell, S. (1997), Unemployment and Labor Market Rigidities: Europe versus North America, in: Journal of Economic Perspectives 11, 3: 53-74.
OECD (1994), Jobs Study. Paris.
Samuelson, P.A. (1954), The Pure Theory of Public Expenditure, in: R.W. Houghton (1970) (Hrsg.): Public Finance. Harmondsworth: 179-188.
Searle, J.R. (1997), Die Konstruktion der gesellschaftlichen Wirklichkeit. Reinbeck.
Vobruba, G. (1989) (Hrsg.): Der wirtschaftliche Wert der Sozialpolitik. Berlin.

Grenzen von Wohlfahrtssystemen unter Bedingungen der Globalisierung

Martin Seeleib-Kaiser

1. Einleitung

Ausgangspunkt meines Vortrages ist die Hypothese, daß eine alleinige Fokussierung auf die *Staats*tätigkeit in der Sozialpolitik den Blick auf die verschiedenen Wohlfahrtsproduzenten verdeckt und hinsichtlich der möglichen Auswirkungen der Globalisierung[1] auf sozialpolitische Arrangements mitunter zu verzerrten und irreführenden Befunden führt. So begrenzt der Prozeß der Globalisierung nicht notwendigerweise die staatliche Sozialpolitik. Vielmehr stößt die jeweilige Perzeption der Globalisierungsprozesse und deren Verknüpfung mit sozialpolitischen Arrangements im politischen Diskurs Dynamiken unter den verschiedenen Wohlfahrtsproduzenten an. Welcher Bereich der Wohlfahrtsproduktion mitunter durch die Globalisierung begrenzt wird, hängt letztendlich von den möglichen *links* zwischen dem wahrgenommenen Prozeß der Globalisierung und dem Gewicht unterschiedlicher Wohlfahrtsproduzenten in dem spezifischen Wohlfahrtssystem sowie den dort vorherrschenden *Governance*-Systemen ab.

Im folgenden Abschnitt werde ich zunächst einige Ausführungen zum Konzept des Wohlfahrtssystems machen. Im dritten Abschnitt wird nochmals kurz die Debatte um die wirtschaftlichen Grenzen der staatlichen Sozialpolitik aufgegriffen, bevor ich im vierten Abschnitt aufzeigen werde, daß in verschiedenen Wohlfahrtssystemen – als Vergleichsländer werden die USA, Japan und die Bundesrepublik Deutschland herangezogen – unterschiedliche *links* zwischen Globalisierung und Wohlfahrtssystem gesellschaftlich konstruiert werden. Im fünften Abschnitt werden sozialpolitische Reformbestrebungen in den von mir untersuchten Wohlfahrtssystemen in Verbindung mit ihren politisch-institutionellen Grenzen skizziert. Abschließend wird diskutiert, wie die gegenwärtig durchaus unterschiedlichen Dynamiken in den drei Wohlfahrtssystemen zu bewerten sind.

2. Das Konzept des Wohlfahrtssystems

In Abwendung vom staatszentrierten Paradigma der Analyse des Wohlfahrts*staates* und anknüpfend an die Diskussion um den *welfare mix* (Rose 1986) bzw. den Wohlfahrtspluralismus (Evers/Olk 1996) erscheint es mir unabdingbar, die unterschiedlichen Wohlfahrtsproduzenten, also nicht nur den Staat bzw. gar nur die Sozialleistungsprogramme, in die Analyse möglicher Auswirkungen der Globalisierung einzubeziehen. Schließlich stellt die staatliche Sozialpolitik, wie wir sie in Europa kennen, nur eine Möglichkeit zur gesellschaftlichen Bearbeitung sozialer Risiken dar. Von daher ist es nur konsequent, auch funktionale Äquivalente[2] staatlicher Sozialpolitik in die Analyse einzubeziehen. Darauf aufbauend verstehe ich unter einem *Wohlfahrtssystem* zunächst einmal die Summe aller sozialpolitischen Arrangements innerhalb eines Gemeinwesens.

Um den Begriff des Wohlfahrts*systems* jedoch für eine vergleichende Untersuchung fruchtbar zu machen, müssen hinsichtlich der Einbeziehung unterschiedlicher sozialpolitischer Arrangements zwei Bedingungen erfüllt sein: Zum einen müssen sie in einem hohen Maße Erwartungssicherheit (vgl. Vobruba 1983: 99-101) gewährleisten und zum anderen jeweils auf die Inklusion in die Gesellschaft zielen bzw. kollektive Formen der Absicherung sozialer Risiken darstellen. Diese beiden Bedingungen stellen somit den Bezugspunkt für die Einbeziehung unterschiedlicher sozialpolitischer Arrangements in die Analyse. Ohne einen derartigen Bezugspunkt käme dem Begriff des Wohlfahrtssystems eine sehr vage Bedeutung zu und die Anzahl der verschiedenen, möglichen Wohlfahrtsproduzenten wäre nahezu unüberschaubar. So könnte man mitunter argumentieren, daß der repressive »Strafstaat« (Wacquant 1998), der einen erheblichen Teil der Armutspopulation, die sich häufig in die Kriminalität gedrängt sieht, den Justizvollzugsanstalten zuführt (vgl. auch Davey 1995), ebenfalls als Wohlfahrtsproduzent bzw. als sozialpolitisches Arrangement und somit als funktionales Äquivalent staatlicher Sozialpolitik innerhalb eines Wohlfahrtssystems zu betrachten wäre. Mit dem Begriff Wohlfahrtssystem möchte ich somit – in Anlehnung an Kaufmann – an ein idealtypisches Verständnis von Wohlfahrt anknüpfen, wonach Wohlfahrt als politische Aufgabe begriffen wird, »gesellschaftliche Verhältnisse herzustellen oder zu gewährleisten, in denen der individuelle Nutzen und der gemeine Nutzen nicht auseinandertreten, sondern im Sinne synergetischer Effekte einander verstärken« (Kaufmann 1994: 357 f.).

Das Konzept des *Wohlfahrtssystems* stellt zum einen eine Konkretisierung und zum anderen zugleich eine Abgrenzung zum Konzept des *welfare mix* dar, nachdem nicht nur auf die Kategorien Markt, Staat, Assoziationen und Familie (vgl. zu dieser Typologie u.a. Zapf 1984) rekurriert wird, sondern die unterschiedlichen Wohlfahrtsproduzenten nochmals differenziert werden. Dabei werden der staatlichen Sozialpolitik i.e.S., der Arbeitspolitik und der betrieblichen Sozialpolitik besondere Beachtung geschenkt. Bei dem Konzept des *welfare mix* stehen hinsichtlich des Staates als Wohlfahrtsproduzent in der Regel die *sozial*staatlichen (Transfer-)Programme im Mittelpunkt. Diese Säule des Wohlfahrtssystems möchte ich im folgenden als staatliche Sozialpolitik i.e.S. bezeichnen. Bei einer eingeschränkten Fokussierung auf diese Säule des Wohlfahrtssystems werden jedoch funktionale Äquivalente übersehen.[3] Von zentraler Bedeutung erscheint mir die Arbeitspolitik. Als Arbeitspolitik wird die betriebliche, überbetriebliche und staatliche Organisation von Arbeits- und Produktionsverhältnissen mit der (funktionalen) Zielsetzung verstanden, die soziale Integration in den und die Stabilität auf dem Arbeitsmarkt zu fördern, *um das Risiko der Arbeitslosigkeit und/ oder Armut aufgrund eines unterhalb des Existenzminimums liegenden Erwerbseinkommens zu minimieren.* Exemplarisch seien hier folgende Bereiche erwähnt: das Arbeitsrecht, v.a. der Kündigungsschutz, die Subventionierung von Erwerbseinkommen, die aktive Arbeitsmarktpolitik sowie unter bestimmten Bedingungen die Mittelstandspolitik.[4]

Ferner wird häufig der Markt als Wohlfahrtsproduzent im Konzept des *welfare mix* nicht hinlänglich differenziert. So werden etwa betriebliche bzw. tarifvertragliche Sozialleistungen zwar über den (Arbeits-)Markt vermittelt, doch können sie grundsätzlich ähnliche Funktionen wie die gesetzlichen Sozialversicherungssysteme übernehmen. Ferner handelt es sich bei diesen Leistungen größtenteils um Ergebnisse von Verhandlungen kollektiver Akteure. Sie lassen sich damit eindeutig von auf regulären Güter- bzw. Dienstleistungsmärkten individuell erstandenen Wohlfahrtsleistungen unterscheiden (vgl. ähnlich Higgins 1981: 130-157). Ähnlich wie die Arbeitspolitik wurden auch die betrieblichen bzw. tarifvertraglichen Sozialleistungssysteme in der Vergangenheit in der vergleichenden Sozialpolitikforschung eher stiefmütterlich behandelt (vgl. hierzu Shalev 1996).

Obwohl mir die herausragende Bedeutung von Familien und Assoziationen für die Wohlfahrtsproduktion sehr bewußt ist, so werde ich mich im folgenden auf die drei von mir benannten Bereiche, nämlich die Sozialpolitik i.e.S., die Arbeitspolitik und die betriebliche Sozialpolitik, begrenzen müssen, zumal diese Säulen, wie im folgenden noch zu zeigen sein wird, im Mittelpunkt der Diskussionen um die binnenpolitischen Auswirkungen der Globalisierung in den von mir untersuchten Ländern, den USA, Japan und der Bundesrepublik Deutschland standen.

Betrachten wir nun die Bedeutung der unterschiedlichen Säulen innerhalb der Wohlfahrtssysteme in den USA, Japan und der Bundesrepublik, so muß zunächst hervorgehoben werden, daß das US-amerikanische System im internationalen Vergleich relativ stark durch die betrieblich gewährten Sozialleistungen geprägt ist (vgl. u.a. Rein 1996). Obzwar in Japan auch den betrieblichen Sozialleistungen – so etwa im Vergleich zur Bundesrepublik Deutschland – eine größere Bedeutung zukommt (vgl. Shinkawa/Pempel 1996), so scheint für dieses Wohlfahrtssystem die Arbeitspolitik – auf die ich im folgenden noch näher eingehen werde – zumindest von ebenso großer, wenn nicht gar von zentraler Bedeutung zu sein. Hingegen kommt im bundesrepublikanischen Wohlfahrtssystem bekanntlich der staatlichen Sozialpolitik i.e.S., vor allem der Sozialversicherungspolitik ein relativ großes Gewicht zu.[5] Selbstverständlich ist in den drei hier genannten Wohlfahrtssystemen jede der drei Säulen zumindest partiell ausgeprägt.

3. Ökonomische Grenzen staatlicher Sozialpolitik?

Bekanntlich hat die Diskussion um die ökonomischen Grenzen des Wohlfahrtsstaates sowohl in der Politik wie auch in der Wissenschaft bereits eine relativ lange Tradition.[6] Das Argumentationsmuster der ökonomischen Kosten und Nutzen des Wohlfahrtsstaates wurde in unterschiedlichen Variationen auch in der Nachkriegszeit immer wieder thematisiert (vgl. zusammenfassend u.a. Vobruba 1989). Claus Offe etwa argumentierte: »The contradiction is that while capitalism cannot coexist *with,* neither can it exist *without,* the welfare state« (1984 [1993: 153]). Grundsätzlich wurde jedoch zumindest in der Nachkriegszeit davon ausgegangen, daß die wirtschaftlichen Grenzen des Wohlfahrtsstaates durch binnenstaatliche Bedingungen gezogen werden (Schmidt 1989: 162).

In der Politik sowie in Teilen der sozialwissenschaftlichen Sozialpolitikforschung wird am Ende des 20. Jahrhunderts nun diskutiert, ob und inwieweit die weltweite Entgrenzung der Wirtschaftsräume, dem nationalen Wohlfahrtsstaat ökonomische Grenzen setze, die in letzter Konsequenz die unterschiedlichen Wohlfahrtsstaaten dazu zwänge, sich in »Wettbewerbsstaaten« zu transformieren (vgl. u.a. Jessop 1994; Hirsch 1995; Altvater/Mahnkopf 1996). Studien, die primär auf (quantitativ) empirischen Analysen basieren, betonen, daß die Globalisierung bisher keine oder zumindest keine nennenswerten Auswirkungen auf den Wohlfahrtsstaat gehabt hätte und somit ein säkularer

Wandel vom Wohlfahrts- zu einem (neo-liberalen) Wettbewerbsstaat nicht zu erkennen sei (Garrett/Mitchell 1995; Esping-Andersen 1996; Armingeon 1997; Garrett 1998).

Aus einer analytischen Perspektive stellt sich allerdings die Frage, ob die Suche nach den ökonomischen Grenzen der *staatlichen* Sozialpolitik bei unterschiedlich ausgeprägten Wohlfahrtssystemen nicht zu kurz greift; m.E. mutet eine solch eng begrenzte Fragestellung als stark von eurozentristischen Leitbildern geprägt an, weil andere zentrale Säulen der verschiedenen Wohlfahrtssysteme unberücksichtigt bleiben. So könnte etwa der Befund, wonach ein Ausbau der staatlichen Sozialpolitik in einem bestimmten Land der These nach den »negativen«, sozialpolitischen Auswirkungen der Globalisierung widerspräche, irreführend sein. Denn ein Ausbau staatlicher Sozialleistungen könnte ja mitunter als Kompensation für einen Ab- bzw. Umbau in anderen, ehedem vielleicht sehr gut ausgebauten Bereichen der Wohlfahrtsproduktion dienen.

Ferner liegt den oben erwähnten Studien i.d.R. ein Verständnis von Objektivität zugrunde, welches verkennt, daß auch die Wirklichkeit der sozialen Konstruktion unterliegt (Berger/Luckmann 1969 [1995]). Bereits Anfang der 80er Jahre unterstrich Offe (1984 [1993: 151]; Hervorhebung im Original) bezogen auf den Wohlfahrtsstaat diese These: »The debate about whether or not the welfare state is ›really‹ squeezing profits [und um nichts anderes geht es heute in einem globaleren Maßstab; Anm. msk] is thus purely academic because the investors are in a position to *create the reality – and the effects – of ›profit squeeze‹*.« Mir geht es im folgenden also nicht darum, einen weiteren Beitrag hinsichtlich der »objektiven« Grenzen des Wohlfahrtsstaates bzw. unterschiedlicher Wohlfahrtssysteme unter den Bedingungen der Globalisierung vorzulegen. Vielmehr geht es mir um die Frage, ob und inwieweit der Prozeß der Globalisierung von den politischen Akteuren wahrgenommen und zur Legitimation von Veränderungen innerhalb der Wohlfahrtssysteme herangezogen wird.[7]

4. Globalisierung und Wohlfahrtssysteme im politischen Diskurs

Bei einer Analyse des Einflusses von Globalisierung auf die unterschiedlichen Wohlfahrtssysteme müssen also zunächst die verschiedenen möglichen *links* zwischen beiden Ebenen, d.h. zwischen Globalisierung einerseits und Wohlfahrtssystem andererseits, identifiziert werden. In anderen Worten: In welchen Bereichen des jeweiligen Wohlfahrtssystems wird im politischen Diskurs ein Zusammenhang zur Globalisierung hergestellt und erlangt dieser eine dominante oder gar hegemoniale Gestalt? Mit dieser Herangehensweise knüpfe ich an die Ausführungen von Eisenstadt (1999) hinsichtlich der Bedeutung von »Umwelt« für Systeme an. Er schreibt (Eisenstadt 1999: 27):

»Eine ›natürliche‹ Umwelt ›da draußen‹ existiert nicht. Jedes soziale Interaktionsmuster, jede Gesellschaft konstruiert vielmehr eine eigene Umwelt. ... Jede ›natürliche‹ Umwelt stellt mehrere institutionelle Möglichkeiten zur Wahl, von denen die jeweiligen sozialen Akteure eine aussuchen. Ist die Wahl einmal getroffen, dann werden auch die Systembeschränkungen oder -grenzen festgelegt, und das System wird auf Umweltveränderungen sensibilisiert.«

4.1 Der Fall USA

Mit der zunehmenden Internationalisierung der Wirtschaft in den vergangenen zwei Jahrzehnten wurde der in den USA einst zwischen Unternehmen und Gewerkschaften geschlossene »social pact« (Dionne 1996), d.h. das System der betrieblichen Sozialleistungen, zunehmend ausgehöhlt (vgl. u.a. auch Martin 1998: 232-236). Aufgrund des Abbaus von Arbeitsplätzen in traditionellen Industriesektoren – zum Teil hervorgerufen durch den Anstieg der Importpenetration – und einer geringeren betrieblichen sozialen Absicherung in den Wachstumssektoren, u.a. bedingt durch die geringere gewerkschaftliche Organisationsstärke (vgl. u.a. Ippolito 1995 und Kruse 1995), kommt es nicht nur zu individuellen Einschnitten in der Gewährung sozialer Sicherheit, sondern auf den gesamten Arbeitsmarkt bezogen zu einer Netto-Deregulierung der auf betrieblicher Ebene organisierten, sozialen Regulation (Mishel et al. 1997: 159-161). Offenbar tragen zudem Bestrebungen von Unternehmen dazu bei, bestehende betriebliche Vereinbarungen zu Lasten der Arbeitnehmer zu verändern (AFL/CIO 1998), wobei als Grund für ihr Bemühen häufig die Notwendigkeit angeführt wird, in der internationalen Ökonomie ihre Wettbewerbsfähigkeit zu erhalten (Victor 1990). Ende der 80er Jahre waren jene Bestrebungen der Arbeitgeber oftmals die zentrale Ursache für Arbeitskämpfe.[8]

Zugleich setzten sich jedoch Unternehmen des Verarbeitenden Gewerbes, die relativ stark in die internationale Ökonomie eingebettet sind, zu Beginn der 90er Jahre für eine stärkere *gesetzliche* Regulierung im Bereich des Krankenversicherungswesens ein. Sie versprachen sich von der Verabschiedung einer gesetzlich geregelten Krankenversicherungspflicht für alle Arbeitnehmer und somit einem Mehr an staatlicher Sozialpolitik i.e.S. betriebswirtschaftliche Kostenentlastungen und eine Stärkung ihrer internationalen Wettbewerbsfähigkeit.[9] Ihre Argumentation war darin begründet, daß sie aufgrund der bestehenden Finanzierungsstrukturen innerhalb des US-amerikanischen Gesundheitssystems, auf die ich hier nicht weiter eingehen kann, stärker mit den Kosten für das Gesundheitssystem belastet sind als kleinere, binnenwirtschaftlich orientierte Unternehmen im Dienstleistungssektors (Aaron/Bosworth 1994).

Ähnlich wie im Bereich der Reform des Krankenversicherungswesens wurde im Bereich der staatlichen Arbeitsmarktpolitik die Globalisierung als eine Notwendigkeit für einen Ausbau dieser Politik bewertet. Für die staatlich als Globalisierungsverlierer anerkannten Erwerbspersonen, also für diejenigen, die aufgrund der zunehmenden Handelsliberalisierung arbeitslos geworden sind, besteht bereits seit 1962 ein spezielles Arbeitslosenprogramm (*Trade Adjustment Program; TAA*). Trotz mehrfacher Versuche fiel dieses Programm nicht den sozialpolitischen Sparmaßnahmen der letzten beiden Dekaden zum Opfer, da sich die Deutung durchsetzen konnte, daß der Staat, denjenigen, die aufgrund staatlich vorangetriebener Liberalisierung des internationalen Handels arbeitslos werden, Unterstützung gewähren müsse (vgl. u.a. Ways and Means Committee 1962: 8 f.). Diese Argumentation verband sich in der zweiten Hälfte der 80er und zu Beginn der 90er Jahre mit der Deutung, in einer zunehmend globalisierten Ökonomie verstärkt in Humanressourcen investieren zu müssen (vgl. u.a. Reich 1991; Clinton/Gore 1993).

4.2 Der Fall Japan

Betrachtet man nun das Vergleichsland Japan, so wurde auch hier die Globalisierung bereits relativ frühzeitig nicht primär mit der staatlichen Sozialpolitik i.e.S. diskutiert, sondern vielmehr mit den Kosten der Arbeitspolitik. In Japan zählen zu dieser Säule im Wohlfahrtssystem vor allem die *protektionistische* Landwirtschaftspolitik, die Regulierung im Bereich des Einzelhandels sowie das »japanische Beschäftigungssystem«. Sowohl die Landwirtschaft als auch der Einzelhandel bieten aufgrund der bestehenden Regulierungsmaßnahmen weniger produktiven, zumeist älteren Arbeitskräften Beschäftigungsmöglichkeiten; insoweit können diese Sektoren als funktionale Äquivalente einer stärker ausgebauten Arbeitslosen- bzw. Rentenversicherung charakterisiert werden (vgl. u.a. Lazonick 1995: 73; Patrick/Rohlen 1987: 350). Ferner verhindert ein weitreichender Kündigungsschutz die Freisetzung von Arbeitnehmern der Kernbelegschaften (Nenninger 1994: 130 ff.). Der Staat greift somit vor allem regulierend und den heimischen Markt gegen die internationale Ökonomie abschottend in das Marktgeschehen ein, um dadurch eine weitreichende (intersektorale) Umverteilung zu gewährleisten, ohne jedoch unmittelbar als Financier des Wohlfahrtssystems im großen Stil agieren zu müssen.

Bereits seit Ende der 70er Jahre traten exportorientierte Unternehmen – weitestgehend im Konsens mit den Betriebsgewerkschaften – für eine Liberalisierung in den Bereichen der Landwirtschafts- sowie der Einzelhandelspolitik ein. Die auf die protektionistische Politik zurückgehenden hohen Verbraucherpreise, so mehr oder weniger unisono das Argument der Großunternehmen und Gewerkschaften, würden sich lohnsteigernd auswirken und somit die Wettbewerbsfähigkeit japanischer Unternehmen beeinträchtigen. Zudem befürchteten die Tarifpartner der exportorientierten Industrien Vergeltungsmaßnahmen seitens der Handelspartner, vor allem der USA (Rosenbluth 1992: 6; Kume 1997: 224). Auch die Verbraucher bzw. die wachsenden urbanen Wählerschichten forderten zunehmend eine Revision dieser intersektoralen Umverteilungsmechanismen. Diese Forderungen gingen einher mit einem steigenden Druck seitens der Handelspartner auf die seit dem Ende des Zweiten Weltkriegs nahezu ununterbrochen regierende liberal-demokratische Partei (Schoppa 1997).

In den 90er Jahren sahen sich die Unternehmen zudem gezwungen, das »japanische Beschäftigungssystem« aufgrund der »Anforderungen« der Globalisierung zu Flexibilität und Kostenbewußtsein neu zu überdenken. Nach ihrer Einschätzung und gegen den vehementen Widerstand der Betriebsgewerkschaften sollte das gegenwärtige System flexibilisiert werden. Unter anderem beinhaltet diese Forderung, die Reduzierung des Anteils der »lebenslang« beschäftigen Arbeitnehmer der Kernbelegschaften (Osawa/Kingston 1996). Um dies im bisher weitestgehend auf Konsens orientierten, japanischen System leichter durchsetzen zu können, fordert der Unternehmerverband Keizai Doyukai eine Verbesserung der bestehenden Arbeitslosenversicherung. Schließlich würde, so das Argument, dadurch die notwendige Flexibilität auf dem Arbeitsmarkt erleichtert (vgl. u.a. Keizai Doyukai 1997).

4.3 Der Fall Bundesrepublik Deutschland

Im Gegensatz zu den Diskussionen in Japan und den USA zielt der politische Diskurs im Zuge der Globalisierungsdebatten in der Bundesrepublik primär auf eine Einschränkung der staatlichen Sozialpolitik i.e.S., vor allem der »lohnarbeitszentrierten Sozialpolitik« (Vobruba 1990). Dieser Diskurs begann bereits Mitte der 70er Jahre unter der sozialdemokratisch geführten Bundesregierung. Erinnert sei in diesem Zusammenhang ebenfalls an die Operation '82, die u.a. auch auf die sich aus der außenwirtschaftlichen Situation ergebenden Notwendigkeiten zurückgeführt wurde.[10] Obwohl die Christdemokraten ebenfalls zu Beginn der 80er Jahre diese Debatte[11] aufgegriffen hatten, entfaltete sie bekanntlich erst in den 90er Jahren ihre volle Wirkung. Im Mittelpunkt der Argumentation stehen die Konsolidierung des Sozialstaates, die Reduzierung der Lohnnebenkosten sowie der Unternehmensbesteuerung. Seitens der Medien sowie in den Sozialwissenschaften blieb vielfach unberücksichtigt, daß die christlich-liberale Regierung durchaus einen wirtschafts- bzw. gesellschaftspolitischen Wert in der Sozialpolitik sah. Nicht eine neoliberale Politik mit einem weitgehenden Rückzug des Staates aus der Sozialpolitik, sondern eine Rückführung der Sozialpolitik auf ein Maß, das die Leistungsfähigkeit der Wirtschaft nicht überfordere, war das proklamierte Ziel der Regierungsparteien.[12]

Nachdem die Oppositionsparteien in den 80er Jahren und zu Beginn der 90er Jahre diesen Diskurs zunächst als einen ideologischen Angriff auf den Sozialstaat mit dem Ziel einer Umverteilung von unten nach oben zu entlarven versucht hatten, haben sie sich schließlich seit etwa 1994 der Standortargumentation weitestgehend angenähert. So forderten beispielsweise sowohl die SPD als auch Bündnis 90/Die Grünen in ihren Wahlprogrammen zur Bundestagswahl 1998 eine Reduzierung der Lohnnebenkosten und zwar u.a. mit der Begründung, dadurch die Wettbewerbsfähigkeit der bundesdeutschen Unternehmen zu stärken (Bündnis 90/Die Grünen 1998; SPD 1998). Bemerkenswert ist, daß gerade auch die SPD mit ihrer ehemals stark »etatistischen Fixierung« (Meyer 1998: 35) eine Stärkung der Eigenvorsorge bzw. betrieblicher Arrangements fordert. Besonders deutlich wird dies u.a. in dem Abschnitt des SPD-Wahlprogramms zur zukünftigen Rentenpolitik (SPD 1998). Ferner distanzieren sich beide ehemaligen Oppositionsparteien in ihren Wahlaussagen zur Bundestagswahl 1998 von kreditfinanzierten, antizyklischen Investitionsprogrammen. Eine strikte Haushaltskonsolidierungspolitik scheint in der Bundesrepublik u.a. aufgrund der Perzeption der Globalisierung zu einer mehrheitlich akzeptierten Forderung avanciert zu sein.

4.4 Zwischenfazit

Aus der kurzen Skizzierung der politischen Diskurse im Hinblick auf mögliche Zusammenhänge von Globalisierung und Wohlfahrtssystem läßt sich bereits erkennen, daß die Perzeption der Globalisierungsprozesse sich nicht ungeachtet des jeweiligen Wohlfahrtssystems als Grenze für sozial*staatliches* Handeln i.e.S. auswirkt. Vielmehr scheint die Globalisierung in unterschiedlich geprägten Wohlfahrtssystemen verschiedene Säulen der Wohlfahrtsproduktion zu begrenzen – ein Ausbau der staatlichen Sozialpolitik i.e.S. aufgrund der Wahrnehmung von Globalisierungsprozessen ist offensichtlich nicht von vornherein in allen Ländern ausgeschlossen.

5. Politisch-institutionelle Grenzen sozialpolitischer Veränderungen

Ob allerdings eine Veränderung des Wohlfahrtssystems erfolgt, hängt neben der Wahrnehmung anderer hier nicht weiter diskutierter Herausforderungen (vgl. u.a. Kaufmann 1997) nicht zuletzt von den institutionellen Rahmenbedingungen ab. So ist davon auszugehen, daß die spezifische Form des Regierens innerhalb der verschiedenen Säulen einen erheblichen Einfluß auf den Wandel der Wohlfahrtssysteme hat bzw. diesem Grenzen setzt.

Die sozialpolitische Entwicklung in den drei Wohlfahrtssystemen zeigt vor allem, daß sich Veränderungen *langsam* vollziehen. So sinkt in den USA einerseits seit den 70er Jahren beinahe kontinuierlich der Anteil der Arbeitnehmer, der über betriebliche Sozialpolitik abgesichert ist. Andererseits gelang es nicht, die staatliche Sozialpolitik i.e.S. gebührend auszubauen.[13] Schließlich scheiterte die Reform des US-amerikanischen Gesundheitswesens in den 90er Jahren nicht am Widerstand großer multinationaler Unternehmen, die mit der Exit-Option drohten, sondern *u.a.* am Widerstand kleinerer primär binnenwirtschaftlich orientierter Unternehmen des Dienstleistungssektors (Judis 1995). Offenbar fehlte es gerade auf Seiten der Arbeitgeberverbände an mit Verhandlungsmacht ausgestatteten Dachverbänden (Martin 1998). Im Bereich der Arbeitsmarktpolitik hat die starke Fragmentierung der verschiedensten bestehenden Programme weitreichenden Reformbestrebungen entgegengestanden (Weir 1998). Obwohl es in der zweiten Hälfte der 80er Jahre und in den 90er Jahren in beiden Bereichen, d.h. in der Gesundheits- und der Arbeitsmarktpolitik zu inkrementalen Ausbaumaßnahmen kam, die dem Staat eine größere Rolle zuwiesen, scheiterten weitreichendere Reformen an der starken Fragmentierung des politischen Systems.

In Japan erwies es sich als schwierig und langwierig, die bestehenden Regulierungen im Bereich der Landwirtschaftspolitik sowie im Einzelhandel abzubauen – zu stark war zunächst die Macht der Klientelgruppen, die in Wahlen zu den treuesten Unterstützern der regierenden LDP zähl(t)en. Erst nachdem den urbanen Wählern eine größere Bedeutung in den Wahlen zukam, änderte sich langsam die Politik der LDP (Rosenbluth 1992). Auch hinsichtlich der eingeforderten Flexibilisierungen des »japanischen Beschäftigungssystems« scheint sich ein sehr langsamer Wandel abzuzeichnen, da auf der Betriebsebene allgemein noch immer eine konsensuale Einstellung vorzuherrschen scheint. Betrachtet man nun die staatliche Sozialpolitik i.e.S., so kam es nach Kürzungsmaßnahmen in der ersten Hälfte der 80er Jahre in verschiedenen sozialpolitischen Bereichen in den folgenden Jahren zu »Ausbaumaßnahmen«. So wurde Mitte der 80er Jahre eine Volksrente eingeführt sowie in der ersten Hälfte der 90er Jahre die Arbeitslosenversicherung für ältere Arbeitnehmer durch die Einführung eines Teilarbeitslosengeldes ausgebaut (Social Insurance Agency 1996). Beide Maßnahmen, so ließe sich argumentieren, können als sozialpolitische Reaktion des Staates auf Veränderungen im Bereich der Arbeitspolitik charakterisiert werden. Begrenzt werden die sozialpolitischen Maßnahmen des Staates wiederum durch eine Koalition aus Großunternehmen und Gewerkschaften, die aufgrund der betrieblichen sozialen Absicherung kaum ein Interesse an einem umfassenden Ausbau der staatlichen Sozialpolitik i.e.S. haben (Hiwatari 1993).

In der Bundesrepublik kam es im Bereich der »lohnarbeitszentrierten« Sozialpolitik in den vergangenen zwei Jahrzehnten zu deutlichen Einschnitten, wobei die gesetzliche Rentenversicherung von weitreichenden Veränderungen zunächst verschont blieb. Im Gegensatz zu dem häufig anzutreffenden Argument, die Bundesrepublik sei aufgrund von Blockaden ein Land im Stillstand (vgl. u.a. die Auseinandersetzung mit dieser Thematik bei Heinze 1998), hat sich in der Sozialpolitik relativ viel bewegt (vgl. u.a. Bleses/Seeleib-Kaiser 1998). Gerade in der letzten Legislaturperiode vermochte es die christlich-liberale Bundesregierung, eine Vielzahl von Gesetzen im sozialpolitischen Bereich so zu gestalten, daß sie nicht der Zustimmungspflicht des von den Sozialdemokraten dominierten Bundesrates unterlagen. Beispiele hierfür sind u.a. die im Jahr 1997 verabschiedete Reform des Arbeitsförderungsgesetzes sowie die bereits im Jahr zuvor beschlossene Kürzung der Lohnfortzahlung im Krankheitsfall.[14] Offensichtlich ist die Bedeutung institutioneller »Vetospieler« (Tsebelis 1995) nicht immer, sondern nur unter bestimmten Voraussetzungen von Bedeutung – hierarchische Entscheidungen sind trotz der generell zutreffenden Charakterisierung der Bundesrepublik als einen »semisouveränen Staat« (Katzenstein 1987) offenbar möglich. Auch wenn der Trend sich erst langsam abzeichnet, so wird zukünftig den Sozialpartnern im

Bereich der sozialen Absicherung in der Bundesrepublik eine größere Rolle zukommen, beispielsweise in der Regelung der Altersteilzeit sowie der nichtstaatlichen Alterssicherung insgesamt.

6. Fazit:

Die Globalisierung begrenzt nicht grundsätzlich die staatliche Sozialpolitik i.e.S.! Vielmehr kann diese im Rahmen der Bestrebungen zur unternehmerischen Kostenreduzierung und Stärkung der internationalen Wettbewerbsfähigkeit in unterschiedlichen Wohlfahrtssystemen sogar einen Ausbau erfahren. Daher kann im internationalen Vergleich auch nicht allgemein – zumindest hinsichtlich der Absicherung sozialer Risiken – von einer zunehmenden Bedeutung »privater«, sozialer Sicherungssysteme gesprochen werden (Adema/Einerhand 1998). Schließlich nahm trotz steigender Ausgaben für betriebliche Sozialpolitik die Reichweite der betrieblichen Sozialleistungen in den USA in den vergangenen zwei Dekaden kontinuierlich ab. Ebensowenig kann jedoch ein Ausbau der Sozialpolitik i.e.S. als Indikator dafür herangezogen werden, daß die Globalisierung keinen Einfluß auf das jeweilige Wohlfahrtssystem als Ganzes hat. Diese Feststellung macht nochmals deutlich, wie notwendig es ist, funktionale Äquivalente in der vergleichenden Forschung zu berücksichtigen. Offenbar sind wir gegenwärtig Zeugen unterschiedlicher Dynamiken in den verschiedenen Wohlfahrtssystemen. Wie gezeigt wurde, werden diese teilweise von den politischen Akteuren mit der zunehmenden Globalisierung begründet und stehen in Abhängigkeit vom jeweiligen Wohlfahrtssystem selbst. Ob die aufgrund der Globalisierung von politischen Akteuren als notwendig erachteten Veränderungen sich letztendlich durchsetzen, hängt entscheidend von den durch die unterschiedlichen *Governance*-Systeme gezogenen, politisch-institutionellen Grenzen ab. Abschließend sei nochmals betont, daß die Grenzen von und innerhalb von Wohlfahrtssystemen nicht von der Globalisierung diktiert bzw. objektiv ermittelt werden können, sondern diese immer das Resultat von gesellschaftlichen Vermittlungsprozessen sind!

Anmerkungen

1 Globalisierung kann allgemein als eine Zunahme und Intensivierung von grenzüberschreitenden Austauschbeziehungen definiert werden. Leider kann ich an dieser Stelle nicht näher auf den Prozeß der Globalisierung selbst eingehen, so daß ich hinsichtlich einer umfassenderen Definition sowie einer theoretischen und historischen Verortung der Globalisierung auf eine meiner früheren Arbeiten verweisen möchte (vgl. Seeleib-Kaiser 1997; vor allem S. 74-84). Aus der inzwischen nahezu unüberschaubar gewordenen Literatur zur Globalisierung sei ferner auf Beck (1998) und Zürn (1998) verwiesen.

2 Zum Nutzen der Berücksichtigung funktionaler Äquivalente in der vergleichenden Forschung siehe die hervorragende theoretische Ausarbeitung bei Schriewer (1999: 89 ff.).

3 Vgl. allerdings die Übersicht der unterschiedlichen sozialpolitischen Politikbereiche bei Lampert (1991: 165).

4 Vgl. eine allgemeinere Definition von Arbeitspolitik bei Keller (1995: 1). Zur Thematik »Arbeitspolitik als Sozialpolitik« siehe auch die Analyse der Transformation sozialpolitischer Arrangements in Spanien von Lessenich (1995).

5 An dieser Stelle kann selbstverständlich nur eine sehr verkürzte Charakterisierung wiedergegeben werden. Vgl. daher u.a. die differenzierte Darstellung des deutschen Systems bei Offe (1998).

6 U.a. sei an den kaiserlichen Erlaß aus dem Jahr 1890 erinnert (zit. in: Erdmann 1958: 11) sowie an die Arbeiten von Heimann (1929 [1980]) und Briefs (1930).

7 Vgl. zu dem hier verfolgten wissenspolitologischen Ansatz die Arbeiten von Nullmeier/Rüb (1993), Nullmeier (1993), Bleses/Rose (1998) sowie zum Wechselverhältnis von politischen Deutungen und Policy-Wandel die explorative Studie von Bleses/Seeleib-Kaiser (1998).

8 Im Jahr 1989 waren Auseinandersetzungen über den betrieblichen Krankenversicherungsschutz in 78 Prozent aller Streiks mit mehr als 1.000 Beschäftigten die primäre Ursache für den Arbeitskampf (Victor 1990: 704).

9 Vgl. u.a. Curtis H. Barnette, *Chairman and Chief Executive Officer* von *Bethlehem Steel Corporation*, in: Subcommittee on Health and the Environment (1994: 113).

10 Vgl. hierzu u.a. die Begründung vom damaligen SPD-Finanzminister Matthöfer zum 2. Haushaltsstrukturgesetz am 16.09.1981, stenogr. Prot. 9/51: 2865 ff.

11 Beispielsweise thematisierten sie die Frage der internationalen Wettbewerbsfähigkeit im Zusammenhang mit der Sozialpolitik bereits im Wahlkampf 1980 (CDU 1980: 46) sowie im Rahmen einer großen Anfrage im Bundestag im Jahr 1981 (BT-Drs. 9/904).

12 Dieses Argument fand u.a. sogar im Jahreswirtschaftsbericht 1995 des von den Liberalen geführten Bundeswirtschaftsministeriums seinen Niederschlag (vgl. BMWi 1995: 64).

13 Vor allem im Bereich der Sozialhilfe kam es zu umfassenden Einschränkungen, die jedoch primär mit einer binnenpolitisch orientierten Argumentation legitimiert wurden.

14 Allerdings erstreckt sich der Rückzug des Staates nicht auf alle Bereiche der Sozialpolitik i.e.S. Trotz signifikanter Einschränkungen in den Bereichen der »lohnarbeitszentrierten« Sozialpolitik, kam es im Bereich der Familienpolitik zu bemerkenswerten Ausbaumaßnahmen. Letztere kompensierten allerdings nicht die Kürzungsmaßnahmen (Bleses/Seeleib-Kaiser 1998).

Literatur

Aaron, Henry/Bosworth, Barry (1994), Health Financing and International Competitiveness, in: Competitiveness Policy Council (Hrsg.): Health Care Reform and US Competitiveness Papers (commissioned by the Competitiveness Policy Council). Washington, D.C.: 9-46.

Adema, Willem/Einerhand, Marcel (1998), The Growing Role of Private Social Benefits. Labour Market and Social Policy Occasional Papers No. 32 (OECD). Paris.

AFL/CIO (1998), Paying More and Losing Ground. Washington, D.C.

Altvater, Elmar/Mahnkopf, Birgit (1996), Grenzen der Globalisierung. Ökonomie, Ökologie und Politik in der Weltgesellschaft. Münster.

Armingeon, Klaus (1997), Globalisation as Opportunity: Two roads to welfare state reforms. Paper presented to the workshop: »Globalisation and the Advanced Capitalist State«, ECPR Joint Sessions. Bern. February 27- March 4, 1997.

Beck, Ulrich (1998) (Hrsg.), Politik der Globalisierung. Frankfurt/M.

Berger, Peter L./Luckmann, Thomas (1969 [1995]), Die gesellschaftliche Konstruktion der Wirklichkeit. Frankfurt/M., Nachdruck der fünften Auflage (1977), aus dem Englischen übersetzt von Monika Plessner.

Bleses, Peter/Rose, Edgar (1998), Deutungswandel der Sozialpolitik. Die Arbeitsmarkt- und Familienpolitik im parlamentarischen Diskurs. Frankfurt/M.

Bleses, Peter/Seeleib-Kaiser, Martin (1998), Von der Lohnarbeit zur Familie? Zur Veränderung der Wohlfahrtsstaatlichkeit in der Bundesrepublik Deutschland. ZeS-Arbeitspapier Nr. 4/98 (Universität Bremen). Bremen.

BMWi [Bundesministerium für Wirtschaft] (1995), Jahreswirtschaftsbericht 1995. Bonn.

Briefs, Götz (1930), Der wirtschaftliche Wert der Sozialpolitik, in: Vorstand der Gesellschaft für Soziale Reform (Hrsg.): a.a.O.: 144-170.

Bündnis90/Die Grünen (1998), Grün ist der Wechsel – Entwurf des Bundestagswahlprogramms, Antrag des Bundesvorstandes an die BDK.

CDU (1980), Für Frieden und Freiheit in der Bundesrepublik Deutschland und in der Welt – Wahlprogramm der CDU/CSU für die Bundestagswahl 1980 [Auszüge], in:

Bayerische Landeszentrale für politische Bildung (1983) (Hrsg.), Programme der politischen Parteien in der Bundesrepublik Deutschland, Ergänzungsband zur Bundestagswahl 1983. München: 45-58.

Clinton, Bill/Gore, Al (1993), Weil es um die Menschen geht – Politik für ein neues Amerika, Aus dem Amerikanischen übersetzt von Armin Gontermann. Düsseldorf, 2. Aufl.

Committee on Ways and Means, House of Representatives (1962), Hearings on Trade Expansion Act of 1962, H.R. 9900. Washington, D.C.

CR [Congressional Record] (div. Jahrgänge). Washington, D.C.

Davey, Joseph Dillon (1995), The New Social Contract. America's Journey from Welfare State to Police State. Westport und London.

Dionne, E.J. (1996), When Social Pacts Unravel, in: Washington Post, vom 3. Mai 1996: A21.

Eisenstadt, Shmuel N. (1999), Die Dimensionen komparativer Analyse und die Erforschung sozialer Dynamik – Von der vergleichenden Politikwissenschaft zum Zivilisationsvergleich, in: Hartmut Kaelble/Jürgen Schriewer (Hrsg): 3-28.

Erdmann, Gerhard (1958), Die Entwicklung der deutschen Sozialgesetzgebung. Göttingen u.a.

Esping-Andersen, Gøsta (1996) (Hrsg.), Welfare States in Transition – National Adaptations in Global Economies. London u.a.

Evers, Adalbert/Olk, Thomas (1996), Wohlfahrtspluralismus – Analytische und normativ-politische Dimensionen eines Leitbegriffs, in: Adalbert Evers/Thomas Olk (Hrsg.): Wohlfahrtspluralismus – Vom Wohlfahrtsstaat zur Wohlfahrtsgesellschaft. Opladen: 9-60.

Garrett, Geoffrey (1998), Partisan Politics in the Global Economy. Cambridge.

Garrett, Geoffrey/Mitchell, Deborah (1995), Globalization and the Welfare State: Income Transfers in the Industrial Democracies, 1965-1990, paper to be presented to: Comparative Research on Welfare State Reforms, Pavia September 14-17, 1995.

Heimann, Eduard (1980 [1929]), Soziale Theorie des Kapitalismus – Theorie der Sozialpolitik. Frankfurt/M.

Heinze, Rolf G. (1998), Die blockierte Gesellschaft. Opladen.

Higgins, Joan (1981), States of Welfare – Comparative Analysis in Social Policy. Oxford.

Hirsch, Joachim (1995), Der nationale Wettbewerbsstaat. Staat, Demokratie und Politik im globalen Kapitalismus. Berlin.

Hiwatari, Nobuhiro (1993), Sustaining the Welfare State and International Competitiveness in Japan: The Welfare Reforms of the 1980s and the Political Economy, Paper presented at the 1993 Annual Meeting of the American Political Science Association, Washington, D.C., September 2-5, 1993.

Ippolito, Richard A. (1995), Toward Explaining the Growth of Defined Contribution Plans, in: Industrial Relations 34, 1: 1-20.

Jessop, Bob (1994), The Transition to Post-Fordism and the Schumpeterian Workfare State, in: Roger Burrows/Brian Loader (Hrsg.): Towards a Post-Fordist Welfare State? London: 13-37.

Judis, John B. (1995), Abandoned Surgery – Business and the Failure of Health Care Reform, in: The American Prospect, Spring 1995, 21: 65-73.

Kaelble, Hartmut/Schriewer, Jürgen (1999) (Hrsg.), Diskurse und Entwicklungspfade – Der Gesellschaftsvergleich in den Geschichts- und Sozialwissenschaften. Frankfurt/M., New York.

Katzenstein, Peter J. (1987), Policy and Politics in West Germany. The Growth of a Semisovereign State. Philadelphia.

Kaufmann, Franz-Xaver (1994), Staat und Wohlfahrtsproduktion, in: Hans-Ulrich Derlien/Uta Gerhardt/Fritz W. Scharpf (Hrsg.): Systemrationalität und Partialinteresse. Baden-Baden: 357-380.

Kaufmann, Franz-Xaver (1997), Herausforderungen des Sozialstaates. Frankfurt/M.

Keizai Doyukai (1997), Structural reforms to enhance initiatives of the private sector – Chairman's Address for the 1997 Annual Meeting. April 24, 1997, tentative translation [http://www.doyukai.or.jp/database/teigen/970424e.htm].

Keller, Bernd (1995), Einführung in die Arbeitspolitik. München und Wien, vierte Auflage.

Kruse, Douglas L. (1995), Pension Substitution in the 1980s: Why the Shift toward Defined Contribution? In: Industrial Relations 34, 2: 218-241.

Kume, Ikuo (1997), Cooptation or New Possibility? Japanese Labor Politics in the Era of Neo-Conservatism, in: Michio Muramatsu/Frieder Naschold (Hrsg.): State and Administration in Japan and Germany – A Comparative Perspective on Continuity and Change. Berlin und New York: 221-245.

Lampert, Heinz (1991), Lehrbuch der Sozialpolitik. Berlin, u.a., 2. überarbeitete Auflage.

Lazonick, William (1995), Cooperative employment relations and Japanese economic growth, in: Juliet Schor/Jong-Il You (Hrsg.): Capital, the State and Labour – A Global Perspective. Aldershot u.a.: 70-110.

Lessenich, Stephan (1995), Wohlfahrtsstaat, Arbeitsmarkt und Sozialpolitik in Spanien. Opladen.

Martin, Cathie Jo (1998), Inviting Business to the Party: The Corporate Response to Social Policy, in: Margret Weir (Hrsg.): The Social Divide – Political Parties and the Future of Activist Government. Washington, D.C./New York: 230-267.

Meyer, Thomas (1998), Die Transformation der Sozialdemokratie. Bonn.

Mishel, Lawrence/Bernstein, Jared/Schmitt, John (1997), The State of Working America 1996-97. Armonk, N.Y. u.a.

Nenninger, Bernd (1994), Das Recht auf Arbeit in Japan und Deutschland – Eine rechts- und kulturvergleichende Untersuchung. Berlin.

Nullmeier, Frank (1993), Wissen und Policy-Forschung. Wissenspolitologie und rhetorisch-dialektisches Handlungsmodell, in: Adrienne Héritier (Hrsg.): Policy-Analyse – Kritik und Neuorientierung. PVS-Sonderheft 24. Opladen: 175-196.

Nullmeier, Frank/Rüb Friedbert W. (1993), Die Transformation der Sozialpolitik – Vom Sozialstaat zum Sicherungsstaat. Frankfurt/M.

Offe, Claus (1984 [1993]), Contradictions of the Welfare State, edited by John Keane. Cambridge, fifth printing.

Offe, Claus (1998), Der deutsche Wohlfahrtsstaat: Prinzipien, Leistungen, Zukunftsaussichten, in: Berliner Journal für Soziologie 8: 359-380.

Osawa, Machiko/Kingston, Jeff (1996), Flexibility and Inspiration: Restructuring and the Japanese Labor Market, in: Japan Labour Bulletin, Vol. 35, No. 1 [http://www.mol.go.jp/jil/bulletin/year/1996/vol35-01/04.htm].

Patrick, Hugh T./Rohlen, Thomas P. (1987), Small-scale Family Enterprises, in: Kozo Yamamura/Yasukichi Yasuba (Hrsg.): The Political Economy of Japan, Vol. 1: The Domestic Transformation. Stanford: 331-384.

Reich, Robert B. (1991), The Work of Nations. New York.

Rein, Martin (1996), Is America Exceptional? The Role of Occupational Welfare in the United States and the European Community, in: Michael Shalev (Hrsg.): a.a.O.: 27-43.

Rose, Richard (1986), Common Goals but Different Roles: The State's Contribution to the Welfare Mix, in: Richard Rose/Rei Shiratori (Hrsg): The Welfare State East and West. New York/Oxford: 13-39.

Rosenbluth, Frances McCall (1992), The Domestic Politics of Internationalization in Japan: Shifting Coalitions and Institutional Adjustment, paper prepared for presentation at the annual meetings of the American Political Science Association. Chicago. September 1992.

Schmidt, Manfred G. (1989), Vom wirtschaftlichen Wert der Sozialpolitik – Die Perspektive der vergleichenden Politikforschung, in: Georg Vobruba (Hrsg.): a.a.O.: 148-169.

Schoppa, Leonard J. (1997), Bargaining with Japan. What American Pressure Can and Cannot Do. New York.

Schriewer, Jürgen (1999), Vergleich und Erklärung zwischen Kausalität und Komplexität, in: Hartmut Kaelble/Jürgen Schriewer (Hrsg.): 53-102.

Schulze-Gaevernitz (1930), [Kommentar zu G. Briefs] in: Vorstand der Gesellschaft für Soziale Reform (Hrsg.): a.a.O.: 174-180.

Seeleib-Kaiser, Martin (1997), Der Wohlfahrtsstaat in der Globalisierungsfalle: Eine analytisch-konzeptionelle Annäherung, in: ZENS (Hrsg.): Standortrisiko Wohlfahrtsstaat. Opladen: 73-106.

Shalev, Michael (1996) (Hrsg.), The Privatization of Social Policy. London.

Shalev, Michael (1996), »Introduction« in: Michael Shalev (Hrsg.): a.a.O.: 1-23.

Shinkawa, Toshimitsu/Pempel, T.J. (1996), Occupational Welfare and the Japanese Experience, in: Michael Shalev (Hrsg.): a.a.O.: 280-326.

Social Insurance Agency (1996), Outline of Social Insurance in Japan 1995. Tokyo.
SPD (1998), Arbeit, Innovation und Gerechtigkeit – SPD-Programm für die Bundestagswahl 1998, Antrag 4 (in der Fassung der Antragskommission). Bonn.
Subcommittee on Health and the Environment, Committee on Energy and Commerce, House of Representatives (1994), Hearing on Health Care Reform. Part 9, 103rd Cong., 2nd Sess., Serial 103-110. Washington, D.C.
Tsebelis, George (1995), Decision Making in Political Systems: Veto Players in Presidentialism, Parliamentarism, Multicameralism and Multipartyism, in: B.J.Pol.S. 25: 289-325.
Victor, Kirk (1990), Gut Issue, in: National Journal vom 24. März 1990: 704-707.
Vobruba, Georg (1983), Entrechtlichungstendenzen im Wohlfahrtsstaat, in: Rüdiger Voigt (Hrsg.): Abschied vom Recht? Frankfurt/M.: 91-117.
Vobruba, Georg (1990), Lohnarbeitszentrierte Sozialpolitik in der Krise der Lohnarbeit, in: Georg Vobruba (Hrsg.): Strukturwandel der Sozialpolitik. Frankfurt/M.: 11-80.
Vobruba, Georg (1989) (Hrsg.), Der wirtschaftliche Wert der Sozialpolitik. Berlin.
Vorstand der Gesellschaft für Soziale Reform (1930) (Hrsg.), Die Reform des Schlichtungswesens – Der wirtschaftliche Wert der Sozialpolitik. Bericht über die Verhandlungen der XI. Generalversammlung der Gesellschaft für Soziale Reform in Mannheim am 24. u. 25. Oktober 1929, Jena, 13. Band, H. 3
Wacquant, Loïc (1998), Niedergang des Sozialstaats, Aufrüstung des Strafstaats. In den USA wird die Armut bekämpft, indem man sie kriminalisiert, in: Le Monde Diplomatique, Juli 1998, S. 8-9.
Weir, Margaret (1998), Wages and Jobs: What Is the Public Role, in: Margaret Weir (Hrsg.): The Social Divide – Political Parties and the Future of Activist Government. Washington, D.C./New York: 268-311.
Zapf, Wolfgang (1984), Welfare Production: Public versus Private, in: Social Indicators Research 14: 263-274.
Zürn, Michael (1998), Regieren jenseits des Nationalstaates. Frankfurt/M.

Defizite der Theoriebildung zu den Grenzen der wohlfahrtsstaatlichen Geschlechterpolitik

Birgit Pfau-Effinger

1. Einleitung

In den 90er Jahren hat die international vergleichende Sozialpolitikforschung einen Boom erlebt und sich in zentralen Aspekten weiterentwickelt. Wichtige Anstöße dazu gingen von den Arbeiten von Gösta Esping-Andersen aus. Es ging darin vor allem darum zu zeigen, wie unterschiedliche Typen wohlfahrtsstaatlicher Politik differierende Formen von sozialer Ungleichheit hervorbringen (Esping-Andersen 1990). In der Auseinandersetzung mit diesem ressourcentheoretisch angelegten Ansatz hat sich in den neunziger Jahren auch eine neue, internationale Diskussion unter Frauenforscherinnen entwickelt. Es wurde kritisiert, daß die soziale Ungleichheit im Geschlechterverhältnis von Esping-Andersen nur unzureichend berücksichtigt wird. Von seiten der Frauenforscherinnen wurden neue theoretische Fragestellung eingebracht und empirisch untersucht: Welche impliziten Annahmen über die gesellschaftliche Stellung von Frauen und Männern liegen der wohlfahrtsstaatlichen Politik zugrunde? Inwieweit trägt der Wohlfahrtsstaat mit seiner Politik zur Reproduktion der geschlechtsspezifischen Benachteiligung von Frauen bei? Und unter welchen Bedingungen kann sich eine Politik entwickeln, die Gleichstellungstendenzen im Geschlechterverhältnis fördert und zur Stärkung der gesellschaftlichen Position von Frauen beiträgt? In einer Reihe von empirischen Studien wurde gezeigt, daß die wohlfahrtsstaatliche Geschlechterpolitik noch vielfach eher traditionelle Formen der Familie und Geschlechterbeziehungen unterstützt, als daß sie die Gleichstellung im Geschlechterverhältnis aktiv fördert. So wird in europäischen Wohlfahrtsstaaten die Erwerbstätigkeit von Müttern und die öffentliche Betreuung von Kindern oft nur unzureichend unterstützt. Die Sozialpolitik stützt sich in vielen Ländern auf die unbezahlte Pflegearbeit von Frauen in der Familie, ohne diejenigen, die zuhause Pflegearbeiten verrichten, im Hinblick auf ihre sozialen Rechte denjenigen, die erwerbstätig sind, gleichzustellen. Gleichzeitig wurden auch die Unterschiede zwischen Wohlfahrtsstaaten im Hinblick auf zentrale Parameter der Geschlechterpolitik und darauf, inwieweit sie den Gleichstellungsbestrebungen von Frauen Rechnung tragen, herausgearbeitet.

Die Frauenforschung hat damit einen wichtigen Beitrag zur Weiterentwicklung der international vergleichenden Wohlfahrtsstaats- und Sozialpolitikforschung geleistet. Sie hat deutlich gemacht, daß theoretische Ansätze und die vergleichende empirische Forschung die Entwicklung von Wohlfahrtsstaaten und deren Relevanz für die Strukturierung der sozialen Ungleichheit nicht adäquat erfassen können, wenn sie die Geschlechterdimension und die Familie ausblenden. Allerdings weisen die Ansätze meines Erachtens spezifische Beschränkungen auf der theoretischen Ebene auf. Die wichtigsten will ich in meinem Beitrag benennen und aufzeigen, in welche Richtung eine Weiterentwicklung sinnvoll sein könnte. In einem ersten Teil skizziere ich kurz, welches die zentralen Ansatzpunkte des internationalen Diskurses der Frauenforschung zum Vergleich von Geschlechterpolitiken in europäischen Gesellschaften sind. In einem zweiten Teil geht es mir darum zu zeigen, in welchen Bereichen meines Erachtens die Theorien noch entwicklungsbedürftig sind. In einem dritten Teil schließlich stelle ich einen Vorschlag dazu vor, wie ein erweiterter theoretischer Rahmen für die vergleichende Analyse aussehen könnte. Ich beziehe die Ergebnisse von zwei international vergleichenden Untersuchungen zur Entwicklung von Wohlfahrtsstaat, Arbeitsmarkt, Familie und Geschlecht in europäischen Gesellschaften ein, die ich an der Universität Bremen durchgeführt habe (Pfau-Effinger 1996, 1999a,b; Bang/Jensen/Pfau-Effinger 1999).[1]

2. Zentrale Ansatzpunkte des Diskurses über den Vergleich von Geschlechterpolitiken

Ich möchte kurz die zentralen Ansatzpunkte des internationalen Diskurses der Frauenforschung über internationale Differenzen in der wohlfahrtsstaatlichen Geschlechterpolitik kennzeichnen. Einen wichtigen Stellenwert in diesem Diskurs hatte das Buch »Three Worlds of Welfare Capitalism« von Esping-Andersen aus dem Jahr 1990. Esping-Andersen unterscheidet hier idealtypisch zwischen drei verschiedenen »Wohlfahrtsregimes«, dem konservativen, dem liberalen und dem sozialdemokratischen. Diese unterscheidet er auf der Grundlage von drei Kriterien: (1) in der Qualität der sozialen Rechte; (2) in der Art und Weise, in der der Staat, der Markt und die Familie miteinander verbunden sind sowie (3) in den Auswirkungen auf die Strukturen sozialer Ungleichheit. Sie differieren überdies in einem zentralen Punkt, der das Geschlechterverhältnis betrifft, nämlich in der Erwerbsbeteiligung von Frauen.

Der Ansatz von Esping-Andersen enthält wichtige Ansatzpunkte für die Erklärung von Differenzen in wohlfahrtsstaatlicher Politik. Sein Erklärungswert ist jedoch dadurch begrenzt, daß er zentrale Dimensionen vernachlässigt, die das Geschlechterverhältnis betreffen. Die Argumentation bezieht sich im wesentlichen auf das Verhältnis von Staat und Markt. Die Familie und die unbezahlte Arbeit, die Frauen in der Familie leisten, werden nicht systematisch berücksichtigt. Dies ist im Kern auch die Kritik der Frauenforscherinnen an dem Ansatz (Langan/Ostner 1991; Lewis 1992; Orloff 1993; Siim 1992). Frauen verschwinden, so merkt Jane Lewis (1992) kritisch an, aus der Analyse, sobald sie den Arbeitsmarkt verlassen. Dadurch wird auch ausgeblendet, daß Frauen im allgemeinen strukturell eine andere Stellung zum Arbeitsmarkt und zum Wohlfahrtsstaat haben als Männer. Es wurden Vorschläge entwickelt, den Ansatz zu erweitern (vgl. etwa Langan/Ostner 1991; Orloff 1993; Siim 1993). Auch wurden alternative Ansätze zum Vergleich wohlfahrtsstaatlicher Politiken entwickelt, in denen die Geschlechterpolitik im Vordergrund steht (vgl. etwa Lewis 1992; Lewis/Ostner 1994; Mósesdóttir 1996; Siim 1993). Eine zentrale Streitfrage blieb dabei, ob und auf der Grundlage welcher Kriterien, sich »frauenfreundliche« Wohlfahrtsstaaten identifizieren lassen, die die Gleichstellungsbestrebungen von Frauen nicht begrenzen, sondern fördern.

3. Theoretische Begrenzungen des Diskurses

Vor allem im Hinblick auf die folgenden theoretischen Aspekte halte ich die Theoriebildung für entwicklungsbedürftig:

(1) In der Frage, wie sich internationale Differenzen in der Geschlechterpolitik erklären lassen,
(2) Im Hinblick darauf, wie der Wandel in den wohlfahrtsstaatlichen Politiken berücksichtigt wird,
(3) Im Hinblick auf die Annahmen darüber, wie die Politik das Verhalten der Individuen beeinflußt, und
(4) Im Hinblick darauf, welcher Maßstab für eine »frauenfreundliche« Politik zugrundegelegt wird.

(1) In den vorliegenden Ansätzen geht es im allgemeinen darum, eher deskriptiv Gemeinsamkeiten und Differenzen herauszuarbeiten und Wohlfahrtsstaaten zu typisieren. Welches aber sind die Gründe dafür, daß sich die Politiken zum Geschlechterverhältnis unterscheiden? Zu dieser Frage hat sich bisher kaum eine theoretische Diskussion entwickelt. Dort, wo Versuche einer Erklärung unternommen werden, mangelt es im allgemeinen an einem theoretischen Rahmen. Deshalb erscheinen die ausgewählten Variablen oft eher als zufällig und bieten kaum eine Handhabe zu allgemeineren Aussagen. Das betrifft etwa die Untersuchung von Sainsbury (1996) zum Vergleich der Geschlechterpolitik des schwedischen, US-amerikanischen, englischen und niederländischen Wohlfahrtsstaates. Die Autorin versucht, anders als eine Reihe anderer AutorInnen, die Unterschiede in der politischen Entwicklung zu erklären. Die Besonderheit der Geschlechterpolitik des niederländischen Staates begründet sie mit dessen katholischen Grundlagen, die des schwedischen mit der Bündnisfähigkeit der Arbeiterklasse und die des englischen mit der allgemein liberalen Politik des Wohlfahrtsstaates. Findet man tatsächlich für jedes Land nur eine einzigartige, spezielle Erklärung oder lassen sich allgemeinere Bedingungen angeben, die ursächlich für Gemeinsamkeiten und Unterschiede im Hinblick auf den Wandel sind? Liegt die Erklärung eher auf der Ebene der Ideen oder auf der von Machtinteressen sozialer Akteure? Meines Erachtens geht es darum, einen allgemeinen theoretischen Rahmen für die Erklärung von Differenzen zu entwickeln, der diese verschiedenen Faktoren systematisch in Beziehung zueinander setzt.

(2) Zudem sind die theoretischen Ansätze, die bisher vorgelegt wurden, im allgemeinen statisch angelegt. Sie betonen die Gemeinsamkeiten und Differenzen in der wohlfahrtsstaatlichen Geschlechterpolitik im Querschnittsvergleich. Die Politiken haben in den letzten Jahrzehnten jedoch einen erheblichen Wandel erfahren. So hat etwa Traute Meyer (1997) gezeigt, daß sich in der bundesdeutschen Sozialpolitik Ansätze dazu entwickelt haben, von der einseitigen Orientierung am Modell des männlichen Familienernährers abzurücken, noch viel ausgeprägter findet sich eine solche Entwicklung in den Niederlanden (Knijn 1994a; Pfau-Effinger 1999b).[2] Der Wandel nimmt aber nicht grundsätzlich überall in Europa die gleiche Richtung. Es ginge darum, stärker theoretisch darüber zu reflektieren, wie sich Prozesse des Wandels von Politiken erklären und systematisch vergleichen lassen.

(3) Eine weitere Engführung findet sich in den Annahmen zu der Art und Weise, in der sich die wohlfahrtsstaatliche Politik auf das soziale Handeln von Frauen auswirkt. Oft wird unterstellt, das Handeln sei unmittelbar durch den Wohlfahrtsstaat determiniert, der Staat produziere also die soziale Ungleich-

heit im Geschlechterverhältnis. Dementsprechend werden oft etwa die differierenden Erwerbsquoten von Frauen als der zentrale Indikator dafür angeführt, wie sich die Politiken von Wohlfahrtsstaaten gegenüber der Erwerbstätigkeit von Frauen unterscheiden. Ohne Zweifel setzen Wohlfahrtsstaaten zentrale Rahmenbedingungen für das individuelle Handeln. Tatsächlich richten Frauen ihr Verhalten, wie ihr Erwerbsverhalten, aber nicht nur an den Anreizen und Restriktionen aus, die ihnen durch die staatliche Politik gesetzt werden. Einen wesentlichen Einfluß haben auch kulturelle Bedingungen (Pfau-Effinger 1999). Weder der Wohlfahrtsstaat noch die kulturellen Leitbilder steuern dabei allein und unmittelbar das soziale Handeln, sondern dieses ist das Ergebnis eines komplexen Zusammenwirkens von Einflüssen, zu denen auch weitere Institutionen wie etwa der intermediäre Sektors (vgl. Evers/Olk 1996), der Arbeitsmarkt und die Familie beitragen.

(4) Schließlich geht es um die Frage des Maßstabs, der von Frauenforscherinnen an die wohlfahrtsstaatliche Politik angelegt wird. Eine Reihe von theoretischen Überlegungen der Frauenforschung zur Sozialpolitik befaßt sich mit der Frage, was eine »frauenfreundliche Politik« sei. In den meisten Fällen wird dabei die Annahme zugrundegelegt, daß es primär im Interesse von Frauen liege, finanzielle Autonomie zu erreichen. Die Interessen von Frauen sind demnach allein auf der Grundlage ihrer kontinuierlichen und vollzeitigen Integration in die Erwerbsarbeit und der ihrer Kinder in die öffentlichen Kinderbetreuungssysteme gesichert (vgl. z.B. Siim 1993; Schunter-Kleemann 1998; Lewis 1993). Knijn und Kremer (1997) haben die einseitige Ausrichtung auf die Erwerbsarbeit kritisiert und vorgeschlagen, die Förderung von »care« in das Zentrum der vergleichenden Analyse des Verhältnisses von Sozialpolitik und Geschlecht zu stellen. Wohlfahrtsstaaten sollen demnach daran gemessen werden, inwieweit sie den Individuen das soziale Recht einräumen, die Betreuung und Pflege von betreuungsbedürftigen Menschen zu übernehmen, ebenso wie alle StaatsbürgerInnen einen Anspruch darauf haben sollten, im Fall der Bedürftigkeit betreut zu werden.

In beiden Fällen wird der Maßstab abstrakt entwickelt, und es wird unterstellt, daß das, was im Interesse von Frauen liegt, überall dasselbe sei, ohne daß auf den gesellschaftlichen Kontext Bezug genommen wird. Tatsächlich haben Frauen in Europa aber unterschiedliche Vorstellungen darüber entwickelt, was Gleichstellung bedeuten soll. Diese zielen beispielsweise in Finnland darauf ab, daß Frauen und Männer gleichermaßen voll in die Erwerbstätigkeit einbezogen sein sollen. Demgegenüber wird etwa in Dänemark und in den Niederlanden in breiten Teilen der Bevölkerung eher ein Gleichstellungsmodell favorisiert, bei dem Frauen und Männer sich die Familienaufgaben zu gleichen Teilen auf der Basis von Teilzeitarbeit teilen (Bang/Jensen/Pfau-Effinger 1999; Knijn/Kremer 1997; Pfau-Effinger 1998). Selbst innerhalb einer Gesellschaft können mehrere Modelle dominieren – ein aktuelles Beispiel ist die Koexistenz zweier Modelle im vereinigten Deutschland. Wenn die Vorstellungen von Frauen darüber, wie eine Gleichstellung aussehen könnte, im Ländervergleich aber derart variieren, läßt sich nicht ein einheitlicher Typ der Gleichstellungspolitik pauschal für alle Länder als die »richtige«, »frauenfreundliche« Politik bestimmen (vgl. auch Veil 1999).

Meine Kritik läßt sich dahingehend zusammenfassen, daß die wohlfahrtsstaatlichen Geschlechterpolitiken in der Theorieentwicklung der Frauenforschung weitgehend losgelöst von der jeweiligen Gesellschaft behandelt werden, in die sie eingebettet sind. Will man internationale Differenzen in den wohlfahrtsstaatlichen Politiken angemessen verstehen und in ihren Wirkungen erklären, so geht es darum, sie stärker in ihrem gesellschaftlichen Kontext zu analysieren. Was bedeutet eine solche Kontextualisierung der Analyse von Politiken? Es geht darum zu verstehen,

- welches die Wechselwirkungen der wohlfahrtsstaatlichen Politik mit kulturellen Bedingungen sind;
- in welcher Wechselbeziehung der Wohlfahrtsstaat mit anderen Institutionen wie etwa dem intermediären Sektor, dem Arbeitsmarkt und der Familie steht;
- welche Rolle den sozialen Akteuren auf der Grundlage ihrer kulturellen Orientierungen und Interessen für die Stabilität bzw. den Wandel von Politiken zukommt
- und welche Wandlungsdynamiken in diesem Geflecht von Wechselwirkungen entstehen.

4. Vergleich von Geschlechterpolitiken im Spannungsfeld von Kultur, Struktur und sozialen Akteuren

Ich schlage auf dieser Grundlage eine Erweiterung des theoretischen Rahmens für die international vergleichende Analyse wohlfahrtsstaatlicher Geschlechterpolitiken vor. Ich gehe davon aus, daß die Politik in einem spezifischen Wechselverhältnis mit der kulturellen und der strukturellen Ebene, anderen Institutionen und mit den daraus abgeleiteten Ideen und Interessen sozialer Akteure steht. Mit den »Ideen« sozialer Akteure sind die kulturellen Werte und Leitbilder gemeint, auf die sich diese in ihrem Handeln beziehen.

Die Interessen sozialer Gruppen und Akteure wiederum stehen im Zusammenhang mit ihrer Stellung in den sozialen Strukturen, welche auch durch weitere Institutionen wie etwa den Arbeitsmarkt, die Familie, das Bildungssystem und den intermediären Sektor geprägt werden. Ideen und Interessen stehen in Wechselbeziehung zueinander, aber auch in einem Verhältnis relativer Autonomie zueinander (vgl. Lepsius 1990; Archer 1996). Mit der Betonung der Wechselbeziehungen zwischen der kulturellen und der institutionellen Ebene und der Bedeutung sozialer Akteure beziehe ich mich auf theoretische Annahmen von Max Weber, David Lockwood (1964) und Margaret Archer (1996), in denen die theoretische Konzeptionalisierung dieser Wechselbeziehungen als Grundlage dafür angesehen werden, sozialen Wandel zu analysieren (vgl. Pfau-Effinger 1999a).

Ideen – die kulturelle Ebene

Im kulturellen System jeder Gesellschaft gibt es einen bestimmten Komplex von Werten und Leitbildern, der sich auf das Geschlechterverhältnis bezieht. Ich bezeichne diesen als »geschlechterkulturelles System«. Die auf dieser Ebene dominierenden Werte und Leitbilder sind das Ergebnis von Konflikten, Aushandlungsprozessen und Kompromissen zwischen sozialen Akteuren und von den Machtbeziehungen im Feld der Akteure in einem früheren Stadium der historischen Entwicklung. Sie sind deshalb auch wandelbar. Die Leitbilder, die sich auf das Geschlechterverhältnis beziehen, enthalten kulturelle Annahmen darüber, wie die Formen der geschlechtlichen Arbeitsteilung, die Abhängigkeitsbeziehungen zwischen Frauen und Männern und die Verknüpfung der Geschlechterbeziehungen mit den Generationsbeziehungen beschaffen sein sollten. Das geschlechterkulturelle System ist von maßgeblicher Bedeutung für das soziale Handeln und für institutionelle Politiken. Es bildet eine zentrale Grundlage für die sozialen Praktiken jeder neuen Genration von Akteuren und ist eine wichtige Grundlage für die Politiken auf der Ebene des Wohlfahrtsstaates. Wohlfahrtsstaatliche Politiken beziehen sich auf bestehende Leitbilder und tragen zu deren Reproduktion oder zu deren Wandel bei.

Wenn wir Differenzen zwischen Gesellschaften im Hinblick auf die wohlfahrtsstaatliche Geschlechterpolitik erklären wollen, geht es darum, diese in ihrem Wechselspiel der staatlichen Politik mit den dominierenden geschlechterkulturellen Modellen und mit Veränderungen auf der kulturellen Ebene zu analysieren. Dafür ist es sinnvoll, solche geschlechterkulturellen Modelle zu typisieren. Ein Vorschlag dazu wurde von Ilona Ostner und Jane Lewis (1994) entwickelt. Sie haben die Geschlechterpolitik von Wohlfahrtsstaaten auf der Grundlage der kulturellen Leitbilder zur Familie typisiert, die der Politik jeweils zugrundegelegt werden. Sie unterscheiden dabei zwischen einem schwachen, einem moderaten und einem starken Familienmodell des männlichen Familienernährers. Ich schlage vor, diesen Ansatz zu erweitern und die kulturellen Leitbilder zum Geschlechterverhältnis auf der Basis allgemeiner Kriterien zu typisieren, und zwar auf der Basis der Vorstellungen (1) über die zentralen Sphären der sozialen Integration von Frauen und von Männern, (2) über die gesellschaftliche Bewertung jeder dieser Sphären, (3) über den zentralen gesellschaftlichen Bereich und die Zuständigkeiten, bezogen auf das Aufziehen von Kindern, (4) über die Abhängigkeitsbeziehungen in der Ehe und (5) über den gesellschaftlichen Stellenwert der Familie im Vergleich zu anderen privaten Lebensformen. Auf dieser Basis lassen sich für Westeuropa mindestens fünf kulturelle Modelle voneinander unterscheiden, die für die Entwicklung der Geschlechterpolitiken in den letzten Jahrzehnten von Bedeutung waren oder es heute sind.

(1) Das familienökonomische Modell findet sich vor allem in Agrargesellschaften. Die kulturelle Konstruktion sieht vor, daß der Ehemann und die Ehefrau gleichermaßen mit ihrer vollen Arbeitskraft im landwirtschaftlichen Familienbetrieb partizipieren. Kindheit gilt nicht als eigenständige Lebensphase.

(2) Das Hausfrauenmodell der männlichen Versorgerehe. Dies ist sozusagen Parsons' Familie mit ihrer Arbeitsteilung zwischen dem erwerbstätigen Ehemann und der Hausfrau-und-Mutter zuhause.

(3) Bei dem Vereinbarkeitsmodell der männlichen Versorgerehe handelt es sich um eine modernisierte Version, in der die Ehe kulturell nur für die Phase aktiver Elternschaft als Versorgerehe angelegt ist. Teilzeitarbeit wird als die angemessene Form der Erwerbstätigkeit von Müttern angesehen.

(4) Bei dem Doppelversorgermodell mit staatlicher Kinderbetreuung handelt es sich um die Idee eines Doppelernährer-Modells, in dem Frauen wie Männer grundsätzlich in Vollzeit erwerbstätig sind. Die Kinderbetreuung gilt im wesentlichen als Aufgabe des Staates.

(5) Das Doppelversorger/Doppelbetreuer-Modell ist ebenfalls ein Doppelversorgermodell. Es ist aber vorgesehen, daß beide Elternteile in Teilzeit erwerbstätig sind und sich die häuslichen Betreuungsaufgaben partnerschaftlich aufteilen.

Geschlechterpolitiken von Wohlfahrtsstaaten und deren Entwicklungspfade lassen sich auf der Basis des jeweiligen geschlechterkulturellen Modells oder der Modelle, auf die sie sich beziehen, sinnvoll typisieren (vgl. Pfau-Effinger 1999). Dabei ist zu beachten, daß sich die Art und Weise, in der sich Wohlfahrtsstaaten auf die jeweils im geschlechterkulturellen System dominierenden Modelle beziehen, differieren kann. Die Beziehung mag geordnet oder von Diskrepanzen und Ungleichzeitigkeiten geprägt sein.

Die Frage, welche Politiken zum Empowerment von Frauen beitragen und Gleichstellungstendenzen im Geschlechterverhältnis fördern, läßt sich erst dann angemessen beantworten, wenn der kulturelle Kontext einbezogen wird. Die Idee der Gleichstellung ist in einem kulturellen Kontext wie dem finnischen mit der vollen und vollzeitigen Integration von Frauen in das Erwerbssystem verbunden, während sie etwa im Kontext der Niederlande als gleiche und gleichberechtigte Aufteilung von Pflege- und Erwerbsarbeit auf der Grundlage von Teilzeitarbeit definiert wird. Wohlfahrtsstaaten sind deshalb auch daran zu messen, inwieweit sie den jeweils unter Frauen vorherrschenden Vorstellungen über Gleichstellung Rechnung tragen. Je nachdem, in welche Richtung sich die Gleichstellungsvorstellungen bewegen, sind unterschiedliche Lösungen angemessen.

Die Unterschiede in den kulturellen Leitbildern zum Geschlechterverhältnis, auf die sich die wohlfahrtsstaatliche Geschlechterpolitik jeweils bezieht, bilden eine wichtige Grundlage dafür zu erklären, warum sich diese Politiken im internationalen Maßstab unterscheiden. Die Art und Weise, in der jeweils neue kulturelle Leitbilder, die sich in der Bevölkerung entwickelt haben, von der staatlichen Politik aufgegriffen werden, hängt dabei maßgeblich von den Konflikten und Aushandlungsprozessen der wichtigsten sozialen Akteure ab. Um die Differenzen in der Geschlechterpolitik erklären zu können, gilt es also nicht nur, das Zusammenspiel von kulturellen Bedingungen und wohlfahrtsstaatlicher Politik zu analysieren, sondern auch die Konflikte und Aushandlungsprozesse über traditionelle und neue Ideen im Feld der sozialen Akteure. Von besonderer Bedeutung ist in diesem Zusammenhang auch die Rolle der Frauenbewegung.

Interessen sozialer Gruppen und Akteure

Wohlfahrtsstaatliche Politiken sind andererseits auch als das Ergebnis von differierenden Interessen sozialer Gruppen und von Machtbeziehungen, welche auf den Strukturen sozialer Ungleichheit und von Ungleichheit in den Geschlechterbeziehungen beruhen, anzusehen. Wichtig ist weiter zu sehen, daß Wandel in anderen Institutionen wie auf dem Arbeitsmarkt und in der Familie einen eigenständigen Einfluß auf die sozialen Strukturen, die Interessen und, darüber vermittelt, auf die wohlfahrtsstaatlichen Politiken haben kann. So haben etwa Prozesse wie die Pluralisierung privater Lebensformen oder die Erosion des Normalarbeitsverhältnisses und der Standardbiographien die Sozialpolitik in neuer Weise unter einen Gestaltungsdruck gesetzt.

Vergleich von Wandel in den wohlfahrtsstaatlichen Politiken im gesellschaftlichen Kontext

Dieser theoretische Rahmen bietet auch theoretische Ansatzpunkte dafür, Wandel der Geschlechterpolitik international zu vergleichen und zu erklären. Wandel kann dann zustandekommen, wenn sich innerhalb oder zwischen der kulturellen und der strukturellen Ebene im Rahmen des jeweiligen »Geschlechter-Arrangements« Widersprüche oder time lags entwickelt haben.[3] In dem Fall besteht die Möglichkeit, daß bestimmte Gruppen von sozialen Akteuren versuchen, neue kulturelle Leitbilder durchzusetzen und einen veränderten kulturellen Kompromiß herbeizuführen. Durch Veränderungen der dominierenden Leitbilder in der Bevölkerung oder von Interessen auf seiten bestimmter sozialer Gruppen kann der Wohlfahrtsstaat unter Druck geraten, die kulturellen Grundlagen seiner Politiken zu verändern, er kann andererseits auch selbst zu solchen Wandlungsprozessen beitragen.

Kulturelle Differenzen leisten, so das Ergebnis der von mir durchgeführten empirischen Studien (Pfau-Effinger 1996, 1999a), einen besonders wichtigen Beitrag, differierende Entwicklungspfade von Geschlechterpolitiken zu erklären. Gesellschaften, die sich im Hinblick auf die geschlechterkulturellen Traditionen deutlich unterscheiden, haben sich oft auch entlang unterschiedlicher Entwicklungspfade gewandelt. Diese Unterschiede in der Entwicklung lassen sich vor allem mit der long durée kultureller Leitbilder erklären. In Westdeutschland und den Niederlanden beispielsweise hat sich die Politik gegenüber dem Geschlechterverhältnis deutlich anders entwickelt als etwa in Finnland. Das läßt sich vor allem damit erklären, daß in diesen Ländern bis weit in die Nachkriegszeit hinein das Hausfrauenmodell der männlichen Versorgerehe eine starke kulturelle Vormachtstellung hatte und damit die Idee, daß Kinder die Phase ihrer Kindheit primär im Rahmen des privaten Haushaltes und dort vor allem unter der Obhut ihrer Mutter verbringen sollten. Die Idee der »privaten« Kindheit spielt bis heute in diesen Ländern eine wichtige Rolle (Pfau-Effinger 1996). Auf dieser Grundlage ist zu erklären, warum in beiden Ländern die Politik bis heute nicht auf die volle und vollzeitige Integration von Frauen in die Erwerbsarbeit ausgerichtet ist, sondern eher Formen der

Vereinbarkeit von privater Kinderbetreuung in der Familie und Erwerbsarbeit auf der Basis von Teilzeitarbeit gefördert werden. Dabei wird in den Niederlanden die Förderung der Teilzeitbeschäftigung allerdings explizit als Bestandteil einer Gleichstellungspolitik angesehen, während sie in Deutschland politisch allenfalls als Möglichkeit für Frauen angesehen wird, ihre Vereinbarkeitsprobleme zu lösen. In Finnland hat demgegenüber traditionell noch bis in die fünfziger Jahre ein familienökonomisches Modell die zentrale kulturelle Grundlage für die soziale Praxis gebildet, das eine volle Integration von Frauen in die gesellschaftliche Produktion vorsah. Hier hat das Modell der männlichen Versorgerehe nie eine größere kulturelle Bedeutung gehabt. Auf dieser Basis hat die Sozialpolitik in den letzten Jahrzehnten eine vollzeitige Integration aller erwachsenen Frauen in die Erwerbsarbeit gefördert, in Verbindung mit einem stark ausgebauten System der öffentlichen Kinder- und Altenbetreuung (Pfau-Effinger 1999a).

Die wohlfahrtsstaatliche Geschlechterpolitik wandelt sich aber nicht nur in Reaktion auf kulturelle Leitbilder. Sie gerät auch unter Veränderungsdruck, wenn sich die Interessenlagen sozialer Gruppen im sozialen Wandel verändern und die kollektiven Akteure, die deren Interessen repräsentieren, neue Anforderungen an den Staat artikulieren, wobei dieser Wandel in einem engen Zusammenhang mit dem kulturellen Wandel stehen kann. Die geänderten Interessen und kulturellen Orientierungen von Frauen wurden in europäischen Wohlfahrtsstaaten in erster Linie von der Frauenbewegung als einer neuen, sozialen Bewegung artikuliert. Darin artikulierte sich vor allem eine neue Fraktion von Frauen, die sich aufgrund der erhöhten Bildungs- und Erwerbsbeteiligung von Frauen in den mittleren und höheren Mittelschichten herausgebildet hat.

Es gibt dabei deutliche Unterschiede zwischen Ländern mit ähnlichen kulturellen Entwicklungspfaden im Hinblick darauf, wie stark die Geschlechterpolitik jeweils die Realisierung neuer, stärker egalitärer Leitbilder gefördert hat. Hier spielen zum einen die Beziehung der Frauenbewegung zu ihrer sozialen Basis und die Machtbeziehungen im Feld der sozialen Akteuren eine wichtige Rolle. So gibt es deutliche Unterschiede im Hinblick darauf, in welcher Weise die Frauenbewegung die kulturellen Orientierungen und Interessen von Frauen artikuliert hat, in welcher Breite dabei unterschiedliche soziale Gruppierungen von Frauen Berücksichtigung fanden, auf welche Ressourcen die Frauenbewegung zurückgreifen konnte und inwieweit die von Frauen artikulierten Gleichstellungsinteressen und -orientierungen im angestammten Feld der politischen Akteure, die auf die wohlfahrtsstaatlichen Politiken Einfluß nehmen, aufgegriffen wurden.

Weiter ist die spezifische Kombination der Geschlechterpolitik mit dem Wohlfahrtsregime, das sich im Sinne von Esping-Andersen auf die Beziehungen von Arbeit und Kapital ausrichtet, von Bedeutung. Offenbar tendieren Wohlfahrtsstaaten, deren Politik tendenziell an sozialdemokratischen Prinzipien im Sinne von Esping-Andersen ausgerichtet ist, eher dazu, stärker egalitäre Leitbilder zum Geschlechterverhältnis zu fördern als andere. So hat der Wohlfahrtsstaat in den Niederlanden, in dessen Politik Elemente des »sozialdemokratischen« Wohlfahrtsregimes eine deutlich größere Rolle spielen als in der des bundesdeutschen Wohlfahrtsstaates (Esping-Andersen 1990), in den letzten zehn Jahren die Ablösung des traditionellen Ernährermodells durch ein neues, eher egalitäres geschlechterkulturelles Modell wesentlich stärker gefördert als in Deutschland.

Der Wandel der wohlfahrtsstaatlichen Politik folgt nun nicht quasi automatisch den Veränderungen von kulturellen Leitbildern und Interessen, sondern vollzieht sich möglicherweise erst mit erheblicher zeitlicher Verzögerung. Die Politik kann besonders in solchen Prozessen von Ungleichzeitigkeiten und Widersprüchen gekennzeichnet sein. Beispiele für eine starke Übereinstimmung zwischen der wohlfahrtsstaatlichen Geschlechterpolitik und der sozialen Praxis stellten die Niederlande in den fünfziger Jahren dar: hier hatte das Hausfrauenmodell der männlichen Versorgerehe ein unumstrittenes kulturelles Monopol, die wohlfahrtsstaatliche Politik förderte dieses Modell in hohem Maße, und die Praxis verheirateter Frauen stimmten damit im hohen Maß überein (Pott-Buter 1996). Demgegenüber waren eine Reihe von europäischen Gesellschaften in den letzten Jahrzehnten von einem tiefgreifenden Wandel der dominierenden geschlechterkulturellen Leitbilder geprägt, in deren Verlauf sich oft eine Geschlechterpolitik des Staates herausgebildet hat, die von zahlreichen Diskrepanzen und Widersprüchen gekennzeichnet ist (Bang/Jensen/Pfau-Effinger 1999).

Auswirkungen der Geschlechterpolitik auf das soziale Handeln von Frauen

Auf der Grundlage des von mir vorgeschlagenen Ansatzes ist die Art und Weise, in der sich die Geschlechterpolitik auf das Verhalten auswirkt, als ein komplexer Prozeß zu verstehen. Im sozialen Handeln von Frauen – und Männern – überschneiden sich die Einflüsse kultureller Leitbilder mit den sozialpolitischen Rahmenbedingungen und anderen institutionellen Einflüssen wie den Arbeitsmarktbedingungen. Erst auf der Grundlage der Wechselbeziehungen zwischen den verschiedenen Ebenen lassen sich die Auswirkungen der

Politik auf die soziale Praxis vergleichend analysieren. Ein Beispiel bietet die Entwicklung der Erwerbsbeteiligung von Frauen in den Niederlanden. Ende der Sechziger vollzog sich dort so etwas wie eine kulturelle Revolution, die zu einer Abkehr von der einseitigen kulturellen Vorherrschaft der Hausfrauenehe führte. Dies hatte zur Folge, daß Frauen zu dramatisch steigenden Anteilen auf den Arbeitsmarkt strömten, wobei sie in erster Linie auf der Suche nach Teilzeitstellen waren. Der Staat hielt dagegen noch bis Mitte der achtziger Jahre unverändert am alten Modell der Hausfrauenehe fest. Bis dahin existierte nicht einmal in nennenswertem Umfang ein öffentliches Angebot zur Kinderbetreuung. Frauen haben ihre neuen kulturellen Orientierungen also zum Teil auch ohne den Wohlfahrtsstaat durchgesetzt, wenn auch unvollständig und mit erheblichen Problemen. Das Beispiel macht deutlich, wie stark auch kulturelle Leitbilder von Bedeutung für die soziale Praxis von Frauen sind.

5. Fazit

Als Fazit möchte ich festhalten: Die internationale Diskussion zu der Frage, wie sich ein adäquater theoretischer Rahmen für den Vergleich wohlfahrtsstaatlicher Geschlechterpolitiken entwickeln läßt, hat die staatlichen Politiken bisher weitgehend losgelöst von den jeweiligen Gesellschaften behandelt, in die sie eingebettet sind. Will man den theoretischen Rahmen der vergleichenden Analyse jedoch so anlegen, daß er es erlaubt, internationale Differenzen in den Politiken und deren Wandel zu erklären und die Auswirkungen der Politiken auf die soziale Praxis angemessen zu erfassen, so erfordert dies theoretische Konzepte, die die wohlfahrtsstaatliche Politik in ihren gesellschaftlichen Kontext stellen. Dabei geht es darum, die Wechselbeziehungen der Sozialpolitik mit kulturellen Bedingungen, mit den sozialen Strukturen und anderen Institutionen sowie die Rolle sozialer Akteure systematisch einzubeziehen. Erst im jeweiligen kulturellen Kontext läßt sich letzten Endes auch bestimmen, was eine »frauenfreundliche« Politik sein könnte.

Anmerkungen

1 Ein Teil der Arbeiten wurden von mir im Rahmen des »Network Gender Inequality and the European Regions« durchgeführt, das von der European Science Foundation finanziert wurde.
2 Vgl. auch die Beiträge in Crompton 1999.
3 Ein Geschlechter-Arrangement beruht auf den jeweils dominierenden geschlechterkulturellen Modellen und ihren Wechselbeziehungen mit den sozialen Institutionen, den Akteurskonstellationen und deren sozialstrukturellen Grundlagen (Pfau-Effinger 1996).

Literatur

Archer, Margaret S. (1996), Culture and agency. The place of culture in social theory. Cambridge.

Bang, Hendrik/Jensen, Per/Pfau-Effinger, Birgit (1999), The societal context of social citizenship, in: Simon S. Duncan/Birgit Pfau-Effinger (Hrsg.): Gender, Work and Culture in the European Union. London. (in Vorbereitung).

Crompton, Rosemary (Hrsg.) (1999), The Decline of the »Male Breadwinner«?. Oxford.

Esping-Andersen, Gösta (1990), Three Worlds of Welfare Capitalism. Cambridge.

Knijn, Trudi (1994), Social Dilemmas in Images of Motherhood in the Netherlands, The European Journal of Women's Studies 1: 183-206.

Knijn, Trudi (1994b), Fish without Bikes: Revision of the Dutch Welfare State and its consequences for the (in)dependence of single mothers, Social Politics, H. 1: 83-105.

Knijn, Trudie/Kremer, Monique (1997), Gender and the Caring Dimension of Welfare States: Toward Inclusive Citizenship, in: Social Politics, H. 3: 328-361.

Langan, Mary/Ostner, Ilona (1991), Geschlechterpolitik im Wohlfahrtsstaat, Kritische Justiz 24: 302-317.

Lepsius, Rainer M. (1990), Interessen, Ideen und Institutionen. Opladen.

Lewis, Jane/Ostner, Ilona (1994), Gender and the Evolution of European Social Policy, ZeS-Arbeitspapier Nr. 4.

Lockwood, David (1964), Social integration and system integration, in: G.K. Zollschan/W. Hirsch (Hrsg.): Explorations in Social Change. Boston.

Meyer, Traute (1998), Die Erosion des starken deutschen Brotverdienermodells – Sozioökonomische und institutionelle Faktoren. In: Zeitschrift für Sozialreform 11/12.

Orloff, Anne Shola (1993), Gender and social rights of citizenship, American Sociological Review 58: 303-328.

Pfau-Effinger, Birgit (1996), Analyse internationaler Differenzen in der Erwerbsbeteiligung von Frauen – theoretischer Rahmen und empirische Ergebnisse, in: Kölner Zeitschrift für Soziologie und Sozialpsychologie, H. 3: 462-492.

Pfau-Effinger, Birgit (1998), Der Mythos von der Hausfrauenehe. Entwicklungspfade der Familie in Europa, in: Soziale Welt, H. 2: 167-182.

Pfau-Effinger, Birgit (1999), Kultur, Wohlfahrtsstaat und Frauenarbeit im europäischen Vergleich. Opladen.

Pott-Buter, Hetti (1993), Facts and Fairy Tales about Female Labor, Family and Fertility. Amsterdam.

Schmid, Günter (1991), Die Frauen und der Staat. Beschäftigungspolitische Gleichstellung im öffentlichen Sektor aus internationaler Perspektive. Discussion Papers FS I 91-12, Wissenschaftszentrum Berlin.

Siim, Birte (1993), The Gendered Scandinavian Welfare States, in: Jane Lewis (Hrsg.): Women and Social Policies in Europe. Work, Family and the State. Aldershot.

Veil, Mechthild (1997), Zwischen Wunsch und Wirklichkeit: Frauen im Sozialstaat. Ein Ländervergleich zwischen Frankreich, Schweden und Deutschland, in: Aus Politik und Zeitgeschichte. Beilage zur Wochenzeitung Das Parlament. B 52/97.

Plenum II
Individuen ohne Grenzen

Einleitung

Gertrud Nunner-Winkler und Peter Gross

I. Gertrud Nunner-Winkler

Identität (Selbstgleichheit) und Individualität (Unverwechselbarkeit) werden nicht länger durch soziale Arrangements, sondern durch die Individuen selbst konstituiert und stabilisiert. Dies geschähe – so moderne Identitätstheoretiker – nicht mehr durch dauerhafte, inhaltliche Festlegungen. Vielmehr sei Identität ein Fleckerlteppich (Pazzini, Keupp); stetes Umschreiben der Biographie (Giddens); permanentes Vorhalten nicht-gewählter Optionen (Gross); zeitliche Befristung aller Bindungen (Hitzler); dauerhafte Verhaltenselastizität (Bauman). Die Person ist danach tabula rasa – und zwar lebenslänglich.

Ich halte diese Diagnose für überzeichnet. Personen stoßen an Grenzen ihrer inneren – sozial überformten oder durch willentliche Selbstbindung bestimmten – Natur. Die Entwicklung basaler Motivstrukturen ist durch frühkindliche Erfahrungen vermittelt und der Aufbau soziopolitischer Orientierungen erfolgt in der späten Adoleszenz. Trotz individueller Mobilität,

Veränderungen in persönlichen Lebensumständen, im öffentlichen Meinungsklima, in den politischen Konstellationen bleiben Motive und Einstellungen über den Lebenslauf hinweg bemerkenswert stabil (Costa et al.; Sears; Köcher; Nunner-Winkler).

Die Diagnose lebenslanger Offenheit und Flexibilität mißdeutet – so meine ich – zwei mit Modernisierung einhergehende Veränderungen:

- Wertegeneralisierung: Bei der Wahl abstrakterer Standards (Parsons; Zapf) können inhaltlich stark unterschiedliche Entscheidungen mit den verallgemeinerten Werten konsistent sein.
- Entwicklung ich-näherer Motivstrukturen: Frühe kulturelle Überformung (Parsons) und der Aufbau eines rigiden Überichs (Freud) verankern inhaltlich detaillierte Regulierungen und Bewertungsdispositionen. In Prozessen freiwilliger Selbstsozialisation hingegen wird eine eher formale Motivstruktur aufgebaut, die für unterschiedliche Konkretisierungen in je spezifischen Kontexten offen bleibt.

In den folgenden Beiträgen geht es um die Erklärungskraft postmoderner Identitätsdeutungen. Die Logik der Abfolge sei kurz skizziert:

- Hitzlers These: Konstitutiv für postmoderne Gesellschaften ist die Freisetzung des Individuums von Verpflichtungen; es bleiben allein freiwillige, begrenzte Bindungen.
- Franz' erste Gegenthese: Die Diagnose ist triftig; solche Gesellschaften aber vermögen die eigene Reproduktion nicht zu sichern.
- Hondrichs zweite Gegenthese: Die Diagnose ist einseitig; sie thematisiert Freiheitsspielräume, blendet aber komplementäre Zwänge aus.
- Karstedts dritte Gegenthese: Die Diagnose, ob triftig oder nicht, ist irrelevant; sozialstrukturell verankerte Ungleichheiten sind erklärungskräftiger als individualistische Orientierungen.

Brauer zeigt dann empirisch positive Seiten von Freiwilligkeit: Individuelle Autonomie ist für soziales Engagement nicht nur nicht abträglich, sondern gar förderlich. Die beiden letzten Beiträge buchstabieren nochmals Momente des postmodernen Selbst aus: reflexive Selbststeuerung (Corsten) und »transversale Vernunft« (Preglau).

II. Peter Gross

Im Theorieapparat der modernen Soziologie spielt der Begriff der Individualisierung, auf den im Titel des Plenums angespielt wird, eine unterdessen bedeutende Rolle. Auch die Folgen einer zunehmenden Individualisierung irritieren die zeitgenössische Soziologie und kommen in den Plenumsvorträgen konzentriert zur Sprache – so die nach der Erosion tradierter Verpflichtungen notwendig werdenden, zivilen Gerüste und nachtraditionalen Vergemeinschaftungsformen, die aus den Entscheidungsfreiräumen resultierenden Kosten und schließlich die moralischen und berufsbiographischen Folgen. Eher implizit bleibt die gerade aus der Autonomisierung und Individualisierung des Handelns resultierende Verunsicherung der Zukunft und – eigentlich auf der Hand liegend – die Zukunft der Individualisierung und des Individuums selber.

Daß letzteres kaum expliziert wird, liegt nicht nur an einer soziologienotorischen Vernachlässigung des Individuums oder Subjekts gegenüber zwischenmenschlichen Konstellationen. Wie immer das Individuum normativ hochgehalten wird, methodisch und empirisch betreibt die Soziologie einen faktischen Holismus, und anders kann man sich Soziologie eigentlich gar nicht vorstellen. Zur Modernität gehört nun freilich auch, daß sich das Individuum selber als kontigent erfährt und setzt. Zum Entscheidungszentrum erhoben, ohne den Druck von Tradition und alleingelassen in der kolossalen Vielfalt von Optionen, beugt es sich haltsuchend auf sich selbst zurück und begegnet sich selbst. Es wird sich selber zum Problem und zum Projekt. Es entdeckt sich als Vielzahl von Möglichkeiten, die es gegeneinander abwägen und andauernd neu konfigurieren soll. Es hat etwas aus sich, es hat sich überhaupt zu machen.

Während die klassischen Identitätsvorstellungen die Aufgabe des Individuums darin gesehen haben, eine feste, gehärtete Identität zu erreichen, mit sich selbst identisch zu werden und die so realisierte »Intopie« in den Wechselfällen des Lebens stabil zu halten, erlaubt eine solchermaßen gedeutete Identität kein Kontingenzmanagement. Dementsprechend operieren neuere, soziologienahe Ansätze mit einer entidealisierten Identität, einem »postmodernen Ich«, das sich vor der Aufgabe sieht, Festlegungen zu vermeiden, Optionen offenzuhalten und Kontingenzen zu managen. Das Ich erscheint als »mittelpunktloses Netz von Möglichkeiten« (Zymunt Bauman), als »multiples Selbst« (Sherry Turkle), als »Cross-cutting-Identity« (Daniel Bell), als »relationales Selbst« (Kenneth Gergen) oder als »Patchwork-Identität« (Heiner Keupp).

Die Frage ist, wieweit die Soziologie ihre Begrifflichkeit bezüglich der Identitätsproblematik umstellen muß. Eine Individualisierungstheorie, die mit der Selbstbegegnung ernst machen würde, in der, wie es Arnold Gehlen vor bald einem halben Jahrhundert formuliert hat, das Individuum auf etwas stößt, was es nicht kennt, führt nicht unbedingt zu einer Aufhebung des alteuropäischen »Rettungsprogrammes«, das nach dem Zusammenbruch der göttlichen Ordnungen ein »Subjekt« erfunden hat. Aber das Subjekt oder das Individuum wird beschrieben werden müssen als komplexes System von Beziehungen nicht nur zwischen Bewußtsein und Organismus, zwischen Erlebnissen und Handlungen, sondern auch zwischen eigenen Möglichkeiten. Noch fehlen, außerhalb der schönen Literatur, adäquate Beschreibungen und Selbstbeschreibungen. Aber insofern der Umgang mit sich selbst auch und immer ein Umgang mit dem Anderen und Fremden ist, ließe sich hier vielleicht ein neuer innerer Kern einer künftigen Soziologie auffinden, nicht in einem transzendentalen Ur-Ego, sondern im Dividuum.

Verführung statt Verpflichtung

Die neuen Gemeinschaften der Existenzbastler

Ronald Hitzler

1. Unter Individualisierungsbedingungen

Das Konzept der »Individualisierung«[1] modelliert sozialstrukturelle Bedingungen des Lebens am Übergang zu einer »anderen« Moderne, deren empirische Reichweite zwar anhaltend umstritten ist, deren prinzipielle Relevanz für eine hinlänglich angemessene Rekonstruktion unserer Gegenwartsgesellschaft aber immer weniger bezweifelt wird. Diesem Konzept zufolge setzen diverse Entwicklungen und Trends in unserer Gegenwartsgesellschaft – wie Verallgemeinerung des Gleichheitsgrundsatzes, Bildungsexpansion und Bildungszertifikationsentwertung, Auflösung der Normalarbeitszeitverhältnisse, Erhöhung des durchschnittlichen Wohlstands, Erosion der relativen kulturellen Verbindlichkeit des Kleinfamilien-Modells und, insbesondere, Verrechtlichung immer weiterer Lebensbereiche – Menschen am Übergang zu einer »anderen« Moderne,[2] teils absichtsvoll, teils unbeabsichtigt, jedenfalls: massenhaft frei aus vielen überkommenen gemeinschaftlichen Verläßlichkeiten und Zwängen und verweisen sie stattdessen auf eine Überfülle heterogener und oft antagonistischer, sozial vor-organisierter Lebensstilpakete, Sinnkonglomerate und Ideologiegehäuse.

Das heißt nichts anderes, als daß heutzutage das Leben moderner Menschen prinzipiell als eine Art »Optionen-Karussell« verstanden werden muß – ohne daß damit etwa die zwanghafte Auferlegtheit unbeabsichtigter und vielleicht unbedachter Konsequenzen, v.a. von »Kosten« der unterschiedlichsten Art (und im weitesten Sinne) dieses Entscheiden-Könnens (das ja zugleich auch immer ein Wählen-Müssen ist) übersehen würde. Entgegen aber der eben nach wie vor insbesondere durch die traditionalistischen Teile der Soziologie geisternden Fiktion, die Menschen lebten typischerweise noch immer vorwiegend in »stabilen Verhältnissen«, die zwar gelegentlich zerrüttet, gleichwohl aber letztlich lediglich *personell* »umarrangiert«, nicht jedoch *strukturell* aufgelöst würden, sind wir heute *grundsätzlich*, und das impliziert: Auch dann, wenn unsere jeweilige aktuelle Lebenslage nach außen hin stabil wirkt, nachgerade permanent nicht nur selber in Wahl- und Entscheidungssituationen gestellt, sondern wir werden auch mit immer neuen – uns einmal mehr, einmal weniger überraschenden – Plänen, Entwürfen und Entscheidungen von anderen, unsere Biographie mehr oder weniger nachhaltig tangierenden Akteuren konfrontiert.

Mit derlei individualisierungsbedingten Problemen des Alltagsvollzugs befaßt sich z.B. Ulrich Beck unter dem Stichwort »Eigenes Leben« (1995). Gerhard Schulze (1992) thematisiert vor allem das Moment der »Erlebnisorientierung«. Peter Gross (1994 und 1999) spricht über »Multioptionalität« und »Ich-Jagd«. Heiner Keupp (1988 und 1994) präferiert den Begriff »Patchwork-Identität«. Zygmunt Bauman (1997) benutzt die Metaphern der »Flaneure, Spieler und Touristen«.

2. Im Orientierungswirrwarr

Im Verweis auf solche Konzepte versuche ich hier, Handlungsprobleme, wie sie symptomatischerweise mit Individualisierung einhergehen, von der Idee der *Bastelexistenz* her zu beschreiben: Die Idee der Bastelexistenz (vgl. dazu z.B. Hitzler 1994 und 1996a; Hitzler/Honer 1994) besagt, daß infolge der skizzierten (strukturellen) Entwicklungen immer mehr Menschen immer häufiger, eher früher als später im Laufe ihres Lebens nicht nur zwangsläufig lernen *müssen*, sondern – sozusagen aufgrund der Umstände – eben auch lernen *können*, diesem ihrem je eigenen Leben *selber* einen ihnen – und zumindest im Bedarfsfalle auch anderen – verständlichen Sinn zu geben, daß sie also z.B. irgendwann und irgendwie damit konfrontiert sein werden, daß sie für ihr Leben selber verantwortlich sind, weil sie es sich in einem »existentiellen« Sinne eben tatsächlich selber ausgesucht, weil sie es sich aus der Vielfalt an alternativen Optionen selber »herausgenommen« haben.

Eines der zentralen Handlungsprobleme des Existenzbastlers ist infolgedessen die Frage der Bedürfnisse nach und der Möglichkeiten zur Vergemeinschaftung unter Individualisierungsbedingungen (vgl. dazu auch Hitzler 1998). D.h. z.B., daß vielerlei über lange Zeiträume hin verselbstverständlichte Verhaltens- und Vollzugsweisen immer häufiger irritiert werden, daß etwa überkommene geschlechtsspezifische, herkunftsspezifische, altersspezifische, klassen- und schichtspezifische, lokale und milieuspezifische, klima- und jahreszeitenspezifische Gewohnheiten, Gewohnheiten des Gehens, Stehens, Sitzens und Liegens, Gewohnheiten des Essens und Trinkens, des Schlafens und des Sich-Reinigens, Gewohnheiten des Sich-Kleidens und Sich-Schmückens, Gewohnheiten des Arbeitens und Entspannens, des Werbens und des Liebens, Gewohnheiten des Miteinanderredens usw. zum (strittigen) Gegenstand vielgestaltiger, sozialer Diskurse und (damit auch) zum Thema kurz-, mittel- und langfristiger, biographischer Selbstreflexionen werden.

Infolgedessen werden tradierte Stereotypen sogenannten kollektiv- bzw. kulturtypischen Verhaltens immer weniger verläßlich prognostizierbar: Deutsche schwärmen für toskanische Weine; Italiener tanzen Flamenco; Türken sehen aus wie Schweizer; Engländer riechen wie Bulgaren; Männer übernehmen Lebensgewohnheiten, die bislang als spezifisch weiblich galten (Schmuck tragen, Kinder betreuen, Kosmetika verwenden); Frauen demonstrieren »Männergewohnheiten« (im Beruf, im Sport, in der Liebe); alte Menschen unterhalten selbstbewußt sexuelle Beziehungen; junge Leute ernähren sich diätetisch; Arbeiter tragen Designerschuhe; Oberschichtangehörige rackern sich an Kraftmaschinen ab; Öko-Freaks entdecken ihre Managementtalente; Yuppies verkleiden sich als Punks (und umgekehrt); Kirchengemeinderäte lassen sich tätowieren; Pazifisten tragen Uniform ...

Angesichts eines so gearteten – irritierenderweise zumeist als »Sinnkrise« etikettierten – Orientierungswirrwarrs (vgl. dazu Hitzler 1996b) wird dem Einzelnen immer mehr von all dem, was ihm relevant ist, zum nicht bzw. zumindest nicht mehr fraglos vor-geregelten, zum vielmehr individuell und situativ zu bewältigenden Entscheidungsproblem. Denn keines der bereitstehenden Weltdeutungsangebote, auch solcher, die *allgemeine* soziale Verbindlichkeit beanspruchen, vermag eine wirklich umfassende, personen- und situationenübergreifende Sinnstiftung zu leisten. In jeder der vielen und vielfältigen Sinnwelten herrschen eigene Regeln und Routinen, mit prinzipiell auf die jeweiligen Belange beschränkter Geltung.

Sinn steht also zwar sehr wohl bereit, aber die bislang sozusagen »normale«, umgreifende kulturelle Dauerorientierung ist zerbrochen. Infolgedessen muß sich der moderne Mensch – auf der expliziten oder impliziten Suche nach einer mentalen und emotionalen »Heimat« – notgedrungen in einem Spektrum von Sinn-Provinzen bewegen und eben aus dem, was ihm aufgrund biographischer »Zufälligkeiten« an Deutungs-, Erklärungs-, Rechtfertigungsschemata je zuhanden ist, individuell sein Leben als sein, wie auch immer geartetes, »eigenes« zusammenstückeln. D.h.: Er wird in diesem Verstande eben tatsächlich nachgerade zwangsläufig mehr und mehr zum Bastler seiner eigenen Existenz – was übrigens weder bedeutet, zwangsläufig besonders originell zu leben, noch, zwangsläufig allein oder gar vereinsamt seine Tage zu verbringen. Im Gegenteil: Standardisierung und Opportunismus sind sozusagen die alltägliche Normalform.

Aber während sich das traditionelle Dasein sozusagen automatisch im Rahmen mehr oder minder fragloser Zugehörigkeiten vollzieht und die Emanzipation des Individuums immer als – wenigstens mentale – Bewegung aus dem Kollektiv *heraus* erfolgt, ist das Dasein unter Individualisierungsbedingungen per Definition ein »freigesetztes«, und mithin ein symptomatischerweise von »Sehnsucht nach Gemeinschaft« erfülltes. Nur läßt sich diese »Sehnsucht nach Gemeinschaft« von Traditionsmilieus (wie Familien, Nachbarschaften, überkommenen Religionsgemeinschaften usw.) offenkundig immer weniger befriedigen – jedenfalls wenn und solange deren Sicherheitsversprechen mit den ihnen traditionell ebenfalls eigenen Verpflichtungen und Zwängen einhergehen. Denn die Vergemeinschaftungssehnsucht des Existenzbastlers ist eine spezifische: Er sucht Anschluß lediglich im Sinne der je von *ihm* gewünschten Sozialverortung. Er sucht Verbündete für *seine* Interessen, Kumpane *seiner* Neigungen, Partner für *seine* Projekte, Komplementäre *seiner* Leidenschaften.

Kurz: Der Existenzbastler sucht *Gesinnungsfreunde*. Diese findet er aber typischerweise eben *nicht* in schicksalhaft auferlegten Traditionsmilieus, sondern weit eher in single-issue- und lifestyle-Gruppierungen: in Arbeitslosen-Selbsthilfe-Sportvereinen, in Sado-Maso-Netzwerken, in Senioren-Bodybuilding-Studios, in gewalttätigen Fußball-Fanclubs, in Gesprächskreisen schwangerer Frauen (oder schwängernder Männer), in Nichtraucher-Batik-Gruppen, in Mountain-Bike-Clubs, in Behinderten-Initiativen, in Selbstverteidigungs-Komitees, in Naturkost-Genossenschaften, in Techno-Posses und so weiter.

3. Posttraditionale Vergemeinschaftung

Das wesentlichste Kennzeichen von solcherart lifestyle-Gruppierungen besteht vermutlich darin, daß sich ihre vergemeinschaftende Kraft nicht länger auf ähnliche soziale Lagen gründet, sondern auf ähnliche Lebensziele und ähnliche ästhetische Ausdrucksformen. Prototypisch für diese Art von Gesellungsgebilden erscheinen uns sogenannte »*Szenen*« (vgl. dazu Gebhardt/Hitzler/Liebl 1999). Szenen konstituieren sich im je sozial approbierten Wissen von den je als »richtig« betrachteten Verhaltensweisen, Attributierungen, Codes, Symbolen, Ritualen, Einstellungen, Wissensbeständen, Relevanzen, Kompetenzen usw. Eine entwickelte Szene läßt sich deshalb als ein Netzwerk von Personen verstehen, welche bestimmte materiale und/oder mentale Formen der kollektiven Selbststilisierung teilen und diese Gemeinsamkeiten kommunikativ stabilisieren bzw. modifizieren. Voraussetzung dafür ist ein typischer Ort bzw. sind typische Orte und typische Zeiten, an bzw. zu denen die Szenemitglieder kommunizieren und interagieren (vgl. dazu Schulze 1992: 463 und Knoblauch 1995: 247).

Szenen sind also zwar *nicht* »per se« schon Gemeinschaften, aber sie sind sozusagen strukturell »gemeinschaftsträchtig«: Szenetypische *Vergemeinschaftungen* finden symptomatischerweise da statt, wo vermutete kulturelle Gemeinsamkeiten durch die spezifische Kommunikationsweise der jeweiligen Szene und durch spezifische, in der Regel mehr oder weniger stark (z.B. auf Musik, Sport, Kleidung, Computer usw.) fokussierte Zentral-Thematiken tatsächlich bestätigt werden.

Die dabei offerierten Deutungsmuster-Angebote haben dementsprechend unterschiedliche »Reichweiten«: Manche sind, zumindest oberflächlich betrachtet, kaum mehr als elaborierte technische Anweisungen zur Bewältigung spezifischer Probleme (mit der Figur, mit dem Alter, mit dem Geld, mit der Schlaflosigkeit, mit Drogen, mit dem Lebenspartner, mit den Kindern, mit Kollegen usw.). Andere greifen abstraktere Kategorien von »Betroffenheit« auf (z.B. ökologische, geschlechtliche, generationelle, ethnische, nationale, mitunter auch ökonomische). *Gemeinsam* ist ihnen aber, daß sie kaum allgemeine, existenzübergreifende Gewißheiten vermitteln oder gar Verbindlichkeit beanspruchen.

D.h., die eine Szene jeweils prägende »Kollektivgesinnung« resultiert vor allem aus der Bezugnahme auf in dieser (im weitesten Sinne) »generierte« *spezifische*, symptomatischerweise distinkte und zumeist auch distinktive kulturelle Werte, ästhetische Standards und andere Normativitäten. In dieser pragmatischen Beschränkung auf so etwas wie ein Teilzeit-Orientierungsangebot liegt der erste signifikante Unterschied der neuen bzw. neuartigen Gemeinschaften der Existenzbastler gegenüber traditionalen Gemeinschaften. Hinzu kommt eben zweitens, daß sie (entgegen auch manchen in ihnen gepflegten Ursprungs-Mythen) typischerweise *nicht* aus kollektiv auferlegten Lebensumständen entstehen, sondern eher infolge der *Erzeugung* gemeinsamer, gegenüber anderen abgrenzbarer Interessen von »Gesinnungsfreunden«.[3] »Genauer gesagt: sich dem Handeln anzuschließen, ist alles, was es zu teilen gibt« (Bauman 1995a: 354). Durch diese Art »Komplizenschaft« gegenüber wie auch immer definierten *anderen* entsteht – gelingenderweise – jedoch gleichwohl sozusagen eine gemeinsame »Außenseite«.

Das möglicherweise wesentlichste strukturelle Unterscheidungsmerkmal dieser nicht- bzw. *post*-traditionalen gegenüber überkommenen und »eingelebten« Gemeinschaften aber ist drittens das der Regelung des Eintritts und des Austritts: In die Traditionsgemeinschaft mußte man typischerweise entweder hineingeboren sein, oder man hatte es schwer, Angehöriger, jedenfalls ein vollgültiger Angehöriger des Kollektivs zu werden. Auch der Austritt oblag in aller Regel nicht der Entscheidung des Einzelnen. Vielmehr ist man üblicherweise entweder weg-gestorben, oder man wurde aus der Gemeinschaft ausgestoßen. In die posttraditionale Gemeinschaft hingegen tritt man symptomatischerweise freiwillig, absichtlich und ohne viel Aufhebens ein – und ebenso »einfach«, problem- und folgenlos tritt man auch wieder aus ihr aus.[4]

4. Verführungen zum »Wir«

Typisch posttraditional ist somit also die jederzeit kündbare Mitgliedschaft in einer Teilzeit-Gesellungsform auf der Basis eines freien Entschlusses, bzw. andersherum formuliert: posttraditionale Gemeinschaften basieren auf der freiwilligen Selbstbindung der in ihr vergemeinschafteten Gleichgesinnten. Infolgedessen ist das Gewalt- und Normierungspotential posttraditionaler Gemeinschaften ziemlich exakt begrenzt auf das, was ihnen vom je Einzelnen freiwillig an Sanktionsmöglichkeiten zugebilligt wird. D.h. sie besitzen nur Autorität, weil ihnen und solange ihnen Autorität *zugestanden* wird. Diese Art von Gemeinschaft kann ihre Mitglieder also nicht über das hinaus verpflichten, was diese sich je individuell als Verpflichtung *selber* auferlegen. Sie kann Gesinnungsgenossenschaft nicht erzwingen, sondern lediglich zur »richtigen« Gesinnung und/oder zum »richtigen« Verhalten *verführen.*

Diese Verführung geschieht u.a., aber wesentlich, über Optionen zur Teilhabe an von den je dadurch Verführten als »erlebenswert« angesehenen sozialen Ereignissen. Derartige Ereignisse treten nun üblicherweise nicht zufällig oder »naturwüchsig« ein, sondern sind in der Regel solche wohlkalkulierten, kollektiven »Ausbrüche« aus der Banalität des Alltäglichen, wie sie gegenwärtig vorzugsweise unter dem Etikett »*Events*« diskutiert werden (vgl. dazu nochmals Gebhardt/Hitzler/Liebl 1999): Events bieten den Teilnehmern typischerweise außergewöhnliche Chancen, sich sozusagen wie in einem Kollektiv-Vehikel aus Lebens-Routinen heraustransportieren zu lassen und zeitweilig an symbolisch vermittelten, mehrkanaligen sinnlichen Anregungen zu partizipieren. Dabei entsteht symptomatischerweise der Eindruck eines »totalen Erlebnisses«, welches dann eben wiederum situativ (quasi-spontane) Gemeinschaftsbildungen evoziert, verstärkt und mitunter sogar in enthusiastisch-ekstatische Kollektiv-»Verschmelzungen« transformiert.

Daß sich im Rekurs auf eine institutionell derart »ungesicherte« Form der Kollektivierung normalerweise ein in vielerlei Hinsicht lediglich ausgesprochen *labiles* »Wir-Bewußtsein« zu konstituieren vermag, liegt auf der Hand. Denn nicht nur ist prinzipiell ungewiß, wie, in welchem Umfang und mit welchen Konotationen dieses »Wir-Bewußtsein« des Einzelnen von dem oder den anderen tatsächlich »geteilt« wird; ungewiß ist auch, ob und inwieweit aus einer stattgehabten »gemeinsamen« Aktion irgendeine Form einer gemeinsamen Praxis in der Zukunft resultiert, ob und inwieweit also aus einem konstitutiven Akt der Vergemeinschaftung heraus sich eine *Gemeinschaft* zu stabilisieren vermag (vgl. dazu nochmals Hitzler 1998).

Gleichwohl zeichnet sich unter Individualisierungsbedingungen kein »Weg zurück« ab zu sozusagen fraglosen, zeitlosen und daseinsumfassenden Traditionsgemeinschaften. Im Gegenteil: Auch die »Restbestände« überkommener Milieus wie Betrieb, Nachbarschaft, Gemeinde und sogar Verwandtschaft und Familie bieten kaum noch zeitstabile Sicherheiten, sondern müssen vom Existenzbastler eher sozusagen »reflexiv« gewählt, »gemanaged«, ja überhaupt erst konstituiert werden. Dergestalt »entstehen« weder vor noch nach, sondern *innerhalb* der Vollzugsroutinen moderner Gesellschaftlichkeit, sozusagen »kontingent«, posttraditionale Vergemeinschaftungen: eben *nicht* im Sinne konstellativer sozialer Zwangsläufigkeiten, vielmehr als Agglomerate individueller Vermutungen, daß bestimmte, begrenzte Gemeinsamkeiten dem Verfolg je eigener Interessen dienlich sein dürften.

Solidarität(en) und Loyalität(en) entwickeln sich somit weit weniger aus existentiellen Notwendigkeiten heraus, als aus – eher emotional denn rational motivierten – Entscheidungen dafür, sich eben (einmal oder auch dauerhafter) gegenüber *bestimmten* anderen »prosozial« zu verhalten. Um so expressiver werden solche entpflichteten Zusammengehörigkeiten mitunter nach außen hin, also Ungleichgesinnten gegenüber markiert und inszeniert – vorzugsweise durch Übernahme von Zeichen und Symbolen sowie im Vollzug von Ritualen, die die Zugehörigkeit zu dieser Gemeinschaft signalisieren und damit – »positive« – öffentliche Aufmerksamkeit auf sie lenken (vgl. dazu auch Franck 1998).

5. Rationale Gesinnungsgenossenschaft

Nochmals: Posttraditionale Vergemeinschaftung erfolgt nicht oder zumindest weniger aufgrund solidaritätsstiftender »gemeinsamer« Wertvorgaben, sondern durch eine sozusagen *ästhetische* und prinzipiell *vorläufige* Entscheidung für Gesinnungsgenossenschaft. D.h. der Einzelne vergemeinschaftet sich eben *nicht* deshalb, weil er eine Gemeinschaftsidee als solche akzeptieren würde, sondern weil ihm der – wie auch immer geartete – zeitweilige Zusammenschluß mit anderen in *seinen* Tages- und Lebensplan »paßt«: Seine (Wieder-)Vergemeinschaftung wird somit im wesentlichen tatsächlich zu einer Frage *seiner* situationsopportunen Selbst- und Fremddefinitionen.

Im Hinblick auf die von Peter Gross (1994) aufgeworfene und forcierte Sinnfrage »Wohin soll ich mich wenden?« sind die Konsequenzen dieser sozusagen strukturell angelegten Bindungslabilität für den symptomatischerweise von »Sehnsucht nach Gemeinschaft« erfüllten Existenzbastler ambivalent: Zum einen bestätigt sich dergestalt (gewollt oder ungewollt) seine relative Unabhängigkeit gegenüber je sozial approbierten, sittlich-moralischen Imperativen. Zum anderen perpetuiert sie seine relative Unsicherheit im Hinblick auf normativ-verläßliche – und damit existentiell entlastende – Gewißheiten und Routinen.

Angesichts der sozusagen individualisierungsbedingten Verpflichtung, sich unentwegt Fragen zu stellen wie »Was kommt denn nun wieder auf mich zu?« »Was ist hier eigentlich wieder los?« »Was mach' ich da jetzt wieder draus?«, werden für den Existenzbastler somit vermutlich weniger *solche* Sinn- und Deutungsangebote verführerisch sein, die mit dem Anspruch verbunden sind, auf derlei Fragen *verläßlich* (und *verbindlich*) zu antworten, als vielmehr solche Vergemeinschaftungsoptionen, die *er* als kompatibel veranschlagt mit *seiner* – aus *seiner* existentiellen Situation erwachsenden – Interessenlage.

Da angesichts solcher quasi-rationaler individueller Vergemeinschaftungskalküle das typische posttraditionale Gemeinschaftsleben augenscheinlich vorzugsweise dadurch in Gang gehalten wird, daß irgend jemand damit, daß er für die diesem Gemeinschaftsleben förderlichen Rahmenbedingungen sorgt, (auch) eigene ökonomische Interessen verfolgt, dürfte schließlich auch das Prinzip der *Kommerzialisierung* keineswegs nur eine (wie auch immer zu bewertende) Begleiterscheinung, sondern ein essentielles *Strukturmerkmal* der neuen bzw. neuartigen Gemeinschaftsformen sein. Anders ausgedrückt: Die Option zur posttraditionalen Vergemeinschaftung (nicht nur bei »Events«) ist oft mit Eintrittsgebühren und Beitragszahlungen verbunden, über welche entsprechende »Organisationseliten« (zumeist nicht ganz uneigennützig) die jeweiligen Gesellungs- und Gesinnungsangebote finanzieren.[5]

Diese quasi-professionelle *Vor-Produktion* posttraditionaler Gemeinschaftlichkeit erscheint deshalb so bedeutsam, weil deren Integrations- und Distinktionsmechanismen – Zygmunt Bauman (1995b) zufolge – nur noch dadurch erklärbar sind, daß »Wir-Bewußtsein« sich entlang gleichartiger (als »richtig« empfundener) *Konsumorientierungen* entwickelt. D.h. qua eigenem Konsum grenzen sich Gesinnungsfreunde *explizit und expressiv* von solchen Leuten ab, die anderen (in der Regel also »falschen«, langweiligen, spießigen, moralisch verwerflichen) Konsumgewohnheiten frönen (vgl. dazu auch Müller-Schneider 1996). Dadurch wird die Existenz der Gemeinschaft durchaus nicht nur »nach außen« *vorgeführt*, sondern, auch intern, tatsächlich – im Sinne von Berger und Luckmann (1969) – als Realität *konstruiert*: Das »Wir« konstituiert sich sozusagen mit Blick auf den Blick der anderen – der entsprechend (professionell) »gelenkt« bzw. »gefesselt« werden muß (vgl. hierzu auch Luhmann 1996).

Distinktion und Integration stehen unter den Bedingungen posttraditionaler Vergemeinschaftung dergestalt in einem sozusagen dialektischen Spannungs- und Vermittlungsverhältnis zueinander. D.h. es geht dabei ständig *sowohl* um das Sich-Unterscheiden, um Verschiedenartigkeit *als auch* um Einssein, um Zusammengehörigkeit. Nun sind Abgrenzungs- und Vereinigungsprozesse an sich weder neuartige, noch verwunderliche Phänomene. Integration und Distinktion, Inklusion und Exklusion, das Verhältnis von in-group und out-group sind vielmehr zentrale Themen einer traditionsreichen soziologischen Beschäftigung mit Gruppen- und Gemeinschaftsbildung (vgl. dazu auch die Beiträge in Neidhardt 1983). Während jedoch in traditionalen Gemeinschaften sowohl Integrations- als auch Distinktionsbestrebungen auf die Etablierung und Stabilisierung eines klar definierten und geregelten Innen-Außen-Verhältnisses abzielen, werden in posttraditionalen Gemeinschaften symptomatischerweise die Grenzen nach Innen ebenso wie nach Außen fließend, variabel und instabil: »Wenn die Identität einer Gemeinschaft danach definiert werden muß, wie sie die in ihr Situierten im Griff hat, ... dann wird schon die bloße Idee von Gemeinschaftsgrenzen (...) nur sehr schwer, sogar unmöglich aufrechtzuerhalten sein« (Baumann 1995a: 72).

Anmerkungen

1 Diskutiert wird die sogenannte Individualisierungsthese – keineswegs nur im Fach – wesentlich und anhaltend im Anschluß an Ulrich Becks (1983 erschienenem) Aufsatz »Jenseits von Stand und Klasse?«. Vgl. dazu z.B. die Beiträge in Beck/Beck-Gernsheim 1994, in Beck/Sopp 1997 und kritisch in Friedrichs 1998.

2 Die prägende Kraft der bisher dominierenden Klassen- und Schichtstrukturen löst sich zunehmend auf. Die Fundamente der herkömmlichen Gesellungsformen

(Gemeinschaften wie Familie, Nachbarschaft, Kirchengemeinde etc., Assoziationen wie Vereine, Verbände, Parteien etc.) erodieren. Neue ideologische Bewegungen (wie Regionalismen, Fundamentalismen usw.) entstehen. Im wirtschaftlichen und politischen Bereich bilden sich neue Organisations- oder Vergesellschaftungstypen (multi- bzw. transnationale Unternehmen, NGOs, Bürgerinitiativen usw.). Und im sozio-kulturellen Bereich entwickeln sich neue Assoziationsformen (Lebensstilgruppierungen, Cliquen usw.). Dieser Entwicklung wird z.B. in der Sozialstrukturanalyse zunehmend dadurch Rechnung getragen, daß die herkömmlichen Klassen- und Schichtmodelle durch Ordnungs-Konzepte wie Lebenslagen, Lebensläufe und Lebensstile ersetzt werden (vgl. v.a. Berger/Hradil 1990).

3 Dementsprechend streut auch die Größe solcher Gesellungsgebilde von »engsten Freundeskreisen« bis zu – jedenfalls der Idee nach – globalen, im herkömmlichen Sinne »ortlosen« Netzwerken. In Anlehnung an Karin Knorr-Cetina sprechen wir hier von »global microstructures«.

4 Zwischen der einen und der anderen damit markierten Extremvariante finden sich in Geschichte und Gegenwart selbstverständlich vielfältige Mischformen: manchen Gemeinschaften kann man relativ leicht beitreten, dann aber kaum mehr entkommen, anderen ist zwar schwer beizukommen, dafür kann man sich unschwer wieder von ihnen lösen (vgl. dazu auch Gebhardt 1994).

5 Die Beobachtung dieser »neuen«, für das Gemeinschaftsleben konstitutiv und kontinuitätssichernd zwar nicht *hinlänglichen*, jedoch essentiell *notwendigen* Organisationseliten, könnte interessante Daten liefern nicht nur für die mögliche Rotation ganzer *Typen* gesellschaftlicher Eliten, sondern unter Umständen sogar für neue, auch *politisch* relevante Ordnungsformen im Übergang in eine »andere« Moderne (vgl. dazu vorläufig z.B. Hitzler/Pfadenhauer 1997, 1998 und 1999).

Literatur

Bauman, Zygmunt (1995a), Postmoderne Ethik. Hamburg.

Bauman, Zygmunt (1995b), Ansichten der Postmoderne. Hamburg/Berlin.

Bauman, Zygmung (1997), Flaneure, Spieler und Touristen. Hamburg.

Beck, Ulrich (1983), Jenseits von Stand und Klasse?, in: Reinhard Kreckel (Hrsg.): Soziale Ungleichheiten (Sonderband 2 von »Soziale Welt«). Göttingen.

Beck, Ulrich (1995), Eigenes Leben, in: Ulrich Beck u.a.: Eigenes Leben. München: 9-174.

Beck, Ulrich/Beck-Gernsheim, Elisabeth (1994) (Hrsg.), Riskante Freiheiten. Frankfurt/M.

Beck, Ulrich/Sopp, Peter (1997) (Hrsg.), Individualisierung und Integration. Opladen.

Berger, Peter/Hradil, Stefan (1990) (Hrsg.), Lebenslagen, Lebensläufe, Lebensstile (SB 7 von »Soziale Welt«). Göttingen.
Berger, Peter L./Luckmann, Thomas (1969), Die gesellschaftliche Konstruktion der Wirklichkeit. Frankfurt/M.
Franck, Georg (1998), Ökonomie der Aufmerksamkeit. München/Wien.
Friedrichs, Jürgen (1998) (Hrsg.), Die Individualisierungs-These. Opladen.
Gebhardt, Winfried (1994), Charisma als Lebensform. Berlin.
Gebhardt, Winfried/Hitzler, Ronald/Liebl, Franz (1999), Szene-Entwicklungen und Szene-Events zwischen Vergemeinschaftung und Marketing. Koblenz, Dortmund, Witten: Projektentwurf
Gross, Peter (1994), Die Multioptionsgesellschaft. Frankfurt/M.
Gross, Peter (1999), Ich-Jagd. Frankfurt/M.
Hitzler, Ronald (1994), Sinnbasteln, in: Ingo Mörth/Gerhard Fröhlich (Hrsg.): Das symbolische Kapital der Lebensstile. Frankfurt/M./New York: 75-92.
Hitzler, Ronald (1996a), Die Bastel-Existenz, in: Psychologie heute, 23. Jg., 7: 30-35.
Hitzler, Ronald (1996b), Orientierungsprobleme, in: Leviathan 24: 272-286.
Hitzler, Ronald (1998), Posttraditionale Vergemeinschaftung, in: Berliner Debatte INITIAL 9: 81-89.
Hitzler, Ronald/Honer, Anne (1994), Bastelexistenz, in: Ulrich Beck/Elisabeth Beck-Gernsheim (Hrsg.): Riskante Freiheiten. Frankfurt/M.: 307-315.
Hitzler, Ronald/Pfadenhauer, Michaela (1997), Eine posttraditionale Gemeinschaft, in: Frank Hillebrandt/Georg Kneer/Klaus Kraemer (Hrsg.): Verlust der Sicherheit. Opladen: 83-102.
Hitzler, Ronald/Pfadenhauer, Michaela (1998), Existentielle Strategien, in: Sociologia Internationalis 36: 219-239.
Hitzler, Ronald/Pfadenhauer, Michaela (1999), »We are one different family«, in: Ulrich Beck/Marten Hajer/Sven Kesselring (Hrsg.): Der unsichtbare Ort der Politik. Opladen: 45-61.
Keupp, Heiner (1988), Riskante Chancen. Heidelberg.
Keupp, Heiner (1994), Psychologisches Handeln in der Risikogesellschaft. München.
Knoblauch, Hubert (1995), Kommunikationskultur. Berlin/New York.
Luhmann, Niklas (1996), Die Realität der Massenmedien. Opladen.
Müller-Schneider, Thomas (1996), Wandel der Milieustruktur in Deutschland, in: Zeitschrift für Soziologie 25: 190-206.
Neidhardt, Friedhelm (1983) (Hrsg.), Gruppensoziologie (SH 25 der KZfSS). Opladen.
Schulze, Gerhard (1992), Die Erlebnisgesellschaft. Frankfurt/M./New York.

Reproduktionsfallen hochindividualisierter Gesellschaften

Peter Franz

1. Vorbemerkung

Das Thema des Plenums »Individuen ohne Grenzen?« verleitet dazu, ihm entweder in der Weise nachzugehen, daß auszuloten versucht wird, inwieweit Individuen eine Zunahme von Optionen und damit verbundener Entscheidungsunsicherheiten »verkraften« können, ohne daß es zu Desintegrationsphänomenen auf Personen- und Gesellschaftsebene kommt. Programmatisch hierzu Gross: »Wer das nicht versucht, geht im Chaos der Möglichkeiten unter, stirbt im Overkill an Optionen« (1998: 14). Oder dem Thema wird in der Weise nachgegangen, daß herausgearbeitet wird, wie stark auch angeblich individualisierte Individuen von Formen der Vergemeinschaftung – quasi »hinter ihrem Rücken« (vgl. Hondrich in diesem Band) – geprägt werden.

Im vorliegenden Aufsatz wird keiner dieser beiden Wege beschritten. Stattdessen wird unterstellt, daß die Individuen durchaus die sich ihnen im Rahmen gesellschaftlicher Modernisierungsprozesse zuwachsenden Handlungsoptionen nutzen und in der Mehrzahl ihre Lebensführung eigenen Präferenzen entsprechend gestalten – also ihre Entscheidungsprobleme in der Regel meistern. Als problematisch aber wird gesehen, daß die Myriaden individueller Entscheidungen in der Summe und auf Dauer die Ausgangsbasis dafür untergraben, daß sich der gegenwärtige Modernisierungspfad linear weiterentwickelt: Hochindividualisierte Gesellschaften bekommen langfristig gesehen Schwierigkeiten, ihre Voraussetzungen, auf denen sie ruhen, zu reproduzieren.

2. Problemstellung und Ausgangsthesen

Gesellschaften, deren Mitglieder in einer Breite – historisch ohne Beispiel – über finanzielle, materielle, Bildungsressourcen, über Bewegungsfähigkeit im

Raum und damit über eine Vielzahl von Handlungsalternativen verfügen, gelten derzeit als die modernsten und fortgeschrittensten im Weltvergleich. Diese *»hochindividualisierten«* Gesellschaften besitzen für Außenstehende hohe Attraktivität zum einen als Gesellschaftsmodell und zum andern als potentieller Ort der Zuwanderung. Dies gilt trotz einer wachsenden Zahl von Risiken und Gefährdungen der Lebensweise in diesen Gesellschaften, von welchen die Umweltprobleme nur die prominentesten und am stärksten diskutierten sind.

Die sozialwissenschaftliche Forschung zu den Begleiterscheinungen von Individualisierungsprozessen hat sich bisher auf kurzfristige und allenfalls mittelfristige soziale Veränderungen konzentriert. Dazu gehören z.B. die zunehmende Pluralität von Lebensformen, der Rückgang bzw. die Verzögerung von Eheschließungen und Geburten, das Entstehen neuer Entscheidungsfreiräume und -zwänge in vormals »verregelten« Lebensbereichen. Hier wird indessen der Frage nachgegangen, welche *langfristigen* Konsequenzen sich aus einem intensiven und länger anhaltenden Individualisierungsschub ergeben. Es wird diesbezüglich die These vertreten und in einzelnen Schritten erläutert, daß der Fortbestand dieser hochindividualisierten Gesellschaften durch ein Zusammenwirken demographischer, sozialer und ökonomischer Faktoren gefährdet ist, die im folgenden noch genauer als *Reproduktionsfallen* angesprochen werden. Fallen stellen diese Wirkungsmechanismen insofern dar, als die Absichten und Handlungen der *einzelnen* Individuen selbst keinesfalls darauf zielen, die Grundlagen der eigenen Gesellschaft in Frage zu stellen, jedoch *in der Summe* nicht intendierte Folgewirkungen hervorrufen, welche die gesellschaftliche Reproduktion gefährden. Die Reproduktion einer Gesellschaft auf einem einmal erreichten Niveau wird dann gefährdet, wenn *quantitativ* die biologische Erzeugung von Nachwuchs ein bestimmtes Niveau unterschreitet, wenn *qualitativ* die Sozialisation heranwachsender und Akkulturation zugewanderter Gesellschaftsmitglieder ungenügend bleibt und wenn *materiell* private und öffentliche Unterstützungsleistungen für die heranwachsende Generation ungenügend bleiben.

Die These von den Reproduktionsfallen impliziert, daß zukünftig auch Modernisierungsrückschritte erfolgen können oder – etwas abgeschwächt –, daß zumindest der eingeschlagene Modernisierungspfad verlassen wird. In ähnlicher Weise wird auch in der Arbeit von Miegel/Wahl (1994) argumentiert, jedoch bleibt deren Perspektive weitgehend auf den Aspekt demographischer Reproduktionsprobleme begrenzt. Im Unterschied zum Autor plädieren Miegel/Wahl (1994) dafür, dem wachsenden Individualismus und sinkenden Geburtenzahlen durch eine pronatalistische Politik und die Förderung kommunitaristischer Elemente zu begegnen (vgl. dazu Abschn. 4).

3. Sechs Reproduktionsfallen hochindividualisierter Gesellschaften

Die im folgenden angesprochenen Zusammenhänge beruhen sämtlich auf Ergebnissen sozialwissenschaftlicher Forschung und sind für sich genommen nicht neu. Neuartig ist lediglich der Versuch ihrer Zusammenschau.

Reproduktionsfalle 1: *Hochindividualisierte Gesellschaften zeichnen sich dadurch aus, daß sie bei ihren Mitgliedern zugleich den Druck und den Wunsch erhöhen, stärker in die eigene Bildungs- und Berufskarriere zu investieren. Die hiermit verbundenen Anstrengungen und Belohnungen »überlagern« Partner-, Kinder- und Familienwünsche, ohne daß diese aufgegeben worden wären.*

Es gehört zur gesicherten demographischen Erkenntnis, daß in Gesellschaften mit fortgeschrittenen Individualisierungstendenzen die Geburtenraten zurückgehen und dauerhaft unterhalb des für ein »Null-Wachstum« notwendigen Reproduktionsniveaus von ca. 2,1 Kindern pro Frau verharren. Frauen und Männer sind länger in Prozesse der schulischen und beruflichen Ausbildung engagiert, und insbesondere Frauen konzentrieren sich stärker als früher auf Berufseinstieg, -wiedereinstieg und -karriere. Frauen haben von der Bildungsexpansion in besonderem Maße profitiert und die Männer im Erwerb von Bildungszertifikaten inzwischen übertroffen. Zugleich kommt ihnen der Trend einer zunehmenden Tertiärisierung des Beschäftigungssystems entgegen, da Berufe im Dienstleistungssektor von Frauen in besonderem Maße nachgefragt werden. Die demographischen Konsequenzen dieser rationalen, berufszentrierten Entscheidungen sind ein steigendes Erstheiratsalter und ein steigendes Alter bei der Erstgeburt sowie ein Rückgang der durchschnittlichen Kinderzahl pro Frau oder Paar. Dazu kommt, daß für die private Lebensplanung der Frauen Ehe und Mutterschaft nicht mehr alternativlos die Normalbiographie bestimmen müssen.

Diese gewachsene Zahl biographischer Alternativen hat auch Rückwirkungen auf das Anspruchsniveau bzgl. der Qualität von Partnerbeziehungen: Als nicht befriedigend erlebte Partnerschaften können mit einem geringeren Risiko aufgegeben werden, was wiederum die Wahrscheinlichkeit senkt, daß aus diesen Beziehungen Kinder hervorgehen. Die Reproduktionsfalle 1 spricht also den quantitativen Aspekt der Reproduktion an.

Reproduktionsfalle 2: *Angehörige der oberen sozialen Schichten lenken ihre Investitionen in stärkerem Ausmaß auf Bildungs- und Berufsziele als Angehörige niedrigerer sozialer Schichten und schränken daher ihre reproduktiven Handlungen stärker ein.*

Gerade die am stärksten in den Individualisierungsprozeß einbezogenen Bevölkerungsteile (Personen mit hohen Bildungsabschlüssen) verändern ihr generatives Verhalten am stärksten, während die davon am wenigsten erfaßten Bevölkerungsteile ihre Gewohnheiten eher beibehalten. Dies führt dazu, daß der Anteil der in den unteren Schichten geborenen Kinder im Lauf der Zeit immer stärker ins Gewicht fällt. Die in These 2 behaupteten schichtspezifischen Unterschiede sind nicht so stark, daß die Geburtenraten von Unterschichtfamilien das Geburtendefizit egalisieren könnten, doch führen sie mittelfristig dazu, daß ein steigender Anteil der Kleinkinder unter ungünstigen familiären und räumlichen Umweltbedingungen aufwächst. Dieser Umstand wird von Kinderschutzorganisationen in verschiedenen Ländern beklagt, wurde vor kurzem auch in einer Untersuchung des US-amerikanischen Wirtschaftsministeriums herausgefunden und ist Ergebnis des Ende 1998 veröffentlichten neuen Jugendberichts für das Bonner Familienministerium. Somit zeigt sich in hochindividualisierten Gesellschaften der paradoxe Trend, daß bei hohem oder sogar noch steigendem Wohlstand ein zunehmender Anteil der Kinder unter ungünstigen äußeren Bedingungen heranwächst (Lichter 1997: 135). Eine weitere Dimension dieser Paradoxie liegt darin, daß man bei einer gesellschaftsweiten Befragung wohl niemanden fände, der für verschlechterte kindliche Sozialisationsbedingungen plädieren würde. Trotzdem findet diese Entwicklung statt.

Ein möglicher Weg, um »ungünstige äußere Bedingungen« zu operationalisieren, besteht darin, den Anteil von Sozialhilfeempfängern in bestimmten Altersgruppen zu ermitteln. Mit Hilfe der beiden Abbildungen 1 und 2 lassen sich am Beispiel des Landes Sachsen-Anhalt die Verteilung der Bevölkerung (Abbildung 1) und die Verteilung der Sozialhilfeempfänger (Hilfe zum Lebensunterhalt, Abbildung 2) miteinander vergleichen. Hier ist zu erkennen, daß die Gruppe der unter 15jährigen mit Abstand die höchsten Anteilswerte aufweist, gefolgt von den 15- bis 30jährigen. Unter den älteren Personen über 60 sind hingegen Sozialhilfeempfänger sehr selten vertreten.

Für einen zunehmenden Teil der Kinder in hochindividualisierten Gesellschaften sind die Sozialisationsbedingungen systematisch »unmoderner« als die Lebensbedingungen der Gesamtheit der Erwachsenen. Dies hat wiederum Auswirkungen auf die Qualität der unter solchen Bedingungen stattfindenden Sozialisationsprozesse.

Abbildung 1: Bevölkerung von Sachsen-Anhalt am 31.12.1996

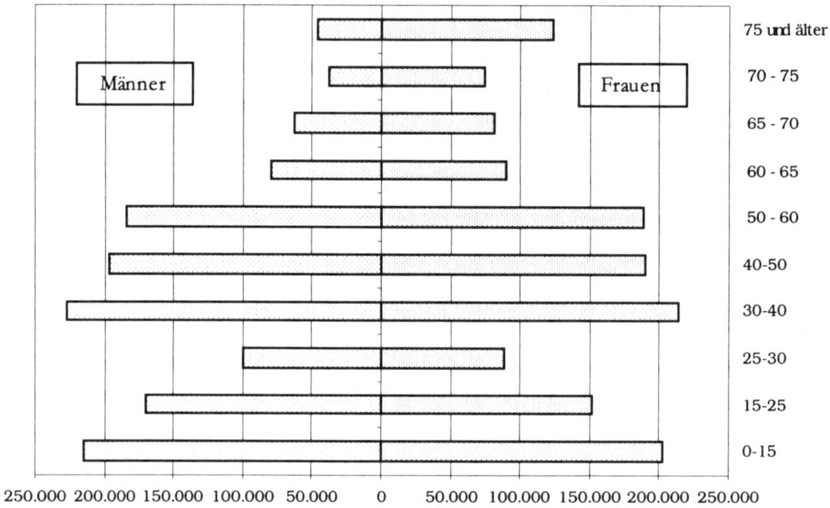

Abbildung 2: Sozialhilfeempfänger in Sachsen-Anhalt außerhalb von und in Einrichtungen am 31.12.1996

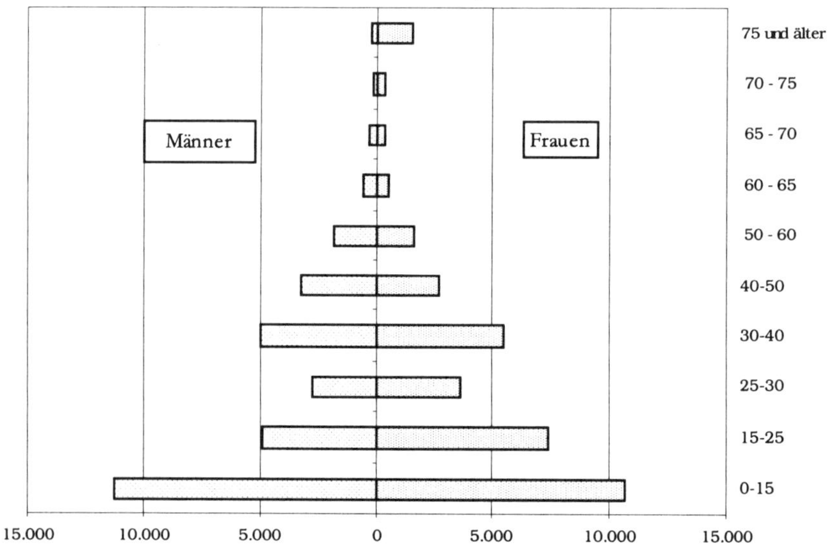

Reproduktionsfalle 3: *Gesellschaften, die längere Zeit unter dem zur Bestandserhaltung notwendigen Reproduktionsniveau bleiben, »überaltern« und entziehen aufgrund politischer Transferentscheidungen zugunsten der älteren Generation dem Nachwuchs zusätzliche Ressourcen.*

Die seit einiger Zeit stabile Tendenz des wachsenden Durchschnittsalters der Bevölkerung und vor allem des wachsenden Anteils alter und sehr alter Menschen wird in der politischen Öffentlichkeit bisher vorwiegend unter dem Thema der zukünftigen Rentensicherheit problematisiert. Seltener, doch inzwischen deutlicher vernehmbar sind Stimmen, die bereits für die Gegenwart eine Schieflage von Ressourcen oder öffentlicher Transfers, die an Rentner und Pensionäre fließen, und von Ressourcen, die den Familien und damit indirekt den Kindern zugutekommen, diagnostizieren. Während Kinder – allseits beklagt – nach wie vor »keine Lobby haben«, läßt auf der anderen Seite schon allein die Beschwörung des Stereotyps des(r) »armen, alten Rentners(in)« Politiker vor einer stärkeren Begrenzung der auf Dauer gestellten Rentenzuwächse zurückschrecken. Die Kategorie der über 65jährigen gehört insgesamt gesehen von ihrer Ressourcenausstattung (Pro-Kopf-Einkommen, Grund- und Geldvermögen) her inzwischen zu den privilegierten Bevölkerungsgruppen und profitiert in zunehmendem Maße von Versicherungsleistungen, die überwiegend aus den Taschen der Jüngeren bestritten werden. Die Tendenz von politischen Entscheidungen zugunsten Älterer wird noch gefördert durch die wachsenden Anteile alter Mitglieder in den politischen Parteien.

Garrett/Mitchell (1995) kommen in einer Studie über die Entwicklung von Transferleistungen in 14 OECD-Ländern zu dem Ergebnis, daß sich zwischen 1965 und 1990 die Pro-Empfänger-Leistungen an Rentner von knapp unter 4.000 US-$ (in Preisen von 1980) auf knapp unter 9.000 US-$ mehr als verdoppelt haben, während die kinderbezogenen Leistungen an Familien im gleichen Zeitraum von ca. 300 US-$ auf knapp unter 1.000 US-$ gestiegen sind (1995: 10-13). Der Abstand der Leistungen pro Empfänger zwischen diesen beiden Gruppen hat sich somit über 25 Jahre von 3.700 auf 8.000 US-$ ausgeweitet.

Reproduktionsfalle 4: *Gesellschaften mit niedrigen Geburtenraten und hohem Wohlstandsniveau stellen ein hochattraktives Zuwanderungsziel für Mitglieder von Gesellschaften mit niedrigerem Wohlstandsniveau dar.*

Aus der Migrationsforschung ist bekannt, daß große Wohlstandsgefälle Zuwanderungsströme erzeugen, die langfristig auch durch noch so perfekte Grenzkontrollen nicht versiegen. Diese »Arbeitsmigranten« besetzen zunächst die von Einheimischen wenig nachgefragten Berufspositionen mit geringem Prestige (Unterschichtung; Hoffmann-Nowotny 1973) und verbessern mit ihrem anfangs traditionell orientierten, generativen Verhalten quantitativ gesehen das Reproduktionsniveau der Zuwanderungsgesellschaft. In qualitativer Hinsicht steigt mit der Zuwanderung größerer Gruppen von Ausländern der Akkulturationsbedarf. Verschiedene Anzeichen weisen darauf hin, daß in den europäischen Gesellschaften die Akkulturation nicht entsprechend dem »Melting pot«-Modell verläuft und sich vor allem in den Städten subkulturelle Inseln verfestigen, deren Mitglieder »individualisierungsabstinent« bleiben.

Dies mag bei geringen Zahlen noch exotisch oder »multi-kulturell« anmuten, birgt bei anschwellender Zuwanderung jedoch die Gefahr heftiger kultureller Konflikte, deren Lösung den Einsatz von Mitteln und Formen staatlicher Gewalt erzwingen, die gegenüber dem erreichten Konfliktbearbeitungsniveau hochindividualisierter Gesellschaften einen Rückschritt darstellen. Dubiel (1997) und Hirschman (1994) weisen darauf hin, daß der Modus sozialer Integration über Konfliktaustragung bei interkulturellen Konflikten nicht wirksam ist, da sie sich schlecht in politisch bearbeitbare und verhandelbare, teilbare Konflikte auflösen lassen. Darüber hinaus verschlechtern sich in subkulturellen Inseln die Zugangschancen Heranwachsender zu Berufspositionen der Aufnahmegesellschaft, was den Anstieg der Jugendkriminalität begünstigt (Pfeiffer et al. 1998). Als Symptom einer gescheiterten Integration werten die Autoren, daß unter den straffällig gewordenen ausländischen Jugendlichen jene Gruppe besonders herausragt, die schon länger als fünf Jahre in Deutschland wohnt oder gar hier geboren ist.

In der Vergangenheit sind Migranten nicht »individualisierungsabstinent« geblieben, wie die rasche Anpassung der Geburtenraten von Migrantinnen an das deutsche Niveau zeigt. Nauck (1994: 211) stellt fest, daß zwischen 1975 und 1985 die Geburtenziffern der Migrantinnen um ein Drittel bis über 50% zurückgegangen sind.

Durch den Bevölkerungsimport stellt sich eine zusätzliche Pluralisierung von Lebenslagen in modernen Gesellschaften ein. Das Spektrum der Lebensstile wird in hochindividualisierten Gesellschaften also nicht nur um »individualisiertere« Varianten erweitert, sondern auch um traditionale Lebensstile – was von den Individualisierungstheoretikern bisher zumeist übersehen worden ist (Nauck 1994: 206-207). Paradoxerweise ereignet sich diese Traditionalisierung der Lebensführung gerade in den Ballungszentren, die eigentlich als Wegbereiter und Vorreiter von Modernisierungsprozessen gelten.

Reproduktionsfalle 5: *Personen mit stark individualisierter Lebensweise sind in ihrem Bemühen, den eigenen Nachwuchs zu sozialisieren, restringiert, da a) in den immer häufiger auftretenden Ein-Kind-Familien die Tendenz einer emotionalen Überfrachtung der Eltern-Kind-Kontakte wächst und b) diese Personen angesichts schwindender normativer Sicherheiten immer seltener in der Lage sind, ihrem Nachwuchs »normative Mustervorlagen« zu vermitteln.*

Gerade die steigende Intimität der Eltern-Kind-Beziehungen – vorzugsweise in den kindzentrierten Familien – läßt auch Prozesse der Ablösung schwieriger und riskanter verlaufen. Angesichts der sich über immer längere Zeiträume erstreckenden Ausbildungsphasen steigen die Anforderungen, eine Balance zwischen Autonomieanspruch der Heranwachsenden und anhaltender ökonomischer Abhängigkeit vom Elternhaus zu finden. Einzelkinder haben keine Möglichkeit, bei Familienkonflikten auf Geschwisterbeziehungen zurückzugreifen und sind stärker auf Hilfe von außen angewiesen, um Erfahrungen sozialen Lernens und des solidarischen Umgangs machen zu können.

Ein hoher Individualisierungsgrad macht untauglicher für autoritäre Verhaltensweisen. Eltern begegnen ihren Kindern häufiger partnerschaftlich, sind aber auch immer weniger in der Lage, Verhaltensvorbilder und »normative Mustervorlagen« zu liefern, an denen sich vor allem Jugendliche orientieren können. Diese Beliebigkeit erzeugt bei Jugendlichen vermehrt Unsicherheit sowie normenaustestende Devianz (Franz 1997: 16) und steigert den Zulauf zu Gruppen und Sekten mit einfachen und kompletten Regelsystemen.

Hochindividualisierte Gesellschaften weisen in der Regel auch Merkmale *post-industrieller* Gesellschaften (im Sinne von D. Bell) auf. Mit der zunehmenden Tertiärisierung der Arbeitsplätze sind auch veränderte Anforderungen im Bereich der beruflichen Sozialisation verbunden, die vor allem dem Nachwuchs der Industriearbeiterschaft Neuorientierungen abverlangt.

Reproduktionsfalle 6: *Mit dem Tertiärisierungsprozeß geht in post-industriellen Gesellschaften ein Wandel der Anforderungen in der beruflichen Sozialisation einher, von dem vor allem Angehörige von Industriearbeiter-Haushalten betroffen sind.*

Infolge des Trends, daß selbst traditionelle Industrieunternehmen ihre fordistisch geprägte Massenproduktion zunehmend aufgeben, in lohnkostengünstigere Länder verlagern und tendentiell zu »blaupausenproduzierenden« Unternehmen mutieren, fallen vor allem die »low skill«-Industriearbeitsplätze weg. Für den Nachwuchs der Industriearbeiterschaft bedeutet dies, daß sie mit der Entscheidung konfrontiert werden, entweder ihre Ausbildungsanstrengungen zu verstärken, um in den beständigeren Sektor höherqualifizierter Berufe zu gelangen, oder in demjenigen Teil des Dienstleistungssektors tätig zu werden, welcher durch geringe qualifikatorische Anforderungen und Niedrigeinkommen geprägt ist (»Mc Jobs«) (vgl. die Beiträge in Westhoff 1995). Diese notwendige Umorientierung kann um so problematischer verlaufen, je persistenter Industriearbeiter-Milieus sind und je niedriger der Status einfacher Dienstleistungstätigkeiten eingeschätzt wird. Die mit diesen Entscheidungszwängen konfrontierten Jugendlichen können in die Dilemmasituation geraten, daß sie einerseits am geforderten höheren Qualifikationsniveau scheitern, andererseits Tätigkeiten im Bereich einfacher Dienstleistungen als Deklassierung erleben. Hiermit entsteht ein Potential für anomische Situationen und kollektive Aggressionen bei bestimmten Gruppen Jugendlicher (Arbeitsgemeinschaft 1998).

4. Einige prognostische und politische Schlußfolgerungen

Die Gültigkeit dieser Thesen vorausgesetzt, ist der gegenwärtige Entwicklungsstand hochindividualisierter Gesellschaften als historische Ausnahme und nicht als erfolgversprechende Basis zu einer Weiterentwicklung in die gleiche Richtung zu beurteilen. Sie sind in ihrem Fortbestand mehr in qualitativer denn in quantitativer Hinsicht bedroht, da Bevölkerungsverluste durch Zuwanderungen normalerweise mehr als ausgeglichen werden. Es ist jedoch nicht gleichgültig, welchen kulturellen und mentalen Hintergrund der »personelle Ersatz« mit sich führt, sobald dieser zahlenmäßig anwächst. Noch schwerer wiegt das zunehmende Unvermögen, dem einheimischen Nachwuchs sozialisatorisch die psycho-sozialen Voraussetzungen für ein Weiterschreiten auf dem Entwicklungspfad der Individualisierung zu vermitteln. Somit wohnt dem Individualisierungsprozeß eine Tendenz zur »Selbstauslöschung« inne, und es stellt sich die interessante Frage, ob langfristig robustere Strukturen wie Ethnie, Gemeinschaft, Familie und Sippe eine größere Überlebenswahrscheinlichkeit haben und zukünftig das Leben der Menschen wieder stärker prägen werden.

Abschließend soll noch kurz darauf eingegangen werden, welche Handlungsanforderungen aus den dargestellten Reproduktionsfallen für die Politik resultieren und über welches Instrumentarium sie verfügt, um einen Ausweg aus den Reproduktionsproblemen zu reduzieren. Die Diskussion beschränkt sich hierbei auf den Fall der bundesdeutschen Gesellschaft. An dieser Stelle ist darauf hinzuweisen, daß mit dem Terminus der »Reproduktionsfalle« eine gesellschaftliche Dilemmasituation angesprochen ist. »In einem sozialen Dilemma sind nicht die Handlungsgesinnungen, sondern die Handlungsbedingungen für das Ergebnis verantwortlich. Hier sind personale Zurechnungen kategoral verfehlt und allein eine Zurechnung auf institutionelle Fehlanreize angebracht« (Pies 1998: 126). Lösungen für Dilemmasituationen sind also nicht in moralischen Appellen (z.B. mit dem Ziel, die Geburtenzahl zu erhöhen) oder der Errichtung von Zwängen für Individuen (z.B. durch Gesetze mit verstärkter Sanktionsandrohung) zu suchen, sondern vielmehr in einer Veränderung institutioneller Arrangements. Auch Versuche, kommunitaristische Elemente wieder in die Gesellschaft einzuführen – um damit quasi das Rad fortgeschrittener Individualisierung zurückzudrehen –, stellen keinen probaten Ausweg aus solchen Dilemmasituationen dar, da diese letztlich auf die Wirksamkeit moralischer Appelle setzen.

In politischer Hinsicht sind es vor allem drei große Handlungsfelder, die dazu führen könnten, daß sich am Horizont eine andere gesellschaftliche Zukunft abzeichnet als von vielen erwünscht. Diese sind zum ersten die Defizite Deutschlands als Einwanderungsgesellschaft, zum zweiten Bedrohungen des derzeit noch geschätzten liberalen Staats und zum dritten die prekäre Situation der Jugendlichen beim Übergang vom Bildungs- in das Berufssystem.

Aus den bisher vorgestellten Thesen ergibt sich, daß das quantitative Reproduktionsproblem in Deutschland auf absehbare Zeit vorwiegend mittels Migration gelöst wird. Es erscheint derzeit unvorstellbar, daß eine irgendwie geartete pronatalistische Politik in der Lage wäre, dem anstehenden Bevölkerungsrückgang entgegenzuwirken.

Berechnungen des Statistischen Bundesamts haben ergeben, daß bis zum Jahr 2030 ein Einwanderungsüberschuß von ca. 392.000 Personen jährlich erzielt werden müßte, um die Bevölkerung auf etwa dem Stand von knapp 80 Millionen zu halten (Miegel/Wahl 1994: 97-100). Dies wiederum bezieht sich nur auf den Saldo von Zu- und Abwanderungen – die Zuwanderung selbst läge also insgesamt noch höher. Diese enorme Zahl verdeutlicht die Integrationsprobleme, die auf die deutsche Gesellschaft zukommen, selbst dann, wenn die Zuwanderung deutlich geringer ausfallen sollte. Dieser Integrationsbedarf entsteht in einer Gesellschaft, die sich in weiten Teilen noch nicht als »Einwanderungsgesellschaft« versteht und Ausländern gegenüber im Durchschnitt stärkere Vorbehalte entgegenbringt als z.B. die US-amerikanische Gesellschaft (Ostendorf 1996). Die in den letzten Jahren in Gang gekommene Diskussion um das Leitbild einer »multi-kulturellen Gesellschaft« ist bisher weitgehend auf die großen Ballungszentren beschränkt geblieben und kann nicht als allgemein akzeptiertes Leitbild gelten.

Wer einmal für längere Zeit in den USA gewesen ist, weiß, daß dort eine Vielzahl von Organisationen existieren, die darauf spezialisiert sind, Neuankömmlingen das Einleben und die Orientierung in der neuen Umwelt zu erleichtern. Eine vergleichbare Integrations-Infrastruktur fehlt in Deutschland weitgehend. Dies hat zur Wirkung, daß Migranten zum großen Teil auf Informationen von Angehörigen ihrer eignen Ethnie oder Nation angewiesen sind und so von vornherein stärker in Richtung auf Zugehörigkeit zu einer Subkultur sozialisiert werden. Dies bedeutet, daß die Chancen, das Ziel einer weitgehenden Integration zu erreichen, erst einmal geringer werden. Im Vergleich zu den USA kommt in Deutschland hinzu, daß hier die integrationsfördernde Wirkung einer gesellschaftlichen Idealvorstellung weniger stark ausgeprägt ist, d.h. der Mythos einer Gesellschaft, die individuelle Freiheit, Lebensraum und Aufstieg durch Leistung verheißt.

In der Bundesrepublik hat sich im Verlauf von vier Jahrzehnten ein Selbstverständnis eines liberalen Rechtsstaats herausgebildet, der bisher auch relativ intensive Konfliktsituationen überdauert hat. Ein Markenzeichen dieser Liberalität ist die gegenüber Minderheiten geübte Toleranz. Dieses im Verlauf von vier Jahrzehnten entstandene Gut ist auf Dauer bedroht, sollten sich angesichts der Wahrnehmung zunehmender gesellschaftlicher Konfliktbelastung regelmäßig die Befürworter repressiver Strategien auf politischer Ebene durchsetzen. Dies gilt zum einen im Hinblick auf Konflikte, die durch Migranten importiert werden. Toleranz gegenüber abweichendem Verhalten von Minderheiten wird in Frage gestellt, sobald die Minderheiten anwachsen und/ oder sobald diese Konflikte in einer Form austragen, die den Grundkonsens des demokratischen Rechtsstaats verletzt wie z.B. in den Auseinandersetzungen zwischen Türken und Kurden Mitte der 90er Jahre (vgl. zu dieser Problematik auch Nunner-Winkler 1997: 392-398). Dies gilt zum anderen für politische Reaktionen gegenüber hausgemachten Konfliktlagen wie etwa vermehrte Jugendkriminalität. Noch sind für uns abendliche Ausgehverbote für Jugendliche schwer vorstellbar, aber der Blick in andere Länder zeigt, daß solche Maßnahmen bereits vereinzelt praktiziert werden. Neue vom Staat gesetzte Restriktionen tragen in der Summe dazu bei, die Optionen der Individuen zu reduzieren und die Richtung gegenwärtig noch dominanter Modernisierungs- und Individualisierungspfade deutlich zu verändern.

Für den Vorgang der Reproduktion einer Gesellschaft ist der Übergang der Jugendkohorten vom Bildungs- ins Berufssystem von hoher strategischer Bedeutung. Steigende Raten der Jugendarbeitslosigkeit und der verstärkte Inanspruchnahme der Sozialhilfe durch Jugendliche deuten darauf hin, daß mit diesem Übergang starke Friktionen verbunden sind. Auf die prekäre Situation der Jugendlichen hat vor kurzem ein Aufruf namhafter deutscher Sozialwissenschaftler aufmerksam gemacht (Arbeitsgemeinschaft 1998). Die Autoren prognostizieren, daß mittelfristig »die Konsequenzen der Ausgrenzung großer

Gruppen von Jugendlichen auf dem Arbeitsmarkt ... in Form von Verelendung, Slumbildung und Bandenkriminalität auch die Sicherheit und das Lebensgefühl der gesellschaftlichen Gruppen beeinträchtigen, die mit ihrer qualifizierten Arbeitskraft oder durch ihren ererbten Besitz (noch) konkurrenzfähig sind« (Arbeitsgemeinschaft 1998: 5). Hiermit verweisen sie auf negative Langzeitwirkungen mißlingender Übergänge aus der Schule in die Berufswelt und plädieren in acht Thesen für ein intensiveres, staatliches und unternehmerisches Engagement im Bildungs- und Ausbildungsbereich.

Abschließend bleibt noch darauf hinzuweisen, daß die oben vorgestellten Thesen zu den Reproduktionsfallen noch zahlreiche weitere Implikationen für politischen Handlungsbedarf enthalten, aber aus Platzgründen hier nicht ausgebreitet werden können.

Literatur

Arbeitsgemeinschaft sozialwissenschaftlicher Forschung und Weiterbildung an der Universität Trier (1998), Zukunftsinvestition Jugend – Acht Thesen für eine Bildungs-, Arbeitsmarkt- und Jugendpolitik. Trier. (http://www.uni-trier.de/~asw/news.htm)

Dubiel, Helmut (1997), Unversöhnlichkeit und Demokratie, in: Werner Heitmeyer (Hrsg.): Was hält die Gesellschaft zusammen? Bundesrepublik Deutschland: Auf dem Weg von der Konsens- zur Konfliktgesellschaft. Frankfurt/M.

Esser, Hartmut (1988), Ethnische Differenzierung und moderne Gesellschaft, in: Zeitschrift für Soziologie 17: 235-250.

Esser, Hartmut (1997), Die Entstehung ethnischer Konflikte, in: Stefan Hradil (Hrsg.): Differenz und Integration. Die Zukunft moderner Gesellschaften, Verhandlungen des 28. Kongresses der DGS. Frankfurt/M./New York.

Franz, Peter (1997), Soziale Kontrolle ohne Kontrolleure? Veränderungstendenzen der Formen und des Konzepts sozialer Kontrolle, in: Soziale Probleme 5: 3-23.

Garrett, Geoffrey/Mitchell, Deborah (1995), Globalization and the Welfare State: Income Transfers in the Industrial Democracies, 1965-1990, Canberra. CEPR Discussion Paper Nr. 330.

Gross, Peter (1998), Außer Kontrolle?! Individualisierung, Pluralisierung und Entscheidung, unveröff. Ms.

Hirschman, Albert O. (1994), Wieviel Gemeinsinn braucht die liberale Gesellschaft? In: Leviathan 22: 293-305.

Hoffmann-Nowotny, Hans-Joachim (1973), Soziologie des Fremdarbeiterproblems, Stuttgart.

Lichter, Daniel T. (1997), Poverty and Inequality among Children, in: Annual Review of Sociology 23: 121-145.

Miegel, Meinhard/Wahl, Stefanie (1994), Das Ende des Individualismus. Die Kultur des Westens zerstört sich selbst. 2. Aufl., München/Landsberg.

Nauck, Bernhard (1994), Die (Reproduktions-)Arbeit tun die anderen oder: Welchen Beitrag leisten Gruppen traditionaler Lebensführung für die Entstehung moderner Lebensstile? In: Berliner Journal für Soziologie 4: 203-216.

Nunner-Winkler, Gertrud (1997), Zurück zu Durkheim? Geteilte Werte als Basis gesellschaftlichen Zusammenhalts, in: Werner Heitmeyer (Hrsg.): Was hält die Gesellschaft zusammen? Bundesrepublik Deutschland: Auf dem Weg von der Konsens- zur Konfliktgesellschaft. Frankfurt/M.

Ostendorf, Bernd (1996), Probleme mit der Differenz, in: Werner Heitmeyer/Rainer Dollase (Hrsg.): Die bedrängte Toleranz. Frankfurt/M.

Pfeiffer, Christian et al. (1998), Ausgrenzung, Gewalt und Kriminalität im Leben junger Menschen. Kinder und Jugendliche als Opfer und Täter. Hannover (Forschungsbericht des Kriminologischen Instituts Niedersachsen).

Pies, Ingo (1998), Theoretische Grundlagen einer Konzeption der sozialen Marktwirtschaft, in: Dieter Cassel (Hrsg.): 50 Jahre soziale Marktwirtschaft. Ordnungstheoretische Grundlagen, Realisierungsprobleme und Zukunftsperspektiven einer wirtschaftspolitischen Konzeption. Stuttgart.

Westhoff, Gisela (1995) (Hrsg.), Übergänge von der Ausbildung in den Beruf. Die Situation an der zweiten Schwelle Mitte der neunziger Jahre. Bielefeld (Tagungen und Expertengespräche zur beruflichen Bildung hrsgg. vom BIBB, H. 23).

Hinter den Rücken der Individuen – Gemeinschaftsbildung ohne Ende

Karl Otto Hondrich

Daß moderne Gesellschaften »hochindividualisiert« seien und sich immer weiter »individualisieren«, gehört zu den unhinterfragten Allgemeinplätzen im soziologischen Diskurs. Alle möglichen Probleme werden auf Individualisierung zurückgeführt; darunter auch das der »Reproduktionsfallen«, in die sich Industriegesellschaften, aller Produktivität zum Trotz – oder gerade wegen ihr! – hineinmanövrieren: Biologisch, sozialisatorisch, ja sogar materiell kommen sie für ihren Nachwuchs nicht oder nur ungenügend auf, wie Peter Franz in einer eindrucksvollen Analyse zeigt (»Reproduktionsfallen hochindustrialisierter und postindustrieller Gesellschaften«, Vortrag auf dem 29. Kongreß für Soziologie der DGS, 1998). Damit ist ein, wenn nicht *das* Problem moderner Gesellschaften benannt. Aber hat es, wie der Titel suggeriert, etwas mit Individualisierung zu tun? Mitnichten. Geburtenrückgang ist weder Folge von Individualisierung, noch führt sie dazu. Das mag verblüffen. Denn könnte es einen zwingenderen Grund für Individualisierung geben als den, daß der reproduktiv erlahmenden Gesellschaft die Menschen, das Substrat aller Sozialität, ausgehen – und somit das Gemeinschaftsleben einfach mangels Masse versiegt? Selbst in diesem Grenzfall, so wird sich zeigen, wird nicht Individualisierung, sondern deren Gegenteil, nämlich Vergemeinschaftung unser Leben bestimmen. Auch in der Reproduktionsfalle reproduziert sich Vergemeinschaftung. Sie ist der unverwüstliche Grundtatbestand allen menschlichen Lebens. Was wir Individualisierung nennen, ist selbst, wie man bei Georg Simmel nachlesen kann, ein Produkt der Zugehörigkeit zu sich kreuzenden, sozialen Kreisen. Vergemeinschaftung schafft sich selbstbewußte Individuen, um sich ihrer zu bedienen. Auch wenn die Individuen und ihre Theoretiker, gleichsam über-selbstbewußt, das Bewußtsein für die sie tragenden Gemeinschaften verlieren, reproduzieren sie diese Gemeinschaften – unbewußt und ungewollt.

Ich nehme das Problem der »Reproduktionsfallen« zum Anlaß, um über soziale Grundprozesse nachzudenken. Dabei argumentiere ich weniger gegen einzelne Theoretiker der Individualisierung als gegen eine Vorstellung von sozialer Entwicklung, die sich tief in unser okzidentales Selbstverständnis eingegraben hat. Es ist dies die Vorstellung, daß gemeinschaftliche Lebensformen in gesellschaftliche übergehen und daß der/die einzelne dabei von sozialen Herkunftsbindungen und Zwängen immer mehr freigesetzt werde. Die sozialwissenschaftlichen Klassiker von Marx über Durkheim bis zu Parsons haben diese Evolutions-Idee der Individualisierung genährt. Sie tritt in unterschiedlichen Formulierungen auf, aber immer mit einem Anspruch auf Evidenz, der jeden Einspruch aussichtslos erscheinen läßt.

Individualisierung bedeutet in der aktuellen Diskussion:

- Erstens: eine Erosion normativer Verbindlichkeiten oder moralischer Gefühle, die sich in Zweck- oder Wertrationalität verwandeln;
- Zweitens: eine Entgrenzung von kleinräumigen Zugehörigkeiten in globaler Vergesellschaftung;
- Drittens und hauptsächlich eine Befreiung von der Vergangenheit. Enttraditionalisierung heißt die Zauberformel. Bindungen der Herkunft werden, so die landläufige Vorstellung, durch Bindungen der Wahl, durch »Bastelbiographien«, ersetzt.
- Viertens schließlich meinen die Theoretiker der Individualisierung, daß sich diese Prozesse immer mehr als bewußte, reflektierte vollziehen.

Demgegenüber will ich zeigen, daß die vier Grundvorgänge des sozialen Lebens dialektische sind. Sie begrenzen sich selbst, indem sie ihre eigenen Gegenbewegungen hervorbringen, Vergemeinschaftungen eben:

- Normative Verbindlichkeiten und die moralischen Gefühle, auf denen sie beruhen, verstärken sich, statt sich abzuschwächen.
- Weit entfernt davon, Gemeinschaft aufzulösen, zieht globale Vergesellschaftung Gemeinschaftsbildung nach sich; sie erweitert und vervielfältigt Herkunftsgemeinschaften.
- Traditionen lösen sich nicht auf, sondern verlängern und vertiefen sich als ungewollte Folge von vermehrten Optionen.
- Und schließlich: Alle diese Prozesse der Gemeinschaftsbildung werden immer mehr zu unbewußten, verborgenen, ja verdrängten.

In kaum einer Lebensfrage scheinen die Menschen heute freier entscheiden zu können als in der Frage, ob, wann und wie viele Kinder sie bekommen sollen. Künstliche Befruchtung und die Fortschritte der Verhütungstechnologie haben diese Freiräume erweitert, insbesondere für die einzelne Frau. Der Sozialstaat sorgt für Absicherung in Notfällen, und normative Zwänge für oder gegen Heirat, für oder gegen Kinderkriegen lassen sich kaum noch ausmachen. Was liegt näher, als gerade in erweiterten Optionsräumen und verringerten normativen Verbindlichkeiten die Ursache für den Geburtenrückgang und die Kinderarmut – nicht Kinderlosigkeit – moderner Gesellschaften zu sehen? Fragt man allerdings: Wo sind die normativen Zwänge geblieben?, dann kommt man zu einem erstaunlichen Ergebnis: Sie sind hinter die Entscheidungsfreiheit der Individuen zurückgetreten, um von dort, hinter deren Rükken, ihre Verbindlichkeit unauffälliger, aber umso zwingender zur Geltung zu bringen.

Um nur einige der zu Selbstverständlichkeiten geronnenen Zwänge zu nennen:

- Männer *und* Frauen sollen die bestmögliche, das heißt eine lange Ausbildung haben;
- Beide sollen einen Beruf, und zwar einen modernen Beruf haben; sie sollen die Lust und Last der Familie partnerschaftlich teilen.

Das alles hat eine normative Verbindlichkeit, der sich heute niemand mehr entziehen kann, es sei denn um den Preis, sich selbst unmöglich zu machen. Könnte eine junge Frau allen Ernstes sagen »ich will keine Ausbildung, ich will keinen Beruf, ich will vier Kinder«? Ihre Eltern, sogar die Großeltern, ihre Lehrer, ihre Freundinnen und auch ihr Freund würden ihr etwas anderes sagen. Ihr Freund oder ihr Mann – darin personifiziert sich die stärkste normative Verbindlichkeit, die die scheinbar sich individualisierende Gesellschaft aufzubieten hat. Es ist dies die Norm: Kinder müssen aus einem Konsens hervorgehen.

Man wird sofort einwenden: Gerade heute gibt es doch die stolz-eigenständige Frau, die für sich allein ein Kind plant, austrägt, finanziert, großzieht. Es gibt sie: Hut ab. Aber sie ist eine Außenseiterin, die Ausnahme von der Regel. Das wird sich nicht ändern, weil es materielle, berechenbare Gründe hat: Wenn schon das Elternpaar als Zweiergemeinschaft heute ausrechnen kann, daß es sich ein Kind nicht leisten kann, ohne seinen Lebensstandard absolut und relativ zu senken, wieviel mehr trifft dies auf die alleinerziehende Mutter zu! Oft muß sie die Sozialstaatsgemeinschaft in Anspruch nehmen. Auch ein Zeichen dafür, daß Individualisierung nur von einer Abhängigkeit in eine andere führt und daß sie Normen kollektiver Unterstützung nicht auflöst, sondern aufruft.

Aber nicht darum geht es hier. Sondern um die Konsensnorm, also die Verbindlichkeit, mit der heute von Mutter und Vater verlangt wird, daß sie sich auf die Geburt eines Kindes einigen. Dieser Einigungszwang wächst in dem Maße, in dem die Chance wächst, in individueller Entscheidung, ohne oder gegen den Willen des anderen, ein Kind zu bekommen oder auch nicht. Gerade weil heute das Element des Zufalls aus der Schwangerschaft weitgehend auszuschalten ist – auch das ein normativer Zwang, der auf beiden lastet – wirkt eine nicht einvernehmlich entstehende Schwangerschaft wie ein Vertrauensbruch und weckt ganz starke moralische Gefühle: Eine Frau gegen ihren Willen zu schwängern, gilt als ebenso verwerflich wie einem Mann, volkstümlich gesprochen, »ein Kind anzudrehn«.

Die Verpflichtung zum Konsens wächst also mit der Möglichkeit zu eigenwilligen Entscheidungen. Und es sind nicht die individuellen Wahlmöglichkeiten, sondern die normativen Zwänge im Hintergrund, die das Zepter schwingen und uns in die »Reproduktionsfalle« geleiten: Erst führen eigene Bildungs- und Berufszwänge dazu, den Kinderwunsch aufzuschieben, dann sind es die Berufszwänge des Partners, dann genügt die Partnerschaft selbst nicht mehr hochgespannten Harmonie-Normen, dann überdeckt eine Verstimmung des Paares seine mögliche Übereinstimmung im Kinderwunsch, dann zerbricht die Partnerschaft und eine fieberhafte Neusuche beginnt, erneut treten die altbekannten Konsenszwänge auf usw.

Zu Zeiten, in denen Kinderkriegen als Schicksal oder Glück oder bittere Notwendigkeit hingenommen wurde, gab es den normativen Zwang zum Konsens des Paares noch nicht. Die normativen Zwänge sind also nicht immer da gewesen. Sie bilden sich erst in dem Maße, in dem die Freiheit der einzelnen, auch gegen den Willen des Partners zu entscheiden, wächst.

Ist es nicht gerade diese Entscheidungsfreiheit, die den innersten Kern aller Normativität und sozialen Kontrolle, nämlich die kollektiven Gefühle, aushöhlt? Soziale Normen sind ja nur so stark wie die Gefühle der Entrüstung, die sie erregen, sofern sie verletzt werden. Sie mögen noch so sachlich und argumentativ daherkommen, wenn sie nicht aus Gefühlen gespeist werden, sind sie nichts. Die genuine Quelle unserer moralischen Gefühle, die Beziehungen zwischen Eltern und Kindern, wird allerdings durch den Geburtenrückgang nicht verschüttet. Im Gegenteil: Ein oder zwei Kinder sollen ja sein – und an diesen wenigen bildet sich die Affektivität der Eltern-Kind-Bindung umso stärker aus. (Ob das eine »Gefühlsüberlastung« ist, wollen wir dahingestellt sein lassen; in solchen Wertungen steckt viel kulturkritischer Schmonz). Es ist zur herrschenden Norm geworden, die Beziehung zum kostbaren und aufgewerteten eigenen Kind über alles zu stellen: über die Gattenliebe – den Gatten darf man verlassen, das Kind nicht –, über den Beruf – den Arbeitsplatz darf man verlassen, das Kind nicht. Wie weit diese Gefühlsaufladung der Eltern-Kind-Beziehung in der modernen Welt über das eigene Kind hinausreicht, zeigt die neue soziale Entrüstungsbewegung gegen die »Kinderschänder«. Hier bildet sich eine europa-, ja weltweite Erregungsgemeinschaft von stärkster normativer Verbindlichkeit heraus.

Ich komme damit zu meiner *zweiten These*, daß sich Gemeinschaft in ihrem moralischen Gefühlsgehalt nicht nur verstärkt, sondern auch *ausweitet*. Dem ist allerdings sozio-anthropologisch eine unabweisbare Grenze gesetzt: Gefühle sind sinnlich vermittelt, leibseelisch gebunden, beschränkt mitteilbar. Mag ein bestimmtes moralisches Gefühl sich aus bestimmtem Anlaß vielen Menschen mitteilen und zu einer weitverbreiteten temporären Aufwallung führen, so unterliegen die persönlichen Gefühlsbindungen, wenn sie sich auf viele ausdehnen wollen, einer merkwürdigen Verdünnung. In seiner berühmten Streitschrift »Grenzen der Gemeinschaft« schrieb Helmuth Plessner vor 70 Jahren: »Lieben (ich füge hinzu: und hassen) kann man nur Individuelles, das in konkreter Gestalt dasteht, und erst durch das Individuelle hindurch das Allgemeine … Je größer der Abstand zwischen den Trägern der geforderten Liebesbeziehung ist, je ungreifbarer der Gegenstand wird, desto schwerer kommt es zu wirklicher Liebe und damit zu wirklicher Gemeinschaft« (Plessner 1981: 46). Die Integration der ganzen Welt ist deshalb weniger von Gemeinschaft als von spezifischen rationalen Zweckverbindungen zu erwarten, an die sich allerdings, wie schon Max Weber betont hat, Gefühle anheften können. Aus deutsch-koreanischen Marktpartnern werden Geschäfts*freunde,* und Soziologen aus aller Welt fachsimpeln nicht nur, sondern kommen sich auch menschlich nahe. Daß diese Gemeinschaften »der Sache« aber doch dünne und wenig tragfähige sind, zeigt sich in den existentiellen Situationen, bei Geburt und Tod, Liebe und Krankheit, Erziehung und materieller Not: Da sind wir alle zurückverwiesen auf die Gemeinschaften der Herkunft: auf Familie und frühe Freundschaften und auf den Bildungs- und Sozialstaat, den wir als Deutsche ja nicht in der Schweiz oder Neuseeland oder sonstwo auf der Welt in Anspruch nehmen können, sondern nur dort, wo wir in ihn hineingeboren wurden.

Aber: Unser Geburtsort wird, so merkwürdig es sich anhört, immer größer. Herkunftsgemeinschaften sind nichts kleinräumig Statisches, sondern erweitern ihre Rahmen und wachsen aus sich selbst heraus – und zwar in dem Maße, in dem wir aus ihnen heraus und in weitere Vergesellschaftung eintreten. Kommen wir in die Schule, wird uns die Familie zur Herkunft; in der Universität der Schulort; als Austauschstudent in England sind wir deutscher Herkunft, als Dozent in Afghanistan Europäer. Aus unseren Herkunftsgemeinschaften heraustretend ziehen wir sie nach: »nachziehende Vergemeinschaftung« kann man das nennen. Sie führt zu einer Vielzahl von Herkünften, räumlich gestaffelten Nah- und Ferngemeinschaften. Je weiter der Rahmen, in den wir hinaustreten, desto dünner wird die Gemeinschaft vor uns – und desto wichtiger werden die Gemeinschaften hinter uns: als kulturelles und kommunikatives, als soziales Kapital – und als ein Ort der Geborgenheit, zu dem man zurückkehren kann. Nicht als Reaktionäre oder Fundamentalisten erschaffen wir unsere Herkunftsgemeinschaften, darunter auch die nationale, sondern als Weltbürger aus ihnen hinaustretend.

Die Dialektik, daß das Heraustreten aus engräumigen Gemeinschaften diese nicht auflöst, sondern nachzieht und erweitert, findet sich auch in der zeitlichen Dimension. Indem wir in die Zukunft hinein unsere Bindungen selbst wählen (Bastelbiographie!) und mit der Vergangenheit brechen wollen, enden wir nicht bei Enttraditionalisierung, sondern ironischerweise, so meine *dritte These*, bei einer Verlängerung und *Vertiefung von Tradition.*

Besonders augenfällig läßt sich dieser paradoxe Prozeß am Sozialtypus der Migranten zeigen. Migration ist ausgleichende Vergesellschaftung zwischen reproduktiven und produktiven Gesellschaften. (Herr Franz hat das als Reproduktionsfalle Numero 4 beschrieben, in Wirklichkeit ist es ein Weg aus der Falle heraus.) Freie Wahlakte von Individuen scheinen dafür konstitutiv zu sein.

Allerdings, wenn die empirische Migrationsforschung *ein* Ergebnis erbracht hat, so ist es das: Nicht Individuen wandern, sondern soziale Netze. Genauer: die ersten Wanderer ziehen ihre Familien, Vettern, Dorfgenossen nach – ihre Herkunftsgemeinschaften eben. Großes Heulen und Zähneklappern in den aufnehmenden Gesellschaften, wenn sie plötzlich in sich selbst »subkulturelle Inseln« entdecken, ethnische Gemeinschaften, die nicht vergehen wollen. Nur wenn man die eigene nationale Gesellschaft als das Maß aller Dinge annimmt, kann man hier Rückschritt und Unmodernes wittern, das akkulturiert werden muß. Aus der Sicht einer Weltgesellschaft dagegen handelt es sich um höchst moderne Prozesse der Verzahnung verschiedener Traditionsgemeinschaften. Dabei bilden die ethnischen Immigranten funktional notwendige Brückenglieder, »Zwischen-Ethnien« mit eigener Traditionsbildung.

Wie sich in einem konfliktreichen Prozeß Individualisierung und Traditionsbildung gegenseitig stärken, möchte ich am Beispiel von Frau Ludin andeuten. Vor kurzer Zeit war in den Zeitungen zu lesen: In Baden-Württemberg gibt es eine Lehrerin, die in der Schule partout ein Kopftuch tragen will. Die Kultusministerin, Frau Schavan, hat Frau Ludin bedeutet, daß das Kopftuch als Zeichen der Zugehörigkeit zu einer Traditionsgemeinschaft hier nicht zuzulassen sei, insbesondere weil es den Frauen in den Rücken falle, die, sich individualisierend, aus den Zwängen der Tradition herauswollen. Frau Ludin hat dagegen gehalten, das Kopftuch sei Ausdruck ihrer Persönlichkeit, also geradezu ein Symbol für Individualität.

Wem ist, aus soziologischer Sicht, recht zu geben, Frau Ludin oder Frau Schavan? Beiden. Ein und derselbe Vorgang läßt sich zugleich als Individualisierung und als Vertiefung traditioneller Gemeinschaftlichkeit sehen. Indem sie Deutsche, Studentin, moderne Pädagogin geworden ist, hat sich Frau Ludin, afghanischer Herkunft, aus den Fesseln der Tradition gelöst – so sehr wie wahrscheinlich kaum eine Lehrerin oder Soziologin deutscher Herkunft. Während wir mit dem, was wir als individualistische Bastelbiographie stilisieren, im sicheren Hafen eines kulturellen Konformismus bleiben, zeigt uns Frau Ludin als Nonkonformistin in einer nur scheinbar nonkonformistischen Gesellschaft, was Individualisierung, sofern sie die Sphäre der Beliebigkeit verläßt, wirklich bedeutet: Sie ist ein existentielles Risiko; sie kann den Arbeitsplatz kosten.

Auch »hochindividualisierte« Gesellschaften bleiben konformistische, und Tradition und Individualität sind kein Gegensatz. Das Kopftuch als Zeichen traditioneller Zugehörigkeit treibt Individualisierung existentiell auf die Spitze. Traditionelle kollektive Identität wird zum Instrument von Individualisierung. Aber umgekehrt wird auch ein Schuh daraus: Individualisierung ist ein Momentum zur Beförderung von kollektiver Identität. Herkunfts-Gemeinschaften bedienen sich der Pläne von Individuen, um sich in die Zukunft fortzusetzen und in anderen – modernen – Kontexten einzunisten.

In Wirklichkeit sind die sozialen Dinge, um die es hier geht, noch feiner gesponnen, verwickelter, komplexer und komischer. Es ist nämlich nicht Frau Ludin, sondern Frau Minister Schavan, die eine islamische Gemeinschaftsbildung in der Bundesrepublik vorantreibt. Sind die islamischen Milieus und Gemeinden hierzulande bisher unendlich vielgestaltig – meist anpassungsbereit, teils in sich zurückgezogen, teils kämpferisch, auf alle Fälle uneins –, so ist eine offensichtliche Zurückstoßung wie die von Frau Ludin geeignet, die zerstrittenen Teile in einem gemeinschaftlichen Gefühl der Benachteiligung zu einen. Frau Ludin wird so zur Verkörperung einer conscience collective, die es bisher so gar nicht gab und die sie selbst ebensowenig beabsichtigt hat wie ihre Gegenspielerin deutscher Herkunft. Ich kann diesen Punkt nicht genug betonen. Er ist zentral für mein Verständnis von Gemeinschaft. Vergemeinschaftung ist *immer* nicht intendiert. Sie ist das, was geschieht, wenn die Handelnden etwas anderes wollen und bezwecken.

Frau Ludin, indem sie für ihre Interessen und ihre Identität ficht, will bestimmt nicht, daß sie mit ihrem »Fall« einer westlichen Wertgemeinschaft deutscher Herkunft zu einem gemeinsamen Angriffspunkt – gegen den Islam – verhilft. Genau das geschieht aber. Das Kopftuch im Klassenzimmer, für die Rechten sowieso ein rotes Tuch, ist ja auch den Linken nicht recht. Gerade haben sie der Austreibung der Kruzifixe (aus bayerischen Schulen) applaudiert, aber doch nicht, um jetzt den Einzug der Kopftücher zu begrüßen. Das Beispiel lädt unglücklicherweise zur Parteinahme ein. Aber darum geht es mir hier nicht. Hier geht es um eine empirische Beobachtung an uns selbst: Linke und Rechte, im Kruzifix-Fall noch zerstritten, sind sich im Kopftuch-Fall einig. Einig nicht nur *gegen* etwas: ein unvertrautes Kleidungsstück, das als Zeichen von Traditionalismus interpretiert wird. Sondern einig auch *für* etwas. Die Gegnerschaft zum Kopftuch gibt uns ja Gelegenheit zu beteuern, daß wir, ob Rechte und Linke, *für* Frau Ludin als Lehrerin sind – allerdings ohne Kopftuch – für Religionsfreiheit, für Toleranz gegenüber dem Islam ... Und das sind keine hohlen Worte; es sind zutiefst gefühlte Überzeugungen, die kollektiven Lernergebnisse okzidentaler Kultur- und Kirchenkämpfe, europäischer Reformation und Aufklärung. Kurz: Es ist unser eigener Traditionalismus, der sich hier weiterentwickelt.

Ein und derselbe Vorgang ist einmal Individualisierung, dargestellt durch Frau Ludin, aber zugleich mehrfache Vergemeinschaftung: einer islamischen und afghanischen ebenso wie einer okzidentalen und deutschen Traditionsgemeinschaft, verknüpft durch eine Migrationsgemeinschaft, die eine neue Tradition ausbildet und in die Zukunft verlängert.

Daß wir als Handelnde, während wir uns als Individuen in Szene setzen, fortwährend Vergemeinschaftung betreiben, ohne es zu wissen, ist normal. *Gemeinschaft,* so meine *vierte These, blüht im Verborgenen.* Sie ist das Verborgene und damit das Geborgene. Sie braucht nicht verdrängt werden. Wenn aber Soziologinnen und Soziologen Vergemeinschaftungen und damit ihren ureigensten Gegenstand aus dem Blick verlieren und in der modernen Welt nichts als Individualisierung sehen, ist das für die Profession ein Armutszeugnis.

Die Ausblendung des entscheidenden Teils der sozialen Wirklichkeit kann allerdings lebenspraktisch und staatsbürgerlich als ein Akt der Weisheit gedeutet werden. Denn nur die verborgene Gemeinschaftlichkeit erfüllt ihre tiefste Funktion: unserer sozialen Existenz die Geborgenheit und Kontinuität zu geben, von der aus wir zu neuen Ufern aufbrechen können.

Eine enthüllte oder sich selbst offenbarende Vergemeinschaftung dagegen birgt nicht mehr, sondern stellt bloß. Sie verliert damit ihre kompensatorische Funktion zur Vergesellschaftung/Individualisierung: Während wir mit unserem gesellschaftlichen und individuellen Zweckhandeln öffentlich werden und Risiken laufen, deckt die Geborgenheit der Gemeinschaft diese Risiken ab. Gemeinschaft, die sich bekennerisch offenbart, zieht die Risiken, vor denen sie schützen soll, auf sich. Sie wird selbst riskant oder ist schon in der Krise. Nicht nur daß sie sich in ihrer Selbstbetonung entwertet; »das Betonte im Ausdruck unterliegt einer unwillkürlichen Entwertung«, schreibt Plessner (1981: 73). Schlimmer ist, daß die sich selbst betonende und intendierende Gemeinschaft dadurch aufhört, Gemeinschaft zu sein und zur Gesellschaft wird. Die »Volksgemeinschaft« der Nazis war nicht nur empirisch keine Gemeinschaft, sondern auch von der Idee her, sie durch politisches Zweckhandeln einzurichten, ein Etikettenschwindel, die Perversität von Gemeinschaft. Der Kommunitarismus heute, dem ich in manchen Analysen nahestehe, ist, soweit er Gemeinschaft herstellen will, eine *gesellschaftliche* Bewegung und ein Widerspruch in sich.

Ich komme zum Schluß: Obwohl Individualisierungen überall zu beobachten sind, ist die Vorstellung, die moderne Sozialwelt individualisiere sich immer mehr, irreführend. Individualisierung ist kein säkularer Prozeß, der Gemeinschaftsbildung fortwährend zurückdrängt oder vernichtet, sondern ein Teil von elementaren Grundprozessen, die miteinander und gegeneinander wirken. Was wir Individualisierung nennen, sind Begleiterscheinungen eines gewaltigen Mahlstroms von Vergemeinschaftungen, allenfalls Ausflüchte und Ausbruchsversuche aus diesem Strom. Wer Individualisierung als Hauptkennzeichen oder gar Triebkraft des modernen Lebens sieht, der überschätzt – und unterschätzt sie zugleich. Denn im Dauervorgang der Vergemeinschaftung fallen der Individualität und der Individuierung dramatische *Sonder*aufgaben zu, die man gar nicht erkennt, wenn man Individualisierung als Hauptsache oder allgemeinen Leitprozeß auffaßt: Es sind Individuen, die, nicht nur als charismatische Führer, kollektive Gefühle vorstellen und gegeneinander ausspielen. Es sind auch Individuen, die sich als Abweichler, Grenzgänger und Rebellen gegen kollektive Identitäten profilieren und, oftmals um den Preis tiefer persönlicher Konflikte, zwischen Kollektiven Brücken schlagen. Und Individuen und riskante Individualisierungsschritte sind oft nötig, um einen gordischen Knoten durchzuhauen, in den sich bestimmte Gemeinschaften verstrickt haben.

Denn nicht jede Gemeinschaft kann fortwährend Probleme lösen, an denen sie gewachsen ist. Manche Gemeinschaften machen mehr Probleme als sie lösen. Manche lösen sich auf, andere bilden sich. Daß Gemeinschaftsbildung als sozialer Prozeß unverbrüchlich ist, schützt nicht davor, daß einzelne Gemeinschaften zerbrechen. Was wir als »Individualisierungs-Schübe« erleben, sind entweder temporäre Erschütterungen von bestimmten Gemeinschaften oder aber Ausgleichs- und Normalisierungsbewegungen nach der Ideologisierung und Politisierung (und damit Pervertierung) von Gemeinschaft.

Vergemeinschaftung als Weg zum Heil ist immer ein Unheilsweg. Aber auch dort, wo Gemeinschaft von politischen Ambitionen verschont bleibt, ist sie keine heile Welt. Gewalt und Konflikt bleiben in ihr enthalten. Sie verschieben nur ihre Grenzen und schwanken in ihrer Erscheinungsweise zwischen Manifestation und Latenz. Gemeinschaftsbildungen sind Bewegungen kollektiver, also geteilter Gefühle. Als Individuen dienen wir dem Gemeinschaftsgeschehen, ohne es zu wollen und zu wissen. Wir verstärken die gefühlten normativen Verbindlichkeiten, auf denen Gemeinschaft beruht, indem wir dagegen verstoßen. Wir erweitern unsere Gemeinschaften, indem wir aus ihnen heraustreten. Und wir vertiefen unsere Herkunftsgemeinschaften, indem wir in die Zukunft planen.

Wie steht es mit den Chancen für eine Weltgemeinschaft? Es ist erlaubt, davon zu träumen. Ein solcher Traum ist schon heute nicht ohne Realitätsgehalt. Diese Realität ist allerdings nicht identisch mit den konkreten Gemeinschaftsprägungen, die uns aus unserer Kultur vertraut sind. Was wir mit den Menschen überall gemein haben, ist zugleich abstrakter und konkreter als unsere Kultur: die elementaren Vorgänge der Geburt, der Liebe, des Hassens, des Betens, des Sterbens. Deshalb verstehen sich auch Frauen verschiedener Kulturen, selbst wenn sie die anderen Kulturen nicht verstehen. Sie wollen die eigene Kultur nicht durchsetzen.

Je weiter wir mit unseren Plänen und unserem Wollen in die Zukunft *vor*greifen, hin zu der *einen* Welt, in der die Menschen sich als gleiche verstehen, desto weiter werden wir zurückverwiesen auf eine Herkunft, die wir mit allen Menschen – sogar mit anderen Lebewesen teilen. Was wir mit allen gemein haben sind nicht Lebensstile oder Kultur, auch nicht Menschenrechte, die ja heute als offensiver Dominanzanspruch der okzidentalen Kultur auftreten. Wir müssen, um das Gemeinsame zu finden, nicht zurück zur Natur und zu den Genen, sondern zu sozio-anthropologischen Grundprozessen, die alle Kulturen gemein haben. Hinter meiner Auseinandersetzung mit dem Individualisierungsdenken steht der Versuch, den soziologischen Blick für diese in sich spannungsreichen Grundprozesse wiederzugewinnen:

– für das *Werten* als Spannung zwischen Vorziehen und Zurücksetzen;
– für das *Miteinander Teilen*, in dem sich die Spannung zwischen dem Gemeinschaftlichen und dem Individuellen immer erneuert;

- für das handelnde *Bestimmen*, dessen Zukunftsoffenheit sich in jedem Augenblick in ein Bestimmtsein qua Herkunft verwandelt:
- und für das *Offenbaren* und *Bergen*, wodurch die Spannung zwischen Manifestation und Latenz des sozialen Lebens aufrechterhalten wird.

Die Soziologie hat bisher immer die kulturellen Prägungen dieser Grundprozesse untersucht und ist dabei auf Differenzen gestoßen. Unterhalb dieser Differenzen gibt es aber moralische Gemeinsamkeiten, Regeln, die alle Menschen verstehen: Die Reziprozitätsregel »Wie du mir, so ich dir«; die Präferenzregel vom Vorziehen des Vertrauten (und Naheliegenden) gegenüber dem Fremden und Fernen; die Taburegel von der Unberührbarkeit des Nächsten und Eiligsten. Das verstehen die Menschen überall in der Welt, unabhängig von Klasse, Rasse oder Nation. Sie verstehen es durch geteilte Gefühle, vor jeder Argumentation.

Wenn die Soziologie auf der Höhe der Zeit sein will – »global denken« heißt es ja heute – dann darf sie nicht selbst der Faszination des jeweils Neuesten und Individuellsten erliegen. Sie muß es in ein Spannungsverhältnis setzen zu den bleibenden Vorgängen und Gesetzmäßigkeiten in der Tiefe der Sozialität.

Literatur

Plessner, Helmuth (1981), Gesammelte Schriften V. Frankfurt/M.

Individualisierung, Individualismus und Gewalt – ein Blick über die Grenzen.

Kultur und Gesellschaft im internationalen Vergleich

Susanne Karstedt

1. Individualisierung und Gewalt: Krise der westlichen Zivilisation?

Individualismus und Individualisierung sind gegenwärtig die zentralen Konzepte einer zutiefst pessimistischen Kulturkritik. Haben die westlichen Industriegesellschaften die Grenze zum »absoluten Individualismus« (Hoffman-Nowotny 1995) überschritten? Steht die »Selbstauflösung« dieser Gesellschaften unmittelbar bevor, soweit es ihre institutionelle Struktur und moralische Verfassung betrifft? Vor allem die Zunahme von Gewalt ist zu einem Kristallisationspunkt dieses kulturkritischen Diskurses geworden. Man entwirft Szenarien eines unaufhaltsamen Weges von der Konsens- zur Konfliktgesellschaft, in der Gewalt endemisch ist (Heitmeyer 1997), und insbesondere städtische Gewalt gilt als Indikator eines gesamten »Dezivilisierungsprozesses« (Fletcher 1995).

Dieser kulturpessimistische Diskurs wird heute global geführt. Die Diagnose lautet, daß eine »tiefe kulturelle Krise« und ein »Versagen der westlichen Kultur« für die zunehmende Gewaltkriminalität in diesen Ländern verantwortlich sei (Eckersley 1993; Stephens 1993). In Japan und den südostasiatischen Staaten scheint das Rätsel gelöst, wie trotz expandierender Wirtschaft und rasanter Modernisierungsprozesse die generelle Kriminalitätsrate und insbesondere die Gewaltkriminalität auf einem extrem niedrigen Niveau bleiben kann.

Wenn asiatische Wissenschaftler heute von der »advanced nations desease« (von Kopp 1998: 123; Ariffin 1995) sprechen, deren Übergreifen sie befürchten, dann meinen sie genau jene individualistischen und hedonistischen Wertorientierungen, die Vernachlässigung von auf Kollektive bezogenen Werten und die Erosion sozialer Bindungen in den westlichen Markt- und Konsumgesellschaften, die auch hierzulande für den Anstieg der Gewaltdelikte verantwortlich gemacht werden.

Das Individualisierungs-Theorem postuliert im wesentlichen, daß die Freisetzung der Individuen aus kollektiven und traditionalen kulturellen Wertbezügen und strukturellen Zusammenhängen das innergesellschaftliche Gewaltniveau erhöht (Heitmeyer u.a. 1995; Eisner 1997). Damit steht es nicht nur in diametralem Gegensatz zu Durkheims These, daß die im Individualismus angelegte *Moral der Gleichwertigkeit und des Universalismus* das Gewaltniveau in modernen Gesellschaften reduziere (Durkheim 1900, 1991). Darüber hinaus ist unbestritten, daß der Modernisierungs- und Individualisierungsprozeß in den europäischen Gesellschaften mit einem deutlich sinkenden Gewaltniveau einhergeht. Allerdings gibt es Anzeichen für eine mögliche Wende dieses säkularen Trends seit den 60er Jahren, die man allerdings wohl kaum mit einer Rücknahme des gesellschaftlichen Individualisierungsschubs in Zusammenhang bringen kann (vgl. Eisner 1997).

Das moderne Individualisierungs-Theorem hebt in erster Linie auf die *negativen Folgewirkungen* dieses Prozesses ab (Eisner 1997: 87). Es sind die »Schattenseiten der Individualisierung« (Heitmeyer u.a. 1995) und der säkularen Emanzipation der Individuen, die nunmehr Gewaltbereitschaft und Gewalthandlungen induzieren. Dabei hat das Konzept der *Verunsicherung* eine Schlüsselrolle im Ensemble der Gewalt auslösenden Faktoren. Verunsicherung gilt vor allem als Folgewirkung der von der Individualisierung vorangetriebenen normativen wie strukturellen Desintegration. Im Prinzip werden drei Argumentationslinien verfolgt:

1 Aus den individualistischen Wertmustern der Autonomie, der individuellen Leistung, der Konkurrenz und Selbstbehauptung ergeben sich unmittelbar Orientierungsmuster und entsprechend gängige und legitime Praktiken, die Gewaltbereitschaft und -handlungen fördern. Stichwort: »Ellenbogengesellschaft«.
2 Subjektbezogenheit, Selbstdeutung und Autonomiestreben haben einen idiosynkratischen Umgang mit Werten und Normen und deren »Subjektivierung« zur Folge (Nunner-Winkler 1988). *Die zunehmende normative Desintegration* und abnehmende Verbindlichkeit der zentralen gesellschaftlichen Normen betrifft auch das innergesellschaftliche Gewaltverbot.
3 Der strukturelle führt ebenso wie der kulturelle Individualisierungsschub zu *sozialer Desintegration* insbesondere in Familien und verursacht auf diese Weise eine Zunahme der Gewalthandlungen.

In dieser Studie geht es um die Frage, inwieweit das »kulturelle Syndrom« (Triandis 1993) des Individualismus Gewaltbereitschaft und -handlungen induziert und das gesellschaftliche Gewaltniveau nach oben treibt. Der kulturvergleichende Ansatz greift den internationalen Aspekt der Kulturkritik auf. Allerdings lassen sich aus den Ergebnissen durchaus Schlußfolgerungen für den innergesellschaftlichen, kulturkritischen Diskurs um Individualismus und Individualisierung ziehen.

2. Daten

2.1. Die kulturelle Dimension

Die zentralen Dimensionen, mit denen das kulturelle Syndrom des Individualismus hier erfaßt werden soll, stammen aus Hofstedes bahnbrechender Untersuchung »Culture's Consequences« (1980, 1984). In den nationalen Niederlassungen eines multinationalen Unternehmens (IBM) erhob er zwischen 1968 und 1972 die grundlegenden Orientierungen und die Motivation der Mitarbeiter und Manager. Auch wenn sie also auf älteren Daten beruhen, finden seine kulturellen Wertedimensionen, insbesondere die Individualismus-Skala, heute noch in entsprechenden Untersuchungen Verwendung (z.B. Gibson/Caldeira 1996; vgl. Triandis 1990, 1995; Kim u.a. 1994). Hofstedes Studie deckt West- und Südeuropa, Nord- und Südamerika, Afrika (nur Südafrika), Asien und die pazifische Region ab, schließt jedoch osteuropäische Länder und die damaligen kommunistischen Staaten aus. Die Wertedimensionen sind durch eine »ökologische« Faktorenanalyse empirisch gewonnen und liegen für 39 Länder vor.

Die Wertedimensionen bilden keine »Ideale« ab, nach denen die einzelnen streben. Vielmehr handelt es sich um Ziele, die in täglichen Routinen mehr oder weniger realisiert werden und die das Selbstverständnis der Einzelnen wie von Kollektiven bestimmen (vgl. Meulemann 1998). Für die damaligen Entwicklungsländer bilden die Wertedimensionen eher bereits modernisierte kulturelle Muster ab. Gleichwohl differenzieren die Wertedimensionen deutlich zwischen westlichen industrialisierten und Entwicklungsländern, insbesondere die individualistisch-kollektivistische Dimension. Die Dimensionen basieren auf Werten, die sich auf Arbeit und Arbeitsorganisation beziehen. Da der Wandel von arbeits- und leistungsbezogenen Werten als ein Angelpunkt des Individualisierungsschubes der letzten Dekaden gilt (vgl. Meulemann 1998, 1996), kann Hofstedes Dimension auch heute noch als ausgesprochen verläßlicher Indikator des individualistischen Syndroms eingeschätzt werden.

In dieser Untersuchung werden drei der Wertedimensionen verwendet: Individualismus/Kollektivismus, Machtdistanz und Risikotoleranz (ursprünglich bei Hofstede: Vermeidung von Unsicherheit). Jede Dimension repräsentiert eine zentrale kulturelle Entwicklungslinie im Individualisierungsschub der Moderne: Individualismus markiert die Ablösung aus Gruppen- und vor allem Familienbindungen. Machtdistanz kennzeichnet das Ausmaß, in dem traditionelle Über- und Unterordnungsverhältnisse durch egalitäre Orientierungen ersetzt werden. Risikotoleranz repräsentiert gewissermaßen spiegelbildlich das Ausmaß der kollektiv präsenten und tolerierten Unsicherheit.

Die Wertedimension »Individualismus/Kollektivismus« (IDV) repräsentiert im Extrempunkt »hoher Individualismus« persönliche Herausforderung und Leistung, (emotionale) Unabhängigkeit von Familien- und Gruppenbezügen und eine insgesamt kosmopolitische Mentalität. Damit kontrastieren ein gruppenbezogenes Leistungsverständnis, emotionale Abhängigkeit von Gruppen und Organisationen sowie eine »lokale Mentalität« im Extrempunkt »hoher Kollektivismus«. Kollektivistische Wertmuster betonen die Grenzen zwischen eigener und Fremdgruppe, grenzüberschreitende Kontakte sind seltener und eher durch Mißtrauen und Diskriminierungen gekennzeichnet (Triandis 1990; Triandis u.a. 1993). In allen westlichen Industriestaaten einschließlich Australien und Neuseeland dominieren individualistische Wertorientierungen, während südamerikanische und islamische Gesellschaften überwiegend kollektivistisch ausgerichtet sind. Eine mittlere bis stark kollektivistische Wertorientierung haben asiatische Länder. Dieses Wertmuster ist mit jenen Strukturindikatoren eng verbunden, die auch als Auslöser von Individualisierungsprozessen identifiziert werden (z.B. wohlfahrtsstaatliche Absicherung, Bildungsniveau der Bevölkerung, generelle und geschlechtsspezifische Egalität).

Die Wertedimension »Machtdistanz« (MD) repräsentiert jene Werte, die die spezifischen Muster hierarchischer Über- und Unterordnung in allen Bereichen einer Gesellschaft legitimieren und absichern. Niedrige Machtdistanz markiert egalitäre, hohe Machtdistanz elitäre Kulturmuster. Die westlichen Industriegesellschaften – mit Ausnahme der romanischen europäischen Länder – rangieren am unteren Ende der Skala, während sich südamerikanische und asiatische Länder durch eine im Vergleich hohe Machtdistanz auszeichnen. Dem kulturellen Muster entspricht eine durch hohe soziale Ungleichheit und geringe Mobilität gekennzeichnete Sozialstruktur.

Die Wertedimension »Risikotoleranz« (RT) repräsentiert das kollektive Bedürfnis nach Sicherheit, die Abhängigkeit von Experten und Autoritäten, Regelkonformität sowie die Bereitschaft, Risiken einzugehen. Die Risikotoleranz ist niedrig in kollektivistischen Kulturen, während sie umgekehrt in individualistischen Gesellschaften deutlich höher liegt. Gesellschaften, in denen die Risikotoleranz hoch ist, sind die nord- und westeuropäischen Staaten, USA, Australien und Neuseeland, jedoch auch die asiatischen »Tigerstaaten« Hongkong, Singapur und die Philippinen. In den südeuropäischen und -amerikanischen Ländern ist dagegen die Vermeidung von Risiken das dominante Wertmuster. Unter den eher individualistischen und egalitären Gesellschaften hat die BRD eine gewisse Sonderstellung mit einem vergleichsweise niedrigen Niveau an Risikotoleranz. Prinzipiell nimmt für alle Länder die Risikotoleranz mit dem Prozeß der strukturellen und kulturellen Modernisierung – also der Individualisierung – zu; moderne Gesellschaften fordern und erlauben ein höheres Maß an Toleranz von Unsicherheit.

2.2. Indikatoren der Gewalt

Der internationale Vergleich von Gewaltdelikten ist mit erheblichen Problemen konfrontiert, die die Vergleichbarkeit dieser Daten betreffen (vgl. Archer/Gartner 1984). Diese resultieren aus den Unterschieden ihrer juristischen Klassifikation, den Strategien der Polizei und des Justizsystems sowie aus den Divergenzen im Anzeigeverhalten der Bevölkerung. Insgesamt gelten Tötungsdelikte als verläßlichster Indikator im interkulturellen Vergleich, da sie vergleichsweise wenig durch die genannten Probleme beeinträchtigt werden. Sie werden als schwerste Formen der Gewalt gegen andere als Indikator des gesamten Gewaltniveaus in einer Gesellschaft interpretiert, zumal sie ein breites Spektrum von expressiver Gewalt, z.B. in Auseinandersetzungen mit Intimpartnern, bis hin zu instrumenteller Gewalt, z.B. bei Raubmorden, abdekken

Die hier verwendeten *Mordraten* wurden dem Comparative Crime Data File von Archer und Gartner (1984) entnommen, der 101 Länder und Städte umfaßt. Es wurden nur solche Länder einbezogen, für die registrierte Delikte (polizeiliche Kriminalstatistik) vorlagen. Die mittlere Rate für den Zeitraum von 1968-1972 wurde berechnet, wenn mindestens drei Werte vorlagen. Damit ergab sich ein Datensatz für 26 der 39 Länder aus der Hofstede-Studie.

2.3. Sozio-ökonomische Indikatoren

Sozio-ökonomische und strukturelle Indikatoren wurden unter dem Gesichtspunkt gewählt, inwieweit sie die strukturelle Dimension des Modernisierungsprozesses und Individualisierungsschubes abbilden. Auf diese Weise soll über die strukturellen Äquivalente der Einfluß der Wertedimensionen kontrolliert werden. Dabei wurden vor allem solche Indikatoren berücksichtigt, für die sich ein Einfluß auf die Raten der Tötungsdelikte in international vergleichenden Studien feststellen ließ. Ein besonderes Gewicht kommt in diesem Zusammenhang den Indikatoren sozialer Ungleichheit zu, und zwar vor allem in egalitären, individualistischen Gesellschaften (Land/McCall/Cohen 1990; Hagan/Peterson 1995; Messner 1982; Messner/Rosenfeld 1997). Die Indikatoren wurden für einen Zeitpunkt möglichst kurz vor 1968 erhoben, höchstens jedoch bis 1970. Die folgenden der ausgewählten Indikatoren gehen in die hier vorgestellten Analysen und Modelle ein: Bruttosozialprodukt pro Kopf (Hofstede 1976: 35, 1980: 87-88); Gini-Index der Einkommensverteilung (Haushaltseinkommen: Jain 1975; United Nations 1988); ökonomische Diskriminierung von Minderheiten nach Anteil der diskriminierten Bevölkerungsgruppe und Intensität der Diskriminierung (Taylor/Jodice 1983: 69-70).[1]

Das Konzept der Kultur impliziert Differenz und interne Homogenität. Infolgedessen lassen sich spezifische Muster und Typen identifizieren, die bestimmte Wertmuster zu einem *kulturellen Syndrom* zusammenfügen. Mit Hilfe von Mediantrennungen der Wertedimensionen konnte eine grobe Differenzierung der dominanten kulturellen Syndrome erzielt werden. Zunächst werden die Mordraten für die jeweiligen Typen verglichen. Anschließend werden Regressionsmodelle erstellt, um den Einfluß der Wertedimensionen auf die Mordrate herauszukristallisieren. Man muß berücksichtigen, daß die Länder aus der Hofstede-Studie keine Zufallsauswahl darstellen, die zudem noch weiteren Einschränkungen aufgrund der Verfügbarkeit der Gewaltdeliktraten unterliegt. Angesichts dieser Einschränkungen sowie der geringen Fallzahl lassen sich die Koeffizienten und Modelle nur deskriptiv interpretieren.

3. Ergebnisse

Für alle Länder zeigt sich ein deutlicher negativer Zusammenhang zwischen Individualismus/Kollektivismus und der Mordrate. Weniger ausgeprägt ist der positive Zusammenhang mit der Machtdistanz. Für die Vermeidung von

Unsicherheit ist kein Zusammenhang festzustellen. Die Tatsache, daß die negative Korrelation für Individualismus ausschließlich in den ärmeren (BSP pro Kopf ≤ 1.300 $), nicht jedoch in den reichen Ländern erhalten bleibt, deutet daraufhin, daß das individualistische Wertmuster und Prozesse der Individualisierung eher zu Beginn eines strukturellen und kulturellen Modernisierungsprozesses ihre Gewalt reduzierende Wirkung entfalten als in späteren Phasen.

Kontrastiert man *kulturelle Kontexte* bzw. »Syndrome«, dann ergeben sich klare Differenzen (vgl. *Abb.* 1). Deutlich höhere Mordraten haben Gesellschaften, in denen *kollektivistische* Wertorientierungen dominant sind, und ebenso jene Kulturen, die durch hierarchische Über- und Unterordnungsverhältnisse gekennzeichnet sind. Dagegen spielen kollektive Muster der Risikotoleranz keine Rolle. Die Wertedimensionen fügen sich zu dominanten kulturellen Syndromen zusammen, die deutlich zwischen Gesellschaften mit unterschiedlichem Gewaltniveau diffenrenzieren (vgl. *Abb. 2*). Das individualistische Syndrom in allen Facetten – in Kombination mit egalitären Orientierungen sowie mit einer hohen Risikotoleranz – reduziert das Niveau der tödlichen Gewaltdelikte. Hierarchisch-autoritäre Wertorientierungen in Kombination mit einem niedrigen Niveau an Risikotoleranz sind typisch für Gesellschaften mit einer hohen Rate an tödlichen Gewaltdelikten.[2]

Abbildung 1: Wertorientierung und Gewaltkriminalität (Mordrate pro 100.000 der Bevölkerung)

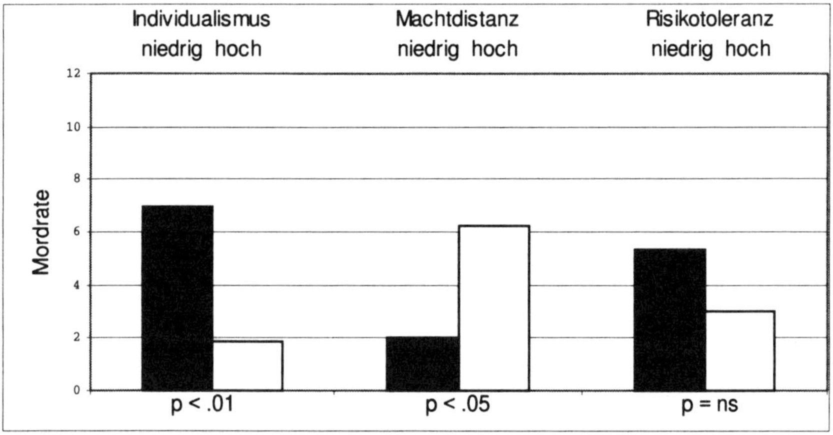

zweiseitiger t-Test

Abbildung 2: Dominante kulturelle Syndrome und Gewaltkriminalität (Mordrate pro 100.000 der Bevölkerung)

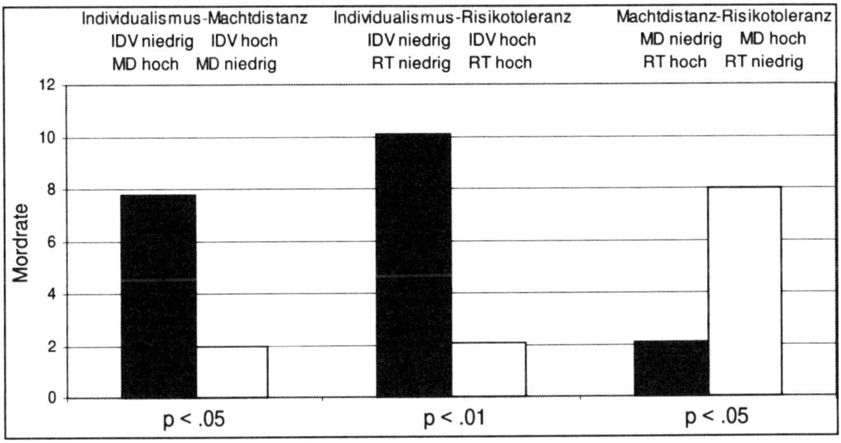

zweiseitiger t-Test

Individualistische Wertorientierungen treiben demnach das Niveau an Aggressivität und Gewalt, das sich in tödlichen Gewaltdelikten äußert, nicht in die Höhe Im Gegenteil sind es die kollektivistischen, nicht-egalitären kulturellen Kontexte, in denen die Mordrate deutlich höher ist. Welche Mechanismen sind in diesen Kulturen für das deutlich höhere Gewaltniveau verantwortlich?

Zwei Quellen rücken dabei ins Blickfeld: Gewalt zwischen und innerhalb von Gruppen. Kollektivistische Wertmuster ziehen eine scharfe Grenze zwischen der eigenen und fremden Gruppen. Infolgedessen sind die Beziehungen zwischen Gruppen durch Zurückweisung, Diskriminierung, Mißtrauen und Konflikte geprägt, die Auslöser für aggressive Handlungen sein können. Derartige Abschottungsmechanismen verhindern jedoch auch, daß informelle und formelle Kontrollmechanismen in Familien und anderen abgeschlossenen Gruppen wirksam werden. Die gesellschaftlichen Integrationskräfte reichen zu wenig in diese Gruppen hinein, um das universelle Gewaltverbot angemessen durchzusetzen. Insofern können insbesondere Gewalthandlungen mit u.U. tödlichem Ausgang gerade gegenüber Frauen und Kindern ein hohes Niveau erreichen. Auf diese Weise summieren sich Gewalthandlungen *innerhalb* wie *zwischen* Gruppen zu einem allgemein höheren Niveau.

Dies gilt analog für Kulturen mit autoritär-hierarchischen Wertorientierungen. Das kulturelle Muster betont die Ungleichwertigkeit in den Interaktionen zwischen verschiedenen gesellschaftlichen Ebenen. Allerdings dürften diese hierarchischen Muster auch innerhalb von Gruppen präsent sein, vor allem in den Familien. Dafür spricht die massive Diskriminierung von Frauen in diesen Gesellschaften, so daß sie (und Mädchen) in der Familie untergeordnete Positionen einnehmen, die sie eher zu Opfern tödlicher Gewaltanwendung werden lassen können.

Diese Interpretation wird vor allem durch die Tatsache gestützt, daß das kollektivistische ebenso wie das nicht-egalitäre kulturelle Syndrom mit einem niedrigen Ausmaß an Risikotoleranz verbunden ist. Offensichtlich sind in diesen Kulturen Intergruppen-Kontakte mit einem hohen Ausmaß an Unsicherheit belastet, die die Vermeidung von Risiken zu einer wichtigen Überlebensstrategie machen. Unsicherheit und daraus resultierende Ängste und Streß tragen insgesamt deutlich zu einem hohen Niveau aller interpersonalen Gewalt- und Aggressionshandlungen bei (Linsky/Bachmann/Strauss 1995).

Abbildung 3: Individualismus, soziale Ungleichheit und Gewaltkriminalität (Mordrate pro 100.000 der Bevölkerung)

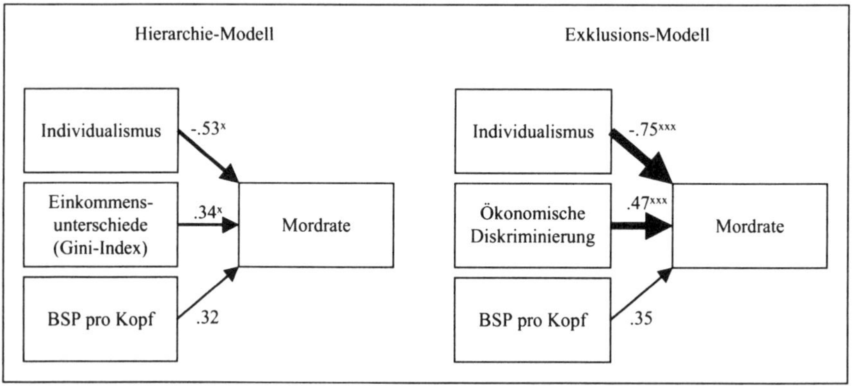

xxx p < .01; xx p < .05; x p < .10

In den Regressionsmodellen zeichnet sich klar ein negativer, also Gewalt reduzierender Einfluß individualistischer Wertorientierungen ab, der insbesondere unabhängig von egalitären Strukturbedingungen wirksam wird. Im »Hierarchiemodell« wird soziale Ungleichheit in der traditionellen Form, also anhand von Einkommenabstufungen zwischen hierarchisch geordneten

Gruppen abgebildet (hier: Gini-Index). Das »Exklusionsmodell« geht dagegen von der Annahme aus, daß der typische Mechanismus sozialer Ungleichheit in individualistischen Gesellschaften auf dem »Ausschluß« und der Diskriminierung von Randgruppen und Minderheiten beruht. Zusätzlich wurde das Bruttosozialprodukt pro Kopf als genereller Indikator für den Modernisierungsprozeß aufgenommen (*Abb. 3*). Die Gewalt reduzierende Wirkung individualistischer Orientierungen und der gegenläufige Effekt der sozialen Ungleichheit treten im »Exklusionsmodell« deutlich hervor. Exklusion als für individualistische Kulturen wahrscheinlich eher typische Form sozialer Ungleichheit erweist sich als ein entscheidender Prädiktor für das Niveau tödlicher Gewaltdelikte im Kulturvergleich (vgl. Messner/Rosenfeld 1997).[3]

4. Individualisierung oder Re-Traditionalisierung?

Welche Schlüsse sind aus diesen Ergebnissen für die Diskussion um Individualisierung und Gewalt zu ziehen? Individualisierungsprozesse und Individualismus sind – sofern sie zentrale kulturelle Syndrome moderner Gesellschaften betreffen – nicht für das steigende Gewaltniveau in den westlichen Gesellschaften verantwortlich zu machen. Das Ergebnis trifft zumindest für eine spezifische Periode des Modernisierungsprozesses zu. Durkheim hat dann insoweit recht, als der *moralische Individualismus* in der Modernisierungsphase des Übergangs von eher traditionalen zu industrialisierten Gesellschaften das Gewaltniveau verringert. Daß diese Entwicklung mit der Entstehung einer Moral der Gleichwertigkeit – und zwar sowohl vertikal wie horizontal – zusammenhängt, belegen die Ergebnisse zum Vergleich der kulturellen Syndrome. Insofern bestätigt der interkulturelle Vergleich den langfristigen historischen Trend der Abnahme von Tötungsdelikten. Dieser war schließlich eingebettet in die säkularen Verschiebungen von kollektivistischen und nicht-egalitären kulturellen und strukturellen Mustern hin zu modernen, individualistischen und egalitären Gesellschaften.

Im interkulturellen Vergleich gehen individualistische Wertorientierungen und strukturelle Individualisierungsprozesse mit einem steigenden Ausmaß an *Toleranz von Unsicherheit* einher, am deutlichsten in der Gruppe der wohlhabenderen Länder, die hier schon weiter fortgeschritten sind. Die modernen individualistischen Gesellschaften sind »Risikogesellschaften« eben auch in dem Sinne, als die Freisetzung aus traditionalen sozio-kulturellen Bezügen die Möglichkeiten fördert, mit diesen Freiheiten umzugehen. Insofern ergibt sich aus dem Individualisierungsschub keineswegs notwendig ein höheres Ausmaß an Verunsicherung oder Streben nach Sicherheit und damit jene Faktorenkonstellation, die nach dem Individualisierungs-Theorem Gewalt induziert.

Welche Schlüsse können aus dem interkulturellen Vergleich für den gesellschaftsinternen kulturkritischen Diskurs über Individualisierung und Gewalt gezogen werden? Die Ergebnisse legen nahe, gerade nicht in Individualisierungsprozessen die Ursachen für das steigende Gewaltniveau zu suchen, sondern eine mögliche *Zunahme kollektivistischer Orientierungen* und sozialer *Exklusion* als ursächlich für die Entwicklung des Gewaltniveaus und die Umkehrung des säkularen Trends abnehmender Gewalt seit Ende der 60er Jahre ins Auge zu fassen.

Läßt sich derzeit eine Zunahme kollektivistischer Orientierungen im Zusammenhang mit Gewalthandlungen beobachten? Sehr prägnant präsentiert sich ein Zusammenhang zwischen kollektivistischen Orientierungen und Verhaltensmustern und Gewalt in den neueren Studien über Gewalt im städtischen Raum. So zeigt sich, daß insbesondere Angehörige ethnischer Minoritäten aus traditional-kollektivistisch dominierten Gesellschaften (z.B. Türkei) ein hohes Gewaltniveau haben: Sie stellen nicht nur überproportional viele Täter, sondern auch Opfer. Insbesondere ist der Anteil innerfamiliärer Gewalt relativ hoch (Eisner 1996: 217-228). Pfeiffer u.a. (1998) stellten fest, daß türkische Jugendliche besonders häufig Opfer »extremer« elterlicher Gewalthandlungen sind und daß sie häufiger als andere Gruppen Zeugen von Gewaltanwendung zwischen den Eltern sind. Das entspricht dem Bild, das im interkulturellen Vergleich für das höhere Gewaltniveau in kollektivistischen Gesellschaften gewonnen wurde, und deutet auf dieselben Verursachungsfaktoren. Ferner gibt es derzeit Hinweise, daß gerade unter den Bedingungen der Migration kollektivistische Orientierungen ausgesprochen stabil sind oder sich u.U. verstärken (Öztoprak 1998; vgl. Schiffauer 1983). Zudem zeichnet sich ein Trend zu kollektivistischen Orientierungen ab, die gerade bei Jugendlichen relativ unmittelbar in Gewalt umgesetzt werden. Dazu gehören die Entwicklung von ethnisch rekrutierten Jugendgangs (Tertilt 1996) oder die Akzeptanz fundamentalistischer Orientierungen (Heitmeyer/Müller/Schröder 1997) sowie ferner die Ausbreitung kollektivistisch ausgerichteter rechtsextremer Orientierungen mit entsprechender Gewaltbereitschaft (vgl. Heitmeyer u.a. 1995; Heitmeyer/Müller 1995; Karstedt 1997).

Darüber hinaus sollte man die Folgewirkungen sozialer Exklusion für die Entstehung und das Ausmaß kollektivistischer Orientierungen nicht unterschätzen. Umgibt sich eine prinzipiell individualistisch orientierte und egalitäre Kerngesellschaft mit einer Randzone ausgeschlossener Minderheiten, denen die Teilhabe an gesellschaftlichen Institutionen verwehrt ist, dann können kollektivistische Orientierungen und Interaktionsmuster innerhalb dieser Gruppen wie auch innerhalb der Kerngesellschaft gegenüber ihren Randzonen zunehmen. In diesem Zusammenhang gewinnen die privaten Sicherheitsdienste und Sicherungsmaßnahmen, die die Exklusivität der Wohlhabenden schützen und die Exklusion der anderen verschärfen, eine spezifische Bedeutung. Sie tragen zu einer kollektivistischen »Ausschließungsmentalität« und einer neuerlichen Betonung der gesellschaftlichen Ungleichheit bei. Insofern produzieren sie jene kollektivistischen Orientierungen, die das Gewaltniveau erhöhen.

Die Erscheinungsformen städtischer Gewalt werden derzeit als Anzeichen eines »De-Zivilisierungsprozesses« gedeutet (Fletcher 1995; vgl. Eisner 1997). Bemerkenswerterweise wird dieser durch zwei typische Muster kollektivistischer Kulturen charakterisiert: stärkere Kontrollen durch andere, insbesondere die eigene Gruppe, und eine geringere Reichweite der Beziehungen und universellen Identifikationen mit anderen Gruppen oder Individuen. Eine solche implizit wertende Diagnose kollektivistisch-traditionaler kultureller Muster geht sicherlich zu weit. Wir haben es hier wahrscheinlich eher mit einem Wechselspiel und Nebeneinander von Individualisierung und »Traditionalisierung« zu tun. Auch wenn die Entfaltung individualistischer Wertorientierungen überwiegend zu Beginn des Modernisierungsprozesses das gesellschaftliche Gewaltniveau reduziert, so gibt es keinen Hinweis, daß sich in einer postmodernen Spätphase diese Beziehung grundsätzlich umkehren muß. Es ist nicht die Kultur des Individualismus, sondern möglicherweise die in einzelnen gesellschaftlichen Bereichen virulente und durch soziale Exklusion vorangetriebene *Re-Kollektivierung*, die das Gewaltniveau auch in der individualisierten Gesellschaft in die Höhe treibt.

Anmerkungen

1 Dabei handelt es sich um das Ausmaß des Ausschlusses dieser Gruppe von hohen, mittleren und z.T. auch niedrigen ökonomischen Positionen auf einer vierstufigen Skala.

2 Japan und die USA zeigen eindeutig konträre Muster. Japan mit einer niedrigen Mordrate ist in der Gruppe mit niedrigem Individualismus und niedriger Risikotoleranz enthalten, für die hohe Mordraten charakteristisch sind. Die USA mit einer extrem hohen Mordrate sind in allen drei Gruppen mit niedrigen Mordraten ent-

halten. Wenn beide Länder sowohl einzeln wie auch gemeinsam aus der Analyse herausgenommen werden, ändert sich das Ergebnis nicht (gilt auch für die Regressionsanalysen, siehe unten).

3 Interaktionseffekte konnten aufgrund der zu geringen Fallzahl nicht geprüft werden.

Literatur

Archer, Dane/Rosemary Gartner (1984), Violence and Crime in a Cross-National Perspective. New Haven.

Ariffin, Jamilah (1995), At the Crossroads of Rapid Development: Malaysian Society and Anomie, in: International Journal of Sociology and Social Policy 15: 8-1.

Durkheim, Emile (1991), Physik der Sitten und des Rechts. Vorlesungen zur Soziologie der Moral. Frankfurt.

Durkheim, Emile (1900), Deux lois de l'évolution pénale, in: L'anneé sociologique 4: 65-95.

Eckersley, Richard (1993), The West's Deepening Cultural Crisis, in: The Futurist, November/December, 8-12.

Eisner, Manuel (1997), Das Ende der zivilisierten Stadt? Die Auswirkungen von Modernisierung und urbaner Krise auf Gewaltdelinquenz. Frankfurt.

Fletcher, Jonathan (1995), Towards a Theory of Decivilizing Processes, in: Amsterdams Sociologisch Tijdschrift 22: 283-296.

Gibson, James L./Gregory A. Caldeira (1996), The Legal Cultures of Europe, in: Law and Society Review 30: 55-85.

Hagan, John/Ruth D. Peterson, 1995, Criminal Inequality in America: Patterns and Consequences, in: John Hagan/Ruth D. Peterson (Hrsg.): Crime and Inequality. Stanford.

Heitmeyer, Wilhelm (1997) (Hrsg.), Bundesrepublik Deutschland: Auf dem Weg von der Konsens- zur Konfliktgesellschaft. Bd.1: Was treibt die Gesellschaft auseinander?, Bd.2: Was hält die Gesellschaft zusammen?. Frankfurt.

Heitmeyer, Wilhelm/Joachim Müller/Helmut Schröder (1997), Verlockender Fundamentalismus. Frankfurt.

Heitmeyer, Wilhelm/Joachim Müller (1995), Fremdenfeindliche Gewalt junger Menschen. Biographische Hintergründe, soziale Situationskontexte und die Bedeutung strafrechtlicher Sanktionen, hrsg. vom Bundesministerium der Justiz. Bonn.

Heitmeyer, Wilhelm/Birgit Collmann/Jutta Conrads u.a. (1995), Gewalt. Schattenseiten der Individualisierung bei Jugendlichen aus unterschiedlichen Milieus. Weinheim

Hoffmann-Nowotny, Hans-Joachim (1995), Die Gesellschaft auf dem Weg zur individualistischen Selbstauflösung?, in: Meinrad Perrez/Jean-Luc Lambert/Claudia Emert u.a. (Hrsg.): Familie im Wandel – Familie en transition. Bern.

Hofstede, Geert (1980, 1984), Culture's Consequences: International Differences in Work-Related Values. 1. Aufl. (1980), 2. überarb. Aufl. (1984). Beverly Hills.

Hofstede, Geert (1976), Measuring hierarchical power distance in thirty-seven countries. European Institute for Advanced Studies in Management. Working Paper 76-32. Brussels.

Jain, Shail (1975), Size Distribution of Income. A Compilation of Data. Washington.

Karstedt, Susanne (1997), Frühe NSDAP-Mitglieder 1923 bis 1933 – Junge Rechte 1980 bis 1994: Eine biographische Analyse zweier Generationen deutscher Rechtsextremisten, in: Soziale Welt 48: 231-252.

Kim, Uchol/Harry C. Triandis/Cigdem Kagitcibasi u.a. (1994) (Hrsg.), Individualism and Collectivism. Theory, Method, and Applications. Thousand Oaks.

Kopp, Botho von (1998), Schüler, Schule und Gewalt in Japan. Erscheinungsformen und Maßnahmen zur Gegensteuerung, in: Gesine Foljanty-Jost/Dieter Rössner (Hrsg.): Gewalt unter Jugendlichen in Deutschland und Japan. Baden-Baden.

Land, Kenneth C./Patricia L. McCall/Lawrence E. Cohen (1990), Structural Covariates of Homicide Rates: Are there any Invariances across Time and Social Space?, in: American Journal of Sociology 95: 922-963.

Linsky, Arnold/Ronet Bachman/Murray A. Strauss (1995), Stress, Culture and Aggression. New Haven.

Messner, Steven F. (1982), Societal Development, Social Equality and Homicide: A Cross-National Test of a Durkheimian Model, in: Social Forces 61: 225-240.

Messner, Steven/Richard Rosenfeld (1997), Political Restraint of the Market and Levels of Criminal Homicide. A Cross-National Application of Institutional-Anomie Theory, in: Social Forces 75: 1393-1416.

Meulemann, Heiner (1998), Wertewandel als Diagnose sozialer Integration: Unscharfe Thematik, unbestimmte Methodik, problematische Folgerungen. Warum die wachsende Bedeutung der Selbstbestimmung kein Werteverfall ist, in: Jürgen Friedrichs/Rainer M. Lepsius/Karl Ulrich Mayer (Hrsg.): Die Diagnosefähigkeit der Soziologie. Sonderheft 38, Kölner Zeitschrift für Soziologie und Sozialpsychologie. Opladen.

Meulemann, Heiner (1996), Werte und Wertewandel. Zur Identität einer geteilten und wieder vereinten Nation. Grundlagentexte Soziologie. München.

Nunner-Winkler, Gertrud (1988), Entwicklungslogik und Wertewandel: Ein Erklärungsansatz und seine Grenzen, in: Heinz Otto Luthe/Heiner Meulemann (Hrsg.): Wertewandel – Faktum oder Fiktion. Frankfurt.

Öztoprak, Ümit (1998), Individualistische und kollektivistische Wertorientierungen bei türkischen Jugendlichen. Forschungsnetzwerk für ethnisch-kulturelle Konflikte, Rechtsextremismus und Gewalt, Newsletter Nr. 10, 2: 66-85.

Pfeiffer, Christian/Ingo Delzer/Dirk Enzmann/Peter Wetzels (1998), Ausgrenzung, Gewalt und Kriminalität im Leben junger Menschen, in: DVJJ, Sonderdruck zum 24. Deutschen Jugendgerichtstag.

Schiffauer, Werner (1983), Die Gewalt der Ehre. Erklärungen zu einem türkisch-deutschen Sexualkonflikt. Frankfurt.

Stephens, Gene (1993), The Global Crime Wave and What We Can Do About It, in: The Futurist, July/August: 22-28.

Taylor, Charles Lewis/David A. Jodice (1983): World Handbook of Political and Social Indicators. 3. Aufl. New Haven.

Tertilt, Hermann (1996), Turkish Power Boys. Ethnographie einer Jugendbande. Frankfurt.

Triandis, Harry C. (1990), Cross-cultural Studies of Individualism and Collectivism, in: John J. Berman (Hrsg.): Nebraska Symposium on Motivation. Lincoln.

Triandis, Harry C. (1993): Collectivism and Individualism as Cultural Syndromes, in: Cross-Cultural Research 27: 155-180.

Triandis, Harry C. (1995), Individualism and Collectivism. Boulder.

Triandis, Harry C./Christopher McLusker/Hector Betancourt u.a. (1993), An Etic-Emic Analysis of Individualism and Collectivism, in: Journal of Cross-Cultural Psychology 24: 366-383.

United Nations (1988) (Hrsg.), Compendium of Social Statistics and Indicators. New York.

»Eigenes Leben« ohne »Dasein für Andere«?

Individualisierung in gemeinschaftlichen Kontexten

Kai Brauer

... denn in dem selben Maße, in dem die Persönlichkeit als Ganzes befreit wird, sucht sie auch für ihre einzelnen Seiten sozialen Zusammenschluß und beschränkt freiwillig die individualistische Willkür ... (Georg Simmel)

Die Frage nach den Folgen und Grenzen der Individualisierung ist alles andere als neu. In der Moderne haben die rapiden Veränderungen der Qualität und Quantität von Beziehungen zu den Zeitgenossen – z.B. in der Familie, zu den Kollegen und den Nachbarn – zu verschiedenen Deutungen geführt. Gemeinschaftsverlust, Bindungs- und Beziehungslosigkeit, Atomisierung und Egoismus sind die Schlagwörter des sozialromantischen und kulturpessimistischen Zeitgeistes, der die Erosion traditioneller Bindungsmuster als dramatischen Verlust wahrnimmt. Auf der anderen Seite steht eine aufgeklärte Befreiungsrhetorik, die gerade die Lösung aus alten Zwängen feiert. Die Moderne verlange individualisierte, entscheidungsfähige, selbstverantwortliche Subjekte, die statische und enge kollektive Beziehungen abschütteln würden. Jede Gruppenverpflichtung, die eingegangen werden könnte, sei es eine aus der Herkunft abgeleitete (Klasse, Schicht, Rasse, Geschlecht, Nation) oder variabler eingeh- und kündbare (Verband, Innung, Gewerkschaft, Gemeinde, Neighborhood und vor allem Familie), ist nicht mehr nur hinterfragbar und begründungspflichtig, sondern wird zum Teil als »Störelement« der individuellen Selbstentfaltung angesehen. Werden – angesichts dieser Entwicklungsrichtung der Moderne – »kollektive Erfahrungen *bald* schon ein Anachronismus« – wie die JuorInnen des Plenums zurecht fragten? Wird jedes dauerhaftere gemeinschaftliche Engagement und verpflichtend solidarisches Gruppenverhalten tatsächlich überflüssig? Nun haben die Vertreter des Individualisierungstheorems dies nie so behauptet. Allerdings kann man Axel Honneth zustimmen, wenn er beklagt, daß es um empirische Untersuchungen zu Individualisierungs*folgen* in der Bundesrepublik schlecht bestellt ist. Individualisierung wird zwar auf vielfältige Weise beforscht und diskutiert, jedoch sieht er dabei äquivalente Entwicklungen – also Gemeinschaftsbildungen – vernachlässigt.[1] Um die »*Grenzen der Individualisierung*« auszuloten, möchte ich in den folgenden Fallstudien daher gerade die gemeinschaftlichen Elemente des Individualisierungsprozesses in den Mittelpunkt stellen. Ich habe mit dem Vergleich zweier Gemeinden einen empirischen Zugang zur Fragestellung gewählt und werde zunächst am Fallmaterial herausarbeiten, inwiefern Individualisierungs- und Vergemeinschaftungsprozesse in Zusammenhang stehen. Die empirische Basis bilden hierfür zwei Community Studies kleiner ländlicher Gemeinden in Deutschland und den USA, die im ersten Teil kurz vorgestellt werden.[2] Danach werden die zunächst widersprüchlich erscheinenden Fälle vor dem Hintergrund der motivationalen Grundlagen gemeinschaftlichen Engagements im Individualisierungsprozeß diskutiert, um abschließend im Rückgriff auf die soziologischen Klassiker einen Vorschlag zur theoretischen Begründung der Dynamik von *Individualisierung in und durch Gemeinschaftsbezüge* zu machen.

1. Zwei Communities im Gesellschaftsvergleich

Community Studies haben gegenüber anderen Forschungsmethoden den Vorteil, daß einzelne Biographien in Beziehung zu anderen Untersuchungsfeldern, die das konkrete Lebensumfeld des jeweiligen Falles bilden, gestellt werden können. Es werden also nicht aus den regionalen Besonderheiten gelöste Daten gegeneinander aufgerechnet, sondern gerade spezifische Kontextstrukturen erhoben. Dafür schließt die Beschränkung auf spezifische Gemeinden eine einfache Verallgemeinerung für die gesamte Gesellschaft aus. Zur Diskussion kann daher nicht *das* amerikanische Modell oder *die* deutsche Individualisierung stehen, sondern zunächst auf den empirischen Einzelfall beschränkte Überlegungen. Hintergrund des Vergleichs sind dabei das gleiche Milieu (der ländliche Raum) und große agrarische Strukturkrisen (Farmkrise auf der einen, Kollektivierung und De-Kollektivierung auf der anderen Seite). Dabei setze ich *erstens* voraus, daß Individualisierung als ein universeller Prozeß angesehen werden muß, der auch in traditionellen Milieus wirkt und durch die Strukturkrisen gefördert wird. In den Biographien aus beiden Orten sind die Kennzeichen der Individualisierung deutlich nachweisbar, ohne daß ich dies hier im einzelnen ausbreiten könnte. Da es sich um die aktuellen Folgen der Erosion traditioneller Lebenskonzepte handelt,[3] kann (*zweitens*) im folgenden nicht die Darstellung grundsätzlich neuer biographischer Konzepte oder

Gemeinschaftsbezüge eingegangen werden. Es müßte dafür in diesem Milieu »Gemeinschaftsverlust« besonders deutlich hervortreten bzw. eine bessere (und beobachtbarere) Grundlage haben als im urbanen Raum, wenn sich Vergemeinschaftung und Individualisierung gegenseitig ausschließen. *Drittens* werden keine vollständigen Ethnographien der Untersuchungsorte (»Tranlin« in Mecklenburg und »Pigsburg« in Iowa[4]) geboten, sondern die Aufmerksamkeit hier nur auf einzelne Entwicklungsprojekte (als Beispiele möglicher Vergemeinschaftungskerne) gelenkt. Sowohl das amerikanische als auch gerade das mecklenburgische Dorf stehen durch den drastischen Rückgang des primären Sektors unter besonderem Modernisierungsdruck. Inwiefern suchen die Individuen also ihre Chancen und inwiefern stützen sie sich dabei auf die Gemeinschaft?

Tranlin

Tranlin ist ein Bauerndorf mit 300 Einwohnern, das mit zwei Nachbardörfern eine Gemeinde mit weniger als 600 Einwohnern bildet. Bis 1991 wurde Tranlin durch die örtliche LPG dominiert. Neben der LPG Tierproduktion »Frischer Wind« gab es im Dorf die Werkstätten einer weiteren LPG Pflanzenproduktion eines Nachbarortes, eine Ziegelei, eine Molkerei, einen privaten Tischler, einen Kindergarten, eine Konsumverkaufsstelle, einen Dorfkrug, eine Poststelle, einen Sportplatz mit Fußballtoren, einen Jugendclub für die Dorfjugend und schließlich die Kirche, in der bis heute für wenige ältere Frauen alle zwei Wochen ein Gottesdienst stattfindet. Nach der Wiedervereinigung haben die Tranliner – folgend den Vorgaben des Gesetzgebers – auf die individuelle Karte gesetzt. Die LPG wurde liquidiert und der Boden und die Ställe den alten Bauern zurückgegeben.[5] Die Ziegelei schloß 1991, später auch der Konsum, die Molkerei, der Dorfkrug, die Poststelle und der Jugendclub. Insgesamt ist somit trotz des offensichtlichen Wohlstandswachstums einzelner die Arbeitslosenquote hoch, es sind keine Betriebe entstanden, die Infrastruktur sowie die Stimmung auf dem Dorf haben sich erheblich verschlechtert.

Es ist aber nicht so, daß Tranlin eines der »vergessenen« oder unbeachteten Dörfer ist, das planmäßig abgebaut oder seinem Verfall preisgegeben werden soll. Im Gegenteil, es ist das erklärte Ziel der Kreis- und Landesbehörden, das Dorf zu »entwickeln«. Infolgedessen konnten in Tranlin Verluste von Arbeitsplätzen mit zeitlich begrenzten Arbeits-Beschaffungs-Maßnahmen (ABM), die konkrete Entwicklungsaufgaben hatten, abgefedert werden. Das erste ABM-Projekt, welches 1991 bewilligt wurde, beschäftigte sechs ehemalige LPG-Arbeiter.[6] In den nächsten Jahren erreichte die »ABM-Brigade«, wie sie nun genannt wurde, eine Personalstärke von 12 bis 18 Bewilligten und war damit der größte Arbeitgeber im Dorf. So gibt es bis heute ABM-Kräfte für Altenbetreuung, die Nachmittagsbeschäftigung der Kinder im Jugendclub, und wie selbstverständlich organisiert die ABM-Brigade die Dorffeste. Scheint es für Arbeitslose zwar erstrebenswert in die ABM zu kommen, sind sie dann doch meist unzufrieden. Sie haben zwar nun Arbeit, aber eben »nur ABM«. Sie sind dafür dem Neid der Nachbarn, der Kritik am Gesamtkonzept und den Fehlern der ABM-Brigade ausgesetzt. Gemeindearbeit – das Hauptfeld der ABM-Brigade – wird somit diskreditiert. Diejenigen, die sich hieran beteiligen, machen es weder freiwillig, noch erlangen sie damit eine bessere Rangposition in der Gemeinde. Im Gegenteil: In einer AB-Maßnahme gewesen zu sein, ist für das Sozialprestige sehr schlecht. Die Fördergelder hierfür sind allerdings nur peanuts gegen das, was das etwas außerhalb des Dorfes gelegene Projekt »Ziegelei« jeden Monat kostet. Diese seit 1991 leerstehende Produktionsstätte soll zu einem Museum umgebaut werden. Hierbei handelt es sich um eines der Musterprojekte der Landesregierung. In der Umbauphase wurden über Weiterbildungsförderungen oder direkte ABM nicht weniger als 120 Stellen finanziert. Diese Arbeitsplätze sind auf ein Jahr befristet, und an sie ist der Prestigewert der anderen ABM-Stellen gebunden: etwas oberhalb der Sozialhilfe, weit unterhalb jeder anderen regulären und dauerhaften Beschäftigung. Keine der Leitungspositionen oder lukrativen Ausbilderposten in diesem Projekt ist durch Einheimische besetzt. Die »Macher« kommen aus Bremen, Berlin oder anderen Städten. Sie zeigen den Dörflern, die von der Notwendigkeit eines Museums alles andere als überzeugt sind, wie sie traditionelle Zimmermannsarbeiten, Gartenpflege oder Ziegeleibrennarbeiten durchführen sollen. Die Vereins- und Projektleiter haben sich komfortable Büros einrichten lassen, aus denen sie via e-mail, Internet und Fax weitere Fördermittel des Landes oder der EU hochprofessionell akquirieren. Sie brauchen sich der Kritik der Dörfler an ihrem Projekt nicht auszusetzen, denn sie sind ja von den Dörflern nicht abhängig, sondern umgedreht. So beklagen sie die Mut- und Einfallslosigkeit der Dörfler, die sie als unselbständig und undankbar beschreiben. »Hier macht doch jeder nur noch Seins« ist ihr Eindruck, den sie mit den Tranlinern teilen.

Pigsburg

Pigsburg ist mit 800 Einwohnern etwas größer als Tranlin. In der Town wohnen die Geschäftsleute, bei denen die Farmer einkaufen, die Eltern der Farmer, die von den Zinsen der verkauften Farmen oder ihren Versicherungen leben und die Arbeiter der Coop, die die Farmprodukte vermarktet. Sie ist mit 43 Beschäftigten der wichtigste Arbeitgeber und für die individuell wirtschaftenden Farmer eine Institution, die ihre Existenz sichern hilft. Neben der Coop sind aber noch eine ganze Reihe gemeinschaftlicher Projekte bedeutsam, die den Lebensstandard in Pigsburg (trotz farmcrisis[7]) verbessern. So wurde von der Gemeinde ein Tennisplatz, die Badeanstalt und der Golfplatz mit dem Vereinshaus (einem Saal für alle möglichen Feiern, einer Bar etc.) errichtet. Zudem gibt es in der kleinen Cityhall einen Versammlungsraum und eine Bibliothek. Alle diese Projekte wurden von einzelnen Gruppen gefördert und bis heute gemeinsam unterhalten.

Das dieses Jahr eingeweihte Carecenter Pigsburg ist das neue Vorzeigeobjekt der Gemeinde. Im Gegensatz zu den anderen Projekten kann diese Einrichtung nicht allein von der Gemeinde getragen werden. Eine private Altenheim-Betreibergesellschaft warb zusammen mit dem Staat für solche Projekte, einige Gemeindebewohner besuchten 1991 eines der von dieser Firma organisierten – und gesponsorten – Seminare. Die Seminarteilnehmer brachten die Idee nach Pigsburg, wo sich nach längeren Diskussionen ein Gründungsverein konstituierte. Dieser beauftragte eine spezielle fund-raising-company, um den Bedarf und die Spendenmöglichkeiten in der Gemeinde zu erheben. Diese Firma unterstützte nun den aus dem 1. Verein hervorgegangenen carecenter-board. Innerhalb eines Jahres wurden nicht nur die notwendigen 850.000, sondern sogar 1,2 Millionen US$ gespendet.

Jeder Schritt im Baugeschehen wurde zum Abfeiern der eigenen Erfolge genutzt. Im Mittelpunkt standen dabei immer die Mitglieder des Gründungsvereins. Das Extrablatt der Lokalzeitung erschien dann im Frühjahr 1997 zur Einweihung des Carecenters großformatig und 14 Seiten stark. Auf den Photos werden unzählige Male die wichtigsten sechs Vereinsmitglieder (wobei es keines ohne M. Koette gibt) abgebildet. M. Koette ist Juniorchef des Bestattungsunternehmens und wurde zu einem der treibenden Köpfe des Projektes. Er konnte sich seit 1994 in den Vordergrund schieben, da er einen wohlhabenden Verwandten, der nicht mehr in Pigsburg wohnt, zu einer Landspende überzeugen konnte. Dieser wurde zur Ausführung des 1. Spatenstichs eingeladen, einer wichtigen Zeremonie der Gemeinde, an seiner Seite der stolze M. Koette. Die nächste Zeremonie war der feierliche Einzug des ersten Heimbewohners, A. Koette, dem Großvater von M. Koette jr., der der erste offizielle Spender sowie der Onkel des Landschenkers B. Koette ist. Als zweite Bewohnerin zieht E. Koehne ein, die Großmutter der zweitwichtigsten Organisatorin J. Koehne. Bei der Auswahl der ersten Bewohner ging es nicht nur um die Würdigung der Familienarbeit der Kinder und Enkel der zukünftigen Heimbewohner, sondern auch um die Symbolisierung der Parität der beteiligten Vertreter der Kirchengemeinden und Familiengruppen im Carecenterverein.

Quer zu der Ebene der Kirchengemeinden gibt es eine ganze Reihe ineinander verschränkter und interdependenter, allerdings deutlich voneinander differenzierter Gruppen in Pigsburg, die in der amerikanischen Literatur nicht untreffend »Cliquen« genannt werden. Abgesehen von den Unterklassencliquen sind normalerweise verschiedene soziale Gruppen in jeder Clique existent, und es müssen nicht einmal alle Mitglieder einer Kirchengemeinde angehören. Die Cliquen treffen sich zumeist auf den vielen privaten Parties, bilden Sportgruppen oder unternehmen gemeinsame Touren. Zwischen und in den Cliquen herrscht ein dauernder Kampf um Anerkennung. Die einzelnen Gemeindeprojekte sind letztendlich als Cliquenaktivität oder Idee zu erkennen. Jedoch sind die Großprojekte nicht ohne die anderen Cliquen durchführbar. Die Gründungsgruppe des Carecenters bestand im Kern aus einer Gruppe berufstätiger und selbständiger Frauen – zu der auch jene J. Koehne gehört. Die Zusammenarbeit mit anderen Machtgruppen ist im Falle des Carecenters geglückt, was nicht heißt, daß der Konkurrenzkampf unter den Gruppen im Projekt aufgehoben wurde.

Daß es hier M. Koette ist, der sich durch die Landspende seines Onkels in den Vordergrund des Projektes stellen konnte, entspricht der herausragenden Bedeutung, die diese Familie in Pigsburg hat. Sie kann aber nicht zwangsläufig aus der geachteten Position des Vaters von M. abgeleitet werden und ist in anderen Zusammenhängen geringer. Im Schulboard spielt z.B. der Veterinär die tragende Rolle, obwohl seine Söhne längst an der Iowa State University einen Abschluß anstreben. Er steht in der Rangordnung auf der gleichen Stufe wie J. Koehne und M. Koette und ist Angehöriger einer von Lutheranern gebildeten Farmer-Clique (die im Carecenter nur eine Nebenrolle spielt). Den Board des Golfplatzes dominiert eine weitere Clique jüngerer Geschäftsleute und einem Armyveteran. Der ökonomisch wichtige und bedeutsame Farmercoopboard wird von weiteren Cliquen gelenkt, wobei auch hier die Konkurrenz um Anerkennung als Handlungsmotivation neben handfesten ökonomischen Interessen deutlich wird.

2. Engagement für die Gemeinschaft und Individualisierung im Vergleich

Betrachtet man jedes der Projekte in Pigsburg genauer und verfolgt die Biographien der »Macher«, zeigt sich, daß die Beteiligung an Projekten und deren

Konzeption Bestandteil der Lebensplanung geworden sind. Um als Einwohner Pigsburgs akzeptiert zu werden, also eine gewisse Rangposition einzunehmen, kann in gemeinschaftlichen Zusammenhängen aktiv gearbeitet werden. Die Berufung auf eine allein aus der Familiengeschichte entspringende oder der Berufsposition abgeleitete Statusposition ist an sich keine ausreichende Quelle des Prestiges in der Gemeinde. Die soziale Rangordnung, die sich daraus rekonstruieren läßt, spiegelt das Konkurrenzprinzip zwischen den Cliquen um prestigeträchtige Projekte wider, welches über die enorme Gemeindeentwicklung selber Möglichkeiten der Individualisierung bereitstellt. Das Konkurrenzprinzip stützt sich wiederum darauf, daß die Individualisierung der einzelnen organisch mit der andauernden, gefühlsmäßigen Zugehörigkeit zu Cliquen (und den daraus folgenden Anforderungen der Gemeinschaft) verknüpft werden kann.

Individualität im Sinne der Lösung aus traditionellen Bindungen und Gewißheiten, dem eigenständigen und selbstverantwortlichen Wahrnehmen und Nutzen von Optionen im Modernisierungsprozeß, findet eine Basis in den konkreten, gemeinschaftlichen Handlungskontexten im Zuge der erstaunlichen Entwicklungsdynamik Pigsburgs. Dabei handelt es sich nicht um ein Revival überkommener traditionalistischer Ideologien, sondern um die persönlich zurechenbare Beteiligung an verläßlichen und stabilen, kollektiven Handlungszusammenhängen, als emergenter Form aktiver Gesellschaftsaneignung im Kontextraum der Gemeinde. Primär ist hierbei die möglichst differenzierte, individuell ausgestaltete und selbständig eingebrachte Aktivität für die Gemeinschaft, nicht die Unterordnung unter eine Doktrin »Gleicher« unter »Gleichen«, reaktives »Mitmachen« oder »Folgen«. »Dasein für Andere« (als Metapher für Gemeinschaftlichkeit) und »Eigenes Leben« (als Metapher für Individualität) ergänzen sich hiermit wechselseitig. Es drängt sich nun aber die Frage auf, ob die gemeinschaftlichen Bezüge in Pigsburg einen vergleichsweise hohen Stellenwert haben, *trotzdem* oder gerade *weil* sich hier »auf dem Weg einer institutionellen Erweiterung von individuellen Entscheidungsspielräumen Optionenzuwächse für die Individuen ergeben« (Honneth: 1994: 26)?

Zweifellos kann von den amerikanischen Bedingungen (und von denen des Mittleren Westens), die hier nicht im einzelnen entfaltet werden können, nicht abgesehen werden. Trotzdem soll im folgenden versucht werden, einen strukturellen Zusammenhang herauszuarbeiten, in dem die spezifische Kontextstruktur Pigsburgs mit der Tranlins verglichen wird. Die Tranliner beklagen ja im Gegensatz zu den Pigsburgern, daß ihre Gemeinde jetzt wie ausgestorben wirke, sich jeder nur um sich selbst kümmere und nun weniger Spielraum für gemeinsame Aktivitäten bestehe. Bis 1990 gab es auch in Tranlin eine ganze

Reihe wichtiger Versorgungsnetzwerke, die schon so etwas wie Cliquen darstellten. Für die Alltags-, aber auch die Lebensplanung: (z.B. bezüglich Ausbildungsplatz, Berufsweg, Wohnort und -qualität) waren innerfamiliäre Bindungen, als auch – und gerade – außerfamiliäre Beziehungen unentbehrlich. Für den Status des einzelnen vor Ort war es sehr wohl bedeutsam – wie in Pigsburg – einen aktiven Beitrag in und für die Gemeinde zu leisten.[8] Spätestens seit der Vereinigung wurden *Kollektiv* und *Gemeinschaftlichkeit* zu medial negativ besetzten Begriffen, die erst in der jüngsten Zeit – und nur von einigen – wieder glorifiziert werden. Auch die Tranliner setzten auf private Initiative, und ihre Tauschnetzwerke verloren die mangelwirtschaftliche Basis. Vom sozialistischen Planapparat befreit, stehen nun der individuellen wie der dörflichen Entwicklung *theoretisch* keine Schranken mehr im Wege. Empirisch gelingt es den Akteuren aber nur bis zu einem gewissen Grad, ihren Lebenslauf deutlicher *»um das Ich«* zu strukturieren, als vorher. Sie werden nun in der Regel auf sozialstaatliche Angebote zurückgeworfen: Arbeitslosenversicherung, Sozialhilfe, Vorruhestandsprogramm, Weiterbildungsprogramm. Ebenso ist auch die Gemeinde an staatliche Förderprogramme gebunden: Dorfentwicklungsprogramm, Programm ländlicher Wegebau, Arbeitsbeschaffungsprogramm. Damit wird die für die Individualisierung so wichtige Möglichkeit der *kreativen* und *aktiven* Neupositionierung in der sozialen Hierarchie der Gemeinde erschwert. Der Verlust verbindlicher Gewißheiten und gemeinschaftlichen Rückhalts seit der Wende hat somit eher zu dem zweifelhaften Drang geführt, sich auf frühere oder neue Sicherheiten (z.B. in der Familie) festzulegen und gerade nicht zum Planungsbüro seines eigenen Lebenslaufes zu werden. Das Ziegeleiprojekt wird (ziemlich realistisch) als bürokratische Maßnahme angesehen, die weder Individualisierungschancen (durch Prestigezuwachs oder Kreativität der Beteiligten) noch kollektive Bindungen erfordert.

3. Individualisierung und die Motive gemeinschaftlichen Engagements

Am Beispiel der beiden Gemeinden wurde die unterschiedliche Stellung des einzelnen zum Kollektiv deutlich. Die Tranliner sind Untergebene von Entwicklungsprofis: entweder direkt als ABMler und erwachsene Umzubildene oder als »Betroffene«, die eben wie zufällig dort wohnen, wo sogenannte »Leitbilder« umgesetzt werden sollen. Somit werden grundlegende Motive des Handelns negiert. In Anlehnung an den Theorieentwurf des kreativen Handelns von Hans Joas, behaupte ich, daß gerade das Setzen der Zwecke, genauer der »Schritt vom Wünschen zur Zwecksetzung« der kreative Akt jeder Handlung ist (Joas 1996: 240), und erst damit den Akteur zum Subjekt einer Handlung macht. Gerade dieser Teil des Handelns wird den »Betroffenen« der Planwirtschaft und des Ziegeleiprojektes aber genommen. An Motivationen zur Vergemeinschaftung (die unter den aktuellen Bedingungen tragfähig sein muß) und nicht am Willen zur Eigeninitiative fehlt es den Tranlinern. Sie sind der andauernden Diffamierung jeglicher Kollektivität – z.B. an genossenschaftlichen Wirtschaftsformen – ausgesetzt, deren ideologische Grundlage zwischen »Ellenbogengesellschaft« und »Sozialismus« keine Spielarten zuzulassen scheint. Die Gemeindemitglieder Pigsburgs lassen dem entgegen unter härteren Marktbedingungen kaum eine Chance aus, sich mit ihrer Arbeitskraft oder mit Spenden an Entwicklungsprojekten direkt zu beteiligen, weil dieses für ihre soziale Positionierung in der Gemeinde wichtig ist. Aber auch in den USA funktioniert dies so nur unter den in Pigsburg gefundenen spezifischen Kontextbedingungen, die schon im Nachbarort nicht gelten müssen.

Nicht die Überlegenheit der reinen Marktlehre oder des schwachen Staates ist mit dem Fallbeispiel Pigsburgs belegbar, sondern die Beziehung zwischen Individualisierung und Vergemeinschaftung. Die Projekte in Pigsburg sind ein Beispiel dafür, wie sich die Akteure im Gemeinschaftshandeln Möglichkeiten der Individualisierung selber schaffen. Aber warum engagieren sie sich so stark in den Cliquen, wo sie doch genügend Gelegenheit hätten, in den umliegenden Städten oder via Internet (in der Regel ist der Anschluß nebst PC Teil des Haushaltes) zu sich selbst zu finden? Sie hätten es aufgrund ihres Einkommens nicht unbedingt nötig, sich in solch ausdauernder und hartnäckiger Weise für das Gemeinwohl einzusetzen. Weder Not oder Altruismus, noch utilitaristische Gewinnmaximierung können die Motive hierfür hinreichend erklären.

Die Analyse der Projektbiographien deutet auf intrinsische Motive von Gruppenzugehörigkeit hin, die von dem Individuum zwar eine gewisse Regelanerkennung verlangt, jedoch einen großen Spielraum der individuellen Ausfüllung der Gruppenziele zuläßt. In der Entwicklungspsychologie wurde vielfach (z.B. durch Tajfel 1970) die Wirkung von Gruppennormen (Minimalgruppenparadigma) nachgewiesen. In der Gruppe tun die Kinder das » … *was ihrer Gruppe nutzt, nicht um eigener Vorteile willen, sondern weil sie die Norm als verpflichtend erfahren*« (Nunner-Winkler 1992: 800). Die Anerkennung der Regeln der Gruppe, zu der die Kinder sich zugehörig fühlen, führt gerade nicht zur Aufgabe des »Ich«, sondern ist eine Grundlage seiner Konstitution im Gruppenhandeln: »*Es geht ja nun nicht nur darum, hier und jetzt mit einer punktuell und zufällig gebildeten Eigengruppe solidarisch zu sein; vielmehr geht es darum, das, was man selbst ist, und zwar lebenslänglich ist, gut zu sein«* (Nunner-Winkler 1992: 802). Im Fallbeispiel »*Carecenter*« kann kein »Zwang« oder ein klar definierter »Gewinn« aus den einzelnen Projekten gezogen werden außer einem hohen Prestige in der Gruppe bzw. in der Gemeinde. Die gemeinsam geteilte Kontextstruktur wird vor allem von der *Kreativität* einzelner gespeist, die in Konkurrenz zu anderen Cliquenmitgliedern und den anderen Cliquen stehen. Um seine Sache »*gut zu machen*«, muß Mann oder Frau (z.B. Frau *Koehne*) »besser« sein als die anderen und sollte gerade nicht kurzfristige egoistische Ziele verfolgen. Dieses gruppendienliche und damit gemeinschaftsbildende Verhalten muß durch die Darstellung des Selbst mit individuellen – besonderen – Fähigkeiten unterstützt werden. Eine ideologische Auffassung von Gemeinschaft – die große Kollektive vereinheitlichend lebenslang verpflichten will (z.B. die »Gemeinschaften« der Amerikaner, der Farmer, der US-Army oder der verschiedenen Congregations) – widerspricht der Individualisierung sicherlich. Der traditionalistischen Gemeinschaftsideologie stehen aber die aktiv gestalteten, auf ein pragmatisches Ziel ausgerichteten Vergemeinschaftungsformen gegenüber.

4. Vergemeinschaftung und Individualisierung im Modernisierungsprozeß

Auch wenn sich auf der Basis zweier Community Studies eigentlich keine allgemeinen Schlüsse (gar für den urbanen Raum) ziehen lassen, ist doch hier die abduzierte These der wechselseitigen Abhängigkeit von Individualisierung und Vergemeinschaftung nicht neu und weist über die Grenzen der beiden Fälle hinaus. Die Diskussion dieser These wird mit der Definition von Gemeinschaft und Individualisierung stehen oder fallen. Während der Begriff der Individualisierung in den letzten Jahren hinreichend präzisiert wurde (Berger 1997; Wohlrab-Sahr 1997), stiftet »Gemeinschaft« eher Verwirrung. Ich möchte nun kurz – ohne hier eine ausführliche Begriffsdiskussion führen zu können – auf die Einbettung des Gemeinschaftsbegriffes bei den Klassikern der Soziologie hinweisen.

Viele Mißverständnisse beruhen m.E. auf einer verkürzten und unkritischen Rezeption von Tönnies »Gemeinschaft und Gesellschaft«. Demnach stehen beide Begriffe unversöhnlich nebeneinander und der Gemeinschaft haftet alles traditionelle an, was in modernen, individualisierten Gesellschaften nicht paßfähig scheint.[9] Max Weber ließ demhingegen Vergemeinschaftungen auf der Basis von ursprünglichem Gesellschaftshandeln zu. Im Unterschied zu Tönnies widerspricht er der Annahme, daß Gesellschaftshandeln tendenziell Vergemeinschaftungen verdränge:

»Jede noch so zweckrationale und nüchtern geschaffene und abgezweckte soziale Beziehung (Kundschaft z.B.) kann Gefühlswerte stiften, welche über den gewillkürten Zweck hinausgreifen. Jede über ein aktuelles Zweckvereinshandeln hinausgehende, also auf längere Dauer eingestellte, soziale Beziehungen zwischen den gleichen Personen herstellende und nicht von vornherein auf sachliche Einzelleistungen begrenzte Vergesellschaftung – wie etwa die Vergesellschaftung im gleichen Heeresverband, in der gleichen Schulklasse, im gleichen Kontor, der gleichen Werkstatt – neigt, in freilich höchst verschiedenem Grade, irgendwie dazu [zur Vergemeinschaftung (K.B.)]« (Weber 1972: 22).

Die Bildung von Gemeinschaften von Individuen ist also *irgendwie* möglich, auch wenn diese nicht aus dem »reinen Typ« der Gemeinschaft entstehen. Daß Weber Gemeinschaftshandeln auch auf der Basis von Gesellschaftshandeln zuläßt, bedeutet jedoch noch lange nicht, daß es sich tatsächlich immer so vollzieht. Die Zeit scheint doch Tönnies Recht zu geben, denn gemeinschaftliche Bindungen widersprechen der Logik der Individualisierung, und sie werden seltener. Andererseits ist es natürlich möglich, daß sich die Alltagsbeobachtungen erodierender »Gemeinschaft« auf tatsächlich untergehende Kollektivbindungen beziehen, aber nicht die Kollektivität als soziale Tatsache verschwindet, da wir als individualisierte Gesellschaftsmitglieder nur scheinbar keiner Gemeinschaft mehr verpflichtet sind. Dies ist die (empirische) Frage nach latenten Gemeinschaftsverpflichtungen, die gerade nicht im Gegensatz zur Moderne stehen, sondern Äquivalente von Individualisierungsprozessen sein müßten. Lange vor der deutschen Individualisierungsdebatte hat Georg Simmel explizit Individualität und Gemeinschaft folgendermaßen in Beziehung gesetzt:

»Jener Grundgedanke läßt sich verallgemeinernd so wenden, daß in jedem Menschen ceteris paribus gleichsam eine unveränderliche Proportion zwischen dem Individuellen und dem Sozialen besteht, die nur die Form wechselt: je enger der Kreis ist, dem wir uns hingeben, je weniger Freiheit der Individualität besitzen wir; dafür ist dieser Kreis selber etwas Individuelles, scheidet sich, eben weil er kleiner ist, mit scharfer Begrenzung gegen die übrigen ab. Und entsprechend: erweitert sich der Kreis, in dem wir uns betätigen und dem unsere Interessen gelten, so ist darin mehr Spielraum für die Entwicklung unserer Individualität, aber als Teil des Ganzen haben wir weniger Eigenart, dieses letztere ist als Gruppe weniger individuell« (Simmel 1992: 797).

Dieser Zusammenhang zwischen dem Individuellen und Sozialen gibt die Wechselwirkung zwischen Individuen in bestehenden kleineren und größeren sozialen Zusammenhängen wieder; Er gibt jedoch noch keine Auskunft darüber, inwiefern die massenhafte Erosion konkreter Gemeinschaftsbezüge wirken würde. Mit der Individualität in »erweiterten Kreisen« können wir evtl. in der Moderne besser leben, als mit jener, die sich aus einem »kleinen Kreis« speist, deren Regeln wir uns aber unterordnen müssen. Brauchen wir in der Moderne noch die engen Beziehungen oder werden wir von jeder verpflichtenden Unterordnung befreit? Simmel macht den organischen Zusammenhang von nach innen gerichteter Unterordnung und nach außen gerichteter Individualität vor allem in der Vormoderne aus. Er nennt diese aus *traditionellen* Zusammenhängen erwachsende »*Verteilung kollektivistischen Zwangs und individualistischer Willkür*« allerdings »*unzweckmäßig*«. In dem Maße aber, wie sich der »*sachliche Inhalt des Seins und der Tendenzen der Personen über die assoziative Gestaltung entscheidet*«, käme eine »*angemessenere und gerechtere*« Verteilung zwischen beiden Elementen zustande.

> ... denn in dem selben Maße, in dem die Persönlichkeit als Ganzes befreit wird, sucht sie auch für ihre einzelnen Seiten sozialen Zusammenschluß und beschränkt freiwillig die individualistische Willkür, in der sie sonst keinen Ersatz für die undifferenzierte Fesselung an eine Kollektivmacht findet; so sehen wir z.B. in Ländern mit großer politischer Freiheit ein besonders stark ausgeprägtes Vereinsleben; in religiösen Gemeinschaften ohne stark hierarchisch ausgeübte Kirchengewalt eine lebhafte Sektenbildung usw. Mit einem Wort; Freiheit und Bindung verteilen sich gleichmäßiger, wenn die Sozialisierung, statt die heterogenen Bestandteile der Persönlichkeit in einen einheitlichen Kreis zu zwingen, vielmehr die Möglichkeit gewährt, daß das Homogene aus heterogenen Kreisen sich zusammenschließt (Simmel 1992: 488-489).

In dieser Perspektive ist Differenzierung (in heterogene Kreise) und Optionenvielfalt (Möglichkeit zur Entscheidung) als Bedingung für Gemeinschaftlichkeit (Kollektivmacht) in der Modernisierung angelegt. Die hieraus ableitbare Gemeinschaftsdynamik steht daher nicht im Gegensatz zur Individualisierung (hier noch allein im Sinne von persönlich zurechenbarer Entscheidung). Die Formel der *freiwilligen* Begrenzung von individualistischer Willkür in heterogenen Kreisen spricht nicht für externe Grenzen der Individualisierung, sondern für ein quasi »natürliches« Gleichgewicht. Gegen ein triviales Verständnis des Modernisierungsprozesses als vollständiger Auflösung von Prozessen der Vergemeinschaftung zugunsten reiner Vergesellschaftung (in der die Individualisierung tatsächlich als »Vereinzelung« gelesen werden müßte) könnten weitere Klassiker ins Feld geführt werden. Es sei hier z.B. auf den soziologischen Pragmatismus Charles Horton Cooleys verwiesen, in dem Gemeinschaftlichkeit und Individualität nur zusammen entstehen und existieren können (Cooley 1909; Schubert 1995). Cooleys Gemeinschaftsauffassung stellt die deutlichste Gegenposition zur Dichotomisierung von Gemeinschaft und Gesellschaft dar und weist den nicht-zweckrationalen Primärgruppenerfahrungen einen konstitutiven Platz im Modernisierungsprozeß zu. Aus der

Perspektive der neueren Diskussion ist dies eine eher ungewöhnlich starke Einbindung von Vergemeinschaftung, deren Gültigkeit für die aktuellen Verhältnisse auch erst bewiesen werden müßte.

Eine interessante – am empirischen Material gebildete – Deutungsmöglichkeit der Verknüpfung von Individualisierungsprozessen und Vergemeinschaftungen stellt das Angebot Ronald Hitzlers (in diesem Band) dar. Er weist auf den Wandel zu modernen Formen von Gemeinschaften hin. Hitzler spricht daher von »*posttraditionalen Gemeinschaften*«, die neuartige, gemeinschaftliche Äquivalente zur Individualisierung darstellen, die sich von vormodernen Vergesellschaftungen wesentlich unterscheiden. Während die Existenz-Bastler Hitzlers primär Individualisten sind, die in zweiter Linie (nur sehr lockere) Teilzeit-Gemeinschaften bilden, würde ich vorschlagen, die Gewichtung seiner Befunde für dieses Plenum sogar umzukehren. Mit dem Wegfall allgemeinverbindlicher traditioneller Handlungsregeln wird die Lebensplanung der *Existenzbastler* einerseits der Eigenverantwortung zugewiesen und im Sinne der Institutionalisierung des Lebenslaufes (Kohli 1985) auf universelle (gesellschaftliche) Horizonte ausgerichtet. Andererseits können die Individuen ihre biographische Planung und Bilanzierung (Kohli 1994) nicht alleine auf abstrakte »gesellschaftliche« Anerkennung aufbauen, sondern arbeiten diese schrittweise in jeweils konkreten und relativ dauerhaften gemeinschaftlichen Bezügen (Primärgruppen bei Cooley) ab. Dies ist aber mehr als nur »Suche nach Geselligkeit« (im Sinne der Event-Gemeinschaften Hitzlers) oder ein Rückzug auf die Gemeinschaft gleicher Herkunft oder Stellung (im Sinne von Tönnies). Auch wenn die Ausformungen der verschiedenen Gemeinschaften in der Moderne unterschiedlicher nicht sein können, diese temporärer werden und damit zum Teil auch unverbindlicher; ist trotzdem in diesen jeweils eine »Karriere« zu durchlaufen, deren »Erfolg« oder »Mißerfolg« an den Koordinaten der jeweiligen Gruppe ausgerichtet wird. Die Unterscheidung zwischen *posttraditionalen* und *vormodernen* Gemeinschaften würde ich auf der Basis der Gemeinschaftsbegriffe bei Weber, Simmel oder Cooley nicht in den Vordergrund der Debatte um »grenzenlose Individualisierung« stellen wollen. Wichtiger erscheint mir, daß die Relevanzhorizonte individueller Biographien in der Moderne Gemeinschaften einschließen, aus denen Anerkennung bezogen wird (damit auch was »richtig« und »falsch« ist) und in die auf die eine oder andere Art Leistung investiert werden muß. Folgerichtig muß »eigenes Leben« im Zuge der Individualisierung gerade den Aspekt des »Daseins für Andere« umfassen – unabhängig davon wie kontingent diese konkreten Einbindungen immer sein mögen, denn erst durch die Wählbarkeit von Gemeinschaftsbezügen wird die Individualität zu einer Funktion dieser Gemeinschaften.

Dies würde die These des *dialektischen Zusammenhangs* von Individualisierung und Vergemeinschaftung (Kollektivisierung) in der Moderne unterstützen, die von Karl-Otto Hondrich (1997 und in diesem Band) auf theoretisch anspruchsvolle Weise dargelegt wurde. Die Community Studies in Tranlin und Pigsburg weisen aber auf aktivere Gemeinschaftskonstruktionen hin, als dies Hondrich unter der Formel der »*Dialektik von Kollektivisierung und Individualisierung*« anlegt. Bei ihm findet Kollektivisierung quasi *hinter dem Rücken* der (sich individualisierenden) Akteure statt. Vergemeinschaftung könnte somit aus handlungstheoretischer Perspektive auch als so etwas wie die nichtintendierte Nebenfolge egoistischer Entscheidungen mißverstanden werden. Ich wollte hingegen zeigen, daß auch die umgekehrte Sichtweise möglich ist. Die Pigsburger schaffen sehr aktiv gemeinschaftliche Projekte und bleiben dabei (bzw. werden dadurch erst – quasi hinter ihrem Rücken) individualisiert. In Umkehrung seiner Metapher könnte man sagen: *Vergemeinschaftung frißt Individualisierung nicht auf, sondern wird von ihr in den Dienst genommen.* Durch die *Beschränkung individualistischer Willkür* (Simmel) in gemeinschaftlichen Projekten können die Akteure einzelne Seiten ihrer Individualität entfalten. Sie werden somit erstens für andere erkennbar, können ihre »Unverwechselbarkeit« konstruieren, repräsentieren diese zweitens in den gemeinschaftlichen Kontexten und konstituieren drittens aus der Stellung in den Gemeinschaften einen nicht unwesentlichen Teil ihrer biographischen Perspektive. Individualisierung führt im günstigsten Fall zu mehr gemeinschaftlichen Bezügen, mehr gemeinschaftliche Bezüge zu mehr Individualisierungsoptionen. Im ungünstigen Fall führt die Negation aller gemeinschaftlicher Bezüge zumindest zu einem Leerlauf der Individualisierung – mit tatsächlich anomischen Tendenzen im Sinne von Vereinzelung und Egoismus. Letzteres bedeutet in einer dialektischen Sichtweise aber nicht »grenzenlose Individualisierung«, sondern Negation der Negation: also das Ende des Individualisierungsprozesses.

Anmerkungen

1 »Eine angemessene Behandlung dieses Themas würde verlangen, nicht nur die Auflösung überkommener Gruppensolidaritäten, sondern die Herausbildung neuer Gemeinschaftsbezüge zu beobachten, ...« (Honneth 1994: 27).

2 Dieses Projekt wurde seit 1995 vom Graduiertenkolleg »Gesellschaftsvergleich in historischer, soziologischer und ethnologischer Perspektive« gefördert. Es basiert (für den deutschen Teil) auf dem von A. Willisch und F. Ernst 1989 gegründeten

»Tranlin«-Projekt. Die amerikanische Fallstudie wurde durch die Unterstützung der Iowa State University, insbesondere von Rand Conger und Paul Lasley, möglich, die zusammen mit Glen Elder die Auswirkungen der Farmkrise untersuchten. Ein Dank richtet sich ferner an Jan und Cornelia Flora, Greg Peter, Jeff Sharp und Peter Korsching von der ISU und natürlich an meinen Betreuer Martin Kohli sowie an Reinhard Griepentrog und Götz Bachmann, mit denen ich meine Zwischenergebnisse immer wieder diskutiert habe.

3 In traditionellen Milieus müßte die »Organisation des Lebenslaufes um das Ich« *momentan* ablaufen. Auf diese theoretisch und empirisch relevante Zeitverschiebung wies Kohli (1995) hin, die in verschiedenen Untersuchungen im ländlichen Raum auch belegt wurde (Burkart/Kohli 1992; Hildenbrand et al. 1992; Brauer 1998; Brüggemann/Riehle 1986; Bertaux/Bertaux-Wiame 1991).

4 Bei allen hier verwendeten Eigennamen, auch den Ortsnamen, handelt es sich um Pseudonyme.

5 Vergleiche zu diesen Befunden ausführlicher: Brauer/Willisch/Ernst 1996; Willisch/Brauer 1996, Brauer 1998.

6 Vergleiche hierzu vor allem Willisch/Brauer/Ernst 1996.

7 Die Farmkrise der 80er Jahre in den USA ist mit den Umbrüchen vergleichbar, die Tranlin seit 1990 durchlebt. Die Farmkrise hat zwar nicht das gesamte wirtschaftliche und politische System des Mittleren Westens verändert, wie es die deutsche Vereinigung in Mecklenburg-Vorpommern tat. Trotzdem war sie ein enormer ökonomischer Umbruch mit weitreichenden Folgen für die Familien und die Gemeinden (Conger/Elder 1994; Lasley 1994; Friedberger 1988). Im Raum Pigsburgs verloren in diesen Jahren fast ein Drittel aller Farmer ihren Betrieb, nahezu alle Betriebe arbeiteten unter der Rentabilitätsgrenze: mit den entsprechenden Folgen für die lokale Wirtschaft.

8 Vergleiche zu diesem Befund auch den von Engler (1997) eingeführten Unterschied zwischen (prinzipieller) »Organisationsgesellschaft« und (praktischer) »Improvisationsgesellschaft«.

9 Die kontrafaktische Begriffspaarung ist für Tönnies Gemeinschaft und Gesellschaft konstitutiv, wiewohl bei genauerem Lesen auch andere Deutungen möglich sind. So zählt René König nicht weniger als sieben (eigentlich sechs) Gemeinschaftsbegriffe bei Tönnies, von denen aber nur die beiden letzten (fast unwesentlichen) eine Koexistenz von Gemeinschaft und Gesellschaft im historischen Prozeß zulassen (König 1955: 404).

Literatur

Beck, U./Beck-Gernsheim, E. (1993), Nicht Autonomie sondern Bastelbiographie, in: Zeitschrift für Soziologie 1993/2: 178-187.

Beck, U./Sopp, P (1997) (Hrsg.), Individualisierung und Integration: Neue Konfliktlinien und neuer Integrationsmodus? Opladen.

Berger, P.A. (1996), Individualisierung. Statusunsicherheit und Erfahrungsvielfalt.

Bertraux, D./Bertraux-Wiame, I. (1991), »Was du ererbt von deinen Vätern«: Transmissionen und soziale Mobilität über fünf Generationen, in: BIOS 1/91: 13-40.

Brauer, K. (1998), »Im Schatten des Aufschwungs« Sozialstrukturelle Bedingungen und biographische Voraussetzungen der Transformation in einem mecklenburgischen Dorf, in: H. Bertram et al. (1998) (Hrsg.): Systemwechsel zwischen Projekt und Prozeß. Opladen: 483-527.

Brauer, K./Willisch, A./Ernst, F. (1996), Intergenerationelle Beziehungen, Lebenslaufperspektiven und Familie im Spannungsfeld von Kollektivierung und Transformation: Empirische Befunde einer Gemeindestudie, in: L. Clausen (Hrsg.): Gesellschaften im Umbruch. Frankfurt/M.: 824-842.

Brüggemann, B./Riehle, R. (1986), Das Dorf: Über die Modernisierung einer Idylle. Frankfurt/M.

Burkart, G./Kohli, M. (1992), Liebe, Ehe, Elternschaft. Die Zukunft der Familie. München.

Conger, R./Elder, G. (1994), Families in troubled times: adapting to change in rural America. New York.

Cooley, C.H. (1909), Social Organization. New York.

Edelstein, W./Nunner-Winkler, G. (1986) (Hrsg.), Zur Bestimmung der Moral. Frankfurt/M.

Engler, W. (1997), »Aushandlungsgesellschaft« DDR, in: U. Beck/P. Sopp (Hrsg.): 37-47.

Friedberger, M. (1989), Shake-out: Iowa farm-families and change in the 1980s. Lexington.

Gross, P. (1994), Die Multioptionsgesellschaft. Frankfurt/M.

Hildenbrandt, B. et al. (1992), Bauernfamilien im Modernisierungsprozeß. Frankfurt/M.

Hitzler, R. (1997), »Der Vorhang im Tempel zerreißt ... «. Orientierungsprobleme im Übergang zu einer ›anderen‹ Moderne, in: U. Beck/P. Sopp (Hrsg.): 49-64.

Hitzler, R./Honer A. (1994), »Bastelexistenz«, in: U. Beck/E. Beck-Gernsheim (Hrsg.): Riskante Freiheiten. Frankfurt/M.: 307-315.

Hondrich, K. O. (1997), Die Dialektik von Kollektivisierung und Individualisierung – am Beispiel der Paarbeziehung, in: S. Hradil (Hrsg.): Differenz und Integration. Frankfurt /M.: 198-308.

Honneth, A. (1994), Desintegration: Bruchstücke einer soziologischen Zeitdiagnose. Frankfurt/M.

Ilien, A. (1977), Prestige in dörflicher Lebenswelt: Eine explorative Studie. Tübingen.

Joas, H. (1996), Die Kreativität des Handelns. Frankfurt/M.

Kohli, M. (1985), Die Institutionalisierung des Lebenslaufes, in: KZfSS 37: 1-29.

Kohli, M. (1995), Rural families as a model for intergenerational transmission, in: V. L. Bengtson et al. (eds.): Adult intergenerational relations: Effects of societal change. New York: 66-78.

König, R. (1966 [1956]) (Hrsg.), Soziologie der Gemeinde. (1. Sonderheft der KZfSS). Köln.

König R. (1955), Die Begriffe Gemeinschaft und Gesellschaft bei F. Tönnies, in: KZfSS 7: 348-420.

Lasley P. (1987), The crisis in Iowa, in: G. Cumstock (ed.): Is there a moral obligation to save the familiy farm? Ames.

Nunner-Winkler, G. (1988), Entwicklungslogik und Wertwandel: Ein Erklärungsansatz und seine Grenzen, in: H. O. Luthe/H. Meulemann (Hrsg.): Wertwandel – Faktum oder Fiktion? Bestandsaufnahmen und Diagnosen aus kultursoziologischer Sicht. Frankfurt/M. : 235-256.

Nunner-Winkler, G. (1994), Eine weibliche Moral? Differenz als Ressource im Verteilungskampf, in: Zeitschrift für Soziologie 23: 417-433.

Schlüter, C./Clausen, L. (1990) (Hrsg.), Renaissance der Gemeinschaft? Stabile Theorie und neue Theoreme. Berlin.

Schubert, H.-J. (1995), Demokratische Identität. Der soziologische Pragmatismus von Charles Horton Cooley, Frankfurt/M.

Simmel, G. (1992), Die Erweiterung der Gruppe und die Ausbildung der Individualität, in: G. Simmel: Soziologie: Untersuchungen über die Formen der Vergesellschaftung. Gesamtausgabe Band II. Frankfurt/M. (Zuerst in: Über sociale Differenzierung. Sociologische und psychologische Untersuchungen, 1890).

Tajfel, H. (1970), Human groups and social categories. Studies in social psychology. Cambridge.

Tönnies, F. (1887), Gemeinschaft und Gesellschaft. Abhandlung des Kommunismus und des Sozialismus als empirische Kulturformen. Leipzig.

Weber, Max (1972), Wirtschaft und Gesellschaft. 1. Halbband. Tübingen.

Willisch, A./Brauer, K. (1997), »Das verschenkte Land«: Potentiale neuer Selbständigkeit im lokalen Prüffeld, in: M. Thomas (Hrsg.): Selbständige, Gründer, Unternehmer: Passagen und Passformen im Umbruch. Berlin: 261-280.

Willisch, A./Brauer, K./Ernst, F. (1996), Kann eine »*ABM-Brigade*« die LPG ersetzen? Integration und Desintegration durch aktive Maßnahmen der Arbeitsförderung am Beispiel Tranlins, in: BISS-public 18: 81-91.

Wohlrab-Sahr, M. (1997), Individualisierung: Differenzierungsprozeß und Zurechnungsmodus, in: Beck/Sopp: 23-36.

Zapf, W. (1991), Der Untergang der DDR und die soziologische Theorie der Modernisierung, in: Giesen/Leggewie (Hrsg.): Experiment Vereinigung. Berlin: 38-51.

Treulose Arbeitsindividuen ohne berufliche Bindung – Mythen und Anti-Mythen zur Krise der beruflichen Sozialisation

Michael Corsten

1. Identität und Grenze – zwei soziologisch problematische Termini

Wenn in der Soziologie von beruflicher Sozialisation die Rede ist, liegen Begriffe wie »Identität« und »Grenze« einerseits nahe, andererseits erweisen sie sich bald als problematisch.

Zwar schwingen alltagstheoretische Vorstellungen von Grenzen implizit in einer Reihe von berufssoziologischen Kategorien und Konzepten mit, wenn Beruf als Begrenzung der Arbeit bzw. der Kontexte der Arbeit gesehen wird, z.B. dann,

- wenn von Berufsordnung als Schneidung von Arbeitstätigkeiten die Rede ist, oder
- von der beruflichen Segmentation der Arbeitsmärkte,
- von der Bestimmung von Arbeitsmilieus durch berufliche Fachkulturen und nicht zuletzt,
- von der Vermittlung einer Arbeits-/Arbeiteridentität durch berufliche Sozialisation.

Der Terminus »Grenze« selbst ist jedoch als soziologische Kategorie weder explizit, noch systematisch und schon gar nicht einheitlich eingeführt.

Beim Begriff »Identität« sieht es anders, aber nicht besser aus. Von »beruflicher Identität« war und ist zwar häufig auch ganz explizit die Rede, allerdings ist das aus dem symbolischen Interaktionismus stammende Konzept der Identität wegen seiner angeblichen Konsistenz- und Kontinuitätslastigkeit ins Gerede gekommen. Angesichts des hier zu verhandelnden Themas einer zunehmenden Flexibilisierung und Mobilisierung der Erwerbskarrieren und den daraus folgenden Konsequenzen könnte ein so gebautes Konzept ausgedient haben.

Zunächst ungeachtet dieser theoretischen Schwierigkeiten werde ich im zweiten Abschnitt zentrale Thesen und Wendungen der berufssoziologischen Debatte über Sozialisations- und Identitätsbildungsprozesse in der Erwerbskarriere darstellen (2.1) und auf ein Konzept der »endogenen Strukturierung« zuspitzen (2.2). Im dritten Abschnitt diskutiere ich drei Szenarien, die gravierende Veränderungen für gegenwärtige berufliche Sozialisationsprozesse markieren sollen (3.1-3.3). Aus deren biographie-, sozialisations- und identitätstheoretischen Defiziten (3.4) ziehe ich im vierten Kapitel Konsequenzen für die Formulierung einer institutionalistischen Theorie der »Skripte berufsbiographischer Selbstbestimmung«. Im letzten Abschnitt illustriere ich diesen theoretischen Ansatz anhand von Ergebnissen einer eigenen Untersuchung von Berufsbiographien im Köchemilieu.

2. Tragende Elemente des soziologischen Mythos' von der beruflichen Identität

2.1 Debatten der Berufssoziologie

Mythen über die Krise des Berufsprinzips und der damit verbundenen Facharbeiteridentität sind in der deutschen Soziologie schon fast so klassisch wie die Legende über die Beruflichkeit als besonderes institutionelles Regimes der Arbeitsgesellschaft.

Darüber hinaus schließt die Annahme einer besonderen Bedeutung des Berufsprinzips an eine ebenfalls bereits seit Weber, Durkheim und Simmel bekannte Grundfrage der Soziologie an, nämlich der Integrationsproblematik moderner ausdifferenzierter und individualistischer Gesellschaften. In diesem Sinn können berufliche Erwartungsmuster – etwa als Berufskultur, Berufsethos oder ähnlichem – am Sozialisationsprozeß des modernen, auf sich selbst zurückgeworfenen Arbeitsindividuum ansetzen und dort die »Verinnerlichung« spezifischer Berufsnormen und Arbeitstugenden bewirken, die eine »Brücke« zwischen individualisiertem Akteur und funktional differenzierter Gesellschaft herstelle. So fand schon Simmel, daß der Beruf eine »eigenartige Struktur« sei, die »zwischen Individuum und Gesellschaft vermittelte«, die »etwas Anonymes ist«, aber »trotz ihres Allgemeinheitscharakters von dem Individuum aufgrund eines inneren Rufes, einer als ganz persönlich empfundenen Qualifikation ergriffen wird« (Simmel 1908: 30).

Diese Vorstellung vom Beruf als eine stabile institutionelle Vermittlungsgröße bleibt bis in die sechziger Jahre prägend, zuletzt bei Helmut Schelsky (1965). Aber auch in der dann einsetzenden Debatte um mögliche Krisen des Berufsprinzips schälten sich gewisse Grundannahmen über den Charakter der Beruflichkeit erst heraus, die sozusagen zum Kernbestand der Mythen über das deutsche Berufssystem avancierten. Der Beruf gilt dann sowohl als strukturierendes Prinzip der (Segmentation der) Arbeitsmärkte (Lutz/Sengenberger 1980) oder als »Warenform der Arbeit« (Beck et al. 1980), »die Form, in der inhaltlich besondere Fähigkeiten als Ware angeboten werden«. In ähnlicher Weise erwies sich Beruf dann als karriereleitender Indikator, insofern als die »berufliche Erstplazierung« (Mayer/Blossfeld 1990) die (hierarchische) Positionierung des Erwerbstätigen im weiteren Karriereverlauf maßgeblich beeinflußte. Hinzu treten über das Berufsprinzip ausdifferenzierte Fachkulturen, die einerseits in Form verbandlich-netzwerkartiger, intermediärer Systeme industrieller Beziehungen, andererseits auf betrieblich-organisationeller und berufsschulischer Handlungsebene zur Ausbildung und Tradierung beruflicher Qualifikations- und Sozialisationsmilieus führten. Dementsprechend entwikkelte sich die Orientierung an beruflich definierter Fach-Identität zum entscheidenden Maßstab der Sozialisation von Arbeitsindividuen, die aus der Erstqualifikation einen Beruf fürs Leben gemacht habe.

So bündig diese Erzählung auch klingen mag, in dieser reinen Form ist sie niemals ernsthaft geschildert oder gar behauptet worden. Insofern finden sich parallel zu dieser Geschichte ebenfalls eine Reihe von »Anti-Mythen«; zumindest zeigt der Blick auf allgemeine Trends schnell einige Ambivalenzen auf. So nahm der Anteil von Personen mit abgeschlossener Berufsausbildung in der BRD bis in die jüngste Geschichte kontinuierlich zu und komplementär dazu ging die relative Zahl derer, die in einem Jahrgang keine berufliche Ausbildung begonnen, ebenfalls gleichmäßig zurück. Dagegen ergreifen eine »große Minderheit« von 40-50% derjenigen, die über eine berufliche Erstqualifikation verfügen, etwa zehn Jahre nach ihrem Ausbildungsabschluß eine Beschäftigung in einem anderen Tätigkeitsfeld (bereits Hofbauer 1981; Hofbauer/Nagel 1987, neuerlich Witte/Kalleberg 1995; Szydlic 1996; Konietzka 1997). Auch die Zahl derer, die mit Hochschulreife eine einfache, duale oder fachschulische Berufsausbildung begannen, hat in den letzten Jahren zugenommen, wie der Anteil derer, die nach abgeschlossener Berufsausbildung ein Fachhochschul- oder Hochschulstudium aufnahmen (Tessaring 1993; Konietzka 1997).

Die Bindung an eine berufliche Erstausbildung ist insofern – das ist der anscheinend paradoxe Befund – quantitativ immer bedeutsamer geworden, qualitativ (oder strukturell) hat sie dagegen scheinbar an Bindungskraft verloren, da sie immer mehr als nur ein Element neben anderen auftritt.

Aber wie gesagt – selbst diese Ambivalenz ist so neu nicht – sondern Teil eines bestehenden Mythos über Siegeszug und Krise des Berufsprinzips. Dementsprechend hat die Arbeits-, Industrie- und Berufssoziologie bereits in den Siebzigern auf diese Problemlage reagiert und die Bedeutung der beruflich generierten Facharbeiter-Identität zum einen relativiert, aber damit zum anderen gleichzeitig hervorgehoben. Hier setzt die Idee einer besonderen »Ich-Stärke« (Lucke 1978) ein, zu der berufliche Identität verhelfe – das Bild einer autonomen Facharbeiterpersönlichkeit. Dieses Bild war dann einerseits kompatibel mit der Beck/Brater/Daheim'schen Vorstellung von der Warenform der Arbeit, andererseits trug es auch der möglichen Wandlungen der Tätigkeitsinhalte Rechnung. Der Beruf wurde dann stärker als Initialqualifikation begriffen, die nicht nur auf ein Tätigkeitsfeld fixiert war, sondern darüber hinaus das beruflich sozialisierte Arbeitsindividuum mit Surplus-Kompetenzen inhaltlicher Art, Schlüsselqualifikationen und Sekundärtugenden (Sozialkompetenzen etc.) ausstattete (Hofbauer/König 1972). Neben diesen für das Arbeitsindividuum verwertbaren »Reproduktionsvermögen« (vgl. Brock 1988; Drexel 1993; Lappe 1993) kann als Nebeneffekt ein durch praktisches, fallweises Lernen generiertes Vertrauen in die Anwendbar- und Verwertbarkeit der eigenen Kompetenzen als »wesentliches« Element ausgemacht werden, das die besondere Autonomie des beruflich sozialisierten Arbeiters kennzeichnete. Beruflich gewonnenes Selbstvertrauen, Berufsstolz und Berufsethos gehen hier eine besondere »Ehe« ein. Denn das Vertrauen in die eigenen Kompetenzen beruht auch auf der Vorstellung eines beruflichen »states of the art« (auf dem »lege-artis-Prinzip«), wodurch das Verwertungsinteresse des Arbeiters mit den Normen der Berufskultur verbunden wird. Die Verpflichtung gegenüber den Regeln der erlernten Kunst verschafft so Autonomie gegenüber Fachfremden bei gleichzeitiger Bindung an die Normen des eigenen »Standes«.

2.2 Folgerungen

Aus dem Blickwinkel einer Theorie der »endogenen Strukturierung des Lebenslaufs« spielen somit zwei Annahmen aus den referierten Debatten eine zentrale Rolle:

(1) die positionsstrukturelle These der »beruflichen Erstplazierung« und
(2) die arbeits- bzw. berufskulturelle Vermutung einer »beruflichen Initialkompetenz«.

Der strukturelle Sachverhalt wäre mit der Formel der *beruflichen Erstplazierung* angesprochen. Damit ist gemeint, daß die soziale Position, die ein Individuum beim Eintritt in das Erwerbssystem einnimmt durch die berufliche Erstqualifikation bestimmt wird und diese auch die Grenzen der sozialen Positionen festlegt, die Erwerbstätige im Laufe ihrer Karriere einnehmen können.

Der arbeitskulturelle Sachverhalt wird mit dem Stichwort »*Initialkompetenz*« bezeichnet. Darunter soll zugleich das Set aus fachlichen und allgemeinen Qualifikationen und sozialen wie kognitiven Fähigkeiten verstanden werden, die sich ein Individuum im Prozeß der Berufsausbildung aneignet wie die performative Kompetenz als das Vertrauen des Ausgebildeten in die Anwendbarkeit und Verwertbarkeit seiner Fertigkeiten, das sie/er durch praktisches, fallweises Lernen im beruflichen Handlungsfeld sukzessive festigt.

Der Kern des Sozialisationsprozesses in der beruflichen Ausbildung besteht demnach darin, Orientierungs- und Handlungssicherheit in einem beruflich begrenzten Tätigkeitsfeld zu gewinnen, d.h. wiederholbare praktische Lösungen für Handlungs- und Orientierungsprobleme wie: »Was geht hier eigentlich vor?«; »Was will man eigentlich hier von mir?«; »Wie kann ich das bewältigen?«.

Mit beruflicher Initialkompetenz ist dann ein Set routinisierter Orientierungs- und Handlungsmuster gemeint, das den BerufsinhaberInnen als individuell habitualisierte Ressource (als eine Art generativer Kompetenz) zur Verfügung steht und in Arbeitssituationen »aktiviert« werden kann.

3. Krisenszenarien

Die drei hier im folgenden behandelten Szenarien verschärfen nun die Behauptung der Krise des Berufs, indem mit ihnen Erosionstendenzen betrachtet werden, die das zuvor entwickelte Prinzip der »Beruflichkeit« als in der beruflichen Sozialisation institutionalisierten Initialkompetenz betreffen.

3.1 »Verblaßte Tugenden I«: Wertewandel, Werteverfall und die »zunehmende normative Subjektivierung der Arbeit«

Eine erste Runde in der Diskussion um die Erosion von beruflichen Initialkompetenzen kann in der Debatte um die Auswirkungen sogenannter »postmaterialistischer Wertorientierungen« (Inglehart 1977) gesehen werden. Insbesondere Noelle-Neumann (1984) sah darin eine Art Werteverfall, eine zunehmend verringerte Bereitschaft von Jugendlichen »Lasten« auf sich zu nehmen. Strümpel (1984) antwortete, indem er – durchaus im Einklang mit bestimmten Befunden Noelle-Neumanns – die verringerte Bereitschaft zu Arbeitsbelastungen mit einer gestiegenen Werterwartungshaltung der jungen Arbeitnehmer in Verbindung brachte, die wiederum auf die höhere Relevanz »postmaterialistischer« Werte zurückzuführen sei. Dieser Wandel der Arbeitsmotivation schien jedoch kein rein deutsches Phänomen, auch in anderen entwickelten Industrienationen wurde die Frage »Why Work?« (Maccoby 1988) virulent und wies auf eine neue Generationsgestalt hin. Gestützt durch eigene empirische Untersuchungen (Baethge et al. 1988) bei jugendlichen Arbeitnehmern (und Auszubildenden) sowie flankiert von theoretischen Argumenten zur »Institutionalisierung und Individualisierung der Erwerbsbiographie« (Kohli 1989; bereits Beck 1983; Kohli 1985) und weiteren Befunden aus Studien von Brock/Otto-Brock 1988, Lempert et al. 1990 sowie Giegel et al. 1988 leitete Martin Baethge (1991) seine These von der »zunehmenden normativen Subjektivierung der Arbeit« ab. Darunter verstand er insbesondere die »Geltendmachung persönlicher Ansprüche, Vorstellungen und Forderungen in der Arbeit, im Gegensatz zu solchen Momenten von Handlungsspielräumen und Berücksichtigung persönlicher Bedürfnisse, die aus dem funktionalen Interesse des Arbeitsprozesses zugestanden werden« (Baethge 1991: 6-7, FN 1). Im Anschluß an diese Argumentation haben Martin Heidenreich (1996, 1998) sowie Michael Behr (1995, 1997) Tendenzen einer sowohl subjektiv modernisierten als auch zivil vergemeinschaftenden Arbeitswelt prognostiziert. Dabei scheint die normative Indifferenz der individuellen und kollektiven/korporativen Akteure zuzunehmen, bei gleichzeitiger »stärkerer Verinnerlichung postmaterialistischer (bzw. postkonventionalistischer, Hinzufügung MC) Wertorientierungen« (Behr 1997: 46-47).

3.2 »Verblaßte Tugenden II«: die neuen Produktionsarbeiter und Dienstleister als Systemregulierer und Patch-Worker

Seit etwa Mitte der achtziger Jahre wird die bundesdeutsche Arbeits- und Industriesoziologie von der Entdeckung der produktions- und organisationstechnischen Relevanz des sogenannten Systemregulierers beherrscht, aus der zwei weitere eher auf der Qualifikationsebene angesiedelte Erosionstendenzen abgeleitet werden, die zunächst für den Wandel der Industriearbeit, aber im nächsten Schritt auch für den Dienstleistungsbereich (in abgewandelter Form bzw. vor einem anderen Hintergrund) Relevanz zu besitzen scheinen.

In diesem Szenario scheint der produktionstechnische Wandel und der damit einhergehende zunehmende Einsatz von Gruppenarbeit (Qualitätszirkel u.ä.) zum einen den Industriearbeiter mehr zu einem »Generalisten« zu machen, der zwar einen Anstieg an »interessanter Arbeit« innerhalb der betrieblichen Karriere verbucht, jedoch kaum noch »berufliche Entfaltung« im traditionellen Verständnis erfährt (Schumann et al. 1994). Die Zusammenarbeit in der Gruppe von Arbeitern mit unterschiedlichen Berufskarrieren stellt insofern die traditionelle, historisch gewachsene Abgrenzung zwischen Berufsgruppen – wie sie in den klassischen industriesoziologischen Untersuchungen bei Popitz et al. (1957) noch pittoresk geschildert wurden – in Frage. Schlüsselqualifikationen wie Transfer von Spezialkompetenzen, Denken in ganzheitlichen Prozessen, aber auch Teamfähigkeit in der Mischung von Egalität und gegenseitiger Kontrolle konterkarieren auf der einen Seite ein Bild der Individualisierung als Selbstabgrenzung (Kern/Sabel 1994: 616). Auf der anderen Seite verlangt diese Struktur jedoch ebenso individuelle Anpassungsleistungen, insbesondere Flexibilität, Transfer des Gelernten und den Zusammenbau einer Arbeitsrollenidentität – im Sinne von Patch-Working. Dieser Prozeß wird begleitet von technischen Neuerungen, bekanntermaßen besonders im EDV-Bereich (bzw. der computerunterstützten oder gar automatisierten Produktionssteuerung), die sowohl für den produktionstechnischen als auch den Dienstleistungsbereich drastisch zugenommen haben. Dadurch hat sich das Verhältnis von Erstqualifikation und beruflicher Weiterbildung grundlegend gewandelt und das Konzept der Modularisierung ist dabei, hier eine Schlüsselstellung zu gewinnen (Kloas 1997). Auch dabei verlagert sich die Herausforderung der Individualisierung mehr und mehr auf die Ebene des kompositorischen Geschicks. Peter Gross (1997: 6-7) hat hier den Gedanken der Portfoliowork ins Spiel gebracht. Ähnlich wie bei der Geldanlage (oder gar der Lebenspraxis im allgemeinen) könne auch bei der Investition in die eigene berufliche Qualifikation durch ein »klug diversifiziertes Portfolio« das Risiko der Festlegung auf eine »one-best-way«-Strategie vermieden werden. Job Rotation, Job Enlargement und Job Enrichment seien bereits im innerbetrieblichen Personalmanagement implizierte Vorläufer, um die Einsatzflexibilität der Mitarbeiter zu erhöhen, verschiedene Arbeitsplätze zu besetzen.

3.3 »Verblaßte Tugenden III«: die Self-made-women/men als treulose Aussteiger/innen eines individualisierten Bildungssystems

Die oben genannten ersten beiden Erosionstendenzen gehen möglicherweise jedoch noch nicht an die Substanz einer betrieblich-praxisorientierten beruflichen Bildung, d.h. an den bislang als zentral erachteten dualen Sozialisationsmodus. Im Unterschied dazu sind nun – ebenfalls in den Bereichen der EDV, der Informations- und Kommunikationstechnologien – neuartige Profile von Self-made-Qualifikationen (Baethge/Baethge-Kinsky 1998) entstanden, die sich einer Mischung von Ausstieg aus höheren Bildungsprozessen (Hochschule) und praktischer (Neben- und/oder schein-selbständiger) Tätigkeit in verschiedenen Nischen verdanken. Baethge (1997) sieht darin einen neuen Typus des »Symbolanalytikers« (R. Reich) als »modernen Wissensarbeiter« (s. auch Stehr 1994). In der Kompetenz dieses modernen Wissensarbeiters verbänden sich dann »Abstraktionsfähigkeit«, »Systemdenken«, »Experimentierfähigkeit«, »intellektuelle Flexibilität«, »Kooperationsfähigkeit« und »Globalisierungsqualifikation«. Für sich genommen erscheinen die genannten Merkmale vielleicht nicht sonderlich neu. Baethge verkoppelt sie allerdings zu einem Bild von einem intersystemischen Moderator, der in der Lage sein muß sich zugleich in spezifische subkulturelle Systeme hineinzudenken und von ihren Prämissen zu abstrahieren, um darüber Wissen aus spezifischen Kontexten herauszunehmen, um dieses in anderen Umfeldern anzubieten und für dortige Entscheidungen anschlußfähig zu machen. Kooperationsfähigkeit bedeutet dann das Vermögen, sich auf personenbezogene, organisationstypische und soziokulturelle Idiosynkrasien rasch einzustellen bei gleichzeitiger innerer Abstraktion und Distanzwahrung, d.h. zugleich konkret und virtuell, in den Grenzen und über die Grenzen des Arbeitsfeldes hinweg zu denken.

3.4 Reichweite der Szenarien

Die Skizzierung aktueller Szenarien hat in der Regel den Nachteil geringer theoretischer Systematik. Wo z.B. liegt der gemeinsame Nenner? Sind die den Szenarien impliziten Konzepte von Individualität, Identität und/oder Individualisierung (Nunner-Winkler 1985) vergleichbar, treffen sie ähnliche Dimensionen? Welche allgemeine Theorie beruflicher Sozialisation könnte als Grundlage oder wenigstens als Ausgangsbasis dienen, um die vorgestellten Szenarien präziser zu analysieren oder gar empirisch zu validieren?

Hier wären zunächst drei Problemstellungen zu nennen, die sich auf die Konstruktionsweise der vorgestellten Szenarien beziehen.

1. Die Frage nach der empirischen Reichweite. Auf den ersten Blick erscheinen die Szenarien als Gesamtdiagnosen der bundesdeutschen Arbeitsgesellschaft, möglicherweise auch als Trenddiagnosen hinsichtlich der Entwicklung gegenwärtig entwickelter Industriegesellschaften. Genau ge-

nommen treffen die genannten Befunde jedoch nur für spezifische Berufsgruppen der Gegenwart zu. Und selbst für diese belegen die Studien, auf die derartige Szenarien zurückgreifen können, allenfalls bedeutsame Trends.

2. Es handelt sich somit zudem um Querschnittsdiagnosen, die einen Befund hervorheben, der zu einem bestimmten Zeitpunkt festgestellt wurde. Daraus kann aber nicht abgeleitet werden, wie sich das diagnostizierte Phänomen auf kollektiver und auf individueller Ebene entwickelt hat bzw. entwickeln wird. (Auszunehmen wären hier die Arbeiten um Kern und Schumann, die über einen längeren Zeitraum hinweg, Trends in bestimmten Industriezweigen verfolgt und dokumentiert haben.)
3. Am schwersten wiegt jedoch der mangelnde Bezug auf sozialisationstheoretische Konzepte, vor allem das Fehlen eines Versuchs, institutionelle und sozialisatorische Prozesse im Bereich beruflichen Handelns theoretisch zu verknüpfen und dies für die Interpretation empirischer Befunde zu nutzen.

4. Institutionalisierte Skripte berufsbiographischer Selbstbestimmung

Die sozialisationstheoretische Problemlage der Berufsbiographie ergibt sich aus der Gleichzeitigkeit zweier Entwicklungs- bzw. Prozeßebenen. Die Berufsbiographie ist sowohl eine entwicklungs(und sozial-)psychologische als auch eine institutionelle Realität.

Die entwicklungspsychologische Ebene wurde mit dem Konzept der Kompetenz einbezogen; die institutionelle Dimension soll hier über eine Theorie biographischer Skripte aufgenommen werden.

Eine Lebensgeschichte ist mehr als die bloße Abfolge von Ereignissen. Sie hat wie man im Englischen sagt, einen Plot. Plot könnte man als die Art und Weise bezeichnen, wie die Ereignisse einer Geschichte in einen Zusammenhang gebracht werden, ihre besondere dramatische Form erhalten. Skripte lassen sich im Anschluß daran als institutionalisierte »Plotstrukturen« (dramatische Muster) auffassen, die eine Menge von Aussagen über Ereignisse zu einer Geschichte zusammenfügen (Hayden White 1986: 93-98). Skripte stellen demnach Ankerpunkte einer Geschichte, Schablonen des Erzählens und Schemata des Lesens zur Verfügung. Sie geben der Abfolge der Ereignisse eine symbolische Ordnung, die Gewichtungen von Bedeutung, Wertzuweisungen, Relevanzsetzungen, usw. – grosso modo: semantische Beziehungen zwischen Ereignissen herstellt.

Wenn vorhin von der Bedeutung von beruflichen Initialkompetenzen die Rede gewesen war, die in der Dimension der individuellen Entwicklung Gesichtspunkte der Orientierungs- und Handlungssicherheit betreffen, so ist die Aneignung, das Lesenlernen institutionell gegebener berufsbiographischer Skripte oder Karrierefolien Teil dieser Handlungs- und Orientierungskompetenz. Erwerbsindividuen lernen innerhalb ihrer beruflichen Sozialisation also nicht nur Antworten auf die Frage »Was geht hier eigentlich vor?«, sondern auch Lösungen des Problems »Wie kann es (hier und/oder anderswo) für mich weitergehen?«.

Berufliche Laufbahnskripte sind demnach auf den Sachverhalt der Kontingenz von Identitätsbildungen bezogen. Sie dienen somit der Erzeugung und Kontrolle prinzipiell kontingenter berufsbiographischer Identität (vgl. dazu auch Harrison C. White 1992: 6-9, 13f., 212-222).

(a) Wenn im Leben einer Person ein Ereignis stattfindet, so setzen wir voraus, daß dieses im Prinzip anders hätte ausfallen können (grundsätzliche Kontingenzannahme).
(b) Erst beim Vorliegen bestimmter Bedingungen halten wir bestimmte Ereignisse (im Leben einer Person) für ausgeschlossen (konditional-relationale Kontingenzannahme).
(c) Da bestimmten Ereignisse in der Regel bereits andere Ereignisse vorangegangen sind, liegen Bedingungen vor und damit auch Grenzen möglicher, konkret anschlußfähiger Ereignisse (zeitliche Strukturiertheit von Kontingenz).
(d) Eine Ebene von Bedingungen betrifft die Interpretation/Bestimmbarkeit von Ereignissen. Die Interpretation einzelner Ereignisse ist in der Regel weder eindeutig noch beliebig (auch nicht belanglos). Ereignisse gelten uns als bestimmbar, d.h. nicht völlig unbestimmt, auch nicht unbestimmbar, schon gar nicht vollkommen vorherbestimmt, sondern üblicherweise als vorübergehend bestimmt.
(e) Die Art und Weise, wie ein Ereignis im Leben einer Person bestimmt wurde, schränkt die Möglichkeit weiterer Bestimmungen ein, bzw. schließt gewisse Bestimmungen aus.
(f) Skripte sind Interpretationsfolien, die (mögliche) zeitliche Anordnungen von Ereignissen (symbolisch) vorwegnehmen. Das bedeutet: Nicht bei jedem (neuen) Ereignis muß der gesamte Sinnzusammenhang der bisherigen und möglichen späteren Ereignisse eines Prozesses, also hier des Lebens bzw. noch konkreter des beruflichen Werdegangs, neu bestimmt werden. Skripte machen die dramatische Vorwegnahme ganzer Ereignis-

ketten denkbar. Ereignisse und Skripte müssen hierbei lediglich (durch einige Neubestimmungen) zueinander passend gemacht werden.

(g) Berufsbiographische Skripte enthalten zudem Möglichkeiten der Selbstbestimmung (Identitätsbildung). Solange sich die Ereignisse eines beruflichen Werdegangs und ein gewähltes Skript als miteinander (sinn)kompatibel erweisen, stellt es eine plausible Folie beruflicher Selbstbestimmung dar.

(h) Genauer betrachtet, ergibt sich die berufliche Identität aus der Möglichkeit der Erwerbsperson, sich über die Aneignung eines beruflichen Handlungsstils selbst zu bestimmen. Diese Selbstzurechnung wird hier nicht als »subjektive Erfindung« des Individuums aufgefaßt, sondern als Aktivierung eines im (kollektiven Gedächtnis des) Arbeitskontext(s) von Personen institutionalisierten berufsbiographischen Skripts.

(i) Wie wird jedoch die Validität derartiger Selbstbestimmungen hergestellt?
  - Die Selbstbestimmungen müssen sich als plausibel erweisen, indem eine Sinnkompatibilität zwischen berichteten Ereignissen und dem gewählten berufsbiographischen Skript hergestellt wird.
  - Die Herstellung dieser Sinnkompatibilität nimmt Bezug auf die innerhalb einer Berufsbiographie praktisch realisierten Kompetenzen.
  - Berufsbiographische Selbstbestimmung ist demnach zu einem Teil Identitätspolitik geworden[1]: Konkrete Erzählungen weisen Anhaltspunkte von »Identitätsbeschädigungen« auf, die durch Inkompatibilitäten zwischen berichteten Ereignissen und/oder praktisch realisierten Kompetenzen und dem gewählten berufsbiographischen Skript entstehen und tendenziell in einer berufsbiographischen Erzählung ihren Ausdruck finden.

Die Validität der Selbstbestimmung muß sich somit an der beruflichen Praxis des Individuums bewähren.

5. Berufsbiographische Entwicklungen bei KöchInnen

5.1 Kurze methodische Vorbemerkungen

Wie lassen sich nun derartige berufliche Selbstbestimmungen empirisch untersuchen?

Die Antwort ist naheliegend: Wir können doch leicht verschiedene Formen der berufsbiographischen Erzählungen auffinden und interpretieren; wir können berufliches Handeln in actu beobachten und protokollieren; und wir können die Ergebnisse beider Erhebungen aufeinander beziehen.

Um diesen Ansatz etwas empirisch zu illustrieren, gehe ich in einer hochkomprimierten Ergebnisdarstellung auf einige zentrale Befunde einer Untersuchung über die beruflichen Werdegänge von Köchen und Chemielaboranten ein, die Wolfgang Lempert und ich zwischen 1991 und 1997 am Max-Planck-Institut für Bildungsforschung durchführten. Ausführlich dargestellt sind die hier referierten Ergebnisse in meinem Buch »Die Kultivierung beruflicher Handlungsstile« (Corsten 1998; vgl. auch Corsten/Lempert 1997).

Hinsichtlich der Datenbasis beruht die Untersuchung auf Expertengesprächen mit ReräsentantInnen von Berufsschulen und Verbänden, Personal- und Abteilungsleitern in den gewählten Tätigkeiten sowie auf Arbeitsbeobachtungen und vor allem auf jeweils zwei halboffen geführten, mindestens zweistündigen Intensivinterviews mit 31 Absolventen der beiden genannten Berufsgruppen.

Ich beschränke mich hier auf die Darstellung der Befunde zum Beruf Koch/Köchin.

5.2 »Als Koch muß man ein bißchen verrückt sein« – Identitätspolitiken, die das »Unzumutbare zumutbar machen«

Die zitierte berufliche Selbstzurechnung, »ein bißchen verrückt sein zu müssen«, fanden wir in nahezu allen berufsbiographischen Interviews mit KöchInnen und Expertengesprächen mit KüchenleiterInnen.

Der Hintergrund, der diese Selbstzurechnung motiviert, waren Schilderungen einer Reihe berufsbedingter »Zumutungen« in diesem Arbeitsfeld, die in hohen körperlichen Belastungen, in zeitlich ausgedehnten und zugleich intensivierten sowie unregelmäßigen Arbeitszeiten, verhältnismäßig schlechter Bezahlung, häufig anzutreffenden aggressiv-konflikthaftem, brachial-intimem und distanzlosem Interaktionsstil bestanden. Die KöchInnen selbst erfuhren sich und ihre KollegInnen oftmals als exzentrische, unberechenbare Persönlichkeiten.

All diese Merkmale liegen in einem Ausmaß vor, das in einem »normalen« Arbeitsverhältnis nicht erwartbar, nicht zumutbar erscheinen würde. Um dieses Berufsfeld ertragen zu können, muß man, so der Umkehrschluß, wenigstens (als Minimalvoraussetzung) »ein bißchen verrückt sein«. Verglichen mit dem sogenannten Normalarbeitsverhältnis erweist sich das Köchemilieu als atypisch und anachronistisch – wie das Gastgewerbe generell.

Die zitierte Selbstzurechnung bewegt sich im Rahmen der Identitätspolitik ebenso auf das faktische Fremdbild der Köche, das diese in ihrem Arbeitsumfeld erfahren: In den Augen des Servicepersonals, der Hotelfachleute, usf. gelten sie auch wenigstens als ein bißchen verrückt.

Betrachtet man nun die Selbstbestimmungen der Köche in ihren berufsbiographischen Beschreibungen, so lassen sich diese relativ leicht auf der Zeitachse der Karriereentwicklung abtragen. Während der Ausbildung und in den frühen Erwerbsjahren treffen wir bei den jungen KöchInnen auf eine enthusiastische Identifikation mit dem Umfeld: »So bin ich auch, verrückt, besessen von der Arbeit, mit Leidenschaft dabei und kreativ«. Gedeckt wird dies durch folgende »Erfolgserlebnisse«: In diesem Umfeld durchgehalten zu haben,

- die Erfahrung, daß die hohen Belastungen und die irrwitzigen Konflikte auf der anderen Seite das Team in der Küche »zusammenschweißen«;
- die Interpretation, daß sich in den ungeschliffenen, brachialen, rücksichtslosen Umgangsformen so etwas wie authentische Emotionalität und Sensibilität widerspiegle, Motti: rauh, aber herzlich – harte Schale, weicher Kern – oder, daß sich aufgrund der eruptiven Konflikte im Arbeitsumfeld die Verhältnisse klärten: Bild des reinigenden Gewitters;
- die Selbstzurechnung, es in diesem Berufsfeld zu etwas gebracht zu haben, und noch zu mehr bringen können – z.B. die Aussicht auf internationale Mobilität in renommierten Luxushotels und Restaurants etc.

In der Altersphase zwischen 25 und 40 fanden wir zwei unterschiedliche Orientierungsmuster, die sich jedoch jedes auf seine Art auf den frühen Enthusiasmus bezogen:

Erstens den Koch als globalen Wandergesellen: ein international hochmobiler Fachmann und virtuoser Deeskalationspolitiker – auf der Ebene des Konfliktmanagements in der Küche und auf der Ebene der Identitätspolitik. Er hat sich kontinuierlich mit Eskalationsdrohungen in ständig wechselnden arbeitskulturellen Kontexten auseinanderzusetzen: Nach welchen Regeln brechen hier Konflikte aus? Mit welchem Stil und welcher Haltung kann ich als Vorgesetzter in einer Sandwichposition die Loyalität meines Teams erhalten?

Zweitens die innere Kündigung als Schutzhaltung gegenüber den Belastungen und als Abwehr der (nun über andere soziale Kontexte bestimmten) Identität vor den ehemals gehegten Berufsidealen. Die Belastungsrisiken, die psychischen und sozialen Unzumutbarkeiten, die Unverträglichkeiten dieses Arbeitsstils mit »privaten« und familiären Lebenszielen werden in Rechnung gestellt und das Engagement auf ein karrieresicherndes Minimum reduziert.

Erst in späteren Erwerbsphasen (ab dem Alter von 35/40) kann eine Transformation der Deeskalationsvirtuosität in strategisch-kluges Selbst- und Laufbahnmanagement gelingen. Die Voraussetzungen dazu sind: die Reifung und Anhäufung von beruflichen Ressourcen und Privilegien sowie die Kompetenz zu deren Kombination und die Fähigkeit der Distanzwahrung gegenüber den persönlichen und sozialen Anforderungen des Umfelds.

6. Nur wer sich ändert, bleibt sich treu – Habitualisierung und reflexive Umarbeitung beruflicher Initialkompetenzen

Die hier kurz skizzierten Befunde zeigen, daß in berufsbiographischen Selbstbestimmungen sowohl Formen der Habitualisierung, also der Erwartungsbindung, als auch der reflexiven Umarbeitung (Lernen), also der Revision von Erwartungen vorgefunden werden können. Damit kann nun aber nochmals deutlich gemacht werden, welche Beweislast die Szenarien der Erosion beruflicher Bindung zu tragen haben. Sie müssen ausschließen können, daß die in späteren biographischen Phasen erfolgenden reflexiven Umarbeitungen erster Habitualisierungen nicht doch durch eine Bezugnahme auf berufliche Initialkompetenzen und institutionalisierte berufsbiographische Skripte motiviert sind. Sie müssen ausschließen, daß erste berufliche Initialisierungen nicht auch schon Anschlußpotentiale für alternative berufliche Handlungsfelder beinhalten. Vielleicht sind berufliche Aus- und Umstiege bereits Teil des für einen Beruf geltenden biographischen Skripts, das dafür institutionalisierte Deutungsmöglichkeiten zur Verfügung stellt.

In bezug auf die moderne Arbeitsgesellschaft bedeutete dies: Das Prinzip der Revidierbarkeit habitualisierter beruflicher Handlungsschemata hat sich bereits als Anforderungslage für die Erwerbsindividuen fortgeschrittener Industriegesellschaften herausgeschält – genauer: als eine Form reflexiver Steuerung der Berufsbiographie, die in bestimmten Karrieresituationen Anlaß dafür werden kann, die Grenzen sowohl des eingelebten, gewohnten Berufsmilieus als auch der selbst sozialisierten (angeeigneten) beruflichen Handlungsschemata und der berufsbiographischen Identität zu befragen bzw. neu zu bestimmen.

Wenn aber diese Elastizität und biographische Reflexivität bereits ein tragendes Element der Beruflichkeit darstellt, bleibt jene nach wie vor ein denkbares und funktionsfähiges institutionalisiertes Prinzip der Vermittlung gesellschaftlicher Integration.

Anmerkung

1 An dieser Stelle wäre ausführlicher und genauer auf Goffmans Unterscheidungen zwischen sozialer, persönlicher und Ich-Identität einzugehen (vgl. dazu Willems 1998: 159-163) und darin enthaltenen Implikationen für Biographien (164-176).

Literatur

Baethge, M./Hantsche, B./Pelull, W./Voskamp, U. (1988), Jugend: Arbeit und Identität. Opladen.

Baethge, Martin (1991), Arbeit, Vergesellschaftung, Identität. Zur zunehmenden normativen Subjektivierung der Arbeit. Soziale Welt 42: 6-20.

Baethge, Martin (1997), Bildung im 21. Jahrhundert – Einfluß der neuen Info- und Teletechniken. Stellungnahme zur Öffentlichen Anhörung der Enquete-Kommision »Zukunft der Medien in Wirtschaft und Gesellschaft«; hektographiertes Vortragsmanuskript November 1997.

Baethge, Martin/Baethge-Kinsky, Volker (1998), Jenseits von Beruf und Beruflichkeit? Neue Formen von Arbeitsorganisation und Beschäftigung und ihre Bedeutung für eine zentrale Kategorie gesellschaftlicher Integration, in: MittAB 3/98.

Beck, Ulrich/Brater, Michael/Daheim, Hansjürgen (1980), Soziologie der Arbeit und der Berufe. Reinbek.

Behr, Michael (1995), Regressive Gemeinschaft oder zivile Vergemeinschaftung? Ein Konzept zum Verständnis post-traditionaler Formen betrieblicher Sozialintegration, in: Zeitschrift für Soziologie 24: 325-344.

Behr, Michael (1997), Wertewandel und neuer Arbeitstyp, in: Berliner Debatte Initial 8: 37-48.

Brock, Ditmar (1988), Der reproduktionssoziologische Ansatz als Analysestrategie subjektorientierter Industriesoziologie, in: Rudi Schmiede (Hrsg.): Arbeit und Subjektivität. Bonn: 156-175.

Brock, Ditmar/Otto-Brock, Elisabeth (1988), Hat sich die Einstellung von Jugendlichen zu Beruf und Arbeit verändert, in: Zeitschrift für Soziologie 17: 436-450.

Corsten, M./Lempert, W. (1997), Beruf und Moral. Weinheim.

Corsten, Michael (1998), Die Kultivierung beruflicher Handlungsstile. Frankfurt/M.

Drexel, Ingrid (1993), Das Ende des Facharbeiteraufstiegs? Frankfurt/M.

Giegel, H.J./Billerbeck, U./Frank, G. (1988), Industriearbeit und Selbstbehauptung. Opladen.

Gross, Peter (1997), Abschied von der monogamen Arbeit, in: Berliner Debatte Initial 8: 3-9.

Heidenreich, Martin (1996), Die subjektive Modernisierung fortgeschrittener Arbeitsgesellschaften, in: Soziale Welt 47: 24-43.
Heidenreich, Martin (1998), Die duale Berufsausbildung zwischen industrieller Prägung und wissensgesellschaftlichen Herausforderungen, in: Zeitschrift für Soziologie 27: 321-340.
Heinz, Walter R. (1988), Selbstsozialisation und Arbeitsmarkt, in: Das Argument 168: 198-207.
Hofbauer, Hans (1981), Berufswege von Erwerbstätigen mit einer Facharbeiterausbildung, in: MittAB 14: 127-138.
Hofbauer, Hans/König, Paul (1972), Substitutionspotentiale bei Ausbildungsberufen nach dem Urteil der Vorgesetzten, in: MittAB 5: 77-94.
Hofbauer, Hans/Nagel, Elisabeth (1987), Mobilität nach Abschluß der betrieblichen Berufsausbildung, in: MittAB 20: 45-73.
Inglehart, Ronald (1977), The silent revolution. Princeton/NJ.
Kern, H./Sabel, Ch. (1994), Verblaßte Tugenden, in: N. Beckenbach/W. v. Treeck (Hrsg.): Umbrüche gesellschaftlicher Arbeit. Sonderband 9 der Sozialen Welt: 605-624.
Kloas, Peter-Werner (1997), Modularisierung in der beruflichen Bildung. Berichte zur beruflichen Bildung Heft 208. Bielefeld.
Kohli, Martin (1989), Institutionalisierung und Individualisierung der Erwerbsbiographie, in: D. Brock et al. (Hrsg.): Subjektivität im gesellschaftlichen Wandel. Weinheim: 249-278.
Konietzka, Dirk (1997), »Verberuflichung« und »De-Standardisierung«: Stabilität und Wandel der Ausbildungserfahrungen und Berufsintegration der Kohorten 1919-21 bis 1959-61 in der Bundesrepublik Deutschland. Dissertation. FU Berlin.
Lappe, Lothar (1993), Berufsperspektiven junger Facharbeiter. Frankfurt/M.
Lempert, W./Hoff, E.H./Lappe, L. (1990), Berufsbiographien und Persönlichkeitsentwicklung junger Facharbeiter, in: Zeitschrift für Sozialisationsforschung und Erziehungssoziologie 10, Heft 3.
Lempert, Wolfgang (1995), Qualifizierung und Disziplinierung, Förderung und Selektion. Zur mehrdimensionalen Kennzeichnung sozialer Kontexte praktischen Lernens in der beruflichen Ausbildung und Arbeit, in: Zeitschrift für Berufs- und Wirtschaftspädagogik 91: 591-614.
Lucke, Doris (1978), Ich-Stärke als Berufsqualifikation? Oder: Ist eine »gesunde« Ich-Identität vereinbar mit berufskonformen Persönlichkeitsstrukturen? In: U. Beck/M. Brater (Hrsg.): Die soziale Konstitution der Berufe, Band 2, Frankfurt: 237-249.
Lutz, Burkart/Sengenberger, Werner (1980), Segmentationsanalyse und Beschäftigungspolitik, in: Hochschul-Informations-System-Brief 18.
Maccoby, Michael (1988), Why Work. Motivating and Leading the New Generation. New York.

Mayer, Karl Ulrich/Blossfeld, Hans Peter (1990), Die gesellschaftliche Konstruktion sozialer Ungleichheit im Lebensverlauf, in: Peter Berger/Stefan Hradil (Hrsg.): Lebenslagen, Lebensläufe, Lebensstile. Soziale Welt Sonderband 7: 297-318.

Noelle-Neumann, Elisabeth/Strümpel, Burkart (1984), Macht Arbeit krank? Macht Arbeit glücklich? Eine aktuelle Kontroverse. München.

Nunner-Winkler, Gertrud (1985), Identität und Individualität, in: Soziale Welt 36: 466-482.

Popitz, H./Bahrdt, H.P./Jüres, E.A./Kesting, H. (1957), Technik und Industriearbeit. Tübingen.

Schelsky, Helmut (1965), Die Bedeutung des Berufs in der modernen Gesellschaft, in: Helmut Schelsky: Auf der Suche nach Wirklichkeit. Düsseldorf.

Schumann, M./Baethge-Kinsky, V./Kuhlmann, M./Kurz, C./Neumann, U. (1994), Der Wandel der Produktionsarbeit im Zugriff neuer Produktionskonzepte, in: N. Beckenbach/W. v. Treeck (Hrsg.): Umbrüche gesellschaftlicher Arbeit. Sonderband 9 der Sozialen Welt: 11-44.

Simmel, Georg (1908), Soziologie. Berlin.

Stehr, Nico (1994), Arbeit, Eigentum und Wissen. Zur Theorie von Wissensgesellschaften. Frankfurt/M.

Szydlic, Marc (1996), Zur Übereinstimmung von Ausbildung und Arbeitsplatzanforderungen in der Bundesrepublik Deutschland, in: MittAB 29: 295-306.

Tessaring, Manfred (1993), Das duale System der Berufsausbildung in der Bundesrepublik Deutschland, in: MittAB 26: 131-161.

White, Harrison C. (1992), Identity and Control. Princeton/N.J.

White, Hayden (1986): Interpretation und Geschichte, in: Hayden White: Auch Klio dichtet oder Die Fiktion des Faktischen. Stuttgart.

Willems, Herbert (1997), Rahmen und Habitus. Frankfurt/M.

Witte, J./Kalleberg (1995), Matching training to jobs. The fit between vocational education and employment in the German Labor Market, in: European Sociological Review.

Das »postmoderne« Selbst: Jenseits von Solidarität und Gemeinschaft?

Max Preglau

Im vorliegenden Beitrag geht es um drei Fragen: Zunächst geht es um die *empirische Frage, wie sich das individuelle Selbst unter den (post-)modernen Bedingungen einer radikal enttraditionalisierten und pluralisierten Lebenswelt entwickelt.* Es zeigt sich, daß sich das Selbst zunehmend in unterschiedliche Spielarten ausdifferenziert, wobei die »Identität« des Selbst in einigen Fällen gesprengt wird. Dabei kommt es mir besonders darauf an zu zeigen, daß wir sowohl gesellschaftlich wie individuell mit einer neuen Situation »radikaler Pluralität« konfrontiert sind, die dem Vorstellungsinhalt des Begriffs »Postmoderne« nahe kommt, daß aber in der »real existierenden Postmoderne« das von der Theorie anvisierte »freie und friedliche Spiel der Differenzen« gesellschaftlich wie individuell noch nicht verwirklicht ist. Anknüpfend daran geht es um *die Frage, ob für die (post-)modernen Subjekte noch so etwas wie intersubjektive Vergemeinschaftung und Solidarität möglich ist.* Meine These dazu lautet, daß diese Frage für die verschiedenen Varianten des (post-)modernen Selbst unterschiedlich zu beantworten ist: Die Postmoderne erzeugt nicht nur desintegrative Handlungspotentiale, sondern auch integrative, die geeignet erscheinen, die Beschränkungen der realen Postmoderne zu überwinden und dem »freien und friedlichen Spiel der Differenzen« realiter zum Durchbruch zu verhelfen. Zuletzt wird die theoretische *Frage erörtert, ob die neuen Phänomene der »radikalen inneren Differenzierung« und »Fragmentierung« des Selbst noch im Rahmen der Identitätskonzeption in der Tradition des Symbolischen Interaktionismus verarbeitet werden können oder den Übergang zu neuen, differenztheoretischen (poststrukturalistischen oder autopoietischen) Konzepten notwendig machen.* Meine These dazu lautet, daß die neue Situation »radikaler Pluralität« in der Tat eine Revision der symbolisch-interaktionistischen Identitätstheorie erfordert. Es besteht jedoch kein Anlaß, die Theorie des Selbst auf Differenztheorie umzustellen.

Begriffliche Vorklärungen

(1) Selbst/Identität (vgl. Preglau 1998)

Der *Begriff »Identität«* hat seinen klassischen Ort innerhalb der formalen Logik, ist aber auch ein klassisches Konzept der interaktionistischen (Sozial-)Psychologie. Als solcher bezieht er sich auf *die Fähigkeit einer Person, im Durchgang durch verschiedene Lebensbereiche und Lebensphasen zumindest eine relative Kohärenz und Kontinuität des Selbstausdrucks und der Selbsterfahrung zu behaupten* (vgl. dazu Erikson 1963; Habermas 1976). Identität in diesem Sinne ist kein angeborenes, sondern ein erst im Austausch mit einer soziokulturellen Umwelt erworbenes Merkmal, und sie ist auch dann kein unverlierbarer Besitz, sondern muß sich in einem kontinuierlichen Akt der »Balance« zwischen konkurrierenden Ansprüchen an das Selbst und Bedürfnissen und Interessen des Selbst (Krappmann 1969) stets von neuem bewähren.

- Das Problem der individuellen Identität stellt sich für die Gattung Mensch zunächst auf *anthropologischer Ebene*: Das Handeln und das (Selbst-)Bewußtsein des Menschen ist nicht oder jedenfalls nicht vollständig biologisch determiniert und wird nicht oder jedenfalls nicht nur durch ererbte, im Genom gespeicherte Informationen gesteuert, sondern ist kulturell vermittelt, d.h. es orientiert sich an sprachlich repräsentierten und in Sozialisationsprozessen »verinnerlichten« kulturellen Standards und Codes (vgl. dazu Esser 1993: 149ff.). Sollen Lebenspraxis und Bewußtseinsstrom nicht abreißen, müssen jene praxis- und bewußtseinskonstitutiven Standards und Codes über den Wechsel von Räumen und Zeiten hinweg mehr oder weniger identisch reproduziert und appliziert werden können. In diesem Sinne ist eine individuelle relative Kontinuität und Konsistenz bzw. »Identität« eine *anthropologische Notwendigkeit* – analog zu Institutionalisierung und Traditionsbildung im überindividuellen Bereich (vgl dazu Gehlen 1955).
- Die konkreten Formen von Identität sind allerdings gesellschaftlich bestimmt. Spätestens mit der Geburt entwickelt sich die Identität der Person in Interaktion mit der sozialen und kulturellen Umwelt (vgl. zum folgenden Mead 1968) durch die Übernahme der Haltungen der anderen (»role-taking«), also durch »*Vergesellschaftung*«. Das Kind beginnt, sein Selbstbild und sein Handeln aus der Perspektive »signifikanter Anderer« und schließlich aus der Perspektive eines generalisierten Systems komplementärer Rollen (»generalisierter Anderer«) zu entwerfen. Durch diese Übernahme sozialer

Rollen entsteht der Teil der Persönlichkeit, den Mead als »Me« bezeichnet, und das Individuum erreicht damit das Stadium der sogenannten »Rollenidentität«.

- Die gesellschaftliche Konstitution von Identität ermöglicht aber auch *individuelle Autonomie und »Individuation«:* Der Aufbau von Identität schließt nämlich als zweiten Schritt das sogenannte »role-making« ein, das Einbringen individueller Bedürfnisse und Ansprüche in den Erwartungshorizont der Interaktion. Diese Phase der Identität bezeichnet Mead als »I«. Soweit dies gelingt, entwickelt sich die individuelle Identität von der Rollenidentität weiter zur »Ich-Identität«, und die Gesellschaft kann ihrerseits, indem sie sich für individuelle Ansprüche öffnet, ihr kulturelles Verhaltensrepertoire erweitern.
- Die Entwicklung der individuellen Identität hat aber auch eine *sozialgeschichtliche Dimension:* Da Rollenübernahme ein grundlegender Mechanismus des Identitätsaufbaus ist und sich daher das Rollensystem der Gesellschaft zumindest ausschnittweise in der individuellen Persönlichkeit spiegelt, variieren das Ausmaß der inneren Differenzierung und Variabilität des Selbst sowie der Grad der Schwierigkeit der Identitätsbalance historisch mit dem Grad des Rollenpluralismus und der Dynamik des Rollenwandels. Auch das Maß, in dem Ich-Identität und die damit verbundene individuelle Autonomie erreicht werden kann, hängt – wie Mead bereits wußte – v.a. von historisch variablen Graden der Permissivität und Flexibilität der sozialen Ordnung sowie von der Aufgeschlossenheit und Toleranz der Mitglieder der Gesellschaft ab.

(2) »Moderne« vs. »Postmoderne«

Es ist hier nicht der Ort, die verzweigte Diskussion über Moderne und Postmoderne nachzuzeichnen (vgl. dazu Welsch 1988; Preglau 1998a). Ich begnüge mich damit, mein Verständnis dieser beiden Begriffe darzulegen: Unter »Moderne« verstehe ich im folgenden in Anschluß an Habermas (1981) die real existierende, selektive Verwirklichung des Projekts »Moderne«, also einen Zustand, in dem die verschiedenen Momente der Vernunft – kognitiv-theoretische, moralische und ästhetische Vernunft – zwar prinzipiell ausdifferenziert sind und in ihrem irreduziblen Eigenrecht anerkannt sind, die kognitiv-theoretische Vernunft und ihre Verkörperungen (Szientismus, ökonomische Rationalität, Bürokratie, Techno-Logik; methodische Lebensführung als Selbstinstrumentalisierung etc.) jedoch eine hegemoniale Vorrangstellung auf

Kosten der anderen Vernunftmomente gewonnen haben – also die neuzeitliche, »logozentrische« Variante des Projekts der Moderne.

Unter Postmoderne verstehe ich demgegenüber nicht den »Postmodernismus« der absoluten Differenz (Lyotard 1987) und/oder eines beliebigen »anything goes«, sondern das Ideal einer »Verfassung radikaler Pluralität« (Welsch 1988), in der nicht nur die moderne Idee des freien und gleichrangigen Zusammenspiels der partiellen Momente der Vernunft (»Freies Spiel der Differenzen 1. Stufe«, i.S. von Habermas 1981) verwirklicht ist, sondern auch die unauflöslichen Momente der Heterogenität und Inkommensurabilität der »Diskurse« innerhalb der partiellen Vernunftformen (»freies Spiel der Differenzen 2. Stufe«, i.S. von Lyotard 1987) erkannt und respektiert werden.

In der gegenwärtigen »real existierenden Postmoderne« ist dieses Ideal freilich erst vorscheinhaft – auf bestimmten Inseln der nach wie vor von kognitiv-instrumenteller Vernunft beherrschten Gesellschaft und Kultur – verwirklicht.

1. Das Selbst im Übergang von der »Moderne« zur »Postmoderne«

Im Übergang von der »Moderne« zur »Postmoderne« ändern sich die gesellschaftlichen Bedingungen der Konstitution von Identität radikal: Stichworte wie »Entstandardisierung der Erwerbsarbeit« (Beck 1986), »flexible Spezialisierung« (Piore/Sabel 1985), »Postfordismus« (Hirsch/Roth 1986) und »flexibler Kapitalismus« (Sennett 1998), »Entstrukturierung der Klassengesellschaft« (Berger) und Ausdifferenzierung von »Erlebnismilieus« (Schulze 1992), Exklusion von »Modernisierungsverlierern« (Kern/Schumann 1984), »Postmodernisierung der Familie« (Lüscher/Schultheis/Werspaun 1988) und Auflösung der »Geschlechtsständeordung« (Beck 1986), »Disorganisierung« der Arbeitsbeziehungen (Lash/Urry 1987) und »Dekonzentration des Parteiensystems« (Pelinka), »Ende der großen Erzählungen« (Lyotard) und tendenzielle Auflösung von »Pflicht- und Akzeptanzwerten« (Klages) signalisieren, daß sich die *Gesellschaft* der »Postmoderne« in allen Bereichen durch eine weitgehende *Enttraditionalisierung, Pluralisierung und Flexibilisierung von Lebensformen, Lebenslagen und Lebensstilen* auszeichnet (vgl. Übersicht 1).

Dabei ist freilich zu beachten, daß diese Enttraditionalisierung, Pluralisierung und Flexibilisierung heute noch keineswegs durchgehend Ausdruck jenes »freien Spiels der Differenzen« ist, das Theoretiker/inne/n der »Postmoderne« wie Lyotard vorschwebt.

Übersicht 1: Die Gesellschaft im Übergang von der »Moderne« zur »Postmoderne« (nach Beck 1986; Habermas 1973; Hirsch/Roth 1986; Inglehart 1977; Klages 1984; Kohli 1985 und 1994; Lash/Urry 1987; Lüscher/Schultheis/Werspaun 1988; Lyotard 1987 und Schulze 1992)

Phase: Teil:	»moderne« Industriegesellschaft	»postmoderne« Risikogesellschaft
Wirtschaft	Technisch-organisatorische, rechtl. u. tarifvertragl. Standardisierung d. Lohnarbeit: Ausbildung d. »Normalarbeitsverhältnisses« »Entproletarisierung« durch steigende Einkommen und Vollbeschäftigung Frauenerwerbsarbeit als »Lückenbuße« im Maße der Vereinbarkeit m. Hausarbeit Neokolonialismus durch ungleichen Tausch	Entstandardisierung d. Lohnarbeit durch technisch-organisatorische Differenzierung & Flexibilisierung, rechtl. Deregulierung und Disorganisierung; Spaltung d. Arbeitsmarkts in Kern- u. Randbeschäftigte u. Arbeitslose; »Ent-Hausfrauisierung« – steigende Erwerbsneigung v. Frauen; »Globalisierung«: Entwicklung transnationaler Kapitalmärkte und Unternehmungen
Gesellschaft	Klassengesellschaft mit zunehmender Durchlässigkeit u. abnehmender Sichtbarkeit u. sozialer Relevanz v. Ungleichheit und abnehmender Konfliktladung; Dominanz der bürgerlichen, »patriarchalen« Kleinfamilie; Institutionell stabilisierte klassenspezifische Identitäten und Biographiemuster	Entstrukturierung der Klassengesellschaft, Individualisierung und Formierung einer »Zwei-Drittel-Gesellschaft«; Neue, »unkonventionelle« Familien- und Beziehungsformen; Neue, »individualisierte« Identitäten und Biographiemuster (»Bastelbiographie«)
Kultur	Blüte der keynesianischen Erzählung vom allgemeinen Wohlstand durch technischen Fortschritt, wirtschaftliches Wachstum und staatliche Steuerung u. Umverteilung; Dominanz von »Pflicht- und Akzeptanzwerten« und »Materialismus«	Blüte der neoliberalen Erzählung vom Triumph des Kapitalismus am »Ende der Geschichte«; Rückfall in Esoterik, Nationalismus und Fundamentalismus; Dominanz von »Selbstentfaltungswerten« und »Postmaterialismus«
Politik	Integration aller Klassen in Verbändestaat und moderne Parteiendemokratie; Hohe Parteienbindung, »formelle« politische Partizipation und Folgebereitschaft; Auf- und Ausbau des Sozial- und Wohlfahrtsstaates	Krise von Parteiendemokratie und Verbändestaat; Aufstieg von NSB u. Populismen; Geringe Parteienbindung, hohe Bereitschaft zu »informellem« Protest; Effizienz-, Finanz- & Legitimationskrise und Rückbau des Sozialstaates

Für zahlreiche Aspekte der Pluralisierung lassen sich in der »Tiefenstruktur« der Gesellschaft nach wie vor die alten, modern-kapitalistischen Kräfte – Geld/Kapital und Macht/Bürokratie – als organisierende Zentren ausmachen (vgl. dazu auch Eickelpasch 1997); das gilt für die mit dem Stichwort »Zwei-Drittel-Gesellschaft« bezeichnete Segmentierung der Lebenslagen ebenso wie für die »entwurzelnde« Mobilitäts- und Migrationsdynamik oder für die Ausdifferenzierung von Konsumstilen und auf dem »Erlebnismarkt« (Schulze).

Wie sich europaweit an der stetigen Zunahme der Mobilität in allen gesellschaftlichen Bereichen – von der Migration, über Beruf und Arbeit, Ehe und Partnerschaft, bis zu Politik und Wertorientierungen – zeigen läßt (vgl. dazu Berger 1995 für Deutschland und Preglau 1998 für Österreich), nehmen mit der »Postmodernisierung« der Gesellschaft und den damit verbundenen »Freisetzungsprozessen« (Beck 1986) *Brüche und Diskontinuitäten im individuellen Lebensverlauf* dramatisch zu.

Diese für die »postmoderne« Gesellschaft signifikante Zunahme der Brüche und Diskontinuitäten im Lebensverlauf erzwingt ihrerseits eine *Umstrukturierung der Persönlichkeit* im Sinne einer Abkehr von der modernen »Modalpersönlichkeit« (Döbert/Nunner-Winkler 1975) der um die stabilen Achsen Familie und Beruf kristallisierten »Rollenidentität« – eine Umstrukturierung, die mit dem pauschalen Etikett »Bastelexistenz« (Hitzler/Honer) nicht zureichend genau beschrieben werden kann. Prinzipiell bestehen dabei zwei Möglichkeiten (vgl. zum folgenden Preglau 1998 sowie Übersicht 2):

(1) Festhalten an der Forderung nach biographischer Konsistenz und Kontinuität als Prinzip der Identität. Identität kann dabei ihren Halt freilich nicht mehr an vorgegebenen Rollen und Traditionen finden, sondern nur mehr an abstrakten, reflexiv bzw. diskursiv revidierbaren Prinzipien; weniger denn je ist sie ein Zustand, und radikaler als bisher beruht sie auf einer permanenten, aktiven »Bastelarbeit« (Hitzler/Honer 1994), die auch scheitern kann; Zugehörigkeiten und Identifikationen stehen »pragmatisch« (Hewitt 1989) unter ständigem Vorbehalt, Konsistenz und Kontinuität können nur relativ und gebrochen, vermittelt durch permanente reflexive Rekonstruktionsprozesse (»reflexive monitoring« mit Bezugnahme auf kognitive Expertensysteme i.S.v. Giddens 1991), und durch ständige »proteanische« (Lifton 1993) Metamorphosen hindurch, aufrechterhalten werden. Dabei sind partielle bzw. temporäre Inkonsistenzen und Diskontinuitäten nicht ausgeschlossen. Dieser Typus eines »postmodernen Selbst« entspricht mit seinem hohen Grad an sozialer Partizipation, Autonomie und Flexibilität dem Idealtypus einer »postkonventionellen, balancierenden Ich-Identität« im Sinne von Döbert/Nunner-Winkler (1975), Habermas (1976) und Krappmann (1969).

Übersicht 2: Varianten des »postmodernen Selbst«

»Identitäres Selbst«	»Differentes Selbst«
Anspruch auf Kontinuität und Konsistenz bleibt bestehen, jedoch verlagert auf die Ebene abstrakter Prinzipien, die die laufende reflexive bzw. diskursive Selbstveränderung und Abstimmung auf neue Interaktionssituationen möglich machen	Anspruch auf Kontinuität und Konsistenz sowie auf universelle Verständigung und Partizipation wird als uneinlösbar erklärt und daher auch von manchen Autor/inn/en aufgegeben
Beschreibungsversionen: – »Prinzipiengeleitete, flexible Ich-Identität« (Habermas 1976; Döbert/Nunner-Winkler 1975) – »Reflexive Monitoring« (Giddens 1991) – »komplexes Selbst« (Hage/Powers 1992) – »Strategie der pragmatischen Identifikation« (Hewitt 1989) – »proteanisches Selbst« (Lifton 1993) – »Bastelbiographie« (Hitzler/Honer 1994)	Varianten und Beschreibungsversionen: a. individualistisch-narzistischer Rückzug: — »Minimal Self« (Lasch 1985) — »Strategie der Autonomie« (Hewitt 1989) b. sektiererischer Fundamentalismus: — »Strategie der Ausschließlichkeit« (Hewitt 1989) — »fundamentalistisches Selbst« (Lifton 1993) c. Opportunismus und »Multiphrenie«: — »relationales Selbst« (Gergen 1991), flexibler Mensch (Sennett 1998) — »fragmentiertes Selbst« (Lifton 1993), »multiples Selbst« (Glass 1993)

Diese Variante des »Selbst«, die sich auf die Vielfalt heterogener Rollenangebote kritisch einläßt, d.h. sich den Anderen öffnet und auch von ihnen emotional berühren und in Frage stellen läßt, ohne mit ihnen zu verschmelzen und sich ihnen vorbehaltlos zu unterwerfen, und die auch die dabei unvermeidlichen Brüche und Diskontinuitäten weder vermeidet noch verleugnet, ist postmodern im emphatischen Sinne einer (psychologischen) »Verfassung radikaler Pluralität« (Welsch 1988). Diese Lebensform setzt freilich eine privilegierte Ausstattung mit kulturellem, sozialem und ökonomischem Kapital (kommunikative Kompetenz, spezialistisches Wissen – Unterstützung durch institutionelle Anrechte und Angebote und soziale Netzwerke – Einkommen und Vermögen; vgl. Bourdieu 1983) voraus.

(2) Preisgabe des Prinzips der Identität: Mangelt es positionsbedingt an einer ausreichenden Ausstattung mit ökonomischem, sozialem und kulturellem Kapital, kapituliert das Selbst gewissermaßen vor der sozialen Heterogenität und Diskontinuität der Postmoderne und gibt den Anspruch der universellen

Partizipation, der Integration der differentiellen Lebensbezüge in einem mehr oder weniger einheitlichen Lebensentwurf sowie der individuellen Autonomie als uneinlösbar und unzumutbar auf. Die Literatur unterscheidet hier drei Versionen:

- der individualistisch-narzistische Rückzug auf sich selbst, mit dem Nachteil der »Ich-Einschränkung« (Horn 1973) und allen Risiken der Enttäuschung und Isolation (»minimal self« nach Lasch 1985; »Strategie der Autonomie« nach Hewitt 1989; der kontaktlose »Flieger« nach Kohut 1976);
- die Flucht in eine in ihrem Wert und ihren Rechten grandios überschätzte Subgruppe oder -kultur (religiöser Fundamentalismus, Neonationalismus, »male/female chauvinism«) und die Verstrickung in manichäische Freund-Feind-Verhältnisse: »Fundamentalismus« im Sinne von Lifton (1993), »Strategie der Ausschließlichkeit« im Sinne von Hewitt (1989);
- die chamäleonhafte Anpassung an die jeweils zeitlich oder situativ aktuellen Bezugsgruppen oder Moden, unter Verzicht auf personale Konsistenz und Kontinuität. Diese Anpassung kann die Züge eines »freien Spiels von Differenzen« annehmen (vgl. dazu das – im Hinblick auf den damit verbundenen Anpassungsgewinn und die Entlastung von Konsistenzforderungen affirmative – Konzept des »relationalen Selbst« von Gergen 1991), aber auch mit radikaler Entfremdung verbunden sein (vgl. dazu die wegen der hohen psychischen Kosten der Diffusion bzw. des Verlustes von Identität kritischen Konzepte des »fragmentierten Selbst« von Lifton 1993, der »multiplen Persönlichkeit« von Glass 1993 sowie des »flexiblen Menschen« von Sennett 1998).

Diese Varianten eines »differenten Selbst«, das sich ziellos dem Strom der Rollenspiele überläßt, wie im Falle des »relationalen Selbst«, oder sich unkritisch den verabsolutierten Wertsystemen partikularer Gruppen unterwirft, wie im Fall des »Fundamentalismus«, oder sich egozentrisch der Verständigung mit Anderen verschließt, wie im Falle des »Narzismus«, weisen deutliche Züge eines »Postmodernismus« der absoluten Differenz und/oder der Beliebigkeit auf.

2. Postmodernes Selbst, Solidarität und Gemeinschaft

Die »Postmodernisierung des Selbst« – seine Freisetzung aus der modernen Einheitsform der um die stabilen Achsen Familie und Beruf kristallisierten

Rollenidentität und seine innere Pluralisierung und Flexibilisierung – war vielfach Anlaß, das Ende des gesellschaftlichen Zusammenhalts bzw. der Verantwortlichkeit für andere (z.B. Lempp 1996), ja überhaupt das »Ende des Sozialen« (Baudrillard) zu konstatieren. In Reaktion auf diese apokalyptischen Szenarien wurde von Individualisierungstheoretikern pauschal Entwarnung gegeben: die Freisetzung der Individuen sei keineswegs » ... von vornherein mit Entsolidarisierung verbunden«; sie stelle lediglich » ... Solidarität auf eine andere Basis« (Beck/Sopp 1997).

Übersicht 3: Postmodernes Selbst und Solidaritätsfähigkeit

<table>
<tr><th>Typus des</th><th>Selbst</th><th>Radius der Identifikation</th><th>Moralische Orientierung</th><th>Affektive Sozialität</th><th>Solidaritätsfähigkeit</th></tr>
<tr><td>Identitäres</td><td>Selbst</td><td>Universalismus</td><td>Postkonventionelle Autonomie</td><td>Anthropophilie</td><td>»fernsolidarisch« (Menschheit)</td></tr>
<tr><td rowspan="3">Differentes Selbst:</td><td>Narzismus</td><td>Autismus</td><td>Amoralität</td><td>Indifferenz</td><td>Asolidarisch</td></tr>
<tr><td>Fundamentalismus</td><td>Partikularismus (stabil)</td><td>Konventionelle Heteronomie</td><td>Xenophobie</td><td>»Nahsolidarisch« (Eigene:Fremde)</td></tr>
<tr><td>Relationalismus</td><td>Partikularismus (sukzessiv)</td><td>Kontextueller Wertrelativismus</td><td>Soziophilie</td><td>»nahsolidarisch« (jeweils aktuelle Bezugsgruppe)</td></tr>
</table>

Die oben vorgelegte Typologie der Formen des postmodernen Selbst erlaubt es, eine differenziertere Antwort auf die Frage nach der Zukunft von Gemeinschaft und Solidarität zu versuchen. Die unterschiedlichen Typen des postmodernen Selbst unterscheiden sich nämlich in mindestens drei für die Fähigkeit zur Integration in Solidargemeinschaften wichtigen Dimensionen:

1. Radius der sozialen Identifikation: Autismus: »Asolidarität« – Partikularismus: »Mikro/Mesosolidarität« – Universalismus: »Makrosolidarität« (zur Unterscheidung von »Mikro-, Meso- und Makrosolidarität« vgl. Zulehner/Denz u.a. 1997).
2. Zentrum der moralischen Orientierung: Amoralität – die jeweilige Bezugsgruppe: »kontextueller Wertrelativismus« – als fraglos gültig gesetzte Nor-

men: »konventionelle« Heteronomie – Prinzip der diskursiven Begründungsbedürftigkeit von Normen: »postkonventionelle« Autonomie (vgl. Kohlberg 1969 bzw. Gilligan/Murphy 1980).

3. Affektive Sozialbeziehung: affektive Indifferenz – libidinöse Fixierung auf die Eigengruppe und aggressiver Fremdenhaß: Xenophobie – affektive Besetzung der jeweiligen Bezugsgruppe: Soziophilie – affektive Besetzung aller menschlicher Wesen: Anthropophilie.

Versucht man nun, die verschiedenen Typen und Varianten des Postmodernen Selbst im Rahmen dieser Dimensionen einzustufen, ergibt sich das Bild gemäß Übersicht 3.

- Beschreibungen des »*Narzistischen Selbst*« (Kohut, Lasch) legen dessen Einstufung als quasi autistisch, amoralisch und sozioemotional indifferent nahe. Damit erscheint es als *prinzipiell unfähig zur Integration in eine Solidargemeinschaft.* Ich vermute, daß dieser Typus besonders häufig in »egozentrischen« Subkulturen von den Yuppies bis zur Drogenszene zu finden ist.
- Beschreibungen des »*Fundamentalistischen Selbst*« (vgl. Lifton, Hewitt) legen dessen Einstufung als identifiziert mit partikularen Gruppen, konventionell-»wertabsolutistisch« und xenophob nahe. Seine *Solidaridarfähigkeit beschränkt sich daher auf die Eigengruppe (»Nahsolidarität«,* Zulehner/Denz u.a. 1997) – *in Verbindung mit einer ausgeprägten Feindseligkeit gegenüber Fremdgruppen.* Die Annahme liegt nahe, daß diese Gruppe die primäre Trägerschicht der Hooligans, des aggressiven und gewaltbereiten Neonationalismus (Heitmeyer 1994) sowie des fundamentalistischen »Kampfs der Kulturen« (Huntington 1996) – von den aktionistischen Abtreibungsgegner/innen bis zum religiös motivierten Terror – bildet.
- Beschreibungen des »*Relationalen Selbst*« (vgl. Gergen) rechtfertigen dessen Einstufung als lediglich flüchtig mit wechselnden partikularen Gruppen identifiziert, kontextuell wertrelativistisch und gefühlsmäßig nur lose mit den jeweils aktuellen Bezugsgruppen verbunden. Dementsprechend scheint es auch nur *zur selektiven und temporären »Nah-Solidarität«* (vgl. Zulehner/Denz u.a. 1997) *mit der jeweils aktuellen Bezugsgruppe fähig.*
  Dieser Gruppe dürfte der Großteil derer zuzurechnen sein, die halt- und ziellos durch die instabile Arbeitswelt des »flexiblen Kapitalismus« (Sennett 1998) und die flüchtigen und unverbindlichen Milieus der »Erlebnisgesellschaft« (Schulze 1992) driften.
- Beschreibungen des »*Identitären Selbst*« (vgl. z.B. Habermas oder Lifton) erlauben dessen Einstufung als »universalistisch« mit allen kommunikativ handlungsfähigen Menschen identifiziert, moralisch »postkonventionell-

autonom« urteilsfähig und gefühlsmäßig der Gemeinschaft aller menschlichen Wesen verbunden. Dementsprechend erscheint dieses und nur dieses zur »Fernsolidarität« (vgl. Zulehner, Denz u.a. 1997) auf der Ebene der Weltgesellschaft fähig.
Es dürften vor allem die Angehörigen dieser Gruppe sein, die unermüdlich an den Fäden der in einer »postmodernisierten« Lebenswelt nicht länger vorgegebenen sozialen Netzwerke und kulturellen Deutungsmuster basteln (Rerrich 1994; Hitzler 1997), die »autonomen Öffentlichkeiten« (Habermas 1985) der »Neuen Sozialen Bewegungen« schaffen und – wenn es darauf ankommt – sich zum Schutz des Schwachen und Verletzlichen entschlossen zu »Lichter-« und »Menschenketten« zusammenschließen.

Die Postmodernisierung des Selbst schafft also in der Tat desintegrative Potentiale der sozialen Indifferenz, Ausgrenzung und Fragmentierung; sie bringt aber auch das integrative Potential eines neuartigen » … moralische(n) Individualismus, beruhend auf universeller Achtung und Respekt« (Junge/Krettenauer 1998: 48) und einer neuen, die »ständisch« beschränkte Familien- und Arbeitersolidarität überschreitenden, universellen »Alltagssolidarität« (Zoll 1993) hervor – ein Potential, das gegenläufig zur desintegrativen Tendenz der sozialen Indifferenz, Ausgrenzung und Fragmentierung am »emanzipatorischen« Projekt der »Einbeziehung des Anderen« (Habermas 1996) und der Anpassung von Struktur und Entwicklungsdynamik der Gesellschaft und ihrer Funktionssysteme an die psychische Fassungskraft der Individuen festhält.

3. Konsequenzen für die Identitätstheorie

Die postmoderne Gesellschaft mit ihrer radikalen Pluralität und Dynamik der Veränderung scheint Varianten des Selbst zu produzieren, die mit Meads klassischer Konzeption von Ich-Identität nur bedingt oder überhaupt nicht in Einklang zu bringen sind:

- die Variante des »narzistischen Rückzugs« löst die identitätstheoretisch geforderte Balance zwischen I und Me einseitig zugunsten des I-Pols auf;
- die Variante des opportunistischen, »relationalen« Selbst löst dagegen die Balance zwischen I und Me einseitig zugunsten des Me-Pols auf und läuft zudem auf eine Preisgabe des Anspruchs auf Identität i.S. biographischer Kontinuität hinaus;

- die pathologische Variante des »multiplen Selbst« beruht auf einem Verlust von Identität i.S. eines Unterschreitens des anthroplogischen Minimums biographischer Konsistenz;
- die Variante des »sektiererischen Fundamentalismus« beruht auf einer beschränkten, »partikularistischen« Me-Identifikation;
- aber auch die Variante der postmodernen, »proteanischen« Identität kann ihre innere Konsistenz und Kontinuität nur in einer gebrochenen, »negativen« Weise behaupten.

Diese Herausforderung für die Identitätstheorie kann theoriestrategisch in unterschiedlicher Weise angenommen werden: Postmodernisten wie Gergen (1991) erklären, daß das Konzept der »Ich-Identität« nach dem Übergang von der »Moderne« zur »Postmoderne« historisch im Ganzen überholt sei und durch das Konzept der »Differenz« abgelöst werden müsse; zugleich erklären (Post-)Strukturalisten wie Foucault (1977, 1981) die Idee des Subjekts zu einem bloßen Epiphänomen autonomer »Diskurse« oder »Macht-Dispositive«. Damit wird aber vom Ansatz her ein Sonderfall, in dem das Subjekt durch die soziale Umwelt überwältigt und der Ausdrucksmöglichkeit seiner Individualität beraubt wird, zum Normalfall erklärt. Angesichts der psychischen und sozialen Kosten wie existenzielle Unsicherheit und Ohnmachtserfahrung, individuelle Isolation und Abnahme der sozialen Kohäsion in einer »Kultur des Narzismus« oder gewaltsame Konflikte zwischen fundamentalistischen Subkulturen (vgl. Lasch 1985; Lifton 1993 und Glass 1993) erscheinen beide Positionen inadäquat.

Auch das subjektivistische Konzept einer sich strikt »autopoietisch« reproduzierenden Persönlichkeit oder Identität (Luhmann 1984; Wenzel 1995) bietet hier keine befriedigende Alternative: indem es die Reproduktion von Identität von vorne herein als einen strikt intraindividuellen und selbstreferentiellen Prozeß konzipiert, erhebt es seinerseits a limine einen pathologischen Grenzfall – nämlich die vollständige Abspaltung individueller privater Bedeutung von der sozial »signifikanten«, öffentlichen Bedeutung durch »Desymbolisierung« (Lorenzer 1973) – zum Normalfall.

Beide Positionen sind kategorial unfähig, jenes Zwischenreich jenseits von Sozialstruktur und Persönlichkeit zu erkennen, in dem die Konstitution und der Transfer von Bedeutung erfolgt und Gesellschaft und Individuum (re-) produziert und miteinander verschränkt werden: die Ebene der Intersubjektivität der symbolisch vermittelten Interaktion. Auf dieser Ebene machen Subjekte aktiven Gebrauch von der Alltagssprache und ihrem »signifikanten Symbolismus« – als Medium für *intra*personale Reflexion ebenso wie für *inter*personale

Verständigung, für individuelle Identitätsbildung ebenso wie für Koordinierung sozialen Handelns (Habermas 1981).

Es scheint daher angemessen, der Analyse des Problems des Selbst auch weiterhin den intersubjektivitätstheoretischen, sowohl »allopoietische« (»Me«) wie »autopoietische« Aspekte (»I«) der Identitätsbildung berücksichtigenden symbolisch-interaktionistischen Ansatz zugrundezulegen, zumal es nur dieser Ansatz erlaubt, Tendenzen der Verselbständigung der beiden polaren Identitätskomponenten als pathologische Grenzfälle zu identifizieren.

Um der »condition postmoderne« sozialpsychologisch gerecht zu werden, muß man freilich zentrale Begriffe der symbolisch-interaktionistischen Identitätstheorie – »Identität«, »universaler Diskurs« und »Verallgemeinerte/r Andere/r« – einer Revision unterziehen:

- »Identität«: hier ist anzuerkennen, daß »radikale Differenz« – anders als es das (noch bei Mead ebenso wie bei Habermas durchscheinende) Hegel'sche »Versöhnungspathos« suggeriert – nicht restlos ohne Zwang in eine homogene Einheit integriert werden kann (Lyotard 1987). Der Begriff »Identität« hat daher der Unmöglichkeit einer bruchlosen Einheit und der Unvermeidbarkeit und Irreduzibilität von Differenz Rechnung zu tragen.
- »universaler Diskurs«: die Diskurstheorie hat zu berücksichtigen, daß Kommensurabilität, Übersetzbarkeit und Chancen auf einen »Ergebniskonsensus« nur innerhalb desselben und nicht zwischen verschiedenen »Diskursarten« bestehen (Lyotard 1987; Wellmer 1985); die Idee des »universalen Diskurses« hat daher den Grenzen der Verständigung und dem Eigensinn differenter »Diskursarten« Rechnung zu tragen; dementsprechend muß die Idee der »Verständigung« auch die Möglichkeit eines »agree to disagree« einschließen;
- »verallgemeinerte/r Andere/r«: Dieser Begriff darf nicht, wie neuerdings im »Kommunitarismus«, substantiell – als konkrete »Wertegemeinschaft« – gefaßt werden, sondern ist strikt formal anzusetzen – als Inbegriff möglicher Kommunikationsteilnehmer mit allgemeinen und gleichen Rechten und Pflichten der Kommunikation, einschließlich des »Rechts auf Differenz« und der Pflicht, auch »radikal differente« Beiträge anderer zu akzeptieren.

Diese Revisionen korrespondieren mit der philosophischen Konzeption einer »transversalen Vernunft« (Welsch 1996), die darauf abzielt, zwischen modernen »Identitätstheorien« und postmodernen »Differenztheorien« zu vermitteln. Transversale Vernunft beschreitet den »dialektischen« Weg der Entfaltung der Differenzen und Gemeinsamkeiten heterogener Diskurse und

Rationalitäten, und nicht den logischen Weg ihrer Reduktion oder Subsumption. Aber im Gegensatz zur Dialektik im Hegel'schen Sinne entwickelt sich diese Dialektik in Form von Transformationen und Übergängen, die weder vollständig einer rationalen Struktur integriert werden können, noch auf einen Endzustand der Entspannung zulaufen.

Wie oben ausgeführt, kann Identität unter postmodernen sozialen Bedingungen nur erhalten werden, wenn sie in diesem Modus der transversalen Vernunft operiert. Als Bezeichnung einer postmoderne Identität, die über diese Fähigkeit verfügt, bietet sich daher – in Anlehnung an Welsch – der Terminus »transversale Identität« an.

Literatur

Beck, Ulrich (1986), Risikogesellschaft. Auf dem Weg in eine andere Moderne. Frankfurt/M.

Beck, Ulrich/Sopp, Peter (1997), Individualisierung und Integration. Neue konfliktlinien und neuer Integrationsmodus? Opladen.

Berger, Peter A. (1995), Mobilität, Verlaufsvielfalt und Individualisierung, in: Peter A. Berger/Peter Sopp (Hrsg.): Sozialstruktur und Lebenslauf. Opladen: 65-84.

Bourdieu, Pierre (1983), Ökonomisches Kapital, kulturelles Kapital, soziales Kapital, in: Reinhard Kreckel (Hrsg.): Soziale Ungleichheit. Soziale Welt: Sonderband 2. Göttingen: 183-198.

Döbert, Rainer/Nunner-Winkler, Gertraud (1975), Adoleszenzkrise und Identitätsbildung. Frankfurt/M.

Eickelpasch, Rolf (1997), Postmoderne Gesellschaft, in: Georg Kneer/Armin Nassehi/Markus Schroer (Hrsg.): Soziologische Gesellschaftsbegriffe. Konzepte moderner Zeitdiagnose. München: 11-31.

Erikson, Erik H. (1963), Childhood and Society. New York.

Esser, Hartmut (1993), Soziologie. Allgemeine Grundlagen. Frankfurt/New York.

Foucault, Michel (1977), Überwachen und Strafen. Die Geburt des Gefängnisses. Frankfurt/M.

Foucault, Michel (1981), Archäologie des Wissens. Frankfurt/M.

Gehlen, Arnold (1955), Der Mensch. Seine Natur und seine Stellung in der Welt. Bonn.

Gergen, Kenneth J. (1991), The Saturated Self. Dilemmas of Identity in Contemporary Life. New York.

Giddens, Anthony (1991), Modernity and Self-Identity. Self and Society in the Late Modern Age. Stanford.

Gilligan, C./Murphy, J. M. (1980), Moral Developement in Late Adolescence and Adulthood: a Critique and Reconstruction of Kohlberg's Theory, in: Human Developement: 159ff.

Glass, James M. (1993), Shattered Selves. Multiple Personality in a Postmodern World. Ithaca.

Habermas, Jürgen (1973), Der Spätkapitalismus. Frankfurt/M.

Habermas, Jürgen (1979), Moralische Entwicklung und Ich-Identität, in: Jürgen Habermas: Zur Rekonstruktion des Historischen Materialismus. Frankfurt/M.: 63-91.

Habermas, Jürgen (1981), Theorie kommunikativen Handelns. Band 2: Zur Kritik der funktionalistischen Vernunft. Frankfurt/M.

Habermas, Jürgen (1985), Die Krise des Wohlfahrtsstaates und die Erschöpfung utopischer Energien, in: Jürgen Habermas: Die Neue Unübersichtlichkeit. Kleine Politische Schriften V. Frankfurt/M.: 141-163.

Habermas, Jürgen (1996), Die Einbeziehung des Anderen. Studien zur politischen Theorie. Frankfurt/M.

Hage, Charles/Powers, Charles H. (1992), Post-Industrial Lifes. Roles and Relationships in the 21st Century. Newbury Park.

Haller, Max (1989), Klassenstrukturen und Mobilität in fortgeschrittenen Gesellschaften. Eine vergleichende Analyse der Bundesrepublik Deutschland, Österreichs, Frankreichs und der Vereinigten Staaten von Amerika. Frankfurt/New York.

Heitmeyer, Wilhelm (1994), Ensicherung. Desintegrationsprozesse und Gewalt, in: Ulrich Beck/Elisabeth Beck-Gernsheim (Hrsg.): Riskante Freiheiten. Frankfurt/M.: 376-401.

Hewitt, John P. (1989), Dilemmas of the American Self. Philadelphia.

Hirsch, Joachim/Roth, Roland (1986), Das neue Gesicht des Kapitalismus. Vom Fordismus zum Postfordismus. Hamburg.

Hitzler, Ronald (1997), »Der Vorhang im Tempel zerreißt … «. Orientierungsprobleme im Übergang zu einer ›anderen‹ Moderne, in: Ulrich Beck/Peter Sopp: Individualisierung und Integration. Neue Konfliktlinien und neuer Integrationsmodus? Opladen: 49-64.

Hitzler, Ronald/Honer, Anne (1994), Bastelexistenz. Über subjektive Konsequenzen der Individualisierung, in: Ulrich Beck/Elisabeth Beck-Gernsheim: Riskante Freiheiten. Frankfurt/M.: 307-315.

Horn, Klaus (1973), Gruppendynamik und der »subjektive Faktor«. Repressive Entsublimierung oder politisierende Praxis? Frankfurt/M.

Huntington, Samuel P. (1996), Kampf der Kulturen. The Clash of Civilisations. Die Neugestaltung der Weltpolitik im 21. Jahrhundert. München/Wien.

Inglehart, Ronald (1977), The Silent Revolution. Changing Values und Political Styles in Western Publics. Princeton/New Jersey.

Junger, Mathias/Krettenauer, Tobias (1998), Individualisierung, moralische Sozialisation in der Familie und die Moralökologie moderner Gesellschaften, in: Berliner Journal für Soziologie 1/98: 39-51.

Kern, Horst/Schumann, Michael (1984), Das Ende der Arbeitsteilung? Rationalisierung in der industriellen Produktion. München.

Klages, Helmut (1984), Wertorientierungen im Wandel. Rückblick, Gegenwartsanalyse, Prognose. Frankfurt/New York.

Kohlberg, Lawrence (1969), Stages in the Developement of Moral Thought and Action. New York.

Kohli, Martin (1986), Gesellschaftszeit und Lebenszeit. Der Lebenslauf im Strukturwandel der Moderne, in: Johannes Berger (Hrsg.): Die Moderne – Kontinuität und Zäsuren. Soziale Welt/Sonderband 4. Göttingen: 183-208.

Kohli, Martin (1994), Institutionalisierung und Individualisierung der Erwerbsbiographie, in: Ulrich Beck/Elisabeth Beck-Gernsheim (Hrsg.): Riskante Freiheiten. Frankfurt/M.: 219-244.

Kohut, Heinz (1976), Narzismus, Eine Theorie der psychoanalytischen Behandlung narzistischer Persönlichkeitsstörungen. Frankfurt/M.

Krappmann, Lothar (1969), Soziologische Dimensionen der Identität. Stuttgart.

Lasch, Christopher (1985), The Minimal Self. London.

Lash, Scott/Urry, John (1987), The End of Organized Capitalism. Oxford.

Lempp, Reinhard (1996), Die autistische Gesellschaft. Geht die Verantwortlichkeit für andere verloren? München.

Lifton, Robert J. (1993), The Protean Self. Human Resilience in an Age of Fragmentation. New York.

Lorenzer, Alfred (1973), Sprachzerstörung und Rekonstruktion, Frankfurt/M.

Lüscher, Kurt/Schultheis, Franz/Werspaun, Michael (1988) (Hrsg.), Die »Postmoderne« Familie. Familiale Strategien und Familienpolitik in einer Übergangszeit. Konstanz.

Luhmann, Niklas (1984), Soziale Systeme. Grundriß einer allgemeinen Theorie. Frankfurt/M.

Lyotard, Jean-François (1986), Das postmoderne Wissen: Ein Bericht. Graz/Wien.

Lyotard, Jean-François (1987), Der Widerstreit. München.

Mead, George Herbert (1968), Geist, Identität und Gesellschaft. Frankfurt/M.

Piore, M.J./Sabel, Ch. (1985), Das Ende der Massenproduktion. Studie über die Requalifizierung der Arbeit und die Rückkehr der Ökonomie in die Gesellschaft. Berlin.

Preglau, Max (1998), »Postmodernisierung« des Selbst? Versuch einer theoretischen und empirischen Annäherung, in: Max Preglau/Rudolf Richter (Hrsg.): Postmodernes Österreich? Konturen des Wandels in Wirtschaft, Gesellschaft, Politik und Kultur. Wien: 353-371.

Preglau, Max (1988a), Einleitung: Zum Leitbegriff »Postmoderne« , in: Max Preglau/ Rudoolf Richter (Hrsg.): Postmodernes Österreich? Konturen des Wandels in Wirtschaft, Gesellschaft, Politik und Kultur. Wien: 13-21.

Rerrich, Maria S. (1994), Zusammenfügen, was auseinanderstrebt: Zur familialen Lebensführung von Berufstätigen, in: Ulrich Beck/Elisabeth Beck-Gernsheim: Riskante Freiheiten. Frankfurt/M.: 201-218.

Schulze, Gerhard (1992), Die Erlebnisgesellschaft. Kultursoziologie der Gegenwart. Frankfurt/New York.

Sennett, Richard (1998), Der flexible Mensch. Die Kultur des neuen Kapitalismus. Berlin.

Wellmer, Albrecht (1985): Zur Dialektik von Moderne und Postmoderne. Vernunftkritik nach Adorno. Frankfurt/M.

Welsch, Wolfgang (1988): Unsere postmoderne Moderne. Weinheim.

Welsch, Wolfgang (1996), Vernunft. Die zeitgenössische Vernunftkritik und das Konzept der transversalen Vernunft. Frankfurt/M.

Wenzel, Harald (1995), Gibt es ein postmodernes Selbst? Neue Theorien und Diagnosen der Identität in fortgeschrittenen Gesellschaften, in: Berliner Journal für Soziologie 1/95: 113-131.

Zoll, Rainer (1993), Alltagssolidarität und Individualismus. Zum soziokulturellen Wandel. Frankfurt/M.

Zulehner, Paul M./Denz, Hermann (1993), Wie Europa lebt und glaubt. Europäische Wertestudie. Wien.

Zulehner, Paul M./Denz, Hermann/Pelinka, Anton/Talos, Emmerich (1996), Solidarität. Option für die Modernisierungsverlierer. Innsbruck/Wien.

Plenum IV
Naturgrenzen, Sozialgrenzen, Sinngrenzen

Einleitung

Wolfgang Eßbach, Eckart Pankoke und Benno Werlen

Der soziologische Begriff der »Grenze« verweist auf die soziale Konstruktion der Setzung und Durchsetzung gesellschaftlicher Unterschiede und Unterscheidungen, Fronten und Schwellen. Dabei werden selbst Naturschranken (wie Generation, Geschlecht, Gesundheit) bewußt zu Setzungen sozialer Erwartung und gesellschaftlicher Bewertung. Auch die territorialen Grenzen sozialer und politischer Räume verlieren ihren Schein der Naturwüchsigkeit und werden bewußt als das Resultat geschichtlicher Prozesse der Landnahme und Machtbildung. Neben der soziologischen Aufklärung der im Alltag unterstellten »Natürlichkeit« vorgegebener Grenzen von Räumen und Zeiten, richtet sich Soziologie insbesondere auf die »Künstlichkeit« der Grenzen und Schwellen sozialer Räume, funktionaler Zonen und kultureller Felder.

Die gesellschaftliche Setzung und Durchsetzung sozialer, funktionaler oder auch kultureller Grenzen war Gegenstand dieses interdisziplinären Forums von Kultursoziologen und Kulturanthropologen, Sozialpolitikern und Sozialgeographen. Im Mittelpunkt standen Fragen der Konstruktion gesellschaftlicher Wirklichkeiten über systembildende Abgrenzungen zu ihren »Umwelten«. So erscheinen auch die Koordinaten von Raum und Zeit in soziologischer Beobachtung als Wirkung gesellschaftlicher Grenzsetzung und Grenzkontrolle. Akteurstheoretisch interessierten dazu die Rollen von »Grenzgängern« zwischen den Kulturen und Systemen. Auch Organisationen konstruieren und modifizieren ihre Grenzen über unterschiedliche Strategien. Gesellschaftstheoretisch zu reflektieren ist der Wandel von Sozialgrenzen und Sinnhorizonten in ihrer Auswirkung auf gesellschaftliche Prozesse der Inklusion und Exklusion, Interdependenz und Interferenz.

Die Diskussion wurde eröffnet durch die problem- und begriffsgeschichtliche Rekonstruktion des Berliner Geographen Hans Dietrich Schulz über »›Natürliche Grenze‹ als politisches Programm«. Bei der Erörterung der »objektiven« oder »subjektiven« Faktoren der Konstruktion nationaler Identität und Integration wurde deutlich, wie mit der »Erfindung« der eigenen Nation immer die »Erfindung« von Gegen-Nationen parallel läuft. Dies spiegelt sich wissenschaftsgeschichtlich in der Entwicklung moderner Geographie wieder, die in der deutschen, aber auch in anderen Nationalbewegungen, zeitweise eine beträchtliche Rolle gespielt hat und dies auf doppelte Weise: zum einen bezüglich der Abgrenzung der Nationen nach außen, zum anderen hinsichtlich ihrer Homogenisierung im Inneren. Dieses ursprünglich statische Konzept ließ sich durchaus geopolitisch dynamisieren, um Expansionen als »natürlich« zu rechtfertigen. Auch die Ethnisierungswelle der 20er Jahre dieses Jahrhunderts ließ sich über das Land-Paradigma programmieren: Nun schrieb die innere Natur (die Natur der Völker) der äußeren Natur (dem Land) die Grenzen des nationalen Lebens vor. Damit erscheinen auch die in ihrer »Natürlichkeit« vorgegebenen Raumgrenzen als »Sinngrenzen«.

Diese Thesen einer handlungstheoretisch fundierten Geographie wurden gestützt durch den Beitrag des russischen Soziologen Alexander Filipow (Moskau) »Der Raum der Systeme und die großen Reiche. Vieldeutigkeit des Raums in der Soziologie«. In seinem Referat arbeitete Filipow entlang der geopolitischen Dynamik imperialer Raumbildung die Geschichtlichkeit politischer Grenzen und Identitäten heraus.

Die Sinnkonstitution sozialer und politischer Raumbildung erörterte Susanne Lüdemann (Berlin) im Bezug auf die ästhetische Konstitution sozialer Grenzen. In ihrem Referat »Prekäre Räume. Zur Konstitution politischer und ästhetischer Grenzen« wurden dazu Impulse kultur- und kunsttheoretischer Reflexion wie die von Simmel und Benjamin aufgegriffen.

Kay Junge präsentierte in seinem Referat »Staatlichkeit und Territorialität – Soziologische Überlegungen zum Verhältnis von Ordnung und Ortung« die systemtheoretisch fundierte Rekonstruktion sozialer Systeme über Grenzen der Erwartbarkeit sozialer Handlungen. Besondere Aufmerksamkeit richtete er dabei auf die Konstitution staatlicher Räume und Grenzen durch die konditionale Programmierung von positiven wie negativen Sanktionen, wobei sich staatliche Ordnung wesentlich über die konditionale Bindung negativer Sanktionspotentiale ergibt. Gegenüber dieser durch soziale Überwachung flächendeckend definierten Territorialität staatlicher Machtbildung erscheinen dann die durch positive Sanktionen definierten sozialen Räume eher punktuell bzw. netzwerkartig wirksam.

Auf gesellschaftstheoretische Rahmung einer Soziologie der Grenze setzte auch Michael Makropoulos mit seinem Referat »Grenze und Horizont. Zwei soziale Abschlußparadigmen«. Während Grenzen auf soziale Schließung zielen, eröffnen Horizonte neue Möglichkeitsbereiche. Danach erscheint das Auseinandertreten von Grenze und Horizont in der europäischen Neuzeit als die Voraussetzung jenes konstruktivistischen Selbst- und Weltverhältnisses der Moderne, das sich sozial als Gestaltbarkeit der Gesellschaft, technisch als Beherrschung der Natur und ästhetisch als Autonomisierung der Kunst manifestiert. Grenzüberschreitung als eine Grundfigur sozialen Wandels tritt in der Folge hinter die Horizontverschiebung zurück, die nicht die eine Wirklichkeit gegen die andere ausspielt, sondern jede Wirklichkeit um ihrer Verbesserung willen in Frage stellt und kontingent setzt. Die in den teils progressiven, teils subversiven Entwürfen sozialen Fortschritts und gesellschaftlicher Transgression konstruierten Perspektiven geschichtlicher Bewegung verlieren sich heute allerdings in den Komplexitäten und Turbulenzen der späten Moderne.

Wie sich heute in einer »Revolutionierung aller Kommunikationsverhältnisse« die Koordinaten verschieben, diskutierte Lutz Ellrich (Freiburg) in seinem Referat »Zwischen ›wirklicher‹ und virtueller Realität. Zur kulturellen bzw. sozialen Relevanz technisch erzeugter ›Kunst‹-Welten«. Dies bezog sich auf die über neue elektronische und telematische Medien sich öffnenden neuen Horizonte und Grenzen künstlicher Wirklichkeit.

Helmut Wiesenthal (Berlin) stellte in seinen Thesen zu »Globalisierung und Wandel sozio-ökonomischer Beziehungsräume« die Frage nach den Wechselwirkungen zwischen Globalisierungen der internationalen Verkehrsverhältnisse und aktuellen Entwicklungen »lokaler« Handlungsbedingungen und Sinnhorizonte. Sein Hinweis auf die »Globalisierung des Lokalen« bezog sich auf eine neuartige Linie der sozialen Differenzierung: In sich verschärfenden Spannungen zwischen erhöhtem Innovationstempo einerseits und soziokulturellen Beharrungstendenzen andererseits ist mit der Ausbildung unterschiedlicher »Technokulturen« zu rechnen, die im unterschiedlichen Zugang zu ökonomischen Wachstumsgewinnen neue soziale Grenzen programmieren.

»Natürliche Grenzen« als politisches Programm

Hans-Dietrich Schultz

1. Die Fragestellung

Was haben »natürliche Grenzen« mit Politik, genauer einer Politik des *Nationalismus,* zu tun? Nichts, müßte die Antwort lauten, wenn man sich an Ernest Gellner hält, für den Nationalismus »eine Theorie der politischen Legitimität« (Gellner 1991: 8) ist, die vorschreibt, daß sich die ethnischen Grenzen und die politischen decken sollten. »Natürliche Grenzen«, die durch konkrete Naturobjekte gebildet werden, spielen dagegen bei Gellner (wie auch anderen Autoren) keine Rolle.

Anders sieht die Sache dagegen noch zu Beginn des 20. Jh.s aus. Zwar hatte schon Simmel in seiner »Soziologie« darauf verwiesen, daß die Grenze keine »räumliche Tatsache mit soziologischen Wirkungen« sei, »sondern eine soziologische Tatsache, die sich räumlich formt« (Simmel 1908: 623), doch hielt dies Hartmann auf dem zweiten deutschen Soziologentag in Berlin, 1912, nicht davon ab, die Ausdehnung der Nationen im wesentlichen auf die prozeßsteuernde Wirkung natürlicher Faktoren zurückzuführen. So hätten die Sprachgrenzen trotz wiederholten Hin-und-Herschwankens in der Geschichte »immer wieder zum [natürlichen] Ruhepunkte, zur Gleichgewichtslinie« zurückgefunden. Heute sei in Europa (im Gegensatz zu den Kolonialgebieten) allerdings »die Raumerfüllung« durch die Nationen »bis zur natürlichen Grenze« (Hartmann 1912/1969: 86-87) abgeschlossen. Waren Nationen also nicht nur *Sprach-*, sondern auch *Raum*gemeinschaften: eine Anpassungserscheinung an die Unterschiede der Erdoberfläche?

Hartmanns Quelle für diese Auffassung war der österreichische Kulturgeograph Erwin Hanslik. Hanslik stand mit seiner Annahme, daß der Kulturprozeß ein *Naturvorgang,* genauer ein Herausarbeiten von naturgegebenen Leitlinien sei (Hanslik 1911: 117), jedoch nicht allein, vielmehr gehörte diese Idee zum *theoretischen Kern* der klassischen Geographie und hielt sich trotz aller Kritik randständig auch in anderen Disziplinen. Über diesen vernachlässigten Traditionsstrang bei der Rekonstruktion der Geschichte des Nationalismus will ich im folgenden in Grundzügen referieren.

2. »Natürliche Grenzen«

Man nehme, empfahl Mercier im August 1793, eine physische Karte zur Hand, werfe einen aufmerksamen Blick auf die Konfigurationen der Erdoberfläche und werde sofort erkennen, daß mit den Bergen, Flüssen und Strömen die »bonne nature« *unbestreitbare* Barrieren und Wächter gesetzt habe, die den menschlichen Gemeinschaften Dauerhaftigkeit und Frieden garantierten. Solange diese ewigen Gesetze der Erde verletzt seien, solange werde es immer wieder, selbst über Jahrhunderte hinweg, zu Gegenreaktionen kommen, bis die benachbarten Staaten endlich die Gestalt angenommen hätten, »que leur a précrit la nature.« Frankreich z.B. brauche nur noch Savoyen und den Rhein, um seine von der Geographie vorgeschriebene ideale Gestalt zu erreichen (Mercier 1793: 544, 550, 555).

Die Doppelfunktion des *Naturrechtes*, mit dem *fordernd* wie *bewahrend* argumentiert werden kann, kommt hier anschaulich zum Ausdruck: Die verlangte Korrektur der aktuellen Grenzverhältnisse im Namen der Natur wird mit dem Versprechen einer dauerhaften Ordnung für die Zukunft gekoppelt. Solches erdpolitische Denken war jedoch nicht neu, sondern lag in Wiederbelebung antiker Vorbilder (z.B. Strabo) seit längerem philosophisch und geographisch im Trend. Auch hatte sich bereits das Ancien Régime wiederholt der »natürlichen Grenzen« bedient, so daß die französischen Revolutionäre zur Rechtfertigung ihrer Expansionspolitik nicht nur an eine bereits kulturell verankerte Denkfigur anknüpfen konnten, sondern lediglich zu vollenden *schienen*, was andere begonnen hatten.

Trotz der einseitigen Instrumentalisierung der Natur der Erde zugunsten Frankreichs konnte die Idee der »natürlichen Grenzen« jedoch auch in Deutschland dauerhaft Fuß fassen. Hier erlebte sie, seit dem letzten Drittel des 18. Jh.s im Aufwind, im Zusammenhang mit der Modediskussion um die Bedingungen der Möglichkeit eines »ewigen Friedens« um 1800 geradezu einen Boom. Nur favorisierte man (von den deutschen Jakobinern abgesehen) nicht das Strom-, sondern das *Wasserscheidenprinzip*, um die Rheinforderung der Franzosen abzuwehren.

Selbst prominente Vertreter der deutschen Nationalbewegung, wie Arndt und Jahn, waren an diesem Diskurs beteiligt. Es ist daher eindeutig falsch, die deutsche Dichter-und-Denker-Elite, wie gemeinhin üblich, allein auf das Kultur- und Sprachnationskonzept festzulegen. Zwar setzte Arndt, der ursprünglich der Geographie den Primat vor der Sprache gab, später entschieden auf die Sprache (ohne jedoch die konkrete Natur völlig zu ignorieren); Der berühmte »Turnvater« Jahn aber blieb bei den Wasserscheiden und hielt sie den Völkern wie ein Stoppschild entgegen: Bis hierher und nicht weiter! Hatten sie den *ordo sempiternus terrae* überschritten, sollten sie umkehren. Die Deutschen zum Beispiel erst bei Dünkirchen und Sandomir, Kopenhagen und Fiume, Memel und Genf (vgl. Schultz 1997a).

3. … und die »Klimatheorie«

Wichtig ist nun, daß mit dieser Theorie der »natürlichen Grenzen«, wie schon in der Antike, eine andere geographische Theorie fusionierte: die *Klimatheorie*. Sie besagte, daß das *Naturell* eines Volkes, sein Nationalcharakter, auf die *Natur seines Landes* zurückzuführen sei, wobei ihre Grundaussage rasch skizziert ist: Je exzessiver das Klima eines Landes, desto exzessiver die Völkernaturen; je gemäßigter und wechselhafter das Klima, desto gemäßigter und vielfältiger auch die Völker.

Vorgetragen wurde sie (variiert durch lokale und regionale Besonderheiten) als *Drei-Zonen-Lehre*, wobei die mittlere Zone, die gemäßigte, zugleich die privilegierte war. Hier lebten die ebenmäßigsten und vernünftigsten Menschen, die den Bewohnern der anderen Zonen auch in moralischer Hinsicht überlegen seien. Entsprechend gab es in Europa kaum ein Volk, dem nicht zumindest zeitweise seine Elite suggerierte, das wahre Volk der Mitte zu sein, das für den Rest der Welt einen missionarischen Auftrag erfüllte.

Die Klimatheorie, die im 17. Jh. zum ethnographisch-medizinischen Standardwissen gehörte und durch Montesquieus »Geist der Gesetze« (1748) im 18. Jh. eine regelrechte Blüte erlebte, geriet zwar schon bald durch die wachsende Überzeugung von der Autonomie des Subjektes unter Druck – der Mensch wurde nicht mehr primär als »Opfer«, sondern (schon bei Montesquieu angelegt) als *Antagonist* des Klimas angesehen –, doch war die Frage nach der Abhängigkeit des Menschen von der Natur damit nicht vom Tisch.

In Deutschland versuchte sich vor allem Herder ein Leben lang an einer Lösung. Zum einen operierte er in seinen »Ideen« (1784-1791) mit einem »Klima«-Begriff, der in seiner weitesten Fassung mit der gesamten äußeren Umwelt zusammenfiel und als »Chaos von Ursachen und Folgen« erschien. Dadurch verlor das »Klima« jede deterministische Strenge, es »zwang« nicht mehr, sondern »neigte« nur noch. Zugleich machte Herder den Menschen zum »Herrn der Erde«, der das »Klima« nach *seinem Willen* »sanft« verändern sollte (Herder Bd. XIII: 234, 269, 272-273, 288). Aus dem Zusammenspiel beider erwuchsen für ihn die Nationen als in der *Zeit* geglückte Synthesen von äußerem *Ort* und innerem Charakter der Völker, wobei er den Prozeß ihrer *Individualisierung* durch den Bau der Erde begünstigt sah (Herder Bd. XIV: 83, Bd. XIII: 38). Jedes Land hatte somit *sein* Volk, das zu diesem und keinem anderen Ort paßte, und jeder Kontinent die nur zu ihm passende »Varietät« des Menschengeschlechts. Weder der Territorialschacher des Absolutismus noch die Verschleppung der »Neger« in die Sklaverei war von der Herderschen Klimatheorie gedeckt (Herder Bd. XIII: 384-385, 236; vgl. Schultz 1998).

Diese Denktradition wurde jedoch keineswegs, wie noch von Maurer (1993: 78) angenommen wird, mit dem ausgehenden 18. Jh. obsolet; auch danach und bis in das 20. Jh. hinein stößt man in der wissenschaftlichen wie populären Literatur breit gestreut auf ihre Spuren, obwohl sich unverkennbar die kritischen Stimmen mehrten. Als Beleg sei hier nur der Volkswirt und Soziologe Werner Sombart angeführt, dem es 1911 in seiner Studie über »Die Juden und das Wirtschaftsleben« trotz eingestandener Beweisnöte dennoch höchst plausibel erschien, daß Wüstenvölker aufgrund ihrer Umwelt *abstrakt-rational* dächten; auch der jüdische Kapitalismus gehe auf die »unendliche [›todte‹] Wüste« und das Nomadenleben zurück, denn das Geld sei »ebenso aller Konkretheit bar wie das Land, aus dem die Juden kommen.« Dem Kontrast-Menschen des »Nordens«, der zwischen »Wasser, Wald und dampfender Scholle« lebe, bescheinigte Sombart dagegen eine *sinnlich-konkrete* Zugangsweise zu seiner Umwelt und die Vorstellung begrenzter Wirkungskreise (Sombart 1911: 421-426).

Später bekräftigte Sombart in seinem »Versuch einer geisteswissenschaftlichen Anthropologie«: »Vom Menschen« noch einmal seinen Glauben an »eine weitgehende Beeinflussung völkischer Eigenart durch geographische Umwelten«; der »Gesamtcharakter eines Landes« könne »insofern von Einfluß sein, als er durch seine Gleichförmigkeit das Volk gleichförmig oder durch seine Ungleichförmigkeit bunt, [mithin] durch seine Eigenart« eigengestalte: »die eintönigen Steppen Asiens oder Rußlands gegenüber der Mannigfaltigkeit der europäischen Länder! Die Buntheit und doch einzige Eigenart von Ländern wie Italien, Frankreich, Spanien und Portugal! Innerhalb eines Landes [wiederum] wirkt die Sonderart der einzelnen Landesteile sondernd und bestimmend auf die Ausbildung der Stammeseigentümlichkeiten: Ebene – Gebirge; Wald – Steppe!« (Sombart 1938: 408, 361).

Das Kapitel »Unsere Umwelt und wir«, das die Varianten der *Milieu-Theorie* seit Hippokrates und die Kritik an ihr referiert, endet allerdings überraschenderweise mit der Aussage, daß womöglich »überhaupt kein kausaler Zusammenhang zwischen Volkseigenart, Natureigenart und Kultureigenart« bestehe. Jedenfalls wisse man heute über die Zusammenhänge zwischen Mensch und Umwelt »kaum mehr als Bodin« gewußt habe, doch sei der Betrachter ja auch gar nicht immer auf die Feststellung kausaler Bezüge erpicht; und so könne er sich an dem »so wundervollen Gleichklang zwischen der umgebenden Natur, den herrschenden Völkern und der von ihnen geschaffenen objektiven Kultur«, wie man ihn vornehmlich in Europa finde, auch einfach erfreuen und ihn als »einen graziösen Zufall bewundern?« (Sombart 1938: 412-413).

4. Das geographische Land-Paradigma

Dieser Gleichklang war Thema einer neuen geographischen Denkrichtung, die sich im letzten Drittel des 18. Jh.s als *Länderkunde* zu formieren begann und schließlich nach einigem Hin und Her den meisten Geographen nach dem Ersten Weltkrieg als Kern und Krönung ihres Faches galt.

Begünstigt wurde ihre Karriere durch die Krise der traditionellen *Staatengeographie*, die mit den permanenten Veränderungen der politischen Landkarte Europas im Gefolge der Französischen Revolution nicht mehr mithalten konnte und ihre Handbücher durch allerlei Ad-hoc-Maßnahmen (z.B. der Einführung eines geographischen Normaljahres und ergänzenden Nachträgen) auf den aktuellsten Stand zu bringen versuchte. Demgegenüber war die *Länderkunde*, die bewußt an die naturale Tradition zur Erklärung der Weltgeschichte und des Völkerlebens anknüpfte, mit der Idee der »natürlichen Grenzen« unabhängig von solchen politischen Wechselfällen und verfügte mit dem *Land* auch über ein eigenes Objekt, das sie als selbständige Wissenschaft auswies. Mochte die Staatenkunde auch weiterhin das aktuellste Wissen über »*Land und Leute*«, das Machtpotential des Staates, vermitteln: Die neue länderkundliche Geographie, die hier idealtypisch vorgestellt wird, wollte mehr, sie wollte der *Vernunft der Natur* (respektive Gottes) auch in der *Staatenordnung* zum Durchbruch verhelfen. Nicht der Augenblick zählte, sondern die Ewigkeit. So gab sie nur scheinbar die Staaten aus der Hand, um sie über eine *normativ* aufgeladene Natur wieder an sich zu binden.

Das war das Besondere am geographischen Land-Begriff, daß er mehr als nur eine deskriptive Kategorie war: Mit dem Land bekam die Politik eine *im Sein selbst* verankerte Verbindlichkeit vorgeschrieben, die den *wahren* Staat wie ein Stück verlängerte *Natur* erscheinen ließ, weil das Land als der natürliche »Leib« (Anonymus 1848: 89) von Volk und Staat galt. *Sein* und *Sollen* wurden auf diese Weise im Land-Begriff miteinander verschmolzen und die *Länder*karte zu einer *Staaten*karte der Zukunft, einer politischen Utopie. Erst wenn ein Volk *sein* Land voll ausgefüllt hatte, konnte es die ihm von der Natur vorgeschriebene Rolle in der Weltgeschichte auch wirksam spielen. Dabei ging man analog zur Klimatheorie davon aus, daß der Charakter eines Landes sich in der Grundbefindlichkeit seiner Bewohner spiegele, die gleichsam zum Wahrzeichen ihres Landes würden.

Nun wußte man natürlich, daß die Völker nicht schon immer dort gesessen hatten, wo sie heute saßen. Um dennoch das jeweilige Volk mit *seinem* Land als wesensmäßig zusammengehörig auffassen zu können, unterstellte man »eine Art von Wahlverwandtschaft« (Anonymus 1833: 356) zwischen beiden, die derart funktionieren sollte, daß die wandernden Völker über ein geheimes Bewußtsein verfügten, das ihnen sagte, welches Land am besten zu ihnen paßte. Nicht von ungefähr bekam in der länderkundlichen Tradition des 19. Jh.s daher die *Geschichte* eine Schlüsselfunktion.

Durch sie kam der »Erdtypus« überhaupt erst »zum Bewußtsein«; sie war gleichsam der »Commentar der Erdbildung«, der den »Sinn« der an sich »stummen Erdräume« erschloß und als Anzeiger dafür fungierte, wie weit »die im Bauplan der Erde ausgedrückten göttlichen Ideen und Absichten« (Völter 1839: 57) mit dem *Endziel* der Natur bzw. der Vorsehung schon übereinstimmten.

Diese Vorstellung von einer *prästabilierten Harmonie*, auf die Sombart (1938: 412) immerhin noch als *metaphysischen* Ausweg aus allen kausalen Erklärungsnöten verwies, galt im 19. Jh. auch bei Vertretern anderer Disziplinen als durchaus tragfähiger Beitrag zur Klärung des Verhältnisses von Natur und Mensch. So befand, um nur ein Beispiel zu nennen, der berühmte Nationalökonom Wilhelm Roscher unter bestätigender Bezugnahme auf die Geographie, daß die Wanderungen der Völker ziemlich sicher durch »eine höhere Hand« gesteuert würden, »der wir unbedenklich zutrauen dürfen, daß sie jedes Volk in solche äußere[n] Umstände versetzt, wie sie der Entfaltung aller seiner Anlagen am günstigsten sind« (Roscher 1854: 54-55). Doch gab es von Anfang an und immer wieder in wie außerhalb der Geographie auch (z.T. massive) Kritik an den »natürlichen Grenzen«. Nur in der Frühphase der Staatenbildung, so eines der zentralen Gegenargumente, lägen die Grenzen in den

Naturverhältnissen begründet; mit den Fortschritten der Kultur aber gehe diese Verankerung mehr und mehr verloren.

Daß der »Text« der Erde, ihre »Hieroglyphenschrift«, von den Völkern fehlerhaft »gelesen« bzw. mißverstanden wurde, gestanden die Länderkundler jedoch ohne weiteres zu; das Gespür der Völker reiche eben allein nicht aus, um den »Plan der Natur« (= der Vorsehung) zu vollenden. Was man also brauchte, war ein wissenschaftliches System, das es der Politik erlaubte, diese Fehler zu korrigieren. Damit war die Geographie, die sich dafür anbot, von Anfang an auch ein *politisches Projekt*, eingebunden in den Prozeß der *Nationalstaatsbildung.* Während die ältere Staatenkunde den dynastischen Territorialstaat begleitete und die Grenzen von der Politik übernahm, wie sie kamen, beanspruchte die Länderkunde ganz im Gegenteil eine Art geographischen Imperativ, der der Politik die Grenzen *vorgab*, die diese vernünftigerweise nicht überschreiten sollte. Innerhalb dieser Grenzen formierten sich die »Leute« in Ausschöpfung der spezifischen Möglichkeiten ihres Landes zum Kollektivsubjekt »Volk«, das mit dem Land idealerweise eine einmalige Symbiose einging, bei der sich Natur und Mensch in einem harmonischen Gleichgewicht befanden.

Natürlich konnte der Geograph die Politik nicht dazu zwingen, sich an die von ihm ermittelte naturgemäße Staatenordnung (= Nationsbildung) zu halten, doch wußte er das Veto von »Allmutter Natur« (Maull 1910: 92) auf seiner Seite, die – wie früher die *unsichtbare Hand* Gottes – dafür sorgen würde, daß die naturwidrigen Werke der Menschen wieder verschwänden, um der *Logik der Erde* zu ihrem Recht zu verhelfen. Über das Ergebnis des Ersten Weltkriegs tröstete man sich daher mit der Überzeugung hinweg, daß die Willkür der Alliierten die im Boden liegenden Tendenzen nur vorübergehend ausschalten könne, und hielt der »ungeographischen« Versailler Friedensordnung entgegen: »Kein Volk kommt hoch, das seinen natürlichen Raum nicht erfüllen kann; aber auch kein Volk kann auf die Dauer über seinen ihm eigenen Raum hinauswachsen. Als ob die Natur sich selbst hülfe! (...) Das Volk macht sich den Raum zu eigen, aber auch der Raum schafft sich sein Volk« (Volz 1925: 174).

Daß im Verlaufe der Geschichte in ein und denselben Raum meist die verschiedenartigsten Völker einströmten und sich vermischten, wurde nicht als Widerspruch zum Deckungsprinzip der Länderkunde empfunden; denn auch solche »Volksmischungen« mußten aus geographischer Sicht, wenn sie von Dauer sein sollten, »physisch zu den örtlichen Naturverhältnissen« (Friedrich 1914: 251) passen. Hinzu kam die Überzeugung, daß vor allem das Land mit seinen *objektiven* Erfordernissen und »Bedürfnissen« die anfänglichen Gegensätze mit der Zeit abschleifen würde. Nicht der *Wille* der Menschen zum Zusammengehen war aus Kirchhoffs Sicht entscheidend für die Entwicklung der nationalen Einheitsform, sondern die »gleiche Grundlage der [materiellen] Bodenmitgift« sorgte dafür; dennoch galten Nationen ihm nicht als »Naturerzeugnisse«, sondern als »Schöpfungen der Menschen« (Kirchhoff 1914: 63, 60).

So war der Mensch, wie ihn die Länderkunde sah, *frei* und konnte doch zugleich einer *naturalen Determination* der Geschichte nicht entkommen. Das war der geographische Beitrag zur Lösung des Determinismus-/Indeterminismus-Problems.

5. Grenzbestimmungen

Schwierigkeiten bereitete allerdings die *empirische* Bestimmung der »natürlichen Grenzen« der Länder.

Anfangs konzentrierte man sich ganz auf ihren *äußeren Rand*, wobei man heftig darum stritt, ob Flüsse oder Gebirge die besseren »natürlichen Grenzen« abgäben oder fallweise beide genommen werden müßten. Schon bald entdeckte man jedoch, daß die Länder meist unmerklich ineinander übergingen, so daß man ihre Besonderheit gerade nicht dort zu packen bekam, wo ihre angenommenen Nahtstellen waren. Eine naturgemäße *Regionalisierung* mußte demnach die Grenzen der Länder »durch ihr Inneres« bestimmen »und von der Mitte aus« (Kriegk 1840: 12) erfolgen, d.h. von dort aus, wo ihre Einzelzüge sich zu einer »vollendeten Gestalt« (Wilhelmi 1820: 50-51) vereinten, die sich klar von anderen Länder-Gestalten unterschied. Das war jedoch im Grunde nur in einer *holistisch-ästhetischen* Perspektive möglich, wie schon die beliebten Vergleiche der Eigenart eines Landes mit dem Charakter eines Gemäldes nahelegten. Blieb nur die Frage offen, wie man unter diesen Umständen zum »Rahmen« des Gemäldes, den Grenzen der Länder, gelangen sollte, ohne angesichts der fließenden Übergänge in pure Willkür zu verfallen.

Eine Abhilfe aus dieser mißlichen Situation versprach die *Grenzgürtel*methode Otto Maulls, die dieser seit dem Ersten Weltkrieg propagierte. Zunächst galt es, die Ausbreitungsgrenzen aller möglichen *Einzel*erscheinungen, darunter auch die der materiellen und der geistigen Kultur, zu ermitteln. Das Ergebnis war eine Fülle von *Grenzsäumen*, die mal benachbart, mal stärker voneinander entfernt verliefen oder sich auch durchkreuzten, während sich in einem inneren Bereich ihre Areale deckten. Dort, wo diese Säume sich am dichtesten scharten, lag der »Grenzgürtel«, der den einheitlich gestalteten *Kern* der Länder als vielgestaltige *Übergangszone* umschloß; hier klängen »am eindeutigsten die einzelnen geographischen Eigenschaften des einen Raums« aus, »um durch andere Eigenheiten eines zweiten Raumes abgelöst zu werden« (Maull 1938: 7).

Das Grenzgürtelkonzept blieb nicht ohne Konsequenzen für das angestrebte Ziel einer *Identität* von Land und Staat. Es war nun keineswegs mehr zwingend, daß dieser mit mehr oder weniger markanten *topographischen* Erscheinungen (wie z.B. Wasserscheiden und Flußläufen) zusammenfiel, um als naturgemäß zu gelten; naturgemäß war seine Entwicklung jetzt, wenn die politische Grenze *innerhalb des Grenzgürtels* zu liegen kam, der das Land unter Berücksichtigung *aller* Faktoren von seiner Umwelt trennte. Dabei sollte eine »möglichst freie Entfaltung aller Seiten des Staatslebens« (Maull 1915: 143) erreicht werden. Da aber die geographischen Verhältnisse – vor allem aufgrund der *Aktivitäten des Menschen* (inklusive der politischen) – nicht immer dieselben blieben, waren auch die Grenzgürtel der Länder, anders als die Grenzen in der ursprünglichen Version des Paradigmas, *nicht* für alle Zeiten *stabil*.

Darüber hinaus aber ließen die Länder sich auch zu größeren Einheiten zusammenfassen (und natürlich auch unterteilen). Hier lag der Ansatzpunkt für eine noch weitergehendere Dynamisierung des Alt-Konzeptes.

6. Die Dynamisierung der »natürlichen Grenzen«

Ursprünglich unterstellte man, daß die Erdoberfläche auf *einmalige* Weise in *nebeneinander* liegende Länder zerfiel, die je ein charakteristisches *Erd-Individuum* bildeten. Völker und Staaten, die ihre »natürlichen Grenzen« überschritten hatten, mußten sich *zurück*ziehen, andere, die sie noch nicht ausgefüllt hatten, durften vorrücken. Die Sollformel lautete: *ein* Land, *ein* (durch das Land geeintes) Volk, *ein* Staat. Wo diese Formel erfüllt war, konnte der »ewige Frieden« in der Grenzfrage anbrechen.

In dieser Version, die eine *stationäre* Weltordnung zum Ziel hatte, war das Land-Paradigma ersichtlich untauglich für *imperialistische* Ambitionen. Das Kunststück, es auch dafür geeignet gemacht zu haben, ohne es aufgeben zu müssen, gelang Friedrich Ratzel, der als Begründer der Politischen Geographie und *spiritus rector* der Geopolitik gilt. Zwar hielt auch Ratzel »die Frage nach der geographischen Selbständigkeit einer Landschaft« für »eine der wichtigsten« der politischen Geographie; denn »an geographische Selbständigkeit« schließe sich »die politische an« (Ratzel 1903: 185).

Doch ließ er es dabei nicht bewenden. Das Leben raste »nur vorübergehend« in den einmal eingenommenen Naturgebieten und überflute sie »zuletzt immer wieder«, um sich »weitere Räume zur Ausbreitung«. Ratzel favorisierte eine Politik, die sich die jeweils *nächsthöheren* Naturgebiete als Ziele der Expansion vornahm (vgl. Ratzel ²1903: 185). Indem er so das ursprüngliche Nebeneinander der Länder durch eine *hierarchische* Über- und Unterordnung ersetzte, brach er mit der Auffassung einer Prädestination ganz bestimmter Räume für ganz bestimmte Staaten und legitimierte die Überwindung der »natürlichen Grenzen« durch die imperialistische Weltpolitik.

Eine Rücksichtnahme auf die Bewohner der Gebiete kam für Ratzel folglich nicht in Frage; allein der *Boden* zählte. (Der Boden *wolle* wachsen und »alles gleichmachen«, die Völker strebten dagegen nach Selbständigkeit auf je eigenem Boden (Ratzel 1894/2: 6). Für letzteres und die entsprechende *Nationalitätenpolitik* hatte Ratzel daher kein Verständnis. So blieb auch bei ihm die normative Funktion des Landes erhalten. Eine *geographische* Politik folgte nicht dem Prinzip eines friedlichen Interessenausgleichs, sondern den »Geboten des Bodens« (Ratzel ³1909: 11, 48).

Legitimiert wurde diese Position von Ratzel mit den »Gesetzen des räumlichen Wachstums der Staaten« (Ratzel 1896: 614-623), die den »Kampf ums Dasein« als einen regelhaften Prozeß erfassen sollten, bei dem es *primär* um einen »Kampf um Raum« (Ratzel 1901: 51) ging. Folgerichtig wertete Ratzel den Krieg nicht als ›notwendiges Übel‹ oder gar als Katastrophe, sondern begrüßte ihn als eine effektive »Schule des Raumes«, welche die Völker »von kleineren zu größeren Raumauffassungen« erzog: Eine echte, d.h. geographische Realpolitik sichere dem »wachsenden Volk den unentbehrlichen Boden für die Zukunft.« Grenzen hatten daher für Ratzel im Völkerleben (wie allgemein in der Natur) eine »objektive Berechtigung nur in zeitweisen Stillständen« und mußten immer wieder den veränderten Bedürfnissen angepaßt werden. Damit hatte sich die ursprüngliche Verknüpfung der »natürlichen Länder« mit der Idee des »ewigen Friedens« unter den Bedingungen eines *imperialen Nationalismus* zu einer Theorie des »ewigen Krieges« verkehrt.

Einen Weltstaat von Dauer sahen Ratzels Raumgesetze jedoch nicht vor; denn selbst wenn es zu einem solchen käme, so wären, meinte Ratzel, in seinem Innern schon längst wieder Zerfallsprozesse im Gang. »Die vielgegliederte Erde« wolle »auch vielgegliederte politische Gebilde, und ihre Glieder« durchbrechen »mit stiller Gewalt immer wieder die Einförmigkeit, die sich darüberbreiten will« (Ratzel ²1903: 188). Die »natürlichen Länder« wurden zwar stufenweise von der geschichtlichen Bewegung überrollt, aber nicht überwunden.

In der Zwischenkriegszeit wurde die Geographie dann (wie andere Disziplinen auch) von einer *Ethnisierungswelle* erfaßt. In den Mittelpunkt des Interesses rückte der Doppelbegriff des »Volks- und Kulturbodens« (vgl. Fahlbusch 1994), der die menschliche Arbeit an der konkreten Natur unter »völkischen« Gesichtspunkten kategorisierte. Man betonte nun, daß die Grenzen der Lebensräume nicht von der Landesnatur, sondern vom *Behauptungswillen* der Völker gezogen würden, doch blieb das Land über die Kategorie der Eignung weiterhin im Spiel. »*Nicht jede Rasse taugt für jeden Raum*« (Schrepfer 1936: 147: Herv. H.-D.S.), lautete die zeittypische Abwandlung des Wahlverwandtschaftsprinzips im Dritten Reich.

Eine Annexion wie die des Weichselgebietes im Zweiten Weltkrieg konnte nun auf *doppelte* Weise abgesichert werden: Erstens bewies das deutsche *Volk* durch sie, daß es zu den »*Leistungsvölkern*« gehörte, die ihren »Lebensraum« *selbst* bestimmten, zweitens aber holte es sich mit diesem Gebiet nur ein Stück Land zurück, das schon *von Natur* aus allein zum »Waldvolk« der Germanen paßte und nicht zum »Steppenvolk« der Slawen (Graul 1942: 338, 349; 1941: 233-234).

7. »Natürliche Grenzen« heute

Während das klassische länderkundliche Denken *in der Geographie* nach einer schleichenden Selbstdemontage seit Ende der 1960er Jahre endgültig ausgereizt war und heute nur noch als Negativfolie für eine handlungstheoretisch begründete »Sozialgeographie alltäglicher Regionalisierungen« (Werlen 1995, 1997) dient, haben traditionelle geographische Denkfiguren außerhalb der Geographie sowohl im weltanschaulichen wie wissenschaftlichen Kontext in den letzten Jahren eine verblüffende Renaissance erlebt, wie die folgenden Beispiele belegen mögen.

Schon in den 1970/80er Jahre stößt man in den USA auf eine Argumentation, die große Ähnlichkeit mit jener der klassischen Geographie aufweist. An die Stelle der geographischen Länder treten hier die *Bioregionen*, d.h. »geographic areas having common characteristics of soil, watersheds, climate, and native plants and animals that exist within the whole planetary biosphere as unique and intrinsic contributive parts« (Berg 1983: 19). Für den Bioregionalisten sind diese Bioregionen die Basis für eine überlebensfähige *Gegenwelt* zur Selbstmordzivilisation des Kapitalismus und seiner globalen Nivellierungstendenzen. Die staatlichen Grenzen und die zentralistische Verwaltung spielen keine oder kaum noch ein Rolle. Ortsgebundenes Leben findet nur in staatsfernen *autarken* Gemeinschaften statt, die mit ihrer natürlichen Umwelt über Generationen hinweg in einem spezifischen *Gleichgewicht* stehen, das ihnen wieder *Identität* und *Heimat* vermittelt (vgl. Gugenberger/Schweidlenka ²1996).

Zwar beteuern Vertreter des *Bioregionalismus* ausdrücklich, daß dieser mit Multikulturalität durchaus vereinbar sei und keine ethnische Homogenität für jede Bioregion verlange, doch liegt die Gefahr einer *naturalistisch verhüllten Fremdenfeindlichkeit*, der Abweisung und Ausweisung von Flüchtlingen und Migranten, auf der Hand, da das angestrebte Gleichgewicht mit der Natur nur eine begrenzte Anzahl von Menschen verträgt. Wer darf hinein, wer muß hinaus? Ungeklärt bleibt auch, was mit jenen geschieht, die nicht nach den Prinzipien des Bioregionalismus leben wollen.

Ein weiterer Beleg für das Wiederaufleben alt-geographischer Denkmuster ist die »Balkan-Chronik« Michael Weithmanns. Unter der Überschrift des einleitenden Kapitels »Eine Landschaft als Schicksal« versichert der Autor: »Die politische Macht *mußte* aufgeteilt und zersplittert bleiben wie die Landschaft.« Ausdrücklich verweist er darauf, daß die »kreuz- und querlaufenden Gebirgsketten (...) nicht nur rein räumlich als Barriere« wirkten, sondern zugleich eine Barriere des Denkens seien, das »den Blick aufs Ganze, auf eine gemeinsame Sache« verloren habe. Dies vermittle bereits ein einfacher Blick auf die »Reliefkarte des Landes«, deren »buntscheckige Physiognomie« (Weithmann 1997: 13-14; Herv. H.-D. S.) die Probleme der Staatenbildung auf dem Balkan eindrucksvoll klarmache.

Schließlich gehört aus jüngster Zeit noch Jared Diamonds »Arm und Reich« erwähnt. In dieser Entwicklungsgeschichte der Menschheit führt er – ganz im Stile der klassischen Länderkunde – Europas Vorsprung gegenüber den anderen Kontinenten u.a. auf seine »Geographie« zurück: auf seine starke Küstengliederung, die vorgelagerten Inseln und seine »geographische Balkanisierung« durch Alpen, Pyrenäen, Karpaten und norwegisch-schwedisches Grenzgebirge. *Dadurch* (der Historiker weiß es besser) seien Dutzende, ja Hunderte von Kleinstaaten entstanden, deren Konkurrenz die Durchsetzung von Innovationen gefördert habe. Ganz anders dagegen China, dessen hohe »geographische Geschlossenheit« mit »verhältnismäßig niedrigen inneren Barrieren« zu einer frühen politischen Einigung geführt habe. Tyrannen hätten jedoch auf diese Weise die Möglichkeit gehabt und wiederholt genutzt, über das ganze Land einen Innovationsstop zu verhängen (Diamond 1998: 512-516).

Zu einer völlig konträren Einschätzung der »Geographie« Chinas kommt dagegen Helwig Schmidt-Glintzer. Diese habe nicht dessen Einheit, sondern seinen wiederholten *Zerfall* begünstigt: »Die Einheit Chinas war der Triumph einer Kultur *über* die Geographie, denn die einzelnen Räume Großchinas sind untereinander durch natürliche Grenzen getrennt, und es bestehen zwischen ihnen große klimatische Gegensätze« (Schmidt-Glintzer 1997: 36; Herv. H.-D. S.).

8. Abschließendes

Gegenüber dieser beliebten wie beliebigen *Kartomantie*, die kollektive Schicksale aus den Relieflinien physischer Karten herausliest, wie der *Chiromant* individuelle Schicksale aus den Linien der Hand, ist jedoch festzuhalten, daß auch die geographische Karte keine natürlichen Konstanten bietet, deren »Wahrheit« mit einem einzigen Blick intuitiv erfaßt werden könnte; denn auch die Karte selbst ist schon eine Raumabstraktion, und ihre »Antworten« sind nicht unabhängig von den Erwartungen, die man an sie hegt. Ihre Schlangenlinien, Rasterungen und Farbschichten reden eine politische Sprache erst unter dem Blick der wandelbaren historischen Umstände und Interessen, wie nicht zuletzt die länderkundliche Literatur schlagend beweist.

So hielt man Italien (analog zu Deutschland) während seiner politischen Zersplitterung schon aus morphologischen Gründen für kaum zur nationalen Einheit bestimmt, während danach verstärkt in der Gegenrichtung gesucht wurde (vgl. Schultz 1997b). Lange Zeit auch firmierten die Karpaten als die natürliche Grenze Österreich-Ungarns gegenüber Rumänien, so daß Siebenbürgen trotz überwiegend rumänischer Bevölkerung als ein natürlicher Bestandteil Ungarns galt (vgl. Kirchhoff 1914: 68); später dagegen pries ein rumänischer Geograph ihre »Einheit und Symmetrie« (Mehedinti 1943: 41-42), um das vergrößerte Nachkriegs-Rumänien als naturgesetzlich gerechtfertigte Einheit von *Land*, *Volk* und *Staat* zu erklären, wobei er sich explizit auf die klassische deutsche Geographie und Herder berief. Polnische Geographen wiederum konstruierten ein Großpolen zwischen der Ostsee und dem Schwarzen Meer, während umgekehrt deutsche Geographen die Existenzberechtigung eines polnischen Staates als Erd-Individuum immer wieder bezweifelten (vgl. Schultz 1999).

Die Länder der Geographie (und solche Beispiele ließen sich leicht vermehren) waren eben kein Produkt der Natur, sondern eine kulturelle Konstruktion, keine naturale Vorgabe der Politik, sondern eine *Projektion* aus der politisch-sozialen Welt auf die konkrete Natur der Erdoberfläche. Was als harte »Wahrheit« des Reliefs erscheint, ist nur die imaginierte »Wahrheit« einer *mentalen Welt*, deren Denkschablonen in das Kartenbild hineinprojiziert werden, um von dort als »natürliche Wahrheit« zurückzukehren. Schon die auffällig *ästhetisierte* und hochgradig *körpersymbolisch* aufgeladene Sprache dieses Diskurses macht deutlich, daß es kein naturwissenschaftlicher war, auch wenn er als solcher geführt wurde.

Dabei ist sozialpsychologisch gesehen klar, daß der Mensch nicht einfach auf die physische Welt nach einem Reiz-Reaktions-Mechanismus reagiert, sondern einem *inneren Modell* dieser Außenwelt folgt, das sein Verhalten stimuliert und orientiert. Und auch in *handlungstheoretischer* Perspektive geht die physische Welt nur *als sozial gedeutete* Welt in die Welt der handelnden Subjekte ein. Die Berge, Flüsse und Ebenen der klassischen Länderkunde dürfen eben nicht als materielle Systeme mißverstanden werden; sie sind ganz etwas anderes, nämlich *Sinn*-Träger in der *sozialen* Welt und werden zu »natürlichen Grenzen« überhaupt erst durch diese.

So legt sich also der Nationalstaat über einen physisch-materiellen Raum, ohne selbst dadurch physisch-materiell zu werden. Dieses Physisch-Materielle dient ihm lediglich als *räumliche Sinndeponie* für soziale Prozesse. Zum Vaterland aufgeladen, gibt dann die Welt der konkreten Natur eine ebenso primitive wie effektive Referenzebene für die erwünschte Homogenisierung der Einstellungen und Handlungen der Menschen ab. Nicht die »*Logik der Geographie*«, sondern die »*Logik der sozialen Systeme*« ist für die Herausbildung der Nationalstaaten verantwortlich, als deren Teil sich das Programm der »natürlichen Grenzen« erweist.

Literatur

Anonymus (1833), Über das physische Element von der Bildung und der Wechselverhältnisse der Staaten oder natürliche Diplomatik. Stuttgart.

Anonymus (1848), Die neuere Behandlungsweise der Erdkunde, in: Deutsche Vierteljahrs Schrift H. 1: 85-105.

Arndt, Ernst Moritz (1803), Europa. Altona.

Berg, Peter (1983), Bioregions, in: Resurgence No. 98: 19.

Diamond, Jared (1998), Arm und Reich. Frankfurt am Main.

Fahlbusch, Michael (1994), »Wo der Deutsche … ist, ist Deutschland!« Die Stiftung für deutsche Volks- und Kulturbodenforschung in Leipzig 1920-1933. Bochum.

Friedrich, Ernst (1914), Anthropogeographie, Wirtschafts- und Verkehrsgeographie, in: Oskar Kende (Hrsg.): Handbuch der Geographischen Wissenschaften Bd. 1. Berlin: 247-317.
Gellner, Ernest (1991), Nationalismus und Moderne. Berlin.
Graul, Hans (1941), Das Weichselgebiet, eine mitteleuropäische Landschaft, in: Jahrbuch des Instituts für deutsche Ostarbeit 1: 216-235.
Graul, Hans (1942), Die naturlandschaftliche Gliederung des Generalgouvernements und ihre Bedeutung, in: Zeitschrift für Erdkunde 10: 337-350.
Gugenberger, Eduard/Schweidlenka, Roman ([2]1996), Bioregionalismus. Bewegung für das 21. Jahrhundert. Osnabrück.
Hanslik, Erwin (1911), Kulturgeographie der deutsch-slawischen Sprachgrenze, in: Vierteljahrsschrift für Social- und Wirtschaftsgeschichte 8: 103-127, 445-475.
Hard, Gerhard (1988): Selbstmord und Wetter – Selbstmord und Gesellschaft. Stuttgart.
Hartmann, Ludo Moritz (1969), Die Nation als politischer Faktor, in: Verhandlungen des Zweiten Deutschen Soziologentages 1912 in Berlin. Frankfurt am Main: 80-97.
Herder, Johann Gottfried (1967), Ideen zur Philosophie der Geschichte der Menschheit, in: Johann Gottfried Herder: Sämtliche Werke Bd. XIII u. XIV, hrsg. v. B. Suphan. Hildesheim.
Jahn, Friedrich Ludwig (1884/85), Werke, hrsg. v. Carl Euler. Hof.
Kirchhoff, Alfred ([4]1914), Mensch und Erde. Leipzig/Berlin.
Kriegk, Georg Ludwig (1840), Schriften zur allgemeinen Erdkunde. Leipzig.
Maull, Otto (1910), Die bayrische Alpengrenze, Diss. phil. Fak. Marburg. Marburg.
Maull, Otto (1915), Kultur- und politisch-geographische Entwicklung und Aufgaben des heutigen Griechenlands, in: Mitteilungen der Geographischen Gesellschaft München 10: 91-171.
Maull, Otto (1938), Einheit und Gliederung Südosteuropas, in: Leipziger Vierteljahrsschrift für Südosteuropa 1: 3-20.
Maurer, Michael (1993), »Nationalcharakter« in der Frühen Neuzeit, in: Reinhard Blomert/Helmut Kuzmics/Annette Treibel (Hrsg.): Transformationen des Wir-Gefühls. Frankfurt am Main: 45-81.
Mehedinti, S. (1943), Rumänien. Das Land und sein Volk. Bukarest.
Mercier, L. (1793), De la géographie considérée sous le rapport politique, in: Journal encyclopédique ou universel 6: 543-555.
Ratzel, Friedrich (1894), Völker und Räume, in: Die Grenzboten 53/2: 1-10.
Ratzel, Friedrich (1896), Die Gesetze des räumlichen Wachstums der Staaten, in: Dr. A. Petermann's Mitteilungen 42: 97-107.
Ratzel, Friedrich (1901/1966), Der Lebenraum. Darmstadt.
Ratzel, Friedrich ([2]1903), Politische Geographie. München/Berlin.
Ratzel, Friedrich ([3]1909), Anthropogeographie Teil 1. Stuttgart.
Roscher, Wilhelm (1854), System der Volkswirtschaft. Bd. 1: Die Grundlagen der Nationalökonomie. Stuttgart/Tübingen.

Schmidt-Glintzner (1997), China. Vielvölkerreich und Einheitsstaat. München.

Schrepfer, Hans (1936), Landschaft und Mensch im deutschen Lebensraum, in: Zeitschrift für Erdkunde 4: 145-156.

Schultz, Hans-Dietrich (1997a), »Deutschland? aber wo liegt es?« Zum Naturalismus im Weltbild der deutschen Nationalbewegung und der klassischen deutschen Geographie, in: Eckart Ehlers (Hrsg.): Deutschland und Europa. Festschrift zum 51. Deutschen Geographentag. Bonn: 85-104.

Schultz, Hans-Dietrich (1997b), Italien und der Mittelmeerraum im geographischen Diskurs des 19./20. Jahrhunderts, in: Zeitschrift für Geschichtswissenschaft 45: 696-714.

Schultz, Hans-Dietrich (1998), Herder und Ratzel: zwei Extreme, ein Paradigma?, in: Erdkunde 52: 127-143.

Schultz, Hans-Dietrich (1999), Die Theorie der »natürlichen Grenzen« am Beispiel Polens. Vortrag, gehalten am 4.6.1998 auf der 28. deutsch-polnischen Schulbuchkonferenz; erscheint 1999 in der Schriftenreihe des Georg-Eckert-Instituts. Braunschweig.

Simmel, Georg (1908), Soziologie. Leipzig.

Sombart, Werner (1911), Die Juden und das Wirtschaftsleben. Leipzig.

Sombart, Werner (1938), Vom Menschen. Berlin 1938.

Völter, Ludwig (1839), Der Unterricht in der Erdkunde. Reutlingen.

Volz, Wilhelm (1925), Lebensraum und Lebensrecht des deutschen Volkes, in: Deutsche Arbeit 24: 169-174.

Weithmann, Michael (^{2}1997), Balkan-Chronik. Regensburg.

Werlen, Benno (1995/1997), Sozialgeographie alltäglicher Regionalisierungen. 2 Bde. Stuttgart.

[Wilhelmi] (1820), Ideen über Geographie. Leipzig.

Der Raum der Systeme und die großen Reiche

Über die Vieldeutigkeit des Raumes in der Soziologie

Alexander Filippov

Die folgenden Überlegungen werden absichtlich theoretisch-abstrakt durchgeführt. Es geht zuerst um die Schwierigkeiten, mit der Systemtheorie, wie sie von *Niklas Luhmann* konzipiert ist, das Räumliche des Sozialen zu erfassen. Aber das Problem, das im Hintergrund dieses Beitrages steckt, ist weder theoretisch noch abstrakt. Den eigentlichen Bezugspunkt macht hier ein Sachverhalt aus, der in seiner politischen Aktualität relativ wenig theoretisches Interesse erregt hatte oder bestenfalls im Rahmen der etablierten Theorien der Modernisierung, der Transitologie usw. unterbracht wurde: die Auflösung eines großen Reiches, der Sowjetunion. Diese Auflösung war in der Tat so schnell und – wie es zur Zeit schien – so friedlich durchgesetzt worden, daß es vielleicht dazu verführen konnte, die Sache damit völlig erledigt zu sehen. Zwar bin ich der Meinung, daß die eigentliche Sachlage damit falsch verstanden werden sollte, möchte jedoch dieses Thema nicht gleich ab Anfang weiterführen, auch weil all das an der Aktualität viel verloren hat. In der Tat bin ich keineswegs davon überzeugt, daß dieser Verlust an Interesse mehr berechtigt ist als die übermäßige Aktualität die der Sache noch vor einigen Jahren haftete. Nur ist die heutige Situation gerade wegen dieser Stille eine für das Theoretisieren günstigere Zeit, die vielleicht nicht lange dauern wird. Ich habe keineswegs vor, die bekannten Entwicklungen oder sogar die weniger bekannten Tatbestände mit der Systemtheorie *Luhmanns* zu konfrontieren, um sie »durch Fakten zu widerlegen«. Nur brauchen wir den eigentlichen Inhalt der rein begrifflichen Beweisführung nicht aus dem Auge zu verlieren.

Stellen wir uns zuerst nur vor, man würde die Auflösung des sowjetischen Reiches und die Herausbildung der neuen Staaten anhand der Ressourcen einer der fortgeschrittensten und anspruchsvollsten soziologischen Theorien, der *Luhmannschen* aufzuklären versuchen. Ich möchte hier nicht nur auf die neuen Grenzen hinweisen. In der Tat war es seltsam genug, daß die administrativen Grenzen innerhalb der Sowjetunion über Nacht die Staatsgrenzen geworden sind. Auch ist hier nicht nur erwähnenswert, daß sogleich über Nacht die großen Gruppen von Leuten entstanden, die jede Staatsangehörigkeit verloren hatten, so daß es noch vor kurzem Leute gab, deren Reisepässe (überall auf der Welt anerkannt) von der *sowjetischen* Bürgerschaft zeugten, obwohl sie von den Behörden eines der neuen Staaten ausgeliefert wurden. Auch werden wir nicht außer Acht lassen, daß die Wahlen mindestens in Rußland oft so organisiert werden, daß als Wähler nicht die (im formellen Sinne) Bürger, sondern alle die Einwohner eines Gebietes gelten. Ich wage ja anzunehmen, daß die *Luhmann*sche Theorie hierfür einfach nicht geeignet sein kann. Denn die besagten Entwicklungen sehen mindestens auf den ersten Blick so aus, daß das Territorium des ehemaligen großen Staates nunmehr unter einer Menge kleinerer Staaten aufgeteilt ist, was viele neue Probleme zur Folge hat, wie es immer mit der Grenzziehung passiert. Die Gesellschaftstheorie *Luhmanns* ist jedoch, wie er es selbst immer nachdrücklich betont hat, nicht auf das Territoriale hin konzipiert (vgl. nur: Luhmann 1975: 61, 1984: 557, 1997: 25). Allerdings finden wir bei *Luhmann*, insbesondere in den Veröffentlichungen der letzten Periode seiner Tätigkeit, die ausführlichen Analysen der Unterscheidung von Zentrum und Peripherie; er versuchte auch, im Rahmen seiner Gesellschaftstheorie, die Probleme der Regionen und der Reiche zu thematisieren (siehe: Luhmann 1997b: 663 ff.). Nur fragt es sich, ob diese späten Gedankengänge gut in seine Systemtheorie passen und nicht vielmehr als eine Konzeptualisierung *ad hoc*, sichtbar mühsam und nicht immer geschickt in das ganze Gefüge eingegliedert werden. Diese Schwierigkeiten sind gewiß darauf zurückzuführen, daß für *Luhmann* die Ereignisse, die als Elemente der sozialen Systeme gelten, Kommunikationen seien. Alle möglichen Kommunikationen in der modernen Welt machen, so *Luhmann*, die Weltgesellschaft aus, die folglich nicht territorial zu denken sei. Dem widerspreche nur scheinbar die augenfällige Tatsache, die wir als politische Grenzen zwischen den Staaten kennen:

»Die Gesellschaftsgrenzen, die die sozial schlechthin nicht systematisierbaren Möglichkeiten ausgrenzen, fungieren weithin latent, und die territorialen Grenzen der politischen Systeme schieben sich im Bewußtsein an ihre Stelle, weil sie konkret und suggestiv definiert werden können« (Luhmann 1975: 61).

Diese Stellungnahme enthält zwei miteinander nicht notwendig verbundenen Positionen. Einerseits geht es um die Sachlage, wie sie der aufgeklärte und aufklärende Theoretiker darstellen mag. Andererseits gibt *Luhmann* zu, daß die Soziologisch-nocht-nicht-aufkgeklärten diese Sachlage nicht verstehen und sich an die territorialen Grenzen der politischen Systeme halten. Daß nicht nur die »Leute auf der Straße«, sondern auch Theoretiker diese Auffassung teilen mögen, sieht er als eine der wichtigsten Erkenntnisblockierungen an, die auf dem Wege der Fortschritte der Gesellschaftstheorie steht (vgl. Luhmann 1997: 25). Auch sind hier zwei andere wichtige Momente zu unterscheiden. Die Idee der Weltgesellschaft, wie sie von *Luhmann* ausgearbeitet wurde, ist nicht mit dem Begriff von *global society* gleichzusetzen. *Luhmann* betonte es nicht selten, und er hat hier völlig recht, wenn es um die Begriffe per se geht. Nur hatte er zweifelsohne dieselben sozialen Umstände im Auge, wie die Theoretiker der Globalisierung (vgl. auch: Wagner 1997). Wollte man die Kritik relativ leicht ansetzen, hätte man einfach, ohne die augenfälligen Globalisierungstendenzen zu bestreiten, eine Menge Erscheinungen anderer Art anzuführen, die keineswegs von der Weltgesellschaft zeugen. Daraus, daß die Wirtschaft und insbesondere die Finanzen, die Technik und Wissenschaft die Welterscheinungen sind, folgt keineswegs, daß die territorial-politische Teilung der Welt unwichtig, grundsätzlich überholt und nicht mehr ein Phänomen von erstrangiger Bedeutsamkeit ist.

Diese Kritik, so sehr sie in Hinsicht auf die eigenen Stellungnahmen *Luhmanns* berechtigt und für die allgemeine Fragestellung in bezug auf den weit verbreiteten Glauben an die positive Einheit der Welt folgenreich sein mag, wäre jedoch in unserem Fall zu billig und theoretisch unergiebig. Das Fazit daraus wäre etwa: der berühmte Autor überschätzt die Globalisierungstendenzen und unterschätzt die entgegengesetzten[1]. Punkt. Das ist nicht viel und führt nicht weiter. Das eigentlich Interessante ist jedoch der *Luhmann*sche Begriff des Systems, denn die Gesellschaft ist für *Luhmann* das umfassende Sozialsystem, *heute also*: die Weltgesellschaft. Ein System ist als Differenz, als Innen im Unterschied zu Außen[2] zu denken, es hat Grenzen. Die Grenzen der Gesellschaft, sagt *Luhmann*, »trennen Kommunikation von allen nicht-kommunikativen Sachverhalten und Ereignissen, sind also *weder territorial* noch an Personengruppen fixierbar« (Luhmann 1984: 557; Hervorhebung durch Autor – A.F.). Das ist in der Tat wichtig. *Luhmann* schlägt uns vor, *Innen und Außen unräumlich* zu denken.

Es fragt sich jedoch, wie denn im Rahmen dieses Ansatzes die sozialen Phänomene zu beschreiben sind, die gewöhnlich durch Beziehungen zu einem Raum von gewisser Größe bestimmt werden? So: die *face-to-face* Interaktionen, die in der Regel durch *co-presence* oder *co-bodily presence* charakterisiert,[3] sowie auch die Regionen von weiterem Umfange, die bei *Luhmann* in seinen jüngsten Veröffentlichungen manchmal erwähnt und behandelt werden (vgl. nur: Luhmann 1995, 1997b). Die kleineren Regionen der *co-presence* sind hier besonders bedeutsam, denn es geht bei den *face-to-face interactions* um die Körper der Beteiligten, d.h. um die direkte Erreichbarkeit der Körper für die Körper durch die Sinnesorgane. Die Territorialität[4] ist davon nicht wegzudenken. Ein Körper ist immer ein Körper im Raum. Die Erreichbarkeit für die Sinne,[5] so sehr sie auch rein sozial erscheinen mag (ob durch die technischen Kommunikationsmittel erleichtert, durch die Unterschiede der Rangpositionen der Beteiligten erschwert, durch *civil inattention* blockiert oder durch Spielregeln seligiert), setzt immer Räumlichkeit voraus. Nicht so eindeutig bei *Luhmann*!

Auch *Luhmann* spricht über die Interaktion der Anwesenden und die aufdringliche Wahrnehmbarkeit,[6] so daß »die Grenzen des Systems ... mit den Grenzen des *Wahrnehmungsraums* zusammenfallen« (Luhmann 1975: 23). Es geht dabei um die Wahrnehmung des Wahrnehmens, die »vor allem den *Körpern* der Beteiligten eine strategische Bedeutung für die Verteilung sozialer Relevanzen [gibt]« (Luhmann 1984: 562) und – weil Interaktion ein Sozialsystem ist – um Kommunikation, die, »schnell und konkret« mit Wahrnehmung kombiniert, »sich nur *auf engem Raum* vollziehen [kann]« (Luhmann 1984: 563; Hervorhebungen A.F.).

Luhmann läßt uns jedoch nicht vergessen, daß die Grenzen des Wahrnehmbaren nicht ausreichen, um das sozial Relevante zu seligieren. »Man benutzt, anders gesagt, vor allem die Sozialdimension des wahrnehmbaren Sinnes als Selektor, und das führt zu einer engeren Bestimmung der Grenzen des Systems« (Luhmann 1984: 563). Die dadurch gewonnene Autonomie der Selbstproduktion des Systems macht sich darin geltend, daß

> »[m]an in der Kommunikation über Anwesendes und über Abwesende sprechen und damit die *Unterscheidung* von anwesend/abwesend als anwesend behandeln [kann] (auch natürlich, was aber etwas ganz anderes wäre, Abwesendes anwesend machen, das heißt: es herbeiholen)« (Luhmann 1997: 817f., Hervorhebung im Original, A. F.).

Wir sehen, wie hier der Raum schrittweise so zu sagen *enträumlicht* wird und dann auch fast völlig verschwindet. Zuerst geht es um einen Wahrnehmungsraum, was ja den Gedanken nahelegt, die Interaktion habe auch hier mit der direkten Erreichbarkeit für die Sinne zu tun. Diese Annahme läßt *Luhmann* dadurch bestätigen, daß er über die strategische Bedeutung der Körper schreibt, was folgerichtig einen engeren Raum voraussetzt. Ohne einen mitgemeinten Hinweis auf die Sinne(sempfindungen) hätten wir überhaupt keinen Maßstab für die besagte »Enge«. Parallel entwickelt sich jedoch die Idee sozialer Relevanz und sozialer Selektion von Wahrnehmungen, was den Systemen sich von der direkten Erreichbarkeit und den Körpern abzuheben gestatten soll. Dann kommt *Luhmann* auch dazu, daß Abwesendes und Anwesendes im System oder eher vom System selbst zu einem hohen, wenn auch näher nicht anzugebenden, Grad bestimmt werden. Das Abwesende wie das Anwesende ist weniger eine Sache der körperbedingten Wahrnehmung als vielmehr ein Thema des Gespräches.

Der Raum und das Räumliche wird also zuerst sinnhaft, verschwindet dann sogar als ein Sinn des Raumes. Das Abwesende sowie das Anwesende werden nicht mehr im Sinne von räumlicher Nähe und Ferne gemeint. Hier nähern wir uns dem Kern der Sache. Warum verschwindet eigentlich der Raum aus der Interaktion, wie sie von *Luhmann* beschrieben wird? Weil er sein Bild des Sozialen nicht von Interaktion her bis zu dem umfassenden Sozialsystem Gesellschaft ausbaut! Wenn *Luhmann* über die »engen Räume« schreibt, darf man mindestens annehmen, daß es auch »weite Räume« gibt, die bloß nicht erwähnt werden. Wenn *Luhmann* von der Gesellschaft ausgeht, seien dann die engeren Räume nur durch die Gliederungen der weiteren zu bekommen. Weil aber die Gesellschaft ohne Bezug auf Raum definiert wird, kann er dies unmöglich tun. So erscheint folgerichtig die Interaktion als der Vollzug der Gesellschaft in Differenz von Gesellschaft (Luhmann 1997: 816f.). Hätte also *Luhmann* seine Theorie vom engen Raum der face-to-face Interaktionen her ausgebaut, wäre es ihm nötig gewesen, immer weitere Räume anzugeben oder mindestens in Rechnung zu ziehen. Weil er jedoch in erster Linie gesellschaftstheoretisch denkt, gelingt es ihm, dieser Logik zu entgehen. Die weiteren Räume werden bei *Luhmann* in der jüngsten Zeit erwähnt, doch wiederum nicht als Erweiterung des Interaktionsraums. Daß man bei ihm diesen Gedankengang nicht herauszuschälen braucht, weil er so klar und deutlich auf den Plan tritt, sollte man m.E. zu einer der wichtigsten theoretischen Leistungen *Luhmanns* für die Soziologie des Raumes zählen. Man darf nicht einen und denselben Begriff von Raum für alle Arten des Sozialen verwenden. Ab einer gewissen Stufe wird der Begriff, der für die engeren Räume der Interaktion erarbeitet wurde, nutzlos, wenn nicht sinnlos. Nur daß dadurch das Problem des Räumlichen erledigt wird, haben wir zu bezweifeln.

Wie wäre es denn mit den größeren Regionen, die weder mit den Interaktionen noch mit der Weltgesellschaft gleichzusetzen sind?[7] Die Regionen, von denen *Luhmann* schreibt, sind die sozialen Gebilden von weiterem Umfange, als Interaktionen, und sie sind räumlich. Eine Region, die keine leibhafte Nähe mehr voraussetzt, weil sie zu weit ist, soll irgendwie anders ausgegrenzt werden. Die Räumlichkeit macht die Region mit der Interaktion verwandt; die »Unwahrnembarkeit« der Körper ab einer gewissen Entfernung (vgl. die berühmte Beschreibung bei Schütz 1981: 227ff.) legt die Idee von größeren Entfernungen nahe, bis hin zu der *global society* (wie wir es etwa bei Anthony Giddens finden; vgl. z.B.: Giddens 1990: 63ff., 1991: 21ff.). Die große Region ist in diesem Sinne unsichtbar, nur wird ihr Ort etwa mit sichtbaren Symbolen repräsentiert oder ein winziger Teil ihrer Grenze auf einmal, oder auch ihre ganze Grenze, aber das wird Zeit nehmen, irgendwie in Sicht genommen werden kann. Die Region unterscheidet sich von der Interaktion nicht so sehr durch ihre Größe (die Interaktionen werden auch als kleine Regionen behandelt), sondern dadurch, daß sie weniger als ein Platz oder ein Ort, vielmehr als ein Ort der Orte[8] erscheint. Weil jedoch die Interaktion ihrerseits feiner gegliedert sein kann, so daß sich auch in der Kopräsenz innerhalb von Orten noch Plätze finden,[9] brauchen wir nicht, die Interaktion (wie sie von *Luhmann* dargestellt wird) der Region als das Unräumliche dem Räumlichen entgegenzusetzen. Die Regionalisierungen der wenigen wechselseitig erreichbaren Anwesenden sind vielmehr eine unabdingbare Voraussetzung der Wechselwirkungen auf weitere Distanzen (Werlen 1997a: 181), wo der Raum nicht mehr unmittelbar angeschaut (aber grundsätzlich als anschaubar) vorgestellt werden kann.[10] So wird es möglich, einerseits die alltäglichen Interaktionen und routinisierten Handlungen, andererseits die Segmente der globalisierten Gesellschaft, in erster Linie die Nationalstaaten, als Regionen zu behandeln (vgl. Giddens 1984; Werlen 1997a: 166ff.). Allerdings kann die Regionalisierung nach verschiedenen Kriterien erfolgen, wobei auch die politischen Grenzen eine mehr oder weniger bedeutende Rolle spielen. Aber immerhin kann man, die Regionen in kleinere Räume aufteilend, einmal sich in einem Raum der direkten, sogar technisch nicht mehr ermittelten und nicht erschwerten Erreichbarkeit finden, genauso wie bei deren Erweiterung man seinen Kommunikationspartner wegen seiner Entfernung einmal aus der Sicht verloren haben wird. Zur Anwesenheit/Abwesenheit in engen Räumen, die, obwohl nicht absolut, mit der Leibhaftigkeit der Interagierenden zusammenhängt, soll also die Anwesenheit/Abwesenheit in einer Region hinzugefügt werden, eines Bereiches nämlich, der *in der Kommunikation selbst* als *für die Kommunikation* relevant angesehen und behandelt wird. So ist die Kommunikation räumlich und unräumlich zugleich. Das Wo der Kommunikation läßt sich nicht anzeigen in dem Sinne, daß sie kein Körper mit den angebbaren Raumkoordinaten ist. Das Wo der Kommunikation läßt sich jedoch anzeigen in dem Sinne, daß wir mit gutem Recht sagen: dieses Gespräch (co-bodily presence) hat etwa in der Universitätsbibliothek, und jenes (telephonisch) in der Stadt Freiburg stattgefunden, wobei die Ereignisse der Kommunikation in beiden Fällen durch die besagten Umstände mitbestimmt wurden. Daß die Regionen, sogar die winzigen, durch die entferntesten Geschehnisse beeinflußt werden können, daß die sog. globalen Tatsachen sich auch in den Interaktionen geltend machen, ist evident. Dieser Gedankengang darf aber nicht mit einem ganz anderen verwechselt werden, dem nämlich, *daß man aus dem Räumlichen nur das Räumliche, aus dem Unräumlichen nur das Unräumliche gewinnen kann, wenn man immer einen und denselben Begriff von Raum beibehält.* Und diese – vielleicht all zu evidente Einsicht – darf wiederum nicht mit einer anderen, nicht weniger evidenten, verwechselt werden, daß nämlich die Frage nach dem Wo immer relativ auf das betreffende soziale Geschehen und das ihm inhärente Schema der Bezugnahme auf Raum, wie auch relativ auf das Interesse des Beobachters zu entscheiden ist.[11]

Nun kommen wir zu *Luhmann* zurück. *Luhmann* versucht bekanntlich, die Regionalisierungen durch *Konditionierungen* zu erklären. Er stellt fest,

> »daß die auf der Ebene der Weltgesellschaft durchgesetzte funktionale Differenzierung die Strukturen vorzeichnet, welche die Bedingungen für regionale Konditionierungen vorgeben. Es geht [...] um eine komplexe und labile Konditionierung von Konditionierungen, um Inhibierungen und Desinhibierungen, um eine von zahllosen weiteren Bedingungen abhängige Kombination von Beschränkungen und Gelegenheiten« (Luhmann 1997: 811).

D.h. die Gesellschaft sei kein Ganzes, dessen Teile Regionen sein sollten, wie auch die Interaktionen keine Teilchen der Gesellschaftssysteme seien, sondern einen anderen Typus der Systembildung in der Gesellschaft darstellen. Wo ist denn die logische Stelle der regionalen Konditionierung, wenn uns die Metaphorik »des eigenen Schicksals« der Regionen, wie sie *Luhmann* vorschlägt, nicht befriedigt? Die Frage soll ganz klar gestellt werden: entweder »machen Raumgrenzen für die Funktionssysteme keinen Sinn« oder »zeichnet die auf der Ebene der funktionalen Differenzierung durchgesetzte Weltgesellschaft die Strukturen für die regionale Konditionierung vor«. Oder noch eindeutiger: sollten doch auf der Ebene einer weiten, etwa einer staatlichen Region wieder Körper erscheinen, damit der umgrenzte Raum einen Sinn erhält, oder soll dem Raum selbst ein neuer Sinn zugeschrieben werden, der mit einer gewöhnlichen Vorstellung vom Raum der physischen Körper nicht zusammenfällt? *Luhmann* stellt diese Frage nicht, deshalb vielleicht, weil er hauptsächlich weltgesellschaftlich denkt.

Denselben Schwierigkeiten begegnen wir bei *Luhmann*, wenn er das Problem der Reiche und der Großreiche behandelt (vgl. Luhmann 1997: 663ff.). Er stellt als Hypothese auf, »daß die Zunahme der Komplexität grenzüberschreitender Kommunikation mit zunehmenden internen Konsequenzen der Erfolge dieser Kommunikation mindestens drei Folgen haben wird«, u.a. »Entstehen von Formen territorialer Differenzierung« und »Interesse an effektiver Kontrolle der Vorgänge jenseits der Grenzen, also Tendenzen zur

Ausdehnung territorialer Herrschaft« (Luhmann 1997: 665f.). Diese Überlegungen sind jedoch nicht ganz befriedigend. Territoriale Differenzierung und territoriale Herrschaft setzt doch die physischen Körper der Menschen voraus, die man für verschiedene Zwecke erreichen will (»to get at them«, würde Parsons sagen). *Der Raum als ein Territorium und der Mensch als ein Körper gehören zusammen.* Dann sollte die Kommunikation ja eine *territorial-politische Grenze überschreiten.* Wie die unräumliche Kommunikation eine territoriale Grenze überschreiten kann, ist eine Frage für sich. Hier wäre mindestens die Antwort *Luhmann*s zu erwarten, daß die Kommunikation selbst eigentlich nichts überschreite, nur die zu erreichenden Rezipienten der Kommunikation sich auf der anderen Seite der Grenze befinden. Dagegen wäre jedoch wiederum zu erwidern, daß die Erreichbarkeit, die mit den räumlichen Abständen zu tun hat, irgendwie auch den Sinn der Kommunikation mitbestimmt, so daß die »grenzüberschreitende Kommunikation« in der Tat den Sinn der Grenze mitenhält. *Der physische Raum, der mit dem Unräumlichen nicht zu verwechseln ist, taucht dann auf als der Sinn des Raumes, demgemäß: die Grenze als der Sinn der Grenze.* Noch wichtiger ist ein weiterer Umstand. Wenn es um die großen Territorien der Reiche geht, ist sogar die grundsätzliche Möglichkeit, die Körper zu erreichen, sowie die Bestimmtheit der Grenze der besagten Region eine viel zu bezweifelnde Sache. Das ist zuerst ganz einfach zu verstehen: der Raum ist so groß, daß man nicht imstande sein kann, alle die Körper hier zu erreichen und unter Kontrolle der politischen Gewalt zu stellen. Hier kommt noch ein weiterer Umstand hinzu, der die Erreichbarkeit innerhalb von bestimmten Grenzen schwer macht: Die Reiche sind keine Territorialstaaten, sie haben nicht so sehr bestimmte oder bestimmbare Grenzen, als vielmehr Horizonte, die wiederum nicht so sehr von allen »Bewohnern« als vielmehr von der Zentralelite thematisiert werden. Dazu kommen wir noch einmal unten. Der Frage, die hier nahelegt, beantwortet dann *Luhmann* folgendermaßen:

> »Man könnte der Meinung sein, daß im Falle solcher bürokratischen Reiche eine besondere, in unserem Formenkatalog nicht berücksichtigte Differenzierungsform vorliegt. Es handelt sich doch wohl nur um eine elaborierte Form von Zentrum-Peripherie-Differenzierung mit dem Reich und Reichsbürokratie als Zentrum« (Luhmann 1997: 671).

Interessanterweise führt *Luhmann* nicht die Beispiele aus der europäischen Geschichte an, der Fall Griechenland ist für ihn »das Abweichen von der Typik des Großreiches« (Luhmann 1997: 677), das Heilige Römische Reich wird nicht erwähnt. Daß das Reich, wenn es verschwindet, für längere Zeit eine gewisse Raumsicht (Semantik des Raumes) hinter sich läßt, die für die neu entstehenden Staaten gültiger Kontext bleibt, Medium vielleicht im Sinne *Luh-*

manns, in dem ihre Grenzen gezogen werden, wird ebenso nicht in Betracht gezogen. *Luhmann* stellt mit Recht fest:

»Beschreibungen der Welt und des Reiches, die unter diesen Bedingungen angefertigt werden, gehen von der Mitte aus, erfassen aber, um Vollständigkeit zu erreichen, auch die Peripherie und das, was jenseits der für das Reich typischen Ordnung noch zu bedenken ist. Sie nehmen für ihre Weltbeschreibung Vollständigkeit (und damit: Alternativenlosigkeit) in Anspruch. Sie übergreifen Ungleichheiten, territorialisieren sie und stellen so über eine imaginierte Raumordnung die Einheit des Differenten her. Mit heutigen Augen liest man sie wie eine entfaltete, in Räume aufgelöste Paradoxie« (Luhmann 1997: 676f.).

Luhmann erklärt die Beständigkeit dieser Raumordnung dadurch, daß der Sematik-Bedarf der herrschenden Schichten durch diese (Reichs-)Einheit des Differenten effektiv befriedigt wird. Er stellt aber die Frage nicht, was für semantische Mittel verwendet werden, damit der Menge der Beherrschten, die sogar keine Ahnung davon haben können, daß sie in einem Reich leben, eine bestimmte Raumsicht aufgezwungen wird.[12] Sonst würde sich das Reich in eine bloße Ideologie der Oberschichten verwandeln, die nur in die Integration ausschließlich dieser Schichten beiträgt und keine Auswirkungen in die anderen Schichten hat. Es war jedoch in der Geschichte etwa ganz anders gewesen. *Civis romanus sum* ist nur das augenfälligste Beispiel. Auch an Kreuzzügen haben doch nicht nur Ritter und Mönche beteiligt!

Hier sehen wir wiederum die Schwäche der Position *Luhmanns*. Einige relevanten Beschreibungen, die ich gerne zitiere,[13] ändern nicht viel daran, daß dieselben in das Gesamtgefüge seiner Theorien nicht ganz gut eingebaut werden. Allerdings darf man endlich die Frage stellen: warum denn *Luhmann*? Wäre es nicht ratsamer, dasselbe Thema mit Hilfe einer anderer Theorie (wie etwa der von Anthony Giddens) zu behandeln, die sowohl das Problem Raum als auch die dazugehörigen Begriffe zur Verfügung stellt? Ich glaube jedoch, daß die Situation mit der Theorienwahl nicht so einfach ist. Nicht nur die m.E. relevanten Beschreibungen *Luhmanns* sind wertvoll genug, sondern seine Theorie enthält Ressourcen, die es gestatten, das Problem anders zu stellen oder anders zu lösen, als er es selbst tut. Auch das ist noch nicht alles. Denn gerade die Tatsache, daß der Raum als Begriff und Problem in die Überlegungen *Luhmanns* einschleicht, der seine Theorien bewußt und entschieden unräumlich ansetzt, ist sehr exemplarisch, sie zeugt uns davon, wie aufdringlich sich dieses Problem heute stellt. Man darf vielleicht davon sprechen, daß die Soziologie des Raumes sich schon nicht mehr durchzusetzen braucht.[14] Nur daß man sie nicht selten bloß als eine besondere Disziplin ansehen und ausbauen mag, ist zu bestreiten.

Wenden wir uns wiederum dem Begriff des Reiches zu, wie er von seiten der Soziologie des Raumes präzisiert werden kann.[15] Hier haben wir zuerst an die von *Luhmann* (mit Bezug auf Georges Spence Brown) vorgeschlagene Prozedur der Unterscheidung zu erinnern. Die verschiedenen Bedeutungen des Raumes sind zu unterscheiden, wobei die Einheit der Unterscheidungen ununterschieden bleibt.

Wir unterscheiden die Bedeutungen des Raumes, auch hier *Luhmann* folgend, in bezug auf die Perspektive des Beobachters. Wenn ein Soziologe die Kommunikationen beobachtet, an denen er selbst nicht beteiligt ist, ist es möglich, zwischen seiner Raumperspektive und der in der Kommunikationen gültigen zu unterscheiden. Wir unterscheiden auch zwischen dem Raum im eigentlichen Sinne und dem Raum in einem metaphorischen Sinne (d.h. dem Raum als einer anschaulichen Darstellung einer beliebigen Mannigfaltigkeit). Wir können nun diese Unterscheidungen folgendermaßen umformulieren:

1. Der Beobachter der sozialen Ereignisse kann einsehen, daß die Körper der an der sozialen Wechselwirkungen Beteiligten räumlich voneinander distanziert sind, so daß ihre Nähe und Ferne für die näher zu definierende Wechselwirkung von näher zu definierender Bedeutung ist.
   1.1. Der Beobachter unterscheidet von der räumlichen Ordnung der Körper, wie er selbst sie anschaut, die Bedeutung, die die Beteiligten selbst dem Raume im allgemeinen und darunter auch dem Raume ihrer Wechselwirkung verleihen. Er unterscheidet also seine Raumvorstellung von der sozialen d.h. einer, die von den Kommunizierenden selbst angenommen ist.
   1.2. Der Beobachter unterscheidet zwei Bedeutungen von sozialen Raumvorstellungen: (a) den Raum als etwas selbstverständliches, nicht weiter hinterfragbares und (b) den Raum als etwas besprochenes, als ein Thema, das die Kommunikation strukturieren kann.
2. Von der Ordnung der Körper und den Moden ihrer Anschauung wird dann eine Ordnung der verschiedenen sozial relevanten Qualitäten von Menschen und Gruppen unterschieden, deren Differenzen als Abstände interpretiert werden, so daß es nun metaphorisch vom sozialen Raum als einer Ordnung sozialer Positionen gesprochen werden kann.
3. Weil der Raum immer Entfernungen der darin verteilten Stellen voraussetzt, kann der Beobachter endlich noch eine dreifache Unterscheidung treffen. Zunächst ist der Raum unmittelbar absehbar, d.h. mit einem gegebenen Körper oder einer Gruppe von Körper verbunden. Das ist eigentlich (a) *der Ort. Dann läßt sich dieser Ort oder eine Reihe oder Menge von Orten als in ei-*

> *nem größeren Raume enthalten zu sehen. Dieser letztere Raum ist nun ein (b) Ort der Orte.* Der Ort der Orte, die größere Region wird jedoch als ein für Anschauung grundsätzlich erreichbarer vorausgesetzt. Endlich jedoch ist es nötig, davon noch den allumfassenden Raum zu unterscheiden, einen an der Grenze der möglichen Anschauung fast nicht mehr angeschauten, sondern nur gedachten Raum. Das wäre nun (c) *der Raum als Begriff oder als Grundidee des Raumes.*

Diese letztere dreifache Unterscheidung hat einen besonderen Rang. Sie ist für uns nicht selbständig, soweit sie ohne weiteres nicht in der Soziologie zu verwenden ist. D.h. wir haben noch zu bestimmen, wer diese Unterscheidung zwischen den verschiedenen Graden der Anschaulichkeit trifft, für wen etwas unmittelbar erreichbar und anderes nur denkbar wäre. Sie ist aber auch nicht sekundär, geht jedoch quer über alle anderen durch, so daß durch die Kreuzung dieser mit den oben genannten noch weitere Unterscheidungen entstehen können.

Der Begriff des großen Raums spielt hier eine besondere Rolle. Daß wir als moderne Leute unter einem umfassenden Raum das voraussetzen mögen, was uns von Ergebnissen der exakten Naturwissenschaften etwa durch Lehrbücher noch in den Schulen aufgeprägt wird, ist klar. Daß wir dazu noch ein Bild des allumfassenden menschlichen, sozialen Raums haben, soll speziell hervorgehoben werden. Meine Schule befindet sich in der Stadt, meine Stadt in meinem Land, mein Land in meinem Staat, mein Staat ... Wo? Das ist schon nicht mehr anzuschauen, daß hat man zu wissen – oder nicht zu wissen, sondern stillschweigend vorauszusetzen. Aber nicht immer still. *Der große Raum kann in der Kommunikation thematisiert werden, in einer Interaktion nämlich mit ihrem* (»objektiv«) *so engen Raum.* Der Raum der Interaktion, der Raum der für die Interaktion erreichbaren Region und der Raum, der in der Kommunikation Thema wird, können völlig verschieden sein. Der Raum, den sich die Interagierenden als unmittelbar gegebene Region vorstellen, der Raum der tatsächlichen Bewegungen der physischen Körper der Handelnden oder der Zirkulation der Waren, oder der Erreichbarkeit der Kommunikationen, und, endlich, die allgemeine Idee des Raumes, einer Raumordnung, fallen nicht zusammen, sie sind bei jeder Denkoperation der Beobachtung zu unterscheiden.

Jetzt sehen wir, warum das Reich als der große politische Raum beschrieben werden kann. Die meisten großen Reiche, wie sie die Geschichte kennt, sind nicht deshalb groß, weil sie nach heutigen Maßstäben so und so viel Quadratkilometer enthalten (vgl. auch: Simmel 1989: 688), sondern weil sie für die Leute, die darin lebten, eine unermäßliche Größe darstellten. Ein Territorialstaat mag auch so groß sein – immerhin wird mit dem Begriff des Territorium die Idee der grundsätzlichen (heute auch technisch vermittelten) Erreichbarkeit verbunden. Ein Reich kann für einen Außenbeobachter auch ein Territorium haben. Von innen jedoch wird es eher als ein immer expandierender unermeßlich großer Raum gesehen. Die Idee des Großreiches als eines Weltreiches ist mit der objektiven Sicht des Raumes verschmelzt. Das, was nicht mehr gesehen werden kann, bildet eher ein Schema oder einen Begriff aus als etwas Anschaubares, wie ein Stück Erde es ist. So sagen wir, daß Reich von innen her allumfassend und schemenhaft erscheint. Das Schema der Anschauung kann nicht angeschaut werden. D.h. die meisten Leute im Reich merken nicht sogar, daß sie einem (sagen wir etwas naiv) natürlichen Raum ein Schema der sakral-politischen Gliederung der Welt aufzwingen. Die reelle Grenze des Reiches wird von seiner Zentralelite thematisiert als eine Grenze des für sie tatsächlich Erreichbaren, also ihrer Gewalt. Nur wenn es um die echten Großreiche geht, kommt auch die universalistische Weltsicht dazu, die die Externalisierung der inneren Raumschemen erwirkt. Mit anderen Worten: ein imperialer Herrscher kann auch so gut die Grenzen seiner Macht kennen (oder auch nicht!). Das wird ihn nicht daran stören, eine universelle Weltsicht zu haben, die eigentlich eine sublime Vorstellung vom inneren Raume ist. Auch kann der große Raum des Reiches zum Thema des Gespräches, etwa der Reichsideologen, werden. Dieses Gespräch, das eine wesentliche soziale Rolle spielt, dürfen wir wiederum weder mit ihren geographischen Vorstellungen noch mit der populären Weltsicht verwechseln.

Diese Forschungsperspektiven lassen uns endlich erkennen, wie sogar die Systemtheorie *Luhmann*s, »weltgesellschaftlich« und »unräumlich« zugleich, für die Soziologie des Raumes in Anspruch genommen und für die Analyse der Auflösung des großen Reiches der Sowjetunion fruchtbar gemacht werden kann. Verschiedene Ergebnisse sind zuerst mit verschiedenen theoretischen Mitteln zu bekommen, die wiederum den je verschiedenen Raumbegriff voraussetzen. Die ehemaligen Grenzen der Sowjetunion existieren offiziell nicht mehr – und dennoch ist der Ausdruck »der Raum der ehemaligen Sowjetunion« auf allen Ebenen des politischen Gesprächs sehr gängig. Die Bevölkerung der Sowjetunion hat im März 1991 ihre Stimmen für die Erhaltung des Staates abgegeben und nach einem halben Jahr die Auflösung gleichmütig hingenommen. Viele Grenzen zwischen den ehemaligen sowjetische Republiken sind transparent genug und zugleich kann sogar ein Mann, der in Petersburg seine Wohnung hat, sich nicht sicher in Moskau fühlen, wie ein fremder Bürger ohne Visum in einem anderen Staat. Die Republiken, die offiziell ein Teil der Russischen Föderation sind, haben ihre eigenen Verfassungen, in denen sie sich für souverän erklären. Usw. Das sind die Erscheinungen, die uns interessieren sollen und die wir m.E. nur im Rahmen des entworfenen Ansatzes wenn nicht erklären, dann mindestens angemessen beschreiben können.

Anmerkungen

1 Wie z.B. folgendermaßen: »Raumgrenzen machen für die auf Universalismus und Spezifikation angelegten Funktionssysteme keinen Sinn – es sei denn als segmentäre Differenzierung (zum Beispiel in politischen Staaten) innerhalb von Funktionssystemen. Der Funktionsbezug fordert zum ständigen Kreuzen von territorialen Grenzen auf: zum Empfang der Nachrichten ausländischer Provenienz, zur Bemühung um internationale Kredite, zu politisch-militärischen Vorkehrungen für Ereignisse jenseits der eigenen Grenzen, zum Copieren von Schul- und Universitätssystemen der fortgeschrittenen Länder usw. Diese Abschwächung von Raumschranken wird dadurch verstärkt, daß weltweite Kommunikation kaum noch Zeit kostet, sondern telekommunikativ realisiert werden kann« (Luhmann 1997b: 809).

2 »Systeme müssen daher zunächst äußerst formal als *Identitäten* begriffen werden, *die sich in einer komplexen und veränderlichen Umwelt durch Stabilisierung eine Innen/Außen-Differenz erhalten*« (Luhmann 1973: 175). »Alles muß über Unterscheidungen abgewickelt werden, und eine Erklärung argumentiert von Differenz zu Differenz. Wendet man die Unterscheidung System/Umwelt an, befaßt die Weiterarbeit sich mit der Frage, was das ins Auge gefaßte System ist, von dem aus anderes als Umwelt behandelt werden kann« (Luhmann 1990: 65). »Die Unterscheidung innen/außen ist eine ›primary distinction‹, die in die Welt eingeführt werden muß« (Luhmann 1997a: 150). »Der Anfangspunkt der Theorie ist weder das System noch die Umwelt, sondern ihre Differenz … , für die beide Seiten gleichermaßen unerläßlich sind« (GLU 1997: 196f.).

3 Vgl. statt vielen anderen die posthume Publikation von Erving Goffman (1983: 4). Über Goffman als den Theoretiker der co-presence siehe z.B.: Giddens 1987: 115.

4 Einschließlich die von Goffman so genannten *territories of the self* (vgl. Goffman 1971: 28ff.) oder *personal territoriality* (vgl. Goffman 1983: 3).

5 Wie es schon seit der »Soziologie der Sinne« Georg Simmels (die nicht zufällig im Rahmen seiner Soziologie des Raumes erscheint) bekannt ist (vgl. Simmel 1989: 722-742).

6 »Anwesenheit und wechselseitige Wahrnehmung« seien die Merkmale der einfachen Sozialsysteme (Luhmann 1975: 23). »Interaktionssysteme bilden sich, wenn die Anwesenheit von Menschen benutzt wird, um das Problem der doppelten Kontingenz durch Kommunikation zu lösen. Anwesenheit bringt Wahrnehmbarkeit mit sich und insofern strukturelle Kopplung an kommunikativ nicht kontrollierbare Bewußtseinsprozesse« (Luhmann 1997b: 814).

7 Es sei hier zu betonen, daß wir an die Terminologie *Luhmann*s halten. Bei anderen Autoren gibt es überhaupt keinen Gegensatz zwischen der Interaktion und der Region, nur existieren diese Begriffe in verschiedenen Dimensionen, wobei Interaktion auch nicht bloß als die Situation der Kopräsenz verstanden wird, und werden dann bei Bedarf kombiniert.

8 Die Örtlichkeit in der Soziologie kann nicht im Sinne der physischen Geographie verstanden werden. Fachmäßig von seiten der Sozialgeographie, aber eigentlich auch philosophisch und soziologisch ist es von Benno Werlen bewiesen (siehe: Werlen 1997b).

9 Ein gutes und seit langem untersuchtes Beispiel wäre eine Schlange, die sich als ganze an einem Ort befindet, in der jedoch auch jede Position (Platz) sowohl räumlich ist als auch mit sozialen Bedeutungen aufgebürdet, die dieser Räumlichkeit erst einen Sinn geben.

10 Dahinten steckt natürlich die Idee des kinästhetischen (d.h. den Bewegungen des Körpers entstammenden) Ursprunges der Raumvorstellungen; die wir schon bei Edmund Husserl finden. Vgl. Husserl 1991.

11 So wie wir es in der klassischen Studie von Georg Simmel vorfinden. Nur einige Beispiele daraus würden hier genügen. Der Staat ist durch die Ausschließlichkeit des Raumes ausgezeichnet. Das bedeutet nur, daß auf demselben Territorium keine anderen Staaten gibt. Die Stadt kann ganz gut innerhalb des Staates befinden, aber es gibt keine anderen Städte innerhalb des Weichbildes. Aber: eine Zunft bezieht sich auf die ganze Stadt, wie die andere und die dritte usw. auch. Sie schließen sich in diesem Sinne territorial nicht aus, obwohl es gleichzeitig die besonderen Gebiete, etwa die Straßen, in der Stadt geben kann, die ausschließlich einer Zunft gehören. Die Frage nach dem Wo kann also hier in dreifacher Weise beantwortet werden, gemäß dem, was für ein Forschungsinteresse unserem Fragen zugrunde liegt. Vgl. Simmel 1989: 687-790.

12 Henri Lefebvre würde vielleicht in diesem Fall vom Schweigen der Benutzer des Raumes sprechen. Vgl. Lefebvre 1991: 51.

13 Ich weise auch gerne darauf hin, daß *Luhmann* hier meine vor einigen Jahren formulierte Position zustimmend erwähnt. Vgl. Filippov 1991; Luhmann 1997: 670 Fn 139.

14 Vielleicht noch nicht etabliert, aber produktiv genug, um auf Anerkennung zu rechnen, obwohl sie im deutschen Sprachraum – soweit ich urteilen darf – noch eher exotisch erscheint.

15 Daß der klassische Ansatz von Samuel Eisenstadt (1963) hierin berücksichtigt wird, können wir an dieser Stelle nur erklären, nicht beweisen. Der eigentliche starting point der folgenden Überlegungen ist jedoch das Buch Carl Schmitts *Der Nomos der Erde* (1950) gewesen, dessen einführende Bemerkungen ich seit langem mit Hilfe der soziologischen Begriffe von Simmel und Schütz umzuinterpretieren versuche.

Literatur

Filippov, Alexander (1991), Nabl'judatel' imperii (Der Beobachter des Reiches. Auf Russisch). Moskau.

Giddens, Anthony (1984), The Constitution of Society. Outline of the Theory of Structuration. Cambridge.

Giddens, Anthony (1987), Social Theory and Modern Sociology. Cambridge.

Giddens, Anthony (1990), The Consequences of Modernity. Cambridge.

Giddens, Anthony (1991), Modernity and Self-Identity. Self and Society in the Late Modern Age. Cambridge.

GLU (1997), Claudio Baraldi, Giancarlo Corsi und Elena Esposito, GLU. Glossar zu Niklas Luhmanns Theorie Sozialer Systeme. Frankfurt/M.

Goffman, Erving (1971), Relations in Public. Microstudies of the Public Order. N.Y. etc.

Goffman, Erving (1983), The Interaction Order, ASR, Vol. 48: 1-17.

Huserl, Edmund (1991), Ding und Raum. Vorlesungen 1907. Hamburg.

Lefebvre, Henri (1991), The Production of Space/Translated by Donald Nicholson-Smith. Oxford/Cambridge.

Luhmann, Niklas (1973), Zweckbegriff und Systemrationalität. Frankfurt/M.

Luhmann, Niklas (1975), Soziologische Aufklärung 2. Opladen.

Luhmann, Niklas (1984), Soziale Systeme. Grundriß einer allgemeinen Theorie. Frankfurt/M.

Luhmann, Niklas (1990), Die Wissenschaft der Gesellschaft. Frankfurt/M.

Luhmann, Niklas (1995), Kausalität im Süden, in: Soziale Systeme I: 7-28.

Luhmann, Niklas (1997a), Die Kunst der Gesellschaft. Frankfurt/M.

Luhmann, Niklas (1997), Die Gesellschaft der Gesellschaft. Frankfurt/M.

Schmitt, Carl (1988), Der Nomos der Erde im Völkerrecht des Jus Publicum Europaeum. 3. Aufl. Berlin.

Simmel, Georg (1989), Soziologie. Untersuchungen über die Formen der Vergesellschaftung. GSG Bd. 11. Frankfurt/M.

Schütz, Alfred (1981), Der sinnhafte Aufbau der sozialen Welt. Eine Einleitung in die verstehende Soziologie. 2. Aufl. Frankfurt/M.

Wagner, Gerhard (1997), Die Weltgesellschaft. Zur Kritik und Überwindung einer soziologischen Fiktion. Ms. Bielefeld.

Werlen, Benno (1997a), Sozialgeographie alltäglicher Regionalisierungen. Bd. 2. Globalisierung, Region und Regionalisierung. Stuttgart.

Werlen, Benno (1997b), Gesellschaft, Handlung und Raum. 3. Aufl. Stuttgart.

Die Solidarität von Staat und Raum.

Politische Grenzen, soziologische Grenzen, Körpergrenzen

Susanne Lüdemann

Georg Simmels Essay über *den Raum und die räumlichen Ordnungen der Gesellschaft* enthält an zentraler Stelle einen *Exkurs über die soziale Begrenzung.* »Vielleicht in der Mehrzahl aller Verhältnisse zwischen Individuen wie zwischen Gruppen«, heißt es dort, »wird der Begriff der Grenze irgendwie wichtig. Überall, wo die Interessen zweier Elemente demselben Objekt gelten, hängt die Möglichkeit ihrer Koexistenz daran, daß eine Grenzlinie innerhalb des Objekts ihre Sphären scheidet – sei diese nun als Rechtsgrenze das Ende des Streits oder als Machtgrenze vielleicht sein Anfang« (Simmel 1992a: 698). Bereits diese ersten Sätze lassen erkennen, daß Simmel im Bezug auf den Begriff der Grenze nicht zwischen einem buchstäblichen und einem übertragenen Sinn des Wortes unterscheidet oder daß er diese Unterscheidung nicht im üblichen Sinne trifft. Das Wörterbuch nämlich kennt die Grenze zunächst in buchstäblicher Bedeutung als eine »(gedachte) Linie, die zwei Grundstücke, Staaten, Länder oder Bereiche (z.B. Klimazonen) voneinander trennt«; davon unterschieden wird dann eine metaphorische oder bildliche Verwendung des Wortes in der Bedeutung von »Schranke, Beschränkung, Rahmen« (Wahrig 1986). Die Rede etwa von den Grenzen des Erlaubten, den Grenzen des guten Geschmacks oder auch den Rechts- und Machtgrenzen, die Simmel anführt, wäre im üblichen Verständnis also eine abgeleitete, die eine räumliche Metapher bemüht, um an und für sich unräumliche, logische oder soziale Verhältnisse anschaulich zu beschreiben.

Die Pointe von Simmels *Exkurs* besteht nun darin, daß er diese, scheinbar natürliche Ordnung der Dinge auf den Kopf stellt: Wenn auch der »Allgemeinbegriff des gegenseitigen Begrenzens von der räumlichen Grenze hergenommen ist, so ist doch, tiefer greifend, dieses letztere nur die Kristallisierung oder Verräumlichung der allein wirklichen seelischen Begrenzungsprozesse« (Simmel 1992a: 697). *Jede* Grenze, auch die Landes- oder Hoheitsgrenze, ist für Simmel nicht in erster Linie ein räumliches, sondern »ein seelisches, näher: ein soziologisches Geschehen«, das zwar in eine Linie im Raum »investiert« werden *kann,* aber nicht *muß,* und dessen allgemeinster Sinn insofern zunächst nur darin besteht, ein »Gegenseitigkeitsverhältnis« zum Ausdruck zu bringen (Simmel 1992a: 699).

Das Interesse an der Errichtung von räumlichen Grenzen erscheint so zunächst als Sonderfall des allgemeinen Interesses am Unterscheiden und Bezeichnen: am Unterscheiden und Bezeichnen von Mein und Dein, Recht und Unrecht, Eigenem und Fremden ebenso wie von verschiedenen ethnischen, sozialen oder religiösen Gruppierungen, und es liegt nahe, in diesem Zusammenhang an Simmels Schrift über *den Streit* zu erinnern, die die vergesellschaftende Kraft des Konflikts ja ebenfalls in seinem Differenzierungsvermögen sieht. »Feindseligkeiten«, heißt es dort, »hindern nicht nur Abgrenzungen innerhalb der Gruppe am allmählichen Verschwimmen – so daß sie als Garantien bestehender Verfassungen bewußt gezüchtet werden können –, sondern darüber hinaus sind sie direkt soziologisch produktiv: Sie geben Klassen und Persönlichkeiten oft erst ihre gegenseitige Stellung« (Simmel 1992b: 289) und damit ihre gesellschaftliche Identität. Ebenso wie der Streit steht die Grenze – als Funktion des Streits – für Simmel im Dienst sozialer Differenzierung oder vielmehr: Das »Geschehen« des Streits und der Grenze *ist* für Simmel soziale Differenzierung, Auseinander-Setzung als produktive Form der Vergesellschaftung. Dieser Ansatz ist insofern differenztheoretisch modern, als die soziale Identität von Individuen wie von Gruppen hier nicht mehr, wie z.B. noch bei Tönnies, als harmonisches Aufgehen des einzelnen in einer als organisch verstandenen Gemeinschaft begriffen wird, die Streit, Dissonanz, Entzweiung usw. lediglich als defizienten Modus, als Gefährdung ihres idealen und natürlichen Wesens kennt. »Der Natur gegenüber«, so Simmel (1992a: 695), »ist jede Grenzsetzung Willkür«, und weiter: »Wie der einzelne die Einheit seiner Persönlichkeit doch nicht nur so gewinnt, daß ihre Inhalte nach logischen oder sachlichen, religiösen oder ethischen Normen restlos harmonieren, sondern wie Widerspruch und Streit nicht nur solcher Einheit vorangehen, sondern in jedem Augenblick ihres Lebens in ihr wirksam sind – so dürfte es keine soziale Einheit geben, in der die konvergierenden Richtungen der Elemente nicht von divergierenden unablöslich durchzogen wären. Eine Gruppe, die schlechthin zentripetal und harmonisch, bloß ›Vereinigung‹ wäre, ist nicht nur empirisch unwirklich, sondern sie würde auch keinen eigentlichen Lebensprozeß aufweisen« (Simmel 1992b: 285).

Die damit angesprochene Kontingenz sozialer Begrenzungen und Unterscheidungen, die stets prekär, im eigentlichen Sinne grundlos und daher immer auch anders möglich sind, läßt allerdings die Frage auftauchen, wie denn überhaupt die »Einheit« der Persönlichkeit oder der Gruppe, die Persönlichkeit oder die Gruppe als differenzierte »Einheiten« plausibel, erfahrbar und darstellbar werden sollen. Und hier kommt nun allerdings doch der *Verräumlichung* der sozialen Begrenzungsprozesse nach Simmel entscheidende Bedeutung zu: Durch ihre räumliche Lokalisierung erhalten die feinen oder weniger feinen Unterschiede eine »unvergleichliche Festigkeit und Anschaulichkeit (...). Jede Grenze ist ein seelisches, näher: ein soziologisches Geschehen; aber durch dessen Investierung in eine Linie im Raum gewinnt das Gegenseitigkeitsverhältnis nach seinen positiven wie negativen Seiten eine Klarheit und Sicherheit – freilich oft auch eine Erstarrung –, die ihm versagt zu bleiben pflegt, solange das Sich-treffen und Sich-scheiden der Kräfte und Rechte noch nicht in eine sinnliche Gestaltung projiziert ist und deshalb immer sozusagen in *status nascens* verharrt« (Simmel 1992a: 699).

Als »sinnliche Gestaltung« sozialen und seelischen Geschehens, als Darstellung je geltender sozialer Differenzierungen im Raum des Sichtbaren lassen sich nun sowohl Kleiderordnungen als auch Architekturen, sowohl Tischsitten und Körpersprachen (Bourdieus *Habitus)* als auch politische, religiöse oder sportliche Inszenierungen begreifen. Ich will mich hier indes einem Sonderfall zuwenden, den Simmel durch den Rekurs auf die »Linie im Raum« – also die Grenze im buchstäblichen Sinn des Wörterbuchs – nahelegt und den er auch selbst kommentiert: dem Sonderfall einer »Verräumlichung sozialer Differenzierung» nämlich, den der moderne Nationalstaat bildet.

Um einen Sonderfall oder zumindest um einen Extremfall handelt es sich hier insofern, als der moderne Staat nach Simmel am intensivsten von allen sozialen Gebilden überhaupt »mit einer bestimmten Bodenausdehnung verschmolzen oder sozusagen solidarisch ist«, und zwar so sehr, daß ihm ein »Charakter von Einzigkeit und Ausschließlichkeit« zukommt, »der auf andere Weise nicht ebenso erreichbar ist.« Diese »Verschmelzung« oder »Solidarität« von Staat und Territorium drückt sich darin aus, daß innerhalb des Raumgebiets, das der Staat erfüllt, für einen zweiten Staat »kein Platz« ist (Simmel 1992a: 690f.). Darin vor allem unterscheidet sich der Staat nach Simmel einerseits von mittelalterlichen politischen Formationen, die nicht in erster Linie Territorien, sondern Rechtsgebilde waren, andererseits von »überräumlichen Gebilden« wie etwa der Kirche. Staat und Kirche bilden nach Simmel die beiden äußersten Pole einer »Skala (...), die von der völligen territorialen Festgelegtheit und daraus folgenden Ausschließlichkeit zu der völligen Überräumlichkeit und der daraus folgenden Möglichkeit eines Kondominiums vieler gleichartiger über denselben Raumabschnitt führt.« Das »Verhältnis der

Gruppe zu ihrem Grund und Boden« sei daher »vielfach die Wurzel und das Symbol ihrer Struktur« (Simmel 1992a: 693).

Trotz der maximalen Verschmelzung von Staat und Territorium im neuzeitlichen Begriff der Souveränität als Gebietshoheit bleibt indes das Verhältnis von Ordnung und Ortung für Simmel kontingent. Anders als Carl Schmitt und in scharfem Gegensatz zur politischen Geographie besteht er auf der »Willkür« jeder politischen Grenze, deren je bestimmte räumliche Setzung weder aus einer natürlichen Ordnung des Raums noch aus einer wesenhaften Verbundenheit von Volk und Boden abzuleiten sei. Auch die politische Grenze bleibt für Simmel kontingentes Resultat des Streits und damit in erster Linie räumliche Projektion oder Symbol eines seelischen und soziologischen Willens zur Unterscheidung: »Die Grenze ist nicht eine räumliche Tatsache mit soziologischen Wirkungen, sondern eine soziologische Tatsache, die sich räumlich formt. (…) Die Raumgestaltung, die wir Grenze nennen, (ist) eine soziologische Funktion« (Simmel 1992a: 697). Hat sich diese soziologische Funktion freilich erst einmal verräumlicht, ist sie in eine Linie im Raum »investiert«, so übt dies »starke Rückwirkung auf das Bewußtsein von dem Verhältnis der Parteien« (Simmel 1992a: 697) diesseits und jenseits der Grenze. Erst die gelungene Überblendung soziologischer und räumlicher Begrenzungen erzeugt rückwirkend jene imaginäre Homogenität nach »innen« und Distinktheit nach »außen«, jene Identität und »seelische Kohärenz« der Gruppe als ein scheinbar natürliches Faktum, die dann als Nationalcharakter oder Volksgeist angeschrieben werden können. Damit ist die »Fiktionalisierungsfunktion des Raum-Denkens« (Balke 1992: 49) klar erkannt: »Der Rahmen«, schreibt Simmel, »die in sich zurücklaufende Grenze eines Gebildes, hat für die soziale Gruppe sehr ähnliche Bedeutung wie für ein Kunstwerk. An diesem übt er die beiden Funktionen, die eigentlich nur die zwei Seiten einer einzigen sind: das Kunstwerk gegen die umgebende Welt ab- und es in sich zusammenzuschließen. (…) Es gibt vielleicht nichts, was die Kraft insbesondere des staatlichen Zusammenhaltens so stark erweist, als daß diese soziologische Zentripetalität, diese schließlich doch nur seelische Kohärenz von Persönlichkeiten zu einem wie sinnlich empfundenen Bilde einer fest umschließenden Grenzlinie aufwächst« (Simmel 1992a: 697). – »Die Formel vom ›sinnlich empfundenen Bild einer fest umschließenden Grenzlinie‹«, so kommentiert Friedrich Balke diese Stelle, »registriert mit unübertroffener Prägnanz den psychischen Effekt symbolisch (bildhaft) gestützter Homogenisierung/Nationalisierung sozialer Gruppen« (Balke 1992: 49).

Genau genommen ist dieser Homogenisierungs- oder Nationalisierungsprozeß allerdings ein doppelter: Stellt die politische Grenze nach Simmel per se schon die Projektion einer soziologischen Grenze dar, ihre »Investierung« in eine Linie im Raum, so entsteht die Nation als fiktive oder imaginäre Gemeinschaft doch erst durch die Introjektion oder Rückprojektion dieser äußeren Grenze, durch ihre psychische Wiederaneignung. Es ist nicht eine per se schon gegebene »seelische Kohärenz«, die zum »Bild einer fest umschließenden Grenze aufwächst«, sondern »seelische Kohärenz« oder imaginäre Einheit entsteht erst als psychischer Effekt dieses politisch induzierten »Bildes«. Man müsse dafür Sorge tragen – und diese Formulierung stammt nun aus Johann Gottlieb Fichtes programmatischen *Reden an die deutsche Nation* von 1808 – man müsse dafür Sorge tragen, daß die »äußeren Grenzen« des Staats auch »innere Grenzen« werden[1], daß das räumliche Gebilde, so wiederum Simmel, »an seinem Ende an lebendige, seelisch wirksame Grenzen stößt, von denen nicht nur passive Widerstände, sondern sehr aktive Repulsionen ausgehen« (Simmel 1992a: 695). Die Nationalisierung der Bevölkerungen vollzieht sich wesentlich als eine solche *Vitalisierung* politischer Grenzen, die erst dazu führt, daß jede wirkliche oder vermeintliche Verletzung der äußeren Grenze eines Staates zugleich als unmittelbare Bedrohung der inneren kollektiven oder sogar persönlichen Identität erlebt wird. »Die Linie der Grenzen *(limites)* wird zu einer Art Graben zwischen deutlich geschiedenen Nationalitäten. Obendrein wird sie zu einer moralischen Grenze *(frontière)«* (Fèbvre 1990: 33), deren Verteidigung zur heiligen Pflicht jedes Volksgenossen gemacht werden kann.[2]

Noch nicht beantwortet ist damit aber die Frage, in welchen Formen sich die »Vitalisierung«, die psychische Integration politischer Grenzen im modernen Nationalstaat vollzogen hat. Simmel stellt zwar die Übercodierung der modernen Staatsgrenzen, ihre gleichzeitig räumliche und soziale Realität, deutlich heraus und betont den Vorrang der sozialen oder symbolischen Realität vor der räumlichen. Den psychischen Effekt dieser Übercodierung, die Erzeugung »seelischer Kohärenz« der sozialen Gruppe, schreibt er jedoch einzig und allein der Rückwirkung zu, die die Anschauung des einmal räumlich-sinnlich gewordenen Gebildes auf das Bewußtsein der Gruppe hat. Er überspringt damit zweierlei:

Zum einen bleiben jene Machteffekte der Disziplinargesellschaften außer acht, die Foucault beschrieben hat und die ja ganz wesentlich darin bestehen, den sozialen Raum und die soziale Zeit innerhalb der politischen Grenze nach bestimmten Kohärenzvorgaben zu strukturieren. »Politische Anatomie« und »Biopolitik der Bevölkerung« heißen bei Foucault bekanntlich die Normalisierungstechniken, die im politischen Raum des Nationalstaats einen homogenen Gesellschaftskörper schaffen. Die Disziplinen, so Foucault, organisieren einen analytischen, seriellen, geometrischen und panoptischen Raum, der die

Bewegungen und die Lüste, die Körper und die Seelen der Subjekte bis ins kleinste codiert (Foucault 1976; 1977). Erst in diesem politischen Innenraum entsteht jene »seelische Kohärenz« – oder, wie ich gerne übersetzen würde: jenes kollektive Imaginäre, das es einer Bevölkerung erlaubt, sich mit sich selbst in ihrem Staat politisch zu identifizieren, sich selbst als »Volk« zu erleben und als »Volk« zu handeln.

Das zweite, was Simmel überspringt (und das ist vielleicht noch wichtiger), ist die spezifische ideologische Form, die die Übercodierung der politischen Grenze im modernen Nationalstaat annimmt. Diese schreibt sich nämlich nicht einfach als Überblendung soziologischer und räumlicher Verhältnisse, sondern – sehr viel spezifischer – als Überblendung von Landesgrenzen und Körpergrenzen. Wenn z.B. Fichte fordert, die »äußeren Grenzen« müssen zu »inneren Grenzen« werden, so ist darin eine Idee der Nation oder des Volkes angesprochen, die diese mit einer sehr viel älteren Vorstellung der Gemeinschaft als eines mystischen Körpers – *corpus mysticum* – verschmilzt. Ernst H. Kantorowicz hat in seinem Buch über *Die zwei Körper des Königs* sehr detailliert nachvollzogen, auf welchen Wegen die abendländische Leitidee der Gemeinschaft, deren klassische Formulierung sich bekanntlich bereits bei Paulus findet, in den modernen Nationalstaat importiert wurde und dort auf den *corps moral et collectif* (Rousseau) des Volkes Anwendung fand. Von einem religiösen Zusammenschluß, einem gemeinsamen Leib, wie er nach altkatholischer Auffassung in der Eucharistie entsteht, wird der mystische Körper zunächst zu einem administrativen Gebilde, zur organisatorischen Körperschaft Kirche im 12. Jh. Dadurch bekommt er eine gewisse rechtliche Konnotation, »einen korporativen Charakter, der eine ›fiktive‹ oder ›juristische‹ Person bedeutete. (…) Demgemäß wurde der Ausdruck *corpus mysticum* synonym mit *corpus fictum, corpus imaginarium, corpus repraesentatum* und dergleichen gebraucht« (Kantorowicz 1990: 220) und in diesem Sinn dann auch auf weltliche Gemeinschaften angewandt. Die mittelalterliche Sozialphilosophie kannte bereits fünf solcher Gemeinwesen *(universitates):* Haushalt, Nachbarschaft, Stadt, Königreich und Welt. Jede dieser Einheiten bildete ein *corpus mysticum.* Im 14. Jh. definierte Baldus dann zum ersten Mal das Volk als einen mystischen Körper. »Nach seiner Auffassung war ein *populum* nicht einfach die Summe der Individuen einer Gemeinschaft, sondern *hominum collectio in unum corpus mysticum,* die Sammlung von Menschen in einem mystischen Körper. (…) Bald wurde der Ausdruck vom ›mystischen Körper‹ auf jedes *corpus morale et politicum* im aristotelischen Sinne anwendbar« (Kantorowicz 1990: 221), *a fortiori* dann auch auf den Staat. Das 14. Jh. kennt auch bereits den Fürsten als Haupt des Reichs und das Reich als Leib des Fürsten (Kantorowicz 1990: 226). Allerdings besteht das gesamte

Mittelalter noch auf dem spirituellen oder später dann spirituellen und juridischen Charakter dieser Körperschaften. Im Unterschied zum *corpus verum* einer natürlichen Person sind sie nicht tastbar und »stoßen« sich daher auch nicht im Raum (um die Formulierung Simmels wiederaufzugreifen). Erst im modernen Begriff der Souveränität als Gebietshoheit »materialisiert« sich dann das *corpus mysticum* zum Territorium, dessen Grenzen jetzt zugleich als Grenzen des Volks- oder Gemeinschaftskörpers aufgefaßt werden können. Zwischen der mittelalterlichen Auffassung vom *corpus mysticum* und dem modernen Territorium vermittelt dabei das Konzept der *patria,* dessen Karriere vom Namen für das himmlische Jerusalem über die Bezeichnung für den Wohn- und Geburtsort (im Mittelalter) bis hin zum in Staatsgrenzen eingefaßten Vaterland Kantorowicz ebenfalls nachzeichnet (Kantorowicz 1990: 241-278; Kantorowicz 1951).

Der moderne Nationalstaat definiert das Territorium als *patria,* die *patria* aber wiederum als *corpus mysticum populi* und verschmilzt auf diese Weise Volk und Boden. Entscheidend ist dabei, daß nicht nur die Gemeinschaft als kollektiver Körper, sondern dieser kollektive Körper wiederum als »großer Mensch«, also nach dem Vorbild des menschlichen Körpers gedacht wird – ich erinnere hier nur an das bekannte Titelkupfer von Thomas Hobbes' *Leviathan.*[3] Die politische Ikonographie verdeutlicht dabei mit unübertrefflicher Prägnanz, was es mit der von Simmel herausgestellten Überblendung soziologischer und räumlicher Grenzen im besonderen Fall des Nationalstaats auf sich hat: Der Umriß des »großen Menschen« stellt hier ja gleichzeitig den imaginären »Körper des Königs«, die Landesgrenzen *und* den Körper des Volks, die Gestalt des *corpus mysticum populi* dar. Prägnanter läßt sich, denke ich, die Identifizierung von Volk und Führer einerseits, von Volkskörper und territorialem Staatskörper andererseits nicht zum Ausdruck bringen. Wenn auf der einen Seite der Souverän oder der Führer das Volk verkörpert (repräsentiert), so inkorporiert, exaltiert oder verdoppelt das Vaterland auf der anderen Seite den Körper des Volks: »Die Funktion des vom Staat eingehegten Raums ist es, die Bevölkerung mit einem (imaginären) Körper auszustatten, der ihr erlaubt, sich als ›Volk‹ zu erleben und als ›Volk‹ zu handeln. Darin besteht der Vorgang der Nationalisierung. Wie der König nach Kantorowicz hat nämlich auch das Volk zwei Körper, einen dispersen (zusammengesetzt aus den ›empirischen‹ Körpern der das Volk ›tragenden‹ Bevölkerung eines historisch kontingent abgegrenzten Territoriums) und einen homogenen, der sich als Effekt der imaginären, *fiktionalen* Vereinheitlichungsfunktion des umhegten Raumes (...) herstellt« (Balke 1992: 47). Die staatlichen Grenzen werden zu inneren Grenzen der nationalisierten Subjekte, sie werden *vital.*

Wer sein Vaterland verteidigt, verteidigt fortan die Integrität seiner eigenen Körperimago.[4] Erst wenn die räumliche Grenze zur seelischen geworden, wenn der Körper des einzelnen psychosomatisch, via Körperbild, mit dem imaginären Volkskörper verkoppelt ist, hat die Forderung, fürs Vaterland zu sterben, Aussicht auf Erfolg. Nicht zufällig bemißt sich der Grad erreichter nationaler Identifizierung an der Fähigkeit, sich kollektiv dem Tod auszusetzen. Nicht zufällig herrscht an den politischen Grenzen des 19. und 20. Jahrhunderts nicht die Neutralität, mit der etwa zwei Raumstücke aneinandergrenzen, sondern eine Spannung, die Simmel als prekären »Indifferenzzustand von Defensive und Offensive« (Simmel 1992a: 695) beschreibt.

So steht die »Mikrophysik der Macht«, die politische Anatomie des menschlichen Körpers, die Foucault so eindrucksvoll beschreibt, vielleicht doch nicht ausschließlich im Dienst des Lebens. Unstreitig leisten aber die Disziplinen jene psychosomatische Integration, durch die die Körper der einzelnen in die kollektiven Großkörper, die »Mannschaften« des imaginären Volkskörpers[5] eingeschmolzen werden. »Der historische Augenblick der Disziplinen«, schreibt Foucault, »ist der Augenblick, in dem eine ›bestimmte‹ Kunst des Körpers das Licht der Welt erblickt. (…) Der menschliche Körper geht in eine Machtmaschinerie ein, die ihn durchdringt, zergliedert und wieder zusammensetzt« (Foucault 1976: 176). Auch die Nationalisierung, das *nation-making* oder die politische Konstruktion des Volkes ist eine solche *Kunst des Körpers.* Sie funktioniert über die mit den Disziplinierungstechniken verbundene Produktion und Manipulation von Körperbildern.

Simmels These von der politischen Grenze als der Verräumlichung soziologischer Unterscheidungen mit seelischer Rückwirkung bedarf also der Ergänzung und Korrektur. Die »Solidarität« und »Verschmelzung« von Staat und Raum, die Simmel konstatiert, schreibt sich nicht einfach als geschickte Ausnutzung gewisser »Grundqualitäten« der Raumform selbst durch den Staat (Simmel nennt insbesondere Ausschließlichkeit und Teilbarkeit). Sie schreibt sich wesentlich als Säkularisierung, Materialisierung oder eben Verräumlichung gewisser Leitideen, die im Bereich der Kirche, also gerade am entgegengesetzten Pol von Simmels Raum-Skala, entstanden sind. Die Überblendung von räumlichen und seelischen Grenzen, die Simmel als bloßes Faktum konstatiert, bedarf einer bestimmten Ideologie und einer bestimmten Technologie der Macht, bestimmter Körperbilder und bestimmter Körpertechniken, um in der spezifischen Form des modernen Nationalismus wirksam zu werden.

Es ist letztlich wohl der Abstraktheit von Simmels Raumbegriff geschuldet, daß dies bei ihm nicht in den Blick rücken kann, wobei die Abstraktheit dieses durchweg an Kant orientierten Raumbegriffs gleichzeitig die Stärke und die

Schwäche seines Ansatzes ausmacht. Mit Kant betont Simmel, daß der Raum als solcher lediglich eine leere Form, und zwar nicht der Dinge an sich, sondern der Anschauung sei, letztlich eine bloße »Tätigkeit der Seele, nur die menschliche Art, an sich unverbundene Sinnesaffektionen zu einheitlichen Anschauungen zu verbinden« (Simmel 1992a: 689). Das »idealistische Prinzip, daß der Raum unsere Vorstellung« sei, spezialisiere sich für die räumlichen Ordnungen der Gesellschaft so, daß »die Raumgestaltung, die wir Grenze nennen«, als soziologische, sprich: subjektive und symbolische Funktion betrachtet werden müsse (»Der Natur gegenüber ist jede Grenzsetzung Willkür«). Dieser subjekttheoretische Ansatz erlaubt es Simmel, der um die Jahrhundertwende blühenden Anthropogeographie und politischen Geographie eine genuine Soziologie des Raums, vergleichbar der sozialen Morphologie bei Durkheim und Marcel Mauss, entgegenzustellen. Auch Marcel Mauss z.B. betont gegenüber der Anthropogeographie, daß der »tellurische Faktor« gleichsam immer schon symbolisch überformt sei, daß er erst als soziale Tatsache wirksam werde (Mauss 1989: 188).

Gleichzeitig verhindert das transzendentalphilosophische Niveau der Analyse bei Simmel aber, daß die in Anschlag gebrachte Subjektivität der Raumvorstellung anders verstanden wird denn als unkörperliche, überhistorische Produktion, die gegenüber ihren je spezifischen kulturellen und historischen Inhalten indifferent bleibt. Damit bleibt das je Kulturspezifische der Raumvorstellungen ebenso ausgeklammert wie die wechselseitige Abhängigkeit von Raumvorstellungen und Körperbildern bzw. Raumordnungen und Körpertechniken. Dieser Zusammenhang kann erst begegnen, wenn Subjekte in ihrer je spezifischen, und d.h. immer schon: sozial vermittelten Leiblichkeit betrachtet werden. Den Weg in diese Richtung weisen einerseits Phänomenologie und Psychoanalyse (Husserl, Freud, Merleau-Ponty, Lacan), andererseits ethnologische Forschungen (Marcel Mauss, aber z.B. auch Mary Douglas). Nicht zuletzt sei aber auch auf Norbert Elias verwiesen, der in seinem Werk immer wieder betont, daß der Prozeß der eingrenzenden Ich-Bildung nebst entsprechenden Körpertechniken (Tischsitten, Sexualregimes usw.) nicht von dem der Zentralisierung der Staatsmachten zu trennen sei.

Anmerkungen

1 »Zuvörderst und vor allen Dingen: – Die ersten, ursprünglichen und wahrhaft natürlichen Grenzen der Staaten sind ohne Zweifel die inneren Grenzen« (Fichte

1928: 445). Vgl. dazu auch Balibar/Wallerstein 1990: 117: »Mit anderen Worten, man muß, um die von Fichte in seinen *Reden an die deutsche Nation* von 1808 verwendete Terminologie aufzugreifen, dafür Sorge tragen, daß die ›äußeren Grenzen‹ des Staates auch ›innere Grenzen‹ werden, oder – was auf das Gleiche hinausläuft – daß die äußeren Grenzen ständig als Projektion und Schutz einer inneren kollektiven Identität gedacht werden, die jeder in sich trägt und die es ihm erlaubt, den Staat räumlich und zeitlich als einen Ort zu erleben, wo man immer gewesen ist und wo man immer ›zuhause‹ sein wird.«

2 Fèbvre (1990: 32f.) unterscheidet wortgeschichtlich die Grenze als Geländestreifen oder Randzone eines Landes *(limite, confins)* von der Grenze als Frontlinie einer dem Feind gegenüber zur Schlacht aufgestellten Truppe *(frontière)* und beschreibt den Prozeß der Nationalisierung wesentlich als allmähliche *Militarisierung* der politischen Grenzen: »Daß aber endlich *frontière* unter Beibehaltung seiner alten militärischen Bedeutung synonym mit *limite* geworden ist, daß wir dies heute bevorzugen, um die mit Grenzsteinen und -pfählen abgesteckte Außenkante eines Landes zu bezeichnen – beruhen nicht diese neuesten Veränderungen darauf, daß man eine ständige, allgemeine Wehrpflicht eingerichtet und die Nation völlig militarisiert hat?« Die Schlußfolgerung: »Nicht von der Grenze, der *frontière* selbst also muß man ausgehen, um sie zu erforschen, sondern vom Staat. Ein bestimmter Staat hat eine bestimmte Grenze *(limite)* – und gegebenenfalls eine bestimmte Grenze *(frontière)* im militärischen und politischen Sinn des Wortes.« Die *frontière* ist, wie man mit Simmel sagen könnte, eine politische Tatsache, die sich räumlich formt.

3 Eine analoge Darstellung gibt es aber z.B. auch von Mussolini. Es handelt sich um eine Photomontage, in der der Körper Mussolinis aus einer Masse kleiner Menschen gebildet wird (abgedruckt bei Falkenhausen 1996: 13).

4 Vgl. zum Begriff des Körperbilds oder der Körperimago vor allem Dolto 1987. Im Unterschied zum neurologischen Körper*schema,* das im Prinzip für alle Individuen der Gattung Mensch das gleiche ist, strukturiert sich das Körper*bild* nach Dolto wesentlich durch Kommunikation zwischen Subjekten. Es ist symbolisch vermitteltes Imaginäres und daher kulturell und individuell variabel. Dolto betont, daß »jeder Kontakt mit dem anderen (...) vom Körperbild getragen (wird)«, denn »im Körperbild – als Stütze des Narzißmus – kreuzen sich Zeit und Raum; in ihm ertönt die unbewußte Vergangenheit in der gegenwärtigen Beziehung« (Dolto 1987: 20). Klaus Theweleit (1995: 18) greift den Terminus auf und betont, daß der Topos von der Stadt oder dem Staat als menschlichem Körper mit Haupt und Gliedern auf der Existenz der Körperimago basiere. Auch Mary Douglas (1986: 106) stellt diesen Zusammenhang her und behauptet im Anschluß an Marcel Mauss, »daß der menschliche Körper immer und in jedem Fall als Abbild der Gesellschaft aufgefaßt wird«, »daß es überhaupt keine ›natürliche‹, von der Dimension des Sozialen freie Wahrnehmung und Betrachtung des Körpers geben kann.«

5 Klaus Theweleit (1995: 40-70) hat diesen Volkskörper als »männlichen Institutionenkörper« beschrieben und insofern den geschlechtsspezifischen Aspekt der Disziplinierung hervorgehoben.

Literatur

Balibar, Etienne/Wallerstein, Immanuel (1990), Rasse, Klasse, Nation. Ambivalente Identitäten. Hamburg/Berlin.

Balke, Friedrich (1992), Die Figur des Fremden bei Carl Schmitt und Georg Simmel, in: Sociologia Internationalis 30: 35-59.

Dolto, Françoise (1987), Das unbewußte Bild des Körpers. Weinheim/Berlin.

Douglas, Mary (1986), Ritual, Tabu und Körpersymbolik. Sozialanthropologische Studien in Industriegesellschaft und Stammeskultur. Frankfurt/M.

Falkenhausen, Susanne von (1996), Vom Ballhausschwur zum Duce. Visuelle Repräsentation von Volkssouveränität zwischen Demokratie und Autokratie, in: Annette Graczyk (Hrsg.): Das Volk. Abbild, Konstruktion, Phantasma. Berlin.

Fèbvre, Lucien (1990), *Frontière* – Wort und Bedeutung, in: Das Gewissen des Historikers. Frankfurt/M.

Fichte, Johann Gottlieb (1928), Reden an die deutsche Nation, in: Othmar Spann (Hrsg.): Die Herdflamme. Sammlung der gesellschaftswissenschaftlichen Grundwerke aller Zeiten und Völker, Bd. 15/1. Jena.

Foucault, Michel (1976), Überwachen und Strafen. Die Geburt des Gefängnisses. Frankfurt/M.

Foucault, Michel (1977), Sexualität und Wahrheit Bd. 1: Der Wille zum Wissen. Frankfurt/M.

Kantorowicz, Ernst H. (1951), *Pro patria mori* in Medieval Thought, in: American Historical Review 56: 472-492 (Nachdruck 1965, *Pro patria mori* in Medieval Political Thought, in: Selected Studies, 308-324. New York.)

Kantorowicz, Ernst H. (1990), Die zwei Körper des Königs. Eine Studie zur politischen Theologie des Mittelalters. München.

Mauss, Marcel (1989), Soziale Morphologie. Über den jahreszeitlichen Wandel der Eskimogesellschaften, in: Soziologie und Anthropologie Bd. 1. Frankfurt/M.

Simmel, Georg (1992a), Der Raum und die räumlichen Ordnungen der Gesellschaft, in: Gesamtausgabe 11: Soziologie. Untersuchungen über die Formen der Vergesellschaftung. Frankfurt/M.

Simmel, Georg (1992b), Der Streit, in: Gesamtausgabe 11. Frankfurt/M.

Theweleit, Klaus (1995), Das Land, das Ausland heißt. Essays, Reden, Interviews zu Politik und Kunst. München.

Wahrig, Gerhard (1986), Deutsches Wörterbuch. München.

Staatlichkeit und Territorialität.

Soziologische Überlegungen zum Verhältnis von sozialer Ordnung und deren räumlicher Ortung[1]

Kay Junge

1. Einleitung

Der moderne Staat, soweit er sich denn überhaupt geschichtlich durchgesetzt hat und sich nicht nur der Suggestivkraft von Kartenbildern verdankt (Anderson 1991: 170-178), ist ein Territorialstaat. Er unterscheidet sich von wohl fast allen vormodernen Herrschaftssystemen durch einen nach außen hin exklusiven (Thompson 1994) und nach innen hin lückenlos zur Geltung gebrachten Anspruch auf Rechtshoheit in bezug auf ein Territorium. Er unterscheidet sich dadurch deutlich von vormodernen, in Form von Personenverbänden korporativ organisierten Herrschaftsverhältnissen, die sich gewöhnlich durch eine häufige Überlagerung und Fragmentierung von Zuständigkeitsbereichen auszeichneten und deshalb nur schwerlich durch bloß geographische Angaben voneinander zu trennen waren. Das Staatsgebiet gehört zu einem wesentlichen Definitionsmerkmal des modernen Staates (Willoweit 1975: 276; zur historischen Einordnung und spezifischen Modernität des Staates vgl. z. B. Heller 1983: 140ff.; Schmitt 1958: 375-385; Hintze 1970a; Breuer 1994). Der »Staat ist diejenige menschliche Gemeinschaft,« – so Max Weber (1980: 822) – »welche innerhalb eines bestimmten Gebietes – dies: das ›Gebiet‹, gehört zum Merkmal – das Monopol legitimer Gewaltsamkeit für sich (mit Erfolg) beansprucht.« Sein auf das Staatsgebiet bezogene Gewaltmonopol behauptet der moderne Staat nicht mehr nur gelegentlich und in extremen Krisensituationen, sondern vor allem durch einen eigens dafür eingerichteten, kontinuierlich und flächendeckend arbeitenden Polizeiapparat (Stichweh 1991: 224ff). Erst mit dem Ausbau eines solchen Apparates wird eine flächendeckende Pazifizierung des staatlichen Territoriums möglich. Anthony Giddens (1985: 120, 172) umschreibt mit seiner Formel vom power-container, vom Staat als Machtbehälter, wie ich glaube treffend die besondere Art und Weise, in welcher der moderne Staat auf sein Territorium bezug nimmt.

Im folgenden soll die Frage beantwortet werden, warum es im Fall des modernen Staates durchaus Sinn zu machen scheint, von einem Territorial- oder Flächenstaat zu sprechen, während ein Verweis auf eine bestimmte Fläche, auf ein kartographisch leicht zu identifizierendes und geographisch deutlich abgegrenztes Territorium im Fall von wohl mehr oder weniger allen anderen sozialen Systemen kaum möglich scheint. Warum gehört der explizite Verweis auf ein Gebiet zur Definition des Staates, während gleiches z.B. von der Liebe, der Wissenschaft, der Religion, der Erziehung, ja selbst von der Wirtschaft kaum behauptet werden kann? Natürlich lassen sich auch im Hinblick auf diese Systeme bestimmte räumliche Verteilungen empirisch feststellen, aber diese Verteilungen haben keinen, man könnte vielleicht sagen: intrinsischen Bezug zum jeweiligen Kommunikationsgeschehen. Die Frage nach dem Territorium eines dieser Systeme und nach dessen Größe in Quadratmetern oder -kilometern scheint auf etwas irgendwie Irrelevantes zu zielen und man könnte sie, wie die Frage nach ihrem Gewicht – mit der Luhmann bekanntlich zuweilen zu kokettieren pflegte –, für mehr oder weniger absurd halten. Um eine der Sache angemessene Verortung vornehmen zu können, ist der Begriff des Territoriums in den allermeisten Fällen unbrauchbar und wenigstens aus soziologischer Sicht – wie Pitrim A. Sorokin (1943: 97-157) ausführlich gezeigt hat – ein Fall von »misplaced concreteness«. Emerich K. Francis (1957: 106f) spricht in diesem Zusammenhang auch von einem »planimetrischen Irrtum«. Das Verhältnis von Ordnung und Ortung läßt sich für kaum ein gesellschaftliches Teilsystem, aber auch nicht für die Gesellschaft als ganze durch eine schlichte geographische Projektion sinnvoll bestimmen. Carl Schmitt (1950), von dem ich das Begriffspaar von Ordnung und Ortung übernehme – ohne den von Schmitt damit verbundenen Mythologemen hier folgen zu wollen –, bezweifelt sogar, daß sich in unserem Jahrhundert selbst Staaten noch sinnvoll in kartographisch eindeutiger Weise umgrenzen lassen.

Soziale Systeme scheinen sich in der geographischen Projektion zuweilen in einer merkwürdigen Weise zu durchdringen. »Handlungssysteme« – so Niklas Luhmann (1964: 60) – »sind nicht substantiell undurchdringliche Blöcke, sondern Ereigniskomplexe, die durch verschiedene Erwartungsstrukturen Sinn und Begrenzung erhalten. Ihre Grenzen sind Grenzen der Erwartbarkeit von Handlungen.« Bereits Max Weber (1980: 14) hat bekanntlich den Bestand einer sozialen Beziehung auf ganz ähnliche Weise über Wahrscheinlichkeitserwartungen definiert: »Nur das Vorliegen dieser Chance: – der mehr oder minder großen Wahrscheinlichkeit also, daß ein sinnentsprechendes Handeln stattfindet, und nichts darüber hinaus – bedeutet der ›Bestand‹ der sozialen Beziehung.« Mit dem hier – bei Luhmann, wie auch bei Weber – zugrundegelegten Begriff der Verhaltenserwartung ist gewissermaßen das Nadelöhr benannt, durch welche das Thema Raum lanciert werden muß, um soziologisch angemessen formuliert werden zu können und gesellschaftstheoretisch integrierbar zu sein.

Im Fall des modernen Staates koinzidieren die Grenzen der Erwartbarkeit und damit der Bestand der unter den Begriff des Staates subsumierbaren, sozialen Beziehungen unter einem entscheidenden und konstitutiven Aspekt mit dem jeweiligen Staatsgebiet. Ich möchte deshalb im folgenden die eigentümliche Bauweise des »power-containers«, wie es bei Giddens heißt, näher beleuchten und dessen fiktive Körperlichkeit (Röttgers 1990: 225ff) als das spezifische Produkt der Ausdifferenzierung politischer und rechtlicher Kommunikation rekonstruieren. Dabei werde ich mich der Medientheorien Talcott Parsons' und Niklas Luhmanns bedienen und auf einige zentrale Überlegungen von Heinrich Popitz zum Thema Macht und von Thomas Schelling zum Thema Drohung und Abschreckung zurückgreifen. Die Frage der Staatsentstehung (dazu: Tilly 1985) wie auch die der Legitimation politischer Herrschaft kann ich hier aus Platzgründen nicht behandeln, sondern allenfalls streifen. Auch die nicht erst heute virulente Frage nach dem Verhältnis von nationalem und internationalem Recht und dessen Durchsetzungsmöglichkeiten und das Problem der Einbindung der einzelnen Staaten in ein internationales Staatensystem müssen deshalb ausgeblendet bleiben.[2]

2. Positive und negative Sanktionen, Handlungen und Unterlassungen, Netzwerke und Gebietsansprüche

Sobald Gesellschaften eine Größenordnung erreichen, bei der es unmöglich wird, daß noch jeder jeden kennt, und das Problem der sozialen Ordnung von Angesicht zu Angesicht verhandelt oder gewaltsam entschieden werden kann, entsteht ein Desiderat für andere als bloß sprachliche Kommunikationsmedien und Integrationstechniken. Mit der wachsenden Differenzierung von Interaktion und Gesellschaft und gestützt auf eine Reihe historisch neuartiger Kommunikations- und Transporttechniken erhalten Austauschmedien, wie sie bei Parsons heißen bzw. symbolisch generalisierte Kommunikationsmedien, so der von Luhmann bevorzugte Begriff, eine evolutionäre Chance. Solche Medien haben die Funktion, in Situationen doppelter Kontingenz, also in Situationen, in denen jeder der Beteiligten auch anders könnte, selbst dann noch den kommunikativen Anschluß in bestimmter Weise sicherzustellen, wenn die

»Bordmittel der Interaktion« (Luhmann 1984: 455) selbst dazu nicht mehr in ausreichendem Maß motivieren können.

Symbolisch generalisierte Kommunikationsmedien erhöhen die Wahrscheinlichkeit, daß eine bestimmte Sinnselektion des einen Kommunikationsteilnehmers – soweit er sein Verhalten am Code eines dieser Medien orientiert – vom anderen als Prämisse zukünftigen eigenen Verhaltens angenommen wird. Um Ego zur Annahme einer bestimmten Offerte motivieren zu können, muß Alter über bestimmte Sanktionsmöglichkeiten verfügen. Kommunikationsmedien ist – so Parsons (1967a: 361) – die Befehlsform eigen; Kommunikationsmedien dienen nicht allein der Übertragung von Informationen, sondern darüber hinaus dazu, bestimmte Ergebnisse zu erzielen. Wer in dieser Weise adressiert wird, sieht sich in eine spezifisch konditionierte Entscheidungssituation versetzt. Nur, wenn sich die Annahmebereitschaft möglicher Adressaten auf symbolisch generalisierte Weise konditionieren läßt, kann sich ein entsprechendes Kommunikationsmedium evolutionär behaupten und nur dann lassen sich lange Handlungsketten aufbauen und läßt sich das soziale Geschehen auch über größere räumliche Distanzen hinweg integrieren.

Parsons bestimmt die verschiedenen Sanktionsmechanismen der von ihm identifizierten Medien (nämlich Geld, Macht, Einfluß und Wertebindung) mit Hilfe von zwei Kriterien, über die sich diese vier Medien kreuztabellieren lassen. Das erste Kriterium bezieht sich auf den »Kanal« oder Bezug der Sanktion: Eine Sanktion Alters kann sich entweder auf die äußere Situation von Ego richten oder aber auf sein Innenleben, seine Intentionen, beziehen. Das zweite Kriterium, das mich hier im folgenden vor allem interessiert, bezieht sich auf den Modus der Sanktion: Eine Sanktion kann entweder *positiv* sein oder *negativ* (Parsons 1967: 310ff; 1967a: 361ff). Geld beispielsweise erlaubt dem, der aktuell darüber verfügt, eine positive, situationsbezogene Sanktionierung möglicher »Tauschpartner«, während Macht auf negativen, aber gleichfalls situationsbezogenen Sanktionen beruht. Ich werde mich im weiteren auf diese beiden Medien beschränken und dabei vor allem auf das oben genannte Bezugsproblem konzentrieren. Dabei wird am Rande gelegentlich sichtbar werden, daß dieses Bezugsproblem alleine natürlich zu abstrakt gefaßt ist, um Macht und Geld voneinander zu differenzieren. In spieltheoretischen Termini ausgedrückt, könnte man sagen, daß das Medium Macht vor allem dazu dient Kooperationsprobleme zu lösen, während das Medium Geld vor allem Koordinationsprobleme löst. Diese Unterscheidung wird u.a. zentral, wenn man nach dem oder den jeweiligen Benefiziar(en) dieser beiden Sanktionsweisen fragt: Wer ein Kaufangebot erhält, kann sich ganz offensichtlich zum Nutznießer dieser Offerte machen; wer aber beispielsweise mit der Drohung konfrontiert wird, sich aus dem Staub zu machen oder aber eine Tracht Prügel zu kassieren oder wer sich auf das Risiko einläßt, auf der Straße »geblitzt« zu werden und ein Strafmandat zu erhalten, wird sich kaum als unmittelbarer Nutznießer einer solchen Situation betrachten wollen. Auch die Sanktionsinstanz selbst ist hier häufig nicht der unmittelbare Nutznießer. Es sind vielmehr zumeist Dritte oder wenigstens zumeist auch Dritte, die vom hier geforderten Verhalten oder der Einhaltung der hier jeweils relevanten Normen und damit von der Sanktionierung der Normverletztung profitieren. Negative Sanktionen und damit das Medium Macht dienen in vielen Fällen – vor allem aber im von uns zu diskutierenden Fall des Staates – der Herstellung eines öffentlichen Gutes. Angebot und Nachfrage nach einem solchen Gut sind dabei typischerweise – nämlich aufgrund des sogenannten Trittbrettfahrerproblems erster und zweiter Stufe – nur sehr indirekt aneinander gekoppelt (vgl. Coleman 1986; 1990: 241-299) und keinesfalls mit den oben thematisierten Rollen von Ego und Alter zu verwechseln. Dies gilt es bei den folgenden Überlegungen nicht ganz aus den Augen zu verlieren.[3]

In seinem Aufsatz über die »principle structures of community« (1960), dem meines Wissens einzigen Aufsatz, in dem Parsons das Verhältnis von Ordnung und Ortung ausführlich behandelt, finden sich zwei für unsere Überlegungen grundlegende Unterscheidungen, mit denen sich die Abgrenzung der einzelnen Medien voneinander im Anschluß an die Unterscheidung von negativen und positiven Sanktionen weiter spezifizieren läßt. Parsons verweist auf eine Eigentümlichkeit von Macht, die häufig übersehen zu werden scheint: Um bestimmte erwünschte *Handlungen zu motivieren*, scheinen sich Medien mit positiven Sanktionsmöglichkeiten besonders zu empfehlen. Negative Sanktionen hingegen eignen sich besonders, wenn es darum geht, bestimmte *Handlungen zu verhindern*. Gewalt oder die Drohung mit Gewalt, ist – so Parsons (1960: 260) – die »ultimative Sanktion«, wenn es um die Verhinderung von befürchteten und nicht-genehmen Handlungen geht, oder anders formuliert, wenn es um die Motivation von Unterlassungen geht.

Handlungen und *Unterlassungen* haben nun – so vermute ich – ganz unterschiedliche strukturbildende Effekte, die sichtbar werden, wenn man sich fragt, auf welche Weise sich über sie jeweils mehrere Ereignisse verknüpfen lassen, wenn man fragt, in welcher Weise sie den Aufbau längerer Handlungs- bzw. Unterlassungsketten erlauben. Ich vermute, daß sich – im Normalfall wenigstens – an Unterlassungen nur vergleichsweise schlecht und nur diffus anschließen läßt. An einen unterbliebenen Diebstahl des Reisegepäcks beispielsweise kann man nicht ohne weiteres konkret anschließen. An ein leicht zu identifizierendes, konkretes Ereignis, beispielsweise eine Einladung zum

Abendessen, hingegen kann man gewöhnlich viel direkter und spezifischer sinnvoll anschließen. Zwar handelt es sich in beiden Fällen um Zurechnungsprozesse, aber doch eben um Zurechnungsprozesse von gewöhnlich deutlich verschiedenem Abstraktionsgrad und Anschlußwert.

Die unterschiedlichen Strukturbildungseffekte von positiven und negativen Sanktionen und der durch sie jeweils motivierten Handlungen und Unterlassungen führen zu zwei deutlich verschiedenen Verortungsweisen des jeweiligen sozialen Geschehens. Medien, die sich auf negative Sanktionen gründen, definieren die soziale Relevanz eines Raumes in einer ganz anderen Weise als Medien, die sich auf positive Sanktionen stützen. Mit Hilfe einer weiteren durch Parsons (1960) eingeführten Unterscheidung läßt sich dieser Kontrast bezeichnen. Parsons unterscheidet place und area, *Ort* und *Gebiet*.[4] Primär auf die Unterbindung von Handlungen zielende negative Sanktionen sind immer konditional auf Zuwiderhandlungen angewiesen, bevor sie zum Einsatz kommen und zwingen deshalb die sanktionierende Instanz zur Überwachung möglicher Delinquenten. Überwachung ist aber nur dann erfolgreich, wenn sie lückenlos geschieht. Macht, soweit sie auf Überwachung angewiesen ist, wirkt deshalb raumfüllend oder flächendeckend. Macht auszuüben bedeutet deshalb gewöhnlich Macht innerhalb eines bestimmten Gebietes auszuüben.

Die Spezifik dieses durch soziale Überwachung definierten Raumes oder Gebietes wird sofort deutlich, wenn man sie mit der räumlichen Einbettung eines über positive Sanktionen operierenden Mediums vergleicht. Die Sanktionierung eines bestimmten Verhaltens kann immer nur an einem bestimmten Ort stattfinden. Im Fall von Konformität spannen positive Sanktionen aber allenfalls ein bestimmtes Beziehungsgeflecht von Handlungsketten auf, treffen jedoch offensichtlich nur selten, gewissermaßen flächendeckend die gesamte Population eines bestimmten Gebietes.

Das Medium Geld beispielsweise verkörpert eine positive Sanktion. Man ist über eine Unzahl von Angeboten gar nicht im Bilde, läßt vieles liegen und bringt sein Geld nur hier und da zum Einsatz; nur ganz bestimmte Personen oder Organisationen werden von dem, der Geld bietet, in eine Entscheidungssituation gebracht. Geld erlaubt die Ausdifferenzierung eines Wirtschaftssystems, in dem die individuellen Zahlungsentscheidungen hoch selektiv miteinander verknüpft sind. Die Geldwirtschaft konstituiert keinen homogenen Raum, keinen perfekten Markt im Sinne der Neoklassik, in dem alle mit allen verknüpft sind, sondern sie lebt gerade von den Differenzen der Positionen. Erst die spezifische Verortung innerhalb eines Netzwerkes, die Okkupation einer bestimmten Nische (Hannan/Freeman 1989), oder – um mit Ronald Burt (1992) zu sprechen – erst die Löcher in diesem Beziehungsgeflecht erlauben einerseits unternehmerische Initiative und andererseits vorübergehende Stabilität.

Positive Sanktionen eigenen sich nicht nur vor allem zur Motivation bestimmter konkreter Handlungen (im Unterschied zu Unterlassungen); sie erleichtern darüber hinaus auch den Aufbau sozialer Beziehungen typischerweise mit *Netzwerkcharakter.* Negative Sanktionen hingegen dienen – neben anderem – vor allem der Behauptung politischer Macht, im Sinne von Parsons also der Behauptung kollektiv bindender Entscheidungen, wie auch der Durchsetzung von Rechtsnormen.[5] Diese durch Macht konditionierten, sozialen Beziehungen scheinen dabei typischerweise mit einem über Zugriffsmöglichkeiten bestimmten *Gebietsanspruch* verbunden. Ich möchte deshalb nun der Frage näher nachgehen, wie und in welcher Weise über einen solchen Anspruch Erwartungsstrukturen konditioniert werden, um herauszufinden, von welcher Art der Füllstoff – wenn ich so sagen darf – des von Giddens als »power-container«, als Machtbehälter, charakterisierten Territorialstaates ist. Die schon bei Hobbes oder Spinoza zu findende Rede vom Staat als »fiktivem Körper« weist uns den Weg zu einer Antwort (vgl. Röttgers 1990: 225ff).[6]

3. Fiktive Körper: Zur Wirksamkeit potentiellen Handelns

»Soziale Ordnungen sind ein Arrangement von Unterlassungen,« heißt es bei Heinrich Popitz (1992: 88). Normen strukturieren nicht nur, was zu tun ist, sondern ebenso immer auch, was zu unterlassen ist, ohne dies immer im einzelnen jeweils explizit zu machen. Traditionen und Routinen und nur dürftige oder schlechte Erfahrungen mit Alternativen garantieren, daß die meisten Unterlassungen gewöhnlich nicht explizit registriert werden und – wenn überhaupt – erst retrospektiv anhand von Enttäuschungen beobachtbar werden, welche die eigenen Erwartungen deutlicher hervortreten lassen. Sobald für die Kommunikationsteilnehmer aber jeweils mehrere Handlungsalternativen in Betracht kommen und miteinander arrangiert werden müssen, geraten diese Möglichkeiten deutlicher ins Feld der Aufmerksamkeit. Die möglichen Unterlassungen erhalten dadurch einen ganz anderen Wert. Sie lassen sich dann als in bestimmter Weise motiviert und intendiert zurechnen; sie lassen sich kritisieren und zurückweisen; sie lassen sich negieren. Soziale Ordnung verdankt sich der konditionalen Bindung solcher Negationspotentiale. Niklas Luhmann (1981: 43) spricht in diesem Zusammenhang auch von einer »Virtualisierung des Negierens«.[7]

Drohungen und Versprechungen sind – so Heinrich Popitz – die beiden wichtigsten sozialen Mechanismen, mit deren Hilfe sich die individuellen Handlungsmöglichkeiten und damit Negationspotentiale mehrerer Menschen miteinander arrangieren lassen. Diese Unterscheidung hat eine deutliche Affinität zu Parsons' Unterscheidung von positiven und negativen Sanktionen. Aber, und das ist hier entscheidend, sie bezieht sich nicht primär auf mögliche *Arrangements von Handlungen*, sondern auf mögliche *Arrangements von Möglichkeiten.*[8] Das Ankündigen einer möglichen Sanktion in Form einer Drohung oder in Form eines Versprechens, wie auch das Ausführung einer Sanktion in Form einer Bestrafung oder einer Belohnung sind jeweils konkrete Handlungen. Aber eine Drohung ist eben noch keine Bestrafung und ein Versprechen noch keine Belohnung. Drohungen und Versprechen wirken bereits, bevor sie wahr gemacht werden, ja möglicherweise sogar, ohne daß sie wahr gemacht werden müssen. Die Ankündigung einer möglichen, nämlich konditional an bestimmte Vorbedingungen gebundenen Sanktion zwingt den so adressierten, seine Handlungsalternativen erneut zu bewerten. Mit einer Drohung oder einem Versprechen versucht Alter zu signalisieren, daß er über bestimmte Handlungsmöglichkeiten verfügt, die für Ego von Konsequenz sein könnten. Soweit diese Möglichkeiten von Ego in Rechnung gestellt werden, vermögen sie bereits als bloße Möglichkeiten zu wirken (Popitz 1992: 96).

Wir können nun unsere *These*, daß über positive Sanktionen konditionierte Systembildung eine netzwerkartige Systemtopologie zur Folge hat, während eine über negative Sanktionen konditionierte Systembildung einen flächendeckenden Effekt produziert, *modaltheoretisch verschärfen.* Eine Drohung, soweit sie erfolgreich ist, wirkt als bloße Möglichkeit; im Falle von Konformität braucht sie nicht wahr gemacht zu werden und bleibt deshalb ortlos. Erfolgreiche Machtbehauptung beruht wesentlich auf einem bloßen Verrechnen von Möglichkeiten seitens der dabei involvierten Personen und Parteien. Diese Möglichkeiten lassen sich als unrealisierte Möglichkeiten nicht konkret lokalisieren, aber im Sinne von Zugriffsmöglichkeiten sehr wohl territorial eingrenzen.[9]

Um ein mögliches Übertreten der Gesetze kontrollieren und verfolgen zu können, muß der moderne Staat sein gesamtes Territorium deshalb tendenziell in einen Wahrnehmungsraum verwandeln (vgl. Foucault 1976: 275). Da die Unterscheidung von Recht und Unrecht kein Drittes duldet, muß der Geltungsbereich des Rechts genau überwacht werden können und klar umgrenzt sein, so daß sich dem Auge des Gesetzes letztlich nach Möglichkeit nichts entzieht. Geht man davon aus, daß das Recht die Funktion hat, Erwartungen zu stabilisieren, so kann dies nur gelingen, wenn es sich selbst einem Vollzugszwang unterstellt, denn ein Rechtsbruch, der nicht verfolgt würde, legitimiert sich schließlich aufgrund seiner bloßen Sichtbarkeit selbst. Das Wissen, mit den eigenen Erwartungen im Recht zu sein, wäre dann sozial folgenlos und würde dadurch auch für die Orientierung des eigenen Verhaltens tendenziell bedeutungslos. Was dem Auge des Gesetzes verdächtig erscheint, muß der Arm des Gesetzes auch greifen können. Die öffentliche Gewalt muß nicht nur potentiell überall, sondern im Bedarfsfall dann auch sofort präsent sein. »Schwindet das Bewußtsein von der latenten Anwesenheit der Gewalt in einem Rechtsinstitut, so verfällt es«, heißt es dazu pointiert bei Walter Benjamin (1965: 46, vgl. dazu auch: Baecker 1996). Für die Etablierung eines modernen Rechtssystems ist deshalb die Bewältigung des vom Vollzugszwang ausgehenden Zeitdrucks eine unabdingbare Voraussetzung. Der Geltungsbereich des Gesetzes darf nicht von der tatsächlichen Anwesenheit oder Abwesenheit einer Polizeipatrouille abhängig sein; Nähe und Ferne sind keine Rechtsbegriffe (vgl. Luhmann 1990: 105). Das für den modernen Staat konstitutive Recht kann sich deshalb nur behaupten, wenn er über eine geeignete Polizeiorganisation und ein entsprechendes Verkehrs- und Informationsnetz verfügt.[10] Nur so kann er bei Bedarf die von ihm ausgehende, ordnungsgarantierende Drohung mit Gewalt auch wahr machen. Die Existenz und Einheit des Staates verdankt sich deshalb nicht zuletzt dem Ausbau und der Entwicklung postaler und telekommunikativer Einrichtungen. »Der Telegraph hat den Arm der Polizei lang gemacht«, bemerkt bereits um die Mitte des letzten Jahrhunderts treffend Karl Knies (1857: 222). Das Auge und der Arm des Gesetzes müssen letztlich schneller sein als der Delinquent. Die Telegraphie ist das Nervensystem, das in der zweiten Hälfte des 19. Jahrhunderts diese beiden Organe flächendeckend und ohne große Verzögerungen zu koordinieren begann. Nur wenn auch wirklich sichergestellt werden kann, daß Gesetzesübertretungen geahndet und sanktioniert werden, kann der Staat sich als Garant von Ruhe und Ordnung selbst legitimieren. Das Auge des Gesetzes muß deshalb fast allgegenwärtig sein. Ohne eine hochkomplexe und effiziente »monitoring economy«, wie es bei Michael Hechter (1987: 150ff) heißt, ohne eine »infinitisimale« Kontrolle, wie Michel Foucault (1976: 274, 277) sie schon fast ein wenig paranoid beschwört,[11] scheint dies unmöglich.[12]

Aber die Stabilität eines politischen Systems hängt natürlich nicht nur von der Verfügbarkeit bestimmter Überwachungstechniken ab und der Bereitschaft, deren Kosten zu tragen. Die Integration sozialer Beziehungen über Macht verdankt sich unter anderem auch einem – wenn auch eng mit dem Überwachungsproblem verknüpften – spezifischen Schwellenwertphänomen, das mir in diesem Zusammenhang von Relevanz zu sein scheint. Erfolgreiche

Machtausübung beruht auf Drohungen, die nicht wahr gemacht werden müssen. Drohungen sind dann billig, wenn sie wirken, aber teuer, wenn man sie wahr machen muß. Wer droht, muß im Fall nicht-konformen Verhaltens aktiv werden; im Falle konformen Verhaltens hingegen steht der Machtausübende nicht weiter unter Zugzwang. Bei Versprechen verhält es sich hingegen genau umgekehrt. Von hier aus läßt sich die Effizienz und Ökonomie der auf positiven Sanktionen, auf Versprechen beruhenden Einflußmöglichkeiten mit den auf Drohungen beruhenden Einflußmöglichkeiten näher bestimmen. Thomas Schelling (1960: 177), wie auch Heinrich Popitz (1992: 91) haben sich dazu einhellig geäußert: Im Falle von Konformität sind Drohungen billig, Versprechungen aber teuer. Im Falle von Nicht-Konformität sind Drohungen teuer, Versprechungen jedoch billig.[13] Erst bei einer bestimmten Konformitätsbereitschaft kann sich deshalb ein staatlicher Machtapparat erfolgreich und flächendeckend behaupten. Ein vielleicht überzogener und vielleicht zu optimistischer Konsens über den vermeintlichen Grad der Konformität und die allgemeine Konformitätsbereitschaft (Hahn 1983), ein vielleicht nicht zutreffendes öffentliches Bild der individuellen Präferenzen (Kuran 1995) und die Präventivwirkung des Nichtwissens über Zahl und Erfolg der tatsächlichen Gesetzesübertretungen (Popitz 1968) können ihm dabei sicherlich zu gute kommen. Aber diese Konformitätsbereitschaft läßt sich vermutlich nicht alleine auf die jeweiligen Opportunitätsstrukturen und das Wissen der Akteure reduzieren. Sie variiert mit Sicherheit auch mit der moralischen Anerkennung und Legitimität der machtausübenden Institutionen. Wird das hier relevante Konformitätsniveau unterschritten – und allein die bloße Meinung, daß dies der Fall sei, könnte hier unter bestimmten Bedingungen den Ausschlag geben –, dann bieten über den Tausch von Gefälligkeiten und dgl. geknüpfte Netzwerke vermutlich die besseren Lebens- und Überlebenschancen. Als Alternative zu politischer Herrschaft in primitiven Gesellschaften (Malinowski 1985), wie bekanntlich auch beim Aufbau (vgl. z. B. Padgett/Ansell 1993) oder der Unterhöhlung (vgl. z.B. Gambetta 1994; Scheuch/Scheuch 1992) politischer Herrschaft in der modernen Gesellschaft, spielen solche Netzwerke eine gewichtige Rolle. Solche Netzwerke sind jedoch immer an bestimmte Personen gebunden und erfassen selten flächendeckend eine ganze Population.

4. Schluß

Mit Hilfe einer Reihe von Unterscheidungen habe ich mein Thema zu erschließen versucht: mit der von positiven und negativen Sanktionen, der von Handlung und Unterlassung, der von Versprechen und Drohung, von Konformität und Nicht-Konformität und schließlich der Unterscheidung von Netzen einerseits und Flächen oder Territorien andererseits. Das Recht konzentriert sich auf den Rechtsbruch, auf Abweichungen, und es arbeitet selbst mit negativen Sanktionen, die konditional auf den Rechtsbruch angewiesen sind. Die Erwartung von gegebenenfalls negativen Sanktionen – also ein Fiktum – motiviert das Faktum des unterlassenen Rechtsbruchs. Diese Erwartungen und die ihnen korrespondierenden Unterlassungen orientieren sich an den territorial umgrenzten staatlichen Zugriffsmöglichkeiten. Im Kontrast zu Versprechen und den im Erfolgsfall, also im Falle von Konformität dann ortsgebunden wahrzumachenden positiven Sanktionen, über die sich soziale Netzwerke zu bilden vermögen, konditionieren Drohungen gebietsspezifische Erwartungen und schaffen im Falle von Konformität einen mehr oder weniger homogenen, umgrenzten Raum. Während wir die Wirtschaft und die über das Medium Geld konditionierten Kommunikationen vorzugsweise durch die Netzwerkmetapher zu beschreiben geneigt sind, bietet sich für den Staat und das Medium Macht eher die nicht nur von Giddens favorisierte Behältermetapher an. Als ein fiktiver Körper im Hobbes'schen Sinne oder als Machtbehälter, im Sinne von Giddens, stellt der Staat sicher, daß innerhalb seiner Gebietsgrenzen die projektierten Unterlassungen immer und überall ausreichend motiviert werden

Anmerkungen

1 Ich danke Bernd Giesen, Manfred Lauermann, Dirk Baecker, Claus Offe sowie Alois Hahn und seinem Suppenseminar für Unterstützung und Kritik.

2 Mit einem Literaturverweis sei aber wenigstens vermerkt, daß sich die Entstehung des modernen Staats natürlich nicht angemessen als ein rein endogener, problemlos zu isolierender Prozeß begreifen läßt. Der modernen Staat entwickelt sich vielmehr von Anbeginn an im Rahmen eines zunächst auf Teile Europas beschränkten, aber heute weltweit, wenn auch keinesfalls flächendeckend institutionalisierten Staatensystems (Hintze 1970; Elias 1976: 123-311). Die Idee der Staatsräson und das Völkerrecht entwickeln sich zeitlich mehr oder weniger parallel, wenn auch von der Sache her teilweise gegenläufig. Anhand dieser Differenzierungen ist im übrigen auch gut zu erkennen, daß Modernisierung nicht ausschließlich dem Modus funktionaler Differenzierung folgt (vgl. Hahn 1997: 837-843; Hondrich 1992; Giesen 1996).

3 Daß es gewissermaßen quer zu den beiden Rollen des möglicherweise zu Sanktionierenden und der Sanktionsinstanz auch einen Markt für Machtausübung geben

kann, ist damit jedoch keinesfalls ausgeschlossen (vgl. dazu: Elwert 1997 und die mittlerweile klassische Arbeit von Lane 1979). Aber sowohl das Trittbrettfahrerproblem wie auch die Frage nach der Struktur von Gewaltmärkten kann hier nicht weiter verfolgt werden, ebenso soll uns der hier einhakbare Versuch Talcott Parsons', diese Problemlage durch ein Modell der »double interchanges« zu erfassen, nicht weiter interessieren.

4 Eine auf den ersten Blick vielleicht ähnlich anmutende Unterscheidung, nämlich die von Ort und Raum, von place und space, findet sich in der Literatur relativ häufig (vgl. z.B. Tuan 1977). Mit Hilfe dieser Begriffe werden der Wahrnehmungsraum und der abstrakte Raum der Geometrie und Kartographie kontrastierend benannt. Die Unterscheidung wird dabei zumeist phänomenologisch begründet. Ich habe mich hier hingegen nicht für einen phänomenologischen, sondern für einen kommunikationstheoretischen Zugang entschieden. Unter Gebiet soll hier deshalb eben auch nicht etwas natürlich gegebenes, beispielsweise einen Landstrich, verstanden werden, sondern etwas sozial produziertes, nämlich ein staatlich definiertes Territorium (dazu: Willoweit 1975: 283, 295ff). Man könnte meinen, daß sich ein phänomenologischer Zugang vor allem bei der Analyse von Mikrosituationen, von face-to-face Interaktionen empfiehlt, aber selbst hier läßt sich zeigen, daß ein phänomenologisch motivierter Begriff von Räumlichkeit soziologisch nur von begrenztem Nutzen ist, denn auch im Falle einfacher Interaktionssysteme entscheidet nicht primär die individuelle Wahrnehmung, sondern erst die einzelnen Redebeiträge und damit vor allem der Verlauf der Kommunikation selbst darüber, ob und unter welchem Gesichtspunkt eine bestimmte räumliche Verortung des kommunikativen Geschehens für den weiteren Verlauf des Gesprächs von Belang sein könnte (vgl. Schegloff 1972).

5 Uns interessiert hier ausschließlich die staatliche Macht in ihrer Funktion für die moderne Gesellschaft. Diese Form der Machtausübung ist bekanntlich immer auch rechtlich gebunden und konditioniert. Luhmann spricht in diesem Zusammenhang auch von einer Zweit-Codierung von Macht. Vergleichbare Zweit-Codierungen finden sich auch in anderen Funktionssystemen. Läßt man sich auf einen solchen Vergleich ein, dann fällt auf, daß die Zweit-Codierungen der Wirtschaft für die räumlich-territoriale Bodenfühlung dieses Systems ganz andere Folgen hatte, als die Zweit-Codierung der Politik. Während im Bereich der Wirtschaft die Zweit-Codierung des Eigentums durch Geld zu einer ungeheuerlichen Steigerung der wirtschaftlichen Mobilität führt, hat im Bereich der Politik die Zweit-Codierung der Macht durch Recht gewissermaßen einen umgekehrten Effekt. Recht macht Politik bodenständig. Ein Rechtsstaat ist immer auch ein Territorialstaat. Zahlreiche kritische Bemerkungen zu dieser heute teilweise vielleicht schon wieder anachronistisch wirkenden Entwicklung finden sich in Coleman (1986).

6 Hobbes und Spinoza fassen hier den Begriff des fiktiven Körpers, wie Röttgers (1990) zeigt, durchaus neu. Zu seinen ideengeschichtlichen Vorläufern vgl. vor allem Kantorowicz (1957).

7 Er merkt dazu allerdings an: »Für eine exakte Fassung dessen, was so geschieht, ist unser Begriff der Virtualisierung zu unklar.« Vielleicht könnte die Spieltheorie hier einmal weiterhelfen (vgl. Binmore 1997).

8 Aus diesem Grund kann Luhmann bekanntlich seine Medientheorie auch nicht mehr wie Parsons als Tauschtheorie formulieren.

9 Die Größe des Territoriums wird dabei natürlich nicht nur durch die jeweils historisch verfügbare Logistik und die geographische Lage bestimmt, sondern – wenn auch in Abhängigkeit von technischen und organisatorischen Innovationen und damit historisch auf immer neuer Stufenleiter – durch die Konkurrenz und den Kampf zwischen verschiedenen Gewalt-kontrollierenden Organisationen. Dieser Konkurrenzkampf ist durch das Prinzip der Skalenerträge bestimmt. Anfänglich kleine Differenzen in der Ressourcenausstattung solcher Organisationen können deshalb schließlich zu einem deutlichen Gefälle zwischen ihren Machtpotentialen führen. Insofern sich die jeweils überlegenen Organisationen der Ressourcen der anderen bemächtigen, können sie ihre Position systematisch ausbauen und schließlich ein begrenztes territoriales Monopol behaupten (Elias 1976: 142-159). Zu einem Halt kommt dieser Konzentrationsprozeß erst, wenn die Zahl der Konkurrenten für alle überschaubar wird und erneute Übergriffe einzelner durch Koalitionsbildungen der anderen verhindert werden können. Erst unter diesen Bedingungen können sich die verbleibenden Organisationen einander als Sieger bestätigen und als Staaten konsolidieren, während die Verlierer innerhalb dieses nun nach außen hin anerkannten Territoriums auf den Status von Banditen und Verbrechern herabsinken. Erst jetzt lassen sich deshalb staatliche Macht und organisiertes Verbrechen deutlicher von einander scheiden (Tilly 1988). Mit Herbert Spencer darf man vermuten, daß die bis dahin ausgesprochen hohe Bedeutung externer Bedrohung als Motiv interner Integration und Unterordnung damit erheblich verblaßt.

10 Zu den politischen Folgen einer »ohnmächtigen Gendarmerie« am Beispiel Preussens vgl. Koselleck (1967: 460ff). Mit diesem Problembezug lassen sich dann im übrigen auch langfristige geopolitische constraints der Selbstbehauptung von politischen Systemen formulieren. Vgl. dazu vor allem: Stinchcombe (1968) und im Anschluß daran: Collins (1986).

11 Foucaults These, daß die Macht selbst sich darum bemühe, unbeobachtbar zu sein, bedarf in unserem Zusammenhang einer deutlich anderen argumentativen Einbettung, als dies bei Foucault der Fall ist. Da der Erfolg von Drohungen wesentlich von der Reputation des Drohenden abhängt, eine erfolgreiche Monopolisierung legitimer Gewaltsamkeit also immer mehr auf Schein als auf Sein beruht, dürfte es sich für den staatlichen Machtapparat strategisch kaum empfehlen, selbst unbeobachtbar zu werden. Das wohl nur partielle Interesse bestimmter Machtinstanzen, nicht ihrerseits kontinuierlich beobachtet zu werden, erwächst vor allem aus dem Umstand, daß sie eben tatsächlich nicht alles kontinuierlich beobachten können

und eben dabei nicht erwischt werden wollen. Nur dann bleibt die Reputation ihrer Allgegenwart unverletzt und nur so macht Foucaults These Sinn.

12 Auch, wenn man politische Herrschaft als öffentliches Gut zu begreifen sucht, impliziert das nicht notwendig, daß die Produktion eines solchen öffentlichen Gutes von der gesamten Population eines Territoriums auch begrüßt werden muß. Viele Herrschaftsverbände dürften, wie bereits angedeutet, ein »Resultat von Ausbeutungskoalitionen bewaffneter Räuber und Diebe« (Schmid: 124) gewesen sein und so nimmt es nicht Wunder, daß zahlreiche frühe Herrschaftssysteme schlicht deshalb immer wieder zerfallen sind, weil die Machtunterworfenen es vorzogen, lieber abzuwandern (Mann 1986: 63ff).

13 Ferner korrelieren die Kosten negativer Sanktionen nur mehr oder weniger unmerklich mit dem möglichen Schaden der zu verhindernden oder zu bestrafenden Handlung, was bei positiven Sanktionen im Hinblick auf erwünschte Handlungen typischerweise nicht der Fall ist (Schelling 1960: 36).

Literatur

Anderson, Benedict (1991), Imagined Communities. London.

Baecker, Dirk (1996), »Gewalt im System«, in: Soziale Welt, Heft 1/1996: 92-109.

Benjamin, Walter (1965), Zur Kritik der Gewalt, in: Zur Kritik der Gewalt und andere Aufsätze. Frankfurt/M.: 29-65.

Binmore, Ken (1997), »Rationality and Backward Induction«. Journal of Economic Methodology, 4: 23-41.

Breuer, Stefan (1994), Max Webers Staatssoziologie, in: Stefan Breuer: Bürokratie und Charisma. Darmstadt: 5-32.

Burt, Ronald (1992), Structural Holes. The Social Structure of Competition. Cambridge/Mass.

Coleman, James S. (1986), Political Money, in: James S. Coleman: Individual Interest and Collective Action. Cambridge: 163-191.

Coleman, James S. (1990), Foundations of Social Theory. Cambridge/Mass.

Collins, Randall (1986), Modern technology and geopolitics, in: Weberian Sociological Theory. New York: 167-185.

Elias, Norbert (1976), Über den Prozeß der Zivilisation. Soziogenetische und Psychogenetische Untersuchungen. Zweiter Band: Wandlungen der Gesellschaft. Entwurf einer Theorie der Zivilisation. Frankfurt/M.

Elwert, Georg (1997), Gewaltmärkte. Beobachtungen zur Zweckrationalität der Gewalt, in: Trutz von Trotha (Hrsg.): Soziologie der Gewalt (Sonderheft 37/1997 der KZfSS), Opladen: 86-101.

Foucault, Michel (1976), Überwachen und Strafen. Die Geburt des Gefängnisses. Frankfurt/M.

Francis, Emrich K. (1957), Wissenschaftliche Grundlagen soziologischen Denkens. München.
Gambetta, Diego (1994), Die Firma der Paten. Die sizilianische Mafia und ihre Geschäftspraktiken. München.
Giddens, Anthony (1985), The Nation-State and Violence. Cambridge.
Giesen, Bernhard (1987), Media and Markets, in: Michael Schmid/F. M. Wuketits (Hrsg.): Evolutionary Theory in the Social Sciences. Dodrecht: 171-194.
Giesen, Bernhard (1993), Die Intellektuellen und die Nation. Eine deutsche Achsenzeit. Frankfurt/M.
Giesen, Bernhard (1996), Kulturelle Vielfalt und die Einheit der Moderne, in: Johannes Berger (Hrsg.): Leviathan. Zeitschrift für Sozialwissenschaft, 24. Jg., Heft 1: 93-108.
Hahn, Alois (1983), Konsensfiktionen in Kleingruppen. Dargestellt am Beispiel junger Ehen, in: Friedhelm Neidhardt (Hrsg.): Gruppensoziologie. Perspektiven und Materialien, Sonderheft 25 der KZfSS. Opladen: 210-233.
Hahn, Alois (1997), »Partizipative« Identitäten, in: Herfried Münckler (Hrsg.): Furcht und Faszination. Facetten der Fremdheit. Berlin: 115-158.
Hannan, Michael T./Freeman, John (1989), Organizational Ecology. Cambridge/Mass.
Hechter, Michael (1987), Principles of Group Solidarity. Berkeley.
Heller, Hermann (1983), Staatslehre. Tübingen.
Hintze, Otto (1970), Staatenbildung und Verfassungsentwicklung. Eine historisch-politische Studie, in: Otto Hintze: Staat und Verfassung. Gesammelte Abhandlungen zur allgemeinen Verfassungsgeschichte. Göttingen: 34-51.
Hintze, Otto (1970a), Wesen und Wandlung des modernen Staats, in: Otto Hintze: Staat und Verfassung. Gesammelte Abhandlungen zur allgemeinen Verfassungsgeschichte. Göttingen: 470-496.
Hondrich, Karl Otto (1992), World Society Versus Niche Societies – Paradoxes of Unidirectional Evolution, in: Hans Haferkamp/Neil J. Smelser (Hrsg.): Social Change and Modernity. Berkeley: 350-366.
Kantorowicz, Ernst H. (1957), The King's Two Bodies. A Study in Mediaveal Political Theology. Princeton.
Knies, Karl (1857), Der Telegraph als Verkehrsmittel. Mit Erörterungen über den Nachrichtenverkehr überhaupt. Tübingen.
Koselleck, Reinhart (1967), Preußen zwischen Reform und Revolution. Stuttgart.
Kuran, Timur (1995), Private Truths, Public Lies. The Social Consequences of Preference Falsification. Cambridge/Mass.
Lane, Fredeic C. (1979), Profits from Power. Readings in Protection Rent and Violoence-Controlling Enterprises. Albany.
Luhmann, Niklas (1964), Funktion und Folgen formaler Organisation. Berlin.
Luhmann, Niklas (1981), Über die Funktion der Negation in sinnkonstituierenden Systemen, in: Niklas Luhmann: Soziologische Aufklärung III. Opladen: 35-49.

Luhmann, Niklas (1984), Soziale Systeme. Frankfurt/M.
Luhmann, Niklas (1990), Gleichzeitigkeit und Synchronisation, in: Niklas Luhmann: Soziologische Aufklärung V. Opladen: 95-130.
Malinowski, Bronislaw (1985), Crime and Custom in Savage Society. Totowa, N.J.
Mann, Michael (1986), The Sources of Social Power. Vol. 1: A History of Power from the Beginning to A.D. 1760. Cambridge.
Padgett, John F./Ansell, Christopher (1993), »Robust Action and the Rise of the Medici, 1400-1434«, in: American Journal of Sociology 98: 1259-1319.
Parsons, Talcott (1960), The Principal Structures of Community, in: Talcott Parsons: Structure and Process in Modern Societies. New York: 250-279.
Parsons, Talcott (1967), On the Concept of Political Power, in: Talcott Parsons: Sociological Theory and Modern Society. New York: 297-354.
Parsons, Talcott (1967a), On the Concept of Influence, in: Talcott Parsons: Sociological Theory and Modern Society. New York: 355-382.
Popitz, Heinrich (1968), Über die Präventivwirkung des Nichtwissens. Dunkelziffer, Norm und Strafe. Tübingen.
Popitz, Heinrich (1992), Phänomene der Macht. Tübingen.
Röttgers, Kurt (1990), Spuren der Macht. Freiburg.
Schegloff, Emanuel A. (1972), Notes on a Conversational Practice: Formulating Place, in: Pier Paolo Giglioli (Hrsg.): Language and Social Context. Harmondsworth: 95-135.
Schelling, Thomas C. (1960), The Strategy of Conflict. Cambridge/Mass.
Scheuch, Erwin K./Scheuch, Ute (1992), Cliquen, Klüngel und Karrieren. Reinbeck.
Schmid, Michael (1998), Zur Evolution von Regeln. Einige modelltheoretische Überlegungen, in: Michael Schmid: Soziales Handeln und strukturelle Selektion. Beiträge zur Theorie sozialer Systeme. Opladen: 118-130.
Schmitt, Carl (1950), Der Nomos der Erde im Völkerrecht des Jus Publicum Europaeum. Berlin.
Schmitt, Carl (1958), Staat als ein konkreter, an eine geschichtliche Epoche gebundener Begriff, in: Carl Schmitt: Verfassungsrechtliche Aufsätze. Berlin: 375-385.
Sorokin, Pitrim A. (1943), Sociocultural Causality, Space, Time. A Study of Referential Principles of Sociology and Social Science. Durham.
Stichweh, Rudolf (1991), Der frühmoderne Staat und die europäische Universität. Frankfurt/M.
Stinchcombe, Arthur L. (1968), Constructing Social Theories. Chicago.
Thompson, Janice E. (1994), Mercenaries, Pirates, and Souvereigns: State-Building and Extraterritorial Violence in Early Modern Europe. Princeton.
Tilly, Charles (1985), War Making and State Making as Organized Crime, in: Peter Evans/Dietrich Rueschmeyer/Theda Skocpol (Hrsg.): Bringing the State Back In. Cambridge: 169-191.
Tilly, Charles (1990), Coercion, Capital, and European States. Oxford.
Tuan, Yi-Fu (1977), Space and Place. The Perspective of Experience. Minneapolis.

Weber, Max (1980), Wirtschaft und Gesellschaft. Tübingen.
Willoweit, Dietmar (1975), Rechtsgrundlagen der Territorialgewalt. Landesobrigkeit, Herrschaftsrecht und Territorium in der Rechtswissenschaft der Neuzeit. Köln.

Grenze und Horizont.

Zwei soziale Abschlußparadigmen

Michael Makropoulos

I.

Grenzen schließen Wirklichkeitsbereiche ab, Horizonte eröffnen Möglichkeitsbereiche. Das ist nicht nur terminologisch, sondern ontologisch die prinzipielle Differenz dieser beiden Abschlußparadigmen. Aber indem sie Wirklichkeitsbereiche abschließen und allererst konstituieren, implizieren Grenzen zugleich auch ein reales Außen, eine andere Wirklichkeit, von der aus sie in Frage gestellt und zu der hin sie überschritten werden können. Anders Horizonte: Indem sie Möglichkeitsbereiche eröffnen, implizieren sie ein imaginäres Innen, das zwar erweitert und potentiell ins Unendliche ausgedehnt, aber nicht verlassen werden kann. Das ist meine systematische These.

Diese Differenz, so lautet nun meine historische These, grundiert jene besondere Konstellation der beiden Abschlußparadigmen in der europäischen Neuzeit, die für die Konstitution moderner Gesellschaft entscheidend werden sollte, nämlich die zunehmende Inkongruenz von Grenze und Horizont. Was man als Auseinandertreten von Grenze und Horizont beschreiben könnte, eröffnet historisch erstmals einen potentiell unendlichen Möglichkeitsbereich, der als solcher nicht nur gesellschaftlich problematisiert, sondern auch instrumentalisiert wird. Diese Instrumentalisierung des neuen Möglichkeitsbereichs generiert jenes konstruktivistische Selbst- und Weltverhältnis in der europäischen Moderne, das sich im Sozialen als Gestaltung der Gesellschaft, im Technischen als Beherrschung der Natur und im Ästhetischen als Autonomisierung der Kunst manifestiert. Grenzüberschreitung als Grundfigur sozialen Wandels tritt damit modern hinter die Horizontverschiebung zurück, die nicht endliche Wirklichkeiten gegeneinander ausspielt, sondern jede Wirklichkeit prinzipiell in Frage stellt, indem sie einen unendlichen Raum der Möglichkeit eröffnet.

Die bürgerliche Gesellschaft des 19. Jahrhunderts, so lautet schließlich meine soziologische These, hat die Horizontverschiebung in diesem Sinne zur Chiffre einer gesellschaftlichen Dynamik gemacht, die die Optimierung an die Stelle der Überschreitung setzte und geschichtsphilosophisch als Fortschritt finalisierte. Dessen Immanenz mündet im 20. Jahrhundert in die epochalen Versuche, technische, ästhetische und nicht zuletzt soziale Wirklichkeiten herzustellen, die den Potentialis konstruierender Progression institutionalisieren, und deren funktionelles Ensemble eine Welt ohne Außen bildet, indem es den Horizont als hegemoniales Abschlußparadigma festschreibt.

Diese drei Thesen möchte ich im folgenden erläutern.

II.

Grenze und Horizont sind als soziale Abschlußparadigmen, also als grundlegende Modalitäten, in denen eine Gesellschaft ihre Reichweite entwirft und ihre Kontur festlegt, eher Metaphern als Begriffe. Aber nicht erst damit fangen die Probleme an. Denn die Dinge sind nicht einmal begriffsgeschichtlich wirklich klar: Grenze mehr noch als Horizont erweist sich schon in den verschiedenen lexikographischen Bestimmungen als etwas Uneindeutiges, und das von Anfang an. Im Griechischen steht neben *óros* mindestens auch *péras* und *térma*, im Lateinischen entsprechend neben *terminus* auch *finis* und *limes*. *Oros* und *terminus* sind dabei noch am eindeutigsten, nämlich juridisch konnotiert und bezeichnen sowohl staats- und eigentumsrechtliche Trennlinien im allgemeinen wie ihre verschiedenen materiellen Symbole im besonderen, seien dies Gräben, Raine, Steine oder Mauern. *Péras* und *finis*, vollends aber *térma* und *limes*, changieren hingegen zwischen politisch-geographischen Realien und metaphysischen Konzepten. Entsprechendes trifft auch für Grenze im Deutschen zu: Einerseits ist die Grenze politisch-rechtliche Trennungslinie, andererseits ist sie metaphysische Schranke und theoretische Endfigur. Man könnte auf Englisch fortfahren mit *frontier*, *end* und *limit*, auf Französisch mit *frontière*, *fin* und *limite*. Das Wort wird auch hier im Feld seiner Synonyme zunehmend zur Metapher, die mindestens zwei verschiedene Abschlußparadigmen etabliert, ohne diese randscharf voneinander zu unterscheiden: Es bezeichnet sowohl die Trennlinie, die eine Sache von einer anderen scheidet, als auch die äußerste Ausdehnung einer Sache.

In dieser zweiten Bedeutung deckt sich die Vorstellung von Grenzen weitgehend mit der von Horizonten. Denn der Horizont ist in allen seinen Primärbedeutungen nicht nur die ebenso sichtbare wie imaginäre Linie, an der sich Himmel und Erde in der Ebene treffen, sondern auch der Gesichtskreis, der den Blick begrenzt, und der als *orizon kyklos* wie als *orbis finiens* die metaphysischen Grenzbestimmungen gleichsam territorialisiert. Deshalb ist der Horizont gerade dann, wenn der Begriff der Grenze nicht nur die Trennlinie zweier Territorien oder zweier Sphären, sondern deren äußerste Beschränkung meint, mit diesem weitgehend kongruent. Aber der Horizont ist nicht nur die Begrenzung des Blicks, sondern allererst auch dessen Möglichkeitsbedingung als einer gerichteten Wahrnehmung. Ein Blick, der ins Unendliche ginge, wäre – wenigstens nach der antiken Vorstellung – nicht nur keine gerichtete Wahrnehmung, sondern sähe buchstäblich nichts, weil er ins Unbestimmte führte, ins Unbegrenzte, ins *apeiron* eben – in jenen grenzenlosen Bereich jenseits der Wirklichkeit, den *péras* als Grenze der bestimmten und bestimmbaren Welt, als pure Möglichkeit ausgrenzt. Die Trennungslinie zwischen Wirklichkeit und Möglichkeit markiert damit die metaphysische Stelle, an der Grenze und Horizont im antiken und weit über dieses hinaus noch im mittelalterlichen Verständnis zur Deckung kommen (vgl. Wokart 1995: 281f).

Nun sind aber sowohl Grenzen als auch Horizonte kontingent – sie könnten auch anders sein, weil ihnen so, wie sie empirisch sind, keine Notwendigkeit anhaftet. Das trifft natürlich gerade für politische Grenzen zu; sie sind – mit einem Wort von Lucien Fèbvre – tatsächlich nichts, »was die Geographie der Politik aufgezwungen hätte«, sondern »Werke« des Menschen, »der sich vor seinesgleichen schützen will« (Fèbvre 1988: 34 bzw. 30). Aber nicht nur politische Grenzen sind Konstruktionen, sondern Grenzen überhaupt, wie Georg Simmel erklärt hat. Denn »der Natur gegenüber« sei »jede Grenzsetzung Willkür, selbst im Fall einer insularen Lage, da doch prinzipiell auch das Meer ›in Besitz genommen‹ werden« könne. »Die Grenze« sei eben »nicht eine räumliche Tatsache mit soziologischen Wirkungen, sondern eine soziologische Tatsache, die sich räumlich formt« (Simmel 1992: 697 bzw. 695). Sie ist freilich eine soziologische Tatsache, wie man hinzufügen muß, die in der Perspektive einer historischen Semantik ihrerseits ausgesprochen voraussetzungsvoll ist. Die Verfügbarkeit der Grenze zwischen Natur und Kultur, die Simmel auch meint, hat nämlich keineswegs transhistorische Evidenz; sie wäre vermutlich dem antiken und noch dem mittelalterlichen Verständnis geradezu aberwitzig erschienen. Und selbst die Verfügbarkeit, wenn nicht das Prekäre politisch-rechtlicher Grenzen, die auch dem vorneuzeitlichen Verständnis präsent war, wurde durch deren heiligen, also unantastbaren Charakter in der Antike und deren ritualisierte Traditionsbindung im Mittelalter immerhin eingeschränkt.

Ähnliches gilt für Horizonte. Der prinzipiellen Künstlichkeit von Grenzen entspricht nämlich die prinzipielle Situativität von Horizonten. »Horizont«, erklärt Hans-Georg Gadamer in Übernahme der üblichen lexikographischen Definition, »ist der Gesichtskreis, der all das umfaßt und umschließt, was von einem Punkt aus sichtbar ist«, also jener »Standort«, der als Situation »die Möglichkeit des Sehens beschränkt« – aber eben auch eröffnet, wie man hinzufügen muß. »Zum Begriff der Situation« gehöre »wesenhaft der Begriff des Horizontes«. Außerdem sei der Horizont niemals »wahrhaft geschlossen«, sondern »etwas, in das wir hineinwandern und das mit uns mitwandert«, so daß sich Horizonte verschieben (Gadamer 1990: 307). Allerdings ist der Horizont gerade dort, wo der Begriff nicht die physische Grenze der sinnlichen Wahrnehmung, sondern die metaphysische Grenze zwischen bestimmter Wirklichkeit und unbestimmter Möglichkeit bezeichnet, lange Zeit fest und unverrückbar gewesen. Die Vorstellung vom Horizont als einem partikularen, gegenwärtigen und damit perspektivisch veränderbaren Gesichtspunkt dagegen, die die Horizontstruktur des neuzeitlichen Weltverhältnisses kennzeichnet, setzt deshalb eine Transformation der beiden Abschlußparadigmen voraus, die mehr und anders ist als bloße semantische Spezifikation. Genauer gesagt: Grenze wie Horizont werden in der Neuzeit mit ihrer semantischen Spezifikation zugleich ontologisch neu positioniert.

III.

Dahinter stand der grundlegende Strukturwandel des Raumes in der Neuzeit. Noch im 16. Jahrhundert, hat Michel Foucault bemerkt, war der Raum ein »hierarchisiertes Ensemble von Orten«, die den vorneuzeitlichen und besonders den mittelalterlichen Raum als festgefügten »Ortungsraum« konstituierten. Dieser geschlossene Raum, der sich in der epistemologischen Ordnung des Mittelalters fortsetzte und eine Welt bildete, die »sich in sich selbst« drehte, habe sich in der aufkommenden Neuzeit ins Unabsehbare neuer Imaginations- und Handlungsräume geöffnet, die bis dahin unvorstellbar und unerschlossen waren. Es entstand ein »unendlicher und unendlich offener Raum« mit dem Effekt, daß sich »die Ortschaft des Mittelalters« und mit dieser das vorneuzeitliche Ordnungsgefüge »gewissermaßen aufgelöst fand«. Der Ort einer Sache, so Foucault weiter, war von jetzt an »nur mehr ein Punkt in ihrer Bewegung, so wie die Ruhe einer Sache nur mehr ihre unendlich verlangsamte Bewegung«, also ihre bloß relative Fixierung war. Entsprechend habe »sich die

Ausdehnung an die Stelle der Ortung« gesetzt, die variable »Lagerung« und willkürliche »Plazierung« der Dinge und der Lebewesen in einem unendlichen Raum verdrängte ihre absolute Fixierung an einen bestimmten ontologischen Ort, und die Neuzeit wurde damit zu einer Epoche, wie Foucault formulierte, »in der sich uns der Raum in der Form von Lagerungsbeziehungen darbietet« (Foucault 1987: 337f, 1971: 46ff). Und die sind nicht nur kontingent, sondern werden auch als solche problematisiert.

Mit diesem Strukturwandel des Raumes in der Neuzeit ging einerseits die weitgehende Territorialisierung der Grenzvorstellung einher. Ihre begriffliche Verdichtung bezeichnete jetzt fast ausschließlich die verfügbare Trennungslinie zwischen verschiedenen Wirklichkeiten. Und als politisch-juridische Trennlinie avancierte die Grenze im Zuge der militärischen und politischen Grenzziehungen der frühmodernen Gesellschaften seit dem 16. Jahrhundert zu einem immanenten Ordnungsinstrument ersten Ranges. Indem »diese militärisch-politischen Grenzziehungen« dann auch »auf den Bereich des menschlichen Lebens« übertragen wurden, wie Hans Medick feststellt, »wurde die Vorstellung von der Grenze« in der Folge nicht nur »mit einer Scheide-Linie zwischen ›begrenzten‹ Territorien«, sondern auch mit der Trennlinie zwischen begrenzten »Kulturen und Vorstellungswelten verbunden« (Medick 1991: 159). Mit diesem Strukturwandel des Raumes in der Neuzeit ging andererseits aber auch die weitgehende Deterritorialisierung der Horizontvorstellung einher. Schließlich mobilisierte sich gewissermaßen jede Situation, indem sie jetzt unabweisbar variabel wurde. Und der Begriff des Horizonts erfuhr dadurch gerade in seiner anthropologischen Bedeutung eine entscheidende Veränderung. In der Ablösung von den Grenzen und Grenzüberschreitungen der antiken Kosmologie und der theologischen Weltsicht des Mittelalters, wurde der Horizont nämlich zur immanent generierten und deshalb prinzipiell veränderbaren Orientierungsmarke des Denkens und Handelns. Er diente jetzt nicht mehr dazu, dem Menschen seinen ihm gemäßen und damit definitiven Platz in einem geordneten Kosmos anzuweisen, sondern dazu, ihm die Selbstbestimmung seines Erkenntnis- und Wirkungsbereichs in einem offenen Raum zu ermöglichen – einem Raum freilich, der ebenso gestaltbar wie gestaltungsbedürftig war (vgl. Scherner 1974: 1195). Entsprechend wurde der Horizont seither nicht mehr als feste, unverrückbare und unverfügbare Grenze menschlichen Handlungsvermögens verstanden, sondern als verschiebbarer, veränderbarer und am Ende offener Radius menschlicher Macht, der über jede Grenze hinauswies, die dieser Macht bisher gesetzt war.

Was mit der Öffnung des Horizonts in der Neuzeit aufbrach, war allerdings nicht nur die Kongruenz von Grenze und Horizont, sondern auch das Kontinuum ihrer impliziten Raumkonzepte. Das ist ästhetisch mit der Zentralperspektive schon früh in ein konstruktives Wirklichkeitsverhältnis gebracht worden, das die Wahrnehmung mit den wissenschaftlichen Erkenntnisbedingungen der Neuzeit synchronisierte. Denn die Zentralperspektive war nicht nur die adäquate Methode, mit der im Ästhetischen die theologische Ontologie des Bedeutens durch die wissenschaftliche der mathematischen Empirie verdrängt werden konnte; sie war auch die adäquate Methode, mit der sich der menschliche Blick des Unendlichen bemächtigen konnte, indem sie »Unendlichkeit auf eine begrenzte Bildfläche« übertragbar machte, wie Albrecht Koschorke erklärt. Nicht zuletzt aber war die Zentralperspektive durch ihre Bindung an den Fluchtpunkt auch die Methode, Unendlichkeit als lineare Progression zu bündeln (Koschorke 1990: 49-75, Zit. 57). Und das war schließlich eine Voraussetzung für jene offene Anthropologie der Aufklärung, die in der Idee der geschichtsphilosophisch finalisierbaren und sozialtechnisch realisierbaren Perfektibilität des Menschen und des Sozialen ihren Ausdruck fand. Denn die anthropologische und mit ihr die soziologische Vervollkommnungskonzeption verdankt sich ja nicht einer Grenzüberschreitung von einer finiten Wirklichkeit in eine andere, sondern einer Entgrenzung, die jede finite Wirklichkeit hinter sich läßt. Deshalb ist sie auch nicht teleologisch – oder ist es nur dort, wo sie als soziale Utopie noch im Auslaufhorizont geschlossener Weltkonzeptionen steht.

Mit Blick auf diese epochale Umstellung sozialer Wandlungsprozesse von Überschreitung auf Entgrenzung hat nun Reinhart Koselleck die historische Dynamik moderner Gesellschaften mit der Entgrenzung der Erwartung aus ihren Bindungen an die Erfahrung erklärt – eine Entgrenzung der Erwartung nicht nur aus ihren Bindungen an die bisherige Erfahrung, wie man betonen muß, sondern aus ihren Bindungen an die Erfahrung überhaupt. Das ist die eigentliche Pointe. Die Wirklichkeit einer spezifischen und damit begrenzten Erfahrung, so könnte man Kosellecks Konzept der Moderne in das Koordinatensystem unserer beiden Abschlußparadigmen übertragen, wurde jetzt nicht mehr mit einer anderen spezifischen Erfahrung konfrontiert, sondern mit einer unspezifischen und damit unbegrenzten Erwartung. »Erfahrungsraum« und »Erwartungshorizont«, wie seine beiden historischen Kategorien lauten, traten damit nicht nur empirisch auseinander, sondern strukturell (Koselleck 1979: 349-375). Und wenn unter diesen Bedingungen Wirklichkeitsgrenzen überschritten wurden, führte die Überschreitung nicht in eine andere begrenzte Wirklichkeit, sondern in einen grenzenlosen Möglichkeitshorizont. Historischer Effekt dieses Vorgangs ist jene Entzweiung von Wirklichkeit und Möglichkeit in der europäischen Neuzeit, die für das Selbstverständnis moderner Gesellschaften fundamental ist. Diese Entzweiung ist mehr als bloße Enttraditionalisierung, mehr auch als bloße Diskontinuität von Herkunft und Zukunft; sie generiert vielmehr ein gesellschaftliches Selbst- und Weltverhältnis, dessen strukturelle Disposition konstruktivistisch, und dessen funktionelle Disposition produktivistisch ist (vgl. Makropoulos 1998). Es ist ein Selbst- und Weltverhältnis, dessen operatives Kriterium die schrankenlose Realisierung neuer, fiktional erschlossener Möglichkeiten ist und dessen politische Manifestationen die modernen Revolutionen mit ihrem Pathos des radikalen Neuanfangs und der totalen Verwirklichungsmöglichkeit waren.

IV.

Die soziale Manifestation der Entzweiung von Wirklichkeit und Möglichkeit in der Neuzeit ist nun das, was man eine Optimierungsgesellschaft nennen könnte, also eine Gesellschaft, deren Charakteristikum die permanente Horizontverschiebung durch Orientierung am Bestmöglichen ist. Im Zentrum ihres Selbstverständnisses steht die Idee des Fortschritts, die mehr und anderes signalisiert, als die bloße Ersetzung der christlichen Eschatologie durch die säkulare Geschichtsphilosophie. Der Begriff des Fortschritts impliziert vielmehr ein Konzept der Perfektibilität, das sich nicht im Erreichen vorgegebener Ziele erschöpft, sondern weit darüber hinaus andere, bisher unbekannte Zielhorizonte anvisiert, fiktional erschließt und sozial realisierbar macht. Die Idee des Fortschritts ist deshalb unauflöslich an die Entgrenzung des Möglichkeitshorizonts aus seinen Bindungen an Wirklichkeitsgrenzen gebunden, wobei dessen prinzipielle Verschiebbarkeit den Impuls zur Überbietung jeder Realisierung sozusagen auf Dauer stellt (vgl. Koselleck/Meier 1979). Darin steckt eine im weitesten Sinne technisch-konstruktivistische Disposition. Sie ist es auch, die die historische Selbstkonstitution dieses Gesellschaftstyps an jene Tendenz zur sozialtechnischen Rationalisierung bindet, die sich seit dem 18. Jahrhundert nach und nach realisiert hat.

Was mit der frühmodernen Sozialdisziplinierung als Versuch anhebt, die gesellschaftlichen Kräfte von innen heraus zu steigern, bildet gewissermaßen die Frühgeschichte rationaler Gesellschaftsorganisation. Deren weitere Entfaltung bestimmt die Konstitution des Sozialen im engeren Sinne, also jenes offenen Feldes sozialpolitischer Intervention, das im 19. Jahrhundert angesichts der vehementen Industrialisierung und Urbanisierung der europäischen Gesellschaften entsteht. Im 20. Jahrhundert dann kulminiert Rationalisierung in den technokratischen Gesellschaftskonzepten, deren erklärtes Ziel die soziale Optimierung in der Linie tayloristischer und fordistischer Organisierung ist – technokratische Gesellschaftskonzepte, die sich in der architektonischen Gestaltung des sozialen Raumes nach Kriterien optimaler Funktionalität buchstäblich materialisiert haben (vgl. Makropoulos 1997: 40-99). Aber die moderne Architektur – und ich spreche hier vom Internationalen Stil der Klassischen Moderne – ist mehr als nur die Materialisierung rationaler Gesellschaftsorganisation; sie ist zugleich der Kreuzungs- und Mischungsbereich sozialer mit technischen und ästhetischen Konstruktivismen.

Was man etwas irreführend wissenschaftlich-technische Naturbeherrschung nennt, zielte immer schon auf mehr als die bloße Bändigung und Instrumentalisierung der Natur. Denn Naturbeherrschung in diesem instrumentellen Sinne war schon die antike *techné*, die etwas vollendet, was die Natur nicht zu Ende bringt. Technik in diesem Sinne »springt für die Natur nur ein«, wie Hans Blumenberg gemeint hat (Blumenberg 1998: 81). Und sie verbleibt als Vollendung des Unvollendeten selbst dann noch Nachahmung der Natur, wenn sie ihr Ziel, wie beim Heben von Lasten, mit naturwidrigen Bewegungen erreicht. Wissenschaftlich-technische Naturbeherrschung im neuzeitlichen Sinne dagegen impliziert etwas prinzipiell Anderes, nämlich die Reduktion der Natur zum bloßen Material einer selbstmächtigen menschlichen Konstruktion. Wo der Möglichkeitshorizont aus den Wirklichkeitsgrenzen – zu denen auch Naturgrenzen gehören – freigesetzt wird, geht es nicht mehr um die nachahmende Vollendung der Natur, sondern um die konstruktivistische Überbietung der Natur in einer durch und durch vernunftgenerierten Kulturwelt, die alle Naturwelt hinter sich läßt. Anders gesagt: Realisierung der Perfektibilität durch Technisierung bedeutet tendenziell die schrankenlose Konstruktion umfassender Artefaktwelten.

Ähnliches gilt für das Ästhetische: Die Autonomisierung der Kunst in der Moderne setzt nicht nur ihre Freisetzung aus tradierten, rituellen oder repräsentativen Bindungen voraus, sondern vor allem ihre Freisetzung aus dem Gebot der Nachahmung der Natur. Das war im Kern der historische Effekt jener berühmten *querelle des anciens et des modernes* Ende des 17. Jahrhunderts, der nicht nur für die ästhetische Moderne entscheidend war, sondern für das gesamte Dispositiv der neuzeitlichen Perfektibilität (vgl. Jauß 1970: 29-35). Vollends antimimetisch wurde Kunst dann dort, wo sie, wie Arnold Gehlen gezeigt hat, in der Abstraktion die Möglichkeit geradezu gegennatürlicher Konstruktion erschließt, indem sie die Grenzen der sichtbaren Welt überschreitet (vgl. Gehlen 1965: 176-185). Diese ästhetische Souveränität bedeutet nun aber keineswegs die Abwendung der Kunst von Gesellschaft, sondern begründet umgekehrt jenen privilegierten Gestaltungsanspruch gerade im Sozialen, den die ästhetischen Avantgarden im 20. Jahrhundert erhoben haben. Es ist dieser privilegierte Gestaltungsanspruch, der dann in der Synthese mit den technischen und sozialtechnischen Möglichkeiten des Zeitalters in der Architektur modellhaft für die Moderne des 20. Jahrhunderts jenen schrankenlosen Konstruktivismus etabliert hat, von dem Le Corbusier behauptete, er sei die »Beschlagnahme der Natur durch den Menschen« und so die »Tat des Menschen wider die Natur« (Le Corbusier 1981: 84f). Ziel dieser Tat war die Konstituierung des sozialen Raumes als Raum grenzenloser Disponibilität, als Optimierungsraum par excellence, dessen Abschluß eben keine geschlossene Grenze, sondern ein offener Horizont ohne Außen war.

V.

Lassen Sie mich mit einer etwas ungedeckten Überlegung zur aktuellen Situation schließen! Technische, ästhetische und soziale Optimierung bilden ein funktionelles Ensemble in den modernen Gesellschaften, dessen historischer Effekt die Überschreitung jeder äußeren und die Auflösung jeder inneren Grenze ist. Die Folgen sind bekannt und nicht allein in den Architekturen des sozialen Raumes evident: Es entstand ein schrankenloser funktioneller »Raum ohne Eigenschaften« – glatt, auswechselbar und endlos redundant (Waldenfels 1985: 203). Und vielleicht war es am Ende das, was dann die vielfältigen Grenzziehungen provoziert hat, die die gegenwärtigen Gesellschaften charakterisieren – ästhetische Grenzziehungen zunächst in der postmodernen Architektur, die im Kern der Versuch einer Re-Semantisierung des Raumes ist, kulturelle Grenzziehungen dann, die im Kern Versuche der Re-Differenzierung des Sozialen sind, identitätspolitische Grenzziehungen nicht zuletzt, die im Kern Versuche der Re-Spezifizierung des Individuellen sind, indem sie über bloße Unterschiede hinaus auf Besonderheiten zielen. Es handelt sich dabei nicht um externe Grenzziehungen, die das moderne Verhältnis der beiden Abschlußparadigmen gewissermaßen umzukehren versuchten. Es handelt sich vielmehr um interne Grenzziehungen, die sich von den frühneuzeitlichen politisch-territorialen Grenzen allerdings dadurch unterscheiden, daß sie ebenso deterritorialisiert sind wie neuzeitliche Horizonte. Deshalb konstituieren sie auch keine konkreten Heterotopien und induzieren sie keine Überschreitungsstrategien. Sie zielen auf kein neues Außen jenseits der grenzenlosen Optimierungsgesellschaft, sondern markieren abstrakte Widerstandslinien gegen den Absolutismus der Möglichkeit mit seinem Imperativ der Perfektibilität und seinem Effekt der Normalisierung.

Literatur

Blumenberg, Hans (1998), Paradigmen zu einer Metaphorologie. Frankfurt am Main.
Fèbvre, Lucien (1988), Das Gewissen des Historikers. Berlin.
Foucault, Michel (1971), Die Ordnung der Dinge. Frankfurt am Main.
Foucault, Michel (1987), Andere Räume, in: Idee, Prozeß, Ergebnis (Katalog der Internationalen Bauausstellung Berlin 1987). Berlin 1987.
Gadamer, Hans-Georg (1990), Wahrheit und Methode. Tübingen: 307.
Gehlen Arnold (1965), Zeit-Bilder. Frankfurt am Main/Bonn.
Jauß, Hans Robert (1970), Literaturgeschichte als Provokation. Frankfurt am Main.
Koschorke, Albrecht (1990), Die Geschichte des Horizonts. Frankfurt am Main.
Koselleck, Reinhart (1979), Vergangene Zukunft. Frankfurt am Main.
Koselleck, Reinhart/Meier, Christian (1979), Fortschritt, in: Geschichtliche Grundbegriffe. Bd. 2. Stuttgart.
Le Corbusier (1981), Leitsätze des Städtebaus, in: Ulrich Conrads (Hrsg.): Programme und Manifeste zur Architektur des 20. Jahrhunderts. Braunschweig/Wiesbaden.
Makropoulos, Michael (1997), Modernität und Kontingenz. München.
Makropoulos, Michael (1998), Modernität als Kontingenzkultur, in: Poetik und Hermeneutik 17: 55-79.
Medick, Hans (1991), Zur politischen Sozialgeschichte der Grenzen in der Neuzeit Europas, in: Sozialwissenschaftliche Forschungen 20: 157-163.
Scherner, M. (1974), Horizont, in: Historisches Wörterbuch der Philosophie, Bd. 3. Basel.
Simmel, Georg (1992), Soziologie. Gesamtausgabe, Bd. 11. Frankfurt am Main.
Waldenfels, Bernhard (1985), In den Netzen der Lebenswelt. Frankfurt am Main.
Wokart, Norbert (1995), Differenzierungen im Begriff »Grenze«, in: Richard Faber/Barbara Naumann (Hrsg.): Literatur der Grenze – Theorie der Grenze. Würzburg.

Zwischen »wirklicher« und »virtueller Realität«.

Über die erstaunliche Wiederkehr des Realen im Virtuellen

Lutz Ellrich

Der Ausdruck »virtuelle Realität«, der 1965 von Ivan Sutherland in den Medien-Diskurs eingeführt wurde, hat sich im Laufe seiner kurzen Begriffsgeschichte zu einer schillernden Kategorie entwickelt. Das lehrt schon ein rascher Blick auf die aktuellen Verwendungsweisen, von denen zwei die Szene beherrschen. In der ersten Bedeutung bezieht sich der Ausdruck auf computergenerierte Welt-Modelle oder Eigenwelten, die um so »realer« erscheinen, je mehr sich die Schnittstelle (das Interface) zwischen Mensch und Maschine der Wahrnehmung entzieht. Der Realitätseindruck verdankt sich hier nicht primär der unterstellten Repräsentationsleistung, sondern der Verringerung oder gar Eliminierung einer gewohnten Differenz, die sich im Umgang mit Maschinen (und dies gilt auch für Computer) eingespielt hat. An die Stelle von Tastaturen und anderen konventionellen Verfahren der Dateneingabe tritt in der VR-Technologie das Cyber-Geschirr: Datenhelme (mit head-mounted displays), eye-tracking-Apparaturen, Datenhandschuhe bzw. Ganzkörperanzüge, die dem Träger nicht nur bestimmte sinnliche Eindrücke vermitteln, sondern auch messen, welche Bewegungen sein Körper ausführt. In der zweiten Bedeutung umfaßt der Ausdruck *alle* medialen Phänomene, die die traditionelle Unterscheidung von Sein und Schein ins Wanken bringen. Im Kontext dieser Verwendungsweise gilt die Cyber-Technik oft nur als (vorläufiger) Endpunkt einer Medien-Entwicklung, die das notorische Verständnis von Realität aufhebt und dafür sorgt, daß Menschen in einer Welt von Simulakren existieren und Zeichen verwenden, die sich nur noch auf sich selbst beziehen.

Ein soziologischer Beobachter wird den Ausdruck »virtuelle Realität« weder im verengten Sinne (das Anlegen des Cyber-Geschirrs ermöglicht den Zugang zur virtuellen Realität), noch im überdehnten Sinne (schon das aktuelle »Travelling der Zeichen, der Medien, der Mode und der Modelle« (Baudrillard 1982: 118) produziert eine vollständige Virtualisierung des Realen) gebrauchen. Er wird einen terminologischen Mittelweg einschlagen und unter VR jene computervermittelten zwischenmenschlichen Kontaktforen verstehen, bei denen einige der üblichen sozialen Kontroll- und Prüfverfahren für Aussagen und Darstellungen entfallen. Er wird auf diese Weise vorgehen, weil er herausfinden möchte, ob die Akteure, die (mit Vergnügen oder Unbehagen) im Maschinenkontakt den Verlust hergebrachter Gewißheiten erfahren, Vorstellungen über maschineninduzierte Ersatzgarantien entwickeln, die gesamtgesellschaftliche Relevanz besitzen.

Fragt man begeisterte VR-Aktivisten[1] nach der Art und Weise ihres Tuns, so verwenden sie oft den Ausdruck »Abenteuer« oder »Thrill«, um ihre Erfahrungen mit spezifischen Anwendungsmöglichkeiten des Computers (z.B. das Navigieren in elektronisch erschlossenen Wahrnehmungs- und Operationsräumen) auf den Punkt zu bringen. Hakt der Interviewer hier nach und versucht herauszufinden, ob die Probanden mit diesen Erfahrungen eine besondere kulturelle Rolle oder Funktion verbinden, wird er nicht selten auf ein erstaunlich klar ausgeprägtes Elitebewußtsein stoßen. Die Befragten begreifen sich als mediale Insider und zugleich als soziale Außenseiter: Sie bilden die technologische Vorhut der Gesellschaft, sie sind die Avantgarde eines Lebensstils, der (ihrer Einschätzung nach) zukünftig nicht nur von einigen, sondern von sehr vielen Bewohnern unseres Globus gewählt werden kann, ja vielleicht sogar gewählt werden muß.

Zunächst einmal ist es für soziologische Beobachter keine sonderliche Überraschung, daß viele Computer-Fans ihre Erlebnisse *mit* bzw. *in* elektronik-basierten Welten als »Abenteuer« bezeichnen. Die neuen Techniken bieten – so läßt sich vermuten – Möglichkeiten der Intensivierung, der Reizsteigerung und zugleich Entspannung, die von den verflachten Lebenswelten der modernen Alltagsrealität nicht oder jedenfalls nicht in diesem Maße gewährt werden. Das Leben im Netz scheint aufregend zu sein, ohne wirklich gefährlich zu werden.

Soziologen können sich mit einem derart banalen Befund natürlich nicht zufrieden geben. Sie werden in den Leitformeln der Selbstbeschreibung, die ihnen die computer-versessenen Gesprächspartner liefern, nach Botschaften suchen, um schließlich Aussagen über verborgene Zusammenhänge zu gewinnen, die im günstigsten Falle die Sicht auf strukturelle Umbrüche im Verhältnis von Technik und Gesellschaft freigeben. Eine im Fach vielgeübte Praxis besteht darin, besonders signifikantes Wortmaterial aus Interviews in theoretische Begriffe zu transformieren. Auf diese Weise gehen – zu heuristischen Zwecken – Alltagssemantiken in wissenschaftlich gepflegte Sondersemantiken über. Bieten sich zudem Anschlüsse an klassische Texte, so ist die

Versuchung groß, Theorie und Empirie, deren Auseinanderdriften allseits bemerkt und vielfach beklagt wird, anhand konkreter Fälle effektvoll zu verknüpfen. Auf geradezu exemplarische Weise hat Thomas Wetzstein in einer Studie über die kulturellen Praktiken von Computer-Freaks die Exzentrizität der »Hacker« mit Hilfe einer Analyse interpretiert, die Georg Simmel 1911 verfaßte. Simmel verstand seinen Text als Beitrag »zur philosophischen Psychologie« (1983: 13), aber dies spricht wegen der soziologisch relevanten Pointen, die der Aufsatz enthält, noch nicht gegen Wetzsteins Versuch. Das Problem liegt auf einer anderen Ebene. Wetzstein (1991: 166) suggeriert, daß das »Abenteuer«, welches Simmel seinerzeit ins Visier nahm, sich mit dem Phänomen (noch) deckt, auf das heute die emphatischen Nutzer einer avancierten Technologie ausgiebig und gerne mit der Vokabel »Abenteuer« Bezug nehmen.

Nach Simmel erfüllt das Abenteuer soziale Funktionen, wenn es etwas Besonderes ist und sich deutlich von einem normalen oder routinierten Zustand abhebt. Das Abenteuer löst sich aus dem »Zusammenhange des Lebens« (1983: 13). Aber es läßt diesen Zusammenhang selbst unangetastet, ja bestätigt ihn durch den eigenen Sonderstatus. Ein Individuum, das sich in Abenteuer stürzt, nimmt Voraussetzungen in Anspruch, die es auszublenden vermag, weil es sich blind auf sie verlassen kann. Brechen diese Voraussetzungen weg, ist es vorbei mit dem Abenteuer. Die Konditionen für den individuellen Abenteurer sind klar: Wenn es bei aller Disparatheit des singulären Lebens noch so etwas gibt wie einen »einheitliche(n) Lebensprozeß«, eine mental zu konstruierende Ganzheit, einen – trotz aller »Verknotungen« und »Biegungen« – narrativ-biographisch zu spinnenden »kontinuierlichen Faden«, dann sind Abenteuer als eigenständige Erlebnissphären, die einen deutlichen »Anfang« und ein ebenso deutliches »Ende« besitzen (Simmel 1983: 13f.), möglich. Die Grenze zwischen dem Abenteuer und dem gewöhnlichen Leben wird im Übertritt nicht verwischt. Bei aller Unberechenbarkeit und Exterritorialität, die für das Abenteuer kennzeichnend sind, steht es mit dem Lebenskontinuum, aus dem es sich heraushebt, in gesicherter Verbindung. Das Abenteuer ist keine »bloß zufällige Episode« (Simmel 1983: 21), sondern gewinnt Bedeutung aus der Beziehung, die es zum einheitlichen Leben als seinem Anderen unterhält. Der elementare Reiz des Abenteuers liegt darin, daß es für jeweils kurze Zeit dem individuellen Erleben eine eigentümliche Ambivalenz zugänglich macht. Indem das Abenteuer so gegensätzliche Elemente wie »Aktivität« und »Passivität« (Simmel 1983: 17) verknüpft, erzeugt es eine Spannung, die nicht allein ausgehalten, sondern auch genossen werden kann. Es realisiert die Gleichzeitigkeit von »Erobertum, das alles nur seiner Kraft und Geistesgegenwart verdankt, und völligem Sich-Überlassen an die Gewalten des Schicksals und Chancen der Welt« (Simmel 1983: 18). Sind all diese Bedingungen gegeben, so ist das Abenteuer mit seinen Risiken und Intensitäten ein produktives Phänomen.

Inzwischen aber hat sich das Konzept subjektiver Identität, das dem Individuum die Möglichkeit einräumt, sein Leben als Kontinuum zu fassen, das auch durch abenteuerliche Unterbrechungen und Zwischenstationen nicht dem Zerfall preisgegeben ist, als unhaltbar erwiesen. Die Einheit der Lebensvollzüge hat ihre basale Funktion für das existentielle Management der Individuen verloren. Man denke nur an die vielzitierte kontemporäre Mobilität, die den Wohnort, den Beruf, den Lebenspartner und die politische Orientierung in Phänomene verwandelt, die immer wieder neu zur Disposition stehen. Unter solchen Bedingungen wird das Abenteuer (im Sinne von Simmel) ein aussichtsloses Projekt. Gleichwohl bleibt der Begriff im Gebrauch, er meint aber nun etwas anderes. Einerseits wird das Abenteuer banalisiert: Es ist heute – wie ein schönes Buch von Bruckner/Finkielkraut (1981) im Titel verkündet – »gleich um die Ecke« zu haben. Andererseits wird es mit einer veränderten Ausgangssituation konfrontiert: Die Einheit, zu deren hintergründiger Stabilisierung das Abenteuer erfunden und benötigt wurde, ist jetzt selbst zum Abenteuer geworden. Sie ist das Besondere, das im Feld der alltäglichen Diskontinuitäten und Brüche für eine begrenzte Frist und an einem ausgegrenzten Ort in Szene gesetzt und unter Rekurs auf den neuesten Stand der Medientechnik konstruiert wird.

Trifft diese Diagnose zu, so ist es irreführend, Simmels Explikation des Abenteuers zur Erläuterung dessen heranzuziehen, was die heutigen Computerfans erleben bzw. auf Befragen hin als Selbstdeutung ihrer Aktionen und Stimmungen preisgeben. Bei Simmel verdichtet sich ja im Abenteuer genau die Sphäre, die jenseits des Abenteuers bleibt: das Leben. Im Abenteuer wird gleichsam die »ganze Summe des Lebens« (Simmel 1983: 26) gezogen. Diese Kondensierung kann aber in einem externalisierten Bereich nur gelingen, weil das Leben selbst immer schon eine (latente oder manifeste) Einheit besitzt. Genau davon aber kann nicht mehr die Rede sein. Simmels Theorie des Abenteuers mag für die Phase zwischen 1750 und 1914 gültig sein. In der späten, im Zeichen des Computers stehenden Moderne kann sie nur noch als Kontrastfolie dienen, auf der die aktuellen Formen von Grenzüberschreitungen und ihre sozialen Funktionen besonders deutlich hervortreten.

Im Rahmen einer derartigen Lektürestrategie wird man zunächst die Verbindung zwischen Abenteurer und Außenseiter klären müssen; denn beide Begriffe spielen in den Selbstdarstellungen techno-basierter Grenzgänger eine entscheidende Rolle. Bereits der (klassische) Abenteurer ist nicht nur eine soziale Figur, die die gesellschaftliche Einheit und individuelle Lebenstotalität mit jener Sondersphäre verknüpft, die als Abenteuer bezeichnet wird. Er ist auch ein Außenseiter. Damit fällt er jedoch keineswegs aus dem sozialen Funktionszusammenhang heraus; denn jede Gesellschaft benötigt Außenseiter. Dies gilt speziell – wie Soziologen immer wieder hervorheben, um der allzu generalisierenden These etwas von ihrer augenscheinlichen Trivialität zu nehmen – für die moderne und erst recht für die spätmoderne Gesellschaft. Gerade sie kann auf eigenwillige, störende, kreative Individuen nicht verzichten. Eine hochentwickelte Gesellschaft, die ihr Reservoir an Außenseitern beschneidet oder austrocknet, lähmt sich auf die Dauer selbst. Außenseiter sind das unverzichtbare Ferment sozialer Dynamisierung. Sie weisen auf relevante Probleme hin und provozieren Lösungsversuche. Darüber hinaus leisten sie – wie schon Durkheim wußte – einen wichtigen Beitrag zur Integration der Gesellschaft. Unübersehbar ist ihre Rolle, wenn im Zuge struktureller Veränderungen die Formen der sozialen Solidarität (z.B. organische durch mechanische) ausgetauscht werden. Anomie und Hegemonie gehören mithin zusammen.

Außenseiter sind (so könnte man unter Rekurs auf systemtheoretische Denkfiguren sagen) Individuen, die die Seiten wechseln, nämlich die Seiten eben jener Unterscheidungen, auf der die soziale Kommunikation bzw. das soziale Handeln maßgeblich beruhen. Außenseiter gehen innerhalb kultureller Leitunterscheidungen, in denen stets eine Seite präferiert wird, zur weniger angesehenen Seite über oder positionieren sich sogar jenseits der Zwei-Seiten-Form. Sie erfinden selbst neue Unterscheidungen oder signalisieren als schweigsame Ironiker, die das Getriebe von externen Standpunkten aus in den Blick nehmen, daß neue Leitdifferenzen fällig sind.

In den sechziger Jahren kam unter kritischen Soziologen vermehrt die Befürchtung auf, die moderne Gesellschaft verkomme zur konformen oder eindimensionalen Gesellschaft und sei nicht mehr in der Lage, das nötige Außenseiter- und Kreativitätspotential hervorzubringen. Anonyme Verwaltungs- und Disziplinierungsapparate, homogenisierende Medien, Massenkonsumgüter etc. ließen Außenseitern nur geringe Chance, sich zu reifen Irritationsspendern zu entwickeln und das Ohr der Gesellschaft zu finden. Unter diesen Umständen hätten die wenigen Außenseiter, die überhaupt noch emporkommen, kaum eine andere Wahl, als ihr Heil im puren Eskapismus zu suchen oder auf drastische, ggf. terroristische Mittel der Selbstprofilierung zu verfallen.

Das sehen die professionellen Beobachter der Außenseiter und sie selbst heute natürlich anders: Außenseiter liegen im Trend. Sie sind die Experten der neuen Kommunikationstechnologien, die den kundigen Benutzer dazu befähigen, von der Seite der wirklichen Realität zur Seite der virtuellen Realität hinüberzuwechseln. Außenseiter entpuppen sich gegenwärtig als virtuose Virtualisten. Und das wirft neuartige Probleme auf. Krisensensible Soziologen fragen daher: Bilden sich im Sog der Medienevolution mehr Außenseiter als die Gesellschaft verkraften kann? Gerät die Gesellschaft in eine medien-induzierte Schieflage? Findet nun der Eskapismus in den mediensüchtigen couch potatoes und der Terrorismus in Hackern und Crashern die aktuelle Gestalt einer überaus gefährlichen »Normalisierung« (Link 1997)? Wird die Gesellschaft am Ende selber – und nicht bloß ein Teil ihrer Elemente – anomisch?

Solche Fragen lassen sich erst beantworten, wenn hinreichend klar ist, worin die eminente Verlockung virtueller Computer-Welten liegt. Im Mediendiskurs genießen derzeit zwei unterschiedliche Erklärungsstrategien besondere Aufmerksamkeit. Während die erste mit dem Begriff der Entlastung arbeitet, setzt die zweite auf das Konzept des Probehandelns. Den beiden Strategien, die trotz ihrer Differenzen ähnlich gelagerte lerntheoretische Aspekte aufweisen, möchte ich auf der Basis meines Untersuchungsmaterials eine dritte hinzufügen, die gelegentlich (in eher mißverständlicher Form) erwogen wird, aber bisher nicht die ihr gebührende Beachtung gefunden hat.

Die erste Strategie beruht auf folgender simplen Argumentation: Moderne Industriegesellschaften konfrontieren die Menschen, die in ihnen leben, mit einer Reihe von Zumutungen, welche zwar nach Schicht, Alterskohorte, Geschlecht und Ethnie der Betroffenen variieren, aber niemandem gänzlich erspart bleiben. Diese notorischen Unannehmlichkeiten bilden ein eigenständiges Feld sozialer Probleme, für die ständig neue Palliativa gesucht werden. Der Entwurf virtueller Welten bietet hier spezifische (unverwechsel-, aber vergleichbare) Chancen der Kompensation und Regenerierung, die allerdings nur von einem bestimmten Personenkreis genutzt werden können, dessen Merkmale sich (zur Zeit jedenfalls noch) mit den genannten Indikatoren relativ genau explizieren lassen. Die Leistungen der computergenerierten Ausgleichs- und Erholungsarenen unterscheiden sich prinzipiell nicht von den Leistungen traditioneller ästhetischer Fiktionen, die neben den ablenkenden und entlastenden Effekten auch immer erzieherische Aufgaben hatten. Fiktionen stellten faktisch nicht nur die gegebene Welt zur Disposition, sondern dienten darüber hinaus der Aneignung von Orientierungswissen. Mit ihrer Hilfe wurden Techniken des richtigen und falschen, riskanten und opportunen Verhaltens, der Kommunikation von sexuellen Interessen, der Formierung von Erwartungen und Ansprüchen etc. gelernt. Kunst war bei aller Kontingenzproduktion, die sie betrieb, in vielen Bereichen eine unverzichtbare sekundäre Sozialisationsagentur. Und das ist bei den artifiziellen Medienwelten der Gegenwart nicht anders. Wer sich heute in der (computer-generierten) virtuellen Realität erholen möchte von den Belastungen der wirklichen Realität, benötigt eine Reihe von Fertigkeiten und Kenntnissen, die normalerweise teils spielerisch, teils in harten realweltlichen Lernsituationen erworben werden. Es handelt sich überwiegend um Typen des Wissens und des praktischen Umgangs mit technischen Geräten, die nicht nur Freizeitwert besitzen, sondern auch auf dem Arbeitsmarkt gefragt sind. Wer weiß, wie man die virtuelle Realität besucht, durchstreift und ggf. auch erstellt, der hat zumindest die kognitiven und techno-habituellen Voraussetzungen, um zahlreiche angebotene Berufsrollen mit Erfolg auszufüllen. So wird mit dem Erwerb der zeitgerechten medialen Kompensationskompetenz zugleich die Fähigkeit zur Existenzsicherung in einer Gesellschaft angeeignet, die sich ohne exzessiven Einsatz elektronischer Medien nicht mehr zu reproduzieren vermag.

Der zweite Erklärungsansatz gelangt zur These, daß die VR-Technik attraktiv ist, weil sie Probebühnen zur Verfügung stellt, auf denen sich die Individuen eine den sozialen Verhältnissen angemessene personale Identität antrainieren können. Bedarf für derartige Übungsräume besteht aus folgenden Gründen: Die Sozialisationspraktiken in Familien, Kindergärten und Schulen entsprechen nicht dem gesellschaftsstrukturell erreichten Niveau an Kontingenz und Komplexität. Sie vermitteln Handlungsmuster, die hinter den erforderlichen personalen Elastizitätsstandards und den modernitätsadäquaten Raum- und Zeitkonzepten zurückbleiben. Die entstandene Kluft zwischen überkommenen Lern- und Lebenssemantiken und den aktuellen Gegebenheiten kann allerdings durch die medialen Spiel- und Kommunikationswelten geschlossen werden. Denn die VR-Technik liefert Instrumentarien, die zum Aufbau eines multiplen und doch zugleich auch integrierten Ichs dienen.

Sherry Turkles Untersuchung *Life on the Screen* (1995) enthält umfangreiches Material zur Beurteilung dieser These. Offenbar sind die textbasierten Rollenspiele, die in den virtuellen Welten stattfinden, dazu geeignet, unterschiedliche, zum Teil auch gegenläufige Identitätsentwürfe in konkreten Kommunikationsprozessen mit Partnern, deren Identität nicht weniger elastisch angelegt ist, zu testen. Daß Unklarheit über den »wahren Charakter« der Mitspieler besteht, scheint keine gravierenden Probleme aufzuwerfen. Im Gegenteil: Die Virtualisierung des Ichs impliziert die Bereitschaft, auch das Selbst-Bild der anderen als etwas »Fingiertes« zu akzeptieren. Krisen entstehen dann zwangsläufig weniger durch die Konfrontation mit anderen, sondern eher im Umgang mit dem eigenen multiplen Ich, d.h. mit mehreren eigenen Selbstentwürfen, die sich unter bestimmten Spiel-Bedingungen widersprechen.

Schwierigkeiten dieser Art können nur durch ein souveränes und integriertes Selbst vergegenwärtigt, ausgehalten und behoben werden. Denn nur ein »starkes« Ich vermag im Krisenfall herauszufinden, welche Haltung und Handlung dem eigenen Projekt der Selbstverwirklichung (und der gegebenen Situation) am ehesten entspricht.

Turkle zeigt in ihrer Studie einerseits, daß der Aufenthalt in den virtuellen Spielwelten oft das Bewußtsein von widersprüchlichen Selbstentwürfen oder Selbst-Anteilen weckt (auch und gerade bei Personen, die dieses Bewußtsein im Alltag eher verdrängen); sie macht andererseits aber auch deutlich, daß jenes integrale Selbst, das unterschiedliche, potentiell in Konflikt miteinander geratende Ich-Segmente zusammenhält, nicht in den virtuellen Welten erschaffen werden kann, sondern aus den (angeblich) unterkomplexen und inadäquat gewordenen Sozialisationsbereichen importiert werden muß. Nur Personen, die bereits über ein relativ integriertes Selbst verfügen, können durch die VR-Spiele ihre Fähigkeit zur Konfliktbalancierung und -bewältigung weiter verstärken, während »ich-schwache« Mitspieler zusätzlichen Irritationen ausgesetzt sind. Mit diesem Forschungsergebnis weckt Turkle freilich Zweifel am heuristischen Wert des ganzen Ansatzes und weist unfreiwillig, aber deshalb um so eindringlicher, auf die bestehenden Theoriedefizite hin.

Die dritte Strategie zur Erklärung der Faszination, die das computer-generierte Reich des Virtuellen auf viele (besonders junge) Menschen ausübt, richtet ihr Augenmerk auf bestimmte »anti-fiktionale« Elemente in den Bekundungen der Nutzer. Auch wenn die meisten der von mir befragten Computer-Fans das enthemmte Spiel mit personaler Identität, die freischwebende Interaktion im Netz, die medial gewährte Anonymität etc. durchaus zu schätzen wissen und den Rechner mitunter gar als technisches Equipment für »letzte Lockerungen« (Serner) begrüßen, so beruht für sie die Anziehungskraft der VR-Welten doch entscheidend auf einem anderen Faktor. In vielfach gebrochener und tastender Rede wird die sonderbare Eignung des neuen Mediums, etwas Substantielles zu vergegenwärtigen, zum Ausdruck gebracht. Damit ist aber nicht einfach eine Form gesteigerter Realität oder verabsolutierter (und daher entfiktionalisierter) Fiktion gemeint, sondern eine Sphäre, für die vielleicht der Begriff des »Imaginären« (Iser 1993, Becker 1997) als Bezeichnung herangezogen werden könnte. Es handelt sich allerdings nicht um Vorstellungen von etwas Eigentlichem, das schon inhaltlich fixierbar ist, sondern um Denkbilder von technisch gestützten Verfahren, mit deren Hilfe man »das Wesen« bestimmter Phänomene ermitteln kann. Der Computer erscheint als Apparatur, die in den VR-Welten etwas entbirgt, das bisher im Dunklen lag, durch Vorurteile und falsche Ideen verstellt war oder durch die herrschende

Meinungsvielfalt seine Konturen einbüßte. In den Gesprächen mit den VR-Fans tauchen immer wieder drei Formen von Eigentlichkeit auf: eine politische, eine ethische und eine semantische Form. Vorschnell wäre das Urteil, hierbei handele es sich nur um Spielarten des längst bekannten und nicht sonderlich aufregenden Cyberfundamentalismus, der zufallsbedingt oder aufgrund des Untersuchungsdesigns massiv zum Vorschein kommt. Denn interessant ist in diesem Zusammenhang gar nicht so sehr die Häufigkeit der Statements, die Substantielles betreffen, sondern die Richtung, in die die Aussagen zielen. Vorherrschender Tenor der Angaben ist eben keineswegs die Suche nach einer neuen metaphysischen Schwere und schon gar nicht die Neigung zu digitalen Ursprungsmythen (obschon auch das natürlich gelegentlich vorkommt), sondern die Imagination einer medial bereitgestellten Laborsituation, in der sich ermitteln läßt, was z.B. der Kern politischer Entscheidungsprozeduren, moralischer Normen und sinnhafter Mitteilungen ist. Erst in den virtuellen Welten erfahren wir – gleichsam durch das mediale experimentum crucis –, was Bedeutung, Macht und Verantwortung unter Bedingungen der Gegenwart wirklich heißen und wert sind. Man könnte vermuten, daß dieser Hang zur virtuell generierten Eigentlichkeit eine Antwort auf die zunehmende Schwächung der Realitätskategorie ist. Odo Marquard hat hierzu einschlägige Thesen formuliert: In der Moderne »unterwandert das Fiktive das Reale, die Wirklichkeit (wird) durchfiktionalisiert« (1989: 82). Dem robusten Alltagspragmatismus moderner Menschen folgt wie Mephisto dem Faust ein subversiver Begleitdiskurs, der auf »interessengelenkte Selbsttäuschungen« hinweist, ohne die sich handlungsfähige Subjekte gar nicht erst konstituieren würden. Sukzessive nimmt die Meinung überhand, daß falsches Bewußtsein eine unvermeidliche, weil lebensdienliche Errungenschaft darstellt. Wer in einer hochgradig differenzierten, also weitgehend unüberschaubaren und zudem immer heftigeren Beschleunigungsschüben ausgesetzten Welt agieren will, muß riskante Unterstellungen machen und wider besseres Wissen Fiktionen durchhalten (Marquard 1989: 93). Diese De-Realisierung ergreift sogar die Grundlagen moralischen Urteilens und Handelns. Die »Wirklichkeitsgaranten faktisch möglicher Humanität« hängen – wie die Theorie von Habermas exemplarisch vorführt – »an einer Fiktion«: Man muß so »tun, als sei (das) Modell … des reinen kommunikativen Diskurshandelns wirklich«. Ohne Bereitschaft zur »kontrafaktische(n) Unterstellung« ist also »das Wichtigste: die Menschlichkeit«, nicht mehr zu haben (Marquard 1989: 83). Wenn aber – so lautet Marquards These – unter Bedingungen der Moderne die Wirklichkeit den Weg ins Fiktive nimmt, so bleibt dem angestammten Hüter des Fiktiven, der Kunst, nur die Möglichkeit, sich als Antifiktion zu definieren.

Einer vergleichbaren Nötigung könnte auch die Computer-VR unterliegen: Weil ihr »techno-artifizieller« Eigensinn – so ließe sich spekulieren – gegenüber der längst virtuell gewordenen Wirklichkeit nicht anders als durch den Entwurf von Gegensemantiken zu behaupten ist, verfallen die Akteure, die sich in den virtuellen Datenräumen bewegen, in einen neuen »Jargon der Eigentlichkeit« (Adorno). Sie suchen nach Kriterien des Unhintergehbaren im Reich computergenerierter Kunstwelten und wählen gerade diesen obskuren Ort, weil die wirkliche Realität sich hinter zahllosen (zwar längst durchschauten, aber dennoch unaufhebbaren) Zweckillusionen verbirgt.

Weniger gewagt als derartige Reflexionen über eine »tachogene Weltfremdheit« als »spezifisch moderne Bewußtseinslage« (Marquard 1989: 93) und ihre Kompensation durch virtuelle Techniken der Antifiktion dürfte die Vermutung sein, daß für die modernen Individuen kaum etwas so abenteuerlich und faszinierend ist wie die Konstruktion einer maschinell kontrollierbaren und doch nicht determinierten Entscheidungssituation, in der sich zeigt, ob es auf epochale Fragen grundsätzliche Antworten gibt.

Die Struktur des Abenteuers hat sich – wie eingangs behauptet wurde – im Computerzeitalter geändert: Es ist heute nicht mehr der auf das Lebensganze bezogene Ausbruch ins Besondere, sondern diejenige Erlebnisform, in deren Rahmen die zerfallene Lebenseinheit durch ein Konstrukt ersetzt wird, das nur in den computergenerierten virtuellen Welten existiert. An die Stelle der Einheit des Lebens ist aber nicht die Einheit diverser kurzfristiger Abenteuer getreten; auch nicht die (laut Luhmann) unsichtbare Einheit der Unterscheidung, die wir mit jedem Bewußtseins- oder Kommunikationsakt verwenden müssen, ohne sie bezeichnen zu können; sondern die Einheit als Operation der Entscheidung substantieller Fragen in einem Medium, das seine Nutzer gleichzeitig zur Aktivität zwingt und zur Passivität verurteilt.

In meinen Gesprächen mit den VR-Fans wurden (wie schon gesagt) drei Problemfelder hervorgehoben, auf denen das Medium uns eine Lehre erteilt: Politik (1), Moral (2), Bedeutung (3). Ich möchte nun schrittweise diese Erwartungen an den Computer skizzieren und potentielle Mißverständnisse ausschalten:

(1) Wenn die interviewten Personen das »Eigentliche« der Politik ins Auge fassen, so steht interessanterweise gerade nicht das Phantasma einer »Echtzeit-Demokratie«, die die »schwerfällige repräsentative Demokratie« (Maresch 1997) ablösen könnte zur Debatte. Konkrete inhaltliche Vorstellungen von einem neuen Gemeinschaftsleben, das die bestehende sachlich ausgekühlte Gesellschaft überwindet, werden nur selten geäußert. Forderungen wie »kooperatives Lernen in Permanenz, gegenseitige Anerkennung und Mitteilung von

Spezialwissen« mögen typisch sein für einige Projekte zur Bildung »virtueller Gemeinschaften, die sich über Hören und Ausdrucksweisen, Entscheidungen und Bewertungen zunächst molekular konstituieren, durch Gruppenbildung und transversale Verbindungen zu anderen Nomaden-Gruppen aber dann zu einem Volk der Zukunft werden« sollen (Maresch 1997). Die Idee von einer VR-Sphäre eigentlicher Politik beruht keineswegs auf derart naiven Vorstellungen, sondern hat eine andere Stoßrichtung. Die von mir befragten Netzakteure gehen überwiegend nicht davon aus, daß mit der kommunitaristischen Umstrukturierung der Politik bereits die Wende zum Besseren eingeleitet wäre. Sie äußern gegenüber dem derzeit grassierenden Kult der Gemeinschaft eine Skepsis, an der Soziologen, die Plessners berühmte »Kritik des sozialen Radikalismus« von 1924 schätzen, ihre Freude haben könnten. Die Beschwörung von gemeinschaftsförmigen Bindungen ist (wie mir scheint) eher eine Interpretationsfigur externer Beobachter, die unbeteiligte Leser über die neueste Stimmung im Netz informieren und sich dabei auf eine philosophische Modeströmung beziehen, die die Krise der spätmodernen Gesellschaft therapieren möchte. Man hat natürlich, wenn man so vorgeht, leichtes Spiel. Der vermeintliche Trend relevanter Netzaktivitäten ist dann als handliches Konzept identifizierbar, dessen Vorzüge und Nachteile sich mit Argumenten diskutieren lassen, die längst im Handel sind und nur situationsspezifisch aufpoliert werden müssen.

Genau damit aber verstellt man sich den Blick auf die gewiß merkwürdige Substantialisierung des virtuellen Raums durch viele ihrer Benutzer. Diese nehmen an, daß die neue Technik eine Experimentierzone erschließt, in der sich zeigt, was Politik unter gegenwärtigen Bedingungen ihrem Wesen nach ist und was diese Politik überhaupt leisten kann. Wirkliche Politik wird – so lautet die Idee – erst vollzogen, wenn medientechnische Errungenschaften die klassischen Formen staatlichen Handelns wie eine porös gewordene Schale wegsprengen und den Kern freilegen. Mit großer Selbstverständlichkeit spricht man vom Zerfall der Steuerungskapazitäten des Staates und der schwindenden Bedeutung des gesellschaftlichen Zentrums. Ulrichs Becks Vokabel »Subpolitik«, die meine Gesprächspartner zuweilen aufgriffen, zielt auf genau diesen Sachverhalt und signalisiert, daß das Periphere und Unterschwellige zum Eigentlichen gerät. Subpolitik wird jedoch nicht als per se basisdemokratischer Vorgang verstanden, der allen Betroffenen den Status von Beteiligten verleiht und Macht in konsensorientierte Kommunikation transformiert. Vielmehr gilt Subpolitik *nur* als Arena zur Ermittlung eines heute angemessenen Begriffs des Politischen, der ggf. die Grenzen demokratischer Willensbildungsprozesse bloßlegt.

(2) Über Moral wird derzeit viel gesprochen. Sie ist aus der Latenz, auf der vielleicht ihre soziale Wirksamkeit beruht, ans Licht der Öffentlichkeit getreten. Mit erstaunlichem Tempo absolviert sie die hürdenreiche Strecke zwischen den wissenschaftlichen Seminardiskursen und den Talkshows im Fernsehen. Institutionalisierte Sinngrenzen überschreitet sie, ohne sichtlichen Schaden zu nehmen. Offenbar hat die Moral Ort und Zeit ihrer Beschädigung schon hinter sich gelassen. Von Ethikkommissionen diverser Berufsverbände wird sie vorgeladen und mit Leitlinien geehrt, die ihre Krise unverblümt ausplaudern und zugleich durch Präambeln und Paragraphen zu besänftigen suchen. Niemand kann es daher wundern, daß die Moral auch in den virtuellen Welten präsent ist und dort gewöhnlich die Gestalt von sog. Netiketten annimmt. Auf den Gehalt dieser mehr oder minder nützlichen Listen von Appellen und Informationen lassen sich aber die Vorstellungen über Netz-Moral, die zahlreiche VR-Fans hegen, keinesfalls reduzieren. Ihre Phantasie entzündet sich nicht in erster Linie an Fragen, die die bereits existierenden Empfehlungen und Regeln betreffen. Die konkreten Angaben, die hier gemacht werden, sind erst dann interessant, wenn man sie mit den basalen Konflikt-Szenarien in Beziehung setzt, auf die die involvierten Personen z.B. in Form von Netiketten reagieren. Weil viele VR-Fans die Interaktionen in den unterschiedlich strukturierten Datenräumen (Chats, MOOs etc.) als Modelle sozialer Ursprungslagen auffassen, betrachten sie den Prozeß der Normbildung in den virtuellen Welten als Geschehen, das Aufschlüsse über Struktur und Funktion von Moral gibt, die in den komplexen Zusammenhängen der »wirklichen« Realität überhaupt nicht mehr gewonnen werden können. Der unübersichtlichen Wirklichkeit der spätmodernen Gesellschaft stellen sie die transparenten Simulationswelten der VR gegenüber. Daher sind sie davon überzeugt, daß die Art, wie Konflikte z.B. in den Chats wahrgenommen und rekonstruiert werden, wie der moral point of view hier entsteht und zur Geltung gelangt, wie das Gefühl der Verantwortung aufkommt etc., nicht allein die Wurzeln der Moral freilegt, sondern auch Urteile über ihre Bindungskräfte und Wirkungsmöglichkeiten zuläßt. Überdies nehmen sie an, daß man Klarheit darüber gewinnt, auf welchen Bedürfnissen moralische Urteile in letzter Instanz beruhen: Ob Individuen den unhintergehbaren Wunsch hegen, ihre sozial relevanten Handlungen und Einstellungen öffentlich mit Argumenten zu begründen, oder ob sie spontanen, nicht rational explizierbaren Regungen folgen, wenn sie z.B. Rücksicht auf andere Menschen nehmen oder unbekannten Personen Hilfe leisten. Auch die Frage, ob das Aufkeimen moralischer Impulse (wie Rücksicht, Fürsorge, Hilfsbereitschaft) und das Hervortreten des Rechtfertigungsdrangs konstitutiv an soziale Nahweltsituationen, an face-to-

face Begegnungen also, geknüpft ist oder auch (und ggf. sogar auf noch intensivere Weise) durch Imaginationen gewährleistet wird, die in virtuellen Datenräumen einen mehr als geeigneten Nährboden finden, läßt sich allein durch mediale Experimente entscheiden. Denn nur am Verhalten der Beteiligten in den virtuellen Feldern der Netzkommunikation kann man – so meinen die Befragten – ablesen, was es mit der Moral eigentlich auf sich hat.

(3) Worin die »Bedeutung der Bedeutung« (Putnam) liegt, ist trotz enormer philosophischer Anstrengungen noch immer ungeklärt. Ob Sinn vor-sprachlich erzeugt und durch Symbole bloß re-präsentiert wird oder überhaupt nur in satzförmigen Operationen mit Sprachzeichen hervorgebracht werden kann, ließ sich bislang nicht mit hinreichender Sicherheit entscheiden, obschon im Zuge der berühmten Wende von der Bewußtseins- zur Sprachtheorie starke Argumente für die zweite Annahme zum Einsatz kamen. Einige der von mir befragten Personen sind der Ansicht, daß der Computer dieses schwierige Problem endgültig lösen wird. Eine Art Vorentscheidung – so geben sie an – sei bereits gefallen. Die lineare Anordnung der kognitiven Akte, die das Medium der Sprache, insbesondere die Schrift, erzwinge, passe nicht zu netzwerkartigen Strukturen, in denen sich das Denken aller Wahrscheinlichkeit nach vollziehe. Sobald die Computertechnik neuronale Direktverbindungen zwischen Mensch und Maschine (und das heißt natürlich auch zwischen mehreren maschinen-gekoppelten Menschen) ermögliche, zeige sich, wie Sinn in seiner eigentlichen Gestalt produziert, gespeichert, verarbeitet und verbreitet werde. Dann stelle sich heraus, ob die symbolische Ordnung ein Zwangszusammenhang sei, der die Gattung jahrtausendelang zur semantischen Verblendung verurteilt habe, oder ob sie als Medium gelten dürfe, das uns die Welt in der uns gemäßen Form erschließe. Auch bei VR-Fans, denen das Bedeutungsproblem am Herzen liegt (zahlenmäßig ist es die kleinste Gruppe), stößt man also auf die Figur des Eigentlichen. Sie umfaßt, wie zu sehen war, recht unterschiedliche Vorstellungen von der Kraft des Computers, Entscheidungen über fundamentale Fragen zu fällen. Welche Wahl die Maschine treffen wird, ist ungewiß. Gewiß ist nur, daß die Schiedssprüche der Maschine, denen man entgegenfiebert, im Sperrkreis des Virtuellen das Reale zur Geltung bringen werden.

Das Interesse am »Eigentlichen«, das die meisten Praktiker medialer Grenzüberschreitungen, mit denen ich gesprochen habe, in erstaunlichem Maße hegen, ist allerdings kein verkappter Maschinenfetischismus. Mit den sog. Hardwarefragen, auf die ein spektakulärer Zweig der aktuellen Medientheorie sich kapriziert, hat es nichts zu schaffen. Daß die elektronisch erschlossenen Möglichkeitsräume von Vorgaben der Maschinenbautechnik und dem Programmierstil abhängig sind, besagt in den Augen meiner Gesprächspartner wenig über den Wert der Tests, denen das Politische, das Moralische und der Sinn im Rahmen des Virtuellen unterzogen werden. Diese Experimente gelten auch nicht als Varianten des berüchtigten Turingtests, bei dem die Differenz von Mensch und Maschine auf dem Spiel steht. Die Materialität des Mediums birgt für die Medien-Abenteurer kein Geheimnis, dessen Entschlüsselung Auskunft über das Wesen spätmoderner Macht liefern würde. Verschwörungstheoretiker aller Art (das ist bekannt) lassen sich durch die neuen Kommunikationstechniken inspirieren. Auch mir sind Personen untergekommen, für die das Netz der probate Ort ist, die eigene Paranoia mit der Paranoia anderer zu einer kompakten Weltsicht zu verschweißen. Aber nur unter abgehobenen Denkern kursiert die Vorstellung, daß der »hinter tief gestaffelten Benutzeroberflächen« verborgene »Quellcode« geknackt werden müßte, um die determinierenden Kräfte, denen wir hilflos ausgeliefert sind, zu erkennen. Diese professionellen Medienbeobachter sprechen von »technischen Dispositiven, die die Tiefenstrukturen von Wissen, Information und Kommunikation inzwischen prägen und den Augen und Ohren, Seelen und Sozialsystemen ihre ›Gesetzesrealitäten‹ aufzwingen« (Maresch 1998: 328). Die Nutzer verfolgen (wie die empirischen Befunde zeigen) ihre eigenen Träume von dem, was als wesentlich zu gelten hat. Ihre Haltung als »Hardware-Vergessenheit« (Maresch 1998: 325) zu apostrophieren, mag noch einen gewissen theoretischen Reiz haben, sie aber als »Option« zu beschreiben, die sie dazu verführt, »in die Bildschirme einzutauchen und sich den manipulierten Bilderwelten zu überlassen« (Maresch 1998: 326), ist alles andere als erhellend. Denn man verfehlt mit einer derartigen Betrachtungsweise den Modus des »Eigentlichen«, das für viele VR-Liebhaber so wichtig ist.

Anmerkung

1 Die folgenden Überlegungen beruhen auf Interviews mit Informatikern, Chat-Nutzern, Hackern, MUD- und MOO-Spielern etc., die zwischen 1994 und 1999 im Raum Tübingen/Freiburg und im Sommer 1998 in Stockholm gemacht wurden. Hinzu kommen über Jahre hinweg Befragungen von Kontaktpersonen im WWW. Die Befunde decken sich, wie nicht anders zu erwarten, in vielen Punkten mit den wichtigen Untersuchungen von Pflüger/Schurz (1987), Eckert u.a (1991), Wetzstein u.a. (1995), Turkle (1995), Becker (1997). Meine Erhebung stützt allerdings nicht die weitverbreitete These, daß in den neuen Erfahrungsräumen in er-

ster Linie Kontingenzlust und Möglichkeitssinn zur Entfaltung kommen. Im Gegenteil, das Material legt den Schluß nahe, daß die Virtualisierung der Welt mit Hilfe des Computers von vielen Nutzern (zumindest in einigen Themenbereichen) als Weg zu einer definitiven, ja substantiellen Weltbeschreibung verstanden wird.

Literatur

Baudrillard, Jean (1982), Der symbolische Tausch und der Tod. München.

Becker, Barbara (1997), Virtuelle Identitäten, in: Barbara Becker/Michael Paetau (Hrsg.): Virtualisierung des Sozialen. Frankfurt/New York.

Bruckner, Pascal/Finkielkraut, Alain (1981), Das Abenteuer gleich um die Ecke. München.

Eckert, Roland u.a. (1991), Auf digitalen Pfaden. Opladen.

Ellrich, Lutz (1996), Sein und Schein, in: Deutsche Zeitschrift für Philosophie 44: 559-582.

Ellrich, Lutz (1997) Neues vom ›neuen‹ Medium Computer, in: Werner Rammert (Hrsg.): Jahrbuch für Technik und Gesellschaft. Frankfurt/New York.

Ellrich, Lutz (1999), Textkrisen und Medienerlösungen, in: Gerhard v. Graevenitz (Hrsg.): Konzepte der Moderne. Stuttgart.

Iser, Wolfgang (1993), Das Fiktive und das Imaginäre. Frankfurt/M.

Link, Jürgen (1997), Versuch über den Normalismus. Opladen.

Marquard, Odo (1989), Kunst als Anti-Fiktion. Versuch über den Weg der Wirklichkeit ins Fiktive, in: Odo Marquard: Aesthetikca und Anaesthetica. Paderborn.

Maresch, Rudolf (1997), Epiphanie im Cyberspace?, in: Süddeutsche Zeitung vom 22. August.

Maresch, Rudolf (1998), Die Virtualität der Kommunikation, in: Andreas Brill/Michael de Vries (Hrsg.): Virtuelle Ökonomie. Opladen.

Pflüger, Jörg/Schurz, Robert (1987), Der maschinelle Charakter. Opladen.

Simmel Georg (1983), Das Abenteuer, in: Georg Simmel: Philosophische Kultur. Berlin.

Turkle, Sherry (1995), Life on Screen. New York.

Wetzstein, Thomas (1991), Die Hacker, in: Roland Eckert u.a.: Auf digitalen Pfaden. Opladen.

Wetzstein, Thomas u.a. (1995), Datenreisende. Opladen.

Globalisierung, soziologische Theorie und der Wandel des sozioökonomischen Optionenraums

Helmut Wiesenthal

1.

Die Globalisierung kommunikativer und ökonomischer Beziehungen ist mit Veränderungen des kognitiven Zugriffs auf Wirklichkeit verbunden. Dabei haben wir es nicht nur mit der wachsenden *Bedeutung von Wissen* als Produktionsfaktor und -resultat, als Ware und Statusressource zu tun, sondern die Prozesse der Globalisierung scheinen auch die *Entwertung von Wissen* zu bewirken. Das ist insofern soziologisch bedeutsam als kollektive Wissensbestände der Stoff sind, den soziale Systeme prozessieren und aus dem die Kriterien für Dazugehöriges und Nichtdazugehöriges, für Anschlußfähiges und Unbegreifbares gewonnen werden. Dieser Beitrag beschäftigt sich v.a. mit der Entwertung von Wissensbeständen und möchte eine spezifische Erkenntnisschwäche des soziologischen Denkens demonstrieren. Nach einem kursorischen Blick auf Soziologie als »global (social) science« und der Erinnerung an eine frühere Phase der soziologischen Selbstkritik werden drei exemplarische Sachverhalte betrachtet, an denen sich die Umwertung konzeptueller Gewißheiten studieren läßt.

2.

Ambitionierte Studien sozialwissenschaftlicher Art haben häufig einen doppelten Fokus. Sie bemühen sich, etwas von dem *Besonderen*, dem lokal, national oder historisch Spezifischen eines Gegenstandes aufzudecken und gleichzeitig seine *allgemeinen Aspekte*, d.h. die von räumlicher und zeitlicher Singularität unbeeindruckten Eigenschaften herauszuarbeiten (Turner 1996). Doch auch der

Referenzrahmen des Allgemeinen bleibt beschränkt: auf den Sinn- und Relevanzkatalog der europäischen bzw. romanisch-christlichen Geistestradition. Diese einst so selbstverständliche Verankerung der theoriehaltigen Sinnperspektiven in einer sozialräumlich definierten Kultur wurde im Zuge der Modernisierung der übrigen Weltregionen obsolet; die Universalisierung der sog. westlichen Kultur ist vom Prozeß ihrer Relativierung begleitet. Eine methodisch unreflektierte Generalisierung von Theorien und Konzepten (v.a. solchen auf der Ebene »großer« Theorie) steht heute unter dem Verdacht des »western imperialism«.

Die unausweichliche Anerkennung des Sachverhalts, daß die eine historisch so erfolgreiche Geistestradition nur einen von mehreren möglichen Sinnkatalogen autorisiert, mag zum Anlaß werden, entweder einen globalen, aber allemal asymmetrischen Sinnpluralismus zu unterstellen oder nach Elementen eines minimalen Universalismus Ausschau zu halten. Sztompka (1990) äußert die Hoffnung, es könne sich dereinst ein universeller Kanon von soziologischen Begriffen, eine *universal tool box of sociology,* entwickeln, deren Inhalt zwar unterschiedlichen Theorietraditionen entstamme, aber durch Abstreifen der lokalen Referenzen kommensurabel geworden sei.[1] Doch von einer Integration theoretischer Perspektiven dürften die Sozialwissenschaften weiter entfernt sein als ihre Nachbardisziplinen. Daß es der Soziologie schwerer fällt als etwa der Ökonomie, sich über eine Handvoll axiomatische Annahmen zu »universalisieren«, hat vermutlich mit ihrer lokalkulturellen Erfolgsbilanz zu tun. Das mit lokalen Kulturen verwobene Sinnverständnis von Soziologen, Staatsbürgern und Politikern scheint einer mitlaufenden Reflexion auf soziokulturelle Konnotationen und Geltungsgrenzen im Wege zu stehen. Zudem tragen die Begriffe noch immer Sinnspuren der historischen Epochen, in denen sie entstanden, insbesondere jenen der Nationalstaatenbildung und Industrialisierung (Robertson 1992). Im Lichte zeitgenössischer Sachverhalte wirkt die Bindung der Begriffe an eine vergangene Welt willkürlich und parochial. Das drückt sich einerseits in Leerstellen der konzeptuellen Landkarten aus, denen es z.B. an präzisen Begriffen und »Grammatiken« für transnationale Phänomene und globale Strukturen mangelt. Andererseits tendieren die »lokalen« Begriffe zur Einengung des Vorstellungsraums und den Ausschluß alternativer Bedeutungen. Sie scheinen oft uninformiert über funktionale Äquivalente, analoge Strukturen und die in anderen Kontexten entstandenen Sinngehalte.

Es ist deshalb nicht unplausibel, mit Gewinnen an konzeptueller Präzision und Universalität in dem Maße zu rechnen, wie die tradierten Begriffe der Sozialwissenschaft ihre akzidentiellen Beimischungen von oft hohem normativen Gehalt verlieren. Zumindest das könnte eine Frucht der Globalisierung geisteswissenschaftlicher Disziplinen sein. Dabei bleibt es wohl eher unwahrscheinlich, daß sich so etwas wie eine universale und theoretisch integrierte Weltsoziologie entwickelt. Statt dessen besteht die Aussicht, daß der Orientierungsverlust, den die überlieferten Theorien lokaler Prägung erleiden, durch die Erkenntnis kontingenter Sinngehalte und realer Optionen aufgewogen wird. Transkulturelle Konzepte mögen damit auch ein höheres Informationspotential für Problemdiagnosen offerieren.

3.

Zweifel an der Erkenntnisqualität soziologischer Begriffe sind nichts Neues. Ist doch »mit der Benennung fast jeden Gegenstandes zugleich eine Werttönung und ein Hinweis verbunden (…), wie man sich ihm gegenüber verhält bzw. verhalten soll. Die werthaft-normativen Elemente (…) treten dabei in denselben sprachlichen Formen auf wie die deskriptiven und erwecken so den Eindruck, als wären sie Eigenschaften der Dinge, die von allem menschlichen Dafürhalten unabhängig sind« (Topitsch 1971a: 18). Restbestände archaischer Denkformen wirken sogar »bis tief in scheinbar rein wissenschaftstheoretische Fragestellungen hinein« (Topitsch 1971b: 65).

Auch heute fehlt es nicht an Anlässen, die Frage nach einem *bias* der Sozialwissenschaften aufzuwerfen. Forderten (v.a. nach 1986) verschiedene Konnotationen des Etiketts »Risikogesellschaft« zum sozialwissenschaftlichen Positionsbezug gegenüber gesellschaftlichen Entwicklungen auf, so ist Analoges seit Mitte der 90er Jahre im Umfeld des Begriffs »Globalisierung« zu beobachten. Begriffe von universal-diagnostischer Kraft wie Risikogesellschaft und Globalisierung lassen die Frage »Was ist?« rasch hinter Fragen des Typs »Wie schlimm ist das?« und »Wie werte ich das?« zurücktreten. Der beschleunigte Wandel sozioökonomischer Sachverhalte und die weitreichende Verunsicherung über sog. Zukunftsfragen fordern die Beratungskompetenz der Sozialwissenschaften heraus. Um der Nachfrage zu genügen, bedarf es erhöhter Anstrengungen, zumal wenn die anlaßgebenden Phänomene von neuartiger Qualität zu sein scheinen. Doch selbst die »rein« professionelle Arbeit der Sozialwissenschaftler ist nicht ohne Risiko. Es besteht begründeter Verdacht, daß gewisse Qualitätsmängel der Fachkommunikation nicht dem normativen Beigepäck eines laxen Wissenschaftsverständnisses, sondern dem vorschriftsgemäßen Gebrauch der anerkannten Begrifflichkeit geschuldet sind.

Den sozialwissenschaftlichen und speziell den soziologischen Begriffen wurde schon des Öfteren ein konservativer *bias* angelastet. Der Konservatismusvorwurf läßt sich in zwei Richtungen spezifizieren. Zum einen gilt er einem bestimmten Wirken der Sozialwissenschaftler, dem buchstäblich konservierende Effekte zuzuschreiben seien. Es wurde vermutet, daß »neutral« konzipierte Theorien von ihren Anwendern zum Werkzeug für partikulare Zwecke gemacht werden können. Wenn z.B. Theorieanwender »lieber und häufiger die Seite des friedlich-gerechten Leistungsaustausches beleuchte(n)«, sei das »rein begriffslogisch nicht zu erklären« (Mayntz 1971: 529). Zum anderen wurde behauptet, daß gerade die regulären fachtypischen Begriffe und Theorien suggestive Implikationen aufwiesen. Die soziologische Disziplin pflege »theories and research practices expressing an implicit conservative leaning. (...) the conservative bias is professional and is located in the (...) categories and methods.« (Wrong 1959, zitiert nach Mayntz 1971: 526). Es lohnt, dem von Dennis Wrong geäußerten Verdacht nachzugehen.

So ist unschwer zu bemerken, daß die theoretisch strengen Begriffe der Disziplin sich speziell für das Verständnis von Stabilitäts- und Kontinuitätsbedingungen, d.h. der Konstituentien von Sozialität, eignen und hierin als ertragreicher erweisen als bei der Aufklärung von Singularitäten und Disjunktionen. Diese Eigenschaft kam aus Anlaß des unvorhergesehenen Endes des Sozialismus wieder zur Sprache. »Komplexe Makrophänomene« wie die Ereignisse der Jahre 1989-90 zeichnen sich durch statistische Seltenheit und spontane Koinzidenzen (sog. Cournot-Effekte) aus. Weil sie hochkontingent sind, lassen sie sich »grundsätzlich nicht aufgrund theoretischer Ableitungen vorhersagen« (Mayntz 1996: 142). Mit anderen Worten, die Eignung des Standardkanons theoretischer Konzepte beschränkt sich auf »business as usual«-Verhältnisse, sowohl in der gesellschaftlichen Wirklichkeit als auch in der sozialwissenschaftlichen Praxis.

Der »Fehler« scheint der Erkenntnisposition der Disziplin einprogrammiert. Wie es in der Neubearbeitung eines Soziologie-Lehrbuchs zutreffend heißt, existieren zwar sehr unterschiedliche Verwendungsweisen des Ausdrucks »soziale Struktur«, aber sie haben eines gemeinsam, nämlich »sich sämtlich auf solche Aspekte des sozialen Lebens (zu) beziehen, die als relativ *fortdauernd* oder *beharrend* angesehen werden und die durch ihre Konsistenz jeder Gestaltänderung einen gewissen Widerstand entgegensetzen« (Wiswede 1998: 24; Hervorhebung i.O.). Nach dieser Selbstauskunft besitzt die Soziologie eine hohe Kompetenz zur Erklärung kontinuierlich erwartbarer, d.h. *trivialer* Phänomene, während sie zur Erkundung nichttrivialer Gegenstände eher schlecht gerüstet ist.

Dieser Sachverhalt verwundert um so mehr, als der historische Erfolg der Soziologie sowohl von der Plausibilität ihrer Strukturbegrifflichkeit getragen war als auch von einem theoretisch informiertem Verständnis des sozialen Wandels. Neben (oder »über«) den als prinzipiell beständig identifizierten »sozialen Strukturen« rangierten Strukturen zweiter Ordnung mit höherstufigen Wandlungsfaktoren, welche die *Muster des Wandels* der Strukturen erster Ordnung regulierten. Strukturen erster Ordnung, z.B. »Merkmalsverteilungen« oder »soziale Gebilde« (Wiswede 1998: 24), mochten solange ohne Verlust von Kontingenzbewußtsein als »konsistente und persistente Konfigurationen« (Wiswede 1998: 25) durchgehen, wie spezielle Diskontinuitätstheorien evolutionistischer, funktionalistischer oder klassentheoretischer Provenienz allgemeine Bedingungen der Möglichkeit des sozialen Wandels spezifizierten (Tonkiss 1998).

4.

Aufmerksamkeit und Interesse für das Zusammenspiel der Strukturen erster und zweiter Ordnung scheinen in aktuellen Zeitdiagnosen der Sozialwissenschaften wenig ausgeprägt. Davon zeugen eine Vielzahl kritischer Einschätzungen der Gestaltbarkeit von Institutionen im Postsozialismus sowie ein Großteil der zeitgenössischen Globalisierungskritik. Gleichzeitig werden deutlicher als früher die Urheber des Wandels identifiziert, nämlich politische und wirtschaftliche Akteure. Den Fällen von Diskontinuität und beschleunigtem Wandel (sog. »Brüchen«) wird durchweg größere Problematizität bescheinigt als den Merkmalen des Status quo.

Die in Zeiten des forcierten sozialen Wandels nicht eben überraschende Skepsis korrespondiert der Beobachtung, daß das scheinbar Selbstverständliche, hier: allgegenwärtige Wandlungsprozesse, an Faszination verliert: »An interest in processes of social change has, arguably, gone into something of its own decline within contemporary sociology« (Tonkiss 1998: 46). Daran, so vermutet Fran Tonkiss, haben auch die theoretischen Konstruktionen Anteil, die in der Vergangenheit entwickelt worden sind und im Lichte aktueller Erfahrungen unbefriedigend wirken. Gegenüber den polykausalen Mustern der realen Wandlungsprozesse wirke die Theorie »zu abstrakt, zu plump, zu unsensibel«, v.a. aber »zu arrogant in ihrem Erklärungsanspruch« (Tonkiss 1998: 46).

So lohnend es sein könnte, dem Verdacht nachzuspüren, ob sich die Aufmerksamkeitsmuster der Sozialwissenschaften wirklich gegenläufig zu den Konjunkturen des sozialen Wandels verändern, Thema dieses Beitrags ist eine andere Art der »Beweisführung«. Bevor wir anhand einiger Beispiele den von der tradierten Begrifflichkeit unterschätzten Möglichkeitsraum demonstrieren werden, sei noch der Typus der sozialwissenschaftlichen Skepsis markiert, auf deren Schwächen die Argumentation zielt.

Nur stichwortartig sei an zwei basale Dispositionen sozialwissenschaftlicher Problemdiagnosen erinnert: zum einen die dezidierte Technikskepsis und zum anderen das antagonistische Konfliktverständnis. Die Unterschätzung der Kontingenz technischer und wissenschaftlicher Entwicklungen ist quasi zum Markenzeichen einer unzulänglichen Diagnosefähigkeit für kontingente Prozesse geworden (vgl. Krugman 1997). Tatsächlich vermochten die Sozialwissenschaften keine der technikinduzierten »Bedürfnisrevolutionen« zu avisieren. Dagegen wurde regelmäßig eine Neigung zur Identifizierung auswegloser Situationen bzw. von Nullsummenspielen demonstriert. Diese Tendenz ist bereits in der Marxschen Ökonomie und Gesellschaftstheorie angelegt. Sie kehrt in der notorischen, aber kontrafaktischen Annahme wieder, daß ökonomisch unterlegene Akteure (Personen, Gruppen oder Länder) ihre Position nur auf Kosten ihrer privilegierten Gegenspieler verbessern könnten. Die Nullsummenprämisse der Deutung sozialer Konflikte erstreckt sich auf Analysen des Marktmechanismus (z.B. Heinemann 1976) wie auf die Gegenstände der aktuellen Globalisierungsdebatte (z.B. Altvater 1992; Müller 1997). Das speziell unter Sozialwissenschaftlern verbreitete Mißverständnis des Theorems komparativer Vorteile verdeutlicht, mit welcher Konsequenz logisch und empirisch unbestreitbare Sachverhalte ignoriert werden können.[2]

Der Sachverhalt der Globalisierung ist für Fehleinschätzungen dieses Typs besonders anfällig. Derzeit dominierende Einschätzungen der Globalisierungsprozesse beschwören das Bild einer unaufhaltsamen Degradation des Bestehenden. Über die mit Novitäten assoziierten Beschränkungen und Risiken wird umfassend und tendenziell zuverlässig informiert. Allerdings vermeiden es die einschlägigen Diagnosen, die unvermeidlichen und nicht selten schmerzhaften Kontinuitätsverluste mit eventuellen Gewinnen an andersartigen Möglichkeiten zu saldieren. So reduzieren sich die Charakteristika der neuen Phänomene in der Regel auf einen Katalog von nachteilig veränderten Randbedingungen des Gegebenen, das nunmehr als in seinem Bestand gefährdet erscheint.

Es ist keine ungewöhnliche, sondern eher eine regelmäßig zu erwartende Folge des Wandels, daß die zuvor »besten« Optionen (bzw. globalen Maxima i.S. von Elster 1987, Kap. 1) plötzlich entwertet, weil unzugänglich geworden sind. Die Diagnose einer Degradation setzt jedoch voraus, daß die veränderten Umstände auch auf sich neu eröffnende Möglichkeiten geprüft werden. Erst die Abwesenheit kompensatorischer Alternativen rechtfertigt es, einen

Status quo minus zu identifizieren. Der Blick auf mögliche Prozeßausgänge jenseits des bisher Gegebenen und Möglichen ist unverzichtbar. Daß der Optionentest dennoch so häufig für entbehrlich gehalten wird, scheint durch die Präsenz unkontrollierter, d.h. leichtfertig in ihrem Verfallsdatum prolongierter *ceteris paribus*-Annahmen bedingt. Weil die nach dem Kontextwandel erreichbaren globalen Maxima regelmäßig außerhalb des Geltungsbereichs konventioneller *ceteris-paribus*-Annahmen liegen, läßt sich unschwer ein reduzierter »Altbestand« an Handlungsalternativen diagnostizieren, der einen negativen Nutzensaldo des Wandels anzuzeigen scheint.

5.

Im restlichen Teil des Beitrags möchte ich die These des sozialwissenschaftlichen Konservatismus an drei Themen der Globalisierungsdebatte plausibilisieren. In jedem einzelnen Fall besteht die Tendenz der Fehleinschätzung von Momenten des stattfindenden Wandels, und zwar hinsichtlich der Kontinuität sozialer Grenzen, wie sie in tradierten Begriffen unterstellt sind. Auf den ersten Blick mag dieser Versuch, eine spezifische Schwäche der Fachbegrifflichkeit zu demonstrieren, paradox wirken. Weil auch er sich der gegebenen konzeptuellen Mittel bedient, kann er deren prinzipielle Tauglichkeit schwerlich in Abrede stellen. Deshalb sei der Vorwurf eines konzeptuellen Mangels präzisiert.

Der oben diskutierte Konservatismusvorwurf trifft die verschiedenen Spielarten soziologischer Theorie nicht gleichförmig. Ungünstig schneiden v.a. Theorien ab, die makrosoziale Sachverhalte (Systemeigenschaften, Strukturen, Institutionen) mittels Rückgriff auf mikrosoziale Faktoren erklären, weshalb sie letztere als homolog und persistent, d.h. als im Medium intersubjektiver Orientierungen, sozialer Normen oder tradierter Routinen »standardisiert« unterstellen. Mehrebenentheorien dieses Typs sind systematisch daran gehindert, die *Freiheitsgrade* des Handelns, d.h. die Bedingungen von Diskontinuität und des »Auch-anders-Möglichen«, mit gleicher Stringenz wie die redundanten Momente zu erhellen. Der *bias* zugunsten strukturbildender, d.h. redundanter Mikrophänomene ist dabei der Ambition geschuldet, Kausalaussagen über Phänomene der Makroebene zu machen, die sich dem Kontingenzverdacht entziehen, obwohl sie auf prinzipiell kontingente Mikrophänomene rekurrieren (vgl. Wiesenthal 1994).

Verzichtet man jedoch auf einen »deduktiven« Zugang zu den Mikrophänomenen zugunsten des Interesses an den *empirischen* »microfoundations of macrosociology« (Hechter 1983), so mag man dem erkenntnistheoretischen Zirkel entkommen. Während die – im folgenden als korrekturbedürftig ausgewiesenen – Befunde über Globalisierungsfolgen durchweg von Makrosachverhalten und den ihnen korrespondierenden Mikrophänomenen ausgehen, erlaubt eine »weitwinklige« Perspektive auf die Mikrophänomene, deren Varianz und Veränderlichkeit in Rechnung zu stellen. Ein geeigneter Fokus ist der Alternativenraum des individuellen Handelns. Ihn auf der Grundlage eines handlungsanalytischen Ansatzes auszuleuchten, was selbstverständlich auch die Inaugenscheinnahme seiner »constraints« einschließt, verspricht, auch über Anschlußoptionen veränderter Situationen aufzuklären, statt sich auf die Entwertung tradierter Optionen zu beschränken.

Als Exempel des Wandels von Handlungsoptionen im Zuge der Globalisierungsprozesse werden die »lokalen« Wirkungen globalisierter Entscheidungshorizonte (5.1), der Signifikanzverlust des Verhältnisses von Kapital und Arbeit (5.2) und das Aufkommen einer neuen sozialen Differenzierungslinie in der Konsumsphäre (5.3) diskutiert.

5.1

Einer verbreiteten Annahme zufolge, schlagen sich die Prozesse der ökonomischen Globalisierung v.a. in der *räumlichen* Ausdehnung von Märkten nieder. Der Raum, in dem sich Anbieter und Nachfrager begegnen, scheint sich enorm erweitert zu haben; er ist in einigen Teilmärkten bereits *global* geworden. In der Opportunitäten- und Anreizstruktur der kapitalistischen Wirtschaft mit dispersen Eigentumsrechten bringt diese Erweiterung des Alternativenraumes »mehr« Akteuren »mehr« Wahlmöglichkeiten und demzufolge allen »mehr« Wettbewerb, »mehr« Innovationen und raschere Produktivitätssteigerungen. Als Maßstab des Globalisierungsgrades der Volkswirtschaften werden darum gern die Fluß- und Bestandsgrößen der Außenwirtschaftsstatistik benutzt, in denen sich transnationale Aktivitäten niederschlagen. Doch dieser Maßstab ist unzulänglich und irreführend.

Tatsächlich ist das Bild der modernen Globalökonomie erst dann korrekt gezeichnet, wenn auf die wachsenden *Interdependenzen* statt bloß auf das Wachstum der Güter- und Kapitalströme abgehoben wird. Ein über die Verkehrsströme und Rechtsübertragungen hinausgreifendes Verständnis der Globalisierung wird im Blick auf den Wandel der (mikroökonomischen) Entscheidungshorizonte möglich. Unter Entscheidungshorizont wird der (nicht nur räumlich) begrenzte Raum verstanden, innerhalb dessen Akteure berücksichtigungsfähige Alternativen (Optionen) vermuten und sondieren. Die konstitutiven Grenzen dieses Horizonts sind nicht nur räumlicher und zeitlicher Natur. Will man den veränderten Alternativenraum korrekt beschreiben, bedarf es vielmehr der Bezugnahme auf relative Preise: Während in der Vergangenheit die »fernen« Alternativen relativ »unsicher« und darum mit hohen, oft prohibitiven Transaktionskosten belastet waren, sind sie heute unter den erstrangigen Optionen vertreten.

Der Alternativenraum offenbart einen gravierenden Unterschied zwischen den vertrauten Formen der »Internationalisierung« und der zeitgenössischen »Globalisierung«. Während die Phänomene der Internationalisierung von Transaktionen regelmäßig als *Ergänzung* der im lokalen Rahmen gegebenen Möglichkeiten gewertet wurden, werden die Globalisierungsfolgen als *Wandel* der lokalen Optionen interpretiert. Indem sich attraktive »Fern«-Optionen der routinemäßigen Berücksichtigung empfehlen, verändern sie die Geschäftsgrundlage auch der traditionell lokalen Interaktion. Kunden, die sich fragen »Why should I pay more for less?«, zwingen auch jene Akteure zu Anpassungsaktionen, die selbst keinerlei Ambition zur Teilnahme am »Fernverkehr« haben, sondern sich mit dem lokalen Markt bescheiden möchten. So kommt es dazu, daß auch die Konditionen, zu denen »lokal« gehandelt wird, von den »globalen« Bedingungen bestimmt sind und der Binnenmarktbegriff seinen Bedeutungsgehalt verliert. Die Globalisierung des ökonomischen Entscheidungshorizonts wirkt unmittelbar auf den »lokalen« Optionenraum zurück.

Unter diesen Bedingungen lassen sich weder der Wettbewerbsdruck, dem eine Binnenwirtschaft ausgesetzt ist, noch der Grad ihrer Wettbewerbsfähigkeit am Umfang der Importe und Exporte ablesen. Das Volumen der Aussenhandelsströme ist ein ausgesprochen unzutreffender Indikator der ökonomischen Globalisierung, wenn diese zuvörderst als Globalisierung von *Entscheidungshorizonten* zu verstehen ist. Akzeptiert man diese soziologische Interpretation, wird auch erkennbar, warum politische Palliativa des Typs Transaktions- und Verkehrsbeschränkung versagen: Sie mögen zwar den Zugang zu externen Gelegenheiten erschweren, aber lassen den *Vorstellungshorizont* der Akteure unberührt. Ihr restringierender Charakter bleibt den Betroffenen bewußt. Als Akte der Optionenvernichtung sind sie extrem legitimationsbedürftig.

5.2

Die Globalisierung stellt ein bis heute grundlegendes Muster der gesellschaftlichen Strukturierung in Frage, nämlich die Identifikation der ökonomischen

Funktionen von Kapital und Arbeit mit exklusiven sozialen Gruppen. Diese Feststellung widerspricht keineswegs der Beobachtung einer zunehmenden Spannung im Verhältnis von Kapital und Arbeit, die aus dem Ungleichgewicht ihrer Marktmacht resultiert. Offensichtlich profitieren Kapitalbesitzer überproportional von den durch die Globalisierung erweiterten Mobilitätsoptionen, während größere Gruppen der Arbeitnehmer in eine benachteiligte Position geraten: Das Kapital vermag sich auf die globalisierte Gelegenheitsstruktur einzustellen; die »lokalen« Identitäten verhaftete Arbeit bleibt buchstäblich zurück. Ein gesellschaftliches »Gleichgewicht« in dem Sinne, daß allen Gesellschaftsmitgliedern Praxisgelegenheiten geboten sind, die im Einklang mit dem kollektiven Wertehaushalt stehen, ist unter diesen Umständen nicht zu erwarten. Das bedeutet nichts anderes als die Infragestellung der soziale Inklusion gewährenden Institutionen, die einstmals überhaupt erst die Möglichkeit einer strikten Rollentrennung zwischen den sozialen Trägern der Funktionen von Arbeit und Kapital begründeten.

Die ungleichen Mobilitätschancen von Kapital und Arbeit sowie zunehmende Möglichkeiten der Substitution von Arbeitskraft durch Kapital resultieren sowohl im Rückgang des spezifischen Bedarfs an Arbeitskraft als auch im sinkenden Anteil des aggregierten Faktoreinkommens der Arbeitskraft am Sozialprodukt. Im Zurückbleiben der Einkommen aus abhängiger Erwerbsarbeit hinter den Kapitaleinkommen wird ein säkularer Trend gesehen (Wirtschaftswoche 5.6.1997). Damit schwindet die Aussicht auf eine strategisch herstellbare, und sei es auch nur vorübergehende Marktüberlegenheit der Arbeitskraftanbieter. Potentiell fruchtbare Perspektiven ergeben sich erst, wenn die »alte« verteilungspolitische Fragestellung durch eine neue ersetzt wird: »Wie kann der Nettonutzen der ökonomischen Globalisierung gesellschaftlich verfügbar gemacht und in sozial akzeptabler Weise verteilt werden?«

Dem Umfang des Problems angemessene Überlegungen müssen am herrschenden Verständnis des Begriffspaars Kapital und Arbeit ansetzen. Nach geltender Überlieferung bezeichnen diese Begriffe gesellschaftliche Funktionsgruppen mit einer allenfalls schmalen und nur per Zufallskarriere erreichbaren Überschneidungszone. Politische Klassentheorien wie moderne Sozialstrukturanalysen beruhen auf der kategorialen Unterscheidbarkeit latenter Großgruppen, die sich *entweder* auf der Basis von Lohn- *oder* Kapitaleinkommen reproduzieren. Empirisch ist aber schon seit längerem eine Aufweichung der einst so eindeutigen Unterscheidung eingetreten: Während Kapitaleinkommensbezieher – zumindest nach den Regeln der akademischen Mikroökonomie – Opportunitätskosten in Höhe eines alternativ erzielbaren Arbeitseinkommens veranschlagen, um anhand des Residualeinkommens ihre

Kapitalrendite zu kalkulieren, erzielt eine Mehrheit der Arbeitskraftanbieter bescheidene Kapitalerträge aus Sparguthaben und anderen Vermögenswerten. Angesichts der veränderten Parameter der Marktsituation scheint es zweckmäßig zu prüfen, auf welchen Wegen eine noch stärkere Entdifferenzierung der Trägerschaft beider Produktionsfaktoren möglich ist. Das hieße, Kapital und Arbeit nurmehr als technisch-ökonomische Produktionsfaktoren zu verstehen, über deren *soziale Trägerschaft* nicht *a priori*, nicht exklusiv und nicht auf alle Zeit vorentschieden ist.

Mit anderen Worten: Will man weiterhin an einem auf inklusiver Teilhabe beruhenden Gesellschaftsbegriff festhalten, so ist wohl die Annahme fallenzulassen, der abhängig arbeitende Teil der Erwerbsbevölkerung könne und solle sich auf der Grundlage von Gleichgewichtslöhnen reproduzieren.[3] Vielmehr verdienen die Problemdiagnosen und -bearbeitungsmöglichkeiten Aufmerksamkeit, die sich ergeben, wenn nach den Zugangschancen zu Arbeitseinkommen *und Kapitalerträgen* gefragt wird. Es ist die Frage nach Möglichkeiten, den Bezug von Kapitaleinkommen auf längere Sicht ebenso zu verallgemeinern wie einst die Lohnarbeiterrolle im Zuge der aktiven Proletarisierung gesellschaftlich verallgemeinert wurde.

Die logische Alternative zum Austeritätsgebot, das aus institutionell konservativen Globalisierungsdiagnosen folgt, sind präferenzen- und kapitalbildende Maßnahmen, die auf eine »Dualisierung« der Haushaltseinkommen hinauslaufen. Zur gesellschaftsweiten Normalisierung *beider* Einkommenskanäle gehörten neben den arbeitsplatzbezogenen Beteiligungsformen (Investivlohn und Aktienoptionen) auch die Erschließung von Kapitalmarktgewinnen für Nichtbeschäftigte und Transferbedürftige. Das setzt neben institutionellen Innovationen neue Formen der Risikenabsicherung, erhebliche Verbesserungen der Transparenz des Kapitalmarktgeschehens und ein höheres Niveau des allgemeinen ökonomischen Grundwissens voraus.[4] Als sozialpolitischem Projekt wäre der Dualeinkommensstrategie wohl auch nur dann Erfolg beschieden, wenn sie von einer Revolution des Arbeitnehmerbegriffs begleitet würde. Darunter ist nicht weniger als jedermanns Vertrautheit mit *allen* sozialen Rollen des modernen Kapitalismus, d.h. u.a. die Kompetenz zum Arbeiten als Selbständiger, Werkauftragnehmer oder Unternehmer zu verstehen.[5]

Der Übergang von der Arbeitnehmer- zu einer Art »inklusiver Unternehmergesellschaft« dürfte langwierig und konfliktvoll sein, aber nicht notwendig schmerzhafter als der Übergang vom Manchesterkapitalismus zum frühen Sozialstaat. Den allfälligen Zweifeln am Sinn dieser Option lassen sich jedoch drei Argumente entgegenhalten, die sich genauerer Sondierung empfehlen.

Zum einen werden Wandlungen der Unternehmensorganisation und folglich der Arbeitsnachfrage beobachtet, nach denen Erwerbsorganisationen die einst als spezifisch »unternehmerisch« etikettierten Fähigkeiten auch weit unterhalb der höchsten Ränge benötigen. Professionelle Karrieren in der privaten Wirtschaft, aber auch im öffentlichen Dienst, setzen seit langem ein Maß an Risikobereitschaft, Kreativität und Organisationsvermögen voraus, das auch die Basis erfolgreicher Unternehmertätigkeit abzugeben vermag.

Zum zweiten dürfte ein Projekt der Verallgemeinerung des Zugangs zu Unternehmerrollen die organisierten Arbeitsmarktparteien in eine Position bringen, in der sie sich schwerlich verweigern können. Selbst die Gewerkschaften hätten Grund, einer Erhöhung des Anteils der selbständig Erwerbstätigen den Weg zu bahnen. Denn jeder in die Selbständigkeit wechselnde Arbeitnehmer bedeutet einen doppelten Vorteil für die Interessenposition des Faktors Arbeit: Er senkt die Zahl der Konkurrenten um knappe Arbeitsplätze und erhöht die Chance auf eine Steigerung der Arbeitsnachfrage.

Zum dritten gibt es Grund, tradierte Einschätzungen der Mittelschichten und des vermeintlich wenig progressiven Kleinunternehmertum zu revidieren. An erster Stelle sind der technologische Wandel und die Dynamik der Informationstechnologien zu nennen, mit deren Hilfe in manchen Bereichen Selbständige und Kleinunternehmer zur technologischen Avantgarde aufstiegen. Als Folge dieses Gestaltwandels auch mancher Handwerksberufe können Selbständige nicht nur mit verbesserten Einkommenschancen, sondern auch mit einem Gewinn an sozialem Ansehen rechnen.

5.3

Das dritte Exempel betrifft das Aufkommen einer neuen Linie der sozialen Differenzierung. Eine Folge des wachsenden Innovationstempos, der ungleichen Produktivitätspotentiale »alter« und »neuer« Produkte sowie differenter Präferenzen gegenüber dem sich laufend wandelnden Güterangebot zeichnet sich in Gestalt unterschiedlicher »Verbraucherkulturen« ab. Letztere unterscheiden sich einerseits nach den altersabhängig ungleichen Zugängen zu technologischen Niveaus, d.h. nach der technologischen Kompetenz von Sozialisationskohorten, und andererseits – ebenfalls in Abhängigkeit vom technologischen Bildungsgrad – nach dem Zugang zu den ökonomischen Vorteilen der Globalisierung.

Dadurch scheint die in der Vergangenheit als selbstverständlich angenommene Inklusivität des technischen Fortschritts in Frage gestellt. Einerseits wandelt sich die Zusammensetzung der angebotenen Güterpalette wesentlich rascher als in der Vergangenheit, was besonders nachdrücklich auf den Gebieten der Ton- und Bildträger, der interaktiven Unterhaltungs- und Kommunikationstechniken, der EDV-gestützten Datenbanken und sonstigen Informationsquellen erfahrbar ist. Der ungekürzte Nutzen aus solchen Innovationen ist aber lediglich »Experten« zugänglich, die ausreichend Informationen sammeln und anhand dieser ihre Präferenzen bilden können.

Andererseits verteilen sich die volkswirtschaftlichen Gewinne aus der Steigerung des Anbieterwettbewerbs und des Innovationstempos nicht gleichmäßig über die gesamte Güterpalette. So weisen viele Grundbedarfsgüter ein stabiles oder leicht steigendes Preisniveau auf, während innovative Produkte in kurzer Zeit eine weite Skala von hohen Einführungspreisen bis zu niedrigen Massengüterpreisen durchlaufen. Gleichzeitig sinken die relativen Preise technologisch aufwendiger Produkte als Folge von Funktionsanreicherung und Qualitätsverbesserung.

Während Konsumenten mit hohem technologischem Bildungsgrad und überdurchschnittlichem Einkommen in den Genuß der relativ sinkenden Preise für avancierte Güterkategorien kommen, bleiben Personen mit niedriger Technologiekompetenz und einem hohen Anteil der Grundbedarfsgüter am Haushaltsbudget von den Vorteilen der beschleunigten Innovation ausgeschlossen. Weil die hochtechnologischen Güter auch die »Produktivität« des Konsums zu steigern vermögen, sind die entstehenden Ungleichheiten nicht ausschließlich nach der Höhe der Einkommen verteilt. Vielmehr gruppieren sich die Positionen relativer Bevorzugung und Benachteiligung vorwiegend nach kognitiven Kompetenzen. Individuelle technologische Kompetenz entscheidet folglich nicht nur über die Breite des individuellen Zugangs zur Güterwelt, sondern auch über die Verteilung der volkswirtschaftlichen Gewinne aus der Globalisierung.

Der hier skizzierte Sachverhalt scheint um so gravierender, je niedriger die Wachstumsraten des Sozialprodukts ausfallen, d.h. jener Wertmasse, die der traditionellen Verteilungspolitik zugänglich ist. Es wird sogar für möglich gehalten, daß sich die hohen Produktivitätspotentiale avancierter Technologien in deflatorischen Effekten statt in der fortgesetzten Zunahme monetärer Werte ausdrücken (The Economist 15.11.1997). In diesem Fall fehlte es an der Möglichkeit, den negativ betroffenen Bevölkerungsgruppen einen monetären Ausgleich zu gewähren.

Eine Korrektur der quasi naturwüchsig entstehenden und nach überlieferten Wertmaßstäben als inakzeptabel geltenden Verteilungsverhältnisse ist nur als Wirkung neuartiger Institutionen vorstellbar. Statt Globalisierungsfolgen ausschließlich anhand der Verteilungseffekte überlieferter Institutionen zu beurteilen, empfiehlt sich eine Sondierung alternativer institutioneller Formen. Im vorliegenden Fall ginge es um eine bessere Vermittlung der alltagsweltlichen Bedürfnisse mit dem sich in technologisch avancierten Gütern präsentierenden Sozialprodukt. Angemessene Wege könnten beispielsweise in der Subventionierung von Grundbedarfsgütern bestehen sowie in Bildungs- und Partizipationsangeboten als Teil einer öffentlichen Infrastruktur, die das auf hohem Technologieniveau produzierte Sozialprodukt in weniger exklusive Leistungen konvertiert.

Auf der Suche nach geeigneten Optionen könnte man zu dem Schluß gelangen, daß für redistributive Politiken dieser Art kaum günstigere Aussichten bestehen als für die Einebnung jener sozialen Ungleichheiten, die einst als »Disparität von Lebensbereichen« (Offe 1974: 283) identifiziert wurden. Denn die Konfliktpotentiale und Organisationschancen der mutmaßlichen Parteien eines Verteilungskonfliktes über Globalisierungsgewinne sind extrem ungleich. Aber Diagnosen dieses Typs vermögen den Blick für geeignetere Reaktionen zu schärfen. Letztenendes mag eine gleichmäßigere Primärverteilung von Wissen als problemangemessene Antwort wiederentdeckt werden.

6.

Im weiteren Zusammenhang der hier angestellten Überlegungen wären erhöhte Vermittlungsanstrengungen der Sozialwissenschaften anzumahnen. Als Kustoden wichtiger Teile des gesellschaftlichen Orientierungssystems fiele den Sozialwissenschaften die Aufgabe zu, ihr Informationsangebot in bezug auf die Risiken und Blindstellen verschiedener Deutungen des sozialen Wandels auszubauen. Für den Anfang würde es sich lohnen, einem größeren Publikum begreiflich machen, wie wenig Begriffspaare vom Typ »Kapital-Arbeit«, »Markt-Staat«, »Individuum-Gesellschaft«, »konservativ-progressiv« oder »liberal-sozial« zum Verständnis unserer Wirklichkeit leisten. Und um wieviel weniger sie geeignet sind, über Möglichkeiten der Gestaltung dieser Wirklichkeit aufzuklären.

Anmerkungen

1 Ein solcher Werkzeugkasten dürfte sich derzeit in einigen heuristisch fruchtbaren, aber die theoretische Analyse nicht präjudizierenden Differenzbegriffen erschöpfen, etwa den prädikativen Triaden »mikro, meso und makro« oder »sachlich, zeitlich und sozial«, den leicht applizierbaren Dualen wie »individuell – kollektiv«, »constraint – choice« und vielleicht noch in Universalproblematiken vom Typ »collective action« und »social choice«. Für eine Sammlung soziologischer Dichotomien vgl. Jenks (1998).

2 Das Theorem der komparativen Vorteile des internationalen Handels (auch Heckscher-Ohlin-Theorem) erklärt den kontra-intuitiven Sachverhalt, daß es zur Realisierung beiderseitiger Vorteile aus dem Warentausch nicht erforderlich ist, daß jeder Beteiligte einige Waren produktiver als der andere herstellt. Selbst mit Staaten, die bei keinem der von ihnen zum Tausch produzierten Güter einen Produktivitätsvorteil realisieren, kann ein für *alle* Beteiligten vorteilhafter Handel stattfinden (solange sich ihre internen Produktivitätsunterschiede unterscheiden).

3 Der Gleichgewichtslohn bezeichnet den Lohnsatz, bei dem das gesamte Arbeitskraftangebot Beschäftigung fände. Aufgrund des bestehenden Angebotsüberhangs würde der Gleichgewichtslohn vermutlich unterhalb des für zumutbar gehaltenen Lohnsatzes liegen.

4 Vgl. dazu mehrere Beiträge in Heft 11/1997 der Zeitschrift »Die Mitbestimmung«.

5 Dem entspricht ein als »portfolio way of life« (Handy 1996: 26) beschriebenes Biographiemuster. Die Arbeitssoziologie beobachtet einen entsprechenden Wandel der Sozialfigur des Arbeitnehmers in Richtung auf einen »Arbeitskraftunternehmer« (vgl. Voß/ Pongratz 1998).

Literatur

Altvater, Elmar (1992), Die Zukunft des Marktes. Ein Essay über die Regulation von Geld und Natur nach dem Scheitern des ›real existierenden‹ Sozialismus. Münster.

Elster, Jon (1987), Subversion der Rationalität. Frankfurt/Main, New York.

Handy, Charles (1996), The Coming Work Culture, in: Charles Handy: Beyond Certainty. The Changing World of Organisations. London: 23-31.

Hechter, Michael (1983) (Hrsg.), The Microfoundations of Macrosociology. Philadelphia.

Heinemann, Klaus (1976), Elemente einer Soziologie des Marktes, in: Kölner Zeitschrift für Soziologie und Sozialpsychologie 28: 48-69.

Jenks, Chris (1998) (Hrsg.), Core Sociological Dichotomies. London.

Krugman, Paul (1997), Is Capitalism Too Productive?, in Foreign Affairs 76: 79-94.

Mayntz, Renate (1971), Soziologie in der Eremitage? Kritische Bemerkungen zum Vorwurf des Konservativismus der Soziologie, in: Ernst Topitsch (Hrsg.): Logik der Sozialwissenschaften. Köln: 526-542.

Mayntz, Renate (1996), Gesellschaftliche Umbrüche als Testfall soziologischer Theorie, in: Lars Clausen (Hrsg.): Gesellschaften im Umbruch. Frankfurt/M., New York: 141-153.

Müller, Hans-Peter (1997), Spiel ohne Grenzen?, in: Karl Heinz Bohrer/Kurt Scheel (Hrsg.): Kapitalismus als Schicksal?, Sonderheft Merkur: 805-820.

Offe, Claus (1974), Politische Herrschaft und Klassenstrukturen. Zur Analyse spätkapitalistischer Gesellschaftssysteme, in: Hans Peter Widmaier (Hrsg.): Politische Ökonomie des Wohlfahrtsstaates. Frankfurt/M. 264-293.

Robertson, Roland (1992), Globality, Global Culture, and Images of World Order, in: Hans Haferkamp/Neil J. Smelser (Hrsg.): Social Change and Modernity. Berkeley: 395-411.

Sztompka, Piotr (1990), Conceptual Frameworks in Comparative Inquiry: Divergent or Convergent, in: Martin Albrow/Elizabeth King (Hrsg.): Globalization, Knowledge and Society. Readings from International Sociology. London: 47-58.

The Economist (15.11.1997), »Deflation and all that«, 83-84.

Tonkiss, Fran (1998), Continuity / Change, in: Chris Jenks (Hrsg.): Core Sociological Dichotomies. London: 34-48.

Topitsch, Ernst (1971a), Sprachlogische Probleme der sozialwissenschaftlichen Theoriebildung, in: Ernst Topitsch (Hrsg.): Logik der Sozialwissenschaften. Köln: 17-36.

Topitsch, Ernst (1971b), Das Verhältnis zwischen Sozial- und Naturwissenschaften. Eine methodologisch-ideologiekritische Untersuchung, in: Ernst Topitsch (Hrsg.): Logik der Sozialwissenschaften. Köln: 57-71.

Turner, Bryan S. (1996), Sociological Theory in the Tension between Globalisation and Localisation, in: Schweizerische Zeitschrift für Soziologie 22: 19-23.

Voß, G. Günter/Pongratz, Hans J. (1998), Der Arbeitskraftunternehmer. Eine neue Grundform der Ware Arbeitskraft?, in: Kölner Zeitschrift für Soziologie und Sozialpsychologie 50: 131-158.

Wiesenthal, Helmut (1994), Lernchancen der Risikogesellschaft. Über gesellschaftliche Innovationspotentiale und die Grenzen der Risikosoziologie, in: Leviathan 22: 135-159.

Wirtschaftswoche (5.6.1997), »W+P Kapitalismus: Üppig wachsen«, 32-37.

Wiswede, Günter (1998), Soziologie. Grundlagen und Perspektiven für den wirtschafts- und sozialwissenschaftlichen Bereich. Landsberg am Lech.

Plenum V
Informationsexplosion und Bildungsinstitutionen

Einleitung

Ansgar Weymann, Paul Kellermann und Walo Hutmacher

Nicht zum ersten Mal in der Geschichte der modernen okzidentalen Gesellschaft haben technische Veränderungen auf dem Mediensektor eine Informationsexplosion ausgelöst und damit einen erheblichen Beitrag zum sozialen Wandel im allgemeinen und zum Wandel der Bildungsinstitutionen im besonderen geleistet. Für Historiker gilt die Erfindung und Durchsetzung des *Buchdrucks* als ein entscheidender Faktor für die Reduzierung des Einflusses des traditionellen Bildungsträgers Klerus auf die Bevölkerung und als wichtige Voraussetzung für die Aufklärung als Ausgang aus der »selbstverschuldeten Unmündigkeit« (Kant) durch Philosophie, Wissenschaft und Volksbildung. Das neue Druckmedium Buch, ergänzt durch Zeitungen, Flugblätter und Zeitschriften, war preiswert, leicht verfügbar, leicht zu verbreiten. Es erlaubte, Informationen einfacher zu speichern und in enzyklopädischen Werken zu akkumulieren; überdies war es marktgängiger, nutzbar für viele individuelle Interessen.

Die großen medientechnischen Innovationen dieses Jahrhunderts – Film, Rundfunk und später auch das Fernsehen – vergrößerten nochmals die Informationsexplosion erheblich. Das Tempo der Verbreitung der Information beschleunigte sich in Richtung Realzeit, das Verbreitungsgebiet wuchs, die Kosten der Information sanken weiter, die Zahl der Nutzer stieg exponentiell an. Zur Sprache trat das Bild hinzu. Die Nutzervoraussetzungen an Zusatzqualifikation waren gering und bedurften keiner zweiten Alphabetisierung der Bevölkerung. Die Informationsvielfalt multiplizierte sich, und auch die Manipulationsmöglichkeiten erreichten neue Dimensionen. Die virtuelle Welt entfernte sich weiter als bei der Erzählung und der Druckschrift aus der unmittelbaren Lebenswelt von persönlichem Erlebnis und alltäglichem Wissenshorizont.

Historisch gesehen sind die heutigen neuen globalen Multimedien nicht der erste Fall einer Informationsexplosion in der okzidentalen Modernisierungsgeschichte von Gesellschaft und Kultur. Sie tragen wiederum dazu bei, durch Informationen Zeit und Raum zu überwinden, Informationskosten zu senken, Nutzerzahlen und Nutzerinteressen zu potenzieren, die Vielfalt der Informationen zu steigern und die virtuelle Welt von der personalen Lebenswelt abzukoppeln. Nur in begrenztem Maß stellen sie auch neue Anforderungen an die »technische Alphabetisierung«.

Die Modernisierungstheorie hat immer wieder auf die Rolle aufmerksam gemacht, die *technisch ermöglichte »Informationsexplosionen« für viele Bereiche des sozialen und kulturellen Wandel* spielen. Ohne Informationsexplosion sind alle jene Kennzeichen der Modernisierung undenkbar, die beispielsweise Talcott Parsons als universal ansieht: Funktionsspezialisierung und Arbeitsteilung, soziale und kulturelle Differenzierung und Individualisierung, die rasante Mobilisierung von menschlichen und sächlichen Ressourcen, der Ausbau gezielter kultureller Legitimation, die Universalisierung von Normen, die Auflösung örtlicher Kollektive mit totalem Bindungsanspruch, die Vergesellschaftung in Nationalstaaten mit einheitlichem Recht, einheitlicher Hochsprache, einheitlichem Informations- und Unterhaltungsmarkt, eine wachsende Partizipation mit kompetitiver Massendemokratie, die Regelung gesellschaftlicher Beziehungen durch Vertrag und Recht, die allgemeine Durchsetzung von Markt, Eigentum und Geldwirtschaft, die Institutionalisierung von Konfliktregelung und nicht zuletzt: die Globalisierung.

Die Informationsexplosion in der modernen Gesellschaft betraf und betrifft immer wieder auch die *Bildungsinstitutionen.* Einerseits profitieren Bildungsinstitutionen zwangsläufig von Informationsexplosionen, weil sie die professionellen Vermittler von Wissen sind. Andererseits aber werden sie immer auch durch Informationsexplosionen in Bedrängnis gebracht, weil sie ihres bisherigen Monopols oder ihrer privilegierten Rolle als Wissensvermittler verlustig zu gehen drohen. Die Zahl der Wissensanbieter und der Umfang des Wissens vergrößern sich schnell; die Kontrolle über den Zugang zum Wissenserwerb, über Inhalte des Wissens und über die Methoden der Wissensaneignung könnte schwinden. Auch können Bildungsinstitutionen in zeitliche Verzögerung geraten gegenüber der Aufnahme neuer Informationen gerade als Folge ihres lange tradierten Wissenskanons und der hohen Professionalisierung ihres Personals. Deshalb liegen beide Reaktionen, Aufnahmebereitschaft und Abwehr von Informationsexplosionen, früher wie heute stets eng beieinander.

Ein besonderer Aspekt betrifft das Generationenverhältnis bei Informationsexplosionen in Berufswelt, alltäglicher Lebenswelt und in Bildungsinstitutionen. In Bildung und Weiterbildung beispielsweise können Personen zwar im Laufe ihres individuellen Alterungsprozesses gewisse Anpassungen an die Informationsentwicklung durch Lernen und Bildung leisten, aber die grundlegende gesellschaftliche Dynamik in jedem Innovationsprozeß liegt im Austausch der Generationen. Der demographische Metabolismus begünstigt durch das stete Neueinsetzen neuer Kulturträger und durch den steten Abgang der früheren Kulturträger – so Karl Mannheim – Innovationen aller Art. Er ist eine Grundvoraussetzung sozialen Wandels in modernen Gesellschaften mit hoher Dynamik. Das natürliche Weltbild der älteren Generation, um noch einmal Mannheim zu zitieren, wird durch ein neues abgelöst, das zum einen aus der Auseinandersetzung mit neuen Gegebenheiten der gesellschaftlichen Umwelt und zum anderen aus der Auseinandersetzung mit den überlieferten Weltbildern und aus deren Neuaneignung hervorgeht. Innovationen bedürfen deshalb nicht nur des lebenslangen Lernens der einzelnen Individuen in Bildungseinrichtungen, sondern auch des regelmäßigen Generationsaustausches der Lehrenden. Geschieht dies nicht, dann altert mit der etablierten Generation der Lehrenden auch deren dominantes Weltbild. Dies ist nicht nur ein didaktisches Problem, sondern auch ein institutionelles und gesellschaftliches.

Die Beiträge des Plenums V greifen folgende Einzelprobleme aus der Thematik Informationsexplosion und Bildungsinstitutionen auf: *Matthias Wingens* befaßt sich mit dem Wechselspiel zwischen der Industrialisierung der Wissenserzeugung und der Verwissenschaftlichung der modernen Industrie und Gesellschaft. Die systematisch erzeugte Informationsexplosion gilt als Kapital hochentwickelter Gesellschaften und als Ursache von Kontingenz gleichermaßen. Sie hat nicht zuletzt auch Rückwirkungen auf die Verfassung der Hochschulen. *Urs Kiener und Michael Schanne* plädieren dafür, Wissenserzeugung und Wissensvermittlung nicht zu trennen, sondern sie als Inszenierung zusammen zu denken. Bildungsinstitutionen kommt damit eine aktive, keine passive Rolle zu. *Nina Degele* unterscheidet das Wissen über etwas von seiner Generierung, »having knowledge« von »doing knowledge«. Die hohe Geschwindigkeit der Wissenserzeugung bringt Institutionen der Bildung und Ausbildung unter Druck. Sie illustriert diesen Sachverhalt am Beispiel der Homöopathie. *Michael Huber* befaßt sich mit dem kollektiven Lernen in Bildungsinstitutionen als Antwort auf die Informationsexplosion. Er untersucht die Haushaltsglobalisierung als Verhandlungs-Lernprozeß der Bildungsinstitution Hochschule. *Lorenz Lassnigg* vertritt eine optimistische gegenüber einer einseitig risikobetonten Sicht auf Innovationsprozesse bei der Prüfung der Relation von Innovationssystemen in Beziehung zum Bildungssystem und zur Triade Bildung-Beruf-Beschäftigung.

Wissensgesellschaft und gesellschaftliche Wissensproduktion

Matthias Wingens

I.

Seit in den 70er Jahren die Industriegesellschaft verabschiedet wurde, sollte eine ganze Reihe von Etiketten die moderne Gesellschaft auf den Begriff bringen. Aus diesem Sortiment gesellschaftstheoretisch mehr oder weniger ernst zu nehmender Begriffe stößt vor allem das Konzept einer Informations- oder Wissensgesellschaft (vgl. Böhme/Stehr 1986; Kreibich 1986; Stehr 1994) auf Akzeptanz. So heißt es im Abschlußbericht zu einer vom Bundesministerium für Bildung, Wissenschaft, Forschung und Technologie in Auftrag gegebenen Befragung von rund tausend Experten, daß »Wissen immer zentraler wird als Voraussetzung für die Verständigung auf gemeinsame Ziele, für die Sicherung der wirtschaftlichen Entwicklung sowie für das soziale Handeln und die gesellschaftliche Position des einzelnen« (zit. n. ZEIT v. 16.7.98: 31). Wissen ist in der postindustriellen Gesellschaft zur fundamentalen strukturellen und politischen Größe avanciert, zu deren »axialem Prinzip« (vgl. Bell 1975).

Ich möchte diese gängige Sicht in zwei korrelierenden Aspekten präzisieren. Zum ersten erlangt Wissen diese gesellschaftliche Relevanz vor allem als »das wahre Kapital einer hochentwickelten Wirtschaft« (Drucker 1989: 218), d.h. in seiner Innovationsfunktion für die Ökonomie. Und diese Funktion erfüllt – zweitens – nicht Wissen allgemein, sondern eine spezifische Wissensart: wissenschaftlich-technisches Wissen nämlich, denn die Wissenschaft ist das soziale System, das im Hinblick auf die Generierung neuen Wissens in der Gesellschaft funktional ausdifferenziert wurde.

Dementsprechend wird Wissenschaftsförderung heute legitimiert als in einer globalisierten Wirtschaft unabdingbare Voraussetzung zur Sicherung nationaler ökonomischer Konkurrenzfähigkeit und gesellschaftlichen Wohlstands und fungiert Wissenschaftspolitik zunehmend als eine Art (Ersatz-)Industriepolitik. Die verschärfte Erwartung eines »return of investment« setzt die Wissenschaft einem wachsenden ökonomischen Funktionalisierungsdruck aus, und ein entsprechender Strukturwandel der Wissenschaft in Richtung wachsender Verschränkung ihrer Wissensproduktion mit gesellschaftlichen Verwertungskontexten ist in den letzten Jahrzehnten allenthalben zu beobachten. Auch die akademische Wissenschaft mit der Universität als institutionellem Kern unterliegt dieser Funktionalisierung: »The promotion of economic growth has recently joined teaching and research as falling within the accepted tasks of the university« (Etzkowitz/Peters 1991: 133).

II.

Die strukturellen Entwicklungstendenzen im Wissenschaftssystem werden allerdings in ihrer Reichweite und Ursache unterschiedlich beurteilt. Einerseits wird eine »Second Academic Revolution« (Etzkowitz 1990) diagnostiziert, andererseits neigt vor allem die universitäre Scientific Community dazu, jene Veränderungen nur als vorübergehende Abweichung von dem seit Mitte des 17. Jahrhunderts zu verzeichnenden »exponentiellen Wachstumsgesetz« der Wissenschaft (vgl. Price 1974) zu begreifen, d.h. als eine – selbst wiederum durch die krisenhafte ökonomische Entwicklung in den führenden Industrienationen seit den 70er Jahren bedingte – Art befristeten Ausnahmezustand aufgrund restriktiver Förderungspolitiken. Die Problematik der Wandlungsprozesse im Wissenschaftssystem wird damit auf eine bloße Ressourcenfrage reduziert. Natürlich sind ausreichende Ressourcen für qualitativ hochwertige Wissenschaft unabdingbar, und zu Recht klagen gerade die Universitäten über mangelnde Ressourcen. Die Neigung aber, jene transformatorischen Entwicklungsphänomene auf ein bloßes Ressourcenproblem zu reduzieren, greift zu kurz und ist wissenschaftspolitisch verfehlt. Eine solch reduktionistische Perspektive übersieht, daß diese Entwicklungstendenzen Ausdruck eines tiefgreifenden Strukturwandels wissenschaftlicher Wissensproduktion im Sinne einer generellen Heteronomisierung der Wissenschaft sind. Diese Heteronomisierung der Wissenschaft wird in der Literatur begrifflich durchaus unterschiedlich akzentuiert, etwa als »Bürokratisierung« (Bell 1975), »Politisierung« (Weingart 1983), »Vergesellschaftung« (Braun/Schimank 1992) oder als »Industrialisierung« (Ravetz 1973; Wingens 1998). Mit welchem Begriff man diesen Strukturwandel letztlich konkretisiert, hängt vom jeweiligen Erkenntnis-

und Argumentationskontext ab; ich verwende hier zur allgemeinen Bezeichnung dieses Sachverhalts den neutralen Begriff »Heteronomisierung«.

Diese Heteronomisierung der Wissenschaft ist keine zwar mißliebige, letztlich aber vorübergehende Erscheinung, sondern Konsequenz des gesellschaftlichen Modernisierungsprozesses, zwangsläufiges Resultat einer zunehmenden Verwissenschaftlichung der Gesellschaft, insbesondere ihrer »techno-economic order« (Bell 1976: XI). Zwischen dem skizzierten Strukturwandel der Wissenschaft und der fortschreitenden Verwissenschaftlichung der Gesellschaft besteht ein immanenter Zusammenhang: Die wachsende Verschränkung der Wissenschaft mit dem gesellschaftlichen Verwertungskontext zeitigt uno actu Rückwirkungen auf die Produktion wissenschaftlichen Wissens selbst in Form einer Heteronomisierung der Wissenschaft. Meine modernisierungstheoretische These ist also, daß die Verwissenschaftlichung der Gesellschaft die Heteronomisierung der Wissenschaft impliziert.

III.

Genau dieser immanente Zusammenhang, diese Rückwirkung auf den Produktionsprozeß von Wissen selbst, wird von den Vertretern einer postindustriellen Wissens- oder Informationsgesellschaft zumeist ignoriert. Damit ist eine Perspektive vorgegeben, die nur eingleisig nach den Auswirkungen von Wissen auf die Gesellschaft fragt (vgl. Stehr 1994: 201ff). Wissen selbst wird als determinierender Faktor gesetzt und nicht weiter thematisiert. Auch der Titel des Plenums suggeriert eine solch eingleisige Perspektive: der enorme Informationszuwachs lasse Bildungsinstitutionen veralten und habe zur Konsequenz organisatorisch-institutionelle wie auch inhaltlich-konzeptionelle und didaktische Veränderungen im Bildungssystem. Information bzw. Wissen produziert jedoch nicht nur soziale Folgen, sondern ist ebensosehr selbst soziales Produkt.

Die Reflexion aber auf den Prozeß der Produktion von Informationen, auf die soziale Konstruktion von Wissen, wird in jener Perspektive ausgeblendet – und damit schon konzeptionell die Möglichkeit verstellt, qualitative Veränderungen im Prozeß der Wissensproduktion bzw. im Verhältnis von Wissenschaft und Gesellschaft in den Blick zu bekommen, die die gesellschaftstheoretische Rede von einer gegenüber der Industriegesellschaft neuartigen Gesellschaftsformation namens »Informations-« oder »Wissensgesellschaft« überhaupt erst rechtfertigen könnten.

Es geht hier nicht darum, diese umgekehrte Perspektive der sozialen Konstruktion von Wissen zu verabsolutieren und gegen die seiner sozialen Folgen auszuspielen. Wichtig ist vielmehr der immanente Zusammenhang beider Perspektiven, d.h. zu sehen, daß die Heteronomisierung der wissenschaftlichen Wissensproduktion die Kehrseite der erfolgreichen Verwissenschaftlichung der Gesellschaft, insbesondere ihrer ökonomisch-technischen Grundstruktur, ist. Diese beiden strukturellen Entwicklungsphänomene stellen zwei nur analytisch zu trennende Momente des gesellschaftlichen Rationalisierungsprozesses dar: Die Heteronomisierung der Wissenschaft ist das notwendige, funktionale Korrelat der Verwissenschaftlichung der Gesellschaft.

IV.

Diese modernisierungstheoretisch zu begründende These eines immanenten Zusammenhangs zwischen der Verwissenschaftlichung der Gesellschaft und der Heteronomisierung der Wissenschaft ist nicht neu. In seinem Aufsatz »Verwissenschaftlichung der Gesellschaft – Politisierung der Wissenschaft« verortet Weingart (1983) die beiden im Titel genannten Entwicklungsphänomene in Webers Rationalisierungstheorie. Dieser hatte der Wissenschaft bekanntlich eine Schlüsselrolle im Prozeß der okzidentalen Rationalisierung zugesprochen und als Folge dieser »Rationalisierung durch Wissenschaft« (Weber 1982: 593) eine Auflösung traditionaler Handlungsorientierungen und Weltbilder, eine aus Sicht anderer Institutionen de-institutionalisierende Wirkung der zunehmenden Verwissenschaftlichung ausgemacht. Nicht gesehen wurden von Weber hingegen die Rückwirkungen dieses Verwissenschaftlichungsprozesses auf die Institution Wissenschaft selbst, daß also – so Weingart – die fortschreitende wissenschaftliche »Entzauberung der Welt« auf die Wissenschaft selbst in Form ihrer umfassenden Politisierung zurückschlage: »Zugleich haben wir es jedoch mit einem gegenläufigen Mechanismus zu tun; nämlich dem der Politisierung der Wissenschaft. Sie muß als Rückwirkung der Verwissenschaftlichung verstanden werden, als Re-Strukturierung der professionellen Verfassung (und letztlich wohl auch der epistemologischen Grundlagen) der Wissenschaft« (1983: 228; in bezug auf die Sozialwissenschaften vgl. Wingens 1988).

Weingart unterscheidet hier zwei Rückwirkungs-Ebenen der zunehmenden Verwissenschaftlichung auf die wissenschaftliche Wissensproduktion selbst: Neben einer Transformation der Sozialstruktur des Wissenschaftssystems wird – vorsichtig zwar und in Klammern – eine Restrukturierung der epistemologischen Grundlagen der Wissenschaft postuliert. Diese Verschiebung »von der methodologischen zur gesellschaftlichen Rationalität« (1984: 66) besagt, daß die Geltung wissenschaftlicher Ergebnisse nicht über methodologische Kriterien verbürgt, sondern vielmehr am externen Kriterium sozialer und politischer Akzeptanz bemessen wird. Weingarts Politisierungsthese impliziert die Annahme nicht nur veränderter Grenzziehungen zwischen Wissenschaft und Gesellschaft, sondern – theoretisch viel weiter reichend – einer »Entdifferenzierung wissenschaftlicher und politischer Diskurse« (1983: 238).

Eine epistemologische Bedeutung des gesellschaftlichen Verwendungszusammenhangs wissenschaftlichen Wissens postulieren auch Becks modernisierungstheoretische Überlegungen zur Heteronomisierung der Wissenschaft als Konsequenz der erfolgreichen Verwissenschaftlichung der Gesellschaft. Beck unterscheidet zwei Stufen des gesellschaftlichen Rationalisierungsprozesses. In der Phase der traditionalen bzw. Primärverwissenschaftlichung habe die Wissenschaft ihre de-institutionalisierende Wirkung nur im Hinblick auf andere Institutionen entfaltet. Allerdings habe sie diese Wirkung nur solange auf ihre Objekte eingrenzen und von sich selbst als Institution fernhalten können, wie ihr Anspruch auf überlegene Rationalität gegenüber anderen gesellschaftlichen Handlungsbereichen und Institutionen sozial anerkannt worden sei. Gerade die erfolgreiche Verwissenschaftlichung von Gesellschaft und Welt konfrontiere in ihrem Fortschritt die Wissenschaft jedoch unausweichlich mit den Resultaten ihrer eigenen Wirkungsgeschichte, so daß »eine Dynamik und ein Prozeß der Entmystifizierung der Wissenschaften freigesetzt (wird), in dessen Verlauf das Gefüge von Wissenschaft, Praxis und Öffentlichkeit einem grundlegenden Wandel unterworfen wird« (1982: 10).

Dabei werde der Anspruch der Wissenschaft auf überlegene Rationalität nicht nur extern sozial dementiert, sondern – modernisierungstheoretisch nur konsequent – auch wissenschaftsintern: »Die Wahrheit ist den üblichen Weg der Moderne gegangen. Die wissenschaftliche Religion der Wahrheitsverfügung und -verkündung wurde im Zuge ihrer Verwissenschaftlichung säkularisiert. Der Wahrheitsanspruch der Wissenschaft hat der bohrenden wissenschaftstheoretischen und -empirischen Selbstbefragung nicht standgehalten« (1986: 271). In dem Maße, in dem ihr die regulative Idee der Wahrheit abhanden komme, schwinde der Wissenschaft das Vermögen, ihr selbst produziertes Wissen gegen die externe Zumutung des Geltungskriteriums sozialer Akzeptanz zu verwahren: In dieser Phase der reflexiven Sekundärverwissenschaftlichung – so Becks Folgerung – »beginnt die gesellschaftliche Verwendung (mit) zu bestimmen, was als ›Erkenntnis‹ gilt und was nicht. Der Ort der

Kontrolle und die Art der Kriterien verschieben sich: von Innen nach Außen, von der Methodologie zur Politik, von der Theorie zur gesellschaftlichen Akzeptanz« (Beck 1986: 273).

V.

Die modernisierungstheoretischen Überlegungen Weingarts und Becks erklären die zunehmende Heteronomisierung der Wissenschaft richtig als Kehrseite erfolgreicher Verwissenschaftlichungsprozesse, d.h. nicht als bloß vorübergehendes Phänomen einer verfehlten Wissenschaftspolitik, sondern als notwendige Konsequenz des gesellschaftlichen Rationalisierungsprozesses. Allerdings begreifen sie diesen Strukturwandel der Wissenschaft als methodologische Transformation, behaupten also eine epistemologische Bedeutung des gesellschaftlichen Verwendungszusammenhangs im Sinne der Verdrängung methodologischer Geltungskriterien wissenschaftlichen Wissens durch das Kriterium sozialer und politischer Akzeptanz. Eben diese methodologische Begründungsperspektive halte ich für nicht zutreffend: Soziale und politische Akzeptanz ist nicht dasselbe wie wissenschaftliche Geltung. Richtig ist, daß das Kriterium sozialer und politischer Akzeptanz von Wissenschaftlern antizipiert werden mag und insofern das Themenspektrum, die Hypothesenformulierung, die Variablenauswahl oder den Methodenansatz in Forschungsprojekten beeinflußt. Davon wird der Geltungsanspruch der erzielten Forschungsergebnisse jedoch nicht berührt. Gerade unter Geltungsaspekten, also in epistemologischer Hinsicht, ist und bleibt das Kriterium politischer und sozialer Akzeptanz eine für die Wissenschaft äußerliche und ex-post-Angelegenheit. Eine Bestimmung und der Ausweis dessen, was als »wahr« oder aber »unwahr« gilt, kann vielmehr allein im und vom Wissenschaftssystem vorgenommen werden: »Andere Funktionssysteme greifen in die Wissenschaft zwar ein … Aber sie können, jedenfalls unter den Bedingungen der modernen Gesellschaft, nicht festlegen, was wahr und was unwahr ist (es sei denn mit einer Usurpation dieser Terminologie für eigene Zwecke und mit dem wahrscheinlichen Resultat einer Blamage)« (Luhmann 1990: 293). Insofern ist die Rückwirkung der Verwissenschaftlichung der Gesellschaft auf die wissenschaftliche Wissensproduktion selbst nicht in einer Transformation der epistemologischen Grundlagen von Wissenschaft zu sehen, sondern die Bedeutung des gesellschaftlichen Verwendungszusammenhangs auf der Ebene der Sozialstruktur des Wissenschaftssystems festzumachen: Was im Verlauf des gesellschaftlichen Modernisierungsprozesses transformiert wird, sind die normative und professionelle Verfassung der Wissenschaft sowie die institutionellen Formen und organisatorischen Arrangements wissenschaftlicher Wissensproduktion. Ehe ich darauf kurz eingehe, möchte ich eine andere modernisierungstheoretische Begründung für den unausweichlichen Strukturwandel der Wissenschaft vorschlagen, die deren Heteronomisierung nicht als Folge einer neuartigen Qualitätsstufe des Modernisierungsprozesses, sondern vielmehr als Konsequenz des einen, einheitlichen (schon immer »naiven« wie gleichzeitig auch »reflexiven«) gesellschaftlichen Rationalisierungsprozesses begreift.

VI.

Ausgangspunkt einer solchen Begründung ist das Strukturmerkmal wissenschaftlichen Wissens, Unsicherheit zu produzieren. Schon Weber hatte gesehen, daß die mit traditionalen Handlungsorientierungen garantierten Gewißheiten und Handlungssicherheiten durch Inkorporierung wissenschaftlichen Wissens unwiderruflich zerfallen, d.h. dessen konstitutive Eigenschaft der Gewißheits-Erodierung konstatiert. In dieser modernisierungstheoretischen Perspektive ist wissenschaftliche Wissensproduktion gleichzeitig Produktion von Ungewißheit: Unsicherheit als Kehrseite erfolgreicher Verwissenschaftlichungsprozesse. Auch Luhmann zufolge, der diese Perspektive radikalisiert hat, wird – entgegen dem Alltagsverständnis – »durch Wissenschaft ... nicht Sicherheit, sondern gerade Unsicherheit gesteigert« (Luhmann 1990: 325). Die Funktion der fortlaufenden Generierung neuen Wissens, unter der Wissenschaft sich in der Gesellschaft ausdifferenziert hat, stellt nämlich eine permanente Umwälzung des Wissensbestandes und der Wissensstruktur der Gesellschaft dar. Dabei leiste Wissenschaft als selbstreferentielles System keinerlei Annäherung an eine objektiv gegebene Realität; vielmehr baue »die Erkenntnis sich eine möglichkeitsorientierte Eigenwelt auf (...), wird die Welt zum Medium kombinatorischer Möglichkeiten« (Luhmann 1990: 684). Und weil es kein Ziel gebe, mit dessen Erreichen die Wissenschaft ihre Funktion erfüllt hätte, weil also Wissenschaft kein teleologisches, sondern ein autopoietisches System sei, werde sie »als sich selbst fortsetzende Unruhe ... zu dem Mittel, mit dem die Gesellschaft die Welt unkontrollierbar macht« (Luhmann 1990: 371). Nur – was heißt das für die Gesellschaft, die ein derartiges System ausdifferenziert und dessen Funktionieren nun auszuhalten hat?

Luhmann zufolge muß die Gesellschaft die mit der Ausdifferenzierung eines solchermaßen funktionierenden Wissenschaftssystems verbundenen Folgeprobleme gar nicht lösen, denn – wie er lapidar formuliert – : »Fürs Überleben genügt Evolution« (1984: 645). Seine Theorie erlaubt auf jene Frage nur die Antwort, dies sei »die Realität der modernen Gesellschaft, mit der man, protestierend oder nicht, zurechtkommen« (1990: 683) müsse – was weder gesellschaftstheoretisch und schon gar nicht gesellschaftspolitisch befriedigend ist. Die in der Gesellschaft agierenden Individuen, Organisationen und Institutionen folgen Luhmanns Überlegungen denn auch nicht; diese gesellschaftlichen Akteure sind nämlich existentiell darauf angewiesen, jenes Problem der »Unkontrollierbar-Machung« ihrer (Um-)Welt infolge deren zunehmender Verwissenschaftlichung zu lösen, d.h. handhabbar zu machen. Anhand der Verwissenschaftlichung der industriellen (Innovations-)Produktion läßt sich diese, aus dem Strukturmerkmal wissenschaftlichen Wissens: nämlich Unsicherheit zu produzieren, notwendig resultierende – und für meine modernisierungstheoretische Begründung einer unumgänglichen Heteronomisierung der Wissenschaft zentrale- Konsequenz verdeutlichen (empirisch ausführlich am Bsp. der Chemie vgl. Wingens 1998: 207ff).

VII.

Mit der enormen Dynamik des sozialen Wandels seit der Industriellen Revolution ist die Innovations-Thematik spätestens im Übergang zum 20. Jahrhundert zu einem fundamentalen Problem der Ökonomie, volkswirtschaftlich wie auf Unternehmensebene, geworden: »Not to innovate is to die« (Freeman 1974: 256). In diesem Zusammenhang entstanden gegen Ende des vorigen Jahrhunderts die ersten unternehmensinternen F&E-Labors als Versuch, den Zufall im Prozeß der Innovationsgenerierung möglichst auszuschalten. Die Institutionalisierung firmeninterner F&E ist also selbst eine wichtige (Sozial-)Innovation zur Rationalisierung der Innovationsproblematik: technisch-industrielle Innovationen durch systematische Nutzung der Wissenschaft, d.h. durch Verwissenschaftlichung des Innovationsprozesses unternehmerisch bzw. ökonomisch kalkulierbar zu machen (vgl. Dennis 1987). Allerdings gilt jenes Strukturmerkmal wissenschaftlichen Wissens auch für die industrielle F&E-Abteilung: »Zentrales Merkmal von F&E ist« – so das Handwörterbuch der Betriebswirtschaft (HWB 1993: 1186) im entsprechenden Artikel – »das hohe Maß an Unsicherheit, dem F&E-Vorhaben unterliegen.« Insofern bedeutet die Institutionalisierung industrieller F&E, obwohl gerade als Rationalisierungsstrategie zur Reduktion von Unsicherheit entstanden, gleichzeitig immer auch eine Implementierung wissenschaftsinduzierter Unsicherheit: Firmeninterne F&E-Abteilungen »importieren andererseits die spezifische kognitive Unsicherheit wissenschaftlichen Forschens in eine Organisation, die … selber schon eine Reaktionsbildung auf hohe Unsicherheit in der Umwelt ist« (Halfmann 1994: 382). Die Institutionalisierung unternehmensinterner F&E unterläuft sich als Strategie der Rationalisierung technisch-industrieller Innovationen permanent selbst, weil sie die dem Prozeß der wissenschaftlichen Wissensproduktion inhärente Unsicherheit in die Unternehmen bzw. Industrie importiert.

Diese »paradoxe« Situation (die ein Unternehmen nicht wirklich auflösen, sehr wohl aber handhaben kann; vgl. Grande/Häusler 1994: 404): Daß die systematische Einbeziehung der Wissenschaft in die Industrie zwecks Rationalisierung der existentiellen Innovationsproblematik gleichzeitig eine Verunsicherung der Industrie durch Wissenschaft darstellt, muß nun wiederum vermittels entsprechender Organisationsstrukturen und Planungsprozeduren, Steuerungsstrategien und Kontrollmechanismen dem ökonomischen Kalkül unterstellt werden (vgl. Platz/Schmelzer 1986; Brockhoff 1988; Bürgel/Haller/Binder 1996) – und zwar, ohne dabei die für das ökonomische System zentrale Leistung der Wissenschaft, die Produktion neuen, zu technischen Innovationen verwertbaren Wissens zu »ersticken« (Konzept der »kontrollierten Autonomie; vgl. Krohn/Rammert 1985; Hack 1988; Rammert 1988). Die erfolgreiche Verwissenschaftlichung der technisch-ökonomischen Grundstruktur der Gesellschaft und ihres Kernbereichs materieller Produktion zwingt gerade als Realisierung des Leistungsversprechens der Wissenschaft, ökonomisch bzw. gesellschaftlich relevantes und nützliches Wissen zu produzieren, zur Steuerung, Kontrolle und Evaluierung, kurz: zur Heteronomisierung der Wissenschaft. Wobei anzumerken ist, daß die in einer rationalistisch-normativen Wissenschaftsphilosophie verwurzelte Vorstellung der prinzipiellen Unplanbarkeit wissenschaftlicher Wissensproduktion so wenig trägt wie die Behauptung, mittlerweile sei »die Ausschaltung des Zufalls bei Innovationen oder – anders ausgedrückt – die ›Beherrschung der Methode des Erfindens‹ und die Lösung der technisch-industriellen Umsetzung im Sinne externer politischer, militärischer und ökonomischer Zielsetzungen« (Kreibich 1986: 335f) gegeben. Letzteres wird wohl Wunschdenken bleiben, denn das Strukturmerkmal der wissenschaftlichem Wissen inhärenten Unsicherheitsproduktion ist der systematische Grund für »an irreduceable element of uncertainty in innovation which cannot be ›managed out‹« (Coombs/Saviotti/Walsh 1987: 19).

VIII.

Die – nicht länger auf das zur Verdeutlichung skizzierte Beispiel industrieller Innovationsproduktion eingeschränkte – modernisierungstheoretische Begründung der unvermeidbaren Heteronomisierung der Wissenschaft als Kehrseite gerade der erfolgreicher Verwissenschaftlichung der Gesellschaft lautet also: Das wissenschaftlichem Wissen inhärente Strukturmerkmal der Unsicherheitsproduktion zwingt in dem Maße, in dem die Verwissenschaftlichung der Gesellschaft als Teil des allgemeinen okzidentalen Rationalisierungsprozesses fortschreitet, zur kontrollierenden und steuernden Rationalisierung der damit immer auch verbundenen wissenschaftsinduzierten »Verunsicherung«. In den von Verwissenschaftlichung betroffenen Gesellschaftsbereichen müssen soziale Arrangements entwickelt und institutionalisiert werden, mit denen diese prinzipiell unaufhebbare, wissenschaftsinduzierte Unsicherheit minimiert und handhabbar gemacht wird, jedenfalls werden soll. Und zwar nicht erst ex post, sondern dieser Rationalisierungzwang gilt schon für den Prozeß der Produktion wissenschaftlichen Wissens. Die Heteronomisierung der Wissenschaft bedeutet damit nichts anderes als den zwangsläufigen Versuch, soziale Arrangements zur Minimierung wissenschaftsinduzierter Unsicherheit zu institutionalisieren. Als grundlegende Handlungsmaxime zur Bearbeitung und Minimierung wissenschaftsinduzierter Unsicherheit ist die Heteronomisierung der Wissenschaft die Kehrseite: funktionales Korrelat der Verwissenschaftlichung der Gesellschaft.

Der modernisierungstheoretisch begründete Strukturwandel der Wissenschaft im Sinne ihrer Heteronomisierung ist – wie schon gesagt – nicht epistemologisch, sondern sozialstrukturell zu begreifen als Transformation der normativen Verfassung und institutionellen Architektur des Wissenschaftssystems: Dabei geht es um Veränderungen im Professionsethos und in den (internen Selbst-)Steuerungs- und Kontrollmechanismen sowie – und vor allem – um die neuartigen institutionellen Formen und organisatorischen Arrangements, die im System wissenschaftlicher Wissensproduktion in den letzten Jahrzehnten entstanden sind und weiterhin entstehen. Hinsichtlich des Professionsethos sei z.B. verwiesen auf die Infragestellung der bislang dominierenden Auffassung von Wissenschaft als öffentlichem Gut durch ein Verständnis von wissenschaftlichem Wissen als Kapital (vgl. Nelkin 1984; Zuckermann 1988; Etzkowitz/Webster 1995) und aus entsprechenden Verwertungsinteressen resultierende Verschiebungen im Normenset (»disinterestedness«, »communism«) der Wissenschaft. Eine konkrete »phänomenologische« Bestandsaufnahme und eine empirisch fundierte Relevanz-

Einschätzung der neuen organisatorisch-institutionellen Formen wissenschaftlicher Wissensproduktion ist, da der Strukturwandel im Wissenschaftssystem noch in vollem Gange ist, zur Zeit kaum möglich. In einem ersten generalisierenden Versuch, die Charakteristika dieser »new mode of knowledge production« (Gibbons et al. 1994: VII) zu benennen, wird diese definiert als »knowledge production carried out in the context of application and marked by its: transdisciplinarity; heterogeneity; organisational heterarchy and transience; social accountability and reflexivity; and quality control which emphasises context- and use-dependence« (Gibbons et al. 1990: 167; kritisch vgl. Weingart 1997).

IX.

Nun gibt es nicht die Wissenschaft. Diese ist kein monolithisches Gebilde, sondern existiert nur in unterschiedlichen Realitätsformen, in Form unterschiedlicher Wissenschaftstypen. Insofern läge es nahe, den Geltungsbereich der Heteronomisierungs-These auf nicht-akademische Typen wissenschaftlicher Wissensproduktion (exemplarisch: die unternehmensinterne F&E) eingrenzen und behaupten zu wollen, daß für die universitäre Wissenschaft von einer Funktionalisierung und entsprechend ausgerichteten Organisationsformen, Rationalisierungsstrategien und Regulierungsmechanismen keine Rede sein könne. Einmal abgesehen davon, daß die universitäre Wissenschaft nur ein – und quantitativ sicher nicht der bedeutsamste – Teil im gesamten System wissenschaftlicher Wissensproduktion ist: Diese in einer normativ-rationalistischen Wissenschaftsphilosophie verwurzelte Auffassung ist wohl eher Wunschdenken (oder gar Selbsttäuschung). Daß auch die akademische Wissenschaft in wachsendem Maße jenem Heteronomisierungsdruck ausgesetzt ist, ließe sich empirisch etwa an den wachsenden Verflechtungen zwischen Universität, Industrie und Staat (vgl. Wittrock/Elzinga 1985; Link/Tassey 1989; Etzkowitz/Webster/Healey 1998) oder am Phänomen der »entrepreneurial academic science« (vgl. Etzkowitz 1983, 1992) zeigen. Systematisch ließe sich argumentieren, daß selbst für eine ausschließlich wissenschaftsinternen Erkenntnisinteressen verpflichtete Forschung aufgrund des erreichten Komplexitäts- und Entwicklungsniveaus des Wissensstandes gilt, daß substantielle Beiträge zum (natur-)wissenschaftlichen Fortschritt kaum noch möglich sind, ohne auf Forschungstechnologien zurückzugreifen, die enorme Summen verschlingen; je höher aber die gesellschaftlich aufzubringenden Investitionen in Forschung, desto größer auch die gesellschaftliche Erwartung eines entsprechenden »return of investment« – und desto wahrscheinlicher auch Steuerungs- und Kontrollversuche zur Absicherung dieser Rentabilitätserwartungen. Zwar teile ich nicht die Auffassung, daß »das ›goldene Zeitalter‹ der akademischen Wissenschaft nun unwiderruflich zu Ende« (Ravetz 1973: 458) sei. Diese vor fast drei Jahrzehnten aus dem wissenschaftspolitischen Motiv, die unaufhaltsame Heteronomisierung der Wissenschaft doch aufzuhalten, heraus gestellte Prognose ist sicherlich überpointiert; die akademische Wissenschaft wird sicher nicht in dem Maße verschwinden, wie der Typus der Amateurwissenschaft des 17./18. Jahrhunderts: nämlich (nahezu?) vollständig. Zu erwarten ist eher eine Restrukturierung des Wissenschaftssystems im Sinne der »emergence of a new institutional arrangement of functionalized knowledge production for economic and political ends which bears many characteristics of academic research« (Weingart 1991: 36). Diese Formulierung macht deutlich, daß Elemente des akademischen Wissenschaftstypus weiterhin Bestand haben; sie betont aber auch das modernisierungstheoretisch entscheidende Moment der Heteronomisierung wissenschaftlicher Wissensproduktion durch deren Verschränkung mit dem gesellschaftlichen Verwertungskontext. Ob man diesen Strukturwandel der Wissenschaft nun begrüßt oder ablehnt – er vollzieht sich: »Science is going through a radical structural transition to a much more tightly organized, rationalized and managed social institution. (...) Many scientists and scholars look back regretfully to a more relaxed and spacious environment for academic research. But nostalgia is a fruitless sentiment. (...) The real question is not whether the structural transition is desirable, or could have been avoided: it is how to re-shape the research system to fit a new environment without losing the features that have made it so productive in the past« (Ziman 1994: VIIf).

Literatur

Beck, Ulrich (1982), Folgeprobleme der Modernisierung und die Stellung der Soziologie in der Praxis, in: Ulrich Beck (Hrsg.): Soziologie und Praxis. Göttingen.

Beck, Ulrich (1986), Risikogesellschaft. Frankfurt/M.

Bell, Daniel (1975), Die nachindustrielle Gesellschaft. Frankfurt/M.

Bell, Daniel (1976), The Cultural Contradictions of Capitalism. New York.

Böhme, Gernot/Stehr, Nico (1986) (eds.): The Knowledge Society. Dordrecht.

Braun, Dietmar/Schimank, Uwe (1992), Organisatorische Koexistenzen des Forschungssystems mit anderen gesellschaftlichen Teilsystemen, in: Journal für Sozialforschung 32: 319-336.

Brockhoff, Klaus (1988), Forschung und Entwicklung – Planung und Kontrolle. München.

Bürgel, Hans/Haller, Christine/Binder, Markus (1996), F&E-Management. München.

Coombs, Rod/Saviotti, Paolo/Walsh, Vivien (1987), Economics and Technological Change. London.

Dennis, Michael (1987), Accounting for Research, in: Social Studies of Science 17: 479-518.

Drucker, Peter (1989), Neue Realitäten. Düsseldorf.

Etzkowitz, Henry (1983), Entrepreneurial Scientists and Entrepreneurial Universities in American Academic Science, in: Minerva 21: 198-223.

Etzkowitz, Henry (1990), The Second Academic Revolution, in: Susan Cozzens et al. (eds.): The Research System in Transition. Dordrecht.

Etzkowitz, Henry (1992), Redesigning »Solomon's House«, in: Yearbook for the Sociology of the Sciences 16: 263-288.

Etzkowitz, Henry/Peters, Lois (1991), Profiting from Knowledge, in: Minerva 29: 133-166.

Etzkowitz, Henry/Webster, Andrew (1995), Science as Intellectual Property, in: Handbook of Science and Technology Studies. Thousand Oaks.

Etzkowitz, Henry/Webster, Andrew/Healey, Peter (1998) (eds.): Capitalizing Knowledge. Albany.

Freeman, Christopher (1974), The Economics of Industrial Innovation. Harmondsworth.

Gibbons, Michael. et al. (1994), The New Production of Knowledge. London.

Grande, Edgar/Häusler, Jürgen (1994), Industrieforschung und Forschungspolitik. Frankfurt/M.

Hack, Lothar (1988), Vor Vollendung der Tatsachen. Frankfurt/M.

Halfmann, Jost (1994), Unsicherheit durch Wissenschaft, in: Niels Beckenbach/Werner van Treeck (Hrsg.): Umbrüche gesellschaftlicher Arbeit. Göttingen.

Kreibich, Rolf (1986), Die Wissenschaftsgesellschaft. Frankfurt/M.

Krohn, Wolfgang/Rammert, Werner (1985), Technikentwicklung – Autonomer Prozeß und industrielle Strategie, in: Burkart Lutz (Hrsg.): Soziologie und gesellschaftliche Entwicklung. Frankfurt/M.

Link, Albert/Tassey, Gregory (1987) (eds.): Cooperative Research and Development. Boston.

Luhmann, Niklas (1984), Soziale Systeme. Frankfurt/M.

Luhmann, Niklas (1990), Die Wissenschaft der Gesellschaft. Frankfurt/M.

Nelkin, Dorothy (1984), Science as Intellectual Property. New York.

Platz, Jochen/Schmelzer, Hermann (1986), Projektmanagement in der industriellen Forschung und Entwicklung. Berlin.

Price, Derek de Solla (1974), Little Science, Big Science. Frankfurt/M.

Rammert, Werner (1988), Das Innovationsdilemma. Opladen.

Ravetz, Jerome (1973), Die Krise der Wissenschaft – Probleme der industrialisierten Forschung. Neuwied.

Stehr, Nico (1994), Arbeit, Eigentum und Wissen – Zur Theorie von Wissensgesellschaften. Frankfurt/M.

Weber, Max (1982), Wissenschaft als Beruf, in: Max Weber: Gesammelte Aufsätze zur Wissenschaftslehre. Tübingen.

Weingart, Peter (1983), Verwissenschaftlichung der Gesellschaft – Politisierung der Wissenschaft, in: Zeitschrift für Soziologie 12: 225-241.

Weingart, Peter (1984), Anything goes – rien ne va plus, in: Kursbuch 78: 61-75.

Weingart, Peter (1991), The End of Academia? in: Andrea Orsi-Battaglini/Fabio Roversi-Monaco (eds.): The University within the Research System. Baden-Baden.

Weingart, Peter (1997), Neue Formen der Wissensproduktion – Fakt, Fiktion und Mode. Universität Bielefeld (IWT Paper 15).

Wingens, Matthias (1988), Soziologisches Wissen und politische Praxis. Frankfurt/M.

Wingens, Matthias (1998), Wissensgesellschaft und Industrialisierung der Wissenschaft. Wiesbaden.

Wittrock, Björn/Elzinga, Aant (1985) (Hrsg.), The University Research System. Stockholm.

Ziman, John (1994), Prometheus Bound. Cambridge.

Zuckermann, Harriet (1988), Intellectual Property and Diverse Rights of Ownership in Science, in: Science, Technology & Human Values 13: 7-16.

Wissensinszenierung – Folge und Antrieb der Wissensexplosion

Urs Kiener und Michael Schanne

Gemäss einer weit verbreiteten Vorstellung wächst die Menge des verfügbaren Wissens exponentiell an. Immer mehr Wissen wird produziert und ist öffentlich verfügbar. Das macht die Institutionen der Wissensvermittlung – also auch die Bildungsinstitutionen – zu »Opfern«, denn es setzt sie unter Selektionsdruck: Welches Wissen soll zur Vermittlung ausgewählt werden, welches bleibt liegen? Diese Vorstellung fokussiert die *Verfügbarkeit* von Wissen, ohne aber seine Produktion auszuleuchten. Unsere Beobachtungen des Wissenschafts- und des Bildungssystems lassen sich freilich schlecht mit dieser Vorstellung vereinbaren. Die Wissensproduzenten nämlich scheinen systematisch in die Vermittlungsmärkte zu expandieren, während gleichzeitig die Anwender/Vermittler in der Wissensproduktion Fuss zu fassen versuchen. Diese und andere Entwicklungen sowie die neuere Literatur zur Wissenschaftsforschung bringen uns dazu, die Perspektive zu wechseln und von den Bedeutungen und Funktionen des Wissens in der aktuellen Gesellschaft auszugehen. Wir entwickeln im folgenden *Essay* die These, dass die Bildungsinstitutionen nicht nur »Opfer«, sondern auch »Täter« der Wissensexplosion sind, dabei aber ihre eigenen Grundlagen in Frage stellen. Ausgehend von der Diskussion über die Wissensgesellschaft skizzieren wir neben der »traditionellen« eine »neue« Wissensproduktion. In deren Zentrum stellen wir das Konzept der Wissensinszenierung. Wir wenden uns mit diesem Konzept den Bildungsinstitutionen zu und formulieren Fragen und Paradoxien gängiger Unterscheidungen. Nach Rückblicken auf unsere Argumentation formulieren wir zwei mögliche Ausblicke.

Wissensgesellschaft

In den Konzepten und Modellen der Wissensgesellschaft sind in unserem Zusammenhang wenigstens zwei Aspekte von Bedeutung.

Zum einen wird Wissen mit sozialem Handeln verknüpft: Wissen ist Handlungsvermögen, es eröffnet Handlungschancen, und zwar umso mehr, je stärker es neues Wissen ist oder komparative Vorteile eröffnet (»Vorsprungswissen«, Stehr 1994: 208ff). Wie auch in der Vorstellung von Wissen als kulturellem Kapital (Böhme 1997) erhält Wissen eine stratifizierende Komponente, wird es mit Macht und entsprechenden Politiken verbunden.

Zum andern beruht die Wissensgesellschaft auf mannigfach »eingebautem« Wissen (materialisiertem, inkorporiertem, enkulturiertem Wissen) sowie auf der generellen Wissensbasierung ihrer Systeme (vgl. Willke 1998: 164). Wissen ist konstitutiv für soziale Beziehungen geworden: »It means that knowledge cultures have spilled and woven their tissue into society, the whole set of processes, experiences and relationships that wait on knowledge and unfold with its articulation« (Knorr Cetina 1997: 8). Diese Fokussierung auf Wissen lenkt den Blick vom irgendwie produzierten und im aktuellen Moment verfügbaren Wissen hin zu den Kontexten, in denen Wissen genutzt, und damit wieder zurück zu den Kontexten, in denen es produziert wird. Denn die Kontexte der Produktion und der Nutzung von Wissen sind andere und unterschiedliche, wie uns neuere Theorien der Wissensproduktion und -verwendung zeigen: Wissen muss zumindest transferiert und transformiert, »übersetzt« werden, bevor es genutzt werden kann.[1] Die Vorgänge der Vermehrung des Wissens und seiner Entwertung lassen sich somit unmittelbar an die Multiplizierung der Kontexte knüpfen, welche die Moderne in Folge wachsender Differenzierung und Dissoziierung hervorbringt.[2] »Wissensexplosion« beschreibt dann – neben der Multiplizierung der Kontexte – eine gesteigerte Konkurrenz zwischen unterschiedlichen Wissen (bzw. Wissenskulturen), die innerhalb desselben Kontextes zur Anwendung drängen.

»Alte« und »neue« Wissensproduktion

Gehen wir nun von der Beobachtung aus, dass wissensbasierte Operationen und Handlungen zunehmen und dass ein steigender gesellschaftlicher Bedarf nach handlungsrelevantem Wissen besteht. Indikator dafür ist beispielsweise die breite Diskussion um Wissensmanagement und Wissensarbeit in Organisationen. Indikator dafür ist aber auch die Diskussion um das lebenslange Lernen von Individuen. Offensichtlich ist es nicht mehr nur das Wissenschaftssystem, das dieses Wissen erzeugt und bewertet. Entscheidend daran scheinen uns die Implikationen für die Qualität, die Legitimation und die Steuerung von Wissen. In aller Kürze: Die Wissensproduktion ist nicht mehr nur gebunden an die Mertonschen Normen des Wissenschaftssystems, ihre Qualität wird nicht mehr nur über die internen Normen des Wissenschaftssystems vermittels peer review sichergestellt. In den »neuen Bereichen« geht es weniger um die Produktion von Wahrheit als um die Produktion von handlungsrelevanten Ressourcen. Das heisst: Die traditionelle Steuerung, Legitimierung und Definition von Wissen ist nurmehr eine unter anderen. Zwar kann vorerst offen bleiben, wieweit die klassischen Institutionen an der »neuen« Wissensproduktion tatsächlich beteiligt sind. Immerhin aber werden in der Wissenschafts- und Hochschulforschung Veränderung beschrieben (oder auch bloss gefordert, Weingart 1997), welche genau auf solche Ausweitungen zutreffen (Stichworte: Wissensproduktion im Modus 2, Gibbons et al. 1994; post-normal science, Funtowicz/Ravetz 1993 etc., nachdem früher von Politisierung oder Finalisierung die Rede war – Konzepten, die ihrerseits neu überprüft werden, vgl. Symposium 1997/98). Wenn aber der symbolische Ort des Wissenschaftssystems – bzw. Organisationen und Personen, die damit assoziiert werden – gleichsam öffentlich aus den traditionellen Verfahren der Wissensproduktion und -bewertung aussteigt, dann werden die Grenzen zwischen dem Wissenschaftssystem und seiner Umwelt aufgeweicht und dann verliert »Wissenschaft« an Kontur. Wichtig scheint uns: Die scheinbar blosse Addition eines neuen Modus ist mehr als ein blosses Hinzufügen. Sie lässt die Kontextualität auch jenes Wissens hervortreten, das in der Monopolsituation als kontextunabhängig galt. Es gibt keine anerkannten übergreifenden Massstäbe mehr zur Herstellung und Beurteilung »richtigen« Wissens. »Wahr«, »objektiv«, »nützlich« fallen nicht zwingend zusammen, müssen aber zusammengebracht werden, wenn wissenschaftliches Wissen »gesellschaftlich robustes« Wissen, reliable knowledge, sein soll (Nowotny 1998). Wissenschaft wird zu einem Markenzeichen unter anderen; ihr Korpus erfährt dadurch eine gewisse Relativierung oder De-Legitimierung.[3]

Zugespitzt existiert neben einem *Korpus-Modell*, in dem Wissen nach internen Regeln akkumuliert wird, um anschliessend ausserhalb des Produktionskontextes und unter anderer Verantwortung Verwendung zu finden, ein *handlungsorientiertes Modell*, in dem die Anwendbarkeit die wesentliche Referenz bildet. Es sind – tatsächliche oder projizierte – Handlungssituationen in spezifischen Kontexten, welche hier Wissensbedarf erzeugen. Dafür stehen prinzipiell unterschiedliche Wissen zur Verfügung, d.h. Wissen, die aus unterschiedlichen Angebotskontexten in den nachfragenden Kontext übersetzt werden können. Und weil Wissen Handlungsmöglichkeiten und Handlungsvorteile eröffnet bzw. weil Lebenschancen als wissensabhängig gelten, besteht für Organisationen und Individuen die Notwendigkeit, die jeweils entscheidende Kombination von Wissen zu finden bzw. sich mit einer ständig zu optimierenden Wissenskombination versorgen zu lassen. Das Modell unterstellt also eine starke und unbegrenzte Dynamik des Wissensbedarfs und des Wissensflusses. Im Bereich der Bildungsinstitutionen entspricht das Korpus-Modell dem Modell des Trichters bzw. der Internalisierung oder Sozialisation, während das handlungsorientierte Modell mit Konzepten im Einklang steht, welche Lernen im Rahmen einer Theorie von »situated activity« behandeln und Wissen als »doing« fassen (s. Lave 1993): Wissen wird für jemanden zum Wissen erst durch dessen aneignende, interpretierende Praxis.

Wissensinszenierung

Einige Aspekte dieses Neuen sollen nun modellhaft diskutiert werden. Als Einstieg in die Argumentation wollen wir die immer wieder gebrauchten Begriffe der Wissens- oder Wissenschaftsbasierung benutzen. Diese Begriffe verweisen auf eine Differenz: nämlich zwischen dem, worum es geht, und dem, worauf dies basiert; sie verweisen damit auf unterschiedliche Kontexte und auf das Problem der Übersetzung. Übersetzung ist Repräsentation, Darstellung, Gestaltung; und eine Form der Darstellung ist in diesem Zusammenhang besonders charakteristisch: die Inszenierung. Sie rücken wir in unseren Überlegungen ins Zentrum.[4] Inszenierung heisst, etwas – einen Inhalt – in Szene zu setzen, zur Geltung zu bringen. Inszenierung schafft eine Szene für einen Inhalt, um dafür gezielte Aufmerksamkeit zu schaffen. Inszenierung ist gezielte Auswahl, bestimmter Ausschnitt. – In diesem Konzept sind offensichtlich zwei Ebenen enthalten: eine kommunikative und eine inhaltliche. Auf der *kommunikativen* Ebene wird ein Dialog initiiert. Der Wissensinszenierer nimmt den (potentiell) Wissenssuchenden und seine Frage bzw. sein Problem wahr, anerkennt ihn und weist ihm damit Relevanz und Legitimation zu. Er eröffnet eine Szene, in welcher zwei Partner von gleich zu gleich verhandeln. Auf der *inhaltlichen* Ebene macht er die Aussage, dass er das notwendige Wissen besitze und/oder beschaffen und aufbereiten könne. Beide Ebenen zusammen – die Inszenierung als ganzes – bilden eine Art Versicherung: Sie versichern den Partner der Szene ihrer Relevanz, ihrer Rollen, ihrer Normalität – je nachdem.

Inszenierung ist zunächst eine Verdoppelung: Der Inszenator weiss im Modellfall, was er inszeniert, er kennt die Übersetzung und das Übersetzte, er operiert mit der Differenz zwischen dem, worum es geht, und dem, worauf dies basieren soll. Er inszeniert mit dem Wissen gleichzeitig auch Nutzen. Inszenierung von Wissen ist Kommunikation; deren Inhalt – das Wissen – lässt sich von Kommunikation nicht trennen, nicht ablösen. Doch wenden wir uns auch dem anderen Partner zu. Er ist sich der Inszenierung (meist) durchaus bewusst. Es gibt eine Art (stillschweigenden) Pakt zwischen den beiden Partnern, der allerdings gegenseitige Enttäuschungen nicht ausschliesst. Inszenierungen des Wissens ziehen Wissen um Inszenierungen nach sich. In einem Zustand etablierter Inszenierung verwischt sich die Differenz zwischen dem Übersetzten und der Übersetzung, zwischen Selektion und Gestaltung, zwischen dem Inhalt und seiner Inszenierung. Inhalt und Anwendung verschmelzen in ihrer Inszenierung. Die Kontrolle der Verdoppelung geht nicht nur tendenziell verloren, sie wird ausserdem irrelevant.[5] Das meint aber auch, dass die Grenzen zwischen Produktion und Vermittlung von Wissen tendenziell verwischt bzw. bedeutungslos werden. Auf die institutionell-organisatorische Ebene gewendet: Das Wissenschaftssystem in der traditionellen Form wird in Frage gestellt durch einen sich rasch ausbreitenden Typus von Wissensproduktion und -vermittlung, für den seine Unterscheidungen ohne Belang sind. Wie die Addition eines neuen Modus der Wissensproduktion mehr als ein blosses Hinzufügen war, ist hier – analog – Inszenierung mehr als bloss gezielte Verdoppelung bzw. Präsentation: Inszenierung setzt eine Bewegung in Gang, die tendenziell nichts unberührt lässt.

Um keine Missverständnisse entstehen zu lassen: Selbstverständlich gab und gibt es auch im »alten« Modell Inszenierung von Wissen; sie verbleibt dort aber weitestgehend innerhalb des Wissenschaftssystems. Unser Argument basiert auf der normal gewordenen Überschreitung von Kontexten (oder dem, was Nowotny 1998 »Kontextsensivität« nennt).

Wissensinszenierung und Bildungsinstitutionen

Was hat das alles mit den Bildungsinstitutionen zu tun? Zunächst ist daran zu erinnern, dass Unterricht als dramatische Aufführung gilt, Didaktik als Dramaturgie zur Erregung von Aufmerksamkeit für den zu vermittelnden Stoff.

Darüber hinaus – und das ist in unserem Zusammenhang mindestens ebenso wichtig – inszenieren in unserem Modell auch Bildungsinstitutionen Antworten auf Fragen des »Lebens«. Diese sind freilich oft sehr vage: etwa die Frage nach der Rolle spezifischen Wissens für *die* Zukunft oder die Frage nach der Bedeutung gerade *dieses* Wissens für die Zukünfte gerade *dieser* Schülerinnen und Studierender. Bildungsinstitutionen versprechen Zukunft und Zukünfte. Zu diesem Zweck diversifizieren sie in ungekanntem Ausmass, und zwar auf allen Stufen des Bildungssystems, v.a. aber im Bereich der Berufs-, Tertiär- und Erwachsenenbildung. Das System der Bildung differenziert sich horizontal – immer neue Spezialisierungen oder Kombinationen von Fächern und Kompetenzen – wie auch vertikal – immer feiner gegliederte Abstufungen von Berechtigungen, Diplomen etc. Was »gleich« ist, wird Rankings unterzogen, um es sekundär zu schichten. Zu einem guten Teil – möchten wir behaupten – differenzieren die Bildungsinstitutionen zunehmend Kontexte immer feiner aus, für die sie – exklusiv – das entsprechende Wissen zur Verfügung zu stellen versprechen. Ein Beispiel wäre etwa: Nachdiplomausbildung in Marketing für weibliche Führungskräfte in Nonprofit-Organisationen des Gesundheitswesens – andere liessen sich leicht anfügen. Mit anderen Worten: Sie versuchen, durch Auswahl und Kombination Wissen gleichsam neu zu schaffen und werden damit faktisch zu Produzenten von Wissen.[6] Die Wissensexplosion findet auch *innerhalb* der Bildungsinstitutionen statt, die Bildungsinstitutionen sind nicht nur »Opfer«, sondern auch »Täter«.

Auf diesem Hintergrund lässt sich sagen: Die Bildungsinstitutionen sind nicht nur Wissens-Vermittler in einem ausdifferenzierten und hoch und stabil strukturierten gesellschaftlichen Bereich. Sie sind zu Akteuren in einem unübersichtlich sich verändernden grossen Feld der Produktion und Vermittlung von Wissen geworden. Und: Sie sind nicht mehr nur zentrale Träger einer learning society, sondern auch Akteure in einer knowledge economy (Macfarlane 1998) und zwar Akteure, die zwar agieren, aber noch wenig zu wissen scheinen, in welchem Feld sie das tun. Dazu lassen sich leicht Illustrationen finden. Man kann z.B. aktuelle Diskussionen und Entwicklungen daraufhin untersuchen, wie das Feld abgesteckt und begrenzt und wie es intern aufgeteilt wird:

In der Schweiz beispielsweise kann eine sehr widersprüchliche Politik der wissenschaftlichen und der Fachhochschulen beobachtet werden. Es findet da eine Revitalisierung der Unterscheidung wissenschaftlich – anwendungsorientiert statt, die gleichzeitig aber sofort unterlaufen wird. Die *Fachhochschulen*, die zur Zeit als Typus und System aufgebaut werden, werden auf Anwendungsorientierung festgelegt und auf Transfer- und andere Dienstleistungen verpflichtet. Sie preisen ihre traditionellen Stärken des Bezugs zur Praxis und zum Erfahrungswissen an, positionieren sich somit als Akteure des neuen Typs in den »neuen Bereichen«. Auch die *wissenschaftlichen Hochschulen* schaffen sich jedoch neuerdings Dienstleistungs-, Transfer-, Weiterbildungsstellen. Doch weil das zumeist gleichsam am Rand ihrer Struktur geschieht, könnte das darauf schliessen lassen, dass der traditionelle Modus der Produktion des Wissens dadurch wenig berührt wird (Weingart 1997). Ihre Inszenierung ist entsprechend höchst widersprüchlich: Sie treten einerseits offensiv auf den Vermittlungsmarkt mit der Reputation wissenschaftlichen Wissens, also mit dem ganzen Gewicht der Institution der »alten« Wissensproduktion. Gleichzeitig inszenieren sie sich zunehmend als Anbieter von handlungsorientiertem Wissen und konkurrenzieren damit mit den Fachhochschulen. Diese versuchen andererseits im Gegenzug, in der Forschung bestimmte Segmente auszuscheiden und offensiv zu besetzen. Resultat ist die Instrumentalisierung der Unterscheidung wissenschaftlich – anwendungsorientiert für höchst unterschiedliche Anschlüsse und Koalitionen im Kampf um Forschungsmittel und Aufträge. Was jedoch offenbar kaum diskutiert wird, sind die Bezüge und Abgrenzungen zu anderen Wissensanbietern im Feld (beispielsweise auch zu solchen, die über elektronische Netzwerke anbieten). Und was scheinbar überhaupt nicht zur Sprache kommt, ist die Frage der gesellschaftlichen Legitimation des produzierten und vermittelten Wissens – obwohl darüber in der Schweiz hin und wieder Volksabstimmungen stattfinden, jüngst z.B. über Forschungsbeschränkungen im Bereich der Gentechnologie.

Eine analoge Tendenz zu einer widersprüchlichen Strukturierungspolitik nach innen und einer Abgrenzung nach aussen ist auf der Stufe für die 16-20jährigen (Sekundarstufe II) zu beobachten. Allgemeinbildung und Berufsbildung sind hier die zentralen Unterscheidungen. Zwar werden die entsprechenden institutionellen Bereiche gegenseitig durchlässiger gestaltet und in einen Gesamtbereich zu integrieren versucht. Dass aber die alten Differenzen nach wie vor wirksam sind, zeigt sich dann, wenn Äquivalenzen zwischen Diplomen, Bildungsbausteinen etc. gefunden werden müssen, wenn es also um die Explizierung dieses Wissens auf ein noch zu findendes Drittes geht. (Die beliebte Standardfrage lautet: Wie wird die Gleichwertigkeit zwischen der Kompetenz, Latein zu verstehen, und der Kompetenz, einen Automotor zu reparieren, bestimmt?) Überdies konstruieren die traditionellen Institutionen Abwehr-Dispositive gegen Konkurrenten entlang alter Dichotomien: gegen publizistische Medien, die Wissen angeblich (unzulässig) inszenieren; gegen elektronische Netze, deren Online-Angebote nur Information, nicht aber Wissen sind; gegen private Anbieter, die kommerziell und oberflächlich agieren; aber auch: gegen praxisorientierte Wissensvermittlung und Schulung, die nicht Bildung sind; gegen Bildung, die nicht alltagstauglich ist, usw. Diese und andere Abgrenzungen mögen beispielsweise pädagogisch und bildungstheoretisch begründet und »richtig« sein, zugleich aber sind sie Einsätze im Spiel von Selbstinszenierungen. Das gleiche gilt grundsätzlich auch für die Gegenargumente der Gegenseite, die genauso begründet und »richtig« sein können.

Unterscheidungen

Diese Unterscheidungen und Abgrenzungen führen zu allgemeinen Fragen und Paradoxien hinsichtlich der Wissensproduktion und -vermittlung. Für den Bereich der Bildungsinstitutionen lassen sie sich vielleicht sogar mit besonderem Gewicht diskutieren, denn das in Bildungsinstitutionen relevante Wissen liegt in einer prekären Mittelposition im Spannungsfeld zwischen internalisierteren und externalisierteren Wissensformen (Geser 1981).

- *das Verhältnis von Sicherheit und Unsicherheit, Wissen und Nicht-Wissen*
  Inszenierung von Wissen heisst (meist) Versprechen von Sicherheit, und sei es kommunikativer Sicherheit. Tendieren also die Versprechen von Problemlösung und Zukunft dazu, Wissen und Sicherheit zu betonen und die Spannung zwischen Sicherheit und Unsicherheit, Wissen und Nicht-Wissen, Anwesenheit und Abwesenheit abzuschwächen? Wird das verkraftbare, das verarbeitbare, das gezähmte, bekannte Wissen gesucht und inszeniert – paradoxerweise mit dem Ziel, das Unbekannte, Neue, die Innovation zu finden?[7] Für die Bildungsinstitutionen ist damit die alte Frage anschliessbar, wieweit Bildungsteilnehmer Kunden sind, die bereits wissen, was sie wissen wollen bzw. bald wissen werden – dahin geht offensichtlich die Tendenz –, oder ob sie sich auf eine offene Entwicklung einlassen bzw. darauf gebracht werden können – die klassische Bildungsidee. Oder die grosse Frage, wieweit Lernen mit Anstrengung und Befriedigungs-Aufschub zu tun haben darf oder zwingend lustvolles Erlebnis sein muss.
- *das Verhältnis zwischen explizitem und implizitem Wissen*
  Inszenierung heisst, einen Inhalt auszuwählen, zu bezeichnen, zu benennen. Welche Folgen hat das für das implizite Wissen, dem für Innovations- und Bildungsprozesse durchwegs höchste Bedeutung zugemessen wird? Wird es notwendigerweise expliziert? Für den Bereich der Bildungsinstitutionen: Führt die zunehmende Auflösung von vorgesehenen Bildungsgängen zugunsten von Modul-Kombinationen zu einer Ausblendung all jener

Aspekte von Bildungs- und Lernprozessen, die sich der Explizierung entziehen, und die mit Begriffen wie Sozialisation, heimlicher Lehrplan, Fachkultur, aber auch Systemfunktion und ähnliches bezeichnet werden?

– *das Verhältnis zwischen kontextspezifischem und Korpus-Wissen*
Inszenierung richtet sich an ein Publikum, an Adressaten. Sie findet in Kontexten statt und steht in Konkurrenz zu anderen Inszenierungen (der Kampf um das knappe Gut Aufmerksamkeit, Franck 1998). Wenn jedes Wissen als inszeniertes und folglich kontextspezifisches gilt, wenn jede andere Referenz ausser derjenigen der Nützlichkeit ausgeblendet wird: Wie wird eine Referenz von Wissen auf Wissen noch möglich? Wie wird Qualität von Wissen diskutierbar und verhandelbar? Für die Bildungsinstitutionen: Wie werden Differenzen zwischen schulischem bzw. systematischem bzw. formalem Wissen und Lebenswelt- und Massenmedienwissen begründbar? Und in der Folge: Wie lässt sich die Notwendigkeit der Institution Schule, der Institution Universität, aufrechterhalten? Das führt zur Rolle staatlicher Politik: Welche Bedeutung hat das mit staatlichen Diplomen legitimierte Wissen im Vergleich zu informell erworbenem? Wie weit kann Wissenschafts- und Bildungspolitik als Politik der Kontextuierung und Dekontextuierung verstanden werden?

Rück- und Ausblicke

Halten wir hier ein: In welchem Kontext, in welchem Typus der Wissensproduktion lassen sich diese Fragen überhaupt formulieren und beantworten? Haben wir die Wahl zwischen »alt« und »neu«? In einer ersten Skizze und in Umrissen haben wir einen »neuen« Typus der Wissensproduktion und -verwendung gezeichnet, in dessen Zentrum wir plakativ den Begriff der Inszenierung gestellt haben. Diesen Typus definierten wir als einen unter anderen, denn wir gingen von einer Dezentrierung und Pluralisierung der Wissensproduktion aus. Wenn aber der skizzierte »neue« und der »alte« Typus gesellschaftlich gleichzeitig wirksam sind, dann ist Wissen gleichzeitig und unentscheidbar sowohl »echt« als auch »inszeniert«, sowohl »wirklich« als auch »artifiziell«, sowohl »begründet« und »richtig« als auch Einsatz im Spiel von Inszenierungen. Vertrauen in Wissen kann folglich nurmehr ein gebrochenes sein. Die Inszenierung von Unterscheidungen höhlt die Unterscheidungen aus und zwar gerade auch die Unterscheidung zwischen wahrem und wirklichem Wissen auf der eine Seite und inszeniertem falschen auf der anderen.

Wir haben behauptet, die Addition eines »neuen« Typus verändere die Legitimation des alten. Wir haben auch behauptet, Inszenierung setze eine Bewegung in Gang, die nichts unberührt lasse. Wir sehen jetzt: Inszenierung etabliert Unentscheidbarkeit.

Der Rückblick freilich hat auch selbstrückbezüglich zu sein. Das meint: Lässt man sich von einer Argumentation zum Ergebnis von Unentscheidbarkeit führen, ist dieses Ergebnis auch auf Ausgangspunkte und Form der Argumentation selbst zurückzuwenden. Beziehungsweise: Der Text, der Wissen über Inszenierung darstellt, der Inszenierung reflektiert, steht deshalb nicht ausserhalb von Inszenierung. Die Herleitung von Unentscheidbarkeit kann sich der Diagnose von Unentscheidbarkeit nicht entziehen. Wenn hier so entschieden Unentscheidbarkeit betont wird, dann nicht mit dem Ziel, Alternativen – Unterscheidungen, Grenzen etc. – als belanglos oder beliebig zu betrachten, sondern um sie in Frage und zur Diskussion zu stellen.[8]

Forschungsstrategisch oder methodologisch könnte diese Unentscheidbarkeit für die sozialwissenschaftliche Analyse heissen, dass vorgängige Dichotomisierungen aufgegeben werden müssen. Stattdessen ist empirisch zu untersuchen, welche Differenzen in welchen Kontexten von welchen Akteuren ins Spiel gebracht werden. Dann aber behandeln wir Abgrenzungen und Differenzen nicht als kontextübergeordnete Strukturierungen der Wirklichkeit, sondern als Muster (Konventionen, Codes etc.), die in konkreten Auseinandersetzungen ins Spiel gebracht und inszeniert, dabei verknüpft, vermischt und transformiert werden. Wir sehen dann die Strukturierung und Steuerung eines Feldes aufgrund von Anschlüssen, Assoziationen, Koalitionen, Aushandlungen.[9]

In gegenstandsbezogener oder inhaltlicher Hinsicht lässt sich aus dem Befund, dass Wissensinszenierung Unentscheidbarkeit etabliere, folgendes vermuten: Zwar inszenieren sich die Bildungsinstitutionen (die Hochschulen eingeschlossen) zunehmend in Richtung des Handlungsmodells; sie tun das allerdings, ohne die Folgen für ihre traditionelle Produktion und Vermittlung zu bedenken. Sie agieren konzeptionslos, fraktioniert, unter sich zerstritten sowie defensiv unter – gesellschaftlichem, politischem, ökonomischem – Druck. Vor allem: Sie verwischen die Unterschiede zwischen dem alten und dem neuen Typus, sie verdecken die Spannung der Unentscheidbarkeit. Sie spielen das Inszenierungsspiel, und sie werden sich darin möglicherweise sogar behaupten. Aber sie unterhöhlen die Legitimation ihres Wissens und ihrer Institution; sie sägen am Ast, auf dem sie sitzen.

Anmerkungen

1 Vgl. auch die Diskussion um das Public Understanding of Science, z.B. Wynne 1991.

2 »Kontext« wird hier offensichtlich in einer sehr offenen Bedeutung verwendet; Klärungsversuche finden sich in Bonss et al. 1993.

3 »Sofern die Wissenschaft ihren Absolutheitsanspruch verliert und umgekehrt die Lebenswelt verwissenschaftlicht wird, lassen sich die verschiedenen Aspekte nicht länger gegeneinander ausspielen. Statt dessen ist eine Irreversibilität des Verwissenschaftlichungsprozesses zu konstatieren, die umgekehrt eine nachhaltige und offensichtlich ebenso irreversible Relativierung traditioneller Wissenschaftsideale nach sich zieht.« (Bonss et al. 1993: 9)

4 – ohne seine Implikationen bzw. seine Theorieanschlüsse zu diskutieren.

5 Wir verweisen hier auf die Diskussionen in der Kultur-, Kommunikations- und Medienforschung.

6 Vgl. Bonss et al. (1993: 11f), die davon sprechen, dass »Produktion und Verwendung wissenschaftlichen Wissens« »als Prozesse der Herstellung und Veränderung von Kontexten« beschrieben werden müssten.

7 Vgl. dazu Wingens (1999, in diesem Band), der einer ähnlichen Argumentationsfigur wie der unseren folgt: Verwissenschaftlichung meint Implementierung von Unsicherheit; weil die aber reduziert werden muss (Industrialisierung), transformiert sich die Wissenschaft.

8 An dieser Stelle zeigt sich am deutlichsten der Unterschied unserer Argumentation zu derjenigen von Degele (1999, in diesem Band). Mit der Unterscheidung von »gebildetem« und »informiertem« Wissen und ihrer Diskussion für die Ausbildung ist sie unserem Vorgehen zunächst sehr nah. Degele aber hält diese Unterscheidung für zwingend und fest, weil sie als unausweichliche Folge der objektiven Entwicklung und Verbreitung des Computers definiert wird, und sie setzt deshalb »inhaltlich gebundenes« und »verarbeitungs- und inszenierungsfreundliches« Wissen einander als klar unterscheidbar, ja polar gegenüber.

9 Diese Formulierungen lassen Raum für unterschiedliche konkrete Theorie-Ansätze, in erster Linie selbstverständlich für die Aktor-Netzwerk-Theorie.

Literatur

Böhme, Gernot (1997), The structures and prospects of knowledge society, in: Social Science Information 36/3: 447-468.

Bonss, Wolfgang/Rainer Hohlfeld/Regine Kollek (1993) (Hrsg.), Wissenschaft als Kontext – Kontexte der Wissenschaft. Hamburg.

Degele, Nina (1999), »Doing Knowledge«. Vom gebildeten zum informierten Wissen. In diesem Band.

Franck, Georg (1998), Ökonomie der Aufmerksamkeit. München.

Funtowicz, Silvio O./Jerome R. Ravetz (1993), The Emergence of Post-Normal Science, in: René von Schomberg (ed.): Science, Politics, and Morality. Scientific Uncertainty and Decision Making. Dordrecht: 85-123.

Geser, Hans (1981), Eine funktional-morphologische Theorie der Berufsqualifikationen, in: Schweizerische Zeitschrift für Soziologie 7: 399-434.

Gibbons, Michael/Camille Limoges/Helga Nowotny/Simon Schwartzman/Peter Scott/Martin Trow (1994), The New Production of Knowledge. The Dynamics of Science and Research in Contemporary Societies. London.

Knorr Cetina, Karin (1997), Sociality with Objects. Social Relations in Postsocial Knowledge Societies, in: Theory, Culture & Society 14/4: 1-30.

Lave, Jean (1993), The practice of learning, in: Seth Chaiklin/Jean Lave (eds): Understanding practice. Perspectives on activity and context. Cambridge.

Macfarlane, Alistair (1998), Information, Knowledge and Learning, in: Higher Education Quarterly 52/1: 77-92.

Nowotny, Helga (1998), Immer tiefer, immer höher, immer besser? Was wissenschaftlicher Fortschritt sein soll, ist zunehmend weniger klar, in: Neue Zürcher Zeitung 22./23.8.98.

Stehr, Nico (1994), Arbeit, Eigentum und Wissen. Zur Theorie von Wissensgesellschaften. Frankfurt am Main.

Symposium »Revisiting the theory of ›Finalization in Science‹« (1997/98), in: Social Science Information 36/3 bis 37/1.

Weingart. Peter (1997), From »Finalization« to »Mode 2«: old wine in new bottles?, in: Social Science Information 36/4: 591-613.

Willke, Helmut (1998), Organisierte Wissensarbeit, in: Zeitschrift für Soziologie 27/3: 161-177.

Wingens, Matthias (1999), Wissensgesellschaft und gesellschaftliche Wissensproduktion. In diesem Band.

Wynne, Brian (1991), Knowledges in Context, in: Science, Technology, & Human Values 16/1: 111-121.

»Doing Knowledge«: Vom gebildeten zum informierten Wissen

Nina Degele

Einleitung

Man stelle sich einen Altphilologen vor, der sich seine wissenschaftliche Anerkennung mit einer langwierigen und mühseligen Wortanalyse in der Dichtung Homers verdient hat. Wie muß er sich fühlen, wenn eine clevere Anfängerin die gleichen Ergebnisse in Sekundenschnelle auf den Bildschirm zaubert? Wenn sie die gewünschten Informationen nämlich mit ein paar Tastenclicks aus dem »Thesaurus Linguae Graecae« (TLG) zieht, der digitalisierten Form des kompletten Homer? Dann muß sich der Homerforscher darüber Gedanken machen, ob er sich seine zukünftige wissenschaftliche Reputation nicht lieber damit verdient, vielleicht neue Suchprogramme zu entwickeln.[1] Sein Wissen ist plötzlich weniger wert geworden.

Wissen ist aber nicht nur kurzlebiger geworden, es verändert sich auch und vor allem strukturell. Denn wenn die Inhalte des Gewußten immer kurzlebiger werden und an Bedeutung verlieren, avancieren die Umgangsweisen mit Wissen zur entscheidenden Kompetenz. Das betrifft nicht nur »künstliche« Wissensarten, denen Max Scheler bereits in den zwanziger Jahren eine »beschleunigte Bewegungsform« bescheinigt hat. Neben den technischen Qualifikationen und Kompetenzen, die auf der »Künstlichkeitsrangordnung« ganz oben stehen, bewegt und verändert sich zunehmend auch Wissen, das ihre TrägerInnen für zeitlos und stabil halten – die Rede ist von der Homöopathie. Gebildetes Wissen ist stabiles, vor allem inhaltlich gebundenes und verwurzeltes Wissen. Informiertes Wissen dagegen ist in eine neue Form gebrachtes Wissen, das sich durch Verarbeitungs- und Vermittlungsfreundlichkeit auszeichnet. Bei dem behaupteten Übergang von gebildetem zu informiertem Wissen handelt es sich um einen auf breiter Ebene stattfindenden Prozeß, der im individuellem professionellen Handeln sichtbar wird. Noch deutlicher wird er, wenn man ihn in den Kontext von Ausbildungsinstitutionen stellt, wie ich es hier unternehmen will: Aus gebildetem wird informiertes Wissen, und im Zuge dessen werden Punkte sichtbar, an welchen Informationsgewinne in kontraproduktive Bewältigungskosten umschlagen. Das ist die These, die ich im folgenden entwickeln werde.

Einige Bemerkungen zum gewählten Theoriekontext zu den empirischen Grundlagen meiner Ausführungen: Die These der Informierung von Wissen habe ich wissenssoziologisch entwickelt und techniksoziologisch abgestützt (Degele 1999). Darüber hinaus ist sie gesellschaftstheoretisch geerdet, nämlich in der modernisierungstheoretischen Annahme der Ausdifferenzierung und Verselbständigung verschiedener systemspezifischer Logiken.[2] In diesem Zusammenhang untersuche ich das Wissenssystem Homöopathie zum einen als Heilkunst und zum anderen als Ausbildungssystem – die durchaus verschiedenen Systemlogiken folgen. Was die empirische Datengrundlage angeht, habe ich 1996 und 1997 qualitative Untersuchungen mit 42 HomöopathInnen sowie HerstellerInnen und VertreiberInnen von Computerprogrammen, TeilnehmerInnen von Seminaren und VertreterInnen von Berufsverbänden durchgeführt. Dort habe ich mich darauf konzentriert, wie die Verwendung von Computern in der Behandlungspraxis homöopathisches Wissen verändert (Degele 1999). Anknüpfend an diese Untersuchungen habe ich 1998 elf Homöopathie-LehrerInnen mehrfach interviewt, vier VertreterInnen von Ausbildungsinstitutionen befragt, sowie eine teilnehmende Beobachtung des Unterrichts an einer Homöopathie-Fachschule angeschlossen.

Der Beitrag gliedert sich in drei Teile. Erstens skizziere ich den Umbau von Wissen als Prozeß der »Informierung«. Sodann werde ich diesen am Beispiel homöopathischen Handelns illustrieren. Das Beispiel habe ich gewählt, weil der behauptete Umbruch dort nicht auf individuelles, professionelles Handeln beschränkt bleibt, sondern seine Wirkung auch und besonders in der gegenwärtigen Situation homöopathischer Ausbildungsinstitutionen entfaltet. Veranschaulichen werde ich dies als Dilemma homöopathischer Informationsexplosion. Vor welchen Herausforderungen Institutionen der homöopathischen Wissensvermittlung damit stehen, skizziere ich im letzten Schritt. Zunächst aber zur Bedeutung von Computerisierung und von Wissen oder kürzer: Was heißt »informiertes« Wissen?

1. Wissen im Umbruch oder: Was heißt »informiertes« Wissen?

Eine entscheidende gesellschaftliche Bedingung für die Herausbildung informierten Wissens ist die zunehmende Verbreitung von Computern: Prozesse der Computerisierung sind zur Banalität geworden – in Arbeit, Wissenschaft und Alltag. Sie erstrecken sich nicht nur auf motorische Handlungsabläufe, sondern auch auf die »Automatisierung der Kopfarbeit«, also Wissen.

Was heißt Wissen? Ich unterscheide Wissen erster und zweiter Ordnung. *Wissen erster Ordnung* umfaßt vor allem Wissensstrukturen als inhaltliche Bestände. Beispiele sind das domänenspezifische Fachwissen von ArbeiterInnen, WissenschaftlerInnen oder auch HomöopathInnen. *Wissen zweiter Ordnung* setzt sich hauptsächlich aus Wissensprozessen in Form von Meta- und Medienkompetenzen zusammen. *Metakompetenz* oder Metawissen steht für Wissen über Wissen, also theoretisches und technisch angereichertes Verfahrenswissen zuzüglich sozialer Kompetenzen. *Medienkompetenz* ist vor allem technisches Bedienungswissen.[3] Gemeinsam bilden diese beiden Komponenten *Wissen zweiter Ordnung*. Konnte man – so die These – im »Prä-Computerzeitalter« Metawissen (als Wissenswissen) und Medienkompetenz noch deutlich unterscheiden, fließen sie unter Bedingungen fortschreitender Computerisierung zunehmend ineinander.

Aber nicht nur die Komposition von Wissen ändert sich. Viel wichtiger: Die Bedeutung von Wissen erster Ordnung nimmt zugunsten von Wissen zweiter Ordnung ab. Das bezeichne ich als Informierung von Wissen. Informieren als »in eine Form bringen« umfaßt sowohl den Prozeß des Formgebens wie auch das Ergebnis der Formgebung. Mit der »Informierung von Wissen« behaupte ich, daß der Einsatz von Computern Wissen in eine neue, nämlich inhaltsarme und dafür verarbeitungs- und inszenierungsfreundliche Form bringt. Dabei werden die Inhalte des Gewußten immer kurzlebiger und verlieren an Bedeutung, während der virtuose Umgang mit Wissen zu einer entscheidenden Kompetenz avanciert. »Wissen zweiter Ordnung« wird wichtiger als inhaltliches Domänenwissen, also Wissen darüber, wie inhaltsspezifisches Domänenwissen zu organisieren, zu inszenieren und in Aktion zu bringen ist. »Doing knowledge« statt »having knowledge« heißt dann, daß Akteure (seien es Personen oder auch Institutionen) diesen Prozeß der Informierung vorantreiben.

Diese Transformation von Wissen springt dem soziologischen Blick nicht unmittelbar ins Auge. Denn wer Computer einsetzt, benutzt ihn »nur« als Mittel, um Ziele zu erreichen, beispielsweise um wachsende Informationsmengen bewältigen zu können. Als unbeabsichtigte und unreflektierte Nebenfolge läuft aber ein institutioneller Wandel mit. Wird Wissen nämlich mit Anforderungen nach schneller Erweiterbarkeit, Übertragbarkeit in Computer und auch Lehrbarkeit (z.B. in Form von Curricula) kompatibel gemacht, müssen sich Ausbildungsinstitutionen entscheiden: Welches Wissen wollen, sollen und können sie auf welche Weise vermitteln?

2. »Gebildetes« Wissen unter Druck: das Beispiel Homöopathie

Die Homöopathie ist ein gutes Beispiel dafür, wie der Einsatz von Computern Wissen verändert. Denn als empirisches Heilsystem und Gedankengebäude hat sie sich seit über zweihundert Jahren kaum verändert.[4] Bereits damals sprachen die ZeitgenossInnen im Hinblick auf Hahnemanns Heilkunst von einem in sich geschlossenen System. Und auch heute halten HomöopathInnen ihre Wissensbestände für weitgehend »veraltungsresistent«. Sie bezeichnen die Lehre Hahnemanns als »die wahre Mauer, die nicht umkippt im Sturm« und verteidigen sie als »Naturgesetz«. Schließlich folge sie »einem ewig gültigen Gesetz und habe nichts mit linearem Wissen zu tun« (Äußerungen dreier Homöopathie-LehrerInnen, im folgenden abgekürzt mit »H«). Diesen systematischen und das heißt »gebildeten« Charakter hat die Homöopathie nicht verloren.[5]

Umso erstaunlicher, daß sich gerade hier der elektronische Helfer wachsender Beliebtheit erfreut. Er unterstützt nämlich nicht nur die PatientInnenverwaltung oder die Informationsrecherche.[6] Um aus einer Auswahl von über tausend Arzneien »das richtige« Heilmittel zu finden, setzen inzwischen immer mehr HomöopathInnen den Computer auch während der Anamnese ein. Die Anamnese ist ein zentraler Bestandteil einer homöopathischen Behandlung. Sie umfaßt ein bis zu zwei- oder dreistündiges, sehr persönliches und intensives Gespräch zwischen HomöopathIn und PatientIn (Gawlik 1996). Während der gemeinsamen Rekonstruktion der Krankengeschichte gibt der/die HomöopathIn Symptome in den Rechner ein, läßt sich vom Computer Mittelvorschläge ausrechnen, verfolgt diese Idee oder läßt sie fallen und kommt damit im Verlauf des Gesprächs langsam aber sicher bis zum »richtigen« Mittel bzw. einer Anzahl von Mittelvorschlägen. Was dabei revolutionär ist: Mit des Computers Hilfe kann der/die HomöopathIn zeitlich, sachlich und auch sozial bislang deutlich unterschiedene Sequenzen im Amamnesegespräch zusammenziehen. Was heißt das?

»Computerlos« besteht ein Behandlungszyklus darin, daß sich PatientInnen auf ein Anamnesegespräch vorbereiten, indem sie etwa einen Fragebogen zur

Krankenbiographie ausfüllen. Dieser wird dann während der Anamnese besprochen, vertieft oder dient als Hintergrundinformation für die Arzneimittelfindung. Nachdem der/die PatientIn die Praxis verlassen hat, macht sich der/die HomöopathIn an die einsame Arbeit der Mittelfindung. Durchaus erst mehrere Tage später bekommt der/die PatientIn dann das »richtige« Mittel. Diese Sequenz von beispielsweise einer Woche Dauer kann computergestützt auf zwei Stunden verdichtet werden.

Vor diesem Hintergrund setzen HomöopathInnen den Computer vor allem ein, um Zeit zu sparen. Sie entlasten sich von buchhalterischen Rechenarbeiten, schaffen sich damit mehr freie Zeit oder können mehr PatientInnen behandeln. Ebenso kommen sie damit den Ansprüchen von PatientInnen nach schneller Heilung bzw. Behandlung nach. Damit dies gelingt, müssen sie ihre alltägliche Arbeit computerkompatibel gestalten. Dazu gehört in zunehmendem Maß das Wissen darüber, wie sie Informationen aus dem Computer »herauskitzeln«. Weniger wichtig wird das Wissen selbst. Denn dieses steht abrufbereit zur Verfügung. Damit sind mehr Informationen schneller verfügbar und homöopathisches Wissen kann effizienter genutzt werden. Mit einem solchen Wissen über die effiziente Informationsbewältigung schrauben HomöopathInnen die Spirale der Informationsexplosion nach oben. Denn sie können nun sehr viel mehr Informationen einsetzen – und auch produzieren. Wie dies funktioniert und welche Folgen das hat, möchte ich an einem Beispiel erläutern.

Die computertechnische Unterstützung betrifft beispielsweise das Nachschlagen von Arzneimitteln und Symptomen in umfangreichen Datenbanken (O.V. 1992). Diese standen bislang nur in Buchform zur Verfügung (Klunker 1997). Will ein/e HomöopathIn beispielweise wissen, welche Mittel für ein Symptom wie »Kopfschmerzen linksseitig« in Frage kommen, schlägt er/sie in einem solchen »Repertorium« nach und findet dann sagen wir 20-40 in Frage kommende Mittel. Das klassische Repertorium, mit dem fast jede/r HomöopathIn arbeitet, ist »der Kent«, ein um die Jahrhundertwende entstandenes Standardwerk. Inzwischen aber hat sich die Zahl der in Frage kommenden Heilmittel für Krankheiten vervielfacht. Waren es zu Hahnemanns Zeiten etwa 100-140, stehen HomöopathInnen heute zwischen 900 und 2.000 Mittel zur Verfügung, je nachdem, welche Qualitätsstandards man an die Prüfung der Arzneien legt. Diese Informationsexplosion ist ohne Computer kaum noch zu bewältigen, und so wurden neben »dem Kent« noch zahlreiche andere Repertorien entwickelt. Die wichtigsten dieser Nachschlagewerke wurden in »Synthesis« integriert – in Buchform und auf dem Computer. Dabei handelt es sich um ein neues Standardwerk, das immer mehr Homöopathie-Schulen als Basisliteratur verwenden. Während HomöopathInnen im Prä-Computer-Zeitalter also beispielsweise aus 20-40 Mitteln das richtige auszuwählen hatten, sind es durch die zahlreichen Neueinträge in »Synthesis« vergleichsweise 90-100.

Wie tun sie das? Nach welchen Kriterien gehen sie vor? Die Folgen eines solchen Wissenszuwachses sind alles andere als trivial. Als Konsequenz stehen HomöopathInnen nämlich mehrere Möglichkeiten offen. Sie können die Informationsfülle von »Synthesis« mit computertechnischen Tricks reduzieren. Dann lassen sie sich beispielsweise nicht mehr alle in Frage kommenden Mittel anzeigen, sondern den Computer eine Vorselektion vornehmen. Er führt dann nur noch die höherwertigen Mittel auf und läßt die »einwertigen« weg. Solche computer induzierte Tricks folgen freilich weniger einem homöopathischen Denken als einer komplexitätsreduzierenden Berechnungslogik.

Eine zweite Reaktionsweise besteht darin, auf Synthesis ganz zu verzichten und sich lieber wieder auf den »alten Kent« zu beschränken. Das stilisieren einige HomöopathInnen sogar zu einem neuen Trend, nämlich »back to the roots. Und nicht back to the computer.« (H3) Im Zuge dessen halten sie eine Beschränkung auf den Stand Hahnemanns und Kents für einen Fortschritt. Sie sehen in der Informationsfülle mehr Kosten als Gewinn. Denn die Informationen, die über Kent hinausgehen, seien unzuverlässiger als der damalige Wissensstand.

Der Grund: Die damalige Vorgehensweise stand weniger und Zeitdruck und war deshalb schlicht gründlicher – und nicht »quick and dirty« wie heute: »Je älter die Bücher, desto solider, die Arbeit, die da präsentiert wird. Das ist mein Gefühl dabei. Daß die alten Homöopathen solide gearbeitet haben. In der schnellebigen Zeit heute ist das eher pfuschig.« (H3)[7]

Schließlich gibt es noch eine dritte Möglichkeit, auf welche vor allem erfahrene HomöopathInnen zurückgreifen können. In »Synthesis« werden nämlich die KollegInnen namentlich aufgeführt, die neue Mittel geprüft, neue Symptome dokumentiert und diese in das neue Repertorium haben eingespeisen lassen. Das ist letztlich auch der Grund für die Informationsexplosion von »Synthesis«: Eine »Egoschmeichelei für den Homöopathen« (H11), der seine Reputation unter KollegInnen durch die Produktion neuen Wissens steigert. Erfahrene HomöopathInnen kennen »die scene« und wissen, welchen Einträgen sie trauen können und welchen nicht. Die »Branchenkenntnis« wird damit mindestens ebenso wichtig oder wichtiger als die Kenntnis der Mittel selbst. Das ist ein ähnlicher Mechanismus wie ihn Pierre Bourdieu für die Wissenschaft festgestellt hat: Nicht *was* gesagt wird zählt, sondern *wer* in welcher Position etwas sagt.

3. Von gebildeter zu informierter Ausbildung: »Doing« Homöopathie

Ist die Homöopathie also schnellebig und endgültig zur Mode geworden? Führte sie bis vor fünfzehn Jahren noch eine recht kümmerliche Existenz, hat sie seitdem einen wahren Boom erlebt (Degele 1998; Dinges 1996; Schüppel/Schlich 1996). Als Folge wechseln sich Konjunkturwellen immer schneller ab: Seminare und Live-Anamnesen waren in den achtziger Jahren populär, Arzneimittelprüfungen in den neunziger Jahren, gegenwärtig deuten sich systemische Familientherapie mit Arzneimitteln oder astrologische Homöopathie als letzter Schrei an.

Auch schossen allein in einer Großstadt wie München rund ein Dutzend Ausbildungsstätten für HomöopathInnen aus dem Boden. Solche institutionalisierten Ausbildungen haben das bis dahin dominierende Modell des »apprenticeship-learning« in den Hintergrund gedrängt, also das Lernen als AssistentIn bei einem »Meister« (von Meisterinnen war in der Homöopathie bislang kaum die Rede). Homöopathie-Schulen konkurrieren um ein knapp werdendes Gut von SchülerInnen. Das tun sie, indem sie klassisches Wissen *als* modern und zeitgerecht vermitteln. Dazu stellen die LehrerInnen Fälle aus der eigenen Praxis vor und demonstrieren ihr Vorgehen als den zielgerichteten Weg zum richtigen Mittel. Wird die Präsentation darüber hinaus multimedial verpackt, etwa mit Musik, Märchen, Dias und Video-Clips, ist dies der Reputation gegenüber KollegInnen und SchülerInnen förderlich.[8] Ambulatorien, Computer-Repertorisation, videoaufgezeichnete Anamnesen und technikgestützte Unterrichtsformen sind also die entsprechenden »Features«, mit denen sich Schulen von der Konkurrenz abzusetzen versuchen.

Damit perpetuieren sie freilich einen Prozeß, dem sie ihrem homöopathischen Anspruch der Heilung nach äußerst kritisch gegenüber stehen: nämlich homöopathisches Wissen in ansprechend aufbereiteten, leicht verdaulichen Häppchen, also in homöopathischen »Schnupperdosen« anzubieten.[9] In diesem Sinn inszenieren (Aus-)Bildungsinstitutionen Wissen und sind damit nicht nur »Opfer«, sondern auch »Täter« der Wissensexplosion (vgl. Kiener/Schanne in diesem Band). Worin sie damit herausgefordert sind: Sie müssen ihre Ausbildungsziele neu definieren, und zwar im Spannungsfeld von Wissen erster und zweiter Ordnung.[10]

In der Homöopathie entsteht damit neues Wissen und ein neuer Umgang mit Wissen: »doing knowledge« statt »having knowledge«. An die Stelle von Inhalten treten Mangement, Organisation und Inszenierung. »Doing knowledge« ist damit eine Lektion in den vielen Kapiteln zur Informationsexplosion, die weit über die Homöopathie hinausreicht: Es kommt nicht mehr darauf an, Wissen zu »besitzen«, sondern vielmehr darauf, es zu »machen«: situationsspezifisch erforderliches Wissen sich schnell aneignen, inszenieren und »in Aktion« bringen. Vor diesem Hintergrund besteht die eigentliche Herausforderung darin, die Umschlagpunkte zu identifizieren, in denen zusätzliche Informationsgewinne mehr Kosten als Nutzen verursachen – was in der Homöopathie sicherlich mit anderen Konsequenzen verbunden ist als in der Altphilologie oder Soziologie. Auch kann jede Domäne nur für sich selbst entscheiden, was für sie als Umschlagpunkt zählt und bedeutet. Der Beitrag der Soziologie kann und sollte somit darin liegen, den computertechnisch verstärkten Prozeß der Informierung sichtbar zu machen. Denn erst durch das Überschreiten von Schwellen wie ich sie skizziert habe, wird überhaupt erst deutlich, daß eine ganz »altmodische« Frage wieder aktuell geworden ist: Welches Wissen wofür?

Anmerkungen

1 Das Beispiel stammt aus einer wissenschaftssoziologischen Untersuchung von Karen Ruhleder (1995).

2 Zur Wissenssoziologie und Wissensgesellschaft siehe Bühl 1995; Spinner 1998; Stehr 1994; zur Techniksoziologie vgl. Bijker 1995; Halfmann 1995; Latour 1991; Rammert 1993; zur Differenzierungstheorie siehe Luhmann 1985, 1997; Mayntz 1988; Schimank 1996.

3 Zu Wissensformen vgl. neben Scheler 1960 vor allem Bühl 1984; Faulkner 1995; Goleman 1997; Stehr 1994.

4 Gleichwohl ist die Geschichte der Homöopathie durchzogen vom Streit zwischen denjenigen, die an den Schriften und der Praxis ihres Begründers Samuel Hahnemann (1755-1843) als nichthintergehbarer Autorität festhalten und denjenigen, welche die Lehre für erweiterungsbedürftig halten (Appell 1996; Jütte 1996: 184f; Twenhöfel 1996).

5 Das Denken und Handeln und damit die Logik homöopathischen Heilens ruht auf vier Säulen (vgl. Gebhardt 1995; Hahnemann 1992; Vithoulkas 1993). Dazu zählen erstens das Gesetz der Ähnlichkeit: Der Ähnlichkeitsregel zufolge können möglichst ähnliche Krankheitsreize, wie sie homöopathische Arzneien auslösen, Krankheiten heilen. Die Kunst der/des HomöopathIn besteht mithin darin, unter den rund 900 geprüften Arzneimitteln dasjenige herauszufinden, welches der Symptomatik am meisten ähnelt. Die zweite Säule ist die Arzneimittelprüfung am gesunden Menschen statt an Kranken oder an Tieren, die dritte die leidende Le-

benskraft als Ursache der Erkrankung. Danach sind Symptome lediglich die nach außen projizierten Erscheinungen und Phänomene einer Krankheit. Sie weisen auf ein inneres Ungleichgewicht hin: Die gestörte Lebenskraft und nicht äußere Erreger bringt Krankheiten hervor. Sind keine lebenswichtigen Funktionen oder Organe irreparabel zerstört, verleihen homöopathische Heilmittel der Lebenskraft einen »Schubs«, um den Organismus wieder ins Gleichgewicht zu bringen. Er heilt sich somit letztlich selbst. Schließlich bildet die Potenzierung als geistartig gemachte Wirkung der Arznei die vierte Säule. Gemeint ist damit die Verdünnung und Dynamisierung der Arznei durch Verschüttelung, bis schließlich keine Substanz mehr in dem Mittel nachweisbar ist. Sie wirkt damit meist nicht mehr materiell auf den Körper, sondern auf einer informationellen Ebene. Am letzten Punkt entzündet sich die heftigste Kritik der Schulmedizin: Arzneilose Hochpotenzen können nicht wirken, weil in ihnen keine Substanz mehr enthalten ist. Deshalb interpretiert sie homöopathische Heilungen als Placebo-Effekte und die Lehre als irrational (Hopf/Binder 1992; Kämmerer 1992; Oepen 1995). Dennoch sind einige Beiträge der Homöopathie auch in die etablierte Krankheitslehre eingegangen. Ein Beispiel dafür ist das Theorem von der Unterdrückung und Suspendierung. Danach resultiert aus einer krankheitsbedingt ausgelösten Störung oder Unterdrückung der körpereigenen Regulation (z.B. durch Cortison) eine chronische Krankheit.

6 Im Jahr 1996 habe ich unter allen ÄrztInnen einer Großstadt, die in den »gelben Seiten« unter der Rubrik »Homöopathie« eingetragen waren, eine telefonische Umfrage durchgeführt. Danach gab es keine/n, der/die seine/ihre Praxisverwaltung gänzlich ohne Computer abwickelte. Rund die Hälfte benutzte darüber hinaus ein spezielles Homöopathie-Programm.

7 So seien Arzneimittelprüfungen heute nicht mehr vergleichbar mit der Qualität der alten Arzneimittelprüfungen. Samuel Hahnemann, ein Muster wissenschaftlicher Gründlichkeit, verifizierte seine Prüfungsergebnisse über Jahre hinweg, bevor er sie publizierte. Heute dagegen träten HomöopathInnen postwendend mit ihren Ergebnissen an die Fachöffentlichkeit. Doris Janshen bezeichnet einen solchen Sachverhalt sehr treffend als »Kurzatmigkeit der Forschung« (mündliche Mitteilung).

8 Wie ich in meinen teilnehmenden Beobachtungen feststellen konnte, ziehen lernfreundliche Lehrmethoden und außergewöhnliche Fälle nicht nur mehr Aufmerksamkeit auf sich, sie sind auch didaktisch besser geeignet, den SchülerInnen das äußerst schwierige Vorgehen der Mittelfindung über Techniken der Repertorisation nahezubringen.

9 Im Gegensatz zu solchen Ausbildungen aus einem Guß mußten angehende HomöopathInnen bis vor zehn Jahren noch Homöopathie-MeisterInnen hinterherreisen, vereinzelte Seminare besuchen oder sich das homöopathische Wissen autodidaktisch aneignen. Daß heute nur geschätzte zehn Prozent der AbsolventInnen der renommiertesten Homöopathieschule Deutschlands nach ihrer Ausbildung mit ihrem homöopathischen Wissen wirtschaftlich auch auf eigenen Füßen stehen

können, ist die andere Seite. Daraus mag man den Schluß eines »convenient knowledge« oder einer »Homöopathie-light« ziehen. Ebenso kann man darin auch den ganz normalen Prozeß erfolgreicher Professionalisierung einer ehemaligen Aussenseitermedizin sehen.

10 So strebt ein Teil der befragten Homöopathie-LehrerInnen vorrangig danach, Interesse zu vermitteln: »Begeisterung und Spaß« (H2, H9), »die Liebe zur Homöopathie« (H10). Im Gegensatz beschreibt ein anderer Teil mit Formulierungen wie »die Doktrin, die Lehre« (H3), »das gründliche homöopathische Denken und Arbeiten« (H7) oder auch: »die reine Lehre Hahnemanns« (H5, H8), was Schüler in erster Linie beherrschen sollen. Wissen erster *oder* zweiter Ordnung, so sieht dann die Alternative aus, die sich auch in erbitterten Richtungskämpfen niederschlägt.

Literatur

Appell, Rainer G. (1996), 200 Jahre Homöopathie. Der historische Hintergrund, in: Allgemeine Homöopathie-Zeitschrift 1: 3-10.

Bijker, Wiebe E. (1995), Sociohistorical Technolgy Studies, in: Sheila Jasanoff et al. (Hrsg.): Handbook of Science and Technology Studies. London: 229-256.

Bühl, Walter L. (1984), Die Ordnung des Wissens. Berlin.

Bühl, Walter L. (1995), Wissenschaft und Technologie. An der Schwelle zur Informationsgesellschaft. Göttingen.

Degele, Nina (1998), Alternativmedizin in der Offensive. Die Homöopathie zwischen Anpassung und Ausstieg, in: Sociologia Internationalis 36: 189-217.

Degele, Nina (1999), Informiertes Wissen. Eine Wissenssoziologie der computerisierten Gesellschaft. Frankfurt/M. (in Vorb.).

Dinges, Martin (1996), Von den persönlichen Netzwerken der Gründergeneration zum weltweiten Boom einer Therapie in der Postmoderne, in: Martin Dinges (Hrsg.): Weltgeschichte der Homöopathie: Länder, Schulen, Heilkundige. München: 382-425.

Faulkner, Wendy (1995), Conceptualizing Knowledge Used in Innovation: A Second Look at the Science-Technology Distinction and Industrial Innovation, in: Science, Technology, & Human Values 19: 425-458.

Gawlik, Willibald (1996), Die homöopathische Anamnese. Stuttgart.

Gebhardt, Karl-Heinz (1995), Homöopathie, in: Joachim Grifka (Hrsg.): Naturheilverfahren. Bewährte Methoden, anerkannte Therapien. München: 293-320.

Goleman, Daniel (1997), Emotionale Intelligenz. München.

Hahnemann, Samuel (1992), Organon der Heilkunst. Textkritische Ausgabe der 6. Aufl. Heidelberg.

Halfmann, Jost (1995), Kausale Simplifikation. Grundlagenprobleme der Techniksoziologie, in: Jost Halfmann u.a. (Hrsg.): Technik und Gesellschaft, Jahrbuch 8: Theoriebausteine der Techniksoziologie. Frankfurt/M.: 211-226.

Hopf, Wolfgang H./Hans Binder (1992), Homöopathie – eine Irrlehre? in: Hans Binder (Hrsg.): Macht und Ohnmacht des Aberglaubens. Magie – Wissenschaft – Pseudowissenschaft. Pähl: 41-63.

Jütte, Robert (1996), Geschichte der Alternativen Medizin. Von der Volksmedizin zu den unkonventionellen Therapien von heute. München.

Kämmerer, Andreas (1992), Homöopathie – eine alternative Heilmethode? in: Hans Binder (Hrsg.): Macht und Ohnmacht des Aberglaubens. Magie – Wissenschaft – Pseudowissenschaft. Pähl: 64-83.

Klunker, Will (1997), Repertorisieren. 100 Jahre Kents »Repertory« (Teil 1), in: Zeitschrift für Klassische Homöopathie 41: 47-68; (Teil 2) 91-95.

Latour, Bruno (1991), Technology is society made durable, in: John Law (Hrsg.): A Sociology of Monsters: Essays on Power, Technology and Domination. London/New York: 103-131.

Luhmann, Niklas (1985) (Hrsg.), Soziale Differenzierung. Zur Geschichte einer Idee. Opladen.

Luhmann, Niklas (1997), Die Gesellschaft der Gesellschaft. Frankfurt/M.

Mayntz, Renate (1988), Funktionelle Teilsysteme in der Theorie sozialer Differenzierung, in: Renate Mayntz/Bernd Bosewitz/Uwe Schimank/Rudolf Stichweh (Hrsg.): Differenzierung und Verselbständigung. Zur Entwicklung gesellschaftlicher Teilsysteme. Frankfurt/M.: 11-44.

O.V. (1992), Homöopathie – potenziert auf Mikrochips, in: Homöopathie-Zeitschrift 1/92: 40-46.

Oepen, Irmgard (1995), Das Problem der unkonventionellen Methoden – dargestellt am Beispiel der »besonderen Therapierichtungen«, in: Zeitschrift für Gesundheitswissenschaften 3: 111-130.

Rammert, Werner (1993), Technik aus soziologischer Perspektive. Opladen.

Ruhleder, Karen (1995), Computerization and changes to infrastructures for knowledge work, in: The information society 11: 131-144.

Scheler, Max (1960), Die Wissensformen und die Gesellschaft. Bern/München. 2. Aufl.

Schimank, Uwe (1996), Theorien gesellschaftlicher Differenzierung. Opladen.

Schüppel, Reinhart/Thomas Schlich (1996), Gibt es einen Aufschwung für die Homöopathie? Von der Schwierigkeit, die Verbreitung der Homöopathie unter Ärzten festzustellen, in: Martin Dinges (Hrsg.): Patienten, Heilkundige und Institutionen in der Homöopathie. Von den Änfängen bis heute. Heidelberg.

Schuster, Bernd (1997), Spaltung, Trennung, Einsamkeit. Zeitgeist und homöopathische Arzneimittelprüfung: Wie »modern« muß ein Mittel sein? in: Homöopathie-Zeitung 2/97: 23-30.

Spinner, Helmut F. (1998), Die Architektur der Informationsgesellschaft. Bodenheim.

Stehr, Nico (1994), Arbeit, Eigentum und Wissen. Zur Theorie von Wissensgesellschaften. Frankfurt/M.

Twenhöfel, Ralf (1996), Zur Soziologie des Konfliktes zwischen Homöopathie und Schulmedizin, in: Sigrid Heinze (Hrsg.): Homöopathie 1796-1996: eine Heilkunde und ihre Geschichte; Katalog zur Ausstellung des Deutschen Hygiene-Museums Dresden: 141-148.

Vithoulkas, Georgos (1993), Die wissenschaftliche Homöopathie. Theorie und Praxis naturgesetzliches Heilens. Göttingen. 5. Aufl., orig. 1986.

Universitätsentwicklung durch Verhandlungen.

Können Universitäten so lernen?[1]

Michael Huber

Das Thema der Plenarsitzung, *Bildungsinstitution und Informationsexplosion,* soll in diesem Beitrag aus einer *organisationssoziologischen Perspektive* beleuchtet werden. Ich gehe von der Frage aus, ob die Universität die wissenschaftliche Entwicklung heute noch auf effiziente Weise fördern kann, oder ob man – angesichts neuer *Herausforderungen* wie z.B. der Informationsexplosion – mit ihrem grundlegenden Strukturwandel rechnen muß.

Um neuen Herausforderungen gewachsen zu sein, wird die Universität laufend reformiert. Rudolf Stichweh (1994b: 252f) zeigt, daß *Reform* seit dem Beginn des 19. Jahrhunderts eine entscheidende Figur der Selbst- und Fremdbeschreibung der Universität ist. Die Unabschließbarkeit wissenschaftlicher Arbeit führt, wie es auch an anderen *Bildungsprozessen*, z.B. in totalen Institutionen, gezeigt wird, zur laufenden, weil unabschließbaren Reform der Organisation (z.B. Foucault 1979; Goffman 1973). Allerdings fehlen für die historisch erfolgreiche Reformstrategie einer segmentären Ausweitung der Universitäten jetzt die materiellen Mittel. Überdies wird auch zunehmend Zweifel an der Möglichkeit angemeldet, die zweihundertjährige Erfolgsgeschichte der Humboldtschen *Idee der Universität* (vgl. Humboldt 1964) bruchlos fortzuschreiben. So müssen wohl *neue organisationelle Selektions- und Stabilisierungsmechanismen* entwickelt werden. Andernfalls wird erwartet, daß sich der Wissenschaftsbetrieb in Lehre und Forschung differenziert, d.h. die Lehre an der Universität verbleibt, während die Forschung in andere Organisationen ausgelagert wird (Luhmann 1990: 678f). Praktische, aber auch theoretische Schwierigkeiten gehen damit einher. So meinen Karl Jaspers (1961), Helmut Schelsky (1963), Jürgen Habermas (1987) und Jürgen Mittelstraß (1994), daß es für die Wissenschaft von Vorteil wäre – trotz der Reformnotwendigkeit –, die historische Gestalt der Universität zu bewahren. Dabei geht es ihnen aber nicht um eine nostalgische Betrachtung der Universität, sondern um die Frage, ob sich ihre funktionale Differenzierung nicht dysfunktional auf die Wissenschaftsentwicklung auswirken könnte. Reform ist folglich zur Erhaltung der Universitäten erforderlich, man muß sich aber fragen, wie viel Reform erstrebenswert ist? Modernisiert sich die Universität nämlich zu sehr, verliert sie ihre Identität als Stätte *wissenschaftlicher* Ausbildung, verbleibt sie der Tradition zu sehr verhaftet, verschließt sie sich *neuen* Entwicklungspotentialen. Diese grundlegende Ambivalenz beschreibt Jürgen Mittelstraß (1994: 28) als ein Verhältnis *zeitgemäßer Reform* und *universitärer Unzeitgemäßheit.* Aber »das rechte Maß« dieses Verhältnisses konnte bisher nicht angegeben werden, auch da alle Reformstrategien – Rudolf Stichweh (1994b: 252f) unterscheidet staatliche Interventionen, Selbstorganisation und Verhandlungsprozesse – darauf abstellen, die organisationellen Prozesse zu *rationalisieren.* Um aber mit der Ambivalenz erfolgreich umzugehen – so meine zentrale These –, geht es darum, *genuin neue Lösungsansätze* zu entwickeln.

1. Organisationslernen

Um nun der Problemstellung nachzugehen, wie neue Problemlösungen für die Universitätsreform entfaltet werden, scheint es angeraten zu sein, sich dem Konzept des *Organisationslernens* zuzuwenden, das sich hauptsächlich auf die Erweiterung der kognitiver Fähigkeiten in Organisationen bezieht, aber auch das Wie des organisationellen Wandels thematisiert. Dabei tritt dann die Frage in den Vordergrund, wie aus einer Kombination bekannter Elemente etwas genuin Neues entstehen kann. Max Miller beschreibt das damit verbundene Grundproblem mit dem *Menon-Paradox*: »Wenn man etwas bereits weiß, so kann man es nicht mehr erlernen, denn man weiß es ja bereits. Wenn man es jedoch noch nicht weiß, dann kann man es auch nicht erlernen, denn wie soll man wissen, wonach zu suchen ist.« (Miller 1986: 222).

Die organisationstheoretische Literatur setzt zur Lösung dieses Paradoxes auf Rationalitätssteigerung, durch deren Erfolg, so meint sie, Neues notwendig entsteht. Hölderlins »*Wo aber Gefahr ist, wächst / Das Rettende auch*« (nach Heidegger 1982: 28) faßt diese Auffassung zusammen. Dabei weiß man seit Max Webers (1972) Analyse der modernen Bürokratie – und es wurde von der Organisationssoziologie immer wieder belegt (z.B. Luhmann 1971; Merton 1971; Scott 1986) –, daß bürokratische Organisationen selten nur Gefahren rechtzeitig erkennen und folglich auch kaum ausreichend Rettung bereitstellen können. Oder aber Lernprozesse werden Individuen zugeschrieben. Seit

Sokrates wird Lernen damit beschrieben, daß Erfahrungen im Individuum heranreifen Damit bleibt allerdings offen, wie das Individuum neue, sein gegenwärtiges Wissen systematisch überschreitende, lernrelevante Erfahrungen machen kann (vgl. Miller 1986: 18)? Max Miller hat als Lösung dieser Frage *kollektive Lernprozesse*, also Lernprozesse auf der Ebene von Interaktionssystemen, in *Diskursen* verortet und die *rationale Argumentation* als jenen Mechanismus ausgemacht, durch den Neues entsteht (Miller 1986: 75-91, 224-246). Daß solche diskursiven Prozesse auch für das Lernen von Organisationen eine wichtige Rolle spielen, meinen, neben Michel Crozier und Erhard Friedberg (1993: 246), Autoren wie z.B. Ortwin Renn (1996), Donald Schön und Martin Rein (1994) oder Paul Sabatier (1993); alleine sie sagen wenig über entsprechende organisationellen Lern*bedingungen* und *-mechanismen*. Will man nun an Millers Lernmodell anknüpfen, rücken Fragen nach *organisationsspezifischen Mechanismen* und *Verfahren* in den Vordergrund. Zwei werden hier näher behandelt: (1) Existieren außer rationalen Argumentationen auch andere, organisationsspezifische Mechanismen und Verfahren, durch die genuin Neues hergestellt werden kann? Und: (2) Welche strukturelle Voraussetzungen muß die Organisation dabei erfüllen?

1.1. Strukturbedingungen

Beginnen wir mit den strukturellen Voraussetzungen. Organisationsstrukturen lassen sich mit drei Entscheidungsprämissen: *Personen, Kommunikationswege* und *Programme* beschreiben (Luhmann 1988: 176ff). Welche Merkmale müssen diese Prämissen ausbilden, um das Lernen der Organisation zu fördern? Eine weitverbreitete These besagt, daß nur jene Organisationen lernen, die *flexibel* sind. Will man Organisationen flexibel gestalten, so »weiß (man) inzwischen, worauf das Experiment hinausläuft, nämlich *auf die Wiedereinführung genau jener Ungewißheit in die Organisation, auf deren Absorption die Funktionsfähigkeit der Organisation bisher angewiesen war.* « (Baecker 1993: 15, meine Hervorhebung, M.H.). Man stärkt also die *Fehlerfreundlichkeit* der Organisation, weil man glaubt, daß je mehr Fehler man macht, desto eher kann man lernen (vgl. Peters 1991; auf individuelle Lernprozesse bezogen: Bateson 1985: 370). Die Organisation, die dies am ehesten leisten kann, zeichnet sich durch *lose Kopplung* (vgl. Weick 1976) aus, denn »(D)as bietet den Vorteil, daß in allen diesen Bereichen Experimente unterschiedlicher Art parallel geführt werden können, ohne daß Mißerfolge auf dem einen Feld Erfolge auf einem anderen gefährden« (Baecker 1993: 16).

Lose Kopplung ist für sich genommen jedoch keine Lösung, auch wenn dies in der Literatur so suggeriert wird, denn der Vorteil der Fehlerfreundlichkeit beeinträchtigt die organisationelle Entwicklung, da man erfolgreiche Experimente so nicht auch für andere Abteilungen nutzen kann. Die Lösung scheint also vielmehr in der Fähigkeit der Organisation zu liegen, zwischen Kopplungstypen zu *wechseln*, also z.B. Kommunikationswege auszubilden, die *sowohl* lose, *als auch* eng gekoppelte Entscheidungsprozesse ermöglichen. Analoge Überlegungen gelten für Personen bzw. Programme. Allerdings spricht man dann statt von loser Kopplung von *Professionalisierung* bzw. *Zweckprogrammen*, die im Wechsel bzw. in Kombination mit *Beamten* bzw. *Konditionalprogrammen* Erfolg versprechen. Will eine Organisation über ihren Erfolg mit-entscheiden, muß sie sich also weder besonders flexibel noch beharrlich zeigen, sondern fähig sein, zwischen partizipativen und hierarchischen oder zwischen flexiblen und regelgeleiteten Strukturmerkmalen zu wechseln.

1.2. Entscheidungsprozesse

Der Wechsel zwischen den Entscheidungsmodi, der Lernprozesse anstoßen kann, kann nicht routinehaft stattfinden, sondern – so wird hier vorgeschlagen – nur in Situationen, in denen Kooperation grundsätzlich vorteilhaft wäre, die Bedingungen der Kooperation jedoch noch nicht institutionell festgeschrieben sind. In Anlehnung an Fritz Scharpf (1993a, 1993b) nenne ich die Prozesse, die die institutionellen Bedingungen von Kooperation in Organisationen herstellen können, *Verhandlungen.* Ihre wichtigsten Merkmale seien kurz vorgestellt.

Bei Verhandlungen lassen sich zwei Ebenen unterscheiden: Auf einer ersten Ebene dominiert strategisches Handeln, auf einer zweiten Ebene werden durch »verständigungsorientiertes Handeln« (vgl. Habermas 1981) jene Rahmenbedingungen für den Umgang mit den charakteristischerweise nicht-institutionalisierten Situationen festgelegt, die strategisches Handeln erst ermöglichen. Diese Gegenüberstellung, soviel sei nur angemerkt, charakterisiert auch den Neo-Institutionalismus in der Organisationstheorie, der zwischen technisierten, effizienzorientierten und institutionalisierten, wertorientierten Handlungskontexten unterscheidet (Walgenbach 1995: 276ff). Gerade von dieser zweiten, institutionalisierten Ebene erwartet man Anstöße für Innovationen, Anstöße zum Lernen der Organisation. Da genügt es aber nicht, Verfahrensregeln zu explizieren, sondern es muß ein interpretativer Überschuß generiert werden, der oft als *Vertrauen* (neben Scharpf z.B. Coleman 1995: 225-253;

Luhmann 1989), in der organisationssoziologischen Literatur als *organizational slack* (March 1990) beschrieben wird. Der Überschuß macht es dann möglich, daß Verhandlungsprozesse sich – insbesondere auf der zweiten Ebene – mit sich selbst beschäftigen. Ein solcher auf sich selbst bezogener Prozeß setzt von den Teilnehmern voraus, daß sie wissen, (1) worin ihre Differenzen in der Problemdefinition bestehen, d.h. in der Fähigkeit zur Perspektivenübernahme, (2) welche Teilprobleme behandelt werden und (3) daß sie ein gemeinsames Ziel verfolgen (vgl. Miller 1992; Willke 1998; Rayner 1991).

2. Universitäre Lernprozesse

Zwei Probleme können den Erfolg von Verhandlungen nachhaltig gefährden. Die erste Schwierigkeit, auf das Scharpf hinweist, ist das *Problem der großen Zahl.* Es besagt: Je mehr Akteure an einer Verhandlung teilnehmen, desto schwieriger wird es, die auseinanderstrebenden Interessen zu einen (Scharpf 1993a: 140f). Im Grunde steht man dem Problem gegenüber, welcher Entscheidungsmodus in welcher Situation als »angemessen« eingeschätzt werden kann. Um Flexibilität zu steigern, sollten ja *beide* idealtypischen Entscheidungsmodi – lose und enge Kopplung der Kommunikationswege – nach Bedarf angewendet werden können. Daraus leitet sich die Frage ab, ob eine solche Mehrfachnutzung universitärer Entscheidungsstrukturen überhaupt möglich ist, wobei ich mich im Rahmen dieses Beitrags auf Kommunikationsstrukturen beschränke. Die daran anschließende Frage, wie der schon angedeutete *Bedarf* ausgemacht werden kann, wird mit dem zweiten Problem von Verhandlungen, dem sogenannten *Verhandlungsdilemma,* thematisiert: Hier soll der gemeinsame Nutzen aller Akteure optimiert werden und dabei muß die Verteilung von Kosten und Nutzen für die einzelnen Akteursgruppen – deren Verhalten in neuen Situationen durch besondere Unsicherheit geprägt ist – einsichtig und *eine für alle akzeptable Lösung* ausgehandelt werden (Scharpf 1993a: 138). Das Verhandlungsdilemma betont neben der Erreichbarkeit von Alternativen die Transparenz und Wirksamkeit der Prozedur, durch die eine gemeinsame Lösung gefunden werden soll. Wir können davon ausgehen, daß der Bedarf nicht durch a priori festgelegte Kriterien bestimmt, sondern im Verhandlungsprozeß zum Gegenstand der Auseinandersetzung gemacht wird.

Folgende These wird daher im empirischen Teil überprüft: Die Darstellung universitärer Entscheidungsprozesse (Luhmann 1992a, 1992b) legt es nahe, daß das Problem der großen Zahl am ehesten den Reformprozeß behindern wird, wogegen angenommen werden kann, daß die Universität das Verhandlungsdilemma eher überbrückt, da Kosten und Nutzen von Maßnahmen berechenbar sind und wegen der relativ einfachen Problemstellungen »unter vernünftigen Leuten« akzeptable Lösungen erzielt werden können.

2.1. Strukturbedingungen

Betrachten wir zuerst das Problem der großen Zahl. Prinzipiell können ja *alle* Universitätsmitglieder über die Regeln mitbestimmen, die die Verwaltung von Lehre, Forschung und Selbstverwaltung betreffen. Um aber herauszufiltern, *wer wirklich entscheidet*, wurden hier alle Mitglieder des Fachbereiches (FB) 05 (Philosophie und Sozialwissenschaften) der Universität Hamburg erfaßt – aus Gründen der Übersichtlichkeit jedoch nicht die Gruppe der Studierenden – und ein formales Netzwerk erstellt[2], dessen Ausprägungen für den Winter 1995 in Abbildung 1 zusammengefaßt sind. Durch das Netzwerk wird es möglich, jene Personen zu identifizieren, die häufig an wichtigen Entscheidungen teilnehmen. Am FB 05 schält sich eine *Kerngruppe von neun Entscheidern* heraus [1, 3, 9, 12. 13, 24, 26, 30, 39], von denen sieben Mitglieder gleichzeitig auf anderen Organisationsebenen in ausgezeichneten Positionen verankert sind [1, 3, 12, 13, 24, 30, 39], d.h. sie nehmen hinsichtlich anderer Organisationsebenen eine *gatekeeper*- Funktion ein, die ihnen eine *Machtposition* zuweist (Rogers/Agarwala-Rogers 1976: 133f; Crozier/Friedberg 1993: 94-103).[3] Diese Kerngruppe wurde zur Zeit der Datenerhebung von den Fachbereichsmitgliedern nicht wahrgenommen, seither findet jedoch ein *Prozeß ihrer Institutionalisierung* in Form regelmäßiger, jedoch nicht durch demokratische Verfahren legitimierter Treffen statt, in denen die wichtigsten Entscheidungen vorbereitet bzw. vorab getroffen werden. Die Kerngruppe entstand aus organisationellen Erfordernissen, konnte bisher aber nicht zum Thema der Selbstverwaltung gemacht werden.

Festzustellen, daß sich eine solche Kerngruppe herausgebildet hat, schwächt vorerst meine Hypothese, daß die große Zahl der Teilnehmer Entscheidungen erschwert. Es kann angenommen werden, daß so die Prozesse der universitären Mitbestimmung effizienter, allerdings auch weniger legitim werden. Da diese hierarchische Entscheidungsstruktur aber immer noch in der eher partizipativ angelegten Struktur der Selbstverwaltung eingebettet ist, gibt meine Analyse Anlaß zur Annahme, daß sie zunehmend *inszeniert* wird, daß nämlich Verfahren beibehalten werden, die die Organisationsmitglieder zwar aktivieren, ihnen jedoch keine reale Entscheidung lassen. Der Verweis auf die Inszenierung der Entscheidungen deutet wiederum darauf, daß die Organisation grundsätzlich *zwischen zwei Entscheidungsmodi wechseln kann.* Das wird in besonderer Weise deutlich, wenn schon einmal getroffene Entscheidungen der Kerngruppe in Gremien aufgenommen und – entgegen aller Erwartungen – revidiert werden. Wenn partizipative und hierarchische Entscheidungsprozesse sich aber nicht ausschließen, muß man fragen, ob ein Wechsel zwischen ihnen kontrolliert stattfindet oder durch Zufälle und Unübersichtlichkeiten geprägt ist. Ich rekonstruiere daher im folgenden Abschnitt einen Teilprozeß der Haushaltsglobalisierung an der Universität Hamburg, um zu sehen, ob und wie sich die Teilnehmer der universitären Selbstverwaltung Rechenschaft über Entscheidungsverfahren geben.

Abbildung 1: Das Entscheidungsnetzwerk des FB 05

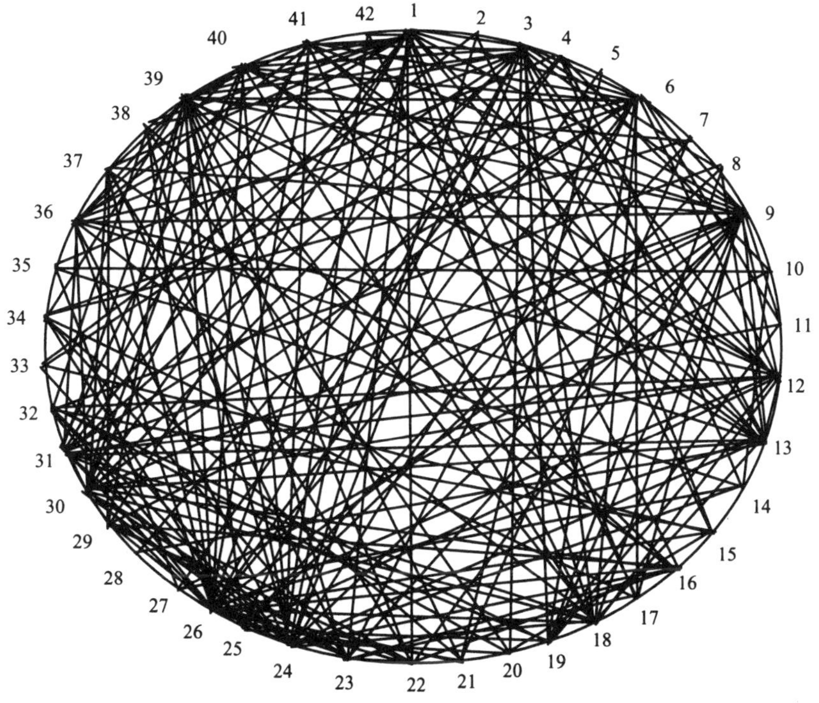

2.2. Entscheidungsprozesse

Um einen Teil seiner zunehmend knapperen Sachmittel so zu verteilen, daß Leistung motiviert wird, hat der Fachbereich für Philosophie und Sozialwissenschaften (FB 05) der Universität Hamburg das Konzept einer *Leistungsorientierten Mittelverteilung* (LMV) entwickelt. Er geht dabei von schon erbrachten Leistungen aus, und erwartet von deren Belohnung, daß die zukünftige Leistungsbereitschaft aufrechterhalten bzw. angeregt wird. Dann muß man sich nur noch darüber einigen, (1) was leistungsrelevante Fakten sind und (2) wie das organisationelle Ziel eines *Leistungsprofils* erreicht werden kann, durch das festgelegt wird, welche der potentiellen Leistungen einer Universität aufgrund der zunehmenden Knappheit wirklich angeboten werden können. Ein solches Leistungsprofil kann entweder durch *politische Entscheidungen* bestimmt werden – wie z.B. im Saarland, an dessen Universität sozialwissenschaftliche und Umweltinstitute geschlossen wurden – oder durch das *unkontrollierte Spiel befreiter Kräfte* – wie in Hamburg. Der FB 05 sollte für dieses Spiel die Rahmenbedingungen schaffen. Die LMV sieht – ebenso wie dieser Beitrag – davon ab, strukturelle Merkmale der Universität zu berücksichtigen, die zwischen den Instituten bzw. den Gruppen der Universität (Professoren, Mittelbau, Studenten, Verwaltungspersonal) Ungleichheit herstellen. Wir nehmen allerdings an, daß diese strukturellen Merkmale den Entscheidungsprozeß für ein Leistungsprofil erschweren (vgl. auch Huber 1998: 130f).

Im Konzept der LMV wird Leistung nach Kennzahlen der universitären »Produktion« bemessen. Es werden *überdurchschnittliche Arbeitsanforderungen* in Lehre und bei Abschlüssen, schon *eingeworbene Drittmittel* und *akzeptierte Publikationen* als Indikatoren für Forschung, *mehr Arbeitsplatzgerechtigkeit* in Form der Frauenförderung und die quantitative Zunahme der *Nachwuchswissenschaftler* belohnt. Jeder der Bereiche ist – soweit es die Mittel betrifft – gleich viel wert. Ein Grundwert von zu erbringenden Leistungen in den jeweiligen Bereichen wird – außer für die Lehre – nicht angegeben. Sanktionen für unterdurchschnittliche Leistungen sind in keinem Fall vorgesehen. Es fällt allerdings auf, daß zwei mögliche Leistungsbereiche aus dem Katalog ausgeklammert werden: Erstens, Wissenschaft, die keine zusätzlichen Kosten verursacht und, zweitens, *Selbstverwaltung*, von der man folglich annimmt, daß Wettbewerb nicht zu ihrer Verbesserung beitragen kann.

Betrachtet man die Leistungsbereiche, so gewinnt man den Eindruck, daß die LMV bestimmte *Karrierestrategien* legitimiert, die die Organisationsmitglieder jeweils als *Spezialisten* bestimmter Bereiche ausweisen. Dabei lassen sich drei, an der Universität gleichermaßen verankerte Gruppen identifizieren (vgl.

auch Bourdieu 1992): die Lehrer, die Forscher und jene Gruppe, deren Mitglieder ihre besondere Machtposition aus dem Umstand ziehen, daß sie Fraueninteressen artikulieren. Das Selbstverständnis der Universitätslehrer entspricht dieser Unterteilung weitgehend. Wettbewerb um die entsprechenden Mittel findet zwischen Spezialisten nur innerhalb ihrer Leistungsbereiche statt, einzig die »Frauen« können aufgrund der frauenspezifischen Aspekte in Lehre und Forschung mit anderen Gruppen in Wettbewerb treten und sich so *zusätzliche Mittel* und Einfluß sichern. Da aber jeder Leistungsbereich über eine festgeschriebene Summen verfügt und nur Überschuß verteilt wird, wird bei großer Nachfrage ein entsprechend geringerer Anreiz bereitgestellt, d.h. gerade wo Konkurrenz entstehen könnte, wird die Motivation durch starre Mittelzuweisung unterlaufen. Das Modell der LMV bevorzugt *Generalisten*, also jene Professoren, die in allen Bereichen Leistungen erbringen, von denen man aber nicht erwarten kann, daß sie überall auch überdurchschnittliche Leistungen erbringen. Sie können aufgrund ihrer breitgestreuten Interessen grundsätzlich nicht zu einer Profilbildung beitragen. Spezialisten und Generalisten unterscheiden sich deutlich von jenen Organisationsmitglieder, die wenig leisten (*Beamte*). Sie wollen nicht zu einer Profilbildung beitragen, sind aber im Unterschied zu Generalisten und Spezialisten Nutznießer eines fehlenden Leistungsprofils, da sie so ihr mangelndes Engagement leichter verschleiern können.

Fassen wir zusammen: Aus den individuellen Motivationslagen kann kaum ein Anstoß kommen, um Leistungsprofile zu entwickeln. Der Staus quo wird zementiert. Es könnten jedoch *organisationelle Verfahren* bereitgestellt werden, die diese unterschiedlichen (Karriere- und Interessens-)Lagen zu einer für die Organisation förderlichen Konstellation bündeln. Doch am FB 05 bilden sich *organisationelle Barrieren* gegen die Entwicklung eines Leistungsprofil aus. Aus den individuell erbrachten Leistungen können die entsprechenden Vorteile nämlich nur dann an die individuellen Leistungsträger fließen, wenn die jeweiligen organisationellen Einrichtungen es so beschließen, d.h. wenn sie über die Mittelverteilung nochmals »mit-bestimmen«. Der mögliche Wettbewerb innerhalb eines Leistungsbereichs bzw. zwischen Leistungsbereichen wird durch das *Machtverhältnis zwischen Spezialisten* – und hier wiederum: *Lehrer, Forscher* und *Frauen* –, *Generalisten* und *Beamten* in den Gremien der Mitbestimmung überlagert und kann so die erhoffte Anreize außer Kraft setzen, ja sogar in ihr Gegenteil verkehren. Die Wirksamkeit von Leistungsanreizen wird in den Verfahren der Regelerstellung *politisiert* (Crozier/Friedberg 1993). Als Folge wurde der erhoffte Wettbewerb zwischen den Universitätslehrern nicht hergestellt, vielmehr hat sich der FB 05 durch die LMV gegen Leistungsanreize immunisiert. Anzeichen dafür finden sich an verschiedenen Stellen des Entscheidungsprozesses, werden aber besonders deutlich, wenn Fehler auftreten oder die Ergebnisse der Reform von einigen Akteuren als ungerecht wahrgenommen werden. Dann ist es nicht länger eine Frage gerechter oder leistungssteigernder Regel, sondern ein Problem der Koalition der Gewinner gegen die der Verlierer. Das Problem wird also durch *Macht*, nicht länger durch Vertrauen oder Verhandlungen gelöst. Das Umschlagen des Verfahrens ist jedoch nicht durch organisationelle Bedingungen gesteuert, sondern durch Partikularinteressen bedingt. Und gerade jener Bereich universitärer Produktion wird aus der LMV ausgegrenzt, der als einziger den notwendigen Selbstbezug der Reform ermöglichte, nämlich die *universitäre Selbstverwaltung*. Die Verfahren der universitären Reform können nicht reflektiert werden, da diese Reflexion nicht als ihr genuiner Bestandteil begriffen wird.

3. Fazit

Wir sehen, daß die Universität in der Lage war, flexible Strukturen auszubilden, allerdings verhindert die Politisierung der Entscheidungsprozesse vernünftige Lösungen, folglich auch das Lernen der Universität. Der Grund für die Politisierung mag in der Schwierigkeit zu suchen sein, explizite Verhandlungen zwischen Spezialisten, Generalisten und Beamten überhaupt in Gang zu bringen, denn vielleicht gibt es ja keinen gemeinsamen Nutzen. Dann aber muß wohl eine politische, d.h. externe Entscheidung getroffen werden. Die Politisierung ist aber auch durch das Selbstverständnis der Universität begründet, das die *Einheit von Lehre und Forschung* postuliert, aber keinen Vorstellung über die Verwaltung bzw. Regulierung dieser Einheit anbietet. Sie schiebt diese Aufgabe vielmehr wie ein basisdemokratische Betrieb ihren Mitgliedern zu – unabhängig von deren Kenntnissen und Eignung.

Wird die Universität aus der politischen Kontrolle entlassen, erweisen sich jene basisdemokratischen Entscheidungsstrukturen als Hemmnis, denn sie erlauben immer nur eine *Dilettantenverwaltung* (vgl. Weber 1972: 128). Unter der Bedingung einer kameralistischen Verwaltung konnten die Dilettanten die Organisation verwirren, aber sie konnten sie nicht verändern. Zieht sich der Staat jedoch zurück, blockieren und isolieren die Dilettanten die Universität, anstatt Lern- und Veränderungsprozesse anzuschieben. Darauf muß die Universität reagieren, vermutlich indem sie – ähnlich wie in Unternehmen – ein *flexibles und professionales Management der Wissensproduktion* ausbildet, worunter aber keine rationalisierte Universitätsbürokratie gemeint sein kann. Die Universität sollte sich nach *Produktion* und *Management* differenzieren und so ihren Kern der wissenschaftlichen Ausbildung erhalten. So reagierte sie angemessen auf den Umstand, nicht länger fünftausend (wie 1810), sondern zwei Millionen Studierende, nicht länger vier Fakultäten (vgl. Kant 1995), sondern insgesamt viertausend Einzeldisziplinen (Mittelstraß 1994: 14) verwalten zu müssen. Und sie lernte sich selbst kennen und wäre so in die Lage versetzt, den neuen Herausforderungen auf die einzige produktive Weise zu begegnen: *Indem sie weiß, was zu wissen sich lohnt* (vgl. dazu ausführlich: Degele und Wingens, in diesem Band).

Anmerkungen

1 Für ihre konstruktive Kritik danke ich Prof. Dr. Max Miller und PD Dr. Tilmann Sutter. Horst Stricker, Planer des Fachbereichs 05 der Universität Hamburg, hat mit großer Geduld und Sachkenntnis meine Fragen zur Globalisierung des Universitätshaushaltes beantwortet, wofür ich ihm an dieser Stelle danke.

2 Von den rund 90 Mitgliedern des FBs nahmen nur 42 Personen an den Entscheidungsprozessen des FB-Rats teil. Um abzubilden, wie häufig Teilnehmer mit anderen Teilnehmern an Entscheidungen beteiligt sind, wurden die Mitglieder in den einzelnen Gremien des Fachbereiches in einer Matrix zusammengefaßt, die in der Zelle aij dann vermerkt, wie oft Mitglied i und Mitglied j in einer Entscheidungssituation aufeinandertreffen.

3 Die Berechnungen wurden mit dem Programm *Ucinet 4.0* durchgeführt.

Literatur

Baecker, D. (1993), Die Form des Unternehmens. Frankfurt/Main.

Bateson, G. (1985), Ökologie des Geistes. Frankfurt/Main.

Bourdieu, P. (1992), Homo academicus. Frankfurt/Main.

Coleman, J.S. (1995), Grundlagen der Sozialtheorie. München.

Crozier, M./Friedberg E. (1993), Die Zwänge kollektiven Handelns. Über Macht und Organisation. Frankfurt/Main.

Foucault, M. (1979), Überwachen und Strafen. Die Geburt des Gefängnisses. Frankfurt/Main.

Goffman, E. (1973), Asyle. Über die soziale Situation psychiatrischer Patienten und andere Insassen. Frankfurt/Main.

Habermas, J. (1987), Die Idee der Universität – Lernprozesse, in: J. Habermas: Eine Art Schadensabwicklung. Frankfurt/Main.

Heidegger, M. (1982), Die Technik und die Kehre. Pfullingen (5. Auflage).

Huber, M. (1998), Streit an den Fakultäten, in: H. Geißler/A. Lehnhoff/J. Petersen (Hrsg.): Organisationslernen im interdisziplinären Dialog. Weinheim.

Humboldt, von W. (1964), Über die innere und äußere Organisation der höheren wissenschaftlichen Anstalten in Berlin, in: W. von Humboldt: Schriften zur Politik und zum Bildungswesen. Werke in fünf Bänden: Band IV. Darmstadt.

Jaspers K./Rossmann, K. (1961), Die Idee der Universität. Heidelberg.

Kant, I. (1995), Der Streit der Facultäten. Köln.

Luhmann, N. (1971), Zweck – Herrschaft – System. Grundbegriffe und Prämissen Max Webers, in: R. Mayntz (Hrsg.): Bürokratische Organisation. Köln/Berlin.

Luhmann, N. (1988), Organisation, in: W. Küpper/G. Ortmann (Hrsg.): Mikropolitik. Rationalität, Macht und Spiele in Organisationen. Opladen.

Luhmann, N. (1989), Vertrauen. Ein Mechanismus der Reduktion sozialer Komplexität. Stuttgart (3. Auflage).

Luhmann, N. (1990), Die Wissenschaft der Gesellschaft. Frankfurt/Main.

Luhmann, N. (1992a), Status Quo als Argument, in: A. Kieserling (Hrsg.): Universität als Milieu. Bielefeld.

Luhmann, N. (1992b), Zwei Quellen der Bürokratisierung in Hochschulen, in: A. Kieserling (Hrsg.): Universität als Milieu. Bielefeld.

Luhmann, N. (1997a), Organisation und Entscheidung. Bielefeld (Vervielfältigtes Manuskript).

Luhmann, N. (1997b), Die Gesellschaft der Gesellschaft. Frankfurt/Main.

March, J. G. (1990), Anmerkungen zu organisatorischer Veränderung, in: J. G. March (Hrsg.): Entscheidung und Organisation. Kritische und konstruktive Beiträge, Entwicklungen und Perspektiven. Wiesbaden.

Merton, R.K. (1971), Bürokratische Struktur und Persönlichkeit, in: R. Mayntz (Hrsg.): Bürokratische Organisation. Köln/Berlin.

Miller, M. (1986), Kollektive Lernprozesse. Studien zur Grundlegung einer soziologischen Lerntheorie. Frankfurt/Main.

Miller, M. (1992), Rationaler Dissens. Zur gesellschaftlichen Funktion sozialer Konflikte, in: H.-J. Giegel (Hrsg.): Kommunikation und Konsens in modernen Gesellschaften. Frankfurt/Main.

Mittelstraß, J. (1994), Die unzeitgemäße Universität. Frankfurt/Main.

Peters, T. (1991), Thriving on Chaos. Handbook for an Management Revolution. New York.

Rayner, S. (1991), A cultural perspective on the structure and implementation of global environmental agreements, in: Evaluation Review 15 (1): 75-102.

Renn, O. (1996), Kooperative Diskurse zur Umsetzung einer nachhaltigen Entwicklung, in: K. Burmeister et al. (Hrsg.): Zukunftsfähige Gesellschaft. Demokratische Entscheidungen für eine dauerhaft tragfähige Gesellschaft. Bonn.

Rogers, E.M./Agarwala-Rogers, R. (1976), Communication in Organizations. New York.

Sabatier P. A. (1993), Policy change over a decade or more, in: P. A. Sabatier/ H.C. Jenkins Smith (Hrsg.): Policy Change and Learning. An Advocacy Coalition Approach. Boulder.

Scharpf, F. (1993a), Positive und negative Koordination in Verhandlungssystemen, in: A. Heritier (Hrsg.): Policy Analyse. Kritik und Neuorientierung. Opladen.

Scharpf, F.W. (1993b), Coordination in Hierarchies and Networks, in: F.W. Scharpf (Hrsg.): Games in Hierachies and Networks. Analytical and Empirical Approaches to the Study of Governance Institutions. Frankfurt/Main.

Schelsky. H. (1963), Einsamkeit und Freiheit. Reinbek bei Hamburg.

Schön D.A./Rein, M. (1994), Frame Reflection. Towards the resolution of intractable policy controversies. New York.

Scott, R. (1986), Grundlagen der Organisationstheorie. Frankfurt/Main.

Stichweh, R. (1994a), Differenzierung der Wissenschaft, in: R. Stichweh: Wissenschaft. Universität. Profession. Frankfurt/Main.

Stichweh, R. (1994b), Die Form der Universität, in: R. Stichweh: Wissenschaft. Universität. Profession. Frankfurt/Main.

Walgenbach, P. (1995), Institutionalistische Ansätze in der Organisationstheorie, in: A. Kieser (Hrsg.): Organisationstheorien. Stuttgart (2. Auflage).

Weber, M. (1972), Wirtschaft und Gesellschaft. Tübingen (5. Auflage).

Weick, K. E. (1976), Educational Organizations as Loosley Coupled Systems. in: Administrative Science Quaterly 21: 1-20.

Willke, H. (1995), Systemtheorie III: Steuerungstheorie. Stuttgart.

Willke, H. (1998), Systemisches Wissensmanagement. Stuttgart.

Bildung – Beruf – Beschäftigung.

Koordination, Innovationsdynamik und »Systemgrenzen«*

Lorenz Lassnigg

1. Vorbemerkung zur Wissensproduktion

Der vorliegende Beitrag geht davon aus, daß auf der einen Seite die Probleme der Koordination zwischen Bildung, Beruf und Beschäftigung in der Realität der gesellschaftlichen und politischen Entwicklung ein »heißes Feld« darstellen, in dem verschiedenste Aktivitäten gesetzt werden und nach Perspektiven und Lösungen gesucht wird. Da jedoch die Entwicklungsperspektiven alles andere als klar sind, wird auch Bedarf nach sozialwissenschaftlicher Expertise geäußert. Diesem Bedarf steht auf der anderen Seite nur wenig Angebot an Expertise gegenüber. In der Soziologie, und insbesondere in der deutschsprachigen Soziologie, ist der Bereich der Bildung und Ausbildung alles andere als ein »heißes« Feld (vgl. Weymann 1987, Vorwort). Nicht zuletzt kommt dies am nicht gerade großen Andrang zum bildungssoziologischen Plenum über »*Informationsexplosion und Bildungsinstitutionen*« und daran zum Ausdruck, daß sich fast alle Beiträge auf den Aspekt der »Informationsexplosion« und nicht direkt auf die »Bildungsinstitutionen« bezogen haben.[1]

Wenn man die soziologische Betrachtung im Luhmannschen Sinne als Reflexion über die »Selbstbeschreibungen« der Systeme sieht, hat sich in den letzten Jahren ein beträchtlicher Nachholbedarf aufgebaut, und es kann unterstrichen werden, daß » … die Soziologie noch gar nicht über das theoretische Rüstzeug (verfügt), um über die ›einheimischen Theorien‹ der Funktionssysteme (…) zu sprechen« (Luhmann 1993: 256). Neue Ideen wurden in den letzten Jahren eher im Bereich der politischen Diskurse und der angewandten Forschung entwickelt, als in den theoretischen Disziplinen. Dies unterstützt den Ansatz der Wissenschaftssoziologie, demzufolge neue Formen der Wissensproduktion außerhalb der traditionellen akademischen Forschung bedeutend an Gewicht gewonnen haben (vgl. Gibbons et al. 1994).

Vor allem die folgenden vorwiegend im Bereich der übernationalen Organisationen entwickelten, neuen bildungspolitischen Ansätze aus den letzten Jahren sind hervorzuheben (vgl. Europäische Kommission 1996; OECD 1996, 1998a; Lassnigg 1997):

- Forcierung des Zugangs zum Wissen anstelle des Zuganges zu Bildungsabschlüssen, Entwicklung und Verfügbarkeit der Wissensbasis als Grundlinie politischer Überlegungen;
- Konzentration auf Beschäftigungsfähigkeit und allgemeine Verfügung über berufliche Qualifikationen zur Überwindung der hergebrachten Antinomien zwischen allgemeiner und beruflicher Bildung, zwischen Theorie und Praxis, etc.;
- Generierung von neuen Systemelementen zur Bekämpfung der Selektivität der Bildungssysteme (gezielte Einrichtungen gegen die Ausgrenzung, lebensbegleitendes Lernen, Akkreditierungssysteme für Qualifikationen);
- Öffnung der traditionellen, bürokratischen Systeme und Entwicklung von neuen Formen der Vernetzung der organisatorischen Einheiten sowohl innerhalb des Bildungssystems, als auch zwischen Bildungs-, Beschäftigungs-, Sozialsystem, etc. (Stichworte: Devolution, Decentralization, Partnerships);
- Jüngst gibt es Ansätze zur Neudefinition der Hochschulbildung, die auf dem universellen Zugang zu den tertiären Einrichtungen und einer neuen Integration der Bildungssysteme aufbauen.

Diese Ansätze und Ideen sind insofern bahnbrechend, als sie die Interpretationen und Voraussagen der sozialwissenschaftlichen Theoretisierung, die in den meisten Punkten schlicht die Unmöglichkeit der Realisierung ableiten lassen, mehr oder weniger voluntaristisch »überschreiten«. Beispielsweise hat Luhmann (1987) aus seinen systemtheoretischen Überlegungen abgeleitet, daß das Selektionsproblem den Kern des Bildungssystem ausmacht und insofern nicht ein Problem sondern die Lösung darstellt.

Man kann sich nun also im Sinne des »bias for hope« von Albert Hirschman auf die Suche nach innovativen Möglichkeiten begeben, und das verfügbare theoretische Arsenal auf seine Stimmigkeit und auf die Vereinbarkeit mit den neuen Ideen überprüfen. Mögliche Schritte auf diesem Weg sollen im vorliegenden Beitrag gezeigt werden. Drei Richtungen werden anvisiert: (1) Überlegungen zu einer Rekonstruktion der bildungssoziologischen Betrachtungsweisen; (2) eine »meso-soziologische« Dekonstruktion des Feldes der Koordination zwischen Bildung und Beschäftigung; (3) eine Verknüpfung des Koordinationsproblems mit Theoremen der Innovationsforschung.

2. Bildungssoziologische Betrachtungsweisen: Begrenzungen und Erweiterungen

Die empirischen Beziehungen zwischen Bildung und Beschäftigung sind komplex, und die Beobachtungen sind von den Perspektiven, theoretischen Begriffen und Voreinstellungen des Betrachters abhängig. Obwohl sich im Zeitverlauf immer wieder bestimmte Deutungsmuster durchgesetzt haben, ist das Interpretationsspektrum bis heute sehr weit, und es hat sich kein befriedigendes und akzeptiertes theoretisches Paradigma für das sozialwissenschaftliche Verständnis der Beziehung von Bildung und Beschäftigung durchgesetzt.[2] Da die bisherigen Zugänge zwar manchmal weit ausholen wie beispielsweise die einflußreichen Thesen der »Bildungsinflation« und »Überqualifizierung«, aber dennoch im Hinblick auf ihre Stringenz zu kurz greifen, wird vorgeschlagen, die Problematik von einer neuen Perspektive her aufzurollen, die die verschiedenen Ebenen von Akteursbeziehungen zwischen den beteiligten gesellschaftlichen Teilbereichen oder »Subsystemen« näher ins Kalkül zieht.

Der hier entwickelte Zugang sollte bestimmte Grenzen der bildungssoziologischen Betrachtungsweise verdeutlichen und zur Diskussion stellen, und vielleicht einen Weg zu ihrer Erweiterung oder gar Überschreitung vorzeichnen. Die folgenden Begrenzungen der bildungssoziologischen Perspektive sind hervorzuheben:

- Obsession mit dem Aspekt der gesellschaftlichen Reproduktion, und Vernachlässigung des Aspektes der Innovation und Erneuerung;
- selektives Herangehen an die Vieldimensionalität von gesellschaftlicher Differenzierung und Strukturierung, Dominanz der Gesellschaftstheorie gegenüber Organisationstheorie, Interaktionstheorie (Hurrelmann 1978), Vernachlässigung des Zusammenspiels auf den verschiedenen Aggregationsniveaus (Mikroebene, Makroebene, neuerdings Mesoebene);[3]
- selektive Hervorhebung des Aspektes der sozialen Schichtung auf gesellschaftstheoretischer Ebene, statisches Bild der Sozialstruktur (Stichwort: »Fahrstuhleffekt«);
- unausgewogene Konzeptualisierung des Aufbaus und der Strukturierung des Bildungswesens; Vernachlässigung der Berufsbildung und Verschiebung in abgegrenzte gesonderte Diskurse,[4] die sehr spezialisiert und pragmatisch, ohne anspruchsvolleren theoretischen Hintergrund angelegt sind;
- begrenztes Verständnis von Beschäftigung und Arbeitsmarkt, die breiteren Diskussionen über die Zukunft der Arbeit, der Arbeitsgesellschaft, des Kapitalismus etc. (Rifkin 1995) haben wenig Rückbezug zum Bildungswesen gefunden (Kellermann 1987);

- verkürzte funktionale Interpretationen, Hypostasierung der Selektionsfunktion, »ökonomistische« funktionale Subsumption der Entwicklung des Bildungswesens unter andere Subsysteme, insbesondere die Ökonomie;[5]
- Vernachlässigung der Inhalte der Bildungsprozesse und somit des Zusammenhanges zum gesellschaftlichen Wissen und zur Wissensproduktion, Einschränkung des Hochschulwesens auf die Bildungs- und Ausbildungsfunktion ohne Anschluß an die Thematisierung des Doppelcharakters der Universitäten in der Wissenschaftsforschung (mit ihrer Hauptfunktion der Wissensproduktion und -verwaltung; vgl. Stichweh 1991; Parsons/Platt 1973);[6]
- verkürzte Betrachtung der Formen der Bildungsprozesse, Vernachlässigung der sozialwissenschaftlichen Bedeutung von Lernprozessen, Dualität zwischen den informellen Sozialisationsprozessen und den formellen Bildungsprozessen.[7]

Die angedeuteten Einschränkungen der bildungssoziologischen Perspektive wirken sich auf die Wahrnehmung und Konzeptualisierung des Koordinationsproblems aus. Wenn man davon ausgeht, daß auf dem Hintergrund schrumpfender Beschäftigungsmöglichkeiten die Hauptfunktion des Bildungswesens in der Zuordnung der Individuen zu feststehenden Statuspositionen ist, die im positionalen Wettbewerb chronisch knapp sind, und die Nebenbedingung gilt, daß die Lernprozesse zum Wissenserwerb bestenfalls eine sehr untergeordnete Bedeutung haben, und das Bildungswesen strukturell auf diese gesellschaftliche Funktion festgeschrieben ist etc. – wenn man also von diesen begrenzenden Voraussetzungen ausgeht, so ergibt sich das prägende Schreckensszenario zur Beziehung von Bildung und Beschäftigung, das Ulrich Beck unter dem Titel des »Geisterbahnhofs« gezeichnet hat (Beck 1986: 237ff.).

Wenn man jedoch die skizzierten Begrenzungen der Perspektive akzeptiert, so ergibt sich die Aufgabe einer Rekonstruktion des Feldes, die die angedeuteten Erweiterungen der Perspektive vornimmt, um mit neuen Voraussetzungen an die Betrachtung des Feldes zu gehen, und der Beckschen »Lawine von unbeantwortbaren Fragen« auszuweichen. Eine solche Rekonstruktion kann im vorliegenden Beitrag nicht geleistet werden, es wird aber als möglicher Ansatzpunkt zu dieser Rekonstruktion ein heuristischer Rahmen aufgebaut, der an der neuen institutionalistischen Organisationstheorie anknüpft (Meyer/Scott 1983; Powell/DiMaggio 1991; Thompson et al. 1991) und die Beziehungen auf einer sozialen Mesoebene von Organisationen und korporativen Akteuren analysiert.

3. Das Feld der Koordination zwischen Bildung und Beschäftigung

Als Beginn einer Annäherung an eine explizite Rekonstruktion des Feldes, in dem die Koordination zwischen Bildung und Beschäftigung abläuft, wird eigentlich zunächst eine »Dekonstruktion« vorgenommen: eine Analyse der involvierten Akteure und ihrer Handlungszusammenhänge. Dabei stehen nicht die beobachtbaren, empirischen Beziehungen im Vordergrund, sondern die Organisationsformen, in denen die Koordination stattfindet, und die möglichen Beziehungen, die das Koordinationssystem bilden können.

3.1. Die Akteure

Abb.1 verdeutlicht die verschiedenen Typen von Akteuren im Feld der Koordination. Es werden vier Säulen unterschieden (Bildungssystem und Beschäftigungssystem, jeweils differenziert nach Angebots- und Nachfrageseite) mit Akteuren auf den verschiedenen Aggregationsniveaus:

- die Mikroebene der Individuen (Eltern, SchülerInnen, Lehrpersonen, ArbeitnehmerInnen, Arbeitsuchende, ArbeitgeberInnen etc.);
- die Makroebene der nationalen Institutionen (Ministerien, Schulverwaltung, Gewerkschaften, Arbeitgeberverbände etc.), bzw. regionaler Institutionen mit mehr oder weniger Gewicht (Länder, Kommunen, regionale Verbände etc.);
- und dazwischen die Mesoebene der Organisationen (Schulen, Betriebe etc.);
- neben diesen skizzierten Akteurstypen des Koordinationssystems im engeren Sinne spielen auch übergreifende Akteure eine größere oder kleinere Rolle, insbesondere die Institutionen des politischen Systems (Gesetzgebung, Regierung, politische Parteien etc.) und die Arbeitsmarktinstitutionen, die die beiden Marktseiten zusammenbinden (Arbeitsmarktservice).

Wesentlich an der Konzeption ist, daß das Beziehungsgeflecht offen und dynamisch gesehen wird. In der Realität eines Koordinationssystems, das heute im wesentlichen noch national organisiert sein wird, sind diese Akteure bzw. Typen von Akteuren jeweils konkret analysierbar, und es gibt potentiell zwischen allen diesen Typen Interaktionen, die sich auf die Koordination beziehen.

Abbildung 1: Akteure im Koordinationssystem, schematisch

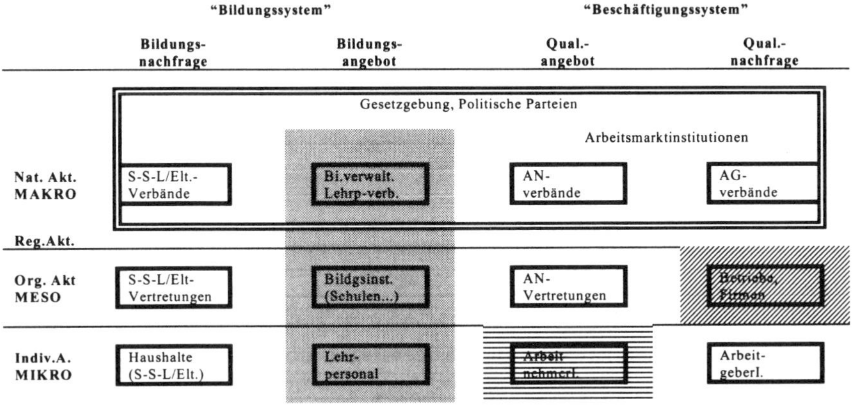

3.2. Die Koordinationsvorgänge

Die Koordinationsvorgänge sind Interaktionen und Beziehungen zwischen den Akteuren, die einen Abgleich zwischen den beiden Polen des Koordinationssystems, Bildungsnachfrage und Arbeitskräftenachfrage bewerkstelligen sollen. Diese Koordinationsvorgänge kann man schematisch nach einer quantitativen und einer qualitativ-strukturellen Dimension unterscheiden, so daß bestimmte Wirkungsketten entstehen, die vor allem von den beiden Eckpunkten ausgelöst werden:

- quantitativ geht es um Übergänge, oft in der Form von Selektions- oder Kapazitätsentscheidungen;
- qualitativ geht es vor allem um die Festlegung und Veränderung der Struktur und Profile von Ausbildungsgängen bzw. von Arbeitsplätzen, also um die »Schneidung« der Profile, wie es die Berufssoziologie ausgedrückt hat.

Hervorzuheben ist, daß die beiden Dimensionen einerseits unabhängig voneinander prozessiert werden, andererseits aber auch interagieren: Quantitative Verschiebungen können gravierende indirekte Auswirkungen auf die qualitative Struktur haben, ein Beispiel sind die Auswirkungen der gestiegenen Beteiligung im Hochschulwesen, die mit den Begriffen des Übergangs von den traditionellen Elitehochschulsystemen zu den modernen Massenhochschulsystemen und vielleicht weiter zu einem allgemeinen Hochschulsystem (»universal higher education«), beschrieben werden (OECD 1998a: 9; in Anlehnung an Martin Trow und Ulrich Teichler).

Dieses heuristische Schema ermöglicht die Analyse der realen Koordinationsvorgänge, es kann beispielsweise für internationale Vergleiche von Koordinationssystemen verwendet werden, die es bis heute bestenfalls ansatzweise gibt (als Schritt in diese Richtung vgl. OECD 1998b).

3.3. Koordinationsmodelle

Es ist leicht erkennbar, daß es in diesem Schema ein sehr vielfältiges Spektrum von Koordinationsvorgängen gibt, die in einem realen System kaum mehr überblickbar sind. Zur Reduktion dieser Komplexität kann man auf die Literatur über Mechanismen gesellschaftlicher Koordination im Rahmen der institutionalistischen Organisationstheorie zurückgreifen (vgl. insbesondere Thompson et al. 1991).

In diesem Rahmen werden vor allem drei Modelle unterschieden, die in Abb. 2 schematisiert sind:

1. *Hierarchie, Bürokratie, zentrale Planung* In diesem Modell erfolgt die Koordination über die bürokratische Integration der Säulen und eine zentrale Abstimmung auf der Makroebene.
2. *Markt.* In diesem Modell wird die Koordination durch individuelle Ausgleichs- und Rückkoppelungsprozesse in einem System von zwei interdependenten Märkten (Bildungsmarkt, Arbeitsmarkt) geregelt.
3. *Netzwerke.* Ein drittes Modell sind soziale Netzwerke, die »weder Markt noch Hierarchie« (Powell 1991) sind. Wesentliches Kennzeichen dieser Organisationsform sind direkte Verbindungen zwischen den Akteuren, die eine gewisse Dauerhaftigkeit haben und durch informelle Bindungen aufrechterhalten werden. Das Koordinationsmedium bildet, im Vergleich zu Geld und formaler Autorität, das aufgebaute *Vertrauen* der Angehörigen des Netzwerkes.

Die ersten beiden Mechanismen haben in der politischen Praxis wie auch in der Literatur über die Koordination von Bildung und Beschäftigung explizit eine Rolle gespielt, bzw. spielen sie noch: Der *Manpower*-Ansatz der Arbeitskräfteplanung entspricht dem bürokratischen Modell. In einem ersten Schritt wird der zukünftige Arbeitskräftebedarf prognostiziert, entsprechend wird das Bildungsangebot geplant, und die Bildungsnachfrage soll sich nach den Vorgaben richten, wobei mehr oder weniger große Spielräume gegeben sein können. Das wirtschaftswissenschaftliche *Humankapital*-Konzept des Ausgleichs über individuelle Transaktionen entspricht dem Marktmodell.

Abbildung 2: Koordinationsmechanismen, schematisch

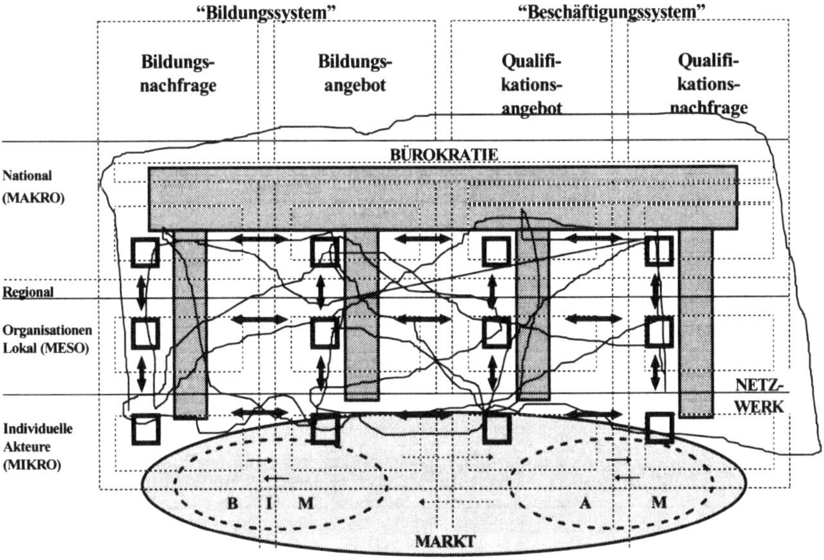

Nachdem sich das Konzept der Arbeitskräfte-Planung aus vielen Gründen als irreal und impraktikabel erwiesen hat, und auch viele Argumente das Marktmodell als ungeeignet für die Gesamtkoordination ansehen, liegt es nahe, das Potential des Netzwerkmodells auszuloten. Die Probleme der beiden traditionellen Koordinationsmechanismen Plan (Bürokratie) und Markt hängen wesentlich mit Erwartungen über die Zukunft und mit dem Umgang mit unsicherer Information zusammen, es sei nur auf die Stehsätze über *falsche Prognosen* sowie auf den berüchtigten *Schweinezyklus* verwiesen.

3.4. Koordination, Systemgrenzen und Netzwerkbeziehungen

Ein kursorischer Blick auf die institutionelle Ausgestaltung des Feldes in Österreich (Abb. 3) verdeutlicht, warum das Problem der Koordination von

Bildung und Beschäftigung praktisch und konzeptionell so schwierig zu fassen ist. In der Begrifflichkeit der Koordinationsmechanismen treffen an der Schnittstelle zwischen Bildung und Beschäftigung zwei unterschiedlich koordinierte Systeme zusammen, die jeweils ihre eigene komplexe Dynamik aufweisen: Bürokratie und Markt.[8]

Abbildung 3: Schema der Koordinationsbeziehungen in Österreich

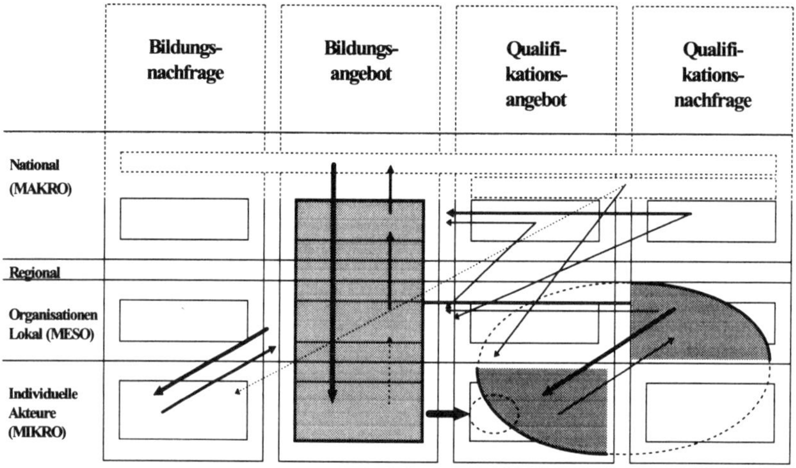

Die Lehrlingsausbildung, die vordergründig marktmäßig organisiert ist, bildet einen interessanten Fall, indem dieses System in den Ländern, wo es sich in nennenswerter Größe erhalten hat, durch ein dichtes Netz an Regelungen überformt ist, während es in Ländern, wo private Kontrakte ohne öffentlich-rechtliche Einbettung dominieren, fast verschwunden ist. Der Markt im Bereich des Beschäftigungssystems ist in weitere komplexe Mechanismen der Vergesellschaftung eingebettet, beispielsweise in politische Integrations- und Ausgleichsmechanismen der korporatistischen Interessenverbände, die auf das Bildungswesen zurückwirken.

Im Prinzip treffen an der Grenze zwischen Bildung Beschäftigung also Bürokratien mit Märkten zusammen,[9] und es geht somit auch um die Koordination von zwei verschiedenen Koordinationsmodellen. Der Diskurs über die Funktionsfähigkeit dieser beiden Modelle in der Plan-Markt-Dichotomie beruht im Prinzip darauf, daß implizit die Ausdehnung des jeweiligen Mechanismus auf das jeweils andere System unterstellt wird. Das Konzept der Netzwerke hat demgegenüber den Vorteil, daß es eine sehr große Vielfalt von flexiblen Koordinationsvorgängen zuläßt; andererseits zeigt es aber auch gerade aufgrund dieser Komplexität die Möglichkeit von Widersprüchen und Spannungen zwischen den Akteuren auf.

Im vorgestellten Schema der Koordinationsbeziehungen können vier unterschiedliche Typen von Interaktionsbeziehungen zwischen Akteuren identifiziert werden:

	Innerhalb Säule	Zwischen Säulen
Innerhalb Ebene	Typ 1 (z.B. zwischen nationalem Ministerium und nationaler Lehrervertretung)	Typ 3 (z. B. zwischen individuellen Eltern und individuellen LehrerInnen)
Zwischen Ebenen	Typ 2 (z.B. zwischen individuellen Akteuren und ihren Organisationen)	**Typ 4 (z.B. zwischen nationaler Arbeitgebervertretung und einer Schule)**

Die Existenz von Netzwerkbeziehungen der Typen 1 bis 3 ist in vielfacher Hinsicht wahrscheinlich, etwa die informellen Beziehungsnetze in bürokratischen Systemen oder die lokalen Beziehungsnetze zwischen den verschiedenen Akteurstypen. Für die Koordination zwischen Bildung und Beschäftigung sind aber jedenfalls Beziehungen über die »Systemgrenze« erforderlich, aufgrund der bereits erwähnten Interdependenzen vermutlich vor allem Beziehungen des Typs 4. Für Koordinationsvorgänge im Netzwerkmodus sollte es Verbindungen geben, die das Feld möglichst weit und in einer bestimmten Dichte umspannen. In dieser Komplexität und Vielfältigkeit scheint ein spezieller Aspekt im Koordinationssystem Bildung-Beschäftigung zu liegen, indem die bisherigen Analysen über derartige Felder bzw. über Netzwerke zwischen Organisationen meistens gleichartige Akteure (v.a. Firmen) umfassen, bzw. verschiedenartige Akteure nur auf einer Ebene (z.B. Politikfeldanalysen), jedenfalls aber nicht so viele so verschiedenartige Akteurstypen betreffen.

Viele der möglichen Beziehungen des Typs 4 sind offensichtlich sehr wenig wahrscheinlich. Es können vor allem zwei organisatorische Formen herangezogen werden, die das System möglicherweise universal umspannen:

– *Interessenausgleich im politischen System bzw. in korporatistischen Formen.* Beispielsweise sind die politischen Parteien vermutlich immer noch Organisationen, die die verschiedenen Aggregationsebenen und auch die Akteure der verschiedenen Säulen am weitesten umspannen; bis zu einem gewissen Grad können auch die Interessenvertretungen potentiell als Rahmen für umspannende Beziehungen gesehen werden (Streeck/Schmitter 1991; Archer 1979).

- *Berufe und Professionen.* Vor allem die (akademischen) Professionen zeichnen sich dadurch aus, daß sie einerseits die beiden Seiten der Berufsausübung (selbständig und unselbständig) wie auch die Ausbildung umspannen. Bis zu einem gewissen Grad gilt das auch für Berufsorganisationen, wobei in diesem Bereich jedoch oft eine stärkere Trennung von Arbeitgeber- und Arbeitnehmerseite besteht. Die soziologische Analyse von Berufssystemen hat beispielsweise die Kontrolle der Berufsgruppen über die Ausbildung als wichtigen Aspekt der beruflichen Interessenorganisation bezeichnet (Beck/Brater/Daheim 1980). Man kann auch davon ausgehen, daß unter statischen Bedingungen ein System beruflicher Organisationen, abgesehen von bestimmten Monopolisierungen und interessenbedingten Verknappungen, geeignet wäre, die dezentrale Koordination von Bildung und Beschäftigung in ihrem Bereich zu bewerkstelligen.

4. Informationsgesellschaft und Innovationsdynamik

Der Bogen zur Innovationsdynamik wird über das Forschungsparadigma des »Nationalen Innovationssystems« (Lundvall 1992; Nelson 1993) hergestellt, das durch ein ähnliches konzeptionelles Herangehen an die Analyse sozialer Prozesse und Strukturen gekennzeichnet ist und in gewisser Weise das forschungsstrategische »Vorbild« für die Analyse abgibt (vgl. zur Konzeptualisierung des Feldes auch Mayntz 1985).

Im Rahmen der Innovationsforschung wird der Innovationsdynamik zunehmend wichtigere Bedeutung für die Entwicklung der Beschäftigung zugeschrieben. Zur Relevanz der »Informationsexplosion« für die Koordination zwischen Bildung und Beschäftigung kann man zwei unterschiedliche Aspekte unterscheiden: (1) Informationsflüsse im Koordinationssystem und (2) die Rückwirkungen auf die Qualifizierung.

4.1. Information in den Koordinationsvorgängen

Die Informationsexplosion in den Koordinationsvorgängen betrifft die (quantitative) Information über Daten zu Beschäftigung und Arbeitsmarkt, über Veränderungen der Bildungsbeteiligung, über Kosten- und Einkommenseffekte etc. und die sich vervielfachenden (qualitativen) Kommunikationsvorgänge, Berichte, Einschätzungen, Pläne, Vorschläge, Rückkoppelungen, etc.

Mit diesem Entwicklungsstrang, der auch dem neuen Modus der Wissensproduktion (vgl. Gibbons et al. 1994) entspricht, ergibt sich eine erste potentielle Verbindung zum Netzwerkmodus der Koordination: Es entstehen zunehmend neue Akteure und potentiell auch Professionen, die diese Informationsflüsse erzeugen, bearbeiten, verwalten, verbreiten etc. und zur Gestaltung des Koordinationssystems beitragen (z.B. in Forschung, Evaluation, Human Resource Development, Beratungsfirmen, Innovationszentren etc.). Damit treten möglicherweise neue Berufe und Professionen als »Intermediäre« an die Stelle der alten Mechanismen der Berufsorganisationen oder in Interaktion mit ihnen. Diese neuen Berufe werden vermutlich eine Aufgabe in der »sozialen Konstruktion« des Koordinationsfeldes haben und damit an der Verknüpfung der Akteurbeziehungen – am »Knüpfen des Netzes« – mitwirken.

4.2. Koordination, Wissensbasis und Wissensproduktion

Das Forschungsprogramm über »Nationale Innovationssysteme«, widmet sich den ökonomischen Folgen des technischen Fortschritts und seiner Beschäftigungswirkungen. Das entscheidende Bindeglied dieser Forschung zu unserem Thema der Koordination von Bildung und Beschäftigung sind neue Sichtweisen von Wissen und Lernen (vgl. auch Lassnigg 1998a). In der radikalsten Fassung wird eine Firma als ein sozialer Kontext gesehen, dessen wichtigste Funktion die Integration und Erzeugung von Wissen ist. Der effektive Umgang mit den vorhandenen Wissensbeständen und ihre Weiterentwicklung wird damit zum entscheidenden Faktor des wirtschaftlichen Erfolges.

Die entwickelten Theorien des Wissens beziehen sich auf die ältere, aber lange Zeit wenig beachtete Unterscheidung von Michael Polanyi zwischen explizitem (kodifiziertem, durch Medien übertragbarem) Wissen und implizitem Wissen (tacit knowledge): einem Wissen, das man hat, aber nicht mit Worten kommunizieren kann. Der wesentliche Punkt ist, daß praktische Nutzungen von Wissen meistens eine Komponente von tacit knowledge enthalten; tacit knowledge zeichnet sich dadurch aus, daß es

- in Personen inkorporiert; und

- im praktischen Kontext gebunden ist,
- so daß es nur in sozialen Prozessen weitergegeben und gelernt werden kann.

Das hat ganz wesentliche Konsequenzen für die soziale Organisation von Produktionsprozessen, da Lernen und Qualifizierung damit einen neuen Stellenwert bekommen. Da im Zuge der Informationsexplosion, mit der steigenden Verfügbarkeit des kodifizierten maschinell übertragbaren Wissens der Wert des *tacit knowledge* steigt, bekommt die soziale Organisation und das institutionelle Gefüge des Beschäftigungssystems eine Schlüsselstellung. »*Organisational competence and tacit knowledge will remain the most strategic assets of business*« (Lundvall/Borras 1997: 57).

Die Forschung über das Innovationsverhalten der Unternehmen ergibt Anhaltspunkte dafür, daß erfolgreiche unternehmerische Strategien organisatorische Entwicklungen erfordern, die den möglichst reibungslosen Zugang zu und Umgang mit den einschlägigen Wissensbasen fördern (Stichwort: Wissensmanagement). Die ursprünglich eher pessimistische Einschätzung der Entwicklung der Qualifikationsanforderungen aufgrund der mikroelektronischen Revolution hat sich auf Basis der Forschung über innovative Unternehmen in der Richtung geändert, daß in der Hauptseite eher höhere Qualifikationen erfordert werden.

Abbildung 4: Verschiebungen zwischen den Wissensformen, schematisch

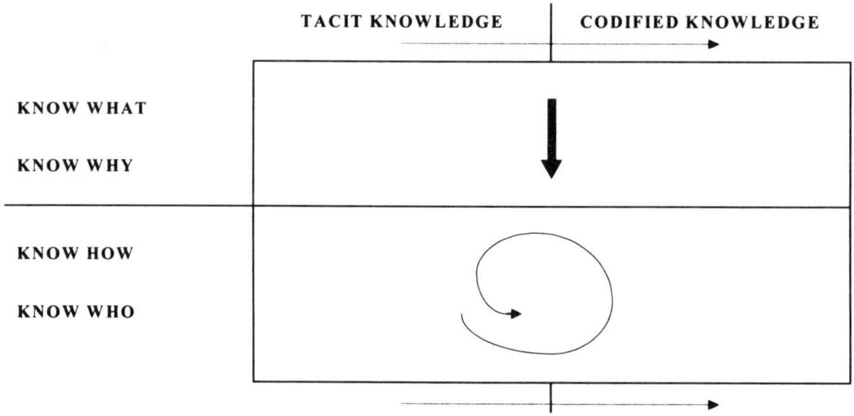

Quelle: Lundvall/Borras 1997, 59; Schematisierung Lassnigg.

Die alte soziologische Debatte über die Implikationen der Innovationsdynamik für die Qualifikationsentwicklung (Stichworte: Dequalifizierung, Höherqualifizierung, Polarisierung, etc.) wurde im innovationspolitischen Diskurs durch weitere Unterscheidungen auf eine neue Stufe gehoben. Von Lundvall/ Borras (1997) werden die Implikationen für die Entwicklung von Qualifikationen und Kompetenzen in zwei Dimensionen dargestellt (vgl. Abb. 4): In einer Unterscheidung von Wissensformen und einer Dynamik der Verwandlung von *tacit* in *codified* knowledge. Vor allem drei Bewegungen werden festgestellt: (1) Das *know why*, also das Verstehen warum, das im wesentlichen durch das wissenschaftliche, theoretische Wissen charakterisiert werden kann, gewinnt gegenüber dem Faktenwissen (*know what*) an Bedeutung; (2) die kontinuierliche Erneuerung von *know how* und *know who* wird zum wichtigsten Faktor des ökonomischen Erfolges; (3) die organisatorischen Entwicklungen, die den Zugang zum erforderlichen Wissen verschaffen können, werden zu einem entscheidenden Faktor.

Damit ergibt sich ein ziemlich konträres Bild zum »Geisterbahnhof«. Erneuerung des Wissens und der Qualifikationen wird auf allen Ebenen unabdingbar, und die Fähigkeit, neues Wissen zu absorbieren und alte Wissenselemente neu zu rekombinieren, wird zu einer fundamentalen Anforderung, die einerseits für die Gestaltung des Ausbildungssystems Konsequenzen hat, andererseits aber vor allem auch die Bedeutung der Lernprozesse am Arbeitsplatz unterstreicht. Die neuen Organisationsformen unterstützen diese Prozesse, gleichzeitig entsteht die Gefahr der Polarisierung von Qualifizierten und Unqualifizierten, und auch auf das Problem der möglichen Unterinvestition in die erforderlichen Lernprozesse wird hingewiesen, »*especially in areas where the firms are many and small.*« Probleme ergeben sich nicht für die jungen, sondern eher für die älteren Jahrgänge, und im Bereich des formalisierten Bildungswesens tritt die Hochschulbildung – wenn auch in veränderter Form – in den Vordergrund, die Gefahr der »Qualifikationslücke« tritt an die Stelle der Gefahr der »Überqualifizierung« (vgl. Lassnigg 1998b).

5. Ausblick

Im Sinne der Luhmannschen (1993: 256) Warnung vor »Besserwissen und Kritik«, wenn auch in einem anderen Theoriekontext sollte im vorliegenden Beitrag ein Anstoß zur Überprüfung und Weiterentwicklung der bildungssoziologischen Perspektive gegeben werden. Zwei Fäden werden aufgenommen, die organisationstheoretische Meso-Betrachtung und die Innovationsforschung, um eine Forschungsperspektive in einem bildungspolitisch »heissen« Feld zu skizzieren und in einem produktiven Sinne in Kommunikation mit den »Selbstbeschreibungen« der Akteure zu treten.

Abschließend soll auf die Frage der »losen Koppelung« als vielleicht interessanteste Frage einer institutionalistischen Theorie von Bildungsinstitutionen hingewiesen werden. Vielleicht sind die Ausbildungssysteme als institutionelle Überbrückung des unlösbaren Koordinationsproblems zu interpretieren: Sie reagieren nicht auf Information, sondern sie liefern die Information: Stichwort »Signalling« . Die Verbindung zum Kongreßthema der »Grenzen« stellt sich in dieser Lesart her über die »*begrenzte* Rationalität« von Herbert Simon.

Anmerkungen

* Ich möchte mich bei Kurt Mayer und den KollegInnen am IHS, Karl Pichelmann, Peter Posch, Woody Powell, den am Plenum V Beteiligten, den KollegInnen im TSER-FORUM-Network und den MitautorInnen des Buches »Re-Engineering der österreichischen Industriepolitik«, insbesondere Gernot Hutschenreiter für wertvolle Diskussionen und Hinweise sowie beim *Hämeen Ammattikorkeakoulu* (Häme Polytechnic) in Evo, Finnland, für die wunderbare Umgebung beim Verfassen von Teilen des Manuskripts bedanken.

1 Indem die verschiedenen Formen und sozialen Kontexte der Prozessierung von Wissen in seinen verschiedenen Formen im Zentrum der Reflexion stehen, besteht aber wohl ein sehr deutlicher – jedoch für Bildungssoziologen vielleicht nicht immer ohne weiteres erkennbarer – indirekter Zusammenhang zu den Bildungsinstitutionen, indem diese in vielfacher Hinsicht in die Prozessierung von Wissen eingebunden sind und die Voraussetzungen dafür schaffen.

2 Dies hier näher zu begründen, würde den Rahmen des Beitrages sprengen, vgl. für eine umfassendere Auseinandersetzung Ashton/Green 1996, v.a. Ch.1; Beate Krais (1994) hat die verschiedenen Zugänge und Perspektiven für die deutsche Bildungssoziologie in ihren speziellen Zugängen und Idiosynkrasien sehr treffend dargestellt.

3 Als Ausnahme, die jedoch bis heute in der Rezeption nicht angenommen wurde, vgl. Archer 1979; bzw. für das Hochschulwesen Clark 1983.

4 Als Ausnahme, die jedoch in der allgemeineren Literatur keine Resonanz gefunden hat vgl. Lempert 1971, 1974; die Abgegrenztheit der Berufsbildungsforschung wurde im OECD-Projekt zur Bildungsforschung sehr deutlich; wo die Länderbe-

richte meist gar nicht auf Berufsbildungsforschung reflektierten (OECD 1995; Lassnigg/Pechar 1994).

5 Die neuere, historisch orientierte Literatur bietet eine breite Vielfalt an Interpretationen. De Swan (1988) zeigt beispielsweise, daß die Entstehung der staatlichen Elementarerziehung durch den Aufbau nationaler Kommunikationssysteme erklärt werden kann. Die »Parsonianische Vision« der *Bildungsrevolution* (Parsons 1976), die die Entwicklung des Bildungswesens als eigenständigen und grundlegenden, gesellschaftlichen Prozeß darstellt, der in die anderen großen Umwälzungen (demokratische Revolution, industrielle Revolution) nicht subsumierbar ist, könnte eine breitere Wiederbelebung erfahren (vgl. Krais 1994: 556; OECD 1998a).

6 Die Verbindung zu den neuen Formen der Wissensproduktion (Gibbons et al. 1994) wird erst einzuholen sein. Wir haben also die Situation, daß die Bildungssoziologie den Stand der Wissenschaftsforschung noch nicht eingeholt hat, während sich dort bereits eine Rekonfiguration abzeichnet.

7 Es ist auffallend, daß das Theorem der »losen Koppelung« (Weick 1976) aus der institutionalistischen Organisationstheorie, demzufolge die Lehr-/Lernprozesse nicht nach dem technologischen Konzept zu fassen sind, in seinen weiteren bildungssoziologischen Konsequenzen nicht aufgenommen wurde.

8 Von manchen Autoren wird die Möglichkeit der vollständig marktmäßigen Organisation von Bildung in Frage gestellt; auch Bildungssysteme mit hohem Grad an Marktelementen enthalten meist wesentliche Elemente der anderen Koordinationsmechanismen. Teilweise ist dies auch schwierig zu fassen, da viele Koordinationsmechanismen marktmäßig interpretiert werden können – dies ist gerade das Lebenselixier der ökonomischen Theorie des menschlichen Verhaltens.

9 Der Stellenwert der individuellen Akteure ist verschieden interpretierbar: Sind die Schüler und Schülerinnen (bzw. die Eltern) ein Teil der bürokratischen Organisation Schule oder gehören sie zur Umwelt dieses Systems? Von einer konsequenten Kundenorientierung gegenüber der Bildungsnachfrage wird in OECD 1998a eine neue Perspektive entwickelt.

Literatur

Archer, Margaret S. (1979), Social Origins of Educational Systems. London.

Ashton, David/Green, Francis (1996), Education, Training and the Global Economy. Cheltenham.

Beck, Ulrich (1986), Risikogesellschaft. Auf dem Weg in eine andere Moderne. Frankfurt/Main.

Beck, Ulrich/Brater, Michael/Daheim, Hansjürgen (1980), Soziologie der Arbeit und der Berufe: Grundlagen, Problemfelder, Forschungsergebnisse. Reinbek.

Clark, Burton R. (1983), The higher education system: academic organization in cross-national perspective. Berkeley.

De Swan, Abram (1988), In Care of the State. Cambridge.

Europäische Kommission (1996), Weißbuch zur allgemeinen und Beruflichen Bildung: Lehren und Lernen – Auf dem Weg zur kognitiven Gesellschaft. Luxemburg.

Hurrelmann, Klaus (1978), Erziehungssystem und Gesellschaft. Reinbek.

Kellermann, Paul (1987), Gesellschaftliche Organisation der Arbeit und Hochschulbildung, in: Ansgar Weymann (Hrsg.): Bildung und Beschäftigung. Soziale Welt. Sonderband 5.

Kellermann, Paul/Lassnigg, Lorenz (1996), Hochschulabsolvent/inn/en und Beschäftigung '96. Forschungsbericht. Klagenfurt.

Krais, Beate (1994), Erziehungs- und Bildungssoziologie, in: Harald Kerber/Arnold Schmieder (Hrsg.): Spezielle Soziologien. Problemfelder, Forschungsbereiche, Anwendungsorientierungen. Reinbek.

Lassnigg, Lorenz (1997), Beschäftigung durch Bildung? Bemerkungen zur europäischen Bildungspolitik. Informationen zur Politischen Bildung Nr. 12 (Bildung – ein Wert? Österreich im internationalen Vergleich). Wien.

Lassnigg, Lorenz (1998b), Bildungswesen und Qualifikation in der Dienstleistungsgesellschaft, in: Günther Chaloupek/Michael Mesch (Hrsg.): Die Beschäftigungsentwicklung im Dienstleistungssektor. Reihe Wirtschaftswissenschaftliche Tagungen der Arbeiterkammer Wien. Bd.4. Wien.

Lassnigg, Lorenz (1998a), Qualifizierungspolitik, Innovationssystem und Beschäftigung – Herkömmliche und neue Perspektiven, in: Zukunfts- und Kulturwerkstätte (Hrsg.): Re-Engineering der österreichischen Industriepolitik. Wien.

Lassnigg, Lorenz/Pechar, Hans (1994), Bildungsforschung in Österreich. Österreichischer Länderbericht zum 3. Internationalen Seminar über Bildungsforschung und -entwicklung 5.-7. Oktober 1994. Wien.

Lempert, Walter (1971), Leistungsprinzip und Emanzipation: Studien zur Realität, Reform und Erforschung des beruflichen Bildungswesens. Frankfurt am Main.

Lempert, Walter (1974), Berufliche Bildung als Beitrag zur gesellschaftlichen Demokratisierung: Vorstudien für eine politisch reflektierte Berufspädagogik. Frankfurt am Main.

Luhmann, Niklas (1987), Codierung und Programmierung. Bildung und Selektion im Erziehungssystem, in: Niklas Luhmann: Soziologische Aufklärung 4. Opladen.

Luhmann, Niklas (1993), ›Was ist der Fall?‹ und ›Was steckt dahinter?‹, in: Zeitschrift für Soziologie, Jg. 22, Heft 4 (August 1993): 245-260.

Lundvall, Bengt Ake/Borras, Susanna (1997), The globalising learning economy: Implications for innovation policy. Report based on the preliminary conclusions from several projects under the TSER programme. DG XII, Commission of the European Union (Draft Version, September 1997).

Lundvall, Bengt-Ake/Hg. (1992), National Systems of Innovation – Towards a Theory of Innovation and Interactive Learning. London.
Mayntz, Renate (1985), Die gesellschaftliche Dynamik als gesellschaftliche Herausforderung, in: Burkart Lutz (Hrsg.): Soziologie und gesellschaftliche Entwicklung. Verhandlungen des 22. Deutschen Soziologentages. Frankfurt/New York.
Meyer, John.W./Scott, W. Richard/Deal, Terrence E. (1983), Institutional and Technical Sources of Organizational Structure: Explaining the Structure of Educational Organizations. in: Meyer/Scott 1983.
Meyer, John.W./Scott, W. Richard (1983) (Hrsg.), Organizational Environments: Ritual and Rationality. Newbury Park.
Nelson, Richard R. (1993) (Hrsg.), National Innovation Systems: A Comparative Analysis. New York.
OECD (1995), Educational Research and Development. Austria, Germany, Switzerland. OECD Documents. Paris.
OECD (1996), Lifelong Learning for All. Paris.
OECD (1998a), Redefining Tertiary Education. Paris.
OECD (1998b), Thematic Review of the Transition from Initial Education to Working Life. DEELSA/ED(98)11. Paris.
Parsons, Talcott/Platt, Gerald M. (1973), The American University. New York.
Powell, Walter W./DiMaggio, Paul J. (1991) (Hrsg.), The New Institutionalism in Organizational Analysis. Chicago.
Powell, Walter W. (1991), Neither Market nor Hierarchy: Network forms of Organization, in: Thompson et al. 1991.
Stichweh, Rudolf (1991), Der frühmoderne Staat und die europäische Universität. Frankfurt.
Rifkin, Jeremy (1995), The end of work: the decline of the global labor force and the dawn of the post-market era. New York.
Streeck, Wolfgang/Schmitter, Philippe C. (1991), Community, market, state – and associations? The prospective contribution of interest governance to social order, in: Thompson et al. 1991.
Thompson, Grahame et al. (1991) (Hrsg.), Markets, hierarchies and networks. The coordination of social life, London.
Weick, Karl E. (1976), Educational Organizations as Loosely Coupled Systems. Administrative Science Quarterly 21 (March): 1-19.
Weymann, Ansgar (1987) (Hrsg.), Bildung und Beschäftigung. Soziale Welt, Sonderband 5.

Plenum VI
Nationale Arbeitsverhältnisse – Internationale Arbeitsmärkte

Einleitung

Christoph Deutschmann, Andreas Diekmann und Jörg Flecker

Das Thema beschreibt ein Spannungsverhältnis zwischen einer nach wie vor im Kern an den Nationalstaat gebundenen institutionellen Regelung der Arbeitsmärkte und einer Arbeitsmarktrealität, die, wie es scheint, immer stärker durch grenzüberschreitende Arbeitskräftewanderungen gekennzeichnet ist. Die soziologische und sozialwissenschaftliche Arbeitsmarktforschung ist sich bis heute weitgehend darin einig, daß es in den entwickelten Industrieländern kaum einen »Markt« gibt, der stärker durch institutionelle Regelungen geprägt ist als gerade der Arbeitsmarkt. Man denke nur an das Regelwerk des Ausbildungssystems, an die Arbeitsgesetzgebung, die Sozialpolitik und Sozialversicherung, die betriebliche und überbetriebliche Mitbestimmung der Arbeitnehmer, das Tarifvertragswesen. Der Beitrag zur »Dekommodifizierung« (Esping-Andersen) der Arbeitskraft, den diese Institutionen und Regelungen leisten, gilt den maßgeblichen politischen Kräften in den meisten europäischen Ländern noch immer als unverzichtbar für die Erhaltung des sozialen Friedens und die Sicherung der Produktivität der Wirtschaft. Fast alle institutionellen Regelungen des Arbeitsmarktes verweisen aber auf den Nationalstaat, die staatliche Gesetzgebung, Sozial- und Arbeitsmarktpolitik als ihren Initiator und Rahmengeber. Selbst innerhalb der Europäischen Union sind daher ungeachtet des einheitlichen Binnenmarktes beträchtliche Unterschiede in der institutionellen Ausgestaltung und dem Grad der Regulierung der Arbcitsmärkte in den einzelnen Ländern erhalten geblieben, was die grenzüberschreitende Mobilität der Arbeitskräfte erschwert. Auch die Deregulierungsbemühungen konservativ-liberaler Regierungen haben an der nationalstaatlichen Verfaßtheit der Arbeitmärkte grundsätzlich nichts ändern können. Im Gegensatz zu den Globalisierungs- und Internationalisierungstendenzen auf den Finanz- und Produktmärkten sind die Arbeitsmärkte im Kern nationale Arbeitsmärkte geblieben.

Verlaufen die Entwicklungen auf den verschiedenen Märkten aber wirklich so isoliert voneinander? Daß grenzüberschreitende Wanderungsbewegungen auch am Arbeitsmarkt zunehmen, scheint kaum bestreitbar. Die seit langem anhaltenden und trotz aller Abwehrmaßnahmen der Zielländer eher noch zunehmenden Migrationsströme von Arbeitssuchenden aus Asien, Afrika und Osteuropa in die Länder der EU sind ein bekanntes Phänomen. Nicht nur die in der Schattenwirtschaft Beschäftigten, sondern auch die legale Arbeitnehmerschaft einer ganzen Anzahl von Branchen – man denke nur an die Bauwirtschaft, die Logistikindustrie oder das Gaststättengewerbe – sind zunehmend »multinational« zusammengesetzt. Die Internationalisierung der Unternehmen führt dazu, daß auch der Verleih und die Entsendung von Arbeitskräften über die Grenzen hinweg zunimmt. Selbst für Führungskräfte werden Auslandserfahrungen zu einer immer wichtigeren Karrierevoraussetzung.

Die sich hier abzeichnenden Spannungen zwischen der nationalstaatlichen Verfaßtheit der Arbeitsmärkte und der Zunahme internationaler Arbeitskräftemobilität waren das Zentralthema der Referate und Diskussionen dieses Plenums. Wieweit haben die Institutionensysteme des Arbeitsmarktes diese Spannungen verkraften können? In welchem Umfang lassen sich manifeste oder latente Erosionserscheinungen der nationalen Regulierungssysteme des Arbeitsmarktes feststellen? Der von der Internationalisierung der Wirtschaft ausgehende Druck auf Deregulierung des Arbeitsmarktes und Anpassung arbeitspolitischer Standards ist bislang – so lautet die nahezu einhellige Antwort der Referenten – zwar in einzelnen Sektoren der Wirtschaft deutlich zu spüren, insgesamt aber bemerkenswert gering geblieben.

Franz Traxler und Birgit Woitech (Wien) gehen in ihrem auf eine eigene empirische Untersuchung gestützten Beitrag der Frage nach, ob Investoren bei ihren Standortentscheidungen eine an den Kriterien von Arbeitskosten und der unternehmerischen Dispositionsautonomie über Arbeitskräfte orientierte Politik des »Regime shopping« betreiben – mit im wesentlichen negativem Ergebnis. *Berndt Keller* (Konstanz) zeigt, wie langsam die Bemühungen um eine supranationale Regulierung der Arbeitsmärkte in der EU bislang vorangekommen sind und wie bescheiden die Ergebnisse sind, die sie erbracht haben. Die sich anbietende Erklärung dafür ist, daß vor dem Hintergrund des nach wie vor recht geringen Interpenetrationsgrades der nationalen Arbeitsmärkte in der EU (ca. 2% nach Keller) auch der Bedarf nach solchen supranationalen Regulierungen und der entsprechende politische Druck gering geblieben sind. *Klaus Armingeon* (Bern) verwirft – wiederum auf der Basis einer eigenen empirischen, 18 OECD-Länder umfassenden Untersuchung – die gängige Behauptung, die nationale Arbeitsmarktpolitik sei angesichts der Internationalisierung der Produkt- und Finanzmärkte zur Wirkungslosigkeit verurteilt. In den neunziger Jahren habe es, nicht anders als in den siebziger Jahren, die er zum Vergleich heranzieht, eine beträchtliche Varianz von Ansätzen erfolgreicher, nationaler Arbeitsmarkt- und Beschäftigungspolitik gegeben, die auf fortbestehende politische Manövrierspielräume hindeutet.

Daß die These der Internationalisierung des Arbeitsmarktes dennoch keineswegs völlig an der Realität vorbeigeht, zeigt *Edith Gross* (Brüssel) in ihrem Referat über die Arbeitsverhältnisse in der Bauwirtschaft. Es handelt sich hier, wie sie zeigt, um einen Sektor, in dem es als Folge massenhafter Migration und grenzüberschreitender Subkontrakt- und Werkvertragsarbeit zu einem teilweisen Zusammenbruch nationaler Regulierungssysteme gekommen ist. Am Beispiel der europäischen »Entsende-Richtlinie« und deren Umsetzung in Deutschland analysiert sie die Probleme, die sich beim Versuch der Vereinbarung europaweiter Regelungen stellen.

Insgesamt mahnen die Befunde dazu, die von der Forschung erarbeiteten Einsichten in die fortbestehende Bedeutung des Nationalstaats als Rahmen der Institutionalisierung von Arbeitsmärkten nicht vorschnell über Bord zu werfen. So eingängig das Schlagwort von der »Grenzenlosigkeit« auch im Hinblick auf den Arbeitsmarkt zunächst anmuten mag – es sollte nicht an die Stelle sorgfältiger empirischer Untersuchungen treten.

Transnationale Investitionen und nationale Arbeitsmarktregimes: Ein Fall von »Regime Shopping«?

Franz Traxler und Birgit Woitech

1. Problemstellung und Hypothese

Wirtschaftliche Internationalisierung diskriminiert zwischen den Marktteilnehmern nach Maßgabe deren Fähigkeit zu transnationalem Handeln. Marktteilnehmer, die transnational mobil sind, verfügen über mehr Wahlmöglichkeiten als Akteure, deren Aktionsradius sich auf den Bereich des Nationalstaats beschränkt. Im Verhältnis der Marktteilnehmer zueinander begründet der Vorteil größerer Wahlmöglichkeiten einen Machtvorsprung. Ein solcher Machtvorsprung wird zur Machtasymmetrie, wenn sich die Marktteilnehmer *strukturell* in ihren transnationalen Mobilitätschancen unterscheiden. Für den Arbeitsmarkt ist eine solche Asymmetrie charakteristisch, wie die Entwicklung des gemeinsamen Marktes in Europa unschwer erkennen läßt: Im Gegensatz zur grenzüberschreitenden Investitionstätigkeit des Kapitals gingen von ihm so gut wie keine stimulierenden Effekte auf die transnationale Mobilität der Arbeitskraft aus (Sengenberger 1993). Da der Aktionsradius der Arbeitskraft im wesentlichen durch die Grenzen des Nationalstaats gesetzt ist, ist der Nationalstaat auch die zentrale Arena der Regelung der Arbeitsverhältnisse.

Die wirtschaftliche Internationalisierung stellt diese nationalstaatlichen Arbeitsverhältnisse zur Disposition – vorausgesetzt, daß sie sich hinreichend voneinander unterscheiden. Wie der Ländervergleich (z.B. OECD 1994; Traxler 1996) zeigt, weisen die nationalen Arbeitsverhältnisse in der Tat beachtliche Unterschiede sowohl hinsichtlich ihrer materiellen Arbeitsstandards wie auch der Institutionen zur Regelung dieser Standards auf, so daß sich zwischen landesspezifischen Arbeitsmarktregimes differenzieren läßt. Dies eröffnet im Zuge wachsender Internationalisierung der Finanz-, Produkt- und Arbeitsmärkte für internationale Investoren die Chance zu »Regime Shopping«:

Sie können ihre Standortentscheidung an dem für sie günstigsten Arbeitsmarktregime orientieren. Der Chance der Investoren zu »Regime Shopping« entspricht gegengleich der Zwang der nationalen Arbeitsmarktregimes, untereinander in Konkurrenz um Investitionen einzutreten. Aus sozialpolitischer Perspektive sind die materiellen und institutionellen Standards der Regimes bedroht, wenn sich die Investoren in ihren Standortentscheidungen von folgenden Kalkülen leiten lassen:

1. Investoren präferieren in bezug auf die materiellen Ausgaben das kostengünstigste Regime.
2. Investoren präferieren in institutioneller Hinsicht Arbeitsmarktregimes, die ihre Dispositionsautonomie so wenig wie möglich einschränken.

Wenn diese Verhaltenshypothesen zutreffend sind, führt die Konkurrenz der nationalen Arbeitsmarktregimes in materieller Hinsicht zur Absenkung der Arbeitsstandards und in institutioneller Hinsicht zur Erosion kollektiver Regelungssysteme, die die arbeitspolitische Dispositionsautonomie der einzelnen Unternehmen beschränken. Auch wenn diese Hypothesen zu den Entscheidungskalkülen internationaler Investoren mittlerweile – mehr oder weniger explizit – zum selbstverständlichen Bestandteil öffentlicher »Standortdebatten« und Diskursen zur »Globalisierungsfalle« (Martin/Schumann 1996) geworden sind, beruht ihre Plausibilität auf spezifischen Prämissen – etwa in bezug auf die Struktur der Märkte, die relative Bedeutung der Arbeitskosten für Standortentscheidungen, die Zeithorizonte solcher Entscheidungen, die ökonomischen Effekte alternativer Arbeitsmarktinstitutionen etc. All dies gibt Anlaß genug, die These vom »Regime Shopping« im folgenden empirisch zu überprüfen.

2. Konzeptualisierung und Daten

Investitionsentscheidungen von Unternehmen lassen sich als zweistufiger Prozeß begreifen. In der ersten Stufe erfolgt die Entscheidung, ob überhaupt eine Investition getätigt werden soll. Die Entscheidung bezieht sich auf die unternehmensinterne Optimierung bzw. Abwägung konkurrierender Investitionsprojekte und Interessen (z.B. Maximierung des Shareholder Wealth vs. Profitmaximierungskalküle). Falls sich das Unternehmen zur (Sach)Investition entschließt, ist im Anschluß daran der Standort aus der Reihe der in Frage kommenden Partnerländer auszuwählen.

Diese Analyse beschränkt sich auf die zweite Stufe des Entscheidungsprozesses, wobei es auf der Basis eines quantitativ-statistischen Ländervergleichs darum geht, zu überprüfen, inwieweit die Standortentscheidung dem oben skizzierten Kalkül des »Regime Shopping« folgt. Im Mittelpunkt des Interesses steht dabei die Relevanz nationaler Arbeitsmarktregimes für Strategien des »Regime Shopping«. Dabei ist allerdings auch der Einfluß von nichtarbeitsmarktbezogenen Faktoren (wie z.B. Steuern, Wechselkurse) zu berücksichtigen, da aus den zuvor dargelegten Gründen nicht davon auszugehen ist, daß Investitionsentscheidungen sich vorrangig oder ausschließlich an Unterschieden in den nationalen Arbeitsmarktregimes orientieren. Im Einklang mit dieser Fragestellung sind zunächst die hypothetischen Faktoren der Standortentscheidung – auch unter Bedachtnahme auf die Verfügbarkeit entsprechender Daten zu operationalisieren.

Wie oben dargestellt, erhalten nationale Arbeitsmarktregimes ihr spezifisches Profil einerseits durch ihre materiellen Arbeitsstandards und andererseits durch ihre Arbeitsmarktinstitutionen, in deren Rahmen über die materiellen Standards entschieden wird. Aus der Perspektive des Investors bedeuten die materiellen Standards Kosten. Dabei ist nicht eigentlich die absolute Höhe der Arbeitskosten, sondern die Entwicklung der komparativen Lohnstückkosten (d.h. das Verhältnis der Arbeitskosten zur Produktivität eines Landes im Vergleich zu den wichtigsten Außenhandelspartnern) für ein am Prinzip der Kostenminimierung orientiertes Entscheidungskalkül relevant. Kostenwirksam werden für die Unternehmen auch Arbeitskonflikte, so daß in diesem Rahmen auch die Konfliktintensität der nationalen Arbeitsbeziehungen (gemessen am Streikvolumen) in Rechnung zu stellen ist.

Die Bedeutung der Arbeitsmarktinstitutionen für Standortentscheidungen liegt in den durch sie gesetzten Randbedingungen für die Dispositionsautonomie der Unternehmen. Grundsätzlich wird diese Autonomie durch alle kollektiven Regelungsinstitutionen eingeschränkt. Zu den wichtigsten Strukturelementen kollektiver Regelungsinstitutionen zählen die Präsenz bzw. Stärke der Gewerkschaften, der Verbreitungsgrad des Tarifvertragssystems und seine Zentralisierung, das Ausmaß kollektiver Mitsprachechancen der Belegschaften im Unternehmen sowie die Mitsprachechancen der Gewerkschaften in der staatlichen Wirtschafts- und Sozialpolitik.

Präsenz und Stärke der Gewerkschaft werden üblicherweise als gewerkschaftlicher Organisationsgrad (OG = Anteil der Gewerkschaftsmitglieder an den Arbeitnehmern eines Landes) gemessen, wobei hier der Mitgliederstand jeweils um nichterwerbstätige Mitglieder (Pensionisten, Arbeitslose) bereinigt wurde, soweit dies die Datenlage zuließ. Der analoge Indikator für den Verbreitungsgrad des Tarifsystems ist die Deckungsrate (Anteil der unter Tarifvertrag stehenden Arbeitnehmer an den Arbeitnehmern insgesamt). Für sie liegen allerdings keine Zeitreihendaten zu der hier interessierenden Erhebungsperiode (s.u.) vor. Als Näherungswert für die Deckungsrate bietet sich das Ausmaß der Allgemeinverbindlicherklärung von Tarifverträgen (AV) an, die mit der Deckungsrate hochkorreliert (Traxler 1996).[1] Die Allgemeinverbindlicherklärung hat zur Folge, daß der Geltung von Tarifverträgen auch »Außenseiter« unterworfen werden, die den vertragschließenden Parteien nicht angehören. Die Unternehmen werden dadurch zur Übernahme von Tarifstandards gezwungen, ohne daß sie ein Tarifverhältnis angestrebt haben bzw. an den Tarifverhandlungen beteiligt waren. Der Zentralisationsgrad des Tarifsystems (ZE) bemißt sich primär am Aggregationsniveau jener Ebene, auf der der Tarifvertrag abgeschlossen wird (im wesentlichen Betrieb/Unternehmen – Sektor – Gesamtwirtschaft). Darüber hinaus wird er auch davon beeinflußt, wieviele unterscheidbare Arbeitnehmergruppen (z.B. Arbeiter – Angestellte) seinem Geltungsbereich unterliegen (fachlich-beruflicher Geltungsbereich). Bei gleicher Ebene des Vertragsabschlusses weist jener Tarifvertragsabschluß den höchsten Zentralisationsgrad auf, dessen fachlich-beruflicher Geltungsbereich am umfassendsten ist. Ausgehend von diesen Kriterien und den empirisch vorfindbaren Tarifkonfigurationen wird hier der tarifliche Zentralisationsgrad auf einer neunstufigen Skala gemessen.[2] Zur Beurteilung des Ausmaßes der kollektiven Mitsprachechancen der Belegschaften (MB) sind vor allem folgende Kriterien heranzuziehen: die Präsenz von Belegschaftsvertretern in Unternehmensorganen (je nach Rechtslage Aufsichtsrat bzw. Vorstand), die Rechtsgrundlage für die Errichtung betrieblicher Belegschaftsvertreter (Betriebsrat, gewerkschaftliche Vertrauensleute) und deren Mitspracherechte. Deren Ausmaß variiert mit der Art der Mitsprache (Konsultativ/Informationsrechte vs. Mitbestimmung, kraft derer dem Management einseitige Entscheidungen untersagt sind), dem zulässigen Sanktionspotential (Friedenspflicht vs. Streikrecht) und dem Gegenstand der Mitsprache. Bezüglich des Gegenstandes ist davon auszugehen, daß das Einflußgewicht der Belegschaftsvertretung um so stärker ist, je entwickelter ihre Rechte in Fragen der Entlohnung und Arbeitszeit sind, da sich diese Rechte auch als Druckmittel zur informellen Einflußnahme auf Fragen eignen, bezüglich derer keine (starken) Mitspracherechte bestehen (Visser 1993). Das Ausmaß der Mitsprache der Belegschaft wird hier als Gesamtindex dargestellt, der sich aus diesen Kriterien ableiten läßt.[3] Die Betrachtung der gewerkschaftlichen Mitsprachechancen in der staatlichen Wirtschafts- und Sozialpolitik (GM) klammert die Lohn- und Einkommenspolitik aus, da diese grundsätzlich zu den autonomen Regelungskompetenzen der Tarifparteien zählt. Die Messung der Mitsprachechancen beruht auf einer vierstufigen Skala.[4]

Die transnationalen Investoren praktizieren eine für Arbeitnehmerpositionen ruinöse Politik des »Regime Shopping« dann, wenn sich ihre Standortentscheidungen an nationalen Unterschieden der Arbeitsmarktregimes in der Weise orientieren, daß sie die Lohnstückkosten und Arbeitskonflikte minimieren und ihre Dispositionsautonomie maximieren, d.h. jenen Standort bevorzugen, an dem die Stärke der Gewerkschaften, deren Mitsprache in der staatlichen Politik, die Verbreitung und Zentralisation des Tarifsystems und die Mitsprache der Belegschaften am geringsten entwickelt sind.

Da nicht davon auszugehen ist, daß sich Standortentscheidungen ausschließlich am Profil nationaler Arbeitsmarktregimes orientieren, gilt es, auch andere, potentiell standortrelevante Faktoren zu berücksichtigen. Diese hier als Kontrollvariablen geltenden Faktoren lassen sich grob in vier Kategorien einteilen: a) primäre Kostenfaktoren, die auch in der Bilanz des Unternehmens ihren Niederschlag finden, b) Faktoren, die die politische und wirtschaftliche Stabilität eines Landes kennzeichnen, c) Indikatoren, die über dessen technisches Potential Aufschluß geben und d) Indikatoren zum Grad der Öffnung und Größe der nationalen Märkte.

Zu den Kosten der ersten Kategorie zählen (abgesehen von den bereits oben betrachteten Arbeitskosten) insbesondere die abgeführten Einkommens- und Kapitalsteuern.[5] Je höher die Belastung des Unternehmens durch diese Kosten ist, um so geringer ist die Wahrscheinlichkeit für die Auswahl solcher Standorte. Faktoren, die die wirtschaftliche Stabilität eines Landes charakterisieren, sind die Wachstumsrate des Bruttoinlandsproduktes, das Wachstum der Stundenproduktivität, die Schwankungen der Inflationsrate sowie die langfristigen realen Zinssätze. Zusätzlich wurde ein Index in die Analyse miteinbezogen, der aus der Sicht von Anlegern die Standortattraktivität eines Landes anhand verschiedener Faktoren – wirtschaftliches und politisches Risiko, Kreditwürdigkeit und Marktzutritt – bewertet (Euromoney 1982-91). Dieser Index wird aus den genannten Faktoren abgeleitet und anhand einer Skala von 0-100 gemessen.[6] Als Ausdruck des politischen Kräfteverhältnisses innerhalb eines Landes wurde der Anteil linker Parteien an der Regierung in der Analyse erfaßt.[7] Risikoaverse Unternehmen werden sich für jene Standorte entscheiden, die durch ein hohes Ausmaß an wirtschaftlicher Stabilität gekennzeichnet sind, Länder, in denen sowohl das wirtschaftliche als auch das politische Risiko gering sind.

Ein Indikator, der als Annäherung für die technische Entwicklung und den Fortschritt eines Landes betrachtet werden kann, sind die Ausgaben für Forschung und Entwicklung als Anteil am Bruttoinlandsprodukt. Wie sehr das technische Potential eines Landes die Standortwahl beeinflußt, ist wahrscheinlich industriespezifisch sehr unterschiedlich und wird auch davon abhängen, wieviel Forschung und Entwicklung auf den neuen Standort verlagert werden soll. Um das Ausmaß der Marktöffnung zu charakterisieren, findet ein Indikator für den Grad der Liberalisierung der Finanz- und Kapitalmärkte Eingang in die Analyse.[8]

Als Kontrollvariable für die Marktgröße eines Landes wurde die Zahl der abhängig Beschäftigten herangezogen. Darüber hinaus werden die Veränderungen in Vermögen und Beschäftigung der US-amerikanischen Konzernmütter (siehe unten) sowie die Vermögensveränderung ihrer europäischen Zweigniederlassungen berücksichtigt. Desweiteren finden sich noch zwei Dummyvariablen in der Analyse, die für die EU-Mitgliedschaft und Englisch als Muttersprache kontrollieren.

Abschließend ist im Zusammenhang mit einem empirischen Forschungsdesign noch der Erhebungsbereich abzuklären. Auf den ersten Blick scheint es naheliegend, »Regime Shopping« auf globaler Ebene zu untersuchen, da auf dieser Ebene die Unterschiede der nationalen Arbeitsmarktregimes am gravierendsten sind. Dagegen spricht allerdings der Umstand, daß die Weltwirtschaft ein hohes Maß an subglobaler Segmentierung aufweist. So liegt die Außenhandelsverflechtung der USA, Japans und der EU jeweils unter 10% ihres BIP. Wirtschaftliche Internationalisierung vollzieht sich daher primär innerhalb subglobaler »Makromärkte«. Im Einklang damit weisen unsere bislang vorliegenden Fallstudien zu den Standortentscheidungen multinationaler Konzerne darauf hin, daß es das primäre Ziel globaler Akteure ist, mit Standorten in *allen* Makromärkten vertreten zu sein. Dementsprechend ist davon auszugehen, daß sich »Regime Shopping« und Standortkonkurrenz nur jeweils innerhalb dieser Makromärkte voll entfalten können.

Als empirischer Testfall für die Analyse von »Regime Shopping« bieten sich daher die westeuropäischen OECD-Länder als distinkter Makromarkt an. Die Eigentümlichkeit der europäischen Integration besteht darin, daß die wirtschaftliche Internationalisierung in Form des Binnenmarktes und der Währungsunion *nicht* einhergeht mit dem Aufbau eines entsprechenden gesamteuropäischen Arbeitsmarktregimes (Keller/Sörries 1998). Die europäische Situation kennzeichnet daher die Koexistenz eines integrierten Marktes und eines Verbundes nationaler Arbeitsmarktregimes, die – wie Tabelle 1 dokumentiert – beträchtliche Differenzen aufweisen. Wenn also Investoren ihre Standortentscheidungen als »Regime Shopping« ausrichten, dann mit hoher Wahrscheinlichkeit gerade innerhalb Europas. Davon ausgehend richtet sich die folgende Analyse auf die beschäftigungswirksamen Investitionsentscheidungen von US-Konzernen in Westeuropa im Zeitraum 1982-1991. Für die Konzentration auf die USA als Investor sprechen zwei Gründe. Zum einen sind die USA weltweit der größte Direktinvestor; zum anderen ist anzunehmen, daß sich US-Konzerne, die nicht dem europäischen Kontext entstammen, am konsequentesten im innereuropäischen Standortvergleich am Kalkül des »Regime Shopping« orientieren können, wenn es diesbezüglich länderspezifische Unterschiede zwischen den Investoren geben sollte.

Die Verfügbarkeit von Daten zu ausländischen Direktinvestitionen ist sehr begrenzt. OECD und IMF arbeiten gemeinsam am Aufbau einer Meta-Datenbank zu »Foreign Direct Investment«, die jedoch noch nicht fertiggestellt ist. Das US-Bureau of Economic Analysis führt jährliche Erhebungen durch, zu deren Teilnahme alle amerikanischen multinationalen Konzerne verpflichtet sind, die über eine zehnprozentige Beteiligung an einer ausländischen Zweigniederlassung verfügen. Ausgehend von diesen Firmendaten sind jährliche Daten, nach Industriebereichen gegliedert, über Vermögen und Beschäftigung von US-Konzernen sowie deren ausländische Zweigniederlassungen verfügbar. In dem vorliegendem Datensatz sind sieben Industriebereiche (chemische Industrie, Lebensmittel-, Maschinen-, Metall-, Elektro- und Transportindustrie, sonstige Industrien – umfaßt jene Bereiche, die keinem der anderen Sektoren zuordenbar sind) sowie 14 westeuropäische Länder[9] dokumentiert. Für die hier interessierende Fragestellung wurden jeweils Veränderungsraten von Vermögen und Beschäftigung für 1982-1991 berechnet.

3. Modell und Ergebnisse

Formal läßt sich unsere Fragestellung wie folgt darstellen:

- Beschäftigungsveränderung US-Konzerne am Standort ij = f (mat. und inst. $Standards_j$, $Kontrollvariable_j$),
- für i = Industrie und j = Land

Da die institutionellen Variablen des Arbeitsmarktregimes nur wenig Varianz im Zeitablauf aufweisen, wurde eine Periodisierung vorgenommen. Dabei wurde versucht, auch der ökonomischen Entwicklung – den Konjunkturzyklen – Rechnung zu tragen. Die Periodisierung wurde daher folgendermaßen vorgenommen: Die erste Periode umfaßt den Zeitraum von 1982-84, die zweite Periode den Zeitraum 1985-88 und die dritte Periode den Zeitraum

1989-91. Die gewählte Analysemethode ist ein gepooltes, lineares Regressionsmodell, wobei noch Dummyvariablen hinzugefügt wurden, um Perioden- und Industrieeffekte zu korrigieren.

Die Ergebnisse der diesem Modell zugrundeliegenden Analyse bestätigen keine der beiden Verhaltensannahmen zu »Regime Shopping« (Tabelle 2).[10] Unter allen Variablen zur Messung der Arbeitsmarktregimes nimmt allein die Mitwirkung der Gewerkschaften in der staatlichen Sozial- und Wirtschaftspolitik einen signifikanten Einfluß auf die Investitionstätigkeit. Dabei steht die Richtung dieses Einflusses in direktem Gegensatz zur Annahme von »Regime Shopping«. Denn von der gewerkschaftlichen Mitsprache in der Sozial- und Wirtschaftspolitik geht keine abschreckende, sondern eine attrahierende Wirkung aus. Zur Interpretation dieses Ergebnisses ist zu berücksichtigen, daß statistisch ein signifikanter, positiver Zusammenhang zwischen der Mitsprache der Gewerkschaften und jener der Unternehmerverbände in sozial- und wirtschaftspolitischen Fragen besteht (tau = 0,98; p = 0,00). Dies bedeutet, daß das Ausmaß der gewerkschaftlichen Mitsprache als Ausmaß tripartistischer, d.h. zwischen Staat, Gewerkschaften und Arbeitgeberverbänden konzertierter Wirtschafts- und Sozialpolitik zu verstehen ist. Tripartistische Regelung garantiert Kontinuität und Erwartungssicherheit in den wirtschafts- und sozialpolitischen Entscheidungen. Berücksichtigt man, daß für Investoren stabile Rahmenbedingungen generell ein wichtiges Standortkriterium darstellen, so wird dieser Zusammenhang verständlich.

Abgesehen von der gewerkschaftlichen Mitsprache lassen die langfristigen realen Zinssätze, die Inflation, die Veränderungen im Vermögen der Konzerne und die parteipolitische Zusammensetzung der Regierung einen signifikanten Effekt auf die Investitionen erkennen. Berücksichtigt man den Umstand, daß es sich bei den Zinsen um nationale Zinssätze handelt, erklärt sich der positive Koeffizient daraus, daß trotz hohem Zinsniveau die erwarteten Erträge aus Direktinvestitionen offenbar höher sind als die Renditen, die auf den Finanzmärkten zu lukrieren wären. Der positiv-signifikante Koeffizient der Inflationsveränderung ist dadurch bedingt, daß reale Zinssätze und Inflation sehr stark korrelieren. Auch der positive Einfluß von Vermögensveränderungen auf die Beschäftigungsveränderungen der US-Zweigniederlassungen entspricht den Erwartungen, da Ausweitungen der Beschäftigung meist Hand in Hand mit Ausweitungen des Vermögens gehen. Zum negativen Effekt der Beteiligung linker Parteien an der Regierung ist anzumerken, daß die Haupthandelspartner der USA – Großbritannien und Deutschland – über jeweils konservative Regierungsmehrheiten im gesamten Beobachtungszeitraum verfügten, so daß dieser Zusammenhang allein durch das Gewicht dieser beiden

Länder erheblich wurde. Es ist daher schwer abzuschätzen, ob in diesem Zusammenhang das ökonomische Gewicht dieser beiden Länder oder tatsächlich die politische Konstellation dominiert. Nähere Aufschlüsse darüber können aufgrund des inzwischen in beiden Ländern vollzogenen Machtwechsels zukünftige Analysen gewinnen.

4. Schlußfolgerungen

Der relativ geringe Anteil der durch das Modell erklärten Varianz läßt erkennen, daß es wichtige Standortfaktoren gibt, die in der Liste der unabhängigen Variablen nach Tabelle 2 nicht aufscheinen. Dabei handelt es sich um Faktoren, für die vergleichbare, quantitative Daten nicht vorliegen und/oder die sich einer ländervergleichenden Analyse dadurch entziehen, daß sie innerhalb der Länder nicht weniger als zwischen den Ländern variieren. Anzuführen sind in diesem Zusammenhang vor allem Infrastrukturfaktoren, deren Relevanz für ausländische Direktinvestitionen Fallstudien (z.B. Figueiredo et al. 1997) dokumentieren, und die hier nur durch die Ausgaben für F&E berücksichtigt werden konnten. Darüber hinaus bemißt sich die Qualität der Infrastruktur aber an einer Vielzahl von Faktoren, einschließlich »weicher« Kriterien wie die Qualifikation und Motivation der Arbeitskräfte, die Existenz langfristiger, auf räumlicher Nähe aufbauender Kooperation zwischen Firmen untereinander, zwischen Firmen und Forschungseinrichtungen etc. Charakteristisch für das Verhältnis von Infrastruktur und Produktionssystemen ist dabei die Tendenz zur Interpenetration innerhalb regional abgrenzbarer »industrieller Distrikte« (z.B. Piore/Sabel 1984). Wenn es richtig ist, daß die Qualität industrieller Distrikte ein entscheidendes Kriterium für die Standortwahl innerhalb von Makromärkten ist, dann geht von transnationalen Investitionen weniger ein Trend zur nationalen Konvergenz als zur regionalen Divergenz in der Wirtschafts- und Sozialentwicklung aus (Krugman 1991).

Unabhängig von der unvollständigen Berücksichtigung der insgesamt relevanten Standortfaktoren in dem hier präsentierten Modell ist angesichts seiner differenzierten Analyse der nationalen Arbeitsmarktregimes davon auszugehen, daß Kalkülen des »Regime Shopping« in bezug auf diese Regimes keine nennenswerte empirische Bedeutung zukommt. Abgesehen von dem Umstand, daß andere Standortkriterien für die Investoren offensichtlich relevanter sind, mag dies auch auf Rationalitätskonflikte zurückzuführen sein, die sich für Investoren ergeben, wenn sie einer Strategie des »Regime Shopping«

folgen wollen. Vor allem gibt es keine empirischen Hinweise dafür, daß nationale Arbeitsmarktregimes, die in den hier betrachteten institutionellen Variablen ein hohes Maß an kollektiver Regulierung kennzeichnet, signifikant höhere Zuwächse in den Lohnstückkosten zu verbuchen haben. Vielmehr zeigt die genauere Betrachtung, daß z.B. zentralisierte Verhandlungssysteme unter bestimmten Voraussetzungen sogar signifikant geringere Zuwächse aufweisen als dezentralisierte Systeme (Traxler/Kittel 1998). Demzufolge läßt sich für »Regime Shopping« hinsichtlich seiner materiellen Implikationen (Lohnkostenminimierung) und seiner institutionellen Aspekte (Maximierung der Dispositionsautonomie) keine eindeutige Präferenzordnung erstellen.

Daß »Regime Shopping« keinen prominenten Stellenwert für Investitionsentscheidungen einnimmt, bedeutet allerdings nicht, daß die nationalen Arbeitsmarktregimes nicht um Investitionen konkurrieren. Dies liegt daran, daß Standortpolitik mittlerweile nicht nur von den internationalen Investoren, sondern auch von den nationalen Akteuren (im Sinne einer Anreizpolitik) gemacht wird. Dies schließt gerade auch die Lohnpolitik mit ein, weil sie der kurzfristigen Steuerung eher als andere Faktoren (wie z.B. die Konfiguration industrieller Distrike) zugänglich ist. Seit Anfang der 90er Jahre zielen die nationalen Lohnpolitiken in Westeuropa verstärkt auf die Absenkung der Lohnkosten im Vergleich zu den wichtigsten Handelspartnern ab. Dies fand in einigen Ländern seinen Ausdruck in expliziten Lohnleitlinien aufgrund korporatistischer Vereinbarungen (z.B. Dänemark, Schweden) oder sogar gesetzlicher Vorgaben (Belgien). Hinsichtlich der materiellen Standards impliziert dies eine Tendenz zu Lohndumping, die jedoch kaum augenscheinliche Standortvorteile verspricht, da sie in allen Ländern beobachtbar ist. Da aus den oben skizzierten Gründen kollektiv hochregulierte Arbeitsmarktregimes grundsätzlich nicht weniger befähigt zur Lohnkostenkontrolle als deregulierte Regimes sind, folgt aus dieser Tendenz keine generelle Erosion kollektiver Regelung – zumindest so lange, wie Lohnzurückhaltung ihre Legitimation unter den Gewerkschaftsmitgliedern findet.

Tabelle 1: Übersicht – Variablen des Arbeitsmarktregimes – 1980, 1985, 1990

		OG	ZE	MB	GM	AV	Streiks	LSK
Österreich	1980	50,8	6	8	3	3	0,0061	112,00
Österreich	1985	49,4	6	8	3	3	0,0082	106,88
Österreich	1990	45,2	6	8	3	3	0,0030	102,29
Belgien	1980	56,6	7	9	3	3	0,0701	137,10
Belgien	1985	56,5	7	9	3	3	0,0434	93,01
Belgien	1990	56,7	4	9	3	3	0,0333	101,98
Dänemark	1980	77,6	2	7	3	1	0,0901	87,41
Dänemark	1985	78,8	6	7	3	1	1,0570	85,17
Dänemark	1990	74,8	6	7	3	1	0,0427	104,68
Frankreich	1980	16,2	7	11	2	3	0,0910	109,73
Frankreich	1985	12,8	7	11	2	3	0,0392	106,92
Frankreich	1990	8,5	7	12	2	3	0,0268	101,26
Deutschland	1980	33,9	5	8	2	2	0,0054	90,46
Deutschland	1985	31,4	5	8	2	2	0,0015	84,63
Deutschland	1990	30,2	5	8	2	2	0,0143	103,10
Irland	1980	57,3	1	2	3	1	0,4715	nv.
Irland	1985	48,6	9	1	2	1	0,4967	116,20
Irland	1990	44,5	1	2	3	1	0,2527	100,00
Italien	1980	44,1	5	11	2	1	1,0680	87,24
Italien	1985	36,2	5	11	2	1	0,2487	89,53
Italien	1990	33,4	1	11	2	1	0,3233	98,04

Tabelle 1: Übersicht – Variablen des Arbeitsmarktregimes – 1980, 1985, 1990 (Forts.)

		OG	ZE	MB	GM	AV	Streiks	LSK
Niederlande	1980	32,6	5	8	2	2	0,0132	122,62
Niederlande	1985	24,8	5	8	2	2	0,0217	98,34
Niederlande	1990	22,6	5	8	2	2	0,0451	101,84
Norwegen	1980	55,7	2	8	2	1	0,0641	92,28
Norwegen	1985	54,1	2	8	2	1	0,0382	96,99
Norwegen	1990	54,5	2	8	3	1	0,0788	99,44
Portugal	1980	54,0	6	3	1	3	0,2051	74,68
Portugal	1985	43,0	6	3	2	3	0,1003	74,52
Portugal	1990	33,0	6	4	3	3	0,0466	88,25
Spanien	1980	6,3	1	11	1	3	0,7694	98,44
Spanien	1985	7,0	1	11	3	3	0,4398	79,98
Spanien	1990	8,9	5	11	0	3	0,2818	99,16
Schweden	1980	78,2	2	9	2	1	1,1540	99,90
Schweden	1985	81,5	6	9	2	1	0,1263	85,19
Schweden	1990	82,4	6	9	2	1	0,1820	96,16
Schweiz	1980	30,6	6	3	2	2	0,0023	72,02
Schweiz	1985	27,2	6	3	2	2	0,0002	83,21
Schweiz	1990	25,8	6	3	2	2	0,0015	98,42
Großbritannien	1980	52,2	7	7	0	2	0,5176	117,10
Großbritannien	1985	42,7	8	1	0	1	0,2945	101,72
Großbritannien	1990	39,2	8	1	0	1	0,0822	97,42

Variablenerklärung:

OG =	gew. Organisationsgrad
AV =	Allgemeinverbindlichkeit von Tarifverträgen: siehe Fußnote 1
ZE =	Zentralisation des Tarifsystems: siehe Fußnote 2
MB =	kollektive Mitsprache der Belegschaft: siehe Fußnote 3
GM =	gew. Mitsprache in der staatlichen Wirtschafts- und Sozialpolitik: siehe Fußnote 4
Streiks =	Streiktage je 1000 Beschäftigte
LSK =	Komparative Lohnstückkosten

Quelle: Datensatz des Instituts für Soziologie am Betriebswirtschaftlichen Zentrum der Universität Wien

Tabelle 2: Ergebnisse der Regressionsanalyse, Determinanten der Beschäftigungsveränderung US-amerikanischer Zweigniederlassungen in Europa, 1982-1991

	Koeffizient	t-Wert	Std. Fehler
Tariflicher Zentralisationsgrad (ZE)	0,0795	0,70	0,002
Kollektive Mitspracherechte der Belegschaft (MB)	-0,0239	-0,12	0,002
Ausmaß der Allgemeinverbindlichkeit von Tarifverträgen (AV)	0,0738	0,58	0,004
Gewerkschaftl. Organisationsgrad (OG)	-0,1528	-1,48	0,000
Mitwirkung der Gewerkschaften in der Sozial- und Wirtschaftspolitik (GM)	0,2435*	1,88	0,004
Streiktage je 1000 Arbeitnehmern	0,2147	1,63	0,013
Anteil linker Parteien an der Regierung	-0,2352*	-1,69	0,001
Lohnstückkosten (geometr. Mittel über Perioden)	0,0535	0,39	0,126
Stundenproduktivität in der Industrie (geometr. Mittel)	0,1413	1,08	0,192
Inflation	0,5690**	2,28	0,176
Wachstumsrate des BIP	-0,2092	-0,25	1,349
Veränderung des Vermögens der US-amerikan. Zweigniederlassungen	0,2971***	4,38	0,052
Veränderung der Beschäftigung der US-amerikan. Konzerne	-0,1321	-1,10	0,083
Veränderung des Vermögens der US-amerikan. Konzerne	0,1910	1,52	0,070

Tabelle 2: Ergebnisse der Regressionsanalyse, Determinanten der Beschäftigungsveränderung US-amerikanischer Zweigniederlassungen in Europa, 1982-1991 (Forts.)

	Koeffizient	t-Wert	Std. Fehler
Ausgaben für Forschung und Entwicklung als Anteil am BIP	0,2160	1,11	0,766
Langfristige Zinssätze	0,3536**	2,30	0,003
Einkommenssteuer der US-amerikan. Zweigniederlassungen gemessen als Anteil an deren Umsatz	-0,1330	-0,71	0,035
Grad der Liberalisierung des Finanz- und Kapitalmarktes	0,0364	0,24	0,002
Standortattraktivität	0,0962	0,39	0,001
Abhängig Beschäftigte	-0,0131	-0,09	0,000
Englisch als Muttersprache	-0,0234	-0,12	0,016
EU-Mitgliedsschaft	-0,1696	-0,84	0,014
Industrie[a]	--------		
Perioden[a]	--------		
N	218		
R^2	0,268		
Adjusted R^2	0,15		
Durbin-Watson	2,272		

[a] Siehe Fußnote 9
* Signifikanzniveau 0,1; ** Signifikanzniveau 0,05; *** Signifikanzniveau 0,01

Anmerkungen

1 Das Ausmaß der Allgemeinverbindlicherklärung wird anhand einer dreistufigen Skala gemessen. Siehe Traxler (1996).

2 Da in vielen Ländern Mehrebenensysteme installiert sind, geht diese Klassifikation von der jeweils bedeutendsten Ebene (gemessen an den erfaßten Arbeitnehmern) aus: Gesamtwirtschaftliche (zentrale) Ebene/Verhandlungen für alle Arbeitnehmergruppen = 1; zentrale Ebene/begrenzter Geltungsbereich dieser Verhandlungen nach Arbeitnehmergruppen = 2; Kombination von zentraler und sektoraler Ebene = 3; Kombination von Zentral-, Sektor- und Betriebs/Unternehmensebene = 4; sektoral/alle Arbeitnehmergruppen = 5; sektoral/begrenzter Geltungsbereich = 6; Kombination von Sektor- und Betriebs/Unternehmensebene = 7; Betriebs/Unternehmensebene/alle Gruppen = 8; Betriebs/Unternehmensebene/begrenzter Geltungsbereich = 9.

3 Präsenz von Belegschaftsvertretern auf Unternehmensebene (d.h. im Aufsichtsrat/Vorstand): ja = 1, nein = 0; Rechtsgrundlage der betrieblichen Belegschaftsvertretung: Gesetz = 2, Generaltarifvertrag = 1, Anderes = 0; Mitspracherechte: keine von der Gewerkschaft insgesamt unterscheidbaren Rechte in Verbindung mit der Dominanz von Haustarifverträgen = 1, thematisch enge Konsultativ/Informationsrechte = 2, Konsultativ/Informationsrechte in Verbindung mit auf bestimmte Arbeitnehmergruppen begrenzter Mitbestimmung und Friedenspflicht = 3, enge Mitbestimmung (ohne Lohnkompetenz)/Friedenspflicht = 4, breite Mitbestimmung (ohne Lohnkompetenz)/Friedenspflicht = 5, Lohnkompetenz/Friedenspflicht kraft Tarifvertrag = 6, Lohnkompetenz/Friedenspflicht kraft Gewerkschaftsstatut = 7, Lohnkompetenz kraft Tarifvertrag/Streikrecht = 8, gesetzliche Lohnkompetenz/Streikrecht = 9. Der additive Index errechnet sich aus der Summe der angegebenen Scores. Dies impliziert eine Gewichtung zugunsten der Belegschaftsvertretung auf Betriebsebene, da jene der Unternehmensebene im Normalfall imparitätisch organisiert ist. In jenen Ländern, in denen es verschiedene Systeme betrieblicher Interessenvertretung gibt, beziehen sich die Angaben in Tabelle 1 auf das bedeutendste System.

4 Thematisch umfassende Paktierungen mit der Regierung = 3; enge Paktierungen bzw. umfassende Konsultationen = 2; enge Konsultationen = 1; keine Mitsprache = 0.

5 Es handelt sich hier um die bezahlten Einkommens- und Kapitalsteuern als Anteil am Nettoeinkommen der Zweigniederlassung.

6 Eine ausführliche Darstellung der Meßmethode findet sich u. a. in der Septemberausgabe von Euromoney 1991: 175.

7 Für die Bereitstellung dieser Daten (Kabinettsitze der Linksparteien in %) danken wir Manfred G. Schmidt, Universität Bremen.

8 Zur Operationalisierung dieser Variablen Quinn (1997), der uns freundlicherweise die hier verwendeten Daten zur Verfügung stellte.

9 Österreich, Belgien, Dänemark, Deutschland, Frankreich, Großbritannien, Irland, Italien, Niederlande, Norwegen, Portugal, Schweden, Schweiz, Spanien.

10 Auf die tabellarische Darstellung der (nicht signifikanten) Ergebnisse für die Industrie- und Periodendummies wird hier aus Raumgründen verzichtet.

Literatur

Driffield, Nigel (1996), Global Competition and the Labour Market. Amsterdam.

Euromoney Publications (1982-1991), Country Rate Risking. Dublin.

Figueiredo, Octavio/Guimaraes, Paulo/Woodward, Doug (1997), A Regional Analysis of Foreign Direct Investment in Portugal, Paper presented at the 37th Congress of the Regional Science Association. Rome.

Jorgenson, Dale (1996), Investment. Vol.1, MIT-Press.

Keller, Berndt/Sörries, Bernd (1998), The New Social Dialogue: Procedural Structuring, First Results and Perspectives, in: Industrial Relations Journal, European Annual Review 1997: 77-98.

Krugman, Paul (1991), Geography and Trade. Leuven-Cambridge.

Martin, Hans-Peter/Schumann, Harald (1996), Die Globalisierungsfalle. Reinbek.

OECD (1994), Employment Outlook. Paris.

Piore, Michael J./Sabel, Charles (1984), The Second Industrial Divide. New York.

Quinn, Dennis P. (1997), The Correlates of Change in International Financial Regulation, in: American Political Science Review 91: 531-551.

Sengenberger, Werner (1991), Labour Mobility and Western European Economic Integration, in: IIRA (ed.): Economic and Political Changes in Europe: Implications on Industrial Relations. Bari.

Traxler, Franz (1996), Collective Bargaining and Industrial Change, in: European Sociological Review 12: 271-287.

Traxler, Franz/Kittel, Bernhard (1998), The Bargaining System and Performance. Paper presented at the 11th World Congress of the International Industrial Relations Association, 22-26 September 1998. Bologna. Erscheint in Comparative Political Studies.

U.S. Direct Investment Abroad – Annual and Benchmark Survey (1982, 1989) Data, U.S. Department of Commerce, Bureau of Economic Analysis. Washington D.C.

Visser, Jelle (1991), Employee Representation in West European Workplaces, in: IIRA (ed.): Economic and Political Changes in Europe: Implications on Industrial Relations. Bari.

Supranationale Regulierung von Arbeitsverhältnissen – Das Beispiel der EU.

Oder: Der Fortschritt ist eine Schnecke und manchmal nicht einmal dies

Berndt Keller

1. Einleitung und Problemstellung

Nationale Arbeits- und Sozialpolitiken sind in entwickelten Industrienationen seit langem etabliert, jedoch in ihrer Reichweite ex definitione territorial begrenzt. Infolge der seit den 80er Jahren fortschreitenden Liberalisierung vor allem von Finanz- und Kapitalmärkten sowie der Internationalisierung von Produktmärkten werden supranationale Regulierungen der Arbeitsmärkte notwendig, obwohl diese nationale Domänen bleiben. Regulierung verfolgt das Ziel, die Bewältigung der sozialen Folgen von »Europäisierung« und »Globalisierung« als Varianten der Internationalisierung nicht allein den »Marktkräften« zu überlassen, wie neoliberale und -konservative Programmatik und Praxis vorschlagen, sondern bewußt und aktiv zu beeinflussen, um die Kluft zwischen wirtschaftlicher und sozialer Integration zu verkleinern und sozialstaatliche Prinzipien auch supranational durchzusetzen.

Innerhalb der Europäischen Union (EU) dürften die Erfolgsaussichten vergleichsweise günstig sein, da im Stadium der fortgeschrittenen wirtschaftlichen sowie der sukzessive zunehmenden politischen Integration im Gegensatz zu anderen, stärker globalisierten, aber weniger integrierten Wirtschaftsräumen gemeinsame Institutionen sowie prozedurale Regeln der Konfliktverarbeitung zumindest in Ansätzen vorhanden sind. Versuche supranationaler Regulierung, die zu der etablierten nationalen eher in einem Komplementaritäts- denn in einem Substitutionsverhältnis stehen, stoßen auf erhebliche politische und institutionelle Schwierigkeiten; das Interesse der privaten und staatlichen korporativen Akteure an der Regulierung einzelner Politikfelder ist durchaus unterschiedlich.

Wir wollen zentrale Probleme exemplarisch für die Politikfelder der kollektiven Arbeitsbeziehungen und Arbeitsmarktpolitik untersuchen, wobei wir in heuristischer Sicht drei miteinander verbundene Ebenen unterscheiden, die bei bestehenden und fortdauernden Unterschieden für die Entwicklung einer »sozialen Dimension« relevant sind: betrieblich, überbetrieblich-sektoral und gesamtwirtschaftlich. Die aktuelle Diskussion befaßt sich vorrangig mit Problemen der betrieblichen Ebene, vernachlässigt aber die sektorale. Letztere ist für duale Arbeitsbeziehungen (wie in Deutschland oder Österreich) von erheblicher Bedeutung, für die im Gegensatz zu monistischen (wie in Großbritannien) die »widersprüchliche Einheit einer arbeitsteiligen Kooperation der Akteure der betrieblichen und sektoralen Ebene«, also von Betriebsräten und Gewerkschaften, konstitutiv ist (Ferner/Hyman 1998).

Die für die Ebenen spezifischen Probleme werden nicht nur untersucht für die Phase der Politikformulierung, sondern, soweit dies aufgrund der Entwicklung überhaupt möglich ist, auch für die Phase der Implementation. Die Umsetzung europäischer Rahmenregelungen auf den nachgeordneten Ebenen stellt eine eigenständige, ungenügend berücksichtigte Phase des Politikzyklus dar. Branchenspezifische, von generellen Entwicklungstrends abweichende Besonderheiten (z.B. in der Bauindustrie oder in der Telekommunikation) sollen wegen der notwendigen Fokussierung des Beitrags keine Berücksichtigung finden. Ebenfalls nicht behandelt wird die hinreichend dokumentierte Genesis der Probleme (Ambrosius 1996).

2. Die betriebliche Ebene: Einführung von Partizipationsrechten

2.1 Die Entwicklung bis zur Richtlinie und ihrer Umsetzung

Die Vorgeschichte im Sinne von stylized facts ist schnell erzählt (Keller 1997): Die kontroverse Diskussion drehte sich seit den frühen 70er Jahren um die Einführung von Partizipationsrechten der Arbeitnehmer in einer aufgrund von Fusionen, Übernahmen und joint ventures schnell wachsenden Anzahl multinational tätiger Unternehmen (MNU). Zum einen scheiterten die von der Kommission unterbreiteten und u.a. von den Gewerkschaften unterstützten Vorschläge jeweils am Widerstand der nationalen und vor allem des europäischen Arbeitgeberverbandes UNICE. Zum anderen war das vorgeschriebene Verfahren der Entscheidungsfindung (Art. 100 EWG-Vertrag) von zentraler Bedeutung: Da Einstimmigkeit im Ministerrat erforderlich war, genügte das Veto eines Landes zur Verhinderung von Beschlüssen.

Aufgrund dieses andauernden politischen Stillstandes versuchten seit Mitte der 80er Jahre einzelne Arbeitnehmervertretungen, mit den Unternehmensleitungen freiwillig Regelungen zu vereinbaren, um strategische Beteiligungsdefizite und Informationsnachteile zu kompensieren. Bis 1993/94 kamen ca. 40 Verträge zustande. Die Anzahl dieser freiwilligen und damit reversiblen Abkommen nahm allmählich zu, blieb aber gering; allenfalls kam ihnen ein gewisser Pilotcharakter für verbindliche und flächendeckende Regulierung zu.

Seit Herbst 1994 besteht die Richtlinie »über die Einsetzung eines Europäischen Betriebsrats oder die Schaffung eines Verfahrens zur Unterrichtung und Anhörung der Arbeitnehmer in gemeinschaftsweit operierenden Unternehmen und Unternehmensgruppen«, deren Ziel die »Stärkung des Rechts auf Unterrichtung und Anhörung der Arbeitnehmer« (Art.1) ist. Ihre Verabschiedung wurde durch eine institutionelle Änderung möglich: Die Mitgliedstaaten stellten im Protokoll über die Sozialpolitik (im folgenden Sozialprotokoll) des Vertrages über die Europäische Union (im folgenden Maastrichter Vertrag) das entsprechende Verfahren der Entscheidungsfindung von Einstimmigkeit auf qualifizierte Mehrheit um.

Alle Mitgliedsländer mußten diese Richtlinie bis 1996 umsetzen, was in Deutschland durch das »Gesetz über Europäische Betriebsräte« geschah. Diese Implementation verlief, was in soziologischer Perspektive wenig überrascht, entsprechend den jeweiligen nationalen »customs and practices« sowie unter Berücksichtigung nationaler Idiosynkrasien (Schöffler 1998). Die Mitgliedsstaaten konnten die Form der Umsetzung wählen, wobei sich die überwiegende Mehrzahl für die gesetzliche Variante entschied, da notwendige Voraussetzungen für die vertragliche nicht erfüllt sind (u.a. hohe coverage rate nationaler Kollektivverträge, Option der Allgemeinverbindlichkeitserklärung). Auch Mischformen kamen vor.

Bis zum Ende der Implementationsphase konnten die Akteure weiterhin freiwillige Vereinbarungen abschließen. Von dieser Option machten ca. 400 der (einschl. Großbritannien) insgesamt ca. 1.500 betroffenen Arbeitnehmervertretungen und Unternehmensleitungen Gebrauch (Marginson et al. 1998), da unternehmensspezifische Regelungen nicht nur leichter möglich waren als nach den langwierigen Prozeduren der Richtlinie, sondern auch schneller in Kraft treten konnten, um u.a. bei Restrukturierungsmaßnahmen benutzt zu werden. Diese sog. Art.13-Vereinbarungen genießen bei Erfüllung bestimmter Mindestbedingungen Bestandsschutz, d.h. sie können trotz der Existenz der Richtlinie weiter bestehen.

Seit Beginn der Phase der gesetzlich-obligatorischen Einführung von EBR im Herbst 1996 kamen nur wenige Vereinbarungen nach dem regulären Richtlinienverfahren, sog. Art.6-Vereinbarungen, zustande, was die Schwierigkeiten bei der Einrichtung weiterer EBR indiziert. Zugleich belegt diese Entwicklung, daß die Bedeutung der in der Umsetzungsphase (1994-1996) relativ schnell gewachsenen Zahl freiwilliger Verträge strategisch nicht überbewertet werden sollte, zumal die Anzahl der MNU offensichtlich geringer war als die der Verträge, weil ein MNU durchaus mehr als ein Abkommen schließen konnte. Weiterhin weisen die Umsetzungen deutliche Unterschiede auf, was in soziologischer Perspektive wiederum nicht überraschend ist.

Die Mehrzahl der MNU steht der EBR-Richtlinie nach wie vor skeptisch bis ablehnend gegenüber; sie versuchen, die durch die Richtlinie eingeräumte Frist von drei Jahren durch Zuwarten bzw. Verhandlungen im Rahmen des sog. Besonderen Verhandlungsgremiums auszuschöpfen und in den Abkommen möglichst wenige »management prerogatives« abzugeben bzw. Vereinbarungen im Sinne der subsidiären Vorschriften der Richtlinie zu treffen.

2.2 Problemlagen in empirischer Perspektive

Zusammensetzung und Handlungsorientierung der EBR folgen den etablierten nationalen Mustern, wie internationale Vergleiche deutlich machen. Die ersten, komparativ angelegten, über die Analyse von Vereinbarungstexten hinausgehenden empirischen Analysen (Lecher et al. 1998) zeigen nicht nur formale Muster, sondern auch informelle Informations- und Kommunikationsnetze. Analytisch sind vier Aktionsfelder zu unterscheiden: EBR – nationale Interessenvertretung, EBR – Management, EBR – Gewerkschaften, formale und informelle Zusammenarbeit der EBR-Mitglieder. Die interne und externe Kooperation gestaltet sich schwierig aufgrund fehlender Erfahrungen sowie fortbestehender Interessenunterschiede nicht nur zwischen Management und Arbeitnehmervertretern sondern auch innerhalb der beiden Seiten (u.a. Vertreter des Mutter- vs. der Tochterunternehmen, Eigeninteressen des Managements an EBR, Ausdifferenzierung einer internen Führungs- und Arbeitsstruktur, Probleme bei der Verzahnung von EBR und Gewerkschaften).

Alle bereits existierenden EBR verfügen über Unterrichtungs- und Anhörungs-, nicht aber über echte Mitbestimmungs- im Sinne von Vetorechten und sind insofern nicht mit nationalen Interessenvertretungen, etwa dem deutschen Betriebsrat, zu vergleichen. Sie können bei der Lösung reiner Informations- und Konsultationsprobleme hilfreich sein, da sie die Bedingungen transnationaler Information und Kommunikation verbessern. Darüber hinaus (etwa bei Investitionsentscheidungen, Produktionsverlagerungen oder

Betriebsschließungen) sind ihre Einflußmöglichkeiten eng begrenzt.. Hinzu kommen praktische Schwierigkeiten (u.a. Sprachprobleme im Sinne des sog. Babylon-Effekts, geringe Sitzungsfrequenz, Fehlen eines institutionellen Unterbaus).

Die Inhalte ermöglichen zwar ein hohes Ausmaß an unternehmensspezifischer Flexibilität, erschweren aber aufgrund ihrer hohen »Varianz« eine vereinheitlichende Entwicklung, die gesetzliche Vorgaben voraussetzen würde. Ein weiteres Problem besteht darin, daß die supranationalen Akteure – in Analogie zu den bekannten, sog. betriebssyndikalistischen Tendenzen auf nationaler Ebene – aufgrund von spezifischen, parallel gelagerten Interessen (u.a. im Arbeits- und Gesundheitsschutz, bei Fragen von Aus- und Weiterbildung) konzernorientierte Verhandlungen entwickeln können, die nationale collective bargaining-Systeme schwächen würden (Marginson/Sisson 1998). Ob EBR mittel- und langfristig flächendeckend vom »Informationsforum zur handlungsfähigen Interessenvertretung« (Lecher et al. 1998) werden, ist eine offene Frage.

2.3 *Zwischenfazit*

Unser ambivalentes Zwischenfazit lautet: Auf betrieblicher Ebene sind die Stadien und Probleme einer supranationalen Normsetzung am deutlichsten zu erkennen, der Prozeß der Regulierung ist infolge der EBR-Richtlinie weiter fortgeschritten als auf den übrigen Ebenen und befindet sich in der Implementationsphase, deren Probleme beträchtlich sind. Die Intensität der vereinbarten Informations- und Konsultationsrechte erreicht rechtlich und faktisch nicht das Niveau nationaler Regulierungen. Dennoch können EBR aufgrund ihrer Institutionalisierung eher als korporative Akteure der sektoralen Ebene Kristallisationskerne für die Entwicklung europäischer »industrial relations« werden, die aber vermutlich keinen »dualen« Charakter aufweisen und deshalb deutliche Rückwirkungen auf nationaler Ebene haben würden.

2.4 *Perspektiven: Partizipation auf Unternehmensebene*

Regelungen zu Partizipationsrechten auf Unternehmensebene bestehen derzeit nicht, obwohl die Kommission entsprechende Vorschläge (u.a. Richtlinienentwurf der SE, fünfte Richtlinie, zehnte Richtlinie) seit den frühen 70er Jahren unterbreitet hat. Auch eine Ende der 80er Jahre vollzogene Änderung des Regulierungskonzepts konnte die interessenpolitische Pattsituation nicht lösen, zumal Einstimmigkeit im Ministerrat notwendig blieb. In jüngster Zeit versucht die Kommission, die Einführung einer eigenständigen Europäischen Aktiengesellschaft (SE), an der MNU u.a. generell aus steuerlichen Gründen sowie aktuell wegen der Wirtschafts- und Währungsunion großes Interesse haben, an die Vereinbarung von Mitbestimmungsregelungen zu knüpfen.

Die von der sog. Davignon-Kommission (Sachverständigengruppe 1997) unterbreiteten Vorschläge schlagen die SE lediglich als Option, nicht als verpflichtende Gesellschaftsform vor. In jeder SE, d.h. unabhängig von Schwellenwerten oder Gründungsland, sollen die Arbeitnehmer in verbindlicher Form am »Geschäftsablauf des Unternehmens« durch Partizipation an den Unternehmensorganen (Verwaltungsrat, Aufsichtsrat) beteiligt werden.

Bei der politischen Umsetzung, die sich u.a. aufgrund nationaler Unterschiede schwierig gestaltet, wird ein den Prinzipien der EBR-Richtlinie korrespondierendes Regulierungsmuster dominieren: Prozedurale anstelle substantieller Vorgaben, Dominanz des Prinzips der Optionalisierung bei der Einführung anstatt einer Generalisierung, Präferenz für die Aushandlung spezifischer »flexibler« Beteiligungsrechte und -formen auf Unternehmensebene anstelle der Vorgabe einheitlicher Rahmenregelungen per Gesetz, Dominanz des Subsidiaritätsprinzips, Definition subsidiärer Vorschriften für den Fall des Scheiterns der Verhandlungen. – Durch die Regelung würde zum ersten Mal in allen Mitgliedsländern ein Mindestmaß an »Unternehmensmitbestimmung« eingeführt.

3. Die sektorale Ebene: Sozialdialoge

3.1 Vom »alten« zum »neuen« Sozialdialog

Auf sektoraler Ebene steht die Entwicklung von Kollektivverhandlungen bzw. ihrer funktionalen Äquivalente im Mittelpunkt. Auf Arbeitgeberseite dominiert das Interesse an der Konservierung des status quo, d.h. eines Zustandes ohne supranationale Regulierung, während Gewerkschaften kurz- und mittelfristig supranationale Rahmenabkommen abschließen bzw. langfristig in Analogie zu den nationalen autonome bargaining-Systeme etablieren wollen.

Der »alte«, seit Mitte der 80er Jahre bestehende Sozialdialog zwischen der Kommission und den europäischen Dachverbänden der Sozialpartner verlief recht schleppend und führte lediglich zu einer Reihe gemeinsamer Stellungnahmen (Europäische Kommission 1995). Diese nicht-bindenden Erklärungen der Sozialpartner blieben eher politisch-symbolisch als praktischer Art. Sie erschöpften den Kanon der Gemeinsamkeiten, ohne die hohen Erwartungen einiger Akteure, vor allem der Kommission und der Gewerkschaften, zu erfüllen.

Im Protokoll über die Sozialpolitik, welches später ohne substantielle Änderungen in den Amsterdamer Unionsvertrag integriert wurde, erweiterten die Mitgliedstaaten die bestehenden, relativ begrenzten Einflußmöglichkeiten der privaten Akteure auf die Formulierung der EU-Sozialpolitik. Die Sozialpartner erhalten nicht nur die Garantie einer zweifachen Konsultation bei allen Initiativen der Kommission, sondern sogar die Option »zur Herstellung vertraglicher Beziehungen, einschließlich des Abschlusses von Vereinbarungen« (Art.4, Abs.1). Sie können diesen »neuen« Sozialdialog, der einen konkreten Ausfluß des programmatischen und erneuerten Subsidiaritätsprinzips mit seiner strikten Betonung dezentral-privater Regulierung darstellt sowie explizit die Priorität quasi-autonomer Vertragsabschlüsse vor gesetzlicher Regulierung einführt, sowohl auf der Makro- als auch auf der Sektorebene führen. Weiterhin führt das Sozialprotokoll (Art.2, Abs.1) bei einem Teil der Rechtsvorhaben qualifizierte Mehrheitsentscheidungen anstelle der bis dato notwendigen Einstimmigkeit im Ministerrat ein. Allerdings bleiben zentrale Bereiche (Entgelte, Koalitions- und Arbeitskampfrecht) explizit ausklammert.

3.2 Exkurs: Ergebnisse der Sozialdialoge auf zentraler Ebene

Bisher haben auf der Makroebene die Dachverbände UNICE, CEEP und EGB nur in wenigen Fällen versucht, Rahmenabkommen abzuschließen. Einige Versuche (vor allem der EBR-Entwurf) scheiterten, lediglich drei waren erfolgreich im Sinne eines Vertragsabschlusses (1996 Elternurlaub, 1997 Teilzeitarbeit, 1999 befristete Beschäftigung). Während die Kommission und verschiedene Sozialpartner die Abschlüsse als richtungsweisend für die weitere Entwicklung des Sozialdialogs ansehen, kritisieren sowohl externe Beobachter als auch mehrere Akteure ihre Inhalte als minimal sowie nachrangig in ihrer Bedeutung für die Arbeits- und Sozialpolitik.

Meine These lautet, daß die ersten Rahmenabkommen prozedural, d.h. wegen der Weiterentwicklung und Konkretisierung der Implementationsverfahren, sowie aufgrund der Etablierung von »customs and practices« wichtiger sind als materiell, weshalb ihre Inhalte nicht näher behandelt werden (Keller/Sörries 1998a). Sie bringen nur in wenigen Mitgliedsländern Verbesserungen bestehender Standards und zeigen insofern das klassische Dilemma europäischer Politik, die durch die Vorgabe von Mindeststandards nur selektiv wirken kann. In empirischer Perspektive ist die häufig anzutreffende, optimistische Schlußfolgerung einer neuen Qualität europäischer Arbeits- und Sozialpolitik aufgrund der durch das Sozialprotokoll eröffneten Optionen (u.a. Falkner 1998; Hoffmann 1998) zumindest voreilig, wenn nicht falsch, weil sie rein formal argumentiert, indem sie den Abschluß von Rahmenabkommen mit deren Inhalten sowie mit ihrer erfolgreichen Implementation gleichsetzt.

Zum einen sind die Implementationsprobleme aufgrund unzureichend entwickelter Verfahren erheblich. Probleme stellen u.a. dar: Repräsentativität der Verbände, Reichweite ihrer Regelungskompetenzen, Rechte der europäischen Akteure, vor allem der Kommission, des Ministerrats und des EP, Qualität des Regelungsinstruments der Richtlinie, Formen der Umsetzung per Gesetz und/oder Vertrag. Erste empirische Analysen zeigen, daß die Prozeduren sowohl im Sozialprotokoll als auch in den anschließenden Sozialdialog-Mitteilungen der Kommission (1993, 1996, 1998) nur grob formuliert und erst im Verlauf der Implementation der ersten Abkommen in einem Prozeß von trial and error allmählich konkretisiert werden (Keller/Sörries 1998b).

Selbst wenn die aktuellen Implementationsprobleme im Verlaufe der Umsetzung weiterer Rahmenabkommen gelöst werden, sind aufgrund fortdauernder Interessendifferenzen substantielle Fortschritte kaum zu erwarten. Die Arbeitgeberverbände wollen primär den status quo erhalten, da er ihren Interessen am ehesten entspricht; sie geben ihre Vetoposition nur aus taktischen Überlegungen, nicht hingegen wegen einer Änderung ihrer Überzeugungen auf. UNICE wird auch in Zukunft nur dann in Verhandlungen eintreten, wenn die Kommission glaubhaft eigene Initiativen ankündigt bzw. androht; das Ziel im Rahmen dieses »bargaining in the shadow of the law« (Bercusson 1994: 20) besteht darin, den Verfahrensverlauf zu kontrollieren und die Inhalte von Abschlüssen stärker zu beeinflussen, als dies im Rahmen des Gesetzgebungsverfahrens möglich wäre. Insofern haben sich in rational choice-Perspektive für UNICE durch die Vorgaben des Sozialprotokolls die Rahmenbedingungen, nicht die Ziele des Handelns geändert: Während früher Lobbying zur Verhinderung von Regelungen die adäquate Verbandsstrategie darstellten, ist es nunmehr die aktive Teilnahme an Verhandlungen.

3.3 Sozialdialoge auf dezentraler Ebene

Sektorale Sozialdialoge können laut Sozialprotokoll ebenso wie zentrale zu verbindlichen Rahmenabkommen führen. Ihre Abschlüsse können in Analogie zu nationalen bargaining-Systemen mit zumeist branchenspezifischen Kollektivverhandungen flexibler und spezifischer sein als solche auf Makroebene. Außerdem dürften die Interessen der Akteure homogener und die Notwendigkeit einer »Europäisierung« größer sein (Treu 1996; Traxler 1996).

Bisher führten die »alten« sektoralen Sozialdialoge, die in Paritätischen Ausschüssen und Informellen Arbeitsgruppen stattfinden, zu einer Reihe gemeinsamer Stellungnahmen (Kommission der Europäischen Gemeinschaften 1996, Anhang II). Diese Erklärungen können zur Verbesserung des gegenseitigen Verständnisses und zum Austausch von Informationen beitragen, stellen jedoch keine verbindlichen Rahmenvereinbarungen dar. Initiativen kamen vor allem in kleineren Branchen des privaten Dienstleistungssektors zustande (z.B. Verkehr, Versicherungen, Telekommunikation) und weniger in grossen Branchen (z.B. Metall- oder Chemieindustrie), die auf nationaler Ebene das pattern bargaining betreiben. Die Inhalte konzentrieren sich auf sozialpolitische Aspekte, die aufgrund gemeinsamer Interessen der Akteure eher konsensualen Charakter haben, klammern aber die potentiell konfliktorischen Kernbestandteile der Arbeitsbeziehungen aus (Sörries 1999).

Die deutlichen Differenzen zwischen Branchen führen zu zwei Thesen. Die Etablierung von Gemeinschaftskompetenzen (wie im Agrar-, Kohle- und Stahlbereich) korrespondiert mit der Entwicklung und den Ergebnissen von Sozialdialogen; die sektorale Integration fördert die Evolution der Sozialdialoge. Die ungleichen Entwicklungen werden durch die sektoral unterschiedlichen Prozesse der Internationalisierung der Produkt- und Arbeitsmärkte mitverursacht; in stärker internationalisierten Sektoren (wie Telekommunikation, Verkehr oder Bau) sind aufgrund der Problemlagen die Voraussetzungen günstiger als in primär national orientierten (wie den Kernbereichen des öffentlichen Sektors).

Die »new machinery« des Sozialprotokolls blieb bislang auf sektoraler Ebene weitestgehend ohne Konsequenzen: Rahmenabkommen liegen seit 1997 nur in der Landwirtschaft sowie bei Schiffahrt und Eisenbahn vor. Ein Grund besteht in der unzureichenden Entwicklung der institutionellen Infrastruktur. Probleme stellen ähnlich wie auf der Makroebene vor allem dar: Repräsentativität der Verbände, Transfer von Verhandlungsautonomie auf die europäische Ebene, Erteilung von ad hoc oder permanenten Verhandlungsmandaten. Schließlich wären die Probleme der Implementation von Ergebnissen ähnlich wie auf der zentralen Ebene erheblich.

Weiterhin erweist sich die »Internationalisierung« der Interessenverbände vor allem auf Seiten der Arbeitgeber als schwierig. Auf Arbeitnehmerseite existieren in allen Branchen supranationale Zusammenschlüsse nationaler Verbände in Form von derzeit 14 Gewerkschaftsausschüssen, welche Mitglieder des Dachverbandes EGB sind. Sie könnten sich mittelfristig bei entsprechender Ressourcenausstattung zu Verhandlungspartnern entwickeln.

Auf Arbeitgeberseite hat der Dachverband UNICE keine entsprechende Untergliederung: Zusammenschlüsse existieren nicht in allen Branchen; die bestehenden, häufig stark fragmentierten Verbände (etwa in der Metallindustrie) sind nicht unbedingt verhandlungsfähig, so daß die Gewerkschaftsausschüsse keine Partner finden. Das Interesse der Arbeitgeber an supranationalen Rahmenabkommen ist sektoral noch geringer als auf der Makroebene, so daß mit einem flächendeckenden Ausbau ihrer Verbände in absehbarer Zukunft kaum zu rechnen ist. UNICE versucht seit den frühen 90er Jahren, durch den Aufbau eines informellen Netzwerks, des European Employers' Network, auf freiwilliger Basis einen Informations- und Erfahrungsaustausch über sektorale Aktivitäten und Strategien zu ermöglichen sowie eine horizontale und vertikale Koordinierung sozialpolitischer Positionen zu erreichen (Hornung-Draus 1998).

3.4 Zwischenfazit

Aus den genannten Gründen unterscheiden wir zwischen Sozialdialogen auf der einen sowie Kollektivverhandlungen mit autonomer Normsetzungsbefugnis auf der anderen Seite, zumal das Sozialprotokoll zentrale Bereiche ausklammert. Dessen grundlegende Innovation besteht nicht, wie häufig behauptet, in der Institutionalisierung einer doppelten Anhörung bzw. der Autorisierung der Sozialpartner zum Abschluß von Rahmenabkommen. Eine gewisse Bedeutung hat die Umstellung der Entscheidungsverfahren von Einstimmigkeit auf qualifizierte Mehrheit in einigen Bereichen, da Vetopositionen einzelner Mitgliedsländer an Bedeutung verlieren.

Die Kommission wird, falls Sozialdialoge als Instrumente der Arbeits- und Sozialpolitik in Zukunft erfolgreich sein sollen, trotz der Aufwertung des Status der Verbände bzw. der Erneuerung und strikten Betonung des Subsidiaritätsprinzips nach wie vor der zentrale Akteur im Regulierungsprozeß bleiben müssen, indem sie von ihrem Initiativrecht systematisch Gebrauch macht. Der Attentismus der Santer-Kommission, der im Gegensatz zum deutlich höheren Aktivitätsniveau ihrer Vorgängerinnen steht, zeigt sich im Rahmen eines neo-voluntaristischen Politiktypus u.a. darin, daß sie keine neuen Initiativen startet; sie greift lediglich ältere, bis auf die Sozialcharta bzw. deren Aktionsprogramm der späten 80er Jahre zurückgehende, bis dato aber unerledigte Gesetzesvorhaben wieder auf (z.B. EBR, Beweislast bei geschlechtsspezifischer Diskriminierung, Elternurlaub, Teilzeitarbeit), setzt aber ansonsten auf Verbesserung der Implementation sowie Konsolidierung der erreichten Resultate.

In Anbetracht der Schwächen vor allem des sektoralen Sozialdialogs versuchen einige nationale Gewerkschaften bzw. Gewerkschaftsausschüsse (z.B. in der Metallindustrie), eine andere, von der Konstitution europäischer Arbeitgeberverbände weniger abhängige Strategie zu entwickeln. Sie bemühen sich um eine bessere Koordination ihrer nationalen Tarifpolitiken, zunächst mit der Intention der Informationsvermittlung und -gewinnung, später mit dem Ziel der Entwicklung und Implementation gemeinsamer Leitlinien und Strategien (u.a. Rückkehr zur produktivitätsorientierten Lohnpolitik, Festlegung von Mindeststandards für Arbeitszeiten bzw. allgemein Verhinderung von Unterbietungskonkurrenz (Schulten 1998). In diesem Szenario hat die aktive Entwicklung des sektoralen Sozialdialogs keine Priorität. Möglicherweise haben wir es mit unterschiedlichen Pfaden einer »Europäisierung« zu tun.

4. Die Makroebene: Initiativen europäischer Beschäftigungspolitik

4.1 Vom Weißbuch zum Beschäftigungskapitel

Auf der Makroebene stehen in Anbetracht der Mitte der 90er Jahre in allen Mitgliedsländern hohen Arbeitslosigkeit die Möglichkeiten einer europäischen Arbeitsmarkt- und Beschäftigungspolitik im Mittelpunkt. Das Weißbuch »Wachstum, Wettbewerbsfähigkeit, Beschäftigung« (Kommission 1993) schlug u.a. im Rahmen eines policy mix ein recht heterogenes Bündel von Maßnahmen neoklassischer wie keynesianischer Provenienz vor und sollte als Blaupause für die Koordination nationaler Politiken dienen. Dem Weißbuch folgten ein »Aktionsprogramm zur Beschäftigungsförderung« sowie auf späteren Gipfeltreffen ausgesprochene Empfehlungen zur Konkretisierung von Maßnahmen, die allerdings keine praktischen Konsequenzen hatten (Keller 1997).

1997 wurde das während der Regierungskonferenz zur Revision des Unionsvertrages diskutierte, zunächst nur von einigen Mitgliedsländern favorisierte sog. Beschäftigungskapitel als eigenständiger Titel in den Amsterdamer Vertrag aufgenommen. Diese politische Kehrtwende, die durch öffentlichen

Druck sowie vor allem durch die Änderungen der Mehrheitsverhältnisse in einigen großen Mitgliedsländern (Frankreich und Großbritannien) und damit im Ministerrat zu erklären ist, soll die Aussichten einer Koordination nationaler Beschäftigungspolitiken verbessern.

In Analogie zu anderen Politikfeldern soll folgende Struktur dominieren: Der Ministerrat legt mit qualifizierter Mehrheit »Leitlinien für beschäftigungspolitische Maßnahmen der Mitgliedsländer« in Form mittelfristiger, möglichst konkret-quantifizierender Zielvorgaben vor. Die Mitgliedstaaten setzen diese Rahmenvorgaben in Form mehrjähriger »nationaler beschäftigungspolitischer Aktionspläne« inhaltlich um, wobei ihnen die Wahl der Mittel und Instrumente freisteht; sie berichten jährlich über ihre wichtigsten Maßnahmen. Die nationale Implementation im Sinne der Einhaltung der Zielvorgaben nicht hingegen die Wahl der Instrumente unterziehen Ministerrat und Kommission »nach einem gemeinsamen Verfahren der Bewertung der Ergebnisse« einer jährlichen Prüfung. Außerdem kann der Ministerrat mit qualifizierter Mehrheit Empfehlungen an die Mitgliedstaaten richten sowie Anreizmaßnahmen »zur Förderung der Zusammenarbeit zwischen den Mitgliedstaaten und zur Unterstützung ihrer Beschäftigungspolitik durch Initiativen beschließen«. Die Maßnahmen sollen die Effektivität (durch Mehrheitsentscheidungen) und die Legitimität (durch Fokussierung auf die national zentralen Beschäftigungsfragen) erhöhen.

4.2 Probleme bei der Umsetzung

Die Kommission verfügt traditionell im Gegensatz zu den übrigen behandelten Politikfeldern über keine Kompetenzen in der Arbeitsmarkt- und Beschäftigungspolitik. Ihre Einflußmöglichkeiten werden zwar gestärkt durch die Option, Leitlinien formulieren sowie Empfehlungen aussprechen zu können; sie hat allerdings jenseits der Koordinierung nationaler Maßnahmen nach wie vor wenig echte Kompetenzen. Letztere verbleiben in nationaler Autonomie, so daß eine genuine europäische Politik nicht zustande kommt. Da Sanktionen bei Nichteinhaltung bzw. -erreichung der Zielvorgaben – im Gegensatz etwa zur dauerhaften Einhaltung der Konvergenzkriterien der WWU – nicht vorgesehen sind, ist eine strikte Notwendigkeit zur Kooperation aus Sicht der Mitgliedstaaten kaum gegeben. Damit entsteht ein Dilemma: Die kooperationsbereiten Partner brauchen keine Anreize, die bei den anderen fehlen.

Die Probleme einer sich im statu nascendi befindenden europäischen Beschäftigungspolitik bestehen vor allem in der notwendigen Kooperation der

Mitgliedsländer bei der Umsetzung der Zielvorgaben sowie in deren Finanzierung. Die Finanzierung könnte aus Mitteln der Europäischen Investitionsbank oder aus dem EU-Etat erfolgen. Beide Optionen stoßen auf Restriktionen nicht nur im Sinne eines Volumenproblems, sondern auch aufgrund differierender Vorstellungen in bezug auf Umverteilung bzw. nationaler Paradigmen der Beschäftigungspolitik. Deutliche Umschichtungen innerhalb des EU-Haushalts, der immer noch (zu fast 50%) durch die Ausgaben für die Agrarpolitik dominiert wird, sind politisch kaum durchzusetzen. Gleiches gilt in bezug auf eine Ausweitung der bei maximal 1,27% des EU-Bruttosozialprodukts liegenden Ausgaben, da alle Mitgliedsländer, vor allem die Nettozahler, eher geringere als höhere Zahlungen leisten wollen; außerdem wird die anstehende Osterweiterung den Einsatz erheblicher finanzieller Mittel erfordern. Eine dritte Option, nämlich eine erhebliche Aufstockung nationaler Ausgaben, scheidet ebenfalls aus in Anbetracht der hohen Verschuldung aller öffentlichen Haushalte.

Zudem differieren die Vorstellungen der nationalen und europäischen Sozialpartner in bezug auf die Voraussetzungen und Maßnahmen einer erfolgreichen Politik ebenso deutlich wie die der nationalen Regierungen. Weiterhin besteht das Problem, daß in den Berichten über die Umsetzung der nationalen Beschäftigungspläne rein quantitative Betrachtungsweisen dominieren werden, weil die »Erfolge« der eigenen Politik demonstriert werden sollen. Außerdem werden ähnlich wie bei den anderen skizzierten Politikfeldern Implementationsprobleme auftreten, da die Kommission in Ermangelung eigener Institutionen und Instrumente auf die Mitgliedstaaten angewiesen ist. Die Ansätze »europäischer« Beschäftigungspolitik werden in absehbarer Zukunft nur appellativen Charakter haben und kaum über den Austausch von Informationen (u.a. über best practices) hinausgehen.

5. Fazit und Ausblick

Als Fazit ergibt sich, daß die supranationale Regulierung der Arbeitsverhältnisse in bezug auf Verfahren, vor allem aber in bezug auf Inhalte unzureichend entwickelt ist. Sie ist zudem auf den behandelten Ebenen unterschiedlich weit fortgeschritten. Ansätze einer eigenständigen »europäischen« Entwicklung mit allerdings ungewissen Perspektiven sind infolge der EBR-Richtlinie bisher nur auf betrieblicher Ebene festzustellen, deren Bedeutung in Zeiten der Dezentralisierung und Verbetrieblichung zweifellos zunimmt.

Auf sektoraler Ebene haben die Sozialpartner so gut wie keine Initiativen gestartet, obwohl diese auf der Basis des Sozialprotokolls möglich wären. Dieses Fehlen stärkt die Tendenzen zur Entwicklung betrieblich orientierter »europäischer« Arbeitsbeziehungen, wie sie auch in einigen Mitgliedsstaaten dominieren; zu rechnen ist mit Rückwirkungen vor allem für duale Systeme, da deren sektoraler Part geschwächt wird.

Auf der Makroebene sind punktuelle, durch die Optionen des Sozialprotokolls ermöglichte Ergebnisse zu verzeichnen, die in inhaltlicher Perspektive eher marginal sind. Zudem sind sie eher allgemeiner sozial- als spezifisch arbeitspolitischer Art. Insgesamt haben Sozialdialoge in beiden Varianten nur eine begrenzte Reichweite. Das Beschäftigungskapitel bietet erste Ansätze zur Koordinierung nationaler, jedoch nicht zur Entwicklung autonomer europäischer Politiken, wozu die Kooperation der Mitgliedsländer sowie die Lösung von Finanzierungs- sowie Umsetzungsproblemen notwendig wären.

Neben rechtlich-institutionellen Schwierigkeiten und Implementationsproblemen sind vor allem Organisationsprobleme sowie Interessenunterschiede zwischen »management and labour« für diese Situation verantwortlich: Regelungen kommen vor allem bei parallel gelagerten Interessen (wie beim Gesundheits- und Arbeitsschutz) zustande. Bei konfligierenden Interessen, welche für die Arbeitsbeziehungen typisch sind, »lohnt« sich für den nichtkooperationsbereiten Akteur das Festhalten am status quo zur Verhinderung weiterreichender Lösungen.

Wir beobachten einen Wandel der Regulierungskonzepte, der sich von »hard law« zu »soft law« vollzieht: Bis in die 80er Jahre dominierten Vorstellungen einer echten »Harmonisierung« im Sinne einer einseitigen Angleichung aller übrigen an die jeweils besten nationalen Regelungen durch Vereinheitlichung unterschiedlicher rechtlicher Standards. In den 90er Jahren hingegen dominieren aufgrund der Erfahrungen mit den Schwierigkeiten dieses Ansatzes Konzepte der Einführung verbindlicher Sockel- oder Mindeststandards, die auf den nachgeordneten Ebenen freiwillig jederzeit über-, jedoch nicht unterschritten werden dürfen; sie sollen sowohl aus Sicht der »nördlichen« Mitgliedsländer Unterbietungskonkurrenz und Nivellierung nach unten verhindern als auch aus Sicht vor allem der »südlichen« Mitgliedsländer eine Überforderung unmöglich machen.

Diese neueren Konzepte sind weniger ambitiös und weitreichend als die älteren, scheinen politisch eher durchsetzbar zu sein, stoßen aber auf die skizzierten Schwierigkeiten. Möglicherweise zeigt sich am Beispiel des Beschäftigungskapitels in Form einer bloßen Koordination nationaler Maßnahmen ein dritter, wegen seiner impliziten Voraussetzungen durchaus anspruchsvoller, zugleich aber weniger weitreichender Typus, der in noch geringerem Maße »soft law«-Charakter aufweist als sein unmittelbarer Vorgänger. Ein eigentümlicher, auf nationaler Ebene eher ungewöhnlicher, auf EU-Ebene durch Berücksichtigung des Subsidiaritätsprinzips begünstigter policy mix von collective bargaining- und legislativen Elementen ist typisch für die aktuelleren Ansätze, die außerdem stärker als ältere an Maximen prozeduraler und nicht substantieller Regulierung ausgerichtet sind.

Zudem muß die Kompatibilität europäischer mit den stark unterschiedlichen nationalen Regelungen gegeben sein, was nur durch einen Bezugsrahmen gelingen kann, der allgemein gehalten ist und erhebliche Freiräume für nationale Umsetzungen läßt. Dadurch werden Spielräume für ein erneutes, mehr oder weniger intensives Lobbying auf nationaler Ebene nach Verabschiedung der europäischen Regelung eröffnet, so daß sich der Verlust an Autonomie bzw. Souveränität der Mitgliedstaaten in Grenzen hält.

In Anbetracht dieser Entwicklungen sind Prozesse einer stärkeren Heterogenisierung und Fragmentierung von Arbeitsbedingungen und kollektiven Arbeitsbeziehungen wahrscheinlicher als »Homogenisierung« bzw. »Vereinheitlichung«. Wir werden es weiterhin mit einem »patchwork of minimum social standards« (Rhodes 1995: 103) bzw. relativ isolierten Einzelmaßnahmen zu tun haben und nicht mit der Entwicklung eines einheitlichen europäischen Sozialmodells.

Die seit langem faktisch bestehende Kluft zwischen ökonomischer und sozialer Integration (Markt- vs. Politikintegration) konnte trotz anderslautender programmatischer Erklärungen aufgrund differierender Interessen der korporativen Akteure nicht geschlossen werden. Sie kann sich in Anbetracht der fortschreitenden ökonomischen, bei stagnierender sozialer Integration noch verbreitern: Die Einführung der WWU vergrößert den Regulierungsbedarf infolge der vollständigen Integration der bis dato nationalen Geld- und Währungspolitiken, ohne daß mittelfristig wirksame Konzepte und Instrumente zur Realisierung vor allem prozeduraler »labour standards« vorhanden wären. Neben inhaltlichen Defiziten wäre eine Verschärfung der ohnehin beträchtlichen Legitimations- und Akzeptanzprobleme der EU die Folge.

Literatur

Ambrosius, G. (1996), Wirtschaftsraum Europa. Vom Ende der Nationalökonomien. Frankfurt.

Bercusson, B. (1994), The dynamic of European labour law after Maastricht, in: Industrial Law Journal 31: 1-31.

Europäische Kommission, Generaldirektion Beschäftigung, Arbeitsbeziehungen und soziale Angelegenheiten (1995), Soziales Europa 2/95: Der soziale Dialog in der Gemeinschaft 1995: eine Bestandsaufnahme. Brüssel.

Falkner, G. (1998), EU social policy in the 1990s. Towards a corporatist policy community. London.

Ferner, A./Hyman, R. (1998) (eds.), Changing industrial relations in Europe. 2nd. ed. Oxford.

Hoffmann, R. (1998), The europeanization of industrial relations – prospects and limits, in: R. Hoffmann et al. (eds.): The German model of industrial relations between adaptation and erosion. Düsseldorf: 159-187.

Hornung-Draus, R. (1998), European Employer Organisations: Structure and recent developments, in: Industrielle Beziehungen 5: 218-235.

Keller, B. (1997), Europäische Arbeits- und Sozialpolitik. München/Wien.

Keller, B./Sörries, B. (1998a), Der neue Sozialdialog: Erfahrungen und Perspektiven, in: MittAB 31: 715-725.

Keller, B./Sörries, B. (1998b), The sectoral social dialogue and European social policy – more fantasy, lesser facts, in: European Journal of Industrial Relations 4: 331-348.

Kommission der Europäischen Gemeinschaften (1993) (Hrsg.), Wachstum, Wettbewerbsfähigkeit, Beschäftigung. Herausforderungen der Gegenwart und Wege ins 21. Jahrhundert. Brüssel.

Lecher, W. et al. (1998), Die Konstituierung Europäischer Betriebsräte – vom Informationsforum zum Akteur? Eine vergleichende Studie von acht Konzernen in Deutschland, Frankreich, Großbritannien und Italien. Baden-Baden.

Marginson, P./Sisson, K. (1998), European collective bargaining: a virtual prospect?, in: Journal of Common Market Studies 36: 505-528.

Marginson, P. et al. (1998), Negotiating European Works Councils: An analysis of agreements under Article 13. Report prepared for the European Foundation for the Improvement of Living and Working Conditions and the European Commission. Dublin.

Rhodes, M. (1995), A regulatory conundrum: Industrial relations and the social dimension, in: St. Leibfried/P. Pierson (eds.): European social policy. Between fragmentation and integration. Washington: 78-122.

Sachverständigengruppe »European Systems of Worker Involvement« (with regard to the European Company Statute and the other pending proposals) (1997). Abschlußbericht Mai.

Schöffler, E. (1998), Die Implementation der Euro-Betriebsrat-Richtlinie in nationales Recht. Eine empirische Untersuchung am Beispiel des deutschen Gesetzes über Europäische Betriebsräte, Verwaltungswissenschaftliche Diplomarbeit. Konstanz.

Schulten, Th. (1998), Tarifpolitik unter den Bedingungen der Europäischen Währungsunion – Überlegungen zum Aufbau eines tarifpolitischen Mehr-Ebenen-Systems am Beispiel der westeuropäischen Metallindustrie, in: WSI-Mitteilungen 51: 482-493.

Sörries, B. (1999), Europäisierung von Arbeitsbeziehungen: Der soziale Dialog und seine Akteure. München-Mering.

Traxler, F. (1996), European trade union policy and collective bargaining – mechanisms and levels of labour market regulation in comparison, in: Transfer 2: 287-297.

Treu, T. (1996), European Collective Bargaining Levels and the Competences of Social Partners, in: P. Davies et al.: European Community Labour Law. Principles and Perspectives. Liber Amicorum Lord Wedderburn of Charlton. Oxford: 169-187.

Gleicher Lohn für gleiche Arbeit am gleichen Ort?

Temporäre Arbeitsmigration in der europäischen Bauwirtschaft im Spannungsverhältnis von nationalen Arbeitsverhältnissen und internationalen Arbeitsmärkten

Edith Gross

1. Einleitung

Das Lohnarbeitsverhältnis ist innerhalb nationaler Geltungsbereiche geregelt. Globalisierung, verstanden als länderübergreifendes Handeln einzelner Akteure, führt zu einem Spannungsverhältnis zwischen unterschiedlichen nationalen Lohnarbeitsbedingungen. Das kann am Beispiel der Entwicklung eines europäischen Bauarbeitsmarktes gezeigt werden.

Mit einem Anteil von etwa 7 v.H. der Erwerbspersonen und einem Beitrag von etwa 12 v.H. zum Bruttoinlandsprodukt der Europäischen Union stellt der Bausektor einen wichtigen Wirtschaftsfaktor im gemeinsamen Markt dar. Bauunternehmen sind zwar traditionell in regional eng begrenzten Räumen tätig, die europaweite Unternehmenskonzentration und -kooperation einerseits und die Spezialisierung kleinerer Unternehmen und zunehmendes Subunternehmertum andererseits beschränken deren Tätigkeit jedoch zunehmend weniger auf regionale Märkte. Die Bauwirtschaft ist der Sektor mit den meisten Unternehmenszusammenschlüssen und Beteiligungen in Europa geworden (Goldberg 1991: 216; Bollinger 1997: 18; Kommission der EU 1993a). Der Integrationsprozeß vollzieht sich in der Weise, daß die wenigen Großunternehmen mittelständische Unternehmen in anderen Ländern in ihre Marktstrategien einbeziehen. Dies geschieht auch im Rahmen von Werkverträgen, die die Unternehmen über die Erstellung eines bestimmten Gewerkes abschließen und in deren Erfüllung Arbeitskräfte zeitlich befristet auf ausländischen Baustellen tätig werden. Anders als in Branchen mit stationärer Fertigung, werden somit nicht Waren, sondern Arbeitskräfte »exportiert«. Die Bauwirtschaft hat sich daher durch temporäre Migration europäisiert, was wiederum starken Einfluß auf die Unternehmensstrukturen und damit auf die Beschäftigung und die Arbeitsbedingungen in der Bauwirtschaft Europas hat.

Bei dieser neuen Form der Arbeitsmigration in Europa gelten grundsätzlich die Arbeitsbedingungen des jeweiligen Heimatlandes. In der Folge entstehen Spannungsverhältnisse unterschiedlich geregelter Arbeitsbedingungen an einem Arbeitsort. Dieses Nebeneinander ungleicher Arbeitsbedingungen zeigte sich deutlich auf den Baustellen in Deutschland: Das Prinzip des gleichen Lohnes für gleiche Arbeit am gleichen Ort war verletzt.

2. Integration durch Arbeitsmigration – Formen und Potentiale

Die Vorstellung von einer Weltgesellschaft geht aus von einer Diffusion der Werthaltungen von Industriegesellschaften und somit gleichartigen Visionen von Wohlstand, Wohlfahrt und sozialer Gerechtigkeit. Bisher ist allerdings die Weltgesellschaft nur zum Teil, und dies am ehesten in wirtschaftlicher Hinsicht realisiert. Was für die »Eine Welt« noch als Utopie erscheint, ist für die Länder der Europäischen Union verhältnismäßig weit fortgeschritten: das institutionelle Zusammenwachsen und der ungehinderte Fluß von Kapital, Gütern, Dienstleistungen und Personen. Integration vollzieht sich in neoliberaler Sicht als Folge der Entwicklung auf freien Märkten, die gegenteilige Meinung sieht die Angleichung der Wettbewerbsbedingungen als eine Voraussetzung für fairen Wettbewerb an. Auch wenn in neoliberaler Sicht generell anerkannt wird, daß für einen fairen Wettbewerb eine gewisse Harmonisierung der Bedingungen erforderlich ist, bezieht sich dies nicht auf die Arbeits- und Beschäftigungsbedingungen und die Systeme sozialer Sicherung (Saphir 1994: 4). Um eine Anpassung an divergierende wirtschaftliche Entwicklungen in den einzelnen Ländern bzw. die Herstellung der Wettbewerbsfähigkeit in wirtschaftlich nachholenden Ländern oder Regionen zu gewährleisten, wird davon ausgegangen, daß Wanderungen von Arbeitskräften für einen tendenziellen Ausgleich sorgen würden, weshalb der Förderung der Freizügigkeit von Arbeitskräften innerhalb der EU ein hoher Stellenwert eingeräumt wird. Die Schaffung der Freizügigkeit in der Europäischen Gemeinschaft hat jedoch keine starken Wanderungsbewegungen bewirkt, sie wurden zum großen Teil durch Handel und Kapitaltransfer substituiert, die wesentlich elastischer auf die Integrationsbestrebungen des Gemeinsamen Marktes reagierten (Straubhaar 1988: 51).

Unterschiedliche Migrationsformen haben verschiedene Konsequenzen und müssen daher separat betrachtet werden. Die Frage der Freizügigkeit in der EU einerseits und die Migrationsbewegung von außerhalb der EU andererseits haben zu berücksichtigen, daß »Migration« und »ausländische Arbeitskräfte« ein überaus heterogenes Bild darstellen (Münz 1997). Migration kann grob in fünf Gruppen unterteilt werden (Stalker 1994: 4): Auswanderer, die sich in einem anderen Land dauerhaft niederlassen; Vertrags-Arbeiter, die temporär in einem anderen Land arbeiten; hochqualifizierte Arbeitskräfte, die innerhalb der Netzwerke der Konzerne weltweit tätig werden; illegale Migration und Asylsuchende sowie Flüchtlinge.

Nun hat der verhältnismäßig hohe Standard der wirtschaftlichen Integration in der EU und deren Integration in den Weltmarkt bereits zu einem intensiven Austausch Hochqualifizierter geführt (Böhning 1991: 446; Stalker 1994: 36; Hillmann/Rudolph 1997). Für diese Form der Arbeitsmigration hat sich die Frage nach einem »Gleichen Lohn« (bisher) noch nicht gestellt.

Die Länder der Europäischen Union sind bereits geprägt durch hohe Anteile ausländischer Arbeitskräfte, deren Einwanderung zurückgeht auf die Anwerbeaktionen der höherentwickelten Wirtschaften in den 50er und 60er Jahren. Sie sind insofern als in den jeweiligen Arbeitsmarkt integriert zu betrachten als sie den heimischen Kollegen in den jeweiligen Arbeitsbedingungen und Sozialstandards gleichgestellt sind. Seit dem Anwerbestop in 1973 ist dieser Migrationsstrom jedoch rückläufig und hat sich in den 80er Jahren tendenziell sogar umgekehrt (Gross 1992).

In starkem Gegensatz dazu steht das hohe Ausmaß irregulärer Einwanderung und Beschäftigung. Das große Potential zukünftig zu erwartender Wanderungen entsteht außerhalb der Europäischen Union: Die Bevölkerung in den Maghreb-Staaten wird stark anwachsen und zu höherer Arbeitslosigkeit führen. Die bevorzugten Immigrationsländer sind die südlichen Staaten Europas, wo eine Verdoppelung der irregulären Migration erwartet wird. Diese Länder werden auch quasi als Drehscheibe der Migration in die nördlichen Länder der EU angesehen, wo sie nun jedoch zunehmend der Konkurrenz der überwiegend höher qualifizierten Arbeitsmigranten aus Mittel- und Osteuropa gegenüberstehen. Wenn diese Migranten Arbeit suchen, sind für sie die offiziellen Arbeitsmärkte nicht zugänglich und sie sind auf illegale Beschäftigung angewiesen, die in Europa in den einzelnen Ländern in unterschiedlichem Maße, insgesamt jedoch von wachsender Bedeutung ist (Gross 1992 und 1993). Aufgrund der besonderen Bedingungen der Bauproduktion ist dieser Sektor jedoch auch besonders aufnahmebereit für ausländische Arbeitskräfte, die nur temporär bzw. in prekären Arbeitsverhältnissen beschäftigt werden.

In Deutschland sind nach dem Fall der Mauer und im Zusammenhang mit den Reformprozessen in den Ländern Mittel- und Osteuropas (MOE) Maßnahmen eingeleitet worden, um diese Migrationsbewegungen zu kanalisieren.

2.1. Arbeitsmigration aus den Ländern Mittel- und Osteuropas

Der Transformationsprozeß der Wirtschaft in den ehemals sozialistischen Ländern zu Beginn der 90er Jahre bildet den Hintergrund für Push-Faktoren in der Migrationsbewegung von Ost nach West. Als Folge dieser Entwicklung waren die Einkommens- und Beschäftigungsmöglichkeiten dort erheblich reduziert. Die Arbeitslosigkeit wuchs in zweistelligen Raten, es sanken die Realeinkommen und der Lebensstandard großer Teile der Bevölkerung. Obwohl es erhebliche Datenerfassungsprobleme gibt, kann zusammengefaßt doch gesagt werden, daß es sich um fast sechs Millionen Arbeitskräfte in ungesicherten Existenzbedingungen handelte.

Die Transformation der politischen und wirtschaftlichen Systeme hatte einen Rückgang der Investitionen und eine Steigerung der Produktivität zur Folge, und so ging auch die Beschäftigung in der Bauwirtschaft von 1989 bis 1992 um fast 600.000 Arbeitskräfte zurück, also um mehr als ein Fünftel in vier Jahren (Kommission der EU 1993b). In den MOE-Staaten entstand somit ein großes Potential von gut ausgebildeten, hoch motivierten und zugleich billigen und flexibel einsetzbaren Arbeitskräften, in einer Zeit, in der in Westeuropa, insbesondere in Deutschland, bei ansteigender Konjunktur die Nachfrage nach Arbeitskräften gewachsen und die Bauwirtschaft mit erheblichen Rekrutierungsproblemen konfrontiert war. In den Folgejahren hat sich die Beschäftigung in der Bauwirtschaft in den MOE-Staaten auf niedrigem Niveau stabilisiert.

Die Einkommenssituation in den frühen 90er Jahren in den MOE-Staaten war gekennzeichnet durch massive Lohnsteigerungen, die Inflationsraten überstiegen jedoch die Steigerungen der Monatsverdienste (Klös 1992). Da die Einkommen geringer gestiegen sind als die Inflation, waren mit den Reallohneinbußen zum Teil erhebliche Kaufkraftverluste verbunden. Die Reformen der Systeme sozialer Sicherung stehen jedoch erst in der Anfangsphase. Die Arbeitgeber tragen bisher die Hauptlast der Beiträge (43,6% der Bruttolohnsumme ab 1993), und daher liegen die gesamten Personalzusatzkosten mit 50 bis 70% des Direktentgeltes relativ hoch (Salowsky 1993: 94f).

Der Beitrag der Arbeitnehmer zur Sozialversicherung (1% des Bruttolohnes) hat noch eher symbolischen Charakter. Ihre Löhne werden also nur vermindert um Steuern ausgezahlt. Rechnet man die Monatsverdienste der Industriearbeiter der MOE-Staaten auf DM-Basis um, so daß der Inflationsanteil, der durch die Abwertungen der Ost-Währungen ausgeglichen wird, unberücksichtigt bleibt, zeigt sich der krasse Unterschied der Einkommensniveaus in Osteuropa und Deutschland. Selbst der durchschnittliche Lohn in Ungarn, der unter den Reformländern am höchsten liegt, beträgt nur etwa ein Zehntel des durchschnittlichen Lohnes in Westdeutschland.

Tabelle 1: Entwicklung der durchschnittlichen Monatsverdienste auf DM-Basis

	1980	1985	1990	1991	1992
Bulgarien	406	691	188	89	112
Ungarn	311	350	404	349	403
Polen	392	451	219	359	218
Rumänien	323	480	267	230	125
ehem. CSFR	517	759	352	235	254
ehem. UdSSR	507	753	87	41	58

Quelle: Nationale Statistiken (zitiert nach Salowsky 1993: 96)

Wenn also ein osteuropäischer Arbeiter in Westdeutschland vorübergehend arbeitet, westdeutschen Lohn erhalten würde, seinen Lebensunterhalt und den seiner Familie jedoch überwiegend im Heimatland bestreitet, dann hätte er in zwei bis drei Tagen seinen Monatslohn erarbeitet bzw. in einem Monat seinen Jahreslohn, und dies allein aufgrund der Wechselkurse, der unterschiedlichen Kaufkraft der Währungen und der unterschiedlichen Lebensstandards.

2.2. Arbeitsmigration innerhalb der Europäischen Union

Staatsangehörige aus EU-Ländern genießen weitgehende Freizügigkeit und damit ein uneingeschränktes Recht auf Einreise und Aufenthalt zur Ausübung einer – selbständigen oder unselbständigen – Erwerbstätigkeit in den Mitgliedsstaaten. Mit Vollendung des Binnenmarktes ab 1993 gilt dies auch für Portugal und Spanien, für die bis zu diesem Zeitpunkt noch einschränkende Übergangsregelungen bestanden. Bedeutende Arbeitsmigration in dieser traditionellen Form hat sich aufgrund der Öffnung der Grenzen jedoch nicht ergeben (Gross 1992; Münz 1997), obwohl innerhalb der EU nach wie vor Lohnunterschiede und unterschiedliche Beschäftigungsmöglichkeiten bestehen.

Tabelle 2: Beschäftigung und Einkommen in der Bauwirtschaft sowie Arbeitslosigkeit in Europa

	Beschäftigte in der Bauwirtschaft		Arbeitslosigkeit*
1995	Anzahl in 1000	Einkommen** in ECU	in v.H.
Dänemark	142.800	33.894	5,5
Frankreich	1.201.900	33.709	12,4
Finnland	102.400	32.909	14,0
Deutschland	1.811.000	31.163	10,0
Belgien	205.600	30.374	9,2
Niederlande	392.000	27.432	5,2
Österreich	274.000	27.177	4,4
Schweden	173.800	26.979	9,9
Luxemburg	22.100	25.842	2,6
Griechenland	149.000	25.013	9,6
Spanien	860.400	22.837	20,8
Irland	73.200	22.762	10,1
Großbritannien	867.000	21.647	7,0
Italien	1.005.300	17.375	12,1
Portugal	213.600	7.467	6,8
EU-15	7.440.200	26.577	10,7

* Arbeitslosenquote Gesamtwirtschaft 1998; ** Einkommen aus abhängiger Beschäftigung je abhängig Beschäftigten einschließlich tatsächlicher und unterstellter Sozialbeiträge (R10)
Quelle: Eurostat

Nicht nur aufgrund der teils erheblichen Einkommensunterschiede, sondern auch aufgrund der unterschiedlichen Systeme sozialer Sicherung (für einen Überblick vgl. Bundesministerium für Arbeit und Sozialordnung 1994) wird jedoch dann der Einsatz von u.a. portugiesischen oder britischen und irischen Bauarbeitern für deutsche Bauunternehmen auf ihren Baustellen in Deutschland interessant, wenn der Arbeitsaufenthalt lediglich temporär erfolgt. Arbeitskräfte der EU verbleiben während einer vorübergehenden Beschäftigung in einem anderen Land grundsätzlich im System sozialer Sicherung ihres Heimatlandes. Sie weisen das mit der sogenannten E 101-Bescheinigung nach. Diese Regelung gilt immer dann, wenn sie ihren Wohnsitz nicht gleichzeitig mit der Arbeitsaufnahme verlegen und dieser Arbeitsaufenthalt in der Regel nicht länger als ein Jahr dauert. Sie können somit in Deutschland tätig werden, ohne gleichzeitig in die Systeme sozialer Sicherung integriert zu sein.

Diese Form der Internationalisierung der Arbeitsmärkte ließ erwarten, daß es durch das Unterlaufen von Arbeits- und Beschäftigungsbedingungen am Arbeitsort und durch das Unterbieten aufgrund unterschiedlicher sozialer Standards zu Wettbewerbsverzerrungen und zu Ungleichbehandlung von Arbeitskräften kommen würde. Abweichend von der Vorstellung einer Entwicklung, die sozialen Fortschritt als Folge des Wachstums aufgrund ungehinderter Freizügigkeit erwartet, unterbreitete die Europäische Kommission bereits 1991 einen Vorschlag für die sogenannte Entsenderichtlinie, mit der gewisse Mindeststandards der Arbeits- und Beschäftigungsbedingungen festgelegt werden, die am jeweiligen Arbeitsort den dort geltenden Bestimmungen entsprechen. Eine modifizierte Richtlinie erhielt schließlich (Ende 1996), nach Überwindung unterschiedlicher Interessen in der Europäischen Union die erforderliche Ministerratsmehrheit und ist bis zum Ende 1999 in jeweils nationales Recht der EU-Mitgliedsländer umzusetzen. In der Zwischenzeit sind in einigen Ländern bereits Rechtsinstrumente geschaffen worden, um das Prinzip des »Gleichen Lohnes« auch bei temporärer Arbeitsmigration wiederherzustellen. Die Regelungen beziehen sich jedoch lediglich auf einen harten Kern der Arbeitsbedingungen wie den Mindestlohn und die Arbeitszeit- und die Urlaubsregelungen, nicht jedoch auf darüber hinausgehende Lohnbestandteile sowie die Systeme sozialer Sicherung, für die nach wie vor die Bedingungen im Heimatland gelten.

In Deutschland wurde Ende 1995 das Arbeitnehmer-Entsendegesetz verabschiedet, als insbesondere in der deutschen Bauwirtschaft die Ungleichheit der Arbeitsbedingungen zu erheblichen Wettbewerbsverzerrungen und Spannungen auf dem Arbeitsmarkt geführt hatten.

3. Ausländische Arbeitskräfte in der deutschen Bauwirtschaft

Die deutsche Bauwirtschaft beschäftigt einen hohen Anteil ausländischer Arbeitskräfte, und deren Anteil ist mit der Zunahme der Beschäftigung in der Bauwirtschaft seit Ende der 80er Jahre noch überproportional gestiegen. Bei den meisten Ausländern handelt es sich um Arbeitnehmer, die sich schon viele Jahre oder Jahrzehnte in Deutschland aufhalten. Insgesamt sind ausländische Arbeitnehmer in der deutschen Bauwirtschaft überwiegend im gewerblichen Bereich und dort wiederum mit einem höheren Anteil an niedriger qualifizierter Arbeit beschäftigt. Ein Drittel der ausländischen Arbeitnehmer sind als Bauhilfsarbeiter beschäftigt, das sind 22,9 v.H. der gesamten Bauhilfsarbeiter. Der Ausländeranteil in Bauberufen beträgt dagegen nur 13,8 v.H. (Clauß 1993). Sie werden häufiger als deutsche Bauarbeiter nach niedrigeren Lohngruppen bezahlt, unterliegen jedoch deutschem Arbeitsrecht und den deutschen tariflichen Bestimmungen und sind insofern ihren deutschen Kollegen gleichgestellt.

Nach dem Anwerbestop, der 1973 für ausländische Arbeitnehmer erlassen wurde, war die Möglichkeit der Beschäftigung von ausländischen Arbeitskräften stark eingeschränkt worden bzw. für Drittstaatsangehörige, die zum ersten Mal oder erneut eine Beschäftigung in Deutschland aufnehmen wollten, grundsätzlich nicht mehr möglich.

3.1. Temporäre Arbeitsmigration aus MOE

Mit verschiedenen Formen der zeitlich begrenzten Beschäftigung von ausländischen Arbeitskräften in Deutschland wurden Öffnungen des Arbeitsmarktes für MOE-Staaten vorgenommen, die sich hinsichtlich der Zugangsbedingungen zum Arbeitsmarkt, der Dauer sowie der Arbeits- und Beschäftigungsbedingungen unterscheiden. Für die Bauwirtschaft sind die Regelungen für Werkvertrags-Arbeitnehmer (WV-AN) von besonderer Bedeutung. Ausländischen Arbeitskräften kann danach zur Erfüllung von Werkverträgen, längstens für zwei Jahre, eine Arbeitserlaubnis erteilt werden. Die Grundlage hierfür sind Werkverträge, die zwischen deutschen Unternehmen und ausländischen Unternehmen abgeschlossen werden. Sie unterliegen Kontingenten, die in Regierungsabkommen ausgehandelt werden und in denen einerseits die jeweils aktuelle und zu erwartende Arbeitsmarktlage in Deutschland berücksichtigt und andererseits dem Wunsch der Staaten Mittel- und Osteuropas nach einem »Export« von Arbeitskräften möglichst weitgehend entsprochen wird. Seit ca. 20 Jahren wird so verfahren, jedoch Anfang der 90er Jahre wurden die Kontingente stark ausgeweitet. Der überwiegende Anteil der WV-AN arbeitete in der Bauwirtschaft.

Tabelle 3: Werkvertrags-Arbeitnehmer im Baugewerbe Deutschlands (West) nach Herkunftsländern

	1991	1992	1993	1995	1997
Gesamt	62.933	78.287	87.361	56.156	40.326
davon in Bauwirtschaft	40.843	54.023	66.958	29.717	17.304
davon aus					
Polen	23.010	31.344	24.051	14.402	9.857
Rumänien	2.173	3.906	16.584	103	262
Tschech.u.Slovak.Rep.	3.804	7.255	7.341	3.372	1.427
Ungarn	5.917	4.830	7.209	4.261	1.121
Bulgarien	527	1.381	3.134	1.340	1.049
früheres Jugoslawien	4.387	4.631	6.503	4.246	1.709
Lettland	-	-	40	197	210
Türkei	-	-	1.325	1.796	1.669
EFTA-Staaten	515	676	771	**	
Spanien und Portugal	510	-	**		

** keine Erfassung mehr wegen Einbeziehung in den Wirtschaftsraum
Quelle: Bundesanstalt für Arbeit

Nachdem für Spanien und Portugal nach einer Übergangsregelung seit 1993 die volle Freizügigkeit in der Europäischen Gemeinschaft gilt, werden WV-AN aus diesen beiden Ländern nicht mehr statistisch erfaßt. Das gleiche gilt seit 1994 für die Länder des Europäischen Wirtschaftsraumes, die nicht zur EU gehören. Der Anteil der WV-AN aus diesen Ländern war allerdings sehr gering verglichen mit denen aus MOE-Staaten.

Das Überschreiten der Kontingente, ein teilweises Nichteinhalten von Beschäftigungsbedingungen der WV-AN sowie ein starker Zustrom von ausländischen Arbeitskräften mit ungeregelten Arbeitsbedingungen im Verlauf der Beschäftigung von WV-AN aus MOE-Staaten hatte in der Branche zu Problemen geführt. Bereits in der zweiten Hälfte des Jahres 1992 hatte die Beschäftigung von WV-AN in Deutschland einen Höhepunkt erreicht, der dazu beitrug, daß die Diskussion um die Beschäftigung von MOE-Arbeitern auf deutschen Baustellen öffentlich geführt wurde. Im November 1992 hatte die Anzahl der WV-AN mit insgesamt 115.000 und in der Bauwirtschaft mit 87.000 die zulässige Quote überschritten. Außerdem kann davon ausgegangen werden, daß im Zuge dieser Arbeitsmarktöffnung erhebliche irreguläre Migration und Beschäftigung am Bau erfolgte. Die Verdrängungseffekte deutscher Bauarbeiter wurden deutlich und Ende 1993 wurden starke Restriktionen der Regelungen erlassen. Ab 1994 reduzierte sich der Zustrom von registrierter, temporärer Migration aus den MOE-Staaten ohnehin, und die temporäre Arbeitsmigration innerhalb der EU gewann stark an Bedeutung (s.u.).

3.2. Arbeits- und Beschäftigungsbedingungen der Werkvertrags-Arbeitnehmer aus MOE-Staaten

Neben den quantitativen Bestimmungen werden in den Regierungsabkommen für Werkverträge auch qualitative Regelungen festgelegt, die Voraussetzung für die erforderliche Genehmigung der einzelnen Werkverträge sind. So dürfen nur Werkverträge geschlossen werden, deren Erfüllung den Einsatz überwiegend qualifizierter Arbeitnehmer erfordert und, als eine der entscheidenden Vorschriften der Regierungsabkommen, sind WV-AN für die Dauer ihres Arbeitseinsatzes in Deutschland nach den am Arbeitsort geltenden Tarifbedingungen zu entlohnen. Hinsichtlich der Sozialversicherung gelten jedoch die Regeln des Entsendelandes, deren Systeme sozialer Sicherung sich erst im Aufbau befinden (Salowsky 1993: 94). Außerdem entfallen Beitragszahlungen (ca. 20 Prozent der Bruttolohnsumme) für die Sozialkassen des deutschen Baugewerbes sowie für das System sozialer Sicherung in Deutschland. Schon bei vertragsgetreuem Einsatz von WV-AN ergeben sich daraus Arbeitskostenstandards, die sich von denen in Deutschland erheblich unterscheiden.

Über das Procedere der Zahlungen des Entgelts an den WV-AN sind in den Regierungsabkommen keine genauen Bestimmungen enthalten. Sie werden teils in Deutschland, teils im Heimatland, teils in D-Mark und teils in ausländischer Währung vorgenommen. Die Handhabung der tatsächlichen Entgeltzahlungen ist somit undurchsichtig und von deutscher Seite kaum kontrollierbar.

Der WV-AN seinerseits wird ein Entgelt akzeptieren, auch wenn es wesentlich niedriger ist als der vorgeschriebene deutsche Tariflohn, solange es den heimischen Lohn übersteigt bzw. ihm überhaupt ein Einkommen sichert. Da die Lebenshaltungskosten in seinem Heimatland wesentlich niedriger liegen als in Deutschland und er mit dem in Deutschland verdienten Geld seine Lebenshaltungskosten bzw. die seiner Familie überwiegend im Heimatland bestreitet, machen die Lohnunterschiede, verstärkt durch die wechselkursbedingten Kaufkraftunterschiede, eine vorübergehende Tätigkeit in Deutschland für ihn attraktiv. Der Anreiz wird sich erst dann und in dem Maße reduzieren, in dem sich im Verlauf der wirtschaftlichen Entwicklung die Beschäftigungs- und Einkommensmöglichkeiten bzw. Lebenshaltungs- und Kaufkraftniveaus in Ost und West angleichen.

3.3. Temporäre Arbeitsmigration innerhalb der Europäischen Union

Aufgrund der garantierten Dienstleistungsfreiheit und der Freizügigkeit in der EU, in die seit 1993 auch die Beitrittsländer Griechenland, Spanien und Portugal einbezogen sind, und im Rahmen von Werkverträgen werden nun auch verstärkt Arbeitskräfte vorübergehend innerhalb der EU entsandt. Die Praxis der WV-AN aus den MOE-Staaten hat einerseits die Aufnahmefähigkeit des deutschen Bauarbeitsmarktes für diese Art des Arbeitskräfteeinsatzes gefördert, und mit den starken Restriktionen der Arbeitsmarktöffnung für MOE-Staaten andererseits wurde die Entsendung »billiger Arbeitskräfte« aus einigen Ländern der EU interessant.

Verschiedene »Entsendepraktiken« haben sich herausgebildet. Zum einen werden Arbeitskräfte direkt von ihren heimischen Unternehmen auf die Baustellen in Deutschland entsandt. Teils schalten sich auch Arbeitsvermittlungs-Agenturen, insbesondere in den Niederlanden und Belgien, ein (Köbele/Cremers 1994). Aus Großbritannien kommen Bauarbeiter als self-employed auf deutsche Baustellen. Das sind selbständige »Ein-Mann-Betriebe«, die sich quasi selbst entsenden, in Deutschland jedoch als Scheinselbständige betrachtet werden aufgrund unterschiedlicher Regelungen der Selbständigkeit bzw. anderer Definitionen von »Arbeitnehmer« und »Betrieb«. Somit wird hier in vielen Fällen Leiharbeit betrieben, die auf deutschen Baustellen verboten ist.

Über das Ausmaß dieser Arbeitsmigration können genaue Angaben nicht gemacht werden, da diese Wanderungsbewegungen weder systematisch registriert noch kontrolliert werden. Es entwickelte sich eine rege Tätigkeit in dieser Grauzone des europäischen Arbeitsmarktes, mit der ein Unterbieten der Löhne und der Sozialnormen einherging. Zudem sind Unregelmäßigkeiten bei Lohnzahlungen, Reisekostenerstattungen oder Unterkünften am Arbeitsort in größerem Ausmaß bekanntgeworden, so daß in Pressemeldungen von den »neuen Sklaven« gesprochen wurde. In Deutschland begann eine Registrierung dieser entsandten Arbeitskräfte entsprechend dem Arbeitnehmer-Entsendegesetz schließlich am 1.1.1997. Es gilt nun der in Deutschland tarifvertraglich festgelegte und für allgemeinverbindlich erklärte Mindestlohn sowie eine Urlaubsregelung für entsandte Arbeitnehmer.

Die Umsetzung der Entsenderegelungen stößt allerdings wiederum auf Probleme.

Sie entstehen zum einen durch Regelungsdefizite (Information und Kontrolle), da nicht gleichzeitig europäische Institutionen errichtet wurden, die zumindest nationale Durchsetzungsmechanismen koordinieren. Inhaltliche Defizite zum anderen entstehen dadurch, daß bei der Regulierung von Löhnen im Falle temporärer Migration einzelne Lohnbestandteile isoliert betrachtet und nicht im Kontext des jeweiligen Reproduktionszusammenhanges gesehen werden. Der Behebung dieser Defizite kommt man nicht näher, wenn die Lohnunterschiede lediglich in bezug auf die Leistung der Arbeitskraft in der Produktion bezogen werden. Dabei ist es gar nicht so einfach, herauszufinden, was als »vergleichbarer Lohn« in einem anderen Land festgestellt werden kann (vgl. ausführlicher dazu Gross/Syben 1992). Die Reproduktionsseite des Lohnes bleibt im nationalen Kontext stets unberücksichtigt, weil gleiche Rahmenbedingungen (Sozialgesetzgebung und Tarifverträge) innerhalb eines Staates gelten. Die Bedeutung des Reproduktionszusammenhanges des Lohnes wird jedoch dann offensichtlich, wenn sich die nationalen Kontexte von Arbeitsort und Reproduktionsort unterscheiden, wie es bei temporärer Migration in der Bauwirtschaft der Fall ist (Gross 1997).

4. Struktur und Entwicklungen in der deutschen Bauwirtschaft

Im europäischen Baumarkt spielt Deutschland eine bedeutende Rolle mit fast 30 v.H. der Bauproduktion der Europäischen Union (FIEC 1998). Die Bedeutung des deutschen Baumarktes in Europa aufgrund seines Volumens und des Konjunkturverlaufes wurde noch verstärkt durch die Entwicklung in den Neuen Ländern. Mit Wachstumsraten bis zu 36% (1992) war die Bauproduktion dort Motor der Entwicklung (Rußig 1995: 12). Diese positive Entwicklung in Deutschland wirkte als Sogfaktor für ausländische Baukapazitäten.

4.1. *Auftragsvergabe und Subunternehmen*

In diesem Zusammenhang sind Strukturveränderungen in der Form der Auftragsvergabe relevant. Traditionell vergibt der Bauherr (Kunde) die einzelnen Arbeiten direkt an bauausführende Unternehmen. Nun bilden sich daneben verschiedene Formen der Untervergabe von Bauaufträgen heraus, wobei das vom Bauherren beauftragte Unternehmen von ihm zu erstellende Bauleistungen weiter vergibt, woraus ganze Subunternehmerketten entstehen können. Oder der Bauherr vergibt sämtliche Arbeiten für das Bauwerk an einen Generalunternehmer (schlüsselfertiges Bauen), in aller Regel ebenfalls ein Bauunternehmen, das seinerseits die verschiedenen Nachunternehmen beauftragt.

Bei diesen vertikal integrierten Subunternehmernetzwerken sind zwei verschiedene Formen zu beobachten. Zum einen handelt es sich um Austauschbeziehungen mit Subunternehmen, die hochspezialisierte, technisch anspruchsvolle Bauleistungen erbringen. Diese Baukapazitäten werden aufgrund der wachsenden Vielfalt auch von großen Bauunternehmen teilweise nicht mehr selbst vorgehalten, sondern im Bedarfsfalle zugekauft. Daher werden mit den hochspezialisierten Subunternehmen langfristige, stabile Kooperationen angestrebt. Diese Entwicklung wird gefördert durch den zunehmenden Wunsch der Bauherren nach Komplettlösungen.

Anders verhält es sich bei der Vergabe von Unterverträgen an Subunternehmen für arbeitsintensive, auch mit einfacheren Qualifikationen zu erbringende Bauleistungen. Zwar könnten größere Bauunternehmen diese Leistungen mit eigenem Personal erbringen, sie ziehen es aber vor, sich auf eine Facharbeiter-Stammbelegschaft zu beschränken und je nach Auftragslage diese Arbeitsleistungen zuzukaufen. Sie vermeiden damit eigene Risiken der Unterauslastung bei rückläufiger Konjunktur und verlagern diese auf die Subunternehmen. Die Subunternehmen, die im wesentlichen arbeitsintensive Bauleistungen erbringen, unterliegen damit einem hohen Preiswettbewerb. Wenn aber der Preis für die Auftragsvergabe entscheidend ist, werden auf zunehmend internationalen Baumärkten die Angebote aus Niedriglohnländern interessant.

Der Anteil der Nachunternehmerleistungen an der Bauproduktion ist in Deutschland seit den 80er Jahren von durchschnittlich 15 v.H. auf etwa 30 v.H. in 1996 gestiegen, insbesondere im Hochbau und bei den großen Unternehmen. Bei den großen Bauaktiengesellschaften wird heute etwa die Hälfte der Bauleistungen untervergeben (Industriegewerkschaft Bauen-Agrar-Umwelt 1998: 30). In anderen westeuropäischen Ländern betrugen die Nachunternehmerleistungen bereits 1987 beispielsweise in Großbritannien als auch in Frankreich und den Niederlanden mehr als 40 v.H. (Knechtel 1992).

Die Möglichkeit der Untervergabe von einzelnen Gewerken an ausländische Subunternehmen wurde zunächst von den Großunternehmen genutzt, die sowohl in den MOE-Staaten als auch innerhalb der EU enge Kooperationsbeziehungen zu dortigen Baugesellschaften aufbauten. Im Zuge dieser Entwicklung verstärkte sich die Zerteilung der bisher eher ganzheitlichen Bauproduktion in einzelne Gewerke, auch mittelständische Unternehmen folgten diesem Trend, und wesentliche Teile der Bauproduktion verbilligten sich erheblich. Während der Boomphase der deutschen Bauwirtschaft Anfang der 90er Jahre konnte man davon ausgehen, daß dieses zusätzliche ausländische Arbeitskräfteangebot eine Lücke im deutschen Bauarbeitsmarkt füllte, mit dem Abnehmen der Konjunktur zeigte sich jedoch, daß dieser Trend nicht umkehrbar war und daß nun Verdrängungseffekte sowohl auf dem Baumarkt als auch auf dem Bauarbeitsmarkt deutlich wurden.

4.2. Beschäftigtenstruktur und Arbeitsmarktentwicklung

Bauproduktion in Deutschland zeichnet sich aus durch das Prinzip flacher Hierarchie und weitgehender Delegation der Verantwortung an die Bauausführung, dies schon aufgrund der meist geringen Größe der Betriebe.

Tabelle 4: Betriebe und Beschäftigte im Bauhauptgewerbe in Deutschland (West) 1992-1996

Größenklasse	Betriebe		Beschäftigte	
	1992	1996	1992	1996
1-9	40.687	37.100	172.172	142.700
10-19	13.450	12.084	184.299	165.300
20-199	11.046	9.496	533.186	451.400
200 und mehr	520	390	207.419	152.200
Total	65.703	59.070	1.087.076	911.000

Quelle: Statistisches Bundesamt

Auf der Baustelle ist der Bauleiter für die sachliche und terminliche Konzeption und Organisation verantwortlich, die Aufgabe des Poliers ist die Disposition, Anleitung und Überwachung der Arbeitskräfte. Die Arbeitskräfte, auch organisiert in Kolonnen von Facharbeitern, erledigen dann die Arbeitsaufgaben ohne Einzelanweisung. Der Einsatz von Facharbeitern gewinnt an Bedeutung, insbesondere wegen seiner umfassenden Einsatzmöglichkeit, während Hilfsarbeiten immer weniger erforderlich sind. Insbesondere die Ausbildung der Baufacharbeiter in Deutschland, die sowohl auf die breite Palette der bauberuflichen Tätigkeiten als auch auf Spezialtätigkeiten eines Berufes ausgelegt ist und die die Herausbildung extrafunktionaler Qualifikationen fördert, befähigt bereits junge Facharbeiter, den hohen Ansprüchen an ihren Einsatz auf der Baustelle gerecht zu werden (Syben 1992). Die Bauwirtschaft in (West-)Deutschland ist zudem ein hochregulierter Sektor. Flächendeckend, im wesentlichen durch Tarifverträge, wird sowohl das Lohnarbeitsverhältnis einheitlich geregelt, einschließlich branchenspezifischer Systeme sozialer Sicherung, als auch die Art des Arbeitskräfteeinsatzes, die abgesichert wird durch umlagefinanzierte Berufsbildungssysteme und durch Eingruppierungspraktiken der Facharbeit in der Lohnskala.

*Tabelle 5: Beschäftigtenstruktur im Bauhauptgewerbe Deutschland (West) 1952 -1997**

	1950	1960	1970	1980	1990	1992	1996	1997
Tätige Inhaber	8,6	4,8	4,6	4,7	5,0	4,4	4,9	5,3
Angestellte	4,4	6,0	9,2	12,6	15,2	15,8	17,9	18,6
Facharbeiter	43,9	51,0	55,8	53,7	58,4	57,2	54,4	53,6
An-/Ungelernte	32,8	34,5	28,6	23,5	17,7	18,9	17,4	16,6
Auszubildende	10,3	3,7	1,8	5,5	3,7	3,7	5,7	5,9
Total (in 1000)	913	1.406	1.567	1.263	1.034	1.076	893	834

*in Prozent, Jahresdurchschnitte;
Quelle: Statistisches Bundesamt

Diese Entwicklung der Arbeitskräfteeinsatzstrategie bedeutet auch für ausländische Arbeitskräfte, daß, anders als in den 50er und 60er Jahren, die Möglichkeit einer Beschäftigung für Hilfsarbeiten eingeschränkt ist.

Im Verlauf der Konjunkturentwicklung zu Beginn der 90er Jahre (die Bauproduktion stieg um mehr als 10 v.H. jährlich von 1990 bis 1992) nahm auch die Anzahl der Beschäftigten im Bauhauptgewerbe West-Deutschlands kontinuierlich zu auf über eine Million Beschäftigte (im Jahresdurchschnitt 1992). In Anpassung an gestiegene Produktion stieg zunächst die Anzahl der geleisteten Arbeitsstunden. Die Arbeitslosigkeit am Bau war mit 115.000 Bauarbeitern auf einen Tiefstand gesunken, und die Arbeitslosenstruktur zeigte an, daß nicht die erforderlichen Qualifikationen verfügbar waren. So zeigten sich Engpässe auf dem Bauarbeitsmarkt in Deutschland.

Abbildung 1: Bauproduktion und Bau-Arbeitsmarkt 1990-1997 in Deutschland (West)

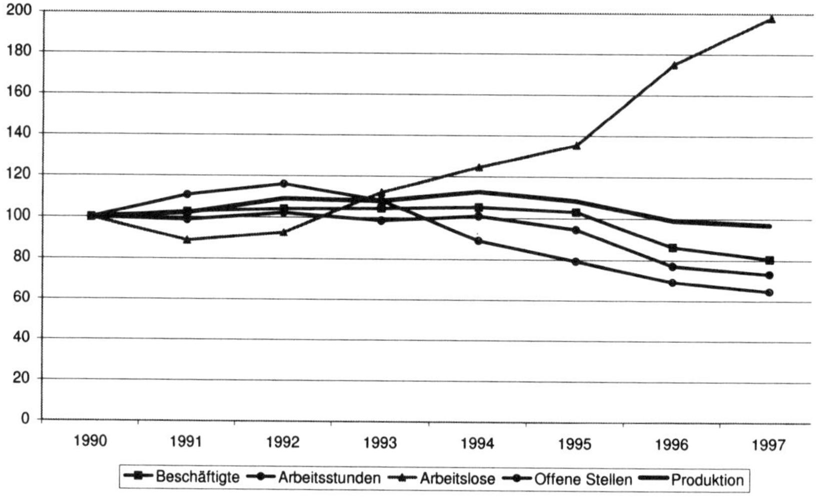

Quelle: Statistisches Bundesamt, Bundesanstalt für Arbeit und DIW

Gleichzeitig war jedoch der oben beschriebene starke Anstieg von ausländischen, temporär beschäftigten Arbeitskräften im Rahmen von Werkverträgen in der Bauwirtschaft zu verzeichnen. Im Verlauf dieser Entwicklung sank die Zahl der offenen Stellen, und die Anzahl der arbeitslosen Bauarbeiter stieg stark an auf mehr als 200.000 in 1996. Die derzeitige Struktur der Arbeitslosigkeit bestätigt den vielfach beobachteten Trend zur Verdrängung von heimischen Facharbeitern.

5. Zusammenfassung

Die deutsche Bauwirtschaft erlebte einen tiefgreifenden Strukturwandel. Das neue, zusätzliche Angebot von ausländischen Arbeitskräften fand seine Nachfrage in bestimmten Segmenten der Bauproduktion mit der Folge, daß sich der bisherige Einsatz von Facharbeit ausdifferenziert hat. Das Übergewicht der Marktkräfte im europäischen Bauarbeitsmarkt hat bewirkt, daß »teure« deutsche Arbeitskräfte verdrängt werden von »billigen« ausländischen Arbeitskräften sowohl aus den Ländern der EU als auch von außerhalb der EU, insbesondere den Staaten Mittel- und Osteuropas, in denen die Löhne und Sozialstandards wesentlich niedriger sind als in Deutschland.

Selbst innerhalb der Europäischen Union bestehen beträchtliche Lohnunterschiede. Das Prinzip des »Gleichen Lohnes« ist mehr oder weniger im Rahmen nationaler Systeme von Lohnpolitik, Arbeitsbedingungen und sozialer Sicherung verwirklicht und in jeweils national unterschiedlichen hochkomplexen und interdependenten gegenseitigen Abhängigkeiten von Produktion und Reproduktion abgestimmt. Bei einer Form der Migration, bei der der Produktionsort und der Reproduktionsort der Arbeitskraft nicht im gleichen Land liegen, entsteht ein Spannungsfeld zwischen den in Wohn- und Arbeitsland jeweils geltenden Arbeitsbedingungen und Sozialstandards.

Diese Problematik bedurfte einer Regulierung, die sowohl national als auch auf europäischer Ebene eingeleitet wurde. Als Ausnahme von der neoliberalen Binnenmarktstrategie und nach Überwindung gegensätzlicher Interessen der Beteiligten wurden entsprechende Regelwerke geschaffen. Die europäische »Entsende-Richtlinie« und deren Umsetzung in Deutschland, das »Entsende-Gesetz«, legen einen Kern von Arbeitsbedingungen fest, der am Arbeitsort einzuhalten ist unbeachtet der Bedingungen im Herkunftsland der Arbeitskräfte. Es handelt sich vor allem um einen Mindestlohnsatz, Mindesturlaubsansprüche sowie Höchstarbeitszeiten.

Die Umsetzung der Entsenderegelungen stößt jedoch wiederum auf Probleme. Einmal abgesehen von der unzureichenden Kontrollierbarkeit der Einhaltung der Beschäftigungsbedingungen der entsandten Arbeitskräfte bleibt in diesen Regelungen unberücksichtigt, daß einzelne Lohnkomponenten nicht isoliert betrachtet werden dürfen. Bei der Antwort auf die Frage nach einem »gleichen Lohn« im Falle temporärer Migration muß der Lohn darüber hinaus im jeweils nationalen Kontext von Produktions- und Reproduktionsbedingungen bewertet werden.

Literatur

Böhning, W.R. (1991), Integration and immigration pressures in western Europe, in: International Labour Review 4: 445-58.

Bollinger, Rolf (1997), Im Zeichen der Globalisierung, in: Bauwirtschaft 12: 17-29.

Bundesanstalt für Arbeit (1994), Gesamtübersicht der Zahl der beschäftigten Arbeitnehmer im Rahmen von Werkverträgen. Nürnberg (unveröffentlicht).

Bundesministerium für Arbeit und Sozialordnung (1994), Euroatlas. Soziale Sicherheit im Vergleich. Bonn.

Clauß, Thomas (1993), Ausbildung und Erwerbstätigkeit in Bauberufen. Berlin.

Kommission der Europäischen Union (1993a), Strategische Studie über das Bauwesen, Abschlußbericht, Strategien für die Bauwirtschaft. Brüssel.

Kommission der Europäischen Union (1993b), Employment Observatory, Central & Eastern Europe. Brüssel.

FIEC (European Construction Industry Federation) (1998), Construction Activity in Europe, Report No. 42. Brüssel.

Goldberg, Jörg (1991), Die deutsche Bauwirtschaft in der Strukturkrise. Eine Bestandsaufnahme an der Schwelle des EG-Binnenmarktes. Bremen.

Gross, Edith (1992), Arbeitsbedingungen in der Bauwirtschaft Europas. Migration und prekäre Beschäftigungsverhältnisse, in: Gerd Syben (Hrsg.): Marmor, Stein und Computer – Beiträge zur Industriesoziologie des Bausektors. Berlin: 43-58.

Gross, Edith (1993), Migration within and towards the European Community and its impact on the construction industry, in: Linda Clarke/Lutz Luitlen (Hrsg.): The Production of the Built Environment and Europe 1992. London: 99-109.

Gross, Edith (1997), Migrant labour and equal pay for equal work in Europe, Beitrag zum Internationalen Symposium Maastricht 1.-3. Mai 1997: The Dynamics of Wage Relation in the New Europe.

Gross, Edith/Syben, Gerd (1992), Lohnvergleiche und Arbeitsbedingungen in der Europäischen Bauwirtschaft, in: WSI-Mitteilungen 1: 11-18.

Hillmann, Felicitas/Rudolph, Hedwig (1997), S(Z)eitenwechsel – Internationale Mobilität westlicher Hochqualifizierter am Beispiel Polen, in: Ludger Pries (Hrsg.): Transnationale Migration. Baden-Baden: 245-263.

Industriegewerkschaft Bauen-Agrar-Umwelt (1998), Wirtschaftsdaten für Bauleute. Frankfurt/Main.

Klös, Hans-Peter (1992), Osteuropas Arbeitsmärkte im Umbruch. Köln.

Knechtel, Erhard (1992), Die Bauwirtschaft in der EG. Wiesbaden/Berlin.

Köbele, Bruno/Cremers, Jan (1994), Europäische Union: Arbeitnehmerentsendung im Baugewerbe. Witterschlick/Bonn.

Münz, Rainer (1997), Woher-wohin? Massenmigration im Europa des 20. Jahrhunderts, in: Ludger Pries (Hrsg.): Transnationale Migration. Baden-Baden: 221-243.

Rußig, Volker (1995), Perspektiven für die Bauwirtschaft. Eschborn (unveröffentlicht).

Salowsky, Heinz (1993), Soziale Sicherheit, Lohnfindung und Arbeitskosten in den Reformländern Mittel- und Osteuropas, in: iw-trends, Institut der Deutschen Wirtschaft. Köln.

Sapir, André (1994), The Harmonization of Social Policies: Lessons from European Integration. Brüssel.

Stalker, Peter (1994), The Work of Strangers: A Survey of International Labour Migration. Genf.

Straubhaar, Thomas (1988), On the Economics of International Labour Migration. Bern/Stuttgart.

Syben, Gerd (1992), Betriebliche Arbeitskräftepolitik in der Bauwirtschaft, in: Gerd Syben (Hrsg.): Marmor, Stein und Computer – Beiträge zur Industriesoziologie des Bausektors. Berlin: 203-221.

Globalisierung und der Handlungsspielraum der nationalen Arbeitsmarktpolitik[1]

Klaus Armingeon

1. Einleitung

In diesem Beitrag wird der Frage nachgegangen, ob die zunehmende ökonomische Verflechtung der OECD-Länder zu einer Einschränkung des Handlungsspielraums der nationalen Arbeitsmarktpolitik geführt hat. In der Literatur (vgl. Beisheim/Walter 1997; Busch 1998; Plümper 1998) wird häufig die Liberalisierung des Kapitalmarktes als die Zäsur genannt, die das Zeitalter der Globalisierung von jenem einer weitgehend unbeschränkten Souveränität nationaler Politik abtrenne. An dieser Stelle soll nicht weiter erörtert werden, ob es diese Zäsur gab bzw. wie tief sie tatsächlich war. Vielmehr geht es darum, die Handlungsmöglichkeiten der Arbeitsmarktpolitiker zu vergleichen. Dies geschieht anhand einer Kontrastierung der realisierten, arbeitsmarktpolitischen Optionen in der Arbeitsmarktkrise der 70er Jahre mit jenen der 90er Jahre. Folgt man den Globalisierungsthesen, so ist eine Konvergenz der Politiken anzunehmen. In dieser Sichtweise konnten in den 70er Jahren noch eine ganze Palette von Politiken erfolgreich eingesetzt werden. Darunter waren insbesondere keynesianisch inspirierte Strategien. Hingegen seien in den 90er Jahren nur noch solche Optionen verantwortlicherweise greifbar, die Kapital nicht außer Lande treiben. Und dies könne nach der Kapitalmarktliberalisierung leicht geschehen, wenn Steuern, Abgaben, Lohnkosten oder Preise stärker steigen als in anderen Ländern.

Die empirischen Befunde dieses Beitrags sind mit diesen Annahmen nicht vereinbar. Vielmehr läßt sich zeigen, daß der größte Teil der Arbeitsmarktprobleme in beiden Zeiträumen auf der Seite des Arbeitsangebots für den privaten Sektor entstanden ist; also durch die Zunahme der Zahl der Erwerbspersonen, die im privaten Sektor Arbeit suchten. In beiden Untersuchungszeiträumen standen den nationalen Regierungen verschiedene Möglichkeiten offen, diesen Angebotsdruck auf den Arbeitsmarkt zu mildern. Viele der hierzu geeigneten Maßnahmen unterliegen keinen globalisierungsbedingten Einschränkungen. Im Vergleich zur rasch steigenden Anzahl der Arbeitsuchenden war das Problem des Abbaus von Stellen im Bereich der Privatindustrie weit weniger gravierend. Keynesianische Techniken waren keineswegs die einzigen oder dominanten Maßnahmen, die in den 70er Jahren ergriffen wurden, um einen Abbau von Stellen zu verhindern und gegebenenfalls die Unternehmen zur Schaffung weiterer Arbeitsplätze zu animieren. Darüber hinaus erreichten keynesianische Politiken häufig ihre Ziele nicht. In den 90er Jahren wurde nahezu vollständig auf solche Strategien verzichtet, was angesichts ihrer geringen Wirksamkeit die Effektivität staatlicher Arbeitsmarktpolitik kaum minderte. Andererseits wurden auch neo-liberale Politiken, die als globalisierungskompatibel gelten, nur selten verfolgt. Freilich waren konsistente neo-liberale Politiken in den wenigen Fällen, in denen sie durchgeführt wurden, mit einer überdurchschnittlich positiven Entwicklung der Arbeitslosenquote verbunden. Andererseits verzeichneten auch einige Länder, die mit Kombinationen unterschiedlicher Politiken experimentierten, geringe Zuwachsraten der Arbeitslosenquote.

Der Schlüssel zur Erklärung des arbeitsmarktpolitischen Erfolges liegt deshalb weniger in den verfolgten Politiken an sich, sondern in der institutionellen Kontexten, die eine Auswahl und Abstimmung unterschiedlicher Strategien in der Art erlauben, daß sie ihre Ziele auch erreichen können. Ich argumentiere, daß zwei solcher Rahmenbedingungen besonders vorteilhaft sind: In einer Mehrheitsdemokratie mit schwachen Gewerkschaften und schwachen politischen Verteidigern des Wohlfahrtsstaats lassen sich neo-liberale Politiken entschieden und ohne die gegenläufigen Konsequenzen einer starken Opposition durchsetzen, so daß die Ziele eines hohen Beschäftigungsstandes erreicht werden. Die zweite vorteilhafte institutionelle Konfiguration sind Verhandlungsdemokratien, in denen die maßgeblichen Gruppen in die Arbeitsmarktpolitik eingebunden werden können. Dieses institutionelle Arrangement erlaubt die vertrauensvolle Koordination verschiedener Politiken unterschiedlicher Akteure. Hingegen sind institutionelle Konfigurationen für eine Eindämmung des Anstiegs der Arbeitslosigkeit ungünstig, in denen weder die Voraussetzung für eine rigide neo-liberale Politik noch die Möglichkeit eines in Verhandlungen abgestützten Kompromisses über Arbeitsmarktpolitiken bestehen.

Die Forschungsanlage dieser Studie besteht aus einem Vergleich der Veränderung des Arbeitsmarktes und der darauf bezogenen Politiken zwischen 1974 und 1978 sowie zwischen 1990 und 1994. Untersucht werden Staaten, die sowohl in den 70er wie auch in den 90er Jahren etablierte Demokratien sind und bei denen Vergleichbarkeit zwischen den beiden Krisenperioden besteht, weil sich u.a. auch nicht der Gebietsstand dramatisch verändert hat.[2]

2. Der Anstieg der Arbeitslosenquote

Zwischen 1974 und 1978 sowie 1990 und 1994 erhöhten sich in allen untersuchten Ländern – mit Ausnahme Luxemburgs in den 90er Jahre – die Zahl der Arbeitslosen. In der Tabelle 1 wird dieser Anstieg dokumentiert.

Tabelle 1: Veränderung der Arbeitslosigkeit, des Arbeitsangebots und der Arbeitsnachfrage

	Veränderung der Arbeitslosigkeit		Veränderung des Arbeitsangebots für den privaten Sektor		Veränderung der Arbeitsnachfrage des privaten Sektors	
	1974-78	1990-94	1974-78	1990-94	1974-78	1990-94
Australien	4,0	2,9	4,4	5,4	0,4	2,4
Belgien	4,8	4,7	1,7	3,7	-3,1	-1,0
Dänemark	4,8	2,7	0,8	-0,1	-4,1	-2,8
Finnland	5,5	14,8	0,9	-1,8	-4,7	-16,6
Frankreich	2,5	3,5	5,2	0,6	2,7	-2,9
Großbritannien	3,1	3,4	1,1	4,0	-2,0	0,6
Irland	3,1	2,7	3,7	6,6	0,6	3,9
Italien	2,0	2,0	2,4	-1,8	0,3	-3,9
Japan	0,9	0,9	3,6	3,8	2,7	2,9
Kanada	3,8	2,5	12,2	2,3	8,4	-0,2
Luxemburg	0,6	0,0	0,3	8,5	-0,3	8,5
Neuseeland	1,6	0,8	3,6	,	2,0	,

Tabelle 1: Veränderung der Arbeitslosigkeit, des Arbeitsangebots und der Arbeitsnachfrage (Forts.)

	Veränderung der Arbeitslosigkeit		Veränderung des Arbeitsangebots für den privaten Sektor		Veränderung der Arbeitsnachfrage des privaten Sektors	
	1974-78	1990-94	1974-78	1990-94	1974-78	1990-94
Niederlande	2,7	2,0	1,9	6,5	-0,8	4,5
Norwegen	0,5	0,3	6,9	-2,4	6,4	-2,7
Österreich	0,7	1,2	-1,8	1,8	-2,5	0,6
Schweden	0,3	6,2	-1,1	-3,1	-1,4	-9,3
Schweiz	0,3	4,0	-7,0	0,2	-7,3	-3,8
USA	1,0	0,6	7,8	3,9	6,8	3,3
Mittelwert	2,4	3,1	2,6	2,2	0,2	-1,0

Berechnungen:

Veränderung der Arbeitslosigkeit:

$$\frac{100 \times (\text{Erwerbspersonen}_t - \text{Beschäftigte}_t - (\text{Erwerbspersonen}_{t-1} - \text{Beschäftigte}_{t-1}))}{\text{Erwerbspersonen}_t}$$

Veränderung des Arbeitsangebots:

$$\frac{100 \times (\text{Erwerbspersonen}_t - \text{Besch. öff. Dienst}_t - (\text{Erwerbspersonen}_{t-1} - \text{Besch. öff. Dienst}_{t-1}))}{\text{Erwerbspersonen}_t}$$

Veränderung der Arbeitsnachfrage des privaten Sektors:

$$\frac{100 \times (\text{Beschäftigte}_t - \text{Besch. öff. Dienst}_t - (\text{Beschäftigte}_{t-1} - \text{Besch. öff. Dienst}_{t-1}))}{\text{Erwerbspersonen}_t}$$

t: 1994 bzw. 1978

t-1: 1990 bzw. 1974

Quellen: Erwerbspersonen, Beschäftigte: OECD 1998; Beschäftigte im öffentlichen Sektor: OECD 1997c: Tabelle 2.13; OECD 1983: Tabelle 2.13.

In den letzten Spalten der Tabelle 1 ist die Veränderung der Arbeitslosenquote in zwei Komponenten zerlegt worden: In die Veränderung des Arbeitsangebots für den privaten Sektor und in die Veränderung der Nachfrage nach Arbeit in der Privatindustrie. Die Veränderung des Arbeitsangebots resultiert aus der Veränderung der Erwerbsbevölkerung abzüglich der Veränderung der Beschäftigung des öffentlichen Sektors.[3] Die Veränderung auf der Nachfrageseite ist die Variation der Stellen im privaten Sektor. Beide Veränderungsgrößen wurden in Prozent der Erwerbspersonen am Ende der untersuchten Perioden ausgedrückt. Die Differenz zwischen Arbeitsangebot und -nachfrage ist die Zuwachsrate der Arbeitslosenquote (Spalten 2 und 3 der Tabelle 1). 1974-78 ist im Durchschnitt die Zahl der Stellen etwa gleichgeblieben (Zunahme von +0,2%) und das Arbeitsangebot ist stark expandiert (+2,6%). Hingegen war in den 90er Jahren das Angebotswachstum zwar weniger kräftig (+2,2%), dafür jedoch die Zahl der Stellen rückläufig (-1,1%). Der Großteil der Arbeitsmarktprobleme der 90er, aber ganz besonders der 70er Jahre ist somit auf der Angebotsseite entstanden bzw. in der Unfähigkeit, für diese zusätzlich Arbeitsuchenden eine Arbeitsstelle zu schaffen. Oder anders formuliert: Das Problem lag weniger darin, daß Stellen weggefallen sind, sondern vielmehr darin, daß keine neuen Stellen für zusätzliche Arbeitnehmer geschaffen werden konnten. Wäre das Arbeitsangebot in den beiden Krisenperioden jeweils unverändert geblieben und hätte sich nur die Zahl der Stellen verändert, so hätte es in den 70er Jahren im Durchschnitt keine Erhöhung der Arbeitslosenquote ergeben, und in den 90er Jahre wäre sie gerade um einen Prozentpunkt gestiegen. Im umgekehrten Fall – die Arbeitsnachfrage wäre konstant geblieben und nur das Angebot hätte variiert – wäre in den 70er Jahre die Arbeitslosenquote um 2,4 Prozentpunkte und in den 90er Jahren um 2,6 Prozentpunkte angestiegen.

In einer liberalen ökonomischen Sichtweise ist diese Zerlegung der Arbeitslosigkeit in Nachfrage- und Angebotskomponenten nur von beschränktem Interesse. Angebot und Nachfrage würden sich immer – zumindest nach einigen Verzögerungen – anpassen, und mithin ist es für die Entwicklung der Arbeitslosenquote wenig bedeutsam, auf welcher Seite sich die Veränderungen ergeben (Layard/Nickell et al. 1994: 15). Für Politiker und Interessenvertreter der Arbeitsmarktparteien sind jedoch die Unterschiede zwischen den absoluten Veränderungen von Angebot bzw. Nachfrage dann höchst bedeutsam, wenn sie an einer unbeschränkten Lohnflexibilität kein Interesse haben, wenn diese höchstens langfristig erreichbar erscheint oder wenn sie an der Selbstregulierungskraft des Arbeitsmarktes zweifeln.

In dieser Situation bieten sich sowohl angebots- wie nachfrageorientierte Strategien an. Man kann beispielsweise das Problem der steigenden Arbeitslosigkeit mildern, indem versucht wird, Menschen im Erwerbsalter vom Arbeitsmarkt im privaten Sektor fernzuhalten. In diesem Fall würde das Angebot an die konstante oder sinkende Nachfrage angepaßt. Man kann andererseits auch Anreize setzen, damit Unternehmen mehr Arbeitsplätze schaffen (bzw. weniger Arbeitsplätze abbauen), um so die zusätzlichen Erwerbspersonen mit einer Stelle zu versorgen. Beide Verfahren schließen sich nicht aus und können im unterschiedlichen Ausmaß angewandt werden. Zu prüfen ist im folgenden, in welchem Ausmaß die Variationen des Arbeitsangebots und der -nachfrage plausibel auf bewußte politische Entscheidungen zurückgehen können und in welchem Ausmaß dabei die Globalisierung einzelne Strategien unmöglich macht.

3. Die Steuerung des Arbeitsangebots

Das Arbeitsangebot für den privaten Sektor ist eine Funktion der Größe der Bevölkerung im erwerbsfähigen Alter, ihrer Beteiligung am Erwerbsleben und der Größe des öffentlichen Sektors. Alle drei Stellgrößen sind stark durch politische Entscheidungen beeinflußt. Dies gilt am wenigsten für die Größe der Bevölkerung im erwerbsfähigen Alter. Nur in Ländern mit einem hohen Ausländeranteil und einem geringen Arbeitsplatzschutz ausländischer Arbeitnehmer – wie beispielsweise in der Schweiz in den 70er Jahren – haben Regierungen die Option, die Bevölkerungsgröße so zu reduzieren, daß das Überangebot an Arbeitnehmern deutlich zurückgeht. Viel beträchtlicher sind die Chancen, die Partizipationsrate zu verändern. Zahlreiche Politiken haben die Folge, diese Erwerbsbeteiligung zu erhöhen. Ein Beispiel ist die Verringerung der Lohn- und Karrierediskriminierung von Frauen. Andererseits senken einzelne Reformen die Partizipationsrate wie beispielsweise Frühverrentung oder flexible Altersgrenzen, zusätzliche Pflichtschuljahre, längere Wehr- und Zivildienstzeiten oder neue Anreize, während einzelner Phasen der Kindererziehung auf Erwerbstätigkeit zu verzichten. Schließlich ist die Variation des Umfanges des öffentlichen Sektors eine wichtige Möglichkeit, das Arbeitsangebot für den privaten Sektor zu beeinflussen. Sie geht nahezu ausschließlich auf politische Entscheidungen zurück. Die Ausbreitung der Teilzeitbeschäftigung kann ebenfalls als ein Verfahren zur Verringerung des Angebotsdruckes betrachtet werden, weil mehr als eine Person eine Vollzeitstelle besetzt. In Tabelle 2 finden sich die Ergebnisse der statistischen Analysen.

Während in den 70er Jahren die starke Ausweitung der Erwerbsbeteiligung durch jene des öffentlichen Dienstes überkompensiert wurde, haben sich beide Größen in den 90er Jahren kaum verändert. Ersichtlich wird, daß keine Konvergenz der Angebotssteuerung stattgefunden hat und daß sie – ausweislich der schwachen Korrelation – in bezug auf die direkte Steuerung der Arbeitslosenquote wenig effizient war, obwohl die enormen Entlastung des Problemdruckes unbestreitbar ist.

Tabelle 2: Angebotssteuerung

Variable	1a	1b	2	3a	3b	4	5a	5b	6a	6b
Demograph. Effekt	3.3	2.4	nein	2.5	1.6	nein		0.25		-0.26
Effekt der Veränderung des öff. Sektor	1.9	-0.1	ja	1.5	2.1	nein		0.02		-0.38
Effekt der Veränderung der Erwerbsbeteiligung	1.2	-0.1	nein	3.2	3.2	nein		0.09		-0.58*
Veränderung des Anteils der Teilzeitarbeit	1.8	1.9	nein	1.6	1.5	nein	0.46	0.22	0.48	-0.04

Kolonne 1a Arithmet. Mittelwert 1974-78
1b Arithmet. Mittelwert 1990-94
2 Mittelwertdifferenz signifikant?
3a Standardabweichung 1974-78
3b Standardabweichung 1990-94
4 Differenz Standardabweichung signifikant?
5a Korrelation 74-78 mit Arbeitsangebot
5b Korrelation 74-78 mit Arbeitslosenquote
6a Korrelation 90-94 mit Arbeitsangebot
6b Korrelation 90-94 mit Arbeitslosenquote

Berechnungen:

Demographischer Effekt:

$$\frac{100 \times (\text{Bevölk. im erwerbsf. Alter}_t - \text{Bevölk. im erwerbsf. Alter}_{t-1}) \times \dfrac{\text{Erwerbspersonen}_{t-1}}{\text{Bevölk. im erwerbsf. Alter}_{t-1}}}{\text{Erwerbspersonen}_t}$$

Effekt der Veränderung des öffentlichen Sektors:

$$\frac{100 \times (\text{Beschäftigte im öffentlichen Dienst}_t - \text{Beschäftigte im öffentlichen Dienst}_{t-1})}{\text{Erwerbspersonen}_t}$$

Effekt der Veränderung der Erwerbsbeteiligung:

$$\frac{100 \times \left(\dfrac{\text{Erwerbspersonen}_t}{\text{Bevölk. im erwerbsf. Alter}_t} - \dfrac{\text{Erwerbspersonen}_{t-1}}{\text{Bevölk. im erwerbsf. Alter}_{t-1}}\right) \times \text{Bevölk. im erwerbsf. Alter}_t}{\text{Erwerbspersonen}_t}$$

Veränderung des Anteils der Teilzeitarbeit:

$$\frac{100 \times \text{Teilzeitarbeitnehmer}_t}{\text{Erwerbspersonen}_t} - \frac{100 \times \text{Teilzeitarbeitnehmer}_{t-1}}{\text{Erwerbspersonen}_{t-1}}$$

Bevölkerung im erwerbsfähigen Alter: 15-64 Jahre; t: 1994 bzw. 1978; t-1: 1990 BZW. 1974
Quellen: Erwerbspersonen, Beschäftigte: OECD 1998; Bevölkerung im erwerbsfähigen Alter (15 bis 64 Jahre): OECD 1997e; Beschäftigte im öffentlichen Sektor: OECD 1997c: Tabelle 2.13; OECD 1983: Tabelle 2.13; Teilzeitarbeit 1973 und 1979: OECD 1994a: Tabelle D; Teilzeitarbeit 1990 und 1994: OECD 1997b: Tabelle E.

Die Extrembeispiele der Schweiz in den 70er Jahren und Schwedens in den 90er Jahren illustrieren dies. In der Schweiz wurde das Arbeitsangebot für den privaten Sektor um sieben Prozentpunkte reduziert. Hiervon entfielen 1,5% auf die Verringerung der Erwerbsbevölkerung, 4,9% auf die Verringerung der Erwerbsbeteiligung und 0,6% auf die Ausweitung des öffentlichen Sektors. Schweden vermochte in den 90er Jahren das Arbeitsangebot um drei Prozentpunkte zu verringern, indem aufgrund der gefallenen Partizipationsquote 8,5% der Erwerbspersonen vom Arbeitsmarkt verschwanden. Unter diesen Bedingungen hatte der gleichzeitige Abbau der Staatsbeschäftigung, der 3,8% der Erwerbspersonen entsprach, keine angebotserhöhende Wirkung.

Als Fazit kann festgehalten werden, daß die Variation des Arbeitsangebots von großer Bedeutung für die Entwicklung der Arbeitslosenquote ist und daß diese Variation auch eine Folge politischer Regulierung ist. Dabei sollten diese Steuerungschancen auch nicht übertrieben werden. Wie schon erwähnt, läßt sich eine Angebotssteuerung über die Veränderung der Größe der Bevölkerung im erwerbsfähigen Alter nur in erheblichem Ausmaße in Ländern mit höheren Ausländeranteilen oder Emigrationsraten verwirklichen. Die Erwerbsbeteiligungsquote ist nicht nur durch politische Entscheidungen, sondern auch durch Einstellungsänderungen (beispielsweise zur Frauenerwerbstätigkeit) und ökonomische Anreize zur Aufnahme einer Erwerbstätigkeit bestimmt. Und schließlich hat es eine Wende in bezug auf die öffentliche Beschäftigung als angebotsreduzierende Politik gegeben. Im Durchschnitt wurden in den 70er Jahren die Arbeitslosenquote durch die Expansion des öffentlichen Sektors gedrückt, während in den 90er Jahre im Mittel die öffentliche Beschäftigungspolitik neutral war. Dies heißt freilich noch nicht, daß es eine Konvergenz gegeben hätte. Die Unterschiede zwischen den Ländern in bezug auf diese Politik haben sich nicht verringert, wie ein Vergleich der nationalen Politiken zeigt. Aus Platzgründen können diese Daten an dieser Stelle nicht präsentiert werden.

4. Die ausgebliebene Konvergenz der Nachfragesteuerung

In der Diskussion über Globalisierung und die Handlungschancen der nationalen Arbeitsmarktpolitik wird der Aspekt der Angebotssteuerung meist nicht thematisiert. Hingegen wird angenommen, insbesondere die Steuerung der Arbeitsnachfrage unterliege einem Konvergenzzwang. Zur Nachfragesteuerung rechne ich im folgenden auch jene Politiken, die die Zahl der besetzten

Stellen durch eine beschleunigte Vermittlung oder durch Aus- oder Fortbildungsmaßnahmen der Arbeitslosen erhöhen. Es wäre anzunehmen, daß in den 70er Jahren Regierungen eine Vielfalt von Möglichkeiten der Nachfragesteuerung hatten und diese in den 90er Jahre auf jene Politiken reduziert werden, die mit den neo-liberalen Empfehlungen vereinbar sind. Zum Teil sind diese Maßnahmen auch in jener Liste von Reformen aufgeführt, die die OECD zur Senkung der Arbeitslosigkeit aufgestellt hat. Deshalb wäre eine neo-liberale Konvergenz von Politiken zu erwarten in bezug auf:

- die Ausweitung der aktiven Arbeitsmarktpolitik,
- die Rückführung der Lohnersatzleistungen auf ein niedriges Niveau,
- die Abkehr von Techniken der keynesianischen Nachfragesteuerung,
- die Abkehr vom Korporatismus oder der Sozialpartnerschaft,
- die Deregulierung der Tarifverhandlungen,
- die Schwächung der Gewerkschaften,
- die Senkung der Löhne und
- den Abbau der Belastungen des Sozial- und Steuerstaates.

Korrelationsanalysen, die aus Platzgründen hier nicht wiedergegeben werden können, zeigen, daß erfolgreiche Arbeitsmarktpolitik nur in Ausnahmefällen dem Modell einer keynesianischen oder neo-liberalen Wirtschaftspolitik entsprechen. Häufig können Regierungen mit einer pragmatischen Mischung unterschiedlicher Elemente Erfolge bei der Regulierung des Arbeitsmarktes erzielen. In bezug auf die Mischung von Politiken gab es nicht nur einen Weg zum geringen Anstieg der Arbeitslosigkeit, sondern mehrere. Eine Politik alleine – wie beispielsweise ein Abbau der Staatsintervention, eine keynesianische Nachfragestimulierung oder eine neo-liberale Deregulierung – war nicht zwingend mit einem Erfolg verbunden. Es gab zwar in den 90er Jahren unzweifelhaft eine Wende zu stärker neo-liberal informierten Politiken und institutionellen Reformen; aber diese haben nicht im Selbstlauf zu niedriger Arbeitslosigkeit geführt. Ebenso wenig war Keynesianismus in den 70er Jahre das Korrelat sinkender Erwerbslosigkeit. Selbst dieselbe Kombination von Politiken brachte nicht dieselben Ergebnisse; es hing offenbar noch von weiteren Faktoren ab, ob und wie sie wirkten. Dazu gehört sicher deren Unterschiede in bezug auf ihre quantitativen oder qualitativen Ausprägungen, aber auch die institutionellen Kontexte, in denen sie stattfanden.

5. Der institutionelle Kontext der Arbeitsmarktpolitik

In den 70er und 90er Jahren, vor und während der gegenwärtigen Globalisierungswelle, gab es mehrere politische Möglichkeiten, Arbeitslosigkeit zu beseitigen. Nur ein Teil dieser Strategien sind aus grundsätzlichen Überlegungen der nationalen Regierungen in OECD-Ländern oder aufgrund der Implikation hoher internationaler Kapitalmobilität in den 90er Jahren nicht mehr greifbar. Wenn Regierungen einzelne Maßnahmen durchführen, ist dies nicht – oder zumindest nicht alleine – eine Folge des aktuellen wirtschaftswissenschaftlichen Forschungsstandes, sondern der politisch und institutionell vorbestimmten politischen Handlungsmöglichkeiten. Von ihnen hängt es ab, welche Elemente des arbeitsmarktpolitischen Repertoires in welcher Kombination erfolgreich eingesetzt werden können. Ein aus wirtschaftswissenschaftlicher Sicht sinnvoller Abbau der Staatsintervention in die Ökonomie kann beispielsweise daran scheitern, daß eine Regierung auch das Ziel der Verteilungsgerechtigkeit verfolgt oder daß politische mächtige Gewerkschaften oder ihnen nahestehende Parteien dieser Politik Widerstand entgegensetzen. Darüber hinaus kann vielleicht ein Bündel von Politiken nur dann die erhoffte Wirkung entfalten, wenn es von verschiedenen Akteuren des Arbeitsmarktes unterstützt wird. In der neueren politikwissenschaftlichen Debatte ist auf diese Bedeutung des politisch-institutionellen Kontextes der Wirtschaftspolitik aufmerksam gemacht worden (vgl. beispielsweise Schmidt 1996; Busch 1995; Garrett/Lange 1995; Iversen 1998).

In dieser Sichtweise sind es vor allem die politisch-institutionellen Rahmenbedingungen, die über die realisierbaren Optionen und den Erfolg einer Wirtschaftspolitik entscheiden. Das von Ökonomen und Politikberatern der OECD vorgeschlagene Modell der Deregulierung und Flexibilisierung setzt beispielsweise eine Regierung voraus, die sich gegenüber ihren Gegnern ohne wesentliche Zugeständnisse durchsetzen kann. Dies ist in Wettbewerbsdemokratien eher der Fall als in politischen Systemen, in denen die Exekutive durch institutionelle Vetopositionen (Immergut 1992) oder durch die Fragmentierung des Parteiensystems und der damit verbundenen Koalitionsnotwendigkeiten zu Kompromissen gezwungen wird. Insofern ist zu vermuten, daß die ökonomisch plausible neo-liberale Therapie nur in Wettbewerbsdemokratien mit schwacher klassischer Sozialdemokratie, schwachen Gewerkschaften und/oder schwachen christdemokratischen Parteien verwirklicht und zum Erfolg führen kann. Freilich muß nicht zwangsläufig – wie dies in der Volkswirtschaftslehre häufig anklingt – eine konsequente Deregulierung und Flexibilisierung der einzige Weg zur Behebung von Arbeitsmarktproblemen sein.

Eine zweite Route könnte über ein wirksames Verhandlungssystem der wichtigsten privaten und politischen Akteure führen. In der sozialwissenschaftlichen Forschung wurde argumentiert, sozialpartnerschaftliche, korporatistische oder konkordanzdemokratische Institutionen seien eine wichtige Voraussetzung für erfolgreiche Arbeitsmarktpolitik. Zum einen würde die verbindliche Integration einer begrenzten Anzahl von Organisationen diese zu einem »verantwortlichen« Verhalten zwingen und die verbandsegoistische Interessenpolitik eindämmen. Zum zweiten würden Politiken in solchen Verhandlungssystemen unter Ausschöpfung des Wissens und der Informationen der Beteiligten in einer optimalem Weise aufeinander abgestimmt. Ferner wäre bei einer solcherart freiwillig verhandelten Politik zu erwarten, daß die Teilnehmer sich an ihre Zusagen halten und die Implementation des politischen Programms nicht durch eigensüchtige und kurzsichtige Interessenverfolgung zerstören. Darüber hinaus könnte die langfristig angelegte Kooperation eine freiwillige und sozial verträgliche Flexibilisierung der Arbeitsbedingungen ermöglichen. Schließlich ist sozialer Friede ein typischer Standortvorteil. Die schlechteste aller Möglichkeiten für eine wirksame Arbeitsmarktpolitik bestünde im Anschluß an diese Überlegungen in Situationen, in denen weder eine rigide durchsetzbare Deregulierung und Flexibilisierung noch eine wirksame Koordinationsmöglichkeit der Arbeitsmarktparteien besteht.

Von Verhandlungsdemokratie ist zu sprechen, wenn ein politisches System entweder konkordanzdemokratische Strukturen aufweist oder durch einen starken Korporatismus oder Sozialpartnerschaft geprägt ist. In bezug auf die Arbeitsmarktentwicklung ist die Wirksamkeit solcher Institutionen davon abhängig, daß die kompromißorientierten Bekundungen der Akteure dem tatsächlichen Verhalten der Arbeitsmarktparteien entsprechen. Dies wäre der Fall, wenn Arbeitskämpfe selten und in geringem Umfang vorkommen würden.

Nur drei Fälle entsprechen dem Modell der Mehrheitsdemokratie mit schwachen oder geschwächten Gewerkschaften und Verteidigern der Interessen sozialstrukturell schwacher Gruppen: die USA in den 70er und 90er Jahren sowie Neuseeland in den 90er Jahren. Zwar waren in Neuseeland die Sozialdemokraten politisch stark; ihre programmatischen Ausrichtung wich jedoch stark vom europäischen Modell ab und zudem wurden die Gewerkschaften durch die Reformpolitik der Regierung massiv geschwächt (Castles/Gerritsen et al. 1996). Zudem fehlte in Neuseeland eine starke christlich-katholische Partei, die in Europa üblicherweise die zweite Säule des Interventions- und Wohlfahrtsstaates bildet (Kersbergen 1995). In Großbritannien hingegen, einer weiteren Wettbewerbsdemokratie, war die Sozialdemokratie eine machtvolle und wahlpolitisch stets zu beachtende Gegnerin der Reformen der Konservativen und selbst die angeschlagenen Gewerkschaften haben zumindest auf der betrieblichen Ebene noch erhebliche Widerstandskräfte aufgewiesen.

Als Verhandlungsdemokratien wurden Konkordanzdemokratien (vgl. Schmidt 1997: 235) sowie Länder mit starkem Korporatismus oder Sozialpartnerschaft klassifiziert. Die Einteilung erfolgte auf der Basis einer qualitativen Analyse, die an dieser Stelle aus Platzgründen nicht vorgestellt werden kann. Von relativ konfliktarmen, kollektiven Arbeitsbeziehungen wird gesprochen, wenn das Streikvolumen (durch Streik verlorene Arbeitstage, standardisiert mit der Zahl der Erwerbstätigen) unter dem gemeinsamen Durchschnitt aller 36 untersuchten Fälle von Arbeitsmarktkrisen lag.

Eine qualitative vergleichende Analyse (Ragin 1987) liefert Hinweise auf zwei Wege zu Erfolgen und zwei Wege zu Mißerfolgen der Arbeitsmarktpolitik (Graphik 1).

1. Dort, wo der Weg der rigiden neo-liberalen Politik verfolgt werden konnte, stellten sich die arbeitsmarktpolitischen Erfolge ein (USA 1974-78; 1990-94, Neuseeland 1990; Felder 0100 und 0101). Freilich wurde die Route gerade in drei von 36 Fällen eingeschlagen.
2. Dort, wo Konkordanzdemokratie oder Korporatismen institutionell vorhanden, aber nicht in bezug auf das industrielle Konfliktniveau wirksam sind, sind die arbeitsmarktpolitischen Entwicklungen schlecht (Felder 0010 und 1010).
3. Dies gilt gleichermaßen für Demokratien, die institutionalisierten Verhandlungsroutinen wie Korporatismus oder Konkordanz nicht (mehr) kennen und andererseits auch nicht die politisch institutionellen Voraussetzungen für eine rigide Deregulierung und Flexibilisierung haben (Felder 0001 und 0000).
4. Ein viertes politisch-institutionelles Arrangement ist hingegen mit einer gering steigenden Arbeitslosigkeit verbunden. Dies sind wirksame Verhandlungsdemokratien, wobei deren zentrale Elemente der Korporatismus bzw. die Sozialpartnerschaft sind, die ihr Funktionieren durch einen industriellen Quietismus unter Beweis stellen und die häufig auch noch konkordanzdemokratische Züge aufweisen (Felder 0011 und 1011).

Graphik 1: Ergebnis der qualitativen vergleichenden Analyse
*(*kursiv*: Fälle, bei denen der Anstieg der Arbeitslosenquote unterdurchschnittlich war)*

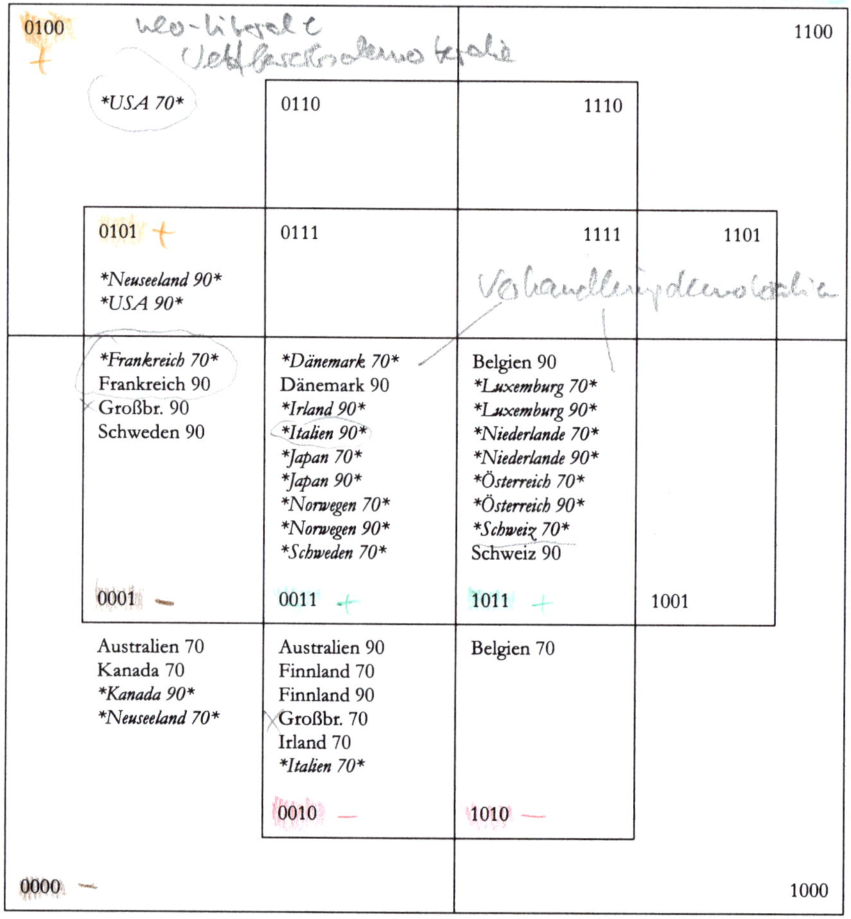

Zellenbezeichnung:

1. Ziffer Konkordanzdemokratie; 1 wenn stark ausgebildete Konkordanzdemokratie (Quelle: Schmidt 1997: 235).
2. Ziffer: Wettbewerbsdemokratie, wobei die Gewerkschaften deutlich schwach sind/geschwächt wurden und die an herkömmlichen Programmen orientierte Sozialdemokratie und/oder die katholisch-christdemokratische Parteien schwach sind. 1 für Neuseeland 1990 und USA 1970, 1990, sonst 0.
3. Ziffer: Korporatismus/Sozialpartnerschaft, 1 wenn stark.
4. Ziffer: Industrieller Quietismus. 1 wenn Streikvolumen (standardisiert mit der Zahl der Erwerbsbevölkerung) unterdurchschnittlich (Quelle: ILO verschiedene Jahre).

Sämtliche Dichotomisierungen der quantitativen Variablen erfolgten am arithmetischen Mittelwert der Einzelwerte aller 36 Fälle von Beschäftigungskrisen
»70« bezeichnet die Beschäftigungskrise 1974-78; »90« bezeichnet die Beschäftigungskrise 1990-94.

Diese Erklärung ist nicht perfekt. Einige Fälle – sieben von 36 – passen nicht hierzu. Dies wäre auch erstaunlich, bedenkt man die artifiziellen Kriterien der Dichotomisierung der Variablen für die qualitative vergleichende Analyse und die zugrundeliegende Annahme, die Auslöser der 36 untersuchten, nationalen Beschäftigungskrisen seien zeitlich vollkommen synchronisiert, so daß die Unterschiede in der Problembewältigung nur auf unterschiedliche Politiken und Institutionen zurückgehen.

6 Schluß

In dieser Studie wurde gefragt, ob die Handlungsspielräume der nationalstaatlichen Arbeitsmarktpolitik durch die Globalisierung wesentlich eingeschränkt werden. Es konnte keineswegs durchgängig festgestellt werden, daß es eine Wende zu einer neo-liberalen Politik gegeben hat. Und noch weniger Belege fanden sich für die Annahme, die Nationalstaaten verlören die Unterschiedlichkeiten ihrer Politiken durch die vermeintlich gleichmachenden Zwänge der internationalen Wirtschaftsbeziehungen. Von besonderer Bedeutung ist in diesem Zusammenhang die Beobachtung, daß in den beiden Untersuchungsperioden Arbeitsmarktprobleme vor allem durch ein steigendes Arbeitsangebot und weniger durch eine fallende Nachfrage des privaten Sektors nach Arbeitskräften entstanden ist. Die Art und Weise, wie das Arbeitsangebot an die Nachfrage angepaßt wurde, unterschied sich zwischen den Ländern. Wenig erfolgreich war auch der Versuch, ein Satz von Politiken zu identifizieren, der systematisch mit niedrigen Zuwachsraten der Arbeitslosenquote verbunden ist. Nationale Arbeitsmarktpolitiken sind Kombinationen unterschiedlicher Elemente in jeweils unterschiedlichem Ausmaß, die zu je unterschiedlichen Resultaten führen. Zentral sind meiner Analyse zufolge die Rahmenbedingungen, innerhalb derer wirtschaftliches Handeln stattfindet. Eine rigide Liberalisierung des Arbeitsmarktes ist zwar mit niedriger Arbeitslosigkeit verbunden, aber diese wirtschaftspolitische Option steht nur Regierungen unter den spezifischen institutionellen Bedingungen einer Wettbewerbsdemokratie mit politisch durchsetzungsschwachen Verteidigern der Ziele des westlichen Wohlfahrtsstaates offen. Ein zweiter Weg zur Vermeidung hoher Arbeitslosigkeit besteht in der Konzertierung der wichtigsten arbeitsmarktpolitischen Akteure. Damit geht die Chance verloren, eine konsistente Politik mit markanten Umverteilungsfolgen durchzuführen. Vielmehr entsteht ein Zwang zur pragmatischen Kombination unterschiedlicher arbeitsmarktpolitischer Elemente. Diese Optionen waren in den 90er und in den 70er Jahren prinzipiell gleichermaßen greifbar. Die Globalisierung hat die Chancen einer erfolgreichen, national spezifischen Arbeitsmarktpolitik nicht beseitigt.

Anmerkungen

1 Dieser Beitrag beruht auf einer Analyse, die 1999 in einem von Andreas Busch und Thomas Plümper herausgegeben Sammelband (Baden-Baden: Nomos) erscheinen wird. Dort finden sich auch die ausführliche Dokumentation der Anlage der Studie, der Datenquellen und der Befunde der statistischen Analysen. Diese Arbeit ist ein Ergebnis aus einem vom Verfasser geleiteten und vom Schweizerischen Nationalfonds zur Förderung der wissenschaftlichen Forschung unterstützten Projekt zum Handlungsspielraum der Nationalstaaten.

2 Australien, Belgien, Dänemark, Finnland, Frankreich, Irland, Italien, Japan, Kanada, Luxemburg, Neuseeland, Niederlande, Norwegen, Österreich, Schweden, Schweiz, das Vereinigte Königreich und die USA. Für jedes dieser 18 Länder wurden die abhängigen und unabhängigen Variablen für zwei Arbeitsmarktkrisen erhoben, so daß dieser Studie insgesamt 36 Fälle der Bewältigung von Beschäftigungskrisen zugrunde liegen, von denen die Hälfte vor dem vermeintlichen Zeitalter der Globalisierung stattfanden.

3 Die Beschäftigung im öffentlichen Sektor unterliegt nicht den üblichen Marktkräften und ist selbst ein Mittel der Beschäftigungspolitik (Cusack/Notermans et al. 1989). Deshalb konzentriere ich mich im folgenden auf die Veränderungen des Arbeitsangebots und der Nachfrage im privaten Sektor und behandle die Variation der Staatsbeschäftigung als Teil der Arbeitsmarktpolitik.

Literatur

Beisheim, Marianne/Walter, Gregor (1997), »Globalisierung« – Kinderkrankheiten eines Konzeptes, in: Zeitschrift für Internationale Beziehungen 4 (1): 153-180.

Busch, Andreas (1995), Preisstabilitätspolitik. Politik und Inflationsraten im internationalen Vergleich. Opladen.

Busch, Andreas (1998), Ökonomie und Arbeitslosigkeit: eine einäugige Diagnose?, in: Politische Vierteljahresschrift 39 (2): 359-367.

Castles, Francis G./Gerritsen, Rolf et al. (1996) (Hrsg.), The Great Experiment. Labour Parties and public policy transformation in Australia and New Zealand. St. Leonards.

Cusack, Thomas/Notermans, Ton et al. (1989), Political-economic aspects of public employment, in: European Journal of Political Research 17: 471-500.

Garrett, Geoffrey/Lange, Peter (1995), Internationalization, Institutions, and Political Change, in: International Organization 49: 627-655.

ILO, International Labour Office (various years) (Hrsg.), Year Book of Labour Statistics. Geneva.

Immergut, Ellen M. (1992), Health Politics. Interests and Institutions in Western Europe. Cambridge.

Iversen, Torben (1998), Wage Bargaining, Hard Money, and Economic Performance: Theory and Evidence for Organized Market Economies, in: British Journal of Political Science 28: 31-61.

Kersbergen, Kees van (1995), Social Capitalism. A study of Christian democracy and the welfare state. London.

Layard, Richard/Nickell, Stephen et al. (1994), The Unemployment Crisis. Oxford.

Plümper, Thomas (1998), Arbeitslosigkeit, Einkommensungleichheit und De-Industrialisierung: Die Debatte über die negativen Effekte der Gloablisierung, in: Politische Vierteljahresschrift 39 (1): 130-139.

Ragin, Charles C. (1987), The Comparative Method. Moving Beyond Qualitative and Quantitative Strategies. Berkeley/Los Angeles/London.

Schmidt, Manfred G. (1996), When Parties Matter: A Review of the Possibilities and Limits of Partisan Influence on Public Policy, in: European Journal of Political Research 30 (2): 155-183.

Schmidt, Manfred G. (1997), Demokratietheorien (2. Aufl.). Opladen.

Plenum VII

Gruppen und Lebensstile: Zugehörigkeiten und Trennungen

Determinieren soziale Strukturen Lebensstile?[1]

Ein Beitrag zur empirischen Auflösung der Entstrukturierungsdebatte

Sven Buth und Harald Johannsen

1. Ist die westdeutsche Gesellschaft entstrukturiert?

Seit Beginn der 80er Jahre wird in der westdeutschen Sozialstrukturforschung davon gesprochen, daß Klassen- und Schichtmodelle nicht mehr zur Beschreibung der Gesellschaft taugen. Die drei »klassischen« vertikalen Ungleichheitsmerkmale Bildung, berufliche Position und Einkommen seien immer weniger bestimmend für das individuelle Verhalten. Hradil (1992: 17ff.) konstatiert, daß die an vertikaler Ungleichheit orientierte »ökonomistische, objektivistische und deterministische Soziologie auf schwachen Fundamenten ruht«, so schwach, daß es naheliege, eine »Auflösungsperspektive einzunehmen« und nach neuen Begriffen und Modellen für neue Strukturen zu suchen. Einen zentralen Aspekt der neuen Strukturen sieht er in »sozio-kulturellen Neuformierungsprozessen und Individualisierungserscheinungen«. Empirisch festgemacht wird die behauptete Auflösung von Klassen- bzw. Schichtstrukturen u.a. an einer Pluralisierung von Lebensstilen, die »immer schwächere Bindungen an die soziale Herkunft« zeigten (vgl. Hradil 1989: 122). Andere Autoren sprechen in diesem Zusammenhang von »Entstrukturierung der Klassengesellschaft« (Berger 1986).

Die Basis dieser Entwicklung bildet nach Hradil der kollektive Wohlstandszuwachs der letzten 40 Jahre. Erhebliche Reallohnzuwächse für die gesamte Bevölkerung zusammen mit den Defizite ausgleichenden Leistungen des Wohlfahrtsstaates und den Arbeitzeitverkürzungen seit Begründung der Bundesrepublik hätten dazu geführt, daß die materiellen und zeitlichen Möglichkeiten zu individueller Autonomie und Entscheidungsfreiheit in einem bisher ungekannten Ausmaß gestiegen seien (vgl. Hradil 1989). Beck (1986: 122) verwendet dafür die Fahrstuhlmetapher: Die westdeutsche Gesellschaft sei insgesamt eine Etage höher gefahren. Die Verfechter der Entstrukturierungsthese gehen also von einer Entkoppelung der Strukturmerkmale sozialer

Ungleichheit von den Denkmustern und alltäglichen Handlungen von Individuen aus. Die Entstrukturierungsdebatte ist begleitet von einem Perspektivenwechsel weg von ökonomischen Dimensionen sozialer Ungleichheit und ihrer Wirkung auf individuelles Verhalten hin zur Betrachtung der Vielfalt sozio-kultureller Erscheinungsformen. Als neues »Gesellschaftsmodell« werden zunehmend Lebensstil- und Milieutypologien konstruiert, die mit Vorstellungen einer vertikalen gesellschaftlichen Hierarchie von »oben« und »unten« nur noch sehr schwach oder gar nicht mehr verbunden sind (z.B. die SINUS-Milieus, vgl. Becker/Nowak 1992).

Schulze (1992) begreift die westdeutsche Gesellschaft als »Erlebnisgesellschaft«, die mittels einer Typologie von Freizeitstilen beschrieben wird. Die Zuordnung wird dabei anhand von Nähe bzw. Distanz zu drei alltagsästhetischen Schemata vorgenommen (Trivialkultur, Spannungskultur, Hochkultur). Dieses Gesellschaftsmodell weist keine vertikale Differenzierung sozialer Ungleichheit mehr auf, da sich in allen Lebensstiltypen unterschiedliche Einkommensgruppen wiederfinden lassen. Darüber hinaus wird häufig die relative Autonomie der Akteure betont. So begreift Hitzler (1994: 75ff.) die moderne Gesellschaft als eine Ansammlung individueller »Sinnbastler«, die je nach Opportunität bestimmte Lebensstile wählen und auch wieder abwählen können.

Für die Diskussion der Frage nach einer Entstrukturierung sollten jedoch sozio-kulturelle Differenzierungen nicht isoliert betrachtet werden, sondern der Zusammenhang zwischen Struktur und Handlungsebene muß einer empirischen Überprüfung unterzogen werden. Mit dieser Arbeit soll dazu ein Beitrag geleistet werden. Als theoretische Grundlage verwendeten wir das Struktur-Habitus-Praxis-Konzept von Bourdieu (Bourdieu 1982), der im Rahmen dieses Konzepts einen engen Zusammenhang zwischen Strukturmerkmalen sozialer Ungleichheit und Lebensstilen behauptet.

Im folgenden werden zunächst die theoretischen Grundbegriffe Bourdieus erläutert. Anschließend wird dargestellt, welche Konsequenzen sich daraus für die begriffliche Fassung von Lebensstil ergeben. Schließlich werden aus dem Struktur-Habitus-Praxis-Konzept heraus in Opposition zur Enstrukturierungsannahme Thesen abgeleitet, die dann wie bei Bourdieu mittels eines sozialen Raumes empirisch überprüft werden. Als Datenbasis diente dabei der Wohlfahrtssurvey 1993 (ZA-Studien-Nr. 2792).

2. Theoretische Grundlagen

Bourdieu geht von einem systematischen Zusammenhang zwischen Klassenstrukturen und kultureller Praxis (Lebensstile) aus. Er vertritt die Auffassung, daß verschiedene Formen der Praxis Ausdruck ungleicher Verteilung struktureller Ressourcen sind und zugleich als Mittel zur Reproduktion sozialer Ungleichheit fungieren. Bourdieu gliedert Struktur in drei Kapitalformen: Ökonomisches Kapital (Einkommen, Vermögen und Besitz), kulturelles Kapital (Bildung) sowie soziales Kapital (Netzwerke, Beziehungen, Freundschaften u.ä). Die Gesamtheit aller drei Kapitalformen bestimmt die Höhe des verfügbaren Kapitalvolumens. Aufgrund der ungleichen Verteilung sozio-ökonomischer Ressourcen (Kapitalien) geht er von einer Einteilung der Gesellschaft in obere, mittlere und untere Klasse aus. Die einzelnen Klassen unterteilt er wiederum in Klassenfraktionen, die sich durch ihr unterschiedliches Verhältnis von ökonomischem Kapital zu kulturellem Kapital auszeichnen (Kapitalzusammensetzung).

Bourdieu definiert Lebensstil als einen einheitlichen »Gesamtkomplex distinktiver Präferenzen, in dem sich ... ein und dieselbe Ausdrucksintention niederschlägt.« (Bourdieu 1982: 283). D.h. die vielfältigen Formen der Praxis, » ... mit denen sich die Einzelnen wie die Gruppen umgeben – Häuser, Möbel, Gemälde, Bücher, Autos, Kleidung ... « (Bourdieu 1982: 282) begründen einen Lebensstil, der sich als Mittel zur Optimierung von Handlungsressourcen ökonomischer, sozialer und kultureller Art mit dem Ziel eines symbolischen Distinktionsgewinns begreifen läßt (vgl. Georg 1998: 71). Dem Habitus, verstanden als Denk-, Wahrnehmungs- und Beurteilungsschemata (vgl. Müller 1986: 172), kommt in Bourdieus Theorie eine herausragende Bedeutung zu. Als Bindeglied zwischen Struktur und den Handlungsformen der Praxis erfüllt er die Funktion eines Mittlers. Der Habitus ist das »Erzeugungsprinzip objektiv klassifizierbarer Formen von Praxis und Klassifikationssystem ... dieser Formen« (Bourdieu 1982: 277). Zum einen erzeugt er also manifeste Praxisformen, zum anderen fungiert er als Beurteilungs- und Bewertungsmuster dieser Formen (Geschmack). Er ist insofern »strukturierende Struktur«. Gleichzeitig ist Habitus »strukturierte Struktur«. Als »Einverleibung der Objektivität« bringen Wahrnehmungsschemata und Geschmacksmuster die von der Struktur vorgegebenen Existenzbedingungen zum Ausdruck (vgl. Bourdieu 1982: 282). Jede Klassenlage spiegelt sich nach Bourdieu in einem spezifischen Klassenhabitus, dabei ist für die obere Klasse Distinktion, für die mittlere Prätention und für die untere der »Notwendigkeitsgeschmack« kennzeichnend.

Mit dem Modellansatz des »sozialen Raumes« versucht er, Gesellschaft gesamtheitlich zu fassen und darzustellen. In diesem Modell werden die Teilräume von Struktur und Lebensstilen ineinander projiziert. Das sich abzeichnende Gesamtbild läßt eine vertikal gestufte, in Ober- Mittel- und Unterklassen einteilbare Gesellschaft erkennen. Die vertikale Dimension des Raummodells beschreibt die Höhe des verfügbaren Kapitals (Kapitalvolumen), während die horizontale Achse Ausdruck für das Verhältnis von kulturellem Kapital zu ökonomischen Kapital ist (Kapitalzusammensetzung).

Die Anordnung der Lebensstile läßt deutliche Zusammenhänge mit Strukturmerkmalen erkennen, so findet sich die Differenzierung von »gehobenen« versus »bescheidenen« Lebensstilen entlang der vertikalen Achse, während sich »bildungsintensive« versus »bildungsarme« Lebensstile entlang der horizontalen Achse anordnen.

In der empirischen Überprüfung seines Raummodells mittels der Korrespondenzanalyse hat Bourdieu den Habitus nicht mit einbezogen, obwohl er anmerkt, daß ein drittes Schema einzuführen wäre, » ... das den theoretischen Raum der Arten des Habitus ... repräsentiert (für die höhere Lehrerschaft z.B. den ›aristokratischen Asketismus‹)« (Bourdieu 1982: 214). Der Habitus als ein System (klassen-)spezifischer Denk-, Wahrnehmungs- und Beurteilungsschemata wird nach Bourdieu von den Individuen unbewußt angewendet. Jedoch ist aus verschiedenen Andeutungen bei Bourdieu ersichtlich, daß ein spezifischer Habitus stets in einzelnen Einstellungen und Werthaltungen zum Ausdruck kommt. Als Beispiel zwei Zitate: »Unternehmer, die sich im Schweiße ihres Angesichts hochgearbeitet haben und deren Habitus weiter jenen Tugenden der Entsagung und Sparsamkeit folgt ... « (Bourdieu 1982: 478); » ... alle Charakteristika des kleinbürgerlichen Habitus – Askese, Rigorismus, Rechtsgläubigkeit ... « (Bourdieu 1982: 519). Derartige Einstellungen und Werte als Elemente eines Habitus können den Individuen sehr wohl bewußt, von ihnen benennbar und damit auch erfragbar sein (zum Beispiel wäre ein Merkmal eines idealtypischen Kleinbürger-Habitus die Zustimmung zur Frage nach »Wichtigkeit von Ruhe und Ordnung«). Unserer Auffassung nach bezieht sich das »Unbewußte« des Habitus vor allem auf sein Funktionieren als durchgängiges Erkennungs- und Beurteilungsschema sowie auf seinen Ursprung in strukturellen Bedingungen. Einzelelemente des Habitus sind dagegen durchaus empirisch festzumachen und zwar an Fragen zu grundsätzlichen Lebenseinstellungen und Werten.

Vester u.a. (1993) haben in ihrem Milieukonzept die »Anregung« Bourdieus zur Integration des Habitus in den sozialen Raum sowohl theoretisch als auch empirisch aufgegriffen. Unter Habitus bzw. »Mentalität« verstehen die Autoren »die impliziten, praktischen Ethiken der Lebensführung« (Vester 1998: 119). Empirisch wurden unter »Mentalität« z.B. Lebensziele, Handlungsorientierungen sowie Einstellungen zu Arbeit, Familie und Politik gefaßt (vgl. Vester u.a. 1993: 212). Die gesellschaftlichen Differenzierungslinien des sozialen Raumes wurden bei Vester so umdefiniert, daß die vertikale Achse durch den Klassenhabitus, die horizontale Achse durch den Gegensatz zwischen traditionalem Habitus (konventionalistisch/restriktiv) und modernisiertem Habitus (selbstverwirklichend/idealistisch) bestimmt wird. Mit dieser »Modernisierungsdimension« nimmt Vester eine Erweiterung des Habitusbegriffes vor.

Bisherige empirische Lebensstilanalysen haben bei ihren Typenbildungen häufig Einstellungs- und Verhaltensmerkmale gemeinsam zusammengefaßt (z.B. Spellerberg 1996). Unter Zugrundelegung der Bourdieuschen Begriffe von Habitus und Praxis kann man jedoch davon ausgehen, daß Lebensstile sich auf »klassifizierte und klassifizierbare *Praktiken*« beziehen, z.B. manifeste alltagsästhetische Muster wie etwa Freizeitaktivitäten, Musikgeschmack, Kleidungsstil, also auf das, was die Individuen tatsächlich »praktizieren«. Einstellungen dagegen sind etwas anderes als gelebte Praxis. Sie gehören nicht zu den Lebensstilen, sondern sollten, wie z.B. auch Lebensziele, Werte und Selbstwahrnehmung, als Merkmale der *Habitus- bzw. Mentalitätsebene* gefaßt werden. Die theoretische Trennung der Ebenen Habitus und Praxis muß unseres Erachtens auch empirisch berücksichtigt werden. Wir haben im folgenden also den Zusammenhang zwischen drei statt zwei Ebenen zu berücksichtigen, nämlich zusätzlich zur sozialen Lage/Struktur und der Praxis der Lebensstile die Ebene des Habitus/der Mentalitäten.

Wie erwähnt, wird im Zuge der Entstrukturierungsdebatte (Hradil, Berger, Beck) davon ausgegangen, daß Strukturmerkmale keinen determinierenden Einfluß mehr auf individuelle Denk- und Verhaltensmuster ausüben. Entgegen diesen Annahmen gehen wir unter Bezug auf Bourdieu davon aus, daß es nach wie vor einen Zusammenhang zwischen strukturellen Bedingungen und den jeweiligen »Denkmustern« von Individuen gibt. Unter »Denkmustern« verstehen wir z.B. Lebensziele, Werte und Selbsteinschätzungen als Elemente des Habitus.

Auch Lebensstile sind nach wie vor von der sozialen Lage abhängig. Sie sind Erscheinungs- und Reproduktionsformen struktureller sozialer Ungleichheit. Als ein Produkt der »Dialektik von sozialer Lage und Habitus« (Bourdieu 1982: 281) sind sie durchaus nach unterschiedlichem Kapitalvolumen und einem entsprechenden Klassenhabitus in der Gesellschaft verortbar.

Unter Berücksichtigung der von Vester u.a. (1993) explizierten »Modernisierungsdimension« des Habitus ist weiterhin anzunehmen, daß Lebensstile nicht nur nach Klassenlage verortet werden können, sondern auch entlang einer Achse von traditionalem versus modernem Habitus angeordnet sind.

3. Exploration des sozialen Raumes

Zur empirischen Überprüfung unserer Thesen wurde ein sozialer Raum konstruiert. Dazu verwendeten wir die multiple Korrespondenzanalyse (vgl. Greenacre 1984, 1993), da mit Hilfe dieses Verfahrens Zusammenhänge zwischen einer Vielzahl von Variablen beschrieben werden können. Hierbei werden sämtliche in die Analyse eingehenden Variablenkategorien zueinander in Beziehung gesetzt und in einem zweidimensionalen Raum grafisch dargestellt. Die Struktur dieses Raumes läßt Rückschlüsse auf die Antwortmuster der befragten Individuen zu. Es ist möglich, zusätzlich zu den Variablen, die »aktiv« zur Konstruktion des Raumes verwendet werden, sogenannte »passive« Variablenausprägungen in diesen Raum zu projizieren. Diese haben keinen Einfluß auf die geometrische Ausrichtung des Raumes, ihre Lage gibt jedoch Aufschluß über ihre Beziehung zu den aktiven Merkmalen. Mittels der multiplen Korrespondenzanalyse kann in zwei Schritten die Annahme einer Entstrukturierung geprüft werden und zwar dahingehend, ob es erstens einen Zusammenhang zwischen sozialer Lage und den Denk-, Wahrnehmungs- und Beurteilungsmustern (Habitus) gibt und ob es zweitens möglich ist, einen Einfluß dieser beiden Ebenen auf die Lebensstile aufzuzeigen.

Bourdieu betont, daß zur Konstruktion einer Klasse »die Struktur der Beziehungen zwischen allen relevanten Merkmalen« zu berücksichtigen sei. Darunter versteht er außer den Kapitalsorten auch Alter, Geschlecht und Wohnort (vgl. Bourdieu 1982: 182). Dementsprechend fassen wir unter »Struktur« Berufspositionen, Einkommen, Bildung, Alter, Geschlecht, verschiedene Haushaltstypen und Ortstyp. Darüber hinaus haben wir versucht, Elemente des von Bourdieu selbst empirisch vernachlässigten sozialen Kapitals mit aufzunehmen und zwar in Form von Fragen zu Vereinsmitgliedschaften und »Kontakthäufigkeit mit Freunden«.

Der Habitus wird (wie bereits erwähnt) auch empirisch als eigenständige Ebene in die Analyse aufgenommen. Operationalisiert wird er über Lebensziele, Fragen zur »Einschätzung des Persönlichen Alltags« und vier Fragen, die Inglehart (1989) zur Messung seiner Materialismus-Postmaterialismus-Skala verwendet. Lebensziele, Selbstwahrnehmungen und Werte als Merkmale des Habitus sind nach Bourdieu als inkorporierte Struktur zu verstehen und daher eine Widerspiegelung derselben. Zwecks Prüfung dieser These wurde ein sozialer Raum mit den Ausprägungen von Struktur und Habitus als aktiven Variablen gebildet. Träfe die Enstrukturierungsthese zu, dann sollte es in diesem Raum keinen sichtbaren Zusammenhang zwischen Struktur und Habitus im Sinne eines Bourdieuschen Klassenhabitus geben. Da wir weiterhin davon ausgehen, daß Lebensstile Ausdruck sowohl struktureller Bedingungen wie auch der sich aus ihnen ergebenden Habitusformen sind, wurden sie passiv in den von Struktur und Habitus determinierten Raum projiziert. Die Lebensstilausprägungen umfassen Freizeitverhalten, Musikgeschmack, Fernseh- und Lektüregewohnheiten sowie Präferenzen für bestimmte Kleidung und Möbel.

Unseren Annahmen gemäß müßten die Lebensstile sich sowohl nach unterschiedlichem Kapitalvolumen wie auch nach traditionalem/modernem Habitus im zu konstruierenden, sozialen Raum eindeutig positionieren. Nach der Entstrukturierungsthese sollte kein enger Zusammenhang zwischen Klassenlage und Lebensstil erkennbar sein.

Da es sich bei einem Lebensstil nach Bourdieu um ein zusammenhängendes System von Praktiken handelt, erschien es uns sinnvoll, zunächst Lebensstiltypen zu bilden, um kohärente Muster der Alltagsgestaltung zu erfassen. Daher wurden auf der Basis von N=1.320 Befragten im Alter von 18-61 Jahren 85 Einzelmerkmale in insgesamt neun Clustern zusammengefaßt. Die passive Plazierung dieser Lebensstilcluster gibt Aufschluß darüber, wie sich kohärente Muster der Alltagsgestaltung zu Struktur und Habitus verhalten.

Die Lebensstilmerkmale werden hier nur für die Cluster beschrieben, auf die wir uns in der Interpretation des sozialen Raumes beziehen. Um das Bild zu vervollständigen, sei erwähnt, daß Lebensstilcluster W4 ein typisches Durchschnitts-Cluster darstellt und Cluster W3 durch »sportorientierte« jüngere Männer mit überdurchschnittlichen Werten bei Einkommen und Bildung charakterisiert wird. Cluster W8 repräsentiert strukturell benachteiligte jüngere Frauen. Cluster W9 haben wir aus der Analyse ausgeschlossen, da es 20 Personen umfaßt, die auf alle Fragen positiv geantwortet haben.

Lebensstilcluster W1 (n=188)

Zustimmungen: Freizeit: Theater/Kurse, Familie/Kinder, Basteln/Gartenarbeit, Klassik/Oper; TV: Politik/Kultur; Lesen: klassische Literatur; Zeitung: Politik/Wirtschaft; Kleidung: elegant/hohe Qualität; Möbel: behaglich/funktional

Ablehnungen: Freizeit: Sport/Kneipe; Musik: Pop/Rock; TV: Action/Horror; Lesen: Comics; Zeitung: Sport; Kleidung: auffallend/sexy

Lebensstilcluster W2 (n=163)
Zustimmungen: Freizeit: Sport/Kneipe, Basteln/Gartenarbeit, Familie/Kinder; Musik: Volksmusik; TV: Heimatfilme; Zeitung: Sport; Kleidung: unauffällig/zeitlos; Möbel: behaglich/funktional
Ablehnungen; Freizeit: Theater/Kurse, Klassik/Oper; Musik: Pop/Rock; Lesen: klassische Literatur, Psycho/Esoterik, Comics; Kleidung: auffallend/sexy; Möbel: exklusiv/modern

Lebensstilcluster W5 (n=122)
Zustimmungen: Freizeit: Nichtstun/TV; Musik: Pop/Rock; TV: Action/Horror; Lesen: Comics; Zeitung: Sport; Kleidung: auffallend/sexy
Ablehnungen: Freizeit: Klassik/Oper, Familie/Kinder, Basteln/Gartenarbeit; Musik: Volksmusik; TV: Heimatfilme; Kleidung: elegant/hohe Qualität; Zeitung: Politik/Wirtschaft; Lesen: Arztromane, klassische Literatur

Lebensstilcluster W6 (n=215)
Zustimmungen: Freizeit: Theater/Kurse, Klassik/Oper; TV: Politik/Kultur; Lesen: Klassische Literatur, Psycho/Esoterik; Zeitung: Politik/Wirtschaft;
Ablehnungen: Musik: Volksmusik; TV: Heimatfilme, Action/Horror; Zeitung: Sport/Lokales

Lebensstilcluster W7 (n=163)
Zustimmungen; Freizeit: Familie/Kinder; Musik: Volksmusik; TV: Heimatfilme; Lesen: Arztromane; Zeitung: Lokales; Kleidung: unauffällig/zeitlos
Ablehnungen: Freizeit: Theater/Kurse, Klassik/Oper; Musik: Pop/Rock; TV: Politik/Kultur, Action/Horror; Lesen: Klassische Literatur, Comics; Zeitung: Politik/Wirtschaft; Möbel: exklusiv/modern; Kleidung: auffallend/sexy

4. Der soziale Raum Westdeutschlands

Der hier dargestellte zweidimensionale Raum (Abbildung 1), der von den ersten beiden Achsen aufgespannt wird, erklärt 50,8% der Varianz der Daten. Die ausgewiesenen Prozentwerte sind adjustierte Prozentwerte (vgl. Greenacre 1993: 145). Ausprägungen, die sich über alle Befragten gleichmäßig verteilen, positionieren sich in der grafischen Darstellung nahe des Mittelpunktes. Aus Gründen der Übersichtlichkeit wurden diese nicht dargestellt. Die unterstrichenen Ausprägungen bezeichnen die Ablehnungen der entsprechenden Habitusmerkmale. Bei der Interpretation der Abbildung ist zu beachten, daß Distanzen nicht mit dem Lineal gemessen und verglichen werden dürfen. Allerdings kann aufgrund der räumlichen Nähe zweier Kategorien auf gemeinsame Merkmalsstrukturen geschlossen werden. Die erste Achse (36,3%) separiert ältere, schlecht gebildete, wenig verdienende, eher konservative, familienorientierte, sich auf das notwendige beschränkende Menschen von jüngeren, besser gebildeten, besserverdienenden, hedonistischen, aber auch karriereorientierten Menschen. Habitusausprägungen, die auf Hedonismus schließen lassen (»aufregendes Leben«, »genieße Leben«) liegen im positiven Bereich der ersten Achse sind mit hoher Bildung assoziiert (Abitur, Fachabitur), während Menschen mit Hauptschulabschluß ein »einfaches Leben« befürworten und eine hedonistische Lebenseinstellung ablehnen.

Auf der zweiten Achse (14,5%) lassen sich im negativen Bereich neben den höheren Alterskategorien die Berufsgruppen höhere Beamte, leitende Angestellte und Meister lokalisieren. An Habitusausprägungen finden sich hier »religiös«, »Einsatz für Bedürftige«, »gehe in Arbeit auf«, aber auch »lebe für Familie«, »politischer Einsatz«, »Führungspositionen anstreben«, »habe hohen Lebensstandard« und »Sparsamkeit«. Orientierung an Arbeit, Familie und eher traditionellen Werten (religiös, karitativ) sprechen für einen konservativen Habitus, für den gesellschaftliches Engagement (»Parteimitgliedschaft«) ebenso charakteristisch ist wie eine gewisse Karriereorientierung. Auf der positiven Seite finden sich die jüngeren Alterskategorien, außerdem die niedrigste Einkommensgruppe und die Berufsgruppen ungelernte Arbeiter und Lehrlinge. Auffallend ist, daß sich hier ausschließlich negative Habitusausprägungen befinden. Insbesondere werden einige Merkmale abgelehnt, die sich sonst über die ganze Gesellschaft gleichmäßig verteilen, wie z.B. »sinnvolle Arbeit«, »naturverbunden«, »umweltbewußt« und »Sicherheit«.

In der Grafik sind zwei Verbindungslinien eingezeichnet, die den Verlauf von Alter und Einkommen nachzeichnen. Parallel zum Alter laufen die Habitusmerkmale »Sparsamkeit« und »lebe für die Familie« mit den negativen Ausprägungen bei der jüngsten Altersgruppe und den positiven bei den Älteren. Wie zu erwarten, korrespondieren die Berufspositionen mit dem Einkommensniveau. So befinden sich die ungelernten Arbeiter, Facharbeiter und Angestellten am unteren Ende und die höheren Angestellten, gehobenen Beamten und Freiberufler am oberen Ende der Einkommensskala. »Politischer Einsatz«, »Führungspositionen anstreben«, »habe einen hohen Lebensstandard« und in geringerem Ausmaß »aktive Freizeit« gehen tendenziell mit höherem Einkommen einher, während bei den niederen Einkommen solche Habitusmerkmale in der Regel abgelehnt werden. Die Differenzierung entlang des Einkommens, des Berufes und der Bildung spiegelt die ungleiche Ressourcenausstattung in der westdeutschen Gesellschaft wider und bestätigt die von Klassen- und Schichttheoretikern angenommene Hierarchie innerhalb der Sozialstruktur. Die zweite Differenzierungslinie verläuft entlang der Alterskategorien, steht aber in keinem engen Zusammenhang mit den eben beschriebenen Strukturmerkmalen. Wie sich zeigen wird, kommt der Altersvariablen erst bei der Beschreibung spezifischer Habitusmuster eine Bedeutung zu.

Der untere rechte Quadrant mit seiner Karriereorientierung und seinem Statusbewußtsein läßt auf Menschen mit distinktiv gehobenen Habitus schließen, die sich ihrer Fähigkeiten und Möglichkeiten bewußt sind. Er deutet in seinen Merkmalen auf den von Bourdieu beschriebenen Habitus der Oberklasse. Im oberen linken Quadranten werden prätentiöse wie distinktive Merkmale grundweg abgelehnt. Die Verneinung eines hohen Lebensstandards und die Ablehnung von aktiver Freizeitgestaltung läßt auf beschränkte Ressourcen schließen. Die korrespondierenden Strukturmerkmale (niedrige Bildung und geringes Einkommen) bestätigen diese Einschätzung. Die strukturellen »Constraints« finden ihren Ausdruck in einem sich Beschränkung auferlegenden Habitus. Die von Bourdieu konstatierte Unterteilung der Gesellschaft in Klassen mit verschiedenen, sich voneinander abgrenzenden Habitusformen kann somit auch empirisch belegt werden.

Offensichtlich sind Einkommen, Bildung und Berufsposition einerseits und klassenspezifische Habitusformen andererseits eng miteinander verknüpft. Ein hoher sozioökonomischer Status bedingt einen Oberklassenhabitus, während eine geringe Ressourcenausstattung auf einen Habitus der unteren Klasse verweist.

Eine weitere Differenzierung des Habitus läßt sich entlang der Alterskategorien feststellen. Ältere Menschen präferieren in der Regel ein ruhiges Leben im Schoß der Familie und erachten traditionale Werte und Einstellungen als grundsätzlich wichtig. Dementgegen lehnen die »jungen Hedonisten«, zu finden im oberen linken Quadranten, traditionale Wertemuster überdurchschnittlich oft ab. Jüngeren Menschen ist also tendenziell ein »moderner« Habitus eigen, während sich für die Älteren traditionelle Einstellungen als charakteristisch erweisen. Der soziale Raum läßt sich somit auch durch die Habitusvariablen beschreiben. Es konnte gezeigt werden, daß sowohl zwischen Klassenhabitus und sozioökonomischen Ressourcen als auch zwischen Alter und dem Modernisierungsgrad des Habitus ein enger Zusammenhang besteht. Die These vom Habitus als inkorporierte Struktur ist somit belegt.

Abbildung 1: Der soziale Raum Westdeutschlands

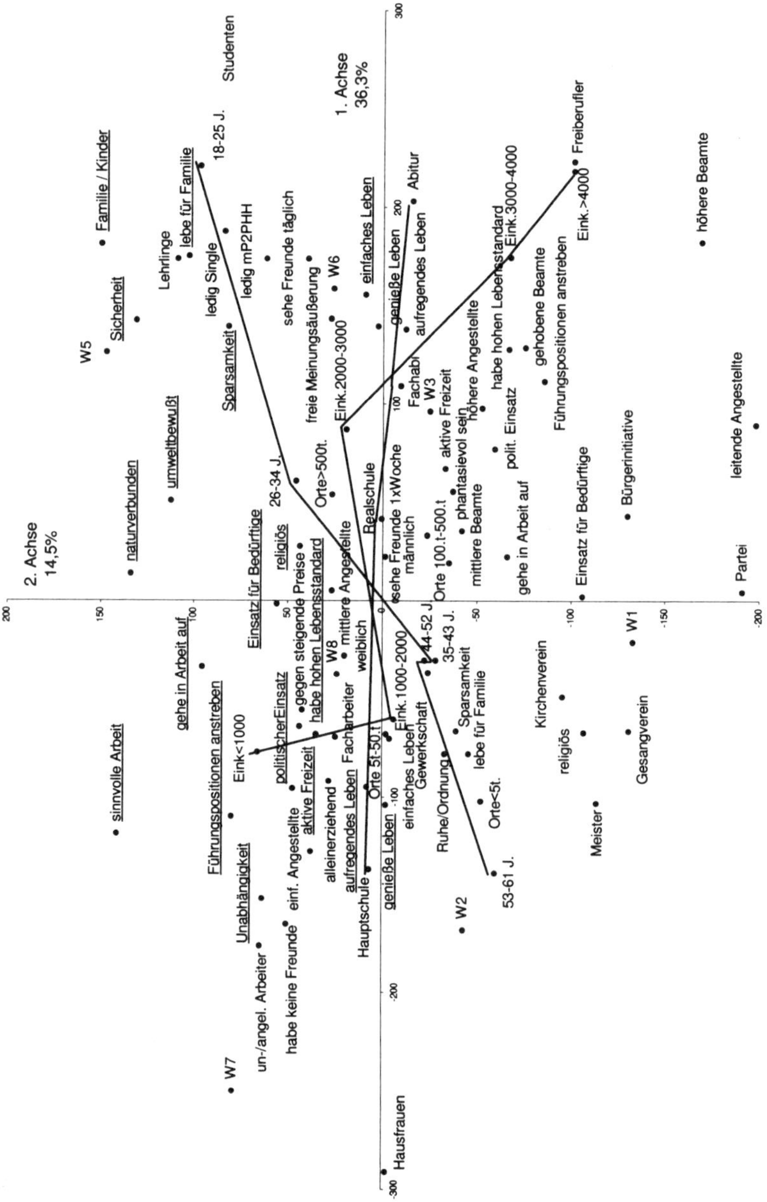

Gemäß unserer Annahme der engen Beziehung von Struktur-, Habitus- und Praxisebene sollten die Lebensstile charakteristische Struktur- wie Habitusmerkmale aufweisen. Exemplarisch soll dies für einige Lebensstilcluster untersucht werden. Die Ausprägungen in den Lebensstilen des Clusters W6 verweisen auf Menschen mit hochkultureller Orientierung. Sie lesen überwiegend klassische Literatur, gehen gerne ins Theater und in die Oper, schauen sich im Fernsehen Politik- und Kulturbeiträge an, bevorzugen moderne Möbel und beschäftigen sich mit Esoterik. Sie beziehen ein hohes Einkommen und sind überdurchschnittlich gut gebildet. Ihr Habitus ist vor allem moderner Prägung (Hedonismus, politische Liberalität) aber auch anspruchsvoll/gehoben. In Lebensstilcluster W1 korrespondiert ein überdurchschnittlich hohes Einkommen mit einem traditional/elitären Habitus und der Präferenz hochkultureller und traditioneller Freizeitmuster. Lebensstile, die dem Hochkulturschema entsprechen, verweisen somit überdurchschnittlich oft auf eine gute Ressourcenausstattung der betreffenden Menschen. Die entsprechenden Cluster W1 und W6 unterscheiden sich in bezug auf Lebensstil und Habitus lediglich hinsichtlich der Zustimmung zu modernen bzw. traditionalen Ausprägungen. Bezieht man die Lebensstilcluster auf die Alterslinie, so ist anzunehmen, daß die moderne Tendenz des Clusters W6 und die traditionale Tendenz des Clusters W1 auf die unterschiedliche Altersstruktur zurückzuführen ist.

Die Alltagsästhetik der Cluster W7 und W2 ist von Bescheidenheit und Einfachheit geprägt. Beispielhaft seien hierfür die Vorliebe für Volksmusik, Heimatfilme, behagliche bzw. funktionale Möbel und unauffällig/zeitlose Kleidung angeführt. Dieser Lebensstil resultiert offenbar aus der geringen Verfügbarkeit über sozioökonomische Ressourcen, denn das unterdurchschnittliche Einkommen und der in der Regel niedrige Schulabschluß stehen im Widerspruch zu einer kosten- oder bildungsintensiven Freizeitgestaltung.

Die Ausprägungen des Clusters W5 verweisen mit der Verneinung traditionaler, an Sicherheit und Familie orientierter Lebensziele und der Präferenz eines aufregenden, genießerischen Lebens auf eine moderne Form des Habitus. Die Menschen dieses Lebensstilclusters hören lieber Pop- und Rockmusik als volkstümliche Schlager, kleiden sich auffallend/sexy bzw. verbringen den Tag faulenzend vor dem Fernseher. So zeigt sich auch für Cluster W5 eine enge Bindung von Habitus und Lebensstil, die im wesentlichen durch das niedrige Alter bedingt ist.

5. Schlußfolgerungen

Die in den Annahmen formulierte enge Bindung von Struktur, Habitus und Lebensstile konnte in der empirischen Überprüfung des sozialen Raumes für Westdeutschland bestätigt werden. So genügt in der Regel die Kenntnis der Merkmale von Struktur oder Habitus, um Lebensstilgruppen im sozialen Raum zu positionieren. Lebensstil und Klassenhabitus scheinen eng mit der Verfügbarkeit über sozioökonomische Ressourcen verbunden. So verwiesen in unserer Analyse »hochkulturelle« alltagsästhetische Muster und ein gehobener Habitus immer auf ein überdurchschnittliches Einkommen und hohe Bildungsabschlüsse. Auch die These der Differenzierung der Lebensstile nach dem Grad ihrer Modernisierung konnte belegt werden. Während jüngere Lebensstilgruppen meist moderne alltagsästhetische Muster favorisieren, werden von den älteren Menschen traditionale Formen der Praxis bevorzugt.

Hinsichtlich der Entstrukturierungsthese läßt sich festhalten, daß die Annahme der Entkoppelung der Lebensstile von strukturellen Ressourcen durch die Ergebnisse unserer Analyse nicht unterstützt wird. Die Analogie der Räume von Lebensstil, Habitus und Struktur läßt vielmehr auf eine noch immer bestehende enge Beziehung zueinander schließen.

Vor diesem Hintergrund scheint die Kritik Geißlers berechtigt, daß im Rahmen einer unkritischen sozio-kulturellen Vielfaltsforschung die Tendenz bestehe, vertikale (Schicht-)strukturen sozialer Ungleichheit »wegzuindividualisieren, wegzupluralisieren und wegzudifferenzieren« (Geißler 1996: 319ff.), obwohl diese weiter relevant sind.

Anmerkung

1 Wir danken Jörg Blasius und Jens Dangschat für hilfreiche Hinweise.

Literatur

Beck, Ulrich (1986), Risikogesellschaft. Auf dem Weg in eine andere Moderne. Frankfurt/M.

Becker, Ulrich/Becker, Horst/Ruhland, Walter (1992), Zwischen Angst und Aufbruch. Düsseldorf.

Berger, Peter A. (1986), Entstrukturierte Klassengesellschaft? Opladen.
Bourdieu, Pierre (1982), Die feinen Unterschiede. Kritik der gesellschaftlichen Urteilskraft. Frankfurt/M.
Geißler, Rainer (1996), Kein Abschied von Klasse und Schicht. Ideologische Gefahren der deutschen Sozialstrukturanalyse, in: Kölner Zeitschrift für Soziologie und Sozialpsychologie Jg.48, Heft 2: 319-338.
Georg, Werner (1998), Soziale Lage und Lebensstil. Opladen.
Greenacre, Michael (1984), Theory and Applications of Correspondence Analysis. London.
Greenacre, Michael (1993), Correspondence Analysis in Practice. San Diego.
Hitzler, Ronald (1994), Sinnbasteln. Zur subjektiven Aneignung von Lebensstilen, in: Ingo Mörth/Gerhard Fröhlich (Hrsg.): Das symbolische Kapital der Lebensstile. Zur Kultursoziologie der Moderne nach Pierre Bourdieu. Frankfurt/M./New York: 75-92.
Hradil, Stefan (1989), System und Akteur. Eine empirische Kritik der soziologischen Kulturtheorie Bourdieus, in: Klaus Eder (Hrsg.): Klassenlage, Lebensstil und kulturelle Praxis. Frankfurt: 111-141.
Hradil, Stefan (1992), Alte Begriffe und neue Strukturen. Die Milieu-, Subkultur- und Lebensstilforschung der 80er Jahre, in: Stefan Hradil (Hrsg.): Zwischen Bewußtsein und Sein. Opladen: 15-55.
Inglehart, Ronald (1989), Kultureller Umbruch. Wertewandel in der westlichen Welt. Frankfurt/M.
Müller, Hans-Peter (1986), Kultur, Geschmack und Distinktion. Grundzüge der Kultursoziologie Pierre Bourdieus, in: Kölner Zeitschrift für Soziologie und Sozialpsychologie, Sonderheft 27: 162-190.
Schulze, Gerhard (1992), Die Erlebnisgesellschaft. Kultursoziologie der Gegenwart. Frankfurt/M.
Spellerberg, Annette (1996), Soziale Differenzierung durch Lebensstile. Berlin.
Vester, Michael/von Oertzen, Peter/Geiling, Heiko/Hermann, Thomas/Müller, Dagmar (1993), Soziale Milieus im gesellschaftlichen Strukturwandel. Köln.
Vester, Michael (1998), Klassengesellschaft ohne Klassen, in: Peter A. Berger/Michael Vester (Hrsg.): Alte Ungleichheiten, Neue Spaltungen. Opladen: 109-148.

Freizeit als Element des Lebensstils und Mittel kultureller Distinktion, 1900-1996

Marlis Buchmann und Manuel Eisner

Dass der Freizeitsphäre in der Gegenwartsgesellschaft eine überaus große kulturelle Bedeutung zukommt und spezifische Lebensstile eng mit charakteristischen Mustern von Freizeitaktivitäten verknüpft sind, dürfte heute eine weitgehend geteilte Einschätzung der kultursoziologischen Forschung sein (Dumazedier 1988; Lamprecht/Stamm 1994; Vester 1988). Hingegen existiert vergleichsweise wenig gesichertes empirisches Wissen darüber, in welcher historischen Phase Freizeit zu einem zentralen Lebensstilelement wurde, wie die entsprechenden Diffusionsprozesse ausgesehen haben und wie sich die kulturelle Bedeutung einzelner Freizeitaktivitäten historisch verschoben hat. Der Analyse solcher Fragen mit den Mitteln der sozialwissenschaftlichen Umfrageforschung sind insofern enge Grenzen gesetzt, als entsprechende Befragungsdaten bestenfalls bis in die 50er Jahre zurückreichen und meistens über die Zeit nur bedingt vergleichbar sind. Wer in systematischer Weise kulturelle Selbststilisierungen über längere Zeiträume untersuchen will, sieht sich gezwungen, mit anderen – aber nicht notwendigerweise schlechteren – Informationsquellen zu arbeiten. Eine der Quellen, die hierfür in Betracht kommen, sind Heirats- und Bekanntschaftsinserate (vgl. Berghaus 1985; Gern 1992; Koestner/Wheeler 1988; Lynn/Bolig 1985). Sie wurden in der Schweiz – auf die sich das empirische Material dieser Studie bezieht – während des ganzen Jahrhunderts in großer Zahl aufgesetzt und haben damit eine kulturelle Spur hinterlassen, die es erlaubt, die Bedeutung von Freizeit im Wandel von Lebensstilen weit über den durch Umfragedaten abgedeckten Zeitraum zu untersuchen.[1] Zwei Beispiele mögen dies illustrieren: In der Neuen Zürcher Zeitung findet sich im Mai 1901 folgendes Inserat: »Junger Mann, 30 Jahre alt, kerngesund, mit solidem, festem Charakter, in gesicherter Lebensstellung, sucht wegen Mangel an passender Gelegenheit auf diesem Wege mit einer achtbaren, fleissigen und lebensfrohen, 22-35 Jahre alten Tochter aus schweiz., reform. u. gutsituierter Familie behufs bald. Heirat in nähere Beziehungen zu treten. [...].« Fast, als hätte der Autor des Textes sich bemüht, Max Webers »protestantische Ethik« aufs Äusserste zu verdichten, finden wir in dem Inserat sowohl Bezüge auf Tugenden wie Fleiß und Mäßigung, wie auch auf eine in der Welt der Arbeit zentrierte, systematische Lebensführung. Freizeit hingegen hat hier keinen Platz.

Knapp 90 Jahre später hingegen lautet ein typisches Inserat etwa wie folgt: »Selbstinserent, Zürich, Kaufmann, mit Niveau, 36/170/69, Schnauz, sportlich, ›aufgestellt‹, modern, elegant, gepflegt. Hobbys: schön wohnen, weite Reisen, Skifahren, Schwimmen. Sucht Sie bis 40 mit Niveau, elegant, modern, viel interessiert für Freizeit und Freundschaft. [...]« (Tages-Anzeiger, Mai 1987). Unzweifelhaft hat sich der von Max Weber beschworene asketische Geist des Kapitalismus aus diesem Text verabschiedet. »Aufgestellt« (ein Helvetismus, der soviel wie »fröhlich«, »munter« bedeutet), »modern«, und »elegant«, in anderen Inseraten auch »warmherzig«, »tolerant« und »unkonventionell« sind nunmehr die inneren Qualitäten, mit Hilfe derer das Selbst dargestellt wird (vgl. ausführlicher Buchmann/Eisner 1997). Und – im Rahmen dieses Beitrages besonders wichtig – die verschiedensten Freizeitaktivitäten nehmen nunmehr beim Versuch, einen Lebensstil mit wenigen Worten zu skizzieren, einen zentralen Raum ein. Insgesamt repräsentieren damit die beiden Bekanntschaftsinserate fast idealtypisch je eine epochenspezifische kulturelle Konfiguration. Letztere hat Gerhard Schulze (1993) bekanntlich unter dem Begriff der »Erlebnisgesellschaft« analysiert und hierbei den zentralen Stellenwert von Freizeitaktivitäten als Medium der Differenzierung von Lebensstilen hervorgehoben. An seine Analysen anschliessend untersuchen wir im folgenden drei Fragen: a) In welcher historischen Phase gewinnt Freizeit als Element von Lebensstil an Bedeutung und wie lässt sich diese Expansion theoretisch erklären? b) Erfolgt die Zunahme der Bedeutung von Freizeit als Element der Selbststilisierung nach sozialer Schicht und Alterskohorte unterschiedlich? c) Inwiefern bilden sich im Gefolge der Expansion von Freizeitbezügen *Konfigurationen* einzelner Freizeitaktivitäten, die im sozialen Raum verankert sind?

Theoretische Überlegungen

In theoretischer Hinsicht verbinden wir den Übergang von der Arbeitswelt als vorherrschende Quelle für gesellschaftlich vermittelte Identitätsideale hin zur

Sphäre der Freizeit mit den tiefgreifenden *strukturellen Transformationen*, welche die westlichen Industrieländer in den ersten Jahrzehnten nach dem Zweiten Weltkrieg durchgemacht haben (Dumazedier 1962; Lalive d'Epinay 1991). Drei Aspekte dieses Strukturwandels stehen dabei im Mittelpunkt des Interesses: Die außergewöhnliche *Phase ökonomischer Prosperität* ab den fünfziger Jahren bescherte erstmals in der Geschichte der breiten Bevölkerung ein zumindest bescheidenes Ausmass an ökonomischer Sicherheit und eröffnete ihr die Welt des Konsums. Mit steigendem materiellem Wohlstand, aber auch mit der Zunahme der arbeitsfreien Zeit – kürzeren Arbeitszeiten und Ferien – gewann die Lebenssphäre außerhalb der Arbeit, vermittelt über vielfältige Vergnügungsangebote und Freizeitbeschäftigungen, zunehmend an Bedeutung. Zweitens führte der rasante ökonomische Aufschwung zum *Ausbau des Wohlfahrtsstaates*, der wesentlich mithalf, Lebensrisiken abzufedern und dadurch ein sicheres und stabileres Leben ermöglichte. Über die *Bildungsexpansion* in den sechziger Jahren, welche dem größeren Teil der entsprechenden Altersgruppen den Zugang zu mittlerer und höherer Bildung eröffnete, verstärkte sich schliesslich die Bedeutung reflexiver Kompetenzen und die damit einhergehende Tendenz zur stärkeren Individualisierung.

Diese einschneidenden Veränderungen der Lebensbedingungen wirkten sich in der Folge auch auf die kulturellen Voraussetzungen der gesellschaftlichen Verortung des Selbst aus (vgl. Meyer 1986; Meyer et al. 1987). Insbesondere haben die weitgehend homogenen, auf wohldefinierten Werten und Weltanschauungen basierenden Grosskollektive wie die Arbeiterklasse oder das Bildungsbürgertum als Quelle von Identität an Bedeutung verloren. Damit einher ging der Verlust einer weitgehend voraussetzungslosen Integration in soziale Milieus, deren Orientierungsangebote sämtliche Lebensbereiche und den ganzen Lebenslauf von der Geburt bis zum Tode umfassten (Beck/Beck-Gernsheim 1994). Gleichzeitig wurden die Individuen aber auch von der in solchen Milieus ausgeübten hohen sozialen Kontrolle entlastet und von den damit verbundenen Handlungszwängen befreit. Beide Prozesse haben wesentlich zum Verständnis von Individuen als eigenständige, autonome, zur Reflexion fähige und mit differenzierten Handlungskompetenzen ausgestattete Akteure beigetragen (Michailow 1996). Wenn die Freiheitsgrade in der Gestaltung des eigenen Lebens und die Wahlmöglichkeiten der Zugehörigkeit zu sozialen Milieus zunehmen, hängt die Sicherung von Identität und Gruppenzugehörigkeit in stärkerem Masse von individuellem Handeln ab. Dies trifft insbesondere auf das *expressive* Handeln zu, mit welchem Interessen und Vorlieben zur Darstellung gebracht und als Mittel kultureller Distinktion eingesetzt werden. In Anlehnung an Gerhard Schulze (1993) erwarten wir daher, dass unter diesen Bedingungen die *Stilisierung des Lebens*, gerade in der Gestaltung der Freizeit, zu einem wesentlichen Element sozialer Integration avanciert. Dabei ist auch zu erwarten, dass sich Interessen und Vorlieben hinsichtlich der Freizeitgestaltung zu distinkten Lebensstilen verdichten, welche entlang sozialer Merkmale wie Alter und Bildung variieren.

Daten und Methoden

Zwei wesentliche Gründe sprechen für die Wahl von *Bekanntschafts- und Heiratsinseraten* zur Analyse langfristiger Veränderungen in der Bedeutung von Freizeit als Element von Lebensstilen. Erstens handelt es sich um stark kondensierte Texte, in denen Akteure jene Aspekte ihres Selbst und ihrer Aktivitäten präsentieren, die sie für besonders *relevant, informationsträchtig und attraktiv* halten. Zweitens verwenden die Schreibenden hierbei im anonymen und öffentlichen Kontext eines Inserates *allgemeine verfügbare und verständliche kulturelle Codes*, die möglichst verdichtet Aufschluss über Lebensstil und Lebensführung geben sollen. Drittens bilden Heirats- und Bekanntschaftsinserate eine über relativ lange Zeiträume verfügbare, von individuellen Akteuren in grosser Zahl und einem relativ stabilen kulturellen Kontext verfasste Textgattung, was sie zu einem hervorragenden *kulturellen Indikator für langfristige Wandlungen von zentralen Aspekten der Alltagskultur* macht.

Unser Datensatz besteht aus einer Stichprobe von jährlich 80 *Bekanntschafts- und Heiratsinseraten*, die in den schweizerischen Tageszeitungen *Neue Zürcher Zeitung (NZZ)* und *Tages-Anzeiger* zwischen 1900 und 1996 erschienen sind. Sowohl externe Informationen als auch Auswertungen der Inserate selbst machen deutlich, dass über den ganzen Zeitraum hinweg die *Neue Zürcher Zeitung* primär eine Elitezeitung ist, während der *Tages-Anzeiger* als breites Mittelschichtsblatt interpretiert werden kann. Hohe soziale Positionen in Bezug auf Bildung und Beruf etwa sind in der NZZ über das ganze Jahrhundert hinweg deutlich häufiger vertreten als im Tages-Anzeiger. In den folgenden Auswertungen verwenden wir daher die beiden Zeitungen als Schichtindikator.[2]

Für die quantitativen empirischen Auswertungen wurden die Inserate mittels einer computergestützten Inhaltsanalyse (TEXTPACK) aufbereitet. Grundsätzlich können dank einer Segmentierung der Texte gesonderte Auswertungen der Selbst-, der Fremd- und der Partnerschaftsbeschreibung vorgenommen werden. Für die hier geschilderten Auswertungen wurde aber jeweils auf den gesamten Inseratetext abgestellt. Das inhaltsanalytische Wörterbuch, welches aus einer aufwendigen vorgängigen Disambiguierung des Rohtextes hervorgegangen ist, weist eine hierachische Struktur auf.

Abbildung 1: Struktur des verwendeten Wörterbuchs

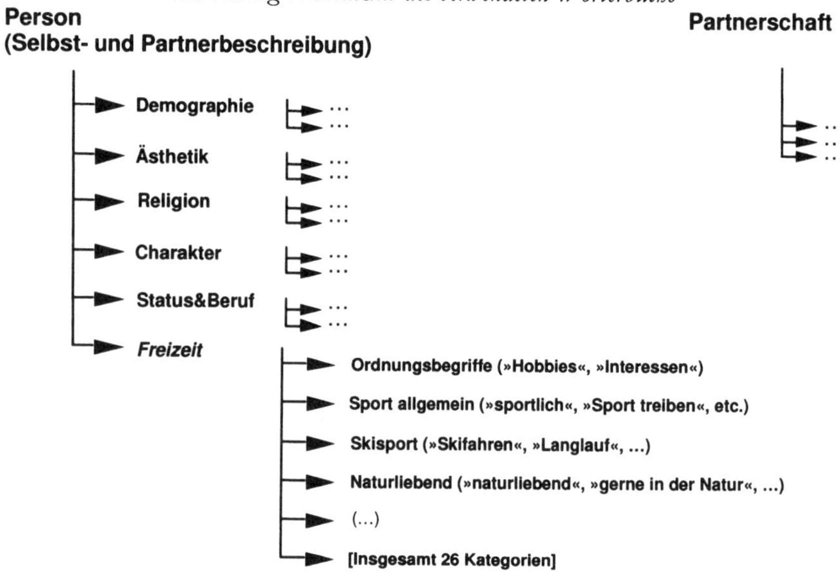

Auf der untersten Ebene umfasst es insgesamt rund 1.200 Kategorien, welche weitgehend auf der Zusammenfassung von Einzelbegriffen zu Synonymgruppen beruhen. Hiervon beziehen sich 80 Kategorien auf Freizeitinteressen und -beschäftigungen. Diese Kategorien wurden zu 26 Gruppen von Freizeitaktivitäten zusammengefasst. Der gesamte Bereich »Freizeit« wiederum bildet eines von sechs thematischen Feldern, die wir bei der Personenbeschreibung auf der allgemeinsten Ebene unterscheiden. Dabei subsummieren wir unter dem Feld »Freizeit« alle Verweise auf Interessen, Präferenzen und Aktivitäten, welche ein relativ selbstgewähltes, intrinsisch befriedigendes Tun implizieren und weder auf die Arbeit noch unmittelbar auf die Paarbeziehung bezogen sind (vgl. Kelly 1982: 23).

Ergebnisse

Wir beginnen die empirische Analyse mit einer Betrachtung der Gesamtentwicklung in der durchschnittlichen Häufigkeit von Freizeitbezügen pro Inseratetext.

Abbildung 2: Freizeitnennungen insgesamt

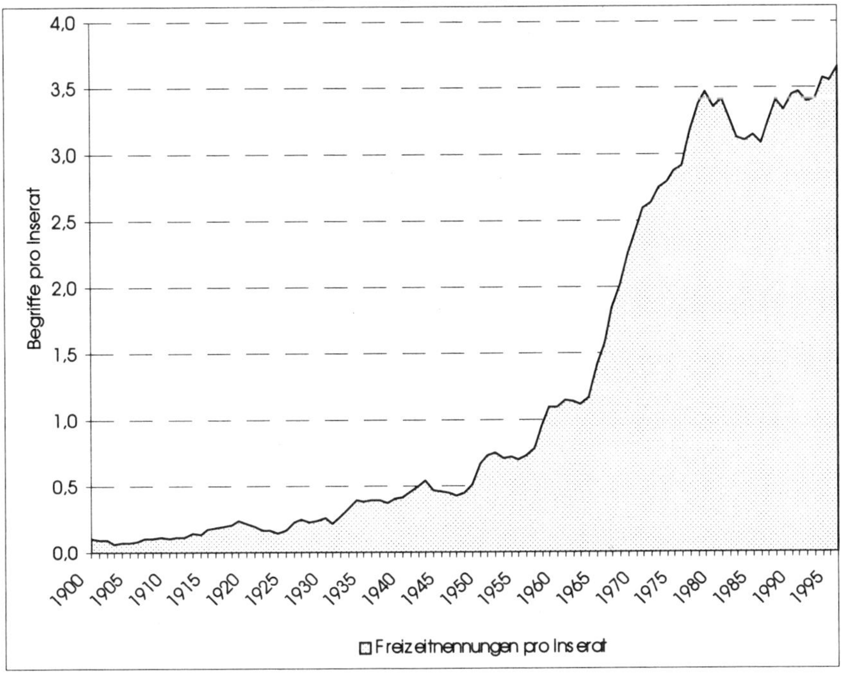

Wie Abbildung 2 erkennen lässt, wird hierbei überaus deutlich die Zunahme von Freizeitbezügen über das ganze Jahrhundert hinweg sichtbar. Die Entwicklung beginnt mit rund 0,1 Freizeitnennungen pro Inserat in der ersten Dekade des Jahrhunderts und zeigt in der Folge eine kontinuierliche Zunahme bis auf rund 0,5 Nennungen pro Inserat um 1950. In zwei Stufen lässt sich dann eine weitere Verdoppelung bis zu Beginn der 60er Jahre beobachten, worauf eine Phase der außerordentlich raschen und ungebrochenen Expansion von Freizeitbezügen zwischen 1963 und 1979 auf rund 3,5 Nennungen pro

Heirats- und Bekanntschaftsinserat folgt. Seither schwenkt der Pfad nach einem vorübergehenden Rückgang in der ersten Hälfte der 80er Jahre auf einen deutlich flacheren Anstieg ein (vgl. Salvisberg 1997).

Die steile Zunahme von Freizeitbezügen seit den frühen 60er Jahren – der Begriff »Hobbies« findet sich in unserem Sample erstmals im Jahr 1963 – bestätigt weitgehend jene soziologischen Überlegungen, welche die Entstehung einer eigentlichen »Freizeitgesellschaft« auf die Periode der wirtschaftlichen Hochkonjunktur und Expansion des Massenkonsums zwischen den späten 50er und den frühen 70er Jahren datieren (Dumazedier 1988; Vester 1988). Allerdings lässt sich aus unseren Befunden auch ablesen, dass sich der Bedeutungsgewinn von Aktivitäten, die auf selbstgewählte Interessen und Präferenzen hinweisen, bis zum Beginn des Jahrhunderts zurückverfolgen lässt und es bereits zwischen etwa 1920 und 1950 zu einer erheblichen Zunahme von Freizeitbezügen kommt (das Wort »Freizeit« taucht erstmals 1936 auf). Im Licht dieses Ergebnisses erscheint daher die Ära der Nachkriegsprosperität eher als Phase der Akzelleration bestehender Trends, denn als völlig neues kulturelles Modell. Zudem scheint uns bemerkenswert, dass sich das gefundene Verlaufsmuster einer engen Angleichung an die wirtschaftliche Dynamik verweigert. Zwar verläuft der langfristige Trend der Expansion von Freizeitbezügen weitgehend parallel zum säkularen Wachstum des Pro-Kopf-Einkommens, hingegen können die kürzerfristigen Schwankungen kaum mit entsprechenden wirtschaftlichen Konjunkturen zur Deckung gebracht werden.

Bemerkenswert ist schliesslich, dass die mengenmäßige Zunahme von Freizeitbezügen in den Inseratetexten kaum durch Veränderungen der durchschnittlichen Textlänge beeinflusst wird – die Wörterzahl pro Inserat bleibt über das ganze Jahrhundert weitgehend stabil. Sie erfolgt vielmehr, wie wir in Buchmann und Eisner (1998a, 1998b) ausführlicher gezeigt haben, auf Kosten anderer thematischer Felder, wobei ganz besonders der Rückgang von expliziten Bezügen auf sozialen Status etwa in Form von Berufs- und Statusnennungen, Angaben zu Einkommen und Vermögen oder zur familiären Herkunft ins Auge sticht. Dieser Befund ist eine deutliches Indiz dafür, dass Lebensstile im Verlauf des Jahrhunderts – beschleunigt in den 60er und 70er Jahren – ihre Verankerung in einer ökonomischen, auf Beruf und Arbeit bezogenen Semantik verloren haben und zunehmend über den Bereich von Freizeitaktivitäten und -interessen kodiert werden.

In einem zweiten Schritt untersuchen wir die Frage, inwiefern diese Zunahme *nach sozialer Schicht* und *Alterskohorte* unterschiedlich verlaufen ist. Entsprechend zeigt Abbildung 3 die Häufigkeit von Freizeitbezügen getrennt nach dem Eliteblatt *Neue Zürcher Zeitung* und der Mittelschichtszeitung *Tages-Anzei-*

ger sowie nach Altersgruppe – den unter Vierzigjährigen und den über Vierzigjährigen.

Abbildung 3: Freizeitnennungen nach Zeitung und Altersgruppe

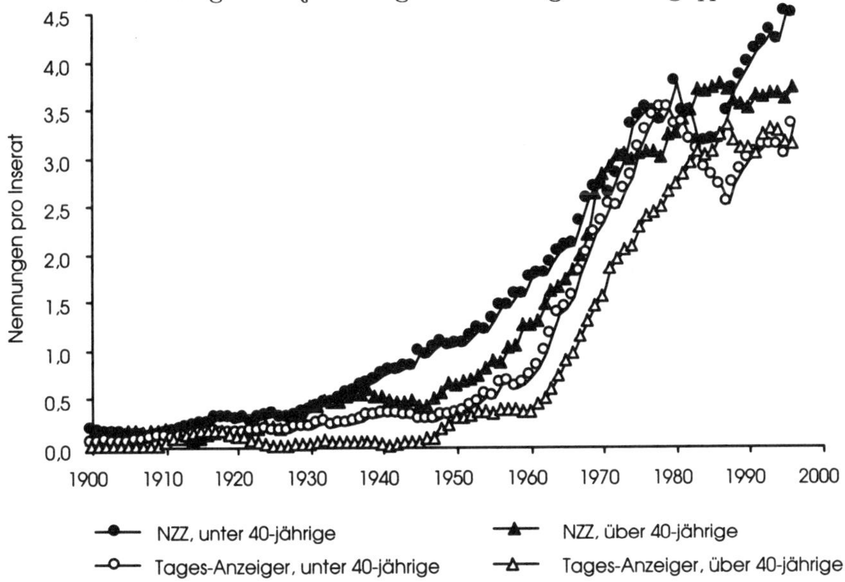

Man sieht zunächst, dass Freizeit als selbstgestalteter Lebensbereich in den ersten drei Dekaden des 20. Jahrhunderts in *allen* sozialen Schichten nur eine sehr untergeordnete Rolle spielte. Noch am häufigsten stellen die jüngeren Angehörigen der höheren sozialen Schichten Bezüge zum Freizeitbereich her. Allerdings beschränkt sich die Darstellung zumeist auf eine knappe Interessenbekundung, die oft an den Arbeitsbereich zurückgebunden ist. So wünscht sich beispielsweise der »Besitzer eines mittelgrossen, sehr erweiterungsfähigen Fabrikbetriebes mit schönem Anwesen« in der *Neuen Zürcher Zeitung* aus dem Jahre 1904 von der gesuchten »vermöglichen Dame im Alter von zirka 24 bis 32 Jahren [...] *Neigung zu Sport* trotz häuslicher Veranlagung [...], da solcher ohne fürs Geschäft hindernd zu sein, nebenher betrieben wird.«

Danach beginnt sich die Schere zu öffnen: Bereits in den dreißiger Jahren steigt die Anzahl Freizeitnennungen in beiden Altersgruppen der *Neuen Zürcher Zeitung*, während die Freizeit bei den jüngeren und insbesondere den älteren Inserierenden im *Tages-Anzeiger* nach wie vor kaum auftaucht. Die Nennungen beziehen sich meistens auf die Darstellung kultureller Interessen wie an »Kunst interessiert« oder »Musik liebend«. Stellvertretend sei hier die »gebildete, hübsche Dame, 34 Jahre alt, [...] kunstliebend und musikliebend« in der *Neuen Zürcher Zeitung* aus dem Jahre 1942 erwähnt, die sich fragt, »welcher Arzt, Apotheker oder Geschäftsherr« sie kennenzulernen wünscht. Insgesamt war also Freizeit als Mittel der kulturellen Distinktion und Element der Selbstdarstellung in der *ersten Hälfte* des 20. Jahrhunderts weitgehend den Angehörigen höherer sozialer Schichten vorbehalten. Mit dem breiteren Zugang zur Welt der Freizeit ab den fünfziger Jahren vergrößern sich die alters- und schichtspezifischen Differenzen weiter und erreichen ihren Höhepunkt anfangs der sechziger Jahre: Die jüngeren Inserierenden im Eliteblatt beziehen sich am häufigsten auf Freizeit, gefolgt von den älteren Inserierenden desselben Blattes. Auf tieferem Niveau wiederholen sich die altersspezifischen Unterschiede in der Mittelschichtszeitung *Tages-Anzeiger.*

Im Zuge der Verallgemeinerung von Freizeit, hervorgerufen durch den dramatischen Anstieg der Freizeitnennungen zwischen 1960 und 1975, verringern sich die alters- und schichtspezifischen Unterschiede, wobei die älteren Inserierenden des *Tages-Anzeiger* in der gesamten Zeitperiode der Entwicklung nachhinken. Sie weisen bis in die achtziger Jahre hinein immer die tiefsten Werte auf. Im Anschluss an die Demokratisierung von Freizeit bilden sich ab Mitte der achtziger Jahren auf hohem Niveau erneut schichtspezifische Differenzierungen heraus: Die Welt der Freizeit ist in beiden Altersgruppen der *Neuen Zürcher Zeitung* wieder stärker vertreten als in den beiden Vergleichsgruppen des *Tages-Anzeigers.*

Insgesamt zeigt diese Entwicklung über das 20. Jahrhundert, dass sich die Zunahme der Freizeitbezüge als ein nach sozialer Schicht und Alterskohorte gestaffelter Diffusionsprozess interpretieren lässt. Die Spielräume zur kulturellen Gestaltung des eigenen Lebens haben sich entlang der sozialen Hierarchie vergrössert. Die dramatische Zunahme der Freizeitnennnungen zwischen 1960 und 1975 über alle Altersgruppen und Zeitungen hinweg weist darauf hin, dass Freizeit als Element des Lebensstils seit Mitte der fünfziger Jahre langsam in breitere Bevölkerungskreise diffundierte, um sich dann ab Mitte der sechziger Jahre zu verallgemeinern. Der Bezug zur Freizeit, den nun praktisch jedes Inserat herstellt, ist ein wichtiger Beleg für deren zunehmende Bedeutung als eigenständiger Lebensbereich.

In Anbetracht des geschilderten Verlaufs von Freizeitnennungen über das ganze 20. Jahrhundert hinweg stellt sich nun die Frage, *ob* sich im Zuge der verallgemeinerten Zugänglichkeit zur Welt der Freizeit in der zweiten Hälfte dieses Jahrhunderts die freizeitbezogenen Vorlieben und Interessen zu distinkten Lebensstilen kristallisieren und *inwieweit* solche Lebensstilmuster strukturell verankert sind.

Zur Beantwortung dieser beiden Fragen haben wir über das 20. Jahrhundert hinweg die strukturelle Verankerung von Freizeitnennungen auf zwei Statusdimensionen untersucht, die nahezu vollständig aus unserem Material extrahiert werden können und in vielen Lebensstilanalysen als besonders zentral erachtet werden. So verfügen wir erstens in Gestalt der beiden Zeitungen über einen sinnvollen Indikator von sozialem Status. Je stärker daher eine spezifische Freizeitaktivität überwiegend im *Tages-Anzeiger* beziehungsweise in der *Neuen Zürcher Zeitung* genannt wird, desto mehr charakterisiert sie einen tieferen beziehungsweise höheren Lebensstil. Zweitens untersuchen wir altersspezifische Unterschiede in der Nennung von Freizeitaktivitäten, indem wir die fast immer vorhandenen, mehr oder weniger präzisen Altersangaben zu einer dichotomen Variablen rekodieren, die zwischen unter und über 40jährigen unterscheidet. Analog zur Schichtdimension lässt sich auch hier der Anteil der Nennungen bei der jüngeren, beziehungsweise der älteren Gruppe als grober Indikator für die Verankerung von Freizeitaktivitäten auf der lebenszyklischen Dimension interpretieren. Wir haben nun diese Informationen in sogenannten Bubble-Diagrammen aufgetragen. Dabei indiziert der *Ort*, an welchem eine Freizeitaktivität in Form eines »bubble« steht, ob die betreffende Aktivität häufiger im Eliteblatt *Neue Zürcher Zeitung* oder in der Mittelschichtszeitung *Tages-Anzeiger* vorkommt und ob sie häufiger bei den jüngeren oder älteren Inserierenden auftaucht. Zudem zeigt die *Größe* des bubble an, wie häufig die betreffende Freizeitaktivität pro Jahr – gemittelt über einen Zeitraum von zwanzig Jahren – in den Inseraten erscheint, wobei nur Aktivitäten berücksichtigt werden, die mindestens einmal pro Jahr Erwähnung finden.

Durch die Konstruktion solcher Diagramme für aufeinander folgende, sich überlappende Zeitperioden entsteht eine Art filmische Darstellung der Lokalisation von Freizeitaktivitäten im sozialen Raum, wobei einzelne Aktivitäten sowohl ihre Größe wie auch ihre Position bezüglich Schicht und Alter verändern können. Die komplexe Dynamik, die hierdurch erkennbar wird, kann leider auf Papier nur sehr unvollständig sichtbar gemacht werden. Wir beschränken uns daher darauf, in den Abbildungen 4a bis 4d vier Standbilder für ausgewählte Perioden vorzustellen.

Die erste Abbildung 4a zeigt die Konstellation zu Beginn des Jahrhunderts, in den Jahren 1900-1919. In dieser Phase finden wir in den Anzeigetexten nur zwei Aktivitäten im Bereich von Freizeit, welche die festgelegte Minimalhäufigkeit überschreiten, nämlich die »Liebe zur Musik« sowie die »Liebe zur Natur«. Beide Freizeitnennungen sind in der *Neuen Zürcher Zeitung* deutlich häufiger als im *Tages-Anzeiger*, die Liebe zur Musik wird häufiger von den jüngeren Inserierenden erwähnt, während Bezüge auf »Naturliebe« bei älteren Personen häufiger sind.

Abbildung 4a: Freizeitaktivitäten im sozialen Raum, 1900-1919

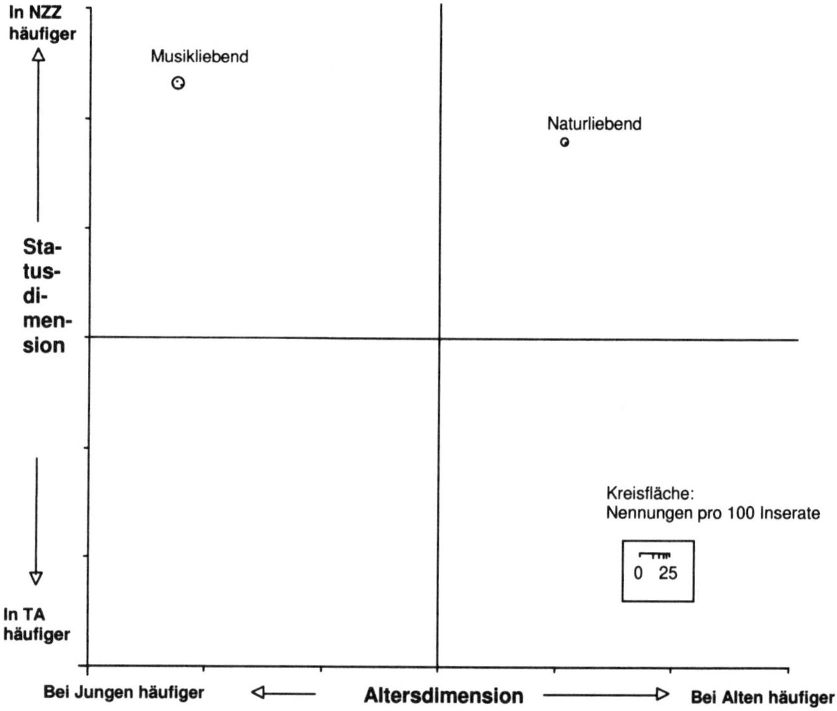

Allerdings macht eine Lektüre der entsprechenden Belegstellen deutlich, dass wir es hier noch nicht mit Verweisen auf eine kulturell ausdifferenzierte Freizeitsphäre zu tun haben. Vielmehr haben die Nennungen einen subsidiären Charakter, wobei sich insbesondere die »Liebe zur Musik« fast ausschließlich auf jüngere Frauen bezieht und sowohl kulturelles Kapital wie auch ein geschlechtsspezifisches Rollenbild repräsentiert. Wenn etwa ein »solider, gebildeter Herr« im Jahr 1915 eine »hübsche, repräsentable, musikalische, gebildete, evangelische Dame aus nur guter Familie im Alter von 26-32 Jahren mit

Vermögen« sucht, so spielt er mit der Qualität »musikalisch« kaum auf ein individuelle Präferenzen ausdrückendes Freizeitvergnügen an. Vielmehr benennt er ein Kernelement der kulturellen Ausstattung der Ehefrau in einer gutbürgerlichen Familie.

Abbildung 4b: Freizeitaktivitäten im sozialen Raum, 1930-1949

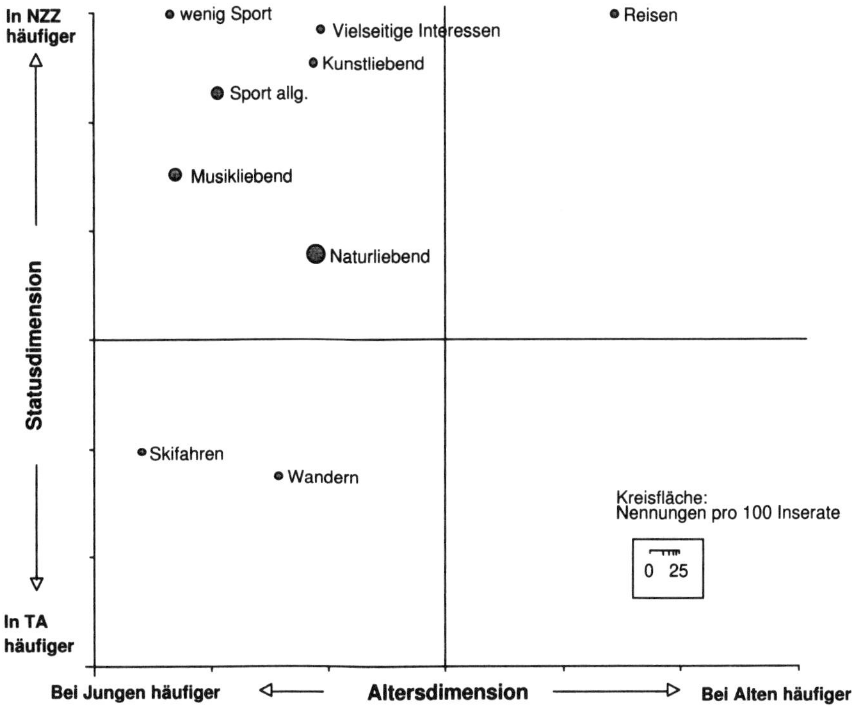

Bis zum nächsten Standbild, das die Periode 1930-1949 repräsentiert, bleiben beide Interessenbekundungen in der Oberschichtszeitung überrepräsentiert, allerdings bewegt sich die »Naturliebe« allmählich von den älteren zu den jüngeren Inserierenden. Zudem sind in der Zwischenzeit neue Aktivitäten aufgetaucht. Während bezeichnenderweise das kostspielige »*Reisen*« den älteren Oberschichtsangehörigen vorbehalten bleibt, sind nun Verweise auf »Sport« oder »wenig Sport«, »Liebe zur Kunst« und »vielseitige Interessen« bereits recht häufig bei jüngeren Inserierenden der Oberschicht anzutreffen. Dabei gewinnen die Freizeitbezüge gerade in dieser Gruppe zunehmend an eigenständiger, identitätsstiftender Bedeutung, was sich sehr schön anhand von Begriffen wie »Sportsmann« (erstmals 1926), »Sportgirl« und »Sportfreundin« (erstmals 1932) oder »Sporttyp« (erstmals 1934) ablesen lässt. Allerdings beginnen in dieser Phase nun auch jüngere Mittelschichtangehörige vereinzelt, Selbststilisierungen über Freizeitbezüge herzustellen. Dabei ist es wohl kein Zufall, dass in den Verweisen auf »Skifahren« sowie »Bergsport und Wandern« die Referenz auf die Berge durchschimmert, jenes zentrale Symbol der als »geistige Landesverteidigung« bekannten Epoche zwischen etwa 1935 und 1945 (Im Hof und et al. 1983).

Der Prozess der zahlenmäßig zunehmenden Bedeutung wie auch der inhaltlichen Ausdifferenzierung neuer Freizeitaktivitäten setzt sich in der Hochkonjunktur der Nachkriegsphase beschleunigt fort. Dabei lässt sich zwischen den frühen 50er Jahren und den 70er Jahren eine typische Bewegung ausmachen. Viele Freizeitaktivitäten tauchen zuerst oben links, d.h. bei den jüngeren Oberschichtsangehörigen, auf und bewegen sich jeweils nach unten und nach rechts: Sie finden also immer mehr Eingang in die Selbstdarstellungen der Mittelschichtsangehörigen und der älteren Personen. Diese Dynamik lässt sich unter Rückgriff auf Bourdieu als Evidenz dafür lesen, dass in der Periode der Hochkonjunktur fortwährend neue Freizeitaktivitäten in den Dienst der kulturellen Distinktion genommen werden und dann rasch an Distinktionswert für die Oberschicht verlieren (Bourdieu 1987). Allerdings finden wir auch andere Bewegungsmuster. Das bereits erwähnte »Wandern« etwa wandert von den 30er Jahren bis in die 60er Jahre von der jungen zur alten Mittelschicht: Zunächst möglicherweise kulturelles Zeichen eines frühen »Spannungsschemas«, repräsentiert es in den 60er Jahren eher die Gemütsruhe eines auf Harmonie und Besinnlichkeit ausgerichteten Lebensstils. Solche Bewegungen lassen erkennen, dass der symbolische, einen spezifischen Lebensstil signalisierende Gehalt einzelner Freizeitaktivitäten (wohlgemerkt: immer interpretiert als selektiv in Heiratsinseraten gesetzte kulturelle Zeichen) über die Zeit ausgeprägten Verschiebungen unterliegen kann.

In der Periode 1965-1984 sind dann erstmals *alle* unterschiedenen Freizeitkategorien besetzt, was die Verallgemeinerung von Freizeit als eigenständigem Lebensbereich signalisiert (siehe Abbildung 4c). Kulturelle Distinktion erfolgt nun nicht mehr über das Kriterium, ob ein Stil der Lebensführung überhaupt unter Bezug auf Freizeit definiert wird, sondern mit Hilfe welcher *Kombination* von Freizeitinteressen ein Stilmuster kodiert wird. Betrachtet man in dieser Hinsicht zunächst die Schichtdimension, so findet man im oberen Bereich ein kulturelles Muster, das weitgehend mit dem Konzept des »Hochkulturschemas« von Schulze (1993: 142) korrespondiert. Es zeichnet sich aus durch überdurchschnittlich häufige Verweise auf das Interesse für »Philosophie«, »Kunst«, »Kultur« sowie »Oper und Konzert«, während interessanterweise der Verweis auf »Theater« nicht zwischen Ober- und Mittelschicht diskriminiert. Demgegenüber finden wir im untersten Bereich unserer Schichtdimension, die wegen der Beschränkung auf eine Ober- und eine Mittelschichtszeitung nur einen Teilbereich des gesamten Spektrums hinreichend abdeckt, Aktivitäten wie »Tanzen«, »in den Ausgang gehen« sowie »Auto und Camping« konzentriert. Obwohl in unserem Sample nur unzureichend abgedeckt, dürften diese Freizeitaktivitäten Merkmale eines für die untere Mittelschicht charakteristischen Lebensstils bilden, der von Schulze mit dem alltagsästhetischen »Trivialschema« assoziiert wird.

Abbildung 4c: Freizeitaktivitäten im sozialen Raum, 1965-1974

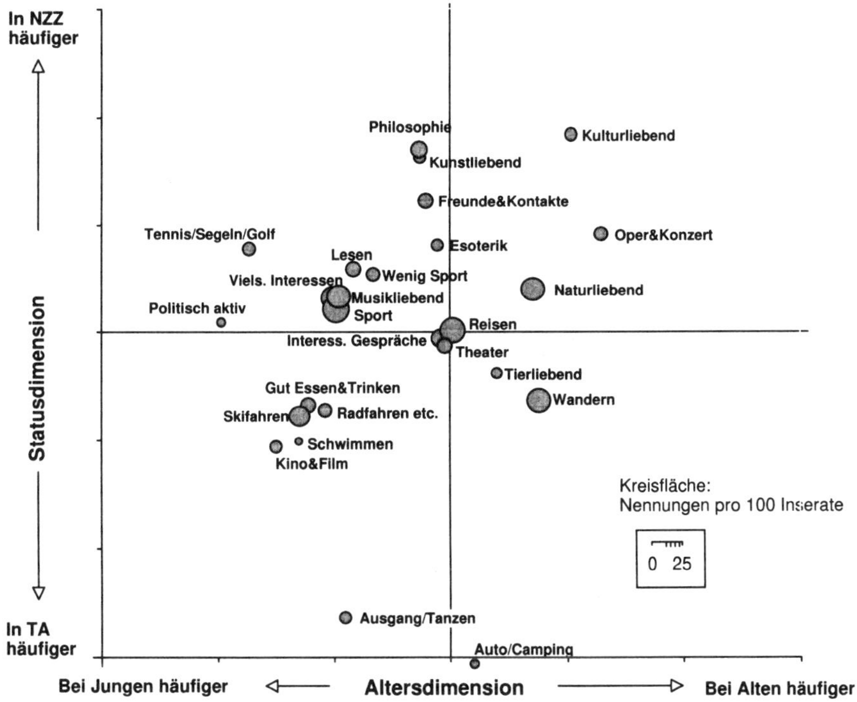

Auf der Altersdimension hingegen finden wir die jüngeren Inserierenden gekennzeichnet durch die häufige Nennung von Freizeitaktivitäten, welche als Elemente des von Schulze als »Spannungsschema« bezeichneten Erlebnismodus interpretiert werden können. Hierzu gehören etwa die Verweise auf vielfältige sportliche Aktivitäten außer Haus, hedonistisch gefärbte Nennungen von »gut Essen und Trinken« (ein Item, das noch in den fünfziger Jahren deutlich mit der Oberschicht assoziiert war), ein mit »Kino&Film« repräsentiertes spezifisches Muster des Kulturkonsums sowie generell die Betonung der »Vielfältigkeit« von Freizeitinteressen und -aktivitäten. Dieses Stilmuster setzt sich ab von spezifischen Interessenkonfigurationen der eher älteren Inserierenden, die in Abhängigkeit von der jeweiligen sozialen Lage eher Interessen für Kultur, Oper und Konzert oder aber für Wandern, Natur und Tier artikulieren.

Diese Muster zeigen zwar, daß seit den 60er Jahren Lebensstile zunehmend über Freizeitaktivitäten kulturell kodiert und im sozialen Raum verankert werden. Allerdings ergeben sich aus unserem Datenmaterial keine Hinweise auf klar gegeneinander abgegrenzte Lebensstile. Vielmehr entwikkeln die Autoren und Autorinnen in den Inseratetexten eine hoch differenzierte *Kombinatorik von Freizeitnennungen*, die mit den Mitteln eines stereotypen kulturellen Codes ein möglichst hohes Maß an individueller Besonderheit kommunizieren will. Man beachte etwa bei den folgenden drei Beispielen die »feinen Unterschiede«: Eine ältere vollschlanke Dame sagt, dass sie »wandern, schwimmen, wohnen, hin und wieder ein Theater besuchen und gemütliche Stunden verleben« möchte (Tages-Anzeiger 1976); der 25jährige bärtige Nichtraucher gibt als Interessen »Spass am Reisen auf eigene Faust, Wandern, Sport zum Spass, Theater, Kino, Kunst, Politik und vieles mehr« an (Tages-Anzeiger 1978); die finanziell unabhängige Überseeschweizerin hinwieder sucht einen Mann mit den »Hobbies: Theater, Oper, Musik, Kunst, Reisen, Sprachen, Ski, Tennis, Wassersport« (NZZ 1972).

Die Differenzen sind deutlich erkennbar. Sie sind aber fließend, werden oft durch Nuancen der Formulierung sowie der Abfolge von Nennungen (die natürlich einer quantifizierenden Analyse zum Opfer fällt) angedeutet und ergeben in der Regel erst in der Kombination mehrerer Freizeitreferenzen einen kulturellen Sinn. Dies ist insofern soziologisch einsichtig, als unter den Bedingungen einer individualisierten Gesellschaft die Selbststilisierung zu einer Kompromissbildung gerinnt zwischen der Vermittlung von eindeutig konnotierten Zeichen kultureller Distinktion einerseits und der Darstellung von individueller expressiver Authentizität andererseits.

Das eben skizzierte Muster der *relativen* Position von Freizeitaktivitäten im sozialen Raum bleibt nun bis zur letzten Beobachtungsperiode (1977-1996) im wesentlichen stabil, obwohl einzelne Items Bewegungen fortsetzen, welche schon seit den fünfziger Jahren zu beobachten sind (vgl. Abbildung 4d).

Abbildung 4d: Freizeitaktivitäten im sozialen Raum, 1977-1996

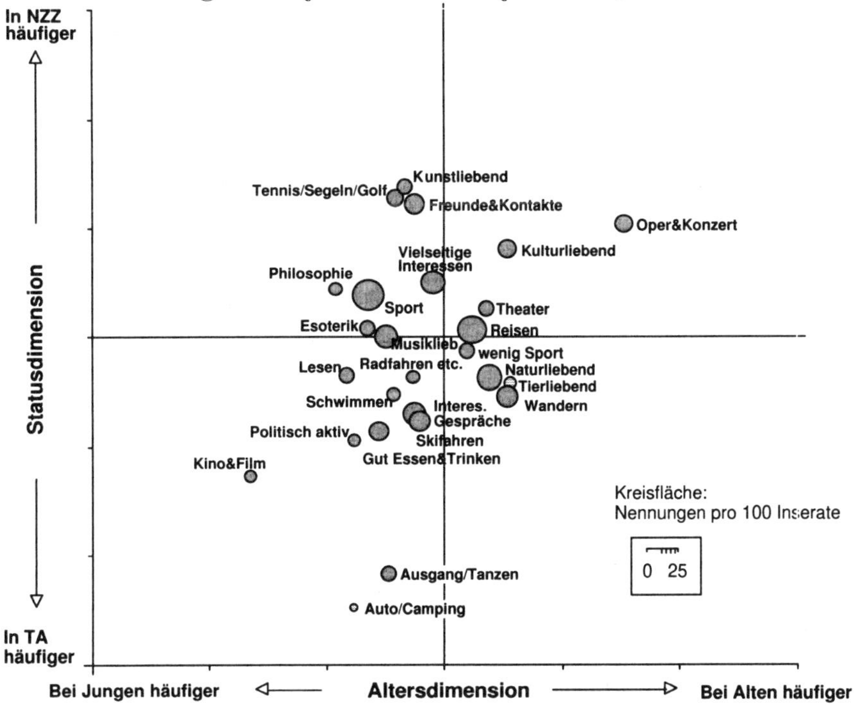

So wandert etwa der Verweis auf »wenig Sport«, der 1930-49 noch die jungen Oberschichtsangehörigen kennzeichnete, zwischen 1965-74 und 1977-96 allmählich weiter zu der eher älteren Mittelschicht. Einen ähnlichen Abstieg erfahren etwa das »Lesen« sowie die »Liebe zur Natur«, welche ursprünglich freizeitbezogene Distinktionsmerkmale der Oberschicht bildeten. Hingegen ist als Gesamtbewegung bemerkenswert, dass sich über die letzten zwei Dekaden alle »Bubbles« allmählich in Richtung auf das Fadenkreuz bewegen und sich entsprechend die durchschnittlichen Distanzen zwischen einzelnen Freizeitaktivtitäten im – über alle Graphiken mit identischen Skalen abgebildeten – sozialen Raum verringern. Wir interpretieren diese Dynamik als Evidenz dafür, dass sich Interessen und Vorlieben in der Freizeit während der letzten 20 Jahre weiter von ihrer strukturellen Verankerung gelöst haben, dass die Zugehörigkeit zu sozialen Schichten oder Altersgruppen eine sinkende Rolle für die Verortung des Selbst in der Welt der Freizeit spielt.

Schlussfolgerungen

Unsere empirischen Befunde erhellen mehrere zentrale Fragen hinsichtlich der Entwicklung von Freizeit als eigenständiger Lebenssphäre und Quelle von Identität im 20. Jahrhundert. Drei Punkte sind dabei von besonderem Interesse: Erstens wird aus unserem Untersuchungsmaterial deutlich, dass die Wurzeln einer auf Freizeit bezogenen kulturellen Selbststilisierung bis ins erste Drittel dieses Jahrhunderts zurückreichen, dass sich aber ihre Verallgemeinerung auf die Zeit der wirtschaftlichen Hochkonjunktur und des Massenkonsums zwischen den späten 50er Jahren und den frühen 70er Jahren konzentriert. Dabei lässt sich – zweitens – in eindrücklicher Weise ein kultureller Diffusionsprozess beobachten, der von der jüngeren Oberschicht ausgeht und allmählich immer weitere gesellschaftliche Teilgruppen in ihrer Technik der Selbststilisierung vermittels Verweisen auf Freizeitaktivitäten und -interessen prägt. Hierdurch entsteht – drittens – seit den frühen 70er Jahren ein alle sozialen Gruppen umspannendes Feld der kulturellen Kodierung von Lebensstilen durch Freizeitbezüge. Es lässt spezifische kulturelle Konfigurationen erkennen, die im sozialen Raum mit der Alters- und der Schichtdimension korrespondieren. Allerdings bestehen Hinweise darauf, dass sich in den letzten Dekaden des 20. Jahrhunderts die strukturelle Verankerung von Bezügen zur Welt der Freizeit als Mittel der kulturellen Distinktion abschwächt.

Anmerkungen

1 Alex Salvisberg (1997) hat die Freizeitbezüge in unserem Datenmaterial mit allerdings von unserem Vorgehen abweichender Methodologie als erster untersucht. Für die sehr anregenden Diskussionen und die Überarbeitung des Datensatzes möchten wir uns an dieser Stelle ganz herzlich bei ihm bedanken.

2 Gegen eine direkte Verwendung der Statusinformationen aus den Inseraten selbst spricht unter anderem, dass diese bei Frauen häufig fehlen und generell seit den 60er Jahren explizite Statusbezüge immer seltener werden.

Literatur

Beck, U./Beck-Gernsheim, E. (1994), Individualisierung in modernen Gesellschaften – Perspektiven und Kontroversen einer subjektorientierten Soziologie, in: U. Beck/E. Beck-Gernsheim (Hrsg.): Riskante Freiheiten; Individualisierung in modernen Gesellschaften. Frankfurt am Main.

Berghaus, M. (1985), Partnersuche – angezeigt. Zur Soziologie privater Beziehungen. Frankfurt am Main.

Bourdieu, P. (1987), Die feinen Unterschiede; Kritik der gesellschaftlichen Urteilskraft. Frankfurt am Main.

Buchmann, M./Eisner, M. (1997), The Transition from the Utilitarian to the Expressive Self: 1900-1992, in: Poetics 25, 1: 157-175.

Buchmann, M./Eisner, M. (1998a), Arbeit und Identität im 20. Jahrhundert: Von der Notgemeinschaft zur Wahlverwandtschaft, in: H. Schmid/E. Walter-Busch (Hrsg.): Entwicklung und Krisen der Arbeit in der Schweiz des 20. Jahrhunderts. Bern.

Buchmann, M./Eisner, M. (1998b), From Status to Style – Shifts in the Presentation of Self over the Twentieth Century in Switzerland (Paper presented at the annual meeting of the American Sociological Association. San Francisco, August 21-25, 1998).

Dumazedier, J. (1962), Vers une civilisation du loisir? Paris.

Dumazedier, J. (1988), Révolution culturelle du temps libre, 1968-1988. Paris.

Gern, C. (1992), Geschlechtsrollen: Stabilität oder Wandel; eine empirische Analyse anhand von Heiratsinseraten. Opladen.

Im Hof, U. et al. (1983), Geschichte der Schweiz – und der Schweizer. Basel.

Kelly, J. R. (1982), Leisure. Englewood Cliffs.

Koestner, R./Wheeler. L. (1988), Self-Presentation in Personal Advertisements: The Influence of Implicit Notions of Attraction and Role Expectations, in: Journal of Social and Personal Relationships 5: 184-189.

Lalive d'Epinay, C. (1991), Die Schweizer und ihre Arbeit. Von Gewissheiten der Vergangenheit zu Fragen der Zukunft. Zürich.

Lamprecht, M./Stamm, H. (1994), Die soziale Ordnung der Freizeit. Zürich.

Lynn, M./Bolig, R. (1985), Personal Advertisementes: Sources of Data about Relationships, in: Journal of Social and Personal Relationships 2: 377-383.

Meyer, J. W. (1986), Myths of Socialization and of Personality, in: T. Heller/S. Morton/D. Wellberry (Hrsg.): Reconstructing Individualism. Stanford.

Meyer, J. W./Boli, J./Thomas, G. M. (1987), Ontology and Rationalization in the Western Cultural Account, in: G. M. Thomas/J. W. Meyer/F. O. Ramirez/J. Boli (Hrsg.): Institutional Structure: Constituting State, Society, and the Individual. Newburg Park.

Michailow, M. (1996), Individualisierung und Lebensstilbildung, in: O. G. Schwenk (Hrsg.): Lebensstil zwischen Sozialstrukturanalyse und Kulturwissenschaft. Opladen.

Salvisberg, A. (1997), Lass uns die Freizeit geniessen! Die Genese des Freizeitmenschen im Spiegel von Kontaktanzeigen: Eine inhaltsanalytische Untersuchung (Lizentiatsarbeit eingereicht an der Philosophischen Fakultät I der Universität Zürich). Zürich: unveröffentlichtes Manuskript.

Schulze, G. (1993), Die Erlebnisgesellschaft; Kultursoziologie der Gegenwart. Frankfurt am Main.

Vester, H.-G. (1988), Zeitalter der Freizeit – Eine soziologische Bestandesaufnahme. Darmstadt.

Individualisierung und Partnerschaft im Verhältnis der Geschlechter: Der Alltag von Paarbeziehungen im Milieuvergleich

Cornelia Koppetsch, Maja S. Maier und Günter Burkart

Männer und Frauen, die eine Paarbeziehung eingehen, tun dies heute scheinbar ohne explizite Anleihen bei den Geschlechtsrollen. Doch während immer mehr Paare glauben, die Regeln des Zusammenlebens selbst zu bestimmen, lenken soziale Mechanismen das Paar in geschlechtstypische Bahnen. Im Alltag der Paarbeziehung setzen sich Geschlechtsnormen – so das Ergebnis unserer Studie – meist dennoch durch, ohne bewußt reflektiert werden zu müssen, und stehen dann oft im Gegensatz zu den Idealvorstellungen. Soziale Milieus unterscheiden sich zum einen darin, welche Ideale an das Geschlechterverhältnis sie formulieren, aber auch hinsichtlich der grundlegenden Erwartungen an Weiblichkeit und Männlichkeit, die der Alltagspraxis in Paarbeziehungen zugrundeliegen.

In unserem Beitrag möchten wir uns unter Bezugnahme auf eine empirische Studie (Koppetsch et al. 1999) mit der Frage beschäftigen, welche Bedeutung der Individualisierung im Geschlechterverhältnis für die Identität sozialer Milieus zukommt. Zunächst formulieren wir kritische Einwände gegen die Individualisierungsthese (1.) und betonen die Notwendigkeit, bei Milieu-Analysen das Geschlechterverhältnis zu berücksichtigen (2.). Es folgen Skizzen der wichtigsten theoretischen Konzepte unserer Studie (3.) sowie der von uns vorgenommenen Milieu-Differenzierung (4.). Schließlich gehen wir auf die Diskrepanz zwischen Leitvorstellungen und Praxis ein (5.) und demonstrieren die Vergeblichkeit der Bemühungen im individualisierten Milieu, das Ideal der Partnerschaftlichkeit durchzusetzen (6.).

1. Individualisierung und Partnerschaft im Milieuvergleich

In der Perspektive des Geschlechterverhältnisses meint »Individualisierung« die Auflösung von asymmetrischen Geschlechtsnormen, die Durchsetzung von Prinzipien der egalitären Partnerschaft, des Aushandelns von Arbeitsteilung usw. In den letzten Jahren ist jedoch häufig bezweifelt worden, ob »Individualisierung« eine zutreffende Formel zur Beschreibung des sozialen Wandels ist und ob Partnerschaftlichkeit die Geschlechtsnormen abgelöst hat. Zwei Kritikpunkte stehen dabei im Vordergrund (vgl. Wohlrab-Sahr 1997; Koppetsch et al. 1999; Berger 1997; Burkart 1993): Die Vermutung, daß Individualisierung nur für bestimmte Milieus gilt; und die Vermutung, daß es sich bei »Individualisierung« um eine Zuschreibung (letztlich: eine Ideologie) handelt. Zur Klärung des ersten Punktes helfen Milieuvergleichsstudien. Zur Klärung des zweiten Punktes ist es hilfreich, zwei Ebenen zu unterscheiden: *Diskurs* und *Praxis* bzw. diskursive Leitvorstellungen und latente Geltung, so daß nach möglichen *Diskrepanzen* zwischen diesen beiden Ebenen gefragt werden kann. In diesem Zusammenhang vertreten wir unter Berufung auf unsere empirischen Ergebnisse zwei Thesen:

(a) »Individualisierung« und »egalitäre Partnerschaft« sind lediglich im *individualisierten Milieu* die dominanten Leitvorstellungen. In den beiden anderen von uns unterschiedenen Milieus, dem *familistischen* und dem *traditionalen Milieu*, herrschen dagegen kollektivistische Leitvorstellungen, was die Organisation der Paarbeziehung betrifft, sowie asymmetrische Leitvorstellungen hinsichtlich des Geschlechterverhältnisses.
(b) Selbst dort, so unsere zweite These, wo der Diskurs der Individualisierung am stärksten geführt wird und der Intimcode »Partnerschaft« die Gleichheit der Geschlechter vorsieht, also in den urbanen Zentren und in der gebildeten Mittelschicht (*individualisiertes Milieu*), wird die *Praxis* der Paarbeziehung weiterhin auch durch asymmetrische *Geschlechtsnormen* und nicht-individualistische Muster reguliert. Daraus ergibt sich eine Diskrepanz zwischen den latenten Regulativen von Intimbeziehungen und den im individualistischen Partnerschaftscode enthaltenen Leitvorstellungen.

2. Milieu und Geschlecht

Ein zweites grundlegendes Problem der Diskussion um »Geschlechterbeziehungen« besteht darin, daß sie weitgehend von der Forschung über soziale Differenzierung, Schichten und Milieus abgekoppelt ist. Sie wird in der Regel auf einem allgemeinen Niveau geführt – »die Frauen, die Männer« –, und häufig kann man sich des Eindrucks nicht erwehren, daß die Diskutanten nur ihr eigenes Milieu zugrundelegen. Demgegenüber nehmen wir an, daß legitime

»Weiblichkeit« und legitime »Männlichkeit« (im Sinne der Leitvorstellungen) in verschiedenen Milieus unterschiedlich definiert sind; dasselbe gilt für die latenten Regulative von Intimbeziehungen.

Doch auch umgekehrt ist das Verhältnis »Klasse/Geschlecht« unterbelichtet. Ein Großteil der bisher vorliegenden neueren Milieustudien leidet unter dem Mangel, daß die Dimension des Geschlechterverhältnisses ausgeklammert bleibt. Wir betrachten demgegenüber das *Geschlechterverhältnis* als *konstitutiv* für Milieubildung und -abgrenzung – und nicht als »abhängige Variable« einer bereits fest definierten »unabhängigen Variablen« Milieu. Das gilt insbesondere für die vorliegende Fragestellung. Verschiedene Milieus haben demnach nicht einfach unterschiedliche Vorstellungen des Geschlechterverhältnisses, sondern diese Konzepte können für verschiedene Milieus in unterschiedlicher Weise konstitutiv sein. Es kann zum Beispiel für die Distinktionsinteressen eines Milieus günstig sein, das Geschlechterverhältnis zu modernisieren (Autonomiegewinn der Frau relativ zum Mann; Aufwertung der Frau als »Subjekt«), während ein anderes Milieu besser fährt, wenn alles beim alten bleibt. So ist zum Beispiel das Modell des Hausfrauendaseins nicht zu verstehen, wenn man es bloß als patriarchales Herrschaftsverhältnis betrachtet. Es ist innerhalb der wohlhabenden bürgerlichen Mittelschichten während des 19. Jahrhunderts mit Bezug auf die offen zur Schau getragenen Freizeitbeschäftigungen des Adels entstanden (Singly 1994: 125) und gab dadurch einem der Ehepartner die Möglichkeit zu einem quasi aristokratischen Lebensstil (Veblen 1986). Das Geschlechterverhältnis muß daher im Kontext der Gesamtheit der Praktiken betrachtet werden, die darauf abzielen, die Stellung eines Milieus innerhalb der Struktur des Klassenverhältnisses zu wahren oder zu verbessern.

Im Anschluß an Bob Connell (1987, 1995) läßt sich das Geschlechterverhältnis als *linking concept* betrachten, mit dem die verschiedenen Felder, vor allem die Privatsphäre und die berufliche Sphäre, verbunden und aufeinander abgestimmt werden. Connells Annahme ist, daß die kulturellen Konzepte von Männlichkeit und Weiblichkeit tief in die Struktur von Institutionen eingelassen sind und von unterschiedlichen, aufeinander abgestimmten institutionellen Settings hervorgebracht werden. Sie verknüpfen – jeweils bezogen auf eine Klasse oder ein Milieu – Muster familiärer Arbeitsteilung mit organisierten, sozialen Beziehungen in Berufswelt, Bildung und Öffentlichkeit. Zugespitzt formuliert: Milieuspezifische Konzepte von Männlichkeit und Weiblichkeit sorgen für eine Abstimmung und Übereinstimmung zwischen milieuspezifischen Formen privater Lebensführung und entsprechenden Berufen.

Wenn dies richtig ist, wird es geradezu unabdingbar, das Geschlechterverhältnis bei der Bestimmung sozialer Milieus mit heranzuziehen, weil auf diese Weise private und öffentliche, kulturelle und sozialstrukturelle, subjektive und objektive Aspekte bei der milieuspezifischen Lebensführung aufeinander bezogen werden können. Diese Überlegungen und die Auswertung des Materials führten in unserer Studie dazu, nicht von bereits vorgegebenen Milieu-Abgrenzungen auszugehen, von sozialstrukturell oder kulturell definierten Milieus, denen dann sozusagen nur noch die Geschlechtervariable hinzugefügt werden müßte, sondern im Sinne von »theoretical sampling« milieuspezifische Unterschiede in der Normierung und Praxis des Geschlechterverhältnisses in den Mittelpunkt zu rücken und die Abgrenzung der Milieus daran zu orientieren. Auf diese Weise sind wir zu drei idealtypischen Mustern von Geschlechterverhältnissen gekommen, die sich als Milieus fassen lassen: das individualisierte, das familistische und das traditionale Milieu. In sozialstrukturellen Kategorien ausgedrückt handelt es sich dabei um: die gebildete Mittelschicht mit urbanem Lebensstil (Akademiker, »Neue Klasse« bei Gouldner); um das Segment der Dienstleistungs-Berufsgruppen (häufig im pflegerischen Bereich) mit mittlerem Qualifikationsniveau; um das traditionale Arbeitermilieu, vorwiegend in seiner ländlichen Ausprägung.

3. Theoretische Grundkonzepte: Code, Praxis und Ausdrucksmedien

Drei Ebenen des Geschlechterverhältnisses werden unterschieden: Leitvorstellungen (Codes); Praxis; Situation. *Leitvorstellungen* oder *Codes* (z.B. Partnerschaft, Autonomie etc.) fungieren als Handlungsanweisungen für den Alltag in Paarbeziehungen, ohne ihn zu determinieren. Codes sind Wissenssysteme, die Begründungsmuster und gemeinsame Wertbezüge anbieten. Kompetente Akteure müssen deshalb die Codes in Rechnung stellen, auch oder gerade dann, wenn ihr Handeln auf der praktischen Ebene die durch den Code begründeten Idealnormen unterläuft.

Auf der Ebene der *Praxis* geht es um prä-reflexive, routinisierte Handlungsformen und implizite Strategien, die sich dem Bewußtsein von Akteuren zumindest teilweise entziehen. Das läßt sich gerade an der Organisation der Intimbeziehung in der alltäglichen Praxis gut zeigen. Für die meisten unserer Gesprächspartner gehört Hausarbeit zu jenen »eingefleischten« Routinen, die von einem mentalen Wissen entlasten. Weil die Tätigkeiten automatisiert sind, kommt es auch nicht zu einer allzu präzisen Nachforschung und Aufrechnung der Tätigkeiten, wenn über die Verteilung von häuslichen Pflichten zwischen den Geschlechtern verhandelt wird. Der Begriff der Praxis ermöglicht, die latenten, durch den Code nicht repräsentierten Handlungen und Normsysteme mit in die Untersuchung einzubeziehen.

Auf der Ebene der *Situation* werden die sozialstrukturellen Ermöglichungsbedingungen von Codes und Praxis untersucht. Zur Situation rechnen wir: das Herkunftsmilieu (Familie und peer-group) sowie die privaten Netzwerke (soziales Kapital), die Teilnahme am Bildungssystem, die berufliche Lage. In vielen Berufsrollen wird eine direkte Verbindung zwischen einer bestimmten Qualifikation und einer spezifischen »Männlichkeit« bzw. »Weiblichkeit« hergestellt. Zum Beispiel sind Berufe wie Erzieherin, Hotelfachfrau oder Krankenschwester als Kombination von bestimmten technischen Qualifikationen mit einer bestimmten Art von Feminität zu begreifen, die für das familistische Milieu charakteristisch ist. In den Berufen wird das Geschlechterverhältnis jeweils wieder reproduziert und wirkt auf die Privatsphäre zurück.

Zur Umsetzung der Leitvorstellungen bedarf es – neben Situation und Praxis – schließlich noch bestimmter Kommunikationskanäle. Wir bezeichnen sie als *Ausdrucksmedien.* Während wir anfänglich von einer rein gesprächsförmigen, »*diskursiven*« Vermittlung von Leitvorstellungen ausgegangen sind, mußten wir bald erkennen, daß wir damit nicht allen Milieus in gleicher Weise gerecht werden konnten. Es zeigte sich, daß jedes Milieu seine besondere Art und Weise hat, die Realität – seine Welt, seine Normen und Werte – zu definieren und zu begreifen. Aufgrund der langjährigen Einübung in diskursive Denkformen ist das *Medium des Diskurses* vor allem im individualisierten Milieu, dessen Mitglieder sich durch die höchste Bildung und einen Hang zum Intellektualismus auszeichnen, von großer Relevanz für die Konstruktion von Wirklichkeit. Dagegen verfügt das familistische Milieu über ein stärker emotionsgebundenes Ausdrucks- und Geltungsmedium, das *Medium der Atmosphäre.* Für das traditionale Milieu ist das Kommunizieren an *prä-reflexiv-symbolische,* tief in die Handlungsvollzüge eingelassene Verweisungszusammenhänge, also an *praktische* Vollzüge gebunden. Das eigene Verhältnis zur sozialen Welt und der Stellenwert, den man den Geschlechtern in ihr zuschreibt, wird vor allem durch körperliche und symbolische Ausdrucksmittel zur *Darstellung* gebracht (*rituelle Praxis*).[1] Aus diesen Einsichten haben wir die allgemeine Schlußfolgerung gezogen, daß jedes Milieu nach Maßgabe seines fundamentalen Vergesellschaftungszusammenhangs über ein zentrales Ausdrucksmedium verfügt, das bestimmte Arten von Mitteilungen und Normen begünstigt und sich gegen andere sperrt. Das in einem Milieu dominierende Ausdrucksmedium

(Diskurs, Atmosphäre, Ritual) ist dabei nicht nur für die Form der Mitteilung relevant, es steht auch in einer engen Beziehung zu den Inhalten des jeweiligen Normsystems und zu den milieuspezifischen Leitvorstellungen von Weiblichkeit und Männlichkeit.

4. Die Abgrenzung von drei Milieus auf der Ebene der Codes

Die Vorstellungen von Weiblichkeit und Männlichkeit und die sozialen Erwartungen, die aus diesen Vorstellungen erwachsen, sind an die Leitvorstellungen (Codes) geknüpft: Im *individualisierten Milieu*, das durch hohe Bildung und einen urbanen Lebensstil geprägt ist, bestimmen der Gleichheitsdiskurs, der Partnerschaftscode, der Selbstverwirklichungsanspruch, das Modell der Autonomie zweier Subjekte im Rahmen der individualisierten Partnerschaft die Vorstellungen von Paarbeziehungen. »Partnerschaft« formuliert die Gleichheit der Geschlechter und den Abbau rollenmäßiger Vorregulierungen zugunsten einer Orientierung an individuellen Interessen und Bedürfnissen. In Abgrenzung zu den Absonderungstendenzen der traditionellen Ehe sieht der Code vor, daß es auch Bereiche gibt, die außerhalb der Paarbeziehung bleiben. Eine Vielzahl außerpartnerschaftlicher Kontakte ist deshalb nicht nur zugelassen, sondern geradezu gefordert. Nicht nur für den Mann steht die eigene Selbstverwirklichung (Autonomie) über dem gemeinsamen Interesse; auch die Frau ordnet sich nicht dem gemeinsamen Paar-Interesse (oder dem als gemeinsam deklarierten männlichen Interesse) unter. Wenn Gemeinsamkeiten und Solidaritäten zustande kommen, so nicht durch das Paarsein an sich (durch die Einhaltung der Regeln der Ordnung des Paares), sondern durch Interessen-Konvergenz oder das partnerschaftliche Aushandeln von Kompromissen. Das schließt jedoch ein, daß es häufig zu Interessenskonflikten – zwischen zwei autonomen Subjekten, die tendenziell frei von Geschlechtsrollen sind – darüber kommt, wer die Hausarbeit macht, bis hin zur Status-Konkurrenz auf dem Arbeitsmarkt.

Der »*Familismus*« bestimmt die Normen und Leitvorstellungen innerhalb des *familistischen*, eines zur Mittelschicht mit mittlerer Bildung gehörenden Milieus, das stark am Ideal der traditionellen Ehe und Familie orientiert ist. Der Code sieht eine ausgesprochene Absonderung der Familie gegenüber der Gesellschaft vor. Individualisierung wird durch die Totalität, mit der zwei Wirklichkeitsentwürfe zu einer homogenen Weltsicht verschmolzen werden, unterbunden, und die Vorstellung, daß es Bereiche gibt, die außerhalb der Ehe bleiben, löst Befremden aus. Die Geschlechter sind komplementär aufeinander bezogen. Beide Partner sollen einen Teil ihre Autonomie aufgeben, zugunsten der gemeinsamen familienorientierten Atmosphäre – die Frau jedoch in weit höherem Maße. Komplementarität heißt auch, daß die Frau für die Herstellung der familiären *Atmosphäre* zuständig ist, der Mann für die entsprechende materielle Versorgungsgrundlage. Die Frau ist hier also nicht bloß »Hausfrau«, sie ist vielmehr Gestalterin einer komplexen Atmosphäre, in der sich das Familienideal entfalten kann, zu dem sie gleichzeitig noch ihre pädagogisch versierte Erziehungsarbeit einfließen läßt. Sie ist die Gefühlsspezialistin.[2]

Innerhalb des *traditionalen Milieus*, das sich bei uns im wesentlichen aus der ländlichen Arbeiterschicht rekrutiert, hat weder der reflexive Diskurs über die Gleichheit der Geschlechter oder Selbstverwirklichung noch die Vorstellung einer psychologischen Verschmelzung der Partner eine besondere Bedeutung. Wir finden hier patriarchalische Leitvorstellungen, die eine explizit hierarchische Beziehung zwischen den Geschlechtern vorsehen. Die Geschlechtsrollen verweisen nicht auf das Individuum und seine Subjektivität, sondern sind auf die öffentliche Seite der Person, das äußerlich sichtbare Verhalten von Frau und Mann bezogen. Die Geschlechtsrollen stellen sich als *ritualisierte Geschlechtsrollen* dar. Insbesondere das männliche Subjekt ist weniger als »Persönlichkeit« gedacht, sondern eher als Rollen-Träger, als Figur, deren Männlichkeit vor allem in der Rollen-Performanz zum Ausdruck kommt. Das schließt eine stärkere Ausrichtung an der Körperlichkeit ein. Wir haben die Leitvorstellungen des traditionalen Milieus mit dem Etikett »*ritueller Patriarchalismus*« versehen, da es hier um eine hoch konventionalisierte, am Prestige des Mannes ausgerichtete Form der Geschlechterbeziehung geht. »Ritualisierung« darf hier nicht mißverstanden werden. Gemeint ist ein positiv verstandener Ritual-Begriff, wie er sich in den Arbeiten von Mary Douglas oder Victor Turner findet. Es geht hier nicht um deep acting (Hochschild), um inneres Erleben, um den »inneren Kern« (Schulze), sondern um Außendarstellung und Inszenierung.

5. Zur Diskrepanz zwischen Leitvorstellungen und Praxis

In den Codes schlagen sich Idealvorstellungen nieder. Doch in der Alltagspraxis werden die Vorstellungen, die sich das Paar von seinem Zusammenleben macht, durch alltägliche und weitgehend unbewußte Prozesse untergraben. Dies zeigt sich z.B. am individualisierten Milieu, in dem die Geschlechtergleichheit als eine wesentliche Voraussetzung für das Gelingen der Partnerschaft betrachtet wird. Die von uns untersuchten Paare aus dem individualisierten Milieu sind davon überzeugt, eine gleichberechtigte Partnerschaft zu führen, in der sich auch die Frauen beruflich engagieren und die Männer sich die Hausarbeit mit den Frauen teilen. Dennoch finden wir auf der Ebene der Praxis im Ergebnis eine Ungleichverteilung der Haus- und Erziehungsarbeit zu Lasten der Frau, die aber weitgehend unbemerkt bleibt. Sie gründet sich auf die latent bleibende Geltung von asymmetrischen Regeln der häuslichen Ordnung, die wirksam sind, ohne sich um den Diskurs zu kümmern – im Diskurs wiederum sind diese Ordnungsregulativa tabu: Man kann nicht rational begründen, warum die häusliche Ordnung besser funktioniert, wenn nicht alles ausgehandelt wird und die Frau dafür den größeren Part übernimmt (was im übrigen zur subtilen Abwertung der Weiblichkeit führt). Hier zeigt sich nun, daß die *rituelle Praxis* kein Privileg des traditionalen Milieus ist, doch wird sie im individualisierten Milieu latent gehalten. Die Alltagsroutinen etwa der Hausarbeit sind in prä-reflexiven Situationsbezügen, wie in der Wahrnehmung des Schmutzes oder der Unordnung, fundiert.

Im *familistischen Milieu* ist der latente Grundkonflikt anders gelagert. Für die Frau bedeutet die Komplementarität der Rollen und ihre Aufgabe als *familiales Subjekt* zunächst, daß die familiale Solidarität im Vordergrund steht. Im familistischen Code ist kein Platz für Konflikte. Ähnlich wie im individualisierten Milieu läßt der Code daher offen, wer in der Familie die Führung übernimmt – Frau oder Mann. Und auch die Praxis ist – wie unsere Fälle zeigen – hinsichtlich der geschlechtsspezifischen Machtverteilung keineswegs eindeutig. Obwohl die Rollenaufteilung in der Regel traditionell ist, verfügen die Frauen innerhalb der Paarbeziehung über größere Machtchancen als die individualisierten Frauen in den »offenen«, auf Gleichheit ausgelegten Partnerschaften. Sofern es der Frau gelingt, außerfamiliäre Sinnbezüge, ökonomische Kalküle, öffentliche Diskurse und gesellschaftliche Einflüsse aus der Familie herauszuhalten, schafft sie auch die Voraussetzung für ihre Machtposition innerhalb der Familie: Die Kultivierung einer anheimelnden Atmosphäre und die thematische Reinigung der Interaktionen – »bei Tisch wird nicht über Politik debattiert« – ist das Medium, mit dem sie das Heim beherrscht und die Familienmitglieder – emotional – kontrolliert. Konflikte gibt es vor allem in dem Maße, wie die Außenwelt in die Familie eindringt, vor allem dann, wenn der Mann aus seinen größeren beruflichen Ressourcen Ansprüche auf Entscheidungsmacht innerhalb der Familie ableitet.

Im *traditionalen* Milieu, wo reflexive Subjektivität keinen hohen Wert besitzt, geht es nicht darum, ständig gegen den überholten Traditionalismus von Männlichkeit und Weiblichkeit anzukämpfen und diesem diskursiv eine geschlechtsneutrale Individualität entgegenzusetzen. Die Selbstbewertung der Frau ist hier von der Hierarchie der Geschlechter in weitaus geringerem Maße betroffen als innerhalb des individualisierten Milieus, wo – aufgrund der Gleichheitsprätention – ein einheitlicher Maßstab der Bewertung von Frauen und Männern vorliegt. Innerhalb des traditionalen Milieus bildet die Ungleichheit der Geschlechter hingegen selbst den Maßstab, an dem die Stellung der Frau bzw. des Mannes bewertet wird. Die Unterlegenheit der Frau ist hier ein kollektiver Status, der von den anderen Frauen geteilt wird und aufgrund äusserer Merkmale und formaler Rollenattribute eindeutig zu bezeichnen ist, dadurch aber keine persönliche Diskriminierung darstellt.

»Ritueller Patriarchalismus« bedeutet auch, daß die Frauen selbst daran interessiert sind, nach außen einen »starken Mann« vorweisen zu können, der ihr eigenes Prestige erhöht. Dabei kommt es mitunter zu paradoxen Effekten: In manchen Situationen bestehen die Frauen rigider als die Männer auf der Einhaltung der Konventionen, um keinen Zweifel an der Männlichkeit des Ehemannes aufkommen zu lassen. Sofern es ihnen gelingt, ihre Männer – manchmal gegen deren Willen – in die Rolle des überlegenen Partners zu zwingen, widersprechen sie auf einer performativen Ebene der Vorstellung von einer unterlegenen Frau. Auf der Ebene der kulturellen Leitbilder und der rituellen Praxis ist die Dominanz des Mannes also gewährleistet. Doch auf einer latenten Ebene gibt es vielfältige subversive Strategien der Frauen, Verweigerungshandlungen oder Heimlichkeiten, mit denen sie die dargestellte männliche Dominanz untergraben und ihre eigenen Interessen verfolgen. Das auf der Ebene der Rollenperformanz eindeutig hierarchische Geschlechterverhältnis kann also durch geschickte Manöver unterlaufen werden. Die Möglichkeiten, eigene Interessen durchzusetzen, hängen von der taktischen Klugheit der Frau ab, genauer gesagt von ihrem Vermögen, im Hintergrund die Fäden zu ziehen, ohne das offizielle, nach außen hin repräsentierte Statusgefälle zu beeinträchtigen. Die in den Codes formulierten Vorstellungen der Paarbeziehung und des Geschlechterverhältnisses greifen also auf höchst paradoxe Weise in die Alltagspraxis ein. Die Idee der Gleichheit stabilisiert auf subtile Weise die Praxis der Ungleichheit im individualisierten Milieu, der Patriarchalismus des traditionalen Milieus wird mit psychologischen Taktiken unterlaufen, und der Familismus beschwört geradezu das, was er so bemüht verschweigt. Alltagspraxis ist also weder direktes Abbild der milieuspezifischen Leitvorstellungen, noch ein durch die soziale Lage eindeutig determinierter Handlungszusammenhang.

Für eine Glorifizierung der »Listen der Ohnmacht« im traditionalen Milieu besteht jedoch keine Veranlassung. Zwar fehlt den Angehörigen des traditionalen Milieus die »Illusion der Emanzipation«, wie wir sie für das individualisierte Milieu analysiert haben. Doch diese subversiven Aktionen stabilisieren zugleich die patriarchalen Strukturen, die sie ja nicht offen angreifen, sondern in der Außendarstellung gelten lassen – ähnlich wie im *machismo*, wo eine *normative Komplizenschaft* zwischen Mann und Frau die patriarchale Herrschaft stützt, auch wenn es sich dabei nur um ritualisierte Performanzen handelt (Gilmore 1991). Doch um nichts weniger stützen die individualisierten Frauen die patriarchalen Strukturen, weil sie, aufgrund der Personalisierung der Geschlechtsrollen, sich nun jegliche Benachteiligung gegenüber den Männern selbst zuschreiben müssen. Der Partnerschaftscode entpuppt sich letztlich als »Zwang zur Vermännlichung«, als widersprüchliche und einseitige Verhaltenszumutung an die Frauen, den Beweis ihrer Emanzipation auch gegen den Partner und die eigenen Vorstellungen von Sauberkeit und Ordnung – also gegen die eigene Identität zu erbringen. Ein Beitrag von männlicher Seite kann – dies hat die Studie gezeigt – nicht erwartet werden.

6. Die Fallen des egalitären Partnerschaftsmodells

Die von uns herausgearbeitete ungleiche Praxis innerhalb des individualisierten Milieus kann deshalb nicht einfach als Fortsetzung eines veralteten Rollenmusters verstanden werden, sie ist etwas durchaus Neues. Im folgenden möchten wir uns deshalb erneut auf die Situation individualisierter Paare beziehen und zeigen, auf welche Weise die Idee der Gleichheit in den Geschlechterkampf eingreift und zu paradoxen Effekten führt. Dabei leistet der im Partnerschaftscode formulierte Primat individueller Interessen und Bedürfnisse einen subtilen Beitrag zur Aufrechterhaltung geschlechtspezifischer Machtverhältnisse. Weil die wenigsten Paare aus dem Bildungsmilieu trotz der faktischen Ungleichheit auf die Illusion der gerechten Aufteilung verzichten wollen, bleibt ihnen nur die Möglichkeit, die häusliche Ungleichheit zu leugnen – oder aber so zu tun, als sei ihre Situation das Ergebnis einer freien und gemeinsamen Entscheidung beziehungsweise einer individuellen (idiosynkratischen) Neigung. Jeder hat ein Recht auf seine Unordnung bzw. seine Sauberkeit. Niemand darf den anderen zur Sauberkeit zwingen. Wenn die Frau zum Beispiel den Abwasch macht, weil ihre Schmutztoleranz geringer ist als die des Mannes, obwohl der Mann »dran« wäre, dann ist das ihr persönliches Problem, kein Problem der Geschlechtsrollen.

So konnten wir in einem Fall beobachten, wie die Hausarbeit, die auf einer rational-diskursiven Ebene einer Reziprozitätsnorm zu gehorchen scheint, auf einer latenten Ebene im Kampf um Anerkennung, als Symbol für Statusunterlegenheit verwendet wird. Die Hausarbeit, vermeintlich eine geeignete Sphäre der Abschaffung geschlechtsspezifischer Ungleichheit, wird unter der Hand zu einem Feld symbolischer Auseinandersetzungen im Geschlechterkampf. Obwohl die Rechtfertigung der bestehenden Praxis für Beate Kreibich und Paul Kalitz jeweils ganz unterschiedlich, ja gegensätzlich, ausfällt, konvergieren beide Legitimationsformen in der Institutionalisierung einer für die Frau ungünstigen Tauschrelation und letztlich in der Aberkennung der von ihr erbrachten Leistung.

Dabei besteht die Institutionalisierung einer ungünstigen Tauschrelation für Beate nicht einfach darin, daß sie mehr Haushaltsarbeit leistet als Paul, sondern daß die Norm der radikalen Individualisierung eine Honorierung der von ihr erbrachten Leistungen nicht mehr erlaubt. Dies beruht auf Funktionsmechanismen, die Beate dazu drängen, bestimmte Dinge gegen das im Gleichheitsmodell festgeschriebene Verhaltensmodell zu tun (vgl. dazu auch Kaufmann 1994). Weil aber der offizielle Diskurs keine Geschlechtsrollen mehr zuläßt, kann die Mehrarbeit Beates nicht mehr honoriert werden, sie wird als Pingeligkeit, als Verhaftetsein in uralten Rollenklischees, als irrationale Handlungsweise oder als unnötiges Hilfsangebot zurückgewiesen. Dies ist keine rein männliche Strategie der Abwertung, auch Beate erklärt, die von ihr unternommene Mehrarbeit im Haushalt sei kein karitativer Einsatz, kein Opfer, sondern entspringe einer egoistischen Motivation – nämlich dem Versuch, den Wert der Wäsche zu bewahren. Paul nimmt ihren Überschuß an häuslicher Kompetenz zum Anlaß, nicht nur die Hausarbeit, sondern die mit der Häuslichkeit verbundenen latenten Beziehungskonflikte an Beate zu delegieren.

Indem Männer Hausarbeit für unnötig und unwichtig erklären, reduzieren sie also nicht nur ihren Anteil an der Hausarbeit, sondern symbolisieren ihre Distanz zu den – immer noch – als weiblich verstandenen Handreichungen und Verhaltensweisen. Die Würde eines Mannes scheint nur gewahrt zu bleiben, wenn sich seine Beteiligung an der Hausarbeit auf Kavaliersdienste und außerordentliche Beiträge beschränkt. Darauf reagiert die Partnerin, indem sie die Mehrarbeit übernimmt, »weil es ja gemacht werden muß«, womit sie allerdings eine defizitäre Individualität unter Beweis gestellt hat. Über Hausarbeit zu verhandeln heißt vor allem, Unter- und Überlegenheit, Weiblichkeit und Männlichkeit in der Partnerschaft neu zur Disposition zu stellen, über den sozialen Wert der Individuen neu und scheinbar voraussetzungslos zu verhandeln. Man tut so, als gäbe es keine Geschlechtsrollen, um sie, gleichsam tiefer gelegt, auf der Ebene der Persönlichkeit erneut zu konstruieren.

Die Neudefinition der Geschlechterbeziehungen in der individualisierten Partnerschaft erweist sich also als Imperativ mit geringerem Einfluß auf die faktische Entwicklung der Partnerschaft als bisher angenommen. Die im Partnerschaftsmodell implizierte Idee der Gleichheit resultiert, trotz der nicht zu leugnenden Veränderung gegenüber dem familistischen Modell, nicht einfach in einer Aufhebung geschlechtsspezifischer Rollenzuweisungen, sie ist eine Quelle von Irrtümern und neuen Illusionen. Bei der Suche nach authentischen Beziehungen jenseits von rollenmäßigen Zwängen wird bisweilen nicht nur die geschlechtsspezifische Ungleichheit nicht beseitigt, sondern in bestimmter Hinsicht sogar noch vertieft. Die Idee der Gleichheit in den modernen Partnerschaften verhindert gerade, das eigene Verhalten im Bezugsrahmen vorgegebener Geschlechtsrollen zu interpretieren und innerhalb des traditionellen »Geschlechtervertrages« honorieren zu lassen. Weil die Entwicklung der Partnerschaft nicht umstandslos mit der Komplementarität der Geschlechtsrollen identifiziert werden kann, bleibt allen Beteiligten nur die Möglichkeit, so zu tun, als sei die ungleiche Verteilung der häuslichen Pflichten Resultat einer freien Entscheidung. Die sich im Verlauf der Beziehung allmählich einstellende, faktische Ungleichheit wird persönlichen Dispositionen wie Sauberkeitsvorlieben zugerechnet. Was zuvor Bestandteil eines festgelegten Rollenrepertoires war, vor dem man sich durchaus distanzieren konnte, wird nun zum individuellen Persönlichkeitsmerkmal stilisiert und ausserhalb der Gesellschaft plaziert. Der Bezugsrahmen der Ungleichheit – die ganze Person und nicht mehr nur die Rolle – wird durch die individualistische Vorstellung von Partnerschaft hingegen geradezu institutionalisiert. Während die traditionellen Geschlechts*rollen* wie eine »lebensweltliche Barriere« (Nekkel) gegen die Verunsicherungen, die mit dem weiblichen Geschlechtsschicksal verbunden waren, wirkten, setzt »die neue Geschlechterungleichheit« am Individuum an und unterstützt die in unserer Gesellschaft vorherrschende Tendenz zur Freisetzung der Individuen aus kollektiven Bezügen.

Es drängt sich also der Schluß auf, daß die Idee egalitärer Partnerschaft trotz der nicht zu leugnenden Veränderungen innerhalb des individualisierten Milieus bisweilen auf eine Weise angewendet wird, die sie in ihr glattes Gegenteil verkehrt, weil sie die praktische Ungleichheit nicht mildert, andererseits eine positive Betrachtung der alten Rollen und ihre Leistungen nicht mehr erlaubt (Kaufmann 1994). Was auf der Ebene Deutungsmuster und Leitvorstellungen (Individualisierung und Partnerschaft) wie eine Modernisierung der Geschlechtsrollen, vor allem aber wie eine Veränderung der korrekturbedürftigen gesellschaftlichen Abschottung der Frau in der Familie erscheint, erweist sich in der Praxis somit als höchst widersprüchliche Anforderungsstruktur an weibliche Verhaltensmuster und fungiert in den von uns bearbeiteten Fällen als Reproduktionsinstanz alter Rollenmuster mit neuen Mitteln.

Im Unterschied zu den seit Jahren gängigen Thesen über Partnerschaftlichkeit und Individualisierung, die als eine historische Innovation betrachtet werden (Giddens 1993), kommen wir zum Schluß, daß im individualisierten Milieu der Anspruch auf Partnerschaftlichkeit und Geschlechtergleichheit in der Praxis nicht eingelöst werden kann, während er in den beiden anderen von uns untersuchten Milieus gar nicht erst gestellt wird.

Anmerkungen

1 Der Praxisbegriff hier im Anschluß an Bourdieu und Giddens; der prä-reflexive Symbolbegriff im Anschluß an Susanne Langer und Mary Douglas. Der Begriff der Atmosphäre im Anschluß an Hermann Schmitz.

2 Im Sinne von Hochschild (1990). Vgl. dazu auch Maier/Koppetsch/Burkart (1996).

Literatur

Berger, Peter A. (1997), Individualisierung und sozialstrukturelle Dynamik, in: Ulrich Beck/Peter Sopp (Hrsg.): Individualisierung und Integration. Neue Konfliktlinien und neuer Integrationsmodus? Opladen: 81-95.

Bourdieu, Pierre (1982), Die feinen Unterschiede. Kritik der gesellschaftlichen Urteilskraft. Frankfurt/M.

Burkart, Günter (1993), Individualisierung und Elternschaft – Das Beispiel USA, in: Zeitschrift für Soziologie 22: 159-177.

Burkart, Günter/Koppetsch, Cornelia/Maier, Maja S. (1999), Milieu, Geschlechterverhältnis und Individualität, in: Hans Leu/Lothar Krappmann (Hrsg.): Das Subjekt zwischen Autonomie und Verbundenheit. Frankfurt/M.: 158-190.

Connell, Robert W. (1987), Gender and Power. Society, the Person and Sexual Politics. Cambridge/Oxford.

Connell, Robert W. (1995), Masculinities. Cambridge.

Douglas, Mary (1981), Ritual, Tabu und Körpersymbolik. Sozialanthropologische Studien in Industriegesellschaft und Stammeskultur. Frankfurt/M.

Giddens, Anthony (1993), Wandel der Intimität. Sexualität, Liebe und Erotik in modernen Gesellschaften. Franfurt/M.

Gilmore, David D. (1991), Mythos Mann. Rollen, Rituale, Leitbilder. München.
Gouldner, Alvin (1980), Die Intelligenz als neue Klasse. 16 Thesen zur Zukunft der Intellektuellen und der technischen Intelligenz. Frankfurt/M.
Hochschild, Arlie R. (1990), Das gekaufte Herz. Zur Kommerzialisierung der Gefühle. Frankfurt/M.
Kaufmann, Jean-Claude (1994), Schmutzige Wäsche. Zur ehelichen Konstruktion von Alltag. Konstanz.
Koppetsch, Cornelia (1998), Liebe und Partnerschaft. Gerechtigkeit in modernen Paarbeziehungen, in: Kornelia Hahn/Günter Burkart (Hrsg.): Liebe am Ende des 20. Jahrhunderts. Opladen: 111-129.
Koppetsch, Cornelia/Maier, Maja S. (1998), Individualisierung ohne Gleichheit? Zur aktuellen Lage des Geschlechterverhältnisses, in: Jürgen Friedrichs (Hrsg.): Die Individualisierungsthese. Opladen: 143-164.
Koppetsch, Cornelia/Burkart, Günter, unter Mitarbeit von Maja S. Maier (1999), Die Illusion der Emanzipation. Zur Wirksamkeit latenter Geschlechtsnormen im Milieuvergleich. Konstanz.
Langer, Susanne (1969), Philosophie auf neuem Wege. Das Symbol im Denken, im Ritus und in der Kunst. Frankfurt/M.
Leupold, Andrea (1983), Liebe und Partnerschaft. Formen der Codierung von Ehen, in: Zeitschrift für Soziologie 12: 297-327.
Maier, Maja S./Koppetsch, Cornelia/Günter, Burkart (1996), Emotionen in Paarbeziehungen, in: Zeitschrift für Frauenforschung 14, 4/1996: 129-148.
Neckel, Sighard (1991), Status und Scham. Zur symbolischen Reproduktion sozialer Ungleichheit. Frankfurt/M.
Schmitz, Hermann (1993), Gefühle als Atmosphären und das affektive Betroffensein von ihnen, in: Hinrich Fink-Eitel/Georg Lohmann (Hrsg.): Zur Philosophie der Gefühle. Frankfurt/M.: 33-57.
Wohlrab-Sahr, Monika (1997), Individualisierung: Differenzierungsprozeß und Zurechnungsmodus, in: Ulrich Beck/Peter Sopp (Hrsg.): Individualisierung und Integration. Neue Konfliktlinien und neuer Integrationsmodus? Opladen: 23-36.

Individualisierung auf dem religiösen Feld

Detlef Pollack und Gert Pickel

1. Zur Diskussionslage

Die Individualisierungsthese hat sich in der religionssoziologischen Diskussion der letzten Jahren an die Stelle der Säkularisierungsthese gesetzt (Gabriel 1996). Ging die Religionssoziologie noch vor etwa 30 Jahren davon aus, daß Prozesse der Modernisierung, der Rationalisierung und Pluralisierung zu einem Bedeutungsrückgang von Religion und Kirche führen würden, so vertritt die Mehrheit der Religionssoziologen heute die Auffassung, daß die moderne Gesellschaft nicht durch Prozesse der Säkularisierung gekennzeichnet sei, sondern durch Prozesse religiöser Individualisierung und Pluralisierung. Religion verliere unter den Bedingungen der Moderne nicht an Bedeutung, sondern verwandle nur ihre Formen. Sie sei heute an Stellen anzutreffen, an denen man sie früher nicht einmal vermutet habe: in der Unterhaltungsindustrie, im Show-Geschäft, in der Kunst, beim Fußball, in der Politik und insbesondere in den stark psychologisch orientierten Selbsterfahrungs-, Therapie- und Lebensstilgruppen. Religiosität trage heute also nicht mehr ein konventionell kirchliches Gewand, sondern einen höchst individuellen und synkretistischen Charakter. Der einzelne setze seine Religiosität aus einzelnen Elementen unterschiedlicher religiöser Traditionen zusammen. Ostasiatische Kulte und Meditationspraktiken, New Age, Psychotherapie, Anthroposophie, christliche Frömmigkeit und neugermanisches Heidentum gingen im patch-work der individuellen Religiosität eine schwer entwirrbare Symbiose ein. Angesichts der Pluralisierung der religiösen Angebote sei der einzelne geradezu gezwungen, zwischen unterschiedlichen religiösen Traditionen auszuwählen und sich seine eigene Religiosität zusammenzubasteln. Peter L. Berger (1980) spricht in diesem Zusammenhang vom Zwang zur Häresie. Zwar mußten die traditionellen Religionen und Kirchen angesichts der Modernisierung der modernen Gesellschaften Positionsverluste hinnehmen, nicht aber Religion schlechthin. Es sind Soziologen wie Thomas Luckmann, Karl Gabriel und Ronald Hitzler in Deutschland, Michael Krüggeler und Peter Voll in der Schweiz, Daniele Hervieu-Léger in Frankreich, die diese Position vertreten (Luckmann 1991; Hervieu-Léger 1990; Gabriel 1992; Krüggeler 1993; Hitzler 1996; Ebertz 1997; Krech 1998).

Die Religionssoziologen, die so argumentieren, unterscheiden auf diese Weise zwar zwischen Religiosität und Kirchlichkeit und unterstellen einen umfassenden religiösen Wandel von Formen einer traditionellen Kirchlichkeit hin zu Formen einer außerkirchlichen, synkretistischen Religiosität, den sie unter die Begriffe Individualisierung und Pluralisierung fassen. Nicht klar ist indes, was sie unter Individualisierung überhaupt verstehen.

Die Definition des Individualisierungsbegriffs in den Sozialwissenschaften ist alles andere als eindeutig. Auch Ulrich Beck verwendet einen durchaus vieldeutigen Begriff von Individualisierung. Einmal versteht Beck unter Individualisierung die Herauslösung von Individuen aus Herkunftsmilieus, aus Familien, Geschlechterrollen, Nachbarschaftsverhältnissen, Regionen und Klassen- und Schichtzugehörigkeiten (Beck 1983: 49ff., 1991: 41ff.). Ein anderes Mal identifiziert er den Prozeß der Individualisierung mit der zunehmenden Tendenz zur Selbstentfaltung und Selbstverwirklichung (Beck 1983: 42). Dann wieder faßt er Individualisierung als einen sich verstärkenden Trend hin zur Vereinzelung und Privatisierung des einzelnen (Beck 1983: 51, 55) – eine Entwicklungstendenz, die, wie Christoph Lau (1988: 219) bereits vor 10 Jahren herausstellte, der Bestimmung der Individualisierung als Form zunehmender Selbstentfaltung und Autonomisierung des einzelnen geradezu entgegensteht. Und schließlich versteht er unter Individualisierung auch den gesellschaftlich vorgegebenen Zwang, Handlungsfolgen auf sich selbst zuzurechnen (Beck 1983: 59).

Eine Verbreiterung des Bedeutungsfeldes des Individualisierungsbegriffes hat zweifellos den großen Vorteil, daß man auf diese Weise eine Vielzahl von Phänomenen einfangen kann, die irgendwie mit dem Prozeß der Individualisierung in Zusammenhang stehen, durch einen eindimensionalen Begriffsgebrauch aber nicht in den Blick kämen. Die Frage aber lautet, ob wir uns wirklich mit einer essayistischen Wirklichkeitsbeschreibung begnügen müssen oder ob wir nicht in der Lage sind, die von uns gebrauchten wissenschaftlichen Instrumentarien zu schärfen, denn die Gefahr einer Ausweitung des Begriffs Individualisierung besteht darin, daß der Gehalt des bezeichneten Begriffs unbestimmbar wird und damit eine Universalität erhält, die ihm vielleicht gar nicht zukommt. Die Becksche Überdramatisierung des gesellschaftlichen Wandels als Übergang von der einfachen zur reflexiven Modernisierung, von der Industriegesellschaft zur Industriefolgengesellschaft, die Rede Becks von einer »zweiten Modernen« usw. scheinen uns in diese Richtung zu gehen.[1] Immerhin sind die wichtigsten Institutionen des gesellschaftlichen Wandels – Geldwirtschaft, positives Recht, Konkurrenzdemokratie, Öffentlichkeit, Massenmedien – in der sogenannten ersten und der sogenannten zweiten Moderne dieselben (Luhmann 1991: 90). Will man der Tendenz zur Beliebigkeit und nivellierenden Universalisierung der Individualisierungstheorien entgehen, so besteht eine wichtige Aufgabe der soziologischen Beschäftigung mit ihm in der Bestimmung, und das heißt, in der Eingrenzung seines Gehalts.

2. Was ist mit Individualisierung gemeint?

Individualisierung soll hier verstanden werden als Prozeß zunehmender Selbstbestimmung des Individuums und seiner abnehmenden Fremdbestimmung. Damit grenzen wir uns ab von einem Definitionsvorschlag, den Monika Wohlrab-Sahr (1997: 25ff.) kürzlich unterbreitete. Sie versteht Individualisierung kulturell als Zuschreibungsmodus, als Zurechnung der Handlungsfolgen auf das Individuum. Wenn es sich bei Individualisierung indes um eine Veränderung der Form der Zurechnung der Folgen individuellen Handelns handelt, in deren Ergebnis sich ein kulturell vorgegebener Code herausbildet, der dem einzelnen zumutet, die Verantwortung für sein Handeln sich selbst zuzuschreiben, so hat das mit der Individualität oder Nicht-Individualität seines Handelns zunächst einmal nichts zu tun, denn die Selbstzurechnung ist möglicherweise nur das Ergebnis der Verinnerlichung gesellschaftlich vorgegebener Wahrnehmungsmuster. Ob dem selbst zugerechneten Handeln auch ein selbstbestimmtes Handeln entspricht, ist demgegenüber eine ganz andere Frage. Ja, wenn der Selbstzurechnung der Handlung kein selbstbestimmtes Handeln entspricht, wenn also zum Beispiel der einzelne objektiv gegebene Handlungsbegrenzungen als subjektives Versagen interpretiert oder objektive Begünstigungen als subjektive Leistung, handelt es sich bei der Selbstzurechnung der Handlungsfolgen nur um eine Form der Selbsttäuschung. Diese Form der Selbsttäuschung bezeichnete schon Adorno (1950: 134) als Pseudoindividualisierung. Sie gibt sich den Anschein des Individuellen, ist aber de facto in starkem Maße abhängig von außerindividuellen Umständen.

Neben der kulturellen Dimension hat der Individualisierungsbegriff nach Wohlrab-Sahr auch eine sozialstrukturelle Bedeutung. Unter sozialstrukturell versteht Wohlrab-Sahr Individualisierung als Besonderung, als neuartige Grenzziehung und Steigerung der Varianz. Dieser Bestimmung können wir uns anschließen. Wenn man Individualisierung als Besonderung fassen kann, dann würde das heißen, daß die Varianz individueller Verhaltensweisen und Einstellungen zunehmen, also die Vorhersagbarkeit individueller Handlungs- und Einstellungsdifferenzen mit Hilfe sozialstruktureller Kategorien zurückgehen oder – wieder anders ausgedrückt – die Heterogenität zwischen sozialstrukturell geprägten Gruppen abnehmen, die Heterogenität innerhalb dieser Gruppen aber zunehmen müßte (Jagodzinski/Quandt 1997: 763). Für das religiöse Feld würde das bedeuten, daß sich die Differenzen zwischen den einzelnen religiösen Milieus, Gemeinschaften und Konfessionen abschwächen müßten, die Intra-Gruppenvarianz sich hingegen verstärken müßte.

Individualisierung als zunehmende Selbstbestimmung zu definieren, meint natürlich nicht, daß das Individuum am Ende des bezeichneten Prozesses freikommt von der Gesellschaft und sich dann im gesellschaftsfreien Raum bewegt. Auch der Prozeß der Individualisierung – darauf machen Beck und Beck-Gernsheim (1993: 179, 181, 185) immer wieder aufmerksam – ist an gesellschaftliche Voraussetzungen gebunden. Die Mindestvoraussetzung besteht darin, daß, wenn Handeln selbstbestimmt erfolgen soll, das Individuum die Möglichkeit haben muß, zwischen verschiedenen Optionen zu wählen. Die gesellschaftliche Voraussetzung der Individualisierung besteht also in der *institutionellen und kulturellen Differenzierung bzw. Pluralisierung* der Gesellschaft. Nur wenn es zu einer Ausweitung der individuellen Handlungsmöglichkeiten kommt, hat das Individuum die Chance, zwischen verschiedenen Optionen zu wählen und insofern selbstbestimmt zu handeln. Die Ausweitung der Handlungsmöglichkeiten des Individuums wiederum ist *sozialstrukturell* und *kulturell* bedingt, *sozialstrukturell* insofern, als sie an die Erhöhung des Lebens- und Wohlstandsniveaus, an den Ausbau des Sozialstaates, an eine Verschiebung des Verhältnisses zwischen Freizeit und Arbeitszeit, an Wandlungsprozesse auf dem Arbeitsmarkt und damit an konjunkturelle Voraussetzungen usw. gebunden ist (Kohli 1985; Beck 1983, 1986). Darüber hinaus hängt die Vervielfältigung der individuellen Handlungsmöglichkeiten aber auch von *kulturellen* Wandlungsprozessen ab. Nur wenn sich die über moralische Sanktionen und soziale Kontrolle abgestützte Rigidität des kulturellen Normen- und Wertesystems abschwächt, hat das Individuum die normative Freiheit, das gesellschaftlich Mögliche auch zu realisieren.

Für das religiöse Feld bedeutet dies, daß sich Individualisierungsprozesse nur dann vollziehen können, wenn es zu einer Erweiterung der individuell wählbaren religiösen Handlungsmöglichkeiten kommt. Das heißt, daß Individualisierung auf dem religiösen Feld einmal davon abhängt, ob die normative Kraft traditioneller religiöser Weltdeutungssysteme zurückgeht, und zum anderen davon, ob sich die Vielzahl alternativer religiöser Sinndeutungen erhöht, sei es, daß die Zahl der verfügbaren religiösen Alternativen größer wird oder daß die Wahrscheinlichkeit vorher unwahrscheinlicherer Optionen zunimmt.

Betrachten wir die Veränderungsprozesse, die sich in den letzten Jahren auf dem religiösen Feld vollzogen haben, dann müssen wir in der Tat feststellen, daß die Vielfalt der religiösen Angebote sich verbreitert hat. Der einzelne steht heute nicht mehr nur den Traditionsbeständen der christlichen Religion gegenüber, vielmehr kann er bei der Entscheidung über seine Religion auch aus den Praktiken und Deutungen außerchristlichen religiöser Traditionen individuell auswählen. Der Islam ist in Deutschland ebenso präsent wie ostasiatische Kulte und Meditationspraktiken; neu-religiöse Weltdeutungsformen wie etwa das New Age finden sich neben Esoterik und Okkultismus; aber auch die Beratungsangebote aus dem Bereich von Psychotherapie und Selbsterfahrungsgruppen haben Konjunktur.

Mit der Ausbreitung religiöser Alternativformen hat sich zugleich die normative Kraft der traditionellen Religionsformen abgeschwächt. Die Erhöhung der Zahl der Austritte aus der evangelischen und der katholischen Kirche hat deutlich gemacht, daß die christlichen Religionsgemeinschaften ihre Deutungshoheit über das religiöse Feld und damit ihr religiöses Weltanschauungsmonopol verloren haben. Jährlich tritt seit Anfang der neunziger Jahre aus den evangelischen Kirchen etwa ein Prozent der Mitglieder aus. Die katholische Kirche verliert pro Jahr etwa 0,5 Prozent ihres Mitgliederbestandes (Daiber 1995: 105, 113).

Darüber hinaus haben sich die religiösen Angebote auch in den Kirchen pluralisiert. Das kirchliche Leben ist nicht mehr vor allem von den regelmäßig stattfindenden Gottesdiensten und Andachten und den ständischen Kreisen – vom Jugendkreis, über den Mütterkreis bis hin zum Altenkreis – geprägt. Angebote zur Pflege von Gemeinschaft und Geselligkeit wie Kirchentage und Gemeindefeste, bildungspolitische Angebote, wie sie etwa von den Akademien unterbreitet werden, Haus- und Familienkreise, kirchenmusikalische Veranstaltungen spielen im kirchlichen Leben seit Jahrzehnten eine zunehmende Rolle. Ebenso haben Meditation, Yoga, Töpfern, Seidenmalerei oder alternative Heilpraktiken in den Kirchen Einzug gehalten. Außerchristliche Religiosität ist inzwischen auch in den christlichen Kirchen zu haben.

Insgesamt zeigt sich also, es ist nicht nur die Zahl der möglichen zu wählenden Alternativen auf dem religiösen Feld angestiegen, sondern es hat sich auch die Wahrscheinlichkeit der Wahl von früher unwahrscheinlicheren Alternativen erhöht. Die kulturellen Voraussetzungen für Prozesse der Individualisierung auf dem religiösen Feld können damit als gegeben angenommen werden.

Doch auch wenn die Voraussetzungen für religiöse Individualisierungsprozesse gegeben sind, müssen diese doch nicht ablaufen, denn zwischen gegebenen Opportunitätsstrukturen und der individuellen Wahrnehmung der in ihnen liegenden Chancen ist zu unterscheiden. Von Individualisierung kann man erst dann sprechen, wenn sich der einzelne zu diesen ausgeweiteten religiösen Wahlmöglichkeiten selektiv verhält. Ob es tatsächlich zu Individualisierungsprozessen auf dem religiösen Feld gekommen ist, läßt sich daher nur empirisch überprüfen.

3. Präsentation des empirischen Datenmaterials

3.1. Wie läßt sich Individualisierung empirisch messen?

Um den Individualisierungsbegriff empirisch fassen zu können, operationalisieren wir ihn auf einer subjektiven Ebene. Bei dieser Umsetzung kommt es uns darauf an, das Selbstverständnis der handelnden und erlebenden Individuen in den Vordergrund zu rücken. Wenn Individualisierung als Prozeß der zunehmenden Selbstbestimmung verstanden wird, dann können wir Individualisierung in einem subjektiven Sinne daran messen, inwieweit der einzelne dem Wert Selbstbestimmung persönlich zustimmt. Diese Operationalisierung entspricht dem Kernelement der Individualisierungsthese, das auf den Wahl- oder »Bastelcharakter« (Beck 1993: 152) des modernen individuellen Lebens abhebt. Wir untersuchen diese Zustimmung anhand der Akzeptanz des Erziehungsziels »Selbständigkeit« bzw. anhand der Ablehnung des Erziehungsziels »Gehorsam« und »Disziplin«.[2] Die Erziehungsziele Gehorsam und Disziplin entsprechen einer negativen Bestimmung des Individualisierungsbegriffes, denn sie stehen für eine internalisierte Fremdbestimmung,[3] währenddessen das Erziehungsziel »Selbständigkeit« den Wert Selbstbestimmung repräsentiert.

Dabei gilt es für uns, zwei Probleme zu lösen, um zu aussagekräftigen Ergebnissen für unsere Fragestellung zu gelangen. Einerseits müssen die Beziehungen zwischen Individualisierung, sozialstrukturellem Wandel und Religiosität analysiert werden. Andererseits ist es notwendig, die dynamische Komponente der Individualisierung nicht aus den Augen zu verlieren. Da kaum geeignetes Datenmaterial zur Verfügung steht, das es erlaubt, beide Ziele empirisch befriedigend zu verfolgen, haben wir uns für ein kombiniertes Vorgehen entschieden. Mit den Daten des Allbus 1991,[4] der den Schwerpunkt »Religiosität« des International Social Survey Programme beinhaltet, sollen die internen Zusammenhänge zwischen Individualisierung, Sozialstruktur und Religiosität detailliert dargestellt werden. Durch Hinzuziehung der Allbus Studien 1982 und 1996 ist es darüber hinaus dann aber auch möglich, die dynamische Komponente des Wandels abzubilden.[5] Aus den Ergebnissen beider Untersuchungen zusammen lassen sich Schlußfolgerungen auf den Prozeß der religiösen Individualisierung ziehen.

Abbildung 1: Entwicklung der Werte »Selbständigkeit« und »Gehorsam, Ordnung, Disziplin« als Erziehungsziele in Westdeutschland 1957-1996 (in %)

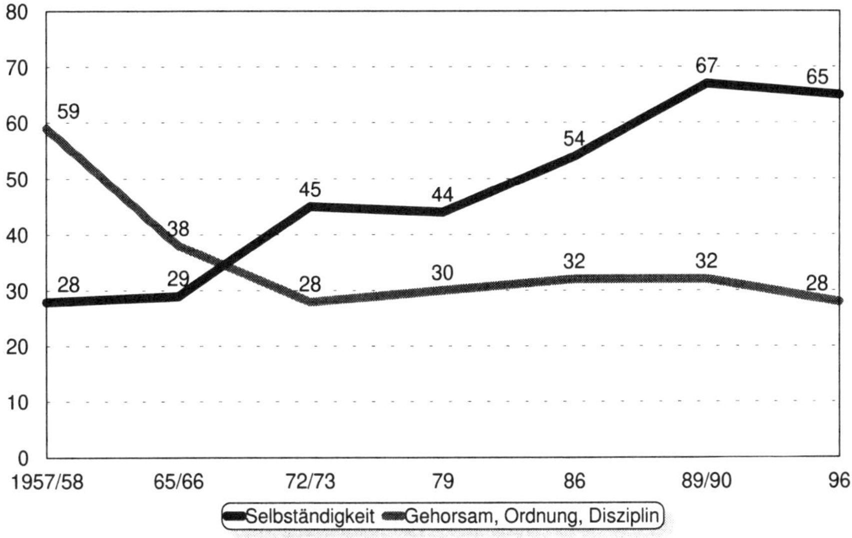

Quelle: Zusammenstellung; Emnid-Informationen; Allbus 1996; Meulemann 1996: 76; Gensicke 1996: 10.

Ein Blick auf die Erziehungsziele »Selbständigkeit« bzw. »Gehorsam« und »Disziplin« in den letzten 40 Jahren in der Bundesrepublik Deutschland[6] zeigt ein stetiges Ansteigen der Akzeptanz des Wertes »Selbständigkeit« in Westdeutschland. Die Bejahung der Werte »Gehorsam«, »Disziplin« und »Ordnung« hat sich in diesem Zeitraum dagegen linear rückläufig entwickelt (vgl. Abb.1, sowie Gensicke 1996: 10).

Selbst wenn man diese empirische Umsetzung als eindimensionale Darstellung von Individualisierung betrachtet, so zeigt die wiedergegebene Entwicklung doch recht eindeutig, daß es auf der subjektiven Ebene zu Individualisierungsprozessen gekommen ist. Heute wird Selbständigkeit und damit Selbstbestimmung in einem höheren Maße als erstrebenswert angesehen als früher. Was bedeutet dies aber für das religiöse Feld? Und wie sieht es mit den sozialstrukturellen Voraussetzungen des in diesen Veränderungen sich ausdrückenden Individualisierungsprozesses aus?

3.2. Zu den sozialstrukturellen und kulturellen Voraussetzungen des Individualisierungsprozesses

Eine sozialstrukturelle Betrachtung der gesellschaftlichen Differenzierungsprozesse ist gezwungen, eine Fülle von Variablen zu berücksichtigen. Sie muß sich auf die Veränderungsprozesse hinsichtlich Bildung, Einkommen, Erwerbstätigkeit, berufliche Mobilität, geographische Mobilität usw. einlassen. Den Individualisierungstheoretikern zufolge hängen die Prozesse der Individualisierung von der Erhöhung des Wohlstandsniveaus, dem Anstieg der Einkommen, der Erhöhung der geographischen Mobilität usw. ab (Brock 1998: 90; Beck 1993: 152). In unsere Betrachtung der sozialstrukturellen Veränderungsprozesse in den letzten zwanzig Jahren haben wir die Merkmale Alter, Bildung, Einkommen, Erwerbstätigkeit, Beruf und Ortsgröße einbezogen. Dabei erwiesen sich vor allem die Variablen Alter und Bildung als einflußreich, was den Ergebnissen verschiedener Studien zu sozialen Milieus entspricht (Vester u.a. 1993; Lüdtke 1989; Berger/Vester 1998). Die Untersuchung sozialstruktureller Veränderungsprozesse kann sich heute, nachdem die Sozialstrukturanalyse die tendenzielle Auflösung sozialstruktureller Ordnungskategorien festgestellt hat, allerdings nicht mehr nur mit den klassischen Merkmalen der Sozialstruktur begnügen. Vielmehr ist es notwendig, die Öffnung der Sozialstrukturanalyse gegenüber dem Einfluß kultureller Faktoren nachzuvollziehen. Deshalb haben wir in unserer Analyse der Sozialstruktur eine stärker kulturelle Ausrichtung vorgenommen. Dies geschieht durch die Hinzuziehung des sog. kleinen Ingelhart-Index, der, wie einschlägige Analysen ausweisen, bereits Hinweise auf die Individualisierung zu geben vermag.[7] Diese Lösung deckt sich dabei mit Ergebnissen von Gerhard Schulze (1989), der gerade die drei von uns ausgewählten Variablen – Alter, Bildungsniveau und Materialismus/Postmaterialismus – als zentrale Kennzeichen der Milieukonstruktion in der »Erlebnisgesellschaft« herausarbeitet.

In der folgenden Darstellung werden die in der Sozialstruktur differenzierten Untergruppen aufgesplittet und in ihrer zeitlichen Entwicklung betrachtet.

Abbildung 2: Sozialstrukturelle Veränderung in Westdeutschland 1982-1996

Wertmuster	Bildungsniveau	Alter	1982	1991	1996	Trend
Materialisten	niedrig	18-34	9,4	**4,0**	4,7	abnehmend
Materialisten	niedrig	35-50	14,6	**7,4**	6,8	abnehmend
Materialisten	niedrig	51++	28,1	**16,2**	17,7	abnehmend
Materialisten	mittel	18-34	4,3	3,9	3,9	konstant
Materialisten	mittel	35-50	4,3	**2,8**	3,1	abnehmend
Materialisten	mittel	51++	5,2	**3,4**	4,0	schwankend
Materialisten	hoch	18-34	1,7	1,7	2,8	zunehmend
Materialisten	hoch	35-50	1,3	1,4	1,7	konstant
Materialisten	hoch	51++	2,2	2,1	2,0	konstant
Postmaterialisten	niedrig	18-34	4,7	7,8	**5,7**	schwankend
Postmaterialisten	niedrig	35-50	4,2	6,3	7,4	zunehmend
Postmaterialisten	niedrig	51++	3,5	8,6	8,2	zunehmend
Postmaterialisten	mittel	18-34	4,3	7,6	**6,4**	schwankend
Postmaterialisten	mittel	35-50	2,4	4,8	4,3	zunehmend
Postmaterialisten	mittel	51++	1,4	3,1	3,6	zunehmend
Postmaterialisten	hoch	18-34	5,3	10,2	**8,4**	schwankend
Postmaterialisten	hoch	35-50	1,9	5,3	5,9	zunehmend
Postmaterialisten	hoch	51++	1,1	3,4	3,3	zunehmend

Quelle: Eigene Berechnungen auf Basis Allbus 1982, 1991, 1996, im Schnitt 1.500 Befragte; Werte in Prozent

Unsere sozialstrukturelle Analyse konzentriert sich also auf die Untersuchung der Einflüsse von Alter, Bildung und Postmaterialismus. Es ist eine von uns bewußt vollzogene Entscheidung, nicht zu viele Variablen in diese sozialstrukturelle Analyse aufzunehmen, weil auf diese Weise gesichert werden kann, daß die zu eruierenden Gruppen eine hohe Trennschärfe aufweisen. Letztendlich ist es unser Ziel, diese Sozialstrukturanalyse zu verschiedenen religiösen Indikatoren ins Verhältnis zu setzen. Auch dieses spricht für die obige Einschränkung, da sonst diese weiterführende Analyse zu unübersichtlich werden würde. Ganz abgesehen davon besteht eine große Gefahr sozialstruktureller Analysen darin, in sie schon all diejenigen Dimensionen aufzunehmen, mit denen sie selbst korreliert werden soll.

Konzentrieren wir uns zunächst nur auf die Spalte von 1982, dann sehen wir, daß bei den niedrig Gebildeten die Materialisten überrepräsentiert sind. Das heißt, es gibt einen engen Zusammenhang zwischen Erhöhung der Bildung und der Ausbildung postmaterialistischer Einstellungen. Ebenso erkennen wir einen Zusammenhang zwischen Alter und Materialismus. Mit höherem Alter steigt die Bereitschaft zur Bejahung materialistischer Werte. Dieser Befund überrascht angesichts der Untersuchungen von Inglehart (1989) nicht. Sofern man davon ausgeht, daß Postmaterialismus etwas mit Individualisierung zu tun hat – dies wird sich erst in der folgenden Analyse zeigen können –, läßt sich hier bereits die Arbeitshypothese aufstellen, daß ältere Personen mit geringerer formaler Bildung und materialistischen Ansichten am wenigsten individualisiert sind und umgekehrt hoch gebildete, jüngere Menschen am stärksten.

Wie sehen nun die Veränderungen im Zeitverlauf aus?

Von 1982 bis 1991 geht die Bejahung materialistischer Werteinstellungen in allen Bevölkerungsgruppen zurück, währenddessen die postmaterialistische Orientierung zunimmt. Dieser Wertewandlungsprozeß ist vor allem ein Effekt der Erhöhung des Bildungsniveaus. Den Zusammenhang zwischen höherer Bildung und Postmaterialismus kann man auch bereits bei einer statischen, den Zeitverlauf nicht berücksichtigenden Betrachtung erkennen. Dabei betrifft der Wertewandel alle Altersgruppen, das heißt, die zunehmende Akzeptanz postmaterialistischer Werte ist nicht nur zurückzuführen auf Veränderungen in den jüngsten Altersgruppen, sondern hat ihre Ursache auch in Veränderungen älterer Altersgruppen. Das aber heißt, daß der beobachtete Wertewandel nicht nur auf Kohorten-Effekte zurückgeführt werden kann, sondern auch periodischen Einflüssen unterliegt.

Deutlich wird dies auch bei der Betrachtung der Entwicklung nach 1991. Hier müssen wir einen Rückgang postmaterialistischer Einstellungen konstatieren. Dieser Rückgang wird vor allem von den jüngeren Altersgruppen getragen. Dementsprechend sind es vor allem die Jüngeren, bei denen die materialistische Werthaltung steigt. Diese Verstärkung materialistischer Einstellungen widerspricht durchaus nicht den Thesen von Ronald Inglehart, behauptet doch Inglehart nicht nur einfach einen Wertwandel von materialistischen hin zu postmaterialistischen Einstellungen, sondern zugleich auch einen Zusammenhang zwischen der Befriedigung materialistischer Bedürfnisse und der Öffnung für postmaterialistische Werte. Er geht davon aus – und hier greift er auf das Maslowsche Modell der Wertehierarchie zurück –, daß in dem Maße, in dem materialistische Bedürfnisse befriedigt sind, die Wahrscheinlichkeit der Öffnung für postmaterialistische Werte zunimmt und daß in dem Maße, in welchem die materialistischen Bedürfnisse weniger zufriedenstellend befriedigt werden können, das Interesse an postmaterialistischen Werten sinkt. Genau diesen zuletzt benannten Prozeß können wir in den neunziger Jahren in Westdeutschland beobachten.

3.3. Exkurs: Wie bildet man Religiosität am besten ab?

In einem weiteren Schritt müssen wir nun diese sozialstrukturelle Analyse mit ausgewählten religiösen Variablen in Beziehung setzen, um die Determinationskraft der sozialen Milieus bestimmen zu können. Dazu benötigen wir eine analytisch verwendbare Operationalisierung von Religiosität. Um Religiosität empirisch abzubilden, haben wir daher zwei Indizes gebildet: einmal den Index »Christliche Religiosität« und zum anderen den Index »Außerkirchliche Religiosität«. Christliche Religiosität läßt sich sehr gut anhand solcher Variablen wie »Glaube an Gott«, »Gefühl der Nähe zu Gott«, »religiöse Selbsteinschätzung«, Glaube an bestimmte christliche Vorstellungen wie Himmel, Hölle, Auferstehung, die hier in dem Faktor »Christlicher Glauben« zusammengefaßt sind, oder auch »Glaube an ein Leben nach dem Tod« erfassen. Wie Abbildung 3 zeigt, besteht zwischen diesen Variablen ein hoher innerer Zusammenhang (Alpha = .87).

Die Bestimmung außerkirchlicher Religiosität ist komplizierter. In den uns zur Verfügung stehenden Datensätzen findet sich keine angemessene Operationalisierung außerkirchlicher Religiosität. Wir müssen uns daher mit den verfügbaren Daten begnügen und greifen auf die im Allbus 1991 abgefragten Variablen zurück, nämlich auf den Glauben an Wahrsager, die die Zukunft voraussagen können, auf den Glauben an den Einfluß der Sterne auf das eigene Leben, auf den Glauben an Glücksbringer und den an Wunderheiler, die übernatürliche Kräfte haben. Auch zwischen diesen Formen der außerkirchlichen Religiosität besteht ein hoher innerer Zusammenhang wie die Skalierungsanalyse ausweist (Alpha = .81).[8]

Abbildung 3: Empirische Dimensionen der Religiosität

Christliche Religiosität		Außerkirchliche Religiosität	
Glaube an Gott	.88	Glaube an Vorhersehung	.80
Glauben an Leben nach dem Tod	.85	Glaube an Glaubensheilung	.78
Christlicher Glaube (Felling/Schreuder/Peters 1987)	.82	Glaube an Glücksbringer	.75
Gefühl der Nähe zu Gott	.82	Glaube an Astrologie	.72
Subjektive Religiosität	.82		
Gesamtalpha der Reliabilitätsanalyse: Alpha = .87 bei 797 Fällen		Gesamtalpha der Reliabilitätsanalyse: Alpha = .81 bei 1.036 Fällen	

Quelle: Eigene Berechnungen auf der Basis Allbus 1991; ausgewiesener Wert ist Skalierungs-Koeffizient Alpha, wenn auf dieses Item verzichtet wird.

Auch wenn die hier verwendete empirische Umsetzung des Konstrukts »Außerkirchliche Religiosität« vielleicht nicht optimal erscheint,[9] so hat sie doch den Vorteil, daß sie Vorstellungen aufnimmt, die zweifellos nicht dem christlichen Wertekanon entstammen, und daß sie einfaktoriell bestimmt ist.

3.4. Prozesse der Individualisierung auf dem religiösen Feld – Die Verbindung von sozialstrukturellem Wandel und Merkmalen der Religiosität

Um den Zusammenhang zwischen Sozialstruktur und Religiosität abzubilden, müssen wir uns, wie bereits angesprochen, auf das Jahr 1991 beschränken, da im Allbus nur für dieses Jahr eine ausreichende Anzahl an Religiositätsvariablen erhoben worden ist, die es erlaubt, unser Konstrukt empirisch umzusetzen. Zusätzlich ist es notwendig, den Bezug zwischen Individualisierung (hier am Erziehungsziel »Selbständigkeit« festgemacht) und unseren sozialstrukturellen Gruppen zu illustrieren.

Abbildung 4: Sozialstruktur, Religiosität und Individualisierung in Westdeutschland

Wertmuster	Bildungsniveau	Alter	1991	Christl. Relig.	Außerkirchlich	Individualität
Materialisten	niedrig	18-34	**4,0**	-	+	
Materialisten	niedrig	35-50	**7,4**	+	++	
Materialisten	niedrig	51++	**16,2**	++		--
Materialisten	mittel	18-34	3,9	+	+	
Materialisten	mittel	35-50	**2,8**			-
Materialisten	mittel	51++	**3,4**	+	--	--
Materialisten	hoch	18-34	1,7	-	++	++
Materialisten	hoch	35-50	1,4	++	++	
Materialisten	hoch	51++	2,1	++	--	-
Postmaterialisten	niedrig	18-34	7,8	-	++	+
Postmaterialisten	niedrig	35-50	6,3	-		
Postmaterialisten	niedrig	51++	8,6	++		-
Postmaterialisten	mittel	18-34	7,6		+	+
Postmaterialisten	mittel	35-50	4,8			+
Postmaterialisten	mittel	51++	3,1	-	-	+
Postmaterialisten	hoch	18-34	10,2	-	-	++
Postmaterialisten	hoch	35-50	5,3		-	++
Postmaterialisten	hoch	51++	3,4	-	-	+

Quelle: Eigene Berechnungen auf Basis Allbus 1991, n= 1.514; ++ hohe Werte – niedrige Werte, Indizes christliche Religiosität; außerkirchliche Religiosität; Individualität.

In Abb. 4 zeigt sich, daß es – wie erwartet – einen hohen Zusammenhang zwischen postmaterialistischen Einstellungen und individualistischen Orientierungen gibt, der insbesondere bei Höhergebildeten und bei Jüngeren stark ausgeprägt ist.[10] Aus dem Zusammenhang zwischen Individualismus und Bildung bzw. geringerem Alter erklärt sich auch die auffällige Ausnahme, daß die Bejahung individualistischer Einstellungen auch in einer Gruppe von Materialisten auftritt und zwar bei den hochgebildeten, jungen Materialisten.

Christliche Religiosität im oben definierten Sinn ist vor allem bei den Materialisten und damit bei den nicht so stark individuell Orientierten zu finden. Entgegen unserer Annahme werden die Formen außerkirchlicher Religiosität aber ebenfalls vor allem von den Materialisten und nicht so stark individuell eingestellten Befragten hoch bejaht. Die Postmaterialisten hingegen lehnen mehrheitlich christliche ebenso wie außerkirchliche Religiosität ab. Besonders eng ist der Zusammenhang zwischen niedrigem Alter und Bejahung außerkirchlicher Religiosität. Daraus erklärt sich, daß außerkirchliche Religiosität auch von zwei Gruppen unter den Postmaterialisten bejaht wird. Bei ihnen handelt es sich ausschließlich um jüngere Postmaterialisten.

Und noch etwas fällt auf: Dort, wo christliche und außerkirchliche Religiosität gleichermaßen bejaht werden, ist die Individualismus-Akzeptanz gering. Die gleichzeitige Bejahung von christlicher und außerkirchlicher Religiosität steht aber für Synkretismus, also genau für jene Form moderner Religiosität, die von den Vertretern der Individualisierungsthese als individualistisch ausgemacht worden ist. In unserer Untersuchung zeigt sich hingegen, daß religiöser Synkretismus und Individualismus nicht miteinander korrelieren.

Die Ergebnisse unserer Untersuchung überraschen, denn sie zeigen zweierlei: Erstens wird deutlich, daß es keinen Zusammenhang zwischen dem für die moderne Gesellschaft als charakteristisch unterstellten Prozeß der Individualisierung und der Hinwendung zu außerkirchlichen Formen der Religiosität gibt. Zum anderen zeigt sich, daß auch Individualisierung und religiöser Synkretismus nicht korrelieren.[11] Damit sind die zentralen Annahmen der religionssoziologischen Individualisierungsthese in Frage gestellt.[12]

4. Fazit

Wenn es richtig ist, daß der Trend in der Gesellschaft in Richtung auf Individualisierung läuft, wie das Abbildung 2 zumindest für die Zeit zwischen 1982 und 1991, im großen und ganzen aber auch für den gesamten betrachteten Zeitverlauf von 1982 bis 1996 gezeigt hat, dann bedeutet das herausgearbeitete Ergebnis für das religiöse Feld, daß die Abwendung von den traditionellen Formen des Christentums nicht so sehr zur Bejahung außerchristlicher religiöser Formen führt und auch nicht so sehr zu synkretistischen christlichnichtchristlichen Mischformen von Religion, sondern – möglicherweise auf dem Umweg über ein gemäßigtes Durchschnittschristentum – hin zu einer Abkehr von Religion und Kirche überhaupt. Synkretistische und außerchristliche Formen von Religiosität mögen sich in der letzten Zeit stärker ausgebreitet haben. Sie finden sich aber überdurchschnittlich bei nicht-individuellen Einstellungsmustern. Dort, wo es hingegen zu Individualisierungsschüben kommt, erhöht sich die Distanz zu allen Formen der Religiosität, nicht nur zu den traditionellen, sondern auch zu den alternativen Formen. Uns scheint also, daß zwischen den Prozessen der Individualisierung und den Veränderungsprozessen auf dem religiösen Feld ein negativer Zusammenhang besteht. Wenn sich Prozesse der Individualisierung in der Gesellschaft vollziehen, dann führt dies zu einer Abkehr von Religion schlechthin.

Dieses Ergebnis verlangt nach einer Erklärung. Offenbar sehen viele, auch wenn sie zunehmend individualistischen Werten zustimmen, gegenüber der zunehmenden Vielzahl religiöser Angebote keinen Entscheidungsbedarf. Die Zahl dieser Angebote hat sich gewiß erhöht, viele aber halten es offensichtlich nicht für erforderlich, zwischen ihnen zu wählen und ihre eigene Religiosität zusammenzustellen. Wahrscheinlich ist ihnen Religion und Kirche einfach zu unwichtig, um ihnen gegenüber ein besonders individualisiertes Verhalten oder eine individualisierte Einstellung an den Tag zu legen. Dafür spricht, daß nur 40% der Westdeutschen Religion und Kirche als wichtig für ihr Leben einstufen und daß die Westdeutschen damit Religion als weitaus unwichtiger als andere Lebensbereiche wie etwa Familie, Beruf, Freundschaft oder Nachbarschaft einschätzen. Es mag durchaus sein, daß sich Individualisierungsprozesse in den modernen Gesellschaften vollziehen, und es mag ebenso richtig sein, daß sich das religiöse Feld pluralisiert. Diese Pluralisierung hat aber nicht eine gleichzeitige Individualisierung auf dem religiösen Feld zur Folge, sondern vorrangig eine Abkehr von Religion und Kirche.

Anmerkungen

1 Auch Joas (1996: 345ff.) kritisiert die Unterstellung Becks von einem epochalen Bruch, den er mit dem Begriff der »reflexiven Modernisierung« zu fassen sucht – ein Begriff, unter den er unterschiedlichste Gegenwartstendenzen subsumiert, unter anderem auch die der Individualisierung.

2 Die oft im Zusammenhang mit der Erfassung von Werten des Gehorsams und der Disziplin vorgenommene Befragung der Akzeptanz von Ordnungswerten ent-

spricht nicht der von uns vorgenommenen Definition des Individualisierungsbegriffs, denn mit dem Ordnungswert wird eine neue Dimension aufgemacht, die der Unterscheidung von Selbst- und Fremdbestimmung nicht vollständig entspricht. Da die Werte Gehorsam, Disziplin und Ordnung aber sehr häufig gemeinsam abgefragt worden sind, müssen wir diese Inkonsequenz in Kauf nehmen.

3 Diese ist zu unterscheiden von der Fremdbestimmung zum Beispiel durch die existierenden (sozialstaatlichen) Rahmenbedingungen oder auch die ökonomischen Marktbedingungen, die auch Beck (1993: 152) betont.

4 Für die Allbus Studien standen in der Regel zwischen 1.500 und 2.000 Befragte zur Verfügung.

5 Für die Überlassung des Datenmaterial danken wir dem Zentralarchiv für empirische Sozialforschung in Köln.

6 In unserer Untersuchung konzentrieren wir uns auf die religiösen Veränderungsprozesse in Westdeutschland. Eine Einbeziehung Ostdeutschlands oder anderer ehemals kommunistischer Staaten erscheint wenig sinnvoll, da in diesen Ländern Prozesse der Individualisierung gänzlich anderen Bedingungen unterlagen und nicht eindeutig auf Modernisierungsprozesse zurückgeführt werden können. Zu den Prozessen der Individualisierung in den postkommunistischen Staaten und insbesondere in der DDR vgl. Engler 1995, 1997.

7 Bei dem kleinen Inglehart-Index handelt es sich um die Variante, welche auf vier Items, jeweils zwei zur Beschreibung der Materialismusdimension und zwei zur Beschreibung der Postmaterialismusdimension, beruht. Sie unterscheidet sich vom 12-Item Index.

8 Als Skalierungsanalyse wurde die SPSS-Prozedur »reliability analysis« verwendet.

9 Ihr Nachteil besteht vor allem darin, daß mit den aufgeführten Indikatoren vor allem Okkultismus und Magie gemessen wird. Zu den Formen außerkirchlicher Religiosität muß man aber auch neuere religiöse Vorstellungen und Praktiken zählen wie New Age, Zen-Meditation, Anthroposophie, Bachblüten-Therapie, Edelsteinmedizin oder Farbtherapie. Nach diesen Formen außerkirchlicher Religiosität wird in der EKD-Studie »Fremde Heimat Kirche« gefragt (Engelhardt/Loewenich/Steinacker 1997). Diese Studie hat jedoch den Nachteil, daß sie für die Jahre 1972 und 1982 nur die Evangelischen erfaßt und insofern nicht repräsentativ ist und außerdem keine Individualismus-Items enthält. Erst 1992 wurden in die Untersuchung auch die Konfessionslosen einbezogen. Aussagen über die Einstellungen der Katholiken lassen sich auf der Grundlage dieser Studie überhaupt nicht machen.

10 Dies belegen auch Individualkorrelationen zwischen beiden Variablen.

11 Daß es sich bei diesem Ergebnis nicht um ein Artefakt der Operationalisierung des Begriffs »außerkirchliche Religiosität« handelt, zeigt eine Untersuchung des Zusammenhangs zwischen Individualismus und der Vorstellung der Reinkarnation. Die Reinkarnationsvorstellung gehört nicht in den Bereich des Okkultismus oder der Magie, sondern bildet zweifellos einen wichtigen Bestandteil moderner religiö-

ser Deutungssysteme, auch wenn ihr Ursprung natürlich älter ist. Viele nichtchristliche moderne Gruppierungen greifen auf diese altindische Vorstellung zurück und verbinden sie mit anderen religiösen Traditionen (so zum Beispiel die Theosophie). Aber auch der Reinkarnationsglauben zeigt nur einen negativen statistischen Zusammenhang mit Individualismus-Items (eigene Berechnungen auf der Basis des World Value Survey 1991). Interessant ist außerdem, daß auch in der in der Schweiz durchgeführten Studie »Jede(r) eine Sonderfall? Religion in der Schweiz« zwischen der Bejahung außerkirchlicher Religionsformen und dem Bildungsniveau kein positiver, sondern ein negativer Zusammenhang aufgewiesen wurde (Voll/Krüggeler 1992: 216f.). Als Indikatoren für außerkirchliche Religiosität wurden in dieser Studie Items wie »Die höhere Macht – das ist der ewige Kreislauf zwischen Mensch, Natur und Kosmos«, die höhere Macht ist das Wertvolle im Menschen usw. verwendet und damit Aussagen, die besser als die von uns verwendeten in der Lage sind, neureligiöse Einstellungen abzubilden. Wenn aber die Erhöhung des Bildungsgrades mit der Individualisierung korreliert, erstere aber nicht mit der Bejahung außerkirchlicher Religiosität, dann ist fraglich, ob die die gesamte Studie tragende These von der Individualisierung des Religiösen aufrecht erhalten werden kann. Zu einer kritischen Durchsicht der Studie vgl. auch Pollack 1997, der zu dem Ergebnis kommt, daß die Ergebnisse der Studie teilweise als Bestätigung, teilweise aber auch als Infragestellung der Individualisierungsthese gelesen werden können.

12 Zu einem ähnlichen Befund kamen wir bei einer anderen Vorgehensweise. Bei der Bestimmung religiöser Lebensstile mit Cluster-Analysen konnten kaum Anzeichen für individualisierte Gruppen gefunden werden. Im Gegenteil waren gerade die Gruppen, von denen man dies hätte erwarten können, z.B. die Synkretisten, eher wenig oder gar nicht individualistisch geprägt (Ergebnisse aus Allbus 1991, eigene Berechnungen).

Literatur

Adorno, Theodor W. (1950), Die verwaltete Welt oder: Die Krise des Individuums. Ein Gespräch zwischen Theodor W. Adorno, Eugen Kogon und Max Horkheimer (1950), in: Max Horkheimer: Gesammelte Schriften. Bd. 13. Frankfurt/M.: 121-142.

Beck, Ulrich (1983), Jenseits von Stand und Klasse? Soziale Ungleichheit, gesellschaftliche Individualisierungstendenzen und die Entstehung neuer sozialer Formationen und Identitäten, in: Soziale Welt, Sonderband 2: 35-74.

Beck, Ulrich (1986), Risikogesellschaft. Auf dem Weg in eine andere Moderne. Frankfurt/M.

Beck, Ulrich (1991), Der Konflikt der zwei Modernen, in: Wolfgang Zapf (Hrsg.): Die Modernisierung moderner Gesellschaften. Verhandlungen des 25. Deutschen Soziologentages in Frankfurt am Main 1990. Frankfurt/M./New York: 40-53.

Beck, Ulrich/Beck-Gernsheim, Elisabeth (1993), Nicht Autonomie, sondern Bastelbiographie. Anmerkungen zur Individualisierungsdiskussion am Beispiel des Aufsatzes von Günter Burkart, in: Zeitschrift für Soziologie 22: 178-187.

Beck, Ulrich (1993), Die Erfindung des Politischen. Frankfurt/M.

Beck, Ulrich/Sopp, Peter (1997), Individualisierung und Integration. Neue Konfliktlinien und neuer Integrationsmodus. Opladen.

Berger, Peter L. (1980), Der Zwang zur Häresie. Religion in der pluralistischen Gesellschaft. Frankfurt/M.

Berger, Peter A./Vester, Michael (1998), Alte Ungleichheiten – neue Spannungen. Opladen.

Brock, Ditmar (1998), Individualisierung und die Zugänglichkeit von Ressourcen, in: Peter A. Berger/Michael Vester (1998): Alte Ungleichheiten – neue Spannungen. Opladen: 89-108.

Daiber, Karl-Fritz (1995), Religion unter den Bedingungen der Moderne. Die Situation in der Bundesrepublik Deutschland. Marburg.

Das Sonntagsblatt (1997), Was glauben die Deutschen? Hamburg.

Ebertz, Michael N. (1997), Kirche im Gegenwind. Zum Umbruch der religiösen Landschaft. Freiburg/Basel/Wien.

Engelhardt, Klaus/Loewenich, Hermann von/Steinacker, Peter (1997), Fremde Heimat Kirche. Die dritte EKD-Erhebung über Kirchenmitgliedschaft. Gütersloh.

Engler, Wolfgang (1995), Die ungewollte Moderne. Frankfurt/M.

Engler, Wolfgang (1997), »Aushandlungsgesellschaft« DDR, in: Ulrich Beck/Peter Sopp (Hrsg.): Individualisierung und Integration: neue Konfliktlinien und neuer Integrationsmodus? Opladen: 37-46.

Gabriel, Karl (1992), Christentum zwischen Tradition und Postmoderne. Freiburg/Basel/Wien.

Gabriel, Karl (1996), Religiöse Individualisierung oder Säkularisierung? Biographie und Gruppe als Bezugspunkte moderner Religiosität. Gütersloh.

Gensicke, Thomas (1996), Sozialer Wandel durch Modernisierung, Individualisierung und Wertewandel, in: Aus Politik und Zeitgeschichte B42/96: 3-17.

Hervieu-Léger, Daniele (1990), Religion and Modernity in the French Context: For a New Approach to Secularization, in: Sociological Analysis 51: 15-25.

Hitzler, Ronald (1996), Orientierungsprobleme. Das Dilemma der Kirchen angesichts der Individualisierung der Menschen, in: Leviathan 24: 272-286.

Jagodzinski, Wolfgang (1995), Säkularisierung und religiöser Glaube. Rückgang traditioneller Religiosität und religiöser Pluralismus in Westeuropa. in: Karl-Heinz Reuband/Franz-Urban Pappi (Hrsg.): Die deutsche Gesellschaft in vergleichender Perspektive. Opladen.

Jagodzinski, Wolfgang/Quandt, Markus (1997), Wahlverhalten und Religion im Lichte der Individualisierungsthese, in: Kölner Zeitschrift für Soziologie und Sozialpsychologie 49: 761-782.

Joas, Hans (1996), Modernität und Krieg, in: Max Miller/Hans-Georg Soeffner (Hrsg.): Modernität und Barabarei. Soziologische Zeitdiagnose am Ende des 20. Jahrhunderts. Frankfurt/M.: 344-352.

Kohli, Martin (1985), Die Institutionalisierung des Lebenslaufs. Historische Befunde und theoretische Argumente, in: Kölner Zeitschrift für Soziologie und Sozialpsychologie 37: 1-29.

Krech, Volkhard (1998), »Missionarische Gemeinde«. Bedingungen und Möglichkeiten aus soziologischer Sicht, in: Evangelische Theologie 58: 433-444.

Krüggeler, Michael (1993), Inseln der Seligen. Religiöse Orientierungen in der Schweiz, in: Alfred Dubach/Roland Campiche (Hrsg.): Jede(r) ein Sonderfall? Religion in der Schweiz. Zürich/Basel: 93-132.

Lau, Christoph (1988), Gesellschaftliche Individualisierung und Wertwandel, in: Heinz Otto Luthe/Heiner Meulemann (Hrsg.): Wertwandel – Faktum oder Fiktion? Frankfurt/M./New York: 217-234.

Luckmann, Thomas (1980), Lebenswelt und Gesellschaft. Grundstrukturen und geschichtliche Wandlungen. Paderborn.

Luckmann, Thomas (1991), Die unsichtbare Religion. Frankfurt/M.

Lüdtke, Hartmut (1989), Expressive Ungleichheit. Zur Soziologie der Lebensstile. Opladen.

Luhmann, Niklas (1991), Das Moderne der modernen Gesellschaft, in: Wolfgang Zapf (Hrsg.): Die Modernisierung moderner Gesellschaften. Verhandlungen des 25. Deutschen Soziologentages in Frankfurt am Main 1990. Frankfurt/M.: 87-108.

Müller, Hans-Peter (1992), Sozialstruktur und Lebensstile. Der neuere theoretische Diskurs über soziale Ungleichheit. Frankfurt/M.

Pollack, Detlef (1997), Die Bindungsfähigkeit der Kirchen. Ein Kommentar zur »Sonderfall«-Studie, in: Alfred Dubach/Wolfgang Lienemann (Hrsg.): Aussicht auf Zukunft. Auf der Suche nach der sozialen Gestalt der Kirchen von morgen. Kommentare zur Studie »Jede(r) ein Sonderfall? Religion in der Schweiz«. Band 2. Zürich/Basel: 57-81.

Schnell, Rainer/Kohler, Ulrich (1995), Empirische Untersuchung einer Individualisierungshypothese am Beispiel der Parteipräferenz von 1953-1992. Kölner Zeitschrift für Soziologie und Sozialpsychologie 47: 634-658.

Schulze, Gerhard (1992), Die Erlebnisgesellschaft. Kulturgeschichte der Gegenwart. Frankfurt/M./New York.

Studien- und Planungsgruppe der EKD (1993), Fremde Heimat Kirche. Ansichten ihrer Mitglieder. Erste Ergebnisse der dritten EKD-Umfrage über Kirchenmitgliedschaft. Hannover.

Vester, Michael u.a. (1993), Soziale Milieus im gesellschaftlichen Strukturwandel. Köln.

Voll, Peter/Krüggeler, Michael (1992), Funktion und Substanz. Was bleibt vom freundeidgenössischen Kompromiß? Erfahrungen mit einer empirischen Untersuchung in der Schweiz, in: Sociologia Internationalis 30: 203-226.

Wohlrab-Sahr, Monika (1997), Individualisierung. Differenzierungsprozeß und Zurechnungsmodus, in: Ulrich Beck/Peter Sopp (Hrsg.), Individualisierung und Integration. Neue Konfliktlinien und neuer Integrationsmodus? Opladen: 23-36.

Zwischenbericht (1997), Zwischenbericht der Enquete-Kommission »Sogenannte Sekten und Psychogruppen«, eingesetzt durch Beschluß des Deutschen Bundestages vom 9. Mai 1996. Deutscher Bundestag, 13. Wahlperiode, Drucksache 13/8170.

Plenum VIII
Strukturwandel von Kommunikationsgemeinschaften

Niveaus, Bestimmungsgründe und politische Folgen der Transnationalisierung verschiedener Teilsysteme der Gesellschaft[1]

Jürgen Gerhards und Jörg Rössel

»Globalisierung« ist sicherlich eines der am meisten benutzten sozialwissenschaftlichen Modewörter der 90er Jahre zur Beschreibung des Strukturwandels gegenwärtiger Gesellschaften. Trotz bzw. wegen dieser weiten Verbreitung des Begriffs besteht kein Konsens darüber, was man unter Globalisierung zu verstehen hat, welche empirischen Indikatoren Globalisierungsprozesse messen, was die Ursachen und welches die Folgen von Globalisierungsprozessen sind. Wir ersetzen den Begriff der Globalisierung im folgenden durch den der Transnationalisierung (vgl. de Swann 1995); andere Autoren sprechen von Denationalisierung (vgl. Beisheim/Dreher/Walter/Zürn: 1997; Zürn 1998). Dieser Begriffswechsel hat den Vorteil, daß man einen Ausgangspunkt für Prozeßentwicklungen definiert – nämlich nationalstaatlich verfaßte Gesellschaften – und zugleich den Bezugspunkt der Entwicklung offen läßt: Ob sich Gesellschaften europäisieren, amerikanisieren, okzidentalisieren, OECDsieren (so der Begriff von Beisheim/Dreher/Walter/Zürn: 1997), kreolisieren (im Sinne einer Durchmischung von Eigen- und Fremdkultur) (Hannerz 1992) oder aber auch globalisieren, ist eine prinzipiell offene und nur empirisch beantwortbare Frage.

Wir werden in unseren empirischen Analysen die Gesellschaft der Bundesrepublik in das Zentrum der Untersuchung stellen und deren Grad der Transnationalisierung zu bestimmen versuchen, indem wir Indikatoren für den Anteil von Kommunikationen und Interaktionen, die die Grenzen der nationalstaatlich verfaßten Gesellschaft der Bundesrepublik überschreiten, bilden und interpretieren. Wir gehen davon aus, daß sich nationalstaatlich verfaßte Gesellschaften in ihrer Binnenstruktur am besten als in verschiedene Teilsysteme differenzierte Gesellschaften begreifen lassen, ein von den Klassikern der Soziologie – man denke an Webers Idee der Differenzierung von Wertsphären – bis hin zu den Arbeiten von Niklas Luhmann zentraler Topos der

Beschreibung der Grundstruktur moderner Gesellschaften (vgl. Luhmann 1997; Schimank 1996). Die Teilbereiche einer Gesellschaft bilden insofern spezifische Kommunikationsbereiche, als sie – so die systemtheoretische Lesart – durch eine jeweils spezifische Sinnrationalität gekennzeichnet sind, an denen die Akteure ihre Handlungen orientieren. Insofern differenzieren sich nationalstaatlich verfaßte Gesellschaften in verschiedene Kommunikationssphären: Ökonomie, Politik, Wissenschaft, Kunst etc. mit entsprechenden segmentären Binnendifferenzierungen; die Wissenschaften differenzieren sich z.B. in Naturwissenschaften, Geisteswissenschaften und Sozialwissenschaften.[2] Vor dem Hintergrund dieser begrifflichen Vorklärungen möchten wir folgenden drei Fragen nachgehen.

1. In welchem Ausmaß sind die verschiedenen Teilbereiche der Gesellschaft der Bundesrepublik transnationalisiert? Diese Frage läßt sich natürlich nur empirisch beantworten. Wir werden entsprechend verschiedene Indikatoren vorschlagen, mit denen man eine Transnationalisierung von Teilbereichen der Gesellschaft messen kann. Der wissenschaftliche Ertrag eines solchen Vorgehens besteht darin, daß man zum einen empirischen Bodenkontakt in einer dominant theoretischen Debatte gewinnt und zum anderen das globale Konzept der Transnationalisierung spezifiziert, indem man unterschiedliche Kommunikationsbereiche der Gesellschaft unterscheidet. Man sollte an dieser Stelle erwähnen, daß wir nicht die ersten sind, die in diese Richtung denken; an der Universität Bremen läuft ein entsprechendes Projekt, dessen Ergebnisse in einer angekündigten Buchpublikation von Marianne Beisheim u.a. (1999) präsentiert werden (vgl. auch Zürn 1998).

2. Welche Bestimmungsgründe erklären den unterschiedlichen Grad der Transnationalisierung der verschiedenen Kommunikationsgemeinschaften? Der Vergleich der verschiedenen Teilbereiche wird zeigen, daß die Teilsysteme in der Tat in einem recht unterschiedlichen Maße transnationalisiert sind. Vergleicht man die Spezifika der Teilsysteme miteinander, dann lassen sich Hypothesen über mögliche Ursachen der Transnationalisierung gewinnen.

3. Welche Folgen sind mit einer Transnationalisierung der Teilsysteme für das politische System verbunden? Das Beunruhigungspotential, das in der öffentlichen Debatte und der Fachdiskussion Transnationalisierungsprozessen zugesprochen wird, resultiert vor allem aus den Problemen, die aus diesen Prozessen für das politische System entstehen. Jürgen Habermas hat dieses Problem in die Frage übersetzt: »Wie kann die Politik den davongelaufenen Märkten nachwachsen?« (Habermas 1998: 805). Wir halten die vielfach zum Ausdruck gebrachte Krisensemantik für überzogen, weil sich empirisch zeigen läßt, daß es sich bei vielen Transnationalisierungsprozessen um Europäi-

sierungsprozesse handelt und diese durch eine Europäisierung der Politik kompensiert werden.

1. Niveaus der Transnationalisierung verschiedener Teilsysteme der Gesellschaft

Nicht nur für die Beschreibung der Binnenstruktur moderner Gesellschaft, sondern auch für die Beschreibung eines vermeintlichen Strukturwandels in Richtung einer Transnationalisierung halten wir es für sinnvoll, vom Konzept einer in Teilbereiche bzw. Systeme differenzierten Gesellschaft auszugehen. Dies ermöglicht es, nicht nach Globalisierung oder Transnationalisierung an und für sich zu fragen, sondern nach dem unterschiedlichen Grad der Transnationalisierung verschiedener Teilbereiche der Gesellschaft. Wie mißt man eine Transnationalisierung von Teilsystemen der Gesellschaft?

Wir definieren Transnationalisierung als das Verhältnis zwischen Binnenkommunikation und Außenkommunikation eines Teilsystems und knüpfen mit dieser Bestimmung an Vorstellungen von Karl W. Deutsch (1953) an, der Gesellschaften als Kommunikationsgemeinschaften beschrieben hat, die dadurch gekennzeichnet sind, daß ihre Binnenkommunikation weit dichter ist als ihre Außenkommunikation. Dabei beschränken wir uns in der empirischen Operationalisierung von Transnationalisierungsprozessen auf die Betrachtung des Verhältnisses von Kommunikationsflüssen, die die Grenze der Bundesrepublik von außen überschreiten, zur Gesamtmenge der Kommunikationen.

Wir haben entlang dieser allgemeinen Definition von Transnationalisierung versucht, für einige Teilbereiche der Gesellschaft anhand ausgewählter und zum Teil noch recht explorativer Indikatoren den Grad und die Entwicklung von Transnationalisierung zu bestimmen. Für die meisten der erhobenen Daten haben wir die Entwicklungen ab den 50er bzw. 60erJahren bis in die Mitte der 90er Jahre rekonstruiert, so daß wir auch empirisch geprüfte Aussagen zur Frage formulieren können, ob im Zeitverlauf tatsächlich ein Prozeß der Transnationalisierung stattgefunden hat, wie die Prozeßkategorien Transnationalisierung und Globalisierung ja unterstellen. Es fehlt uns hier der Raum, die Zeitreihen der Entwicklung für die verschiedenen Teilbereiche der Gesellschaft zu präsentieren (vgl. dazu Gerhards/Rössel 1999). Wir beschränken uns in diesem Artikel allein auf einen intersystemischen Vergleich.

Beginnen wir mit dem Teilbereich der Gesellschaft, in dem der Aufsatz selbst plaziert ist. Der Grad der Transnationalisierung der *Wissenschaften* wird in der Wissenschaftssoziologie durch zwei Indikatoren zu bestimmen versucht: durch die Häufigkeit von Koautorenschaften von wissenschaftlichen Publikationen von Wissenschaftlern aus mindestens zwei verschiedenen Ländern im Verhältnis zu der Gesamtmenge der Publikationen eines Landes einerseits und durch das Verhältnis von inländischer zu ausländischer Literatur, die zitiert wird, andererseits. Kooperation, indiziert durch Koautorenschaft, ist eine anspruchsvollere Art der transnationalen Kommunikation als die Zitation, weil der Aufwand einer transnationalen Kooperation weit höher ist als die wechselseitige Kenntnisnahme durch Zitation.

Die Wissenschaft selbst ist intern nach verschiedenen Fächern segmentär binnendifferenziert, die Fächer lassen sich den drei Familien »Geisteswissenschaften«, »Sozialwissenschaften« und »Naturwissenschaften« zuordnen. Wir haben nun drei Fächer aus diesen drei Wissenschaftsfamilien ausgewählt und für drei verschiedene Fachzeitschriften das Verhältnis von zitierter ausländischer Literatur zur Gesamtmenge der zitierten Literatur berechnet.

Grafik 1: Transnationalisierung unterschiedlicher Teilbereiche der Gesellschaft 1995/1997

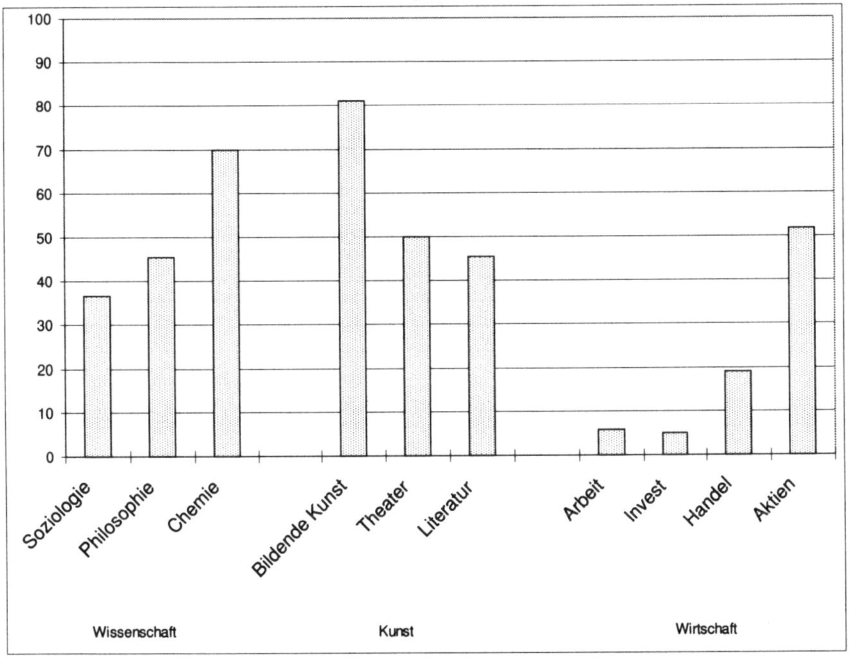

Für die Sozialwissenschaften haben wir die Soziologie und für die Soziologie die »Kölner Zeitschrift für Soziologie und Sozialpsychologie«, für die Geisteswissenschaften das Fach Philosophie und die »Zeitschrift für philosophische Forschung« und für die Naturwissenschaften das Fach Chemie und die Zeitschrift »Chemische Berichte« ausgewählt.[3] In der Grafik 1 sind die unterschiedlichen Niveaus der Transnationalisierung – gemessen durch Zitationen – der drei Fachzeitschriften für das Jahr 1997 bzw. 1996 (Zeitschrift für philosophische Forschung) abgebildet.[4] Wie die Grafik 1 ausweist, gibt es einen deutlichen Unterschied im Grad der Transnationalisierung der Kommunikation zwischen der Naturwissenschaft Chemie einerseits und der Geisteswissenschaft Philosophie und der Sozialwissenschaft Soziologie andererseits. Die Chemie ist mit 70% am weitesten transnationalisiert, gefolgt von der Philosophie mit 45,5% und der Soziologie mit 36,7%. Dieses Ergebnis wird in seiner Struktur, wenn auch nicht im Niveau der Transnationalisierung, durch den zweiten Indikator zur Messung von Transnationalisierungsprozessen in der Wissenschaft, den der Koautorenschaft, unterstützt. Die Naturwissenschaften erweisen sich als deutlich stärker transnationalisiert als die Sozialwissenschaften und die Geisteswissenschaften (vgl. Moed et al. 1990).

Wenden wir uns einem zweiten Teilsystem zu, dem der *Kunst.* Ähnlich wie die Wissenschaft weist die Kunst eine segmentäre Binnendifferenzierung auf, die durch die Kunstsparten Bildende Kunst, Literatur, Musik und Darstellende Kunst (Theater) definiert ist. Wir haben für drei dieser Bereiche den Grad der Transnationalisierung berechnet, indem wir jeweils eine Maßzahl für das Verhältnis von Außenkommunikation zur Gesamtkommunikation bestimmt haben.

Für die *Bildende Kunst* haben wir das Verhältnis der Zahl ausländischer Künstler, die auf der Dokumenta in Kassel mit Exponaten vertreten waren, im Verhältnis zur Gesamtzahl der ausstellenden Künstler, für insgesamt 7 Dokumentaausstellungen von 1955 bis 1997 berechnet. Insgesamt wurden 1983 Künstler nach ihrem Herkunftsland klassifiziert.[5] Die Dokumenta ist eine der wichtigsten und angesehensten Kunstausstellungen zur Gegenwartskunst in der Bundesrepublik, die zudem den für unsere Forschungszwecke nützlichen Vorteil hat, daß sie über einen Zeitraum von mehr als 30 Jahren wiederholt stattgefunden hat und weiterhin stattfindet. Der Anteil der ausländischen Künstler bei der Dokumenta lag 1997 bei 81,1% (siehe Grafik 1). Das arithmetische Mittel über den gesamten Zeitraum liegt bei 74,9% der Median bei 76,5%. Die bildende Kunst erweist sich also in ihrem »Elitebereich« als ein im hohen Maße transnationalisierter Bereich; das Kunstsystem der Bundesrepublik wird in einer seiner öffentlichkeitswirksamsten und prominentesten Ausstellungen dominiert von Exponaten, die nicht aus der Bundesrepublik selber kommen.

Für den Bereich der *Literatur* haben wir den prozentualen Anteil der ins Deutsche übersetzten Belletristik am Gesamtaufkommen von Belletristik in Deutschland für den Zeitraum 1962 bis 1994 berechnet.[6] 1994, zum letzten von uns erhobenen Zeitpunkt, betrug der Anteil 45,3% (vgl. Grafik 1). Das arithmetische Mittel für alle Zeitpunkte liegt bei 30,4%, der Median bei 27,9%. Fast die Hälfte der belletristischen Literatur ist zum letzten Erhebungszeitpunkt also von Autoren, die nicht der Literatengemeinschaft der Bundesrepublik zuzuordnen ist. Für die »performing arts« und speziell für das *Theater* ergibt sich ein ähnlicher Befund. Wir haben den Anteil von Theaterstücken ausländischer Autoren an den zehn meist gespielten Theaterstücken in der Bundesrepublik berechnet und dies für den Zeitraum 1960 bis 1997.[7] Zum letzten Erhebungszeitpunkt 1997 lag der Anteil bei 50% (siehe Grafik 1). Das arithmetische Mittel für alle Zeitpunkte beträgt 58,5%, der Median 60,0%.

Vergleicht man die drei Kunstsparten miteinander, dann wird zweierlei deutlich: Zum einen zeigt sich, daß der Grad der Transnationalisierung im Vergleich zu den Wissenschaften relativ hoch ist, zum zweiten, daß die Bildende Kunst in weit höherem Maße transnationalisiert ist als die Literatur und das Theater. Auf die Ursachen kommen wir später zu sprechen.

Betrachten wir schließlich den Bereich, der in der öffentlichen Diskussion und in der Fachliteratur am häufigsten diskutiert wird: den der *Ökonomie*. Auch hier scheint es uns sinnvoll zu sein, von einer Binnendifferenzierung des ökonomischen Systems zu sprechen und für verschiedene Teilbereiche unterschiedliche Indikatoren der Transnationalisierung zu bestimmen. Für den *Arbeitsmarkt* haben wir den prozentualen Anteil von ausländischen Arbeitnehmern an der Gesamtzahl der Beschäftigten in Deutschland für die Jahre 1955 bis 1996 berechnet. Der Anteil an ausländischen Arbeitnehmern betrug zum letzten Erhebungszeitpunkt 1996 5,72% (siehe Grafik 1). Das arithmetische Mittel für alle Zeitpunkte liegt bei 5,5%, der Median bei 5,72%.[8]

Für den *Markt für Güter und Dienstleistungen* haben wir den Anteil der Summe der Importe von Gütern und Dienstleistungen am Bruttosozialprodukt berechnet, um die Offenheit der bundesdeutschen Wirtschaft für diesen Bereich zu messen (vgl. Altvater/Mahnkopf 1996: 24). Für den Zeitpunkt 1995 betrug dieser Anteil 24,55% (siehe Grafik 1; arithmetisches Mittel für alle Zeitpunkte: 23,42%; Median: 23,49%).[9] Dabei ergibt sich für die Dienstleistungen ein deutlich niedrigerer Wert als für die Güter. 1995 lag das Verhältnis von importierten Dienstleistungen zum Bruttosozialprodukt bei insgesamt 0,056%; bei den Gütern lag dieser Wert bei 19%.

Für den *Finanzmarkt* wurde der Absatz ausländischer Aktien in der Bundesrepublik im Verhältnis zum Gesamtabsatz von Aktien in der Bundesrepublik berechnet.[10] Dies ist gewiß noch kein hinreichend guter Indikator, da hier lediglich die Aktienkäufe in den Blick kommen und nicht die Summe aller tatsächlich getätigten Finanztransaktionen.[11] Der Anteil von ausländischen Aktien am gesamten Aktienabsatz in der Bundesrepublik betrug 1997 78,63%. Dieser Wert ist allerdings in seiner Höhe ein Ausnahmewert, wenn man sich den Verlauf der Jahre davor und die Mittelwerte anschaut. Die Werte in den Jahren vor dem letzten Erhebungszeitpunkt schwanken um die 50%; das arithmetische Mittel der Jahre 1993-1996 liegt bei 49,6%. Insofern scheint der Wert für 1997 ein Ausreißer zu sein; wir haben entsprechend in der Grafik 1 den Wert für das Jahr 1996 ausgewiesen.[12]

Um die viel diskutierte *Internationalisierung der Produktion* zu bestimmen, haben wir den prozentualen Anteil der ausländischen Direktinvestitionen in Deutschland an den gesamten Investitionen für die Jahre 1956 bis 1995 berechnet.[13] Zum letzten Erhebungszeitpunkt 1996 lag der Prozentsatz bei 2,21% (siehe Grafik 1; das arithmetische Mittel beträgt 1,25%, der Median 1,05%).

Die verschiedenen Teilbereiche des ökonomischen Systems weisen also einen recht unterschiedlichen Grad der Transnationalisierung auf. Der personengebundene Arbeitsmarkt und die Direktinvestitionen, die mit der Verlegung von Firmen verbunden sind, stehen am unteren Ende der Skala, Märkte für Güter und Dienstleistungen liegen in der »Mitte«, Finanzmärkte am oberen Ende der Skala. Sieht man von den Aktienmärkten einmal ab, kann man wohl kaum von einer Transnationalisierung der Ökonomie sprechen; die Mehrzahl der Kommunikationen bleibt nationalstaatlich begrenzt. Insofern scheint es ein Mißverhältnis zwischen dem wissenschaftlichen und öffentlichen Diskurs über Globalisierung und Transnationalisierung einerseits und der faktischen Entwicklung andererseits zu geben.

2. Ursachen für den unterschiedlichen Grad der Transnationalisierung der verschiedenen Teilsysteme

Der Vergleich der Teilsysteme zeigt, daß die verschiedenen Bereiche in der Tat in einem recht unterschiedlichen Maße transnationalisiert sind. Wir fragen im folgenden nach den Ursachen für Transnationalisierungsprozesse und nutzen dabei den intersystemischen Vergleich als Mittel zur Hypothesengenerierung. Die Ursachen für Transnationalisierungsprozesse sind vielfältig und können hier nicht alle diskutiert werden. Drei Bedingungsfaktoren, die gleichsam wie Restriktionen auf die Optionen von Akteuren wirken, sind aber von besonderer Relevanz für die Erklärung der Unterschiede zwischen den verschiedenen Teilbereichen.

1) Die Möglichkeit von Transnationalisierungsprozessen hängt zum einen von der Entwicklung der *Infrastruktur der Kommunikation* ab, die gleichsam die Transportgleise von Kommunikationen recht unterschiedlicher Art (wissenschaftliche Kommunikationen, künstlerische Interaktionen, Finanzkommunikationen etc.) darstellen. Die technische Entwicklung hat die binnennationale, wie auch die transnationale Kommunikation im zunehmenden Maße erleichtert und verbilligt, so daß die Transaktionskosten für transnationale Kommunikation immer weiter gefallen sind (Altvater/Mahnkopf 1996: 217-227). Dieses allgemeine Theorem läßt sich auf recht unterschiedliche Bereiche und Epochen der Veränderung der Kommunikationstechnologien beziehen. Auf unsere Analysen bezogen, kann das Transaktionskostentheorem partiell die Unterschiede zwischen Arbeitsmärkten, Dienstleistungsmärkten, Gütermärkten und Finanzmärkten erklären helfen. Die Transaktionskosten für eine transnationale Kommunikation von Personen und Dienstleistungen, bzw. Verlegung von Unternehmen sind höher als die von Gütern, und diese sind höher als die von Aktien und dies erklärt mit die unterschiedlichen Niveaus der Transnationalisierung der verschiedenen Märkte.

2) Die Möglichkeiten von Transnationalisierungsprozessen hängen zum zweiten von den *politischen Regulierungen* und Rahmenbedingungen ab, die einen grenzüberschreitenden Kommunikations- und Interaktionsfluß verhindern, begrenzen, erlauben oder fördern können. Die Begrenzung von Zuwanderung, das Verbot von Ausfuhren, die Kontrolle von grenzüberschreitenden Informationsflüssen sind rigide Maßnahmen der politischen Regulierung von transnationalen Kommunikationen, die Erhebung von Zollgebühren, die Besteuerung ausländischen Kapitals bzw. Kontrolle ausländischer Direktinvestitionen, die Förderung von transnationalen Wissenschaftskontakten sind weichere Formen der politischen Regulierung grenzüberschreitender Kommunikation.[14] Auf unsere Analysen bezogen kann man z.B. den ab 1974/1976 fast konstant gebliebenen Anteil an Ausländern an den Erwerbstätigen in der Bundesrepublik als durch politische Regulierung ursächlich bedingt erklären. Auch die Entwicklung der Märkte für Güter und Dienstleistungen, sowie der internationalen Direktinvestitionen ist durch neue rechtliche Regelungen mitbestimmt gewesen (GATT, WTO). Innerhalb Europas ist der Kapitalverkehr

seit 1990 völlig liberalisiert (Welzmüller 1997: 20). Die Zölle sind im Rahmen des GATT seit 1947 im Verlauf von insgesamt acht Zollsenkungsrunden stark gesenkt worden.

3) Schließlich sind Transnationalisierungsprozesse abhängig von den *Spezifika der Sinnrationalität* des jeweiligen Teilsystems selbst. Der Grad der Standardisierung bzw. der Standardisierbarkeit der »Sprache« des jeweiligen Teilbereichs scheint dabei der entscheidende Faktor zu sein. Die Teilsysteme unterscheiden sich im Grad der Universalität bzw. der Übersetzbarkeit des Codes und dies beeinflußt die Möglichkeit einer transnationalen Verständigung. Auf unsere Analysen bezogen hilft dieses Theorem uns folgende Unterschiede zu verstehen:

a. Die Tatsache, daß der Bereich der bildenden Kunst transnationalisierter ist, als der der Literatur hängt wahrscheinlich mit der Universalität von Bildern im Gegensatz zu der an Sprachgemeinschaften gebundenen Sprache zusammen, die nur durch relativ kostenintensive Übersetzungen überwunden werden kann. Das Theater als Bild- und Wortbühne nimmt eine Mittelstellung zwischen den anderen beiden Kunstsparten ein. Darüber hinaus kann im Vergleich zur Literatur hier auf einen größeren Anteil schon übersetzter Klassiker zurückgegriffen werden.

b. Die Tatsache, daß die Naturwissenschaften im stärkeren Maße transnationalisiert sind als die Sozialwissenschaften und die Geisteswissenschaften, erklärt sich aus der stärkeren Paradigmatisierung der Naturwissenschaften (vgl. Kuhn 1967). Eine Paradigmatisierung von Wissenschaft bedeutet eine Standardisierung von Annahmen, Theorien, Methoden und Verfahren und dies erleichtert eine Kommunikation über Ländergrenzen und Sprachgrenzen hinweg. Im Unterschied zu natürlichen Sprachen sind standardisierte Expertensprachen – mathematische Sprachen, Computersprachen, medizinische Sprache, in der Chemie das Periodensystem der Elemente und die Notierungen für chemische Verbindungen und Strukturen – Zeichensysteme, die universelle Geltung haben und international verstanden werden können. Auch die Tatsache, daß innerhalb der Philosophie die stark an der symbolischen Logik orientierte analytische Philosophie besonders transnationalisiert ist, spricht für diese Idee. Zum zweiten ist die Laiensprache insofern partikularistisch, als sie durch kulturell spezifische Bedeutungen und Deutungen gekennzeichnet ist. Die kulturelle Durchdringung der Sprache und die sprachliche Durchdringung der Kultur macht das Verhältnis von Zeichen und Welt kulturspezifisch unscharf und schafft eine Eigenart der Weltwahrnehmung und Weltdeutung, die Sprachgemeinschaften als Kulturgemeinschaften voneinander unterscheiden.

Die skizzierten Bedingungsfaktoren einer Transnationalisierung beschreiben allein die »constraints«, unter denen Akteure handeln. Für eine vollständige Erklärung muß man zugleich die Handlungsratio der Akteure bei gegebenen Restriktionen rekonstruieren. Eine recht pauschale aber plausible Argumentation dürfte der Verweis auf die Belohnungsstrukturen und die durch sie erzeugte Konkurrenz in den verschiedenen Teilbereichen der Gesellschaft sein. Sowohl in der Wirtschaft, als auch in Wissenschaft und Kunst gewinnt derjenige Vorteile, der schnell Neuigkeiten – auch aus dem Ausland – rezipiert und Chancen zur Kooperation und zum Austausch – auch mit dem Ausland – wahrnimmt. Letztlich ist es also das rationale und interessengeleitete Handeln von individuellen Akteuren in den verschiedenen Teilbereichen der Gesellschaft, die die Dynamik der Transnationalisierung erzeugen. Diese systeminterne Dynamik der Konkurrenz und Innovation funktioniert aber nicht in allen Systemen gleich, sondern ist eingebettet in die drei oben genannten Bedingungsfaktoren.

3. Folgen einer Transnationalisierung der Teilbereiche der Gesellschaft für das politische System

Transnationalisierungsprozesse werden in der öffentlichen und wissenschaftlichen Debatte häufig als problematische Entwicklungsprozesse diskutiert und manchmal mit einer Krisensemantik dramatisiert. Im Vordergrund steht dabei die These, daß die Transnationalisierungsprozesse die politische Steuerungsfähigkeit der Gesellschaft insofern unterlaufen, als die politische Regelung an den nationalstaatlichen Grenzen halt machen muß, die Interaktionen der anderen Teilsysteme hingegen zunehmend grenzüberschreitend verlaufen (vgl. für viele andere Held 1995; Zürn 1998).

Transnationalisierungsprozesse führen nach unserer Ansicht nur dann zu politischen Steuerungsdefiziten, wenn es überhaupt einen politischen Steuerungsbedarf gibt (1) und wenn sich die Politik nicht parallel zur Transnationalisierung der anderen Teilsysteme mit transnationalisiert (2). Die erste Bedingung können wir hier nicht diskutieren (vgl. dazu Gerhards/Rössel 1999); wir setzen voraus, daß sich der Steuerungsbedarf vor allem auf das ökonomische System bezieht und fragen im folgenden, in welchem Maße sich die Politik kongruent zur Ökonomie transnationalisiert hat. Denn eine mögliche Antwort auf die durch die Transnationalisierung der Ökonomie entstehenden politischen Steuerungsprobleme besteht darin, daß sich das politische System selbst transnationalisiert und die Verantwortung und die Kompetenz für kollektiv verbindliche Entscheidungen auf eine höhere Ebene transnationaler Institutionen verlagert werden, die dem neuen Radius ökonomischer Interaktionen gerecht wird. Für diese Frage nach der Anpassung bzw. Kongruenz (Held 1995; Zürn 1998) zwischen politischen System und Ökonomie ist es wichtig zu wissen, wohin sich die transnationalen Kommunikationen entwickeln, welches also der neue territoriale Zielhorizont ist.

Tabelle 1: Grad der Europäisierung der verschiedenen Bereiche der Wirtschaft in %

	Arbeit (1995)	Handel (1996)	Invest. aus Ausland (1996)	Invest. im Ausland (1996)
EU	32,15	64,0	49,05	62,42
Europa	87,8	71,6	62,58	66,1
Nicht-Europa	12,2	28,4	37,42	33,9

Viele der Indikatoren sprechen nun dafür, daß es sich bei den Transnationalisierungsprozessen der Ökonomie in erster Linie um Prozesse der Europäisierung handelt.[15] Wir haben versucht, die Richtung der Transnationalisierung der Ökonomie genauer zu bestimmen (siehe Tabelle 1).

Wie die Tabelle 1 ausweist, stammen ca. ein Drittel der in Deutschland erwerbstätigen ausländischen Staatsbürger aus EU-Ländern, aus Europa insgesamt (inklusive EU-Ländern) kommen 87,8%. Nahezu zwei Drittel der Importe von Gütern und Dienstleistungen kommen aus EU-Ländern, aus Europa insgesamt kommen sogar 71,6% der Güter und Dienstleistungen; lediglich 28,4% entfallen auf außereuropäische Länder. Betrachtet man die ausländischen Direktinvestitionen in Deutschland, so kommen immerhin fast die Hälfte aus EU-Ländern und fast zwei Drittel aus Europa. 37,42% stammen aus nichteuropäischen Ländern, wobei der größte Anteil für ein einzelnes Land mit deutlichem Abstand auf die USA entfällt. Ähnlich sieht es bei den deutschen Direktinvestitionen im Ausland aus. Hier entfallen fast zwei Drittel auf die EU, bzw. etwas mehr als zwei Drittel auf Gesamteuropa. Ziemlich genau ein Drittel der deutschen Direktinvestitionen im Ausland entfällt auf nicht europäische Länder, wobei wiederum die Vereinigten Staaten das wichtigste außereuropäische Land sind. Direktinvestitionen in sogenannte Billiglohnländer machen nur einen ziemlich geringen Anteil an den gesamten deutschen Direktinvestitionen aus (Altvater/Mahnkopf 1996). Leider können wir für die

Aktienmärkte keine Daten über die nationale Herkunft der in Deutschland verkauften ausländischen Aktien vorlegen. Ein Hinweis auf eine mögliche Europäisierung des Aktienmarktes ist allerdings die Tatsache, daß die Entwicklung der Aktienkurse mit Hilfe europäischer Indizes gemessen wird und zweitens, die großen institutionellen Anleger sich zunehmend an diesen europäischen Indizes und nicht mehr an den nationalen Indizes orientieren. Insgesamt zeigt sich also ein Bild der wirtschaftlichen Transnationalisierung, welches sich in weiten Bereichen als Europäisierung mit starker Konzentration auf die EU beschreiben läßt (vgl. Welzmüller 1997).

Die Chancen für eine politische Steuerung transnationaler ökonomischer Interaktionen steigen entsprechend dann, wenn sich auch die Politik transnationalisiert und zwar in Richtung einer Europäisierung. Dies scheint nun mit der zunehmenden Integration der Europäischen Union aber gerade der Fall zu sein. Die Staaten der EU haben einen Teil der nationalen Souveränitätskompetenzen auf die EU übertragen, die Nationalstaaten und die Bürger sind den Beschlüssen unmittelbar unterworfen. Der Haushalt der EU sichert ihre Ressourcen zur autonomen politischen Gestaltung.[16] Die Kommission überwacht die Implementierung der Beschlüsse; der europäische Gerichtshof kann die Mitgliedsstaaten bei Nichtbefolgung sanktionieren (Lepsius 1990).

Das Ausmaß der Delegation von Souveränitätsrechten von den Mitgliedstaaten auf die EU kann man wiederum versuchen empirisch zu bestimmen, so daß man eine Messung für die Transnationalisierung im Sinne einer Europäisierung des politischen Systems erhält. Philippe Schmitter (1996: 25) unterscheidet verschiedene Politikfelder und versucht für die Zeit 1950 bis 2001 zu bestimmen, ob in dem jeweiligen Politikfeld die Souveränität der Entscheidung eher bei den jeweiligen Nationalstaaten oder bei der EU lag bzw. liegen wird. Im Zeitverlauf zeigt sich für fast alle Politikfelder eine deutliche Verlagerung der Entscheidungskompetenz von den Nationalstaaten auf die EU. Michael Zürn (1998: 208) zitiert eine Berechnung von Marianne Beisheim et al. (1999), in der für den Zeitraum 1960-1990 die Zahl der Rechtsakte des Rates der EU in Relation zu der Menge der verabschiedeten Gesetze in den Nationalstaaten gesetzt wurde; während der Output der nationalen Gesetzgebung relativ konstant bleibt, steigt die Zahl der Rechtsakte des Rates der EU an. Wolfgang Wessels (1997: 267) schließlich hat verschiedene Indikatoren zur Messung des Kompetenzzuwachses der EU berechnet:[17]

1. Die Summe von Entscheidungen seitens des Europäischen Rates (ER) bzw. der Europäischen Kommission (EK) ist von 1960 10 (ER) bzw. 6 (EK) auf 1994 468 (ER), bzw. 2.461 (EK) gestiegen. Dies bedeutet eine

durchschnittliche jährliche Steigerungsrate von 11,3% (ER) bzw. 17,3% (EK).

2. Auch der Umfang der Politikbereiche, mit denen sich die EU beschäftigt, hat sich erweitert und hat mittlerweile einen ähnlichen Umfang wie der normale Bereich der Politik in westlichen Staaten. Ablesen läßt sich diese Tatsache an der Zunahme von Fachministerräten. Existierten 1967 lediglich 7 Fachministerräte, so lag diese Zahl 1994 bei 21 (Wessels 1997: 276, 278).
3. Darüber hinaus zeigt sich die Bedeutung der europäischen Integration auch in der zunehmenden Verflechtung zwischen europäischer und nationaler Politik. So sind 40% der höheren Regierungsbeamten in Deutschland in jeweils bestimmte Bereiche der europäischen Politik involviert. »Without being pressed into one uniform model, the involvement in the EU has led in nearly all Member states to a Europeanization of daily activities, ... « (Wessels 1997: 282).
4. Auch intermediäre Organisationen richten ihr Augenmerk zunehmend auf die europäische Ebene, was auf eine wachsende politische Bedeutung des EU- Institutionensystems hinweist. Gab es 1960 174 Organisationen, die in Brüssel Büros unterhielten, so lag diese Zahl 1995 bei 1.998.

Alle Indikatoren sprechen also für eine Transnationalisierung des politischen Systems im Sinne einer Europäisierung. Wir können nicht bestimmen, ob das Ausmaß der Europäisierung der Politik dem Ausmaß der Europäisierung der Ökonomie angemessen ist. Wir können aber zeigen, daß die Transnationalisierung der Ökonomie ganz dominant eine Europäisierung darstellt und diese begleitet wird durch eine Europäisierung der Politik. Insofern vermuten wir, daß die politischen Steuerungsprobleme, die Transnationalsierungsprozessen zugeschrieben werden, geringer sind, als in der öffentlichen Debatte und wissenschaftlichen Literatur vermutet.

Dem politischen System kommt innerhalb nationalstaatlich verfaßter Gesellschaften aber nicht nur eine Steuerungs- sondern auch eine Integrationsfunktion zu. Mit der Entstehung souveräner Nationalstaaten konstituiert sich die Gemeinschaft der Gesellschaft in erste Linie als *politische* Gemeinschaft der Gesellschaft. Wir vermuten nun, daß mit der Transnationalisierung der Politik durch Verlagerung von Souveränitätsrechten auf die EU, die auf der einen Seite Steuerungsdefizite, die mit der Transnationalisierung der Ökonomie entstanden sind, zu kompensieren vermag, umgekehrt die Integrationsprobleme insofern erhöht werden, da die Bedingungen der Ausbildung einer europäischen Identität weit schlechter sind. Es fehlt hier allerdings der Raum, diese Vermutung argumentativ und empirisch abzusichern (vgl. Gerhards/Rössel 1999).

Anmerkungen

1 Die Daten haben Jan Kaiser und Christine Heemsoth erhoben. Eine erste Fassung des Textes hat Rolf Hackenbroch kommentiert; hilfreiche Hinweise haben wir von Wolf-Dieter Eberwein erhalten; Ihnen allen sei an dieser Stelle gedankt.
2 Wir setzen hier bereits voraus, was wir später erst zeigen werden, nämlich daß die meisten der Teilsysteme der Gesellschaft insofern nationalstaatlich verfaßt sind, als der geringere Teil ihrer Kommunikationen grenzüberschreitende Kommunikationen sind.
3 Bei den »Chemischen Berichten« und auch bei der »Zeitschrift für philosophische Forschung« handelt es sich in beiden Fällen erstens um Zeitschriften mit relativ großer Prominenz in ihrem Fach und zweitens, was besonders wichtig ist, um Zeitschriften mit allgemeinem Charakter, also nicht um Spezialzeitschriften für ein bestimmtes Fachgebiet innerhalb der jeweiligen Disziplin. Daher scheinen sie uns für die Bildung von Indikatoren der Transnationalisierung geeignet zu sein. Von den untersuchten Jahrgängen der »Zeitschrift für philosophische Forschung« wurde jeweils eine Vollerhebung der Zitationen durchgeführt, für die »Chemischen Berichte« wurde jeweils eine Zufallsstichprobe von je 10 Artikeln zur Auswertung herangezogen.
4 Die Zuordnung der Literatur zu den beiden Kategorien »inländisch« und »ausländisch« erfolgte durch eine Zuordnung des Herkunftslandes des jeweiligen Autors. Bei Mehrfachautoren aus verschiedenen Ländern wurde der Erstautor klassifiziert.
5 Die Herkunftsländer der Künstler wurden aus den jeweiligen Katalogen zur Documenta erhoben. Dort war für jeden Künstler das internationale Autokennzeichen seines Heimatlandes angegeben.
6 Die Angaben stammen aus der jährlichen Veröffentlichung des Börsenvereins des deutschen Buchhandels: Buch und Buchhandel in Zahlen.
7 Diese Angaben konnten einer periodischen Veröffentlichung des Deutschen Bühnenvereins entnommen werden, der »Deutschen Bühne«.
8 Die Angaben sind den Statistischen Jahrbüchern entnommen worden.
9 Die Angaben sind den Statistischen Jahrbüchern entnommen worden.
10 Die Angaben sind der Kapitalmarktstatistik der Deutschen Bundesbank entnommen worden.
11 So gibt Guttmann an, daß diese in den Vereinigten Staaten im Jahre 1971 im Verhältnis 15:1 zum BIP standen, 1980 im Verhältnis 30:1 und 1990 78:1 (Guttmann 1996: 184), was die Stärke der Entwicklung der Transnationalisierung in diesem Bereich der Wirtschaft andeutet.
12 Das arithmetische Mittel für den gesamten erhobenen Zeitraum liegt bei 44,1%, der Median bei 44,4%.
13 Die Angaben wurden den Monatsberichten der Deutschen Bundesbank entnommen.

14 Ein weiteres Beispiel für die politische Strukturierung der Möglichkeiten transnationaler Kommunikation bildet die Wissenschaft. Sie war, wie die entsprechenden Studien der Wissenschaftssoziologie zeigen, bis 1989 entlang des Ost-West-Konflikts struktuiert (vgl. Moed et al. 1991; Luukkonen 1992: 108; Schubert/Braun 1990: 9).

15 Auch für den Bereich der Bildenden Kunst zeigt sich, daß transnationale Kommunikation in erster Linie eine Europäisierung bedeutet. 34,9% der bei den verschiedenen Ausstellungen der Dokumenta präsentierten Künstler insgesamt bzw. ca. 50% der nichtdeutschen Künstler kommen aus einem der EU-Länder, 19,8% kommen aus den USA, 25,4 aus Deutschland und der Rest verteilt sich auf die anderen Länder der Erde. Im Bereich des Theaters stammen lediglich 22,2% der ausländischen Stücke, die zwischen 1991 und 1997 unter den zehn meistgespielten Stücken waren, aus Ländern außerhalb Europas. Bei den Übersetzungen läßt sich leider nicht das Herkunftsland bestimmen. Im Jahr 1997 wurden allerdings über 90% der Bücher aus europäischen Sprachen, vor allem aus dem Englischen (74%), übersetzt. Die wichtigsten außereuropäischen Herkunftssprachen waren Neuhebräisch mit 0,8% und Japanisch mit 0,6%.

16 Dabei ist noch zu berücksichtigen, daß nur ein relativ kleiner Anteil von 5% des EU-Budgets für Personal- und Verwaltungskosten verwendet wird, so daß die EU mit ihrem Budget von ca. 1,1 bis 1,2% des EU-BSP durchaus über Gestaltungsressourcen verfügt (Wessels 1997: 277).

17 Vgl. auch Wolf-Dieter Eberwein (1975), der sehr früh die Transnationalisierung der Politik durch die Menge der Botschaften, der Konsulate und die Mitgliedschaften der Bundesrepublik in internationalen Organisationen bestimmt hat.

Literatur

Altvater, Elmar/Mahnkopf, Birgit (1996), Grenzen der Globalisierung. Ökonomie, Ökologie und Politik in der Weltgesellschaft. Münster.

Beisheim, Marianne/Dreher, Sabine/Walter, Gregor/Zürn, Michael (1997), Globalisierung – Rhetorik oder Realität? Zum Stand der Denationalisierung in der G-7 und in der Bundesrepublik, in: Werner Fricke (Hrsg.): Jahrbuch Arbeit und Technik. Berlin: 96-108.

Beisheim, Marianne/Dreher, Sabine/Walter, Gregor/Zangl, Bernhard/Zürn, Michael (angekündigt für 1999), Im Zeitalter der Globalisierung? Thesen und Daten zur gesellschaftlichen und politischen Denationalisierung. Baden-Baden.

Deutsch, Karl W. (1953), Nationalism and Social Communication. An Inquiry into the Foundations of Nationality. Cambridge.

Eberwein, Wolf-Dieter (1975), Auswärtiges Amt und Strukturwandel der Außenpolitik. 1956-1973. Unveröffentlichte Dissertation Universität Bielefeld.

Gerhards Jürgen/Rössel Jörg (1999), Zur Transnationalisierung der Gesellschaft der Bundesrepublik. Entwicklungen, Ursachen und politische Folgen, eingereicht bei: Zeitschrift für Soziologie.

Guttmann, Robert (1996), Die Transformation des Finanzkapitals, in: Prokla 26: 165-195.

Habermas, Jürgen (1998), Die postnationale Konstellation und die Zukunft der Demokratie, in: Blätter für deutsche und internationale Politik. Heft 7: 804-817.

Hannerz, Ulf (1992), Cultural Complexity. Studies in the Social Organization of Meaning. New York.

Held, David, (1995), Democracy and the Global Order. From the Modern State to Cosmopolitan Governance. Stanford.

Hirst, Paul/Thompson, Grahame (1998), Globalisierung? Internationale Wirtschaftsbeziehungen, Nationalökonomien und die Formierung von Handelsblöcken, in: Ulrich Beck (Hrsg.): Politik der Globalisierung. Frankfurt: 85-133.

Kuhn Thomas S. (1967), Die Struktur wissenschaftlicher Revolutionen. Frankfurt.

Lepsius, M. Rainer (1990), Der europäische Nationalstaat: Erbe oder Zukunft, in: M. Rainer Lepsius: Interessen, Ideen, Institutionen. Opladen: 256-268.

Lepsius, M. Rainer (1997), Bildet sich eine kulturelle Identität in der Europäischen Union? in: Blätter für deutsche und internationale Politik, Heft 8: 948-955.

Luhmann, Niklas (1997): Die Gesellschaft der Gesellschaft. Frankfurt.

Luukkonen, Terttu/Persson, Olle/Sivertsen, Gunnar (1992), Understanding Patterns of International Scientific Collaboration, in: Science, Technology and Human Values 17: 101-126.

Moed, H. F./De Bruin, R. E./Nederhof, A. J./Tijssen, R. J. W. (1991), International Scientific Cooperation and Awareness within the European Community: Problems and Perspectives, in: Scientometrics 21: 291-311.

Scharpf, Fritz (1998), Demokratie in der transnationalen Politik, in: Ulrich Beck (Hrsg.): Politik der Globalisierung. Frankfurt: 228-253.

Schimank, Uwe (1996), Theorien gesellschaftlicher Differenzierung. Opladen.

Schmitter, Philippe C. (1996), Imaging the Future of the Euro-Polity with the Help of New Concepts, in: Gary Marks/Fritz W. Scharpf/Philippe C. Schmitter/Wolfgang Streeck (Hrsg.): Governance in the European Union. London u.a.: 119-150.

Schubert, A./Braun, T. (1990), International Collaboration in the Sciences, 1981-1985, in: Scientometrics 19: 3-10.

de Swaan, Abraham (1995): Die soziologische Untersuchung der transnationalen Gesellschaft, in: Journal für Sozialforschung, 35: 107-120.

Vobruba, Georg (1999), Währungsunion, Sozialpolitik und das Problem einer umverteilungsfesten Europäischen Identität. erscheint in: Leviathan, Heft 1.

Welzmüller, Rudolf (1997), Zu den Folgen der Globalisierung für die nationalen Güter-, Finanz- und Arbeitsmärkte, in: Aus Politik und Zeitgeschichte 33/34: 20 -28.

Wessels, Wolfgang (1997), An Ever Closer Fusion? A Dynamic Macropolitical View on Integration Processes, in: Journal of Common Market Studies 35: 267-299.

Zürn, Michael (1998), Regieren jenseits des Nationalstaates. Globalisierung und Denationalisierung als Chance. Frankfurt.

Nationale und transnationale Öffentlichkeiten – Eine Problemskizze

Bernhard Peters

Der »klassische« demokratietheoretische Begriff der (politischen) Öffentlichkeit enthält die Doppelbedeutung einer sozialen »Sphäre« (oder eines »Raums«) und eines »Kollektivs« (Publikum – the public). Öffentlichkeit wird selbstverständlich gedacht als Teil einer nationalstaatlich organisierten Gesellschaft; das Publikum ist gleichgesetzt mit den Mitgliedern der Gesellschaft, das politische Publikum mit der Gesamtheit der (aktiven) Staatsbürger.

Nun gibt es heute verbreitete Kritiken an dieser Vorstellung von Öffentlichkeit. Die Vorstellung einer einheitlichen, »nationalen« Öffentlichkeit sei vielleicht niemals völlig adäquat gewesen. Heute werde sie jedenfalls definitiv untergraben durch die parallelen (vielleicht sogar kausal verbundenen) Prozesse von (interner) Segmentierung (Herausbildung von »dispersed publics«) und (externer) Entgrenzung (Ausdehnung von Kommunikationsflüssen über nationale Schranken hinaus). Aber welche Formen interner Differenzierung von Öffentlichkeit finden wir vor, wann können sie als »Fragmentierung« qualifiziert werden? Wie sehen die Tendenzen zur Transnationalisierung von Öffentlichkeit aus, und auf welche Schranken stoßen sie?

1. Differenzierung und Fragmentierung von Öffentlichkeit

Bleiben wir zunächst beim klassischen Begriff einer *nationalen* Öffentlichkeit. Als soziale Sphäre bezeichnet Öffentlichkeit ein Feld von Kommunikationen ohne besondere Zutrittsschranken – niemand gilt als ausgeschlossen durch soziale Normen und institutionelle Regeln (Privatheit, Vertraulichkeit, Geheimnis) oder durch spezifische Kompetenzvoraussetzungen (Fachkenntnisse, Expertise, »credentials« usw.). Zu einem Kollektiv wird Öffentlichkeit nicht nur durch die faktische Teilnahme an einer Sphäre öffentlicher Kommunikationen, sondern auch durch die kollektive Vorstellung der Zugehörigkeit zu einem Publikum, das sich über gemeinsame Themen und Probleme verständigt (sei es im Hinblick auf politische Meinungs- und Willensbildung im Rahmen einer staatlichen Ordnung, sei es im Hinblick auf allgemeinere kulturelle Deutungen und Selbstverständnisse).

Es ist trivial, daß eine nationale Öffentlichkeit nicht als ein unmittelbar präsentes Publikum gedacht werden kann, in dem alle Anwesenden abwechselnd sowohl Sprecher- wie auch Hörerrollen einnehmen können. Stattdessen finden wir eine Differenzierung in Foren oder Arenen unterschiedlichen Typs (informelle »encounters«, Debatten im Rahmen von freiwilligen Assoziationen oder von Veranstaltungen, sowie vor allem Kommunikationen, die durch Massenmedien vermittelt sind). Innerhalb dieser Foren differenziert sich die Teilnehmerschaft in aktive Sprecher oder Autoren, die sich häufig mit der Hilfe von Vermittlern (Veranstaltern, Redakteuren usw.) an eine rezeptive Zuhörer-, Leser- oder Zuschauerschaft wenden (Gerhards/Neidhardt 1991).

Es gibt jedoch noch andere wichtige Differenzierungen des Publikums. Dieses teilt sich in Teilpublika, die ein Interesse an bestimmten Themengebieten haben (issue publics) sowie in politische oder weltanschauliche Lager oder Strömungen. Darüber hinaus weist die Öffentlichkeit eine komplizierte Stratifikationsstruktur auf – die Teilnehmer unterscheiden sich erheblich nach Engagement und Intensität der Beteiligung, nach Sichtbarkeit und nach Einfluß.

Innerhalb des Publikums finden wir eine ungleiche Verteilung von Interesse und Engagement für unterschiedliche Themen oder Themengebiete. Die Interessentenkreise für Probleme der Sozialversicherung, für die gesetzliche Regelung der Abtreibung, für Fragen der Schul- und Hochschulreform oder die Einrichtung einer Holocaust-Gedenkstätte sind nicht identisch, auch wenn sie sich überschneiden. Mitglieder des Publikums, die ein gesteigertes Interesse für eine bestimmte Thematik teilen, bilden issue publics.

Politische, weltanschauliche oder andere kulturelle Affinitäten oder Abgrenzungen konstituieren eine nächste Strukturebene, auf der das Publikum sich in »Lager« (camps) teilt, deren Binnenkommunikation jeweils dichter ist (oft vermittelt über jeweils spezifische Publikationsorgane oder Veranstaltungstypen) als die Kommunikation mit Mitgliedern anderer camps.

Auf einer dritten Ebene finden sich schließlich Muster der Stratifikation von Öffentlichkeit. Mitglieder des Publikums unterscheiden sich im Hinblick auf Engagement, Kompetenz, Sichtbarkeit (Prominenz) und Einfluß. Das sind nicht nur individuelle Unterschiede – diese aggregieren sich vielfach zu einer Schichtungsstruktur. Kommunikationskreise oder -netzwerke sowie

Kommunikationsorgane (vor allem die Presse und der Literaturbetrieb, aber auch Programme in elektronischen Medien) unterscheiden sich nach dem Grade der argumentativen Komplexität und vorausgesetzten Kompetenz. Bestimmte Personenkreise (Repräsentanten politischer oder sonstiger Organisationen oder Bewegungen, Experten, Intellektuelle, Journalisten) können besonderes Prestige und besonderen öffentlichen Einfluß gewinnen.

Offensichtlich überlagern sich diese Differenzierungsmuster. Lagerbildungen laufen durch issue publics hindurch, und Einflußdifferenzen entwickeln sich je spezifisch für unterschiedliche camps oder auch issue publics. Das ist nicht die einzige Komplikation. Vor allem die Stratifikationsmuster sind komplex (und empirisch nicht leicht zu erfassen). Die Zugehörigkeit zu Kommunikationsnetzen oder Milieus, die ein hohes Maß an argumentativer und kognitiver Kompetenz voraussetzen, ist zum Beispiel nicht gleichbedeutend mit großem öffentlichem Einfluß (oder auch nur großer Prominenz). Intellektuelle Milieus oder Expertenkulturen können öffentlichen Einfluß über die jeweiligen Kommunikationskreise hinaus ausüben – sie können aber auch mehr oder weniger isoliert sein.

Damit sind wir schon bei der Frage nach dem Verhältnis der beschriebenen Differenzierungsformen zu Phänomenen, die mit Segmentierung oder Fragmentierung beschrieben werden. Offenbar soll damit ja ein (prinzipiell behebbares) Defizit an Einheit oder Integration bezeichnet werden. Nun sind einerseits viele der genannten Differenzierungsformen kaum aufhebbar. Andererseits bedeuten sie nicht notwendig eine problematische Form der Desintegration.

Eine Differenzierung von Öffentlichkeit ist unvermeidlich (um nur einen, wenn auch grundlegenden Aspekt zu nennen) schon wegen des Konflikts zwischen beschränkten Kommunikationskapazitäten, die jeder Person zur Verfügung stehen, und dem Anwachsen der Komplexität öffentlicher Kommunikation – d.h. der Vermehrung der Themen, aber oftmals auch der kognitiven Anforderungen, welche die Diskussion vieler Themen stellt. Da die Kommunikationsmöglichkeiten einzelner Personen an bestimmte Grenzen von Zeitaufwand, Aufmerksamkeit und Sachkompetenz gebunden sind, sind Formen der Spezialisierung, der Diversifikation von Aufmerksamkeit, der Differenzierung von Kompetenzen notwendig.

In welchem Sinn können differenzierte Öffentlichkeiten gleichwohl integriert sein, und wann würde man von Fragmentierung sprechen?

Integration setzt voraus, daß die verschiedenen Differenzierungslinien durchlässig bleiben für die Diffusion von Themen, Informationen und Argumenten. Kommunikationskreise müssen sich partiell gegeneinander öffnen lassen (oder sich in der Art eines Schuppenmusters partiell überlappen). Wichtige Themen müssen eine Chancen haben, von größeren Kommunikationskreisen diskutiert zu werden. Wichtige Ideen oder Argumente müssen in größere Öffentlichkeiten diffundieren können.

Das mag durch bestimmte Übersetzungsmechanismen gewährleistet oder gefördert werden – zum Beispiel durch eine Mittlerfunktion von bestimmten Medien, bestimmten Experten oder Eliten. Es setzt auch voraus, daß das Publikum im Ganzen ein hinreichend gemeinsames kulturelles Repertoire und Hintergrundwissen besitzt, sowie hinreichend geteilte Interessen oder Relevanzstrukturen, und ein bestimmtes Maß an kollektiver Identifikation, an Gemeinschaftsbewußtsein zumindest in dem schwachen Sinn, daß sich die einzelnen Individuen oder Gruppen als Teil eines bestimmten Publikums und als Teilnehmer an der Meinungsbildung dieses Publikums begreifen.

Fragmentierung würde entsprechend ein Abschneiden der Zirkulation von Ideen, Argumenten, Interpretationen bedeuten, eine Abschottung von Kommunikationskreisen gegeneinander – aufgrund fehlender Verständigungsmöglichkeiten auf Seiten der Beteiligten (etwa wegen fehlender kultureller Gemeinsamkeiten), oder wegen anderer Formen der Kommunikationsblockade. Eine solche Segmentierung könnte mit allen drei oben genannten Formen der Differenzierung einhergehen: Verschiedenen issue publics mag es an Interesse oder Kompetenz für andere oder übergreifende issues fehlen. Die Polarisierung politischer Lager kann zur Reduzierung der Kommunikation nach außen, über Lagergrenzen hinweg, oder zu auschließenden, nichtdiskursiven Formen der Kommunikation (Agitation) führen. Und bestimmte Strata können mehr oder weniger voneinander isoliert sein, wie oben angedeutet – d.h. es mag keine oder geringe Durchlässigkeit von unten nach oben und umgekehrt geben, Experten- oder Intellektuellenkulturen mögen isoliert sein und andere Relevanzstrukturen und Deutungsmuster haben als andere Teile des Publikums.

Können wir deutliche Tendenzen zu *wachsender* Fragmentierung in der einen oder anderen dieser Formen beobachten? In sozialwissenschaftlichen Zeitdiagnosen finden wir entsprechende Behauptungen. Nur drei Varianten seien erwähnt: Man hat eine Abschottung von Expertenkulturen und eine damit zusammenhängende »Fragmentierung des Alltagsbewußtseins« konstatiert (Habermas 1981). In Zusammenhang mit der wachsenden Bedeutung kognitiven Wissens in heutigen Gesellschaften hat man eine wachsende Wissenskluft zwischen Laien und Experten (oder auch zwischen unterschiedlich informierten Teilen des allgemeinen Publikums) diagnostiziert, die zu einer entsprechenden Fragmentierung der öffentlichen Kommunikation führen müßte. Und vor allem im Hinblick auf die Entwicklung des Systems der Massenmedien hin zu einer Multiplikation von spezialisierten, auf bestimmte enge Zielgruppen gerichteten Medien (vor allem im Bereich der elektronischen, aber auch dem der Printmedien) sind Befürchtungen über eine Fragmentierung öffentlicher Kommunikation geäußert worden (Katz 1996). Jedoch fehlt es weitgehend an empirischen Belegen für solche Beobachtungen, und wo empirische Untersuchungen vorliegen (Wissenskluft), sind die Ergebnisse kontrovers. Es scheint zum Beispiel kaum plausibel, von der Tatsache, daß die Nation sich nicht mehr zu gegebener Stunde vor der Tagesschau versammelt, auf eine Fragmentierung des Publikums zu schließen. Allerdings stellt die Einführung des Fernsehens, zunächst überall mit einer sehr geringen Zahl von Kanälen, ein interessantes Beispiel dar für eine bestimmte Form der Vereinheitlichung öffentlicher Kommunikation während einer bestimmten Entwicklungsperiode. Daß *diese* Form heute weitgehend obsolet geworden ist, sagt gleichwohl noch nichts über generelle Fragmentierungstendenzen.

2. Formen und Grenzen der Transnationalisierung von Öffentlichkeit

Die Internationalisierung vieler sozialer Prozesse (primär natürlich von ökonomischen Kooperations- und Austauschbeziehungen sowie von damit verbundenen Externalitäten) ruft einen Bedarf an politischen Regelungen und anderen Maßnahmen hervor, die einzelstaatliche Grenzen übergreifen. Die Entwicklung von transnationalen politischen Regelungen und Institutionen ruft wiederum einen Legitimationsbedarf hervor, zu dessen Deckung transnationale Formen öffentlicher Meinungs- und Willensbildung von Bedeutung sein können. Dies gilt insbesondere im Fall relativ weitentwickelter transnationaler Institutionen mit weitreichenden Kompetenzen, wie sie (in dieser Form bislang einmalig) von der EU verkörpert werden. Deswegen verweisen viele Diagnosen eines Demokratie- oder Legitimationsdefizits der EU auf die Unterentwicklung einer europäischen (EU-)Öffentlichkeit als zentrales Hindernis einer genuinen Demokratisierung von EU-Politiken. Diese Defizit-Hypothese in Bezug auf eine europäische Öffentlichkeit wird oft in Verbindung gebracht mit anderen Formen eines »cultural lag«, insbesondere dem Fehlen eines Gemeinschaftsbewußtseins einer kollektiven Identität oder eines geteilten Erinnerungs- und Erfahrungshorizonts: »Europa, auch das engere Westeuropa, ist keine Kommunikationsgemeinschaft, kaum eine Erinnerungsgemeinschaft und nur sehr begrenzt eine Erfahrungsgemeinschaft« (Kielmannsegg 1994)).

Auf der anderen Seite gelten Kommunikationstechnologien und entsprechende organisatorische Infrastrukturen als eine entscheidende Voraussetzung, oder ein treibendes Element von Internationalisierungsprozessen. Wie paßt das zur Defizit-Hypothese im Hinblick auf die Herausbildung transnationaler Öffentlichkeiten?

Das führt uns zu der Frage, in welcher Weise, in welchen Formen eine Transnationalisierung von Öffentlichkeit (im oben genannten Doppelsinn einer Sphäre und eines sozialen Kollektivs) sich gegenwärtig vollzieht oder in der Zukunft vollziehen kann, und was möglicherweise hemmende Faktoren im Hinblick auf bestimmte dieser Formen sein mögen. Betrachten wir also (vor allem am Beispiel der EU), in welchen Formen sich eine Transnationalisierung von Öffentlichkeit vollzieht, und auf welche Schranken sie stößt?

– Internationale Berichterstattung, also Berichte, Analysen, Kommentare über zwischenstaatliche Beziehungen wie vor allem über die internen Verhältnisse und Entwicklungen in anderen Ländern sind eine elementare und traditionelle Form der Internationalisierung von Öffentlichkeiten. Sind auf diesem Gebiet deutliche Entwicklungstrends zu beobachten?

Es läßt sich wohl sagen, daß das Netz internationaler Berichterstattung in diesem Jahrhundert, vermutlich auch in den letzten Jahrzehnten, enger geworden ist. Das ist bedingt durch die bekannten technischen Faktoren, welche Nachrichtenübermittlung erleichtern, wie durch den Ausbau von internationalen Nachrichtenagenturen und Netzen von Auslandskorrespondenten oder Auslandsredaktionen. Technische Entwicklungen (Satellitenübertragung usw.) haben den Globus auch für audiovisuelle Berichterstattung von jedem Punkt der Erde aus zugänglich gemacht, wodurch Vorgänge und Verhältnisse in fernen Ländern besonders plastisch, erfahrungsnah (jedenfalls dem Anschein nach) und sozusagen in »Echtzeit« vermittelt werden können.

Gleichzeitig haben sich die Schwerpunkte der Berichterstattung verlagert. Internationale Berichterstattung ist nicht mehr völlig dominiert von der sozusagen »diplomatischen« Perspektive, von der Darstellung interstaatlicher Beziehungen und von politischen Haupt- und Staatsaktionen in den jeweiligen Ländern. Die Ausdehnung internationaler wirtschaftlicher Verflechtungen hat eine enorme Ausweitung der Wirtschafts- und Finanzberichterstattung mit sich gebracht (die allerdings zu einem großen Teil in darauf spezialisierten Organen, vor allem der internationalen Wirtschafts- und Finanzpresse, oder in den Wirtschaftsseiten der jeweiligen nationalen Qualitätspresse zu finden ist). Aber auch die sonstigen sozialen und kulturellen Verhältnisse anderer Länder finden stärkere Beachtung. Diese Diversifikation (über die Darstellung der »offiziellen« Politik, auch über die schon immer bedeutende Kriminal-, Unfall- und Katastrophenberichterstattung hinaus) findet sich übrigens auch in der inländischen Berichterstattung, wo »human interest stories« und »life style«-Themen (»Modernes Leben«), aber auch Reportagen und ähnliche Darstellungsformen von sozialen und kulturellen Phänomenen an Gewicht gewonnen haben.

Unsystematische »teilnehmende Beobachtungen« weisen gleichwohl darauf hin, daß die Themenauswahl (agenda) der internationalen Berichterstattung immer noch sehr stark durch die jeweiligen nationalen Relevanzstrukturen (die z.B. als »news values« beschrieben worden sind) und Selektionsmechanismen bestimmt wird. Ob sich in dieser Hinsicht Konvergenzen verschiedener nationaler Öffentlichkeiten (zum Beispiel innerhalb der EU, oder der »nordatlantischen« Welt) entwickeln, ist noch nicht systematisch untersucht worden. Vieles spricht für die weiterbestehende Bedeutung nationaler Unterschiede und für die Wirksamkeit von Selektionsfaktoren wie jeweilige historische und kulturelle Affinitäten (oder auch Gegnerschaften), wirtschaftliche Verflechtungen und Konkurrenzen, und Bevölkerungsaustausch durch internationale Migration.

Aber nicht nur im Hinblick auf das agenda setting und die Verteilung von Aufmerksamkeit, sondern auch im Hinblick auf die typischen Deutungsmuster und Interpretationen, welche internationaler Berichterstattung zugrunde liegen, scheinen sich wichtige nationale Unterschiede erhalten zu haben (man vergleiche die Afrika-Berichterstattung der französischen und der britischen Presse, oder die Darstellung der Tribulationen Präsident Clintons in der amerikanischen und der deutschen, französischen oder italienischen Presse, oder die Berichterstattung über EU-Angelegenheiten in der britischen und kontinentaleuropäischen Presse).

Von Bedeutung ist hier auch die oben erwähnte Stratifikationsstruktur von Öffentlichkeit. Innerhalb der jeweiligen nationalen Öffentlichkeit läßt sich zum Beispiel sagen, daß die jeweilige Qualitätspresse bedeutend kosmopolitischer ist als die Massenpresse, und daß unterschiedliche Segmente des Publikums in unterschiedlichem Maß lokal oder kosmopolitisch orientiert sind.

Analoges läßt sich im Vergleich nationaler Öffentlichkeiten feststellen: manche scheinen deutlich internationaler orientiert als andere (wobei schlicht die Größe des jeweiligen Landes, vielleicht auch der Grad der außenwirtschaftlichen Verflechtung eine Rolle zu spielen scheinen). Und umgekehrt: manche erhalten mehr Aufmerksamkeit in der internationalen Berichterstattung, manche weniger – die USA bieten stetigen Stoff für internationale Beobachtungen und Kommentare, kleinere oder weniger entwickelte Länder nur sporadisch und vorwiegend im Fall von Katastrophenmeldungen. Beinahe trivial ist die Vermutung, daß wirtschaftlich und politisch führende, vielleicht auch kulturell dominierende oder einflußreiche Länder größere internationale Aufmerksamkeit auf sich ziehen (auch im Hinblick auf die jeweiligen inneren Angelegenheiten) als andere. (Sporadische Evidenzen lassen übrigens vermuten, daß eine gemeinsame EU-Mitgliedschaft keineswegs generell die wechselseitige Aufmerksamkeit für die jeweiligen inneren Verhältnisse erhöht, etwa im Vergleich zu der Aufmerksamkeit für US-amerikanische Angelegenheiten).

Aber es sind ohnehin nicht diese sozusagen internationalen *Inhalte* öffentlicher Kommunikation (die Beobachtung des Auslands von einer nationalen Warte aus), die uns von der Entwicklung transnationaler Öffentlichkeiten sprechen lassen. Damit ist viel eher eine *Internationalisierung von öffentlichen Kommunikationsnetzen und Kommunikationsflüssen* gemeint. Wie steht es um solche Formen der Internationalisierung?

– Importe und Exporte von kulturellen Produkten, Beiträgen, Ideen sind eine elementare Form der Kommunikation über Ländergrenzen hinweg. Diese Kommunikationsprozesse liegen offen zutage, wenn Bücher, Presseerzeugnisse (Periodika oder einzelne Artikel), Filme, Fernsehbeiträge importiert oder exportiert werden (sei es in Originalform, sei es in übersetzten Fassungen). Auch Originalbeiträge ausländischer Autoren in den Print- oder elektronischen Medien könnten wir als eine Art Export kultureller Dienstleistungen und eine Form internationaler Kommunikation verstehen. Versteckter sind diese Kommunikationsflüsse, wenn es um die Diffusion von Ideen oder anderen kulturellen Elementen geht, die sich auf dem Wege der Beeinflussung von Autoren oder anderen kulturellen Produzenten durch interpersonelle Kontakte oder individuelle Beobachtung der Öffentlichkeiten anderer Länder (z.B. Lektüre von Periodika oder Buchpublikationen) vollzieht. Über den Handel mit kulturellen Gütern existieren offizielle Statistiken (z.B. der UNESCO). Substantielle kulturelle Einflüsse, die Diffusion von Ideen, also die *Wirkungen* der Importe von kulturellen Gütern (Publikationen usw.) sowie von informellen Kommunikationsflüssen sind sehr viel schwerer zu erfassen.

Nun ist kulturelle Diffusion ein altes Phänomen; hat sie heute – insbesondere in den Bereichen der Kultur, die wir als »Öffentlichkeit« oder »öffentliche Meinungsbildung« bezeichnen (also unter Ausschluß von wissenschaftlicher oder technischer Kommunikation einerseits, von Kunst und Literatur sowie Unterhaltungs- oder Popularkultur andererseits), neue Qualitäten gewonnen? Eine Antwort, die auf systematischer Dateninterpretation beruhte, kann ich hier nicht geben. Die vorliegenden Statistiken über den Handel mit Kulturgütern unterscheiden nicht, oder nicht präzise genug zwischen verschiedenen Genres, und die erwähnten eher kulturellen Beeinflussungen und eher indirekten Formen kultureller Diffusion sind gar nicht systematisch erfaßt.

Plausibel vermuten können wir immerhin, daß es auch in diesem Bereich ausgeprägte Ungleichgewichte oder Asymmetrien gibt – einmal im Hinblick auf den jeweiligen »Außenhandelsanteil« an der Gesamtheit öffentlicher Kommunikation, zum anderen und vor allem aber im Hinblick auf die »Handelsbilanz«, das Verhältnis von Importen und Exporten. Manche Öffentlichkeiten (Frankreich, USA) stützen sich stärker auf einheimische Beiträge oder »Quellen«, andere (Benelux, Skandinavien, Deutschland) scheinen relativ stärker außenorientiert. Manche Länder (USA, vielleicht Frankreich) haben offenbar eine positive kulturelle Handelsbilanz (d.h. sie exportieren relativ mehr Beiträge oder Ideen als sie importieren), andere Länder sind in dieser Hinsicht eher rezeptiv. Zum Teil ist das eine Funktion der relativen Größe und Wirtschaftskraft dieser Länder, zum Teil eine Funktion von Vorteilen im Bereich der intellektuellen und kulturellen Produktivität und Innovationsfähigkeit, deren Ursachen schwerer festzustellen sind. Es läßt sich allerdings annehmen, daß hier kulturelle economies of scale eine gewisse Rolle spielen: Ein großer interner Markt für kulturelle Güter (hier also Beiträge zur Öffentlichkeit) verschafft Kostenvorteile und ermöglicht den Rückgriff auf ein größeres Reservoir von entsprechenden Talenten sowie die Verwendung größerer materieller Ressourcen für die Zwecke der öffentlichen Kommunikation und intellektuellen oder kulturellen Produktion. Natürlich hängt die kulturelle und intellektuelle Produktivität eines Landes auch von vielen anderen Faktoren ab, so daß Größe und Wirtschaftskraft keineswegs automatisch eine intellektuelle Führungsrolle (im Sinn des größeren Einflusses auf andere nationale Öffentlichkeiten) garantiert.

Im Hinblick auf das Beispiel der EU läßt sich übrigens wieder vermuten, daß die Kommunikationsflüsse zwischen einzelnen Mitgliedsländern und den USA, insbesondere in Gestalt von Importen dieser Länder (von Büchern, Periodika, Film- und Fernsehbeiträgen usw., aber vermutlich auch von intellektuellen Einflüssen auf öffentliche Diskurse) aus den USA oft stärker sind als die entsprechenden Beziehungen zwischen den EU-Ländern selbst.

– *Transnationale Massenmedien* wären eine weitere wichtige Infrastruktur für transnationale Öffentlichkeiten. Hier sind allerdings verschiedene Fälle zu unterscheiden. Bestimmte internationale Medienkonzerne kontrollieren Zeitungen, Zeitschriften oder Fernsehprogramme in mehreren Ländern; sofern die Periodika oder Programme aber von nationalen Redaktionen erstellt werden, entstehen natürlich noch keine internationalen Medien. Bestimmte Presseorgane haben eine relativ große internationale Zirkulation (zumindest relativ zu ihrer Gesamtauflage), während ihre Produktionsstruktur (Redaktionen, Mitarbeiter und Mitarbeiterinnen usw.), ihre agenda und ihre typischen Interpretationen und Positionen weiterhin national geprägt sind (oder binational, wie gelegentlich im Fall der USA und Großbritanniens). Beispiele dafür sind vor allem die internationale Finanzpresse (Economist, Financial Times, Wallstreet Journal usw.), aber auch bestimmte politische oder kulturelle Journale (New York Review of Books, TLS, Le Monde Diplomatique). Dieser Fall gehört eigentlich noch in die Kategorie der Exporte und Importe von Kulturgütern, der oben erwähnt wurde. Ähnliches gilt für bestimmte Fernsehprogramme (CNN).

Sehr rar oder nichtexistent sind hingegen Massenmedien mit genuin internationaler Produktionsstruktur und internationaler Verbreitung. Auch im Bereich der EU gibt oder gab es dies nur in sehr bescheidenen Ansätzen: das binationale Fernsehprogramm Arte, der Versuch, eine intellektuelle Zeitschrift zugleich in mehreren europäischen Sprachen zu publizieren (Lettre International, inzwischen existieren verschiedene unabhängige nationale Versionen unter demselben Namen), der gescheiterte Versuch, eine europäische Tageszeitung (The European) herauszubringen, die schließlich in eine Wochenzeitschrift verwandelt wurde, die kaum mehr als schwächlicher Konkurrent der Finanzpresse zu sein scheint.

– Ansätze zur Herausbildung internationaler Teilpublika mit eigenen Kommunikationsorganen oder anderen Kommunikationskanälen, übereinstimmenden Interessen oder Relevanzstrukturen und Netzwerken von intellektuellen Produzenten finden wir in Gestalt bestimmter issue publics sowie in Gestalt bestimmter intellektueller Milieus. Charakteristisch für letztere sind informelle Netzwerke, die von Fall zu Fall auch in Form kollektiver Handlungen (Erklärungen, Veranstaltungen) mobilisiert werden können. Beispiele für internationale issue publics sind die Umweltbewegung oder Menschenrechtsbewegungen (die sich auch auf internationale Assoziationen wie Greenpeace, Amnesty International und andere stützen, deren Hauptinstrument wiederum »Öffentlichkeitsarbeit« ist).

Was es *nicht* gibt, auch nicht im Bereich der EU, sind transnationale Öffentlichkeiten, die im Hinblick auf eine gemeinsame agenda, geteilte Relevanzstrukturen, übereinstimmende Deutungsmuster, geteiltes kulturelles Hintergrundwissen, kollektive Identität (zumindest im Sinne einer Zuordnung zu einem handelnden, verantwortlichen Kollektiv) vergleichbar wären mit nationalen Öffentlichkeiten (obwohl diese selbst ja schon, wie wir oben gesehen haben, ein beschränktes Maß an Einheit in diesen verschiedenen Dimensionen aufweisen). Was sind die Gründe für dieses relative Beharrungsvermögen nationaler Öffentlichkeiten und die geringe Entwicklung übernationaler Öffentlichkeiten – selbst in der EU, also einer Region relativer kultureller Nähe wie auch relativ starker rechtlicher und politischer Integration?

– Trivial ist der Hinweis auf das Problem der Sprachgrenzen, der Unterschiede der verschiedenen Nationalsprachen. Das ist zweifellos ein sehr wichtiger, aber nicht der einzig relevante Faktor. Auch innerhalb von Sprachräumen (Englisch, Deutsch usw.) existieren unterschiedliche, gegeneinander deutlich abgegrenzte nationale Öffentlichkeiten. Und die Entwicklung von Englisch als allgemeiner Zweitsprache im Bereich der EU, aber natürlich auch anderswo, hat bisher nur in Grenzen zur Internationalisierung von Öffentlichkeit beigetragen.

– Offenbar behalten kulturelle Differenzen eine recht hartnäckige Bedeutung für Abgrenzungen und Unterschiede nationaler Öffentlichkeiten. Kollektive historische Erinnerungen, geteiltes Bildungswissen, differierende Relevanzstrukturen und Interpretationsmuster (beeinflußt durch Wertedifferenzen) sind weiterhin wirksam. (Zur Illustration lese man nacheinander einige Qualitätszeitungen verschiedener europäischer Länder, oder betrachte einige Fernsehmagazine, Nachrichtensendungen und seriösere talk-shows.)

Nationale Öffentlichkeiten sind jedoch nicht allein geprägt von kulturellen Differenzen der angedeuteten Art, oder besser gesagt: Solche kulturellen Differenzen stehen nicht für sich. Sie sind vielfach verknüpft mit sozialen Praktiken und institutionellen Strukturen, die auf den Charakter von Öffentlichkeit und auf den Charakter der kulturellen Reproduktion Einfluß haben. Anders gesagt: Öffentlichkeiten haben einen sozialen und kulturellen Unterbau, der nicht allein aus Medienmärkten und Medienorganisationen besteht. Von Bedeutung sind viele andere Strukturen, die auf intellektuelle Produktion und Rezeption, auf kollektive Interessen- und Problemdefinitionen einwirken – von Bildungs- und Forschungseinrichtungen über journalistische und andere Professionen zu Netzwerken (und Cliquen) von kulturellen oder intellektuellen Produzenten und schließlich zu Strukturen der Interessenartikulation und -aggregation wie Parteien, Interessenverbänden oder sozialen Bewegungsorganisationen und -milieus. Auf schwer zu analysierende und bislang kaum analysierte Weise prägt das Zusammenwirken solcher Faktoren den Charakter der jeweiligen nationalen Öffentlichkeit (eingeschlossen die vorhin erwähnten Differenzierungsstrukturen der Öffentlichkeit selbst, eingeschlossen auch den Selbstbezug des Publikums auf sich als eine Kommunikationsgemeinschaft mit besonderer Identität, spezifischen kontroversen Themen, Konfliktlinien und Lagerbildungen).

3. Schluß: Fragen zur Defizit-Diagnose

Bestätigen diese Hinweise auf den fortdauernden Vorrang der nationalen Ebene für heutige Öffentlichkeiten und die nur zögernde Internationalisierung der Sphäre öffentlicher Kommunikation und öffentlicher Kommunikationsgemeinschaften die oben erwähnte Defizit-These? Um bei unserem Beispiel – der Europäischen Union – zu bleiben: Gibt es einen »cultural lag« derart, daß die Herausbildung einer genuinen europäischen Öffentlichkeit zurückbleibt, sowohl hinter anderen transnationalen gesellschaftlichen Verflechtungen und Interdependenzen wie auch (in diesem Fall) hinter der Entwicklung transnationaler politischer Institutionen mit erheblichen Kompetenzen? Und leiden transnationale Institutionen wie die EU deswegen unter einem Demokratie- oder Legitimitätsdefizit? Bestehen Aussichten, daß sich diese Defizite durch ein allmähliches Nachwachsen einer transnationalen EU-Öffentlichkeit mildern?

Zwei Feststellungen sind sicher unbestritten: Politische Entscheidungen auf der Ebene der EU sind in relativ geringem Ausmaß begleitet von Prozessen öffentlicher Meinungs- und Willensbildung. Und die Meinungsbildungen, welche tatsächlich stattfinden, verlaufen weitgehend in nationalen Kontexten, und der Transfer von Themen und Beiträgen zwischen den Öffentlichkeitsarenen verschiedener Länder ist gering. Darin kann man nach normativen demokratietheoretischen Maßstäben ein Defizit sehen.

Andere Fragen scheinen problematischer. Ob das unter Verwendung normativer Kriterien identifizierte Demokratie- und Öffentlichkeitsdefizit *faktisch* zu einem Legitimitätsverlust von EU-Institutionen (und vielleicht parallel von nationalen Regierungsinstitutionen) führt, also zu einem Verlust von Akzeptanz (sei es in Form aktiver Bejahung oder bloß passiver Hinnahme), ist empirisch nicht sehr klar. Ebensowenig ist umgekehrt klar, ob intensivere öffentliche Information und Debatte die Akzeptanz tatsächlich erhöhen würde.

Damit zusammen hängt die Frage, welches eigentlich die Ursachen des konstatierten Öffentlichkeitsdefizits sind, und wie es behoben werden könnte. Auch hier gibt es natürlich einige plausible Beobachtungen: Das Öffentlichkeitsdefizit ist sicher zu einem Teil bewirkt durch die spezifischen institutionellen Strukturen und Praktiken der EU (die wichtigsten Entscheidungsgremien sind Verhandlungsgremien von Regierungsvertretern; die Verhandlungen selbst sind überwiegend nichtöffentlich, und die beteiligten Regierungsvertreter sind relativ gegen Forderungen nach Publizität und Rechenschaft abgeschirmt; nationenübergreifende Strukturen der Interessenartikulation und -aggregation in Gestalt von Parteien und Verbänden fehlen weitgehend, und auf der Ebene der EU-Gremien fehlt eine klare Frontstellung von »Regierung« und »Opposition«). Plausibel ist auch, daß bestimmte institutionelle Reformen (z.B. der Einbau plebiszitärer Entscheidungsformen in die EU-Entscheidungsprozesse, Verwandlung des Ministerrats in eine direkt gewählte oder sonstwie unmittelbarer demokratisch kontrollierte zweite Kammer bzw. Ergänzung der EU-Institutionen durch eine solche Kammer) die EU-weite öffentliche Auseinandersetzung befördern könnten. Zu prüfen wäre aber, ob es nicht allein die institutionelle Form, sondern auch die *Materie* der EU-Politik ist, die einem größeren öffentlichen Interesse im Wege steht. Handelt es sich nicht zum beträchtlichen Teil um komplexe technische, ökonomische und juristische Fragen, die weder unmittelbar politisches Interesse mobilisieren noch für Laien ohne weiteres zugänglich sind? Sind vergleichbare politische Materien auf nationaler Ebene wirklich zugänglicher für die jeweiligen Öffentlichkeiten, finden sie wirklich erheblich größere Aufmerksamkeit, werden sie lebhafter öffentlich debattiert? Ist das Öffentlichkeits- und Demokratiedefizit der EU wirklich so verschieden vom Öffentlichkeitsdefizit nationaler Politiken, bezogen auf die gleichen Materien? Finden wir nicht auch auf der nationalen Ebene eine erhebliche Verselbständigung der staatlichen Administrationen und der Judikative gegenüber Parlamenten und öffentlicher Kontrolle?

Schließlich: Ist es plausibel, die Entwicklung einer EU-Öffentlichkeit zu erwarten oder zu fordern, die am Modell nationaler Öffentlichkeiten (in seiner empirischen oder normativen Form) orientiert ist? Also die Entwicklung einer EU-Öffentlichkeit wahrscheinlich, die in gleicher Weise intern differenziert ist, wie (nach der oben gegebenen Beschreibung) die verschiedenen nationalen Öffentlichkeiten? Dagegen sprechen letztlich die oben erwähnten Faktoren, welche eine Transnationalisierung von Öffentlichkeit hemmen – eine EU-Öffentlichkeit würde einen gemeinsamen sozialen, institutionellen und kulturellen Unterbau erfordern, welcher den heutigen nationalen Infrastrukturen vergleichbar ist. Gegen eine rasche Vereinheitlichung dieser Art spricht, daß die Entwicklung solcher Strukturen in der Regel langwierig ist, und daß diese Entwicklung gerade durch das offensichtliche Beharrungsvermögen nationaler Strukturen behindert wird. Und ist es letztlich wirklich so problematisch, wenn die Meinungsbildung zur EU-Politik primär im jeweiligen nationalen Rahmen erfolgt – vorausgesetzt die nationalen Publika teilen ein gewisses Maß von wechselseitiger Informiertheit und Akzeptanz?

Literatur

Gerhards, Jürgen/Neidhardt, Friedhelm (1991), Strukturen und Funktionen moderner Öffentlichkeit, in: Stefan Müller-Doohm/Klaus Neumann-Braun (Hrsg.): Öffentlichkeit. Kultur. Massenkommunikation. Oldenburg: 31-90.

Habermas, Jürgen (1981), Theorie des kommunikativen Handelns. Frankfurt am Main.

Katz, Elihu (1996), And Deliver Us from Segmentation. Annals of the American Academy of Political and Social Science 546: 22-33.

Kielmansegg, Peter Graf (1994), Läßt sich die Europäische Gemeinschaft demokratisch verfassen? Europäische Rundschau 22(2): 23-33.

Die Struktur internetbasierter Sozialräume

Christian Stegbauer

Im vorliegenden Beitrag weise ich anfangs auf Differenzen in den äußeren Bedingungen zwischen Zusammenkünften einer Anzahl von Personen in einer typischen »Face-to-face-Situation« und der in internetbasierten Sozialräumen hin. Dabei wird zunächst mit Hilfe theoretischer Argumente begründet, warum obwohl einige Bedingungsfaktoren für Strukturierung fehlen, sich dennoch vergleichbare Formen herstellen. Anschließend werden die beiden Eigenschaften computerbasierter Medien behandelt, nämlich zum einen die Überwindung von Distanz und die Schaffung von eigenen Sozialräumen. Danach konfrontiere ich die aus diesen Eigenschaften abgeleiteten gängigen Thesen über die Strukturlosigkeit internetbasierter Sozialräume und die sich daraus scheinbar ergebenden Konsequenzen einer prinzipiellen Gleichheit der Kommunikationsteilnehmer mit Strukturierungsregeln aus der Gruppensoziologie. Schließlich geben diese Regeln die Folie für die Vorstellung erster Ergebnisse einer längerfristig angelegten netzwerkanalytischen Untersuchung verschiedener internetbasierter Sozialräume ab.

1. Begrenzungen und Strukturen nichtmedial vermittelter Kommunikation

Betrachtet man, wie Menschenansammlungen sich gruppieren, fällt die enorme Bedeutung des physischen Raumes ins Auge. Daher ist von hohem Interesse, was passiert, wenn die Begrenzungen des physischen Raumes für den Austausch von Kommunikationsbeiträgen bedeutungslos werden. Am Beispiel einer Partysituation wird daher die Relevanz des Raumes hinsichtlich verschiedener Betrachtungsebenen mit den Eigenschaften von internetbasierten Kommunikationsräumen verglichen. Dabei wird vor allem nach den Begrenzungen der Gruppierung gefragt. Um die Subgruppenstruktur von Partygesellschaften zu erklären, lassen sich unterschiedliche Ursachen anführen. Zum einen solche, die sich aus den mit den räumlichen Gegebenheiten zusammenhängenden Restriktionen ergeben: 1. Die physische Aufteilung der Räumlichkeiten erzwingt den Zerfall der Partygruppe in kleinere Einheiten. Die räumliche Verteilung der Getränke- und Essensversorgung, sowie gelegentliche Toilettengänge sorgen dabei aufgrund der Anordnung dieser Funktionsbereiche für eine partielle Durchmischung der unterschiedlichen Grüppchen. 2. Die maximale Größe der Konversationsgruppen ist auf natürliche Weise aufgrund der Tragfähigkeit der Stimme im Raum begrenzt. Neben dem eigentlichen Raum limitiert die Lautstärke von Hintergrundgeräuschen, etwa Musik, die Anzahl der miteinander kommunizierenden Personen noch weiter.

Zum anderen können neben diesen äußeren Begrenzungen aufgrund der räumlichen Situation zusätzlich soziale Faktoren die für eine Beschränkung der beobachtbaren Subgruppengröße verantwortlich gemacht werden: 3. Ein Reiz kommunikativer Subgruppen besteht in einer, gegenüber der Gesamtgruppe in Spannung stehenden Intimität; nur diese läßt beispielsweise die diskrete Indiskretion (Bergmann 1987), den Klatsch über den Gastgeber als Zentrum oder andere Partygäste zu. 4. Die Anbahnung von Freundschaften und Pflege von Beziehungen bedarf einer privatistisch-exklusiven Atmosphäre der Abgeschlossenheit im Verhältnis zu den anderen, um den Vorzug der Beziehung gegenüber einer x-beliebigen anderen zu verdeutlichen. 5. Jeder der Anwesenden ist für alle anderen sichtbar, wobei sich die Akteure zueinander im Raum verhalten, beispielsweise werden bestimmte Distanzen nicht unterschritten. 6. Wertschätzung zwischen Personen wirkt sich im Raum aus: sich mögen, mehr noch sich nicht mögen spielt eine Rolle für die Anordnung der Konversationsgruppen im Raum.

Denken wir an andere Situationen, in denen eine größere Anzahl von Menschen zusammenkommen, etwa Gremiensitzungen, Universitätsseminare, Vorlesungen, Demonstrationen, Volksfeste, Fußballfans auf der Stadiontribüne und vieles mehr, dann ist zu erkennen, daß die Anordnung der Personen im Raum immer in einem Zusammenhang mit dem Ereignis steht. Es lassen sich viele Variationen in dieser Hinsicht vorstellen – immer wirkt der physische Raum im Zusammenhang mit physiologischen Kapazitätsgrenzen (vor allem Lautstärke der Stimme, Hörfähigkeit der Akteure, Aufnahmefähigkeit und Sequentialität von Kommunikation).

Internetbasierten Sozialräumen wie Newsgroups, Chatkanäle und Mailinglisten fehlen die genannten Eigenschaften und können daher nicht einfach mit Situationen, in denen die typischen Begrenzungen im physischen Raum wirksam sind, etwa Cocktailparties, verglichen werden. Neben den mit dem Raum verknüpften Restriktionen, fehlen aber auch die geschilderten Möglichkeiten der Positionierung im sozialen Raum, die eine Aufteilung in kleine Grüppchen erzwingen, bzw. wünschenswert erscheinen ließen: sie besitzen offenbar keinen Zwang zur Herstellung einer räumlichen Binnenstrukturierung; jeder kommt prinzipiell mit derselben Lautstärke zu Wort und sie lassen im eigentlichen Kommunikationsraum keine private, von der Hörfähigkeit der anderen abgegrenzte Kommunikation zu. Dennoch stellt sich eine vergleichbare, wenn auch nicht identische Substruktur ein. Dies ist der auffälligste empirische Befund der Analyse einer Reihe sich stark unterscheidender computerbasierter Sozialräume. Allerdings könnte eine weitere, bislang noch nicht genannte Erklärung zur Bildung von Subgruppen auf beide Sozialformen zutreffen: Die Substruktur von Partygesellschaften wird auch durch die Präkonstitution von Beziehungen hergestellt. Subgruppen sind dadurch auch Orte der Transitivität; Freundes- und Bekanntenkreise werden transparent und überwinden ein Stück der typischen Schließung.

2. Ursachen für Strukturierung

Wenn aber nicht wie im angeführten Partybeispiel eine Strukturierung aufgrund der räumlichen Situation zwangsläufig entsteht, wie kommt es dann zur Herausbildung der bereits angedeuteten typischen Binnenstruktur?

Von theoretischer Seite können dafür mindestens folgende Argumente angeführt werden: 1. Strukturierung im Zeitablauf: Jede Kommunikationssequenz trägt zur Strukturierung bei, jedoch sind zeitlich vorangehende Beiträge wirkungsvoller als nachfolgende. Mit jedem Beitrag bekommt der Schreiber von den anderen eine Kompetenz zugeschrieben oder verweigert; daneben schreibt er (nicht zuletzt aufgrund der Reaktion der anderen) sich selbst bestimmte Kompetenzen zu. Auf diese Weise entstehen für Teilnehmer spezifische auch von anderen wahrnehmbare Rollenmuster. Zur Wahrnehmbarkeit von Kompetenz- und Rollenmustern kommt zusätzlich eine Begrenzung der Möglichkeit Beziehungen einzugehen hinzu: Haben die zu Beginn eingetretenen bereits eine Reihe neuer Kontakte geschlossen, wird sich ihre Offenheit zur Anbahnung weiterer Beziehungen verringern. Noch ein drittes, die Geschichte des Sozialraums betreffendes Argument kommt hinzu: Verhaltensweisen und ihre Regeln bedürfen einer Aushandlung. Akteure, die länger an einem Sozialraum teilnehmen, kennen bereits die ausgehandelten Normen und wissen, wann eine gemeinsam akzeptierte Norm überschritten wird.

2. Anders als auf der Cocktailparty, bei der jeder jeweils nur Mitglied eines einzigen kleinen Konversationskreises ist, können die Teilnehmer in Mailinglisten oder Newsgroups einer ganzen Reihe von Kommunikationsthemen gleichzeitig folgen. Bildlich gesprochen können sie also an verschiedenen Gesprächskreisen auf die gleiche Weise involviert und parallel teilnehmen. Damit ist eine wesentliche Restriktion nichtmedialer Kommunikation aufgehoben. Obgleich diese Beschränkung aufgehoben ist, stoßen die Teilnehmer dennoch bald auf neue Grenzen. Es ergibt sich das Problem der thematischen Dispersion und des »Information Overload«: Die Anzahl an Nachrichtensträngen, an gleichzeitig offenen Themen und auch die Zahl der Diskutanten bleibt zwangsläufig begrenzt. Würde diese Grenze überschritten, ginge die thematische Stringenz verloren, keiner könnte der Diskussion mehr folgen, womit der Wert des Sozialraumes für die Teilnehmer verloren ginge.

Hier kommt aber ein wesentlicher Unterschied zu Face-to-face-Treffen ins Spiel: Die Anforderungen der Teilnehmer an Aufmerksamkeit ist nicht wie auf der Party durch die Sequentialität einigermaßen gleichmäßig verteilt, sondern durch die mögliche Parallelität der Verfolgung und Teilnahme an mehreren unterschiedlichen Themenkreisen und Sozialräumen individuell verschieden. Mit anderen Worten, eine solche Begrenzung gilt für diejenigen, die stark in unterschiedlichen Kommunikationsgruppen engagiert sind, auch dann, wenn die Beziehungen in einem einzelnen betrachteten Kommunikationsraum nur eine schwache Dichte aufweisen.[1] In vielen Fällen ist für die Teilnehmer nicht einmal auf Anhieb ersichtlich, zu welchem Kommunikationsraum die gerade in ihrer Mailbox eingegangene Sequenz zugehört.

3. Aus dem vorgenannten Problem ergibt sich ein Strukturierungsbedarf. Dabei wird angenommen, daß es sich, wie in anderen sozialen Zusammenhängen auch, um eine entstehende doppelte Struktur handelt: Die *objektive Strukturierungsebene*, die sich vom Forscher analytisch-methodisch aufgrund der beobachtbaren Kommunikationssequenzen erfassen läßt und die sich aufgrund individuell differenter Anforderungen und daraus resultierender Verhaltensweisen an den einzelnen Teilnehmer in unterschiedlicher Weise präsente *subjektiv erfaßbare Struktur*. Dabei entscheidet der Grad der Involviertheit, die Motivation der Teilnahme und die individuelle Beobachtungsgabe über die Möglichkeit der sinnhaften Erfassung von Strukturen durch die Teilnehmer. Viele Akteure werden trotz dieser Differenzen dennoch eine ähnliche Auffassung einer Kernstruktur, etwa bezüglich der Frequenz und Themen der Hauptakteure, teilen.

Zwei Strukturierungsmerkmale scheinen von besonderer Bedeutung zu sein: Zum einen nehmen nicht alle Akteure gleichermaßen die Interaktionssequenzen vollständig wahr, sie orientieren sich vielmehr an den ihnen subjektiv wichtig erscheinenden Themen, die ohne vollständiges Lesen der jeweiligen Nachricht am »Subjekt«-Feld erkennbar sind.[2] Ferner orientieren sich die Personen an ihnen bekannten Namen: Dies führt zur These der Kondensationskerne: In einem nicht/bzw. schwach strukturierten Raum orientieren sich Teilnehmer auch an kaum erkennbaren Strukturen. Entfernte Bekannte, das Wiedererkennen von Namen, aber auch Themen und die zugehörigen Interessen der Teilnehmer können als Kristallisationspunkte für die Konstitution von Beziehungen gelten.

3. Das Verhältnis von Raum und Zeit in computerbasierten Kommunikationsmedien

Durch die computerbasierten Kommunikationsmedien verändern sich die Restriktionen, die dem Kommunikationsverhalten durch Raum und die Zeit auferlegt sind, werden aber nicht beseitigt. Die ›weltweite‹ technische Vernetzung und die hohe Übertragungsgeschwindigkeit allein als Hinweis auf das Verschwinden der Bedeutung von Raum und Zeit für das (Kommunikations-) Verhalten zu deuten, wäre zu kurz gegriffen. Zwar schrumpfen durch das Internet die Distanzen; die physisch konkreten Orte selbst bleiben aber unangetastet und bleiben letztlich für das Kommunikationsverhalten weiterhin bedeutsam. Folgende Beobachtungen können als Hinweise auf das Fortbestehen der Wirkung des physischen Raumes gedeutet werden:

- Das fast völlige Fehlen von Kommunikationsteilnehmern außerhalb der geographischen Agglomerationsräume dürfte sowohl die Themenwahl als auch das Kommunikationsverhalten beeinflussen.
- Die Bedeutung regionaler Sinnbezüge bei der Stiftung und Rückbindung von Diskussionskontexten verschwindet nicht unbedingt.
- Übergänge zwischen computervermittelter Kommunikation und face-to-face Kommunikation kommen in verschiedenen internetbasierten Sozialräumen öfters vor. Solche Kontakte können das Kommunikationsverhalten beeinflussen, unterliegen aber den Restriktionen von Raum und Zeit.
- Interessant ist dieses Verhältnis auch noch in einer anderen Hinsicht: Obgleich die Daten nur Bruchteile von Sekunden benötigen, um den Raum zu überwinden, kommt es zu einer Entschleunigung von Kommunikationsprozessen. Das Verschwinden des Raumes steht in einem konkreten Ver-

hältnis zur Dehnung der Zeit, die für das Abhandeln von Problemen in einer Gruppe benötigt wird.

Internetbasierte Kommunikation besitzt so gesehen mindestens zwei mögliche Bedeutungen: zum einen die Überwindung von Distanz mit Hilfe des Mediums, was nicht neu wäre, denn es handelt sich um ein grundlegendes Charakteristikum eines jeden Kommunikationsmediums. Zum anderen aber, und das erscheint relativ neu,[3] werden durch die Medien selbst Orte geschaffen, die zwar meistens nicht unabhängig von bekannten geographischen Ordnungen entstehen, mit ihrer Verbreitung aber mehr und mehr Unabhängigkeit erlangen können. Gemeint sind hiermit Web-Seiten, Chat Channels, Newsgroups, Mailinglists, MUDs und Avatarwelten etc. – Orte, auf die man sich beziehen oder an denen man sich ›treffen‹ kann. Die Bedeutung des physikalischen Raumes wird also insofern relativiert, als an seiner Stelle ein virtueller Raum Bedeutsamkeit für das Handeln der Akteure gewinnt.[4] Physikalisch gesehen besitzen alle Punkte im virtuellen Raum die gleiche Distanz. Mailingliste a, b, c, Newsgroup x, y, z, lassen sich, sofern nicht durch Dritte Kommunikationsbarrieren[5] errichtet wurden, vom gleichen PC aus, ohne daß der Akteur gezwungen wäre seinen Platz zu wechseln, erreichen. Es fragt sich nun, welche Restriktionen, denen das soziale Handeln im physikalischen Raum unterworfen ist, durch die (topologischen) Eigenschaften dieses virtuellen Raumes verändert werden (und welche nicht) und welchen neuen Restriktionen diese u.U. in sich bergen. Das Entstehen *neuer* sozialer Formen, etwa virtueller Gemeinschaften, auf der Basis der computervermittelten Kommunikation wird dadurch erst denkbar.

Mit der Herausbildung neuer Orte eröffnet sich prinzipiell die Möglichkeit, daß sich die Kommunikationsteilnehmer ein Stück aus ihrer Einbettung in den regionalen Kontext lösen und neue gemeinsame Kontexte entwickeln. Dabei kann man aber davon ausgehen, daß die ortsgebundenen Kontexte durch die virtuellen Kontexte nicht ersetzt werden, sondern diese treten im Sinne einer pluralen Einbettung zu den erstgenannten hinzu. Vor allem wenn es um die Überwindung kultureller Grenzen geht, kann, solange nicht jene gemeinsamen Kontexte entwickelt wurden, lediglich von einer physischen Distanzüberwindung gesprochen werden; die soziale Distanz hinsichtlich der Bedeutung nach Rekontextualisierung von Begriffen und Artefakten mag beträchtlich bleiben, was die Verständigungsmöglichkeiten einschränkt, bzw. Wahrscheinlichkeit von Mißverständnissen erhöht. An konkrete Orte bleibt nicht nur die »Embeddedness« des einzelnen Individuums primär rückgebunden, vor allem ist dort die primäre Herausbildung einer sozialen Kontextualität beheimatet. Dieser mit den anderen Akteuren innerhalb dieses konkreten Raumes herausgebildete gemeinsame Erfahrungs- und Symbolvorrat macht Verständigung mit den dort lebenden Menschen erst möglich. Gleichzeitig sorgt er aber auch für eine Begrenzung der Verständigungsmöglichkeiten mit Personen, die in einem anderen sozialen Kontext aufwuchsen.

4. Strukturlosigkeit und prinzipielle Gleichheit?

Durch die computervermittelte Kommunikation werden jedoch nicht nur die räumlichen Restriktionen sozialen Handelns verändert, sondern möglicherweise auch die Formen des Handelns selbst. Die prinzipielle Gleichheit der Kommunikationsteilnehmer ist eine häufig geäußerte These (z.B. Rheingold 1994; Höflich 1995), die oft mit der Vorstellung des herrschaftsfreien Diskurses verknüpft wird. Die prinzipielle Gleichheit wird dabei aufgefaßt als das Fehlen einer Vorstrukturierung und Begrenzung möglicher sozialer Beziehungen aufgrund askriptiver Merkmale (z.B. Sproull/Kiesler 1986, 1991; Zuboff 1988), womit nichts anderes gemeint ist, als der Bedeutungsverlust von Vorurteilen. Hinzu tritt, daß technisch gesehen, Begrenzungen von Kommunikation im physikalischen Raum aufgehoben werden, etwa die Tragfähigkeit einer Stimme, die als eine (nicht die einzige) Ursache für den Zerfall von Menschenansammlungen (z.B. Cocktailparty) in Kommunikationsgruppen angesehen werden kann.

Eine spätere soziale Strukturierung des Sozialraumes ist dadurch prinzipiell nicht ausgeschlossen. Darüber gibt es aber kaum Untersuchungen;[6] statt dessen werden Argumente aufgeführt, die (unter der Voraussetzung, daß keine Präkonstitution erfolgt) eine Perpetuierung des goldenen Anfangszustandes begründen sollen:

- Die Dominanz des Einzelnen werde begrenzt, da sich jeder zu Wort melden kann (z.B. Harasim 1993: 25).
- Sofern Ungleichheit entsteht, ist diese auf individuelle Merkmale der Teilnehmer rückführbar, etwa Unterschiede hinsichtlich der Zugangsmöglichkeiten sowie der Sprach- und Medienkompetenz der Akteure (z.B. Roesler 1997).[7]
- Kaum gehört, aber dennoch in die Klasse dieser Argumente gehörig, ist die Überwindung der sich durch die Sequentialität ergebenden Begrenzung der Teilnahmefähigkeit an simultanen Kommunikationssequenzen bei nicht-

medialer Kommunikation. Hieraus könnte sich eine erweiterte Partizipationsfähigkeit ableiten lassen.

Folgt man dieser Argumentation, ist es verwunderlich, daß einerseits die Entstehung virtueller Gemeinschaften behauptet wird, während gleichzeitig das Konzept der prinzipiellen Gleichheit gepflegt wird, das keine feste Zuweisung zu sozialen Positionen (und Rollen) zuläßt. Diese Auffassung verträgt sich keinesfalls mit einem Gemeinschaftsbegriff, zumindest solange man diesen in eine soziologische Tradition stellt: Wesentliche Kennzeichen von gemeinschaftlichen Beziehungen sind Multiplexität, soziale Kontrolle und soziale Integration und damit zumeist Ungleichheit. Der Gebrauch des auf das Internet bezogenen Gemeinschaftsbegriffes verleugnet Ungleichheit und Differenz und behauptet soziale Integration, aber kaum um den Preis der sozialen Kontrolle (so beim beliebigen Wechsel von Identitäten). Zudem ist Multiplexität von Beziehungen in den meisten Fällen unwahrscheinlich, denn, da die verschiedenen Online-Foren zumeist thematisch gebunden sind, würde eine Ausdehnung der Beiträge auf andere Themen, zumal auch auf solche, die den privaten Kontext der einzelnen Mitglieder betreffen, kaum geduldet. Der Gemeinschaftsbegriff erscheint daher denkbar ungeeignet, einen analytischen Zugriff auf internetbasierte Sozialräume zu erlauben.

5. Anschlußfähigkeit an die Gruppensoziologie

Zwar hat sich der Begriff virtueller Gemeinschaften (ursprünglich Rheingold 1994) bereits weit verbreitet, da aber der an Tönnies erinnernde Terminus der Gemeinschaft ideologisch verbrämt wird, scheint es besser, nach Konzepten zu suchen, die sowohl allgemeiner anschlußfähig sind, als auch über einen analytischen Zugang verfügen. Durch eine solche Vorgehensweise werden die beobachteten Sozialbeziehungen vergleichbar mit bekannten und weitläufig geteilten Analysen sozialer Phänome. Besonders geeignet für einen solchen Vergleich erscheint ein Anschluß an die Soziologie kleiner Gruppen, denn dort wird auf bestimmte universell gültig erachtete Strukturierungsregeln von Gruppen hingewiesen (Homans 1968).

Homans zeigt die Wirksamkeit äußerer Begrenzungen und äußerer Regeln auf. Auf virtuelle Orte möglicher Gruppenbildung bezogen, könnte man dies als medientypische technische Restriktionen (Chat, Mailinglisten und Newsgroups unterscheiden sich jeweils in ihren Eigenschaften) auffassen. In der Regel sind computerbasierte Sozialräume aufgrund äußerer Regeln nicht nach innen vorstrukturiert: anders als in Organisationen bestehen keine formalen Hierarchien (Ausnahmen: MUD und moderierte Diskussionsgruppen). Soziale Gruppen verfügen aber immer auch über eine Binnenstruktur. Größere Gruppen zerfallen in Subgruppen (Cliquen); es lassen sich soziale Rangeinstufungen unterscheiden u.a. Gruppenführer (»Führerschaft ist eines der wichtigsten Merkmale kleiner Gruppen« (Homans 1960: 157)); es entstehen Freundschaften. Alle drei Merkmale lassen sich an der Interaktionsfrequenz messen: Freunde stehen häufiger untereinander in Kontakt als mit anderen Menschen; Cliquen sind ebenso durch eine höhere interne Kommunikationsfrequenz vom Rest der Gruppe unterscheidbar. Die Kommunikationsfrequenz kann somit als Indikator für die Stärke von Beziehungen angesehen werden. Der soziale Rang leitet sich nach Homans aus der Anzahl der Personen, mit denen die untersuchte Person in Kontakt steht, ab (Homans 1960: 186).

Zwar lassen sich nicht alle Merkmale der Sozialität von Mailinglisten mit Hilfe der Kategorien der Kleingruppensoziologie beschreiben, dafür ist schon die Anzahl der Akteure zu groß, dennoch wird es als zielführender erachtet, diese Begriffe in einer empirischen Analyse anzuwenden und kritisch zu prüfen, als an einem emphatischen Gemeinschaftsbegriff zu kleben, der in der verwendeten Weise nicht einmal an gängige soziologische Konzepte anschlußfähig ist.

Diskussionswürdig bleibt dennoch die Frage, inwieweit sich internetbasierte Sozialräume mittels der Kleingruppenforschung fassen lassen, denn diesbezüglich bestehen einige gravierende Unterschiede: Während Kleingruppen durch eine enge interne Kommunikation gekennzeichnet sind, mit entsprechenden Folgen hinsichtlich sozialer Integration auf der einen Seite, aber auch starkem Konformitätsdruck auf der anderen Seite, erlauben es größere Kollektive sich solchen Anpassungszwängen weitgehend zu entziehen, was allerdings auf Kosten der Integration gehen mag.[8]

6. Die Analyse internetbasierter Sozialräume

Die von Homans verwendeten formalen Indikatoren zur Beschreibung von Beziehungen eignen sich trotz der vorgetragenen Kritik, hervorragend zur Analyse von internetbasierten Sozialräumen, denn in Mailinglisten und den meisten Newsgroups werden die Kommunikationsartefakte automatisch protokolliert und archiviert.

Um überhaupt von sozialen Gruppen sprechen zu können, ist zunächst einmal eine bestimmte Kommunikationsdichte pro Zeiteinheit[9] erforderlich, denn die einzelnen Identitäten müssen für die anderen Gruppenmitglieder erkennbar und unterscheidbar sein (Kollock/Smith 1994). Von der Dichte ist abhängig, ob sich ein einfaches Interaktionssystem (Luhmann 1975) je als soziale Gruppe konstituiert und in welchem Zeitraum dies geschieht.[10]

Miteinander in Interaktion stehende Gruppenmitglieder können formal durch gemeinsame Beteiligung an einer Kommunikationssequenz (einem Thread) identifiziert werden. Die Dichte ihrer Beziehungen bemißt sich an der Anzahl der Threads, die sie gemeinsam teilen. Nimmt man alle auf diese Weise konstituierten Beziehungen einer Newsgroup oder einer Mailingliste zusammen, entsteht ein internes Beziehungsnetz, welches sich mit den Methoden der Netzwerkanalyse[11] untersuchen läßt.

Nach der Analyse von mehreren unterschiedlichen computervermittelten Sozialräumen[12] zeichnet sich ein einheitliches Strukturmuster in folgender Hinsicht ab:

1. Für alle untersuchten Sozialräume kennzeichnend ist:

- Obgleich prinzipiell alle Teilnehmer durch jede einzelne Kommunikationssequenz erreicht werden können, zerfällt der Sozialraum in verschiedene Positionen, die sich in Teilen aufgrund ihrer Multiloge als Subgruppen (Cliquen) mit einer höheren internen Interaktionsfrequenz fassen lassen. In den untersuchten Mailinglisten konnte so in einzelnen Positionen eine bis zu 50mal höhere Kommunikationsdichte als im gesamten Sozialraum gemessen werden.
- In allen untersuchten Kommunikationsräumen lassen sich die folgenden Positionen unterscheiden: 1. Lurker,[13] das sind passive Zuhörer. Diese Position stellt in allen internetbasierten Kommunikationsräumen die Mehrheit der Akteure. 2. Propagandisten, diese lösen selten eine Diskussion aus. Als vorfindbare Rolle werden von diesen Informationen von außen in den Sozialraum hineingetragen. 3. Diskutanten. Diese teilen sich immer in unterschiedliche Subgruppen auf. Diese Subgruppen stehen zumeist nicht aktiv mit anderen Subgruppen in Kontakt. Öffentlich registrierbare Sozialbeziehungen werden nur innerhalb dieser dritten Position hergestellt.
- Einige der Diskussionsgruppen sind vergänglich; sie entstehen zu einem bestimmten Zeitpunkt, handeln untereinander eine Reihe von Themen ab (in der Regel mehr als eines), zerfallen schließlich aber wieder; andere bleiben permanent bestehen.

- Die Kommunikation ist sehr stark polarisiert: Einige wenige tragen das Gros der Kommunikation. Es kommen (melden sich) nicht alle in gleicher Weise zu Wort. Zwischen drei Prozent und 15% der Teilnehmer bestreiten jeweils die Hälfte aller Beiträge.
- Diejenigen, die in zeitlicher Nähe zueinander in den Kommunikationsraum eintreten, besitzen eine größere Chance miteinander eine soziale Beziehung (mit obiger Definition) einzugehen, als solche, deren Eintritt zeitlich weit voneinander entfernt liegt. Dieses Phänomen erweist sich in allen Kommunikationsräumen als signifikant (mit einer Ausnahme, der Mailingliste mit der geringsten Kommunikationsdichte).

2. Die untersuchten virtuellen Räume unterscheiden sich hinsichtlich:

- Des Hinweises auf eine Zentrum-Peripherie-Struktur (in 4 von 6 Fällen), was auf eine Hierarchie hindeutet. Hierbei ist zu beachten, daß dieses Muster zunächst nur formal beobachtbar ist – anders als in Face-to-face-Netzen, in denen eine Zentrumsposition sich dadurch auszeichnet, daß sie Kommunikationsbeziehungen zwischen miteinander nicht in Kontakt stehenden peripheren Akteuren vermitteln, findet sich in Mailinglisten und Newsgroups lediglich der Effekt, daß Akteure aus dem Zentrum an den Interaktionen mehrerer Subgruppen beteiligt sind. Nimmt man jedoch die Perspektive des einzelnen Individuums ein, ergibt sich ein anderes Bild: Bei weitem nicht alle Mitglieder einer Mailingliste oder Abonnenten einer Newsgroup nehmen alle Nachrichten zur Kenntnis; eine umfassende Beschäftigung mit dem Sozialraum kann jedoch aufgrund seines Verhaltens dem Zentrum zugeschrieben werden. In dieser Konstellation kommt dem Zentrum, genau die Position zu, die ihm innerhalb der Netzwerkanalyse als Vermittler zugeschrieben wird. Eine Zentrumsposition ist ferner durch einen weiteren Aspekt hervorgehoben, denn den Akteuren im Zentrum gelingt es als einzige eine für alle Aktiven sichtbare Identität aufzubauen. Die auf die Subgruppen beschränkten Akteure werden wohl kaum über die Mitglieder der jeweiligen Bezugsgruppe hinaus bekannt.
- In länderübergreifenden Listen lassen sich mehr oder weniger deutlich die Teilnehmer aufgrund ihrer Herkunft überzufällig in Subgruppen einordnen.[14]

7. Zusammenfassung

Zusammenfassend lassen sich über die Struktur computervermittelter Sozialräume die folgenden Aussagen treffen: Ein Teil der Begrenzungen, insbesondere solche, die mit der Topologie des Raumes und den darin wirksamen physiologischen Limitierungen der Individuen zusammenhängen, ist aufgehoben. Lautstärke und interne Gruppierung stellen zunächst keine Strukturierungszwänge dar. Trotz des Ausfalles, bzw. der Möglichkeit des Überschreitens dieser natürlichen Begrenzung und Strukturierungsnotwendigkeiten von Sozialräumen kommt es recht bald zu einer erneuten Grenz- und Strukturbildung.

Die Rede von virtuellen Gemeinschaften negiert diesen Effekt. Die Kommunikation innerhalb internetbasierter Sozialräume kann kaum mittels der »Gemeinschaftsmetapher« hinreichend beschrieben werden. Eine Orientierung an den Aussagen über Strukturierungsregeln der Gruppensoziologie führt bereits weiter, denn dort sind unterschiedliche Rollen für Akteure integraler Bestandteil. Allerdings wäre es ebenso falsch, die Gruppensoziologie, die letztlich in diesem Allgemeinheitsgrad eine Soziologie *kleiner Gruppen* darstellt, direkt auf die Analyse von Mailinglisten oder Newsgroups anwenden zu wollen.

An die Gruppensoziologie, jedenfalls solange man die formalisierte Variante im Auge behält, wie sie von Homans und Nachfolgern betrieben wird, läßt sich als Weiterung am ehesten eine Netzwerkanalyse anschließen. Diese bietet ein geeignetes Instrumentarium, jenseits ideologischer verbrämter Gemeinschaftsrethorik, die Sozialstruktur mit ihren Möglichkeiten aber auch ihren Grenzen analytisch zu erfassen. Sie ist offen genug, um Differenzen zur Kleingruppensoziologie zuzulassen.

Ein internetbasierter Sozialraum (Mailingliste, Newsgroup, Chat-Kanal usw.) kann also kaum als virtuelle Gemeinschaft beschrieben werden. Vielmehr handelt es sich um eine äußere Rahmung, die den Aufbau sozialer Beziehungen erst ermöglicht. Da aber bestimmte Limitierungen hinsichtlich der individuellen Aufnahmefähigkeit und des individuell investierten Zeitfensters bestehen, entsteht in allen untersuchten internetbasierten Sozialräumen eine typische Struktur.

In keinem Fall wurde eine einzige einheitliche soziale Gruppe gefunden; immer zerfallen die Sozialräume in unterschiedliche soziale Positionen. Diese Positionen weisen innerhalb eines gewissen Spektrums variable Mitgliederzahlen auf. Die größte Position stellen die passiven Teilnehmer (Lurker). Ein Großteil der Beiträge wird immer von wenigen Akteuren geleistet. Teilnehmer knüpfen auch in virtuellen Räumen an bereits bestehende Beziehungen an.

Solche Beziehungen lassen sich oft als Kondensationskerne für die Herausbildung von Subgruppen in virtuellen Räumen interpretieren.

Allerdings ist dies nicht die einzige, vielleicht auch nicht die wichtigste Ursache für das Entstehen einer typischen Binnenstruktur. Mit dem Erscheinen von Identitäten werden, wie außerhalb des Netzes auch, soziale Rollen übernommen. Die Netz-Identität entsteht aber erst durch eine starke permanente Präsenz (Wagner 1994). Die Untersuchungen zeigen, daß sich im Zeitablauf zwar viele einmal zu Wort melden, aber nur relativ wenige in die Lage kommen, eine eigene Identität ausbilden zu können. Es scheint, als entstünde die Strukturierung, um solche Persönlichkeiten herum – mithin wäre dies ein Hinweis auf Subgruppenführerschaften. In einigen der Sozialräume läßt sich anhand Homans Kriterium der Kommunikationsfrequenz und der Frage nach der Einleitung von Kommunikation auch eine Art Führerschaft für die Gesamtgruppe beobachten.

Typisch ist aber eine Schichtung der Teilnehmerschaft hinsichtlich des Grades der Beteiligung: Zum einen finden sich gänzlich passive »Lurker,« Beteiligte, die sich nur gelegentlich zu Wort melden und Teilnehmer, welche die Kommunikation sehr stark auf sich konzentrieren.

Die romantische Hoffnung einer technischen Lösung für die Herstellung eines »herrschaftsfreien Diskurses«, an dem sich eine große Zahl an Teilnehmern gleichmäßig beteiligen könnten, würde daher wohl, selbst bei gleichverteiltem Zugang und Ausgleich unterschiedlicher Medienkompetenzen, enttäuscht werden müssen. Die Analyse der Struktur von virtuellen Räumen offenbart also, trotz anderer physikalischer Bedingungen, ein in dieser Hinsicht wenig von realen Räumen unterschiedenes Bild. Ungleichheiten, Rollen, Cliquen, aber auch Führer lassen sich dort genauso beobachten. Ein wichtiger Unterschied könnte aber sein, daß sich andere Personen für die Führungspositionen qualifizieren können. So ist der »Gruppenführer« in einer Liste zu einem Thema aus der Politik, in der neben einer Vielzahl von Studenten auch Abgeordnete, bzw. deren Mitarbeiter des Bundestags und Europaparlaments eingeschrieben sind, erst 25 Jahre alt. Kaum vorstellbar, daß er diese Position IRL (in real life) in diesem Alter hätte erreichen können.

Anmerkungen

1 Befragungen der Teilnehmer von Mailinglisten zeigen, daß die Mehrzahl der Mitglieder mehrere Mailinglisten abonniert (Bosnjak et al. 1998, sowie eine eigene Befragung).
2 Vergleiche hierzu ebenfalls die Untersuchung von Bosnjak et al. (1998).
3 Am ehesten vergleichbar ist es mit Amateurfunk, bei dem die einzelnen Kanäle auch virtuelle Orte repräsentieren.
4 Obgleich es keine physische Distanz zwischen den virtuellen Orten gibt, spielen Nähe und Erreichbarkeit nach wie vor eine nicht zu unterschätzende Rolle: 1. Nicht alle Newsserver übertragen alle Newsgroups an den jeweiligen Teilnehmer. Sein Universum erreichbarer Orte ist also abhängig von der Vorauswahl seines Providers und/oder der Zugänglichkeit alternativer Newsserver. 2. Zwischen Orten gibt es Nachbarschaften: Der SWF3-Chatkanal ist nur über die SWF3-Homepage erreichbar, liegt also in der Nähe; auf IRC-Servern können mit einem Befehl die dort verfügbaren Kanäle abgefragt werden. Die dort durch die Kanäle repräsentierten Orte sind sich also »näher« als Kanäle auf unterschiedlichen Servern. 3. Oft gehört zu internetbasierten Bildungsangeboten ein Sozialraum (Harasim 1993) in Form eines Chatkanals, einer Newsgroup oder einer Mailingliste – auch hier kann von »Nähe« im Sinne von Erreichbarkeit gesprochen werden.
5 Hier ist vor allem an Zugangsbeschränkungen gedacht: Der jeweilige Provider mag bestimmte Foren (z.B. mit pornographischem Inhalt) ausschließen oder gar, etwa im Falle des Zugangs vom Arbeitsplatz aus, nur wenige, für die Tätigkeit relevante Sozialräume zugänglich machen.
6 In der Literatur finden sich relativ wenige zumeist lediglich implizite Hinweise auf Strukturen von Online-Communities. Als Beispiele möchte ich die folgenden Hinweise anführen: 1. laut Susan C. Herring (1993) ist die Bulletin Board Kommunikation vom Sexismus durchdrungen, was auf eine Strukturierung an den Geschlechtergrenzen hindeutet. 2. Kollock und Smith (1994) fragen nach den Motiven Einzelner zur Produktion von kollektiven Gütern (z.B. Hinweise zur Lösung eines Computerproblems), angesichts des Phänomens von »Freeridern«, Personen, die entweder nur Zuhören (»Lurker«) oder lediglich Fragen stellen, aber nie welche beantworten. Implizit weisen Kollock und Smith damit eine Binnenstrukturierung von Online-Communities hin. 3. Das beobachtete Entstehen von Freundschaften (Parks und Floyd 1996) läßt ebenso eine Binnenstruktur vermuten. 4. Wetzstein und Dahm (1996) nehmen eine Typisierung vor, indem sie Hobbyisten, Freaks und Pragmatiker unterscheiden (vergl. auch Döring 1997). Das Problem solcher Typenbildungen ist in der Regel, daß sie individuell Motive zwar explizierten, nicht aber die Konsequenzen für die Gruppen, die sich daraus ergeben. 5. In der Studie (Wetzstein et al. 1995) berichten sie zudem von Tendenzen hin zu einer Hierarchisierung im Zusammenhang mit Netzämtern (vergl. auch Ha-

rasim 1993: 30). Die unterscheidbaren Nutzertypen und Amtsbesitz und bzw. Nichtbesitz offenbaren Ungleichheiten im Kommunikationsraum.

7 Träfe dieses Argument zu, könnte man mit Hilfe von pädagogischen Maßnahmen, etwa dem Unterrichten von Sprachen und Medienkompetenzen die Ungleichheiten in internetbasierten Sozialräumen beseitigen.

8 Ergebnisse zur Untersuchung von Großgruppensitzungen sind bei Rauch (1983) nachzulesen.

9 Offenbar schwebt Homans eine Interaktionsmatrix vor, wenn er schreibt: »*Eine Gruppe ist also definiert durch die Interaktion der Teilnehmer. Wenn wir sagen, die Individuen A, B, C, D, E, … bilden eine Gruppe, so bedeutet das, daß zumindest die folgenden Umstände herrschen: Innerhalb eines gegebenen Zeitraums steht A häufiger mit B, C, D, E, … in Interaktion als mit M, N, L, O, P, … , welche nach unserer Wahl Außenstehende oder Mitglieder anderer Gruppen darstellen sollen. Auch steht B häufiger mit A, C, D, E, … als mit Außenstehenden in Interaktion, und dasselbe gilt entsprechend auch für die anderen Gruppenmitglieder. Auf diese Weise ist es möglich, durch die bloße Zählung von Interaktionen eine Gruppe herauszuarbeiten, die sich quantitativ von anderen Gruppen unterscheidet*« (Homans 1969: 102f).

10 Walther und Burgoon (1992) sind beispielsweise der Ansicht, daß Kennenlernen unter CMC-Bedingungen wesentlich langsamer verläuft als Face-to-Face-Kommunikation.

11 Zur Anwendung kommt ein Verfahren der Blockmodellanalyse (Concor-Algorithmus von Breiger et al. 1975), mit dessen Hilfe die ursprüngliche Beziehungsmatrix so umsortiert wird, daß strukturell ähnliche Akteure in sog. Blöcken (Positionen) zusammengefaßt werden. Die Anordnung der Blöcke zueinander repräsentiert eine Rollenbeziehung.

12 Bis jetzt wurden etwa ein Dutzend Mailinglisten, in denen Themen wie Philosophie, Soziologie, Politik, Radfahren, Reden über Hunde, eine spezielle Krankheit, feministische Literatur und Betrug in der Wissenschaft behandelt werden und eine Newsgroup, bei der es um Kontakte zwischen den Teilnehmern geht, untersucht. Es handelt sich um moderierte und unmoderierte Mailinglisten, um einen Kommunikationsraum mit sehr hoher Kommunikationsdichte und sehr niedriger Kommunikationsdichte (der Dichteabstand zwischen beiden Gruppen beträgt das 5-fache), Gruppen mit niedriger formaler Teilnahmevoraussetzung (gegenseitige Kontakte) und sehr hohen Voraussetzungen (Weiterentwicklung von Internetprotokollen), die Zahl der Aktiven schwankt zwischen 55 und 821, zudem handelt es sich um national(sprachlich) begrenzte und explizit internationale Kommunikationsräume. In die Analyse gehen Daten bis zu einem Zeitraum von 4 Jahren rückwirkend ein.

13 Deren Zahl läßt sich durch Fortschreibung der Mitgliederlisten in Mailinglisten ermitteln; für Newsgroups ist sie prinzipiell nicht mit Hilfe von Archivdaten bestimmbar.

14 Allerdings sei an dieser Stelle darauf hingewiesen, daß das verwendete Kriterium eines Vergleichs der »toplevel-domain«, das ist der letzte Teil der E-Mail Adresse,

eine sehr große hohe Ungenauigkeit aufweist. Adressen, die nicht eine Nationalität anzeigen, z.B. eine Endung ».com« oder ».net« läßt sich nicht eindeutig zuordnen.

Literatur

Bergmann, Jörg (1987), Klatsch: Zur Sozialform der diskreten Indiskretion. Berlin.

Bosnjak, Michael/Bandilla, Wolfgang/Schneid, Michael/Lorch, Guido/Batinic, Bernad/Werner, Andreas/Stiegler, Angelika (1998), Online-Forschung im deutschsprachigen Raum. Erste Ergebnisse einer Umfrage unter Mitgliedern der »German Internet Research« Mailingliste. (URL: http://www.or.zuma-mannheim.de/inhalt/projekte/or_expert/girl98_1.pdf).

Breiger, Ronald R./Boorman, Scott A./Arabie, Phipps (1975), An Algorithm for Clustering Relational Data with Applications to Social Network Analysis and Comparison to Multidimensional Scaling. Journal of Mathematical Psychology 12: 328-383.

Döring, Nicola (1997), Identitäten, Beziehungen und Gemeinschaften im Internet, in: Bernard Batinic (Hrsg.): Internet für Psychologen. Göttingen: 299-336.

Harasim, Linda M. (1993), Networlds: Networks as Social Space, in: Linda M. Harasim (ed.): Global Networks: Computers and international communication. Cambridge (Mass.): 15-34.

Herring, Susan C. (1993), Gender and Democracy in Computer-Mediated Communication. Electronic Journal of Communication 3(2). (URL: http://cios.llc.rpi.edu/www/ejc/ v3n293.htm).

Höflich, Joachim R. (1995), Vom dispersen Publikum zu »elektronischen Gemeinschaften.« Plädoyer für einen erweiterten kommunikationswissenschaftlichen Blickwinkel. Rundfunk und Fernsehen 43, 4: 518-537.

Homans, George Caspar (1960), Theorie der sozialen Gruppe. Köln/Opladen (orig.: 1950, The Human Group. New York: Hartcout, Brace and Company).

Homans, George Caspar (1968), Elementarformen sozialen Handelns. Köln/Opladen (orig.: Social Beahvior. Its Elementary Forms. 1961, Hartcourt, Brace & World, Inc.).

Kollock, Peter/Smith, Marc (1994), Managing the Virtual Commons: Cooperation and Conflict in Computer Communities. (http://www.sscnet.ucla.edu/soc/csoc/papers/virtcomm/).

Luhmann, Niklas (1975), Soziologische Aufklärung 2. Ansätze zur Theorie der Gesellschaft. Opladen.

Parks, Malcolm R./Floyd, Kory (1996), Making Friends in Cyberspace. Journal of Communication 46 (1): 80-97.

Rauch, Herbert (1983), Partizipation und Leistung in Grossgruppen-Sitzungen. Qualitative und quantitative Vergleichsanalyse von 20 Fallstudien zum Sitzungprozeß entscheidungsfindender Großgruppen, in: Friedhelm Neidhardt (Hrsg.): Gruppensoziologie. Perspektiven und Materialien. Sonderheft der Kölner Zeitschrift für Soziologie und Sozialpsychologie 25: 256-274.

Rheingold, Howard (1994), Virtuelle Gemeinschaft: soziale Beziehungen im Zeitalter des Computers. Bonn u.a.

Roesler, Alexander (1997), Bequeme Einmischung. Internet und Öffentlichkeit, in: Stephan Münker/Alexander Roesler (Hrsg.): Mythos Internet. Frankfurt: 171-182.

Sproull, Lee/Kiesler, Sara (1986), Reducing Social Context Cues: Electronic Mail in organizational communication. in: Management Science 32: 1492-1512.

Sproull, Lee/Kiesler, Sara (1991), Computers, Networks and Work. Scientific American. September 1991, Special Issue: 84-91.

Wagner, Gerald (1994), Fernschreiber im Gespräch: Kommunikation braucht Geschichte(n). Unterhaltungen im Inter Relay Chat. Berlin: WZB-Discussion Paper FS II 94-507.

Walther, J. B./Burgoon, J. K. (1992), Relational Communication in Computer-Mediated Communication. Human Communication Research 19 (1): 55-88.

Wetzstein, Thomas A./Dahm, Hermann (1996), Die Nutzer von Computernetzen – eine Typologie, in: Martin Rost (Hrsg.): Die Netzrevolution. Auf dem Weg in die Weltgesellschaft. Frankfurt: 37-50.

Wetzstein, Thomas A./Dahm, Hermann/Steinmetz, Linda/Lentes, Anja/Schampaul, Stephan/Eckert, Roland (1995), Datenreisende. Die Kultur der Computernetze. Opladen.

Zuboff, Shoshana (1988), In the Age of the Smart Machine. The Future of Work and Power. Oxford, London u.a.

Inklusion und Exklusion durch Mediennutzung?

Michael Jäckel

1. Vorwort

Die Thematik Inklusion/Exklusion nimmt Bezug auf Differenzierungsprozesse moderner Gesellschaften (vgl. Giegel 1997: 599). Viele soziologische Begriffspaare lassen sich in diesem Sinne interpretieren: Gemeinschaft versus Gesellschaft, System versus Lebenswelt oder Primär- versus Sekundärgruppe sollen beispielhaft genannt werden. Diese Kontrastierungen bündeln Beobachtungen, die sich aus der Zunahme gesellschaftlich vermittelter Erfahrungen ergeben. Sie beschreiben in unterschiedlicher Form und Gewichtung Strukturmerkmale sozialer Großgruppen sowie Handlungsanforderungen an Akteure. Die gegenwärtig dominierende Diskussion um Individualisierungsprozesse wird dort ebenfalls artikuliert: als Bedürfnis nach sozialen Bindungen und als Selbstverpflichtung aufgrund einer Zunahme von Handlungsanforderungen. Inklusion und Exklusion wirken in diesem Zusammenhang als Begriffe, die deutliche Zäsuren in modernen Gesellschaften beschreiben. Wenn von Einschluß und Ausschluß die Rede ist, werden zunächst Assoziationen geweckt, die auf ökonomische Disparitäten und soziale Ungleichheiten hinweisen. In einem weiteren Sinne wird der Zugang bzw. Nicht-Zugang zu vorhandenen Optionen angesprochen, die sich in unterschiedlichen Angebotspaketen auf Märkten präsentieren. Die Verfügbarkeit und Nutzung von Angeboten ist auch in bezug auf den stark expandierenden Bereich von Information und Kommunikation diskutiert worden (vgl. Jäckel 1996).

Obwohl in der Regel der Fokus auf den Vorgang der Exklusion gelegt wird, bleibt zu beantworten, an welchen Angeboten sich die ausgeschlossenen Gruppen statt dessen orientieren. Und ebenso wichtig ist die Frage, warum auf eine Inanspruchnahme verzichtet wird. Orientiert man sich an Luhmann, so meint Inklusion unter anderem, »daß das Gesellschaftssystem Personen vorsieht und ihnen Plätze zuweist, in deren Rahmen sie erwartungskomplementär handeln können; etwas romantisch könnte man auch sagen: sich als Individuen heimisch fühlen können« (Luhmann 1997: 621).

Dieses Argument verdeutlicht einen wichtigen Aspekt, der auf die vorliegende Thematik übertragen werden kann, da er auch für Bindungen von Personen an Personen oder Programme relevant ist. Hennen betont in Anlehnung an Bandura und Simon: Die Angebote, die den Menschen gemacht werden, allgemeiner auch als Programme bezeichenbar, »[...] müssen [...] eine Art Heimcharakter erhalten, sie müssen die Vertrautheit von ›Freunden‹ haben, wie das in jedem Feld der Erfahrung notwendig ist, [...]« (Hennen 1994: 298). Diese allgemeine Feststellung verlangt nach Bestätigungen in unterschiedlichen Handlungsfeldern, zu welchen auch die Mediennutzung gezählt werden darf. Wenn es um die Erklärung der Inanspruchnahme »alter« und »neuer« Medienangebote geht, werden häufig Erwartungen an Publika bzw. Nutzergruppen gerichtet, die quasi ohne Rücksprache mit der Trägerschicht entstanden sind. Aber Erwartungen an Handlungen, die ohne Kenntnis der Motivebene arbeiten, sind enttäuschungsanfällig. »Ich muß als Beobachter den ›subjektiv gemeinten Sinn‹ kennen, um die Handlung deuten zu können. Erst das Motiv macht seit Max Weber die Handlung aus« (Hennen 1994: 298).

Neben sehr umfassenden Inklusionserwartungen (»Die neuen digitalen Geräte werden alle Bereiche der Gesellschaft erobern« [zit. nach Fischermann/Heuser 1997: 22]) werden Segmentierungen prognostiziert, die Modernisierungsgewinner und -verlierer hervorbringen werden. Im Kontext dieser widersprüchlichen Diskussion erfahren die Bereiche Bildung, Ausbildung und Beruf ebenso wie die private Nutzung Aufmerksamkeit. Insgesamt wird der Eindruck vermittelt, daß zukünftig jeder auf sich selbst gestellt sein wird, wenn es um die folgenden Fragen geht: Welche Angebote möchte man über welchen Vermittlungsweg in welcher Form in Anspruch nehmen? »Individualisierung« wird gleichsam zu einem scheinbar unverzichtbaren Attribut.

Diese – gelegentlich überpointierten – Reflexionen bevorzugen zugleich den dichotomen Blick auf Nutzungsentscheidungen, indem alte mit neuen Präferenzen kontrastiert werden, die unvereinbar erscheinen. Diese dichotomen Modelle unterschätzen die Heterogenität der Trägerschichten »alter« und »neuer« Medien, die sich auch durch unterschiedliche Nutzungsformen beschreiben lassen. Bevor diese Heterogenität skizziert wird, soll ein kurzer historischer Rückblick illustrieren, daß unterschiedliche Akzeptanzentwicklungen kein Spezifikum der Gegenwart sind.

2. Rückblicke in die Mediengeschichte

»[...] choice is always limited [...]« (McQuail 1997: 17). Dieser Satz mag angesichts einer allgemeinen Optionseuphorie überraschen. Die historischen Beispiele, die im folgenden exemplarisch erwähnt werden, unterstützen diese Aussage. Sicherlich muß man die engeren Grenzen, innerhalb derer sich die eigenen Präferenzen entfalten konnten, beachten. Die jeweiligen Formen der Inanspruchnahme lassen sich jedoch auch als Selbstbegrenzungen interpretieren. Dies gilt beispielsweise für die Differenzierung des Publikums öffentlicher Veranstaltungen in der Antike, aber auch für das Publikum der gedruckten Medien im 19. Jahrhundert, das sich um Inhalte unterschiedlichen Niveaus und Anspruchs gruppierte.

Hinsichtlich der jeweils vorhandenen Angebote und ihrer Interessengruppen dominieren sehr deutliche und klare Zuordnungen. Das Kino ist hierfür ein gutes Beispiel. In ihrer 1913 erschienenen Dissertation »Zur Soziologie des Kino« beschrieb Altenloh die Beziehung zwischen sozialer Position einerseits und der Art der Freizeitgestaltung andererseits, bevor der Kinematograph die Städte und Provinzen eroberte: »Die meisten Menschen sind als ein kleines Maschinenteilchen dem großen wirtschaftlichen Gesamtmechanismus eingegliedert, und nicht nur die Arbeit beherrscht dieses System, sondern die Gesamtheit des Individuums wird mit hineingezogen. Die freie, unantastbare Sphäre, in der der Mensch souverän herrscht, ist auf ein Minimum zusammengeschrumpft. [...]. Die Art, sich zu unterhalten sich zu amüsieren, zeigt innerhalb der einzelnen Schichten bestimmte charakteristische Merkmale, und ein Verstehen über den eigenen Kreis hinaus gibt es kaum, geschweige denn ein Miteinanderarbeiten, ein Miteinandergenießen. Gegenüber diesen so eingespannten Menschen steht eine ganz dünne Oberschicht solcher, die sich, meist infolge äußerer günstiger Lebensbedingungen, ein größeres Maß innerer Freiheit bewahrt haben. In ihrem ganzen Fühlen und Denken stehen sie von jenen weit entfernt. Für sie bleiben die Objektivationen des geistigen Lebens, wie Bücher und Kunstwerke, keine äußerlichen Dinge. Sie beziehen sie in sich hinein und machen sie zum lebendigen Bestandteil ihrer Persönlichkeit. Durch diese fortgesetzte Assimilation werden sie die Träger der gesamten Kultur, und rückwirkend bestimmen sie ihren Inhalt« (Altenloh 1913: 48).

Diese »innere Freiheit« korrespondierte mit einer Nähe zum Theater, die man anderen sozialen Großgruppen nicht attestierte, aber zugleich als Vergleichsmaßstab für deren Präferenzen auferlegte. Das Kinopublikum erfuhr in der Pionierphase dieses Mediums entsprechende Vergleiche: »Wie tief das Niveau ist und mit was für Besuchern sie rechnen, das charakterisiert besser als alle Beschreibungen folgender Anschlag in einem der Säle: ›Das Demolieren der Stühle und Bänke ist verboten‹« (Altenloh 1913: 52).

Trotz dieser Kritik blieb das Kino zunächst eine »Domäne der kleinen Leute« (Flichy 1994: 253). Folgt man den Analysen von Sklar, so änderte sich dies durch die Einführung des Tonfilms. Am Beispiel Amerikas wird illustriert, wie sich allmählich eine Veränderung in der Struktur des Kinopublikums abzeichnete: »Zur Zeit des Stummfilms war es allgemein üblich, seiner Meinung über das Geschehen auf der Leinwand laut Ausdruck zu verleihen [...]. Es entstand damit zwischen allen Gleichfühlenden ein wechselseitiger Zusammenhang, eine Gemeinschaft aller Zuschauer, die sich ursprünglich fremd waren« (zit. nach Flichy 1994: 255). Durch die Einführung des Tonfilms trafen nun unterschiedliche Seherinteressen aufeinander. Diejenigen, die die Verbindung von Wort und Bild genießen wollten, empfanden die Äußerungen des bisherigen Publikums als störend. Die Folge war: »Das tönende Publikum der Stummfilme wurde zum stummen Publikum des Tonfilms« (zit. nach Flichy 1994: 255). Für Millionen von Einwanderern in die USA wiederum waren die sogenannten »Penny Arcades« ein willkommenes Angebot in einer fremden Welt, deren Sprache man ohnehin noch nicht oder kaum verstand. In diesen kleinen Guckkästen konnte man gegen den Einwurf einer Penny-Münze kurze Stummfilme sehen (vgl. Prokop 1995: 37). Auch hier zeigt sich, daß man die Akzeptanz bestimmter Medienangebote aus Präferenzen, sozialen Situationen und sozialen Positionen ableiten kann.

Im Zuge der Veränderung des Kinoangebots verlagerte sich die Präferenz für das Kino stärker in die Mittelschicht. Sehr schnell wandelten sich im Zuge dieser Veränderungen auch die Regeln für das Kinopublikum: »Sprechen während der Vorführung von Tonfilmen untersagt!« (zit. nach Flichy 1994: 257) soll noch in den 50er Jahren eine Anweisung für das Publikum in manchen französischen Kinos gelautet haben. Diese Veränderung markiert somit das vorläufige Ende des Kinos als Gemeinschaftsspektakel. Gleichwohl haben sich heute in diesem Bereich wieder neue Formen des Gemeinschaftserlebnisses etabliert (siehe hierzu ausführlicher Vogelgesang 1994: 470f.).

Am Beispiel des Hörfunks soll ein Aspekt veranschaulicht werden, der in den bisherigen Ausführungen schon Erwähnung gefunden hat, aber hier noch deutlicher in Erscheinung tritt: die Förderung des Gemeinschaftsgefühls. Unter Rückgriff auf die Folgen der Industrialisierung und die damit einhergehende vermehrte Trennung von Wohn- und Arbeitsstätte werden beispielsweise Hörfunkangebote als eine Möglichkeit diskutiert, die dieser Form von Vergesellschaftung entgegenwirken konnten. Ein Programmgestalter des BBC-Hörfunks meinte im Jahr 1942 dazu: »Der Rundfunk bedeutet eine Wiederentdeckung des ›Home‹. In einer Zeit, da Heim und Herd wegen vielfältiger außerhäuslicher Interessen und Aktivitäten vernachlässigt werden und die familiären Bande und Gefühlsbindungen folglich zerfallen, könnte das gemeinsame Dach der Familie durch dieses neue Überzeugungsmittel in gewissem Maße seine herkömmliche Bedeutung wiedererlangen [...]« (zit. nach Flichy 1994: 258f.).

Die genannten Beispiele beschreiben ein Wechselverhältnis zwischen gesellschaftlichen Entwicklungen einerseits und den Funktionen der Medien für die Menschen andererseits. Dieses Wechselverhältnis unterliegt einer Dynamik, die im Zuge des Aufkommens von Massenkommunikationsmitteln zunächst unter eher besorgniserregenden Fragestellungen diskutiert wurde. Beispielhaft sei hier auf Lazarsfeld und Merton verwiesen, die in ihrem Beitrag »Massenkommunikation, Publikumsgeschmack und organisiertes Sozialverhalten« nach Antworten auf eine »schlecht definierte Fragestellung« (Lazarsfeld/Merton 1973 [zuerst 1948]: 450) suchten: die Wirkungen der Massenmedien auf die Gesellschaft. Mit einer gewissen Enttäuschung stellen sie darin fest: »Der Kampf um die Freiheit der Muße, für allgemeine Schulbildung und soziale Sicherheit wurde in der Hoffnung geführt, daß die Leute, wenn sie erst einmal von ihren engen Fesseln befreit wären, sich den großen kulturellen Gegenständen unserer Gesellschaft widmeten, sich Shakespeare oder Beethoven oder vielleicht Kant zuwendeten. Statt dessen wenden sie sich Faith Baldwin oder Johnny Mercer oder Edgar Guest zu« (Lazarsfeld/Merton 1973 [zuerst 1948]: 452). Und weiter heißt es: »Generationen kämpften für mehr Freizeit, und jetzt verbringen sie sie eher mit dem Columbia Broadcasting System als auf der Columbia Universität« (Lazarsfeld/Merton 1973 [zuerst 1948]: 452).

Trotz eines gemeinsamen Ziels blieben unterschiedliche Interessen bestehen. Man darf aus dieser Ernüchterung über die Zeitverwendung der Bevölkerung nicht die Schlußfolgerung ziehen, daß jeder Versuch einer Umleitung von Präferenzen scheitern muß. Aber man darf nicht erwarten, daß sich die Menschen mehrheitlich an Zielen orientieren, die nicht auf ihren Motiven basieren. Dies gilt insbesondere für Handlungsfelder ohne Verpflichtungscharakter. Vor dem Hintergrund dieser historischen Aspekte soll nunmehr zu der Frage zurückgekehrt werden, unter welchen Vorzeichen heute soziale Ungleichheit und Mediennutzung thematisiert werden.

3. Soziale Ungleichheit und Mediennutzung

Wenn es in der Medienwirkungsforschung eine Tradition gibt, die von bestimmten gesellschaftlichen Funktionen der Massenmedien ausgeht, ist vor allem die Wissenskluft-Forschung zu nennen. Sie resultierte aus dem Versuch, Informations- bzw. Wissensunterschiede in der Bevölkerung zu erklären. Ausgangspunkt waren insbesondere empirische Studien, die sich mit der Geschwindigkeit der Diffusion von Nachrichten, den Auswirkungen eines Zeitungsstreiks auf Wissensunterschiede in der Bevölkerung, der Veränderung des Informationsstandes zu bestimmten Themen innerhalb eines größeren Zeitraums sowie der Kenntnis bestimmter Sachverhalte aus wissenschaftlichen Artikeln beschäftigten. Als Ergebnis eines ersten Systematisierungsversuchs ergab sich die bis heute immer noch als theoretischer Bezugspunkt dienende »knowledge gap«-Hypothese. Diese besagt sinngemäß: Personen mit einem höheren sozialen Status und/oder höherer formaler Bildungsqualifikation nehmen Informationen rascher auf als Personen, die nur über eine niedrige allgemeine Schulbildung verfügen und/oder den unteren sozialen Schichten angehören. Wenn der Informationsfluß in ein soziales System zunimmt, reduzieren sich die Wissensdifferenzen nicht. Im Gegenteil: Neue Informationen werden insbesondere von jenen in Anspruch genommen, die ohnehin schon gut informiert sind. Obgleich in diesem Zusammenhang bereits auf unterschiedliche »communication skills« der Rezipienten verwiesen wurde, dominierte eine defizittheoretische Interpretation (vgl. Bonfadelli 1987: 312). Bonfadelli bemerkt hierzu: »In der anfänglichen Wissenskluft-Hypothese orientierte man sich hauptsächlich an bestimmten Wissensbeständen und begriff die bestehenden Wissensunterschiede meist normativ als Defizite der Unterprivilegierten. Demgegenüber betont eine differenztheoretische Interpretation unterschiedliche Wissensverteilungen aufgrund je situativ verteilter unterschiedlicher Motivationen, entsprechende Informationsangebote zu nutzen und aufzunehmen. Nach ihr sind bestehende Wissensklüfte vor allem Resultat unterschiedlicher Motivation, Information aufzunehmen, und nicht fehlender oder mangelnder Nutzungskompetenzen« (Bonfadelli 1987: 312). Auch hier tritt eine Unvereinbarkeit zwischen Erwartungen an das Handeln der Menschen und den handlungsleitenden Motiven auf.

Die gegenwärtige Diskussion um Modernisierungsgewinner und -verlierer (siehe hierzu auch Jäckel 1996) knüpft dennoch eher an die frühe defizittheoretische Tradition an. Die folgenden Beispiele zeigen, daß im Zentrum Erwartungen stehen, die aus einer ungleichen Nutzung von Medienangeboten resultieren. Bereits 1990 formulierte Schulz angesichts der Ausweitung des

Medienangebots die folgende Annahme: »Die ›Informationsreichen‹ werden gleichsam immer reicher, die ›Informationsarmen‹ immer ärmer, zumindest wächst die Kluft zwischen diesen beiden Teilen der Gesellschaft. Es entsteht so etwas wie eine neue Klassengesellschaft mit einer ›Informationselite‹ auf der einen Seite, die sich gut auskennt und zurechtfindet, und den ›Informationsparias‹ auf der anderen Seite, die wenig wissen, aber von den Medien gut unterhalten werden« (Schulz 1990: 149). Der Abschlußbericht der Enquete-Kommission »Zukunft der Medien in Wirtschaft und Gesellschaft. Deutschlands Weg in die Informationsgesellschaft« diskutiert ebenfalls die Gefahr neuer Spaltungen und Abschottungen, die aus dem ungleichen Zugang zu »neuen« Medien resultieren können, gleichwohl ohne sich uneingeschränkt der gerade formulierten Hypothese anzuschließen (vgl. Enquete-Kommission 1998: 95f.). Die Beispiele verdeutlichen das Aufeinandertreffen von Interessen und Erfordernissen. Dieser Konflikt muß vor dem Hintergrund der Erwartung gesehen werden, daß dem Umgang mit Informationen in Zukunft ein noch höherer Stellenwert als gegenwärtig zukommen wird.

Wichtig ist, daß man die Frage des Zugangs und der Notwendigkeit der Nutzung sowie die Motivations- und Interessensebene analytisch trennt. Wenn Interessen vorliegen, muß man ihre Notwendigkeit nicht unterstreichen. Umgekehrt dürften gerade im Bereich von Bildung, Ausbildung und Beruf manche Heraus- bzw. Anforderungen auch Interessen geweckt haben. Medien unter Berücksichtigung ihres Verwendungszwecks zu positionieren, dürfte angesichts ihrer Verwertbarkeit für unterschiedliche Zwecke in unterschiedlichen Kontexten klare Zuordnungen nicht immer leicht machen. Dieser Aspekt berührt bereits Probleme der Typenbildung und Klassifikation, die im nächsten Abschnitt noch präzisiert werden. Die häufigen Hinweise auf »Gewinner und Verlierer«, »Informationselite und Informationsparias« usw. erstaunen insofern etwas. Die Vorliebe für Dichotomien liegt offensichtlich in ihrer vermeintlichen Klarheit und der öffentlichen Reaktion, die sie auslösen. Diese Generalisierung geht einher mit einem hohen Aggregationsniveau, dem hier die Auffassung von McQuail entgegengehalten werden soll: »The possibilities for formation of new types of audience are now so numerous that no single typology can do justice to the reality. It is hard to imagine any word that can cover the situations of media exposure, ranging from in-flight movies to messages inscribed on every conceivable item that catches our attention« (McQuail 1997: 149). Es geht im folgenden um den Nachweis, daß sich »alte« und »neue« Medien durch eine differentielle Akzeptanz beschreiben lassen.

4. Akzeptanz »alter« und »neuer« Medien

Wenn man über Mediennutzung spricht und Fragen der Medienauswahl thematisiert, wird häufig die Passivität der Rezeptionssituation betont, um die Nachrangigkeit dieses Aspekts zu unterstreichen. Dies gilt insbesondere für das Fernsehen. In Anlehnung an eine in der soziologischen Lebensstilforschung häufig verwandte Formulierung könnte man sagen, daß hier das Wählen, um dazuzugehören, keine große Bedeutung hat. Dennoch muß man davon ausgehen, daß jede dauerhafte Teilnahme an bestimmten Programmen einen Verzicht auf Alternativen bedeutet. Wenngleich man in den letzten Jahren selten Gutes über das Leitmedium Fernsehen erfahren hat, ist die Nutzung nicht rückläufig. Das Medium erfährt eine hohe Aufmerksamkeit, die in einem doppelten Sinne den Inhalten zu verdanken ist. Man nimmt sie wahr und bewertet sie. Unzumutbares wird aus dem eigenen Repertoire ferngehalten, sofern man sich durch gezielte Vorauswahl davor schützen kann. Exklusion findet hier durch Selektion statt. Jenseits dieser grundsätzlicheren Erwägungen aber sind es gelegentlich auch Zufälle, die den Rezipienten mit mehr oder weniger populären Angeboten in Kontakt bringen. Situationsspezifische Unterschiedslosigkeiten sind gerade im Fall des Fernsehens wahrscheinlicher, und auch für den Hörfunk dürfte dies zutreffen. Mitglieder unterschiedlicher sozialer Schichten finden sich – quasi ohne vorherige Absprache – vor denselben Inhalten oder ähnlichen Genres wieder. Ebenso setzt man bereitwillig auf die Selektionen anderer und hofft auf Medienangebote, mit denen man vertraut ist. McQuail kommt beispielsweise zu folgendem Ergebnis: »For most people, most of the time, the ›core‹ still dominates their television use behavior. The reasons lie primarily in the near-universal appeal of mainstream content, and the advantages to media organizations of continuing with mass provision, plus the continuing habits and patterns of social life. Media change is not enough on its own to disrupt established patterns of shared culture« (McQuail 1997: 138).

Zu fragen ist nun, ob diese Form der Mediennutzung Aktivitäten zur Folge hat, die über das soeben beschriebene geringe Involvement hinausgehen. Für viele sind entsprechende Anschlußkommunikationen von der Dramaturgie, dem Gehalt des Angebots usw. abhängig. Man erlebt ein Auf und Ab der Zufriedenheit, das sich in einem Auf und Ab der Kommunikation darüber fortsetzt. Gespräche und Diskussionen ergeben sich eher zufällig. Sie begründen keine dauerhaften Kommunikationsgemeinschaften, obgleich viele Anbieter daran interessiert sind, solche gelegentlichen Kontakte zu verstetigen. Der Einschluß »neuer« Medien wird in diesem Zusammenhang sehr deutlich praktiziert, so daß in den anvisierten Zielgruppen ein anderes Defizit-Gefühl verstärkt wird. Telefax- oder Internetanschluß werden als selbstverständliche Bestandteile der Haushaltsausstattung angesehen. Auch auf diesem Weg kann Inklusion forciert werden (siehe hierzu auch Hagel III/Armstrong 1997).

Insgesamt begegnet man unterschiedlichen Graden des Interesses bzw. Involvements, die sich in eine Hierarchie bringen lassen. Auf einer ersten Ebene erweisen sich Regelmäßigkeit und Ausmaß der Nutzung als wichtige Variablen. Darüber hinaus wird für einen Großteil des Publikums die Aussage »Ich bin viele Zielgruppen« (Hasebrink 1997) zutreffend sein. Es liegt ein relativ breites Spektrum an Interessen vor, das durch Spezialisierungen unterschiedlicher Art ergänzt wird. Hinzu kommen kleinere Nutzergruppen, in denen intensivere Formen der Medienaneignung stattfinden. Hier begründet die Teilnahme wohl insbesondere dann ein Einschlußkriterium, wenn es sich um außergewöhnliche Angebote handelt. Und man könnte sagen: Es entstehen Gemeinschaften, die sich um Medienangebote versammeln.

Auch das Leseverhalten der Bevölkerung läßt sich unter Bezugnahme auf die Unterscheidung Inklusion/Exklusion kurz erläutern. Semi-Analphabetismus bzw. funktionaler Analphabetismus beschreiben hier ein Phänomen, das eine Form von Exklusion darstellt, die sich vor einem Bekanntwerden in der Öffentlichkeit scheut. Bezüglich des tatsächlichen Leseverhaltens lassen sich aber ebenfalls unterschiedliche Inanspruchnahmen beschreiben. Ein 14jähriger Schüler soll auf die Frage seines Lehrers, was denn nach seiner Meinung »Kultur« sei, geantwortet haben: »Kultur ist, wenn man freiwillig liest« (zit. nach Franzmann 1998: 133). Lesevorbilder (insbesondere die Eltern und Geschwister) können hier verstärkend wirken, aber insgesamt hat sich trotz einer Erhöhung des allgemeinen Bildungsniveaus keine Leseexplosion in Deutschland vollzogen. Seit den 50er Jahren erweist sich die lesende Gesellschaft als eine »Drittelgesellschaft«: »Rund ein Drittel der erwachsenen Gesamtbevölkerung liest regelmäßig Bücher, ein Drittel liest gelegentlich, und ein Drittel nimmt nie oder fast nie ein Buch in die Hand« (Franzmann 1998: 134). Lesestandards stagnieren und der Leseumfang ist insbesondere unter Jugendlichen rückläufig. Trotz einer Intensivierung der Leseförderung und günstigen sozialstrukturellen Veränderungen begegnet man hier ebenfalls der Sorge, daß einer Wissenselite ein Wissensproletariat gegenübersteht, welches den Anforderungen der »Informationsgesellschaft« nicht gewachsen ist. Auf 14 Prozent schätzt man den Anteil der erwachsenen Bundesbürger mit niedriger Lesekompetenz, für die Weltbilder wohl mehrheitlich aus Bilderwelten zu bestehen scheinen. Auch hier muß man wohl konstatieren, daß der »Heimcharakter« des Lesens nur dann von Dauer sein wird, wenn die Lektüre die eigene Sozialisation begleitet hat. Das Lesen selbst aber ist eher ein Vorgang des Rückzugs, dessen Ertrag in anderen Kommunikationszusammenhängen eingebracht werden kann. Der Besuch von öffentlichen Lesungen oder die Mitgliedschaft in Lesegesellschaften kann hier beispielsweise Ausdruck eines hohen Involvements sein.

Die bis hierhin dargestellten Beispiele behandeln freiwillige Zugehörigkeiten, wenngleich man in beiden Bereichen auch von verpaßten Chancen sprechen könnte. Die Verantwortung kann aber kaum sozialisiert werden. Das »Eintrittsgeld« in diese Medienwelten ist niedrig, eine Exklusion auf der Basis ökonomischer Leistungskraft scheidet weitgehend aus. Wenn von Leseforschern beklagt wird, daß die Dynamik der »neuen« Medien die Lesekultur nicht erfaßt habe, sind sowohl Offline-Medien (Computer inklusive CD-ROM) als auch das Internet die Vorbilder, die man offenbar im Hinblick auf das dort erkennbare individuelle Engagement der Nutzer beneidet. Wenn letzteres hier abschließend als drittes Beispiel für die differentielle Akzeptanz von Medienangeboten diskutiert wird, muß beachtet werden, daß sich gegenwärtig in mehrfacher Hinsicht Einschränkungen ergeben: Das »Eintrittsgeld« ist nicht niedrig und das Internet sowie der Computer können nicht als reine Freizeitmedien angesehen werden. Schon deshalb wird substitutionslastigen Prognosen kaum noch Glauben geschenkt (vgl. Stipp 1998: 76). Man muß statt dessen auch hier feststellen: Inklusionsprogramme »neuer« Medien in das klassische Medienspektrum werden (in Zukunft) häufiger anzutreffen sein als exklusive Nutzungen. Eine Unterschätzung der Bedeutung »alter« Medien ist hier sicherlich von Relevanz. Wehner hat diesbezüglich festgestellt: »Mit ihren Prognosen und Erwartungen stellen die Protagonisten einer neuen interaktiven Medienwelt kommunikative Funktionen eines Medientyps in Frage, ohne daß sie in der Lage wären, funktionale Äquivalente anzubieten« (Wehner 1997: 110).

Wenn sich in bezug auf die Internet-Nutzung soziale Unterschiede zeigen, muß die institutionell bedingte Entstehung dieses Schichtungsphänomens Beachtung finden. Die Teilhabe an den Optionen, die das Internet bereithält, wird durch den beruflichen Kontext nahegelegt oder durch Bereitstellung des Zugangs in öffentlichen Einrichtungen des Bildungswesens (Universitäten, Schulen). Die Unterscheidung zwischen beruflicher und privater Nutzung ist zudem nur schwer zu realisieren. Nach den Ergebnissen der ARD/ZDF-Online-Studie 1998 nutzen 36% (1997: 59%) der erwachsenen Bevölkerung Online-Dienste bzw. das Internet am Arbeitsplatz, in der Schule oder Universität, 41% (1997: 27%) nur zu Hause und 23% (1997: 14%) haben sowohl beruflich als auch privat Zugang (vgl. van Eimeren et al. 1998: 424).

Parallelen zu den Nutzungsgewohnheiten und -mustern, die die klassischen Medien kennzeichnen, sind vorhanden. Gegenwärtig ist beispielsweise electronic mail das meistgenutzte Angebot (man könnte im übertragenen Sinne auch sagen: das »Vollprogramm«) im Bereich der Online-Mediennutzung. Viele Anwendungen konzentrieren sich auf dieses Kommunikationsmedium. Große Bedeutung kommt ebenfalls den Bereichen Information, Recherche und Datentransfer zu. Die Nutzung dieser Angebote mag schon den Eindruck entstehen lassen, daß man der sogenannten »Internet-Gemeinde« angehört; ein Gemeinschaftsgefühl wird durch die Gleichgerichtetheit dieser Tätigkeiten aber kaum erzeugt werden.

Die Gründe einer gegenwärtigen Nicht-Teilnahme an diesen Angeboten müssen keineswegs endgültig sein, wenngleich sie gelegentlich sehr entschieden formuliert werden (siehe die Beispiele in Jäckel 1996). Weniger grundsätzliche Einschätzungen (z.B. »Mir gefällt die Homepage nicht« oder »Das dauert mir zu lange«) und pragmatische Kosten/Nutzen-Überlegungen (»Was geht mich das eigentlich an?« [Zorn 1997: 14]) dominieren. Aus der Diffusionsforschung weiß man, daß diese Einschätzungen sehr raschen Veränderungen unterliegen können.

Intensivere Formen der Nutzung können sich im Rahmen des Internets in der Teilhabe an verschiedenen Varianten ›virtueller Gemeinschaften‹ niederschlagen, die sich um die unterschiedlichsten Themen gruppieren und organisieren. Die Vielfalt und gelegentliche Skurrilität dieser Themen sowie der Mißbrauch der Freiheit der Kommunikation begründet zugleich wiederum Abneigungen gegen die Offenheit des Netzes. Auch hier begegnet man der Ausgrenzung von Inhalten durch Nutzer. In besonders engagierten Fällen gerät diese Protesthaltung zu einem Programm, das »Flaming« genannt wird.

Da das Internet nicht nur ein »junges« Medium ist, sondern trotz allmählicher Angleichungsprozesse auch immer noch eine mehrheitlich junge Nutzerschaft aufweist, meint Vogelgesang, daß man sich auch in einem »neuen« Medium mit einem alten sozialen Phänomen vertraut machen müsse: »Die Jugend geht ihre eigenen Wege – auch im Internet« (Vogelgesang 1998: 114). Daß solche Generalisierungen nicht ohne Widerspruch bleiben werden, muß nicht weiter betont werden. Hier wird gleichwohl nochmals auf das Argument von Vertrautheit und Nähe verwiesen. Für Teile der Jugend ergibt sich ein Rahmen für zusätzliche Formen der Selbstdarstellung, in dem man sich wie im realen Leben »heimisch fühlen« (Vogelgesang 1998: 114) kann.

5. Zusammenfassung und Fazit

Aus den vorangegangenen Beispielen kann die Schlußfolgerung gezogen werden, daß sich hinsichtlich des Publikums der Medienangebote sowohl mehrere Formen des Involvements bzw. der Publikumsaktivität als auch mehrere Ebenen der Kommunikation über Inhalte identifizieren lassen. Die Inhalte lassen sich entlang einer Achse »allgemein – spezifisch« anordnen, wobei dies in dem nachfolgenden Schaubild mit den Hinweisen auf unterschiedliche Kommunikationskontexte angedeutet werden soll.

Abbildung: Medienangebot und Mediennutzung

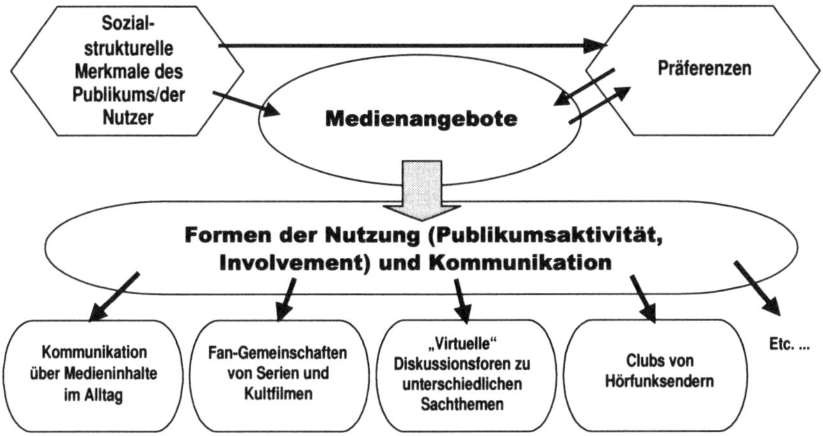

Quelle: Eigene Erstellung.

Anmerkung: In dem Schaubild wird den sozialstrukturellen Merkmalen und den Präferenzen ein direkter Erklärungswert hinsichtlich der Inanspruchnahme von Medienangeboten eingeräumt (siehe die Richtung der Pfeile). Zugleich wird aber auch ein indirekter Effekt berücksichtigt (Sozialstruktur → Präferenzen → Medienangebote). Ebenso können aus der Nutzung von Medienangeboten Präferenzen resultieren.

Von Gewinnern und Verlierern kann man durchaus sprechen, wenn aus der Mißachtung bestimmter Inhalte und/oder Nicht-Beteiligung an Kommunikation über diese Inhalte eine soziale und/oder ökonomische Benachteiligung hervorgeht. Die Frage »Was geht mich das eigentlich an?« weist aber ergänzend darauf hin, daß man verschiedene Relevanzebenen beachten sollte, die mit unterschiedlichen Formen der Akzeptanz korrespondieren können. Diskussionen über Inklusion und Exklusion dürfen nicht einen Konsens über Inhalte und deren Notwendigkeit unterstellen. Diese Homogenität der Interessen liegt nicht vor.

Gleichwohl meinen Abercrombie und Longhurst (1998), daß die Vervielfachung der Medienangebote auch zu einer Konvergenz der Interessen führen kann. Die Grenzen dieser Konvergenzannahme werden deutlich, wenn man von den Inhalten erfährt, die diese Angleichung zu leisten vermögen. Denn die Ähnlichkeit der Präferenzen wird mit einem Beispiel belegt, das einen temporären Wegfall von Unterschieden, die auf das Merkmal »soziale Schicht« zurückzuführen sind, eher begünstigt: populäre Sportarten. So konnte Erickson im Rahmen der Analyse von Gesprächen in kanadischen Versicherungsunternehmen die Dominanz von Sportdiskussionen nachweisen (vgl. Erickson 1996: 230f.). Abercrombie und Longhurst nehmen dies als Beleg für ein »increased fluidity in taste« (1998: 175). Ebenso gut könnte man entgegenhalten, daß der Sport einen »least common denominator« repräsentiert. Immerhin aber betrachten die Autoren die Dominanz des Sports in den Medien einerseits und im Alltag andererseits als Beleg für neue Prozesse der Inklusion (vgl. Abercrombie/Longhurst 1998: 175). Schon die Berücksichtigung des Merkmals »Geschlecht« dürfte die Grenzen dieses Integrationsfaktors deutlich machen.

Man kann hieran die Adaption der Begriffe Inklusion und Exklusion für die Beschreibung alltäglicher und allgemeiner gesellschaftlicher Entwicklungen erkennen. Gegen ein zu grobes Analyseraster spricht, daß man heute in mehrere Netzwerke eingebunden ist und diese unterschiedlich stark mit den Medienangeboten verwoben sind: mal oberflächlich, mal intensiv. In bestimmten Situationen wird Engagement und Aktivität vom Nutzer gewünscht und eingebracht, in anderen wird einem geringen Involvement der Vorzug gegeben. Entscheidend dürfte wohl in den meisten Fällen sein, daß man eine Nähe zu den Inhalten spürt. Die Interessen der Menschen bleiben daher ein wichtiges »Material« der Soziologie. Eine stärkere Berücksichtigung dieses Sachverhalts in Verbindung mit einer differenzierten Analyse von sozialstrukturellen Merkmalen ist der hier erläuterten mediensoziologischen Thematik angemessener als binär konzipierte Modelle.

Literatur

Abercrombie, Nicholas/Longhurst, Brian (1998), Audiences. London usw.

Altenloh, Emilie (1913), Zur Soziologie des Kino. Die Kino-Unternehmung und die sozialen Schichten der Besucher. Diss. Heidelberg.

Bonfadelli, Heinz (1987), Die Wissenskluftforschung, in: Michael Schenk: Medienwirkungsforschung. Tübingen: 305-365.

Enquete-Kommission »Zukunft der Medien in Wirtschaft und Gesellschaft – Deutschlands Weg in die Informationsgesellschaft« (1998), Schlußbericht. Drucksache 13/11004. Bonn.

Erickson, Bonnie H. (1996), Culture, Class, and Connections, in: American Journal of Sociology 102: 217-251.

Fischermann, Thomas/Heuser, Uwe Jean (1997), »Der Kampf fängt erst an«. Ein Zeit-Gespräch mit Konzernchef Nobuyuki Idei, in: Die Zeit, Nr. 35, 22. August: 22.

Flichy, Patrice (1994), Tele. Geschichte der modernen Kommunikation. [Aus dem Franz.]. Frankfurt/M./New York.

Franzmann, Bodo (1998), Lesekultur und Informationsgesellschaft – Leseförderung als öffentliche Aufgabe, in: Walter A. Mahle (Hrsg.): Kultur in der Informationsgesellschaft. Konstanz. 133-140. (Schriftenreihe der Arbeitsgruppe Kommunikationsforschung München (AKM), Band 42).

Giegel, Hans-Joachim (1997), Einleitung: Wie begreifen soziologische Theorien Exklusion? In: Karl-Siegbert Rehberg (Hrsg.): Differenz und Integration. Die Zukunft moderner Gesellschaften. Verhandlungen des 28. Kongresses der Deutschen Gesellschaft für Soziologie im Oktober 1996 in Dresden. Band II: Sektionen, Arbeitsgruppen, Foren, Fedor-Stepun-Tagung. Opladen/Wiesbaden: 599-600.

Hagel III, John/Amstrong, Arthur G. (1997), Net Gain – Profit im Netz. Märkte erobern mit virtuellen Communities. [Aus dem Amerik.]. Wiesbaden.

Hasebrink, Uwe (1997), Ich bin viele Zielgruppen. Anmerkungen zur Debatte um die Fragmentierung des Publikums aus kommunikationswissenschaftlicher Sicht, in: Helmut Scherer/Hans-Bernd Brosius (Hrsg.): Zielgruppen, Publikumssegmente, Nutzergruppen. Beiträge aus der Rezeptionsforschung. München. (Angewandte Medienforschung, Band 5): 262-280.

Hennen, Manfred (1994), Egoismus und Altruismus in der Sozialtheorie, in: Manfred Hennen/Michael Jäckel (Hrsg.): Privatheit und soziale Verantwortung. Festschrift zum 60. Geburtstag von Friedrich Landwehrmann. München: 285-330.

Jäckel, Michael (1996), Mediale Klassengesellschaft? In: Michael Jäckel/Peter Winterhoff-Spurk (Hrsg.): Mediale Klassengesellschaft? Politische und soziale Folgen der Medienentwicklung. München: 9-15.

Lazarsfeld, Paul Felix/Merton, Robert King (1973, zuerst 1948), Massenkommunikation, Publikumsgeschmack und organisiertes Sozialverhalten. [Aus d. Amerik.], in:

Jörg Aufermann u.a. (Hrsg.): Gesellschaftliche Kommunikation und Information. Forschungsrichtungen und Problemstellungen. Ein Arbeitsbuch zur Massenkommunikation. Frankfurt/M.: 447-470.

Luhmann, Niklas (1997), Die Gesellschaft der Gesellschaft. Frankfurt/M.

McQuail, Denis (1997), Audience Analysis. Thousand Oaks usw.

Prokop, Dieter (1995), Medien-Macht und Massen-Wirkung. Ein geschichtlicher Überblick. (Rombach Wissenschaft – Reihe Litterae, Band 34). Freiburg im Breisgau.

Schulz, Winfried (1990), Mehr Medien machen nicht mündiger, in: Bundeszentrale für politische Bildung: Die alltägliche Pressefreiheit. Von der Verantwortung der Zeitungsmacher. Bonn. (Themen und Materialien für Journalisten, Band 1): 147-155.

Stipp, Horst (1998), Wird der Computer die traditionellen Medien ersetzen? Wechselwirkungen zwischen Computer- und Fernsehnutzung am Beispiel USA, in: Media Perspektiven, Heft 2: 76-82.

Van Eimeren, Birgit u.a. (1998), ARD/ZDF-Online-Studie 1998: Online-Medien gewinnen an Bedeutung. Nutzung von Internet und Online-Angeboten elektronischer Medien in Deutschland, in: Media Perspektiven, Heft 8: 423-435.

Vogelgesang, Waldemar (1994), Jugend- und Medienkulturen. Ein Beitrag zur Ethnographie medienvermittelter Jugendwelten, in: Kölner Zeitschrift für Soziologie und Sozialpsychologie 46: 464-491.

Vogelgesang, Waldemar (1998), Jugend- und Cyberwelt, in: Spektrum der Wissenschaft, Heft Mai: 112-114.

Wehner, Josef (1997), Interaktive Medien – Ende der Massenkommunikation? In: Zeitschrift für Soziologie 26: 96-114.

Zorn, Werner (1997), Wie das Internet unsere Welt verändert, in: Süddeutsche Zeitung, Nr. 143, 25. Juni, Beilage SZ-Technik Telekommunikation: 14.

Gewinne und Verluste.

Zur Entgrenzung von Privatheit und Öffentlichkeit in den Medien

Angela Keppler

1. Die mediale Differenzierung von »öffentlich« und »privat«

Die Praxis der modernen Kommunikationsmedien ist von Anfang an mit einer Idee der Öffentlichkeit verbunden. Schon für die Zeitung, aber auch für Radio, Film und Fernsehen war die Vorstellung leitend, daß diese Medien zu einer Schaffung öffentlicher Räume dienen – oder doch dienen sollten. Alle, die sich an der öffentlichen Meinungsbildung beteiligen bzw. öffentlich wirken wollen, sollten in gleicher Weise Zugang zu diesem Raum der Öffentlichkeit haben. Mit diesen Vorstellungen von Öffentlichkeit aber waren zugleich Vorstellungen von den *Grenzen* des öffentlich Zugänglichen verbunden. Eine dieser Grenzen ist die zwischen dem Öffentlichen und dem *Privaten.* Andere Grenzen verlaufen zwischen dem Öffentlichen und dem *Internen* oder dem *Geheimen* im Handeln von Institutionen und Staaten. An welche dieser Grenzen wir auch immer denken, wir dürfen nicht vergessen, daß die Unterscheidungen, durch die sich der öffentliche von einem nichtöffentlichen Raum abgrenzt, dem Gebrauch der Medien nicht vorgegeben sind, sondern vielfach erst durch ihren Gebrauch entstehen. Das bedeutet zugleich, daß sich die Grenzen zwischen dem öffentlichen und dem nichtöffentlichen Sektor mit der Entwicklung der jeweiligen Medien stetig verändern. Diese Grenzen verschieben sich nicht allein, sie verändern sich darüber hinaus in ihrem Charakter als Grenzen.

Es empfiehlt sich daher, von vornherein die *Dynamik* dieser Grenzen im Auge zu behalten. Durch eine vorgefaßte Unterscheidung dessen, was in den Bereich des Privaten und was in den Bereich des Öffentlichen gehört, wird man der fraglichen Differenz weder deskriptiv noch normativ gerecht. Deswegen, so meine ich, greifen alle Medien-Kritiken zu kurz, die entweder im Namen eines festen Begriffs des Privaten die Veröffentlichungspraxis der Medien oder aber im Namen eines stark erweiterten Begriffs von Öffentlichkeit das Ideal einer schützenswerten Privatsphäre verwerfen.[1]

Im Gegenzug sowohl gegen eine konservative Kritik, die einen traditionell verstandenen Bereich des Privaten vor der medialen Okkupation schützen will, als auch einer linken und feministischen Kritik, die alle Lebensverhältnisse zu »politischen« und damit öffentlich traktierbaren Verhältnissen erklärt, hat Iris Young in einem Beitrag über »Justice and the Politics of Difference« einen in meinen Augen sinnvollen Vorschlag gemacht. Sie schlägt vor, als »öffentlich« alles das zu fassen, was »offen und zugänglich ist« (Young 1990: 119). Privatheit hingegen versteht sie als »Aspekt des Lebens und Handelns, den jede Person das Recht hat, vor anderen zu verbergen«.

Wichtig an dieser Art der Unterscheidung ist erstens die *Flexibilität* der Grenzen zwischen beiden Bereichen; es steht nicht von vornherein fest, was zu dem einen oder anderen Bereich gehört. Dies hängt eng mit dem zweiten Aspekt zusammen, der die Forderung nach einer *selbstbestimmten* Festlegung der jeweiligen Grenzen erhebt. Es soll keine Handlung und kein Aspekt des Lebens einer Person in die Privatheit abgedrängt werden, noch sollen soziale Institutionen und Praktiken von vornherein als Gegenstand einer öffentlichen Diskussion ausgeschlossen werden können. Was privat ist, bestimmen demnach die Individuen selber. Sie tun dies zumeist als Angehörige gesellschaftlicher Gruppen, die sich Gehör verschaffen oder mit bestimmten Praktiken und Überzeugungen unter sich bleiben wollen. Das eine oder andere geschieht in der Regel zum Schutz eines normativen Selbstverständnisses, für das um öffentliche Anerkennung geworben oder das vor einer öffentlichen Diskussion in Schutz genommen wird. Es geht um *Standards* – und dabei oft genug um *heterogene* Standards – des richtigen individuellen und sozialen Lebens. Youngs Argument läuft darauf hinaus, daß es in der Macht der Gesellschaftsmitglieder liegen sollte, diese Wertvorstellungen am Beispiel der eigenen Existenz in die Öffentlichkeit zu tragen oder von ihr fernzuhalten. Es gibt dann freilich kein Problem mehr, das der öffentlichen Auseinandersetzung prinzipiell entzogen wäre, etwa weil es zur sanktionsfreien Privatsphäre eines männlich dominierten Lebenszusammenhangs gehört, oder weil es aus moralischen Gründen keine öffentliche Diskussion verträgt.

Youngs Vorschlag verbindet die Forderung nach einer *durchlässigen* Grenze zwischen dem Öffentlichen und dem Privaten mit einem deutlichen Bewußtsein der sozialen Notwendigkeit einer solchen *Grenze*. Man könnte sich freilich fragen, inwiefern die Forderung nach einer durchlässigen und doch wirksamen Begrenzung der medialen Öffentlichkeit unter gegenwärtigen Bedingungen tatsächlich eine *Forderung* darstellt, scheint sie doch eine weitgehend zutreffende *Beschreibung* des erreichten Zustands zu geben. Wie immer aber wir die tatsächliche Situation einschätzen, die Rede von einer *Entgrenzung* der Bereiche des Öffentlichen und des Privaten erhält im Licht dieses Vorschlags eine neue Bedeutung. Entgrenzung meint nicht länger eine Auflösung oder *Aufhebung* der Grenzen zwischen dem Öffentlichen und dem Privaten, sondern eher eine zeitlich und inhaltlich flexible *Veränderung* der Demarkationen zwischen dem, was innerhalb und außerhalb des Lichts der Öffentlichkeit steht.

Sieht man sich die heutige mediale Öffentlichkeit an, so drängt sich auf den ersten Blick der Eindruck auf, daß der Forderung nach einer solchen Entgrenzung des Privaten ein bahnbrechender Erfolg beschieden war – jedenfalls solange wir unter Entgrenzung in diesem Zusammenhang ein Herausholen von Verhaltensweisen und Themen aus dem Sperrgebiet einer traditionell verstanden Privatsphäre verstehen. Der in der Studentenbewegung kursierende und vor allem in der feministischen Diskussion aufgegriffene Slogan »Das Private ist politisch« gab die zunächst skandalöse, bald aber massenmedial wegweisende Richtung an. In den Zeitungen und Zeitschriften wird heute über alles geschrieben, in den Talk-Shows und Beratungssendungen wird über alles geredet – und es wird nicht nur geredet über zahlreiche Dinge, die bis etwa 1968 als reine Privatangelegenheit gegolten hätten, dieses Reden hat bis in die Rechtsprechung hinein eine politisch-institutionelle Wirkung. Man denke nur an die Diskussion über die Zulässigkeit von Schwangerschaftsabbrüchen, über Gewalt in der Ehe, über die Gleichstellung von Frauen, über die sexuellen Praktiken, über die neuen Reproduktionstechniken, über die Legalisierung homosexueller Beziehungen, über den richtigen Umgang mit Kindern und der Natur. Es gibt hier kein Thema, das nicht politisiert werden kann oder politisiert worden ist – wobei »Politisierung« in diesem Zusammenhang bedeutet, daß ein öffentlicher Austausch stattfindet, der in vielen Fällen spürbare Folgen für das öffentliche Leben hat. So gibt es kaum ein Thema, das nicht im Zuge dieser ersten Politisierung zu einem Gegenstand parteipolitischer Auseinandersetzungen und rechtssetzender Maßnahmen geworden ist.

Der naheliegende Einwand gegen diese Erfolgsgeschichte freilich lautet, daß sich die seinerzeit erhoffte Politisierung des Privaten nur als Karikatur vollzogen habe; sie habe zwar stattgefunden, aber nur in einer höchst pervertierten Form. Statt eines emanzipatorischen, partizipatorischen und demokratischen Austauschs sei in Gestalt von Talk-Shows und Lebenshilfesendungen eine illusionäre und manipulative Öffentlichkeit über uns gekommen, die sich die Biographie ihrer Teilnehmer nur aneignet, um diese ihrer Individualität zu enteignen. Was aussehe wie eine Enttabuisierung des privaten Lebens, sei ein unter der Regie der Fernsehanstalten entfachtes Ritual der Selbstdarbietung, das mit Politisierung nichts, dafür mit einer neuen Entmündigung um so mehr zu tun habe.

2. Ambivalenzen der Entgrenzung

Demgegenüber lautet meine erste These, daß es nicht angebracht ist, die neuere massenmediale Publikation des Privaten generell als eine Pervertierung oder Widerlegung der Idee einer Entgrenzung des Öffentlichen und des Privaten zu sehen. Die Qualität öffentlicher Diskussionen über private Lebenssituationen ist aber entscheidend von der Präsentationsweise der jeweiligen massenmedialen Produkte abhängig. In der Art der kommunikativen Inszenierung privater Schicksale sind nicht selten manipulative und repressive Tendenzen wirksam, die nicht der Idee einer »Politisierung« des Privaten, sondern vielmehr bestimmten Formen ihrer Realisierung anzulasten sind.

Daß vor allem in Talk-Shows wie »Meiser«, »Fliege«, »Ilona Christen«, »Bärbel Schäfer« etc. auf eine neue, bis dahin unbekannte Weise eine Öffentlichkeit für private Lebenslagen und Schicksale hergestellt wird, ist nicht zu bestreiten. Ebensowenig dürfte zu bestreiten sein, daß es in der Kontinuität dieser Sendungen zu einer Auflösung gestanzter Vorstellungen darüber gekommen ist, wie ein normales bürgerliches Leben zu verlaufen habe. Gerade die Schrägheit und Unwahrscheinlichkeit der menschlichen Existenz wird hier vorgeführt und gefeiert: Es ist ganz normal, nicht ganz normal zu sein: so etwa lautet die implizite Botschaft zumal der vor- und auch der nachmittäglichen Talk-Shows. Darin liegt durchaus ein anti-autoritärer und anti-repressiver Impuls, den man nicht übersehen sollte: der einzelne Mensch darf sich hier, vor einem größeren Kreis von Zuschauern, die im Saal anwesend sind, und einem noch größeren Kreis von Zusehern, die vor den Bildschirmen sitzen, in seinem Widerspruch, mit seinen Problemen oder in seinen etwas absonderlichen Glücksvorstellungen präsentieren. Er möchte in seiner Individualität öffentliche Anerkennung finden, und findet sie auch nicht selten, da er sich vor Zuschauern darbietet, die sich für ihresgleichen interessieren: dafür, wie verschieden eine oder einer sein kann, der doch im Grunde so ist wie du und ich. Es wird in diesen Sendungen im Grunde so etwas wie eine sehr profane Kommunion gefeiert: Der Kreis des Menschlich-Allzumenschlichen wird von Woche zu Woche und Tag für Tag abgeschritten, jedoch ohne dabei eine andere Norm zu vertreten als die der Anerkennung der ungeheuren Vielfalt differenter Lebensweisen inmitten des eigenen Kulturkreises.[2] »Multikulturalismus begins at home«: diese Einsicht teilen die Talk-Shows ihren Betrachterinnen und Betrachtern unter der Hand mit. Damit legitimieren sie einerseits das Recht eines jeden auf seine Privatsphäre und private Lebensgestaltung, aber sie tun dies öffentlich, vor aller Augen. Die Privatsphäre erscheint hier nicht länger als ein arkaner, von stummen Traditionen beherrschter Bereich, sondern als ein Bereich des Lebens, der öffentlich gezeigt und in seiner jeweiligen Besonderheit öffentlich verteidigt werden kann.

Nicht zuletzt dann, wenn hier über Themen wie Schwangerschaftsabbruch, Homosexualität, veränderte Familienstrukturen, verändertes Partnerverhalten gesprochen wird, haben wir es mit privaten Dingen zu tun, die gleichwohl nach einer öffentlichen Diskussion und in manchen Aspekten auch nach einer rechtlichen Regelung verlangen. Das Forum der Talk-Shows und anderer Diskussionssendungen könnte hier eine Dynamik des gesellschaftlichen Austauschs über den Umgang mit individuellen Lebensformen schaffen, der einer demokratischen Gesellschaft gut ansteht. Talk-Shows als Foren der Veröffentlichung privater Angelegenheiten stellen, so könnte man sagen, grundsätzlich Formen des sozialbildenden Geredes bereit, das eine öffentliche Verhandlung privater Angelegenheiten ermöglicht.

Dieser etwas idealisierten Darstellung jedoch entspricht die mediale Realität nur zum Teil. Oft sind wir mit einer Kommunikation konfrontiert, der aufgrund der formalen und dramaturgischen Anlage der betreffenden Sendungen die Tendenz innewohnt, eine individuelle Selbstdarbietung der beteiligten Menschen gerade zu verhindern und somit unter dem Schein eines freien Austauschs doch wieder Elemente einer autoritären oder manipulativen Inszenierung des Privaten ins Spiel zu bringen.[3]

Die Gefahr einer Entwertung der alltäglich-privaten Lebensformen von Beteiligten wie Zuschauern liegt meiner Auffassung nach nicht so sehr in einem Verlust von Diskretion und Geheimnis, wie manche Kritiker sie beklagen, sondern sie liegt vielmehr in dem, was ich die falsche Autorität der Form der Sendungen nennen möchte. Durch die Anlage vieler Talk-Shows wird ein Gespräch suggeriert, das keines ist. Eine Grundbedingung dessen, was ein Gespräch ausmacht – eine gewisse Gleichberechtigung in der Verteilung der Rederechte, ein gewisser Aushandlungsspielraum dafür, wie und worüber gesprochen wird usw., ist hier oft nicht gegeben. Dies alles fehlt aber nicht deshalb, weil diese Unterhaltungen im Rahmen eines Mediums stattfinden, für das jeweils spezifische Bedingungen gelten, die sich von denen der alltäglichen Face-to-Face-Kommunikation unterscheiden. Der »Aushandlungsspielraum«, der für ein wechselseitiges aufeinander bezogenes Gespräch notwendig wäre, fehlt vielmehr, weil in jeder dieser Talk-Shows nach Regeln einer gleichbleibenden Regie über jedes Thema in derselben Manier gesprochen wird. Der betroffene Mensch wird immer auf dieselbe Art in seiner Besonderheit publiziert und damit eben nicht in seiner Besonderheit wahr- und ernstgenommen. Das allgemeine Credo, das diese Sendungen in ihrer formalen Gestaltung und durch die Art der Moderation verbreiten – letztlich sind wir alle Menschen wie du und ich; jeder hat seine Probleme; jedes Problem ist lösbar, wenn alle verständnisvoll miteinander reden – erweist sich so als recht gleichgültig gegenüber denen, unter deren Mitwirkung es ausgestrahlt wird. Die Sendungen werden von Gesprächsschemata dominiert, die mit dem Anspruch, Gelegenheit zu einem Austausch über unterschiedliche Lebensvorstellungen zu bieten, im Widerspruch stehen. Die Besonderheit der Lebenssituationen der einzelnen und der sozialen Gruppen, die sie häufig repräsentieren, wird so in einem Atemzug anerkannt und aberkannt. In einer allgemeinen Ideologie des Miteinanderredens geht eine entscheidende kommunikative Fähigkeit verloren, nämlich gegenseitig aufeinander eingehen zu können. Wo die Moderatoren im Rahmen einer Dramaturgie agieren, die sie mit der Autorität von gütigen Schiedsrichtern oder allesverstehenden Halbgöttern ausstattet, bleibt die agonale Form der Sendungen immer auch ein Schein: sie vermögen es nicht, dem öffentlichen Austausch eine offene Form zu geben.

Es kommt daher in der Beurteilung fraglicher Sendungen immer darauf an, ob diese tatsächlich ein halbwegs (in den Grenzen einer begrenzten Diskussionssendung unter den Bedingungen eines spezifischen Mediums mögliches) offenes Forum des Austauschs von Lebenserfahrungen bereitstellen, oder ob sie die Beteiligten zu einer konfektionierten Form der Selbstdarbietung zwingen, die im Widerspruch steht zu der prätendierten Anerkennung von personaler Individualität und sozialer Heterogenität.

3. Ein Strukturwandel der Öffentlichkeit

Jedoch stellt sich gerade im Zusammenhang mit einer Diskussion von Talk-Shows im Fernsehen sogleich die nächste Frage – inwieweit nämlich hier von einer medial hergestellten Öffentlichkeit überhaupt noch die Rede sein kann. Selbst wenn diese Sendungen den erwähnten manipulativen Tendenzen entgehen, könnte es sein, daß sie das Ziel einer öffentlichen Diskussion über private Lebenslagen und unterschiedliche soziale Wahrnehmungen dennoch verfehlen. Sie müßten dieses Ziel zwangsläufig verfehlen, wenn unter Bedingungen des gegenwärtigen Medien-Markts gar keine Öffentlichkeit-im-Singular mehr vorhanden wäre. Sehen doch nicht wenige Kommentatoren heute eine Vielzahl von miteinander unverbundenen Teil-Öffentlichkeiten entstehen. Durch die Pluralisierung des Medienangebots, so die Diagnose, werde der Zustand einer Öffentlichkeit, die von den unterschiedlichen Medien und Medienangeboten gemeinsam getragen werde, mehr und mehr außer Kraft gesetzt. Die mediale Revolution, so müßte man folglich sagen, ist dabei, eines ihrer liebsten Kinder zu fressen. Die Herstellung von Öffentlichkeit-im-Singular wird von einer Herstellung segmentärer Öffentlichkeiten-im-Plural abgelöst, die kein gemeinsames Band mehr verbindet.

Sowenig die Auffassung einer Pluralisierung und Ausdifferenzierung des medialen Angebots sowie einer verstärkten Einbindung von Publikumsgruppen an bestimmte Sendungen zu leugnen ist, die soeben skizzierte Deutung dieses Vorgangs erscheint mir wenig plausibel. Meine zweite These lautet vielmehr, daß die heutigen Massenmedien – und hier allen voran das Fernsehen – weiterhin mehr als nur Teilöffentlichkeiten schaffen. Sie schaffen weiterhin einen öffentlichen, und das heißt nicht nur: einen allgemein zugänglichen, sondern darüber hinaus einen allgemein begangenen Raum, in dem Informationen und Vergnügungen von einem spartenübergreifenden Publikum geteilt werden können.

Wie sehr sich das Medienangebot departementalisieren mag, wie sehr auch die Benutzergruppen sich weiter voneinander abgrenzen mögen, wie sehr es also im eigenen Feld auf Diskontinuität setzen mag: in der Machart der Sendungen bleibt eine spartenübergreifende Kontinuität der Programmangebote erhalten. Durch sie ist so etwas wie ein zeitspezifisch allgemeiner Kodex der medialen Weltaneignung vorgegeben. In den vergleichsweise einheitlichen Konventionen der Sendeformen in den unterschiedlichen Sparten der Medien bleiben diese in absehbarer Zukunft ein gemeinsamer öffentlicher Raum, der auch bereichsübergreifende Kommunikationen weiterhin möglich macht. Ein Publikum gibt es noch, solange die Benutzer eine Teilmenge gleichartiger Fernsehformate gebrauchen. Zur Kenntnis von und zur Kommunikation über einzelne Sendungen reicht dann eine tangentiale Betrachtung oft aus. Ein Publikum gibt es da, wo die Benutzerindividuen die Kenntnis eines Sets von Sendetypen teilen und damit auch eine (mehr oder weniger große) Zahl einzelner Sendungen oder Sendungsfragmente.

Die Zahl dieser Fernsehformate oder Medienschemata ist bis heute noch durchaus überschaubar. Es sind nur relativ wenige Parameter, nach denen Typen von Sendungen von den Zuschauern unterschieden werden. Hierzu gehört einmal die Referenzmodalität von Sendungen, also die Art des jeweils dominanten – primär fiktiven oder faktiven – Wirklichkeitsbezugs; des weiteren der jeweilige Handlungsbereich (z.B. Politik, Unterhaltung, Show, Natur), dem das mediale Geschehen angehört; außerdem unterschiedliche Kriterien der Gestaltung und Darbietung des Gezeigten, also die unterschiedliche Ästhetik und Stilistik einer Sendung. Da sie diese Parameter zu erkennen verstehen, wissen geübte Fensehzuschauer in kürzester Zeit, ob das, was auf dem Bildschirm erscheint, eine Nachrichtensendung, ein Spielfilm, eine Talkshow oder eine Expertenrunde ist.

Dem steht auch die verbreitete Beobachtung einer zunehmenden Verwischung der Unterschiede zwischen den Mediengattungen nicht wirklich entgegen. Denn was bei oberflächlicher Betrachtung wie eine Verschleifung der herkömmlichen medialen Gattungen aussieht – Infotainment, Reality-TV, quasi-dokumentarische Spielfilme, quasi-fiktionale Dokumentationen usw. – so ließe sich in detaillierten Produkt- und Rezeptionsanalysen zeigen, ist eigentlich nichts weiter als eine Verschleifung der herkömmlichen Gattungen. Sie hat eine Reihe neuer Gattungen entstehen lassen, die für geübte Zuschauer fast ebenso sicher zu unterscheiden sind wie die alten Unterschiede zwischen Tatort und Tagesschau. Durch diese Erkennbarkeit der Schemata von Sendungen bleibt das mediale Angebot auch für diejenigen transparent, die bestimmte Sparten und Segmente wenig nutzen.

Das heißt freilich zunächst einmal nur, daß niemand aus dem so verfaßten Raum der medialen Öffentlichkeit ausgesperrt ist. Ob es aber tatsächlich zu einer die unterschiedlichen Bereiche übergreifenden Öffentlichkeit kommt – dies entscheidet nicht die Verfassung des medialen Angebots allein, es entscheidet sich letztlich in der Praxis der sozialen Nutzung dieses Angebots. Im gegenwärtigen Zustand ist es gerade diese Nutzung, die ein Auseinanderfallen der medialen Öffentlichkeit in ein Spektrum angedichteter Teilöffentlichkeiten verhindert. Durch die kommunikative Verarbeitung von Medienangeboten, so lautet meine dritte und letzte These, wird den Tendenzen zu einer fortschreitenden Partikularisierung der Rezipientengruppen wirksam Einhalt geboten.

Über die – wenn auch oft nur rituelle – Beteiligung an den täglichen Nachrichtensendungen, über die emotionale Beteiligung an den in den Talk-Shows und Magazinen vorgestellten »Human-Interest-Schicksalen« und vieles andere mehr sind Fernsehzuschauer und Zuschauerinnen aktiv an der Konstitution von Öffentlichkeit beteiligt. Sowohl in der Rezeptionssituation als auch in den von den Medien angeregten Anschlußkommunikationen findet eine Auseinandersetzung mit den medialen Inhalten statt, die nicht ohne Folgen für das alltägliche Erleben und Handeln der Rezipienten bleibt. Dabei ist es in der heutigen Gesprächspraxis selbstverständlich, daß die Unterhaltungen nicht nur Sendungen betreffen, die andere vielleicht auch gesehen haben, sondern daß ebenso über Sendungen gesprochen wird, die manche der Beteiligten nicht oder nur selten sehen.

Im übrigen werden ja »heiße« Themen des privaten wie des politischen Lebens selten in nur einer Sendung oder einem Typ von Sendung behandelt, sondern oft quer durch unterschiedliche Sendungen und Sendungsformate hindurch. In der alltäglichen kommunikativen Verarbeitung von Medieninhalten, hat dies zur Konsequenz, daß die unterschiedlichen Abteilungen des medialen Angebots zwar Berücksichtigung finden, aber sie bilden keine Schranken. Erneut also kann von starren Grenzen keine Rede sein. Auch hier sind Entgrenzungsprozesse zu verzeichnen, in denen Grenzen zwar erkannt und gezogen werden, ohne jedoch den Status passierbarer Markierungen zu verlieren. Nicht allein in der Nutzung des medialen Angebots bleiben die Grenzen zwischen den Sparten durchlässig, erst recht im kommunikativen Austausch werden sie wieder und wieder überschritten. Auf diese Weise reicht die Kommunikation durch die Medien weiterhin in einen allgemein zugänglichen Raum öffentlicher Kommunikation hinein.

Diese Beobachtungen geben Anlaß, sich daran zu erinnern, daß Publika nicht einfach das Ergebnis eines medialen Angebots, sondern ebensosehr ein Ergebnis des sozialen Lebens sind. Es sind die sozialen Kräfte, auf die ein mediales Angebot trifft, die die Bildung von Publika bestimmen. Und es sind diese Kräfte, die letztlich darüber entscheiden, ob wir uns eines Tages in einer individualisierten oder atomisierten Welt von hunderten von Teilpublika wiederfinden oder aber in einer kommunikativen Situation, in der allen weiterhin ein Zugang zu einer gemeinsamen Öffentlichkeit offen steht.

Solange auf seiten der Rezipienten der massenmedialen Kommunikation weiterhin ein Interesse an der Herstellung, Erhaltung und Verwandlung der Differenz zwischen öffentlichen und privaten Belangen besteht; solange dieses Interesse gerade, wie es gegenwärtig der Fall ist, der Dynamik dieser Grenze gilt; solange Leser, Zuhörer und Zuschauer ein Interesse daran haben, daß vermeintlich Privates zur öffentlichen Angelegenheit und vermeintlich öffentliche Angelegenheit zur privaten Angelegenheit erklärt werden kann, solange besteht auch das Interesse an einer entsprechenden Öffentlichkeit, der bestimmte Themen, Probleme und Geschichten zugeführt werden können – oder aus der bestimmte Angelegenheiten herauszuhalten sind. Mit diesem Interesse an einer in die lebensweltliche Interaktion hineinreichenden öffentlichen Kommunikation, wie es durch die modernen Medien geschaffen und – recht oder schlecht – auch befriedigt worden ist, steht und fällt die Existenz eines öffentlichen Raums, der von privaten Belangen abgegrenzt und doch zugleich für sie durchlässig ist.

Daß dieses Interesse in näherer Zukunft erlahmen könnte, ist nicht zu erwarten. Da nämlich alle Medienteilnehmer immer zugleich Privatpersonen sind, die sich auf die eine oder andere Weise dafür interessieren, was es für Zeitgenossen heißt, ein individuelles Leben zu verbringen, dürfte es mehr als unwahrscheinlich sein, daß der medial erzeugte öffentliche Raum, in dem solche Themen eingebracht werden können, über kurz oder lang verschwindet.

Anmerkungen

1 Zu dieser Diskussionslage vgl. Sennett, Richard (1986), Verfall und Ende des öffentlichen Lebens. Die Tyrannei der Intimität. Frankfurt/M.

2 Vgl. dazu im einzelnen: Keppler, A. (1995), Die Kommunion des Dabeiseins. Formen des Sakralen in der Fernsehunterhaltung, in: Rundfunk und Fernsehen 4: 301-311.

3 Wie dies konkret passiert, habe ich am Beispiel der Sendereihe »Nur die Liebe zählt« dargelegt. vgl. hierzu: Keppler, A. (1994), Wirklicher als die Wirklichkeit? Das neue Realitätsprinzip der Fernsehunterhaltung, Frankfurt/M.

Literatur

Keppler, Angela (1994), Wirklicher als die Wirklichkeit? Das neue Realitätsprinzip der Fernsehunterhaltung. Frankfurt/M.

Keppler, Angela (1995), Die Kommunion des Dabeiseins. Formen des Sakralen in der Fernsehunterhaltung, in: Rundfunk und Fernsehen 4: 301-311.

Sennett, Richard (1986), Verfall und Ende des öffentlichen Lebens. Die Tyrannei der Intimität. Frankfurt/M.

Young, Iris (1990), Justice and the Politics of Difference. Princeton.

Die Privatisierung des Öffentlichen: Zum Siegeszug der Primärgruppenkommunikation in den Medien

Kurt Imhof

Abstract: Das Interesse dieses Beitrags gilt der erstaunlichen Karriere des »Privaten« im »Öffentlichen« seit den 1960er Jahren. Das »Private« in Form von Gefühlen und als Ausdruck des Intimen beginnt die »Öffentlichkeit« zu durchdringen und es etabliert sich in den elektronischen Massenmedien eine Kommunikation, die mit den klassischen Semantiken von Öffentlichkeit und Privatheit nicht mehr erfasst werden kann. Der einst unterschiedliche Lebenssphären konstituierende Dualismus »Öffentlichkeit« und »Privatheit« entdifferenziert sich nicht nur im Rahmen der vielfach konstatierten Personalisierung und Intimisierung des Politischen im Wettbewerb des politischen Personals um mediale Aufmerksamkeit, sondern *grundsätzlicher noch* in einem Siegeszug der *Primärgruppenkommunikation* vorab in den elektronischen Lokalmedien. Dies lässt sich anhand einer kultursoziologischen Skizze des »Privaten« im »Öffentlichen« zeigen. Diese Eroberung der »Öffentlichkeit« durch das »Private« deren tägliche Zeugen wir sind, ist der vorläufige Höhepunkt einer Entwicklung, die ganz anders begann: Am Anfang der Karriere des »Privaten« im »Öffentlichen« steht der *Tod.*

Der Dualismus zwischen dem »Öffentlichen« und dem »Privaten« gehört seit der klassisch griechischen Philosophie zu einem der wirkmächtigsten Differenzierungskriterien, die der Unterscheidung von Seinsordnungen dienen.[1] Nun interessiert hier nicht die umfassende Bestimmung dessen, was dieser Dualismus in der Moderne für Bedeutungsschichten enthält (Arendt 1981; Hölscher 1979; Sennett 1983; Imhof 1993a: 45-68, 1998: 11-16).[2] Für die folgenden Ausführungen genügt der kleinste gemeinsame Nenner des Begriffsverständnisses von Öffentlichkeit und Privatheit: Der konstitutive Kern der Öffentlichkeit in modernen Gesellschaften ist das Mediensystem. »Öffentlich« ist entsprechend das, was allgemein zugänglich ist. Als innersten Kern der Privatheit bestimme ich demgegenüber das, was nur dem Individuum selbst privilegiert zugänglich ist: seine subjektive Innerlichkeit. Was allgemein zugänglich ist, wird vermittelt durch das Mediensystem, vorab durch diejenigen Leitmedien, die sich an ein Massenpublikum richten und damit die Arena der öffentlichen Kommunikation und des gesellschaftlich relevanten Aufmerksamkeitswettbewerbs konstituieren. Alltagssprachlich beziehen sich die Mitglieder der Gesellschaft primär darauf, wenn von Öffentlichkeit oder von »den Medien« die Rede ist.[3] Im Aggregat bildet die öffentliche Kommunikation dieser Leitmedien das Medium der Selbstreferenz moderner Gesellschaften. Als solches dient die Öffentlichkeit als Vermittlungsarena moderndner, polykontextoraler Gesellschaften der Herstellung konvergenter Relevanzstrukturen indem sie diejenigen Themen selegiert, die um kontextübergreifende Aufmerksamkeit kandidieren, sie ermöglicht die Beobachtung der Gesellschaft durch die Gesellschaft und sie dient der Kontrolle des politischen Systems.

Als innersten Kern der Privatheit bestimme ich demgegenüber die *subjektive Innerlichkeit* eines Individuums, also all das, was nur dem Individuum selbst *privilegiert* zugänglich ist, mithin: Gefühle, Eindrücke, Affekte und Assoziationen. Privat ist entsprechend all das, was wir als *Ausdruck* dieser nur privilegiert zugänglichen Innerlichkeit betrachten: die *Expression* von Gefühlen, Eindrükken, Affekten und Assoziationen. Die Expression subjektiver Innerlichkeit dient der Herstellung oder Aufrechterhaltung von *Vertrautheitsbeziehungen* also von Gemeinschaftlichkeit und findet gewöhnlich in »privaten« Situationen statt. Diese Situationen bilden den sozialen Raum an dem solche privaten Entäusserungen folgenreich auf Resonanz stoßen können.

Diese pragmatische Definition des »Öffentlichen« als alles, *was allgemein zugänglich* ist und des »Privaten« als alles, *was der Konstitution von Vertrautheitsbeziehungen dient*, *bedingt*, dass *das »Private« öffentlich sein kann.* Immer dann nämlich, wenn die Expression von Gefühlen, Eindrücken, Affekten und Assoziationen allgemein zugänglich ist und damit aus dem sozialen Raum in dem private Kommunikation seine Funktion erfüllt, hinaustritt.

Diesen öffentlichen Ausdrucksformen der nur privilegiert zugänglichen Innerlichkeit gilt nun das Interesse und eine These: Das Radio ist – insbesondere in Gestalt der Lokalradios – das wichtigste Medium bei der Mutation des »Privaten« in das »Öffentliche«. Auf den Spuren der Boulevardzeitungen betreibt das Begleitmedium Radio am stärksten eine *Imagination von Gemeinschaft in der Gesellschaft* über eine kommunikative Praxis, die eine gefühlsmäßige, also emotionale Bindung anzielt und damit aus dem Publikum kommunikativ eine Hörergemeinde zu formen sucht, die Privatem lauscht. Diese Eroberung des Öffentlichen durch das Private deren tägliche Ohrenzeugen wir sind, ist der vorläufige Höhepunkt einer Entwicklung, die ganz anders begann: am Anfang der Karriere des Privaten im Öffentlichen steht der *Tod.*

Ich werde dies in zwei Schritten ausführen: Um die Lokalradios als Speerspitze der Durchdringung der öffentlichen Kommunikation durch private Entäusserungen zu entdecken, gilt es *erstens* hinter den jüngsten »Strukturwandel der Öffentlichkeit« zurückzugehen, d.h. in die 50er und frühen 60er Jahre. Dabei interessiere ich mich – am Beispiel der Schweiz – für *die Form und die Bedeutung von Kommunikationen, die Gefühle subjektiver Innerlichkeit zur Geltung bringen oder solche zu Erwecken beabsichtigen* in der Ära der Parteizeitungen und des öffentlich-rechtlichen Integrationsrundfunks (1.). Zweitens gilt dann die Aufmerksamkeit der Karriere des Privaten im Öffentlichen und ihrer tiefgreifenden Wirkung auf die Kommunikationsformen der Gegenwart (2.).

1. Ära der Parteizeitungen und des Integrationsrundfunks

Die »Öffentlichkeit« hat sich in vergleichsweise kurzer Zeit radikal verändert. Der Übergang von der Ära der Parteizeitungen und des öffentlich-rechtlichen Integrationsrundfunks zu einem ausdifferenzierten Mediensystem erfolgte in der Schweiz in den 60er Jahren.[4] Die schweizerische Parteipresse davor ist gekennzeichnet durch die wechselseitige Resonanz, welche die politische Kommunikation bei diesen Organen findet. Der Kampf um die »öffentliche Meinung« wird durch »Weltanschauungsorgane« bestritten, deren Redaktionen den intellektuellen »Stab« der Parteien und Verbände bilden. Die in diesen Zeitungen geführte politische Kommunikation gestaltet sich als virtuelle Versammlungskommunikation, weil die Redaktionen im politischen Meinungsstreit sich wechselseitig als pars pro toto des politischen Gegners wahrnehmen, in polemischem Diskurs aufeinander reagieren und Ereignisinterpretationen und politische Themen zu besetzen suchen. Die auf diese Weise geführte Kommunikation lässt sich beschreiben als publikumsoffene Auseinandersetzung auf hohem Komplexitätsniveau. Die Rollen des Politikers und des Redaktors sind nur schwach differenziert. Der gesinnungsethische Journalismus basiert auf einem Selbstverständnis, das sich die Aufklärung des Publikums über politische Sachverhalte und gegnerische Absichten zur Pflicht macht. Da die Kommunikation interaktiv ist, d.h. weil zum Publikum immer auch das Organ des politischen Gegners gehört und weil das politische Raisonnement in eine »Weltanschauung« eingelassen ist, rekurriert dieser Journalismus nicht auf individuelle Meinungen, sondern vertritt Gruppenpositionen an der Front des Zeitgeschehens und setzt außerordentlich hohe Anforderungen an die kognitiven Fähigkeiten des Publikums. Dieses Publikum wird als Souverän und nicht als Publikum von Medienkonsumenten angesprochen. Diese Form der öffentlichen Kommunikation schließt den expliziten Ausdruck von privaten Gefühlen und persönlichen Vorlieben gänzlich aus. Die öffentliche Kommunikation ist in einem kognitiven und normativen Sinne politisch, d.h. sie ist auf Sachverhalte sowie Werte und Normen bezogen. Personen werden systematisch als strategisch agierende Interessenvertreter behandelt. Die wechselseitigen Deutungen der Handlungsmotive orientieren sich an der jeweiligen Schicht- und Gruppenzugehörigkeit, die in der politischen Kommunikation konsequent mit einer der Grossideologien der Moderne (Konservatismus, Sozialismus, Liberalismus) in Beziehung gesetzt wird. Die Debatten konzentrieren sich in oft polemischer Auseinandersetzungen auf Sachverhaltsdarstellungen und Normen und Werte, jedoch nicht auf Expressionen subjektiver Innerlichkeit oder auch nur persönliche Eigenheiten des politischen Personals. Das Private ist noch nicht Bestandteil des Politischen und dies schützt auch den politischen Gegner innerhalb einer Kommunikationskultur, in welcher der Verstoß gegen den tabuisierten Bereich des Privaten als unlautere Form des politischen Kampfes mit Prestigeverlust sanktioniert wird.[5]

Wenn in dieser Ära der Parteipresse »Privates« »öffentlich« wurde, dann standen nur vier Textsorten zur Verfügung: der Roman im Feuilleton, die Gerichtsberichterstattung, die Todesanzeige und der Nachruf. Der Roman im Feuilleton vermittelte Privates oder eben Gefühle nur in der klassisch literarischen Form anhand der Schicksale von fiktiven Figuren. In der Gerichtsberichterstattung erschien Privates nur als Darstellung von Motiven, also in einer Form, die für die Urteilsfindung von Belang ist. In der Todesanzeige waren private Gefühle der Trauer und der inneren Verbindung mit dem Verstorbenen nur in hoch ritualisierter Form – zumeist in Gestalt von Bibelzitaten – zulässig. Einzig der Nekrolog war eine Textsorte, die es gestattete, eine im öffentlichen Leben wichtige Person »ganzheitlich«, also auch mit Bezug auf seine persönlichen Vorlieben und Hoffnungen, seine Familie und seine privaten Beziehungsnetze darzustellen. Dies allerdings nur mit Vorsicht: Auch im Nachruf hatte das »öffentliche Wirken« im Vordergrund zu stehen.

Dieser Tabuisierung des Privaten im Öffentlichen beugten sich in der Schweiz auch die Forumszeitungen bzw. die Geschäftspresse.[6] Allerdings wurde hier das Tabu bereits brüchiger: Die Gerichtsberichterstattung bzw. vorab die Darstellung von Mord und Totschlag wird sich als Einfallstor des Privaten im Öffentlichen entpuppen. In Form des Ausdrucks von Abscheu gegenüber dem Täter und der Tat und in Form von Emphatie für das Opfer drängte in den 50er Jahren unübersehbar Subjektives – getarnt als Ausdruck allgemeiner Empörung – in die öffentliche Kommunikation.

Zu dieser strukturstabilen Phase der »Öffentlichkeit«, die in den 60er Jahren endete, zählt auch das Radio, das sich seit den 30er Jahren als Integrationsmedium im öffentlich-rechtlichen Auftrag jeglicher parteipolitischer oder konfessioneller Propaganda und allem, »was die guten Sitten« verletzte, zu enthalten hatte (Schade 1994: 21-22). Das Radio verstand sich als Integrationsrundfunk mit nationalem Auftrag. Politisches Raisonnement als solches fand im Radio nicht statt. Der »öffentlich-rechtliche« Radiojournalismus gründete in dem objektivistischen Selbstverständnis eines an Fakten orientierten Nachrichtenjournalismus überparteilichen Charakters. In diesem neutralisierten Journalismus gründen wiederum die modernen Objektivitätsethiken des professionalisierten Journalismus.[7] Das föderalistische »Staatsradio« pflegte entsprechend einen Duktus, die abgestützt auf die Schweizerische Depeschenagentur das Weltgeschehen in streng objektivistischer Einstellung »offiziös« wiedergab. Kulturpolitisch bewährte sich das Radio mit aufklärerischem Selbstverständnis als »Lehrmeister der Nation« durch die Vermittlung von allerhand Wissenswertem (Mäusli 1994: 18-20) und es erfüllte eine wichtige Funktion in der Förderung des als anspruchsvoll geltenden einheimischen künstlerischen Schaffens. Als hoch akzeptiertes Monopolradio konnte der Landessender auf jegliche Anbiederung des Publikums verzichten. Als Tabuzone galt auch hier das Private: Dementsprechend erschienen Affekte, Emotionen, Leidenschaften, Devianz und Absonderlichkeiten nur in der radioadäquaten Form der Literatur, im Hörspiel (Epkes 1994: 34-36), – in der Musik und ebenfalls im Nachruf.

Die Geltung des »Privaten« im »Öffentlichen« lässt sich für die Ära der Parteizeitungen und des Integrationsrundfunks wie folgt zusammenfassen: Wenn man die klassisch künstlerischen Formen der Darstellung subjektiver Expressionen im Feuilletonroman, im Hörspiel und in der Musik ausser Acht lässt – was deshalb legitim ist, weil die bürgerliche Öffentlichkeit zunächst als literarische in die Welt kommt (Habermas 1984) – dann ist die Kulturgeschichte des Privaten im Öffentlichen zunächst eine Geschichte des Todes, der Todestrauer sowie des Mordes und des Totschlags. Über den Tod wird das Private öffentlich und der Tod ist auch das Einfallstor für die beispiellose Karriere des Privaten im Öffentlichen nach der Ära der Parteizeitungen und des Integrationsrundfunks. Zunächst findet das Morbide in der Boulevardzeitung sein eigentliches Medium. Mit ihm auch die Expression des Entsetzens, der Abscheu und der Angst. In der Expression der stärksten Gefühle subjektiver

Innerlichkeit erodiert das Tabu des Privaten. Dieser Übertragbarkeit von Gefühlen subjektiver Innerlichkeit verdankt sich die Faszination des Privaten: Sachverhaltsdarstellungen und Dispute über Werte und Normen gilt es in einem kognitiven Akt nachzuvollziehen; Gefühle hingegen werden »gespürt«, sie stellen sich nicht als Einsicht in die Logik einer Argumentation dar, sondern als Empfindung.

Die Geschichte des Privaten im Öffentlichen, die gleichzeitig mit dem beschleunigten »Strukturwandel der Öffentlichkeit«, d.h. mit der Ausdifferenzierung eines parteiunabhängigen Mediensystems, dem Aufstieg des Fernsehens und mit dem Schwund der Parteimilieus beginnt, ist damit nicht zu Ende (Kriesi 1994; Saxer 1989, 1993: 81-104; Blum 1993: 223-236, 1994; Ernst 1996: 60-72; Imhof 1996b: 3-25, 1996c: 165-186; Müller-Doohm 1998: 471-485). Ihre Fortsetzung ist die Emanzipation des Ausdrucks privater Gefühle vom Tod.

2. Die Karriere des Privaten im »Öffentlichen«

In diese Periode zwischen den 60er und den 80er Jahren fällt in der Schweiz die Karriere des »Privaten« im »Öffentlichen« und seine Emanzipation vom Tod. Dabei können drei Quantensprünge unterschieden werden: einer auf dem Boulevard, einer im gehobenen Journalismus und einer in den elektronischen Medien, vorab im Radio.

Zuerst führt die Suche nach dem »Privaten« auf den Boulevard: Mord und Verbrechen werden erst in der schweizerischen Boulevardzeitung »Blick« – also ab den 60iger Jahren – zu einer eigenen journalistischen Gattung und lösen sich von der klassischen Gerichtsberichterstattung ab.[8] Wenn man die quantitativ größten Medienereignisse pro Jahrgang des »Blicks« analysiert, dann wird ersichtlich, dass die hochemotionale Darstellung von Verbrechen (vorzugsweise Mord) zu den absolut dominierenden Themen zählen.[9] Genauso wie in Deutschland manifestiert sich hier eine ruckartige Grenzverschiebung zwischen dem Öffentlichen und dem Privaten. In beiden Ländern können – so zeigt etwa der Fall Brühne 1962 (Requate 1998: 55-67) – Kriminalprozesse Anlass von gewaltigen Kommunikationsverdichtungen werden, deren intermediale Resonanz sich nur durch die Enttabuisierung des Privaten erklären lässt.

Zusätzlich erreicht die Expansion des »Privaten« im »Öffentlichen« im Prominentenjournalismus und in Lebenshilfeserien einen neuen Höhepunkt. Der von der nicht täglich erscheinenden Regenbogen- und Illustriertenpresse übernommene, emotionale und dem Modus des Klatsches gehorchende Prominentenjournalismus sprengt die Verankerung des »Privaten« im Tod durch eine andere lebensbiographische Zäsur: die Prominentenhochzeit. Bereits im ersten Jahrgang des »Blick« ist die Hochzeit von »Margaret« und »Tony« das sechst-grösste und die Heirat von »Baudoin« und »Fabiola« das neunt-grösste Medienereignis. Der erste Emanzipationsschritt des Privaten vom Tod ist damit erreicht: die Hochzeit – vorab in Adelshäusern – tritt an die Seite von Mord und Totschlag. Wieder sind es die »starken« Gefühle über die sich die Faszination des Privaten medial durchsetzt.

Mindestens ebenso bedeutsam wie die Prominentenheirat sind für die Geschichte des »Privaten« im »Öffentlichen« die Lebenshilfeserien. In ihnen fällt eine weitere Schranke: Die medienwirksame Kolorierung von Expressionen subjektiver Innerlichkeit ist darin nicht mehr länger auf die heiratenden Prominenten oder auf Täter und Opfer von Gewaltverbrechen beschränkt, sondern auf alle Normalsterblichen. Allerdings konzentrieren sich die Lebenshilfeserien im Unterschied zur Prominentenhochzeit auf die negativen Gefühle: Ängste, Nöte und die Sorgen des Mannes und vor allem der Frau auf der Strasse werden nun zum öffentlichen Thema. Allerdings: Noch wird die subjektive Innerlichkeit moderiert, d.h. sie wird durch Lebenshilfeberaterinnen und -berater sittlich kontrolliert und auf eine verallgemeinerungsfähige Ebene gehoben. Doch immerhin: Die Kulturgeschichte des Privaten im Öffentlichen hat sich auf dem deutschschweizerischen Boulevard der 60er Jahre sprunghaft entwickelt: vom Tod über die Prominentenheirat bis zur moderierten Lebenshilfe für alle Sterblichen. Die Klatschspalten und die Personalisierung des Politischen im Nachrichtenjournalismus der Boulevardmedien sind auf dieser Basis nur noch Folgeinnovationen.

Zweitens: Die Kulturgeschichte des »Privaten« im »Öffentlichen« ist ohne Rekurs auf die kulturrevolutionären 60er Jahre nicht zu beschreiben. Erst mit der 68er-Bewegung wird programmatisch das Private politisch und beansprucht damit erstmals gesamtgesellschaftliche Geltung. In dieser vielleicht revolutionärsten Innovation der Protestbewegungen der späten 60er und frühen 70er Jahre wird die Sprengung der »bürgerlichen Intimsphäre« zum Königsweg der Befreiung von der Entfremdung im bürgerlichen Kapitalismus. An der sogenannten »Sexfront« wird die in Scham gepackte Sexualität und die Liebe, zum öffentlichen Thema und wahrhaft kulturrevolutionär: zur öffentlichen Praxis. Gleichzeitig wird das als politisch entdeckte Private Bestandteil einer Geschichtsphilosophie, weil die Befreiung des Privaten von all seinen bürgerlichen Verklemmungen der Revolution den Weg zu bereiten hat. Damit erobert das Private erstmals die Zukunft: Beim Nachruf, bei der Gerichtsberichterstattung und bei der Darstellung von Mord und Totschlag bezog sich die Enthüllung subjektiver Gefühle auf vergangene Ereignisse, mit der Lebenshilfe wird das »Private« vorsichtig gegenwärtig, jedoch erst mit der »Sexfront« erobert es die Zukunft.

Nun bildete freilich die Thematisierung der Sexualität nur die provokative Speerspitze einer tiefgreifenden Kulturkritik, die – am wirkmächtigsten durch Herbert Marcuse – in der instrumentellen Rationalität der Moderne den Kern der Entfremdung des Menschen von sich selbst ebenso entdeckte, wie die als diskriminierend erachtete Dissoziation der Geschlechter in die Sphäre der »Öffentlichkeit« wie der »Privatheit«. Mit anderen Worten: Die Freilegung der subjektiven Innerlichkeit galt als Bedingung zur Entfaltung menschlicher Kreativität wie der Elimination dieser Dissoziation. Die Kulturrevolution, die diese Perspektive auslöste, lässt sich an einem Begriff ermessen, der nun zu seinem Siegeszug ansetzt: die »Ganzheitlichkeit«. Die »Ganzheitlichkeit« wird geboren als eine Rückgewinnung der Fähigkeit des Menschen seine innere Natur zu entäußern, sich seiner innersten Gefühle und Kreativitätspotentiale bewusst zu werden, diese vom Sozialisationsschutt zu befreien und sich dadurch zu emanzipieren. In dieser Form trat die neue Geltung des Privaten aus den Milieus der Aufbruchbewegungen hinaus und provozierte mannigfaltige Folgeinnovationen: Die Entblößung wurde zum verlässlichsten Auflageerhöher der Boulevardzeitungen und Illustrierten und in Form etwa der Oswald Kolle-Filme zum Kassenschlager in den Kinos. In den Organen der neuen sozialen Bewegungen und vor allem in der kommunikativen Alltagspraxis der Bewegten konnte die neue Geltung des Privaten in den 70er Jahren rasch zu einem reflexionsarmen »Bauchstalinismus« verkümmern, der es erlaubte, politische Themen auf der Basis von Gefühlsbezügen zu akzeptieren oder zu verdammen. Im Journalismus der gehobenen Tages- und Wochenpresse, im Dokumentarfilm und in der Radioberichterstattung konnten die journalistischen Gattungen des »Porträts«, des »Interviews« und des »Features« den Entwicklungsschritt von der erlaubten Beschreibung des Privaten im Nekrolog zur hintergründigen Darstellung lebender Persönlichkeiten vollziehen. Auf diesem Weg drang auch die sensible Milieubeschreibung in die massenmediale Öffentlichkeit vor.

Dies sind allesamt Entwicklungen, die sich parallel zur Psychologisierung der Sprache im gehobenen Hintergrundjournalismus entfalteten. Gleichzeitig beginnt die Instrumentalisierung des Privaten im Rahmen der Selbstinszenierung des politischen Personals: »Coram Publico Gefühl zu äußern« und der Einblick in die lebensweltlichen Innenräume wird zur Rollenanforderung im

Wettbewerb um mediale Aufmerksamkeit (Furedi 1998; Sarcinelli 1987, 1994; Jarren 1988, 1994, 1996; Keppler 1985). Im Zeichen der Erosion der Parteimilieus und deren Konkurrenzierung durch soziale Bewegungen verschieben sich nun sukzessive die Codes massenmedialer politischer Kommunikation. Wahrend der raisonnierende politische Journalismus aus der Ära der Parteizeitungen zum Produkt von Qualitätsmedien für gehobene Zielgruppen wird, verliert die politische Kommunikation vorab in den Boulevard- und Forumsmedien ihren Gruppencharakter und fokussiert mehr und mehr das Persönliche bei den prominenten Vertretern des politischen Personals. Das den Parteimilieus entfremdete Publikum kann dadurch die für politische Wahl- und Sachentscheide komplexitätsreduzierende Eigenschaft der Milieuzugehörigkeit durch ebenso komplexitätsreduzierende Affinitätsbezüge zu Politikerfiguren ersetzen. In der charismafeindlichen Konkordanzkultur der Schweiz bedeutete dies den Einzug charismatischer Politiker, die sich auf einzelne, emotional sensible Themen konzentrieren.

Drittens: Im Rahmen journalistischer Beschreibungslogiken lässt sich freilich die vollständige Durchdringung des »Öffentlichen« durch das »Private« nicht erreichen. Noch gilt es die letzten Schranken niederzureißen, die der subjektiven Innerlichkeit auf ihrem medialen Offenbarungsweg entgegenstehen. Den bis zur vollen Ausbildung des lokalen Regenbogen- und Affektfernsehens letzten Schritt dieses medialen Outings erreichte uns erst im Zug der Dualisierung der elektronischen Medien. Allem voran machte das Lokalradio mit seiner Flut von Hörer-Beteiligungssendungen, das mediale »Outen« von Jederfrau und Jedermann zum tragenden Konzept der Radio-Renaissance der 80er Jahre (Schanne 1991). Das ursprüngliche Distanzmedium Radio (Neumann-Braun 1998: 77-92) macht uns seither als Intimmedium unerbittlich zu »Ohrenzeugen« unzähliger privater Zuneigungsbekundungen, von Gratulationsreigen hoch interaktiver Grusszirkel, von Liebeserklärungen und Hassbekundungen, von erotischen Phantasien ebenso wie von Beziehungszerwürfnissen, Ängsten und Nöten. Und es macht uns zu Zuhörern eines offenbar unstillbaren privaten Spieltriebs (Burger 1991; Keil 1991; Wulff 1998: 68-76; Schanne/Kiener 1998: 93-99). Mehr noch: Wir können über das Radio unsere Wunschpartner suchen, indem wir unsere körperlichen und geistigen Vorzüge direkt der Welt mitteilen oder uns im Rahmen der unterhaltungsorientierten Moderation beliebig auf den Arm nehmen lassen. Noch herrscht allerdings eine gewisse Geschlechtssegregation in der Hörerbeteiligung: rund 3/4 aller »Radioaktiven« sind Anruferinnen, die Männer sind erst auf dem Weg zur Emanzipation; sie erscheinen noch etwas verklemmt in der neuen radiophonen Herrlichkeit.

Das Lokalradio ist das erste Medium, das durch das »Private« erobert worden ist. Auf dieser Stufe der Durchdringung des »Öffentlichen« durch das »Private« ist die emotionsfreie Darstellung von Sachverhalten, Werten und Normen in der Defensive: Selbst die Wetterfrösche können sich beim Wetterbericht nicht enthalten, ein kommendes Hoch mit Ausrufen des Glücks und der Zufriedenheit anzukündigen und uns mit Bedauern das Herannahen eines Tiefs mitzuteilen. In dieser umfassenden Gefühlssuppe wird das Öffentliche privat und damit gleicht sich die mediale Kommunikation der Gesprächskultur innerhalb von Primärgruppen an. Das öffentliche Medium »Radio« ist inmitten einer individualisierten, polykontextoralen Gesellschaft familiär geworden, und wir – seine Konsumenten – werden kommunikativ als Mitglieder einer Hörerfamilie vereinnahmt, die uns dann Beachtung schenkt, wenn wir regelmäßig an den Beteiligungsendungen partizipieren. Dies verschafft uns Streicheleinheiten in Form von Folgekommunikationen durch andere, uns bekannte »Familienmitglieder« mit denen wir, weil sie unserem »Outing« lauschten, auch noch »real-privat« verkehren: sie rufen uns an, um uns mitzuteilen, dass sie uns zugehört hätten. Gemäß einer Hörerbeteiligungsstudie in Deutschland lassen sich dadurch hohe Erfolgsraten erzielen: 80% der »radioaktiven« Hörerinnen und Hörer erzielen die Gratifikation von real-privater Anschlusskommunikation (Neumann-Braun 1993: 160; vgl. auch Bonfadelli/Hättenschwiler 1989). In der Zwischenzeit wird die Hörerbeteiligung selbst den Lokalradios etwas zuviel: bei der Privatisierung der Radiokommunikation wie bei derjenigen des Fernsehens ist eine Tendenz zum Selbstreferentiellen beobachtbar: das Moderatorenpersonal überbietet sich wechselseitig im Selbstoffenbarungswettbewerb.

Die Karriere des »Privaten« im »Öffentlichen« ist – wie gezeigt – verhältnismäßig kurz, aber wirkmächtig. Einst noch bloße, vorsichtige »Ganzheitlichkeit« im Nekrolog öffentlicher Personen, einst noch Bibelzitat in den Todesanzeigen und einst noch geknüpft an die Gerichtsberichterstattung von Kapitalverbrechen, eroberte der öffentliche Ausdruck subjektiver Innerlichkeit in der kurzen Frist von rund 25 Jahren den medialen Alltag. In dieser Zeit ist der Ausdruck des Privaten im Öffentlichen – zumindest im Radio – von der Ausnahme zur Regel geworden. Mit dem öffentlichen Outing privater Gefühle aller Normalsterblichen und mit der Verwandlung der öffentlichen Kommunikation in die Primärgruppensprache hat die Karriere des Privaten in der radiophonen Öffentlichkeit – bis auf seine Visualisierung – alles erreicht.

Mit den klassischen Kategorien von »Öffentlichkeit« und »Privatheit« lässt sich die massenmediale Kommunikation vorab in den Lokalradios nicht mehr beschreiben. Der Ausdruck privater Gefühle und der stattfindende Selbstoffenbarungswettbewerb im Massenmedium imaginieren Gemeinschaft in der Gesellschaft. Inmitten der metropolitanen, polykontextoralen Gesellschaft etabliert sich im Radio ein kommunikativer Code, der sich in der ständigen Balance zwischen Vertrautem und möglichst originell Abweichendem auf die Inszenierung und Selbstinszenierung des Intimen und des Persönlichen konzentriert. Dieser Kommunikationsmodus ist radikaler noch als die Personalisierung in der Politik (Wehner 1998: 318-331), ein Code der Entdifferenzierung, der inmitten komplexer, differenzierter und von traditionellen Milieus entblößten Gesellschaften sowohl das kollektive Bedürfnis zur Inszenierung von Individualität erlaubt, als auch kontextübergreifend anschlussfähig ist. Expressionen subjektiver Innerlichkeit können im Anschluss an Anthony Giddens disembedding-These (Giddens 1992) als »Rückbettungskommunikate« verstanden werden: Sie verbinden beliebige lebensweltliche Erfahrungskontexte und sie sind erst noch diskursiv nicht hinterfragbar: Während Kommunikation über Sachverhalte und über Normen und Werte der Argumentation bedarf, sind Expressionen subjektiver Innerlichkeit gegenüber Argumentation immun: Subjektive Expressionen entziehen sich als Bestandteile der inneren Welt von Akteuren dem kognitiven oder moralischen Raisonnement über Sachverhalte der gemeinsam geteilten objektiven bzw. über Werte und Normen der gemeinsam geteilten sozialen Welt. Gefühle, Eindrücke, Assoziationen, Bekenntnisse, Sympathien und Antipathien können durch die Zuhörer ausschließlich hinsichtlich ihrer Wahrhaftigkeit validiert werden. Im Gegensatz zu »privaten Situationen« in welchen Vertrautheitsbeziehungen in der Regel diese Validierung erlauben, lässt sich das massenmediale »Outing« subjektiver Expressionen auf Seiten beliebiger Publika bloß zur Kenntnis nehmen oder nach ästhetischen Kriterien bezüglich der Inszenierungsqualität würdigen. Dadurch entgrenzen sich für die massenmedialen Selbstdarstellerinnen und Selbstdarsteller die Inszenierungsmöglichkeiten bis hin zur reinen Fiktion: Die Privatisierung des Öffentlichen oder die massenmediale Inszenierung subjektiver Innerlichkeit wird durch diese strukturelle Situation zur reinen Unterhaltung.

Die Tabuisierung des Privaten, die wir dem bürgerlichen Öffentlichkeitsverständnis verdanken, hat, so indiziert nicht nur – aber vor allem – der Rundfunk, offensichtlich seine handlungsanleitende Kraft verloren. Mit der Elimination einer sozial definierten Privatsphäre wird das Öffentliche schlicht zu dem, was allen zugänglich ist und das Private wird je individuell zu demjenigen Bereich, die jeder und jede im Offenbarungswettbewerb noch zu verbergen trachtet (Young 1990). Was aber vollzieht sich im Rahmen eines komplexitätsreduzierenden und entdifferenzierenden Selbstoffenbarungswettbewerbs wenn tendenziell Alle von Allen ins Vertrauen gezogen werden? Unter Berücksichtigung der von Georg Simmel herausgearbeiteten Bedeutung des Geheimnisses für die Intensität von sozialen Beziehungen (Simmel 1993; Neckel 1996: 581-605; Imhof 1997), kann – so in einer interessanten Argumentation von Thomas Jung und Stefan Müller-Doohm (1998: 138-149) – die These vertreten werden, dass die »Tyrannei der Intimität« (Sennett 1983) in Form der Enttabuisierung sozial definierter Privatheit in Beziehungslosigkeit und Anonymität umschlägt. Die verhaltensnormierende Kraft der massenmedialen »indiskreten Geschwätzigkeit«, die in differenzierungstheoretischer Sicht als »Rückbettungskommunikation« betrachtet werden kann, führt in dieser Perspektive auf paradoxe Weise zur Atomisierung der Gesellschaft, weil die Subjekte mit dem Verlust ihrer privaten Geheimnisse jenes Stoffes entbehren, dessen selektive Offenbarung gemeinschaftliche Beziehungen von gesellschaftlichen Interaktionsformen unterscheidet. Dadurch – so die Argumentation – verlieren die Subjekte der »geheimnislosen Gesellschaft« ihre Fähigkeit zur Generierung von Gemeinschaftlichkeit. Demgegenüber ist allerdings zu betonen, dass sich im laufenden Selbstoffenbarungswettbewerb auch die Selbstinszenierungsfähigkeiten der Akteure erhöhen: Im Zwang zur Offenbarung des Privaten verstärkt sich die Kompetenz im Täuschen, Vorspiegeln und Verbergen: Anstelle der »geheimnis-« und dadurch »beziehungslosen Gesellschaft« stecken wir bereits in der heuchlerischen Gesellschaft: Goffmans (1988) »Wir alle spielen Theater« erreicht mit der Auflösung einer sozial definierten Privatheit eine neue Qualität.

Anmerkungen

1 Daher handelt sich bei diesen Termini – im Sinne der Begriffsgeschichte – um Grundbegriffe (vgl. hierzu Koselleck 1979: XIII-XXVII). Solche Begriffe zeichnen sich dadurch aus, dass ihre Verwendung unabhängig von Schicht, Stand, Herkunft und politischen Präferenzen gesichert ist, dass sie also von gesamtgesellschaftlicher Bedeutung für die Strukturierung der Welt sind.

2 Ursprünglich bezeichneten »Öffentlichkeit« und »Privatheit« in der klassisch griechischen, insbesondere der aristotelischen Philosophie wie in der Aufklärungsphilosophie zwei unterschiedliche Lebensordnungen: der Bereich des Lebensnotwendigen, als das »Private« und den Bereich der Freiheit oder des Politischen, als das »Öffentliche«.

3 Für eine theoretisch ertragreiche Diskussion der »Öffentlichkeit« moderner Gesellschaften und ihrer Funktion im sozialen Wandel genügt dies nicht. Für eine gesellschaftstheoretische Begriffsbestimmung im Rahmen einer Theorie sozialen Wandels vgl. Imhof 1996a: 200-292, 1996b: 3-25.
4 Dies ist im europäischen Vergleich außerordentlich spät. So war beispielsweise in Deutschland und Österreich schon die Zwischenkriegszeit stark durch Forums- und Boulevardzeitungen geprägt (Jarren 1994; Melischek/Seethaler 1996: 61-78; Imhof 1996c: 165-186; Saxer 1993: 81-104).
5 In der Gattung der Sozialreportagen, die im Rahmen der Organe der Arbeiterbewegung und linksliberaler Sammlungsbewegungen entstanden ist, dienen private Lebensumstände ausschließlich als Hintergrundfolie für eine normative und kognitive Sozialkritik.
6 Diese Medien bemüssigten sich bis in die 60er Jahre um eine möglichst unparteiische Nachrichtenvermittlung und verstanden sich als Informations- und Werbeträger ihrer Region.
7 Insbesondere: Ausgewogenheit und Trennung von Nachricht und Interpretation (vgl. Blum 1993: 223-236; Schanne/Matter 1993: 69-80; Haller/Holzhey 1992).
8 Die Boulevardzeitung »Blick« erscheint – nach dem Muster von »Bild« – erstmals im Herbst 1959.
9 Die Daten entstammen dem vom Schweiz. Nationalfonds geförderten Forschungsprojekt »Krise und sozialer Wandel. Analyse von Medienereignissen in der Schweiz 1910-1995«. Im Rahmen dieses Projekts wurden die zehn größten Medienereignisse pro Jahrgang des »Blicks«, der »Neuen Zürcher Zeitung«, des »Tages-Anzeigers«, der »Tagwacht« und des »Vaterlandes« im genannten Zeitraum erhoben (vgl. Imhof 1993b: 11-60).

Literatur

Arendt, Hannah (1981), Vita activa oder vom tätigen Leben. München.

Blum, Roger (1993), Medien zwischen Anmassung und Anpassung, in: Michael Schanne/Peter Schulz (Hrsg.): Journalismus in der Schweiz. Fakten, Überlegungen, Möglichkeiten. Aarau: 223-236.

Blum, Roger (1994), Der pluralistische Eintopf, in: WoZ Medien, Wochenzeitung Nr. 46, Zürich: 18.11.1994.

Bonfadelli, Heinz/Hättenschwiler, Walter (1989), Das Lokalradio-Publikum. Ergebnisse der Publikumsbefragung zu den lokalen Rundfunkversuchen in der Schweiz 1983-1988. Teilstudie 3 zum Schlussbericht der RVO-Begleitforschung am Seminar für Publizistikwissenschaft der Universität Zürich. Zürich.

Burger, Harald (1991), Das Gespräch in den Massenmedien. Berlin.

Epkes, G. (1994), Horcher an der Wand, in: du. Die Zeitschrift der Kultur, Heft 6: 34-36.

Ernst, Andreas (1996), Öffentlichkeit – das unsichtbare Wesen mit der grossen Wirkung, in: Schweizerische Zeitschrift für Geschichte 1/96: 60-72.

Furedi, Frank (1998), Bunte Bänder. Wenn Politiker Gefühl zeigen, kommt das gut an. Doch ob die Emotionalisierung des Öffentlichen ein Fortschritt ist, darf bezweifelt werden, in: Die Zeit, Nr. 8, 12.2.1998: 43.

Giddens, Anthony (1992), Die Konstitution der Gesellschaft. Frankfurt/M.

Goffman, Erving (1988), Wie alle spielen Theater. Die Selbstdarstellung im Alltag. München.

Habermas, Jürgen (1984), Strukturwandel der Öffentlichkeit. Darmstadt.

Haller, Michael/Holzhey, Helmut (1992) (Hrsg.), Medienethik. Opladen.

Hölscher, Lucien (1979), Öffentlichkeit und Geheimnis. Stuttgart.

Imhof, Kurt (1993a), Öffentlichkeit und Gesellschaft, in: Michael Schanne/Peter Schulz (Hrsg.): Journalismus in der Schweiz. Fakten, Überlegungen, Möglichkeiten. Aarau: 45-68.

Imhof, Kurt (1993b), Vermessene Öffentlichkeit – vermessene Forschung? Vorstellung eines Projekts, in: Kurt Imhof/Heinz Kleger/Gaetano Romano (Hrsg.): Zwischen Konflikt und Konkordanz. Analyse von Medienereignissen in der Schweiz der Vor- und Zwischenkriegszeit. Reihe: Krise und sozialer Wandel, Bd. 1. Zürich: 11-60.

Imhof, Kurt (1996a), Intersubjektivität und Moderne, in: Kurt Imhof/Gaetano Romano: Die Diskontinuität der Moderne. Zur Theorie des sozialen Wandels, Reihe »Theorie und Gesellschaft« hrsg. von Axel Honneth, Hans Joas, Claus Offe. Frankfurt/M.: 200-292.

Imhof, Kurt (1996b), »Öffentlichkeit« als historische Kategorie und als Kategorie der Historie, in: Schweizerische Zeitschrift für Geschichte 1/1996: 3-25.

Imhof, Kurt (1996c), Eine Symbiose: Soziale Bewegungen und Medien, in: Kurt Imhof/Peter Schulz (Hrsg.): Politisches Raisonnement in der Informationsgesellschaft, Reihe: Mediensymposium Luzern Bd. 2. Zürich: 165-186.

Imhof, Kurt (1997), Zunehmend fragileres Sozialprestige. Die Medien, der Skandal und die Politik, in: Neue Zürcher Zeitung, 19.12.1997.

Imhof, Kurt (1998), Die Verankerung der Utopie herrschaftsemanzipierten Raisonnements im Dualismus Öffentlichkeit und Privatheit, in: Kurt Imhof/Peter Schulz (Hrsg.): Die Veröffentlichung des Privaten – die Privatisierung des Öffentlichen, Reihe: Mediensymposium Luzern Bd. 4. Opladen: 11-16.

Jarren, Otfried (1988), Politik und Medien im Wandel: Autonomie, Interdependenz oder Symbiose? Anmerkungen zur Theoriedebatte in der politischen Kommunikation, in: Publizistik 33.4: 619-632.

Jarren, Otfried (1994), Mediengewinne und Institutionenverluste? – Zum Wandel des intermediären Systems in der Mediengesellschaft. Theoretische Anmerkungen zum Bedeutungszuwachs elektronischer Medien in der politischen Kommunikation, in: Otfried Jarren (Hrsg.): Politische Kommunikation in Hörfunk und Fernsehen. Elektronische Medien in der Bundesrepublik Deutschland. Opladen: 23-34.

Jarren, Otfried (1996), Auf dem Weg in die »Mediengesellschaft«? Medien als Akteure und institutionalisierter Handlungskontext. Theoretische Anmerkungen zum Wandel des intermediären Systems, in: Kurt Imhof/Peter Schulz (Hrsg.): Politisches Raisonnement in der Informationsgesellschaft. Reihe: Mediensymposium Luzern Bd. 2. Zürich: 79-96.

Jung, Thomas/Müller-Doohm, Stefan (1998), Das Tabu, das Geheimnis und das Private – Vom Verlust der Diskretion, in: Kurt Imhof/Peter Schulz (Hrsg.): Die Veröffentlichung des Privaten – die Privatisierung des Öffentlichen, Reihe: Mediensymposium Luzern Bd. 4. Opladen: 138-149.

Keil, Erika (1991), Hörerbeteiligung am Radio. Vom sprachlosen ich zum eloquenten Du. Bern.

Keppler, Angela (1985), Präsentation und Information. Zur politischen Berichterstattung im Fernsehen. Tübingen.

Koselleck, Reinhard (1979), Einleitung, in: Otto Brunner/Werner Conze/Reinhard Koselleck (Hrsg.): Geschichtliche Grundbegriffe. Historisches Lexikon zur politisch-sozialen Sprache in Deutschland, Bd.1. Stuttgart: XIII-XXVII.

Kriesi, Hanspeter (1994), Akteure – Medien – Publikum. Die Herausforderung direkter Demokratie durch die Transformation der Öffentlichkeit, in: Friedhelm Neidhardt (Hrsg.): Öffentlichkeit, öffentliche Meinung, soziale Bewegungen. KZfSS Sonderheft 34.

Mäusli, Theo (1994), Fanal für eine neue Welt, in: du. Die Zeitschrift der Kultur. Heft 6: 18-21.

Melischek, Gabriele/Seethaler, Josef (1996), Zwischen Gesinnung und Markterfolg. Zum politischen Spektrum der Wiener Tagespresse der Ersten Republik, in: Kurt Imhof/Peter Schulz (Hrsg.): Politisches Raisonnement in der Informationsgesellschaft. Reihe: Mediensymposium Luzern Bd. 2. Zürich: 61-78.

Müller-Doohm, Stefan (1998), Medienkultur und Globalität, in: Kurt Imhof/Peter Schulz (Hrsg.): Kommunikation und Revolution. Reihe Mediensymposium Luzern Bd. 3. Zürich: 471-486.

Neckel, Sighard (1986), Das Stellhölzchen der Macht. Zur Soziologie des politischen Skandals, in: Leviathan 4, 14: 581-605.

Neumann-Braun, Klaus (1998), Kommunikationskulturelle Spezifika der Rezipientenbeteiligung in Rundfunkprogrammen – ein Begriffsinventarium, in: Kurt Imhof/Peter Schulz (Hrsg.): Die Veröffentlichung des Privaten – die Privatisierung des Öffentlichen, Reihe: Mediensymposium Luzern Bd. 4. Opladen: 77-92.

Neumann-Braun, Klaus (1993), Rundfunkunterhaltung. Tübingen.

Requate, Jörg (1998), Die Lebedame und der Querulant. Zu Grenzverschiebungen zwischen Öffentlichem und Privatem in der Gerichtsberichterstattung der 60er Jahre, in: Kurt Imhof/Peter Schulz (Hrsg.): Die Veröffentlichung des Privaten –

die Privatisierung des Öffentlichen, Reihe: Mediensymposium Luzern Bd. 4. Opladen: 55-67.

Sarcinelli, Ulrich (1987), Symbolische Politik. Zur Bedeutung symbolischen Handelns in der Wahlkampfkommunikation der Bundesrepublik Deutschland. Opladen.

Sarcinelli, Ulrich (1994), Mediale Politikdarstellung und politisches Handeln: analytische Anmerkungen zu einer notwendigerweise spannungsreichen Beziehung, in: Otfried Jarren (Hrsg.): Politische Kommunikation in Hörfunk und Fernsehen. Opladen.

Saxer, Ulrich (1989), Lokalradios in der Schweiz. Schlussbericht über die Ergebnisse der nationalen Begleitforschung zu den lokalen Rundfunkversuchen 1983-1988. Bern.

Saxer, Ulrich (1993), Medien und Politik in der Schweiz, in: Michael Schanne/Peter Schulz (Hrsg.): Journalismus in der Schweiz. Fakten, Überlegungen, Möglichkeiten. Aarau: 81-104.

Schade, Ezard (1994), Rundspruch an alle. Radiopolitik in der Schweiz, in: du. Die Zeitschrift der Kultur, Heft 6: 21-22.

Schanne, Michael (1991), Lokalradioszene Schweiz: Integration durch Partizipation?, in: NFP 21, Reihe: Kurzfassung der Projekte. Basel.

Schanne, Michael/Matter, Ruedi (1993), Auswahl und Inszenierung von Themen zur öffentlichen Kommunikation, in: Michael Schanne/Peter Schulz (Hrsg.): Journalismus in der Schweiz. Fakten, Überlegungen, Möglichkeiten. Aarau: 69-80.

Schanne, Michael/Kiener, Urs (1998), »Es kommen doch alle gern im Radio«, in: Kurt Imhof/Peter Schulz (Hrsg.): Die Veröffentlichung des Privaten – die Privatisierung des Öffentlichen, Reihe: Mediensymposium Luzern Bd. 4. Opladen: 93-99.

Sennett, Richard (1983), Verfall und Ende des öffentlichen Lebens. Die Tyrannei der Intimität. Frankfurt/M.

Simmel, Georg (1993), Psychologie der Diskretion und das Geheimnis: Eine sozialpsychologische Skizze, in: Aufsätze und Abhandlungen 1901-1908, Bd. 2, Gesamtausgabe Nr. 8. Frankfurt/M.

Wehner, Josef (1998), Öffentliche Meinung und Person – Zur Darstellung von Politik in den Medien, in: Kurt Imhof/Peter Schulz (Hrsg.): Die Veröffentlichung des Privaten – die Privatisierung des Öffentlichen, Reihe: Mediensymposium Luzern Bd. 4. Opladen: 318-331.

Wulff, Hans, J. (1998), Phone-in-Shows / Hörertelefonate: Eine Grenzform zwischen intimer und öffentlicher Kommunikation, in: Kurt Imhof/Peter Schulz (Hrsg.): Die Veröffentlichung des Privaten – die Privatisierung des Öffentlichen, Reihe: Mediensymposium Luzern Bd. 4. Opladen: 68-76.

Young, Iris (1990), Justice and the Politics of Difference. Princeton.

Das kommunikative Gedächtnis[1]

Hubert Knoblauch

1. Einleitung

Oftmals wird der Strukturwandel von Kommunikationsgemeinschaften anhand der Entwicklung massenhaft genutzter Medien illustriert. Dabei wird zuweilen der Eindruck erzeugt, als webe die Kommunikation das Netz der Gemeinschaften nur noch vermittels des Fernsehers und des Computer. Indessen ist gerade der Aspekt der durch Kommunikation erzeugten Gemeinschaftlichkeit zuvörderst an die unmittelbare Kommunikation von Angesicht zu Angesicht gebunden gewesen. In dem Maße aber, wie sich die Formen der Kommunikation innerhalb der Gesellschaft veränderte, stellt sich aber tatsächlich die Frage, ob sich die auch die darauf gründenden Gemeinschaften dadurch verändern.[2] Dies umreißt die Frage nach dem Strukturwandel von Kommunikationsgesellschaften, die hier anhand eines besonderen, aber wichtigen Aspektes untersucht werden soll. Denn was man immer unter Kommunikationsgemeinschaften verstehen kann: grundlegend muß doch sein, daß ihre Sozialbeziehungen auf Kommunikation beruhen (Knoblauch 1996). Zum anderen aber setzt der Begriff voraus, daß diese auf Kommunikation gründenden Sozialbeziehungen von Dauer sind. Die Dauerhaftigkeit sozialer Beziehungen impliziert schon im Weber'schen Sinne, daß die sie begründenden Handlungen eine gemeinsame Zukunft haben und fortgesetzt werden können. Zum anderen setzt sie voraus, daß sie auf eine gemeinsam geteilte Vergangenheit zurückgreifen können. Diese auf ihre Vergangenheit gerichtete, gemeinsam geteilte Seite sozialer Beziehungen wurde von Halbwachs (1952, 1985) mit dem Begriff des *kollektiven Gedächtnisses* umrissen. Halbwachs griff damit auf einen 1902 eingeführten Begriff zurück, mit dem Hugo von Hoffmansthal auf die eigenartigen Kräfte hinweisen wollte, die unsere Vorfahren in uns entwickeln. Halbwachs verstand diesen Begriff im Unterschied zur Geschichte als das, was man die gelebte Vergangenheit einer Gemeinschaft nennen könnte. Das kollektive Gedächtnis verleiht Gemeinschaften jeder Größenordnung eine Dauerhaftigkeit, die eine wesentliche Grundlage ist für ihre Identität.

Gerade weil dem kollektiven Gedächtnis so bedeutsame Funktionen zugeschrieben werden, erscheint es sinnvoll zu fragen, was wir denn mit diesem Begriff meinen. Handelt es sich um eine Art überindividuelles Bewußtsein, wie es etwa von Husserl mit dem Begriff des Gemeingeistes bezeichnet wurde? Oder ist das soziale Gedächtnis – wie Luhmann (1997: 584) es nennt – eine Eigenleistung kommunikativer Operationen, die nicht auf die »Gedächtnisleistungen der Bewußtseinssysteme« aufbaut? Und wenn denn die individualisierungstheoretischen Annahmen zuträfen, daß spätmoderne Gesellschaften einer rasanten Enttraditionalisierung zum Opfer fallen, müßte man nicht sogar vermuten, daß sich der soziale Kitt des kollektiven Gedächtnisses auflöst?

Vor dem Hintergrund dieser Fragen sollen hier folgende Thesen vertreten werden: (a) auf der begrifflichen Ebene soll hier die These aufgestellt werden, daß das kollektive Gedächtnis im bewußten Erinnern begründet ist, sich aber dadurch auszeichnet, daß das Erinnerte kommunikativ objektiviert wird. In den Worten Luhmanns könnte man sagen: das kollektive Gedächtnis beruht auf der Kopplung von Kommunikation und Bewußtsein, und – um auch den Unterschied zu Luhmann zu betonen: es besteht aus von diesem Bewußtsein entworfenen kommunikativen Handlungen. Gerade die Kopplung von bewußtem Erinnern und sozial objektiviertem Gedächtnis ist ja Kennzeichen der Kommunikation, die das kommunikative Gedächtnis konstituiert. Und nur die Kopplung erlaubt uns, solche Debatten zu verstehen, wie sie zur Zeit der Abfassung dieses Artikels durch die Medien gehen: Das subjektive Erinnern eines Martin Walser mag sich nicht in dem wiedererkennen, was im »offiziellen«, von der politischen Bürokratie vertretenen Modell des gesellschaftlichen Gedächtnisses inszeniert wird. Doch ist Erinnern nicht nur Bezugspunkt der Kommunikation. Wie Walser mit seiner gefeierten und umstrittenen Rede[3] deutlich macht, kann subjektives Erinnern auch zur Quelle gesellschaftlicher Kommunikation werden.

Wenn ich im folgenden den Begriff des *kommunikativen Gedächtnisses* vorschlage, dann soll damit zum einen darauf hingewiesen werden, daß sich Erinnern im kommunikativen Handeln objektiviert.[4] Kommunikativ muß das »kollektive« Gedächtnis schon deswegen sein, weil es erst dann kollektiv oder, um einen weniger engen Begriff zu verwenden: sozial wird, wenn es – in irgendeiner zeichenhaften Weise – objektiviert und mehr als einem Bewußtsein zugänglich gemacht – also kommuniziert – wird. Der Begriff der Kommunikation soll, zweitens, auf den Prozeßcharakter des gesellschaftlichen Erinnerns hinweisen. Indessen soll er vermeiden, subjektives Erinnern einfach mit dem gleichzusetzen, was gesellschaftlich kommuniziert wird. Er soll vielmehr, drittens, das Augenmerk darauf legen, daß Erinnern gesellschaftlich auf mehr oder weniger festgelegten Bahnen kommunikativer Formen verläuft. Sobald sie kommuniziert wird, entkommt auch die einzigartigste Erinnerung nicht den verfestigten kommunikativen Formen, in denen Erinnern gesellschaftlich objektiviert wird. Dies auch ist einer der Gründe, weshalb Walser – trotz aller literarischen Absetzungsversuche – festen Varianten des gesellschaftlichen Erinnerns nicht (ganz) entkommen kann, ja sich sogar dem Vorwurf aussetzt, rechtsradikale Positionen zu stärken.

Und schließlich verdankt sich auch der Großteil subjektiver Erinnerungen nicht eigenen Erfahrungen. Vieles, was wir in unserem subjektiven Bewußtsein erinnern, basiert auf Wissen, das uns kommunikativ vermittelt wurde. Vermittelte Erinnerung ist etwa das, was Walser über seine Erfahrungen zum Holocaust weiß: Aus Berichten, Büchern und anderen Medien. Wie aber auch subjektives Erfahren kulturell geprägt ist, so ist auch das subjektive Erinnern unauflöslich in der gesellschaftlichen Kommunikation verstrickt. Auch weil die anderen bei unserem Erinnern sozusagen von Anfang an mitreden, verwenden wir den Begriff des kommunikativen Gedächtnisses.

(b) Vor allem individualisierungstheoretische Analysen moderner oder spätmoderner Gesellschaften gehen von einer zunehmenden Enttraditionalisierung und Entinstitutionalisierung aus, Prozessen also, die einer Auflösung des kollektiven Gedächtnisses gleichkommen. Im Unterschied dazu soll hier die These vertreten werden, daß sich das kollektive Gedächtnis nicht auflöst, sondern lediglich seine Form ändert. Es verlagert sich gleichsam aus den statischen Institutionen des tradierten Wissens in die dynamischen Prozesse der Kommunikation. Dies bezieht sich sowohl auf die Formen mündlicher Kommunikation wie auch auf schriftliche und elektronische Formen der Kommunikation. Gerade vor dem Hintergrund der Gattungstheorie soll aber auch betont werden, daß auch diese dynamischen Prozesse der Kommunikation ihre eigenen Traditionen, Konventionen und Institutionen ausbilden.

(c) Auch wenn die Mittel bzw. Medien des kommunikativen Gedächtnisses eine zunehmende Ablösung des Speicherns vom individuellen Bewußtsein ermöglichen, wird das Gespeicherte für Kommunikationsgemeinschaften nur insofern und in den Hinsichten relevant, als es in der kommunikativen Praxis realisiert wird. Der Strukturwandel des kommunikativen Gedächtnisses – als eines wesentlichen Merkmals von Kommunikationsgemeinschaften – verläuft zwar entlang der medialen Veränderungen von der Mündlichkeit über Handschrift, Buchdruck und elektronische Medien.[5] Die Abhängigkeit von der kommunikativen Praxis bedeutet aber nicht, daß medientechnische Entwicklungen kausale Ursachen oder Determinanten der Veränderungen von Kommunikationsgemeinschaften sind; vielmehr sind es Veränderungen kommunikativer Praktiken (die – wie auch die Geschichte der Medientechnik zeigt[6] – erst einen Nutzungshorizont bestimmter Medien schaffen), die den Strukturwandel von Kommunikationsgemeinschaften bewirken. Deswegen will ich in hier zum einen in knappster Form versuchen, die verschiedenen Typen des kollektiven Gedächtnisses durch einige Merkmale des kommunikativen Handelns bestimmen. Dabei sollen die entsprechenden analytischen Unterscheidungen anhand einer Skizze der diachronen Ausdifferenzierung des kommunikativen Gedächtnisses entwickelt werden, die an die Arbeiten von Assmann und Assmann (1991, 1997), Le Goff (1992) und Leroi-Gourhan (1980) anschließen. Abschließend sollen einige Strukturmerkmale und Tendenzen des gegenwärtigen kommunikativen Gedächtnisses skizziert werden.

2. Alltagsgedächtnis und kulturelles Gedächtnis

Die Rede von einem sozialen oder kulturellen Gedächtnis macht zunächst nur Sinn, wenn etwas, das einem individuellen Gedächtnis angehört, sozial zugänglich gemacht wird. Aus diesem Grunde kann man sagen, daß das kollektive Gedächtnis auf die kommunikative Vergegenwärtigung vergangener Erfahrungen beruht. So bemerken David Middleton und Derek Edwards (1990), daß Erinnern ein konstruktiver Prozeß sei, der sich dem Gespräch mit anderen verdanke. Auch Fentress und Wickham (1992) betonen, daß das, was Halbwachs das kollektive Gedächtnis nannte, durch Kommunikation gestiftet sei und nicht im individuellen Gedächtnis. Je nach Lebenslage finden Menschen ein Interesse daran, jüngst oder auch schon längst vergangene Ereignisse zu besprechen. Eigene und fremde Taten werden erzählt, man fragt nach Folgen und Ursachen, rechtfertigt oder verurteilt, beschuldigt, lobt oder korrigiert seine Mitmenschen. In einem Konstanzer Forschungsprojekt haben wir uns vor Jahren mit einer ganze Bandbreite solcher Rekonstruktionen vergangener Erfahrungen beschäftigt (vgl. Luckmann 1995). Dabei zeigte sich, daß diese Rekonstruktionen nicht nur in den verschiedensten Kontexten auftreten und gleichsam den ganzen Alltag durchsetzen. Es ist auch hervorzuheben, daß diese Vergangenheitsrekonstruktionen keineswegs nur en passant und sozusagen formlos geschehen. In Familien, aber auch im Freundes- oder Kollegenkreis bilden sich besondere kommunikative Muster und Formen heraus, die hauptsächlich der Rekonstruktion von Vergangenem dienen. Die Strukturen oder Muster, mit denen Erfahrungen rekonstruiert wurden, nannten wir rekonstruktive kommunikative Gattungen (Knoblauch/Günthner 1995). Mit diesem Begriff wollten wir darauf hinweisen, daß das Erinnern eigene Formen ausbildet, mit denen es sozusagen sozial erst sichtbar wird. Darunter verstehen wir keineswegs nur die rhetorischen und mnemotechnischen Kunstformen der Ars memoria, die – vor allem an der Raummetapher orientiert – seit der Antike dabei helfen, Erinnern und Kommunizieren zu verbinden (vgl. dazu Yates 1966). Wie wir sehen werden, ist es keineswegs ein Zufall, daß diese Formen mit der Ausbreitung der Druckerpresse an Anziehungskraft einbüßen. An ihre Stelle treten weniger formalisierte, alltäglichere kommunikative Formen, die Le Goff »ethnisches Gedächtnis« nennt. Dabei ist den Formen, die von uns untersucht wurden, gemein, daß sie hauptsächlich der Rekonstruktion vergangener Erfahrungen dienen. Als Beispiele zu nennen sind etwa Klatschgeschichten, aber auch religiöse Konversionsgeschichten oder Berichte über Todesnäheerfahrungen.[7]

Rekonstruktive Formen der Kommunikation beziehen sich einmal auf Erfahrungen, die die Beteiligten selbst gemacht haben. In unseren Daten sind aber auch zahlreiche Rekonstruktionen zu finden, die sich auf eine Vergangenheit beziehen, die über die Beteiligten hinausweist: auf die Geschichte der Bundesrepublik, auf die Tradition der Familie oder – etwa im Falle der Konversionsgeschichten – auf religiöse Gruppierungen. Wie die Kulturanthropologie zeigt, ist der Unterschied zwischen diesen beiden Formen der Rekonstruktion vor allem in nichtschriftlichen Gesellschaften sehr ausgeprägt, so daß sich geradezu zwei verschiedene kommunikative Register unterscheiden lassen: (a) Berichte aus der jüngeren Vergangenheit, die von den Berichtenden selbst erinnert wird; (b) Berichte aus der älteren Vergangenheit, die bis zu den Anfängen der Gesellschaft, den Mythen der Helden und der Götter zurück reichen. Dabei zeigt sich, daß das kollektive Gedächtnis nichtschriftlicher Gesellschaften recht flach ist und selten über drei Generationen hinaus reicht (Vansina 1985). Diesen Unterschied möchte ich mit den Begriffen des Alltagsgedächtnisses und des kulturellen Gedächtnisses umreißen[8] (Tabelle 1).

Der Unterschied zwischen beiden Registern wird z.B. deutlich, wenn wir das Reden über Abstammungen in unserer Kultur mit den besonderen kommunikativen Gattungen genealogischer Rezitationen in den ehemaligen Bantu-Königreichen (oder, um ein näherliegenderes Beispiel zu wählen: im Alten Testament) vergleichen. Das kulturelle Gedächtnis zeichnet sich zum einen dadurch aus, daß es hinter die Zeit der Lebenden zurückgeht. Zum zweiten handelt es sich um hochgradig formalisierte und ästhetisierte Gattungen (Lord 1960), die sich entweder durch poetische Eigenheiten und Ikonographien (Tätowierungen, Verzierungen, Kleidung) oder besondere Inszenierungen (Tanz, Zeremonie, Ritual) auszeichnen.

Tabelle 1: Kommunikationsstruktur des alltäglichen und des kulturellen Gedächtnisses

	Alltagsgedächtnis	kulturelles Gedächtnis
Inhalt	Erinnerungen einzelner	Ereignisse in der kollektiven Geschichte
kommunikative Formen	gering strukturierte kommunikative Muster	Mythen, Gattungen mit hohemVerfestigungsgrad
Kommunikationssituation	alltägliche Gesprächs- situationen	zeremonielle Situationen, »Performances« (Tanz, Musik)
Reziprozität	dialogisch	Sprecher-Publikumsinteraktion
Zeitstruktur	erlebte Vergangenheit	mehrere Generationen
Akteure	alle Mitglieder der jeweiligen Kommunikationsgemeinschaft	Institutionalisierte Rollen (Scoop, Rhapsoden u.a.), Experten mit mnemotechnischem Gedächtnis

Freilich beschränken sich diese Formen keineswegs auf mündliche Gesellschaften. Selbst in den kleinen Lebenswelten der Spätmoderne finden sich Formen des kulturellen Gedächtnisses. Zeremonielle Ereignisse, wie Weihnachtsfeiern, Vereinsfeiern oder Fastnachtsveranstaltungen, bilden gewissermaßen ein Bindeglied zu den heutzutage kaum übersehbaren Formen des kulturellen Gedächtnisses von Gemeinden, Städten, Parteien, Staaten usw., die ihnen auch in ihren Gestaltungsmitteln ähneln. Dabei sollten natürlich auch die schriftlichen Formen nicht übersehen werden: Poesiealben, populäre Autobiographien und Tagebücher. Auch in diesem Zusammenhang mag es erwähnenswert sein, daß sich kleine lebensweltliche Gemeinschaften, wie etwa Familien, häufig mit Bezug auf großflächigere Zeremonien sozusagen verorten, wie olympische Spiele, Fußballweltmeisterschaften, Pophits usw.

3. Mittelbare Kommunikation: das inszenierte und das Speichergedächtnis

Wenn, wie eingangs betont, das Gedächtnis im kommunikativen Handeln strukturiert wird, dann sind die Arten des kommunikativen Gedächtnisses von den Strukturen kommunikativen Handelns abhängig. Das zeigt sich sehr deutlich, wenn wir uns den Unterschied zwischen mündlichen und schriftlichen Kulturen betrachten.

Eine der wichtigsten Folgen der Schriftlichkeit für das kollektive Gedächtnis besteht darin, daß sich Sinn außerhalb des individualisierten Bewußtseins in Gestalt verschiedener Objektivationen speichern läßt und damit relativ unabhängig wird von spezifischen menschlichen Handlungszusammenhängen und seinen unmittelbaren Kontexten. Zum zweiten führt die Schrift zu einer grundlegenden Veränderung der kommunikativen Situation, da sie eine Vereinzelung der Kommunikation beim Lesen ermöglicht. Auch wenn man sich vor Augen halten muß, daß diese aus der Vereinzelung resultierende »einseitige Form« der Kommunikation noch immer den reziproken Charakter kommunikativen Handelns aufweist,[9] hat sie doch Vorstellungen der individuellen Schöpfung und Rezeption bzw. Erfahrung des Textes zur Folge. Indem sie die Ablösung von der unmittelbaren Kommunikation von Angesicht zu Angesicht ermöglicht, eröffnet die Schriftlichkeit, drittens, die Möglichkeit, daß sich das kulturelle Gedächtnis von den Relevanzen des täglichen sozialen Handelns und seiner Institutionen entfernt. Dabei ist besonders bedeutsam, daß sich Institutionen und ein Expertentum für die Schaffung und Verwaltung mittelbarer Kommunikation ausbilden, die sich nun des kulturellen Gedächtnisses annehmen können, und zwar in der Form spezialisierter religiöser, wissenschaftlicher oder künstlicher Tätigkeiten, in Buchsammlungen und Memorabilia bzw. Museen oder Archiven. Diese Institutionen stützen nicht nur die Stabilisierung der Elemente des kulturellen Gedächtnisses in der Zeit. Auf der Grundlage der materialisierten Texte fördern sie auch die Festlegung der Texte über die Zeit hinweg, d.h. ihre Kanonisierung. Die Kanonisierung beschränkt sich zunächst auf religiöse und rechtliche Texte, weitet sich aber später auf Literatur, andere Kunstformen, wissenschaftliche Texte usw. aus. Weil sich die Kapazitäten des Speichergedächtnisses durch die Digitalisierung potenziert haben, darf jedoch eine bedeutsame weitere Folge der Schrift und anderer Objektivationen nicht übersehen werden: diese Technologie nämlich ermöglicht es, daß mehr gespeichert werden kann, als tatsächlich wieder reaktiviert wird. Sozial relevant jedoch sind nur diejenigen Aspekte des Speichergedächtnisses, die auch reaktiviert – man müßte ohnehin sagen: neu aktiviert werden. In diesem Sinne können wir also Speicher und inszeniertes Gedächtnis unterscheiden.

Tabelle 2: Kommunikationsstruktur des Speicher und des inszenierten Gedächtnisses

	Speichergedächtnis	inszeniertes Gedächtnis
Inhalt	keine pragmatischen Alltagsbezüge	pragmatisch, alltäglich relevant
Kommunikative Formen	Unveränderliche Texte Autonomer Status als Dokumente	selektiver, strategischer und perspektivischer Gebrauch
Kommunikationssituation	Gesonderte Institutionen (Museen/Archive), individueller Gebrauch	Situativ realisierte Zeremonien kollektive Rituale
Reziprozität	mittelbar einseitig	unmittelbar einseitig
Zeitstruktur	nicht-gelebte Vergangenheit Wissensbereich-immanente Zeit	»historische« (rekonstruierte) Zeit der jeweiligen Gemeinschaft
Akteure	Individuen in einer kulturellen Gemeinschaft	Kollektive Akteure, Institutionen

Die Unterscheidung zwischen dem inszenierten und dem gespeicherten Gedächtnis lehnt sich an Halbwachs' Unterscheidung zwischen Gedächtnis und Geschichte an. Die aktiven Rekonstruktionen geschehen vor einem Hintergrund nichtaktivierter, verdeckter oder unzugänglicher Gedächtnisse, die gleichsam das gesellschaftlich Unbewußte bilden, aus dem das inszenierte Gedächtnis Elemente bewußt auswählt und in das sie Erinnerungen aussondert. Selbst wenn die in abgesonderten Institutionen ausgelagerte Gedächtnisse nicht aktiv sind, können sie doch in Universitäten, Schulen, Filmen und Museen wieder aktiviert werden und so zu Revitalisierungen führen. Das gespeicherte Gedächtnis zeichnet sich deswegen durch eine gewisse Anachronizität aus.

Dabei führt die Vervielfältigung des Wissens- und Kommunikationstechnologien und die Entstehung spezialisierter Wissenseinrichtungen dazu, daß sie nur in ausgewählten Bereichen reaktiviert werden. Selektivität ist denn auch ein erstes Merkmal des inszenierten Gedächtnisses. Auf der Ebene des

Bewußtseins folgt die Selektivität in der Regel dem Relevanzprinzip, d.h. daß diejenigen Wissenselemente ausgewählt werden, die als für ein vorliegendes Handlungsproblem relevant erachtet werden. (Dabei lassen sich thematische, hypothetische, Interpretations- und Motivationsrelevanz unterscheiden (Schütz/Luckmann 1979: 203ff).) Während die Selektionskriterien des Wissens in der Regel pragmatisch sind und von anliegenden Handlunsproblemen beherrscht werden, haben die des kollektiven Gedächtnisses – schon durch die zeitlich-rekonstruktive Distanz zur Handlungssituation – einen stärker legitimatorischen Charakter, und zwar um so mehr, je expliziter die Prozesse des Erinnerns sind.

Dieser legitimatorische Charakter nun steht im Vordergrund des inszenierten Gedächtnisses, das auch hauptsächlich für das verantwortlich ist, was als Gedächtnis-Politik (Memorial Politics) bezeichnet wird. (Zum Zusammenhang von Politik und Inszenierung allgemein vgl. Soeffner 1998.) Wenn sie schon nicht gezielt und absichtlich auswählen, dann konstruieren die betreffenden Experten in Gemeinschaften und Institutionen allein schon dadurch Legitimationen ihrer eigenen Geschichte, daß sie aus dem Speichergedächtnis das auswählen, was im Lichte ihres Relevanzsystems als wichtig erscheint (Ben-Avner 1989). Dies zeigt etwa mustergültig am politischen Totenkult auch in der Moderne, wie etwa die Untersuchungen zu den Kriegerdenkmälern zeigen. Unter den Bourbonen traten Soldaten noch symbolisch in den Himmel ein. Erst nach der Französischen Revolution wurde das Reich der Kriegsgefallen säkularisiert: nun war es die glorifizierte politische Gemeinschaft. Mit der zunehmenden Individualisierung in der bürgerlichen Gesellschaft wurde es dann bald nötig, jeden einzelnen Soldaten zu memorieren: seit 1875 wurden einzelne gefallene Soldaten benannt, bald gab es auch Einzelgräber (Koselleck/Jeissmann 1994). Der politische Aspekt des inszenierten Gedächtnisses wird noch dadurch verstärkt, daß es in der Regel besondere, mit der Macht politischer Ämter gestützte Experten sind, die den Zugang zum Speichergedächtnis kontrollieren. Freilich zählen zu den Inszenierungsformen des Gedächtnisses auch Zeremonien und Rituale. Als ausgeprägtes Beispiel für die Selektivität und den legitimatorischen Charakter solcher Inszenierungsformen kann die nationalsozialistischen Kultivierung einer »germanischen Vergangenheit« angesehen werden, die von Taylor (1981) sehr anschaulich beschrieben wurden. In ihren postmodernen Varianten wird diese Selektivität ausdrücklich eingeräumt, um diese legitimatorische Funktion zu unterwandern. So faßt Nora (1992) in seiner Katalogisierung der Plätze des französischen kollektiven Gedächtnisses die Nation nurmehr als eine bloße Spur, die aus dem Zentrum vertrieben wurde.

4. Prozessualität, Reflexivität und das Panmemorium

Hatte die Schrift revolutionäre Auswirkungen auf das kommunikative Gedächtnis und damit auch auf die Struktur von Kommunikationsgemeinschaften, so dürfen auch die Folgen vergleichsweise geringerer Änderungen der Kommunikationsstruktur nicht übersehen werden (Clapham 1957; Eisenstein 1980): Im Gegensatz zur Handschrift, die die Spuren einzelner Schreiber bewahrt, förderte die Druckerpresse das Prinzip der Abstraktion und führte zu einer enormen Ausweitung der Kommunikation. Die Zunahme an Büchern war verbunden mit einer Ausbreitung des Wissens und der Ausbildung sowie einer Demokratisierung des Zugangs zum gespeicherten Gedächtnis. (Schon in den ersten 50 Jahren des Buchdrucks wurden acht Millionen Bücher veröffentlicht – eine Zahl, die die gesamte Buchproduktion der 1.100 Jahre davor übertraf.)

Und zudem unterwarf sie die Kommunikation den Gesetzen des Marktes. Während die Druckerpresse einerseits zur Standardisierung und Massenproduktion führte, hatte sie auf der anderen Seite die Vereinzelung der Rezeption und die durch die Marktorganisation bewirkte Orientierung am Neuen zur Folge: Nicht mehr Tradition, sondern Innovation, nicht mehr Anhäufen, sondern Erneuern wurden die treibenden Kräfte der Kultur.

Die Veränderungen des kollektiven Gedächtnisses der Schriftkultur durch die Druckerpresse nähren die Vermutung, daß auch die gegenwärtigen technologischen Veränderungen – die Einführung und Ausbreitung von neuer Information- und Kommunikationtechnologien – ähnlich tiefgreifende Folgen haben, die derzeit breit unter dem Titel der Informationsgesellschaft erörtert werden. Während dieser Begriff in der Regel mit einem einseitigen (kritischen oder euphorischen) Blick in die Zukunft verknüpft wird, wollen wir uns hier mit den möglichen Änderungen beschäftigen, die der Umgang mit diesen Technologien für das kommunikative Gedächtnis haben kann.

Tatsächlich ermöglichen es erst diese Technologien, den grundlegend kommunikativen Charakter des kollektiven Gedächtnisses zu erkennen. Denn in einer Situation, in der selbst die agrarische oder industrielle Produktion wesentlich von (technologisch vermittelten) Kommunikationsprozessen zwischen Menschen abhängt, verflüssigen sich auch die traditionellen Selbstverständlichkeiten. Was als »so ist es« im subjektiven Wissensvorrat abgelagert war, steht nun zur Disposition – und Diskussion. Die zunehmende Bedeutung, die die Kommunikation für die Konstruktion der Gesellschaft einnimmt, wirkt sich entsprechend auf das Gedächtnis aus, das nun als kommunikatives Gedächtnis sichtbar wird.

Manche behaupten, die neuen Technologien mache das kommunikative Gedächtnis zusehends prozessual, d.h. daß es wie Texte fortwährend um- und neugeschrieben würde und auf diese Weise fluide kommunikative Formen produzieren. Die bisherigen Erfahrungen mit den neuen Informations- und Kommunikationstechnologien legen es jedoch eher nahe davon auszugehen, daß die kommunikative Praxis im Umgang mit den Technologien – selbst im Falle von Internet-Romanen – ja unübersehbar und weiterhin »End«produkte konstruiert. Allerdings unterliegen diese Praktiken einer rasanten Ent- und Neustrukturierung. Die Zugänglichkeit, Mobilität und Multimedialität des Speichers hat nämlich einerseits zur Folge, daß sich die Verwendung der Speichermedien nicht mehr an den institutionellen Grenzen der Handlungssituationen orientieren muß. Entsprechend kennt auch das genutzte Wissen immer weniger systematische Unterschiede nach herkömmlichen, aus der Druckkultur stammenden Wissensgrenzen. Gerade die Gleichgültigkeit beim Strukturieren von Daten in den neuen Medien – die oftmals Technikern überlassen wird, zeigt auch, daß niemand diese Grenzen für wichtig erachtet.) Das Verschwimmen, die Verzahnung und Auflösung von U- und E-Kultur, die Ausbildung von systematisch eklektischen Wissenschaften, ja eigentlich die gesamte Verständnis der Tradition durch die Postmoderne kann als Beispiel dafür gesehen werden. Sofern eine Neustrukturierung beobachtbar ist, macht sich diese weniger an den institutionalisierten Wissensbereichen als an (antizipierten) Marktnachfragen fest und wird deswegen auch von Marktexperten bestimmt.

Die Inhalte des kommunikativen Gedächtnisses können mit dem Begriff Reflexivität charakterisiert werden. Damit ist hier nicht unbedingt ein höherer Grad an Überlegtheit gemeint, sondern der Umstand, daß die neuen Kommunikationstechnologien auch neue Praktiken des Erinnerns notwendig machen, die sich auf diese Technologien beziehen. Als Beispiel mögen neue Erinnerungsformen der Medienkultur dienen, wie etwa die Rituale des Jahresrückblickes, die sich in der Regel um den Jahreswechsel abspielen. Reflexiv daran ist, daß praktisch nur die Ereignisse memoriert werden, die im Medium selbst enthalten sind: musikalische Radiosender erinnern an die von ihnen am häufigsten gespielten Stücke (oder die von ihnen gesendeten Nachrichten). Sportzeitungen widmen sich den von ihnen berichteten Hauptereignissen, und auch die vermeintlich so neuartigen Jugendkulturen bilden hier keine Ausnahme. Ähnlich wie bei den verschiedensten Jubiläen von Personen, Einrichtungen, Artefakten usw. wendet sich auch hier die gesamte Kommunikationsmaschinerie – von den innerfamiliären Gesprächen bis hin zum nationalen Fernsehen, dem Rundfunk, den Zeitungen und Zeitschriften – den Schlüsselereignissen des vergangenen Jahres zu. Zeitungen, Zeitschriften und Fernsehsendungen wiederholen Olympische Spiele, Fußball-Weltmeisterschaften und Todesfälle berühmter Zeitgenossen bis zum Exzeß, Radiosender spielen ununterbrochen die – je nach Relevanzsystem: wichtigsten, populärsten, erfolgreichsten oder am häufigsten gewünschten Lieder des Jahres. Die Retrospektionen wechseln mit den Gattungen (Jugendvideosender wenden sich anderen Ereignissen, Personen und Objekten zu als etwa klassische Musiksender, die Lokalberichterstattung wiederum anderem als die nationale Kulturberichterstattung). Bedeutsam an diesen Ritualen sind nicht diese Variationen, sondern die hochgradige Selektivität, die Ausdruck eines unausgesprochen einvernehmlichen Relevanzprinzips zu sein scheint und sich vielleicht nirgendwo deutlicher beobachten läßt wie in den populären »Jahrbüchern«.

Die Einführung moderner Informations- und Kommunikationstechnologien führt dazu, daß sich die Kapazität des Speichergedächtnisses immens erhöht, daß sie sich auf multimediale Codes ausweitet und in einem enormen Maße an Mobilität gewinnt. Da alles, was gespeichert wird (also kommunikative Handlungen), in einer dem sinnlichen Modus der Erfassung ähnlicheren Weise wieder abgerufen werden kann, könnten wir auch von einem Panmemorium sprechen. Es wird häufig übersehen, daß neben den Bibliotheken und anderer Instanzen der Speicherung sprachlich-zeichenhafter Informationen über die ablaufende und abgelaufene Wirklichkeit in zunehmendem Maße verschiedene Formen der visuellen Konservierung treten. Diese beziehen sich keineswegs nur auf die zahllosen Produkte einer immer stärker visualisierten Medienkultur, die hauptsächlich für den Konsum an Bildschirmen, Leinwänden und visuellen Printmedien produziert wurden. Daneben werden in Zukunft auch zahllose visuellen Aufzeichnungen des öffentlichen Raumes treten: Nicht nur Bahnhöfe, Zugwaggons, Autobahnen und Supermärkte werden audiovisuell überwacht, sondern auch Fußgängerzonen, öffentliche Plätze, Hallen und Stadien. Während demnächst die automatische videotechnische Erkennung einzelner Personen über Satelliten eine zusätzliche visuelle Speicherquelle darstellen wird, werden jetzt schon elektronische Kommunikationsvorgänge in den internationalen Telefon- und Computernetzwerken aufgezeichnet – und »erinnert«.

Vor diesem Hintergrund scheint es sehr einseitig, symmetrische Vernetzung als einziges Merkmal der Akteure anzusehen. Denn die Organisationsform, die dem Panmemorium entsprecht, ähnelt eher einem Kontroll- und Kommunikationszentrum – eine Organisationsform, die sich übrigens gerade kraft der Informations- und Kommunikationstechnologien zunehmender Beliebtheit erfreut (Knoblauch 1997).

5. Fundamentalismus, Kitsch und die Gleichzeitigkeit des Ungleichzeitigen:

Die rasante Ausbreitung der Informations- und Kommunikationstechnologien hat viele zur Vermutung verleitet, daß diese technischen Entwicklungen zu einem gleichsam artifiziellen kollektiven Gedächtnis führen könnte, das sich vom Bewußtsein abkoppelt. Tatsächlich stärken die Entwicklungen, wie sie unter dem Begriff des Panmemoriums angedeutet wurden, den Verdacht, daß sich ein technologisch gestütztes virtuelles soziales Gedächtnis ausbildet, der eine neue Ära in der Entwicklung der Kommunikationstruktur des Gedächtnisses einläuten könnte. Allerdings sollte auch hier betont werden, daß die neuen Technologien keine grundlegenden Veränderungen bewirken können. Es sind nicht die Technologien, sondern die kommunikative Praxis, in denen sie Verwendung finden, die das kommunikative Gedächtnis definieren. Dies läßt sich anhand zweier Formen des zeitgenössischen kommunikativen Gedächtnisses illustrieren, die ich, in Anlehnung an David Lowenthal (1997), Fundamentalismus und Kitsch nennen möchte.

Die fundamentalistische Version konzentriert sich auf die solide Rekonstruktion der Vergangenheit, wie sie in verschiedenen Kultur- (und Natur-)Erbe-Bewegungen, aber auch der massiven Musealisierung zum Ausdruck kommt. Es braucht nur daran erinnert zu werden, daß 95% der heutigen Museen aus der Zeit nach dem Zweiten Weltkrieg stammen. Im angelsächsischen Raum reden manche deswegen schon von einem regelrechten »Heritage«-Kult, dessen Ausprägungen nicht ganz ohne Zufalle in der BRD gerade nach der Wiedervereinigung (etwa in Dresden oder Berlin) sichtbar werden.

Während das fundamentalistische kollektive Gedächtnis die Vergangenheit in den Begriffen der Geschichtswissenschaft zu fassen sucht, orientiert sich ihre popularkulturelle Variante an den Interessen der Konsumenten und Touristen und nähert sich deswegen auch oft dem Kitsch an. Ein treffliches Beispiel dafür bietet sicher die neue »Rock 'n' Roll Hall of Fame« in Cleveland, Ohio, und ähnliche Museen für jeden Geschmack, »romantische Hotels« und Restaurants mit mittelalterlichen Banketten u.ä. Während sich im angelsächsischen Sprachraum eine eigenständige Richtung diesem Phänomen widmet (Wallace 1996), sind in der Bundesrepublik Einrichtungen wie das Emmendinger Tagebucharchiv oder die Oral History-Tradition innerhalb der Geschichtswissenschaft Ausdruck dieser Position.[10]

Auch hinsichtlich des Panmemoriums stellt sich weniger die Frage, was alles gespeichert werden kann. Die Frage, die sich stellt – und die bald auch so beantwortet werden sollte, daß »Codes of Conduct« oder juristische Regelungen vorgenommen werden können –, ist, welche kommunikative Praxis mit den entsprechenden Technologien verbunden ist: was als relevant selektiert wird, wie mit dem Gespeicherten umgegangen wird, welche Aktivitäten und Akteure Zugang haben usw. Daneben sollte auch bedacht werden, daß, wie Weinrich (1997) in einer jüngeren Arbeit hervorhebt, Hypermnesie, die Speicherüberkapazität, zur Folge haben kann, daß was gespeichert ist, auch schon vergessen ist. Gerade die Tatsache, daß das Erinnern nur kraft seiner kommunikativen Einverleibung zum sozialen Gedächtnis wird, eröffnet auch die Möglichkeit des Vergessens. (Dem Vergessen sollte wissenssoziologisch im Zusammenhang mit dem kommunikativen Gedächtnis eine größere Bedeutung eingeräumt werden, ist doch schon der subjektive Wissensvorrat durch eine »Struktur des Nichtwissens« über das gekennzeichnet, was andere wissen.)

Doch auch wenn solche Regelungen ausbleiben, brauchen wir noch kein virtuelles Gedächtnis zu befürchten. Denn auch weiterhin werden die verschiedenen Formen des kommunikativen Gedächtnisses nebeneinander bestehen. Auch die neuen Medien führen zu keiner Ersetzung des Alltagsgedächtnisses, und die anhaltende Monumentalisierung und Musealisierung der Vergangenheit belegt anschaulich, daß sich auch das kulturelle Gedächtnis nicht ins Speichergedächtnis auflösen möchte. Statt einer Ersetzung haben wir es vielmehr mit einer Ausdifferenzierung des kommunikativen Gedächtnisses zu tun. Auch die neuen Medien tragen nur insofern zur Schaffung von Kommunikationsgemeinschaften bei, als sie durch kommunikative Praxis »einverleibt« werden. Auch wenn zweifellos sich die verschiedenen Typen von Gedächtnissen zunehmend vermischen werden, bleibt es doch mehr als fraglich, ob die auf mittelbarer, technologisch vermittelter Kommunikation beruhenden Gemeinschaften jemals auch nur annähernd jene Festigkeit, emotionale und vor allem interaktionszeitliche Tiefe erreichen, die Face-to-face-Gemeinschaften prägt.

Anmerkungen

1 Der Vortrag beruht auf einer englischen Fassung, die in der Loughborough University Lecture Series zum kollektiven Gedächtnis am 14.5. 1997 an der University of Loughborough, UK, gehalten wurde.

2 Zur kommunikationssoziologischen Fassung von Gemeinschaft vgl. Knoblauch 1995, bes. 57ff.

3 Es handelt sich um die Rede anläßlich der Verleihung des Friedenspreises des Deutschen Buchhandels, die Walser 1998 hielt.

4 Es sollte betont werden, daß sich dieser Begriff deutlich von dem unterscheidet, den Assmann (1997) vorschlägt, der das kommunikative Gedächtnis neben das mimetische, das materielle und das kulturelle stellt.
5 Ich stütze mich dabei auf die Arbeiten von Jan und Aleida Assmann. Vgl. Assmann 1991; Assmann 1997.
6 In der Technikgeschichte auch der Kommunikationsmittel findet sich eine Unzahl von Belegen, die nachweisen, daß Techniken wie das Telefon oder der Computer erst dann eine Rolle spielen, wenn sie in bestimmten Kommunikationskontexte Eingang finden. Vgl. dazu Flichy 1995.
7 Wie etwa Angela Keppler (1994) am Beispiel der Familienkommunikation gezeigt hat, fungieren solche kommunikativen Rekonstruktionen der Vergangenheit geradezu als ein »Familiengedächtnis«. Es dürfte auch erwähnenswert sein, daß neue Kommunikationstechnologien, wie Dias oder Video, diese Identität weniger stören als vielmehr neue Ereignisse zur Rekonstruktion gemeinsame Identität schaffen.
8 Ich lehne mich hier wie auch in den folgenden Übersichten an Systematiken an, die von Jan und Aleida Assmann (1991, 1997) entwickelt wurden, aber hier spezifisch auf die Theorie des kommunikativen Gedächtnisses zugeschnitten sind. Zu näheren Ausführungen über die Kategorien zur Bestimmung der Kommunikationsstruktur vgl. Knoblauch (1995).
9 Das wird besonders in der rezeptionsästhetischen Literaturtheorie betont. Vgl. Jauss 1977.
10 Neben diesen beiden, von Lowenthal unterschiedenen Formen müßte vielleicht eine dritte, folkloristische Variante noch erwähnt werden, die durch die Bewahrung von Erinnerungen an bestimmte Personen, soziale Gemeinschaften oder Kulturen eine Art von »Volks«-Kultur erschafft. Ein hervorragendes Beispiel hierfür ist etwa das Tagebuch-Archiv in Emmendingen.

Literatur

Assmann, Aleida u.a. (1991) (Hrsg.), Kultur als Lebenswelt und Fundament. Frankfurt.

Assmann, Jan (1997), Das kulturelle Gedächtnis. Schrift, Erinnerung und politische Identität in frühen Hochkulturen. München.

Ben-Avner, Amos (1989), The Other World of Memory. State Funerals of the French Third Republic as Rites of Commemoration, in: History and Memory 1: 87ff.

Clapham, Michael (1957), A History of Technology, Vol. II: From the Renaissance to the Industrial Revolution. Oxford.

Eisenstein, Elizabeth L. (1980), The Printing Press as an Agent of Change. Communications and Cultural Transformations in Early-Modern Europe. Cambridge.

Fentress, James/Wickham, Chis (1992), Social Memory. New Perspectives on the Past. Oxford.
Flichy, Patrice (1995), Dynamics of Modern Communication. London.
Halbwachs, Maurice (1952), Les cadres sociaux de la mémoire. Paris (1. Aufl. 1925).
Halbwachs, Maurice (1985), Das kollektive Gedächtnis. Frankfurt/M.
Jauss, Hans-Robert (1977), Ästhetische Erfahrung und literarisches Urteil. München.
Keppler, Angela (1994), Tischgespräche. Über Formen kommunikativer Vergemeinschaftung am Beispiel der Konversation in Familien. Frankfurt am Main.
Knoblauch, Hubert (1995), Kommunikationskultur. Berlin/New York.
Knoblauch, Hubert (1996) (Hrsg.), Kommunikative Lebenswelten. Konstanz 1996.
Knoblauch, Hubert (1997), Die kommunikative Konstruktion postmoderner Organisationen, in: Österreichische Zeitschrift für Soziologie 2: 6-23.
Knoblauch, Hubert/Günthner, Susanne (1995), Culturally patterned speaking practices – the analysis of communicative genres, in: Pragmatics: 1-32.
Koselleck, Reinhart/Jeismann, Michael (1994) (Hrsg.), Der politische Totenkult. Kriegsdenkmäler in der Moderne. München.
Le Goff, Jacques (1992), History and Memory. New York.
Leroi-Gourhan, André (1980), Hand und Wort. Frankfurt/M.
Lord, A. B. (1960), The singer of Tales. Cambridge.
Lowenthal, David (1997), The Heritage Crusade and the Spils of History. London.
Luckmann, Thomas (1995), Der kommunikative Aufbau der sozialen Welt und die Sozialwissenschaften, in: Annali di Sociologia 11: 45-71.
Luhmann, Niklas (1997), Die Gesellschaft der Gesellschaft. 2 Bände. Frankfurt/M.
Middleton, David/Edwards, Derek (1990), Introduction, in: David Middleton/Derek Edwards (Hrsg.): Collective Remembering. London: 1-22.
Nora, Pierre (1992), Les lieux de mémoire. 7 Bände. Paris.
Olick, Jeffrey K./Robbins, Joyce (1998), Social Memory Studies: From »Collective Memory« to the Historical Sociology of Mnemonic Practices, in: Annual Review of Sociology 24: 105-140.
Schütz, Alfred/Luckmann, Thomas (1979), Strukturen der Lebenswelt I. Frankfurt/M.
Soeffner, Hans-Georg (1998), Erzwungene Ästhetik. Repräsentation, Zeremoniell und Ritual in der Politik, in: Herbert Willems/Martin Jurga (Hrsg.): Inszenierungsgesellschaft. Opladen: 216-234.
Taylor, Simon (1981), Symbol and ritual under National Socialism, in: British Journal of Sociology 32, 4: 504-520.
Vansina, Jan (1985), Oral Tradition as History. London.
Wallace, M. (1996), Mickey Mouse History and Other Essays on American Memory. Philadelphia.
Weinrich, Harald (1997), Lethe. Kunst und Kritik des Vergessens. München.
Yates, F. A. (1966), The Art of Memory. Chicago.

Gesamtautorenverzeichnis

Die Ziffern in Klammern am Ende jeden Biogramms verweisen auf den Teil und die Seitenzahl des dazu gehörenden Beitrags.

Joan Acker, Professor Emerita, Department of Sociology, University of Oregon. Publications: *Doing Comparable Worth:Gender, Class and Pay Equity*, Philadelphia 1989. Fields of study: Feminist theory, Gender and Organizations. (1, 77)

Jutta Allmendinger, Prof. Ph.D., Institut für Soziologie, Ludwig-Maximilians-Universität München. Veröffentlichungen: *Lebensverlauf und Sozialpolitik*, Frankfurt/New York 1994; *The More, the Better? A Four-Nation Study of the Inclusion of Women in Symphony Orchestras*, in: Social Forces 74: 423-460 (zusammen mit J. Richard Hackman); *Soziologie des Sozialstaates*, Weinheim 1999 (Hrsg. mit W. Ludwig-Mayerhofer). Arbeitsgebiete: Bildungssoziologie, Organisationssoziologie, Soziologie sozialer Ungleichheit, Sozialpolitik. (2, 96)

Ursula Apitzsch, Dr. phil. habil., Professorin für Soziologie und Politologie an der J.W. Goethe-Universität Frankfurt/Main, Lehrstuhl im Schwerpunkt Kultur und Entwicklung am Fachbereich Gesellschaftswissenschaften, Vorsitzende der Sektion Biographieforschung der DGS. Veröffentlichungen: *Gesellschaftstheorie von Georg Lukacs*, Stuttgart 1977; *Neurath, Gramsci, Williams*, Hamburg 1993 (Hrsg.); *Migration und Biographie*, Bremen 1990 (Neuauflage Opladen 1998). Arbeitsschwerpunkte: Migrationsforschung, Biographieforschung, Kulturtheorie, Bildungssoziologie, politische Soziologie. (2, 435)

Klaus Armingeon, Prof. Dr., Ordinarius für Politikwissenschaft, Universität Bern. Veröffentlichungen zu Arbeitsbeziehungen (*Staat und Arbeitsbeziehungen*, 1993), Wirtschafts- und Sozialpolitik, politische Einstellungen und Wahlverhalten im Vergleich, politisches System der Schweiz. (1, 558)

Andreas Balog, Univ.-Doz., Dr., Dozent an der Universität Wien und der Verwaltungsakademie des Bundes. Veröffentlichungen: *Soziologische Handlungstheorien. Einheit oder Vielfalt*, Wiesbaden 1998 (Hrsg. gemeinsam mit M. Gabriel). Arbeitsgebiete: Soziologische Theorie, Geschichte der Soziologie, Organisationssoziologie. (2, 605)

Daniel Barben, Dr. rer. pol., FS Technik – Arbeit – Umwelt, Wissenschaftszentrum Berlin für Sozialforschung (WZB). Veröffentlichungen: *Theorietechnik und Politik bei Niklas Luhmann. Grenzen einer universalen Theorie der modernen Gesellschaft,* Opladen 1996. Arbeitsgebiete: Wissenschafts- und Techniksoziologie, Gesellschaftstheorie. (2, 305)

Eisabeth Beck-Gernsheim, Prof. Dr. phil., Professur für Soziologie an der Universität Erlangen-Nürnberg. Veröffentlichungen: *Technik, Markt und Moral. Über Reproduktionsmedizin und Gentechnologie*, Frankfurt 1991; *Welche Gesundheit wollen wir? Dilemmata des medizintechnischen Fortschritts*, Frankfurt 1995 (Hrsg.). (2, 539)

Peter A. Berger, Prof. Dr. rer. pol., Professor für Allgemeine Soziologie – Makrosoziologie am Institut für Soziologie der Universität Rostock. Veröffentlichungen: *Individualisierung. Statusunsicherheit und Erfahrungsvielfalt*, Opladen 1996; *Alte Ungleichheiten – Neue Spaltungen*, Opladen 1998 (Hrsg. mit M. Vester). (2, 21)

Birgit Blättel-Mink, Dr. phil., Universität Stuttgart, Abteilung für Technik- und Umweltsoziologie. Veröffentlichungen: *Zwischen Akteur und System. Die Organisierung von Innovation*, Opladen 1997 (Hrsg. mit O. Renn); *Lebensalltag von Frauen zwischen Tradition und Moderne*, Baden-Baden 1998 (mit C. Kramer/A. Mischau). Arbeitsgebiete: Innovationsforschung, Nachhaltige Entwicklung, Geschlechterforschung. (2, 321)

Stefan Böckler, Dr. rer. pol., Wissenschaftlicher Mitarbeiter an der Associazione Italo-Tedesca di Sociologia, Universität Trient. Veröffentlichungen: *Marx oder Weber?*, Opladen 1987 (Hrsg. mit J. Weiß); *Kapitalismus und Moderne*, Opladen 1991; *Ritorno dell'etnico?*, Milano/Berlin 1996 (Hrsg.). Arbeitsgebiete: Ethnosoziologie, politische Soziologie. (2, 453)

Rolf Böhme, Dr., Oberbürgermeister der Stadt Freiburg. (1, 32)

Volker Bornschier, Prof. Dr. phil., Professor für Soziologie und Direktor des Soziologischen Institutes der Universität Zürich. Veröffentlichungen: *Westliche Gesellschaft – Aufbau und Wandel*, Zürich 1998; *The Future of Global Conflict*, London 1999 (Hrsg. mit Ch. Chase-Dunn); *Statebuilding in Europe – The Revitalization of Western European Integration*, in Vorbereitung (Hrsg). Arbeitsgebiete: Sozialer Wandel, Weltgesellschaft, Wirtschaftssoziologie, politische Ökonomie und soziale Ungleichheit. (2, 374)

Raymond Boudon, Prof. Dr. socio., Univerität Paris-Sorbonne. Mitglied des Institute de France (Académie des Sciences Morales et Politiques), der British Academy, der Academia Europaea, der American Academy of Arts and Sciences. Veröffentlichungen: *Education, opportunity and social inequality*, New York/ Wiley 1974; *The logic of social action*, London/Boston 1981; *The unintended consequences of social action*, London 1982; *Theories of social change: a critical appraisal*, London 1986; *The Analysis of ideology*, London 1989; *A critical dictionary of sociology*, Chicago/London 1989 (with F. Bourricaud); *The Art of self persuasion*, London 1994; *Le juste et le vrai; études sur l'objectivité des valeurs et de la connaissance*, Paris 1995; *Etudes sur les sociologues classiques*, Paris 1998; *Le sens des valeurs*, Paris 1999. Arbeitsgebiete: Rationality, Values, Cognition. (1, 97)

Karl-Werner Brand, Prof. Dr. phil., Leiter des Schwerpunkts »Gesellschaft und Umwelt« an der MPS e.V. Veröffentlichungen: *Ökologische Kommunikation in Deutschland*, Opladen 1997 (zus. mit K. Eder/A. Poferl); *Soziologie und Natur. Theoretische Perspektiven*, Opladen 1998 (Hrsg.). Arbeitsgebiete: Umweltsoziologie, Soziale Bewegungen. (2, 285)

Kai Brauer, wiss. Mitarbeiter, Freie Universität Berlin, Institut für Soziologie, Forschungsgruppe Altern und Lebenslauf (FALL). Veröffentlichungen: *Im Schatten des Aufschwungs: Sozialstrukturelle Bedingungen und biographische Voraussetzungen der Transformation in einem mecklenburgischen Dorf*, in: H. Bertram et al. (Hrsg.), Systemwechsel zwischen Projekt und Prozeß, Opladen 1998: 483-527. Arbeitsgebiete: Biographie- und Lebenslaufforschung, Gemeindestudien, Familiensoziologie und Gesellschaftsvergleiche. (1, 273)

Ditmar Brock, Dr. rer. pol., Universitätsprofessor für Allgemeine Soziologie mit dem Schwerpunkt »Theorie und Sozialstruktur moderner Gesellschaften« an der Technischen Universität Chemnitz. Veröffentlichungen: *Der schwierige Weg in die Moderne*, Frankfurt/New York 1992; *Wirtschaft und Staat im Zeitalter der Globalisierung*, in: Aus Politik und Zeitgeschichte B 33-34/ 1997 (Beilage zur Wochenzeitung »Das Parlament«). (2, 387)

Marlis Buchmann, Prof. Dr. phil. Soziologisches Institut der Universität Zürich und Professur für Soziologie, Eidgenössische Technische Hochschule Zürich. Veröffentlichungen: *The Script of Life in Modern Society: Entry into Adulthood in a Changing World.* Chicago; *The Transition from the Utilitarian to the Expressive Self.* Poetics 25 (2/3), 1997: 157-175 (zus. mit M. Eisner). Arbeitsgebiete: Sozialer und kultureller Wandel; Lebenslauf, Bildung, Beruf und Arbeitsmarkt. (1, 590)

Günter Burkart, Prof. Dr. phil., Professor für Soziologie an der Universität Lüneburg. Veröffentlichungen: *Lebensphasen – Liebesphasen*, 1997; *Liebe am Ende des 20. Jahrhunderts*, 1998. Arbeitsgebiete: Familiensoziologie, Technik und Kultur. (1, 609)

Sven Buth, Student des Fachbereiches Soziologie der Universität Hamburg und Köln, studentische Hilfskraft des Zentralarchivs für empirische Sozialforschung an der Universität zu Köln. (1, 576)

Robert Castel, Directeur d'Etudes, Ecole des Hautes Etudes en Sciences sociales Paris, Directeur du Centre d'Etudes des Mouvements Sociaux. Principale publications sur le thème du travail: *Les Métamorphoses de la question sociale. Une chronique du salariat*, Paris 1995. Domaines de recherche: travail et emploi, politique sociale, intégration sociale et marginalités. (1, 119)

Michael Corsten, Dr. phil., wiss. Mitarbeiter des Forschungsbereichs »Bildung, Arbeit und gesellschaftliche Entwicklung« am Max-Planck-Institut für Bildungsforschung Berlin. Veröffentlichungen: *Institution und Biographie*, Pfaffenweiler 1995 (mit E. M. Hoerning); *Beruf und Moral*, Weinheim 1997 (mit W. Lempert); *Transformation zwischen Markt, Staat und Drittem Sektor*, Marburg 1997 (mit H. Voelzkow); *Die Kultivierung beruflicher Handlungsstile*, Frankfurt/M. 1998. Arbeitsgebiete: Biographieforschung, Berufssoziologie, Jugendkultur- und Generationsforschung. (1, 290)

Wolfgang van den Daele, Prof. Dr. jur., Direktor des Abteilung Normbildung und Umwelt am Forschungsschwerpunkt Technik – Arbeit – Umwelt des Wissenschaftszentrums Berlin für Sozialforschung. Veröffentlichungen: *Grüne Gentechnik im Widerstreit. Modell einer partizipativen Technikfolgenabschätzung zum Einsatz transgener herbizidresistenter Pflanzen*, Weinheim 1996 (Hrsg. mit A. Pühler/H. Sukopp). (2, 539)

Jens S. Dangschat, O.Univ.Prof., Dr. phil., Professur für Siedlungssoziologie und Demographie an der Technischen Universität Wien. Veröffentlichungen: *Lebensstile in den Städten. Konzepte und Methoden*, Opladen 1994 (Hrsg. mit J. Blasius); *Armut und soziale Integration. Strategien sozialer Stadtentwicklung und lokaler Nachhaltigkeit*, Opladen 1998 (mit M. Alisch); *Modernisierte Stadt – gespaltene Gesellschaft. Über die Ursachen von Armut und sozialer Ausgrenzung*, Opladen 1999 (Hrsg.). Arbeitsgebiete: Residentielle Segregation, soziale Ungleichheit, lokale Politikforschung, Regulationstheorie. (2, 519)

Nina Degele, PD Dr. phil., Institut für Soziologie, Universität München. Veröffentlichungen: *Zur Steuerung komplexer Systeme – eine soziokybernetische Reflexion*, in: Soziale Systeme 1997; *Informiertes Wissen*. Frankfurt/M. 1999 (in Vorb.). Arbeitsgebiete: Gesellschaftsanalyse, Technik-, Wissenschafts- und Wissenssoziologie. (1, 459)

Christoph Deutschmann, Professor am Institut für Soziologie der Universität Tübingen. Veröffentlichungen: *Dezentralisierung von Unternehmen*, München/Mering 1994 (zus. mit K. Brünnecke, M. Faust, P. Jauch). Arbeitsgebiet: Industrie- und Organisationssoziologie. (1, 503)

Andreas Diekmann, Professor für empirische Sozialforschung und Sozialstatistik, Direktor des Instituts für Soziologie der Universität Bern. Veröffentlichungen: *Empirische Sozialforschung. Grundlagen, Methoden, Anwendungen*, Reinbek 1995. Arbeitsgebiete: Bevölkerung und Arbeitsmarkt, Umweltsoziologie, Experimentelle Spieltheorie. (1, 503)

Karin Dollhausen, Dr. phil., wissenschaftliche Mitarbeiterin am Institut für Soziologie der RWTH Aachen. Veröffentlichungen: *Metamorphosen der Technik*, Opladen 1997 (mit K. H. Hörning); *Technik-Konstruktionen. Neue Technologien als soziologisches Theorieproblem*, Pfaffenweiler 1997. (2, 240)

Shmuel Noah Eisenstadt, Professor Emeritus, The Hebrew University of Jerusalem. Visiting Professor at numerous universities, member of many scientific academies, recipient of honorary doctoral degrees of the Universities of Tel Aviv, Helsinki, Harvard, Recipient of International Balzan Prize, McIver Award of the American Sociological Association, Israel Prize and Rothschild Prize in Social Sciences, Max Planck Research Award. Numerous publications. (1, 37)

Manuel Eisner, Prof. Dr. phil., Professur für Soziologie, Eidgenössische Technische Hochschule Zürich. Veröffentlichungen: *Das Ende der zivilisierten Stadt?* Frankfurt/M. 1997; *Arbeit und Identität – Von der Notgemeinschaft zur Wahlverwandtschaft,* in: Thomas Geiser et al. 1998 (Hrsg.); *Arbeit in der Schweiz des 20. Jahrhunderts,* Bern (zus. mit M. Buchmann). Arbeitsgebiete: Sozialer und kultureller Wandel, Soziologie abweichenden Verhaltens, Umweltsoziologie, Stadtsoziologie. (1, 590)

Lutz Ellrich, PD Dr., Privatdozent für Kultursoziologie und Kulturanthropologie an der Universität Frankfurt/Oder sowie wiss. Mitarbeiter am Institut für Informatik und Gesellschaft der Universität Freiburg. Veröffentlichungen: *Die Beobachtung des Computers,* Freiburg 1995; *Verschriebene Fremdheit. Die Ethnographie kultureller Brüche bei Clifford Geertz und Stephen Greenblatt,* Frankfurt/New York 1999. Arbeitsgebiete: Kultursoziologie, Technikfolgenabschätzung, Ethnographie. (1, 397)

Wolfgang Eßbach, Prof. Dr. phil., Professur für Kultursoziologie an der Universität Freiburg i. Br. Veröffentlichungen: *Gegenzüge,* 1982; *Die Junghegelianer,* 1988; *Studium Soziologie,* 1996. Arbeitsgebiete: Kultursoziologie und Anthropologie. (1, 325)

Hartmut Esser, Prof. Dr. rer. pol., Fakultät für Sozialwissenschaften, Universität Mannheim. Veröffentlichungen: *Wissenschaftstheorie* (1+2), Stuttgart 1977; *Aspekte der Wanderungssoziologie,* Darmstadt/Neuwied 1980; *Alltagshandeln und Verstehen,* Tübingen 1991; *Soziologie. Allgemeine Grundlagen,* Frankfurt/New York 1993; *Soziologie. Spezielle Grundlagen,* Frankfurt/New York 1999 (im Erscheinen). Arbeitsgebiete: Soziologische Theorie, Ethnische Konflikte. (2, 605)

Michael Fahlbusch, Dr., Diplom Geograph, Verkehrsplaner, Basel. (1, 131)

Manfred Faßler, Prof. Dr., Professur für Kommunikationstheorie Universität für angewandte Kunst Wien. Veröffentlichungen: *Mediale Interaktion,* München 1996; *Was ist Kommunikation?,* München 1997; *Geschichte der Medien,* München 1998; *CyberModernität,* Wien/New York 1999. Arbeitsgebiete: Gesellschafts- und Kulturtheorie. (2, 220)

Günter Feuerstein, PD Dr. phil. habil., Universität Hamburg. Veröffentlichungen: *Systemgestaltung im Gesundheitswesen*, Weinheim 1994 (mit B. Badura); *Das Transplantationssystem*, Weinheim 1995; *Rationierung im Gesundheitswesen*, Wiesbaden 1998 (Hrsg. mit E. Kuhlmann). Arbeitsgebiete: Innovations- und Technikfolgenforschung, Gesundheitssystemanalyse, Ethik in der Medizin. (2, 559)

Alexander Filippov, Dr. Dekan der Fakultät für Soziologie der Russisch-Britischen Universität The Moscow School of Social and Economic Sciences in Moskau. Veröffentlichungen: *Socio-Logos*, Moskau 1991 (Mitherausgeber); *Theorie der Gesellschaft*, Moskau 1999 (Hrsg.). Arbeitsgebiete: Soziologische Theorie, Soziologie des Raumes. (1, 344)

Jörg Flecker, Dr., wissenschaftlicher Leiter der Forschungs- und Beratungsstelle Arbeitswelt (FORBA), Wien. Veröffentlichungen: *Jenseits der Sachzwanglogik*, Berlin 1997. Arbeitsgebiete: Arbeitsbeziehungen, Arbeitsorganisation, international vergleichende Organisationsforschung. (1, 503)

Jean-Pierre Fragnière, Prof. Dr. Département de sociologie, Université de Genève. Auteur du »Dictionnaire suisse de politique sociale« (avec Roger Girod), éditions »Réalités sociales«, Lausanne, 1998. Domaines de recherche: politique sociale, relations entre les générations. (1, 151)

Peter Franz, Dr. rer. pol., Referent für kommunale Entwicklungspolitik am Institut für Wirtschaftsforschung Halle. Veröffentlichungen: *Soziologie der räumlichen Mobilität*, Frankfurt/M. 1984; *Stadtteilentwicklung von unten*, Basel 1989; *Standort Deutschland in der Bewährungsprobe*, Opladen 1998 (mit S. Immerfall). Arbeitsgebiete: Strukturprobleme von Stadtregionen, regionale Innovationsstrategien, Folgeprobleme der deutschen Vereinigung. (1, 234)

Stefan Fuchs, Wissenschaftlicher Mitarbeiter am Institut für Soziologie, Ludwig-Maximilians-Universität München. Arbeitsgebiete: Soziologie sozialer Ungleichheit, Frauen in der Wissenschaft. (2, 96)

Heiner Ganßmann, Prof. Dr. rer. pol., Professor für Soziologie an der Freien Universität Berlin. Veröffentlichungen: *Geld und Arbeit*, Frankfurt/M. 1996; *Lohn und Beschäftigung*, Marburg 1996 (zus. mit M. Haas); *Arbeitsmärkte im Vergleich*, Marburg 1999 (zus. mit M. Haas). Arbeitsgebiete: Wirtschaftssoziologie, Sozialpolitik. (1, 169)

Jürgen Gerhards, Prof. Dr., Universität Leipzig. Veröffentlichungen: *Neue Konfliktlinien in der Mobilisierung öffentlicher Meinung*, Opladen 1993; *Zwischen Palaver und Diskurs*, Opladen 1998 (mit F. Neidhardt/D. Rucht); *Interessen und Ideen im Konflikt um das Wahlrecht*, Leipzig 1999 (mit J. Rössel); *Collective Actors and the Public Sphere: Abortion Discourse in the U.S. and Germany*, Cambridge 2000 (mit M. Marx Ferree, W. A. Gamson und D. Rucht). Arbeitsgebiete: Kultursoziologie, Politische Soziologie. (1, 644)

Hans Geser, Prof. Dr. phil., Ordinarius für Soziologie an der Universität Zürich. Arbeitsgebiete: allgemeine Theorie, Organisations-, Parteien- und Gemeindesoziologie, Berufssoziologie, Kleinstadtsoziologie, Computersoziologie u.a. (2, 202)

Regine Gildemeister, Prof. Dr., Professur für die »Soziologie der Geschlechterverhältnisse« an der Universität Tübingen. Veröffentlichungen: *Institutionalisierung psychosozialer Versorgung*, Wiesbaden 1989; *Die soziale Konstruktion von Geschlechtlichkeit*, in: Ostner/Lichtblau (Hrsg.), Feministische Vernunftkritik, Frankfurt/M. 1993; *Halbierte Arbeitswelten?* In: Supervision 1/1998. Arbeitsgebiete: Interaktion und Geschlecht, Professionalisierungsprozesse in Sozial-, Rechts- und Gesundheitsberufen. (2, 110)

Christoph Glauser, Dr. phil., wissenschaftlicher Mitarbeiter an der Professur für Soziologie, ETH Zürich, Geschäftsführer der MMS Media Monitoring Switzerland AG, Bern. Arbeitsgebiete: Technikforschung, Medieninhaltsanalysen, Informationsflussanalysen, Alltagsgeschichte. (2, 542)

Johann-Georg Greiner, Dr., Universität Freiburg. Veröffentlichungen: *Zwischen Region und Nation*, in: Zeitschrift für Kanada-Studien 18. Jg., Nr.1/1998, Bd. 33; *Grenzüberschreitende Regionalentwicklung in Nordamerika und Europa: Québec und die deutsch-polnische Grenzregion* (i. Ersch., zus. mit D. Haubner); *Reflexive Territorialisierung: Zwischen Nation und Region* (i. Ersch.). Arbeitsgebiet: Soziologie der Territorialität. (1, 145)

Evelyn Gröbl-Steinbach, a. Prof. Dr., Institut für Philosophie und Wissenschaftstheorie, Universität Linz. Veröffentlichungen: *Fortschrittsidee und rationale Weltgestaltung.* Frankfurt/New York 1994. Arbeitsgebiete: Sprachpragmatik und Pragmatismus, politische Theorie, Gesellschaftstheorie. (2, 678)

Edith Gross, Dipl. Sozialökonomin, z.Zt. Fachreferentin in der Europäischen Föderation der Bau- und Holzarbeiter, Brüssel. Veröffentlichungen zu den Arbeitsbedingungen in der Bauwirtschaft, zu Lohnvergleichen und Arbeitskräftewanderungen in der europäischen Bauwirtschaft. Arbeitsgebiete: Arbeitsmigration und Lohnvergleiche. (1, 539)

Peter Gross, Prof. Dr. rer. pol., o. Prof. für Soziologie an der Universität St. Gallen, Hochschule für Wirtschafts-, Rechts- und Sozialwissenschaften. Veröffentlichungen: *Die Multioptionsgesellschaft*, Frankfurt/M. 1994; *Ich-Jagd, Im Unabhängigkeitsjahrhundert*, Frankfurt/M. 1999. Arbeitsgebiete: Modernisierungstheorie, Soziologie des Managements, Wissenssoziologie. (1, 219)

Josef Gunz, Prof. Dr. rer. soc. oec., Fakultät für Sozial- und Wirtschaftswissenschaften, Johannes Kepler-Universität Linz, Institut für Soziologie, Leiter der Abteilung für Theoretische Soziologie und Sozialanalysen. Arbeitsgebiete: Handlungsforschung, Kommunikationsforschung, Gemeindeforschung, Migrationsforschung. (1, 25)

Richard Hauser, Prorektor der Universität Freiburg.

Reinhold Hedtke, Dr. rer. soc., Professur-Vertreter für Wirtschaftswissenschaft und ihre Didaktik an der PH Weingarten. Veröffentlichungen: *Der Einzelhandel in der Umweltkrise*, Frankfurt/M. 1996. Arbeitsgebiete: Konsum- und Umweltsoziologie, Verhältnis von Soziologie und Ökonomik, Didaktik der Sozialwissenschaften, Internet. (2, 339)

Martin Heidenreich, PD Dr., Heisenbergstipendiat der Deutschen Forschungsgemeinschaft. Veröffentlichungen: *Von der Betriebs- zur Zweckgemeinschaft*, Berlin (mit neun Studierenden); *Informatisierung und Kultur*, Opladen 1995; *Innovationen in Baden-Württemberg*, Baden-Baden 1997 (Hrsg.); *Regional Innovation Systems*, London 1998 (Mitherausgeber). Arbeitsgebiete: Arbeits- und Organisationssoziologie. (2, 403)

Hildegard Heise, Prof. Dr. rer. pol. habil., Soziologin und Architektin, Fachhochschule für Wirtschaft Berlin. Veröffentlichungen: *Überlebensprinzip Spannungsaufnahme*, Frankfurt/New York 1993; *Die Urbeweglichkeit des Menschen*, Bielefeld 1997. Arbeitsgebiete: Gesellschaftstheorie, Geschlechterforschung, Wissenschaftsanalyse. (2, 166)

Hans O. Hemmer, Chefredakteur der »Gewerkschaftlichen Monatshefte«, Düsseldorf. Veröffentlichungen: *Geschichte der Gewerkschaften in der Bundesrepublik Deutschland*, Köln 1990 (hrsg. zus. mit Kurt Thomas Schmitz); *Das HolzArbeiterBuch*, Köln 1993 (hrsg. zus. mit H. Grebing/G. Christmann). Arbeitsgebiet: Geschichte und Programmatik der Arbeiterbewegung, Gewerkschaftspolitik. (1, 139)

Ronald Hitzler, Prof. Dr., Lehrstuhl für Allgemeine Soziologie am FB 14 der Universität Dortmund. Veröffentlichungen: *Sozialwissenschaftliche Hermeneutik*, Opladen 1997 (Hrsg. mit A. Honer); *Inszenierung: Innere Sicherheit*, Opladen 1998 (Hrsg. mit H. Peters); *Eigenwilligkeit und Rationalität sozialer Prozesse*, Opladen 1998 (Hrsg. mit J. Gerhards). (1, 223)

Hans-Joachim Hoffmann-Nowotny, Prof. Dr. phil., Ord. Professur für Soziologie, Universität Zürich. Veröffentlichungen: *Partnerschaft – Ehe – Familie*, in: Zeitschrift für Bevölkerungswissenschaft, Heft 2, 1996: 111-130; *World Society and the Future of International Migration*, in: Emek M. Uçarer/Donald J. Puchala (eds.), Immigration into Western Societies, London/Washington 1997: 95-117; *Die Integration ethnischer Minoritäten*, in: Friedrichs, J./Lepsius M.R./Mayer K.U. (Hrsg.): Die Diagnosefähigkeit der Soziologie, KZfSS 38/1998: 316-339. Arbeitsgebiete: Allgemeine soziologische Theorie, Migrationssoziologie, Familiensoziologie, Soziodemographie. (2, 435)

Karl Otto Hondrich, Prof. Dr. rer. pol., FB Gesellschaftswissenschaften, Universität Frankfurt/M. Veröffentlichungen: *Demokratisierung und Leistungsgesellschaft*, Stuttgart 1972; *Theorie der Herrschaft*, Frankfurt/M. 1973; *Soziale Differenzierung*, Frankfurt/New York 1982; *Bedürfnisse im Wandel*, Opladen 1983; *Krise der Leistungsgesellschaft?* Opladen 1988; *Recent Social Trends in West Germany* Frankfurt/Montreal u.a. 1992 (zus. mit W. Glatzer u.a.); *Solidarität in der modernen Gesellschaft*, Frankfurt/M. 1992 (zus. mit C. Koch-Arzberger); *Arbeitgeber West – Arbeitnehmer Ost*, Berlin 1993 (zus. mit A. Joost/C. Koch-Arzberger/B. Wörndl). Arbeitsgebiet: Sozialer Wandel. (1, 247)

Claudia Honegger, Prof. Dr. phil., Lehrstuhl für Allgemeine Soziologie an der Universität Bern. Veröffentlichungen: *Die Ordnung der Geschlechter*, Frankfurt/New York 1991; *Frauen in der Soziologie*, München 1998 (Hrsg. mit T. Wobbe); *Das Ende der Gemütlichkeit. Strukturelles Unglück und mentales Leid in der Schweiz*, Zürich 1998 (Hrsg. mit M. Rychner). Arbeitsgebiete: Geschlechter-, Kultur- und Wissenssoziologie. (1, 27)

Stefan Hradil, Prof. Dr. Dr. h.c., Institut für Soziologie der Johannes Gutenberg-Universität Mainz, 1995-1998 Vorsitzender der Deutschen Gesellschaft für Soziologie. Veröffentlichungen: *Die »Single-Gesellschaft«*, München 1995; *Ungleichheit und Sozialpolitik*, Opladen 1996 (zus. mit R. Hauser u.a.); *Die westeuropäischen Gesellschaften im Vergleich*, Opladen 1997 (Hrsg. zus. mit S. Immerfall); *Soziale Ungleichheit in Deutschland*, 7. Aufl., Opladen 1999. Arbeitsgebiete: Sozialstruktur moderner Gesellschaften, insb. soziale Ungleichheit, soziale Milieus und Lebensstile, Modernisierungstheorie. (1, 23)

Michael Huber, Dr., wissenschaflicher Assistent am Institut für Soziologie der Universität Hamburg. Veröffentlichungen zu den Themen: Deutsche Kernenergiepolitik, europäische Umweltpolitik und Organisationslernen. Arbeitsgebiete: Organisationstheorie, Hochschulentwicklung. (1, 471)

Walo Hutmacher, ehem. Professor für Erziehungssoziologie, Universität Genf (Schweiz); Gründer und ehem. Leiter der soziologischen Forschungsabteilung im Erziehungsdepartment, Genf. Präsident des Nationalen Forschungsprogramms 33 zur »Wirksamkeit unserer Bildungssysteme«; ehemaliger Präsident der Schweizerischen Gesellschaft für Soziologie. Arbeitsgebiete: Bildung und Gesellschaft, Bildungspolitik und -management, Bildungsindikatoren. (1, 429)

Peter Imbusch, Dr. phil., wissenschaftlicher Assistent am Institut für Soziologie der Philipps-Universität Marburg. Veröffentlichungen: *Unternehmer und Politik in Chile*, Frankfurt/M. 1995; *Macht und Herrschaft*, Opladen 1998 (Hrsg.); *Friedens- und Konfliktforschung*, Opladen (2. Aufl.) 1999 (Hrsg. Mit R. Zoll). Arbeitsgebiete: Entwicklungsländersoziologie, Konfliktforschung, Politische Soziologie, Soziologische Theorie. (2, 661)

Kurt Imhof, Prof. Dr., Soziologie an der Universität Zürich. Veröffentlichungen: *Die Diskontinuität der Moderne. Zur Theorie des sozialen Wandels*, Frankfurt/M. 1996 (zus. mit G. Romano); Buchreihe: *Mediensymposium Luzern*, Zürich 1995, 96, 97, Opladen 1998, 99 (Hrsg. mit P. Schulz, O. Jarren, R. Blum); Buchreihe: *Krise und sozialer Wandel*, Zürich 1993, 97, 99 (Hrsg. mit H. Kleger/G. Romano). (1, 717 u. 2, 199)

Michael Jäckel, Prof. Dr., Fachbereich IV Wirtschafts- und Sozialwissenschaften der Universität Trier. Veröffentlichungen: *Wahlfreiheit in der Fernsehnutzung*, Opladen 1996; *Die umworbene Gesellschaft*, Opladen/Wiesbaden 1998 (Hrsg.). Arbeitsgebiete: Mediensoziologie, Konsumsoziologie, Allgemeine Soziologie. (1, 692)

Harald Johannsen, Student des Fachbereiches Soziologie der Universität Hamburg, studentische Hilfskraft am Institut für Medizinsoziologie der Universität Hamburg. (1, 576)

Kay Junge, Dr., Wiss. Mitarbeiter am Lehrstuhl von Prof. Dr. Bernhard Giesen, Institut für Soziologie, Justus-Liebig-Universität Gießen. Veröffentlichungen: *Vertrauen und die Grundlagen der Sozialtheorie*, in: H.-P. Müller/M. Schmid (Hrsg.), Norm, Herrschaft und Vertrauen, Opladen 1998. Arbeitsschwerpunkte: historische Soziologie, Evolutionstheorie. (1, 370)

Susanne Karstedt, Dr. soz. wiss., Bielefeld. Veröffentlichungen: *Normbindung und Sanktionsdrohung*, Frankfurt 1993; *Vergangenheitsbewältigung – Öffentliche Moral und Recht in Deutschland nach 1945 und 1989 im Spiegel von Umfrageergebnissen*, in: G. Lüschen (Hrsg.), Das Moralische in der Soziologie. Opladen 1998. Arbeitsgebiete: Soziologie sozialer Probleme, Rechtssoziologie. (1, 258)

Franz-Xaver Kaufmann, Professor emeritus Dr. Dr. h.c. für Sozialpolitik und Soziologie an der Universität Bielefeld. Veröffentlichungen: *Herausforderungen des Sozialstaats*, 3. Aufl. Frankfurt/M. 1998. (1, 151)

Berndt Keller, Prof. Dr. rer. soc., Professor für Arbeits- und Sozialpolitik an der Universität Konstanz. Veröffentlichungen: *Arbeitsbeziehungen im öffentlichen Dienst. Tarifpolitik der Gewerkschaften und Interessenpolitik der Beamtenverbände*, Frankfurt/New York 1983; *Arbeitspolitik des öffentlichen Sektors*, Baden-Baden 1993; *Europäische Arbeits- und Sozialpolitik*, München/Wien 1997; *Einführung in die Arbeitspolitik. Arbeitsbeziehungen und Arbeitsmarkt in sozialwissenschaftlicher Perspektive*, 6.Aufl., München/Wien 1999. (1, 522)

Paul Kellermann, o. Univ. Prof., Dr., Institut für Soziologie, Universität Klagenfurt. Veröffentlichungen: *Kritik einer Soziologie der Ordnung*, Freiburg 1967; *Bildung und gesellschaftliche Entwicklung*, Wien/München 1976; *Gesellschaftlich erforderliche Arbeit und Geld*, Klagenfurt 1991. Arbeitsgebiete: Interdependenz von Arbeit und Bildung; Hochschulforschung; Bedarf, Leistungsvermögen und gegenseitige Steuerung. (1, 141 u. 429)

Angela Keppler, Prof. Dr., TU Dresden, Professorin für Kommunikationswissenschaft, Veröffentlichungen: *Tischgespräche. Über Formen kommunikativer Vergemeinschaftung am Beispiel der Konversation in Familien*, Frankfurt/M. 1994; *Wirklicher als die Wirklichkeit? Das neue Realitätsprinzip der Fernsehunterhaltung*, Frankfurt/M. 1994; Aufsätze zur Medien-, Kultur- und Familiensoziologie. (1, 707)

Urs Kiener, lic. oec. publ., freiberuflicher Sozialwissenschafter in Winterthur (CH). Veröffentlichungen: *Die Berufsnatur*, Chur/Zürich 1998 (mit Ph. Gonon); *Gibt es Studienabbrecher? Studium und Studienabbruch im Kontext*, Chur/Zürich 1999 (im Erscheinen). Arbeitsgebiete: Hochschul-, Berufsbildungs-, Wissensforschung. (1, 447)

Carsten Klingemann, Prof. Dr. phil. habil., Fachbereich Sozialwissenschaften, Universität Osnabrück. (1, 131)

Hubert Knoblauch, studierte Soziologie, Philosophie und Geschichte in Konstanz und Brighton. Seit 1996 Heisenberg-Stipendiat, seit 1999 Visiting Senior Research Fellow am King's College, London. Veröffentlichungen: *Einführung in die Religionssoziologie*, Berlin/New York 1999; *Todesnähe*, Konstanz 1999. (1, 733)

Regine Kollek, Prof. Dr. rer. nat., Professur für Technologiefolgenabschätzung der modernen Biotechnologie in der Medizin an der Universität Hamburg. Veröffentlichungen: *Wissenschaft als Kontext – Kontexte der Wissenschaft*, Hamburg 1993 (Hrsg. mit W. Bonß/R. Hohlfeld); *Präimplantationsdiagnostik: Embryonenselektion, weibliche Autonomie und Recht*, Tübingen 1999. Arbeitsgebiete: Technikbewertung der Biomedizin. (2, 559)

Cornelia Koppetsch, Dr. phil., Hochschulassistentin für Soziologie an der Universität Lüneburg. Veröffentlichungen: *Die Illusion der Emanzipation. Zur Wirksamkeit latenter Geschlechtsnormen im Milieuvergleich*, Konstanz 1999; *Liebe und Partnerschaft. Gerechtigkeit in modernen Paarbeziehungen*, in: K. Hahn/G. Burkart (Hrsg.): Liebe am Ende des 20. Jahrhunderts. Arbeitsgebiete: Geschlechterverhältnisse, Kultursoziologie. (1, 609)

Christoph Lau, Prof. Dr. sc. pol., Lehrstuhl für Soziologie, Universität Augsburg. Veröffentlichungen: *Gesellschaftliche Evolution als kollektiver Lernprozeß*, Berlin 1981; *Definitionsmacht und Grenzen angewandter Sozialwissenschaft*, Opladen 1989 (zus. mit U. Beck); *Risikokonflikte*, Frankfurt 1999. Arbeitsgebiete: Gesellschaftstheorie, Wirtschaftssoziologie, Wissenschafts- und Techniksoziologie. (2, 288)

Lorenz Lassnigg, Dr. phil., Abteilung Soziologie, Institut für Höhere Studien (IHS), Wien. Veröffentlichungen: *Bildungsreform gescheitert ... Gegenreform? 50 Jahre Schul- und Hochschulpolitik in Österreich*, in: R. Sieder et al. (Hg.), Österreich 1945-1955, Wien 1995; *Schule weiblich – Schule männlich. Zum Geschlechterverhältnis im Bildungswesen*, Innsbruck 1997 (Hrsg. mit A. Paseka). Arbeitsgebiete: Bildungs-, Arbeitsmarkt- und Evaluationsforschung. (1, 484)

Stephan Lessenich, Dr. rer. pol., Institut für Sozialpolitik/ZENS, Universität Göttingen. Veröffentlichungen: *Wohlfahrtsstaat, Arbeitsmarkt und Sozialpolitik in Spanien*, Opladen 1995; *Standortrisiko Wohlfahrtsstaat?*, Opladen 1997 (Hrsg. mit J. Borchert/P. Lösche); *Welten des Wohlfahrtskapitalismus*, Frankfurt/New York 1998 (Hrsg. mit I. Ostner). (1, 153)

Gesa Lindemann, Dr. phil., Wissenschaftliche Mitarbeiterin am Fachbereich Gesellschaftswissenschaften der Johann Wolfgang Goethe-Universität Frankfurt/M. Veröffentlichungen: *Das paradoxe Geschlecht*, Frankfurt/M. 1993; *Denkachsen. Zur theoretischen und institutionellen Rede vom Geschlecht*, Frankfurt/M. 1994 (Hrsg. mit T. Wobbe). Arbeitsgebiete: Anthropologie, Geschlechterforschung, Medizinsoziologie, Soziologische Theorie. (2, 588)

Andreas Lösch, promoviert an der Freien Universität Berlin. Veröffentlichungen: *Tod des Menschen/Macht zum Leben. Von der Rassenhygiene zur Humangenetik*, Pfaffenweiler 1998; *Streitpunkt Schaf, Schnittstelle Mensch*, in: Andreas Dietl u.a. (Hrsg.): Zum Wohle der Nation, Berlin 1998; *Die Metaphysik der Genomentschlüsselung*, in: Ästhetik & Kommunikation 100/1998. Arbeitsgebiet: Wissenssoziologie der Bio- und Körpertechnologien. (1, 145)

Wolfgang Ludwig-Mayerhofer, PD Dr. rer. soc., Wissenschaftlicher Mitarbeiter am Institut für Soziologie der LMU München. Veröffentlichung: *Das Strafrecht und seine administrative Rationalisierung*, Frankfurt/New York 1998. Arbeitsgebiete: Soziale Ungleichheit, Lebensverläufe, Methoden der Sozialforschung, Rechtssoziologie. (2, 67)

Susanne Lüdemann, Dr. phil., Hochschulassistentin am Soziologischen Institut der Freien Universität Berlin. Veröffentlichungen: *Mythos und Selbstdarstellung. Zur Poetik der Psychoanalyse*, Freiburg 1994; *Leibeigenschaften. Zur juristischen Anatomie des menschlichen Körpers*, in: Frithjof Hager (Hrsg.), Körper Denken, Berlin 1996; *Die Nachahmung der Gesellschaft*, in: Jörg Huber u. Martin Heller (Hrsg.), Konturen des Unentschiedenen, Basel/Frankfurt 1997. (1, 359)

Maja S. Maier, Dipl.-Soz., Wissenschaftliche Mitarbeiterin an der Universität Lüneburg. Veröffentlichungen: *Emotionen in Paarbeziehungen*, Zeitschrift für Frauenforschung 1996; *»Ländliche Galanterie« oder »Biedermeierliebe«? Zur Milieuspezifik von Liebessemantiken*, in: K. Hahn/G.Burkart (Hrsg.): Liebe am Ende des 20. Jahrhunderts. Arbeitsgebiete: Geschlechterverhältnisse. (1, 609)

Rainer Mackensen, Prof. Dr. em., TU Berlin, Falkensee. (1, 131)

Michael Makropoulos, Dr. disc. pol., Privatdozent für Soziologie an der Freien Universität Berlin. Veröffentlichungen: *Modernität als ontologischer Ausnahmezustand?*, München 1989; *Modernität und Kontingenz*, München 1997. Arbeitsgebiete: Wissens-, Kultur-, Kunst- und politische Soziologie. (1, 387)

Michael Mann, Prof., Department of Sociology, University of California at Los Angeles. Publications: *Geschichte der Macht*, Frankfurt/M., Vols I & II 1990, Vol III 1998. (1, 68)

Wil Martens, Dr., Beleidswetenschappen, Katholieke Universiteit Nijmegen, NL. Veröffentlichungen: *Entwurf einer Kommunikationstheorie der Unternehmung*, Frankfurt 1989; *Die Autopoiesis sozialer Systeme*, KZfSS 1991; *Organisation und gesellschaftliche Teilsysteme*, in: Ortmann, G. u.a.: Theorien der Organisation. Opladen 1997. (2, 608)

Peter-Ulrich Merz-Benz, PD Dr., Soziologisches Institut der Universität Zürich. Veröffentlichungen: *Max Weber und Heinrich Rickert*, Würzburg 1990; *Tiefsinn und Scharfsinn*, Frankfurt/M. 1995 (Amalfi-Spezialpreis 1996). Arbeitsgebiete: Soziologische Theorie und Theoriegeschichte, Ideengeschichte. (2, 637)

Michael Meuser, Dr. phil., Privatdozent für Soziologie an der Universität Bremen. Veröffentlichungen: *Gleichstellung auf dem Prüfstand*, 1989; *Analyse sozialer Deutungsmuster*, 1992 (Hrsg. zus. mit R. Sackmann); *Geschlecht und Männlichkeit*, 1998; *Geschlechterforschung und qualitative Methoden* 1999 (zus. mit C. Behnke). (2, 151)

Gerald Mozetič, Univ.-Doz. Dr. phil., ao. Univ.-Prof. am Institut für Soziologie der Karl-Franzens-Universität Graz. Veröffentlichungen: *Die Gesellschaftstheorie des Austromarxismus*, Darmstadt 1987; *Edgar Zilsel: Wissenschaft und Weltanschauung*, 1992 (Hrsg.). Arbeitsgebiete: Geschichte der Soziologie, Literatur und Soziologie. (2, 623)

Eva Nadai, Dr. phil., Institut für Soziologie, Universität Bern. Veröffentlichungen: *Grenzverschiebungen. Zum Wandel des Geschlechterverhältnisses in der Schweiz*, Chur 1998 (Hrsg. mit Th.-H. Ballmer-Cao); *Gemeinsinn und Eigennutz*, Bern 1996. Arbeitsgebiete: Geschlechtersoziologie, Solidarität. (2, 138)

Klaus Neumann-Braun, Prof. Dr., Soziologie an der J.W. Goethe-Universität Frankfurt/Main. Veröffentlichungen: *Medienkindheit – Medienjugend*, München 1992 (Hrsg. mit M. Charlton); *Rundfunkunterhaltung*, Tübingen 1993; *Kulturinszenierungen*, Frankfurt/M. 1995 (Hrsg. mit St. Müller-Doohm); *Medien und Gesellschaft im Spannungsfeld von Technik, Ökonomie und Recht*, Baden-Baden 1998 (Hrsg. mit M. Mai). (2, 199)

Bernd Neumeister, promoviert an der Albert-Ludwigs-Universität Freiburg. Veröffentlichung: *Kritik und Evidenz des politischen Subjekts. Zur Rezeption und Diskussion postmodernen Denkens in Ä&K*, in: Ästhetik & Kommunikation 100/1998. Demnächst erscheint die Dissertation zur westdeutschen Rezeption des französischen (Post)Strukturalismus. Arbeitsgebiet: Soziologie der Intellektuellen. (1, 145)

Hildegard Maria Nickel, Prof. Dr. sc., Institut für Sozialwissenschaften, Philosophische Fakultät III, Humboldt-Universität zu Berlin. Veröffentlichungen: *Finanzmetropole Berlin. Strategien betrieblicher Transformation*, Opladen 1998 (Hrsg. mit H. Hüning); *Frauen in Deutschland 1945-1992*, Berlin/Bonn 1993 (Hrsg. mit G. Helwig). Arbeitsgebiete: Soziologie der Arbeit und Geschlechterverhältnisse. (2, 127)

Gertrud Nunner-Winkler, PD Dr., Max-Planck-Institut für Psychologische Forschung. Veröffentlichungen: *Weibliche Moral*, 2. Aufl., München 1995 (Mit-Hrsg. u.a.); *Zur Bestimmung der Moral*, 2. Aufl., Frankfurt/M. 1996; *Moral und Person*, Frankfurt/M. 1993; *Moral im Kontext*, in Bearbeitung. Arbeitsgebiete: Identität, moralische Motivation, Moral im Wandel, Geschlechtsdifferenz. (1, 219)

Thomas Oegerli, Lic. phil., wissenschaftlicher Mitarbeiter an der Professur für Soziologie, ETH Zürich. Arbeitsgebiete: Technikforschung, Politische Soziologie. (2, 542)

Michael Paetau, Dr. rer.pol., FB Soziale Systeme im GMD-Institut für Autonome intelligente Systeme, Sankt Augustin. Veröffentlichungen: *Mensch-Maschine-Kommunikation*, Frankfurt/M. 1990; *Technikentwicklung durch Leitbilder*, Frankfurt/M. 1995; *Virtualisierung des Sozialen*, Frankfurt/M. 1997 (Hrsg. mit B. Becker). Arbeitsgebiet: Techniksoziologie. (2, 270)

Eckart Pankoke, Prof. Dr. für Soziologie an der Universität Essen. 1995-1998 Sprecher der DGS-Sektion »Kultursoziologie«. Veröffentlichungen: *Die Arbeitsfrage. Arbeitsmoral, Beschäftigungskrisen und Wohlfahrtspolitik im Industriezeitalter*, Frankfurt 1990; *Gesellschaftslehre*, Frankfurt 1991; *Aufstieg für alle?* Opladen 1996 (hrsg. mit St. Hradil); Mitherausgeber: »Sociologia Internationalis. Zeitschrift für Kultursoziologie und Kommunikationsforschung« (seit 1989). (1, 325)

Bernhard Peters, Prof. Dr., Professur für Politische Theorie und Ideengeschichte an der Universität Bremen. Veröffentlichungen: *Die Integration moderner Gesellschaften*, Frankfurt/M. 1993. Arbeitsgebiete: Gesellschaftstheorie, Öffentlichkeit. (1, 661)

Birgit Pfau-Effinger, PD Dr., Oberassistentin für Soziologie, Universität Bremen. Veröffentlichungen: *Erwerbsverlauf und Risiko*, Weinheim 1990; *Kultur, Wohlfahrtsstaat und Frauenarbeit*, Opladen 1999; *Gender, Work and Culture*, London 1999 (im Erscheinen) (Hrsg. mit S. Duncan). Arbeitsgebiet: International vergleichende Soziologie. (1, 203)

Gert Pickel, Dipl.-Soz., Dipl.-Pol., Lehrstuhl für vergleichende Kultursoziologie, Europa-Universität Viadrina Frankfurt (Oder). Veröffentlichungen: *Demokratie. Entwicklungsformen und Erscheinungbilder im interkulturellen Vergleich*, Bamberg 1997 (Hrsg. mit S. Pickel/J. Jacobs); *Politische Einheit – kultureller Zwiespalt?*, Frankfurt/M. (Hrsg. mit S. Pickel/D. Walz). Arbeitsgebiete: Politische Kulturforschung, Religionssoziologie. (1, 623)

Detlef Pollack, Prof. für vergleichende Kultursoziologie an der Europa-Universität Viadrina Frankfurt (Oder). Veröffentlichungen: *Zwischen Verweigerung und Opposition. Politischer Protest in der DDR 1970-1989*, Frankfurt/M. 1997 (mit D. Rink); *Gegen den Strom: Kircheneintritte in Ostdeutschland*, Opladen 1998 (mit K. Hartmann); *Religiöser Wandel in den postkommunistischen Ländern Ost- und Mitteleuropas*, Würzburg 1998 (mit I. Borowik/W. Jagodzinski). Arbeitsgebiete: Religionssoziologie, neue soziale Bewegungen, politische Kulturforschung. (1, 623)

Heinrich Popitz, Prof. Dr. em. Institut für Soziologie, Universität Freiburg. Veröffentlichungen: *Der entfremdete Mensch, Zeitkritik und Geschichtsphilosophie des jungen Marx*, Basel 1953; *Technik und Industriearbeit* und *Das Gesellschaftsbild des Arbeiters*, Tübingen 1957 (jeweils mit H.P. Bahrdt, E.A. Jüres, H. Kesting); *Die normative Konstruktion der Gesellschaft*, Tübingen 1980; *Phänomene der Macht*, Tübingen 1986; *Der Aufbruch zur Artifiziellen Gesellschaft. Zur Anthropologie der Technik*, Tübingen 1995; *Wege zur Kreativität*, Tübingen 1997. (2, 691)

Max Preglau, Universitätsprofessor am Institut für Soziologie der Universität Innsbruck. Veröffentlichungen: *Postmodernes Österreich? Konturen des Wandels in Wirtschaft, Gesellschaft, Politik und Kultur*, Wien 1998 (mit R. Richter). Arbeitsgebiete: Theorie und Methodologie der Soziologie, Entwicklung der Gegenwartsgesellschaft, Tourismus. (1, 307)

Ludger Pries, PD Dr., Lehrstuhlvertreter am Zentrum für Europa- und Nordamerika-Studien/Universität Göttingen. Veröffentlichungen: *Wege und Visionen von Erwerbsarbeit*, Frankfurt u.a. 1997; *Transnationale Migration*. Sonderband 12 der Zeitschrift »Soziale Welt«, Baden-Baden 1997 (Hrsg.). Arbeitsgebiete: (international vergleichende) Arbeits-, Industrie-, Organisations- und Migrationssoziologie. (2, 437)

Werner Rammert, Prof. Dr., Professur für Techniksoziologie an der Technischen Universität Berlin. Veröffentlichungen: *Technik in soziologischer Perspektive*, Opladen 1993; *Technik und Sozialtheorie*, Frankfurt/M. 1998 (Hrsg.); *Wissensmaschinen*, Frankfurt/M. 1998 (mit anderen). Arbeitsgebiete: Technikgenese, Innovationsnetzwerke, Sozionik. (2, 252)

Karl-Siegbert Rehberg, Prof. Dr. phil., Lehrstuhl für Soziologische Theorie, Theoriegeschichte und Kultursoziologie an der Technischen Universität Dresden. Vorstandsmitglied der DGS. Veröffentlichungen: *Soziologische Denktraditionen*, Frankfurt/M. 1999; *Enge und Vielfalt. Auftragskunst und Kunstförderung in der DDR*, Hamburg 1999 (Hrsg. zus. mit P. Kaiser); Differenz und Integration, Opladen 1997 (Hrsg.); *Arnold-Gehlen-Gesamtausgabe*, Frankfurt/M. 1978ff.; *Norbert Elias und die Menschenwissenschaften*, Frankfurt/M. 1996. (1, 141)

Rudolf Richter, Prof. Dr. phil., Professor für Soziologie am Institut für Soziologie der Universität Wien, Schwerpunkt interpretative Soziologie und Sozialstrukturanalyse. Veröffentlichungen: *Soziologische Paradigmen. Eine Einführung in klassische und moderne Konzepte von Gesellschaft*, Wien 1997; *Postmodernes Österreich?*, Wien 1998 (Hrsg. mit M. Preglau). (2, 21)

Matthias Riedel, Promotionsstudent an der Universität Freiburg i. Br. in den Fächern Soziologie (HF), Philosophie und Kognitionswissenschaft. Langjähriges Engagement in den Gremien der universitären bzw. studentischen Selbstverwaltung (AStA, Verwaltungsrat, etc.). Studienschwerpunkt: Gesellschaftstheorie. (1, 141)

Günther Robert, Prof., Professur für Soziologie an der Ev. FHS Dresden. Veröffentlichungen: *Biographie und soziale Wirklichkeit*, Stuttgart 1984 (Hrsg. mit M. Kohli); *Vom Nutzen der Unterschiede*, in: Gruppendynamik 2/1997; *Ausgrenzung, Innovation und Stützung sozialer Balancen*, in: Kleinert, u.a. (Hrsg.), Autonomie und Verantwortung, Leipzig 1997. Arbeitsgebiete: Biographie-, Interaktions- und Institutionenanalyse, Arbeit und Arbeitslosigkeit, Sozialarbeitsforschung. (2, 110)

Jörg Rössel, Dipl.-Soz., M.A., Universität Leipzig. Veröffentlichungen: *Der Effekt der Organisation. Mobilisierung und Erfolg von Challenging Groups am Beispiel amerikanischer Kohlenbergarbeiterstreiks 1881-1894*, PVS 39 (1998): 28-54; *Konflikttheorie und Interaktionsrituale. Randall Collins' Mikrofundierung der Konflikttheorie*, ZfS 28 (1999): 23-43. Arbeitsgebiete: Politische Soziologie, Kultursoziologie. (1, 644)

Gaetano Romano, Prof. Dr. phil., lehrt Kommunikationssoziologie an der Università della Svizzera Italiana, Lugano. Veröffentlichungen: Reihe *Krise und sozialer Wandel. Analyse von Medienereignissen in der Schweiz*, Bd. 1, Zürich 1993, Bd. 2, Zürich 1996, Bd. 3, Zürich 1999 (Hrsg. zus. mit K. Imhof/H. Kleger). Arbeitsgebiete: Kommunikationssoziologie, Mediensoziologie, Nationalismusforschung. (2, 486)

Karsten Ronit, Associate Professor, Ph.D., Department of Political Science, University of Copenhagen. Veröffentlichungen: *Organized Interests and the European Community*, London 1992 (Hrsg. mit J. Greenwood/J. R. Grote); *Evolution of Interest Representation and Development of the Labour Market in Post-Socialist Countries*, Krakau 1995 (Hrsg. mit J. Hausner/O. K. Pedersen). Arbeitsgebiete: Interessenvermittlung, Politikfeldanalyse. (2, 358)

Saskia Sassen, Professor of Sociology, The University of Chicago and Centennial Visiting Professor, London School of Economics, Member of the Council on Foreign Relations and a Fellow of the American Bar Foundation. Publications: *Globalization and its Discontents*, New York 1998; *Losing Control? Sovereignty in an Age of Globalization*, New York 1996. (1, 51)

Michael Schanne, lic. phil. I, Leiter der AGK Zürich. Veröffentlichungen: *Gesellschaftliche Risiken in den Medien*, Zürich 1996 (mit W. A. Meier); *Öffentlicher Rundfunk und Kultur*, Zürich 1998 (mit H. Bonfadelli, W. A. Meier); *Gentechnologie – Medien, Politik, Öffentlichkeit*, Zürich 1999 (im Erscheinen; mit H. Bonfadelli et al.). Arbeitsgebiete: Medien- und Kommunikationsforschung, Public Understanding of Science. (1, 447)

Volker H. Schmidt, Dr. rer. pol., wissenschaftlicher Mitarbeiter an der Fakultät für Sozialwissenschaften, Universität Mannheim. Veröffentlichungen: *Politik der Organverteilung*, Baden-Baden 1996; *Lokale Gerechtigkeit in Deutschland*, Opladen 1997 (zus. mit B. Hartmann). Arbeitsgebiete: Soziologische Gerechtigkeitsforschung, Medizinsoziologie. (2, 650)

Volker Schneider, Prof. Dr., Fakultät für Verwaltungswissenschaft, Universität Konstanz. Veröffentlichungen: *Organisation und Netzwerk*, Frankfurt/M. 1996 (Hrsg. mit P. Kenis); *Staat und technische Kommunikation*, Wiesbaden 1999. Arbeitsgebiete: Staatstheorie, Politikfeldanalyse. (2, 358)

Regine Schönenberg, Dr. phil., Lehrbeauftragte am Otto-Suhr Institut der FU Berlin, Beraterin der Gesellschaft für Technische Zusammenarbeit (GTZ). Veröffentlichungen: *Konflikte und Konfliktregulation in Amazonien*, Bonn 1993; *Evironmental Conflicts in the Amazon Region of Brazil*, in: Bächler/Spillmann: Environmental Degradation as a Cause of War, Zürich 1996. Arbeitsgebiete: Konfliktforschung, Organisierte Kriminalität/Drogen, Amazonien, Indigenenpolitik. (2, 497)

Hans-Dietrich Schultz, Prof. Dr. rer. nat. Dr. phil. habil., Professur für Didaktik der Geographie an der Humboldt-Universität zu Berlin. Veröffentlichungen: *Die deutschsprachige Geographie von 1800 bis 1970*, Berlin 1980; *Die Geographie als Bildungsfach im Kaiserreich*, Osnabrück 1989. Arbeitsgebiet: Wissenschaftsgeschichte. (1, 328)

Hermann Schwengel, Prof. Dr., Direktor des Instituts für Soziologie der Albert-Ludwigs-Universität Freiburg; Veröffentlichungen: *Politische Zivilisation um 1900 und die amerikanische Dialektik von Modernisierung und Moderne*, Frankfurt/M. 1988; *Globalisierung mit europäischem Gesicht*, Berlin 1999; *Management und Organisation im deutsch-französischen Vergleich*, Berlin 1999 (Hrsg. mit H.-J. Brink/E. Davoine). Arbeitsgebiete: Politische Soziologie und Kultursoziologie, Globalisierungsforschung. (1, 29)

Martin Seeleib-Kaiser, Dr. phil., Zentrum für Sozialpolitik, Universität Bremen. Veröffentlichungen: *Amerikanische Sozialpolitik. Politische Diskussion und Entscheidungen*, Opladen 1993; *Der Wohlfahrtsstaat in der Globalisierungsfalle: Eine analytisch-konzeptionelle Annäherung*, in: ZENS (Hrsg.) Standortrisiko Wohlfahrtsstaat?, Opladen 1997: 73-106. Arbeitsgebiet: Sozialpolitikforschung. (1, 185)

Janina von Stebut, Wissenschaftliche Mitarbeiterin am Institut für Soziologie, Ludwig-Maximilians-Universität München. Arbeitsgebiete: Soziologie sozialer Ungleichheit, Frauen in der Wissenschaft. (2, 96)

Christian Stegbauer, Dr., Wiss. Assistent an der Universität Frankfurt. Veröffentlichungen: *Electronic Mail und Organisation: Partizipation, Mikropolitik und soziale Integration von Kommunikationsmedien*, 1995; *Euphorie und Ernüchterung auf der Datenautobahn*, 1996; *Blinde Flecken traditioneller Jugendhilfe*, 1998 (zus. mit J. Schwab/ M. Stegmann). Arbeitsgebiete: Mikrotheorie, Netzwerkanalyse. (1, 675)

Heinz Steinert, Prof. Dr. phil., Professor für Soziologie an der J.W.Goethe-Universität Frankfurt/M., Leiter des Instituts für Rechts- und Kriminalsoziologie Wien. Veröffentlichung: *Kulturindustrie*, Münster 1998. Arbeitsgebiete: Abweichung, Soziale Ausschließung, Kritische Theorie. (2, 470)

Olaf Struck, Dr. phil., Sonderforschungsbereich 186 der Universität Bremen. Veröffentlichung: *Private Wege der Wiedervereinigung*, Weinheim 1996 (mit K. F. Schumann u.a.); *Individuenzentrierte Personalentwicklung*, Frankfurt/New York 1998. Arbeitsgebiete: Arbeits- und Berufssoziologie, Biographie- und Lebenslaufforschung. (2, 24)

Christian Suter, Prof. Dr., Professur für Soziologie, ETH Zürich. Veröffentlichungen: *Debt Cycles in the World-Economy*, Boulder 1992; *Soziale Unterstützung und Gesundheit*, Zürich 1998; *Gute und schlechte Regimes*, Frankfurt 1999. Arbeitsgebiete: Technikforschung, Soziale Ungleichheit und Armut, Sozialberichterstattung, Gesundheitssoziologie, Lateinamerika. (2, 542)

Franz Traxler, Prof. Dr., Professur für Wirtschaftssoziologie, Universität Wien. Veröffentlichungen: *Interessenverbände der Unternehmer*, Frankfurt/New York 1986; *Organized Industrial Relations in Europe*, Aldershot 1995 (Hrsg. mit C. Crouch); *Industrial Relations between Command and Market*, New York 1997 (Hrsg. mit G. Schienstock/P. Thompson); *Soziologie im Konzert der Wissenschaften*, Opladen 1997 (Hrsg. mit T. Meleghy u.a.). Arbeitsgebiete: Arbeitsbeziehungen im internationalen Vergleich, Organisationssoziologie, politische Soziologie. (1, 506)

Thomas Uhlemann, Dr. disc. pol., Wiss. Assistent am Institut für Medizin-Soziologie, Universitäts-Klinikum Hamburg Eppendorf. Veröffentlichungen: *Stigma und Normalität*, Göttingen 1990; *Genetic Engineering and German Health Insurances*, London/New York 1998. Arbeitsschwerpunkte: Gesundheitssicherung im internationalen Vergleich, Soziologie medizinischer Berufe. (2, 575)

Georg Vobruba, Prof. Dr., Institut für Soziologie der Universität Leipzig. Veröffentlichungen: *Gemeinschaft ohne Moral. Theorie und Empirie moralfreier Gemeinschaftskonstruktionen*, Wien 1994; *Autonomiegewinne. Sozialstaatsdynamik, Moralfreiheit, Transnationalisierung*, Wien 1997. (1, 151)

Josef Wehner, Dr., GMD-Forschungszentrum Informationstechnik. Veröffentlichungen: *Ende der Massenkultur? Visionen und Wirklichkeit der neuen Medien*, Frankfurt/New York 1997; *Wissensmaschinen. Soziale Konstruktion eines technischen Mediums. Das Beispiel Expertensysteme*, Frankfurt 1998 (zus. mit W. Rammert et al.). Arbeitsgebiete: Technik- und Kultursoziologie. (2, 240)

Margit Weihrich, Dr. phil., wissenschaftliche Assistentin am Institut für Soziologie und Gesellschaftspolitik der Fakultät für Pädagogik der Universität der Bundeswehr München. Veröffentlichungen: *Kursbestimmungen. Eine qualitative Paneluntersuchung der alltäglichen Lebensführung im ostdeutschen Transformationsprozeß*, Pfaffenweiler 1998. Arbeitsgebiete: Soziologische Theorie, Transformationsforschung, Soziologie alltäglicher Lebensführung. (2, 56)

Benno Werlen, Prof. Dr., Lehrstuhl für Sozialgeographie, Universität Jena. Veröffentlichungen: *Gesellschaft, Handlung und Raum*, Stuttgart 1997 (3. Aufl.); *Sozialgeographie alltäglicher Regionalisierungen*, Bd. 1: *Zur Ontologie von Gesellschaft und Raum*; Bd. 2: *Globalisierung, Region und Regionalisierung*, Stuttgart 1995/97. Arbeitsgebiete: Geographie und Gesellschaftstheorie. (1, 325)

Ansgar Weymann, Prof. für Soziologie am Inst. f. emp. u. ang. Soziologie (EMPAS) Universität Bremen, Vorstandsmitglied des Sonderforschungsbereichs 186. Veröffentlichungen: *Handlungsspielräume*, 1989; *Die Technisierung des Alltags. Generationen und technische Innovationen*, 1994; *Society and Biography*, 1996; *Sozialer Wandel*, 1998. Arbeitsgebiete: Soziologische Theorie und Theoriegeschichte, Bildungs- und Lebenslaufforschung, Arbeit und Beruf. (1, 429)

Helmut Wiesenthal, Prof. Dr., Institut für Sozialwissenschaften, Humboldt-Universität Berlin. Veröffentlichungen: *Einheit als Interessenpolitik*, Frankfurt 1995 (Hrsg.); *Einheit als Privileg*, Frankfurt 1996 (Hrsg.); *Einheit und Differenz*, Berlin 1997 (Hrsg. mit J. Wielgohs); *The Grand Experiment*, Boulder, CO 1997 (mit A. Pickel). Arbeitsgebiete: kollektive Akteure, Interessenvermittlung, institutioneller Wandel. (1, 412)

Andreas Willisch, Dipl.soc., Hamburger Institut für Sozialforschung, Arbeitsbereich »Geschichte und Politik der Bundesrepublik«. Arbeitsgebiete: community studies, soziale Ungleichheit, Ostdeutschland. (2, 83)

Andreas Wimmer, PD Dr. phil., Direktor des Schweizerischen Forums für Migrationsstudien an der Universität Neuenburg, Privatdozent für Ethnologie an der Universität Zürich. Veröffentlichungen: *Die komplexe Gesellschaft*, Berlin 1995; *Transformationen*, Berlin 1995. Arbeitsgebiete: Ethnische Konflikte und Nationalstaatenbildung, Migration, Geschichte der Ethnologie, Theorie des sozialen Wandels. Regionale Schwerpunkte: Mexiko und Guatemala, Schweiz, Irak. (2, 510)

Matthias Wingens, PD Dr., Oberassistent im Fach Soziologie, Universität Bremen. Veröffentlichungen: *Soziologisches Wissen und politische Praxis*, Frankfurt/M. 1988; *Wissensgesellschaft und Industrialisierung der Wissenschaft*, Wiesbaden 1998. Arbeitsgebiete: Bildungs- und Lebenslaufforschung; Wissens- und Wissenschaftssoziologie. (1, 433)

Theresa Wobbe, PD Dr. phil., Privatdozentin Freie Universität Berlin. Veröffentlichungen: *Wahlverwandtschaften*, Frankfurt/New York 1997; *Frauen in der Soziologie*, München 1998 (Hrsg. mit C. Honegger). Arbeitsgebiete: Geschlechtersoziologie, Politische Soziologie, Wissenschaftsforschung. (2, 181)

Rudolf Woderich, Dr. habil, Brandenburg-Berliner Institut für Sozialwissenschaftliche Studien e.V. (BISS). Veröffentlichungen: *Gelebte und inszenierte Identitäten in Ostdeutschland*, Welttrends 15/1997; *Biographische Ressourcen und Potentiale in Passagen Neuer Selbständigkeit*, in: Selbständige – Gründer – Unternehmer, Berlin 1997. Arbeitsgebiete: Kultursoziologische und biographische Transformationsforschung. (2, 39)

Birgit Woitech, Mag. rer. soc. oec., Projektassistentin am Institut für Soziologie, Universität Wien. Arbeitsgebiete: Arbeitsmarkttheorie und -politik, Investitionstheorie. (1, 506)

Ekkart Zimmermann, Prof. Dr. rer. pol., Institut für Soziologie, Technische Universität Dresden. Veröffentlichungen: *Das Experiment in den Sozialwissenschaften*, Stuttgart 1972; *Krisen, Staatsstreiche und Revolutionen*, Opladen, 1983. Arbeitsgebiete: Vergleichende Gewalt- und Konfliktforschung, Politische Soziologie. (2, 420)

* *
*